Van Dale Poc

CW01612790

2)

Van Dale Pocketwoordenboeken

Nederlands
Nederlands voor de basisschool

Engels-Nederlands
Nederlands-Engels

Frans-Nederlands
Nederlands-Frans

Duits-Nederlands
Nederlands-Duits

Spaans-Nederlands
Nederlands-Spaans

Nederlands als tweede taal (NT2)

Van Dale Pocketwoordenboek

Nederlands als tweede taal (NT2)

Eerste druk

onder hoofdredactie van Marja Verburg en Ruud Stumpel

van Dale

Utrecht – Antwerpen

Vormgeving
Studio Bassa, Culemborg

Zetwerk
PlantijnCasparie, Heerhugowaard

Druk- en bindwerk
Clausen&Bosse, Leck, Duitsland

Realisatie cd-rom
Van Dale Lexicografie/Fluency, Utrecht

Bibliografische gegevens

Van Dale Pocketwoordenboek Nederlands als tweede taal (NT2)
Eerste druk, door Marja Verburg, Ruud Stumpel… [et al.]
Utrecht – Antwerpen; Van Dale Lexicografie
ISBN 90 6648 072 6 (Nederland)
ISBN 90 6648 733 X (België)
NUR 627
D/2003/0108/706

Voorwoord

Het Van Dale Pocketwoordenboek Nederlands als tweede taal is het eerste woordenboek speciaal voor mensen die een andere moedertaal hebben dan het Nederlands.
Op alle onderdelen (keuze van de woorden, manier van uitleggen, zinnetjes met het woord en overige informatie) is rekening gehouden met mensen die het Nederlands als tweede (of vreemde) taal leren, van wie de meesten uit een andere dan de Nederlandse of Belgische cultuur komen. Tot nu toe gebruikten zij vooral woordenboeken die voor kinderen zijn gemaakt, en dus enerzijds te kinderachtig en anderzijds toch te moeilijk zijn.
Dit boek is vooral bedoeld voor de eerste fase van het leren van de Nederlandse taal (vanaf NT2-niveau 2). De nadruk ligt op het begrijpen van teksten (wat betekent een woord of een uitdrukking?), maar er is daarnaast aandacht voor het gebruik van woorden, dus voor schrijven en spreken (hoe zeg je iets?). Het boek geeft ook veel informatie over de Nederlandse en Belgische samenleving.

Hierna volgt een eenvoudige gebruiksaanwijzing voor het werken met dit boek. Op pagina 787 vindt u een uitgebreide verantwoording van de werkwijze en de keuzes die de redactie gemaakt heeft.

Achter in dit woordenboek zit een cd-rom, waarop het hele woordenboek staat. Hierop is ook de uitspraak van alle trefwoorden te beluisteren.

Wij hopen en verwachten dat dit boek voor velen een belangrijke hulp zal zijn bij het leren van de Nederlandse taal, en bij het vinden van een plek in de Nederlandse of Belgische samenleving.

Voor suggesties ter verbetering van dit woordenboek houden wij ons van harte aanbevolen!

Utrecht – Antwerpen, september 2003
De uitgever

Hoofdredactie
drs. Marja Verburg
drs. Ruud Stumpel (VU, afd. NT2)

Redactie
drs. Heidi Aalbrecht
drs. Anke Bol
drs. Jaap Parqui
drs. Mariska Vollering
Marc de Smit (voor het Nederlands in België)

Illustraties
Roger Klaassen

Productiecoördinatie
drs. Mariska Vollering

Uitgever
drs. Ferdi Gildemacher

Met dank aan
drs. Ton den Boon, dr. Rob Ermers, prof. dr. Dirk Geeraerts, drs. Marijke Huizinga (VU Amsterdam, afd. NT2), lic. Ludo Permentier, en alle medewerkers van Van Dale Lexicografie die een bijdrage hebben geleverd aan de totstandkoming van dit boek.

Adres
Van Dale Lexicografie bv
Postbus 19232
3501 DE Utrecht
E-mail: info@vandale.nl
Internet: www.vandale.nl

Wat vindt u in dit woordenboek?

Dit woordenboek is eenvoudig opgezet. De belangrijkste functie is het kunnen opzoeken van betekenissen. De betekenissen zijn zoveel mogelijk geschreven met de ruim 2000 woorden die staan in het *Basiswoordenboek Nederlands* van P. de Kleijn en K. Nieuwborg (Wolters-Noordhoff, Groningen 1996). Verder wordt de belangrijkste taalkundige informatie over woorden gegeven, zoals het lidwoord en het meervoud.
U vindt in dit woordenboek de volgende informatie:

- **trefwoorden:** ruim 14.000 woorden om op te zoeken. Ze staan in de volgorde van het alfabet. Voor de 2000 woorden die gebruikt zijn in de omschrijvingen staat een bolletje. Die woorden zijn dus belangrijk om te kennen.
- **puntjes in het trefwoord**: daarmee is het woord verdeeld in lettergrepen
- **taalkundige informatie**: lidwoord, meervoud, tijden van werkwoorden, woordsoort
- **definitie**: de betekenis van het woord; soms met extra culturele informatie
- **synoniem, antoniem:** een ander woord voor hetzelfde of een woord met juist de tegenovergestelde betekenis
- **gebruik van een werkwoord:** subject (onderwerp) en eventuele objecten (lijdend voorwerp, meewerkend voorwerp en vast voorzetsel) in een zinnetje
- **voorbeeldzin:** de manier waarop het woord in een zin gebruikt wordt
- **uitdrukkingen:** de belangrijke vaste verbindingen met het woord
- 650 **tekeningen** die de betekenis van een woord duidelijker maken
- een aantal informatieve **teksten** over de Nederlandse en Belgische samenleving (zie hiernaast)
- een lijst met de namen van alle **landen** van de wereld, en de Europese hoofdsteden (pagina 781)
- een **verantwoording** van de manier waarop het boek tot stand gekomen is, en de keuzes die zijn gemaakt (pagina 787)
- een cd-rom met daarop de **uitspraak** van alle trefwoorden. Bij het trefwoord **uitspraak** in het woordenboek staat een korte tekst over de uitspraak van het Nederlands.

Informatieve teksten in het woordenboek

(tussen haakjes het trefwoord waar de tekst te vinden is)

Gebruiksaanwijzing

trefwoord → meervoud → definitie (betekenis)

de **•koe** [koeien]
een dier dat melk levert ✦ *de koeien hadden te weinig gras te eten*

uitdrukking (idioom) → **over koetjes en kalfjes praten:** gezellig praten over dingen die niet belangrijk zijn **dieren** ← verklaring van de uitdrukking; verwijzing naar informatieve tekst

extra informatie →

> In Nederland en België worden veel koeien gehouden, vooral zwart-witte. Je ziet ze in de zomer overal in het weiland. Nederland is een belangrijk land voor zuivelproducten, zoals melk en kaas.

illustratie →

koe

op·hef·ma̲·kend [bijvoeglijk naamwoord] ← woordsoort
label: woord komt alleen in België voor → (in België) ophefmakende zaken veroorzaken veel drukte = sensationeel ✦ *in de krant stond een ophefmakend artikel over de Franse president*

lidwoord → de **schets** [schetsen]
een snelle tekening of een korte beschrijving van hoe iets is of hoe iets moet worden

kijk bij dit woord voor uitleg; verleden tijd, hulp werkwoord, voltooid deelwoord

sche̲t·sen [schetste, heeft geschetst]
een schets* maken [iemand schetst iets]
voorbeeldzin → ✦ *welk beeld van de koningin wordt er in het boek geschetst?*

verwijzing (kijk daar)

slo̲e̲·gen *zie:* **slaan**

accent (klemtoon); afbreekpuntje: verdeelt het woord in lettergrepen

belangrijk woord → **•u̲i̲t·voe·ren** [voerde uit, heeft uitgevoerd]
1 doen zoals daarvóór is bepaald [iemand voert iets uit, bijvoorbeeld een plan] ✦ *de bouw van de flat wordt uitgevoerd door de firma Nelis*
2 naar een ander land brengen = exporteren ← synoniem (ander woord)
antoniem (tegenovergestelde) → ⇔ invoeren [iemand voert goederen uit]
✦ *Nederland voert veel bloemen uit*
3 voor publiek vertonen [iemand voert een muziekstuk of een toneelstuk uit] ← gebruik van het werkwoord
✦ *morgen wordt 'Hamlet' van Shakespeare uitgevoerd*
betekenisnummer → **4 veel, weinig uitvoeren:** veel, weinig doen ← uitdrukking die niet bij een van de betekenissen hoort

a

de **a** [a's]
1 de eerste letter van het alfabet alfabet
2 een toon in de muziek muzieknoten

a-
niet- ✦ *atechnisch*

het **A4'tje** [A4'tjes]
een vel papier van 210 bij 297 millimeter

het **Aag·je**
een nieuwsgierig Aagje: iemand die erg nieuwsgierig is

aai·en [aaide, heeft geaaid]
met je hand over iemand of iets strijken = strelen [iemand aait iemand of iets] ✦ *de jongen aaide de hond over zijn kop*

de **aal·bes** [aalbessen]
een kleine, rode vrucht

aalbes

de **aam·bei·en** [meervoud]
plekjes bij de anus die pijn doen als je gaat zitten of als je naar de wc gaat

•**aan**[1] [bijwoord]
1 in werking ⇔ uit ✦ *de televisie is de hele avond niet aan geweest*
2 het is aan tussen hen: zij hebben een liefdesrelatie

•**aan**[2] [voorzetsel]
1 dit woord gebruik je om uit te drukken dat iets met iets verbonden wordt ✦ *zij maakt de knoop aan haar jas vast*
2 dit woord gebruik je om uit te drukken voor wie iets is ✦ *meneer de Groot geeft de sleutels aan zijn chauffeur*
3 bezig met ✦ *hij was net aan het telefoneren toen de bel ging*

aan·ba·den *zie:* **aanbidden**

aan·be·den *zie:* **aanbidden**

aan·bel·len [belde aan, heeft aangebeld]
op de bel van een huis drukken [iemand belt aan] ✦ *ik heb drie keer aangebeld, maar er deed niemand open*

de **aan·be·ta·ling** [aanbetalingen]
een deel van het totale bedrag dat je van tevoren betaalt ✦ *ze deed een aanbetaling van duizend euro voor een nieuwe auto*

aan·be·ve·len [beval aan, heeft aanbevolen]
zeggen dat iets of iemand erg goed of nuttig is = aanraden [iemand beveelt iets of iemand aan] ✦ *ik kan je dit restaurant aanbevelen; het eten is er heerlijk*

de **aan·be·ve·ling** [aanbevelingen]
een verklaring dat je iets goed vindt ✦ *we zijn naar die film geweest op aanbeveling van een kennis*

aan·be·vo·len *zie:* **aanbevelen**

aan·bid·den [aanbad, heeft aanbeden]
als ideaal beschouwen en dat laten merken = adoreren [iemand aanbidt iemand of iets] ✦ *die man aanbidt zijn vrouw*

de **aan·bid·der** [aanbidders] **aan·bid·ster** [aanbidsters]
iemand die iemand of iets aanbidt*, vooral iemand die een liefdesrelatie wil met iemand = de bewonderaar

•**aan·bie·den** [bood aan, heeft aangeboden]
geven [iemand biedt iemand iets aan] ✦ *mag ik je iets te drinken aanbieden?*

de **aan·bie·ding** [aanbiedingen]
een artikel dat goedkoper is dan gewoonlijk ✦ *deze broek kostte maar dertig euro; het was een aanbieding*

de **aan·blik**
de keer dat je naar iets kijkt of iets ziet ✦ *bij de aanblik van al die slachtoffers moest hij huilen*

het **aan·bod**
de dingen die aangeboden worden ✦ *het aanbod van cursussen op een cd-rom wordt steeds groter*

de **aan·bouw** [aanbouwen]
1 een nieuw deel dat gebouwd is tegen een bestaand gebouw aan ✦ *de keuken wordt geplaatst in de nieuwe aanbouw*
2 [geen meervoud] de keer dat iets gebouwd wordt
een gebouw is in aanbouw: een gebouw wordt gebouwd

aan·bran·den [brandde aan, is aangebrand]
te lang op het vuur staan zodat het

zwart wordt [het eten brandt aan] ✦ *zij liet het vlees aanbranden*

aan·bre·ken [brak aan]
1 [is aangebroken] beginnen [een moment of een periode breekt aan] ✦ *eindelijk brak de vakantie aan*
2 [heeft aangebroken] openen en gaan gebruiken [iemand breekt iets aan] ✦ *de fles wijn was al aangebroken*

de •**aan·dacht**
de manier waarop je laat merken dat je iemand of iets opmerkt ✦ *de jongste zoon krijgt weinig aandacht van zijn ouders* ✦ *dames en heren, mag ik even uw aandacht?*

aan·dach·tig [bijvoeglijk naamwoord]
iets wat je aandachtig doet, doe je met veel aandacht ✦ *de burgemeester luisterde aandachtig naar de bewoners*

het •**aan·deel** [aandelen]
1 het deel; de bijdrage ✦ *de nieuwe medewerker had een flink aandeel in de discussie*
2 een bewijs dat je een deel van een bedrijf hebt gekocht ✦ *de aandelen van het bedrijf zijn sterk in prijs gestegen op de beurs*

de **aan·deel·hou·der** [aandeelhouders] **aan·deel·houd·ster** [aandeelhoudsters]
iemand die een aandeel of aandelen bezit ✦ *de aandeelhouders verwachten dat het bedrijf winst gaat maken*

het **aan·den·ken** [aandenkens]
een voorwerp dat je herinnert aan een plaats of een persoon = het souvenir, de herinnering ✦ *dit horloge is een aandenken aan mijn bezoek aan Hongkong*

zich **aan·die·nen** [diende zich aan, heeft zich aangediend]
beginnen; gaan ontstaan [iets dient zich aan] ✦ *vorige week heeft zich een nieuw probleem aangediend*

•**aan·doen** [deed aan, heeft aangedaan]
1 aantrekken [iemand doet een kledingstuk aan] ✦ *het is koud; doe een warme jas aan*
2 bezorgen = veroorzaken [iemand doet iemand iets aan] ✦ *de man heeft dat gezin veel verdriet aangedaan*
3 kort bezoeken [iemand doet een plaats aan] ✦ *het schip deed de haven van Rotterdam aan*

de **aan·doe·ning** [aandoeningen]
de ziekte ✦ *de vrouw had een ernstige aandoening aan haar hart*

aan·doen·lijk [bijvoeglijk naamwoord]
iets wat aandoenlijk is, vind je lief en leuk = ontroerend ✦ *de lange man klom uit een aandoenlijk klein autootje*

de **aan·drang**
1 de druk; de kracht waarmee je iets vraagt of zegt ✦ *met enige aandrang kon de eigenaar de vervelende gasten het café uit krijgen*
2 een gevoel dat er iets moet gebeuren ✦ *na de verloren wedstrijd had hij de aandrang om te stoppen met zijn sport*

aan·drin·gen op [drong aan op, heeft aangedrongen op]
steeds laten merken dat je iets erg graag wilt [iemand dringt op iets aan (bij iemand)] ✦ *de minister dringt aan op het verhogen van de belastingen*

aan·dui·den [duidde aan, heeft aangeduid]
duidelijk maken; tonen [iemand of iets duidt iets aan] ✦ *de weg naar het bos wordt aangeduid met een bord*

aan·dur·ven [durfde aan, heeft aangedurfd]
durven te doen [iemand durft het aan (om …)] ✦ *durf jij het aan om langs die grote hond te lopen?*

aan·een [bijwoord]
aan elkaar vast ✦ *ze bond de handen van de dief aaneen*

de **aan·een·scha·ke·ling** [aaneenschakelingen]
een serie van zaken, bijv. gebeurtenissen, na elkaar ✦ *de voorstelling was een aaneenschakeling van flauwe grappen en rare liedjes*

aan·gaan [ging aan, is aangegaan]
1 betreffen; belangrijk zijn voor [iets gaat iemand aan] ✦ *het gaat niemand aan hoeveel ik verdien*
2 beginnen [iemand gaat iets aan] ✦ *de ambtenaar wilde een discussie met de burgemeester aangaan*

aan·ge·bo·den *zie:* **aanbieden**

aan·ge·bo·ren [bijvoeglijk naamwoord]
een aangeboren eigenschap heb je sinds je geboren bent ✦ *is jouw angst voor paarden aangeboren?*

aan·ge·bracht *zie:* **aanbrengen**

aan·ge·bro·ken *zie:* **aanbreken**

aan·ge·daan *zie:* **aandoen**

aan·ge·gaan *zie:* **aangaan**

aan·ge·gre·pen *zie:* **aangrijpen**
aan·ge·ke·ken *zie:* **aankijken**
aan·ge·kocht *zie:* **aankopen**
de **aan·ge·le·gen·heid** [aangelegenheden]
de zaak; de kwestie ✦ *trouwen kan een dure aangelegenheid zijn*
aan·ge·naam [bijvoeglijk naamwoord]
prettig; fijn ✦ *dat Mary op het feest komt, is een aangename verrassing* ✦ *het is geen aangenaam weer om te wandelen*
aan·ge·no·men *zie:* **aannemen**
aan·ge·pre·zen *zie:* **aanprijzen**
aan·ge·scho·ten [bijvoeglijk naamwoord]
een aangeschoten persoon heeft een beetje te veel wijn, bier enz. gedronken
aan·ge·sla·gen [bijvoeglijk naamwoord]
iemand die aangeslagen is, is verdrietig door een vervelende gebeurtenis ✦ *de minister was erg aangeslagen toen hij over het ongeluk sprak*
aan·ge·slo·ten *zie:* **aansluiten**
aan·ge·spro·ken *zie:* **aanspreken**
aan·ge·sto·ken *zie:* **aansteken**
aan·ge·trof·fen *zie:* **aantreffen**
aan·ge·trok·ken *zie:* **aantrekken**
aan·ge·trouwd [bijvoeglijk naamwoord]
iemand die aangetrouwd is, is door zijn of haar huwelijk een deel van de familie geworden
aan·ge·ven [gaf aan, heeft aangegeven]
1 in de handen geven = aanreiken, overhandigen [iemand geeft iemand iets aan] ✦ *geef me even die pen aan*
2 laten weten [iets of iemand geeft iets aan] ✦ *je moet maar aangeven wanneer het te warm wordt*
3 officieel laten weten = melden [iemand geeft iemand of iets aan] ✦ *als er een kind is geboren, moeten de ouders dat aangeven bij de gemeente*
aan·ge·voch·ten *zie:* **aanvechten**
aan·ge·we·zen op [bijvoeglijk naamwoord]
wie op iets aangewezen is, is daarvan afhankelijk ✦ *de slachtoffers zijn aangewezen op hulp uit het buitenland*
aan·ge·wor·ven *zie:* **aanwerven**
•**aan·ge·zien**[1] [voegwoord]
om de reden dat = omdat ✦ *aangezien de minister geen antwoord gaf, stopte de journalist met het gesprek*
aan·ge·zien[2] *zie:* **aanzien**
de **aan·gif·te** [aangiften, aangiftes]
de keer dat je iets aangeeft* (bet. 3) ✦ *toen zijn fiets was gestolen, deed hij aangifte bij de politie*
het **aan·gif·te·bil·jet** [aangiftebiljetten]
een papier waarop je moet opschrijven hoeveel geld je verdient, voor de belasting belasting
aan·grij·pen [greep aan, heeft aangegrepen]
1 pakken; nemen; gebruiken [iemand grijpt een gelegenheid, een kans aan] ✦ *de student greep de kans om in het buitenland te studeren onmiddellijk aan*
2 verdriet veroorzaken [een gebeurtenis grijpt iemand aan] ✦ *de woorden over zijn overleden vrouw grepen hem aan*
aan·grij·pend [bijvoeglijk naamwoord]
iets wat aangrijpend is, maakt veel indruk ✦ *'Romeo en Julia' is een aangrijpend verhaal over de liefde en de dood*
aan·ha·len [haalde aan, heeft aangehaald]
1 strakker maken = aantrekken [iemand haalt iets aan] ✦ *hij wil de banden met zijn oude vrienden weer aanhalen*
2 met de hand over iemand strijken = strelen [iemand haalt iemand aan] ✦ *ze haalde haar vriendje aan toen hij verdrietig was*
3 zeggen wat iemand anders eerder zei = citeren [iemand haalt iemands woorden aan] ✦ *de journalist haalde de woorden van de minister aan*
het **aan·ha·lings·te·ken** [aanhalingstekens]
een teken ("…" of '…') om aan te duiden dat een stukje tekst van iemand anders is ✦ *wilt u de titel van de film tussen aanhalingstekens zetten?*
de **aan·hang**
de mensen die de ideeën van een leider goedkeuren en volgen ✦ *deze politieke partij heeft een grote aanhang onder ouderen*
aan·han·gen [hing aan, heeft aangehangen]
het eens zijn met ideeën en plannen [iemand hangt iemand of iets aan] ✦ *mag ik weten welk geloof u aanhangt?*
de **aan·han·ger** [aanhangers]
1 de aanhangwagen
2 iemand die bepaalde ideeën of plannen aanhangt*

aan·han·gig [bijvoeglijk naamwoord]
iets aanhangig maken: een zaak aan de officiële instanties geven om deze te behandelen ✦ *de man maakte de zaak aanhangig bij de rechter*

de **aan·hang·wa·gen** [aanhangwagens]
een wagen die achter een auto hangt = de aanhanger

aan·han·ke·lijk [bijvoeglijk naamwoord]
een aanhankelijke persoon is niet zelfstandig en wil steeds bij iemand zijn

aan·ho·ren [hoorde aan, heeft aangehoord]
met aandacht naar iemand of iets luisteren [iemand hoort iemand of iets aan]
dat is niet om aan te horen: dat klinkt erg lelijk

aan·hou·den [hield aan, heeft aangehouden]
1 laten stoppen om iets te vragen of te zeggen [iemand houdt iemand aan] ✦ *de man hield mij op straat aan om de weg te vragen*
2 meenemen naar het politiebureau = arresteren [de politie houdt iemand aan]
3 doorgaan [iets of iemand houdt aan] ✦ *de regen hield een paar dagen aan*
4 niet uitdoen [iemand houdt iets aan] ✦ *je moet je jas maar aanhouden, want het is koud binnen*

aan·hou·dend [bijvoeglijk naamwoord]
voortdurend ✦ *door de aanhoudende regen stegen de rivieren*

•**aan·kij·ken** [keek aan, heeft aangekeken]
in de ogen kijken [iemand kijkt iemand aan] ✦ *de vader keek het jongetje streng aan*

aan·kij·ken op [keek aan op, heeft aangekeken op]
de schuld van iets geven [iemand kijkt iemand op iets aan] ✦ *de werknemers kijken de directeur erop aan dat het bedrijf geen winst maakt*

de **aan·klacht** [aanklachten]
een uiting van schuld = de beschuldiging ✦ *de aanklacht tegen de minister, die gestolen zou hebben, was groot nieuws*

aan·kla·gen [klaagde aan, heeft aangeklaagd]
de schuld geven; bij de rechter klagen over iemand [iemand klaagt iemand aan]

•**aan·kle·den** [kleedde aan, heeft aangekleed]
kleren aandoen [iemand kleedt iemand aan] ✦ *hij waste de baby en kleedde haar aan* ✦ *in vijf minuten had ze zich aangekleed*

aan·klop·pen bij [klopte aan bij, heeft aangeklopt bij]
vragen om iets te krijgen [iemand klopt bij iemand aan (voor iets)] ✦ *als zij geld nodig heeft, kan zij altijd bij haar ouders aankloppen*

het **aan·kno·pings·punt** [aanknopingspunten]
iets wat helpt om iets te begrijpen of te verklaren = het handvat, de aanwijzing ✦ *het mes vormde een aanknopingspunt voor het oplossen van de misdaad*

•**aan·ko·men** [kwam aan, is aangekomen]
1 ergens komen; naderen [iemand of iets komt aan] ✦ *mijn tante komt morgen om elf uur op Schiphol aan*
2 dikker of zwaarder worden ⇔ afvallen [iemand komt aan] ✦ *ik eet heel weinig en toch kom ik aan*
3 raken; treffen [iets komt aan] ✦ *die bal kwam hard aan* ✦ *de mededeling dat zijn moeder overleden was, kwam hard aan*
4 iets zien aankomen: denken dat iets gaat gebeuren ✦ *ik wist wel dat hij ziek was, maar ik heb zijn dood niet zien aankomen*
5 het laten aankomen op iets: net zo lang wachten met handelen tot iets gebeurt ✦ *hij houdt niet meer van zijn vrouw en laat het aankomen op een scheiding*
6 het komt eropaan: het is heel spannend en belangrijk wat er wel of niet gebeurt

aan·ko·mend [bijvoeglijk naamwoord]
volgend ✦ *aankomende woensdag ben ik vrij*

de •**aan·komst**
het moment dat je op een bepaalde plaats aankomt ✦ *bij aankomst kreeg iedereen een kop koffie of thee*

•**aan·kon·di·gen** [kondigde aan, heeft aangekondigd]
1 bekendmaken; meedelen [iemand

kondigt iets aan] ✦ *de directeur kondigde aan dat de fabriek moest sluiten*
2 zeggen wie er gaat optreden of spreken [iemand kondigt iemand aan] ✦ *als eerste spreker werd de president aangekondigd*

de **aan·kon·di·ging** [aankondigingen]
het feit dat iemand of iets aangekondigd wordt

de **aan·koop** [aankopen]
1 de keer dat iets gekocht wordt ✦ *door de aankoop van het schilderij zullen er veel extra bezoekers naar het museum komen*
2 een product dat je koopt ✦ *onze eerste aankoop was een bed*

aan·ko·pen [kocht aan, heeft aangekocht]
kopen [iemand koopt iets groots aan] ✦ *de vrouw heeft een heel park met huisjes aangekocht*

aan·kun·nen [kon aan, heeft aangekund]
even sterk of sterker zijn; genoeg kracht hebben om een taak uit te voeren [iemand kan iets of iemand aan] ✦ *hij kan de grote hoeveelheid werk niet aan*

de •**aan·leg**
1 iets wat je goed kunt = het talent ✦ *Monica heeft aanleg voor talen*
2 de bouw ✦ *de aanleg van een nieuwe weg is een dure zaak*

aan·leg·gen [legde aan, heeft aangelegd]
1 bouwen; maken [iemand legt een brug, een weg enz. aan]
2 met een touw vastmaken [iemand legt een schip aan]
3 aan de kant gaan liggen om vastgemaakt te worden [een schip legt aan] ✦ *het grote schip legde in de haven van Antwerpen aan*
4 het met iemand aanleggen: een verhouding met iemand beginnen

de •**aan·lei·ding** [aanleidingen]
de reden ✦ *hij begon zonder aanleiding met mij te vechten*

de **aan·loop** [aanlopen]
1 het stukje dat je loopt voordat je springt ✦ *hij nam een aanloop en sprong over het hek*
2 [geen meervoud] het bezoek ✦ *toen ik jarig was, had ik de hele dag aanloop*

de **aan·ma·ning** [aanmaningen]
een brief met een waarschuwing dat je nog moet betalen

aan·mel·den [meldde aan, heeft aangemeld]
melden dat iemand lid wil worden of een functie wil uitoefenen = opgeven [iemand meldt iemand aan] ✦ *u kunt zich tot 1 juli voor de cursus aanmelden*

aan·mer·ke·lijk [bijvoeglijk naamwoord]
tamelijk veel; tamelijk groot = aanzienlijk ✦ *de nieuwe auto's maken aanmerkelijk minder lawaai*

de **aan·mer·king** [aanmerkingen]
een kritische opmerking ✦ *de chef had een paar aanmerkingen op het werk*

aan·moe·di·gen [moedigde aan, heeft aangemoedigd]
zeggen dat iemand het goed doet en zo moet doorgaan = aansporen [iemand moedigt iemand aan] ✦ *het publiek moedigde de spelers aan*

aan·ne·me·lijk [bijvoeglijk naamwoord]
iets dat aannemelijk is, is erg waarschijnlijk ✦ *het is aannemelijk dat de fiets gestolen is*

•**aan·ne·men** [nam aan, heeft aangenomen]
1 ontvangen; niet weigeren = aanvaarden [iemand neemt iets aan] ✦ *het jarige meisje nam het cadeautje al bij de deur aan*
2 als juist aanvaarden = veronderstellen [iemand neemt iets aan] ✦ *laten we aannemen dat kinderen het leuk vinden om te leren*
3 werknemer of lid maken [iemand neemt iemand aan] ✦ *na een gesprek met de chef werd zij onmiddellijk bij het bedrijf aangenomen*
4 een bericht voor iemand anders krijgen, meestal door de telefoon [iemand neemt een boodschap aan]

de **aan·ne·mer** [aannemers]
iemand die werk uitvoert, bijvoorbeeld de bouw van een huis

de **aan·pak** [aanpakken]
een manier van werken = de methode ✦ *een strenge aanpak is goed voor deze leerling*

aan·pak·ken [pakte aan, heeft aangepakt]
1 met de handen pakken [iemand pakt iets aan] ✦ *wil je die borden even aan-*

aa

pakken?
2 beginnen op te lossen [iemand pakt iets aan] ✦ *de minister wilde de handel in drugs strenger aanpakken*
3 iemand flink aanpakken: iemand straffen; streng tegen iemand zijn

•**aan·pas·sen** [paste aan, heeft aangepast]
geschikt maken [iemand past iets aan (aan iets)] ✦ *ze pasten de woningen speciaal voor oudere mensen aan*

zich •**aan·pas·sen** [paste zich aan, heeft zich aangepast]
doen wat anderen verwachten, ook als je zelf iets anders wilt [iemand past zich aan (aan iets of iemand)] ✦ *zij kan zich moeilijk aanpassen aan de Afrikaanse cultuur*

aan·prij·zen [prees aan, heeft aangeprezen]
zeggen dat een product heel goed is = aanbevelen [iemand prijst iets aan] ✦ *mannen en vrouwen stonden op de markt hun producten aan te prijzen*

aan·ra·den [raadde aan of ried aan, heeft aangeraden]
een bepaald advies geven = adviseren [iemand raadt iets aan] ✦ *zij raadt ons aan om een tafeltje in het restaurant te reserveren*

aan·ra·ken [raakte aan, heeft aangeraakt]
met je hand tegen iets aan komen [iemand raakt iets of iemand aan] ✦ *wilt u de voorwerpen in het museum niet aanraken?*

de **aan·ra·king** [aanrakingen]
het contact ✦ *bij iedere aanraking schreeuwt hij van de pijn* ✦ *bent u wel eens in aanraking geweest met de politie?*

aan·ran·den [randde aan, heeft aangerand]
dwingen tot seksueel contact [iemand randt iemand aan]

het **aan·recht** *ook:* de [aanrechten]
een soort tafel in de keuken, waar ook de kraan zit ✦ *de vuile borden staan op het aanrecht*

aan·rei·ken [reikte aan, heeft aangereikt]
aanbieden; geven = overhandigen [iemand reikt iemand iets aan] ✦ *reik me even de krant aan*

aan·rich·ten [richtte aan, heeft aangericht]
veroorzaken [iemand richt iets aan] ✦ *de jongens richtten 's nachts grote schade aan*

de **aan·rij·ding** [aanrijdingen]
het ongeluk = de botsing ✦ *de vrouw is overleden na een aanrijding met een bus*

aan·schaf·fen [schafte aan, heeft aangeschaft]
kopen [iemand schaft iets aan] ✦ *we hebben een nieuwe tv aangeschaft*

aan·scher·pen [scherpte aan, heeft aangescherpt]
duidelijker maken; heviger maken [iemand scherpt iets aan] ✦ *door de opmerkingen van de chef werd de ruzie aangescherpt*

aan·schou·wen [aanschouwde, heeft aanschouwd] (formeel)
kijken naar iemand of iets = bekijken [iemand aanschouwt iemand of iets] ✦ *ze aanschouwde zichzelf in de spiegel*

aan·slaan [sloeg aan, is aangeslagen]
1 aardig, leuk of goed gevonden worden [iets slaat aan] ✦ *ik weet zeker dat het programma ook in Amerika zal aanslaan*
2 starten; beginnen te draaien of lopen ⇔ afslaan [een motor slaat aan]

de **aan·slag** [aanslagen]
1 een poging om een gebouw kapot te maken of een moord te plegen ✦ *er is een aanslag gepleegd op de president*
2 [geen meervoud] een laagje dat achterblijft = het bezinksel ✦ *er zit bruine aanslag van de thee in mijn kopje*
3 het bedrag dat je aan belastingen moet betalen

het **aan·slag·bil·jet** [aanslagbiljetten]
een papier waarop staat hoeveel belasting je moet betalen **belasting**

•**aan·slui·ten** [sloot aan, heeft aangesloten]
iets verbinden met een systeem, waardoor het werkt [iemand sluit iets aan] ✦ *de computer is nog niet aangesloten*

zich •**aan·slui·ten bij** [sloot zich aan bij, heeft zich aangesloten bij]
gaan horen bij [iemand sluit zich bij iemand of iets aan] ✦ *zal Zwitserland zich aansluiten bij de Europese Unie?* ✦ *wij sluiten ons graag bij de meerderheid aan*

•**aan·slui·ten bij** [sloot aan bij, heeft aangesloten bij]
passen bij iets [iets sluit bij iets aan]

✦ *zijn ideeën sluiten goed aan bij mijn plannen*

de **aan·slui·ting** [aansluitingen]
1 het contact ✦ *hij vond het moeilijk om aansluiting te vinden bij zijn collega's*
2 de mogelijkheid om op een andere bus of trein te stappen = de verbinding ✦ *ik moet rennen, anders mis ik mijn aansluiting met de bus*

aan·span·nen [spande aan, heeft aangespannen]
beginnen [iemand spant een proces, een zaak enz. aan] ✦ *de buren spannen een proces aan tegen de gemeente wegens lawaai op straat*

aan·spo·ren [spoorde aan, heeft aangespoord]
met nadruk vragen om iets te doen of te laten = aanmanen [iemand spoort iemand aan] ✦ *in het tv-programma werden de kijkers aangespoord geld te geven voor de actie*

de **aan·spraak**
1 de keer dat mensen met je praten ✦ *de oude man woonde alleen en had weinig aanspraak*
2 aanspraak maken op iets: zeggen dat je recht op iets hebt, omdat het van jou is ✦ *alle medewerkers kunnen aanspraak maken op een deel van de winst*

aan·spra·ke·lijk [bijvoeglijk naamwoord]
iemand die aansprakelijk is voor iets, is daar verantwoordelijk voor ✦ *het bedrijf is aansprakelijk gesteld voor de dood van de medewerker*

aan·spre·ken [sprak aan, heeft aangesproken]
1 beginnen te spreken tegen iemand [iemand spreekt iemand aan] ✦ *de buurvrouw sprak mij even aan*
2 gaan gebruiken [iemand spreekt reserves, voorraden aan] ✦ *in geval van nood kan Nederland een grote voorraad gas aanspreken*
3 zo zijn dat het leuk, mooi of prettig gevonden wordt = bevallen [iets of iemand spreekt iemand aan] ✦ *de nieuwe cd zal jongeren wel aanspreken*

aan·spre·ken op [sprak aan op, heeft aangesproken op]
tegen iemand zeggen dat hij verantwoordelijk is [iemand spreekt iemand op iets aan] ✦ *de officier sprak de soldaten aan op hun gedrag*

aan·staan [stond aan, heeft aangestaan]
bevallen [iets staat iemand aan] ✦ *de plannen van de regering staan de partij niet aan*

aan·staand [bijvoeglijk naamwoord]
1 aanstaande donderdag is de eerste donderdag die komt ✦ *aanstaande vrijdag gaan wij op vakantie*
2 een aanstaande moeder is een vrouw die moeder wordt; de aanstaande koning is de man die koning wordt

de **aan·stal·ten** [meervoud]
aanstalten maken: je duidelijk zichtbaar voorbereiden om iets te gaan doen ✦ *de gasten maakten aanstalten om te vertrekken*

aan·ste·ke·lijk [bijvoeglijk naamwoord]
iets is aanstekelijk als je zin krijgt het ook te doen ✦ *zijn lach werkt aanstekelijk*

aan·ste·ken [stak aan, heeft aangestoken]
1 aandoen; laten branden [iemand steekt iets aan] ✦ *het is niet duidelijk wie het vuur heeft aangestoken*
2 een ziekte geven die jij hebt [iemand steekt iemand aan] ✦ *er zijn veel kinderen op school ziek; ze steken elkaar aan*

de **aan·ste·ker** [aanstekers]
een instrument om sigaretten mee aan te steken*

aan·stel·len [stelde aan, heeft aangesteld]
een bepaalde functie geven [iemand stelt iemand aan] ✦ *de directeur heeft een vrouw aangesteld als chef van de afdeling*

zich **aan·stel·len** [stelde zich aan, heeft zich aangesteld]
raar doen; doen alsof je een kind bent [iemand stelt zich aan] ✦ *stel je niet aan, het doet geen pijn*

de **aan·stel·ling** [aanstellingen]
de keer dat iemand aangesteld* wordt ✦ *na drie maanden kreeg zij een vaste aanstelling bij het bedrijf*

de **aan·stoot**
1 aanstoot geven: iets doen wat andere mensen vervelend vinden ✦ *de beroemde zanger doet steeds dingen die aanstoot geven, om aandacht te krijgen en op tv te komen*
2 aanstoot nemen aan iets: iets heel

vervelend vinden ✦ *veel mensen namen aanstoot aan de reclamefoto van een blote vrouw*

aan·stu·ren op [stuurde aan op, heeft aangestuurd op]
willen bereiken; zorgen dat iets gebeurt [iemand stuurt op iets aan] ✦ *de regering stuurt aan op lagere belastingen*

het •**aan·tal** [aantallen]
het getal; de hoeveelheid ✦ *er komt een groot aantal buitenlandse gasten op het feest*

aan·tas·ten [tastte aan, heeft aangetast]
zorgen dat iets lelijker of slechter wordt [iets, vooral het weer, tast iets aan] ✦ *het gebouw is aangetast door weer en wind*

aan·te·ke·nen [tekende aan, heeft aangetekend]
1 opschrijven om te onthouden [iemand tekent iets aan] ✦ *mijn moeder heeft precies aangetekend wanneer ik als kind ziek was*
2 een extra opmerking maken [iemand tekent iets aan (bij iets)] ✦ *de minister tekende erbij aan dat de maatregel snel moest worden uitgevoerd*
3 officieel laten weten [iemand tekent protest, bezwaar aan] ✦ *de ploeg heeft protest aangetekend tegen de beslissing van de scheidsrechter*

de **aan·te·ke·ning** [aantekeningen]
1 iets wat je kort opschrijft om het te onthouden = de notitie ✦ *ik heb tijdens de les geen aantekeningen gemaakt*
2 een extra diploma ✦ *de meeste onderwijzers hebben ook een aantekening voor muziek*

de **aan·tij·ging** [aantijgingen]
een uitspraak waarmee je iemand de schuld van iets geeft

de **aan·tocht**
iets of iemand is in aantocht: iets of iemand komt eraan ✦ *er stonden veel mensen langs de weg toen de koning in aantocht was* ✦ *de winter is in aantocht*

aan·to·nen [toonde aan, heeft aangetoond]
bewijzen [iemand of iets toont iets aan] ✦ *onderzoek heeft aangetoond dat koffie slecht is voor de gezondheid*

aan·tre·den [trad aan, is aangetreden]
verschijnen; ergens komen [iemand treedt aan] ✦ *de soldaten moesten om vijf uur in de ochtend aantreden*

aan·tref·fen [trof aan, heeft aangetroffen]
vinden zonder dat je ernaar zoekt [iemand treft iets of iemand aan] ✦ *binnenkort zult u veel informatie op onze homepage aantreffen*

aan·trek·ke·lijk [bijvoeglijk naamwoord]
1 iemand die aantrekkelijk is, is leuk om te zien
2 een aantrekkelijk plan is een plan dat iedereen leuk en goed vindt

•**aan·trek·ken** [trok aan, heeft aangetrokken]
1 aandoen ⇔ uittrekken [iemand trekt kleren aan] ✦ *welke jas zal ik aantrekken?*
2 naar zich toe halen doordat het mooi, leuk of lekker is [iemand of iets trekt iemand of iets aan] ✦ *zoet eten en drinken trekt insecten aan*
3 zo zijn dat je het leuk vindt of graag wilt [iets trekt iemand aan] ✦ *werken in een fabriek trekt me helemaal niet aan*
4 strakker maken [iemand trekt iets aan] ✦ *wil je het touw even aantrekken?*

zich •**aan·trek·ken** [trok zich aan, heeft zich aangetrokken]
moeilijk vinden [iemand trekt zich iets aan] ✦ *hij heeft zich de dood van zijn vader erg aangetrokken*

de **aan·trek·kings·kracht**
de kracht waarmee iemand of iets naar je toe wordt getrokken ✦ *glimmende dingen hebben een grote aantrekkingskracht op baby's*

aan·vaard·baar [bijvoeglijk naamwoord]
iets wat aanvaardbaar is, vindt men goed genoeg = acceptabel ⇔ onaanvaardbaar ✦ *de klant vond de kwaliteit van het product niet aanvaardbaar*

•**aan·vaar·den** [aanvaardde, heeft aanvaard]
1 zich niet verzetten = accepteren [iemand aanvaardt iets] ✦ *mijn collega's aanvaarden dat ik soms een sigaret rook*
2 beginnen [iemand aanvaardt een reis, een tocht enz.] ✦ *toen alles goed geregeld was, aanvaardden we onze reis*
3 (formeel) ontvangen; aannemen = accepteren [iemand aanvaardt iets] ✦ *de koningin aanvaardde het cadeau van de buitenlandse gast*

de **aan·val** [aanvallen]
1 een actie om voordeel te krijgen, waar iemand anders nadeel van heeft = het offensief ✦ *na een laatste aanval eindigde de wedstrijd in 3-0*
2 een korte, hevige periode waarin je last hebt van iets ✦ *tijdens de les kreeg ze een aanval van slaap*

aan·val·len [viel aan, heeft aangevallen]
een actie uitvoeren om voordeel te krijgen, waar iemand anders nadeel van heeft = attaqueren [iemand valt iemand of iets aan] ✦ *België en Nederland zijn in 1940 aangevallen door Duitsland*

aan·val·len op [viel aan op, heeft aangevallen op]
kritiek geven [iemand valt iemand aan op iets] ✦ *de directeur is tijdens de vergadering aangevallen op zijn financiële beleid*

de **aan·val·ler** [aanvallers] **aan·val·ster** [aanvalsters]
iemand die in een sportwedstrijd op een positie staat dat hij vooral moet aanvallen ⇔ de verdediger

de **aan·vang** (formeel)
het begin ✦ *de aanvang van de film is om 20.00 uur*

aan·van·gen [ving aan, is aangevangen] (formeel)
beginnen [iets vangt aan] ✦ *de wedstrijd zal aanvangen om precies 15.00 uur*

aan·van·ke·lijk [bijvoeglijk naamwoord]
oorspronkelijk; in het begin ✦ *aanvankelijk waren Boris en Lisa helemaal geen goede vrienden, maar nu wel*

de **aan·va·ring** [aanvaringen]
1 een botsing tussen schepen ✦ *er was een zware aanvaring tussen een Noors en een Nederlands schip*
2 de ruzie ✦ *tijdens de vergadering had Norma een aanvaring met Joop*

aan·vech·ten [vocht aan, heeft aangevochten]
niet aanvaarden; ertegen ingaan [iemand vecht iets aan] ✦ *ze gaat de beslissing van de rechter aanvechten*

aan·voe·len [voelde aan, heeft aangevoeld]
1 begrijpen zonder woorden [iemand voelt iets of iemand aan] ✦ *ze voelt goed aan wanneer haar kinderen aandacht nodig hebben*
2 een gevoel geven [iets of iemand voelt koud, ruw, zacht enz. aan] ✦ *wat voelt de stof van je jurk lekker zacht aan!*

de **aan·voer·der** [aanvoerders] **aan·voer·ster** [aanvoersters]
de leider van een groep, vooral in de sport ✦ *Frank de Boer was lange tijd aanvoerder van het Nederlands elftal*

aan·voe·ren [voerde aan, heeft aangevoerd]
1 leiden [iemand voert een groep aan] ✦ *de ploeg wordt aangevoerd door Timo Konings*
2 ergens naar toe brengen [iemand voert iets aan] ✦ *de benzine werd door een grote vrachtwagen aangevoerd*
3 als reden geven [iemand voert iets aan] ✦ *de chauffeur voerde als oorzaak van het ongeluk aan dat hij het bord niet had gezien*

de **aan·vraag** [aanvragen]
een vraag om iets te krijgen = het verzoek ✦ *de vereniging heeft een aanvraag voor subsidie gedaan*

•**aan·vra·gen** [vroeg aan, heeft aangevraagd]
vragen om iets te krijgen [iemand vraagt iets aan] ✦ *u kunt gratis informatie aanvragen bij postbus 51*

aan·vul·len [vulde aan, heeft aangevuld]
vollediger maken [iets of iemand vult iets of iemand aan] ✦ *de twee directeuren vullen elkaar uitstekend aan* ✦ *het bedrag moet worden aangevuld met geld van de overheid*

de **aan·vul·ling** [aanvullingen]
iets dat iets vollediger maakt = het supplement

aan·wak·ke·ren [wakkerde aan, heeft aangewakkerd]
1 groter maken [iets wakkert een vuur aan] ✦ *de sterke wind wakkerde het vuur aan*
2 sterker worden [de wind, het vuur wakkert aan]
3 sterker maken [iets wakkert een gevoel aan] ✦ *toen ze hem weer zag, werden haar gevoelens voor hem aangewakkerd*

aan·wen·den [wendde aan, heeft aangewend]
gebruiken [iemand wendt iets aan] ✦ *ik zal al mijn invloed aanwenden om de verkiezingen te winnen*

zich **aan·wen·nen** [wende zich aan, heeft

zich aangewend]
iets steeds doen tot het een gewoonte wordt [iemand went zich iets aan] ✦ *ze heeft zich aangewend 's morgens een koude douche te nemen*

aan·wer·ven [wierf aan, heeft aangeworven] (in België)
aannemen in een bepaald werk of in een bepaalde baan [iemand werft iemand aan] ✦ *de stad Brussel werft nieuwe medewerkers aan*

•**aan·we·zig** [bijvoeglijk naamwoord]
iemand die aanwezig is, is er = present ⇔ afwezig ✦ *hoeveel mensen zijn er aanwezig?* ✦ *voor het beantwoorden van al uw vragen is er voldoende personeel aanwezig*

de **aan·we·zi·ge** [aanwezigen]
iemand die aanwezig is ✦ *de aanwezigen kregen gratis koffie en thee*

•**aan·wij·zen** [wees aan, heeft aangewezen]
1 met de vinger wijzen naar iemand of iets [iemand wijst iemand of iets aan] ✦ *de leraar wees Bianca aan*
2 laten zien = tonen [iets wijst een hoeveelheid, snelheid enz. aan] ✦ *de klok wijst tien uur aan*

de **aan·wij·zing** [aanwijzingen]
1 het vermoeden ✦ *er zijn aanwijzingen dat de verkiezingen niet eerlijk zijn gegaan*
2 een tekst om duidelijk te maken wat je moet doen ✦ *kook de rijst volgens de aanwijzingen op het pak*

de **aan·winst** [aanwinsten]
iets nieuws dat iemand heeft gekocht of gekregen ✦ *het museum toont in de tentoonstelling enkele nieuwe aanwinsten*

de **aan·zet** [aanzetten]
het eerste begin = de impuls ✦ *in zijn boek geeft de schrijver een aanzet tot een discussie over racisme*

aan·zet·ten [zette aan, heeft aangezet]
1 in werking stellen ⇔ uitzetten [iemand zet iets aan] ✦ *zet snel de radio aan!*
2 komen aanzetten: later komen dan de anderen ✦ *toen het feest al bijna voorbij was, kwam Jaap ook nog aanzetten*

aan·zet·ten tot [zette aan tot, heeft aangezet tot]
tot een bepaalde daad brengen [iemand zet iemand tot iets aan] ✦ *de jongen is door zijn moeder aangezet tot moord*

het •**aan·zien**[1]
1 de waardering = het respect ✦ *in een dorp heeft een arts meestal veel aanzien*
2 hoe iets er aan de buitenkant uitziet = het uiterlijk ✦ *door de nieuwe ramen heeft het huis een heel ander aanzien gekregen*
3 ten aanzien van ...: met betrekking tot ... ✦ *ten aanzien van het moment van verhuizen moeten we nog een beslissing nemen*

•**aan·zien**[2] [zag aan, heeft aangezien]
laten gebeuren zonder er iets aan te doen [iemand ziet iets aan] ✦ *de dokter wilde het nog even aanzien* ✦ *hij kon niet langer aanzien hoe de dieren moesten lijden*

•**aan·zien voor** [zag aan voor, heeft aangezien voor]
denken dat iemand een ander persoon is [iemand ziet iemand aan voor iemand anders] ✦ *Theo wordt vaak aangezien voor zijn broer*

•**aan·zien·lijk** [bijvoeglijk naamwoord]
groot; erg ✦ *de prijzen voor kleren verschillen per land aanzienlijk*

de **aap** [apen] **apin** [apinnen]
een dier dat het meest op de mens lijkt
iemand voor de aap houden: (in België) als grapje een beetje oneerlijk doen tegen iemand ✦ *Eric dacht dat ik hem voor de aap hield toen ik zei dat mijn fiets was gestolen*

de •**aard**
het karakter = het wezen ✦ *het is haar aard niet om lang boos te zijn* ✦ *over de aard van de ziekte is nog weinig bekend*

de •**aard·ap·pel** [aardappelen, aardappels]
de knol van een plant, die je kunt eten
maaltijden

aardappel

de **aard·bei** [aardbeien]
een zachte, rode vrucht

ab

aardbei

de **aard·be·ving** [aardbevingen]
een beweging van de aarde die je kunt voelen ✦ *de aardbeving in India heeft veel mensen gedood*

de ***aar·de**
1 de planeet waarop wij wonen = de wereld ✦ *de maan is kleiner dan de aarde*
2 de grond waarin bomen en planten groeien
iets valt niet in goede aarde: iets wordt niet goed ontvangen ✦ *het voorstel viel niet in goede aarde*

het **aar·de·werk**
kopjes, borden enz. van gebakken aarde

In Nederland zijn in Makkum en Delft beroemde fabrieken waar aardewerk gemaakt en beschilderd wordt.

het **aard·gas**
gas dat uit de aarde komt **landschap**

In Nederland is in 1960 een grote hoeveelheid aardgas ontdekt bij Slochteren in Groningen.

***aar·dig**[1] [bijvoeglijk naamwoord]
vriendelijk = sympathiek ✦ *de verpleegsters waren bijzonder aardig*

***aar·dig**[2] [bijwoord]
behoorlijk groot, goed, veel = redelijk ✦ *Johanna spreekt na drie maanden al aardig Chinees*

de **aard·olie**
de olie waarvan bijv. benzine wordt gemaakt

de **aard·rijks·kun·de**
een vak op school waarbij je leert over landen, plaatsen, zeeën enz.

aards [bijvoeglijk naamwoord]
aardse zaken hebben betrekking op de aarde ⇔ hemels ✦ *hij had heel veel problemen in zijn aardse bestaan*

***aar·ze·len** [aarzelde, heeft geaarzeld]
niet zeker weten wat je moet doen of wat je moet zeggen [iemand aarzelt] ✦ *aarzel niet om me te bellen als je problemen hebt*

de **aas**[1] [azen]
een kaart met een hoge waarde in een spel

het **aas**[2]
1 het eten waarmee mensen vissen vangen
2 het voedsel dat dieren zelf zoeken, en dat bestaat uit het vlees van andere dieren

het **ab·ces** [abcessen]
een plek op of in je lichaam die ontstoken is = de ontsteking

het **ABN**
Algemeen Beschaafd Nederlands: de taal die in Nederland en Vlaanderen op scholen wordt geleerd

ab·nor·maal [bijvoeglijk naamwoord]
abnormale dingen zijn niet gewoon ⇔ normaal ✦ *vanwege de abnormale situatie kreeg het personeel een dag vrij* ✦ *Monica eet altijd abnormaal veel*

de **abon·nee** [abonnees]
iemand die een abonnement* op iets heeft ✦ *de krant heeft meer dan honderdduizend abonnees*

het **abon·ne·ment** [abonnementen]
een bewijs om regelmatig iets te mogen doen, bijv. een krant te krijgen of naar toneel te gaan

de **abor·tus** [abortussen]
de handeling waarmee iemand een zwangerschap laat stoppen

de **abri·koos** [abrikozen]
een gele vrucht met een grote pit

abrikoos

ab·rupt [bijvoeglijk naamwoord]
iets wat abrupt gebeurt, gebeurt heel plotseling ✦ *het paard stopte abrupt*

ab·sent [bijvoeglijk naamwoord]
iemand die absent is, is niet aanwezig = afwezig ⇔ present ✦ *vandaag waren er vijf van de zestien collega's absent*

***ab·so·luut** [bijvoeglijk naamwoord]
helemaal; totaal = volkomen ✦ *ik houd absoluut niet van de muziek van mijn kinderen*

ab·sor·be·ren [absorbeerde, heeft geabsorbeerd]

in zich opnemen [iets absorbeert iets] ✦ *een spons absorbeert water*

ab·stract [bijvoeglijk naamwoord]
iets wat abstract is, kun je niet zien of vastpakken, maar je kunt er alleen over denken ⇔ concreet ✦ *het verhaal dat hij vertelde, vind ik erg abstract; ik zou graag een paar voorbeelden hebben*

het **abuis**
1 per abuis: bij vergissing; per ongeluk ✦ *per abuis hebben wij u een verkeerde brief gestuurd*
2 abuis zijn: je vergissen ✦ *u bent abuis; dit is de Willemstraat niet*

het **ABVV** (in België)
Algemeen Belgisch Vakverbond: een organisatie die vertegenwoordiger is van de belangen van werknemers

de **aca·de·mie** [academies]
een school voor hoger onderwijs waar je één richting kunt studeren

aca·de·misch [bijvoeglijk naamwoord]
1 iets wat academisch is, heeft te maken met de universiteit = wetenschappelijk ✦ *het bedrijf zoekt personeel van academisch niveau*
2 een academisch probleem is een probleem dat niet belangrijk is, omdat het te theoretisch is ✦ *ik vind het een academische vraag of dit jazzmuziek is of niet*

het **ac·cent** [accenten]
1 de nadruk = de klemtoon ✦ *in 'aanbieden' ligt het accent op 'aan'*
2 de manier waarop iemand de woorden uitspreekt ✦ *Johan praat met een Rotterdams accent*

het **ac·cent cir·con·flexe** [accents circonflexes]
^, een teken dat boven een klinker staat in sommige buitenlandse woorden, zoals in 'enquête'

ac·cep·ta·bel [bijvoeglijk naamwoord]
iets wat acceptabel is, kun je aanvaarden = aanvaardbaar ✦ *uw voorstel is voor mij niet acceptabel*

ac·cep·te·ren [accepteerde, heeft geaccepteerd]
1 aanvaarden, goed vinden [iemand accepteert iets of iemand] ✦ *ik kan uw voorstel niet accepteren*
2 aannemen, ontvangen [iemand accepteert iets] ✦ *een ambtenaar mag nooit geld voor zichzelf accepteren*

de **ac·cept·gi·ro·kaart** [acceptgirokaarten]
een papier waarmee mensen die een bankrekening of een girorekening hebben, een rekening kunnen betalen geld

de **ac·cijns** [accijnzen]
de belasting voor bijv. alcohol en benzine ✦ *vanaf 1 juli gaat de accijns op benzine omhoog* belasting

de **ac·co·la·de** [accolades]
elk van de tekens die om informatie heen staan, het teken { en } ✦ *tussen de accolades moet je je naam invullen*

de **ac·com·mo·da·tie** [accommodaties]
de ruimte en de spullen die nodig zijn voor een bepaald doel ✦ *ons hotel biedt ook een goede accommodatie voor een congres*

de **ac·cor·de·on** [accordeons]
een muziekinstrument dat je induwt en uittrekt = de trekharmonica

accordeon

de **ac·coun·tant** [accountants]
iemand die voor zijn of haar beroep de administratie doet voor een bedrijf

de **ac·cu** [accu's]
een apparaat dat elektrische stroom bewaart ✦ *de accu van mijn auto is leeg*

ac·cu·raat [bijvoeglijk naamwoord]
accurate mensen of dingen werken precies en op tijd = nauwkeurig, nauwgezet ✦ *de heer Fongers is een zeer accurate man, want hij komt altijd op tijd, en hij doet wat hij belooft*

ach [tussenwerpsel]
1 dit woord gebruik je om iets minder belangrijk te maken ✦ *ach, veel geld verdienen vind ik niet zo belangrijk*
2 dit woord gebruik je als je medelijden hebt met iemand ✦ *ach, heb je zo'n pijn?*
3 dit woord gebruik je als je boos bent ✦ *ach, hou je mond!*

de **achil·les·pees** [achillespezen]
de verbinding tussen je hiel en je kuit

de **acht**[1]
acht slaan op iets of iemand: letten op iets of iemand; iets of iemand opmerken ✦ *niemand sloeg acht op de spelende kinderen*

acht[2] [hoofdtelwoord]

8 getallen

ach·te·loos [bijvoeglijk naamwoord]
iemand die iets achteloos doet, denkt er niet bij na en doet het slordig = nonchalant ✦ *achteloos legde Frans zijn jas op tafel*

•**ach·ten** [achtte, heeft geacht]
1 vinden [iemand acht iemand schuldig, iemand acht iemand tot iets in staat enz.] ✦ *ik acht Gerard tot alles in staat als hij kwaad is* ✦ *de commissie achtte de uitspraak van de rechter onjuist*
2 waardering hebben voor iemand = respecteren [iemand acht iemand] ✦ *geachte heer Rozenmeier, deze brief schrijf ik ...*

•**ach·ter**[1] [bijwoord]
1 in het achterste deel ✦ *mijn man is achter in de vijftig* ✦ *loop maar door de gang, Yvonne is achter*
2 iemand staat achter als hij aan het verliezen is ✦ *Ajax staat met 2-0 achter*
3 iemand die achter is, heeft niet de nieuwste informatie ✦ *ik ben volkomen achter op het gebied computers*

•**ach·ter**[2] [voorzetsel]
1 niet voor ✦ *in de trein zat iemand achter me hard te praten*
2 ergens achter komen: iets ontdekken ✦ *de ouders kwamen erachter dat hun zoon voortdurend liegt*
3 daar zit iets achter: dat heeft een bijzondere reden
4 achter iemand staan: iemand steunen

ach·ter·aan [bijwoord]
niet vooraan ✦ *er stond een lange rij bussen, en onze bus stond helemaal achteraan*

ach·ter·af [bijwoord]
1 nadat iets is afgelopen ✦ *achteraf hebben we nog gelachen om onze ruzie*
2 niet tussen andere mensen ✦ *zij stond niet bij de anderen, maar een beetje achteraf*

de **ach·ter·ban**
de mensen die een persoon of partij steunen ✦ *dit voorstel moet ik nog met mijn achterban overleggen*

•**ach·ter·blij·ven** [bleef achter, is achtergebleven]
1 niet meegaan; op een plaats blijven [iets of iemand blijft achter] ✦ *de kapitein bleef alleen achter op het schip*
2 niet zo goed zijn als anderen [iemand blijft achter] ✦ *Joost blijft erg achter in zijn klas*

de **ach·ter·buurt** [achterbuurten]
een deel van een stad waar slechte huizen staan ✦ *de minister woonde in haar jeugd in een achterbuurt*

de **ach·ter·deur** [achterdeuren]
een deur aan de achterkant van het huis ⇔ de voordeur

ach·ter·doch·tig [bijvoeglijk naamwoord]
iemand die achterdochtig is, vertrouwt iets of iemand niet = wantrouwend ✦ *Viola keek me achterdochtig aan*

ach·ter·een [bijwoord]
zonder te stoppen; achter elkaar ✦ *hij heeft vanmiddag drie uur achtereen zitten praten*

ach·ter·een·vol·gend [bijvoeglijk naamwoord]
drie achtereenvolgende dagen zijn drie dagen na elkaar

ach·ter·een·vol·gens [bijwoord]
na elkaar ✦ *om naar België te bellen draait u achtereenvolgens 0032 en het telefoonnummer zonder de eerste nul*

ach·te·ren [bijwoord]
1 naar achteren: naar het achterste gedeelte ✦ *Jeannette kwam binnen en liep direct door naar achteren*
2 van achteren: aan de achterkant ✦ *ze droeg een nieuwe jurk met een strik van achteren*

ach·ter·ge·ble·ven *zie:* **achterblijven**

ach·ter·ge·le·gen *zie:* **achterliggen**

de •**ach·ter·grond** [achtergronden]
1 de omgeving waarin iets staat ✦ *op deze foto zie je op de achtergrond nog net het huis van mijn opa*
2 de echte oorzaak of de echte reden ✦ *binnen de familie kent iedereen de achtergrond van mijn problemen*
3 de dingen die vroeger gebeurd zijn, of die je vroeger hebt meegemaakt = de voorgeschiedenis ✦ *hij heeft een katholieke achtergrond* ✦ *wat is de achtergrond van je vraag?*

ach·ter·haald[1] [bijvoeglijk naamwoord]
iets wat achterhaald is, is niet meer van deze tijd = ouderwets ✦ *mijn baas heeft achterhaalde ideeën over werkende vrouwen*

ach·ter·haald[2] *zie:* **achterhalen**
ach·ter·ha·len [achterhaalde, heeft achterhaald]
ontdekken; te weten komen [iemand achterhaalt iets of iemand] ✦ *we kunnen niet achterhalen wie de foto gemaakt heeft*
het **ach·ter·hoofd** [achterhoofden]
de achterkant van je hoofd
ach·ter·in [bijwoord]
in het achterste deel ✦ *in dit boek staat achterin een lijst met namen en telefoonnummers*
de **ach·ter·kant** [achterkanten]
de kant tegenover de voorkant ✦ *aan de achterkant van het huis is een grote tuin*
het **ach·ter·klein·kind** [achterkleinkinderen]
een zoon of dochter van een kleinkind familie
ach·ter·la·ten [liet achter, heeft achtergelaten]
niet meenemen [iemand laat iets of iemand achter] ✦ *de hond werd in het bos achtergelaten*
ach·ter·lig·gen [lag achter, heeft achtergelegen]
minder ver zijn [iemand ligt achter] ✦ *we liggen een heel stuk achter op ons oorspronkelijke plan*
ach·ter·lijk [bijvoeglijk naamwoord] (informeel)
achterlijke dingen zijn heel raar ✦ *wat een achterlijke foto is dat!*
ach·ter·na [bijwoord]
achter iemand of iets aan ✦ *ze rende haar broertje achterna*
de **ach·ter·naam** [achternamen]
de naam van je familie ⇔ de voornaam ✦ *Ilse heet met haar achternaam Kok*
de **ach·ter·neef** [achterneven]
een zoon van een neef of nicht familie
de **ach·ter·nicht** [achternichten]
een dochter van een neef of nicht familie
ach·ter·op [bijwoord]
aan de achterkant ✦ *achterop staat een leuke tekening*
ach·ter·over [bijwoord]
naar achteren en naar beneden ⇔ voorover
ach·ter·staan [stond achter, heeft achtergestaan]
minder punten hebben dan de tegenstander ⇔ voorstaan [iemand staat achter (op iemand)]
ach·ter·stal·lig [bijvoeglijk naamwoord]
iets wat achterstallig is, had eerder moeten gebeuren ✦ *we hebben drie maanden achterstallige betaling van de huur*
de **ach·ter·stand**
het feit dat iemand minder ver is dan zou moeten, of dan een ander ⇔ de voorsprong ✦ *we hebben een grote achterstand met het werk*
ach·ter·ste·vo·ren [bijwoord]
iets wat achterstevoren zit, heeft het voorste deel achter en het achterste deel voor ✦ *ze heeft haar trui achterstevoren aan*
de **ach·ter·tuin** [achtertuinen]
een tuin achter het huis ⇔ de voortuin
•**ach·ter·uit** [bijwoord]
naar achteren ⇔ vooruit ✦ *de auto reed een klein stukje achteruit*
de **ach·ter·uit·gang**
de ontwikkeling dat iets slechter wordt ✦ *de achteruitgang van de economie heeft voor iedereen gevolgen*
ach·ter·vol·gen [achtervolgde, heeft achtervolgd]
1 steeds achter iemand aan lopen of rijden [iemand achtervolgt iemand] ✦ *de politie achtervolgde de grijze auto*
2 steeds in iemands gedachten zijn [iets achtervolgt iemand] ✦ *de dood van zijn zusje heeft hem zijn hele leven achtervolgd*
ach·ter·we·ge [bijwoord]
achterwege laten: niet doen, terwijl je dat wel zou verwachten ✦ *het zingen van een lied aan het eind werd achterwege gelaten*
het **ach·ter·werk**
het deel van je lichaam waar je op zit = de billen, het achterste
-ach·tig [bijvoeglijk naamwoord]
een stukje aan het eind van een woord, dat betekent: zoiets als …, lijkend op … ✦ *groenachtig*
de **ach·ting**
de waardering ✦ *de gast werd met veel achting behandeld*
acht·ste [rangtelwoord]
8e getallen
acht·tien [hoofdtelwoord]

18 getallen
acht·tien·de [rangtelwoord]
18e getallen

de **ac·qui·si·tie** [acquisities]
het werk dat je doet om klanten te krijgen voor je bedrijf

de **acro·ba·tiek**
het doen van kunsten met je lichaam, bijvoorbeeld in het circus

acrobatiek

de **act** [acts]
een deel van een optreden in een voorstelling = het nummer ✦ *de clown deed een act waar iedereen erg om moest lachen*

ac·te·ren [acteerde, heeft geacteerd]
een rol hebben in een toneelstuk = toneelspelen [iemand acteert]

de **ac·teur** [acteurs] **ac·tri·ce** [actrices]
iemand die acteert*

de•**ac·tie** [acties]
1 [geen meervoud] iets wat je doet = de daad, de handeling ✦ *om zes uur in de ochtend is er nog weinig actie in de stad*
2 iets wat georganiseerd wordt om een bepaald doel te bereiken ✦ *er worden acties gevoerd om het oude gebouw te behouden*

ac·tief [bijvoeglijk naamwoord]
actieve mensen doen veel en bewegen veel ⇔ passief ✦ *steeds meer mensen willen een actieve vakantie*

de **ac·tie·groep** [actiegroepen]
een groep mensen die iets organiseert om een bepaald doel te bereiken ✦ *de actiegroep wil dat mensen minder met het vliegtuig reizen*

de **ac·tie·voer·der** [actievoerders] **ac·tie·voer·ster** [actievoersters]
iemand die actie voert om een bepaald doel te bereiken ✦ *de actievoerders weigerden om het station te verlaten*

de **ac·ti·vist** [activisten]
iemand die actie voert om zijn doel te bereiken

de•**ac·ti·vi·teit** [activiteiten]
1 [geen meervoud] veel mensen en veel drukte = de bedrijvigheid
2 iets waarmee je bezig bent; iets wat je kunt doen ✦ *voor de jeugd waren er verschillende activiteiten georganiseerd*

ac·tri·ce *zie:* **acteur**

de **ac·tu·a·li·teit** [actualiteiten]
dat wat nu gebeurt en wat nu belangrijk is ✦ *de film gaat over de politieke actualiteit in Tsjechië*

ac·tu·eel [bijvoeglijk naamwoord]
iets wat actueel is, vindt nu plaats en is nu belangrijk ✦ *iedere maand wordt een actueel onderwerp behandeld*

acuut [bijvoeglijk naamwoord]
1 iets wat acuut is, moet onmiddellijk gebeuren ✦ *ik wil dat je acuut thuiskomt!*
2 een acute ziekte is ernstig en moet direct behandeld worden ⇔ chronisch

het **ACV** (in België)
Algemeen Christelijk Vakverbond: een organisatie die vertegenwoordiger is van de belangen van werknemers

A.D. [afkorting]
anno Domini: in het jaar van onze Heer ✦ *het huis is gebouwd A.D. 1812*

de **ad·der** [adders]
een giftige slang

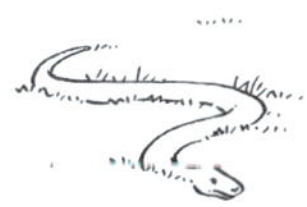
adder

de **adel**
de mensen die door hun geboorte tot een groep belangrijke en vaak rijke mensen in de samenleving behoren

de **adem**
de lucht die je door je mond naar binnen haalt en naar buiten brengt ✦ *de patiënt had bijna geen adem meer*
buiten adem zijn: heel moe zijn van het rennen
een lange adem hebben: lang en met veel geduld doorgaan
op adem komen: uitrusten

adem·be·ne·mend [bijvoeglijk naamwoord]
heel mooi; prachtig ✦ *het slot van het boek is adembenemend*

ade·men [ademde, heeft geademd]
lucht door je mond naar binnen halen en naar buiten brengen = ademhalen

[iemand ademt]

adem·ha·len [haalde adem, heeft ademgehaald]
lucht door je mond naar binnen halen en naar buiten brengen = ademen [iemand haalt adem]

ade·quaat [bijvoeglijk naamwoord]
iemand die adequaat reageert, reageert precies zoals nodig is

de **ader** [aderen, aders]
een buis in je lichaam waar bloed doorheen stroomt = het bloedvat

de **ADHD**
attention deficit hyperactivity disorder: een probleem dat sommige mensen hebben waardoor ze minder goed kunnen opletten en heel actief zijn

ad hoc [bijvoeglijk naamwoord]
iets wat ad hoc gebeurt, gebeurt alleen voor dit speciale geval

de **ad·junct** [adjuncten]
iemand die een belangrijke persoon helpt en vervangt als het nodig is

de **ad·mi·nis·tra·tie** [administraties]
1 het verzamelen van gegevens, vooral de financiële gegevens van een bedrijf ✦ *wie doet de administratie van de vereniging?*
2 de afdeling van een bedrijf waar alle gegevens worden verzameld en bewaard ✦ *Marga werkt op de administratie van een krant*

adop·te·ren [adopteerde, heeft geadopteerd]
aannemen en verzorgen alsof het van jou is [iemand adopteert een kind]

ad rem [bijvoeglijk naamwoord]
iemand die ad rem is, reageert snel en leuk

het •**adres** [adressen]
de straat, het nummer en de plaats van een plek ✦ *ik wilde je een brief sturen, maar ik wist je adres niet*

het **ADSL**
asynchronous digital subscriber line: een snelle verbinding voor internet

de **ad·vent**
de periode voor kerst, waarin wordt gedacht aan de komst van Jezus

de **ad·ver·ten·tie** [advertenties]
een stukje in de krant, een tijdschrift enz. waarin reclame voor iets wordt gemaakt of waarin iemand iets vraagt of aanbiedt ✦ *zij plaatsten een advertentie omdat ze een huis in Brussel zochten*

ad·ver·te·ren [adverteerde, heeft geadverteerd]
in een krant, een tijdschrift enz. reclame voor iets maken, of iets aanbieden of vragen [iemand adverteert]

het •**ad·vies** [adviezen]
de raad ✦ *de dokter gaf de patiënt het advies nog een dag thuis te blijven*

ad·vi·se·ren [adviseerde, heeft geadviseerd]
de raad geven = aanraden [iemand adviseert (iemand) iets] ✦ *de leraar adviseerde Gijs om extra lessen te nemen*

de **ad·vo·caat** [advocaten]
1 [vrouw: ad·vo·ca·te; advocates] iemand die voor zijn beroep mensen steunt die voor de rechter moeten komen rechtspraak
2 [geen meervoud] een dikke gele drank met alcohol, gemaakt van eieren

de **ae·ro·bics**
een sport waarbij je beweegt op muziek sport

de **AEX**
Amsterdam Exchanges Index: een getal dat laat zien hoe goed of slecht het gaat op de Amsterdamse aandelenbeurs ✦ *de AEX is vandaag met 3% gestegen*

•**af** [bijwoord]
1 klaar ✦ *het werk is bijna af*
2 een woord om aan te geven dat iemand ergens vandaan gaat of naar beneden gaat ⇔ op ✦ *zij fietsten de berg af*
3 we zijn terug bij af: we zijn net zo ver als toen we begonnen
4 af en toe: soms; niet vaak

af·beel·den [beeldde af, heeft afgebeeld]
een afbeelding* maken [iemand beeldt iets of iemand af] ✦ *op de Belgische euro staat koning Albert afgebeeld*

de **af·beel·ding** [afbeeldingen]
een plaatje of tekening ✦ *op de Nederlandse euro staat een afbeelding van koningin Beatrix*

af·bla·zen [blies af, heeft afgeblazen]
besluiten dat iets niet doorgaat [iemand blaast iets af, bijv. een wedstrijd] ✦ *het congres is afgeblazen vanwege het overlijden van een lid van het bestuur*

de **af·braak**
de keer dat iets afgebroken* (bet. 1) wordt ✦ *na de afbraak van de oude huizen wordt hier een nieuw kantoor ge-*

bouwd

af·bre·ken [brak af, heeft afgebroken]
1 zorgen dat het verdwijnt [iemand breekt iets af, bijv. een tent of een gebouw] ✦ *de toren is in 1950 afgebroken*
2 eerder met iets stoppen dan je eigenlijk wilde [iemand breekt iets af] ✦ *doordat de telefoon ging, moesten we ons gesprek afbreken*
3 door breken los raken [iets breekt af] ✦ *door de harde wind brak de tak af*
4 door breken zorgen dat het los raakt [iemand breekt iets af] ✦ *wil je voor mij een stukje brood afbreken?*

de **af·breuk**
afbreuk doen aan iets: veroorzaken dat iets minder goed, mooi enz. wordt ✦ *de boze woorden van hun zoon deden afbreuk aan het feest van het paar*

het **af·dak** [afdaken]
een klein dak dat uitsteekt en waaronder spullen droog blijven

de **af·da·ling** [afdalingen]
de keer dat iemand naar beneden gaat, bijv. van een berg af

af·dan·ken [dankte af, heeft afgedankt]
wegdoen omdat je het niet meer kunt gebruiken [iemand dankt iets af] ✦ *in de schuur stonden een paar afgedankte stoelen*

af·dek·ken [dekte af, heeft afgedekt]
1 zorgen dat het bedekt wordt [iemand dekt iets af] ✦ *het dode lichaam was afgedekt met een laken*
2 proberen te voorkomen dat iemand de schuld krijgt [iemand dekt iemand af]

de •**af·de·ling** [afdelingen]
een deel van een bedrijf of een instelling

af·din·gen [dong af, heeft afgedongen]
proberen minder te hoeven betalen door te onderhandelen [iemand dingt af (op iets)] ✦ *door af te dingen hoefde ik maar de helft van de prijs te betalen!*

af·doen [deed af, heeft afgedaan]
1 zorgen dat iets minder wordt [iets doet af aan iets] ✦ *zijn onhandige optreden doet niets af aan zijn goede bedoelingen*
2 zorgen dat iets klaar is [iets afdoen (met iets)] ✦ *hij deed het hele probleem af met een grapje*
3 afgedaan hebben: niet meer belangrijk zijn; niet meer meetellen ✦ *door zijn nare gedrag na de dood van mijn vader heeft hij helemaal voor mij afgedaan*

af·dro·gen [droogde af, heeft afgedroogd]
1 zorgen dat iemand of iets droog wordt [iemand droogt iemand of iets af]
2 (informeel) heel goed van iemand winnen [iemand droogt iemand af]

de **af·druk** [afdrukken]
een tekst of een afbeelding die ergens in of op gedrukt is ✦ *ik heb dertig afdrukken van de tekst gemaakt* ✦ *we zagen een afdruk van een enorme voet in het zand*

af·druk·ken [drukte af, heeft afgedrukt]
zorgen dat iets ergens op gedrukt wordt [iemand drukt iets af] ✦ *wilt u de tekst afdrukken op geel papier?*

af·dwin·gen [dwong af, heeft afgedwongen]
1 door te dwingen zorgen dat iets gebeurt [iemand dwingt iemand iets af] ✦ *het vertrek werd de man afgedwongen*
2 zorgen dat je respect krijgt [iemand dwingt respect af] ✦ *de manier waarop de chef de afdeling leidde, dwong bij iedereen respect af*

de **af·fai·re** [affaires]
1 een vervelende zaak ✦ *de affaire duurt nu al drie jaar, en we hebben nog steeds geen geld gehad*
2 een geheime liefdesrelatie ✦ *ze heeft een affaire gehad met haar baas*

het **af·fi·che** *ook:* de [affiches]
een plaat voor aan de muur = de poster

de **af·fi·ni·teit**
affiniteit met iets hebben: je heel verbonden met iets voelen; iets graag doen

af·gaan [ging af, is afgegaan]
1 schieten [een wapen gaat af] ✦ *terwijl hij zijn geweer schoonmaakte, ging het plotseling af*
2 een slechte prestatie leveren, terwijl anderen iets goeds hadden verwacht [iemand gaat af] ✦ *met zijn nieuwste nummer ging hij erg af*

af·gaan op [ging af op, is afgegaan op]
geloven wat iemand zegt of wat je ziet en daarnaar handelen [iemand gaat af op iets of iemand] ✦ *hij ging af op wat de mensen over hem zeiden*

de **af·gang**
een heel slechte prestatie terwijl men

af

veel verwacht had ✦ *na de afgang in de wedstrijd tegen Italië vertrok de ploeg meteen naar huis*

af·ge·bro·ken *zie:* **afbreken**

af·ge·daan *zie:* **afdoen**

af·ge·don·gen *zie:* **afdingen**

af·ge·dwon·gen *zie:* **afdwingen**

af·ge·ke·ken *zie:* **afkijken**

af·ge·las·ten [gelastte af, heeft afgelast]
beslissen dat iets niet doorgaat [iemand gelast iets af] ✦ *vanwege de regen werden alle wedstrijden afgelast*

af·ge·le·gen [bijvoeglijk naamwoord]
een afgelegen plek is een plek ver van huizen en mensen

af·ge·no·men *zie:* **afnemen**

af·ge·scho·ven *zie:* **afschuiven**

af·ge·schre·ven *zie:* **afschrijven**

af·ge·sla·gen *zie:* **afslaan**

af·ge·slo·ten *zie:* **afsluiten**

af·ge·sne·den *zie:* **afsnijden**

af·ge·spro·ken *zie:* **afspreken**

af·ge·sto·ken *zie:* **afsteken**

af·ge·trok·ken *zie:* **aftrekken**

de **af·ge·vaar·dig·de** [afgevaardigden]
iemand die door een groep gestuurd is om namens hen te spreken

af·ge·ven [gaf af, heeft afgegeven]
1 naar een bepaalde plek brengen en daar geven [iemand geeft iets af] ✦ *de postbode gaf een pakje af*
2 zo loslaten dat de kleur op andere dingen komt [een kleur geeft af] ✦ *de bloes heeft in de was afgegeven*

af·ge·ven op [gaf af op, heeft afgegeven op]
kritiek hebben op iemand of iets [iemand geeft af op iemand of iets] ✦ *de medewerkers waren voortdurend aan het afgeven op de nieuwe chef*

af·ge·we·ken *zie:* **afwijken**

af·ge·we·zen *zie:* **afwijzen**

af·ge·wo·gen *zie:* **afwegen**

af·ge·zaagd [bijvoeglijk naamwoord]
iets wat afgezaagd is, is al heel vaak gezegd of gedaan, en daardoor vervelend ✦ *mijn collega vertelt alleen maar afgezaagde grappen*

af·ge·zien [bijwoord]
afgezien van ...: behalve ... ✦ *afgezien van één dag regen hebben we mooi weer gehad tijdens de vakantie*

de **af·god** [afgoden]
een persoon of een ding dat een soort god voor je is, omdat je van die persoon of dat ding heel veel houdt ✦ *zijn auto is zijn afgod*

af·grij·se·lijk [bijvoeglijk naamwoord]
heel verschrikkelijk = afschuwelijk ✦ *de man heeft een aantal afgrijselijke misdaden gepleegd*

het **af·grij·zen**
een sterk gevoel dat je iets heel vervelend vindt of helemaal niet wilt ✦ *met afgrijzen keek ze naar het eten op haar bord*

de **af·grond** [afgronden]
een heel steile en diepe plek in de bergen = het ravijn

de **af·gunst**
een sterk gevoel dat jij iets wilt hebben dat een ander heeft = de jaloezie

het **af·haal·res·tau·rant** [afhaalrestaurants]
een restaurant waar je maaltijden kunt kopen om thuis op te eten maaltijden

af·ha·ken [haakte af, heeft afgehaakt]
niet meer meedoen met iets omdat je niet meer kunt of wilt [iemand haakt af] ✦ *na een uur voetballen was hij zo moe, dat hij is afgehaakt*

af·han·de·len [handelde af, heeft afgehandeld]
zo regelen dat het klaar is [iemand handelt iets af] ✦ *met dit voorstel wil ik de zaak afhandelen*

•**af·han·gen van** [hing af van, heeft afgehangen van]
bepaald worden door iets of iemand [iets hangt van iets of iemand af] ✦ *het hangt ervan af hoe duur het is, of ik mee-ga of niet*

•**af·han·ke·lijk** [bijvoeglijk naamwoord]
iemand die afhankelijk is, heeft hulp nodig van anderen ✦ *hij kan nog geen huis kopen, omdat hij financieel afhankelijk is van zijn ouders*

•**af·han·ke·lijk van** [bijvoeglijk naamwoord]
iets wat van iets of iemand afhankelijk is, wordt daardoor bepaald ✦ *het is afhankelijk van het weer of ik een jas meeneem* ✦ *de hoogte van de belasting is afhankelijk van het loon*

af·hou·den [hield af, heeft afgehouden]
zorgen dat iemand niet dichterbij komt, of dat iets niet gebeurt [iemand houdt iets of iemand af] ✦ *Marianne wil graag komen logeren, maar ik heb het af-*

gehouden
afk. [afkorting]
afkorting

de **af·keer**
het gevoel dat je iets heel vervelend vindt of helemaal niet wilt ✦ *hij heeft een grote afkeer van de stad met zijn drukke straten*

af·keu·ren [keurde af, heeft afgekeurd]
1 zeggen dat je iets niet goed vindt ⇔ goedkeuren [iemand keurt iets af] ✦ *het parlement keurde zijn voorstel af*
2 niet geschikt vinden voor een bepaalde taak [iemand keurt iemand af] ✦ *de heer Joosten is volledig afgekeurd voor zijn werk*

de **af·keu·ring**
de keer dat je iets of iemand afkeurt* (bet. 1) ✦ *de kiezers toonden hun afkeuring over de plannen door tegen te stemmen*

af·kic·ken [kickte af, is afgekickt]
eraan wennen om geen drugs meer te gebruiken [iemand kickt af (van drugs)] ✦ *het was heel moeilijk om af te kicken, maar het is hem gelukt*

af·kij·ken [keek af, heeft afgekeken]
1 leren door naar anderen te kijken [iemand kijkt iets af] ✦ *de kinderen keken het gedrag van hun ouders af*
2 bij een examen de antwoorden van iemand anders proberen te lezen en te gebruiken [iemand kijkt af] ✦ *als je afkijkt, krijg je een nul voor het examen*

af·knap·pen [knapte af, is afgeknapt]
ineens te moe zijn om nog werk te kunnen verrichten [iemand knapt af] ✦ *na drie maanden heel hard werken knapte zij plotseling af*

af·knap·pen op [knapte af op, is afgeknapt op]
iemand of iets ineens niet meer leuk of interessant vinden [iemand knapt op iemand of iets af] ✦ *ik ben behoorlijk op hem afgeknapt toen ik merkte dat hij loog*

af·koe·len [koelde af, is afgekoeld]
1 kouder worden [iets koelt af] ✦ *kom gauw zitten, anders koelt het eten af* ✦ *in de bergen koelt het 's avonds snel af*
2 wachten tot je minder boos bent [iemand koelt af] ✦ *toen de chef afgekoeld was, zei hij dat het hem speet dat hij zo boos was geweest*

•**af·ko·men** [kwam af, is afgekomen] (in België)
op bezoek komen [iemand komt af] ✦ *als je morgen thuis bent, kom ik eens af!*

•**af·ko·men op** [kwam af op, is afgekomen op]
komen in de richting van iemand of iets [iemand komt op iemand of iets af] ✦ *ik schrok toen ik al die paarden op mij af zag komen*

•**af·ko·men van** [kwam af van, is afgekomen van]
zorgen dat iets er niet meer is = kwijtraken [iemand komt van iets af] ✦ *hoe kom ik van die pijn in mijn arm af?*

de **af·komst**
de plaats waar je geboren bent of de familie waarin je geboren bent = de afstamming ✦ *hij is van Chinese afkomst*

af·kom·stig [bijvoeglijk naamwoord]
iemand die afkomstig is uit een land of plaats, komt daar vandaan ✦ *het gezin is afkomstig uit Polen*

af·kon·di·gen [kondigde af, heeft afgekondigd]
zeggen dat het gaat gebeuren = bekendmaken [iemand kondigt iets af] ✦ *de werknemers kondigden een staking af*

de **af·koop·som** [afkoopsommen]
geld dat je betaalt om ervoor te zorgen dat iets niet gebeurt ✦ *voor een flinke afkoopsom beloofde de man niet naar de rechter te gaan*

de **af·kor·ting** [afkortingen]
een woord of een aantal woorden die volgens afspraak korter geschreven zijn ✦ *de afkorting EHBO staat voor 'eerste hulp bij ongelukken'*

af·leg·gen [legde af, heeft afgelegd]
1 doen [iemand legt iets af, bijv. een examen of een bezoek] ✦ *de vrouw legde een verklaring af bij de politie* ✦ *de kinderen hebben een test afgelegd*
2 gaan [iemand legt een weg af] ✦ *hij moest vele kilometers afleggen voordat hij bij een restaurant kwam*
3 wassen en aankleden [iemand legt een dode af]
4 het afleggen tegen iemand: van iemand verliezen ✦ *hij moest het bij het tennissen afleggen tegen zijn broer*

af·lei·den [leidde af, heeft afgeleid]
zorgen dat iemands aandacht op iets

anders gericht wordt [iemand of iets leidt iemand af (van iets)] ✦ *de muziek leidde mij van het werk af* ✦ *Simon kan niet lang achter elkaar werken; hij is snel afgeleid*

af·lei·den uit [leidde af uit, heeft afgeleid uit]
begrijpen; de conclusie trekken uit iets [iemand leidt iets af uit iets] ✦ *uit zijn woorden kon ik afleiden dat het om een geheime zaak ging*

de **af·lei·ding** [afleidingen]
1 [geen meervoud] iets wat de aandacht op iets anders richt = de ontspanning ✦ *zwemmen is een goede afleiding*
2 een woord dat is ontstaan uit een ander woord ✦ *'Zeeuws' is een afleiding van 'Zeeland'*

af·le·ren [leerde af, heeft afgeleerd]
1 leren iets niet meer te doen ⇔ aanleren [iemand leert iets af] ✦ *ik probeer af te leren om te laat te komen*
2 zorgen dat iemand iets niet meer doet ⇔ aanleren [iemand leert iemand iets af] ✦ *zij heeft haar hond afgeleerd plotseling de weg over te steken*

af·le·ve·ren [leverde af, heeft afgeleverd]
zorgen dat iets op de juiste plek komt = bezorgen [iemand levert iets af] ✦ *de chauffeur leverde de goederen op het verkeerde adres af*

de **af·le·ve·ring** [afleveringen]
een deel van een serie verhalen of programma's ✦ *vanavond komt de eerste aflevering van een serie over de koninklijke familie op televisie*

de **af·loop**
het einde; het slot ✦ *na afloop van de vergadering stonden we nog even te praten* ✦ *we dronken een glaasje op de goede afloop*

•**af·lo·pen** [liep af]
1 [is afgelopen] eindigen [iets loopt af] ✦ *de film is bijna afgelopen*
2 [is afgelopen] geluid maken om je wakker te maken [een wekker loopt af]
3 [heeft afgelopen] niet helemaal horizontaal zijn = hellen [iets loopt af] ✦ *het fietsen gaat gemakkelijk, want de weg loopt hier af*

af·los·sen [loste af, heeft afgelost]
1 na een bepaalde tijd de plaats innemen van iemand anders [iemand lost iemand af] ✦ *de nachtploeg lost om zeven uur de dagploeg af*
2 betalen [iemand lost een schuld af] ✦ *we moeten een schuld van tienduizend euro aflossen*

af·luis·te·ren [luisterde af, heeft afgeluisterd]
luisteren naar dingen die je eigenlijk niet mag horen [iemand luistert iemand of iets af] ✦ *de politie luisterde gesprekken af*

af·ma·ken [maakte af, heeft afgemaakt]
1 zo lang aan iets werken tot het klaar is = voltooien [iemand maakt iets af] ✦ *ik maak eerst even deze brief af en dan ga ik mee*
2 doden [iemand maakt een mens of een dier af] ✦ *de zieke koeien werden afgemaakt*
3 negatieve kritiek geven; heel slecht beoordelen = afkraken [iemand maakt iets of iemand af] ✦ *zijn nieuwe boek werd helemaal afgemaakt* ✦ *hij is bang om in de pers afgemaakt te worden*

de **af·me·ting** [afmetingen]
de maat; de grootte ✦ *de tuin heeft afmetingen van ongeveer twintig bij zeven meter*

•**af·ne·men** [nam af]
1 [heeft afgenomen] weghalen; afpakken [iemand neemt iemand iets af] ✦ *zijn vrijheid werd hem afgenomen*
2 [heeft afgenomen] laten doen [iemand neemt (iemand) iets af, bijv. een examen] ✦ *het examen werd afgenomen door drie oudere mannen*
3 [is afgenomen] minder of kleiner worden ⇔ toenemen [iets neemt af] ✦ *na zes uur neemt de drukte op straat af*
4 [heeft afgenomen] gebruiken en betalen [iemand neemt iets af] ✦ *in de winter nemen wij meer stroom af dan in de zomer*

•**af·pak·ken** [pakte af, heeft afgepakt]
van een ander nemen = afnemen [iemand pakt (iemand) iets af] ✦ *de politie pakte het wapen onmiddellijk af*

af·ra·den [raadde af, heeft afgeraden]
het advies geven iets niet te doen ⇔ aanraden [iemand raadt iemand iets af] ✦ *de dokter raadde hem af om naar zijn werk te gaan*

de **af·ras·te·ring** [afrasteringen]
een hek of draad om een stuk land of

om een gebouw heen = de omheining ✦ *de afrastering is zo hoog dat de dieren er niet overheen kunnen*

af·re·ke·nen [rekende af, heeft afgerekend]
de rekening betalen [iemand rekent iets af] ✦ *als iedereen zijn koffie op heeft, zal ik afrekenen*

de **af·re·ke·ning** [afrekeningen]
1 de keer dat iemand iets hards doet of zegt als reactie op wat hem is aangedaan
2 een papier waarop staat wat je moet betalen

af·rem·men [remde af, heeft afgeremd]
zorgen dat iemand of iets langzamer gaat [iemand remt iemand of iets af] ✦ *zijn vrouw moest hem afremmen, want hij nam iedere avond werk mee naar huis*

af·rich·ten [richtte af, heeft afgericht]
leren dingen te doen of te laten [iemand richt een dier af] ✦ *je moet je hond beter africhten, want hij luistert niet goed*

de **af·rit** [afritten]
een baan naast de weg die je naar een andere weg leidt ⇔ de oprit ✦ *over een kilometer nemen we de afrit naar Leiden*

af·ron·den [rondde af, heeft afgerond]
1 op een goede manier een einde maken aan iets = afsluiten [iemand rondt iets af, bijv. een gesprek] ✦ *Peter rondde zijn verhaal af met een paar woorden van dank*
2 groter of kleiner maken tot een makkelijk bedrag [iemand rondt een getal of een bedrag af] ✦ *als je 2,08 euro naar boven afrondt, krijg je 2,10 euro*

af·schaf·fen [schafte af, heeft afgeschaft]
besluiten een einde te maken aan iets = opheffen [iemand schaft iets af, bijv. een regel of een gewoonte] ✦ *de directeur wil het roken in de gangen afschaffen*

het •**af·scheid**
het moment waarop je iemand groet bij het weggaan ✦ *bij het afscheid gaf hij haar drie kussen* formules

af·schei·den [scheidde af, heeft afgescheiden]
scheiden [iets of iemand scheidt iets van iets anders af] ✦ *met een rij bomen scheidde hij zijn tuin van de tuin van de buren af*

zich **af·schei·den van** [scheidde zich af van, heeft zich afgescheiden van]
weggaan van iets omdat je er niet meer bij wilt horen = verlaten [iemand scheidt zich van iets af] ✦ *een groep mensen heeft zich van de kerk afgescheiden*

de **af·schei·ding** [afscheidingen]
een voorwerp dat iets van iets anders scheidt, bijv. een hek

af·sche·pen met [scheepte af met, heeft afgescheept met]
iemand weg laten gaan met iets waar hij eigenlijk weinig aan heeft = afpoeieren [iemand scheept iemand af met iets] ✦ *we gaan terug naar de winkel; we laten ons niet afschepen met slechte kwaliteit*

af·scher·men [schermde af, heeft afgeschermd]
zorgen dat iemand niet iets vervelends hoeft mee te maken [iemand schermt iemand af (voor iets)]

af·schil·de·ren [schilderde af, heeft afgeschilderd]
op een bepaalde manier beschrijven, zodat je het voor je ziet [iemand schildert iemand of iets op een bepaalde manier af] ✦ *de kranten schilderen de president af als een domme man*

het **af·schrift** [afschriften]
een papier dat precies hetzelfde is als het echte papier = de kopie ✦ *de bank stuurde ons een afschrift van de rekening*

af·schrij·ven [schreef af, heeft afgeschreven]
1 het bedrag van een rekening kleiner maken [de giro of de bank schrijft een bedrag van de rekening af]
2 bepalen dat iemand of iets geen waarde meer heeft [iemand schrijft iemand of iets af] ✦ *de auto is helemaal kapot; we kunnen hem wel afschrijven*

af·schrik·ken [schrikte af, heeft afgeschrikt]
iemand bang maken zodat hij iets niet meer doet [iets of iemand schrikt iemand af] ✦ *het vuur moet de wilde dieren afschrikken*

af·schrik·wek·kend [bijvoeglijk naamwoord]
afschrikwekkende zaken maken mensen heel erg bang

af·schui·ven [schoof af, heeft afgeschoven]
aan iemand anders geven omdat je het zelf niet wilt [iemand schuift iets op iemand af] ✦ *toen mijn collega op vakantie ging, schoof ze haar werk op mij af*

de **af·schuw**
een ontzettend naar en vervelend gevoel = de walging

af·schu·we·lijk[1] [bijvoeglijk naamwoord]
afschuwelijke dingen zijn heel vervelend = verschrikkelijk ✦ *hij heeft een afschuwelijk ongeluk gezien*

af·schu·we·lijk[2] [bijwoord]
ontzettend; heel erg ✦ *de stal van de boerderij is afschuwelijk vies*

af·slaan [sloeg af]
1 [is afgeslagen] in een andere richting gaan [iemand slaat af] ✦ *na honderd meter moet je naar rechts afslaan*
2 [is afgeslagen] ophouden te functioneren [een motor slaat af]
3 [heeft afgeslagen] niet aannemen [iemand slaat iets wat aangeboden wordt af] ✦ *ik sla een stukje taart niet af*

de **af·slag** [afslagen]
een baan van een weg die je op een andere weg brengt = de afrit ✦ *je moet de volgende afslag nemen*

af·slan·ken [slankte af, is afgeslankt]
dunner of magerder worden = afvallen [iemand slankt af]

•**af·slui·ten** [sloot af, heeft afgesloten]
1 zorgen dat iets dicht is = dichtdoen [iemand sluit iets af] ✦ *ze sloot de pot met vruchten goed af*
2 op slot doen [iemand sluit iets af] ✦ *de groenteman sloot de winkel zorgvuldig af*
3 officieel afspreken [iemand sluit iets af, bijv. een reis of een overeenkomst]
4 aan het einde doen = besluiten [iemand sluit iets af] ✦ *we sloten de dag af met een warme maaltijd*

zich **af·slui·ten voor** [sloot zich af voor, heeft zich afgesloten voor]
zorgen dat je iets niet hoort of ziet [iemand sluit zich af voor iets] ✦ *er is wel veel lawaai, maar ik kan me er goed voor afsluiten*

af·snij·den [sneed af, heeft afgesneden]
een kortere weg nemen [iemand snijdt een weg af] ✦ *als je via Alkmaar rijdt, snijd je een heel stuk af*

af·spe·len [speelde af, heeft afgespeeld]
iets laten draaien om ernaar te luisteren [iemand speelt een plaat, een bandje af]

zich **af·spe·len** [speelde zich af, heeft zich afgespeeld]
plaatsvinden [een gebeurtenis, een verhaal speelt zich ergens af] ✦ *de film speelt zich af in Rusland*

de **af·spie·ge·ling**
een beeld dat ongeveer gelijk is aan iets anders = de weergave ✦ *het artikel vormde een goede afspiegeling van de werkelijkheid*

de **af·split·sing** [afsplitsingen]
iets dat apart is komen te staan van iets anders ✦ *deze partij is een afsplitsing van een andere partij*

de •**af·spraak** [afspraken]
een gesproken of geschreven overeenkomst ✦ *hij had om 9.00 uur een afspraak bij de dokter*

af·spre·ken [sprak af, heeft afgesproken]
een afspraak maken = overeenkomen [iemand spreekt iets af (met iemand)] ✦ *we hebben afgesproken dat we er met niemand over praten*

af·staan [stond af, heeft afgestaan]
iets van jezelf aan iemand anders geven [iemand staat iets af (aan iemand)] ✦ *de patiënt moest bloed afstaan voor een onderzoek*

af·stam·men van [stamde af van, is afgestamd van]
oorspronkelijk familie zijn van iemand [iemand stamt van iemand af] ✦ *het gesprek ging erover of mensen van apen afstammen of niet*

de •**af·stand** [afstanden]
1 de ruimte tussen twee dingen of plaatsen ✦ *de afstand tussen mijn huis en het station is negen kilometer*
afstand doen van iets: iets wat van jou was aan anderen geven ✦ *hij heeft afstand gedaan van zijn recht op een uitkering*
2 een slechte verhouding tussen mensen ✦ *er bestond een grote afstand tussen de twee broers*

af·stan·de·lijk [bijvoeglijk naamwoord]
iemand die afstandelijk is, is niet erg vriendelijk en niet geïnteresseerd = koel, terughoudend ✦ *ik kon niet goed met mijn moeder praten, want ze bleef*

afstandelijk

de **af·stands·be·die·ning** [afstandsbedieningen]
een apparaat waarmee je de televisie of radio van een afstand kunt aandoen
media

het **af·stap·je** [afstapjes]
een klein trapje naar beneden ✦ *pas op het afstapje!*

af·ste·ken [stak af, heeft afgestoken]
1 laten branden [iemand steekt vuurwerk af]
2 erg verschillen zodat je de lijnen of de vorm goed kunt zien [iemand of iets steekt tegen of bij iets af] ✦ *de rode vruchten steken mooi af tegen de groene bladeren* ✦ *haar optreden stak gunstig af bij de andere optredens van die avond*
3 uitspreken [iemand steekt een verhaal af] ✦ *hij stak een lang verhaal af wat niemand begreep*

af·stem·men op [stemde af op, heeft afgestemd op]
1 zo instellen dat je de programma's goed ontvangt [iemand stemt een radio of televisie af op een zender] ✦ *voor dit programma moet je op VTM afstemmen*
2 iets zo regelen dat het past bij iets anders [iemand stemt iets af op iets anders] ✦ *we moeten onze afspraken op elkaar afstemmen*

af·ste·ve·nen op [stevende af op, is afgestevend op]
1 in de richting van iets of iemand gaan [iemand of iets stevent af op iemand of iets] ✦ *toen hij binnenkwam, stevende zij direct op hem af en gaf hem drie zoenen*
2 heel waarschijnlijk in een bepaalde situatie zullen komen [iemand of iets stevent af op iets] ✦ *de regering stevende af op een grote ruzie*

af·sto·ten [stootte af, heeft afgestoten]
1 niet meer willen hebben of doen [iemand stoot iets af, bijv. een bedrijf of werk] ✦ *het bedrijf stootte de productie van telefoons af*
2 niet als eigen aanvaarden [een lichaam stoot een deel af] ✦ *zijn lichaam stootte het nieuwe hart af*
3 maken dat iemand niet meer wil omgaan met iemand ⇔ aantrekken [iets of iemand stoot iemand af] ✦ *zijn boze gezicht stootte de klanten af*

af·straf·fen [strafte af, heeft afgestraft]
straf geven voor iets [iemand straft iemand af] ✦ *de ploeg werd afgestraft met een verlies van 0-3*

af·stu·de·ren [studeerde af, is afgestudeerd]
officieel klaar zijn met je studie [iemand studeert af] ✦ *wanneer studeer je af?*

af·ta·ke·len [takelde af, is afgetakeld]
steeds zieker of lelijker worden = achteruitgaan [iemand takelt af] ✦ *door zijn ziekte is hij erg afgetakeld*

de **af·ter·shave** [aftershaves]
een middel dat een man op zijn gezicht doet na het scheren

de **af·tocht**
1 het vertrek ✦ *de bevolking was blij met de snelle aftocht van de soldaten*
2 de aftocht blazen: vertrekken uit een moeilijke of gevaarlijke situatie

de **af·trap** [aftrappen]
de eerste trap tegen de bal bij een wedstrijd ✦ *de oudste speler mag de aftrap verrichten*

af·tre·den [trad af, is afgetreden]
een functie niet meer uitoefenen [iemand treedt af] ✦ *de voorzitter trad af vanwege een ruzie*

de **af·trek**
1 de keer dat een bedrag kleiner wordt, omdat er iets vanaf wordt gehaald ✦ *de aftrek van de kosten voor de studie is gunstig voor werkende studenten*
2 iets vindt gretig aftrek: iets wordt heel goed verkocht

af·trek·baar [bijvoeglijk naamwoord]
kosten die aftrekbaar zijn, kunnen van je loon worden afgetrokken, waardoor je minder belasting hoeft te betalen

af·trek·ken [trok af, heeft afgetrokken]
een getal minder groot maken ⇔ optellen [iemand trekt een getal van een ander getal af] ✦ *als je drie van vijf aftrekt, houd je twee over*

de **af·trek·post** [aftrekposten]
bepaalde kosten die je mag aftrekken voor de belasting

af·troe·ven [troefde af, heeft afgetroefd]
het beter doen dan iemand anders [iemand troeft iemand af] ✦ *het bedrijf wil zijn tegenstanders aftroeven door een beter product te verkopen*

af·vaar·di·gen [vaardigde af, heeft afgevaardigd]

als vertegenwoordiger van een groep sturen [iemand vaardigt iemand af] ✦ *de regering vaardigde de minister af om te onderhandelen*

de **af·vaar·di·ging** [afvaardigingen]
een groep mensen die iets doen namens een grotere groep ✦ *een afvaardiging van de school was bij het huwelijk aanwezig*

het **af·val**
alles wat je weggooit, zoals blikjes, restjes eten enz. ✦ *je mag je afval niet op straat gooien*

af·val·len [viel af, is afgevallen]
1 lichter of dunner worden = afslanken ⇔ aankomen [iemand valt af] ✦ *de dokter heeft hem gezegd dat hij moet afvallen*
2 niet meer steunen [iemand valt iemand af] ✦ *de ouders vielen elkaar niet af waar de kinderen bij waren*
3 niet meer bij de groep horen; niet meer meedoen [iemand valt af] ✦ *er zouden zes mensen meegaan, maar er zijn er twee afgevallen*

•**af·ve·gen** [veegde af, heeft afgeveegd]
met een strijkende beweging schoonmaken of weghalen [iemand veegt iets af] ✦ *ze veegde haar gezicht snel af*

af·vloei·en [vloeide af, is afgevloeid]
je baan verliezen, waarbij er wel een regeling getroffen wordt [personeel vloeit af] ✦ *het bedrijf maakte geen winst, dus moesten er veel werknemers afvloeien*

de **af·voer** [afvoeren]
1 een pijp die water van de wc of de kraan weg laat lopen ✦ *de afvoer van het bad loopt via de kelder*
2 [geen meervoud] de keer dat goederen worden afgevoerd* ⇔ de aanvoer

af·voe·ren [voerde af, heeft afgevoerd]
naar een andere plaats brengen [iemand voert iets of iemand af] ✦ *de mannen werden door de soldaten afgevoerd, terwijl vrouwen en kinderen mochten blijven*

zich •**af·vra·gen** [vroeg zich af, heeft zich afgevraagd]
jezelf een vraag stellen [iemand vraagt zich iets af] ✦ *ik vraag me af hoe deze machine werkt*

af·vu·ren [vuurde af, heeft afgevuurd]
gebruiken om iemand of iets te treffen = afschieten [iemand vuurt een wapen af]

•**af·wach·ten** [wachtte af, heeft afgewacht]
wachten op iets of tot iets gebeurt [iemand wacht iets af] ✦ *we wachten eerst het resultaat van het onderzoek af voordat we iets besluiten*

de **af·wach·ting**
in afwachting van …: terwijl we wachten op … ✦ *in afwachting van uw antwoord groet ik u*

de **af·was·ma·chi·ne** [afwasmachines]
een machine in de keuken die borden, kopjes enz. schoonmaakt = de vaatwasser

af·was·sen [waste af, heeft afgewassen]
de borden, de kopjes enz. schoonmaken [iemand wast (iets) af] ✦ *wie wast er vanavond af?*

het **af·weer·sys·teem** [afweersystemen]
het systeem in je lichaam dat ervoor zorgt dat je niet ziek wordt

af·we·gen [woog af, heeft afgewogen]
1 het gewicht van iets bepalen = wegen [iemand weegt iets af] ✦ *in de winkel moet je de groente en het fruit zelf afwegen*
2 over de voordelen en nadelen nadenken = overwegen [iemand weegt iets af] ✦ *de regering moet afwegen wat de beste oplossing is*

de **af·we·ging** [afwegingen]
een voordeel of een nadeel dat je bedenkt om tot een beslissing te komen ✦ *na allerlei afwegingen hebben we besloten niet te komen*

af·wen·den [wendde af, heeft afgewend]
1 in een andere richting zenden = afkeren [iemand wendt iets af] ✦ *ik kon mijn blik niet van hem afwenden*
2 voorkomen [iemand wendt een gevaar af] ✦ *door de regen was het gevaar van brand afgewend*

zich **af·wen·den van** [wendde zich af van, heeft zich afgewend van]
niet meer met iets bezig willen zijn [iemand wendt zich af van iets] ✦ *hij heeft zich helemaal afgewend van de politiek*

af·wer·ken [werkte af, heeft afgewerkt]
1 helemaal tot het einde maken of doen = voltooien [iemand werkt iets af] ✦ *we hebben geen tijd om het hele programma af te werken*

2 het laatste stukje werk doen om het netjes te maken [iemand werkt iets af] ✦ *nu het hele huis geschilderd is, hoef ik alleen nog de hoekjes af te werken*

af·we·ten [werkwoord]
het laten afweten: niet doen wat je beloofd hebt of wat men van je verwacht ✦ *als iedereen het laat afweten, ga ik alleen*

•**af·we·zig** [bijvoeglijk naamwoord]
1 iemand die afwezig is, is er niet ⇔ aanwezig ✦ *hij is wegens ziekte lang afwezig geweest*
2 met je aandacht bij andere dingen ✦ *ze leek afwezig tijdens het gesprek*

af·wij·ken [week af, is afgeweken]
anders zijn [iets wijkt af (van iets)] ✦ *de kleur op de foto wijkt erg af van de werkelijkheid* ✦ *zijn opvattingen wijken sterk af van de officiële opvattingen van de kerk*

af·wij·ken van [week af van, is afgeweken van]
iets anders doen dan wat je meestal doet [iemand of iets wijkt van iets af] ✦ *in dit geval moeten we van de regel afwijken*

de **af·wij·king** [afwijkingen]
het punt waarop iets anders is dan normaal ✦ *het kind had vanaf de geboorte een afwijking aan het hart*

af·wij·zen [wees af, heeft afgewezen]
zeggen dat iemand niet mag komen, of dat iets niet mag gebeuren = verwerpen [iemand wijst iemand of iets af] ✦ *de gemeente zal onze plannen voor een nieuw zwembad toch niet afwijzen?*

de **af·wik·ke·ling** [afwikkelingen]
de manier waarop iets dat is afgelopen, wordt geregeld ✦ *de afwikkeling van de gevolgen van de brand heeft veel tijd gekost*

af·wis·se·len [wisselde af, heeft afgewisseld]
steeds iets anders doen, zodat het leuk blijft = variëren [iemand wisselt iets af (met iets anders)] ✦ *ik probeer mijn werk achter de computer af te wisselen met ander werk*

af·wis·se·lend[1] [bijvoeglijk naamwoord]
iets wat afwisselend is, is steeds anders = veranderlijk ✦ *we hadden afwisselend weer, met soms regen en soms zon*

af·wis·se·lend[2] [bijwoord]
met veel verandering; nu eens op de ene manier, dan weer op de andere manier ✦ *de wedstrijden worden afwisselend in Nederland en in België gehouden*

afz. [afkorting]
afzender: dit staat voor de naam en het adres van de persoon die een brief of een pakje stuurt

af·zeg·gen [zei of zegde af, heeft afgezegd]
zeggen dat iets niet doorgaat [iemand zegt een afspraak af] ✦ *Pim zou vanavond komen, maar hij heeft afgezegd*

de **af·zen·der** [afzenders] **af·zend·ster** [afzendsters]
iemand die een brief of een pakje verstuurt ✦ *er staat geen afzender op de brief*

de **af·zet**
wat verkocht wordt = de afname, de verkoop ✦ *de afzet van vrachtwagens in het buitenland neemt ieder jaar toe*

af·zet·ten [zette af, heeft afgezet]
1 een ziek lichaamsdeel van een lichaam halen = amputeren [iemand zet een lichaamsdeel af] ✦ *zijn been werd geamputeerd*
2 onredelijk veel geld laten betalen = oplichten [iemand zet iemand af] ✦ *in die winkel worden de klanten afgezet*
3 een hek of een draad om iets plaatsen zodat je er niet meer kunt komen [iemand zet een gebied, een weg af] ✦ *na het ongeluk zette de politie de weg af*
4 dwingen om met een functie te stoppen [iemand zet een president, een directeur enz. af]
5 verkopen [iemand zet producten af] ✦ *het bedrijf gaat zijn artikelen in het buitenland afzetten*

de **af·zet·ting** [afzettingen]
een hek of een draad om iets heen om mensen tegen te houden = de afsluiting ✦ *de jongens probeerden door de afzetting heen te komen*

af·zich·te·lijk [bijvoeglijk naamwoord]
bijzonder lelijk = afgrijselijk ✦ *het nieuwe station is een afzichtelijk gebouw*

af·zien [zag af, heeft afgezien] (informeel)
in moeilijke omstandigheden verkeren [iemand ziet af] ✦ *het was afzien om drie maanden in de bergen in Nepal te wan-*

delen

af·zien van [zag af van, heeft afgezien van]
niet doen wat je wel van plan was [iemand ziet af van iets] ✦ *door zijn ziekte moest hij van de reis afzien*

af·zien·baar [bijvoeglijk naamwoord]
binnen afzienbare tijd: over niet al te lange tijd; binnenkort ✦ *binnen afzienbare tijd worden wij opa en oma!*

af·zij·dig [bijvoeglijk naamwoord]
je afzijdig houden van iets: niet meedoen met iets ✦ *de voorzitter hield zich afzijdig van de Nederlandse politiek*

de **af·zon·de·ring**
een situatie waarbij men apart woont of leeft = de eenzaamheid, het isolement ✦ *de schrijver leeft in afzondering om goed te kunnen nadenken*

af·zon·der·lijk [bijvoeglijk naamwoord]
afzonderlijke zaken zijn zaken apart, los van andere zaken ✦ *de regering wil het bedrijf verdelen in drie afzonderlijke bedrijven*

de **af·zuig·kap** [afzuigkappen]
een instrument in de keuken dat de lucht van eten weghaalt boven de plaats waar je kookt = de wasemkap

af·zwe·ren [zwoer af, heeft afgezworen]
nooit meer willen doen [iemand zweert iets af] ✦ *toen ik 25 jaar was, heb ik de alcohol afgezworen*

het **Aga·lev** (in België)
Anders Gaan Leven: een politieke partij in België politiek

de **agen·da** [agenda's]
1 een boekje waarin je je afspraken opschrijft
2 een lijst van onderwerpen die tijdens een vergadering worden besproken ✦ *is er een agenda voor deze vergadering?*

de **•agent** [agenten] **agen·te** [agentes]
1 een medewerker van de politie ✦ *veel politieke partijen willen dat er meer agenten komen*
2 iemand die zaken regelt voor een bekende persoon ✦ *voor financiële vragen moet u mijn agent bellen*

agra·risch [bijvoeglijk naamwoord]
een agrarisch bedrijf is het bedrijf van een boer

de **agres·sie**
de keer dat je geweld gebruikt of zou willen gebruiken ✦ *in het verkeer neemt de agressie steeds meer toe*

agres·sief [bijvoeglijk naamwoord]
een agressieve persoon gebruikt heel snel geweld = gewelddadig ✦ *mensen worden in kleine ruimtes sneller agressief*

de **aids**
acquired immune deficiency syndrome: een ernstige ziekte die je van iemand anders kunt krijgen via bloed of sperma

de **air·bag** [airbags]
een kussen met lucht dat bij een ongeluk de mensen in de auto beschermt ✦ *deze auto kost tienduizend euro, compleet met airbag*

de **air·con·di·tio·ning**
een systeem om de temperatuur in een ruimte gelijk te houden, ook als het buiten heel warm is

de **AIVD**
Algemene Inlichtingen- en Veiligheidsdienst: de dienst die informatie probeert te krijgen over mensen die gevaarlijk kunnen zijn voor het land

de **ajuin** [ajuinen] (in België)
een bol die uit laagjes bestaat, met een sterke smaak, die als groente wordt gegeten = de ui

ake·lig [bijvoeglijk naamwoord]
1 vervelend; niet leuk = naar ✦ *wat een akelige man!*
2 een beetje ziek = naar ✦ *na de lange reis met de bus voelde hij zich erg akelig*

de **ak·ker** [akkers]
een stuk grond dat een boer gebruikt voor landbouw ✦ *op de akker groeiden aardappels* landschap

het **•ak·koord[1]** [akkoorden]
1 de overeenkomst ✦ *de twee landen hebben een akkoord gesloten over de handel*
2 twee of meer tonen in de muziek die samen klinken

•ak·koord[2] [bijvoeglijk naamwoord]
1 goed; okay ✦ *akkoord, ik doe mee!*
2 akkoord gaan met iets: het met iets eens zijn; iets goedvinden

de **akoes·tiek**
de manier waarop geluid klinkt in een ruimte ✦ *door de slechte akoestiek konden we de spreker niet verstaan*

de **ak·te** [akten, aktes]
1 een officieel papier voor een belangrijke gebeurtenis ✦ *bij de verkoop van*

een huis moet je een akte laten maken
2 een papier waarmee je bewijst dat iets mag of dat je iets kunt ✦ *als je wilt vissen, heb je een akte nodig*
3 een deel van een toneelstuk ✦ *in de derde akte ging er iemand dood*
4 waarvan akte: dit zeg je als je wilt laten merken dat je iets gehoord hebt

•**al**[1] [onbepaald voornaamwoord]
alles; allemaal ✦ *al haar vrienden waren op het feest* ✦ *Leo heeft alle melk opgedronken*

•**al**[2] [bijwoord]
1 eerder dan verwacht = reeds ⇔ pas ✦ *toen Inge één jaar was, kon ze al goed lopen*
2 al of niet; al dan niet: wel of niet ✦ *na afloop van de voorstelling kunt u al dan niet wat blijven drinken*

•**al**[3] [voegwoord]
zelfs of ook in de omstandigheid dat … ✦ *al heb ik niet veel geld, ik rijd graag in een mooie auto*

het **alarm**
een hard geluid dat waarschuwt dat er gevaar is ✦ *toen we het alarm hoorden, wisten we dat er brand was*

het **al·bum** [albums]
een boek waarin foto's of plaatjes kunnen worden geplakt

de **al·co·hol**
een stof in drank die invloed heeft op je geest en op je bewegingen dranken

•**al·door** [bijwoord]
de hele tijd = voortdurend, steeds ✦ *hij heeft aldoor problemen met zijn baas*

•**al·dus** [bijwoord] (formeel)
1 om aan te geven wie de woorden gezegd heeft ✦ *het bedrijf maakt veel winst, aldus de directeur*
2 op die manier = zo ✦ *zo is het besloten en aldus gebeurde het ook*

alert [bijvoeglijk naamwoord]
iemand die alert is, reageert snel ✦ *in dit bedrijf zijn we erg alert op gevaar voor brand*

het **al·fa·bet** [alfabetten]
alle letters van een taal ✦ *het Nederlandse alfabet heeft 26 letters* alfabet

al·fa·be·tisch [bijvoeglijk naamwoord]
woorden die alfabetisch staan, staan in de volgorde van het alfabet ✦ *mag ik van u een alfabetische lijst van alle medewerkers?*

al·ge·heel [bijvoeglijk naamwoord]
geheel = totaal, volledig ✦ *Brent heeft de algehele leiding over het bedrijf*

het •**al·ge·meen**[1]
in het algemeen; over het algemeen: meestal; in de meeste gevallen ✦ *in het algemeen houd ik niet van Belgische films, maar deze film vind ik prachtig*

•**al·ge·meen**[2] [bijvoeglijk naamwoord]
1 algemene zaken zijn voor iedereen of van iedereen ✦ *het is algemeen bekend dat de heer W. de nieuwe directeur wordt*
2 iets wat algemeen is, gaat niet over een speciaal onderwerp ✦ *de voorzitter maakte eerst enkele algemene opmerkingen*

al·hoe·wel [voegwoord]
hoewel = ofschoon ✦ *alhoewel Monica niet veel geld heeft, draagt ze altijd mooie kleren*

ali·as [bijwoord]
anders genoemd ✦ *Freek Bisschop, alias de Lange van Loenen, heeft de wedstrijd gewonnen*

het **ali·bi** [alibi's]
een bewijs dat je iets niet gedaan kunt hebben omdat je ergens anders was ✦ *de man had geen goed alibi en moest mee met de politie*

de **ali·men·ta·tie**
het geld dat een gescheiden persoon moet betalen aan de vroegere man of vrouw

de **ali·nea** [alinea's]
een eenheid in een tekst, vaak met een lege regel erboven en eronder ✦ *het antwoord staat in de tweede alinea*

de **Al·lah**
de naam voor God bij moslims religie

al·lang [bijwoord]
al lange tijd ✦ *ik was allang vergeten dat ik dat gezegd had*

al·le [onbepaald voornaamwoord]
allemaal ✦ *Theo heeft alle boeken van Wolkers in de kast* ✦ *alle kinderen mogen mee*

•**al·le·bei** [hoofdtelwoord]
beide; beiden ✦ *haar vader en moeder zijn allebei dood* ✦ *allebei de fietsen waren weg*

al·le·daags [bijvoeglijk naamwoord]
alledaagse dingen zijn niet bijzonder, maar heel gewoon ✦ *bedelende kinderen*

Alfabet

Het spellingalfabet of telefoonalfabet wordt gebruikt om een woord of een naam te spellen. Als men bijv. in Nederland de naam 'Yvanca' wil spellen, zegt men: 'Ypsilon - Victor - Anna - Nico - Cornelis - Anna'.

Alfabet	Spellingalfabet / Telefoonalfabet			
Letter	**Internationaal**	**Nederland**	**Vlaanderen**	**NAVO**
a, A	Amsterdam	Anna/Anton	Arthur	Alfa
b, B	Baltimore	Bernard	Brussel	Bravo
c, C	Casablanca	Cornelis	Carolina	Charlie
d, D	Denmark	Dirk	Désirée	Delta
e, E	Edison	Eduard	Emiel	Echo
f, F	Florida	Ferdinand	Frederik	Foxtrot
g, G	Gallipoli	Gerard	Gustaaf	Golf
h, H	Havana	Hendrik	Hendrik	Hotel
i, I	Italia	Izaäk	Isidoor	India
j, J	Jerusalem	Jan	Jozef	Juliette
k, K	Kilogramme	Karel	Kilogram	Kilo
l, L	Liverpool	Lodewijk	Leopold	Lima
m, M	Madagascar	Marie	Maria	Mike
n, N	New York	Nico	Napoleon	November
o, O	Oslo	Otto	Oscar	Oscar
p, P	Paris	Pieter	Piano	Papa
q, Q	Quebec	Quotiënt	Quiévrain	Quebec
r, R	Roma	Rudolf	Robert	Romeo
s, S	Santiago	Simon	Suzanna	Sierra
t, T	Tripoli	Teunis/Theodoor	Telefoon	Tango
u, U	Uppsala	Utrecht	Ursula	Uniform
v, V	Valencia	Victor	Victor	Victor
w, W	Washington	Willem	Waterloo	Whisky
x, X	Xantippe	Xantippe	Xavier	X-ray
ij, IJ*	-	IJmuiden/IJsbrand	-	-
y, Y*	Yokohama	Ypsilon	Yvonne	Yankee
z, Z	Zürich	Zaandam	Zero	Zulu

* De plaats van de letter ij in het alfabet kan verschillen: in het telefoonboek bijvoorbeeld komt de ij na de letter x. Maar in woordenboeken staat de ij bij de letter i. Het is daar geen aparte letter, maar een combinatie van twee letters: een i en een j. Als je het alfabet opnoemt, zeg je: … x, ij, z.

zijn hier een alledaags verschijnsel

•al·leen[1] [bijvoeglijk naamwoord]
zonder andere mensen ✦ *onze dochter fietst alleen naar school*

•al·leen[2] [bijwoord]
1 slechts; uitsluitend ✦ *de ziekte komt alleen bij kinderen voor*
2 maar; aan de andere kant ✦ *ik wil graag op vakantie, alleen heb ik geen geld*

al·leen·staand [bijvoeglijk naamwoord]
iemand die alleenstaand is, heeft geen partner ✦ *naast ons woont een alleenstaande man van 60 jaar*

•al·le·maal [onbepaald voornaamwoord]
alles; allen; alle ✦ *wat die man zegt is allemaal onzin* ✦ *het zijn allemaal aardige mensen*

al·len [onbepaald voornaamwoord]
allemaal ✦ *we zijn allen erg blij met de nieuwe baby*

al·lengs [bijwoord]

langzaam een beetje meer = langzamerhand ✦ *het werd allengs warmer in de kamer*

al·ler-
in de hoogste mate ✦ *het allermooiste huis* ✦ *de allergrootste auto*

al·ler·eerst [bijwoord]
in de eerste plaats; om te beginnen ✦ *allereerst wil ik Frida hartelijk bedanken*

de **al·ler·gie** [allergieën]
een te sterke reactie op een stof ✦ *ze heeft een allergie voor katten*

al·ler·han·de [onbepaald voornaamwoord]
allerlei ✦ *Frits kreeg allerhande adviezen van zijn collega's*

de **Al·ler·hei·li·gen** [meervoud]
1 november, de dag waarop in de rooms-katholieke kerk alle heiligen worden herdacht feestdagen

•**al·ler·lei** [onbepaald voornaamwoord]
allerlei dieren zijn dieren van verschillende soorten; allerlei boeken zijn boeken van verschillende soorten = allerhande ✦ *in deze winkel kun je allerlei spullen kopen*

al·ler·minst [bijwoord]
helemaal niet ✦ *de toekomst van onze vereniging is nog allerminst duidelijk*

de **Al·ler·zie·len** [meervoud]
2 november, de dag waarop in de rooms-katholieke kerk de doden worden herdacht feestdagen

•**al·les** [onbepaald voornaamwoord]
alle dingen ✦ *in deze winkel is alles heel duur*

al·les·be·hal·ve [bijwoord]
helemaal niet = geenszins ✦ *hij was allesbehalve tevreden over zijn werkstuk*

al·les·zins [bijwoord]
helemaal; volkomen ✦ *we waren bang dat het zou gaan regenen, maar het weer viel alleszins mee*

de **al·li·an·tie** [allianties]
de samenwerking tussen grote bedrijven of landen = het bondgenootschap

al·licht [bijwoord]
natuurlijk; vanzelfsprekend ✦ *zoveel mensen in een kleine ruimte, dat geeft allicht problemen*

de **al·loch·toon**[1] [allochtonen]
iemand die in een ander land geboren is, of van wie een van de ouders in een ander land geboren is ⇔ de autochtoon

al·loch·toon[2] [bijvoeglijk naamwoord]
allochtone mensen komen uit een ander land, of hebben ouders die uit een ander land komen ⇔ autochtoon

all·round [bijvoeglijk naamwoord]
iemand is allround als hij goed is in alle onderdelen van een vak of een sport = veelzijdig ✦ *Bert is een allround sporter*

de **al·lu·re** [allures]
een stijl die veel indruk maakt ✦ *Rotterdam is een stad met grote internationale allure* ✦ *de actrice is een vrouw met allure*

al·om [bijwoord]
overal ✦ *hij krijgt alom waardering voor alle goede dingen die hij gedaan heeft*

•**als** [voegwoord]
1 op het moment dat = wanneer ✦ *ik word altijd somber als het regent*
2 op voorwaarde dat; in het geval dat = indien ✦ *als je niet kunt komen, moet je me even bellen*
3 dit woord gebruik je bij een rol of een functie ✦ *als arts moet ik hiertegen protesteren*
4 dit woord gebruik je bij een vergelijking ✦ *Hans is net zo groot als Eva*

•**als·je·blieft** [tussenwerpsel]
een woord om iets vriendelijk te geven of te vragen, soms ook om een vraag sterker te maken; als je iemand met 'u' aanspreekt, gebruik je 'alstublieft' ✦ *alsjeblieft, hier is je koffie* ✦ *mag ik je boek alsjeblieft lenen?* ✦ *kinderen, willen jullie nu alsjeblieft naar huis gaan?* formules

als·me·de [voegwoord] (formeel)
en ook = evenals ✦ *er werd een grote hoeveelheid drugs gevonden, alsmede wapens en drank*

als·nog [bijwoord]
toch nog ✦ *na tien jaar in Nederland leert Ahmed alsnog de Nederlandse taal*

•**als·of** [voegwoord]
een woord dat je gebruikt als iets niet is wat het lijkt ✦ *hij deed alsof hij tegen een muur liep en iedereen moest lachen*

•**als·tu·blieft** [tussenwerpsel]
een woord om iets beleefd te geven of te vragen, soms ook om een vraag sterker te maken; als je iemand met 'je' aanspreekt, gebruik je 'alsjeblieft' ✦ *alstublieft, hier is uw boek* ✦ *kunt u uw*

vraag alstublieft herhalen? ✦ *dames en heren, wilt u nu alstublieft even stil zijn?* formules

de **alt** [alten]
een vrouw die laag zingt zangstemmen

het **al·taar** [altaren]
de tafel waarop brood en wijn staan tijdens een katholieke mis

het **al·ter·na·tief**[1] [alternatieven]
een keuze of een oplossing die ook mogelijk is ✦ *is de trein een goed alternatief voor de auto?*

al·ter·na·tief[2] [bijvoeglijk naamwoord]
anders dan gewoonlijk ✦ *hij draagt graag alternatieve kleren*

•**al·thans** [bijwoord]
dit woord gebruik je om een uitspraak preciezer te maken = tenminste ✦ *Paul lijkt niet op zijn vader, althans niet in karakter*

•**al·tijd** [bijwoord]
1 zonder ophouden ✦ *ze zei: "Ik zal altijd van je houden."*
2 steeds; telkens weer ✦ *tijdens Duits zat ik me altijd te vervelen*

het **alu·mi·ni·um**
een licht metaal met de kleur van zilver ✦ *aluminium wordt veel gebruikt voor lichte fietsen*

al·vast [bijwoord]
vóór iets anders ✦ *wil je alvast naar huis gaan om koffie te zetten?*

al·vo·rens [voegwoord] (formeel)
voordat ✦ *alvorens ik u de prijs geef, wil ik graag nog enkele woorden zeggen*

•**al·weer** [bijwoord]
weer; nu al ✦ *het jongste kind is alweer vijf jaar* ✦ *ben je nu alweer terug?*

de **alz·hei·mer**
een ziekte waardoor je steeds meer dingen vergeet en niet meer voor jezelf kunt zorgen; vooral oude mensen kunnen deze ziekte krijgen

a.m. [afkorting]
vóór de middag ⇔ p.m. ✦ *u wordt in het hotel verwacht om 11.00 uur a.m.*

> Dit wordt in het Nederlands niet veel gebruikt; daar telt men door tot 24: 16.35 uur, 18.00 uur, 4.30 uur enz.

de **aman·del** [amandelen]
1 de pit van de amandelvrucht, die je kunt eten
2 elk van de twee klieren in de keel, die er soms uit worden gehaald = de tonsil

de **ama·teur** [amateurs]
1 iemand die iets voor zijn plezier doet, niet voor zijn beroep ⇔ de professional ✦ *amateurs krijgen geen geld voor het voetballen* sport
2 iemand die iets op een slechte manier doet ⇔ de professional ✦ *deze keuken moet door een amateur geplaatst zijn, want het water loopt niet goed weg*

het **am·bacht** [ambachten]
een beroep waarbij je iets met je handen maakt ✦ *het maken van klompen is een oud ambacht*

am·bach·te·lijk [bijvoeglijk naamwoord]
iets dat ambachtelijk gemaakt is, is op een degelijke manier, met de hand gemaakt ✦ *deze kaas is ambachtelijk gemaakt, niet in een fabriek*

de •**am·bas·sa·de** [ambassades]
het gebouw waar een ambassadeur* werkt

de **am·bas·sa·deur** [ambassadeurs] **am·bas·sa·dri·ce** [ambassadrices]
de belangrijkste vertegenwoordiger van een regering in een ander land ✦ *een ambassadeur mag geen politieke uitspraken doen*

am·be·tant [bijvoeglijk naamwoord] (in België)
iets wat ambetant is, is helemaal niet fijn; iemand die ambetant is, is helemaal niet aardig = vervelend ✦ *ik vind het ambetant dat Wendy niet heeft gebeld*

de **am·bi·an·ce**
de sfeer; de omgeving ✦ *zij trouwden op een kasteel, in een prachtige ambiance*

de **am·bi·tie** [ambities]
de wil om iets te bereiken ✦ *in zijn werk heeft Dirk nooit veel ambities gehad*

am·bi·ti·eus [bijvoeglijk naamwoord]
iemand is ambitieus als hij graag iets wil bereiken ✦ *onze nieuwe chef is een zeer ambitieuze vrouw*

am·bi·va·lent [bijvoeglijk naamwoord]
als je ambivalente gevoelens hebt, heb je zowel negatieve als positieve gevoelens over iets ✦ *de regering had een ambivalente houding tegenover de oorlog*

het **ambt** [ambten]
een openbare functie ✦ *zij solliciteerde naar het ambt van burgemeester*

amb·te·lijk [bijvoeglijk naamwoord]
iets wat ambtelijk is, heeft te maken met ambtenaren ✦ *een ambtelijke instelling is verantwoordelijk voor de controle*

de •**amb·te·naar** [ambtenaren] **amb·te·na·res** [ambtenaressen]
iemand die voor de overheid werkt ✦ *de minister heeft elke dag overleg met de hoge ambtenaren van zijn ministerie*

de **am·bu·lan·ce** [ambulances, ambulancen]
de ziekenauto ✦ *heeft iemand al een ambulance gebeld?* gezondheid

de **am·fi·bie** [amfibieën]
een dier dat in het water én op het land kan leven, zoals een kikker

de **am·nes·tie**
de situatie dat het staatshoofd besluit dat iemand minder of helemaal geen straf krijgt

am·per [bijwoord]
bijna niet; bijna geen ✦ *wil je harder praten, want ik kan je amper horen*

am·pu·te·ren [amputeerde, heeft geamputeerd]
een ziek lichaamsdeel van een lichaam af halen [iemand amputeert een lichaamsdeel]

amu·sant [bijvoeglijk naamwoord]
iets wat amusant is, is zo leuk dat je erom moet lachen ✦ *de voorstelling was bijzonder amusant*

het **amu·se·ment**
dingen die bedoeld zijn om mensen plezier te geven ✦ *tijdens de vakantie is er allerlei amusement voor kinderen*

amu·se·ren [amuseerde, heeft geamuseerd]
plezier geven [iets of iemand amuseert iemand] ✦ *het kleine meisje amuseerde iedereen met haar vrolijke verhalen*

zich **amu·se·ren** [amuseerde zich, heeft zich geamuseerd]
plezier hebben = zich vermaken [iemand amuseert zich] ✦ *de gasten amuseerden zich goed op het feest*

de **an·al·fa·beet** [analfabeten]
iemand die niet kan lezen of schrijven

de **ana·list** [analisten] **ana·lis·te** [analistes]
iemand die stoffen onderzoekt in een laboratorium

de **ana·ly·se** [analyses, analysen]
een onderzoek door iets in stukjes te verdelen ✦ *de voorzitter maakte een goede analyse van het probleem*

ana·ly·se·ren [analyseerde, heeft geanalyseerd]
iets onderzoeken door het in stukjes te verdelen = ontleden [iemand analyseert iets] ✦ *hij heeft precies geanalyseerd welke stoffen er in het eten zaten*

de **ana·nas** [ananassen]
een grote vrucht met scherpe punten aan de buitenkant en een zoete, gele binnenkant

ananas

de **anar·chie** [anarchieën]
een toestand waarin er geen leider is, en iedereen doet wat hij of zij wil ✦ *in het land heerste totale anarchie*

de **ana·to·mie**
de leer van hoe het menselijk lichaam in elkaar zit

•**an·der**[1] [bijvoeglijk naamwoord]
1 een ander ding is niet hetzelfde ding; een andere persoon is niet dezelfde persoon ✦ *ze deed snel een andere broek aan* ✦ *kunt u een andere keer terugkomen?*
2 een of ander: het maakt niet uit welk of wie ✦ *er lag een of ander boek op tafel*
3 het een en ander: een paar dingen ✦ *ik heb het een en ander met je te bespreken*

•**an·der**[2] [onbepaald voornaamwoord]
niet dezelfde persoon; niet hetzelfde ding ✦ *zij deed veel goede dingen voor anderen*
onder anderen; onder andere (o.a.): als voorbeeld ✦ *in dit ziekenhuis heeft onder anderen de koningin gelegen*

•**an·der·half** [bijvoeglijk naamwoord]
één en een half ✦ *we hebben anderhalf uur op de trein moeten wachten*

an·der·maal [bijwoord] (formeel)
voor de tweede, derde enz. keer = alweer ✦ *de ploeg heeft andermaal verloren*

an·der·mans [onbepaald voornaamwoord]
van iemand anders ✦ *je moet van andermans spullen afblijven*

•**an·ders**[1] [bijvoeglijk naamwoord]
niet hetzelfde ✦ *Irene is heel anders dan haar zus*

•**an·ders**[2] [bijwoord]
1 op een andere manier ✦ *je kunt het ook anders doen*
2 op een ander moment ✦ *nu huilt de baby, maar anders lacht hij bijna altijd*
3 in een ander geval ✦ *anders kun je wel met mij meerijden*
4 iemand anders: een andere persoon
5 iets anders: een andere zaak of een andere kwestie

an·ders·om [bijwoord]
op de tegenovergestelde manier = omgekeerd ✦ *je moet de foto andersom houden*

•**an·der·zijds** [bijwoord]
enerzijds ..., anderzijds ...: aan de ene kant ..., aan de andere kant ...
✦ *enerzijds is de directeur een aardige man, anderzijds kan hij ook hard zijn*

de **an·dij·vie**
een groente

andijvie

de **anek·do·te** [anekdotes, anekdoten]
een kort en grappig verhaal over iets wat gebeurd is ✦ *hij vertelde een paar anekdotes uit de tijd dat hij bij de politie werkte*

de **an·gel** [angels]
het orgaan waarmee een wesp of een bij steekt

de •**angst** [angsten]
een bang gevoel = de vrees ✦ *Doortje had zo'n angst voor honden dat ze niet meer buiten kwam*

angst·aan·ja·gend [bijvoeglijk naamwoord]
iets wat angstaanjagend is, maakt je heel erg bang ✦ *het water in de rivier stond angstaanjagend hoog*

•**ang·stig** [bijvoeglijk naamwoord]
iemand die angstig is, is bang voor gevaar ✦ *in de oorlog heeft hij veel angstige ogenblikken gehad*

angst·val·lig [bijvoeglijk naamwoord]
iemand die iets angstvallig doet, doet dat op een heel bange manier ✦ *de datum van het huwelijk werd angstvallig geheim gehouden*

de **anijs**
een plant waarvan je de zaadjes in het eten kunt gebruiken

de **ani·mo** *ook:* het
de zin om iets te doen = de lust ✦ *het congres ging niet door, omdat er te weinig animo voor was*

de **an·jer** [anjers]
een plant met bloemen in verschillende kleuren

anjer

het **an·ker** [ankers]
een zwaar voorwerp waarmee schepen aan de bodem vastgelegd kunnen worden

anker

an·nex [voegwoord]
die ook functioneert als ... ✦ *zij huurde één kamer annex slaapkamer*

an·no [voorzetsel]
in het jaar ✦ *dit huis is gebouwd anno 1889*

an·nu·le·ren [annuleerde, heeft geannuleerd]
melden dat iets niet doorgaat = cancelen [iemand annuleert iets, bijv. een bijeenkomst] ✦ *de wedstrijd werd vanwege het slechte weer geannuleerd*

ano·niem [bijvoeglijk naamwoord]
als iets anoniem gedaan is, is niet bekend wie het gedaan heeft ✦ *in een anonieme brief stond dat de man niet lang meer zou leven*

het **ANP**
Algemeen Nederlands Persbureau: een bureau dat nieuws verzamelt voor kranten, radio, tv enz.

de **an·sicht·kaart** [ansichtkaarten]
een kaart die je verstuurt of ontvangt
✦ *toen Carla jarig was, kreeg ze twaalf ansichtkaarten*

de **an·ten·ne** [antennes]

1 een soort draad, bijv. op je tv of radio, die zorgt dat je tv of radio goed werkt
2 een gevoel voor iets = de intuïtie ✦ *zij heeft geen enkele antenne voor wat je wel en niet kunt zeggen*

an·ti [bijwoord]
tegen ✦ *bijna iedereen was vóór het voorstel, maar ik ben anti*

het **an·ti·bi·o·ti·cum** [antibiotica]
een middel om ontstekingen in je lichaam te laten verdwijnen ✦ *toen ik heel hoge koorts had, kreeg ik een week antibiotica*

an·ti·ci·pe·ren [anticipeerde, heeft geanticipeerd]
iets doen wat te maken heeft met iets wat nog moet gebeuren = vooruitlopen [iemand anticipeert (op iets)] ✦ *met dit voorstel anticiperen wij op de nieuwe ontwikkelingen in het bedrijf*

de **an·ti·con·cep·tie**
de manier waarop iemand probeert niet zwanger te worden, bijv. via de pil of een condoom

de **an·ti·con·cep·tie·pil** [anticonceptiepillen]
een middel dat vrouwen kunnen gebruiken om geen kinderen te krijgen = de pil

het **an·ti·de·pres·si·vum** [antidepressiva]
een middel om te voorkomen dat je heel somber wordt

het **an·tiek**[1]
voorwerpen, bijv. tafels of stoelen, die meer dan honderd jaar oud zijn en daarom waarde hebben

an·tiek[2] [bijvoeglijk naamwoord]
1 antieke voorwerpen hebben waarde omdat ze heel oud zijn ✦ *Greta heeft een antieke vaas gekregen van haar ouders*
2 **de antieke wereld:** de Oudheid; de wereld van de Grieken en Romeinen

het **an·ti·gif·cen·trum** [antigifcentrums, antigifcentra] (in België)
een instelling waar je naartoe kunt bellen als je advies wilt over giftige stoffen

de **an·ti·pa·thie**
een gevoel dat je iemand of iets niet leuk vindt ✦ *de man had een sterke antipathie tegen Amerikaanse toeristen*

de **an·ti·quair** [antiquairs]
iemand die een winkel heeft met antiek[1]

het •**ant·woord** [antwoorden]
iets wat je zegt als reactie op een vraag ✦ *de journalist bleef de vraag herhalen, maar hij kreeg geen antwoord*

het **ant·woord·ap·pa·raat** [antwoordapparaten]
een apparaat dat berichten op je telefoon opneemt als je niet thuis bent ✦ *er stond een bericht van mijn zus op het antwoordapparaat* media

•**ant·woor·den** [antwoordde, heeft geantwoord]
antwoord geven [iemand antwoordt (iemand) iets] ✦ *hij antwoordde dat hij nog het nog niet zeker wist*

de **anus** [anussen]
de opening tussen je billen waar je poep uit komt

de **ANWB**
een Nederlandse organisatie voor toeristen, die o.a. met borden de weg wijst

de **AOW** (in Nederland)
Algemene Ouderdomswet: een wet die ervoor zorgt dat mensen na hun 65e van de overheid geld krijgen om van te leven verzekeringen

•**apart** [bijvoeglijk naamwoord]
1 iets wat apart is, is los van andere dingen = afzonderlijk ✦ *het huis heeft een woonkamer en een aparte eetkamer*
2 aparte mensen of dingen zijn anders dan andere mensen of dingen = bijzonder, speciaal ✦ *deze vrucht smaakt heel apart*

het **apen·staart·je** [apenstaartjes]
het teken '@', dat onder andere gebruikt wordt in e-mailadressen

het **ape·ri·tief** [aperitieven]
een drankje met alcohol dat je voor het eten drinkt dranken

apin *zie:* **aap**

de **apk**
algemene periodieke keuring: een verplichte controle van alle auto's die ouder zijn dan drie jaar

de •**apo·theek** [apotheken]
1 een winkel waar je medicijnen kunt halen gezondheid
2 de medicijnen die ergens staan ✦ *ik neem altijd een kleine apotheek mee op vakantie*

het •**ap·pa·raat** [apparaten]
een ding dat je kunt gebruiken om iets sneller te doen of te maken dan zonder dat ding ✦ *dit is een winkel voor elektri-*

sche apparaten

de **ap·pa·ra·tuur**
allerlei apparaten bij elkaar ✦ *in dit ziekenhuis is de modernste apparatuur aanwezig*

het **ap·par·te·ment** [appartementen]
een woning die een deel is van een groter gebouw ✦ *ze heeft een appartement gehuurd in het centrum van Londen*
wonen uitgaan

het **ap·par·te·ments·ge·bouw** [appartementsgebouwen] (in België)
een hoog gebouw met boven elkaar liggende woningen

de• **ap·pel**[1] [appelen, appels]
een harde, ronde vrucht

appel[1]

het• **ap·pel**[2] (vaak geschreven als 'appèl')
een appel doen op iemand of iets: iemand met veel nadruk vragen om iets te doen ✦ *er werd een zwaar appel gedaan op de bewoners om binnen te blijven*

de **ap·pel·flap** [appelflappen]
een soort gebakje van deeg met appel erin feestdagen

de **ap·pel·moes** *ook:* het
een gerecht van gekookte appels

de **ap·pel·sien** [appelsienen] (in België)
een vrucht = de sinaasappel

het **ap·plaus**
de keer dat mensen de handen op elkaar slaan om te laten merken dat ze iets mooi of goed vinden ✦ *onmiddellijk na het optreden klonk er een luid applaus*

de• **april**
de vierde maand van het jaar maanden

de **aqua·rel** [aquarellen]
een schilderij van verf met water op papier

het **aqua·ri·um** [aquaria, aquariums]
een bak van glas met water, waarin vissen gehouden worden

de• **ar·beid**
het werk ✦ *veel producten worden in het buitenland gemaakt, omdat arbeid daar goedkoper is*
de Dag van de Arbeid: het feest van de arbeiders (op 1 mei) feestdagen

de• **ar·bei·der** [arbeiders] **ar·beid·ster** [arbeidsters]
iemand die werkt, vooral iemand die met zijn handen werkt ✦ *er werken honderd arbeiders in de fabriek*

het **ar·beids·bu·reau** [arbeidsbureaus]
een kantoor van de overheid waar je naartoe kunt als je werk of personeel zoekt; tegenwoordig 'Centrum voor werk en inkomen' (CWI)

het **ar·beids·hof** [arbeidshoven] (in België)
de rechtbank waar je naartoe kunt als je vindt dat de arbeidsrechtbank een verkeerde beslissing in jouw zaak heeft genomen rechtspraak

de **ar·beids·markt**
de banen die aangeboden worden en de banen waar mensen naar zoeken ✦ *met een diploma heb je meer kansen op de arbeidsmarkt*

de **ar·beids·om·stan·dig·he·den** [meervoud]
de omstandigheden waaronder je je werk doet, bijv. de mate van veiligheid

ar·beids·on·ge·schikt [bijvoeglijk naamwoord]
iemand die arbeidsongeschikt is, is niet gezond genoeg om te kunnen werken ✦ *van het zware werk in de fabriek werd hij ziek en uiteindelijk arbeidsongeschikt*

de **ar·beids·recht·bank** [arbeidsrechtbanken] (in België)
de rechtbank die gaat over ongelukken op het werk, ruzies tussen werkgevers en werknemers enz. rechtspraak

de **ar·beids·voor·waar·den** [meervoud]
de voorwaarden waaronder iemand zijn werk doet, bijv. zijn loon, hoeveel dagen vakantie hij krijgt enz. ✦ *de chauffeurs eisten betere arbeidsvoorwaarden*

de **ar·bi·ter** [arbiters]
iemand die de beslissingen neemt tijdens een wedstrijd = de scheidsrechter

het **Ar·bi·tra·ge·hof** (in België)
de rechtbank die controleert of de overheid zich in haar beslissingen beperkt tot zaken waarover ze mag beslissen

de **ar·bo·dienst** [arbodiensten] (in Nederland)
een dienst die zorgt dat werknemers

goed en veilig kunnen werken

de **ar·cheo·lo·gie**
de kennis en de studie van heel oude voorwerpen, vooral van voorwerpen die onder de grond verborgen waren

het **ar·chief** [archieven]
de papieren van bijv. een gemeente, een bestuur of een bedrijf die bewaard worden ✦ *de foto's werden in het archief van de school bewaard*

de **ar·chi·tect** [architecten] **ar·chi·tec·te** [architectes]
iemand die voor zijn of haar beroep bedenkt hoe een gebouw eruit moet zien, en dat dan tekent = de bouwkundige

de **ar·chi·tec·tuur**
de kunst van het bedenken en tekenen hoe gebouwen eruit moeten zien = de bouwkunst

de **are** [aren]
honderd vierkante meter (= 100 m^2) ✦ *het terrein is 50 are groot*

de **are·na** [arena's]
een rond plein waar wedstrijden of gevechten plaatsvinden = het strijdperk

ar·ge·loos [bijvoeglijk naamwoord]
iemand die argeloos is, ziet geen gevaar = onschuldig, naïef ✦ *het argeloze meisje stapte bij de man in de auto*

het **ar·gu·ment** [argumenten]
een reden waarmee je een conclusie voorbereidt ✦ *je moet goede argumenten hebben om mij te kunnen overtuigen*

de **ar·gu·men·ta·tie** [argumentaties]
de redenen die tot een conclusie moeten leiden ✦ *met een uitstekende argumentatie wist de minister steun voor het voorstel te krijgen*

de **ar·gus·ogen** [meervoud]
iets met argusogen bekijken: goed opletten, omdat je het niet vertrouwt

de **arg·waan**
het gevoel dat iets of iemand niet te vertrouwen is = de achterdocht, het wantrouwen ✦ *de agent kreeg argwaan toen hij het gebroken glas zag*

de •**arm**[1] [armen]
het deel van je lichaam dat loopt vanaf je schouder tot en met je hand ✦ *de vrouw droeg een kind op de arm*
een slag om de arm houden: iets niet helemaal zeker kunnen beloven ✦ *Max wil proberen te komen, maar hij houdt een slag om de arm*
iemand in de arm nemen: iemand vragen je te helpen of raad te geven

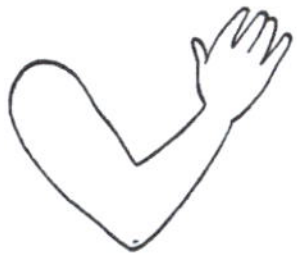
arm[1]

•**arm**[2] [bijvoeglijk naamwoord]
1 een arme persoon bezit weinig ⇔ rijk ✦ *het land is te arm om goed onderwijs te kunnen betalen*
2 met een arme persoon heb je medelijden = zielig, beklagenswaardig ✦ *die arme jongen verloor bij het ongeluk al zijn tanden*

de **arm·band** [armbanden]
een bandje dat je om je arm draagt ✦ *Liesbeth droeg een dure gouden armband*

de **ar·moe**
de armoede

de **ar·moe·de**
1 een toestand waarin iemand te weinig heeft om van te leven ⇔ de rijkdom
2 van armoe: omdat je niets beters kunt bedenken ✦ *van armoe zijn we maar op het station blijven slapen*

ar·moe·dig [bijvoeglijk naamwoord]
iets is armoedig als daaruit de armoede* blijkt ✦ *de mensen zonder baan leefden in armoedige omstandigheden*

het **aro·ma** [aroma's]
de geur waaraan je eten of drinken zoals koffie, vruchten enz. herkent = de geur ✦ *de wijn had een heerlijk aroma*

het **ar·ran·ge·ment** [arrangementen]
1 een regeling voor een verblijf waarbij je voor een aantal dingen tegelijk betaalt, bijv. voor de reis en het hotel ✦ *dit hotel biedt een speciaal arrangement van drie dagen*
2 een muziekstuk dat geschikt gemaakt is voor andere instrumenten of stemmen dan waarvoor het bedoeld was ✦ *we laten dit lied horen in een arrangement voor piano*

ar·ran·ge·ren [arrangeerde, heeft gearrangeerd]
1 organiseren = regelen [iemand arrangeert iets] ✦ *de journalist wist een gesprek met de president te arrangeren*
2 voor andere instrumenten geschikt

maken = bewerken [iemand arrangeert een muziekstuk] ✦ *Harry heeft de muziek voor orgel gearrangeerd*

het **ar·rest**
een toestand waarbij je door de politie bent meegenomen, maar nog niet bij de rechter bent geweest = de aanhouding

de **ar·res·tant** [arrestanten] **ar·res·tan·te** [arrestantes]
iemand die gearresteerd* is ✦ *de arrestant werd in een busje van de politie meegenomen*

ar·res·te·ren [arresteerde, heeft gearresteerd]
meenemen naar het bureau van de politie [de politie arresteert iemand]

ar·ri·ve·ren [arriveerde, is gearriveerd]
aankomen [iemand arriveert ergens] ✦ *na een lange reis arriveerden de toeristen in Madrid*

ar·ro·gant [bijvoeglijk naamwoord]
een arrogante persoon doet alsof hij of zij beter is dan anderen = verwaand ✦ *die arrogante leden van het parlement luisterden niet naar hun kiezers*

het **ar·ron·dis·se·ment** [arrondissementen] (in België)
het deel van een provincie waar een bepaalde rechtbank macht heeft

ar·ti·cu·le·ren [articuleerde, heeft gearticuleerd]
duidelijk uitspreken [iemand articuleert (woorden)] ✦ *je moet duidelijk articuleren als je op het toneel staat, anders verstaat het publiek je niet*

de **ar·tiest** [artiesten]
de kunstenaar ✦ *er traden bekende artiesten op*

het **•ar·ti·kel** [artikelen, artikels]
1 een stuk tekst in een krant of tijdschrift over één onderwerp ✦ *in de krant staat een artikel over onze universiteit*
2 een product in de winkel ✦ *in de supermarkt zie je steeds meer verschillende artikelen*
3 een deel van een wet of een overeenkomst ✦ *de minister deed het voorstel om het artikel over geweld te veranderen*

ar·tis·tiek [bijvoeglijk naamwoord]
een artistieke persoon heeft gevoel voor kunst = kunstzinnig ✦ *ze komt uit een artistiek milieu, want haar vader was beeldend kunstenaar en haar moeder zangeres*

de **•arts** [artsen]
de dokter ✦ *hij werkt als arts in een ziekenhuis*

de **as** [assen]
1 [geen meervoud] de zwarte stof die na een brand overblijft ✦ *de as van de sigaret viel op de grond*
2 een rond voorwerp waaraan of waarom iets draait = de spil ✦ *de as van het wiel was gebroken*
3 een lijn waaromheen iets draait, maar die niet echt bestaat ✦ *de aarde draait om haar eigen as*

a.s. [afkorting]
aanstaande: komend ✦ *de vergadering is dinsdag a.s.*

de **as·bak** [asbakken]
een bakje waarin je de as* (bet. 1) van je sigaret doet ✦ *heb je een asbak voor me?*

het **as·best**
grijs materiaal dat warmte en brand tegenhoudt, en dat inmiddels in de bouw verboden is

het **as·falt**
het grijze materiaal waarmee straten bedekt worden

het **asiel** [asiels, asielen]
1 [geen meervoud] de bescherming van de staat voor mensen voor wie het in hun eigen land te gevaarlijk is ✦ *de Chinezen probeerden in België asiel te krijgen*
2 een gebouw waar dieren verzorgd worden die anders niet verzorgd zouden worden ✦ *onze poes komt uit het asiel*

de **asiel·zoe·ker** [asielzoekers]
iemand die asiel* (bet. 1) in een land vraagt

het **asiel·zoe·kers·cen·trum** [asielzoekerscentra, asielzoekerscentrums]
een gebouw waar asielzoekers wonen

het **a.s.o.** (in België)
algemeen secundair onderwijs: een type onderwijs dat volgt op het basisonderwijs **onderwijs**

a·so·ci·aal [bijvoeglijk naamwoord]
iemand die asociaal is, doet wat hij wil en past zich niet aan de afspraken in de samenleving aan ✦ *het is asociaal om alles alleen op te eten!*

het **as·pect** [aspecten]
een onderdeel of een kant van een zaak

✦ *een belangrijk aspect van het openbaar vervoer is de veiligheid*

de **as·per·ge** [asperges]
een plant die als groente wordt gegeten

asperge

de **as·pi·rant** [aspiranten] **as·pi·ran·te** [aspirantes]
iemand die een opleiding krijgt voor een vak of een sport

de **as·pi·ra·tie** [aspiraties]
het verlangen om iets te bereiken ✦ *het bedrijf heeft aspiraties om flink te groeien*

de **as·pi·ri·ne** [aspirines]
een medicijn tegen pijn

as·ser·tief [bijvoeglijk naamwoord]
een assertieve persoon durft voor zichzelf op te komen ✦ *Marie is niet assertief, want ze durft geen 'nee' te zeggen*

de **as·si·sen** [meervoud]
het hof van assisen: de rechtbank waar je naartoe kunt gaan als je vindt dat een lagere rechtbank een verkeerde beslissing in jouw zaak heeft genomen
rechtspraak

de **as·sis·tent** [assistenten] **as·sis·ten·te** [assistentes]
iemand die helpt bij het werk ✦ *de dokter was er niet, maar zijn assistent kon ons ook helpen*

as·sis·te·ren [assisteerde, heeft geassisteerd]
helpen [iemand assisteert iemand] ✦ *de militairen kwamen de politie assisteren*

de **as·so·ci·a·tie** [associaties]
1 het verschijnsel dat je door iets aan iets anders moet denken ✦ *door deze vruchten krijg ik een associatie met zon en vakantie*
2 een samenwerking van mensen of groepen ✦ *hij is voorzitter van een associatie van boeren*

as·so·ci·ë·ren [associeerde, heeft geassocieerd]
dingen in de geest of in je gedachten verbinden [iemand associeert (iets) (met iets anders)] ✦ *veel mensen associëren de natuur met rust en vrijheid*

het **as·sor·ti·ment** [assortimenten]
de verschillende producten in een winkel = de sortering ✦ *de winkel biedt een groot assortiment aan schoenen*

de **ast·ma** *ook:* het
een ziekte waarbij je moeilijk lucht binnen krijgt

de **as·tro·lo·gie**
de leer van de invloed die de stand van de sterren op de levens van mensen hebben sterrenbeelden

de **as·tro·naut** [astronauten] **as·tro·nau·te** [astronautes]
iemand die in de ruimte werkt = de kosmonaut ✦ *de astronaut Neil Armstrong was de eerste mens op de maan*

de **as·tro·no·mie**
de leer van de sterren = de sterrenkunde

het **ate·lier** [ateliers]
een ruimte waarin een kunstenaar werkt ✦ *de tentoonstelling werd in het atelier van de schilder gehouden*

a·ten *zie:* **eten**

het **athe·ne·um** [athenea, atheneums]
1 (in Nederland) een middelbare school die de leerlingen voorbereidt op een studie aan de universiteit of hogeschool
2 (in België) een school voor algemeen middelbaar onderwijs

At·lan·tisch [bijvoeglijk naamwoord]
de Atlantische Oceaan: de oceaan tussen Europa en Afrika aan de ene en Amerika aan de andere kant

de **at·las** [atlassen]
een boek met kaarten van landen en zeeën ✦ *dit is een oude atlas waarin Duitsland nog uit twee delen bestaat*

de **at·leet** [atleten] **at·le·te** [atletes]
iemand die aan atletiek* doet

de **at·le·tiek**
een naam voor verschillende sporten bij elkaar, zoals hardlopen en springen

de **at·mo·sfeer**
1 een laag lucht om de aarde = de dampkring ✦ *hoog in de atmosfeer kom je minder stofjes tegen*
2 de lucht om ons heen, binnen en buiten het huis = de lucht ✦ *er heerste een droge atmosfeer in het huis*
3 de sfeer; de stemming ✦ *het hotel heeft een vriendelijke atmosfeer*

het **atoom** [atomen]

het kleinste deeltje van een stof dat nog de kenmerken van die stof bezit

de **atoom·bom** [atoombommen]
een bom met bijzonder grote kracht, veroorzaakt door het delen van de kern van atomen* = de kernbom ✦ *in 1945 werd er een atoombom op Hiroshima en Nagasaki geworpen*

at·tent [bijvoeglijk naamwoord]
1 een attente persoon merkt veel op = opmerkzaam ✦ *de chauffeur zei dat we extra attent moesten zijn, want er waren dieven in de bus*
2 iemand die attent is, is erg aardig en helpt iedereen ✦ *wat attent van Chris om een bos bloemen mee te nemen*

de **at·ten·tie** [attenties]
1 [geen meervoud] de aandacht ✦ *attentie allemaal, we gaan zo dadelijk beginnen!*
2 iets waaruit zorg en aandacht voor iemand blijkt, bijv. een cadeautje = het aardigheidje ✦ *de jongen gaf haar steeds bloemen, briefjes en andere attenties*
3 ter attentie van ...: bestemd voor ... ✦ *ik heb de brief gestuurd naar het gemeentehuis, ter attentie van de burgemeester*

de **at·trac·tie** [attracties]
iets waar veel mensen voor hun plezier naartoe komen ✦ *de grootste attractie van de stad was de hoge toren*

het **at·tri·buut** [attributen]
een voorwerp dat als speciaal kenmerk bij iets of iemand hoort ✦ *hoedjes en ballen waren de enige attributen van de toneelspelers*

au [tussenwerpsel]
dit zeg je als je pijn voelt ✦ *au, dat doet zeer!*

a.u.b. [afkorting]
alstublieft = s.v.p. ✦ *op het bordje stond 'stilte, a.u.b.'*

de **au·ber·gi·ne** [aubergines]
een paarse vrucht die als groente wordt gegeten

aubergine

de **au·dio·ap·pa·ra·tuur**
apparatuur die te maken heeft met geluid en luisteren, zoals een cd-speler en een radio

de **au·di·tie** [audities]
een test waarin je laat zien hoe goed je kunt zingen, dansen of muziek maken enz. ✦ *ik moet vanmiddag auditie doen voor een musical*

de **au·gurk** [augurken]
een kleine, groene en zure vrucht die je als groente eet

de• **au·gus·tus**
de achtste maand van het jaar **maanden**

de **au·la** [aula's]
een grote ruimte geschikt voor voorstellingen, bijv. in een school

de **au·teur** [auteurs]
de schrijver of schrijfster van een boek ✦ *wie is de auteur van 'De avonden'?*

au·then·tiek [bijvoeglijk naamwoord]
echt; oorspronkelijk = origineel ✦ *de rechter wil de authentieke papieren zien*

de• **au·to** [auto's]
een wagen met een motor, voor één tot vijf personen ✦ *we gaan met de auto op vakantie* **vervoer**

de **au·to·be·las·ting** (in België)
belasting die men moet betalen om in een auto te rijden = de rijtaks **belasting**

de **au·to·bio·gra·fie** [autobiografieën]
een boek dat iemand over zijn eigen leven schrijft

de **au·to·bus** [autobussen]
de bus

de **au·toch·toon**[1] [autochtonen]
iemand die geboren is in het land waar hij of zij woont, en wiens ouders daar ook geboren zijn ⇔ de allochtoon

au·toch·toon[2] [bijvoeglijk naamwoord]
autochtone mensen komen uit het land waar ze wonen, en hun ouders ook ⇔ allochtoon ✦ *deze school wordt door zowel allochtone als autochtone kinderen bezocht*

de **au·to·maat** [automaten]
1 een apparaat dat zelf werk verricht, bijv. het verkopen van kaartjes of sigaretten, of het wassen van kleren ✦ *een wasautomaat* ✦ *een sigarettenautomaat*
2 een auto met een automatische* (bet. 1) versnelling

au·to·ma·tisch [bijvoeglijk naamwoord]
1 een automatisch apparaat doet dingen vanzelf ✦ *we konden niet naar bui-*

ten, want de automatische deuren werkten niet
2 bij iets wat automatisch gaat, hoef je niet na te denken = werktuiglijk
✦ *automatisch stak ze een sigaret op*
au·to·ma·ti·se·ren [automatiseerde, heeft geautomatiseerd]
werk door machines laten doen, vooral door computers [iemand automatiseert een bedrijf] ✦ *tien jaar geleden is het bedrijf volledig geautomatiseerd*
de **au·to·ma·ti·se·ring**
de bedrijven die betrekking hebben op computers ✦ *na een baan in het onderwijs werkt ze nu in de automatisering*
de **au·to·mo·bi·list** [automobilisten] **au·to·mo·bi·lis·te** [automobilistes]
iemand die stuurt in een auto = de chauffeur ✦ *welke automobilist veroorzaakte het ongeluk?*
de **au·to·no·mie**
het recht van een land om zelf de regels en de wetten te bepalen = het zelfbestuur
au·to·noom [bijvoeglijk naamwoord]
iemand die autonoom is, doet wat hij of zij wil en hoeft niet met anderen samen te werken = zelfstandig ✦ *onze afdeling werkt heel autonoom: we bepalen zelf wat we doen*
au·to·rij·den [reed auto, heeft autogereden]
in een auto rijden en sturen [iemand rijdt auto]
au·to·ri·tair [bijvoeglijk naamwoord]
een autoritaire persoon wil dat je doet wat hij zegt en wil daarover geen discussie ✦ *de trainer van de ploeg was behoorlijk autoritair*
de **au·to·ri·teit** [autoriteiten]
1 een persoon of een instelling die macht heeft ✦ *de autoriteiten besloten het zwembad te sluiten*
2 iemand die veel weet over een onderwerp en daarom invloed heeft = de deskundige ✦ *mijn broer is een autoriteit op het gebied van internationaal recht*
de **au·to·stop** (in België)
autostop doen: proberen met iemand mee te rijden door langs de kant van de weg te gaan staan en je duim omhoog te houden
de **au·to·stra·de** [autostrades] (in België)
een grote weg waar alleen auto's en vrachtwagens op mogen rijden en waar je op komt via een oprit = de snelweg
de **au·to·weg** [autowegen]
een weg voor auto's, en niet voor fietsen of brommers
ave·rechts [bijvoeglijk naamwoord]
precies omgekeerd = tegenovergesteld
✦ *het verbieden van drugs op school had een averechts resultaat, want daarna werden er nog meer drugs gebruikt*
de **ave·rij** [averijen]
de schade aan een schip ✦ *het schip liep door het slechte weer averij op*
de **avo·ca·do** [avocado's]
een groene vrucht die als groente gegeten wordt

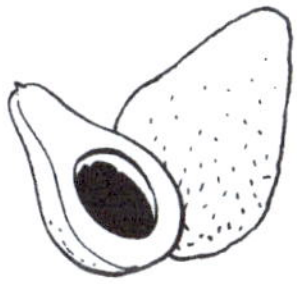

avocado

de• **avond** [avonden]
de periode van de dag tussen de middag en de nacht ✦ *'s avonds mogen de kinderen een uur tv kijken*
het **avond·eten**
de maaltijd die je 's avonds eet ✦ *na het avondeten dronken ze koffie* maaltijden
de **avond·krant** [avondkranten]
een krant die aan het eind van de middag verschijnt media
het **Avond·maal**
een reeks handelingen in de protestantse kerk, waarbij brood en wijn worden gebruikt als symbool religie
de **avond·vier·daag·se** [avondvierdaagsen]
een wandeling voor kinderen van vier avonden achter elkaar
het **avon·tuur** [avonturen]
een onverwachtse gebeurtenis die spannend, leuk en een beetje gevaarlijk is
✦ *Hans beleefde veel avonturen op zijn reizen*
avon·tuur·lijk [bijvoeglijk naamwoord]
1 bij iets wat avontuurlijk is, kunnen allerlei onverwachte en spannende dingen gebeuren ✦ *na zijn examens maakte hij een avontuurlijke reis rond de wereld*
2 iemand die avontuurlijk is, houdt van reizen en doet spannende en soms gevaarlijke dingen
de **AVRO**

Algemene Vereniging Radio-omroep: een omroep in Nederland media

de **AWBZ**
Algemene Wet Bijzondere Ziektekosten: een regeling waardoor iedereen in Nederland verzekerd is voor de zorg die nodig is als je lang ziek bent of als je gehandicapt of oud bent verzekeringen

de **aya·tol·lah** [ayatollahs]
een hoge geestelijk leider in de sjiitische islam

het **azc** [azc's]
asielzoekerscentrum: een gebouw waar asielzoekers wonen

azen op [aasde op, heeft geaasd op]
iets erg graag willen hebben en het ook proberen te krijgen [iemand aast op iets] ✦ *beide deelnemers azen op de eerste prijs*

de **azijn** [azijnen]
een soort zure vloeistof die je bijv. over de sla doet

b

de **b** [b's]
1 de tweede letter van het alfabet alfabet
2 een toon in de muziek muzieknoten

de **baai** [baaien]
een deel van de zee dat in het land inspringt

de **baal** [balen]
een grote zak van stof waarin een product bewaard wordt ✦ *achter in de winkel lagen balen rijst en koffie*

de•**baan** [banen]
1 het werk dat je doet, meestal voor loon ✦ *mijn broer heeft een baan als leraar aangenomen* werk
2 een deel van een weg waarop je kunt lopen of rijden ✦ *de nieuwe weg heeft acht banen*
3 de weg die een voertuig in de ruimte aflegt ✦ *de satelliet werd in een baan rond de aarde gebracht*
4 een lang stuk stof of papier = de strook ✦ *om een jas te maken heb ik drie banen van de stof nodig*
5 iets is van de baan: iets gaat niet door ✦ *de bijeenkomst met de vroegere collega's is van de baan*
6 iets op de lange baan schuiven: iets nog niet doen, maar wachten tot later
7 iets in goede banen leiden: zorgen dat iets goed verloopt

het **baan·vak** [baanvakken]
een deel van een baan van het spoor tussen twee stations = het traject

de **baar** [baren]
een toestel waarop je iemand draagt die dood is

de•**baard** [baarden]
1 het haar dat onder en naast de mond van een man groeit
2 de baard in de keel hebben: (van jongens) een lagere stem krijgen

de **baar·moe·der** [baarmoeders]
het orgaan in de buik van een vrouw waarin een baby kan groeien = de uterus

de•**baas** [bazen]
1 [vrouw: ba·zin; bazinnen] iemand die de leiding heeft = de chef ✦ *hij werkt al twintig jaar bij dezelfde baas*
de baas spelen: doen alsof jij de baas bent
2 [vrouw: ba·zin; bazinnen] de eigenaar van een hond of een poes ✦ *Rex, kom eens bij het baasje!*
3 (informeel) de man; de jongen = de vent ✦ *het is een druk baasje*

de **baat** [baten]
1 het voordeel dat je van iets hebt; de winst = het nut ✦ *de patiënt had veel baat bij het medicijn*
ten bate van ...: om ... te helpen ✦ *er werd actie gevoerd ten bate van de slachtoffers van de oorlog*
2 de gelegenheid te baat nemen: de kans pakken
3 kosten en baten: wat het kost en wat het oplevert

bab·be·len [babbelde, heeft gebabbeld]
praten over onbelangrijke dingen = kletsen [iemand babbelt] ✦ *de buren stonden buiten gezellig te babbelen*

de•**ba·by** [baby's]
een kindje dat jonger is dan één jaar = de zuigeling

de **ba·by·foon** [babyfoons]
een apparaat waarmee je geluiden in een andere kamer kunt horen ✦ *we gebruiken de babyfoon om te horen of de baby wakker is*

de **ba·cil** [bacillen]
een heel klein deeltje dat mensen ziek kan maken of dat eten rot kan maken ✦ *als je het eten kookt, dood je de meeste bacillen*

het **ba·con**
zout varkensvlees dat je op brood kunt eten

de **bac·te·rie** [bacteriën]
een heel klein deeltje dat mensen ziek kan maken of dat eten rot kan maken ✦ *de ziekte werd waarschijnlijk veroorzaakt door een bacterie*

het•**bad** [baden]
een grote bak met water waarin je kunt zitten of liggen om je te wassen ✦ *na de wedstrijd nam ze een bad* ✦ *ze deed de baby in bad*

ba·den[1] [baadde, heeft gebaad]
1 wassen; in bad doen [iemand baadt iemand] ✦ *de kinderen moeten gebaad worden voordat ze naar bed gaan*

2 zich wassen, bijv. in bad of in zee [iemand baadt] ✦ *de reizigers baadden in een rivier*
3 veel van iets hebben [iemand baadt in iets] ✦ *die mensen baden in luxe: ze hebben vier huizen en drie auto's*

ba·den[2] *zie:* **bidden**

de **bad·ka·mer** [badkamers]
een kamer waarin een bad staat

de **bad·kuip** [badkuipen]
het bad ✦ *de badkuip was tot aan de rand met water gevuld*

het **bad·la·ken** [badlakens]
een grote doek die je bij het baden gebruikt en waarmee je je kunt drogen ✦ *de jongens lagen op hun badlakens op het strand*

de **bad·mees·ter** [badmeesters] **bad·juf·frouw** [badjuffrouwen]
iemand die op de mensen in een zwembad of in zee let ✦ *de badmeester zag dat de kinderen te ver de zee in gingen*

het **bad·min·ton**
een sport en spel met een pluimpje en een racket

het **bad·pak** [badpakken]
iets wat je aantrekt als je gaat zwemmen

de **bad·plaats** [badplaatsen]
een plaats met een strand, aan zee of aan een meer ✦ *Scheveningen is een bekende Nederlandse badplaats; Oostende is een bekende badplaats in België*

de **bad·stof**
een ruwe stof waarvan men badjassen maakt

de•**ba·ga·ge**
alles wat je meeneemt als je reist ✦ *we hadden weinig bagage bij ons toen we naar Spanje gingen*

de **ba·ga·ge·dra·ger** [bagagedragers]
een deel van een fiets waarop je bagage kunt doen ✦ *het meisje ging op Jeffreys bagagedrager zitten*

bagagedrager

ba·ga·tel·li·se·ren [bagatelliseerde, heeft gebagatelliseerd]
minder belangrijk maken [iemand bagatelliseert iets] ✦ *de minister bagatelliseerde het gevaar en deed niets om zijn land te beschermen*

de **bag·ger**
natte grond = de modder ✦ *er werd veel bagger uit de haven verwijderd*

bah [tussenwerpsel]
dit woord gebruik je als je iets vies of vervelend vindt ✦ *bah, wat ruikt het hier vies!*

de **ba·jes** (informeel)
een gesloten gebouw waarin mensen voor straf moeten blijven = de gevangenis ✦ *de dief van mijn auto heeft drie maanden in de bajes gezeten*

de•**bak** [bakken]
1 een doos die open is aan de bovenkant en waarin je iets draagt of bewaart ✦ *de aardappelen liggen in een bak in de schuur*
2 (informeel) de grap = de mop
3 [geen meervoud] (informeel) een gesloten gebouw waarin mensen voor straf moeten blijven = de gevangenis, de bajes ✦ *de dief moest voor drie maanden de bak in*
4 (in België) een kist van plastic waarin je spullen kunt vervoeren = het krat ✦ *voor het feest hebben we drie bakken bier gekocht*
5 aan de bak komen: een baan krijgen

het **bak·boord**
de linkerkant van een schip ⇔ het stuurboord

het **ba·ken** [bakens]
een voorwerp in het water, bijv. een paal of een ton, om aan te geven waar schepen moeten varen ✦ *het schip voer tussen de bakens door*
de bakens verzetten: heel andere dingen gaan doen omdat dat nodig is

baken

de **ba·ker·mat** [bakermatten]
de plaats of het gebied waar iets begonnen is, bijv. een revolutie of een geloof ✦ *deze politieke partij heeft haar bakermat in Amsterdam*

de **bak·ke·baard** [bakkebaarden]
de haren die bij een man op zijn gezicht

groeien, naast zijn oren

bakkebaard

bak·ke·lei·en [bakkeleide, heeft gebakkeleid]
een beetje ruzie maken om het eens te worden = kibbelen [iemand bakkeleit (met iemand)] ✦ *we hebben lang met de gemeente gebakkeleid over een nieuw zwembad*

bak·ken [bakte, heeft gebakken]
1 iets heet laten worden in de oven of met vet totdat je het kunt eten [iemand bakt koekjes, vlees enz.] ✦ *de bakker heeft vers brood gebakken*
2 voorwerpen van aarde of klei hard laten worden [iemand bakt potten]

de• **bak·ker** [bakkers]
iemand die broden bakt* (bet. 1) en verkoopt

de **bak·steen** [bakstenen]
elk van de stenen waarmee muren of huizen gebouwd worden

de• **bal**[1] [ballen]
1 een voorwerp dat rond is, voor sport en spel ✦ *hij gooide de bal in het doel*
2 een voorwerp dat op een bal (bet. 1) lijkt ✦ *maak balletjes van het deeg*
3 het orgaan van een man waarin zaad gemaakt wordt = de testikel
4 geen bal van iets begrijpen: iets helemaal niet begrijpen
5 er is geen bal aan: het is heel makkelijk
6 er is geen bal aan: het is helemaal niet leuk

het **bal**[2] [bals]
een groot en officieel feest waarbij gedanst wordt

ba·lan·ce·ren [balanceerde, heeft gebalanceerd]
bewegen en proberen niet te vallen [iemand balanceert] ✦ *zij balanceerde op haar tenen om iets te kunnen zien*

de **ba·lans** [balansen]
1 de toestand waarbij zaken ongeveer even belangrijk zijn, waardoor er rust is = het evenwicht ✦ *als de militaire balans niet hersteld wordt tussen de twee landen, komt er oorlog*
2 een rapport waarin staat wat je bezit en welke schulden je hebt ✦ *de onderneming maakt elk jaar een balans*
de balans opmaken: nagaan wat de positieve punten zijn en wat de negatieve punten zijn

bal·da·dig [bijvoeglijk naamwoord]
een baldadige persoon doet wild en maakt dingen kapot ✦ *het baldadige publiek gooide blikjes naar de spelers op het veld*

de **ba·len**[1] [meervoud]
de balen van iets hebben: iets heel erg vervelend vinden ✦ *Mischa had er de balen van dat hij altijd moest oppassen op zijn zusje*

ba·len[2] [baalde, heeft gebaald] (informeel)
heel erg vervelend vinden [iemand baalt (van iets)] ✦ *zij baalt van alle kritiek die ze krijgt*

de **ba·lie** [balies]
een soort tafel in een bedrijf of winkel waar je kunt betalen of iets kunt vragen ✦ *u kunt de sleutel aan de mevrouw achter de balie geven*

de **balk** [balken]
een dikke plank waarop bijv. een dak rust ✦ *de kinderen moesten over een smalle balk lopen*
geld over de balk gooien: veel te veel geld uitgeven aan dingen die niet nodig zijn

bal·ken [balkte, heeft gebalkt]
een bepaald geluid maken [een ezel balkt] dieren

het **bal·kon** [balkons]
een stukje vloer met een hek dat uitsteekt buiten een huis

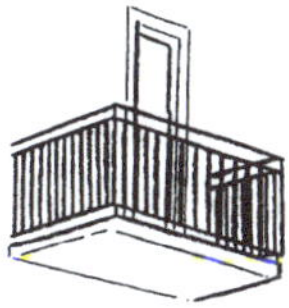

balkon

de **bal·last**
1 een last die je draagt maar die je niet nodig hebt ✦ *zo'n zwaar boek in je koffer is alleen maar ballast*
2 extra last onder in een schip zodat het zwaar wordt en minder beweegt

het **bal·let**

een vorm van dansen die kunst is en waarmee je gevoelens uitdrukt of een verhaal vertelt ✦ *vanavond danst het Russische gezelschap het ballet 'Het Zwanenmeer' van Tsjaikovski*

de **bal·ling·schap**
het feit dat iemand niet meer in zijn eigen land mag wonen ✦ *de dalai lama van Tibet leeft al vele jaren in ballingschap*

de **bal·lon** [ballonnen, ballons]
een zakje van rubber waar je lucht in kunt blazen

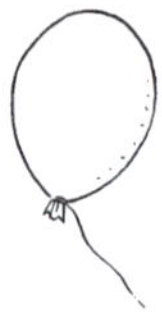
ballon

de **ball·point** [ballpoints]
de balpen

de **bal·pen** [balpennen]
een pen met een klein balletje in de punt = de ballpoint

de **ba·lus·tra·de** [balustraden, balustrades]
een laag hek langs een trap of aan een balkon

de **bam·boe** *ook:* het
een plant met dikke stelen waarvan bijv. stoelen worden gemaakt

de **ba·mi**
Chinees eten dat bestaat uit lange platte draadjes

de **ban**
in de ban zijn van iemand of iets: erg door iemand of iets aangetrokken worden ✦ *het hele land is in de ban van de verkiezingen*

ba·naal [bijvoeglijk naamwoord]
banale dingen zijn te gewoon om interessant te zijn ✦ *de man kon van een banale gebeurtenis een prachtig verhaal maken*

de **ba·naan** [bananen]
een lange, gele vrucht

banaan

de •**band**[1] [banden] (uitspraak: bant)
1 een ring met lucht om de wielen van een auto of een fiets
2 de betrekking die je met elkaar hebt = de relatie ✦ *Susan heeft een goede band met haar ouders*
3 een lang stuk stof om iets vast te maken ✦ *aan het horloge zit een rood bandje*
4 het materiaal waarop je geluid of beeld opneemt ✦ *zal ik de film op de band opnemen?*
5 uit de band springen: gekke dingen doen die je normaal nooit doet
6 iets gebeurt aan de lopende band: iets gebeurt heel vaak

de **band**[2] [bands] (uitspraak: bent)
een groep mensen die muziek maken ✦ *de band speelde muziek om op te dansen*

ba·nen [baande, heeft gebaand]
je een weg banen: met moeite ergens doorheen lopen ✦ *ze baande zich een weg door de menigte mensen*

•**bang** [bijvoeglijk naamwoord]
iemand die bang is, heeft het gevoel dat er iets akeligs kan gebeuren = angstig ✦ *u hoeft niet bang te zijn voor deze hond*

de •**bank** [banken]
1 een meubelstuk waarop je met meer personen kunt zitten ✦ *Hans en Ellie zaten op de bank televisie te kijken* ✦ *de banken in de kerk zijn van hout*
2 een bedrijf dat in geld handelt ✦ *bij welke bank hebt u een rekening?*

het **bank·bil·jet** [bankbiljetten]
een stuk papier dat de bank uitgeeft en dat geld waard is ✦ *Wouter betaalde met een bankbiljet van tien euro*

de **ban·kier** [bankiers]
iemand die bij een bank (bet. 2) in geld handelt

de **bank·kaart** [bankkaarten] (in België)
het pasje van de bank waarmee je geld kunt halen of waarmee je kunt betalen
geld

de **bank·re·ke·ning** [bankrekeningen]
het geld dat iemand bij een bank heeft staan, of de schulden die iemand aan een bank heeft ✦ *er staat nog maar € 200,- op mijn bankrekening!* **geld**

het **bank·roet**[1]
de toestand waarbij een bedrijf of een persoon zijn schulden niet kan betalen en de rechter de financiën regelt = het faillissement ✦ *de financiële positie van*

het hotel was slecht en een bankroet kon niet voorkomen worden

bank·roet[2] [bijvoeglijk naamwoord]
een bedrijf is bankroet als het grote schulden heeft en niets meer kan betalen = failliet ✦ *het bedrijf werd bankroet verklaard en alle werknemers moesten ander werk zoeken*

het **bank·stel** [bankstellen]
een bank om op te zitten met stoelen die erbij horen

de **bar**[1] [bars]
1 een hoge tafel in een café of restaurant, waar de drankjes geschonken worden = het buffet ✦ *u kunt vóór de maaltijd aan onze bar een drankje gebruiken*
2 het café

bar[2] [bijvoeglijk naamwoord]
erg; verschrikkelijk ✦ *de ouderen kunnen zich nog goed de barre winter van 1963 herinneren* ✦ *de les van vanochtend was bar saai*
het is bar en boos: het is heel erg

de **ba·rak** [barakken]
een eenvoudig houten gebouw dat maar korte tijd gebruikt hoeft te worden = de keet ✦ *de soldaten sliepen in barakken*

de **bar·baar** [barbaren]
een slechte persoon zonder gevoel ✦ *de vijanden waren echte barbaren, want ze vermoordden vrouwen en kinderen*

bar·baars [bijvoeglijk naamwoord]
barbaarse mensen of dingen zijn heel slecht en heel gemeen = wreed ✦ *veel soldaten stierven tijdens de barbaarse oorlog*

de **bar·be·cue** [barbecues]
een toestel waarop je buiten vlees kunt roosteren maaltijden

barbecue

bar·be·cue·ën [barbecuede, heeft gebarbecued]
eten maken op een barbecue* [iemand barbecuet] ✦ *als het mooi weer blijft, gaan we zaterdag barbecueën* maaltijden

de **bar·co·de** [barcodes]
een rij streepjes op een product waarin bepaalde informatie zit, bijv. de prijs, uit welk land het komt = de streepjescode

de **ba·reel** [barelen] (in België)
1 een paal die dwars over een weg kan worden gelegd om die weg af te sluiten = de slagboom
2 een soort hek over de weg dat verkeer tegenhoudt als er een trein aankomt = de spoorboom ✦ *de barelen zijn dicht*

ba·ren [baarde, heeft gebaard]
geboren laten worden [een vrouw baart (een kind)]

de **ba·ret** [baretten]
een pet zonder klep voor mannen en vrouwen

baret

de **ba·ri·ton** [baritons] (muziek)
een mannenstem die niet heel laag en niet heel hoog is zangstemmen

de **ba·rok**
een periode in de kunst (17e eeuw) met een drukke stijl

de **ba·ro·me·ter** [barometers]
een instrument dat de druk van de lucht aangeeft = het weerglas ✦ *als de barometer een hoge luchtdruk aangeeft, wordt het mooi weer*

de **ba·ron** [baronnen] **ba·ro·nes** [baronessen]
een titel voor iemand van adel, tussen graaf en ridder in

de **bar·ri·ca·de** [barricaden, barricades]
een aantal voorwerpen waarmee je een weg afsluit = de versperring ✦ *de brandende auto op de weg vormde een barricade voor het verkeer*
op de barricade gaan: een duidelijk protest laten horen

de **bar·riè·re** [barrières]
iets dat iemand of iets stopt = de belemmering

bars [bijvoeglijk naamwoord]
iemand die bars is, is erg boos = nors ✦ *de agent sprak met barse stem: "Wat doen jullie hier?"*

de **barst** [barsten]

ba

1 de plaats waar iets gebroken is = de breuk ✦ *er zit een barst in het glas*
2 **geen barst:** niets ✦ *ik snap er geen barst van, dat Henk niet met vakantie wil*

bar·sten [barstte, is gebarsten]
1 beginnen te breken [iets barst] ✦ *de spiegel is gebarsten*
2 **barstende hoofdpijn:** heel erge pijn in je hoofd
3 **iemand laten barsten:** (informeel) iemand verlaten en niet meer steunen ✦ *de man vertrok en liet zijn gezin barsten*

bar·sten van [barstte van]
heel veel van iets hebben [iets barst van de ...] ✦ *het barst hier van de mieren*

de **bas** [bassen]
1 de lage mannenstem zangstemmen
2 een groot muziekinstrument met snaren = de contrabas

bas 2

ba·se·ren op [baseerde op, heeft gebaseerd op]
als informatie gebruiken om je mening te vormen = funderen op [iemand baseert een mening, overtuiging enz. op iets] ✦ *de burgemeester baseerde zijn mening op informatie van de politie*

de **ba·si·liek** [basilieken]
een naam voor een bijzondere katholieke kerk ✦ *in Haarlem staat de Sint Bavobasiliek*

de• **ba·sis** [bases, basissen]
1 iets waar je van uitgaat; iets wat aan het begin staat = het uitgangspunt, de grondslag ✦ *ruzie is een slechte basis voor een onderhandeling*
2 iets waarop iets steunt = het fundament ✦ *de basis van de toren was slecht gebouwd*
op basis van ...: volgens ... ✦ *op basis van de gegevens in zijn agenda woont de man in Gent*
3 een terrein waar militairen hun kamp hebben = de legerbasis ✦ *het leger beschikte over een grote basis op een eiland*

de **ba·sis·edu·ca·tie**
onderwijs voor ouderen die niet eerder de kans hebben gehad om te leren lezen, schrijven en rekenen

het **ba·sis·on·der·wijs**
het onderwijs op de basisschool

de **ba·sis·school** [basisscholen]
een school voor kinderen van vier tot twaalf jaar onderwijs

de **ba·sis·vor·ming** (in Nederland)
drie jaar onderwijs op de middelbare school in een aantal vakken die voor alle kinderen gelijk zijn onderwijs

het **bas·ket·bal**
een sport waarbij een bal door een net gegooid moet worden sport

het **bas·sin** [bassins]
1 een groot bad om water in te bewaren, bijv. bij een fabriek = het waterreservoir, het waterbekken
2 (formeel) het zwembad

de **bast** [basten]
1 de buitenste laag van een boom ✦ *de boom gaat dood als je de bast verwijdert*
2 (informeel) het bovenste deel van je lichaam, maar niet je hoofd = het lijf ✦ *Auke stond in zijn blote bast zijn overhemd te strijken*

het **ba·tal·jon** [bataljons]
een groep van vijfhonderd tot duizend soldaten

ba·te
ten bate van ...: in het voordeel van ... ✦ *het geld komt ten bate van een goed doel*

ba·ten [baatte, heeft gebaat]
werken; helpen [iets baat] ✦ *de operatie baatte niet meer; de patiënt overleed dezelfde middag*

de **bat·te·rij** [batterijen]
1 een voorwerp dat een beetje stroom geeft ✦ *deze klok loopt op batterijen*
2 [geen meervoud] een heleboel ✦ *er was een hele batterij agenten nodig om één dief te vangen!*
3 (in België) een apparaat dat elektrische stroom bewaart = de accu ✦ *de batterij van mijn auto is leeg*

de **BA-ver·ze·ke·ring** (in België)
verzekering voor Burgerlijke Aansprakelijkheid: dit is een verplichte verzekering die betekent dat je verantwoordelijk bent voor schade die je veroorzaakt verzekeringen

de **bax·ter** [baxters] (in België)

een instrument dat in ziekenhuizen wordt gebruikt om vloeistof in het bloed te brengen = het infuus

ba·zin *zie:* **baas**

de **BBC**
British Broadcasting Corporation: een Engelse radio- en tv-omroep

de **be·amb·te** [beambten]
een ambtenaar in een lage functie = de functionaris ✦ *de beambten van het spoor droegen blauwe jasjes en blauwe broeken*

be·amen [beaamde, heeft beaamd]
zeggen dat iets klopt; toegeven = bevestigen [iemand beaamt iets] ✦ *zijn tegenstanders moesten beamen dat Wouter het uitstekend had gedaan*

•**be·ant·woor·den** [beantwoordde, heeft beantwoord]
een antwoord geven op iets; een reactie sturen [iemand beantwoordt een vraag, een brief enz.] ✦ *de minister kon niet alle vragen van de journalisten beantwoorden*

•**be·ant·woor·den aan** [beantwoordde aan, heeft beantwoord aan]
zó zijn als verwacht werd = voldoen aan [iemand beantwoordt aan een verwachting, een beschrijving enz.] ✦ *de nieuwe huizen beantwoorden aan de wensen van de bewoners*

de **be·bou·wing**
alles wat ergens gebouwd is ✦ *de toren steekt boven alle andere bebouwing op het eiland uit*

het •**bed** [bedden]
1 een meubel waarop je slaapt

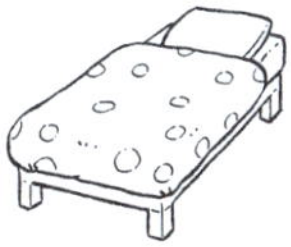

bed 1

2 een stukje tuin voor bloemen of groenten = het perk ✦ *de poes ging midden in een bed met bloemen liggen*

be·dacht·zaam [bijvoeglijk naamwoord]
een bedachtzame persoon is voorzichtig en denkt goed na voordat hij of zij iets doet of zegt

•**be·dan·ken** [bedankte, heeft bedankt]
danken voor iets [iemand bedankt iemand (voor iets)] ✦ *Bill bedankte me voor de heerlijke maaltijd* formules
bedanken voor iets: beleefd zeggen dat je iets niet wilt ✦ *zij bedankte voor de eer om voorzitter te worden*

be·da·ren [bedaarde, is bedaard]
rustiger worden = kalmeren [iemand bedaart] ✦ *langzaam bedaarde het huilende kind*

be·deesd [bijvoeglijk naamwoord]
iemand die bedeesd is, is een beetje bang om iets te doen of te zeggen = verlegen, schuchter ✦ *het bedeesde meisje durfde niets tegen de agent te zeggen*

be·dek·ken [bedekte, heeft bedekt]
over iets leggen om het te verbergen [iemand of iets bedekt iets] ✦ *moet de rok de knie bedekken?*

de **be·de·laar** [bedelaars] **be·de·la·res** [bedelaressen]
iemand die arm is en om geld vraagt

be·de·len[1] [bedelde, heeft gebedeld]
1 je hand ophouden om geld te vragen [iemand bedelt] ✦ *de vrouw liet haar kinderen om een stuk brood bedelen*
2 steeds lief vragen om iets te krijgen [iemand bedelt (om iets)] ✦ *ik hou niet van honden die bedelen*

be·de·len[2] [bedeelde, heeft bedeeld]
veel, weinig enz. geven van iets [iemand bedeelt iemand ruim, karig enz.] ✦ *hij is bedeeld met een groot gevoel voor humor*

be·del·ven on·der [bedolf onder, heeft bedolven onder]
heel veel van iets geven = overladen met [iemand bedelft iemand of iets onder iets] ✦ *met sinterklaas worden veel kinderen bedolven onder de cadeaus* ✦ *bij zijn afscheid werd hij bedolven onder de goede adviezen*

be·den·ke·lijk [bijvoeglijk naamwoord]
1 iets wat bedenkelijk is, geeft je zorgen = zorgwekkend ✦ *dat steeds meer jongeren drugs gebruiken, is een bedenkelijke ontwikkeling*
2 iemand die bedenkelijk kijkt, laat merken dat hij zorgen heeft ✦ *de chef trok een bedenkelijk gezicht toen hij hoorde dat er zoveel werknemers ziek waren*

•**be·den·ken** [bedacht, heeft bedacht]
denkend een idee krijgen = verzinnen [iemand bedenkt iets, bijv. een verhaal] ✦ *laten we een mooie naam bedenken*

be

be

voor onze hond

zich **•be·den·ken** [bedacht zich, heeft zich bedacht]
niet meer willen doen wat je eerst wel wilde doen [iemand bedenkt zich] ✦ *ik ga niet met je mee; ik heb mij bedacht*

de **be·den·king** [bedenkingen]
het bezwaar = de tegenwerping ✦ *veel mensen hadden ernstige bedenkingen tegen het bezoek van de koning*

be·der·ven [bedierf]
1 [is bedorven] rot of zuur worden [eten, drinken enz. bederft] ✦ *het vlees ruikt niet lekker, dus ik denk dat het bedorven is*
2 [heeft bedorven] iets leuks of goeds vervelend of slecht maken = verknoeien [iemand of iets bederft iets] ✦ *door in het donker te lezen bederf je je ogen*

de **be·de·vaart** [bedevaarten]
een reis naar een heilige plaats = de pelgrimstocht ✦ *toen ze ziek was, ging ze op bedevaart naar Lourdes* religie

de **be·dien·de**[1] [bedienden, bediendes]
1 iemand die de hulp is van een belangrijke persoon = de knecht
2 (in België) een werknemer die geen arbeider is; een ambtenaar in een lage functie

be·dien·de[2] *zie:* **bedienen**

•be·die·nen [bediende, heeft bediend]
1 helpen in een restaurant of in een winkel [iemand bedient (iemand)] ✦ *in dit café worden de klanten snel bediend*
2 zorgen dat het werkt [iemand bedient iets, bijv. een apparaat] ✦ *alleen Thomas kan deze ingewikkelde machine bedienen*

be·dier·ven *zie:* **bederven**

het **be·ding**
onder geen beding: absoluut niet ✦ *je mag dit onder geen beding aan iemand anders vertellen*

be·din·gen [bedong, heeft bedongen]
na onderhandelingen als voorwaarde stellen [iemand bedingt iets] ✦ *de werknemers bedongen een hoger loon door te dreigen met vertrek*

•be·doe·len [bedoelde, heeft bedoeld]
uitleggen of aangeven wat je wilt zeggen [iemand bedoelt iemand of iets] ✦ *niemand begreep wat de agent met zijn gebaren bedoelde* ✦ *hoewel Klaas geen namen noemde, wist iedereen wie hij bedoelde*
het goed bedoelen: iets goeds proberen te bereiken ✦ *ze bedoelde het wel goed, maar ze werd verkeerd begrepen*

de **•be·doe·ling** [bedoelingen]
iets wat je bedoelt of wilt bereiken = het doel ✦ *wat is de bedoeling van deze maatregel?*
goede bedoelingen: de wil om iets goeds te bereiken ✦ *wij geloofden niet meer in zijn goede bedoelingen*

be·don·gen *zie:* **bedingen**

be·dor·ven *zie:* **bederven**

het **•be·drag** [bedragen]
een hoeveelheid geld = de geldsom ✦ *hij heeft de auto voor een klein bedrag kunnen kopen*

•be·dra·gen [bedroeg, heeft bedragen]
een bepaald bedrag kosten [iets bedraagt een bepaalde hoeveelheid geld] ✦ *de totale kosten van het feest bedroegen tweehonderd euro*

be·drei·gen [bedreigde, heeft bedreigd]
1 iemand erg bang maken, bijv. door te zeggen dat je hem of haar pijn wilt doen [iemand bedreigt iemand] ✦ *de man bedreigde ons met een wapen*
2 een gevaar voor iets vormen [iets bedreigt iets] ✦ *de Nederlandse taal wordt op universiteiten bedreigd door het Engels*

de **be·drei·ging** [bedreigingen]
de situatie dat iemand of iets bedreigd wordt ✦ *het gebrek aan water vormt de grootste bedreiging voor dit gebied*

be·dre·ven[1] [bijvoeglijk naamwoord]
iemand die bedreven is, is snel door veel ervaring = behendig ✦ *Menno was heel bedreven in het stemmen van de piano*

be·dre·ven[2] *zie:* **bedrijven**

be·drie·gen [bedroog, heeft bedrogen]
helemaal niet eerlijk zijn tegenover iemand = misleiden [iemand bedriegt iemand] ✦ *haar man bedroog haar met een jongere vrouw* ✦ *bedrieg ik iemand als ik hem maar de halve waarheid vertel?*
bedrogen uitkomen: niet krijgen wat je verwacht had ✦ *wie verwacht dat in Schotland vaak de zon schijnt, komt bedrogen uit*

het **•be·drijf** [bedrijven]
1 een onderneming die met handel geld verdient = de zaak ✦ *dit bedrijf verkoopt*

vrachtwagens
2 een apart deel van een voorstelling op het toneel = de akte ✦ *het toneelstuk bestond uit vijf bedrijven*
3 iets is buiten bedrijf: iets werkt niet; een apparaat staat niet aan ✦ *na de brand was de fabriek een half jaar buiten bedrijf*

de **be·drijfs·lei·der** [bedrijfsleiders]
iemand die de chef is van een bedrijf ✦ *de bedrijfsleider is verantwoordelijk voor de orde in het café*

het **be·drijfs·le·ven**
het economische leven; de wereld van de handel en de bedrijven = het zakenleven ✦ *de lonen in het bedrijfsleven zijn vaak hoger dan die van ambtenaren*

de **be·drijfs·tak** [bedrijfstakken]
een groep bedrijven die dezelfde soort producten maken ✦ *het gaat niet alleen slecht met óns bedrijf, maar met de hele bedrijfstak*

be·drij·ven [bedreef, heeft bedreven]
doen; verrichten; uitvoeren = plegen [iemand bedrijft iets, vooral iets slechts] ✦ *de man heeft eerst een paar jaar politiek bedreven voordat hij bij de bank ging werken*

be·drij·vig [bijvoeglijk naamwoord]
iemand die bedrijvig is, is altijd bezig; een bedrijvige plaats is druk = actief ✦ *Rotterdam met zijn havens en kantoren is een bedrijvige stad*

de **be·drij·vig·heid**
de drukte van mensen die bezig zijn ✦ *toen het schip aankwam, was er direct een hele bedrijvigheid in de haven* ✦ *de nieuwe winkels zorgden voor een grotere economische bedrijvigheid*

•**be·droefd**[1] [bijvoeglijk naamwoord]
iemand die bedroefd is, heeft verdriet ✦ *Michael was erg bedroefd toen zijn kat overleed*

be·droefd[2] *zie:* **bedroeven**

be·droe·gen *zie:* **bedragen**

be·droe·ven [bedroefde, heeft bedroefd]
verdriet doen [iets bedroeft iemand] ✦ *het bedroefde de man dat zijn kinderen hem nooit kwamen opzoeken*

het **be·drog**
de keer dat iemand een ander bedriegt* ✦ *de vrouw pleegde bedrog met het geld van de vereniging*

be·dro·gen *zie:* **bedriegen**

be·ducht voor [bijvoeglijk naamwoord]
als je beducht bent voor iets of iemand, ben je bang voor die zaak of die persoon ✦ *ze wilde haar artikel niet aan mij laten lezen, want ze was beducht voor kritiek*

be·dui·den [beduidde, heeft beduid]
1 met gebaren duidelijk maken [iemand beduidt iemand iets]
2 betekenen [iets beduidt iets] ✦ *let niet op dat brandende lampje, want dat heeft niets te beduiden*

be·dui·dend [bijwoord]
nogal groot of veel = aanzienlijk ✦ *Jansen won de verkiezingen met beduidend meer stemmen dan Verharen*

be·duusd [bijvoeglijk naamwoord]
iemand die beduusd is, is zeer verbaasd = onthutst ✦ *hij keek beduusd toen hij hoorde dat hij de eerste prijs had gewonnen*

het **be·dwang**
iemand of iets in bedwang houden: iemand of iets dwingen iets te doen of te laten ✦ *de man had moeite zijn boosheid in bedwang te houden*

be·dwel·men [bedwelmde, heeft bedwelmd]
maken dat iemand niets meer voelt en niets meer weet = benevelen [iets, bijv. gas of drugs, bedwelmt iemand] ✦ *de koeien worden eerst bedwelmd en daarna gedood*

be·dwin·gen [bedwong, heeft bedwongen]
tegenhouden; niet toegeven aan iets = beheersen [iemand bedwingt iets, bijv. gevoelens] ✦ *de koningin kon haar tranen nauwelijks bedwingen toen zij de gevolgen van het ongeluk zag* ✦ *de kinderen konden zich niet bedwingen toen ze al het lekkers zagen*

be·dwon·gen *zie:* **bedwingen**

be·ëin·di·gen [beëindigde, heeft beëindigd]
een eind maken aan iets; met iets stoppen = afsluiten [iemand beëindigt iets] ✦ *de nieuwe directeur beëindigde zijn verhaal met de woorden: "En nu aan het werk."*

de **beek** [beken]
een riviertje dat smal en niet diep is = de stroom ✦ *we konden gemakkelijk*

door de beek lopen

het***beeld** [beelden]
1 een voorwerp van steen, hout of metaal dat bedoeld is als kunst = het beeldhouwwerk ✦ *op het plein stond een beeld van de koning te paard*
2 iets wat te zien is op een film, foto enz. = het plaatje ✦ *de film liet vreselijke beelden van het ongeluk zien*
3 een voorstelling van iets door het te beschrijven = de impressie ✦ *ik zal proberen een duidelijk beeld te geven van wat mijn werk inhoudt*
een vertekend beeld geven: een andere indruk geven dan de werkelijkheid ✦ *sommige programma's op tv geven een heel vertekend beeld van Amerika*

beel·dend [bijvoeglijk naamwoord]
1 iets wat beeldend is, is zo duidelijk of echt dat je het voor je ziet = levendig ✦ *Joris kan heel beeldend vertellen*
2 beeldende kunst: kunst die je kunt aanraken, zoals beelden en schilderijen

de **beeld·hou·wer** [beeldhouwers] **beeld·houw·ster** [beeldhouwsters]
iemand die beelden (bet. 1) maakt

het **beeld·scherm** [beeldschermen]
het deel van de tv of de computer waarop je de beelden kunt zien = de monitor

de **beeld·spraak** [beeldspraken]
een manier om iets te zeggen door het te vergelijken met iets anders ✦ *de minister gebruikte de beeldspraak van een schip op zee om de situatie van het land te beschrijven*

de **beel·te·nis** [beeltenissen]
een plaatje of een tekening, vooral van iemands gezicht ✦ *de beeltenis van de koning staat op de Belgische euromunten*

het***been**
1 [benen] elk van de twee delen van je lichaam waarop je loopt ✦ *door al dat fietsen heb ik sterke benen gekregen*
op de been blijven: niet ziek worden
mensen op de been brengen: zorgen dat mensen komen ✦ *de tentoonstelling heeft veel extra bezoekers op de been gebracht*
de benen nemen: vluchten
iemand op het verkeerde been zetten: iemand in een foute richting laten denken

been 1

2 [beenderen] een hard stuk in het lichaam van een mens of een dier; een deel van een skelet = het bot
3 steen en been klagen: heel erg klagen

de **been·hou·wer** [beenhouwers] (in België)
iemand die voor zijn of haar beroep vlees verkoopt = de slager

de **beer** [beren]
1 [vrouw: be·rin; berinnen] een groot, wild dier, vaak bruin of zwart
2 een mannetjesvarken dieren

het***beest** [beesten]
1 het dier ✦ *doe het raam dicht, want er vliegen kleine beestjes naar binnen* dieren
2 een man die bijzonder nare dingen doet = de bruut ✦ *wat een beest is die vent, om zijn kinderen zo te slaan*

de **beet** [beten]
1 een stukje dat je met je tanden uit iets neemt = de hap ✦ *Marion nam een beet van de appel*
2 de plek waar je door een mens of een dier gebeten* bent ✦ *je kon de beet van het dier in zijn arm nog goed zien*

het***beet·je** [beetjes]
1 een klein gedeelte; een kleine hoeveelheid ✦ *als je het niet lekker vindt, eet dan maar een klein beetje*
2 enigszins; iets ✦ *Alexander is een beetje dom* ✦ *voel je je al een beetje beter?*

be·faamd [bijvoeglijk naamwoord]
erg bekend = beroemd ✦ *Hugo Claus is een befaamd schrijver*

be·gaafd [bijvoeglijk naamwoord]
een begaafde persoon kan iets of veel dingen erg goed = talentvol ✦ *Albert Einstein was een begaafde wetenschapper*

be·gaan[1] [bijvoeglijk naamwoord]
begaan zijn met iemand: bedroefd zijn omdat het met iemand niet goed gaat ✦ *de prinses was erg begaan met de kinderen in het ziekenhuis*

be·gaan[2] [beging, heeft begaan]
1 doen; maken = bedrijven [iemand begaat iets, bijv. een fout of een misdaad]

✦ *wie een moord begaat, moet een strenge straf krijgen*
2 iemand laten begaan: iemand niet stoppen terwijl hij bezig is ✦ *de kinderen waren erg druk, maar we lieten ze maar begaan*
be·ga·ne [bijvoeglijk naamwoord]
de begane grond: het deel van een gebouw op de hoogte van de straat
be·ga·ven *zie:* **begeven**
de **be·geer·te** [begeerten]
een groot verlangen; het gevoel dat je iets bijzonder graag wilt hebben ✦ *haar begeerte naar mooie kleren was zo groot dat ze ging stelen*
be·ge·lei·den [begeleidde, heeft begeleid]
1 meegaan met iemand = vergezellen [iemand begeleidt iemand] ✦ *de leraar begeleidde de kinderen naar het zwembad*
2 muziek spelen om een lied of een melodie mooier te laten klinken [iemand begeleidt iemand] ✦ *de zangeres wordt begeleid door een orgel*
3 hulp geven; steunen [iemand begeleidt iemand] ✦ *de leraar begeleidt Piet bij het maken van de sommen*
be·ge·ren [begeerde, heeft begeerd]
verlangen te bezitten; heel graag willen hebben [iemand begeert iets] ✦ *Diana was de meest begeerde vrouw van Engeland*
be·ge·rig [bijvoeglijk naamwoord]
iemand die begerig is, heeft een groot verlangen om iets te bezitten = gretig ✦ *de jongens keken met begerige blikken naar de computerspelletjes in de winkel*
be·ge·ven [werkwoord]
het begeven: kapotgaan; bezwijken ✦ *het wagentje zal het begeven als je er nog meer bagage op legt*
zich **be·ge·ven naar** [begaf zich naar, heeft zich begeven naar]
in de richting bewegen van iets; ergens naartoe gaan [iemand begeeft zich ergens naartoe] ✦ *de reizigers begaven zich allemaal naar de uitgang van het station*
het **°be·gin**
dat waarmee iets begint; het eerste gedeelte = de aanvang ⇔ het einde ✦ *het begin van het boek is mooier dan het slot* ✦ *in het begin was ze een beetje bang, maar later niet meer*
°be·gin·nen [begon, is begonnen]
1 gaan doen = aanvangen ⇔ eindigen [iemand begint (aan iets of met iets)] ✦ *wanneer ga je aan je werk beginnen?*
2 gaan functioneren; gaan werken = aanvangen ⇔ eindigen [iets begint] ✦ *het begon te regenen* ✦ *de voorstelling begint om half negen*
3 gaan organiseren; een onderneming opzetten ⇔ beëindigen [iemand begint iets] ✦ *Jansen is een eigen bedrijf begonnen*
het **be·gin·sel** [beginselen]
een principe of een regel waarnaar je altijd handelt ✦ *ik ga uit van het beginsel dat je altijd de waarheid moet vertellen*
de **be·gin·se·len** [meervoud]
de belangrijkste regels, die je het eerst moet leren = de basiskennis ✦ *mijn vader leerde mij de beginselen van het paardrijden*
be·gon·nen *zie:* **beginnen**
de **be·graaf·plaats** [begraafplaatsen]
een terrein waar overleden mensen in een kist onder de grond gelegd worden = het kerkhof
de **be·gra·fe·nis** [begrafenissen]
de gelegenheid waarbij een dode begraven* wordt = de uitvaart
de **be·gra·fe·nis·on·der·ne·mer** [begrafenisondernemers]
iemand die voor zijn beroep begrafenissen* regelt
be·gra·ven [begroef, heeft begraven]
onder de grond verbergen [iemand begraaft iets of iemand] ✦ *Jacob Versteeg is overleden en zal morgen begraven worden* ✦ *het kind begroef het horloge in het zand* gedenkdagen
be·gre·pen[1] [werkwoord]
het niet op iemand of iets begrepen hebben: iemand niet zo aardig vinden; iets niet helemaal vertrouwen ✦ *hij heeft het niet zo begrepen op de Italiaanse manier van zakendoen*
be·gre·pen[2] *zie:* **begrijpen**
°be·grij·pe·lijk [bijvoeglijk naamwoord]
iets wat begrijpelijk is, kun je begrijpen = verklaarbaar ✦ *het is heel begrijpelijk dat zij 's nachts niet wil werken*
°be·grij·pen [begreep, heeft begrepen]
1 weten waar iets over gaat of wat iets is = snappen [iemand begrijpt iets] ✦ *ik begrijp niet wat deze zin betekent*

be

2 voelen wat iemand wil of denkt = aanvoelen [iemand begrijpt iemand] ✦ *de patiënten voelen zich niet altijd door de artsen begrepen*

het ***be·grip** [begrippen]
1 het feit dat je iemand begrijpt ✦ *de politie had meer begrip voor het slachtoffer dan voor de dader*
2 alles wat een woord of groep woorden uitdrukt = het concept ✦ *bij het begrip 'gelijke kansen' denken we vooral aan het onderwijs*
3 iets dat iedereen kent of iemand die iedereen kent ✦ *Koninginnedag is een begrip in Nederland*

be·groe·ten [begroette, heeft begroet]
groeten bij aankomst = verwelkomen [iemand begroet iemand] ✦ *toen we aankwamen, werden we begroet door de hele familie* formules

be·groe·ven *zie:* **begraven**

de **be·gro·ting** [begrotingen]
een voorlopige bepaling hoeveel iets gaat kosten = de raming

de **be·ha** [beha's]
een kledingstuk voor de borsten van de vrouw

beha

be·haag·lijk [bijvoeglijk naamwoord]
als het ergens behaaglijk is, is het er gezellig en prettig warm = aangenaam ✦ *er was in de kamer een behaaglijke sfeer*

be·haard [bijvoeglijk naamwoord]
iets wat behaard is, is met haren bedekt ⇔ kaal ✦ *Karels borst is helemaal behaard*

het **be·ha·gen**[1]
ergens behagen in scheppen: iets erg leuk of fijn vinden

be·ha·gen[2] [behaagde, heeft behaagd]
1 genoegen geven; plezier geven [iemand behaagt iemand] ✦ *Suzan probeert alle mannen te behagen*
2 (formeel) het fijn vinden om ... [het behaagt iemand om ...] ✦ *het behaagt de koning mee te kunnen delen dat zijn dochter gaat trouwen*

be·ha·len [behaalde, heeft behaald]
krijgen door moeite te doen [iemand behaalt iets, bijv. een prijs of een overwinning] ✦ *Jan-Willem oefent elke dag, want hij wil de eerste prijs behalen*

***be·hal·ve** [voegwoord]
zonder ...; maar niet ... = uitgezonderd ✦ *iedereen doet mee, behalve Ali*

***be·han·de·len** [behandelde, heeft behandeld]
1 goed, slecht enz. omgaan met iemand of iets [iemand behandelt iemand of iets goed, slecht enz.] ✦ *Krijgsma heeft zijn dieren niet goed behandeld; ze zien er slecht uit* ✦ *de chef behandelde zijn werknemers als kleine kinderen*
2 schrijven of vertellen over iets = bespreken [iemand behandelt een onderwerp, een boek enz.] ✦ *hoofdstuk 3 behandelt de politieke situatie*
3 proberen beter te maken [een dokter behandelt een patiënt] ✦ *welke arts behandelt u?*

de **be·han·de·ling** [behandelingen]
1 de verzorging door een arts ✦ *er bestaat geen goede behandeling tegen deze ziekte*
2 het behandelen (bet. 2) ✦ *de behandeling van deze zaak duurt twee maanden volgens de rechter*

het **be·hang**
papier op een muur om de kamer mooier te maken

be·han·gen [behing, heeft behangen]
papier op de muur doen om een kamer mooier te maken [iemand behangt een kamer, een huis]

be·har·ti·gen [behartigde, heeft behartigd]
zorgen voor iets [iemand behartigt iets, bijv. belangen, zaken] ✦ *tijdens zijn afwezigheid worden zijn belangen behartigd door mevrouw Hendriks*

het **be·heer**
de zorg en de verantwoordelijkheid voor dingen die van iemand anders zijn ✦ *Nico Tideman heeft het beheer over alle gebouwen van de school*

de **be·heer·der** [beheerders] **be·heer·ster** [beheersters]
iemand die een gebouw of andere zaken beheert*

be·heer·sen [beheerste, heeft beheerst]
1 macht hebben over iets of iemand [iets beheerst iets of iemand] ✦ *de vrouw*

wordt beheerst door de gedachte dat ze te dik is
2 kennen of kunnen [iemand beheerst iets, bijv. een taal of een vak] ✦ *Igor gaat altijd op vakantie naar landen waarvan hij de taal beheerst*

zich **be·heer·sen** [beheerste zich, heeft zich beheerst]
je gevoelens niet laten merken [iemand beheerst zich] ✦ *de voorzitter wilde iets vervelends zeggen, maar hij beheerste zich*

be·heerst¹ [bijvoeglijk naamwoord]
iemand die beheerst is, laat niet snel zijn gevoelens merken ✦ *hij probeerde beheerst te blijven en zei met vlakke stem: "Ik ga naar huis."*

be·heerst² *zie:* **beheersen**

zich **be·hel·pen met** [behielp zich met, heeft zich beholpen met]
iets doen met minder geld of materiaal dan je zou willen [iemand behelpt zich (met iets)] ✦ *vroeger moest ik me op vakantie altijd behelpen met weinig geld*

be·hel·zen [behelsde, heeft behelsd]
bevatten; inhouden [iets behelst iets] ✦ *zijn nieuwe boek behelst alleen maar kritiek op andere schrijvers*

be·hen·dig [bijvoeglijk naamwoord]
iemand die iets behendig doet, doet dat snel en zonder moeite = handig ✦ *behendig reed zij de auto door de nauwe opening*

be·he·ren [beheerde, heeft beheerd]
de zorg en de verantwoordelijkheid hebben voor dingen van iemand anders [iemand beheert iets] ✦ *haar financiën worden beheerd door haar broer*

be·hoe·den [behoedde, heeft behoed]
(ouderwets)
beschermen [iemand behoedt iemand (voor iets)] ✦ *in Noorwegen droeg hij twee dikke truien om zich te behoeden voor de kou* ✦ *"God zal je behoeden", zei de vrouw bij het afscheid*

be·hoed·zaam [bijvoeglijk naamwoord]
iets wat behoedzaam gebeurt, gebeurt heel voorzichtig ✦ *behoedzaam sloot Paul de deur van de kamer waar de baby sliep*

de **•be·hoef·te** [behoeften, behoeftes]
een sterk verlangen naar iets, omdat je het nodig hebt ✦ *dat land heeft grote behoefte aan water en medicijnen*

be·hoe·ve
ten behoeve van …: voor …; in het kader van … ✦ *deze school is vroeger gebouwd ten behoeve van kinderen zonder ouders*

be·hoe·ven [behoefde, heeft behoefd]
1 hoeven [iemand behoeft iets niet te doen] ✦ *u behoeft de kosten van de verhuizing niet zelf te betalen*
2 (formeel) nodig hebben [iemand of iets behoeft iets] ✦ *in de stad wonen veel mensen die financiële hulp behoeven*

•be·hoor·lijk [bijvoeglijk naamwoord]
1 netjes; zoals het hoort = fatsoenlijk ⇔ onbehoorlijk ✦ *niet je voeten op tafel; gedraag je toch eens behoorlijk!*
2 aardig wat; flink = tamelijk ✦ *onze directeur verdient behoorlijk veel*

be·ho·ren [behoorde, heeft behoord]
(formeel)
moeten, omdat de regels zo zijn = dienen, horen [iemand behoort iets te doen] ✦ *onze werknemers behoren nette kleren te dragen*

be·ho·ren aan [behoorde aan, heeft behoord aan]
iemands eigendom zijn [iets behoort aan iemand] ✦ *de gestolen auto bleek aan een Fransman te behoren*

be·ho·ren tot [behoorde tot, heeft behoord tot]
een onderdeel zijn van iets = horen bij [iets of iemand behoort tot iets, bijv. tot een groep] ✦ *mevrouw Rienks behoort tot de belangrijkste ambtenaren op het ministerie*

het **be·houd**
het feit dat iets goed bewaard wordt; het feit dat iets behouden² wordt ✦ *voor het behoud van uw tanden moet u veel fruit eten*

be·hou·den¹ [bijvoeglijk naamwoord]
een behouden thuiskomst: een thuiskomst waarbij je veilig en gezond bent

•be·hou·den² [behield, heeft behouden]
bewaren; niet laten verdwijnen = houden [iemand of iets behoudt iets] ✦ *Stijn is erg veranderd na zijn ziekte, maar zijn vriendelijke lach heeft hij behouden*

be·hou·dend [bijvoeglijk naamwoord]
iemand die behoudend is, wil niet graag dat er dingen veranderen = conservatief ⇔ vooruitstrevend
✦ *behoudende katholieken vinden het*

be

heel belangrijk wat de paus zegt

be·hulp [zelfstandig naamwoord]
met behulp van ...: door ...; met ... ✦ *auto's worden tegenwoordig met behulp van de computer gemaakt*

be·hulp·zaam [bijvoeglijk naamwoord]
een behulpzame persoon helpt anderen graag

•**bei·de** [hoofdtelwoord]
allebei; alle twee ✦ *mijn beide benen doen zeer* ✦ *ik heb de zusjes beiden uitgenodigd*

bei·ge [bijvoeglijk naamwoord]
iets wat beige is, is heel lichtbruin van kleur

be·ïn·vloe·den [beïnvloedde, heeft beïnvloed]
invloed hebben op iemand of iets [iemand of iets beïnvloedt iemand of iets] ✦ *laat je niet te veel beïnvloeden door de reclame* ✦ *de harde muziek beïnvloedde de sfeer*

de **bei·tel** [beitels]
een instrument om hout of steen te bewerken

beitel

de **beits** [beitsen]
een vloeistof om een kleur aan hout te geven en het te beschermen

be·jaard [bijvoeglijk naamwoord]
iemand die bejaard is, is oud, meestal ouder dan 65 jaar ✦ *in deze flat wonen veel bejaarde mensen*

de **be·jaar·de** [bejaarden]
iemand die oud is, meestal ouder dan 65 jaar

het **be·jaar·den·huis** [bejaardenhuizen]
een huis waar oude mensen bij elkaar wonen en verzorgd worden = het verzorgingshuis

be·je·ge·nen [bejegende, heeft bejegend]
behandelen [iemand bejegent iemand op een bepaalde manier] ✦ *de president werd overal vriendelijk bejegend op zijn reis door het land*

de **bek** [bekken]
1 de mond van een dier ✦ *de kat heeft een muis in zijn bek*
2 (informeel) de mond ✦ *zit niet zo stom te praten en hou je bek!*
op je bek gaan: (informeel) vallen
op je bek gaan: (informeel) iets heel stoms doen

be·kaaid [bijvoeglijk naamwoord]
er bekaaid van afkomen: weinig krijgen ✦ *met slechts twee punten kwam Nederland er bij het Songfestival bekaaid vanaf*

bek·af [bijvoeglijk naamwoord]
iemand die bekaf is, is erg moe ✦ *na een dag werken is hij vaak bekaf*

be·kakt [bijvoeglijk naamwoord]
iemand die bekakt is, is overdreven netjes ✦ *probeer netjes te praten, maar niet bekakt*

be·ke·ken *zie:* **bekijken**

•**be·kend**[1] [bijvoeglijk naamwoord]
1 iemand die bekend is, is door veel mensen gekend ⇔ onbekend ✦ *het schrijven van 'ik wordt' is een bekende fout* ✦ *op de televisie kun je veel bekende Nederlanders zien*
2 iemand die ergens bekend is, kent de weg; iemand die ergens mee bekend is, weet hoe het werkt ✦ *bent u hier bekend?* ✦ *Abduls vader is niet bekend met computers en daarom schrijft hij nog gewoon met een pen*

be·kend[2] *zie:* **bekennen**

de **be·ken·de**[1] [bekenden]
iemand die je kent = de kennis ✦ *op mijn feestje komen alle vrienden en bekenden*

be·ken·de[2] *zie:* **bekennen**

•**be·kend·ma·ken** [maakte bekend, heeft bekendgemaakt]
zorgen dat andere mensen iets ook weten = openbaar maken [iemand maakt iets bekend] ✦ *de directeur heeft bekendgemaakt dat de fabriek moet sluiten*

•**be·ken·nen** [bekende, heeft bekend]
toegeven dat je iets verkeerds gedaan hebt [iemand bekent iets] ✦ *de man bekende dat hij geld gestolen had*

de **be·ken·te·nis** [bekentenissen]
datgene wat iemand bekent ✦ *de politie denkt dat Willem de E. het gedaan heeft, maar hij heeft nog geen bekentenis afgelegd*

de **be·ker** [bekers]
1 een hoog en groot kopje ✦ *ik drink*

elke ochtend een beker melk

beker 1

2 een soort vaas die je kunt winnen bij een wedstrijd = de cup ✦ *Bernard heeft al drie bekers gewonnen met tennis*

beker 2

be·ke·ren [bekeerde, heeft bekeerd]
zorgen dat iemand hetzelfde geloof krijgt als jij [iemand bekeert iemand] ✦ *Victor probeert in Afrika mensen te bekeren tot het christelijk geloof* ✦ *het programma ging over iemand die zich bekeerd had tot de islam*

de **be·keu·ring** [bekeuringen]
een papier waarop staat dat je geld moet betalen omdat je een fout hebt gemaakt in het verkeer = de bon ✦ *op deze weg krijgen veel mensen een bekeuring wegens te hard rijden* vervoer

•**be·kij·ken** [bekeek, heeft bekeken]
1 goed naar iets of iemand kijken [iemand bekijkt iets of iemand] ✦ *ik moet nog vier videobanden bekijken*
2 nadenken over iets [iemand bekijkt iets] ✦ *de minister zal bekijken of er subsidie gegeven kan worden*
3 bekijk het maar!: dit zeg je als je boos bent op iemand en niet meer meedoet ✦ *bekijk het maar, ik help je niet meer!*

het **bek·ken** [bekkens]
1 het gedeelte van je lichaam tussen de heupen
2 een muziekinstrument van metalen platen die je tegen elkaar aan slaat

de **be·klaag·de**[1] [beklaagden]
iemand die voor de rechter moet komen, vooral een militair

be·klaag·de[2] *zie:* **beklagen**

het **be·klag**
je beklag doen: klagen ✦ *de buren kwamen hun beklag doen over het lawaai*

be·kla·gen [beklaagde, heeft beklaagd]
vinden dat iemand in een vervelende situatie is [iemand beklaagt iemand] ✦ *ik beklaag mensen die elke dag drie uur moeten reizen voor hun werk* ✦ *de vrouw heeft zich bij de gemeente beklaagd over het lawaai in de straat*

zich **be·kla·gen** [beklaagde zich, heeft zich beklaagd]
klagen [iemand beklaagt zich over iets] ✦ *hij heeft zich beklaagd over de slechte kwaliteit van het eten in het restaurant*

be·kle·den [bekleedde, heeft bekleed]
1 stof over iets, bijv. een stoel of een bank, doen [iemand bekleedt iets, bijv. een stoel of een bank] ✦ *we zoeken iemand die onze stoelen opnieuw kan bekleden*
2 hebben; uitoefenen [iemand bekleedt een functie, een ambt] ✦ *mevrouw Netelenbos bekleedt een nieuwe functie binnen het bedrijf*

de **be·kle·ding** [bekledingen]
de stof die om iets heen zit, bijv. om een stoel of een bank ✦ *de poes heeft de bekleding van de bank kapotgemaakt*

be·klem·mend [bijvoeglijk naamwoord]
iets wat beklemmend is, geeft je een angstig gevoel = beangstigend ✦ *het zien van al die militairen op straat is beklemmend*

be·klem·to·nen [beklemtoonde, heeft beklemtoond]
extra nadruk geven = benadrukken, accentueren [iemand beklemtoont iets] ✦ *de voorzitter beklemtoonde nog eens dat er een oplossing moet komen* ✦ *in het woord 'nationaliteit' moet je 'teit' beklemtonen*

be·klim·men [beklom, heeft beklommen]
hoger komen door te klimmen [iemand beklimt een berg] ✦ *welke Belg heeft als eerste de Mount Everest beklommen?*

be·klom·men *zie:* **beklimmen**

be·knopt [bijvoeglijk naamwoord]
beknopte informatie is kort en duidelijk ✦ *in een beknopt verslag stonden de conclusies uit het onderzoek*

be·koch·ten *zie:* **bekopen**

be·ko·men van [bekwam van, is bekomen van]
je herstellen na een vermoeiende ge-

be

beurtenis [iemand bekomt van iets] ✦ *we hadden wat tijd nodig om te bekomen van de lange reis*

zich **be·kom·me·ren om** [bekommerde zich om, heeft zich bekommerd om] zorgen hebben over iets of iemand en proberen te helpen [iemand bekommert zich om iets of iemand] ✦ *geen enkele politieke partij bekommerde zich om het milieu*

be·ko·pen [bekocht, heeft bekocht]
1 iets met de dood moeten bekopen: sterven doordat je iets gevaarlijks hebt gedaan ✦ *hij wilde zijn vrouw redden, maar hij heeft het met de dood moeten bekopen*
2 iets moeten bekopen: de vervelende gevolgen voelen van iets ✦ *we hebben gisteren de hele dag gelopen, maar vandaag moeten we dat bekopen*

be·ko·ren [bekoorde, heeft bekoord] aantrekken; prettig lijken [iets bekoort iemand] ✦ *veel reizen kan mij niet bekoren*

be·kos·ti·gen [bekostigde, heeft bekostigd] betalen [iemand bekostigt iets] ✦ *de school weet niet hoe zij de computers moet bekostigen*

be·kri·ti·se·ren [bekritiseerde, heeft bekritiseerd] kritiek leveren op iets of iemand; zeggen dat je iets of iemand niet goed vindt [iemand bekritiseert iets of iemand] ✦ *de rechter bekritiseerde het optreden van de journalist*

be·krom·pen [bijvoeglijk naamwoord] iemand die bekrompen is, heeft heel beperkte ideeën en weinig begrip voor anderen = kleingeestig ✦ *de mensen van dit dorp zijn zo bekrompen dat ze geen enkele verandering willen*

be·kro·nen met [bekroonde met, heeft bekroond met] een mooi einde geven aan iets, bijv. met een prijs [iemand bekroont iets met iets] ✦ *zijn film werd bekroond met een oscar*

be·kwaam [bijvoeglijk naamwoord] iemand die bekwaam is, is goed in zijn werk of zijn vak = capabel, kundig ✦ *de bekwame artsen konden veel levens redden*

de **bel** [bellen] een knop waarop je drukt en die een geluid geeft om te waarschuwen dat je er bent
aan de bel trekken: waarschuwen ✦ *als het te lang duurt, moet je aan de bel trekken*

be·lab·berd [bijvoeglijk naamwoord] (informeel) iets wat belabberd is, is erg slecht = beroerd ✦ *Tarek heeft belabberd gevoetbald, want hij miste elke bal*

***be·la·che·lijk** [bijvoeglijk naamwoord] iets wat belachelijk is, is heel vreemd = bespottelijk ✦ *het is belachelijk om in de zomer zo'n warme jas aan te trekken*

be·la·den [bijvoeglijk naamwoord] een beladen onderwerp is een onderwerp waarover veel mensen heftige gevoelens hebben

be·la·gen [belaagde, heeft belaagd] onverwacht naar iemand toegaan en direct iets van hem of haar willen [iemand belaagt iemand] ✦ *de toerist werd belaagd door een groep kinderen die hem iets wilden verkopen* ✦ *de speler werd na de wedstrijd door journalisten belaagd*

be·lan·den [belandde, is beland] ergens komen = terechtkomen [iemand belandt ergens] ✦ *na uren rijden belandde hij in Brussel*

het ***be·lang** [belangen]
1 de reden waarom iets belangrijk of nuttig is = het voordeel ✦ *de overheid heeft een groot financieel belang bij de verkoop van sigaretten*
2 een drukte van belang: grote drukte

be·lan·ge·loos [bijvoeglijk naamwoord] als je iets belangeloos doet, doe je het zonder dat je er geld voor krijgt ✦ *weinig mensen waren bereid om belangeloos mee te werken*

***be·lang·rijk** [bijvoeglijk naamwoord]
1 iets wat belangrijk is, is van groot belang; iemand die belangrijk is, heeft veel invloed ✦ *de ontdekking van Amerika was een belangrijke gebeurtenis*
2 aanzienlijk; behoorlijk groot ✦ *een belangrijk deel van mijn loon gaat naar de belasting*

de ***be·lang·stel·ling** de aandacht = de interesse ✦ *er was in onze groep veel belangstelling voor moderne kunst*

be

Belasting

Om de kosten van bijvoorbeeld onderwijs, ziekenzorg en wegen te kunnen betalen, wordt er belasting geheven door de overheid.

Aan de rijksoverheid moet je **loonheffing** betalen over geld dat je verdient. Mensen die veel verdienen, moeten relatief meer belasting betalen dan mensen die weinig verdienen. Voor alles wat met belasting te maken heeft, heb je je persoonlijke sofinummer nodig. Dit heet in België: rijksregisternummer. De loonheffing wordt er personenbelasting genoemd.
De belasting over je loon wordt meestal al door de werkgever op je loon ingehouden. Je **bruto-inkomen** is het bedrag voordat er belasting over is betaald; het **netto-inkomen** is het bedrag dat je overhoudt als de belastingen zijn betaald. Als het jaar voorbij is, moet je een aangiftebiljet invullen. De belastingdienst bepaalt dan of je geld terugkrijgt of dat je extra geld moet betalen. Dat zie je op je aanslagbiljet.

De prijs van dingen die je koopt, is inclusief **btw**. Meestal is dat 19% van de prijs, maar voor bepaalde dingen, waarvan de overheid vindt dat ze niet te duur moeten zijn, zoals eten, de kapper, medicijnen of het openbaar vervoer, betaal je maar 6% btw. Over dingen waarvan de overheid vindt dat we ze niet te veel moeten gebruiken, zoals benzine, alcohol en tabak, moet je niet alleen btw, maar ook accijns betalen.

Om auto te rijden, betaal je **motorrijtuigenbelasting**. In Nederland betaal je voor een zware auto meer dan voor een lichte auto. Ook is de hoogte afhankelijk van de soort brandstof. In België heet deze belasting autobelasting of rijtaks. Daar is de hoogte afhankelijk van het aantal pk's en de soort brandstof.

Ook aan de gemeente moet je belasting betalen. De belangrijkste gemeentebelasting in Nederland is de ozb of **onroerendezaakbelasting**. Dat is belasting die je moet betalen omdat je een huis huurt of omdat je eigenaar bent van een huis. De hoogte van de ozb hangt af van de waarde van het huis. In België heet dit: de belasting op het kadastraal inkomen. Daar betaal je onroerende voorheffing, die wordt afgerekend samen met de personenbelasting.
Een andere gemeentelijke belasting is de hondenbelasting: belasting die je in Nederland moet betalen als je een hond bezit.

verzekeringen

be·la̲s·ten [belastte, heeft belast]
1 een moeilijke taak geven [iemand belast iemand met iets] ✦ *Tom werd belast met de opdracht om een nieuw ziekenhuis te bouwen*
2 iemand belasting laten betalen [iemand belast iemand] ✦ *de staat belast de producten die uit het buitenland komen*
3 een last te dragen geven [iemand of iets belast iets] ✦ *als je het paard nog meer belast, kan hij niet meer lopen*

de •**be·la̲s·ting** [belastingen]
1 het bedrag van je loon of van prijzen dat je aan de staat moet betalen = de heffing ✦ *dit jaar verdien ik minder en ik betaal dus ook minder belasting* belasting
2 [geen meervoud] de kracht waarmee iets op iets drukt; het gewicht ✦ *deze brug kan een belasting hebben van vijfhonderd kilo*
3 de druk = de last ✦ *de zorg voor haar zieke vader was een hele belasting*

de **be·la̲s·ting·dienst** [belastingdiensten]
de instantie die zorgt dat de belastingen betaald worden belasting

het **be·la̲s·ting·stel·sel** [belastingstelsels]
het systeem waarmee wordt bepaald hoeveel belasting je moet betalen ✦ *in*

het nieuwe belastingstelsel moeten mensen die alleen wonen meer belasting gaan betalen

be·le·den *zie:* **belijden**

be·le·di·gen [beledigde, heeft beledigd]
dingen zeggen over iemand die zijn gevoelens pijn doen [iemand beledigt iemand] ✦ *Koos Bos voelde zich beledigd toen de chef zijn artikel een 'flauw verhaaltje' noemde*

de **be·le·di·ging** [beledigingen]
de woorden waarmee je iemand beledigt* ✦ *de vrouw riep allemaal beledigingen naar de koning*

•**be·leefd**[1] [bijvoeglijk naamwoord]
een beleefde persoon heeft nette manieren = fatsoenlijk ✦ *beleefd vroeg hij of hij nog een kopje koffie mocht*

be·leefd[2] *zie:* **beleven**

het **be·leg**
1 iets wat je op je brood doet, bijv. jam of kaas ✦ *wat voor beleg wil je op je boterham?* maaltijden
2 een groep militairen rond een stad of een gebied ✦ *het beleg van de stad duurde drie maanden*

be·leg·gen [belegde, heeft belegd]
1 van je geld iets kopen waarvan je hoopt dat het meer waard wordt, bijv. een huis of aandelen [iemand belegt (geld in iets)] ✦ *hij heeft zijn hele leven in huizen belegd en is daardoor rijk geworden*
2 beleg* (bet. 1) op brood doen [iemand belegt brood (met iets)] ✦ *ze belegde de broodjes met dikke plakken kaas*
3 organiseren [iemand belegt iets, bijv. een vergadering] ✦ *het bestuur heeft zijn eerste bijeenkomst belegd*

de **be·leg·ging** [beleggingen]
iets waarin je je geld belegt* (bet. 1) ✦ *hun tweede huis in Frankrijk bleek een goede belegging*

het **be·leg·gings·fonds** [beleggingsfondsen]
een instelling die voor anderen geld belegt* (bet. 1) ✦ *bijna alle beleggingsfondsen hebben vorig jaar verlies geleden*

het •**be·leid**
1 de manier waarop je belangrijke zaken regelt = de aanpak ✦ *het is steeds het beleid van de regering geweest om het openbaar vervoer financieel te steunen*
2 iets met beleid doen: goed nadenken voordat je iets doet

be·lem·me·ren [belemmerde, heeft belemmerd]
zorgen dat iemand of iets niet verder kan = tegenhouden [iemand belemmert iemand of iets] ✦ *het slechte weer belemmerde het verkeer*

de **be·lem·me·ring** [belemmeringen]
iets wat iemand belemmert* = de hindernis ✦ *zijn leeftijd was geen belemmering voor de baan* ✦ *het gebrek aan geld is vaak een grote belemmering voor goed onderwijs*

be·let·ten [belette, heeft belet]
zorgen dat iemand iets niet doet = verhinderen [iemand belet iemand iets] ✦ *Nadia's ziekte belette haar om gewoon haar werk te doen*

•**be·le·ven** [beleefde, heeft beleefd]
meemaken = ondervinden, ervaren [iemand beleeft iets] ✦ *de soldaten beleefden verschrikkelijke dingen* ✦ *we hebben tijdens de vakantie veel beleefd*

de **be·le·ve·nis** [belevenissen]
een spannende gebeurtenis = het avontuur ✦ *de reis naar de Verenigde Staten was een hele belevenis*

de **be·le·ving** [belevingen]
de manier waarop je iets beleeft = de ervaring ✦ *de film duurde twee uur, maar in mijn beleving was het maar kwartier*

het **Bel·ga** (in België)
een bureau dat nieuws verzamelt voor kranten, radio, tv enz.

de **Bel·ga·com** *ook:* het (in België)
de dienst die zorgt voor de telefoon

Bel·gisch [bijvoeglijk naamwoord]
iets wat Belgisch is, komt uit België of is in België ✦ *geef mij maar een lekker Belgisch biertje*

be·lich·ten [belichtte, heeft belicht]
1 licht op iets of iemand laten schijnen [iemand belicht iets of iemand] ✦ *de spelers op het toneel werden niet goed belicht*
2 nadruk aan iets geven; iets op een opvallende manier laten zien [iemand belicht iets] ✦ *in dit boek wordt een heel andere kant van de koning belicht*

het **be·lie·ven**
naar believen: precies zoals je wilt; zoveel als je wilt ✦ *iedereen kon naar believen koffie en koek nemen*

be·lij·den [beleed, heeft beleden]
in het openbaar toegeven [iemand be-

lijdt iets, bijv. schuld of een geloof] ✦ *we moesten in de kerk onze schuld belijden*

de **be·lij·de·nis**
belijdenis doen: officieel in de protestantse kerk zeggen dat je gelooft in God en dat je bij de kerk wilt horen religie

•**bel·len** [belde, heeft gebeld]
met iemand telefoneren = opbellen [iemand belt (iemand)]

de **be·lof·te** [beloften, beloftes]
iets wat je belooft ✦ *zijn beloften hebben voor mij geen waarde*

be·lo·nen [beloonde, heeft beloond]
iemand iets geven omdat hij iets goed heeft gedaan [iemand beloont iemand] ✦ *hij werd voor zijn optreden beloond met de waardering van het hele publiek*

de **be·lo·ning** [beloningen]
iets, vooral geld, dat je krijgt omdat je iets goed hebt gedaan ✦ *wie mijn poes vindt, krijgt een goede beloning*

het **be·loop**
iets op zijn beloop laten: niet handelen, maar afwachten wat er gebeurt ✦ *de directeur liet de financiële problemen nog even op hun beloop, omdat hij hoopte dat de economie zich zou herstellen*

•**be·lo·ven** [beloofde, heeft beloofd]
1 zeggen dat je iets zult doen of geven [iemand belooft iets (aan iemand)] ✦ *hij heeft beloofd dat hij de keuken zou schoonmaken*
2 dat belooft wat!: dit zeg je als je verwacht dat er nog veel gaat gebeuren ✦ *er zijn de eerste dag al duizend kaartjes verkocht: dat belooft wat!*

het **bel·te·goed** [beltegoeden]
een bedrag dat je kunt gebruiken om met je mobiele telefoon te telefoneren ✦ *ik moet een nieuwe telefoonkaart kopen, want mijn beltegoed is bijna op* media

be·luis·te·ren [beluisterde, heeft beluisterd]
1 naar iemand of iets luisteren [iemand beluistert iets] ✦ *de radio wordt 's morgens het best beluisterd*
2 merken door goed te luisteren [iemand beluistert iets] ✦ *in zijn woorden beluister ik dat hij niet tevreden is*

be·lust op [bijvoeglijk naamwoord]
als je belust op iets bent, wil je dat heel graag ✦ *de man was belust op avontuur*

be·mach·ti·gen [bemachtigde, heeft bemachtigd]
na veel moeite krijgen [iemand bemachtigt iets] ✦ *iedereen probeerde een kaartje voor de wedstrijd te bemachtigen*

de **be·man·ning**
het personeel van een schip, vliegtuig enz. ✦ *de bemanning bestaat uit dertien vrouwen en twee mannen*

de **be·mid·de·laar** [bemiddelaars] **be·mid·de·laar·ster** [bemiddelaarsters]
iemand die bemiddelt* = de intermediair, de tussenpersoon ✦ *een bemiddelaar van de Verenigde Naties probeert de ruzie tussen de landen op te lossen*

be·mid·de·len [bemiddelde, heeft bemiddeld]
een oplossing proberen te vinden voor een ruzie of een probleem waarin je zelf geen partij bent [iemand bemiddelt (in iets)] ✦ *het bureau bemiddelt in personeel voor het onderwijs*

be·min·nen [beminde, heeft bemind] (formeel)
houden van iemand of iets = liefhebben [iemand bemint iemand of iets] ✦ *de film gaat over twee mensen die elkaar in het geheim beminnen*

be·moe·di·gen [bemoedigde, heeft bemoedigd]
moed geven [iemand bemoedigt iemand] ✦ *de president voelde zich bemoedigd door de steun van andere landen*

zich **be·moei·en met** [bemoeide zich met, heeft zich bemoeid met]
over dingen nadenken en beslissen [iemand bemoeit zich met iets of iemand] ✦ *met sommige dingen bemoeit de minister zich, in andere dingen vertrouwt hij op zijn ambtenaren* ✦ *bemoei je met je eigen zaken!*

de **be·moei·e·nis** [bemoeienissen]
de keer dat iemand zich met iets bemoeit* ✦ *zonder bemoeienis van anderen hebben we het probleem opgelost*

be·na·de·len [benadeelde, heeft benadeeld]
iemand of iets nadeel geven [iemand benadeelt iemand of iets] ✦ *veel mensen worden benadeeld door het nieuwe belastingsysteem*

be·na·de·ren [benaderde, heeft benaderd]
1 naar iemand toegaan om iets te vragen [iemand benadert iemand] ✦ *het be-*

stuur van de stichting heeft mevrouw Abdolla benaderd om voorzitter te worden
2 dichterbij komen [iemand benadert iets] ✦ *niemand kon de snelle tijd van de hardloper benaderen*

de **be·na·de·ring**
de manier waarop je iets doet of met iemand omgaat = de aanpak ✦ *de makers van het programma kozen voor een totaal nieuwe benadering*

be·na·druk·ken [benadrukte, heeft benadrukt]
de nadruk leggen op iets = beklemtonen [iemand benadrukt iets] ✦ *de arts benadrukte dat er over de ziekte heel weinig bekend is*

de **be·na·ming** [benamingen]
de naam die aan iets wordt gegeven ✦ *'Leningrad' is de oude benaming van 'Sint-Petersburg'*

be·nauwd [bijvoeglijk naamwoord]
1 als het ergens benauwd is, is er te weinig lucht; iemand die het benauwd heeft, heeft te weinig lucht ✦ *jaren heb ik gewerkt in een kleine, benauwde kamer zonder ramen*
2 angstig; bang = benepen ✦ *het jongetje vroeg benauwd: "Bent u boos?"*

de **ben·de** [bendes, benden]
1 een groot gebrek aan orde = de chaos, de troep ✦ *op Tanja's tafel is het altijd een vreselijke bende*
2 een groep dieven of misdadigers
3 (informeel) een heleboel = de hoop

•**be·ne·den**[1] [bijwoord]
op een plaats die lager is ⇔ boven ✦ *als je hier beneden staat, lijkt de berg niet zo hoog* ✦ *Ron gaat elke ochtend zachtjes naar beneden om de kinderen niet wakker te maken*

•**be·ne·den**[2] [voorzetsel]
onder; lager dan ⇔ boven ✦ *mensen die over het zuiden van Nederland praten, noemen dat soms 'beneden de grote rivieren'*

het **be·ne·den·huis** [benedenhuizen]
het gedeelte van een hoge woning dat op het niveau van de straat is ⇔ het bovenhuis ✦ *in grote steden krijgen oudere mensen vaak een benedenhuis*

de **Be·ne·lux**
de naam voor België, Nederland en Luxemburg samen ✦ *in de Benelux wonen ongeveer 26 miljoen mensen*

be·nieuwd[1] [bijvoeglijk naamwoord]
als je benieuwd bent naar iets, wil je dat graag weten ✦ *alle studenten waren erg benieuwd naar de uitslag van het examen*

be·nieuwd[2] *zie:* **benieuwen**

be·nieu·wen [benieuwde, heeft benieuwd]
het zal mij benieuwen: ik wil het heel graag weten; ik ben heel nieuwsgierig

be·nij·den [benijdde, heeft benijd]
iets willen hebben wat een ander heeft; jaloers zijn op iemand [iemand benijdt iemand (om iets)] ✦ *de boer benijdt mensen die zomaar een maand op vakantie kunnen*

be·no·digd [bijvoeglijk naamwoord]
de benodigde dingen zijn de dingen die nodig zijn voor iets ✦ *we hadden niet de benodigde apparatuur om een cd op te nemen*

be·noe·men [benoemde, heeft benoemd]
1 officieel een maatschappelijke functie geven [iemand benoemt iemand (tot iets)] ✦ *mevrouw Hagen is vorige week tot burgemeester van Gouda benoemd*
2 zeggen wat iets is; een naam aan iets geven [iemand benoemt iets] ✦ *zijn stijl van schrijven is moeilijk te benoemen*

de **be·noe·ming** [benoemingen]
de keer dat iemand in een functie benoemd* (bet. 1) wordt ✦ *tijdens het feest voor zijn benoeming sprak de nieuwe burgemeester enkele vriendelijke woorden*

be·nut·ten [benutte, heeft benut]
nuttig gebruiken [iemand benut iets] ✦ *John heeft veel mogelijkheden gehad om te studeren, maar hij heeft ze niet benut*

B en W [zelfstandig naamwoord]
burgemeester en wethouders ✦ *na de verkiezingen werd een nieuw college van B en W gevormd*

de •**ben·zi·ne**
een vloeistof, gemaakt van olie, waarmee onder andere auto's kunnen rijden

de **ben·zi·ne·pomp** [benzinepompen]
een toestel waarmee je benzine tankt ✦ *na het tanken bij de benzinepomp betaalde hij bij de kassa*

de **ben·zi·ne·prijs** [benzineprijzen]

de prijs van benzine

het **ben·zi·ne·sta·ti·on** [benzinestations]
een plaats waar je benzine kunt tanken = het tankstation

be·oe·fe·nen [beoefende, heeft beoefend]
uitvoeren; actief zijn in iets [iemand beoefent een vak, sport of kunst] ✦ *tennis is een sport die je ook kunt beoefenen als je oud bent*

be·ogen [beoogde, heeft beoogd]
iets willen bereiken; iets als doel hebben [iemand beoogt iets (met iets)] ✦ *wat beoogt hij met die opmerking?*

•**be·oor·de·len** [beoordeelde, heeft beoordeeld]
een oordeel geven over iemand of iets; zeggen hoe je iemand of iets vindt [iemand beoordeelt iemand of iets] ✦ *de rechter kon niet beoordelen of Sara de waarheid sprak*

•**be·paald**[1] [bijvoeglijk naamwoord]
1 een bepaalde zaak is precies vastgesteld en onderscheidt zich van andere zaken ✦ *dit museum is op een bepaalde dag in de week gesloten, maar ik weet niet op welke* ✦ *van bepaalde vruchten kun je ziek worden*
2 een bepaald lidwoord: het woord 'de' of 'het' voor een zelfstandig naamwoord
3 bepaald niet ...; niet bepaald ...: niet erg ...; niet bijzonder ... ✦ *laten we de verwarming hoger zetten, want het is bepaald niet warm in huis*

be·paald[2] *zie:* **bepalen**

•**be·pa·len** [bepaalde, heeft bepaald]
precies vaststellen; beslissen [iemand of iets bepaalt iets] ✦ *de voorzitter bepaalde wat er in de vergadering besproken werd* ✦ *met dit instrument wordt bepaald hoeveel alcohol iemand gedronken heeft*

zich •**be·pa·len tot** [bepaalde zich tot, heeft zich bepaald tot]
zich bezighouden met iets en niet met andere zaken; zich beperken tot iets [iemand bepaalt zich tot iets] ✦ *laten we ons bepalen tot de belangrijkste feiten*

de **be·pa·ling** [bepalingen]
1 de keer dat je iets bepaalt ✦ *de bepaling van de hoogte van de belasting vindt op 31 december plaats*
2 iets wat iemand beslist; de regel = het voorschrift ✦ *een financieel verslag moet voldoen aan allerlei wettelijke bepalingen*
3 (taal) een groep woorden die extra informatie geeft over een zin of een deel van een zin ✦ *in de zin 'om vier uur drinken we thee' is 'om vier uur' een bepaling van tijd*

•**be·per·ken** [beperkte, heeft beperkt]
kleiner of minder maken = begrenzen [iemand beperkt iets] ✦ *de dokter vindt dat ik het gebruik van medicijnen moet beperken*

zich •**be·per·ken** [beperkte zich, heeft zich beperkt]
minder doen of zeggen dan je eerst wilde doen of zeggen [iemand beperkt zich (tot iets)] ✦ *de directeur kon niet alles lezen en daarom beperkte hij zich tot de belangrijkste rapporten*

de **be·per·king** [beperkingen]
iets dat beperkt; een maatregel die je beperkt ✦ *aan de boeren zijn de laatste jaren veel beperkingen opgelegd*

be·perkt[1] [bijvoeglijk naamwoord]
iets wat beperkt is, is door grenzen kleiner gemaakt of is niet volledig ✦ *wij kunnen hier maar een beperkte tijd blijven*

be·perkt[2] *zie:* **beperken**

be·plei·ten [bepleitte, heeft bepleit]
een voorstander van iets zijn en daarvoor opkomen [iemand bepleit iets] ✦ *de commissie bepleitte speciale regels voor winkels die op zondag open zijn*

be·proe·ven [beproefde, heeft beproefd]
1 onderzoeken of iets voldoet of goed werkt [iemand beproeft iets, bijv. een apparaat] ✦ *de kwaliteit van de messen is nog niet beproefd*
2 onderzoeken of iemand genoeg geduld en kracht heeft [iemand wordt beproefd] ✦ *de oude mensen werden zwaar beproefd in hun leven*

de **be·proe·ving** [beproevingen]
het moment waarop iemand beproefd* (bet. 2) wordt ✦ *de honger en de oorlog waren zware beproevingen voor het volk*

het **be·raad**
het overleg ✦ *gisteren was er een geheim beraad tussen de president en de minister van Buitenlandse Zaken*
na rijp beraad: na lang en diep nadenken

iets in beraad houden: nog niet direct over iets beslissen, maar er eerst over nadenken

be·raad·sla·gen [beraadslaagde, heeft beraadslaagd]
uitvoerig met elkaar spreken voordat een beslissing genomen wordt = overleggen [iemand beraadslaagt (over iets)] ✦ *de doktoren beraadslaagden welke medicijnen ze aan de patiënt moesten geven*

zich **be·ra·den** [beried zich of beraadde zich, heeft zich beraden]
goed nadenken wat je moet doen [iemand beraadt zich (over iets of op iets)] ✦ *het bestuur beraadde zich over het verhogen van de prijzen*

be·ra·men [beraamde, heeft beraamd]
bedenken en voorbereiden [iemand beraamt iets, bijv. een plan] ✦ *de vrouw beraamde de moorden zorgvuldig*

ber·de
iets te berde brengen: over een onderwerp beginnen te praten ✦ *ik wil nog iets te berde brengen over de kwaliteit van het onderwijs*

be·rech·ten [berechtte, heeft berecht]
een oordeel uitspreken over iemand [een rechter berecht iemand] ✦ *de mannen die de misdaad gepleegd hebben, worden berecht*

•**be·reid**[1] [bijvoeglijk naamwoord]
als je bereid bent om iets te doen, heb je geen bezwaren om het te doen ✦ *een paar jongens waren bereid te helpen met verhuizen*

be·reid[2] *zie:* **bereiden**

•**be·reid tot** [bijvoeglijk naamwoord]
iemand die bereid is tot iets, wil dat wel doen ✦ *ik ben niet bereid alles alleen te doen*

be·rei·den [bereidde, heeft bereid]
eten zo maken dat het gegeten kan worden = klaarmaken [iemand bereidt eten] ✦ *Astrid had een heerlijke Italiaanse maaltijd bereid*

de **be·reid·heid**
het feit dat iemand bereid is om iets te doen ✦ *er was weinig bereidheid onder de werknemers om 's avonds te werken*

het **be·reik**
de afstand waarop iets te bereiken is; het gebied dat bereikt kan worden ✦ *deze krant heeft een groot bereik*
binnen iemands bereik liggen: mogelijk zijn voor iemand ✦ *de functie van directeur ligt niet binnen mijn bereik*

be·reik·baar [bijvoeglijk naamwoord]
1 met iemand die bereikbaar is, kun je contact krijgen ✦ *door de mobiele telefoon kan tegenwoordig iedereen bereikbaar zijn*
2 als een plaats bereikbaar is, kun je daar komen ✦ *Zwolle is goed bereikbaar met de trein en de auto*

•**be·rei·ken** [bereikte, heeft bereikt]
1 op een bepaald punt komen = halen [iemand of iets bereikt iets] ✦ *door al die regen heeft het water een gevaarlijk niveau bereikt* ✦ *met al dat gezeur bereik je niets*
2 aankomen op een bepaalde plaats [iemand bereikt een plaats, een bestemming] ✦ *na zeven dagen klimmen bereikte Igor eindelijk de top van de berg*
3 contact hebben met iemand [iemand bereikt iemand] ✦ *hoe kan ik je tijdens je vakantie bereiken?*

be·re·kend op [bijvoeglijk naamwoord]
iets dat berekend is op iets, is daarvoor geschikt ✦ *de zaal die we gehuurd hebben voor het feest, is berekend op honderd personen*

be·re·ke·nen [berekende, heeft berekend]
1 weten hoeveel iets is door te rekenen; de hoogte vaststellen = becijferen [iemand berekent iets] ✦ *ze berekenden nauwkeurig hoeveel personeel er moest verdwijnen*
2 als prijs vragen = rekenen [iemand berekent iets (aan iemand)] ✦ *voor het schilderen van de garage berekende hij honderd euro*

de **be·re·ke·ning** [berekeningen]
de keer dat je iets berekent* (bet. 1) ✦ *voor de berekening van de totale kosten had meneer De Vries meer gegevens nodig*

de •**berg** [bergen]
1 een hoog uitstekend deel van de aarde ✦ *Karel en Lucie maakten een tocht door de bergen van Zwitserland*
iemand gouden bergen beloven: iemand prachtige dingen beloven die niet kunnen
als een berg opzien tegen iets: verwachten dat iets heel naar zal zijn

2 een grote hoeveelheid; een hoop ✦ *er lag een berg aardappels in de tuin* ✦ *toen ik van vakantie terugkwam, lag er een berg werk*

ber·gen [borg, heeft geborgen]
1 ergens plaatsen om te bewaren = opbergen [iemand bergt iets ergens] ✦ *in die kast kun je veel boeken bergen*
2 zorgen dat iemand een plaats heeft om te slapen [iemand of iets bergt iemand] ✦ *de school kan vijftig mensen bergen*
3 een verlaten schip aan de kust brengen [iemand bergt een schip]

de **ber·ging** [bergingen]
1 een ruimte in of bij je huis waarin je spullen bewaart ✦ *onze tuinstoelen staan in de berging*
2 het bergen* (bet. 3) van een schip

de **berg·plaats** [bergplaatsen]
een plaats om spullen te bewaren, bijv. een la of een kast

de **berg·ruim·te** [bergruimten, bergruimtes]
een plaats om spullen te bewaren, bijv. een kast ✦ *in dit huis is heel weinig bergruimte*

het •**be·richt**[1] [berichten]
iets wat bericht wordt = de bekendmaking, de boodschap ✦ *we ontvingen het bericht dat Heleen en Gerard gaan trouwen*

be·richt[2] *zie:* **berichten**

be·rich·ten [berichtte, heeft bericht]
meedelen, bijv. via een brief of een krant; bekendmaken [iemand bericht iets (aan iemand)] ✦ *vandaag bericht de krant dat de burgemeester zijn functie neerlegt*

de **be·richt·ge·ving** [berichtgevingen]
de berichten over een onderwerp in de kranten en op de televisie ✦ *de berichtgeving over het nieuwe kabinet was erg negatief*

be·rin *zie:* **beer**

be·ris·pen [berispte, heeft berispt]
tegen iemand zeggen dat je zijn of haar gedrag niet goedkeurt [iemand berispt iemand] ✦ *de trainer berispte enkele spelers*

de **be·ris·ping** [berispingen]
de woorden waarmee je iemand berispt* = het standje ✦ *de kinderen kregen een berisping van de politie*

de **berk** [berken]
een boom met een witte stam

berk

de **berm** [bermen]
een strook gras langs een weg of een spoor ✦ *de auto stond met een platte band in de berm geparkeerd*

be·roemd [bijvoeglijk naamwoord]
mensen of dingen die beroemd zijn, zijn erg bekend ✦ *Frankrijk is beroemd om zijn wijn* ✦ *Rembrandt is in de hele wereld een beroemd schilder*

de **be·roemd·heid** [beroemdheden]
een persoon die beroemd* is ✦ *de koninklijke familie en andere beroemdheden bezochten de tentoonstelling*

het •**be·roep** [beroepen]
1 een maatschappelijke functie of een vak waarmee je geld kunt verdienen ✦ *zijn beroep is journalist*
2 in beroep gaan: naar een hogere rechter gaan als de rechter oordeelt dat je schuldig bent
3 in hoger beroep gaan: naar een hogere rechter gaan als een tweede rechter oordeelt dat je schuldig bent
4 het hof van beroep: (in België) de rechtbank waar je naartoe kunt gaan als je vindt dat een lagere rechtbank een verkeerde beslissing in jouw zaak heeft genomen rechtspraak
5 een beroep op iemand doen: iemand dringend vragen iets te doen ✦ *de directeur heeft een beroep gedaan op alle medewerkers om zuiniger te zijn met papier*

zich **be·roe·pen op** [beriep zich op, heeft zich beroepen op]
als bewijs gebruiken om gelijk te krijgen [iemand beroept zich op iemand of iets] ✦ *de krant beriep zich op een oud rapport van de regering*

de **be·roeps·be·vol·king**
alle mensen die werken voor geld ✦ *dertig procent van de beroepsbevolking werkt parttime*

het **be·roeps·on·der·wijs**
het onderwijs waar je een praktisch beroep leert ✦ *na zijn middelbare school*

volgde Ivo een opleiding in het hoger beroepsonderwijs

de **be·roeps·school** [beroepsscholen] (in België)
een school waar je een beroep kunt leren

be·roerd[1] [bijvoeglijk naamwoord]
vervelend; akelig ✦ *Petra ging naar bed want ze voelde zich beroerd* ✦ *het is beroerd dat de reis niet doorgaat*
niet te beroerd zijn om ...: zich niet te goed te voelen om ...; best willen ... ✦ *hoewel Peter heel rijk is, is hij niet te beroerd om te werken*

be·roerd[2] *zie:* **beroeren**

be·roe·ren [beroerde, heeft beroerd]
raken; aan iets komen = aanraken [iemand beroert iemand of iets] ✦ *zijn hand beroerde even het water*

de **be·roe·ring**
hevige gevoelens die de rust doen verdwijnen = de commotie ✦ *de sluiting van de fabriek veroorzaakte grote beroering onder de werknemers*

de **be·roer·te** [beroerten, beroertes]
een plotselinge ernstige ziekte in de hersenen = de attaque ✦ *na haar beroerte kon de vrouw niet meer goed praten*

be·rok·ke·nen [berokkende, heeft berokkend]
aandoen; bezorgen [iemand berokkent iemand schade of verdriet] ✦ *de oorlog heeft veel schade berokkend aan oude kerken*

het **be·rouw**
het akelige gevoel dat je hebt als je iets gedaan hebt wat je niet had moeten doen; erge spijt ✦ *de dief toonde geen berouw over zijn daden*

be·ro·ven [beroofde, heeft beroofd]
iets stelen van iemand [iemand berooft iemand (van iets)] ✦ *de bank in het centrum van de stad is vannacht beroofd*
jezelf van het leven beroven: jezelf doden

de **be·ro·ving** [berovingen]
de keer dat iemand beroofd* wordt

be·rucht [bijvoeglijk naamwoord]
beruchte mensen of zaken zijn op een negatieve manier bekend ✦ *deze weg is berucht vanwege het grote aantal ongelukken*

be·rus·ten bij [berustte bij, heeft berust bij]
iemands verantwoordelijkheid zijn [de leiding, de macht enz. berust bij iemand] ✦ *de organisatie van het congres berust bij een medewerker van de universiteit*

be·rus·ten in [berustte in, heeft berust in]
iets aanvaarden terwijl je het vervelend vindt [iemand berust in iets] ✦ *de werknemer berustte uiteindelijk in de beslissing van de directeur*

be·rus·ten op [berustte op, heeft berust op]
als basis hebben [iets berust op iets] ✦ *het verhaal in dit boek berust op het leven van de schrijver*

de **bes** [bessen]
een kleine, ronde vrucht

bes

be·schaafd [bijvoeglijk naamwoord]
1 iemand die beschaafd is, is netjes en heeft goede manieren ✦ *het is niet beschaafd om hard te praten in gezelschap*
2 beschaafde volkeren zijn ontwikkeld ✦ *toen Charles zijn eigen volk niet beschaafd noemde, protesteerde iedereen*

be·schaamd[1] [bijvoeglijk naamwoord] (in België)
iemand die beschaamd is, durft niet in het openbaar te spreken of durft geen contact met onbekende mensen te maken = verlegen

be·schaamd[2] *zie:* **beschamen**

be·scha·di·gen [beschadigde, heeft beschadigd]
1 zorgen dat iets kapotgaat of lelijk wordt [iemand of iets beschadigt iets] ✦ *het schilderij van Rembrandt is door de brand erg beschadigd*
2 zorgen dat het vertrouwen in iemand of iets verdwijnt [iemand beschadigt iemand of iets] ✦ *door de ruzie is de relatie tussen de twee landen ernstig beschadigd*

de **be·scha·di·ging** [beschadigingen]
de plaats waar iets kapotgegaan is of kapotgemaakt is ✦ *er zaten een paar kleine beschadigingen aan de auto*

be·scha·men [beschaamde, heeft be-

schaamd]
dingen doen waardoor verwachtingen, vertrouwen enz. niet terecht blijken [iemand beschaamt iemands verwachtingen, vertrouwen] ✦ *zij praat niet meer met haar vader omdat die haar vertrouwen heeft beschaamd*

be·scha·mend [bijvoeglijk naamwoord]
als iets beschamend is, moet je een beetje boos op jezelf zijn omdat je iets fout hebt gedaan = gênant ✦ *het resultaat van de actie was beschamend, want er kwamen maar twee nieuwe leden*

de **be·scha·ving** [beschavingen]
1 het niveau van ontwikkeling dat een volk heeft = de civilisatie ✦ *de Egyptische beschaving had rond 3000 voor Christus al een hoog niveau*
2 [geen meervoud] de mate waarin mensen beschaafd* (bet. 2) zijn = het fatsoen ✦ *onze buren hebben absoluut geen beschaving*

de **be·schei·den**[1] [meervoud] (formeel)
de officiële papieren = de stukken ✦ *nu we alle bescheiden hebben, kunnen we het huwelijk officieel maken*

be·schei·den[2] [bijvoeglijk naamwoord]
1 een bescheiden persoon maakt zichzelf niet te belangrijk ✦ *zij heeft veel succes in haar werk, maar ze blijft bescheiden*
2 iets dat bescheiden is, is klein of niet erg belangrijk ✦ *het bedrijf heeft dit jaar een bescheiden winst gemaakt*

•**be·scher·men** [beschermde, heeft beschermd]
zorgen dat iemand of iets veilig is [iemand of iets beschermt iemand of iets (tegen iemand of iets)] ✦ *het is de taak van ouders om hun kinderen te beschermen* ✦ *de dijken beschermen het land tegen het stijgende water*

be·schie·ten [beschoot, heeft beschoten]
op iets schieten [iemand beschiet iets] ✦ *het leger beschoot de stad vanuit de lucht*

•**be·schik·baar** [bijvoeglijk naamwoord]
iets dat beschikbaar is, is vrij om te gebruiken of te krijgen = voorhanden ✦ *veel plannen kunnen niet uitgevoerd worden omdat er geen geld beschikbaar is*

•**be·schik·ken over** [beschikte over, heeft beschikt over]
1 bezitten = hebben [iemand of iets beschikt over iets] ✦ *de ploeg beschikt over te weinig goede spelers* ✦ *dit hotel beschikt over twintig kamers*
2 beslissen over iemand of iets [iemand beschikt over iemand of iets] ✦ *de arts wilde niet beschikken over leven of dood*

de **be·schik·king**
het besluit ✦ *volgens een beschikking van de rechter moest hij € 3000,- betalen*

be·schon·ken [bijvoeglijk naamwoord] (formeel)
iemand die beschonken is, heeft te veel alcohol gedronken = dronken ✦ *de politie verbood de beschonken man om auto te rijden*

be·scho·ren [bijvoeglijk naamwoord]
1 dat geluk is mij niet beschoren: dat geluk heb ik niet ✦ *hij hoopte dat hij de baan zou krijgen, maar dat geluk was hem niet beschoren*
2 iets is geen lang leven beschoren: iets functioneert maar kort ✦ *het plan om naar Florida te gaan, was geen lang leven beschoren, want we hadden te weinig geld*

be·scho·ten *zie:* **beschieten**

•**be·schou·wen** [beschouwde, heeft beschouwd]
1 bekijken [iemand beschouwt iets of iemand] ✦ *David beschouwde de situatie met aandacht*
2 beoordelen als … = vinden, achten [iemand beschouwt iets als …] ✦ *ik beschouw het als een eer u te mogen ontvangen*

de •**be·schou·wing** [beschouwingen]
een geschreven of gesproken tekst over één onderwerp = de verhandeling ✦ *in een lange en goede beschouwing maakte de minister zijn beleid duidelijk*
iets buiten beschouwing laten: niet over iets praten; iets niet laten meetellen ✦ *hij sprak wel over zijn jeugd, maar liet zijn ouders buiten beschouwing*

be·schre·ven *zie:* **beschrijven**

•**be·schrij·ven** [beschreef, heeft beschreven]
1 vertellen over een persoon of een gebeurtenis [iemand beschrijft iemand of iets] ✦ *in zijn laatste boek beschreef York zijn jeugd*
2 iets volgen; gaan langs iets [een voer-

tuig beschrijft een baan, een route] ✦ *het vliegtuig beschreef een cirkel boven de stad*

de **be·schrij·ving** [beschrijvingen]
een verhaal over iets wat gebeurd is ✦ *in dit boek staat een prachtige beschrijving van de liefde tussen twee jonge mensen*

de **be·schuit** [beschuiten]
een soort rond stukje hard gebakken brood maaltijden

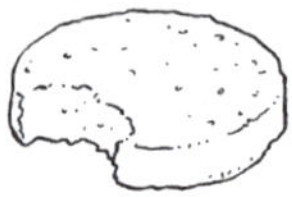

beschuit

be·schul·di·gen [beschuldigde, heeft beschuldigd]
zeggen dat iemand iets verkeerds heeft gedaan [iemand beschuldigt iemand (van iets)] ✦ *Eduard wordt beschuldigd van het geven van oneerlijke informatie aan de belastingdienst*

de **be·schul·di·ging** [beschuldigingen]
de woorden waarmee iemand een ander beschuldigt* = de aanklacht ✦ *ik vind die beschuldiging niet terecht*

be·schut [bijvoeglijk naamwoord]
een plaats die beschut is, is beschermd tegen wind en regen ✦ *er was veel wind, maar we zaten lekker beschut in de tuin*

het **be·sef**
het begrip; het inzicht = de notie ✦ *langzaam ontstond het besef dat ze haar vader niet meer zou zien*

be·sef·fen [besefte, heeft beseft]
een inzicht hebben of krijgen = zich realiseren [iemand beseft iets] ✦ *Paulien besefte meteen dat ze iets doms zei*

be·slaan [besloeg]
1 [is beslagen] nat worden zodat je er niet meer doorheen kunt kijken [glas beslaat] ✦ *we konden niet naar buiten kijken, want de ramen waren beslagen*
2 [heeft beslagen] innemen [iets beslaat een ruimte of een periode] ✦ *de tekst beslaat driehonderd pagina's* ✦ *het verhaal over de familie beslaat een periode van twintig jaar*

het **be·slag**
1 meel met melk of water, om iets van te bakken ✦ *beslag voor pannenkoeken bestaat uit meel, eieren en melk*
2 ruimte of tijd in beslag nemen: ruimte of tijd kosten ✦ *de bespreking van het examen heeft een uur in beslag genomen*
3 beslag leggen op iemand of iets: iemand of iets gaan bezitten; beschikken over iemand of iets
4 iets in beslag nemen: iets officieel van iemand wegnemen ✦ *de politie heeft de wapens in beslag genomen*
5 door iets in beslag genomen worden: zo druk met iets zijn dat je geen aandacht hebt voor andere dingen
6 iets krijgt zijn beslag: iets wordt officieel geregeld

be·slech·ten [beslechtte, heeft beslecht]
een ruzie oplossen; een einde maken aan een ruzie [iemand beslecht een ruzie, een conflict enz.] ✦ *de minister hoopte dat hij in de vergadering het conflict kon beslechten*

•**be·slis·sen** [besliste, heeft beslist]
bepalen wat er gebeurt [iemand beslist (iets)] ✦ *het personeel mag wel meedenken, maar de directeur beslist*

be·slis·send [bijvoeglijk naamwoord]
iets wat beslissend is, bepaalt wat er gebeurt ✦ *de uitslag van deze verkiezingen is beslissend voor de toekomst van het land*

de •**be·slis·sing** [beslissingen]
een keuze die bepaalt wat er gebeurt

be·slist[1] [bijwoord]
zeker = absoluut ✦ *je moet beslist naar het Louvre gaan als je in Parijs bent*

be·slist[2] *zie:* **beslissen**

be·sloe·gen *zie:* **beslaan**

be·slo·ten[1] [bijvoeglijk naamwoord]
1 een besloten bijeenkomst is een bijeenkomst waar niet iedereen mag komen = privé ✦ *na twee uur 's nachts wordt dit café een besloten club*
2 een besloten vennootschap (een bv): een bedrijf waarvan de aandelen niet openbaar gekocht of verkocht kunnen worden

be·slo·ten[2] *zie:* **besluiten**

het •**be·sluit** [besluiten]
1 de beslissing ✦ *het belangrijkste besluit in het leven van Rolf was zijn besluit om naar Australië te gaan*
2 tot besluit: aan het eind ✦ *tot besluit zongen we een paar liederen*

•**be·slui·ten** [besloot, heeft besloten]

1 kiezen nadat je hebt nagedacht = beslissen [iemand besluit iets] ✦ *we besloten om niet te verhuizen, maar om hier te blijven wonen*
2 afsluiten; eindigen met iets [iemand besluit iets (met iets)] ✦ *de voorstelling werd besloten met een lied*

de **be·sluit·vor·ming** [besluitvormingen]
de manier waarop beslissingen genomen worden ✦ *de besluitvorming bij de vereniging is onduidelijk*

be·smet·te·lijk [bijvoeglijk naamwoord]
een ziekte die besmettelijk is, kunnen mensen in de omgeving van de patiënt ook makkelijk krijgen ✦ *geef me maar geen kus, want ik ben verkouden en dat is besmettelijk*

be·smet·ten [besmette, heeft besmet]
een ziekte aan iemand geven [iemand besmet iemand] ✦ *Anton heeft het hele gezin besmet en nu is iedereen ziek*

de **be·smet·ting** [besmettingen]
de keer dat een mens of een dier besmet* wordt ✦ *de kans op besmetting is bij deze ziekte heel groot*

be·sne·den *zie:* **besnijden**

be·snij·den [besneed, heeft besneden]
de clitoris of de voorhuid van de penis wegsnijden [iemand besnijdt een jongen]

be·spa·ren [bespaarde, heeft bespaard]
1 minder geld uitgeven door een maatregel [iemand bespaart geld of tijd (op iets)] ✦ *wie de verwarming iets lager zet, bespaart veel geld op de kosten van energie*
2 zorgen dat iets vervelends niet gebeurt [iemand bespaart iemand iets] ✦ *hij wilde zijn kinderen de beelden van de oorlog besparen en zette de tv uit*

be·spe·len [bespeelde, heeft bespeeld]
1 op een instrument spelen en zo muziek maken [iemand bespeelt een instrument] ✦ *Paula bespeelt verschillende muziekinstrumenten*
2 optreden voor publiek en het publiek laten reageren zoals jij wilt [iemand bespeelt een publiek] ✦ *de vrouw bespeelde de zaal zó dat het publiek niet meer kon ophouden met lachen*

be·speu·ren [bespeurde, heeft bespeurd]
merken door te kijken of te luisteren [iemand bespeurt iets] ✦ *hij bespeurde angst in haar stem*

be·spie·den [bespiedde, heeft bespied]
naar iemand kijken zonder dat die persoon dat weet [iemand bespiedt iemand] ✦ *dit tv-programma met een verborgen camera bespiedt mensen terwijl ze werken*

de **be·spie·ge·ling** [bespiegelingen]
een verhaal dat iemand houdt over een onderwerp, en waaruit zijn of haar ideeën blijken – de beschouwing ✦ *de professor gaf na de les in een lange bespiegeling zijn persoonlijke mening*

be·spot·te·lijk [bijvoeglijk naamwoord]
iets wat bespottelijk is, is erg vreemd = belachelijk, idioot ✦ *doe niet zo bespottelijk; iedereen kijkt naar je*

be·spra·ken *zie:* **bespreken**

be·spreek·baar [bijvoeglijk naamwoord]
als iets bespreekbaar is, kan erover gesproken worden omdat het misschien mogelijk is ✦ *het is niet bespreekbaar dat ik vanwege mijn werk verhuis*

•**be·spre·ken** [besprak, heeft besproken]
1 praten over plannen en mogelijkheden [iemand bespreekt iets] ✦ *vandaag worden de plannen van de regering besproken*
2 reserveren [iemand bespreekt een tafel in een restaurant, plaatsen in een bioscoop enz.] ✦ *Vincent heeft een tafel besproken in 'La Strada' voor vier personen*
3 in de pers je mening geven over een boek of een film = recenseren [iemand bespreekt een boek, een voorstelling enz.] ✦ *de nieuwe film van Krabbé is door alle kranten goed besproken*

de •**be·spre·king** [besprekingen]
1 de onderhandeling; het overleg ✦ *er zijn besprekingen tussen de partijen om samen te werken*
2 een tekst met een oordeel over een boek of film = de recensie

be·spro·ken *zie:* **bespreken**

•**best**[1] [zelfstandig naamwoord]
je best doen: iets zo goed mogelijk doen ✦ *als ze haar best doet, kan ze haar studie volgend jaar afmaken*

•**best**[2] [bijvoeglijk naamwoord]
1 dit woord is de overtreffende trap van 'goed' ✦ *ze is mijn beste vriendin* ✦ *dit is*

het beste boek dat ik ooit gelezen heb
2 goed ✦ *al mijn collega's zijn beste mensen* ✦ *ik vind hem een beste man, maar erg slim is hij niet* ✦ *ik slaap de laatste tijd niet zo best* ✦ *het is best als je vanavond laat thuiskomt*
3 dit woord kun je gebruiken om iemand aan te spreken in een toespraak of in een informele brief ✦ *beste mensen, laten we nu allemaal meezingen* ✦ *beste Gerda, graag wil ik antwoord geven op je brief*

•**best**[3] [bijwoord]
1 wel ✦ *klop maar hard op de deur want het kan best zijn dat ik achter in het huis ben* ✦ *je hebt het best snel gedaan, maar het moet nog sneller*
2 tamelijk ✦ *ze was best zenuwachtig toen ze op tv kwam*

het •**be·staan**[1]
1 het zijn; het leven ✦ *wist jij van het bestaan van vliegende vissen?* ✦ *tien jaar van haar bestaan heeft zij in het buitenland doorgebracht*
2 de dingen waar je van leeft = de broodwinning, het levensonderhoud ✦ *voor zijn bestaan was Henk afhankelijk van zijn koeien*

•**be·staan**[2] [bestond, heeft bestaan]
1 leven; zijn [iemand of iets bestaat] ✦ *Sinterklaas bestaat niet* ✦ *bestaat er een ander woord voor 'plotseling'?*
2 mogelijk zijn [het bestaat] ✦ *hoe bestaat het dat je het werk zo snel af hebt!*

•**be·staan uit** [bestond uit, heeft bestaan uit]
opgebouwd zijn uit iets; inhouden [iets bestaat uit iets] ✦ *de maaltijd bestond uit aardappelen, sla en een stukje vlees* ✦ *ons gezin bestaat uit acht leden*

het **be·staans·recht**
het recht om te bestaan ✦ *als er te weinig leerlingen voor hun examen slagen, heeft de school geen bestaansrecht*

het **be·stand** [bestanden]
1 de afspraak dat er niet meer gevochten wordt ✦ *in augustus vorig jaar sloten de leiders een bestand*
2 een groep gegevens in de computer ✦ *het is niet moeilijk om een bestand met namen en adressen te maken*

be·stand te·gen [bijvoeglijk naamwoord]
een voorwerp is bestand tegen iets als het daardoor niet kapotgaat ✦ *het toestel was niet bestand tegen de hoge temperatuur*

het **be·stand·deel** [bestanddelen]
een deel van iets = het ingrediënt ✦ *groenten zijn een belangrijk bestanddeel van een gezonde maaltijd*

•**be·ste·den aan** [besteedde aan, heeft besteed aan]
uitgeven; gebruiken = spenderen [iemand besteedt geld of tijd aan iets] ✦ *zij besteedt veel tijd aan het verzorgen van haar vader*

de **be·ste·ding** [bestedingen]
het geld dat je aan iets besteedt = de uitgave

het **be·stek** [bestekken]
1 lepels, vorken en messen ✦ *wil je het bestek en de borden op tafel leggen?*
2 een uitvoerige beschrijving van hoe iemand iets gaat bouwen, welke materialen hij gaat gebruiken en hoeveel alles kost ✦ *er werd een bestek voor de bouw van het station opgesteld*

het **be·stel** [bestellen]
alle organisaties en regelingen die bij iets betrokken zijn ✦ *ons politieke bestel heeft een democratische basis*

•**be·stel·len** [bestelde, heeft besteld]
1 laten komen en daarvoor betalen [iemand bestelt iets] ✦ *wil jij een taxi voor mij bestellen?* ✦ *in het café bestelde zij een rode wijn*
2 iemand ter aarde bestellen: (formeel) een overledene begraven

de **be·stel·ling** [bestellingen]
een product dat je bestelt ✦ *je kunt via de telefoon bestellingen doen, maar ook via internet*

de **be·stel·wa·gen** [bestelwagens]
een grote auto waarmee je bestellingen* naar klanten brengt

de **be·stem·me·ling** [bestemmelingen] (in België)
iemand aan wie een brief, een pakje enz. wordt gestuurd = de geadresseerde

be·stem·men voor [bestemde voor, heeft bestemd voor]
bepalen wie iets krijgt [iemand bestemt iets voor iemand of iets] ✦ *deze bos bloemen is voor uw vrouw bestemd*

de **be·stem·ming** [bestemmingen]
het doel; de plaats waar je naar toe reist ✦ *wat is de bestemming van uw reis?* ✦ *de*

gemeente heeft nog geen nieuwe bestemming voor de oude fabriek

het **be·stem·mings·plan** [bestemmingsplannen]
een plan waarin staat wat er met een gebied mag gebeuren en wat niet ✦ *volgens het bestemmingsplan mogen er geen winkels in deze straat komen*

be·stem·pe·len [bestempelde, heeft bestempeld]
zo noemen [iemand bestempelt iemand of iets als ...] ✦ *de krant bestempelde de fout van de arts als moord*

be·sten·dig [bijvoeglijk naamwoord]
de bestendige opdracht: (in België) een opdracht aan de bank om iedere maand een bepaald bedrag naar een bepaalde rekening te sturen, bijv. om de huur van je huis te betalen **geld**

be·sto·ken [bestookte, heeft bestookt]
1 achter elkaar op iemand of iets schieten [iemand bestookt iemand of iets (met iets)] ✦ *de soldaten werden met stenen bestookt*
2 bestookt worden met iets: veel van iets krijgen en daar last van hebben ✦ *het bedrijf werd bestookt met brieven en telefoontjes*

be·straf·fen [bestrafte, heeft bestraft]
straf geven [iemand bestraft een mens of een dier] ✦ *ze keek haar zoon bestraffend aan*

be·stra·len [bestraalde, heeft bestraald]
met speciale stralen behandelen [iemand bestraalt een kankerpatiënt] ✦ *de arts besloot de patiënt niet alleen medicijnen te geven, maar ook te bestralen*

de **be·stra·ling** [bestralingen]
de keer dat iemand met speciale stralen behandeld wordt

be·stre·den *zie:* **bestrijden**

be·stre·ken *zie:* **bestrijken**

be·strij·den [bestreed, heeft bestreden]
vechten of je verzetten tegen iemand of iets [iemand bestrijdt iemand of iets] ✦ *de ziekte kan niet met medicijnen bestreden worden*

het **be·strij·dings·mid·del** [bestrijdingsmiddelen]
een middel tegen ziektes in planten en tegen lastige beestjes ✦ *deze appels zijn zonder bestrijdingsmiddelen geteeld*

be·strij·ken [bestreek, heeft bestreken]
helemaal bereiken = beslaan [iemand of iets bestrijkt een gebied] ✦ *elk verhaal bestreek een ander gedeelte uit het leven van de schrijver*

de **best·sel·ler** [bestsellers]
een boek dat heel veel verkocht wordt

be·stu·de·ren [bestudeerde, heeft bestudeerd]
veel over iets leren [iemand bestudeert iets] ✦ *hij wil het onderwerp eerst goed bestuderen voordat hij er een artikel over schrijft*

be·stu·ren [bestuurde, heeft bestuurd]
1 zorgen dat een voertuig in een bepaalde richting gaat; aan het stuur zitten van een voertuig [iemand bestuurt een voertuig, een schip enz.] ✦ *het vliegtuigje werd vanaf de grond bestuurd*
2 leiden; de leiding hebben over iets [iemand bestuurt een vereniging, een stad of een land] ✦ *België wordt bestuurd door een democratisch gekozen regering*

het **•be·stuur** [besturen]
1 een groep mensen die een vereniging of een club leidt ✦ *het bestuur van de vereniging vraagt aan de gemeente om meer geld*
2 de leiding; het gezag ✦ *door slecht bestuur kon het land zich niet ontwikkelen*

be·stuur·lijk [bijvoeglijk naamwoord]
bestuurlijke zaken gaan over een bestuur ✦ *het was een bestuurlijke fout dat hij niet is uitgenodigd*

het **be·stuurs·lid** [bestuursleden]
iemand die lid is van een bestuur

het **be·stuurs·recht** [bestuursrechten]
het recht dat bepaalt hoe de overheid moet handelen **rechtspraak**

de **best·wil**
1 voor je eigen bestwil: omdat het goed voor je is ✦ *voor je eigen bestwil moet je vanavond vroeg naar bed*
2 een leugentje om bestwil vertellen: een keertje liegen om problemen te voorkomen ✦ *Jelte zei tegen Mieke dat hij haar nieuwe jurk mooi vond, maar dat was een leugentje om bestwil*

be·taal·baar [bijvoeglijk naamwoord]
iets wat betaalbaar is, is niet te duur en kun je betalen ✦ *een betaalbare woning is niet meer te vinden tegenwoordig*

•be·ta·len [betaalde, heeft betaald]
1 een bedrag geven om iets te kopen [iemand betaalt een bedrag (aan iemand)] ✦ *hoeveel heb je voor die bril be-*

be

taald? ✦ *wij verzoeken u de rekening vóór 1 december te betalen*
2 het geld dat iets kost, geven [iemand betaalt iets] ✦ *Stephan betaalt het eten en Paul betaalt de wijn*

•**be·te·ke·nen** [betekende, heeft betekend]
1 als inhoud hebben; die betekenis hebben [iets betekent iets] ✦ *groen licht betekent dat je mag oversteken*
2 een bepaalde waarde hebben (voor iemand) [iemand of iets betekent veel, weinig voor iemand] ✦ *de overleden minister heeft veel voor de samenleving betekend*

de •**be·te·ke·nis** [betekenissen]
1 de inhoud; wat bedoeld wordt ✦ *je kunt de betekenis van woorden in een woordenboek opzoeken*
2 de waarde; het belang ✦ *er is een congres over de betekenis van internet in het onderwijs*

be·ten *zie:* **bijten**

•**be·ter** [bijvoeglijk naamwoord]
1 dit is de vergrotende trap van 'goed' ✦ *we hopen dat het weer morgen beter zal worden* ✦ *wat je zei is niet helemaal goed, maar een beter antwoord weet ik ook niet*
2 minder ziek; gezonder ✦ *voel je je al een beetje beter, Nathalie?*

de **be·ter·schap**
1 gezondheid na een ziekte ✦ *zijn vrienden wensten de patiënt beterschap*
2 beterschap beloven: zeggen dat je het in de toekomst beter zult doen ✦ *omdat de dief beterschap beloofde, gaf de rechter hem een lagere straf*

be·teu·ge·len [beteugelde, heeft beteugeld]
iets wat heftig is proberen minder of kleiner te maken = bedwingen [iemand beteugelt iets] ✦ *Okke kon zijn heftige gevoelens voor Marlies met moeite beteugelen*

be·toe·la·gen [betoelaagde, heeft betoelaagd] (in België)
een betoelaging* geven = subsidiëren [een overheid betoelaagt iemand of iets] ✦ *het ministerie van Landbouw betoelaagt dit onderzoek met een half miljoen euro per jaar*

de **be·toe·la·ging** [betoelagingen] (in België)
geld dat een overheid als steun geeft aan bepaalde bedrijven, instellingen of mensen = de subsidie

be·to·gen [betoogde, heeft betoogd]
1 redenen geven om iets te bewijzen = beargumenteren [iemand betoogt iets] ✦ *de wetenschapper betoogde dat geweld op de televisie leidt tot geweld op straat*
2 met een grote groep mensen je mening laten horen = demonstreren [iemand betoogt tegen iets] ✦ *er werd gisteren tegen de oorlog betoogd*

de **be·to·ging** [betogingen]
een groep mensen die samenkomt om een mening te laten horen = de demonstratie

het **be·ton**
heel hard materiaal dat lijkt op grijze steen, waarmee gebouwd wordt

be·ton·nen [bijvoeglijk naamwoord]
betonnen dingen zijn gemaakt van beton* ✦ *het kantoor is een lelijk, betonnen gebouw*

het **be·toog** [betogen]
een lang verhaal waarmee je iets wilt bewijzen of verklaren ✦ *het betoog van de ambtenaar over het beleid van zijn afdeling duurde twee uur*

be·trach·ten [betrachtte, heeft betracht] (ouderwets)
je plicht betrachten: je plicht doen; doen wat je moet doen

be·tra·den *zie:* **betreden**

be·trap·pen [betrapte, heeft betrapt]
zien dat iemand iets verkeerds of kwaads doet, terwijl je het eigenlijk niet mag zien [iemand betrapt iemand] ✦ *de politie betrapte Veenstra toen hij door het raam naar buiten klom*

be·tre·den [betrad, heeft betreden] (formeel)
binnengaan; daar komen [iemand betreedt iets] ✦ *de koningin betrad het paleis* ✦ *de keeper betrad als eerste het veld*

•**be·tref·fen** [betrof, heeft betroffen]
betrekking hebben op iemand of iets; gaan over iemand of iets = aangaan [iets betreft iemand of iets] ✦ *de nieuwe maatregel betrof alle mensen ouder dan 65 jaar* ✦ *wat je zuster betreft: ik vind haar een aardige meid*

be·tref·fend [bijvoeglijk naamwoord]
de betreffende persoon of zaak is de persoon of zaak die je noemde of be-

doelde ✦ *er werd een naam geroepen, maar het betreffende kind was er niet*

•**be·trek·ke·lijk**[1] [bijvoeglijk naamwoord]
tamelijk veel of groot, in verhouding = relatief ✦ *hij kon in betrekkelijke rust aan zijn boek schrijven*

•**be·trek·ke·lijk**[2] [bijwoord]
nogal; tamelijk ✦ *er waren betrekkelijk veel studenten met een voldoende voor het examen*

•**be·trek·ken** [betrok]
1 [heeft betrokken] zich ergens vestigen; ergens gaan wonen [iemand betrekt een huis of een kamer] ✦ *vorig jaar betrokken ze een nieuw kantoor buiten de stad*
2 [heeft betrokken] daarvandaan halen; daar kopen [iemand betrekt goederen (bij iemand of iets)] ✦ *het leger betrekt veel wapens uit het buitenland*
3 [is betrokken] grijs worden door de wolken [de lucht betrekt]
zijn gezicht betrekt: zijn gezicht staat somber; hij ziet er niet blij uit

•**be·trek·ken bij** [betrok bij, heeft betrokken bij]
ergens bij halen; proberen iemand mee te laten doen [iemand betrekt iemand of iets bij iets] ✦ *moeten we de voorzitter niet bij het overleg betrekken?*

de •**be·trek·king** [betrekkingen]
1 de band; de verhouding = de relatie ✦ *het kleine landje heeft altijd goede betrekkingen met het grote buurland gehad*
2 de baan = de aanstelling ✦ *meneer Ruding kreeg een betrekking als leraar aangeboden*

be·treu·ren [betreurde, heeft betreurd]
jammer vinden [iemand betreurt iets] ✦ *Thea betreurt het dat ze niet meer tijd voor haar kinderen heeft*

be·trof·fen *zie:* **betreffen**

be·trok·ken[1] [bijvoeglijk naamwoord]
1 een betrokken gezicht staat somber
2 iemand die zich ergens betrokken bij voelt, is daarmee in zijn gevoel verbonden ✦ *de professor is altijd erg betrokken bij zijn studenten*
3 iemand die ergens bij betrokken is, heeft daarmee te maken = betreffende ✦ *we zullen de betrokken partijen een brief sturen*

be·trok·ken[2] *zie:* **betrekken**

de **be·trok·ke·ne** [betrokkenen]
iemand die ergens mee te maken heeft ✦ *de betrokkenen krijgen een brief*

be·trouw·baar [bijvoeglijk naamwoord]
iemand die betrouwbaar is, is eerlijk en doet wat hij of zij belooft ✦ *Dirk ziet eruit als een betrouwbare persoon* ✦ *je mag niet op het ijs lopen, want het is nog niet betrouwbaar*

be·tui·gen [betuigde, heeft betuigd]
met nadruk laten weten [iemand betuigt iemand zijn dank, medeleven enz.] ✦ *graag betuig ik u mijn dank voor uw hulp*

be·twij·fe·len [betwijfelde, heeft betwijfeld]
twijfel hebben aan iets; iets niet zeker weten [iemand betwijfelt iets] ✦ *veel werknemers betwijfelen of de directeur lang in functie blijft* ✦ *ze zegt dat ze hard heeft gewerkt, maar ik betwijfel dat*

be·twis·ten [betwistte, heeft betwist]
1 willen afnemen [iemand betwist iemand het recht om ...] ✦ *we betwisten u niet het recht om uw mening te zeggen, maar kunt u dat wat vriendelijker doen?*
2 zeggen dat een uitspraak niet klopt = aanvechten [iemand betwist een uitspraak] ✦ *u zegt dat u alleen was, maar dat betwist ik*

beu [bijvoeglijk naamwoord]
iets beu zijn: iets niet meer willen; iets zat zijn ✦ *Victorine zoekt een andere baan, want ze is de kritiek van haar collega's beu*

de **beu·gel** [beugels]
een band van metaal die iets bij elkaar moet houden ✦ *veel kinderen op de basisschool hebben een beugel voor hun tanden*

de **beuk** [beuken]
een boom

beuk

beu·ken [beukte, heeft gebeukt]
hard slaan op iets of tegen iets [iemand beukt op of tegen iets] ✦ *met zijn handen beukte hij op de deur* ✦ *de golven*

beukten tegen het schip

de **beul** [beulen]
iemand die veel mensen slecht behandelt of doodmaakt

de ***beurs**[1] [beurzen]
1 geld van de overheid om je studie te betalen ✦ *veel studenten moeten werken omdat hun beurs niet voldoende is*
2 een tentoonstelling waar bedrijven en organisaties hun spullen laten zien ✦ *voor zijn werk bezoekt hij veel beurzen*
3 een plaats waar wordt gehandeld in geld en aandelen
4 (ouderwets) een voorwerp waarin je je geld bewaart = de portemonnee

beurs[2] [bijvoeglijk naamwoord]
beurs fruit is te zacht ✦ *de groenteman kon de appels niet verkopen omdat er veel beurse plekken in zaten*

de **beurs·gang** [beursgangen]
de keer dat een bedrijf zijn aandelen op de beurs (bet. 3) aanbiedt om geld te krijgen

de **beurs·koers** [beurskoersen]
de waarde van een aandeel op de beurs (bet. 3)

de ***beurt** [beurten]
de keer dat je iets mag doen ✦ *het was haar beurt om voorzitter te zijn*
om de beurt: eerst de een, dan de ander ✦ *de kinderen mochten om de beurt een versje zingen*

be·va·len *zie:* **bevelen**

***be·val·len** [beviel, is bevallen]
1 een kind krijgen [een vrouw bevalt (van een zoon of een dochter)] ✦ *vannacht is de buurvrouw bevallen van een gezonde dochter*
2 prettig gevonden worden [iets bevalt iemand goed of slecht] ✦ *zij gaat elk jaar naar Italië op vakantie omdat dat haar goed bevalt*

de **be·val·ling** [bevallingen]
de keer dat een vrouw een kind krijgt ✦ *na een zware bevalling kreeg de vrouw een gezonde zoon* gedenkdagen

het **be·val·lings·ver·lof** [bevallingsverloven] (in België)
de tijd waarin een vrouw vrij krijgt van haar werk omdat ze een baby krijgt = het zwangerschapsverlof gedenkdagen

***be·vat·ten** [bevatte, heeft bevat]
1 in zich hebben; inhouden [iets bevat iets] ✦ *de rapporten bevatten maar weinig nieuws* ✦ *aardappels bevatten veel gezonde stoffen*
2 begrijpen [iemand bevat iets] ✦ *hij kon nauwelijks bevatten dat zijn auto gestolen was*

be·vei·li·gen [beveiligde, heeft beveiligd]
beschermen tegen iets [iets beveiligt iemand (tegen iets)] ✦ *deze auto is goed beveiligd tegen inbraak*

het **be·vel** [bevelen]
de opdracht = de order ✦ *de kapitein gaf het bevel om terug te gaan*

be·ve·len [beval, heeft bevolen]
een bevel* geven [iemand beveelt (iemand) iets] ✦ *de politie heeft bevolen ramen en deuren te sluiten*

de **be·vel·heb·ber** [bevelhebbers]
iemand die in het leger de opdrachten geeft = de commandant

be·ven [beefde, heeft gebeefd]
snel en zenuwachtig bewegen = trillen, bibberen [iemand of iets beeft]

be·ves·ti·gen [bevestigde, heeft bevestigd]
1 vastmaken [iemand bevestigt iets] ✦ *hiermee kunt u de lamp aan de muur bevestigen*
2 zeggen dat iets waar is ⇔ ontkennen [iemand bevestigt iets] ✦ *de minister wilde het verhaal van de journalist niet bevestigen*
3 iemand officieel een ambt geven [iemand bevestigt iemand in een ambt] ✦ *zondag wordt de nieuwe dominee bevestigd*

de **be·ves·ti·ging** [bevestigingen]
de woorden waarmee iemand zegt dat iets waar is of klop, bijv. 'ja' of 'inderdaad' ⇔ de ontkenning

be·vie·len *zie:* **bevallen**

***be·vin·den** [bevond, heeft bevonden]
na onderzoek vaststellen = constateren [iemand bevindt iets of iemand geschikt, voldoende enz.] ✦ *hij werd geschikt bevonden voor militaire dienst*

zich ***be·vin·den** [bevond zich, heeft zich bevonden]
ergens aanwezig zijn [iets of iemand bevindt zich op of in een plaats] ✦ *het kerkje bevond zich op een heuvel*

de **be·vin·ding** [bevindingen]
het resultaat van onderzoek = de conclusie ✦ *de agent schreef al zijn bevindin-*

gen in een rapport

de **be·vlie·ging** [bevliegingen]
iets wat je een heel korte tijd leuk vindt = de gril ✦ *het is geen bevlieging van Carla dat ze piano wil leren spelen, want ze praat er al maanden over*

be·vlo·gen [bijvoeglijk naamwoord]
iemand die bevlogen is, werkt hard om haar of zijn idealen te realiseren ✦ *de burgemeester hield een bevlogen toespraak over de veiligheid in de stad*

be·voegd [bijvoeglijk naamwoord]
een bevoegde persoon heeft het juiste diploma of het juiste gezag ✦ *alleen de rechter is bevoegd mensen terug te sturen naar het land waar ze vandaan komen*

de **be·voegd·heid** [bevoegdheden]
de toestemming om iets te doen vanwege je functie ✦ *het was niet duidelijk welke bevoegdheden de nieuwe medewerker had*

be·vo·len *zie:* **bevelen**

be·vol·ken [bevolkte, heeft bevolkt]
ergens wonen of aanwezig zijn [mensen of dieren bevolken een land, een plaats] ✦ *grote groepen militairen bevolkten de straten*

de •**be·vol·king**
alle mensen die in een land of in een gebied wonen ✦ *de Nederlandse bevolking bestaat uit veel nationaliteiten*

de **be·vol·kings·groep** [bevolkingsgroepen]
een groep die een deel is van een volk ✦ *in New York leven veel verschillende bevolkingsgroepen*

be·von·den *zie:* **bevinden**

be·vor·de·ren [bevorderde, heeft bevorderd]
1 zorgen dat iets groter, beter enz. wordt = verbeteren [iemand bevordert iets] ✦ *regelmatig bewegen bevordert de gezondheid*
2 een hogere functie geven = promoveren [iemand bevordert iemand] ✦ *Karla van Leeuwen is bevorderd tot directeur van deze school*

be·vre·di·gen [bevredigde, heeft bevredigd]
1 een tevreden gevoel geven = voldoen [iets bevredigt iemand] ✦ *de zanger ging zelf liedjes schrijven omdat het zingen van teksten van anderen hem niet meer bevredigde*
2 zorgen dat iemand seksueel geniet [iemand bevredigt iemand]

be·vre·di·gend [bijvoeglijk naamwoord]
als iets bevredigend is, ben je er tevreden mee = voldoende ✦ *de minister kon geen bevredigend antwoord geven op de vraag van de journalist*

be·vreesd [bijvoeglijk naamwoord] (formeel)
iemand die bevreesd is, is bang ✦ *de regering is bevreesd voor grote maatschappelijke problemen*

be·vriend [bijvoeglijk naamwoord]
mensen die bevriend zijn, zijn vrienden van elkaar ✦ *Gustav is sinds kort bevriend met de dochter van onze directeur*

be·vrie·zen [bevroor]
1 [is bevroren] ijs worden door een lage temperatuur [iets bevriest] ✦ *het water in de sloten is bevroren* ✦ *als we niet blijven lopen, bevriezen mijn voeten*
2 [heeft bevroren] zorgen dat iets niet verandert [iemand bevriest lonen, prijzen enz.] ✦ *de lonen in de ziekenhuizen worden bevroren*

be·vrij·den [bevrijdde, heeft bevrijd]
vrij maken = verlossen [iemand bevrijdt een mens of een dier] ✦ *de Engelsen, Amerikanen en Canadezen hebben Nederland in 1945 bevrijd*

de **be·vrij·dings·dag**
de dag van het einde van de Tweede Wereldoorlog (in Nederland op 5 mei)
feestdagen

> Bevrijdingsdag wordt in Nederland ieder jaar gevierd, vooral met muziek en spelletjes voor kinderen. Eens in de vijf jaar is 5 mei officieel een vrije dag.

be·vro·ren *zie:* **bevriezen**

be·vruch·ten [bevruchtte, heeft bevrucht]
zwanger maken [iemand bevrucht een vrouw]

be·wa·ken [bewaakte, heeft bewaakt]
goed op iemand of iets passen [iemand bewaakt iemand of iets] ✦ *voor € 5,- wordt uw auto de hele dag bewaakt*

be·wa·pe·nen [bewapende, heeft bewapend]
wapens geven om mee te vechten [iemand bewapent iemand] ✦ *de agenten die het verkeer moesten regelen waren*

niet bewapend

•**be·wa·ren** [bewaarde, heeft bewaard]
1 houden voor later gebruik [iemand bewaart iets] ✦ *het is jammer dat die brieven van vroeger niet bewaard zijn gebleven*
2 behouden; niet verliezen = handhaven [iemand bewaart iets] ✦ *vooral de ouderen willen de traditionele sfeer van de buurt bewaren*

de **be·wa·ring**
1 iets in bewaring geven: iets, bijv. bagage, afgeven om tijdelijk te bewaren
2 het huis van bewaring: de gevangenis

de **be·weeg·re·den** [beweegredenen]
een reden waarom je iets doet = de drijfveer, het motief ✦ *wat zijn haar beweegredenen om zo'n goede baan te weigeren?*

•**be·we·gen** [bewoog, heeft bewogen]
1 zorgen dat iets op een andere plaats komt [iemand beweegt iets] ✦ *na het ongeluk kon hij zijn arm niet meer bewegen*
2 op een andere plaats komen [iets of iemand beweegt] ✦ *de gordijnen bewogen zachtjes in de wind*

zich•**be·we·gen** [bewoog zich, heeft zich bewogen]
1 naar een andere plaats gaan; een andere houding aannemen [iemand beweegt zich] ✦ *als Fred de foto neemt, mogen jullie je niet bewegen*
2 ergens zijn en omgaan met de mensen die daar zijn [iemand beweegt zich ergens] ✦ *hij beweegt zich graag in kringen van kunstenaars*

•**be·we·gen tot** [bewoog tot, heeft bewogen tot]
zorgen dat iemand iets doet [iemand beweegt iemand tot iets] ✦ *hoe kunnen we de studenten ertoe bewegen actiever te worden?*

de•**be·we·ging** [bewegingen]
1 de keer dat je iets beweegt, of dat iets beweegt ✦ *mijn hele lichaam doet bij elke beweging pijn*
uit eigen beweging: vanzelf; zonder de druk van anderen ✦ *uit eigen beweging heeft ze haar kamer schoongemaakt*
2 een groep mensen die hetzelfde willen bereiken = de groepering ✦ *de Ier sloot zich aan bij een protestantse beweging*

•**be·we·ren** [beweerde, heeft beweerd]
iets zeggen zonder dat het bewezen is = stellen [iemand beweert iets] ✦ *de politie beweert dat de misdaad in de stad afneemt*

de **be·we·ring** [beweringen]
een uitspraak die niet bewezen is ✦ *de bewering dat sport goed is voor je lichaam is niet altijd juist*

be·wer·ken [bewerkte, heeft bewerkt]
1 iets veranderen om het geschikt te maken voor iets [iemand bewerkt iets] ✦ *hij bewerkte de tekst van het boek voor een film*
2 proberen om iemands mening te veranderen, bijv. door met hem te praten = ompraten [iemand bewerkt iemand] ✦ *we willen de minister bewerken om ons plan te steunen*
3 met een mes figuren in iets maken [iemand bewerkt iets, bijv. hout] ✦ *om de foto zat een bewerkt houten lijstje*

de **be·wer·king** [bewerkingen]
1 de keer dat iets bewerkt* (bet. 1) wordt ✦ *de film is een bewerking van een boek*
2 het veranderen van cijfers, gegevens enz. ✦ *de computer past allerlei bewerkingen toe op de bestanden*

be·werk·stel·li·gen [bewerkstelligde, heeft bewerkstelligd]
zorgen dat iets gebeurt = tot stand brengen [iemand bewerkstelligt iets] ✦ *het leger probeerde de vrede met wapens te bewerkstelligen*

be·we·zen *zie:* **bewijzen**

het **be·wijs** [bewijzen]
1 iets waaruit blijkt dat iets waar of juist is ✦ *er is geen enkel bewijs dat de man schuld heeft*
2 een papier dat iets bewijst ✦ *bij de ingang moet je een bewijsje laten zien dat je lid bent*

het **be·wijs·ma·te·ri·aal**
dingen die het bewijs voor iets moeten leveren ✦ *de rechter vond dat er niet genoeg bewijsmateriaal was om de man schuldig te verklaren aan moord*

•**be·wij·zen** [bewees, heeft bewezen]
duidelijk maken waarom iets zo is = aantonen [iemand bewijst iets] ✦ *ik weet dat Boris het gedaan heeft, maar ik kan het niet bewijzen*

zich•**be·wij·zen** [bewees zich, heeft zich bewezen]

1 laten zien wat je kunt [iemand bewijst zich] ✦ *in de nieuwe club kreeg de speler de kans zich te bewijzen*
2 in de praktijk nuttig blijken te zijn [iets bewijst zich] ✦ *de methode heeft zich inmiddels bewezen*

het **be·wind**
de macht, vooral de leiding over een land = de regering ✦ *in 1989 kwam er een einde aan het communistische bewind in Tsjechië*

de **be·winds·man** [bewindslieden] **be·winds·vrouw** [bewindsvrouwen]
een lid van een belangrijk bestuur of een regering, bijv. een minister ✦ *onze bewindsman wil een overleg met de andere leden van het kabinet*

de **be·winds·per·soon** [bewindspersonen]
een man of een vrouw die lid is van een belangrijk bestuur of een regering

de **be·wind·voer·der** [bewindvoerders] **be·wind·voer·ster** [bewindvoersters]
iemand die deelneemt aan de regering

be·wo·gen[1] [bijvoeglijk naamwoord]
1 iemand die bewogen is, wordt door heftige gevoelens geraakt = ontroerd ✦ *Renée was diep bewogen toen ze haar familie na jaren weer zag*
2 een bewogen tijd is een drukke tijd met veel verschillende gebeurtenissen ✦ *de vrouw had een bewogen jeugd waarin ze vaak moest vluchten*

be·wo·gen[2] *zie:* **bewegen**

de **be·wol·king**
de wolken die boven de aarde hangen

be·wolkt [bijvoeglijk naamwoord]
een bewolkte lucht is een grijze lucht met veel wolken* **weer**[1]

de **be·won·de·raar** [bewonderaars] **be·won·de·raar·ster** [bewonderaarsters]
iemand die iets of iemand bewondert* (bet. 1) = de fan ✦ *Walter is een groot bewonderaar van Mahatma Gandhi*

be·won·de·ren [bewonderde, heeft bewonderd]
1 erg goed vinden [iemand bewondert iemand of iets] ✦ *ik bewonder haar geduld met de patiënten*
2 iets moois bekijken [iemand bewondert iets of iemand] ✦ *komen jullie mijn nieuwe huis bewonderen?*

de **be·won·de·ring**
de keer dat je iemand of iets bewondert* (bet. 2) ✦ *met grote bewondering bekeken wij de schilderijen*

be·wo·nen [bewoonde, heeft bewoond]
wonen in iets [iemand bewoont een gebied of een huis] ✦ *deze flat wordt door studenten bewoond*

de **be·woor·din·gen** [meervoud]
de woorden waarmee je iets uitdrukt ✦ *in goed gekozen bewoordingen bedankte hij zijn familie*

•**be·wust** [bijvoeglijk naamwoord]
1 als je iets bewust doet, heb je erover nagedacht = opzettelijk ✦ *het was van hen een bewuste keuze om geen kinderen te krijgen*
2 bedoeld; betreffend ✦ *die bewuste maandag was ik erg zenuwachtig*
3 je (van) iets bewust zijn: iets heel goed weten ✦ *hij was zich ervan bewust dat alle mensen naar hem keken*

be·wus·te·loos [bijvoeglijk naamwoord]
een bewusteloze persoon heeft geen bewustzijn* = buiten kennis ✦ *de bewusteloze man werd naar het ziekenhuis gebracht*

het **be·wust·zijn**
1 een toestand waarin je wakker bent en kunt denken ✦ *door de val verloor ze haar bewustzijn*
2 de situatie dat je je bewust (bet.3) bent hoe iets is ✦ *als kinderen de krant gaan lezen, zal hun politieke bewustzijn groter worden*

be·zaaid [bijvoeglijk naamwoord]
iets ligt bezaaid met iets: iets ligt vol met iets ✦ *de tuin lag bezaaid met vruchten*

be·za·digd [bijvoeglijk naamwoord]
iemand die bezadigd is, is ouder en rustiger geworden

be·za·gen *zie:* **bezien**

be·za·ten *zie:* **bezitten**

de **be·zem** [bezems]
een voorwerp met een stok, om mee te vegen ✦ *met een bezem verwijderde hij het zand voor de deur*
de bezem door iets halen: door maatregelen zorgen dat iets veel beter gaat dan voor die tijd

bezem

be·ze·ren [bezeerde, heeft bezeerd]
pijn doen [iemand bezeert iemand of iets] ✦ *ze heeft haar hand bezeerd* ✦ *ik heb me bezeerd aan de scherpe rand van het hek*

•**be·zet**[1] [bijvoeglijk naamwoord]
een plaats die bezet is, is gevuld door een of meer mensen ✦ *is deze stoel bezet?* ✦ *de wc is bezet*

be·zet[2] *zie:* **bezetten**

be·ze·ten *zie:* **bezitten**

be·ze·ten van [bijvoeglijk naamwoord]
iemand die bezeten is van iets, houdt daar enorm veel van ✦ *Geraldien is bezeten van paarden*

be·zet·ten [bezette, heeft bezet]
naar een plaats gaan en die innemen [iemand bezet iets, bijv. een plaats of een gebied] ✦ *in 1940 werden Nederland en België door de Duitsers bezet* ✦ *het gebouw van de universiteit is door studenten bezet*

de **be·zet·ting** [bezettingen]
1 de situatie dat een land bezet* is door een vijand ✦ *tijdens de bezetting van Sint Petersburg stierven veel mensen van de honger en de kou*
2 de personen die een rol spelen in een film of een toneelstuk of een instrument spelen in een orkest = de cast

be·zich·ti·gen [bezichtigde, heeft bezichtigd]
bezoeken en goed bekijken [iemand bezichtigt iets] ✦ *de toeristen bezichtigden een moskee*

be·zie·len [bezielde, heeft bezield]
1 zorgen dat mensen goede ideeën krijgen = inspireren [iemand bezielt iemand]
2 wat bezielt jou?: waarom doe je zo vreemd? ✦ *wat bezielt je om met dit slechte weer zonder jas naar buiten te gaan?*

be·zien [werkwoord]
het staat nog te bezien; het valt nog te bezien: het is nog niet zeker ✦ *het valt nog te bezien of Schiphol mag uitbreiden*

de **be·ziens·waar·dig·heid** [bezienswaardigheden]
iets wat het waard is bekeken te worden ✦ *in deze stad kun je veel bezienswaardigheden bezoeken*

•**be·zig** [bijvoeglijk naamwoord]
iemand die bezig is, doet iets of is aan het werk ✦ *ik ben nu bezig, maar straks heb ik wel even tijd*

be·zi·gen [bezigde, heeft gebezigd] (formeel)
gebruiken [iemand bezigt bepaalde woorden] ✦ *de voorzitter bezigde harde taal bij de onderhandelingen*

de **be·zig·heid** [bezigheden]
iets waarmee je bezig bent = de activiteit ✦ *mijn belangrijkste bezigheden naast mijn werk zijn lezen en lekker koken*

be·zig·hou·den [hield bezig, heeft beziggehouden]
tijd laten besteden aan iets; iemands aandacht richten op iets [iemand houdt iemand bezig (met iets)] ✦ *je moet die kinderen steeds bezighouden, want ze vervelen zich snel*

zich **be·zig·hou·den met** [hield zich bezig met, heeft zich beziggehouden met]
je aandacht op iets richten [iemand houdt zich bezig met iets] ✦ *hij houdt zich al jaren bezig met de politiek in zijn gemeente*

zich **be·zin·nen** [bezon zich, heeft zich bezonnen]
lang nadenken over wat je doet [iemand bezint zich (op iets)] ✦ *het bestuur wilde zich bezinnen op de toekomst van de vereniging*

het **be·zit**
iets dat je bezit of hebt ✦ *kun je straf krijgen voor het bezit van drugs voor eigen gebruik?*

be·zit·te·lijk [bijvoeglijk naamwoord] (taal)
een bezittelijk voornaamwoord: een woord dat zegt van wie iets is ✦ *in de zin 'dit is jouw sjaal' is het woord 'jouw' een bezittelijk voornaamwoord*

•**be·zit·ten** [bezat, heeft bezeten]
hebben [iemand bezit iets] ✦ *de koningin bezit een aantal paleizen*

de **be·zit·ting** [bezittingen]
iets dat je bezit of hebt = het eigendom ✦ *al zijn bezittingen zijn door de brand*

verloren gegaan

be·zoch·ten *zie:* **bezoeken**

het •**be·zoek** [bezoeken]
1 de situatie dat iemand een plaats bezoekt ✦ *bij een bezoek aan deze kerk is een hoed verplicht*
2 de mensen die anderen of een plaats bezoeken = de visite ✦ *hoe laat verwacht je het bezoek?*

•**be·zoe·ken** [bezocht, heeft bezocht]
komen naar mensen of naar een plaats; opzoeken [iemand bezoekt iemand of iets] ✦ *zij bezocht een tentoonstelling* ✦ *kom je me bezoeken als ik in het ziekenhuis lig?*

be·zorgd[1] [bijvoeglijk naamwoord]
een bezorgde persoon is bang dat dingen fout gaan

be·zorgd[2] *zie:* **bezorgen**

be·zor·gen [bezorgde, heeft bezorgd]
1 geven; opleveren [iemand bezorgt iemand iets] ✦ *het gedrag van zijn zoon heeft Tarek veel verdriet bezorgd*
2 leveren; brengen [iemand bezorgt iets ergens] ✦ *waar moet de stoel worden bezorgd?*

be·zui·ni·gen [bezuinigde, heeft bezuinigd]
minder geld uitgeven voor iets [iemand bezuinigt (op iets)] ✦ *de regering wil bezuinigen op onderwijs*

het •**be·zwaar** [bezwaren]
1 het nadeel = de belemmering ✦ *de afstand is geen bezwaar*
2 een reden waarom je iets niet wilt = de bedenking ✦ *de bewoners hadden bezwaren tegen de plannen van de gemeente*

het **be·zwaar·schrift** [bezwaarschriften]
een brief met bezwaren tegen een beslissing van de overheid

be·zwe·ken *zie:* **bezwijken**

be·zwe·ren [bezwoer, heeft bezworen]
1 zorgen dat iets stopt [iemand bezweert een gevaar, een crisis enz.] ✦ *het gevaar voor nog meer gevechten werd door de politie bezworen*
2 met nadruk beloven [iemand bezweert (iemand) iets] ✦ *Jannie bezwoer me dat ze voorzichtig zou rijden*

be·zwij·ken [bezweek, is bezweken]
1 niet sterk genoeg zijn en daardoor kapotgaan [iemand of iets bezwijkt (onder iets)] ✦ *de brug is onder de zware storm bezweken*
2 slachtoffer zijn en sterven [iemand bezwijkt aan een ziekte, aan alcohol enz.] ✦ *vorig jaar is zijn vrouw bezweken aan een ernstige ziekte*

be·zwoe·ren *zie:* **bezweren**

be·zwo·ren *zie:* **bezweren**

de **bh** [bh's]
bustehouder: onderkleding rond de borsten van een vrouw = de beha

bib·be·ren [bibberde, heeft gebibberd]
heel snel bewegen, bijv. van kou of angst = beven, rillen [iemand bibbert] ✦ *het raam stond open en iedereen zat te bibberen van de kou*

de **bi·blio·theek** [bibliotheken]
een instelling waar je boeken kunt lenen = de leeszaal

•**bid·den** [bad, heeft gebeden]
1 praten met God [iemand bidt] ✦ *zij bidden voor elke maaltijd* religie
2 heel dringend vragen = smeken [iemand bidt (iemand) (om iets)] ✦ *de vrouw heeft jarenlang bij de gemeente gesmeekt en gebeden om een andere woning*

de **bieb** (informeel)
de bibliotheek

biech·ten [biechtte, heeft gebiecht]
aan een priester vertellen wat je verkeerd hebt gedaan [iemand biecht]

> Biechten is een gebruik binnen de rooms-katholieke kerk. Het wordt niet veel meer gedaan.

•**bie·den** [bood, heeft geboden]
1 zeggen hoeveel je voor iets wilt betalen [iemand biedt een bedrag] ✦ *ze boden € 500.000,- voor het huis*
2 aanbieden; geven; leveren [iemand biedt (iemand) iets] ✦ *we boden de slachtoffers hulp*

de **bief·stuk** [biefstukken]
een stuk zacht vlees uit de bil van een rund maaltijden

het •**bier** [bieren]
een drank met alcohol die veel in cafés gedronken wordt dranken

de **bier·kaai**
dat is vechten tegen de bierkaai: het is een strijd die je altijd verliest ✦ *de actie om de aanleg van de weg tegen te houden was vechten tegen de bierkaai*

de **bies** [biezen]

bi

smalle band aan de rand van een kledingstuk

de **biet** [bieten]
een rode knol die je als groente eet

biet·sen [bietste, heeft gebietst] (informeel)
vragen om iets te krijgen [iemand bietst (iets, bijv. een sigaret)] ✦ *sinds hij zelf geen sigaretten meer koopt, loopt hij de hele dag te bietsen*

de **bie·zen** [meervoud]
je biezen pakken: weggaan ✦ *na één foutje zei de directeur dat ik meteen mijn biezen kon pakken*

de **big** [biggen]
het jong van een varken dieren

big

de **bij**[1] [bijen]
een insect dat honing maakt dieren

bij[1]

•**bij**[2] [bijvoeglijk naamwoord]
1 iemand die bij is, is net zo ver als anderen ✦ *voor het eerst na zijn ziekte was Benno weer bij met rekenen op school*
2 iemand die bij is, heeft besef van wat er gebeurt ⇔ bewusteloos

•**bij**[3] [voorzetsel]
1 in de buurt van iets of iemand ✦ *zet je schoenen bij de deur*
2 dit woord gebruik je om te zeggen dat iemand of iets aanwezig is ✦ *schat, ik ben nu bij Koos en ik kom snel naar huis*
3 dit woord gebruik je als iets of iemand wordt toegevoegd ✦ *doe wat zout bij de aardappelen*
4 dit woord gebruik je in verschillende verbindingen ✦ *bij welke ouders hoort dit kind?*

bij·be·ho·rend [bijvoeglijk naamwoord]
iets bijbehorends past ergens bij ✦ *hier is uw nieuwe computer met bijbehorend boek*

de **bij·bel** [bijbels]
het heilige boek van de christenen
religie

bij·be·nen [werkwoord]
net zo hard lopen of werken als een ander [iemand kan iemand of iets bijbenen] ✦ *loop eens wat langzamer; ik kan je niet bijbenen*

bij·bren·gen [bracht bij, heeft bijgebracht]
zorgen dat iemand iets leert [iemand brengt iemand iets bij] ✦ *hij heeft zijn ouders bijgebracht hoe ze iets op internet kunnen zoeken*

bij·de·hand [bijvoeglijk naamwoord]
iemand die bijdehand is, begrijpt dingen heel snel ✦ *Jannes is pas vijf jaar maar al erg bijdehand*

de •**bij·dra·ge** [bijdragen]
het aandeel; dat wat iets bijdraagt ✦ *bossen leveren een grote bijdrage aan de kwaliteit van de lucht* ✦ *heeft u een kleine bijdrage voor onze vereniging?*

•**bij·dra·gen** [droeg bij, heeft bijgedragen]
1 geven [iemand draagt geld bij (aan iets)] ✦ *alle leden hebben € 25,- bijgedragen aan de vereniging*
2 een aandeel leveren [iemand of iets draagt (tot of aan iets) bij] ✦ *goed onderwijs draagt bij aan de ontwikkeling van kinderen*

bij·een [bijwoord]
bij elkaar ✦ *de hele familie zat in de kamer bijeen*

de **bij·een·komst** [bijeenkomsten]
een gelegenheid waarbij mensen bij elkaar komen = de samenkomst ✦ *morgen is de laatste bijeenkomst van de cursus*

de **bij·en·korf** [bijenkorven]
een mand waarin bijen hun honing maken

bijenkorf

bij·ge·bracht *zie:* **bijbrengen**

bij·ge·lo·vig [bijvoeglijk naamwoord]
een bijgelovige persoon gelooft dat bepaalde dingen ongeluk brengen, bijv. het getal 13

bij·hou·den [hield bij, heeft bijgehouden]
1 even snel zijn; niet achterblijven [iemand houdt iemand of iets bij] ✦ *de fietsers konden de auto niet bijhouden*
2 zorgen dat iets op het goede niveau blijft [iemand houdt iets bij, bijv. zijn vak] ✦ *vroeger speelde ik fluit, maar ik houd het nu niet meer bij* ✦ *Jantine houdt een dagboek bij*

het **bij·huis** [bijhuizen] (in België)
een afdeling van bijv. een winkel op een andere plaats dan waar de belangrijkste winkel zich bevindt = het filiaal

de **bij·keu·ken** [bijkeukens]
een ruimte naast de keuken voor bijv. kasten of een wasmachine

bij·ko·men [kwam bij, is bijgekomen]
1 weer wakker worden nadat je in een soort slaap was, bijv. na een operatie [iemand komt bij] ✦ *de patiënt kwam een uur na de operatie weer bij*
2 rusten nadat je heel druk bent geweest of hard hebt gelopen [iemand komt bij] ✦ *ik moet even bijkomen, want ik heb een uur door de regen gefietst*

bij·ko·mend [bijvoeglijk naamwoord]
een bijkomende gebeurtenis is iets dat ook gebeurt, naast iets anders, maar dat minder belangrijk is ✦ *een bijkomend voordeel van deze maatregel is dat het minder geld kost*

de **bij·kom·stig·heid** [bijkomstigheden]
iets wat wel gebeurt, maar niet zo belangrijk is ✦ *Bas vond het heerlijk om te voetballen, en dat zijn club won was een prettige bijkomstigheid*

de **bijl** [bijlen]
een voorwerp waarmee je een boom omhakt of een blok hout in stukken slaat

bijl

de **bij·la·ge** [bijlagen]
een apart stuk tekst dat bij een boek of een brief hoort = het aanhangsel ✦ *de krant geeft een wekelijkse bijlage over cultuur uit*

de **bij·les** [bijlessen]
een extra les die je krijgt als je niet goed genoeg bent in een vak ✦ *Philip kreeg bijles in wiskunde*

•bij·na [bijwoord]
net niet helemaal; haast = vrijwel ✦ *het was maart en de winter was bijna voorbij*

de **bij·naam** [bijnamen]
een naam die anderen aan je geven ✦ *omdat Erik een bril droeg, kreeg hij de bijnaam 'meneer Einstein'*

de **bij·rol** [bijrollen]
een minder belangrijke rol in bijv. een film

de **bij·slui·ter** [bijsluiters]
een papiertje bij een medicijn met informatie over bijv. de inhoud en de werking ✦ *je moet altijd eerst goed de bijsluiter lezen voordat je iets inneemt*

bij·staan [stond bij, heeft bijgestaan]
1 helpen; steunen [iemand staat iemand bij] ✦ *de dokter werd tijdens de operatie door twee zusters bijgestaan*
2 het staat me bij dat ...: ik herinner me dat ... ✦ *het staat me niet meer precies bij in welk jaar dat gebeurde*

de **bij·stand**
geld dat je van de overheid krijgt als je zelf geen geld hebt ✦ *na de droge zomer kregen de boeren bijstand van de overheid* ✦ *ik zit al zes jaar in de bijstand*

de **bij·stands·uit·ke·ring** [bijstandsuitkeringen]
geld dat mensen van de overheid krijgen als ze zelf geen geld hebben
verzekeringen

bij·stel·len [stelde bij, heeft bijgesteld]
iets zo veranderen dat het beter werkt [iemand stelt iets bij] ✦ *Adriaan stelde de machine bij, en daarna werkte hij zonder problemen*

bijs·ter [bijvoeglijk naamwoord]
1 het spoor bijster zijn: niet meer weten hoe je verder moet; het niet meer weten ✦ *ik ben het spoor bijster hoeveel neven en nichten jij hebt*
2 niet bijster: niet heel erg ✦ *dit boek was niet bijster interessant*

bij·ten [beet, heeft gebeten]
1 je tanden in iets zetten [iemand bijt (in iets of op iets)] ✦ *hij beet in een appel*
2 de tanden in iemand zetten [een dier bijt (iemand)] ✦ *dit paard kan gemeen bijten*

bij·tijds [bijwoord]
vroeg; niet te laat = tijdig ✦ *ik wil bijtijds opstaan om de bus te halen* ✦ *gelukkig kon Ringo het publiek bijtijds waarschuwen dat er brand was*

bijv. [afkorting]
bijvoorbeeld: als voorbeeld ✦ *je kunt er allerlei dingen doen, bijv. paardrijden, zwemmen en wandelen*

de **bij·val**
iets waaruit goedkeuring of waardering blijkt, bijv. applaus = de steun ✦ *ze kreeg zowel bijval als kritiek toen ze haar plannen vertelde*

bij·voeg·lijk [bijvoeglijk naamwoord] (taal)
een bijvoeglijk naamwoord: een woord in een zin dat iets zegt over een zelfstandig naamwoord ✦ *in 'de lange jongen' is 'lange' een bijvoeglijk naamwoord*

•**bij·voor·beeld** [bijwoord]
als voorbeeld ✦ *er zijn hier allerlei mogelijkheden, bijvoorbeeld wandelen en zwemmen*

de **bij·wer·king** [bijwerkingen]
de werking van een medicijn die niet bedoeld is ✦ *dit medicijn heeft pijn in de buik als bijwerking*

bij·wo·nen [woonde bij, heeft bijgewoond]
aanwezig zijn bij iets [iemand woont iets bij, bijv. een vergadering] ✦ *hij woonde de uitvoering van een musical bij*

het **bij·woord** [bijwoorden] (taal)
een woord dat iets zegt over een bijvoeglijk naamwoord of een werkwoord = het adverbium ✦ *in 'een erg groot huis' is 'erg' een bijwoord*

de **bij·zaak** [bijzaken]
niet de belangrijkste zaak = het detail ⇔ de hoofdzaak

bij·zet·ten [zette bij, heeft bijgezet]
1 een dode in een graf leggen bij andere doden, bijv. bij andere leden van de familie [iemand zet een dode bij]
2 alle zeilen bijzetten: je uiterste best doen om te slagen

bij·ziend [bijvoeglijk naamwoord]
een bijziende persoon ziet scherp wat dichtbij is, maar niet wat ver weg is

het **bij·zijn**
in het bijzijn van iemand: terwijl iemand aanwezig is ✦ *de president heeft in het bijzijn van een journalist zijn fout toegegeven*

de **bij·zin** [bijzinnen] (taal)
een zin die niet de hoofdzin is ✦ *in de zin 'ik fiets, omdat de auto kapot is' is 'omdat de auto kapot is' een bijzin*

•**bij·zon·der**[1] [bijvoeglijk naamwoord]
1 niet gewoon; apart; speciaal ✦ *het is heel bijzonder om na je vijftigste nog piano te leren spelen*
2 een bijzondere school: een school die niet door de overheid is opgericht, maar door mensen met een bepaald doel, bijv. om christelijk onderwijs te geven **onderwijs**
3 bijzonder onderwijs: (in België) onderwijs voor leerlingen die het gewone onderwijs niet kunnen volgen, bijv. doordat ze veel extra aandacht nodig hebben

•**bij·zon·der**[2] [bijwoord]
zeer; erg ✦ *Sonja vond de tentoonstelling bijzonder mooi*

de **bij·zon·der·heid** [bijzonderheden]
een aparte kleine zaak die bij een gebeurtenis hoort = het detail ✦ *in het tv-programma hoorden we meer bijzonderheden over het ongeluk*

de **bi·ki·ni** [bikini's]
een bovenstuk en een broekje dat een vrouw draagt bij het zwemmen

de **bil** [billen]
elk van de twee delen van het lichaam waarop je zit

bil

het **bil·jard**
een miljoen maal een miljard; 1.000.000.000.000.000

het **bil·jart** [biljarts]
1 [geen meervoud] een spel met een tafel, drie ballen en een stok, dat vaak in cafés gespeeld wordt

biljart

2 een tafel met een groen laken waarop je biljart (bet. 1) speelt

het **bil·jet** [biljetten]
een stuk papier of een kaartje met een bepaalde waarde ✦ *Bert had alleen een biljet van tien euro in zijn zak*

het **bil·joen**
een miljoen maal een miljoen; 1.000.000.000.000

bil·lijk [bijvoeglijk naamwoord]
een billijk bedrag is een redelijk bedrag, niet te veel en niet te weinig = rechtvaardig, eerlijk ✦ *ik vind het niet billijk dat ik meer moet betalen dan jij*

•**bin·den** [bond, heeft gebonden]
1 om iets heen leggen om het vast te maken [iemand bindt een touw enz. om iets] ✦ *Anita bond een warme sjaal om haar nek*
2 dikker maken [iemand bindt een saus, soep enz.] ✦ *Pablo houdt van gebonden kippensoep*
3 beperken in je vrijheid [iets of iemand bindt iemand] ✦ *ze is door haar kleine kinderen aan huis gebonden*

bin·dend [bijvoeglijk naamwoord]
een bindende afspraak is een afspraak waaraan je je moet houden

de **bin·ding** [bindingen]
een band tussen mensen = de relatie ✦ *de politieke partij had bindingen met de kerk*

•**bin·nen**[1] [bijwoord]
1 in een ruimte ⇔ buiten ✦ *buiten is het heel koud, maar binnen is het lekker warm*
2 iets schiet mij te binnen: ik herinner mij iets
3 van binnen: aan de binnenkant ✦ *van buiten zag het huis er goed uit, maar van binnen was het heel slecht*

•**bin·nen**[2] [voorzetsel]
1 met dit woord geef je aan dat iets ergens in gebeurt ⇔ buiten ✦ *bij voetballen moet de bal binnen de lijnen blijven*
2 met dit woord geef je aan dat het korter duurt dan de genoemde tijd ✦ *de dokter was binnen een uur bij de patiënt*

bin·nen·drin·gen [drong binnen, is binnengedrongen]
met geweld naar binnen gaan [iemand dringt ergens binnen] ✦ *twee mensen zijn gisterenavond het museum binnengedrongen*

bin·nen·ha·len [haalde binnen, heeft binnengehaald]
zorgen dat je iemand of iets krijgt = verwerven [iemand haalt iemand of iets binnen] ✦ *het bedrijf heeft een paar goede medewerkers binnengehaald*

de **bin·nen·kant** [binnenkanten]
de kant die naar binnen gericht is ⇔ de buitenkant ✦ *morgen gaan we de binnenkant van de boot schilderen*

•**bin·nen·ko·men** [kwam binnen, is binnengekomen]
in een ruimte komen [iemand komt (ergens) binnen] ✦ *kom binnen en ga zitten!*

bin·nen·kort [bijwoord]
binnen korte tijd = gauw, spoedig ✦ *Ed en Wenda gaan binnenkort trouwen*

het **bin·nen·land** [binnenlanden]
1 [geen meervoud] het land binnen de eigen grenzen ⇔ het buitenland ✦ *deze vakantie blijven we in het binnenland, maar volgend jaar gaan we naar Frankrijk*
2 het deel van een land dat niet aan de grens ligt ✦ *hij werkt in de binnenlanden van Nigeria*

bin·nen·lands [bijvoeglijk naamwoord]
binnenlandse zaken hebben met het binnenland* (bet. 1) te maken ⇔ buitenlands ✦ *in deze krant staat vooral binnenlands nieuws*

bin·nen·la·ten [liet binnen, heeft binnengelaten]
binnen een ruimte laten komen [iemand laat iemand binnen] ✦ *wil jij de gasten even binnenlaten?*

de **bin·nen·plaats** [binnenplaatsen]
een klein plein binnen een gebouw

het **bin·nen·pret·je** [binnenpretjes]
iets waarom je stil moet lachen ✦ *hij kijkt alsof hij een binnenpretje heeft*

bin·nens·ka·mers [bijwoord]
binnen een organisatie of een gezelschap ✦ *er is binnenskamers veel kritiek op de voorzitter*

de **bin·nen·stad** [binnensteden]

bi

het centrum van een stad

bin·nen·ste·bui·ten [bijwoord]
met de binnenkant naar buiten ✦ *je sokken zitten binnenstebuiten!*

de **bin·nen·vet·ter** [binnenvetters]
iemand die niet makkelijk laat merken wat hij of zij voelt

de **bin·nen·weg** [binnenwegen]
een kleinere weg, geen hoofdweg ✦ *vooral op binnenwegen kan het morgenochtend glad zijn*

de **bio·bak** [biobakken]
een bak voor afval van groente, fruit of tuin = de gft-bak

de **bio·gra·fie** [biografieën]
de beschrijving van iemands leven ✦ *er zijn veel biografieën geschreven over Mahatma Gandhi*

de **bio-in·dus·trie** [bio-industrieën]
het houden van bijv. veel kippen, koeien of varkens op een kleine ruimte

de **bio·lo·gie**
de studie van alles wat leeft ✦ *zijn zoon studeert biologie aan de universiteit*

bio·lo·gisch [bijvoeglijk naamwoord]
1 biologische producten zijn op een natuurlijke manier gegroeid of gemaakt ✦ *ik koop altijd biologische groenten*
2 biologische wapens gebruiken krachten uit de natuur, bijv. virussen ✦ *de regering neemt maatregelen tegen nieuwe vormen van oorlog, bijv. oorlog met biologische wapens*

de **•bio·scoop** [bioscopen]
een gebouw waar films vertoond worden uitgaan

de **bips** [bipsen]
het deel van je lichaam tussen je rug en je benen = de billen, het achterwerk ✦ *toen het kind niet wilde luisteren, gaf zijn moeder hem een tik op de bips*

bis [bijwoord]
1 nog een keer ✦ *na het lied riep het publiek: bis, bis!*
2 extra informatie bij een huisnummer ✦ *de familie Zandstra woont in de Gravenstraat op nummer 27 bis*

de **bis·cuit** [biscuits]
een droog koekje zonder vet ✦ *wie wil er een biskwietje bij de thee?*

bi·sek·su·eel [bijvoeglijk naamwoord]
iemand die biseksueel is, wordt seksueel aangetrokken door mannen én vrouwen

de **bis·schop** [bisschoppen]
het hoofd van de rooms-katholieke kerk in een bepaald gebied religie

bis·sen [biste, heeft gebist] (in België)
een klas opnieuw doen [iemand bist] ✦ *als Nadine niet beter haar best doet op school, zal ze volgend jaar moeten bissen*

de **bis·tro** [bistro's]
een restaurant in Franse stijl

het **bit**[1] [bitten]
een soort halve ring van ijzer dat een paard in de mond heeft en waaraan de teugels vastzitten

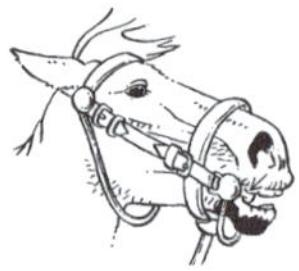

bit[1]

de **bit**[2] [bits]
de kleinste eenheid van informatie bij computers; acht bits vormen één byte

bits [bijvoeglijk naamwoord]
iemand die bits is, praat boos en kort = onvriendelijk ✦ *ze maakte een bitse opmerking over haar directeur*

•bit·ter [bijvoeglijk naamwoord]
1 iets dat bitter is, heeft een sterke smaak die niet zoet, zuur of zout is ✦ *koffie zonder suiker vind ik te bitter*
2 uit een bittere opmerking blijkt dat iemand eigenlijk heel boos is ✦ *"Kon je dat niet eerder bedenken?" was zijn bittere reactie*

de **bit·ter·bal** [bitterballen]
een balletje dat in olie is gebakken

> Op Nederlandse feestjes, vooral op recepties, worden vaak bitterballen gegeten.

bi·vak·ke·ren [bivakkeerde, heeft gebivakkeerd]
een tijdje ergens blijven [iemand bivakkeert ergens] ✦ *ons nieuwe huis is nog niet klaar, dus we bivakkeren bij mijn ouders*

bi·zar [bijvoeglijk naamwoord]
iets wat bizar is, is erg vreemd ✦ *in dit boek staan enkele bizarre verhalen die echt gebeurd zijn*

de **blaam**
mij treft geen blaam: het is niet mijn schuld

de **blaar** [blaren]
een dikker plekje op de huid waar vocht onder zit ✦ *na tien kilometer lopen had ze drie blaren onder haar voet*

de **blaas** [blazen]
een soort zakje in het lichaam waar de urine in wordt bewaard

het •**blad** [bladen]
1 [bladeren] een plat groen stukje dat groeit aan een tak van een boom of aan een plant ✦ *in de herfst vallen de bladeren van de bomen*

blad 1

2 een krant of een tijdschrift ✦ *dit blad verschijnt iedere maand*
3 een stuk papier = het vel ✦ *een blad papier zonder lijntjes is geschikt om op te tekenen*
4 een plat voorwerp om kopjes en glazen op te dragen = het dienblad ✦ *hij bracht het blad met de kopjes naar de keuken*
5 geen blad voor de mond nemen: precies zeggen wat je denkt

het **bla·der·deeg**
materiaal in laagjes waarvan bijv. de bodems van gebak gemaakt worden

bla·de·ren [bladerde, heeft gebladerd]
de bladzijden* snel bekijken [iemand bladert in een krant, een boek enz.] ✦ *hij bladerde door het boek om te kijken of hij het leuk vond*

de **blad·zij·de** [bladzijden]
een blad (bet. 3) van een boek ✦ *Marina las haar boek tot de laatste bladzijde uit*

blaf·fen [blafte, heeft geblaft]
een hard geluid maken [een hond blaft] dieren

bla·ken van [blaakte van, heeft geblaakt van]
veel hebben van iets en dat tonen, bijv. in je gezicht [iemand blaakt van iets, bijv. van ijver, van trots enz.] ✦ *de baby blaakte van gezondheid*

blan·co [bijvoeglijk naamwoord]
1 op een blanco vel papier is nog niet geschreven of getekend = leeg, wit
2 iemand die blanco stemt, stemt wel, maar maakt geen keuze

•**blank** [bijvoeglijk naamwoord]
1 blanke mensen hebben een lichte, witte huid
2 iets staat blank: iets staat vol water, bijv. door een overstroming

de **blan·ke** [blanken]
iemand met een lichte kleur huid ✦ *sinds 1994 hebben de blanken en de zwarten in Zuid-Afrika officieel dezelfde rechten*

bla·sé [bijvoeglijk naamwoord]
iemand die blasé is, kan niet meer genieten omdat hij al te veel genoten heeft ✦ *het meisje reageerde heel blasé op alle cadeautjes, omdat ze al zoveel had*

bla·ten [blaatte, heeft geblaat]
een hard geluid maken [een schaap blaat] dieren

•**blauw** [bijvoeglijk naamwoord]
iets wat blauw is, heeft de kleur van de hemel

de **blauw·helm** [blauwhelmen]
een soldaat van de Verenigde Naties ✦ *de Franse blauwhelmen moeten de vrede handhaven in Libanon*

bla·zen [blies, heeft geblazen]
met ronde lippen lucht hard uit je mond laten gaan [iemand blaast (lucht)]
hoog van de toren blazen: doen alsof je heel belangrijk bent en daarom eisen stellen

bleek [bijvoeglijk naamwoord]
iemand die bleek is, heeft een lichtere kleur huid dan normaal ✦ *wat zie je bleek; je wordt toch niet ziek!*

de **bleek·sel·de·rij**
een groente met dikke stelen

bleekselderij

de **blein** [bleinen] (in België)
een dikker plekje op de huid waar vocht onder zit = de blaar ✦ *na een uur wandelen had Ann al een grote blein op haar voet*

ble·ken *zie:* **blijken**

de **bles·su·re** [blessures]
een kapotte of pijnlijke plaats aan je li-

chaam, vooral bij sporten ontstaan = de verwonding ✦ *Ellen kon niet meedoen met de nationale wedstrijden vanwege een blessure*

ble·ven *zie:* **blijven**

blie·zen *zie:* **blazen**

•**blij** [bijvoeglijk naamwoord]
iemand die blij is, is vrolijk en tevreden = verheugd ✦ *Mieke was blij met haar cadeautjes* ✦ *met een blij gezicht kwam het meisje naar voren*

blijf [zelfstandig naamwoord] (in België)
geen blijf met iets weten: helemaal niet weten wat je met iets moet doen ✦ *geef die boeken maar aan mij, als je er geen blijf mee weet*

het **blijk** [blijken]
1 dat waaruit iets blijkt; het bewijs ✦ *als blijk van vertrouwen gaf ze mij de sleutel van haar huis*
2 blijk geven van iets: iets laten merken ✦ *hij gaf er blijk van dat hij erg moe was*

•**blijk·baar** [bijwoord]
zoals blijkt; zoals duidelijk wordt = kennelijk ✦ *Hans keek helemaal niet vrolijk; hij vond het blijkbaar niet leuk dat we kwamen*

•**blij·ken** [bleek, is gebleken]
duidelijk zijn [iets blijkt (uit iets)] ✦ *uit onderzoek blijkt dat jongeren steeds minder lezen*

blij·kens [voorzetsel] (formeel)
zoals duidelijk wordt uit … ✦ *blijkens de cijfers is de Nederlandse jeugd zeven centimeter langer geworden*

•**blij·ven** [bleef, is gebleven]
1 niet weggaan [iemand of iets blijft] ✦ *het is slecht weer buiten, dus blijf ik liever in huis*
2 doorgaan met iets [iemand of iets blijft …] ✦ *Joop hield niet op; hij bleef maar praten*

blij·ven bij [bleef bij, is gebleven bij]
geen andere mening krijgen = volhouden [iemand blijft bij iets] ✦ *ik blijf erbij dat de ruzie voorkomen had kunnen worden*

blij·vend [bijvoeglijk naamwoord]
iets wat blijvend is, is voor altijd = permanent ⇔ tijdelijk ✦ *het slechte water had blijvende gevolgen voor de gezondheid van de bevolking*

de •**blik**[1] [blikken]
1 de keer dat je naar iets kijkt ✦ *zijn blik gleed over het artikel in de krant*
een blik op iets werpen: even naar iets kijken
iemand geen blik waardig keuren: iemand helemaal niet aankijken; iemand negeren
2 de manier waarop je kijkt ✦ *met een trotse blik ontving hij zijn diploma*

het •**blik**[2] [blikken]
1 [geen meervoud] heel plat en dun metaal ✦ *door de zon was het blik van de auto warm geworden*
2 een voorwerp gemaakt van blik, waarin eten lang bewaard kan worden ✦ *de poes krijgt eten uit een blikje*

blik² 2

3 een voorwerp waarop je vuil, stof enz. schuift

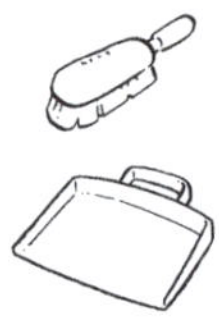

blik² 3

blik·ken [werkwoord]
zonder blikken of blozen: zonder te laten merken dat je je ongemakkelijk voelt; zonder het gevoel te hebben dat je iets verkeerds hebt gedaan ✦ *hij vertelde zonder blikken of blozen dat hij een relatie met de buurvrouw had*

de **blik·ope·ner** [blikopeners]
een instrument waarmee je een blik kunt openen

blikopener

de **blik·sem** [bliksems]
het korte felle licht dat je in de lucht ziet bij onweer ✦ *het huis is door de bliksem getroffen* weer[1]

blik·se·men [bliksemde, heeft gebliksemd]
als het bliksemt, zie je kort fel licht in de lucht = weerlichten [het bliksemt]

•**blind** [bijvoeglijk naamwoord]
een blinde persoon kan niets zien
blind zijn voor iets: iets niet kunnen of willen zien of begrijpen ✦ *zij was blind voor haar eigen fouten in de tekst*

de **blind·doek** [blinddoeken]
een doek voor je ogen zodat je niets kunt zien ✦ *spelletjes met een blinddoek vinden kinderen altijd erg leuk*

de **blin·de** [blinden]
iemand met ogen die niet kunnen zien

blin·de·lings [bijvoeglijk naamwoord]
zonder te kijken of na te denken ✦ *Wim kan in het donker blindelings de weg naar de wc vinden* ✦ *zij volgt blindelings de ideeën van haar partij*

blin·ken [blonk, heeft geblonken]
glans hebben [iets blinkt] ✦ *de nieuwe auto staat te blinken in de zon*

de **bloc·note** [blocnotes]
een boekje om in te schrijven en waaruit je bladen kunt scheuren = het schrijfblok

het •**bloed**
de rode vloeistof in het lichaam van een mens en een dier

bloed-
heel erg ✦ *het is vandaag bloedheet* ✦ *Dora is bloedmooi* ✦ *hij zei iets grappigs met een bloedserieus gezicht*

de **bloed·ar·moe·de**
de situatie dat je te weinig rode bloedlichaampjes in je bloed hebt waardoor je snel moe bent = de anemie

het **bloed·bad** [bloedbaden]
een strijd waarbij veel geweld wordt gebruikt en waarbij mensen gedood worden = de slachting ✦ *de mensen die het bloedbad hadden overleefd, werden naar het ziekenhuis gebracht*

bloed·dor·stig [bijvoeglijk naamwoord]
een bloeddorstige persoon of een bloeddorstig dier wil andere mensen of dieren doden

de **bloed·druk**
de druk van het bloed in je aderen ✦ *hij moet minder zout eten, want hij heeft een hoge bloeddruk*

bloe·den [bloedde, heeft gebloed]
bloed verliezen uit een opening in je lichaam [iemand of iets bloedt] ✦ *als uw vinger weer gaat bloeden, kunt u me bellen*
moeten bloeden voor iets: heel vervelende gevolgen van iets ondervinden

bloe·dig [bijvoeglijk naamwoord]
1 in een bloedige oorlog zijn er veel doden en gewonden
2 bloedig je best doen: heel erg je best doen

de **bloed·uit·stor·ting** [bloeduitstortingen]
een plaats waar je huid blauw wordt, doordat het eronder bloedt

het **bloed·vat** [bloedvaten]
een buis waardoor bloed door het lichaam stroomt = de ader

het **bloed·ver·gie·ten**
een gevecht waarbij mensen gedood worden ✦ *wij hopen dat de strijd snel en zonder bloedvergieten zal eindigen*

de **bloei**
1 de periode dat een boom of een plant bloemen heeft ✦ *tijdens de bloei heeft deze plant kleine rode bloemetjes*
2 een goede periode = de bloeitijd ✦ *de bloei van het Nederlandse voetbal lijkt voorbij*

bloei·en [bloeide, heeft gebloeid]
1 in bloei* (bet. 1) zijn [bomen en planten bloeien] ✦ *de meeste planten in onze tuin bloeien in het voorjaar*
2 een goede periode hebben [iets bloeit] ✦ *de handel en de kunsten bloeiden in de 17e eeuw in Nederland en België*

de •**bloem** [bloemen]
1 de blaadjes aan de top van een plant die meestal mooi van kleur zijn ✦ *zij koopt elke week bloemen*
2 [geen meervoud] fijn meel ✦ *deze taart is gemaakt van boter, eieren en bloem*

de **bloem·bol** [bloembollen]
de ronde bol waaruit sommige planten, zoals tulpen, groeien

> Nederland levert veel bloembollen aan het buitenland.

de **bloem·kool** [bloemkolen]
een witte groente

de **bloem·le·zing** [bloemlezingen]
verzamelde teksten die bij elkaar horen ✦ *dit boek is een bloemlezing uit het werk van moderne Vlaamse schrijvers*

het **bloem·stuk** [bloemstukken]
een groep bloemen die mooi bij elkaar

bl

geplaatst of gebonden zijn

bl

de •**bloes** [bloezen]
een soort dun jasje met veel knopen

bloes

de **bloe·sem** [bloesems]
de bloemetjes die in de lente aan een boom groeien

het •**blok** [blokken]
1 een stuk hout, steen enz. ✦ *zij gooide een paar blokken hout op het vuur*
een blok aan iemands been zijn: een grote last voor iemand zijn
2 een groep huizen ✦ *drie blokken verder is een school*
3 een groep partijen die samenwerken ✦ *het rechtse blok lijkt de verkiezingen te gaan winnen*
4 iemand voor het blok zetten: zo handelen dat iemand geen keus heeft

de **blok·fluit** [blokfluiten]
een houten muziekinstrument

blokfluit

de **blok·ka·de** [blokkades]
dingen die op een weg geplaatst zijn waardoor het verkeer niet verder kan ✦ *de chauffeurs protesteerden met hun blokkades tegen de hoge prijs van de benzine*

blok·ke·ren [blokkeerde, heeft geblokkeerd]
1 zorgen dat iets dicht is = afsluiten [iemand blokkeert de ingang, de doorgang enz.] ✦ *de haven werd door grote schepen geblokkeerd*
2 zorgen dat iets niet meer gebruikt kan worden [iemand blokkeert een giro- of bankrekening] ✦ *toen mijn pasje gestolen was, blokkeerde de bank mijn rekening*
3 zorgen dat iets niet meer kan bewegen = vastzetten [iemand blokkeert iets, bijv. een stuur] ✦ *je kunt niet rijden als het stuur van je auto geblokkeerd staat*
4 geblokkeerd zijn: ineens niet meer weten wat je moet doen of zeggen; ineens niet meer goed kunnen denken

de **blok·let·ter** [blokletters]
een losse letter met rechte hoeken ✦ *schrijf hier in blokletters uw naam en adres*

blok·let·te·ren [blokletterde, heeft geblokletterd] (in België)
in grote letters vermelden [een krant blokletttert iets] ✦ *de krant blokletterde: staking bij de NMBS*

blond [bijvoeglijk naamwoord]
blond haar is licht of geel van kleur

blon·ken *zie:* **blinken**

bloot [bijvoeglijk naamwoord]
1 iemand die bloot is, heeft geen kleren aan = naakt
2 blote voeten: voeten zonder kousen en schoenen

zich **bloot·ge·ven** [gaf zich bloot, heeft zich blootgegeven]
eerlijk laten merken hoe je denkt of voelt [iemand geeft zich bloot] ✦ *de vrouw wilde zich niet blootgeven voor een groot publiek*

bloot·leg·gen [legde bloot, heeft blootgelegd]
openbaar maken; duidelijk laten zien wat verborgen is [iemand legt iets bloot, bijv. een plan] ✦ *in het rapport legde hij de fouten van het leger bloot*

bloot·staan aan [stond bloot aan, heeft blootgestaan aan]
niet beschermd zijn tegen iets [iemand staat bloot aan gevaar, kritiek enz.] ✦ *als je minister bent, sta je altijd bloot aan kritiek*

bloot·stel·len [stelde bloot, heeft blootgesteld]
niet beschermen tegen iets; laten ervaren [iemand stelt iemand of iets bloot aan gevaar, kou enz.] ✦ *het ziekenhuis wilde voorkomen dat de patiënten aan de nieuwe ziekte werden blootgesteld*

de **blos** [blossen]
een rode kleur op het gezicht ✦ *het meisje kreeg blosjes op haar wangen toen de koningin haar een hand gaf*

het **Bloso** (in België)
Commissariaat-generaal voor de Bevordering van de Lichamelijke Ontwikkeling, de Sport en de Openluchtrecreatie: een instantie die ervoor zorgt

dat mensen aan sport kunnen doen, bijv. door subsidies te geven

blo·zen [bloosde, heeft gebloosd]
een rode kleur in het gezicht krijgen [iemand bloost] ✦ *toen het meisje zei dat ze met hem wilde dansen, bloosde Erik*

de **blub·ber**
vieze, dikke en natte grond = de modder ✦ *er zit blubber aan jullie laarzen*

de **blues**
een langzaam en droevig lied ✦ *de blues was oorspronkelijk de muziek van de zwarte bevolking van het zuiden van de Verenigde Staten*

bluf·fen [blufte, heeft gebluft]
zeggen dat je beter bent dan je in werkelijkheid bent = opscheppen [iemand bluft] ✦ *hij zegt dat hij alles van auto's weet, maar hij bluft*

de **blun·der** [blunders]
een grote stomme fout ✦ *wat een blunder om te vergeten de winkel af te sluiten!*

blus·sen [bluste, heeft geblust]
vuur laten stoppen door er water op te gooien [iemand blust (een brand)] ✦ *het vuur was zo hoog dat het uren duurde voordat de brand helemaal geblust was*

blut [bijvoeglijk naamwoord] (informeel)
als je blut bent, heb je geen geld meer

blz. [afkorting]
bladzijde ✦ *lees verder op blz. 35*

het **BNN**
Bart's Neverending Network: een omroep in Nederland media

het **board**
materiaal dat van fijne stukjes hout gemaakt is ✦ *voor het maken van de kast gebruikten we board*

de **bob·bel** [bobbels]
een heuveltje, vooral waar het niet hoort ✦ *toen hij gevallen was, voelde hij een bobbel op zijn hoofd*

de **bo·chel** [bochels]
een plek waar een rug heel dik en rond is ✦ *Quasimodo uit 'De klokkenluider van de Notre Dame' heeft een enorme bochel*

het **bocht**[1]
vloeistof die je vies vindt smaken ✦ *bah, die koffie is bocht!*

de **bocht**[2] [bochten]
een plaats waar een weg of een lijn buigt ✦ *hier gaat de weg met een bocht naar rechts*
je in allerlei bochten wringen: erg ingewikkelde dingen doen om je doel te bereiken ✦ *de directeur wrong zich in allerlei bochten toen hij kritiek kreeg*

het **bod**
1 een voorstel voor een prijs die je wilt betalen; het bedrag dat je biedt ✦ *het bod van de andere koper was hoger dan ons bod*
2 aan bod komen: aan de beurt komen; de kans krijgen

de• **bo·dem** [bodems]
1 de onderkant van een voorwerp
2 de grond van de aarde ✦ *het schip ligt op de bodem van de zee*

bo·den *zie:* **bieden**

het **boed·dhis·me**
de leer van Boeddha, die o.a. belangrijk is in India religie

de **boef** [boeven]
1 iemand die dingen doet die de wet verbiedt = de schurk
2 een kind dat dingen doet die niet lief zijn = de ondeugd

de **boeg** [boegen]
het voorste, gebogen deel van een schip
iets voor de boeg hebben: iets nog moeten gaan doen of meemaken ✦ *we hebben een drukke week voor de boeg*
het over een andere boeg gooien: proberen iets op een andere manier op te lossen

het **boeg·beeld** [boegbeelden]
iemand in een organisatie die men als belangrijk voorbeeld gebruikt ✦ *de jonge professor werd het boegbeeld van de partij*

de **boei** [boeien]
1 een ton in zee die aanwijst waar een schip moet varen ✦ *het schip voer tussen de boeien door naar de haven*
2 een ijzeren voorwerp om iemands handen of voeten vast te maken ✦ *de handen van de dief werden met boeien op zijn rug gebonden*

boei·en [boeide, heeft geboeid]
1 iemands armen of benen vastmaken, zodat hij die niet meer kan bewegen [iemand boeit iemand] ✦ *de man werd door de agent gepakt en meteen geboeid*
2 de aandacht vasthouden = fascineren [iets of iemand boeit iemand] ✦ *het on-*

derwerp van de les boeide Gerard niet

boei·end [bijvoeglijk naamwoord]
interessant ✦ *de man vertelde boeiende verhalen*

het *****boek** [boeken]
een aantal gedrukte bladen papier in één band ✦ *ik zat een boek te lezen*
een open boek zijn: heel open zijn; direct laten merken wat je vindt en voelt

boe·ken [boekte, heeft geboekt]
1 een reis, een kamer enz. reserveren [iemand boekt een reis, een hotel enz.] ✦ *ik heb een reis naar Mexico geboekt*
2 in de administratie schrijven [iemand boekt een bedrag] ✦ *het bedrijf boekte vorig jaar een verlies van twee miljoen euro*

de **boe·ken·bon** [boekenbonnen]
een bon waarmee je boeken kunt kopen, als cadeau

de **boe·ken·kast** [boekenkasten]
een kast voor boeken

het **boe·ket** [boeketten]
bloemen die bij elkaar zijn uitgezocht en aan elkaar zijn gebonden

de **boek·han·del** [boekhandels]
een winkel waar je boeken kunt kopen

de **boek·hou·der** [boekhouders] **boek·houd·ster** [boekhoudsters]
iemand die de boekhouding* (bet. 1) doet

de **boek·hou·ding** [boekhoudingen]
1 de papieren enz. die horen bij de administratie van een bedrijf of een vereniging ✦ *wie doet de boekhouding van de vereniging?*
2 de afdeling van een bedrijf waar de boekhouding wordt gedaan ✦ *op de boekhouding werken vijf mensen*

het **boek·jaar** [boekjaren]
een periode van twaalf maanden die geldt voor de boekhouding van ondernemingen ✦ *het bedrijf sloot het boekjaar af met winst*

de *****boel**
1 alle dingen; alle spullen ✦ *Yvonne en Bert hebben in hun huis de hele boel wit geschilderd*
2 de situatie ✦ *op feestjes van het bedrijf is het altijd een saaie boel*
3 veel ✦ *Johan heeft een boel cadeautjes gekregen*

boe·nen [boende, heeft geboend]
goed schoonmaken [iemand boent iets, bijv. de vloer] ✦ *mevrouw Stam is tachtig, maar ze boent nog elke week de vloer van de gang*

de *****boer** [boeren]
1 [vrouw: boe·rin; boerinnen] iemand die voor zijn of haar beroep op het land werkt of dieren heeft, zoals koeien of varkens = de agrariër ✦ *de boer bracht zijn koeien naar de markt*
2 een beetje lucht dat met geluid uit je mond komt ✦ *de baby moet nog een boertje laten*

de **boer·de·rij** [boerderijen]
de plaats waar een boer woont en werkt

boe·ren [boerde, heeft geboerd]
1 zaken doen en daarmee geld verdienen [iemand boert goed of slecht] ✦ *hij heeft goed geboerd en kan al op zijn vijftigste stoppen met werken*
2 een boer* (bet. 2) laten horen [iemand boert] ✦ *je moet in gezelschap niet boeren*

de **boe·ren·kool** [boerenkolen]
een groene groente **maaltijden**

> Boerenkool is een typisch Nederlands gerecht. Het wordt gegeten in de winter. De boerenkool wordt gestampt met aardappels, en meestal gegeten met worst.

de **boe·rin** [boerinnen]
1 de vrouw van een boer
2 een vrouwelijke boer

de **boe·te** [boetes]
een financiële straf = de bekeuring ✦ *voor te hard rijden in de stad kun je een hoge boete krijgen*

boe·ten voor [boette voor, heeft geboet voor]
nadeel hebben van iets dat je fout hebt gedaan, of dat iemand anders fout heeft gedaan [iemand moet boeten voor iets] ✦ *de man heeft altijd te veel geld uitgegeven en daarvoor moet hij nu boeten*

de **boe·tiek** [boetieks]
een winkeltje met bijzondere dingen ✦ *ik heb in een boetiek een leuk beeldje gekocht*

boet·se·ren [boetseerde, heeft geboetseerd]
een beeld of een figuur maken van klei [iemand boetseert een beeld of een figuur]

de **boe·zem** [boezems]

1 de borst van een persoon, vaak de borsten van een vrouw ✦ *het kind legde zijn hoofd tegen de boezem van zijn moeder*
2 de ruimte waarin je hart zit

de **bof**
1 een ziekte waarbij je wangen dik worden
2 een toevallige gebeurtenis die leuk is ✦ *wat een bof dat het zulk mooi weer is*

bof·fen [bofte, heeft geboft]
geluk hebben [iemand boft (met iets)] ✦ *wij hebben geboft met dit grote huis*

bo·gen *zie:* **buigen**

de **boi·ler** [boilers]
een apparaat dat een hoeveelheid water warm houdt ✦ *ik neem nu geen douche, want de boiler is leeg*

de **bok** [bokken]
een mannelijk dier dieren

bok

bok·sen [bokste, heeft gebokst]
1 vechten met je handen, als sport [iemand bokst]
2 iets voor elkaar boksen: zorgen dat iets lukt

de **bol**[1] [bollen]
1 een voorwerp dat lijkt op een bal ✦ *de aarde heeft de vorm van een bol*
2 iets ronds waaruit een bloem groeit ✦ *ik heb de bollen in oktober in de grond gestopt*
3 (informeel) het hoofd ✦ *hij gaf zijn dochter een aai over haar bol*

bol[2] [bijvoeglijk naamwoord]
bolle dingen zijn rond en dik ⇔ hol
iets staat bol van iets: iets is vol met iets ✦ *de tekst staat bol van de fouten*

de **bol·le·boos** [bollebozen]
een zeer slimme persoon; iemand die erg goed kan leren

het **bol·len·veld** [bollenvelden]
een veld met bloembollen ✦ *er kwamen veel toeristen naar de bollenvelden kijken* landschap

het **bol·le·tje** [bolletjes]
een kleine bol[1] (bet. 1), vooral een klein rond broodje ✦ *voor de lunch aten we een bolletje met kaas*

de **bol·was·sing** [bolwassingen] (in België)
een opmerking waaruit blijkt dat je boos bent op iemand omdat hij of zij iets heeft gedaan wat niet mag = de uitbrander ✦ *de jongen kreeg een bolwassing van zijn vader omdat hij veel te laat thuiskwam*

het **bol·werk** [bolwerken]
1 een gebouw met dikke muren om een stad te versterken en te beschermen
2 een plaats waar iets heel sterk aanwezig is ✦ *de universiteit vormt het bolwerk van de wetenschap*

bol·wer·ken [bolwerkte, heeft gebolwerkt]
iets niet kunnen bolwerken: iets niet in orde kunnen krijgen, omdat het te veel of te moeilijk is ✦ *hij had zoveel werk dat hij het niet allemaal meer kon bolwerken*

de **bom** [bommen]
een wapen in de vorm van een bol die ontploft en zo mensen doodt en dingen kapotmaakt ✦ *het vliegtuig liet een bom op een gebouw van de regering vallen*
iets slaat in als een bom: iets laat mensen heel erg schrikken ✦ *het nieuws van de dood van de koning sloeg in als een bom*
de bom barst: alle boosheid kwam ineens naar buiten

de **bom·aan·slag** [bomaanslagen]
de keer dat er een bom* gegooid wordt

het **bom·bar·de·ment** [bombardementen]
de situatie dat er bommen* op een bepaalde plaats gegooid worden ✦ *het bombardement op Rotterdam veroorzaakte veel branden*

bom·bar·de·ren [bombardeerde, heeft gebombardeerd]
bommen* werpen op iets [iemand bombardeert een stad of een gebied] ✦ *de Britse vliegtuigen bombardeerden de Duitse schepen*

bom·bar·de·ren tot [bombardeerde tot, heeft gebombardeerd tot]
plotseling een functie of een rol geven [iemand bombardeert iemand tot iets] ✦ *toen L. de Munck een jaar in de partij zat, werd ze tot voorzitter gebombardeerd*

de• **bon** [bonnen]
1 een papiertje waarop staat hoeveel je

betaald hebt ✦ *toen Cor betaald had, vroeg hij om het bonnetje*
2 een papiertje waarmee je iets kunt kopen, bijv. een cadeau of een drankje ✦ *met deze bon kunt u een gratis kopje koffie krijgen*
3 een papier waarop de politie schrijft hoeveel je als straf moet betalen = de bekeuring ✦ *zij kreeg een bon voor fout parkeren*

bo·na·fi·de [bijvoeglijk naamwoord]
op een bonafide bedrijf kun je vertrouwen = betrouwbaar ⇔ malafide

de **bon·bon** [bonbons]
iets lekkers gemaakt van chocolade en gevuld met iets zoets

de **bond** [bonden]
een vereniging van mensen of landen met een gemeenschappelijk doel

bon·den *zie:* **binden**

de **bond·ge·noot** [bondgenoten] **bond·ge·no·te** [bondgenotes]
een vriend of vriendin die je steunt of met wie je samenwerkt

het **bond·ge·noot·schap** [bondgenootschappen]
een groep mensen of landen die samenwerken, vooral tegen een vijand ✦ *de NAVO is een bondgenootschap tussen de VS en een aantal Europese landen*

bon·dig [bijvoeglijk naamwoord]
een bondig antwoord is kort en duidelijk ✦ *in het blad stond bondige informatie over interessante wijnen*

de **bonds·coach** [bondscoaches]
iemand die een nationale ploeg begeleidt in dienst van een sportbond

de **bonds·kan·se·lier** [bondskanselieren, bondskanseliers]
de belangrijkste minister in Duitsland of Oostenrijk

de **bon·je**
bonje hebben: ruzie hebben ✦ *het bestuur had bonje met de leden en moest vertrekken*

bon·ken [bonkte, heeft gebonkt]
hard slaan op iets [iemand bonkt (op iets of tegen iets)] ✦ *de politie bonkte op de deur maar er werd niet opengedaan*

de **bons** [bonzen]
1 het geluid van een klap of een slag ✦ *met een bons viel hij tegen de deur*
2 (informeel) iemand met veel invloed in een organisatie ✦ *de bonzen van de televisie bepaalden welke programma's moesten verdwijnen*
3 iemand de bons geven: tegen iemand zeggen dat je geen liefdesrelatie meer met hem of haar wilt ✦ *Jeanne heeft gisteren haar vriend de bons gegeven*

het **bont**[1]
het vel met haren van een dier, als materiaal om jassen van te maken

bont[2] [bijvoeglijk naamwoord]
1 iets wat bont is, heeft veel verschillende kleuren ✦ *ze sloeg een bonte doek om haar schouders*
bont en blauw zien: blauwe plekken hebben doordat je geslagen of gevallen bent
2 een bonte verzameling: heel veel verschillende soorten ✦ *op de schaal lag een bonte verzameling vruchten*
3 het bont maken: dingen doen die eigenlijk niet kunnen ✦ *een grapje is leuk, maar nu maak je het te bont*

de **bo·nus** [bonussen]
iets extra's wat je krijgt, vooral geld ✦ *vanwege de hoge winst ontvingen alle werknemers een bonus van honderd euro*

bon·zen [bonsde, heeft gebonsd]
1 met gesloten handen hard tegen iets slaan [iemand bonst op of tegen iets] ✦ *hij bonsde op de ramen*
2 wild kloppen [mijn hart bonst] ✦ *haar hart bonsde van angst toen zij vanaf het dak naar beneden keek*

de• **bood·schap** [boodschappen]
1 een artikel dat je in een winkel koopt = de aankoop ✦ *zal ik even boodschappen doen?*
2 een bericht; iets wat meegedeeld wordt ✦ *Mark is niet thuis, maar kan ik een boodschap voor hem aannemen?*
3 geen boodschap aan iets hebben: je niet verantwoordelijk voor iets voelen

de **boog** [bogen]
1 een gebogen deel van een bouwwerk, waar je onderdoor kunt
2 een ronde stok met een touw waarmee je een pijl schiet ✦ *met zijn pijl en boog kon hij vogels doden*

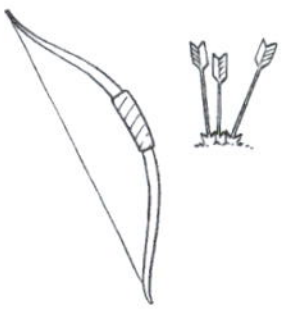

boog 2

de **Boog·schut·ter** [Boogschutters]
een sterrenbeeld sterrenbeelden

de ***boom** [bomen]
1 een plant met takken en een stam die heel groot kan worden ✦ *er staan veel oude bomen in het park*
2 een boom opzetten: een lang gesprek beginnen

de **boom·gaard** [boomgaarden]
een tuin met fruitbomen ✦ *in de boomgaard lagen veel appels op de grond*

de **boon** [bonen]
een lange vrucht met zaden erin, die je als groente kunt eten
je eigen boontjes doppen: zorgen dat je niet afhankelijk bent; voor jezelf zorgen

boon

de **boor** [boren]
een apparaat waarmee je een gat in bijv. hout kunt maken ✦ *voor deze harde muur is een zware boor nodig*

de ***boord** *ook:* het [boorden]
1 het deel van een overhemd of een trui dat om de nek zit
2 aan boord zijn: op een schip of in een vliegtuig zijn
3 iets goed aan boord leggen: (in België) een moeilijke zaak goed oplossen

boor·de·vol [bijvoeglijk naamwoord]
iets wat boordevol is, is erg vol ✦ *het boekje staat boordevol informatie* ✦ *de koffer zat boordevol kleren*

***boos** [bijvoeglijk naamwoord]
iemand die boos is, heeft heftige negatieve gevoelens over iets of iemand = kwaad ✦ *de buren zijn boos op elkaar*

de **boos·doe·ner** [boosdoeners] **boos·doen·ster** [boosdoensters]
iets dat of iemand die de oorzaak is van iets vervelends of iets slechts ✦ *bij de crisis in de landbouw waren de boeren de grote boosdoeners*

de ***boot** [boten]
een vervoermiddel om mee te varen = het schip
de boot afhouden: laten merken dat je iets niet wilt
buiten de boot vallen: niet met iets mogen meedoen

de **boot·vluch·te·ling** [bootvluchtelingen]
iemand die met een boot uit zijn of haar land is gevlucht

het ***bord** [borden]
1 een plat voorwerp waarop je eten doet ✦ *hij heeft een bord soep gegeten*
2 een plank of een plaat waarop iets geschreven kan worden ✦ *Irene hield een bord omhoog met de tekst: 'Stop de oorlog!'*
3 een vlak van bijv. hout waarop je een spel speelt ✦ *als alle stukken op het bord staan, kan het spel beginnen*

het **bor·deel** [bordelen]
een huis waar je voor geld seks kunt krijgen

de **bor·der** [borders]
een stuk grond aan de rand van een tuin, waarin bloemen staan

het **bor·des** [bordessen]
een brede stenen trap die aan een huis vastzit ✦ *de koningin stond te zwaaien op het bordes*

bordes

bor·du·ren [borduurde, heeft geborduurd]
met naald en draad figuren maken [iemand borduurt (iets)]

bo·ren [boorde, heeft geboord]
met een boor* een gat maken in bijv. hout [iemand boort (een gat in iets)]

de **borg**[1] [borgen]
1 iemand die belooft je eventuele schulden te betalen ✦ *als je voor studie naar een ander land wilt, heb je een borg nodig*
2 het geld dat je moet betalen als je iets van waarde huurt en dat je terugkrijgt na het terugbrengen = de borgsom

✦ *voor dit apparaat vraagt de winkel € 100,- borg*

borg[2] *zie:* **bergen**

bor·gen *zie:* **bergen**

de **borg·tocht** [borgtochten]
het geld dat je moet betalen om weg te mogen uit de gevangenis ✦ *de rechter besloot dat de misdadiger op borgtocht werd vrijgelaten*

de **bor·rel** [borrels]
1 een drankje met veel alcohol ✦ *elke avond drinkt hij twee borrels* dranken
2 een klein feestje waar alcohol wordt geschonken ✦ *als ik jarig ben, is er een borrel voor mijn familie*

bor·re·len [borrelde, heeft geborreld]
1 bewegen doordat er bellen ontstaan [een vloeistof borrelt] ✦ *als het water kookt, begint het te borrelen*
2 een borrel* (bet.1) drinken ✦ *voor het eten gingen we gezellig borrelen* dranken

de•**borst** [borsten]
1 het deel van je lichaam aan de voorkant waar je hart achter zit ✦ *hij heeft veel haar op zijn borst*
2 elk van de twee heuvels aan de voorkant van het lichaam van een vrouw
een kind de borst geven: een kind melk laten drinken uit de borst van de moeder
zich op de borst kloppen: trots zijn op iets wat je gedaan hebt
uit volle borst zingen: heel enthousiast zingen
dat stuit me tegen de borst: dat vind ik erg vervelend ✦ *het stuit me tegen de borst om te zien hoe die kinderen behandeld worden*

de **bor·stel** [borstels]
1 een voorwerp met stevige haren waarmee je iets schoonmaakt of gladmaakt ✦ *met een harde borstel maakte hij de vloer schoon* ✦ *ik zoek een borstel voor mijn haar*
2 (in België) een voorwerp waaraan haren zitten waarmee je kunt schilderen en verven = de kwast

de **borst·kan·ker**
kanker in de borsten van een vrouw

de **borst·kas** [borstkassen]
de ruimte in je lichaam waar je hart zit

de•**bos**[1] [bossen]
dingen die aan elkaar gebonden zijn ✦ *wat heeft Ron een grote bos sleutels!* ✦ *hij is zeventig jaar maar hij heeft nog een dikke bos haar*

het•**bos**[2] [bossen]
een groot aantal bomen bij elkaar ✦ *in de bossen rond Soest kun je heerlijk wandelen* landschap

de **bos·klas** (in België)
een klas die naar het bos gaat en daar les krijgt, bijv. over de natuur ✦ *we gaan dit jaar op bosklas naar de Ardennen*

de **bos·wach·ter** [boswachters]
iemand die in een bos² woont en zorgt voor de bomen

het **bot**[1] [botten]
een hard deel van je lichaam = het been ✦ *het drinken van melk is goed voor je botten*

de **bot**[2] [botten]
een platte vis
bot vangen: 'nee' als antwoord krijgen, terwijl je 'ja' wilt horen ✦ *toen ze een uitgever zocht voor haar boek, ving ze steeds bot*

bot[3] [bijvoeglijk naamwoord]
1 een mes dat bot is, is niet scherp = stomp
2 iemand die bot is, is helemaal niet vriendelijk ✦ *hij werd op een botte manier behandeld in de winkel*

de **bo·ter**
vet dat uit melk is gemaakt ✦ *hij doet altijd veel boter op zijn brood*
boter op je hoofd hebben: schuld hebben aan iets ✦ *de minister is boos op zijn ambtenaren, maar hij heeft zelf ook boter op zijn hoofd*

de **bo·ter·bloem** [boterbloemen]
een kleine gele bloem die vooral tussen gras groeit

boterbloem

bo·te·ren [boterde, heeft geboterd]
het botert niet tussen hen: zij hebben steeds ruzie ✦ *het boterde al een paar jaar niet tussen Ans en Gerard en nu gaan ze scheiden*

de•**bo·ter·ham** [boterhammen]
een plakje brood dat van een groter brood is gesneden maaltijden

In Nederland en België eet men vooral boterhammen, soms zelfs twee op elkaar. In veel andere landen eet men losse broodjes, of breekt men een stuk brood af.

boterham

de **bo·ter·ham·men·doos** [boterhammendozen] (in België)
een doosje waarin je je lunch kunt meenemen naar je werk of naar school = de broodtrommel **maaltijden**

de **bo·ter·vloot** [botervloten]
een bakje met boter*

bot·sen [botste, is gebotst]
hard tegen iemand of iets aan komen [iemand of iets botst tegen iemand of iets] ✦ *gisteren zijn er twee treinen tegen elkaar gebotst*

de **bot·sing** [botsingen]
de keer dat twee voertuigen, vooral auto's, tegen elkaar aan botsen* ✦ *bij een botsing tussen een trein en een bus zijn drie mensen overleden*

de **bou·gie** [bougies]
een apparaatje dat met een vonk de motor start, bijv. van een brommer of een auto

de **bouil·lon** [bouillons]
een vloeistof die je uit vlees of vis maakt en die je als soep drinkt

de **bou·le·vard** [boulevards]
een mooie, brede weg met bomen, vaak langs het strand ✦ *na de maaltijd wandelden we nog even langs de boulevard*

de **bout** [bouten]
1 een pin die je in een moer draait om twee voorwerpen aan elkaar vast te maken ✦ *de bouten van de fiets zaten los*

bout 1

2 een stuk been met vlees om op te eten ✦ *ze at een kippenboutje*

de **•bouw**
de keer dat er ergens gebouwd wordt ✦ *voor de bouw van de schuur hebben we planken nodig*

•bou·wen [bouwde, heeft gebouwd]
uit losse delen een geheel maken [iemand bouwt iets] ✦ *ons huis is in 1996 gebouwd*
op iemand kunnen bouwen: iemand heel erg vertrouwen, omdat hij doet wat hij zegt

de **bouw·vak·ker** [bouwvakkers]
iemand die voor een bouwbedrijf werkt ✦ *de bouwvakkers begonnen vanochtend om 7.00 uur te werken*

bouw·val·lig [bijvoeglijk naamwoord]
een bouwvallig gebouw is oud en heel slecht = vervallen ✦ *de oude vrouw weigerde haar bouwvallige huisje te verlaten*

het **bouw·werk** [bouwwerken]
iets dat gebouwd is of gebouwd wordt = het gebouw ✦ *het nieuwe station is een bijzonder bouwwerk*

•bo·ven[1] [bijwoord]
op een hogere plaats ⇔ beneden, onder ✦ *we wonen beneden en we slapen boven*
iets te boven komen: weer goed functioneren nadat dat een tijd niet goed ging door een vervelende gebeurtenis ✦ *na een paar weken was ze het ongeluk weer te boven*

•bo·ven[2] [voorzetsel]
op een hogere plaats dan ...; hoger dan ... ⇔ onder ✦ *de lamp hangt boven de tafel* ✦ *de film is geschikt voor kinderen boven de 12 jaar* ✦ *wie staat er boven u in de organisatie?*

bo·ven·aan [bijwoord]
op de hoogste, bovenste of eerste plaats ⇔ onderaan ✦ *de club had alle wedstrijden gewonnen en stond dus bovenaan*

de **bo·ven·bouw**
de hoogste groepen of klassen van een school ⇔ de onderbouw ✦ *de leerlingen van de bovenbouw krijgen Engelse les*

•bo·ven·dien [bijwoord]
ook; wat erbij komt ✦ *zwemmen is leuk en bovendien gezond*

het **bo·ven·huis** [bovenhuizen]
de kamers die boven zijn en een apart huis vormen ⇔ het benedenhuis ✦ *mevrouw Wiersma verhuurt het bovenhuis aan studenten*

de **bo·ven·kant** [bovenkanten]

de zijde die boven is ⇔ de onderkant ✦ *de bovenkant van het doosje is van zilver*

bo·ven·op [bijwoord]
op de zijde die boven is ⇔ onderop ✦ *mijn jas ligt bovenop*

bo·ven·staand [bijvoeglijk naamwoord]
de bovenstaande tekst is de tekst die hierboven staat ⇔ onderstaand ✦ *op bovenstaande foto staat de prins met zijn vrouw*

bo·ven·ste [bijvoeglijk naamwoord]
het bovenste kastje is het kastje dat het meest boven is ⇔ onderste

de **bo·ven·toon**
de boventoon voeren: het duidelijkst aanwezig zijn door veel te praten; de meeste invloed hebben ✦ *de jongeren voerden de boventoon tijdens de vergadering*

de **box** [boxen]
1 een vloertje met een hek eromheen waarop kleine kinderen veilig kunnen spelen

box 1

2 een kastje met een luidspreker, bijv. bij een cd-speler
3 een apart deel van de stal voor één paard
4 een aparte ruimte onder in een flat waar je dingen kunt bewaren = de berging
5 elk van de drie groepen waarin de belasting je huis, je bedrijf en je loon indeelt

boy·cot·ten [boycotte, heeft geboycot]
1 niet kopen als straf voor de verkoper [iemand boycot iets, bijv. producten] ✦ *producten uit Zuid-Afrika werden lange tijd geboycot*
2 zorgen dat iets niet of moeilijk uitgevoerd kan worden [iemand boycot iets] ✦ *de Aziatische landen boycotten het overleg*

het **bo·ze**
dat is uit den boze: dat mag absoluut niet ✦ *roken is in dit gebouw uit den boze*

braaf [bijvoeglijk naamwoord]
iemand die braaf is, maakt geen fouten en geen ruzie ✦ *Marieke doet altijd braaf wat haar moeder zegt*

de **braam** [bramen]
een zoete, zwarte vrucht

braam

brach·ten *zie:* **brengen**

bra·den [braadde, heeft gebraden]
heet en gaar maken in boter of olie [iemand braadt vlees] ✦ *gisteravond aten we gebraden kip*

de **bra·de·rie** [braderieën]
een feest waarbij de winkels een markt in hun straat maken ✦ *in de Hoofdstraat wordt ieder jaar een braderie gehouden*

het **brail·le**
de letters voor blinden, die je kunt voelen

brain·stor·men [brainstormde, heeft gebrainstormd]
nadenken en praten om zoveel mogelijk ideeën te krijgen en oplossingen te vinden [iemand brainstormt] ✦ *het bestuur ging brainstormen over de toekomst van de vereniging*

bra·ken[1] [braakte, heeft gebraakt]
je eten en drinken weer door je mond naar buiten laten komen = overgeven [iemand braakt] ✦ *na de operatie moest de patiënt braken*

bra·ken[2] *zie:* **breken**

de **bran·card** [brancards]
een bed om zieken of gewonden mee te dragen

de **bran·che** [branches]
een afdeling van industrie of handel = de bedrijfstak ✦ *door een aantal ongelukken met vliegtuigen heeft de branche een moeilijke tijd*

de •**brand** [branden]
de keer dat ergens vuur ontstaat ✦ *door de brand was alles zwart geworden*

•**bran·den** [brandde, heeft gebrand]
1 in vuur zijn [iets brandt] ✦ *het huis brandde na twee dagen nog steeds*
2 een gevoel van pijn krijgen door vuur [iemand brandt zich of een lichaamsdeel (aan iets)] ✦ *hij heeft zich gebrand*

aan het vuur ✦ *zij brandde haar vinger aan de lucifer*
3 licht of warmte geven [een kachel of een lamp brandt]
4 een nieuwe cd maken [iemand brandt cd's] ✦ *kun je cd's branden op je computer?*

de **bran·ding**
de rand met hoge golven, vlakbij de kust ✦ *als de branding wild is, moet je niet in zee gaan zwemmen*

de **brand·kast** [brandkasten]
een kast met wanden van dik metaal waarin dure dingen bewaard worden

de **brand·ne·tel** [brandnetels]
een plant die een brandend gevoel geeft als je hem aanraakt

de **brand·slang** [brandslangen]
een slang waaruit water kan komen om vuur te doven

de **brand·stich·ting** [brandstichtingen]
de keer dat iemand brand maakt ✦ *hij zit in de gevangenis vanwege brandstichting*

de **brand·stof** [brandstoffen]
een stof die je gebruikt om een motor te laten draaien, zoals benzine

de **brand·weer**
de organisatie die branden uitmaakt ✦ *de brandweer kwam na tien minuten*

de **brand·weer·man** [brandweermannen, brandweerlieden]
iemand die voor zijn beroep branden uitmaakt

bra·vo [tussenwerpsel]
dit woord gebruik je als je een prestatie erg goed vindt ✦ *je hebt het deze keer goed gedaan, bravo!*

de **bra·vou·re**
een houding waarmee je laat merken dat je veel durft of denkt te kunnen ✦ *met veel bravoure begon de ploeg aan de wedstrijd*

•**breed** [bijvoeglijk naamwoord]
1 iets wat breed is, heeft een grote afstand tussen de korte zijden ⇔ smal ✦ *de rivier is hier heel breed*
het niet breed hebben: weinig geld hebben
2 iets wat zes meter breed is, meet zes meter tussen de ene lange kant en de andere ✦ *de kamer is tien meter lang en acht meter breed*

de **breed·te** [breedten, breedtes]
de afstand van de ene lange zijde tot de andere ✦ *de breedte van deze kamer is vijf meter*

breek·baar [bijvoeglijk naamwoord]
iets dat breekbaar is, kan makkelijk breken ✦ *voorzichtig, er zitten allemaal breekbare spullen in deze doos*

het **breek·punt** [breekpunten]
een onderwerp waarover de meningen zo verschillen dat onderhandelingen niet lukken ✦ *de hoogte van de belastingen was een breekpunt bij het vormen van een nieuw kabinet*

de **bree·zer** [breezers]
een drankje van limonade met rum
dranken

brei·en [breide, heeft gebreid]
iets met een bepaalde techniek, met pennen maken van draad [iemand breit (iets, bijv. een trui)]

breien

het **brein** [breinen]
het verstand; de hersens ✦ *professor Huigens weet veel over het brein van de mens*

•**bre·ken** [brak]
1 [heeft gebroken] in twee of meer stukken verdelen; kapotmaken [iemand breekt iets] ✦ *hij brak het koekje in twee stukken*
2 [is gebroken] in twee of meer stukken vallen; kapotgaan [iets breekt] ✦ *bij het ongeluk is haar arm gebroken*

bre·ken met [brak met, heeft gebroken met]
geen contact meer willen met iemand [iemand breekt met iemand] ✦ *na een grote ruzie heeft Brigitte gebroken met haar familie*

•**bren·gen** [bracht, heeft gebracht]
vervoeren [iemand brengt iemand of iets ergens heen] ✦ *hij brengt elke ochtend zijn kinderen naar school*

de **bres**
1 in de bres springen voor iemand: iemand helpen die ruzie heeft ✦ *toen Erik ruzie had met zijn baas, sprongen zijn collega's voor hem in de bres*

br

2 op de bres staan voor iemand of iets: zorgen dat iemand of iets wordt beschermd ✦ *deze politieke partij staat op de bres voor mensen met weinig geld*

de **bre·tel** [bretels]
elk van de twee banden aan een broek die zorgen dat de broek niet zakt

bretel

de **breuk** [breuken]
1 een plek waar iets kapot is ✦ *op de foto is de breuk in de bovenarm duidelijk te zien*
2 een getal dat niet heel is, bijv. 1/2 of 3/4

de•**brief** [brieven]
een geschreven tekst die je aan iemand stuurt ✦ *sinds er e-mail is, sturen mensen minder brieven met de post*

de **brief·kaart** [briefkaarten]
een kaart met een gedrukte postzegel, voor een kort bericht

de **bries**
een zachte, frisse wind ✦ *het was heerlijk weer, want de zon scheen en er was een lekker briesje*

brie·sen [brieste, heeft gebriest]
1 met veel geluid lucht uitademen [een paard briest]
2 hard praten omdat je boos bent [iemand briest (iets)] ✦ *"Ik wil jou hier niet meer zien!" brieste de man*

de **brie·ven·bus** [brievenbussen]
1 een opening in een deur of een losse bus waar de post in kan
2 een bus op straat waar je brieven in kunt doen die je stuurt media

de **bri·ga·de** [brigades]
een groep mensen met een bepaalde taak ✦ *er is een speciale brigade opgericht die na voetbalwedstrijden voor de veiligheid zorgt*

de **brij**
allemaal dingen door elkaar, waarin je niets meer herkent ✦ *toen ik het bestand opende, zag ik een brij van cijfers, tekens en letters*

de **brik** [brikken]
1 een oude auto of een oude fiets
2 (in België) een doos of een pak voor drank ✦ *melk in brik is langer houdbaar dan melk in een fles*

de•**bril** [brillen]
1 een voorwerp met twee glazen dat je op je neus zet, om beter te kunnen zien

bril 1

2 een ring van hout of plastic op een wc = de wc-bril

de **bril·jant**[1] [briljanten]
een dure steen die je bijv. in een ring draagt

bril·jant[2] [bijvoeglijk naamwoord]
een briljante persoon kan erg goed leren = geniaal ✦ *Adrie was een briljante leerling*

de **broc·co·li**
een groene groente

broccoli

de **bro·che** [broches]
een mooi voorwerp voor op een jurk of een bloes

de **bro·chu·re** [brochures]
een blad met reclame voor een bedrijf of informatie over een instelling ✦ *u kunt over onze opleidingen een brochure aanvragen*

broe·den [broedde, heeft gebroed]
op een ei zitten tot er een vogeltje uit komt [een vogel broedt]

broe·den op [broedde op, heeft gebroed op]
lang en diep nadenken om een idee te krijgen [iemand broedt op iets] ✦ *ze loopt te broeden op een plan om haar dochter te verrassen*

de **broe·der** [broeders]
1 een man die in een ziekenhuis als verpleegkundige werkt = de verpleger ✦ *de broeder moest de patiënten wassen*
2 (formeel) de broer

de **broei·kas** [broeikassen]
een grote kast van glas voor planten

het **broei·kas·ef·fect**
het verschijnsel dat het op aarde langzaam warmer wordt door het vuiler worden van de lucht

de•**broek** [broeken]
een kledingstuk voor je benen

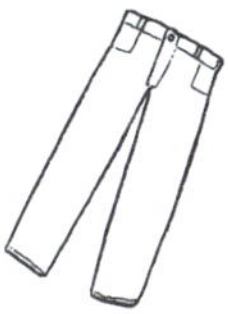

broek

de•**broer**
een man of een jongen die dezelfde ouders heeft als jij familie
een broertje dood aan iets hebben: iets heel vervelend vinden om te doen

de **brok** *ook:* het [brokken]
een stuk dat van iets groters afgebroken is ✦ *het beeld viel en de brokken steen kwamen op de vloer terecht* ✦ *de stof van de lessen werd in kleine brokken verdeeld*
brokken maken: er de oorzaak van zijn dat dingen fout gaan ✦ *hij is maar drie maanden chef geweest, maar hij heeft veel brokken gemaakt*

brok·ke·len [brokkelde, heeft of is gebrokkeld]
1 in stukjes uit elkaar vallen [iets brokkelt] ✦ *ik kan de kaas moeilijk snijden omdat hij brokkelt*
2 niets in de melk te brokkelen hebben: geen invloed mogen uitoefenen op een situatie ✦ *de vrouw had goede ideeën voor de verandering van de buurt, maar ze had niets in de melk te brokkelen*

het **brok·stuk** [brokstukken]
een afgebroken deel van iets = het fragment ✦ *er lagen nog slachtoffers onder de brokstukken van het gebouw*

de **brom·fiets** [bromfietsen]
een fiets met een motor = de brommer

brom·men [bromde, heeft gebromd]
1 een laag geluid maken = grommen [iets, bijv. een beer, bromt] ✦ *het dier bromde als we te dichtbij kwamen* dieren
2 boos praten tegen iemand [iemand bromt (op iemand)] ✦ *de man bromde op de kinderen uit de buurt*
3 op een brommer rijden [iemand bromt]

de•**brom·mer** [brommers]
een fiets met een motor = de bromfiets ✦ *pas als je 16 jaar oud bent, mag je op een brommer rijden*

de **bron** [bronnen]
1 een plaats waar water op een natuurlijke manier uit de grond komt ✦ *het water uit deze bron is helder en je kunt het veilig drinken*
2 iets waaruit iets komt of ontstaat = de oorsprong ✦ *uit welke bron komt deze informatie?* ✦ *het Zeeuwse landschap was voor de schilder een bron van inspiratie*

de **bron·chi·tis**
een ziekte aan je longen

het **brons**
1 een metaal van koper en tin ✦ *de klokken van de kerk zijn van brons*
2 een rond voorwerp van brons (bet. 1) dat de derde prijs is bij sportwedstrijden ✦ *ze heeft brons gewonnen met zwemmen*

het **bron·wa·ter**
het water dat uit een bron* (bet. 1) komt

het•**brood** [broden]
dagelijks eten gemaakt van graan, dat je bij de bakker koopt ✦ *houd je van bruin of van wit brood?* ✦ *ik neem altijd brood voor de lunch mee naar mijn werk* maaltijden
iets op je brood krijgen: de schuld van iets krijgen

het•**brood·je** [broodjes]
een klein brood voor één persoon = het bolletje ✦ *ik lust wel een broodje kaas*

de **brood·trom·mel** [broodtrommels]
een doosje waarin je boterhammen kunt meenemen

broos [bijvoeglijk naamwoord]
1 iemand die broos is, heeft een zwakke gezondheid
2 broze spullen kunnen makkelijk breken

bros [bijvoeglijk naamwoord]
iets dat bros is, is hard en kan makkelijk breken ✦ *we hadden lekkere brosse koekjes bij de thee*

bros·sen [broste, heeft gebrost] (in België)
niet naar school gaan terwijl dat wel moet = spijbelen [iemand brost]

brou·wen [brouwde]
1 [heeft gebrouwen] bereiden door te

mengen [iemand brouwt iets, bijv. bier] ✦ *de man brouwde drankjes die hij als medicijn verkocht*
2 [heeft gebrouwd] de letter r achter in de keel uitspreken [iemand brouwt]

de **brou·we·rij** [brouwerijen]
een fabriek waar bier wordt gemaakt

de **•brug** [bruggen]
1 een bouwwerk dat de twee kanten van een rivier verbindt
over de brug komen: iets gaan doen of betalen wat je eerst niet wilde
een brug slaan: zorgen dat mensen elkaar beter gaan begrijpen
2 twee of meer nieuwe tanden of kiezen die aan de oude tanden of kiezen vastgemaakt zijn
3 een apparaat met twee horizontale palen waarop je oefeningen doet

brug 3

de **brug·klas** [brugklassen]
de eerste klas van een middelbare school ✦ *onze oudste dochter zit in de brugklas*

Brug·man [zelfstandig naamwoord]
praten als Brugman: erg lang praten om iemand te overtuigen ✦ *ik kon praten als Brugman, maar hij trok zijn schoenen niet uit*

het **brug·pen·si·oen** [brugpensioenen] (in België)
een uitkering die iemand krijgt wanneer hij of zij stopt met werken op een leeftijd dat hij of zij er eigenlijk nog te jong voor is

de **brui**
de brui aan iets geven: stoppen met iets omdat je er geen zin meer in hebt

de **bruid** [bruiden]
een vrouw die trouwt gedenkdagen

de **brui·de·gom**
een man die trouwt ✦ *de bruidegom had een hoge hoed op* gedenkdagen

het **bruids·paar** [bruidsparen]
een man en een vrouw die trouwen

de **bruids·schat** [bruidsschatten]
geld dat of goederen die een bruid in een huwelijk meebrengt

bruik·baar [bijvoeglijk naamwoord]
iets wat bruikbaar is, kun je goed gebruiken = geschikt, nuttig ✦ *de politie zoekt nog steeds naar bruikbare informatie over de moord*

de **bruik·leen** *ook:* het
iets in bruikleen hebben: iets geleend hebben om te gebruiken ✦ *deze computer heeft Dick in bruikleen omdat zijn eigen computer stuk is*

de **brui·loft** [bruiloften]
het feest bij een huwelijk ✦ *op de bruiloft worden honderd mensen verwacht*
gedenkdagen
de gouden bruiloft: een feest omdat twee mensen 50 jaar getrouwd zijn
de zilveren bruiloft: een feest omdat twee mensen 25 jaar getrouwd zijn

•bruin [bijvoeglijk naamwoord]
iets wat bruin is, heeft de kleur van koffie of chocolade

brui·sen [bruiste, heeft gebruist]
1 veel lucht en geluid maken = mousseren [een vloeistof bruist] ✦ *zij houdt van het geluid van bruisende golven*
2 druk en actief zijn [iets of iemand bruist] ✦ *iedereen vond het een bruisend feest* ✦ *sinds haar scheiding bruist ze weer van energie*

brul·len [brulde, heeft gebruld]
1 hard schreeuwen, hard huilen of hard lachen [iemand brult] ✦ *"Ik kom hier nooit meer", brulde hij*
2 een heel hard geluid maken, vooral van boosheid [een wild dier, bijv. een leeuw, brult] dieren

de **brunch** [brunches]
een maaltijd die ontbijt en lunch tegelijk is ✦ *u bent uitgenodigd voor een brunch, vanaf 11.00 uur*

bru·taal [bijvoeglijk naamwoord]
iemand die brutaal is, durft dingen te zeggen of te doen die eigenlijk niet horen ✦ *Yvonne vindt de kinderen van haar zus erg brutaal*

bru·to [bijwoord]
1 voordat de belasting betaald is ⇔ netto ✦ *hij verdient € 1200,- bruto per maand*
2 samen met het gewicht van de doos, het papier enz. waarin het zit ⇔ netto ✦ *het gewicht van de groente in blik was bruto 450 gram*

het **bru·to-in·ko·men** [bruto-inkomens]

het geld dat je verdiend hebt en waarover je nog geen belasting betaald hebt ⇔ het netto-inkomen belasting

de **bruut**[1] [bruten]
iemand die heel gemeen is en die geweld gebruikt = de wreedaard

bruut[2] [bijvoeglijk naamwoord]
iets wat op brute wijze gebeurt, gebeurt met veel geweld ✦ *het meisje is op brute wijze vermoord*

de **BSE**
bovine spongiform encephalopathy: een ziekte bij koeien = de gekkekoeienziekte

het **bso** (in België)
beroepssecundair onderwijs: een type onderwijs dat volgt op het basisonderwijs onderwijs

de **btw**
belasting toegevoegde waarde: dit is de extra belasting die wordt betaald bij alles wat je koopt ✦ *bedrijven betalen minder btw dan particulieren* belasting

De btw in Nederland bedraagt 19% of 6%, in België 21% of 6%.

het **bud·get** [budgets, budgetten]
het bedrag dat je aan iets kunt besteden ✦ *het budget voor het feest is € 1000,-*

de **buf·fer** [buffers]
1 een kussen aan de voorkant van een trein om de trein zacht tegen een andere trein te laten rijden
2 een hoeveelheid informatie die tijdelijk in het geheugen van een computer wordt bewaard
3 iets waarmee je de gevolgen van plotselinge veranderingen kunt opvangen = de reserve ✦ *hoewel het dit jaar financieel slecht ging met het bedrijf, was er nog een flinke buffer van het vorige jaar*

de **bug** [bugs]
een foutje in een computerprogramma

de **bug·gy** [buggy's]
een wagentje om een klein kind in te vervoeren

de **bui** [buien]
1 een korte periode met regen, sneeuw of hagel ✦ *we zaten onderweg in een flinke bui*
2 de stemming waarin iemand een tijdje is ✦ *als het mooi weer is, hebben veel mensen een goede bui*

de **bui·del** [buidels]
1 een zak, meestal voor geld
2 een stuk vel op de buik van sommige dieren, zoals kangoeroes, waarin zij hun jongen dragen

•**bui·gen** [boog]
1 [heeft gebogen] van vorm laten veranderen [iemand buigt iets] ✦ *welke sterke man kan dit stuk ijzer buigen?*
2 [heeft gebogen] met je hoofd naar beneden bewegen, meestal uit respect [iemand buigt (voor iemand)] ✦ *alle mensen bogen toen de koningin de kamer binnenkwam*
3 [is gebogen] naar links of naar rechts gaan [een weg enz. buigt] ✦ *na driehonderd meter buigt de weg naar links*

de **bui·ging** [buigingen]
de keer dat iemand buigt (bet. 2) ✦ *toen de auto met de president langskwam, maakten veel mensen een buiging*

bui·ig [bijvoeglijk naamwoord]
als het buiig is, regent het soms even en dan weer niet = regenachtig

de •**buik** [buiken]
het zachte deel in het midden van je lichaam, aan de voorkant
je buik vol van iets hebben: iets heel vervelend vinden en het niet meer willen ✦ *ik heb mijn buik vol van de ruzies in de familie*

de **buik·griep**
een ziekte met pijn in je buik, waarbij je vaak naar de wc moet

de **buil** [builen]
1 een harde dikke plek op je huid doordat je gevallen bent = de bult
2 een zakje met bijv. thee of kruiden

de **buil·ding** [buildings] (in België)
een hoog gebouw met woningen of kantoren boven elkaar = het flatgebouw

de **buis** [buizen]
1 een rond lang voorwerp waar een vloeistof doorheen kan ✦ *door deze buis stroomt het water naar buiten*
2 (informeel) de televisie
3 (in België) een slechte prestatie in het onderwijs, vaak uitgedrukt in een cijfer onder de zes ✦ *Ronny is een goede leerling, maar op zijn laatste rapport had hij twee buizen*

de **buit**
de voorwerpen die iemand heeft gestolen ✦ *de buit is € 50.000,-*

bui·te·len [buitelde, heeft gebuiteld]
op een vrolijke manier springen en vallen [iemand buitelt] ✦ *de kinderen deden een spel waarbij ze over elkaar heen buitelden* ✦ *de vragen van de journalisten buitelden over elkaar heen*

•**bui·ten**[1] [bijwoord]
1 niet in een ruimte ⇔ binnen ✦ *binnen is het warm, maar buiten is het koud*
2 iets van buiten leren: iets zo leren dat je het niet meer vergeet

•**bui·ten**[2] [voorzetsel]
1 met dit woord geef je aan dat iets niet ergens binnen gebeurt ✦ *het nieuwe lid van de directie wordt buiten het bedrijf gezocht*
buiten jezelf zijn: zo boos zijn dat je niet meer weet wat je doet
iemand ergens buiten houden: iemand geen informatie over iets geven
2 zonder ✦ *op zijn werk kan hij niet meer buiten de computer*
buiten adem zijn: bijna niet meer kunnen ademhalen omdat je moe bent

bui·ten·aards [bijvoeglijk naamwoord]
een buitenaards wezen is niet van de aarde

het **bui·ten·been·tje** [buitenbeentjes]
iemand die helemaal niet in de groep past ✦ *hij was vroeger al een buitenbeentje*

bui·ten·ech·te·lijk [bijvoeglijk naamwoord]
een buitenechtelijk kind is niet binnen een huwelijk geboren

•**bui·ten·ge·woon**[1] [bijvoeglijk naamwoord]
buitengewone dingen zijn heel bijzonder ✦ *de sporter leverde een buitengewone prestatie bij het zwemmen*

•**bui·ten·ge·woon**[2] [bijwoord]
bijzonder; erg; zeer ✦ *wat buitengewoon aardig van u!* ✦ *de arts besteedde buitengewoon veel zorg aan zijn patiënten*

de **bui·ten·kans**
een goede kans die je niet verwachtte = de meevaller ✦ *het was een buitenkansje dat ik de president mocht spreken*

de **bui·ten·kant** [buitenkanten]
de kant die je ziet ⇔ de binnenkant ✦ *de buitenkant van het huis werd geschilderd*

het •**bui·ten·land**
het gebied buiten de grenzen van een land ⇔ het binnenland ✦ *in augustus waren wij in het buitenland, in een hotel in Spanje*

de **bui·ten·lan·der** [buitenlanders]
iemand uit het buitenland ✦ *Nederland wordt 's zomers door veel buitenlanders bezocht*

•**bui·ten·lands** [bijvoeglijk naamwoord]
buitenlandse zaken gaan over het buitenland; buitenlandse producten komen uit het buitenland ⇔ binnenlands ✦ *buitenlandse producten worden hier goed verkocht* ✦ *de krant besteedde veel aandacht aan het buitenlandse nieuws*

bui·tens·huis [bijwoord]
buiten je huis ✦ *Alex houdt niet van koken en eet vaak buitenshuis*

het **bui·ten·spel**
iemand die bij voetbal buitenspel staat, staat in een positie waarbij hij geen doelpunt kan maken
iemand buitenspel zetten: zorgen dat iemand geen invloed meer heeft

bui·ten·spo·rig [bijvoeglijk naamwoord]
iets wat buitensporig is, is overdreven groot, mooi, duur enz. ✦ *de prijzen van de huizen zijn buitensporig* ✦ *de prinses kocht buitensporig veel schoenen*

de **bui·ten·staan·der** [buitenstaanders]
iemand die niet meedoet; iemand die buiten de groep staat ✦ *voor buitenstaanders was het technische verhaal niet te begrijpen*

de **bui·ten·wacht**
de mensen die niet betrokken zijn of niet meedoen ✦ *de buitenwacht mocht nog niets weten van hun relatie*

de **bui·ten·we·reld**
de mensen buiten je eigen kring ✦ *de ministers wisten hun ruzies voor de buitenwereld verborgen te houden*

de **bui·ten·wijk** [buitenwijken]
een buurt aan de rand van een stad ✦ *in deze buitenwijk zijn geen winkels; daarvoor moet je naar het centrum*

de **bui·ten·wip·per** [buitenwippers] (in België)
iemand die bij de deur van een disco of een café staat en vervelende mensen verwijdert = de uitsmijter

bui·zen [buisde, is gebuisd] (in België)
niet slagen voor een examen of voor een test [iemand buist (voor een vak)] ✦ *ze is voor twee vakken gebuisd*

de **bui·zerd** [buizerds]
een grote vogel die kleine dieren vangt

buizerd

buk·ken [bukte, heeft gebukt]
je lichaam naar de grond buigen [iemand bukt (zich)] ✦ *Wim bukte zich en pakte het boek van de onderste plank*

de **bul** [bullen]
een diploma van de universiteit

de **bull·do·zer** [bulldozers]
een groot voertuig dat schuivend zand of stenen verplaatst

het **bul·le·tin** [bulletins]
een kort, officieel bericht, bijv. via de radio ✦ *volgens het bulletin van 8.00 uur rijden er vandaag geen treinen*

de **bult** [bulten]
een rond heuveltje, bijv. op je lichaam ✦ *hij kreeg een bult op zijn hoofd toen hij van zijn fiets viel*

de **bum·per** [bumpers]
een harde rand voor en achter op de auto die de auto beschermt ✦ *bij het parkeren raakte mijn auto de bumper van een andere auto*

bumper

de **bun·del** [bundels]
1 een bos voorwerpen, vaak met een touw erom ✦ *de soldaat maakte een bundel van zijn kleren*
2 een boek waarin losse stukken tekst verzameld zijn ✦ *deze bundel bevat verhalen over Japan*

bun·de·len [bundelde, heeft gebundeld]
in een bundel* samenbrengen [iemand bundelt iets] ✦ *zijn artikelen voor de krant worden gebundeld in een boekje*

de **bun·ga·low** [bungalows]
1 een laag huis met grond er omheen
2 een huisje voor de vakantie

het **bun·ga·low·park** [bungalowparken]
een terrein met vakantiehuizen

bun·ge·len [bungelde, heeft gebungeld]
hangen en heen en weer bewegen [iets bungelt (aan iets)] ✦ *er bungelt een draadje aan je rok*

de **bun·ker** [bunkers]
een sterk gebouw zonder ramen, dat militairen moet beschermen ✦ *vanuit hun bunker schoten de soldaten op alles wat bewoog*

de **burcht** [burchten]
een oud en sterk gebouw met dikke muren ✦ *de Spaanse burcht in Segovia werd in de 11e eeuw gebouwd op een berg*

het ***bu·reau** [bureaus]
1 een tafel met kastjes waaraan je schrijft en werkt ✦ *de schrijver zat achter zijn bureau*
2 een gebouw waar de politie werkt

de **bu·reau·cra·tie**
het verschijnsel dat ambtenaren veel invloed hebben op het bestuur van een land, waardoor dingen langzaam gaan ✦ *vanwege de bureaucratie moesten er veel papieren getekend worden voordat het bedrijf mocht uitbreiden*

de ***bur·ge·mees·ter** [burgemeesters]
het hoofd van een gemeente overheid

de **bur·ger** [burgers]
1 de bewoner van een gemeente of een land ✦ *alle burgers krijgen een boekje met informatie over de stad*
2 een politieman in burger: een politieman in gewone kleren

de **bur·ge·rij**
alle burgers* als groep; de bevolking ✦ *het vertrouwen van de burgerij in de politie is erg groot*

bur·ger·lijk [bijvoeglijk naamwoord]
1 burgerlijke zaken hebben met burgers* te maken = civiel ✦ *het militaire bestuur van het land werd vervangen door een burgerlijk bestuur*
een burgerlijk huwelijk: een huwelijk voor de wet
het burgerlijk recht: het recht dat de verhoudingen tussen burgers regelt rechtspraak
2 een burgerlijke persoon probeert om precies volgens de regels te leven = bekrompen ✦ *de kunstenaar vond het schilderen van vazen met bloemen burgerlijk*

de **bur·ger·oor·log** [burgeroorlogen]
een oorlog tussen de bewoners van één

staat

de•**bus** [bussen]
1 een voertuig dat ongeveer vijftig tot honderd mensen kan vervoeren = de autobus ✦ *de familie de Bruin reisde met de bus naar de Ardennen* **vervoer**
2 een doos van metaal waarin je iets bewaart = het blik ✦ *Cor zette het busje met zout op tafel*
3 een bak met een deksel waar je iets in kunt doen, bijv. de post of koekjes ✦ *als ik vandaag de brief op de bus doe, heb je hem morgen*
4 het klopt als een bus: het klopt precies
5 als … uit de bus komen: de … blijken te zijn ✦ *Van den Hoogenband kwam als winnaar uit de bus*

de **bus·baan** [busbanen]
een deel van een weg speciaal voor bussen, zodat die niet in de file hoeven staan

de **bus·chauf·feur** [buschauffeurs]
de chauffeur van een bus

de **bus·hal·te** [bushaltes, bushalten]
een plaats op straat waar mensen in de bus kunnen stappen

de **busi·ness**
de handel; iets waarmee je geld verdient ✦ *sport is business tegenwoordig*

het **bu·so** (in België)
buitengewoon secundair onderwijs: een type onderwijs dat volgt op het basisonderwijs

het **bus·sta·ti·on** [busstations]
een plaats in een dorp of stad waar de bussen vertrekken en aankomen

de **bus·te** [busten, bustes]
1 een beeld van het bovenste deel van het lichaam = het borstbeeld ✦ *in het museum stond een stenen buste van de koning*
2 de borsten van een vrouw = de boezem

de•**buur** [buren]
iemand die naast je woont ✦ *we hebben leuke buren aan beide kanten*

het **buur·land** [buurlanden]
een land naast het land waarover het gaat ✦ *Turkije is een buurland van Irak*

de **buur·man** [buurmannen] **buur·vrouw** [buurvrouwen]
iemand die naast je woont ✦ *mijn buurman maakt 's avonds vaak veel lawaai*

de•**buurt** [buurten]
een deel van een stad of een dorp ✦ *elke zomer is er in deze buurt een groot feest*
in de buurt blijven: niet ver weggaan
uit de buurt blijven: ver bij iemand of iets vandaan blijven

het **buurt·huis** [buurthuizen]
een gebouw waar mensen uit de buurt komen voor sociale activiteiten of cursussen ✦ *het buurthuis organiseert weer een cursus Engels*

de **bv** [bv's] (in Nederland)
besloten vennootschap: een bepaalde wettelijke vorm van een bedrijf

bv. [afkorting]
bijvoorbeeld: als voorbeeld ✦ *er lag allerlei fruit, bv. appels en bananen*

de **bvba** [bvba's] (in België)
besloten vennootschap met beperkte aansprakelijkheid: een bepaalde wettelijke vorm van een bedrijf = de bv

de **BVD**
Binnenlandse Veiligheidsdienst: de organisatie die namens de regering de veiligheid binnen Nederland beschermt; de organisatie heet nu AIVD

de **byte** [bytes]
een eenheid van informatie; de eenheid om aan te geven hoe groot een tekst of een programma op de computer is

C

de **c** [c's]
1 de derde letter van het alfabet alfabet
2 een toon in de muziek muzieknoten

C [afkorting]
Celsius: een maat voor hoe warm het is ✦ *morgen wordt het 20 °C*

ca. [afkorting]
circa: ongeveer ✦ *het gewicht bedraagt ca. 500 gram*

het **ca·ba·ret**
een voorstelling om te lachen, met korte stukken toneel en liedjes uitgaan

de **ca·ba·re·tier** [cabaretiers] **ca·ba·re·tiè·re** [cabaretières]
iemand die aan cabaret* doet ✦ *de cabaretier heeft de teksten voor de voorstelling zelf geschreven*

de **ca·bi·ne** [cabines]
een kleine, afgesloten ruimte, bijv. voor de chauffeur in een vrachtwagen, of voor de reizigers in een vliegtuig ✦ *hij klom in de cabine van zijn vrachtwagen en vertrok*

de **ca·cao**
een bruine stof van de cacaoboon waarvan chocola wordt gemaakt

de **cac·tus** [cactussen]
een plant met scherpe punten die in droge gebieden groeit

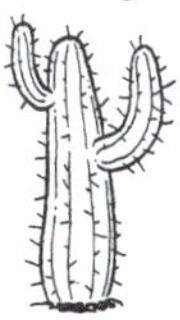

cactus

het **•ca·deau** [cadeaus]
iets wat je van iemand krijgt zonder dat je er iets voor hoeft te doen = het geschenk ✦ *toen ze jarig was, kreeg ze veel cadeaus* gedenkdagen

de **ca·det** [cadetten]
1 iemand die opgeleid wordt voor een bepaalde functie in het leger
2 (in België) iemand van twaalf of dertien jaar die in een club aan sport doet, bijv. aan voetbal

het **•ca·fé** [cafés]
een gebouw waar mensen heen gaan om iets te drinken = de kroeg uitgaan dranken

de **ca·fe·ï·ne**
een stof waarvan je wakker blijft, bijv. in koffie, thee of chocola ✦ *geef mij maar sterke koffie, want ik heb cafeïne nodig*

de **ca·fe·ta·ria** *ook:* het [cafetaria's]
een eenvoudig restaurant waar je o.a. patat frites eet ✦ *we hadden haast, dus we hebben iets gegeten in een cafetaria*

de **cais·siè·re** [caissières]
een vrouw in de supermarkt bij wie je moet betalen

de **cake** [cakes]
zachte, lichte koek die je moet snijden ✦ *ze aten cake bij de koffie*

de **ca·la·mi·teit** [calamiteiten]
een groot ongeluk dat veel mensen treft = de ramp ✦ *het land werd getroffen door een serie calamiteiten*

cal·cu·le·ren [calculeerde, heeft gecalculeerd]
rekenen; berekenen [iemand calculeert (iets)] ✦ *we moeten eerst calculeren voor we een prijs kunnen noemen*

de **ca·lo·rie** [calorieën]
een maat voor de hoeveelheid energie die ergens in zit, bijv. in eten ✦ *in een glas bier zitten meer calorieën dan in een bruine boterham met kaas*

het **cal·vi·nis·me**
een richting in het protestantisme volgens de ideeën van Calvijn

de **ca·me·ra** [camera's]
een apparaat waarmee je foto's of films kunt maken

de **ca·mi·on** [camions] (in België)
een grote auto voor het vervoer van goederen = de vrachtwagen, de vrachtauto

ca·mou·fle·ren [camoufleerde, heeft gecamoufleerd]
zorgen dat iets niet opvalt door het de kleuren van de omgeving te geven [iemand camoufleert iemand of iets] ✦ *de vijand zag de soldaat niet, want hij was goed gecamoufleerd*

camp [bijvoeglijk naamwoord]
iets dat camp is, is zo lelijk of ouderwets dat het weer leuk is

de **cam·pag·ne** [campagnes]

een grote actie om reclame te maken of om te protesteren ✦ *met een grote campagne rond de schrijver werd reclame gemaakt voor zijn nieuwe boek* politiek

de **cam·per** [campers]
een grote auto waarin je kunt wonen in de vakantie ✦ *ze trokken drie maanden door Europa met de camper*

de **cam·ping** [campings]
een terrein waarop je in de vakantie met je tent of je caravan kunt staan = het kampeerterrein uitgaan

de **can·na·bis**
een lichte drug die je kunt roken = de hennep

Cannabis hoort tot de softdrugs die in Nederland en België wel gebruikt mogen worden, maar in de meeste andere landen niet.

de **cao** [cao's]
collectieve arbeidsovereenkomst: een aantal afspraken tussen een groep werkgevers en een groep werknemers, over loon, vrije dagen enz. ✦ *het duurde dit jaar lang voordat er een akkoord was over de cao* werk

ca·pa·bel [bijvoeglijk naamwoord]
iemand die capabel is, is goed in zijn baan of vak = bekwaam ✦ *het is moeilijk om capabel personeel te vinden*

de **ca·pa·ci·teit** [capaciteiten]
1 [geen meervoud] de grootste hoeveelheid die iets kan bevatten of verwerken ✦ *met het huidige personeel is er niet voldoende capaciteit* ✦ *het ziekenhuis heeft een capaciteit van vijfhonderd bedden*
2 een kwaliteit die iemand heeft ✦ *voor die baan is iemand nodig met veel capaciteiten*

de **cape** [capes]
een heel wijde jas zonder mouwen

ca·pi·tu·le·ren [capituleerde, heeft gecapituleerd]
erkennen dat de vijand heeft gewonnen [iemand capituleert] ✦ *het leger van de vijand was zo sterk dat het land wel moest capituleren*

de **cap·puc·ci·no**
koffie met geklopte melk, waardoor er schuim op zit dranken

de **ca·pri·ool** [capriolen]
een rare beweging; iets raars wat je doet ✦ *de kinderen keken verbaasd naar de capriolen van de mensen op het toneel*

de **cap·su·le** [capsules]
1 een afgesloten ruimte voor mensen die buiten de aarde reizen ✦ *na een lange reis keerde de capsule terug op aarde*
2 een balletje met een medicijn, dat je inéén keer moet doorslikken ✦ *ze moest van de dokter twee keer per dag een capsule nemen*

capsule 2

de **cap·tain** [captains]
1 de belangrijkste piloot in een vliegtuig
2 de leider van een ploeg mensen die aan sport doen ✦ *toen de ploeg had gewonnen, kreeg de captain de prijs*

de **ca·pu·chon** [capuchons]
een soort muts die aan je jas vastzit ✦ *toen het begon te regenen, deed hij zijn capuchon op*

de• **ca·ra·van** [caravans]
een huisje voor de vakantie dat je achter je auto meeneemt ✦ *we gaan met de caravan op vakantie naar Spanje* uitgaan

caravan

de **car·dio·loog** [cardiologen]
een dokter in het ziekenhuis die problemen aan het hart behandelt

de **ca·ri·ës** (medisch)
gaatjes in je tanden ✦ *als je veel snoep en suiker eet, krijg je cariës*

het **ca·ril·lon** [carillons]
klokken die muziek maken, bijv. in een toren van een kerk = het klokkenspel ✦ *het carillon speelt elk uur een ander lied*

het **car·na·val** [carnavals]
een feest op straat en in cafés dat drie dagen duurt en waarbij mensen rare kleren dragen feestdagen
Prins Carnaval: de leider van het carnaval in een bepaalde plaats

car·poo·len [carpoolde, heeft gecarpoold]
je auto delen met meer mensen, bijv. als je naar je werk reist [iemand carpoolt]

de **car·port** [carports]
een dak op palen om je auto onder te zetten

de **car·riè·re** [carrières]
de banen in iemands leven = de loopbaan ✦ *hij heeft zijn hele carrière bij één bedrijf gewerkt*

de **car·te blan·che**
iemand carte blanche geven: iemand toestemming geven om iets op zijn eigen manier te doen ✦ *de directeur gaf ons carte blanche om een feest te organiseren*

de **car·toon** [cartoons]
een getekende grap ✦ *er staat een mooie cartoon over de president in de krant*

het **cas·co** [casco's]
de buitenkant van iets, bijv. van een schip of een huis

de **cas·co·ver·ze·ke·ring** [cascoverzekeringen]
een overeenkomst dat je geld krijgt als er schade is aan je auto, je fiets enz. verzekeringen

cash [bijvoeglijk naamwoord]
geld dat je in je hand kunt houden = contant ✦ *moet ik cash betalen of stuur je een rekening?*

het **ca·si·no** [casino's]
een gebouw waar je met machines en kaarten kunt spelen om geld ✦ *in Las Vegas kunt u vele casino's bezoeken*

de **Cas·sa·tie**
het Hof van Cassatie: (in België) de rechtbank die onderzoekt of een lagere rechtbank alle regels goed heeft toegepast rechtspraak

de• **cas·set·te** [cassettes]
1 een doosje met een band voor geluid of beeld ✦ *op deze cassette staat een cursus Frans*
2 een doos of koffertje met bijv. vorken en messen

de **cas·set·te·re·cor·der** [cassetterecorders]
een apparaat dat geluid op een bandje opneemt en het kan laten horen ✦ *de journalist zette de cassetterecorder aan om het gesprek op te nemen*

de **cas·sis**
drank gemaakt van zwarte bessen ✦ *wil je een glas bier of een glas cassis?*

de **cast** [casts]
de mensen die in een film of in een tv-serie spelen

cas·tre·ren [castreerde, heeft gecastreerd]
de ballen weghalen bij een dier, zodat het geen jongen kan krijgen [iemand castreert een mannetjesdier] ✦ *de dierenarts heeft onze hond gecastreerd*

de **ca·ta·lo·gus** [catalogi, catalogussen]
een lijst van bijv. voorwerpen die je kunt kopen of kunt bekijken ✦ *in de catalogus worden de beelden van de kunstenaar kort beschreven*

de **ca·tas·tro·fe** [catastrofen, catastrofes]
een groot ongeluk; iets wat erg slecht afloopt = de ramp ✦ *de ziekte van de koeien was een catastrofe voor het bedrijf*

de **ca·te·go·rie** [categorieën]
elk van de soorten of groepen waarin iets verdeeld wordt = de klasse ✦ *deze winkel behoort tot de categorie 'supermarkten'* ✦ *voor de categorie mensen die een woning huren, gelden andere regels*

de **ca·via** [cavia's]
een klein beestje dat vaak als huisdier wordt gehouden

cavia

het **CBS** (in Nederland)
Centraal Bureau voor de Statistiek: een bedrijf dat cijfers verzamelt en verwerkt ✦ *volgens het CBS gaan er steeds minder Nederlanders naar de kerk*

cc [afkorting]
1 kubieke centimeter
2 copie conforme: dit zet je in een brief of een e-mail die je ook aan iemand anders stuurt

de• **cd** [cd's]
compact disc: een klein rond plaatje waarop muziek staat ✦ *heb je de nieuwste cd van Marco Borsato al gehoord?*

het **CDA**
Christen-democratisch Appel: een politieke partij in Nederland politiek

de **cd-rom** [cd-roms]

cd

cd

compact disc - read only memory: een klein rond plaatje waarop informatie staat die een computer kan laten zien of horen

de **cd-spe·ler** [cd-spelers]
een apparaat waarmee je naar cd's kunt luisteren

de **CD&V** *ook:* het (in België)
Christen-democratisch en Vlaams: een politieke partij in België **politiek**

de **ce·dil·le** [cedilles]
een tekentje onder de letter c zodat die wordt uitgesproken als s, bijv. in 'garçon'

de **cein·tuur** [ceinturen, ceintuurs]
een band van stof om je middel, over een jas, jurk of rok ✦ *om haar rode jurk zat een gele ceintuur*

de **cel** [cellen]
1 een klein kamertje in een gevangenis of in een klooster ✦ *de dief kreeg twee jaar cel*
2 elk van de heel kleine deeltjes waaruit alle levende wezens bestaan

het **ce·li·baat**
het feit dat iemand niet getrouwd is en geen seksueel contact heeft, vooral vanwege zijn of haar geloof **religie**

de **cel·lo** [cello's]
een muziekinstrument met snaren

cello

het **cel·lo·faan**
dun materiaal waar je doorheen kunt kijken en dat wordt gebruikt als verpakking ✦ *er zat cellofaan om het pakje sigaretten*

Cel·si·us [zelfstandig naamwoord]
een maat voor hoe warm het is ✦ *morgen wordt het 20 °Celsius* **weer[1]**

de **cel·straf** [celstraffen]
een straf waarbij je de gevangenis in moet ✦ *hij kreeg tien maanden celstraf*

het **ce·ment** *ook:* de
een grijze stof die bij het bouwen wordt gebruikt om stenen aan elkaar te plakken ✦ *voordat hij begon met metselen, mengde hij het cement met water en zand*

de **cen·suur**
het verwijderen van bepaalde dingen uit teksten en films, omdat ze verboden zijn ✦ *de minister is tegenstander van elke vorm van censuur door de overheid*

de •**cent** [centen]
een honderdste deel van een munt ✦ *ik moest drie euro en vijftig cent betalen*
het is een fluitje van een cent: het is heel makkelijk

de **cen·ti·li·ter** [centiliters]
een honderdste deel van een liter **meten**

de •**cen·ti·me·ter** [centimeters]
1 een honderdste deel van een meter ✦ *de tafel is zeventig centimeter breed* **meten**
2 een band waarmee je een afstand kunt meten = het meetlint

•**cen·traal** [bijvoeglijk naamwoord]
1 iets wat centraal ligt, ligt in het midden ✦ *veel mensen wonen graag in Utrecht omdat het centraal ligt*
2 iets dat centraal is, is erg belangrijk ✦ *de kerk heeft een steeds minder centrale rol in de samenleving*

de **cen·tra·le** [centrales]
de plaats waar de leidingen van bijv. telefoon of stroom bij elkaar komen ✦ *de telefoon deed het niet, omdat er iets kapot was in de centrale*

de **cen·tri·fu·ge** [centrifuges]
een bak die heel snel draait, vooral om kleren droger te maken

het •**cen·trum** [centra, centrums]
1 het midden ✦ *de bal ging via het centrum van het veld in het doel*
2 het midden van een stad of dorp, waar de meeste winkels, cafés en restaurants zijn = de binnenstad ✦ *in het centrum van Amsterdam zijn ook 's nachts veel mensen op straat*
3 een gebouw met een speciale functie ✦ *hij moest voor zijn ziekte worden behandeld in een speciaal centrum*

de **ce·re·mo·nie** [ceremonies]
officiële handelingen bij een speciale gebeurtenis = de plechtigheid ✦ *na de ceremonie van het huwelijk kon iedereen het paar gelukwensen*

het **cer·ti·fi·caat** [certificaten]
een officieel papier waarop staat dat iets echt of waar is ✦ *na de cursus kreeg iedereen een certificaat*

cha·grij·nig [bijvoeglijk naamwoord]

iemand die chagrijnig is, heeft een stemming waarin hij of zij gauw boos is ✦ *door het slechte nieuws was hij die dag heel chagrijnig*

het **cha·let** *ook:* de [chalets]
een huis van hout in de bergen van Zwitserland en Oostenrijk

de **cham·pag·ne**
een dure witte wijn met belletjes uit Frankrijk die je vooral bij feesten drinkt

de **cham·pig·non** [champignons]
een paddestoel die je kunt eten

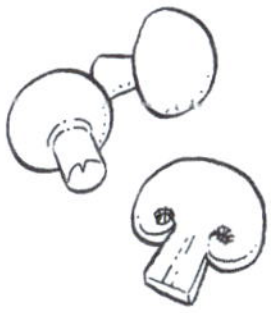
champignon

chan·te·ren [chanteerde, heeft gechanteerd]
geld vragen omdat je anders iets slechts over iemand aan andere mensen vertelt [iemand chanteert iemand (met iets)] ✦ *de minister werd gechanteerd met foto's van hem en een andere vrouw*

de **cha·os**
een situatie waarin dingen niet op hun plaats liggen of niet goed zijn georganiseerd ✦ *op haar kamer is het altijd een ontzettende chaos* ✦ *door de chaos rond de verkiezingen duurde het lang voordat het resultaat bekend was*

cha·o·tisch [bijvoeglijk naamwoord]
iemand die chaotisch is, is niet netjes en precies; is dat chaotisch is, is niet goed georganiseerd ✦ *Chris is chaotisch maar hij werkt wel heel snel*

de **char·cu·te·rie** (in België)
dun gesneden vlees voor op je boterham

char·mant [bijvoeglijk naamwoord]
iemand die charmant is, wordt door veel mensen vriendelijk en aardig gevonden

de **char·me** [charmes]
1 een eigenschap van iemand waardoor veel mensen hem of haar aardig vinden ✦ *door haar charmes kreeg ze alles wat ze wilde*
2 iets speciaals waardoor iets leuk is ✦ *de bijzondere houten huizen vormen de charme van Volendam*

char·me·ren [charmeerde, heeft gecharmeerd]
zorgen dat iemand iets leuk vindt [iets of iemand charmeerd iemand] ✦ *met zijn lach charmeerde hij het publiek*

de **char·meur** [charmeurs]
een man die probeert om aardig te worden gevonden door vrouwen

het **char·ter** [charters]
een vliegtuig dat niet op regelmatige tijden vliegt, maar speciaal gehuurd is ⇔ de lijnvlucht ✦ *ze gingen naar Spanje met een charter, omdat dat veel goedkoper was*

de **char·ter·maat·schap·pij** [chartermaatschappijen]
een luchtvaartmaatschappij met charters*

de• **chauf·feur** [chauffeurs] **chauf·feu·se** [chauffeuses]
iemand die aan het stuur zit van een auto ✦ *de chauffeur kon 's nachts bijna niet wakker blijven*

chec·ken [checkte, heeft gecheckt]
controleren = nagaan [iemand checkt iets] ✦ *we moeten even checken of de deur dicht is*

de• **chef** [chefs] **chef·fin** [cheffinnen]
een baas van een afdeling = het hoofd ✦ *de werknemers hadden problemen met de nieuwe chef*

de **che·mi·cus** [chemici] **che·mi·ca** [chemica's]
iemand die chemie gestudeerd heeft = de scheikundige ✦ *de chemici onderzochten de kwaliteit van het water*

de **che·mie**
1 de wetenschap die stoffen en hun reacties onderzoekt = de scheikunde
2 een band of de gevoelens tussen personen ✦ *door de goede chemie tussen de spelers was er ook een goede samenwerking*

de **che·mo·kar** [chemokarren]
een auto die chemisch vuil ophaalt zodat het minder slecht is voor het milieu
milieu

de **che·mo·the·ra·pie**
een manier van behandelen van mensen die kanker hebben met behulp van medicijnen

de **che·que** [cheques]
een papier dat een opdracht is aan de bank om te betalen ✦ *de eerste prijs is*

ch

een cheque van € 100,-

chic [bijvoeglijk naamwoord; chiquer, chicst]
een chique persoon koopt mooie en dure spullen, van een goede kwaliteit = smaakvol, deftig ✦ *Piet kleedde zich netjes aan en trok zijn chique jas aan*

de **chip** [chips]
1 een klein schijfje dat een elektronisch apparaat doet werken, bijv. een computer
2 een dun gebakken en gezouten schijfje aardappel in een zakje ✦ *de kinderen kregen een zakje chips*

de **chip·knip** [chipknippen]
een kaartje voor het betalen van kleine bedragen geld

de **chi·rurg** [chirurgen]
een dokter in een ziekenhuis die operaties uitvoert

het **chloor** *ook:* de
een gas dat o.a. gebruikt wordt om water zuiver te maken, bijv. in zwembaden

de **cho·co·la·de**
bruin of wit snoep gemaakt van cacao en suiker

de **cho·co·la·de·pas·ta**
een massa met chocola die je op je brood kunt doen

de **cho·les·te·rol**
vet dat in je lichaam zit

de **cho·reo·graaf** [choreografen] **cho·reo·gra·fe** [choreografes]
iemand die dansen bedenkt voor balletten

Chr. [afkorting]
Christus: de geboorte van Christus ✦ *44 jaar voor Chr. werd Julius Caesar gedood*

•**chris·te·lijk** [bijvoeglijk naamwoord]
christelijke zaken hebben te maken met het christendom* ✦ *de christelijke politieke partij wilde geen vrouwen in het bestuur* religie

de •**chris·ten** [christenen] **chris·tin** [christinnen]
iemand die gelooft in God en zijn zoon Jezus Christus

de **chris·ten-de·mo·cra·tie**
de stroming in de politiek die streeft naar een samenleving waarin het volk de regering kiest, en die christelijke waarden als basis heeft

het **chris·ten·dom**
het christelijke geloof, dat de bijbel als basis heeft religie

de **Chris·ten·Unie**
een christelijke politieke partij in Nederland politiek

de **Chris·tus**
volgens de christenen de zoon van God religie

chro·nisch [bijvoeglijk naamwoord]
een chronische ziekte verdwijnt nooit helemaal = langdurig ✦ *hij is chronisch verkouden*

chro·no·lo·gisch [bijvoeglijk naamwoord]
iets dat chronologisch is, gebeurt volgens de volgorde van de tijd ✦ *in de krant staat een chronologische lijst van tentoonstellingen tot volgend jaar*

de **chry·sant** [chrysanten]
een plant die in de herfst bloemen heeft

de **ci·der**
een drank met weinig alcohol die gemaakt wordt uit het sap van appels

het •**cij·fer** [cijfers]
1 een teken waarmee je een getal kunt schrijven ✦ *het getal twintig schrijf je met de cijfers 2 en 0* getallen
in de rode cijfers zitten: schulden hebben
2 een getal dat een oordeel geeft over een prestatie ✦ *zij heeft hoge cijfers voor geschiedenis en Engels*

de **ci·lin·der** [cilinders]
een hol en rond voorwerp; een rol ✦ *een sigaret heeft de vorm van een cilinder*

cilinder

de **ci·ne·ma** [cinema's]
de verschillende soorten films die gemaakt worden ✦ *deze film is typisch voor de Iraanse cinema*

de **ci·pier** [cipiers]
iemand die zorgt dat mensen niet uit de gevangenis ontsnappen = de gevangenbewaarder ✦ *de cipier droeg een grote bos sleutels*

•**cir·ca** [bijwoord]
ongeveer ✦ *de toren is circa vijf jaar gele-*

den gebouwd ✦ *de flat is circa 80 meter hoog*

het **cir·cuit** [circuits]
1 een ronde baan die gebruikt wordt voor wedstrijden, bijv. met auto's ✦ *er wordt een wedstrijd gereden op het circuit van Zandvoort*
2 een kring van mensen die bij elkaar horen ✦ *hij zit in een circuit van kunstenaars*

cir·cu·le·ren [circuleerde, heeft gecirculeerd]
rondgaan; in een kring bewegen [iets circuleert (ergens)] ✦ *het bloed circuleert door het lichaam* ✦ *het verhaal circuleerde dat de prins een vriendin had*

het **cir·cus** [circussen]
een groep artiesten en dieren die in een tent optreden ✦ *tijdens de voorstelling van het circus werd hard gelachen om de grappen van de clown*

de **cir·kel** [cirkels]
de kring; de ring = het rondje ✦ *de kinderen stonden in een cirkel rondom de juf* ✦ *ze tekende een cirkel die de zon moest voorstellen*

cirkel

cir·ke·len [cirkelde, heeft gecirkeld]
een rondje of rondjes maken om iets heen [iemand cirkelt rond iets] ✦ *het vliegtuig cirkelde om het vliegveld voordat het naar beneden kon komen* ✦ *hoog in de lucht cirkelden twee grote vogels*

het **ci·taat** [citaten]
woorden die geciteerd* worden = de aanhaling ✦ *de woorden waren niet van hemzelf, maar het was een citaat van een bekende Nederlander*

ci·te·ren [citeerde, heeft geciteerd]
precies herhalen wat iemand zei of schreef = aanhalen [iemand citeert (de woorden van) iemand] ✦ *in zijn artikel citeerde de journalist de woorden van de minister*

het **Ci·to**
Centraal Instituut voor Toetsontwikkeling: een instelling die o.a. tests ontwikkelt om te bepalen welk onderwijs geschikt is voor een kind na de basisschool

de ***ci·troen** [citroenen]
een gele, zure vrucht

citroen

ci·viel [bijvoeglijk naamwoord]
met dit woord geef je aan dat iets niet voor militairen of geestelijken is, maar voor burgers
civiel recht: het recht dat de verhoudingen tussen burgers regelt **rechtspraak**

het **CJP** [CJP's]
Cultureel Jongerenpaspoort: een pas waarmee jonge mensen korting krijgen bij culturele activiteiten

de **ckv**
culturele en kunstzinnige vorming: een vak op school waarin leerlingen over kunst leren

cl [afkorting]
centiliter: een honderdste deel van een liter

de **claim** [claims]
de eis om iets te krijgen, vooral geld ✦ *het bedrijf kreeg een claim van twee miljoen euro*

clai·men [claimde, heeft geclaimd]
een claim* hebben [iemand claimt iets, meestal een bedrag] ✦ *het gebroken glas kun je bij de verzekering claimen*

clan·des·tien [bijvoeglijk naamwoord]
iets wat clandestien gebeurt, gebeurt in het geheim, omdat het niet mag ✦ *tijdens de Tweede Wereldoorlog werd er vaak clandestien naar de Nederlandse radio geluisterd*

de **clark** [clarks] (in België)
een wagentje waarmee je zware dozen kunt optillen = de vorkheftruck

de **clas·seur** [classeurs] (in België)
een map waarin je losse bladen papier bewaart

de **clau·su·le** [clausules]
een bepaling in een schriftelijke overeenkomst ✦ *in de overeenkomst stond een clausule dat hij minstens vier jaar moest blijven*

de **cla·xon** [claxons]

cl

een toeter in bijv. een auto, om andere mensen in het verkeer te waarschuwen

het **CLB** (in België)
Centrum voor Leerlingenbegeleiding: een instelling die leerlingen en hun ouders advies geeft over bijv. de studie

clean [bijvoeglijk naamwoord]
iets wat clean is, is strak en zakelijk ✦ *de kamer ziet er erg clean uit met die moderne tafels en stoelen*

het **cli·ché** [clichés]
een uitdrukking of een vergelijking met weinig kracht ✦ *de uitspraak 'voetbal is oorlog' is een cliché geworden*

de **cli·ënt** [cliënten] **cli·ën·te** [cliëntes]
een klant, bijv. in een winkel of bij de dokter

de **cli·max** [climaxen]
het belangrijkste moment van iets ✦ *bij de climax van de film zat het publiek te huilen*

de **clinch**
in de clinch liggen met iemand: ruzie hebben met iemand ✦ *Marc wilde uit het bestuur, omdat hij in de clinch lag met de voorzitter*

de **clip** [clips]
1 een kort filmpje met muziek = de videoclip
2 een speldje om iets vast te zetten ✦ *ze had twee clipjes in haar haar*

de **cli·to·ris** [clitorissen]
een heel gevoelig deel van het geslachtsorgaan van een vrouw

de **clown** [clowns]
iemand die mensen laat lachen ✦ *er kwam een vrolijke clown bij de kinderen in het ziekenhuis*

de• **club** [clubs]
1 een vereniging voor een sport of een hobby ✦ *de voetballer Johan Cruijff kwam in 1985 weer bij zijn oude club Ajax werken*
2 een groep mensen ✦ *ze hoort bij een clubje van vijf vriendinnen*
3 een stok waarmee je bij de golfsport het balletje slaat

club 3

cm [afkorting]
centimeter: een honderdste deel van een meter

het **CNV** (in Nederland)
Christelijk Nationaal Vakverbond

Het CNV is een van de vakbonden in Nederland.

co-
samen- ✦ *de heer Freia is coauteur van dit boek*

de **coach** [coaches]
iemand die anderen helpt om goede prestaties te leveren = de begeleider

coa·chen [coachte, heeft gecoacht]
helpen om tot betere prestaties te komen = begeleiden [iemand coacht iemand, een club] ✦ *de oudste medewerker coacht de jongeren*

de **co·a·li·tie** [coalities]
een samenwerking tussen verschillende partijen, groepen enz. ✦ *de regering bestaat uit een coalitie van drie partijen* politiek

het **co·a·li·tie·ka·bi·net** [coalitiekabinetten]
een kabinet dat bestaat uit meer dan één partij politiek

het **COC** (in Nederland)
Cultuur- en Ontspanningscentrum: een vereniging die homoseksuele mensen steunt en dingen voor hen organiseert

de **co·ca·ï·ne**
een drug waardoor mensen zich tijdelijk veel beter voelen

de **cock·pit** [cockpits]
de ruimte waar de bestuurder van een vliegtuig zit

de **cock·tail** [cocktails]
een drankje dat bestaat uit een combinatie van verschillende dranken

de **co·de** [codes]
1 cijfers en letters waarin informatie verborgen is die niet iedereen mag weten ✦ *als je bij de bank geld wilt krijgen, moet je je code weten*
2 regels voor gedrag ✦ *het hoort tot de journalistieke code om goed te controleren of informatie klopt*

de **cof·fee·shop** [coffeeshops]
een café waar je softdrugs kunt kopen en gebruiken

de **cog·nac** [cognacs]
een drank uit Frankrijk met veel alco-

hol

de **coke**
de cocaïne*

de **col** [cols]
een hoge boord van een trui

col

de **co·la**
een bepaalde frisdrank dranken

het **col·bert** *ook:* de [colberts]
een kort jasje dat ook in huis wordt gedragen

de **col·la·ge** [collages]
een kunstwerk van verschillende materialen ✦ *ze maakte een collage van stukjes ijzer en papier*

de **col·lec·te** [collecten, collectes]
de keer dat iemand collecteert*; het opgehaalde geld

col·lec·te·ren [collecteerde, heeft gecollecteerd]
geld ophalen voor een goed doel [iemand collecteert (voor iets)] ✦ *er wordt deze week gecollecteerd voor arme kinderen in India*

de **col·lec·tie** [collecties]
voorwerpen van één soort die je verzameld hebt = de verzameling ✦ *hij heeft een grote collectie oude horloges*

het **col·lec·tief**[1] [collectieven]
een groep mensen die samenwerken ✦ *de kunstenaars werken in een collectief en huren samen een ruimte*

col·lec·tief[2] [bijvoeglijk naamwoord]
iets wat collectief is, is gemeenschappelijk en geldt voor iedereen = gezamenlijk ✦ *gisteren hadden alle werknemers een collectieve vrije dag*

de **•col·le·ga** [collega's, collegae]
iemand die werknemer is in hetzelfde bedrijf of bij dezelfde instelling als jij

het **•col·le·ge** [colleges]
1 een naam voor een middelbare school ✦ *hij zit op het Baronie College*
2 een les op de universiteit ✦ *professor Winter geeft om 11.00 uur een college over Europese geschiedenis*
3 een groep mensen die een bestuur vormen, bijv. van de regering of van een kerk ✦ *alle leden van het college waren bij de vergadering aanwezig*

de **co·lon·ne** [colonnes]
een rij soldaten of militaire wagens die ergens naartoe gaan

de **co·lumn** [columns]
een regelmatig verschijnend stukje van een schrijver in een krant of tijdschrift ✦ *Achmed heeft nu een dagelijkse column in de krant*

het **co·ma**
in coma liggen: na een erge ziekte of een ongeluk nog wel leven, maar zonder het zelf te weten ✦ *hij heeft na het ongeluk drie weken in coma gelegen*

de **com·bi·na·tie** [combinaties]
twee of meer losse dingen die samen iets nieuws vormen ✦ *de groep speelt muziek die een combinatie is van verschillende stijlen*

com·bi·ne·ren [combineerde, heeft gecombineerd]
losse dingen bij elkaar brengen tot iets nieuws [iemand combineert dingen, kleuren enz. (met iets)] ✦ *hij probeert zijn werk te combineren met zijn studie*

de **come·back** [comebacks]
de keer dat een persoon die bekend is geweest opnieuw gaat optreden ✦ *na een ziekte van tien jaar maakte zij haar comeback op het toneel*

het **com·fort**
iets dat het leven gemakkelijker maakt ✦ *op vakantie slaapt Joop graag in hotels, want hij houdt van comfort*

com·for·ta·bel [bijvoeglijk naamwoord]
comfortabele dingen hebben comfort* = gerieflijk ✦ *dat is een comfortabele stoel*

het **co·mi·té** [comités]
een groep mensen die iets voorbereidt ✦ *elk land heeft een eigen olympisch comité*

de **com·man·dant** [commandanten]
de leider van een groep bij het leger, bij de politie enz.

com·man·de·ren [commandeerde, heeft gecommandeerd]
iemand kort en dwingend zeggen wat hij moet doen [iemand commandeert iemand] ✦ *"Doorrijden!", commandeerde de politie*

het **com·man·do** [commando's]
1 een opdracht die iemand direct moet

uitvoeren = het bevel ✦ *het was bedoeld als een vraag, maar het klonk als een commando*
2 een soldaat of een groep soldaten die een speciale opleiding hebben gehad ✦ *de actie werd voorbereid door een groep commando's*

het **com·men·taar** [commentaren]
opmerkingen als reactie op iets ✦ *de minister zei dat hij geen commentaar had op de gebeurtenissen*

de **com·men·ta·tor** [commentatoren, commentators] **com·men·ta·tri·ce** [commentatrices]
iemand die voor zijn of haar beroep commentaar* geeft ✦ *wie is de commentator bij de voetbalwedstrijd?*

de **com·mer·cial** [commercials]
een filmpje met informatie over een product met het doel dat mensen dat gaan kopen

de **com·mer·cie**
de handel ✦ *die film is duidelijk voor de commercie gemaakt*
com·mer·ci·eel [bijvoeglijk naamwoord]
commerciële zaken zijn bedoeld om er geld mee te verdienen ✦ *de film was een groot commercieel succes*

de **com·mis·sa·ris** [commissarissen]
1 een chef bij de politie ✦ *heeft de commissaris het rapport al gelezen?*
2 iemand die adviezen geeft aan een bedrijf en het bedrijf controleert ✦ *het bedrijf heeft drie commissarissen*
de commissaris van de Koningin: de vertegenwoordiger van de koningin in een provincie, die ook voorzitter is van Provinciale Staten en Gedeputeerde Staten overheid

de•**com·mis·sie** [commissies]
een groep mensen die iets onderzoekt of voorbereidt ✦ *er werd een commissie ingesteld die de zaak moest onderzoeken*

de **com·mo·de** [commodes]
een kast met laden

de **com·mo·tie**
een drukke sfeer nadat er iets gebeurd is = de opwinding ✦ *er ontstond veel commotie toen de slechte resultaten van het bedrijf bekend werden*
com·mu·nau·tair [bijvoeglijk naamwoord] (in België)
communautaire zaken hebben te maken met de gemeenschappen ✦ *volgens de minister zijn veel communautaire problemen niet te voorkomen*

de **com·mu·ni·ca·tie** [communicaties]
de keer dat iemand met een ander contact heeft ✦ *de communicatie met iemand in Australië gaat heel makkelijk per e-mail*
com·mu·ni·ce·ren [communiceerde, heeft gecommuniceerd]
contact hebben, bijv. in een gesprek, per e-mail of per telefoon [iemand communiceert (met iemand)]

de **com·mu·nie** [communies]
een reeks handelingen in de rooms-katholieke kerk, waarbij brood en wijn worden gebruikt als symbool religie

het **com·mu·nis·me**
het systeem binnen een maatschappij waarbij geld en goederen gemeenschappelijk zijn ✦ *in Rusland is het communisme ongeveer zeventig jaar het politieke systeem geweest*
com·pact [bijvoeglijk naamwoord]
iets dat compact is, heeft weinig ruimte nodig ✦ *dit is een compacte auto die je makkelijk kunt parkeren*

de **com·pact disc** [compact discs]
een schijfje met informatie of muziek = de cd ✦ *als u het programma gebruikt, moet de compact disc in de computer zitten*

de **com·pag·non** [compagnons]
iemand met wie je samen een bedrijf hebt ✦ *hij is met twee compagnons een nieuw bedrijf begonnen*

de **com·pen·sa·tie** [compensaties]
iets extra's omdat er van iets anders te weinig is = de vergoeding ✦ *ik krijg een vakantiedag als compensatie voor uren die ik te veel gewerkt heb*
com·pen·se·ren [compenseerde, heeft gecompenseerd]
iets extra's geven omdat er van iets anders te weinig is [iemand compenseert iets (met iets)] ✦ *zij compenseert bij het tennissen een gebrek aan snelheid met slimme acties*

de **com·pe·ti·tie** [competities]
1 een serie wedstrijden met één winnaar
2 de strijd om beter te zijn = de rivaliteit ✦ *lange tijd was er een sterke competitie tussen Rotterdam en Antwerpen als be-*

langrijkste haven

com·pleet [bijvoeglijk naamwoord]
als iets compleet is, ontbreekt er niets = totaal, volledig ✦ *hij heeft het complete werk van Shakespeare gelezen* ✦ *het feestje was compleet mislukt*

het **com·plex**[1] [complexen]
1 verschillende gebouwen of woningen die bij elkaar horen ✦ *in het nieuwe complex komen tachtig woningen voor ouderen*
2 een groep dingen die bij elkaar horen ✦ *een complex van factoren zorgde ervoor dat hij uiteindelijk zijn baan verloor*
3 een geheel van meestal negatieve ideeën en gevoelens over jezelf die problemen geven ✦ *ze heeft een complex over haar figuur*

com·plex[2] [bijvoeglijk naamwoord]
complexe zaken zijn erg moeilijk = ingewikkeld ✦ *het is een moeilijk spel, met complexe regels*

de **com·pli·ca·tie** [complicaties]
een extra probleem ✦ *vanwege een complicatie duurde de operatie drie uur langer*

het **com·pli·ment** [complimenten]
een opmerking waaruit waardering blijkt ✦ *Peter kreeg van alle gasten complimenten over het feest*

het **com·plot** [complotten]
een groep mensen met een plan dat slecht of verboden is = de samenzwering

de **com·po·nent** [componenten]
een deel van een geheel = het element ✦ *vooral de sociale component van zijn werk vindt hij interessant*

com·po·ne·ren [componeerde, heeft gecomponeerd]
maken [iemand componeert muziek] ✦ *Bach heeft heel veel muziek gecomponeerd*

de **com·po·si·tie** [composities]
1 een stuk muziek ✦ *zij heeft een compositie gemaakt voor orgel*
2 de manier waarop iets is opgebouwd ✦ *in de compositie van zijn schilderijen zien we dat Breitner een moderne schilder is*

de **com·post** *ook:* het
de resten van planten en fruit die de grond geschikt maken om er dingen te laten groeien milieu

het **com·pro·mis** [compromissen]
een oplossing van een probleem tussen twee of meer partijen, waarbij ieder wat toegeeft = de tussenoplossing ✦ *op financieel gebied aanvaardt hij geen enkel compromis*

de •**com·pu·ter** [computers]
een apparaat dat snel veel informatie kan verwerken

het **com·pu·ter·pro·gram·ma** [computerprogramma's]
een programma dat een reeks opdrachten aan de computer geeft die deze vervolgens uitvoert ✦ *hij gebruikt een computerprogramma om de prijzen te bepalen*

de **con·cen·tra·tie** [concentraties]
1 [geen meervoud] gerichte aandacht = het concentratievermogen ✦ *Bernard heeft problemen op school omdat hij moeite heeft met zijn concentratie*
2 een maat voor hoe dicht bij elkaar dingen zijn ✦ *het midden van Nederland heeft een hoge concentratie van scholen*
3 de hoeveelheid van een stof in een andere stof ✦ *in de fabriek is een te hoge concentratie van een ongezond gas gevonden*

het **con·cen·tra·tie·kamp** [concentratiekampen]
een kamp waar mensen worden vastgehouden die door de regering lastig worden gevonden ✦ *hij heeft tijdens de Tweede Wereldoorlog in een concentratiekamp in Polen gezeten*

con·cen·tre·ren [concentreerde, heeft geconcentreerd]
naar één punt brengen [iemand concentreert iets]

zich **con·cen·tre·ren** [concentreerde zich, heeft zich geconcentreerd]
je aandacht richten op wat je moet doen [iemand concentreert zich] ✦ *de kinderen konden zich na de brand niet meer concentreren*

het **con·cept** [concepten]
1 een voorlopig plan ✦ *het boek is nog niet geschreven, maar het concept is al klaar*
2 een idee van hoe iets moet zijn = de opvatting ✦ *het huidige concept van individuele vrijheid komt uit de achttiende eeuw*

het **con·cern** [concerns]

co

een groot bedrijf dat uit meer bedrijven bestaat ✦ *hij werkt bij een groot concern*

het **con·cert** [concerten]
een uitvoering van muziek ✦ *ze gaat naar een concert van Michael Jackson* uitgaan

de **con·ces·sie** [concessies]
het feit dat je iets minder streng bent om tot een oplossing te komen ✦ *de maatregel van de minister kan worden gezien als een concessie aan de Partij van de Arbeid*

de **con·ciër·ge** [conciërges]
iemand die zorgt voor een gebouw, bijv. een school

con·clu·de·ren [concludeerde, heeft geconcludeerd]
een conclusie trekken [iemand concludeert iets (uit iets)] ✦ *hij keek op zijn horloge en concludeerde dat het tijd was om naar bed te gaan*

de •**con·clu·sie** [conclusies]
het inzicht nadat je hebt nagedacht = de gevolgtrekking, de slotsom ✦ *de conclusie van de discussie was dat het feest niet door kon gaan*

het **con·cours** [concoursen]
een grote wedstrijd

con·creet [bijvoeglijk naamwoord]
concrete dingen bestaan in de werkelijkheid ⇔ abstract ✦ *wat zijn de concrete maatregelen van de regering tegen de files?* ✦ *we willen geen onduidelijke verhalen maar concrete voorbeelden*

de **con·cur·rent** [concurrenten] **con·cur·ren·te** [concurrentes]
iemand die met een ander strijdt omdat hij hetzelfde wil bereiken ✦ *ze zijn concurrenten, omdat ze allebei dezelfde baan willen hebben*

de **con·cur·ren·tie**
de situatie dat je concurrent* van iemand bent

con·cur·re·ren [concurreerde, heeft geconcurreerd]
proberen hetzelfde te bereiken als iemand anders door beter te zijn [iemand concurreert (met iemand)] ✦ *de kleine winkels kunnen niet meer concurreren met de grote supermarkten*

de **con·dens**
water dat uit damp wordt gevormd door druk of door afkoeling ✦ *bij dubbel glas heb je nooit condens op de ramen*

de **con·di·tie** [condities]
1 iets wat eerst moet gebeuren = de voorwaarde ✦ *als de condities goed zijn, neemt hij de baan*
2 de lichamelijke toestand ✦ *sinds ze elke avond hardloopt, heeft ze een goede conditie*

con·do·le·ren [condoleerde, heeft gecondoleerd]
gevoel tonen als iemand is overleden [iemand condoleert (iemand)] ✦ *ik condoleer u met het overlijden van uw man* gedenkdagen

het **con·doom** [condooms]
een zakje van rubber dat bij het vrijen om het mannelijk geslacht (bet. 3) wordt gedaan om bevruchting te voorkomen

de **con·duc·teur** [conducteurs] **con·duc·tri·ce** [conductrices]
iemand die in de trein of in de tram de kaartjes controleert vervoer

de **con·fe·ren·ce** [conferences]
een gesproken verhaal dat bedoeld is om het publiek te laten lachen

de **con·fe·ren·tie** [conferenties]
een lange vergadering waar uitvoerig over één onderwerp wordt gesproken ✦ *hij heeft volgende week een conferentie van twee dagen in Parijs*

de **con·fi·tuur** [confituren] (in België)
gekookte vruchten met suiker, voor op brood = de jam maaltijden

het **con·flict** [conflicten]
een verschil van mening dat heeft geleid tot ruzie ✦ *hij heeft een conflict over zijn loon met zijn werkgever*

con·form [voorzetsel] (formeel)
volgens; net zoals ✦ *conform de verwachting won Gerard de wedstrijd*

de **con·fron·ta·tie** [confrontaties]
een ontmoeting die vervelende gevoelens veroorzaakt ✦ *op de markt had Frida een confrontatie met haar ex-man*

con·fron·te·ren met [confronteerde met, heeft geconfronteerd met]
iemand iets laten weten of zien dat hij of zij liever niet weet of ziet [iemand confronteert iemand met iets]

het •**con·gres** [congressen]
een aantal openbare lezingen over één onderwerp = het symposium ✦ *op een medisch congres is een nieuw medicijn tegen aids besproken*

de **co·ni·feer** [coniferen]
een boom die in de winter groen blijft

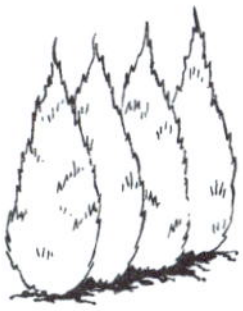

conifeer

de **con·junc·tuur** [conjuncturen]
de situatie van de economie ✦ *de huidige conjunctuur is gunstig voor het beginnen van een onderneming*

de **con·sen·sus**
het feit dat verschillende personen tot dezelfde mening komen = de overeenstemming ✦ *er was binnen de directie van het bedrijf geen consensus over de oplossing van de problemen*

con·se·quent [bijvoeglijk naamwoord]
als je consequent bent, doe je dingen die kloppen met wat je eerder gezegd of gedaan hebt ✦ *de minister is niet consequent in zijn beleid* ✦ *Alma komt elke dag consequent te laat*

de •**con·se·quen·tie** [consequenties]
het logische gevolg ✦ *wat zijn de financiële consequenties van deze maatregel?*

con·ser·va·tief [bijvoeglijk naamwoord]
conservatieve mensen houden niet van veranderingen = behoudend ⇔ progressief ✦ *zij is in haar politieke ideeën uiterst conservatief*

het **con·ser·va·to·ri·um** [conservatoria, conservatoriums]
een opleiding voor mensen die als musicus willen werken ✦ *ze heeft vier jaar piano gestudeerd aan het conservatorium*

con·stant[1] [bijvoeglijk naamwoord]
dingen die constant zijn, zijn steeds hetzelfde ✦ *in dit kantoor is een constante temperatuur van twintig graden*

con·stant[2] [bijwoord]
de hele tijd = steeds, voortdurend, continu ✦ *Gerda zat constant op haar horloge te kijken*

•**con·sta·te·ren** [constateerde, heeft geconstateerd]
iets bepalen nadat je het hebt gelezen of gehoord; merken dat iets zo is = vaststellen [iemand constateert iets] ✦ *we constateerden dat de nieuwe vliegtuigen minder lawaai maakten*

de **con·sta·te·ring** [constateringen]
de keer dat iets vastgesteld wordt = de vaststelling ✦ *na de constatering dat het goed ging met het bedrijf ging de directeur verder met de vergadering*

de **con·ster·na·tie**
een korte periode waarin niemand meer weet wat hij moet doen nadat er plotseling iets vervelends is gebeurd = de opschudding ✦ *in de consternatie na het ongeluk ben ik mijn tas vergeten*

de **con·sti·tu·tie** [constituties]
1 de lichamelijke toestand = de gesteldheid ✦ *de constitutie van de patiënt is zeer zwak*
2 de belangrijkste wetten van een land = de grondwet

de **con·struc·tie** [constructies]
de manier waarop iets gemaakt of gebouwd is = de bouw ✦ *door de goede constructie gaat deze stoel niet snel kapot*

con·struc·tief [bijvoeglijk naamwoord]
iets wat constructief is, is nuttig en positief = opbouwend ✦ *hij werd bedankt voor zijn constructieve bijdrage aan de discussie*

het **con·su·laat** [consulaten]
een kantoor van een regering in een ander land

het **con·sult** [consulten]
een gesprek met iemand die advies geeft

het **con·sul·ta·tie·bu·reau** [consultatiebureaus]
een instelling die advies geeft over zaken die de gezondheid betreffen
gezondheid

con·sul·te·ren [consulteerde, heeft geconsulteerd]
advies vragen [iemand consulteert iemand (over iets)] ✦ *als u na een week nog ziek bent, moet u een arts consulteren*

de **con·su·ment** [consumenten]
iemand die geld betaalt voor een product of een dienst ⇔ de producent ✦ *de consumenten kregen aan het eind van het jaar meer vertrouwen in de economie*

con·su·me·ren [consumeerde, heeft geconsumeerd]
eten of drinken = nuttigen [iemand consumeert iets] ✦ *in Nederland wordt elk jaar meer wijn geconsumeerd*

de **con·sump·tie** [consumpties]

1 [geen meervoud] de keer dat iemand iets consumeert* ✦ *de consumptie van bier is gedaald*
2 iets wat je in een café eet of drinkt ✦ *op het feestje zijn de eerste drie consumpties gratis*

het •**con·tact** [contacten]
1 de keer dat iemand of iets aangeraakt wordt ✦ *als de vloeistof in contact komt met de huid moet u een arts waarschuwen*
2 het feit dat mensen elkaar zien of spreken = de relatie ✦ *hij heeft altijd een goed contact met zijn vader gehad*

de **con·tact·lens** [contactlenzen]
een stukje plastic dat op je oog zit om beter te kunnen zien ✦ *heb je je contactlenzen in?*

de **con·tai·ner** [containers]
een grote bak waar je dingen in kunt doen ✦ *gooi al het oude hout maar in de container*

het **con·tai·ner·park** [containerparken] (in België)
een groot terrein van de gemeente waar je afval heen kunt brengen ✦ *in het containerpark lag allemaal rommel op de grond* milieu

con·tant [bijvoeglijk naamwoord]
iemand die contant betaalt, betaalt direct ✦ *wilt u contant betalen of zal ik u de rekening sturen?*

de **con·tan·ten** [meervoud]
geld in de vorm van munten en biljetten ✦ *de klant betaalde de auto in contanten*

con·tent [bijvoeglijk naamwoord]
iemand die content is, is tevreden ✦ *de werknemers waren zeer content met het akkoord*

de **con·text** [contexten]
1 de tekst die om een tekst heen staat ✦ *door de context wordt de betekenis van het woord duidelijk*
2 de dingen die vóór een gebeurtenis hebben plaatsgevonden ✦ *in de historische context kun je iemand als Napoleon beter begrijpen*

het **con·ti·nent** [continenten]
1 het werelddeel
2 stukken land die aan elkaar vastzitten, en dus niet in zee liggen = het vasteland ✦ *het eiland zat duizenden jaren geleden vast aan het continent*

con·ti·nu [bijvoeglijk naamwoord]
de hele tijd = constant, steeds, voortdurend ✦ *Gerard hoefde zijn kinderen niet continu om zich heen te hebben*

het **con·to**
iets op iemands conto schrijven: zeggen dat iemand verantwoordelijk is voor een gebeurtenis ✦ *het succes van de maatregelen kan op het conto van de ambtenaar worden geschreven*

de **con·tou·ren** [meervoud]
lijnen die de buitenkant tonen = de omtrek ✦ *na vijf uur varen zagen ze de contouren van Rotterdam*

het **con·tra**[1] [contra's]
pro's en contra's: de argumenten voor en tegen iets

con·tra[2] [voorzetsel]
tegen ✦ *in het gesprek ging het om de directie contra het personeel*

het **con·tract** [contracten]
een overeenkomst op papier ✦ *hij heeft een nieuw contract bij een andere werkgever* werk

con·trac·te·ren [contracteerde, heeft gecontracteerd]
een contract* geven [een club of een bedrijf contracteert iemand] ✦ *de voetbalclub FC Utrecht heeft drie nieuwe spelers gecontracteerd*

het **con·trast** [contrasten]
een groot verschil = de tegenstelling ✦ *de schilder Rembrandt schilderde met grote contrasten tussen licht en donker*

de **con·tri·bu·tie** [contributies]
geld dat je betaalt als je lid bent van een club of van een vereniging ✦ *de contributie is honderd euro per jaar*

de **con·tro·le** [controles]
1 de keer dat je kijkt of iets klopt = de check ✦ *er was gisteravond op de A7 een controle op alcohol*
2 de macht over iets = de beheersing ✦ *als hij boos wordt, heeft hij geen controle meer over zichzelf*

•**con·tro·le·ren** [controleerde, heeft gecontroleerd]
1 kijken of iets klopt = nakijken, checken [iemand controleert iets] ✦ *aan de ingang werden de kaartjes gecontroleerd*
2 zorgen dat je de sterkste bent of de macht hebt = beheersen [iemand controleert iets] ✦ *Ajax controleerde de wedstrijd*

co

de **con·tro·ver·se** [controversen, controverses]
een ruzie omdat je een andere mening hebt = het geschil ✦ *er bestaan veel controverses over de theorieën van Darwin*
con·tro·ver·si·eel [bijvoeglijk naamwoord]
over een controversiële mening is veel discussie

het **con·ve·nant** [convenanten]
een officiële afspraak = de overeenkomst ✦ *in een convenant beloofden alle partijen te zorgen voor een schoner milieu*

de **con·ven·tie** [conventies]
1 een gebruik dat ontstaan is uit een afspraak of een gewoonte ✦ *de conventie is hier dat de heren een pak dragen*
2 een overeenkomst tussen verschillende landen ✦ *de Conventie van Genève is van 1951*
con·ven·ti·o·neel [bijvoeglijk naamwoord]
conventionele dingen zijn een beetje stijf en precies volgens de regels ✦ *Stijn gaat altijd heel conventioneel gekleed*

de **con·ver·sa·tie** [conversaties]
het gesprek ✦ *op de radio hoorde ik een interessante conversatie tussen een arts en een patiënt*
con·ver·se·ren [converseerde, heeft geconverseerd]
een gesprek hebben [iemand converseert (met iemand)] ✦ *ze konden niet met elkaar converseren door de harde muziek*

cool [bijvoeglijk naamwoord]
iets wat cool is, is modern en mooi; iemand die cool is, is leuk omdat hij of zij moderne kleren draagt en in elke situatie controle heeft

de **co·ö·pe·ra·tie** [coöperaties]
een bedrijf waarvan de mensen die er werken samen eigenaar zijn ✦ *de boeren leverden hun melk aan de coöperatie*

de **co·ör·di·na·tie** [coördinaties]
de samenwerking tussen delen van je lichaam ✦ *voor deze sport heb je een goede coördinatie nodig*
co·ör·di·ne·ren [coördineerde, heeft gecoördineerd]
organiseren dat er goede samenwerking is tussen mensen en tussen activiteiten [iemand coördineert groepen mensen en activiteiten] ✦ *het is een grote afdeling dus het werk moet goed worden gecoördineerd*

de **co-ou·der** [co-ouders]
elk van twee gescheiden ouders die apart voor de kinderen zorgen ✦ *Wyna is co-ouder en zorgt drie dagen per week voor haar zoon*

de **cor·ner** [corners] (voetbal)
een trap of een schot vanuit de hoek van het veld = de hoekschop ✦ *nadat de bal over de lijn naast het doel ging, nam Beckham een corner*

de **cor·po·ra·tie** [corporaties]
een vereniging van mensen met hetzelfde vak

cor·rect [bijvoeglijk naamwoord]
1 iets wat correct is, is juist en zonder fouten ✦ *gelukkig waren alle antwoorden correct*
2 iemand die correct handelt, handelt netjes, zoals het hoort ✦ *hij blijft ook correct als de klanten vervelend zijn*

de **cor·rec·tie** [correcties]
de keer dat een fout verbeterd is = de verbetering
cor·rec·ti·o·neel [bijvoeglijk naamwoord] (in België)
de correctionele rechtbank: een rechtbank die een oordeel geeft over strafbare feiten waarvoor je acht dagen tot vijf jaar gevangenis kunt krijgen

de **cor·res·pon·dent** [correspondenten] **cor·res·pon·den·te** [correspondentes]
een journalist die in het buitenland werkt ✦ *er stond een groot artikel in de krant van de correspondent in China*

de **cor·res·pon·den·tie** [correspondenties]
de brieven die mensen aan elkaar schrijven = de briefwisseling ✦ *na een uitvoerige correspondentie was het probleem eindelijk opgelost*
cor·res·pon·de·ren [correspondeerde, heeft gecorrespondeerd]
regelmatig brieven aan iemand sturen en van iemand ontvangen [iemand correspondeert met iemand] ✦ *Jacques correspondeerde al jaren met Claudia*
cor·res·pon·de·ren met [correspondeerde met, heeft gecorrespondeerd met]
overeenkomst hebben; op elkaar aansluiten [iets correspondeert met iets] ✦ *in het plaatje corresponderen de kleu-*

ren met de cijfers

cor·ri·ge·ren [corrigeerde, heeft gecorrigeerd]
fouten herstellen = verbeteren [iemand corrigeert iemand of iets] ✦ *de leraar had het examen nog niet gecorrigeerd*

cor·rupt [bijvoeglijk naamwoord]
corrupte mensen gebruiken hun macht niet eerlijk = omkoopbaar ✦ *de corrupte minister zorgde goed voor zijn vrienden, maar slecht voor het land*

de **cor·rup·tie**
het feit dat iemand corrupt* is = de omkoping ✦ *de ambtenaar bleek betrokken te zijn bij de corruptie*

de **cor·sa·ge** [corsages]
een bloem die je op je kleren draagt op een feest ✦ *op het huwelijk droeg de hele familie een corsage*

de **co·ry·fee** [coryfeeën]
iemand die bekend is omdat hij of zij heel goed is in bijv. kunst of sport = de beroemdheid ✦ *er waren veel coryfeeën op het congres*

de **cos·me·ti·ca** [meervoud]
producten om het gezicht of de huid mooier te maken = de make-up

de **cou·chet·te** [couchettes]
een eenvoudig bed in de trein ✦ *voor haar reis naar Spanje heeft Maria couchettes gereserveerd*

de **coun·ter·te·nor** [countertenoren, countertenors]
een man die heel hoog zingt zangstemmen

de **coup** [coups]
een poging om de macht in een land te krijgen zonder verkiezingen = de staatsgreep

de **cou·pe** [coupes]
1 de manier waarop iemands haar is geknipt ✦ *hij kwam met een korte coupe bij de kapper vandaan*
2 een breed glas, bijv. voor ijs en vruchten

de **cou·pé** [coupés]
een afgesloten deel voor reizigers in de trein ✦ *onze coupé was helemaal vol toen de trein vertrok*

het **cou·plet** [coupletten]
elk deel van een lied met dezelfde muziek maar een andere tekst ✦ *het was een prachtig lied met zeven coupletten*

cou·rant[1] [bijvoeglijk naamwoord]
iets wat courant is, wordt veel gebruikt of is heel gewoon ✦ *ook de minder courante artikelen werden nog altijd goed verkocht*

cou·rant[2] (ouderwets) *zie:* **krant**

de **cou·reur** [coureurs]
iemand die wedstrijden rijdt met een auto, een motor of een fiets ✦ *de coureurs eindigden bijna gelijk*

de **cour·get·te** [courgettes]
een groente die lijkt op een komkommer

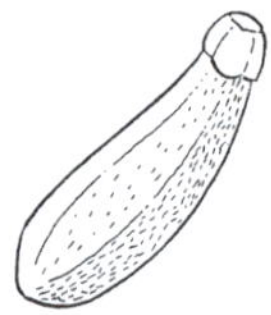

courgette

de **cou·veu·se** [couveuses]
een warm glazen kastje in een ziekenhuis, voor een kind dat te vroeg geboren is ✦ *de baby moest nog een paar dagen in de couveuse, maar was verder gezond*

de **co·ver** [covers]
1 de voorkant van een boek, blad of cd = het omslag ✦ *wie staat er deze week op de cover?*
2 een nieuwe uitvoering van een lied dat al door anderen is uitgevoerd ✦ *de groep maakte een prachtige cover van 'Let it be'*

c.q. [afkorting]
casu quo: of als dat van toepassing is ✦ *we willen u vragen per mail c.q. per telefoon te reageren*

de **crac·ker** [crackers]
een dun, niet zoet koekje

de **crash** [crashes]
1 een groot ongeluk met auto's of met een vliegtuig ✦ *de beelden van de crash waren op de televisie te zien*
2 een plotselinge grote daling op de beurs, waardoor aandelen veel minder waard worden ✦ *de crash op Wall Street had enorme gevolgen voor de economie*

de **cre·a·tie** [creaties]
iets dat iemand gemaakt heeft ✦ *haar jurk is een creatie van Frans Molenaar*

cre·a·tief [bijvoeglijk naamwoord]
een creatieve persoon maakt nieuwe, eigen dingen ✦ *ze heeft een creatief beroep: ze maakt tekeningen bij verhalen*

de **crè·che** [crèches]

een plaats waar overdag op kleine kinderen wordt gepast ✦ *hun jongste zoon gaat in september naar de crèche*

de **cre·dit·card** [creditcards]
een kaart waarmee je kunt kopen zonder direct te betalen **geld**

cre·ë·ren [creëerde, heeft gecreëerd]
maken; doen ontstaan = scheppen [iemand creëert iets] ✦ *met dat plan creëert de regering drieduizend nieuwe banen*

de **cre·ma·tie** [crematies]
een bijeenkomst rond het cremeren* van een dode

het **cre·ma·to·ri·um** [crematoria, crematoriums]
een plaats waar doden worden gecremeerd* **gedenkdagen**

de **crè·me**[1] [crèmes]
een dikke vloeistof die je op je huid kunt doen ✦ *doe wat van deze crème op je huid voordat je in de zon gaat zitten*

crè·me[2] [bijvoeglijk naamwoord]
als iets crème is, is het iets geler dan wit

cre·me·ren [cremeerde, heeft gecremeerd]
zorgen dat een dode verbrand wordt [iemand cremeert een dode]
gedenkdagen

de **cri·mi·na·li·teit**
het feit dat er misdaden worden gepleegd ✦ *er is steeds meer criminaliteit in de grote steden*

de **cri·mi·neel**[1] [criminelen]
iemand die misdaden pleegt ✦ *de partij vindt dat criminelen strenger gestraft moeten worden*

cri·mi·neel[2] [bijvoeglijk naamwoord]
een criminele persoon pleegt misdaden ✦ *de drugs werden door een criminele organisatie naar Nederland gehaald*

de •**cri·sis** [crises, crisissen]
een kritieke situatie; de periode waarin iets het ergst is = de noodsituatie ✦ *tijdens de economische crisis verloren veel mensen hun baan*

het **cri·te·ri·um** [criteria, criteriums]
de norm = de maatstaf ✦ *je mag de jonge en de oude medewerkers niet volgens dezelfde criteria beoordelen*

de **cri·ti·cus** [critici]
iemand die kritiek geeft ✦ *hij werkt als criticus van tv-programma's bij een krant*

de **crois·sant** [croissants]
een broodje in de vorm van een halve maan

de **cro·que-mon·sieur** [croque-monsieurs] (in België)
twee boterhammen die je roostert met ham en kaas ertussen = de tosti

cru·ci·aal [bijvoeglijk naamwoord]
iets wat cruciaal is, is zo belangrijk dat de beslissing daarvan afhangt = beslissend ✦ *zijn verblijf in Rusland is cruciaal geweest voor zijn politieke ontwikkeling*

cryp·tisch [bijvoeglijk naamwoord]
iets wat cryptisch is, heeft een verborgen betekenis ✦ *deze film wordt door veel mensen cryptisch gevonden*

het **CS** (in Nederland)
centraal station: een treinstation in het centrum van een grote stad ✦ *de trein naderde Rotterdam CS*

cu·li·nair [bijvoeglijk naamwoord]
culinaire zaken hebben te maken met koken ✦ *er is een nieuw culinair tijdschrift verschenen*

cul·tu·reel [bijvoeglijk naamwoord]
iets wat cultureel is, heeft te maken met cultuur ✦ *Noortje heeft veel culturele belangstelling*

de •**cul·tuur** [culturen]
1 de kunst en de wetenschap ✦ *onze vakanties zijn altijd een combinatie van natuur en cultuur*
2 de manier waarop een groep mensen of een volk leeft ✦ *hij is een kenner van de Franse cultuur*

cum lau·de [bijwoord]
cum laude slagen voor een examen: met zulke goede cijfers slagen dat je een speciale opmerking op je diploma krijgt

de **cup** [cups]
1 een beker die je kunt winnen bij een wedstrijd ✦ *de Rotterdamse voetbalclub Feyenoord heeft als eerste de Europacup gewonnen*
2 de delen van een bh om de borsten van een vrouw

de **cu·ra·te·le**
iemand onder curatele stellen: zorgen dat iemand niet meer over zijn eigen geld mag beslissen, maar dat iemand anders dat voor hem moet doen ✦ *toen hij achttien jaar werd, werd hij onder curatele gesteld, omdat hij niet voor zichzelf kon zorgen*

cu

de **cu·ra·tor** [curatoren, curators] **cu·ra·tri·ce** [curatrices]
iemand die de zaken regelt voor een persoon die dat zelf niet meer kan of mag ✦ *de curator maakte bekend dat de schuld twee miljoen euro was*

cu·ri·eus [bijvoeglijk naamwoord]
iets wat curieus is, is merkwaardig omdat het weinig voorkomt ✦ *Annie heeft op de markt een curieus boek gekocht*

het **cur·ri·cu·lum vi·tae** [curricula vitae] (Latijn)
een lijst met je opleidingen en banen, waaruit blijkt wat je kunt = het cv ✦ *mensen die belangstelling voor de baan hebben, kunnen een brief met hun curriculum vitae sturen naar ons bedrijf* werk

cur·sief [bijvoeglijk naamwoord]
cursieve tekst is schuin gedrukt ✦ *deze zin is cursief gedrukt*

de **cur·sist** [cursisten] **cur·sis·te** [cursistes]
iemand die deelneemt aan een cursus ✦ *alle cursisten zijn aanwezig*

de **cur·sor** [cursors]
een teken op de computer dat aanwijst waar de volgende letter komt ✦ *bij dit computerprogramma is de cursor veranderd in een rood balletje*

de •**cur·sus** [cursussen]
een serie lessen over een bepaald onderwerp ✦ *hij deed een cursus Spaans* uitgaan

de **cv**[1]
centrale verwarming: een systeem voor verwarming, waarbij op één punt water warm gemaakt wordt dat door het gebouw gaat ✦ *kun je de cv wat hoger zetten?*

het **cv**[2] [cv's]
curriculum vitae: een lijst met je opleidingen en banen, waaruit blijkt wat je kunt ✦ *ze stuurde een brief met haar cv, maar ze hoorde nooit meer iets*

de **cv-ke·tel** [cv-ketels]
een apparaat dat water warm maakt voor de cv*

het **CWI** [CWI's]
Centrum voor Werk en Inkomen: een organisatie die mensen zonder werk helpt bij het zoeken van werk en die zorgt dat ze geld krijgen werk

de **cy·cloon** [cyclonen]
een wind die heel hard ronddraait = de wervelwind

de **cy·clus** [cycli, cyclussen]
een serie gebeurtenissen die zich steeds weer herhaalt ✦ *de cyclus van lente, zomer, herfst en winter houdt nooit op*

cy·nisch [bijvoeglijk naamwoord]
iemand is cynisch als hij of zij niet meer gelooft dat mensen goede bedoelingen hebben ✦ *de cynische toon van het artikel bevalt me niet*

d

de **d** [d's]
1 de vierde letter van het alfabet alfabet
2 een toon in de muziek muzieknoten

D66 [zelfstandig naamwoord]
Democraten '66: een politieke partij in Nederland politiek

de •**daad** [daden]
iets wat je doet ✦ *hij schrok van de gevolgen van zijn daden*
de daad bij het woord voegen: direct doen wat je zegt
een goede daad doen: iets goeds doen
een daad stellen: iets doen om te laten zien dat je hard aan je plan wilt werken

de **daad·kracht**
de eigenschap dat je plannen snel en met kracht gaat uitvoeren ✦ *de ambtenaar is wel heel precies, maar hij mist daadkracht*

daad·wer·ke·lijk [bijvoeglijk naamwoord]
iets dat daadwerkelijk gebeurt, gebeurt in de werkelijkheid, dus niet alleen als plan = echt ✦ *hij heeft aanleg voor de ziekte, maar dat betekent niet dat hij de ziekte daadwerkelijk krijgt*

daags [bijwoord]
1 per dag ✦ *ze moest het medicijn tweemaal daags nemen*
2 op de dag ✦ *daags voor de wedstrijd werd hij zenuwachtig*
daags tevoren: op de dag ervoor

•**daar**[1] [bijwoord]
1 op die plaats ⇔ hier ✦ *het café is daar, bij de kerk* ✦ *daar is het altijd gezellig*
hier en daar: op sommige plaatsen ✦ *morgen gaat het hier en daar regenen, maar op de meeste plaatsen blijft het droog*
2 daar-
3 een woordje zonder speciale betekenis ✦ *wat zeg je daar nu?*

•**daar**[2] [voegwoord] (formeel)
omdat ✦ *helaas moeten wij de winkel sluiten, daar wij te weinig personeel hebben*

daar-
samen met een voorzetsel gebruikt om iets te zeggen over een onderwerp van gesprek; soms staat 'daar' los van het voorzetsel ✦ *na drie maanden is hij daar nog niet aan gewend* ✦ *zij heeft daar gisteren niets over gezegd* ✦ *wat bedoel je daarmee?* ✦ *hij maakte het eten klaar en hij sneed daarbij in zijn vingers* er- + voorzetsel

daar·aan [bijwoord]
daar- ✦ *hij kreeg een ziekte en is daaraan overleden*

daar·ach·ter [bijwoord]
daar- ✦ *er staat een flat en daarachter woon ik*

daar·bij [bijwoord]
daar- ✦ *zij zaten te eten en daarbij wilden ze niet gestoord worden*

daar·bo·ven [bijwoord]
daar- ✦ *ze had een winkel en daarboven woonde ze*

daar·bui·ten [bijwoord]
daar- ✦ *in bed was het lekker warm, maar daarbuiten was het heel koud*

daar·door [bijwoord]
1 vanwege iets wat eerder genoemd is ✦ *hij was heel verkouden, en kon daardoor niet werken*
2 daar- ✦ *er zat een klein gat, en de muis kwam daardoor de kamer in*

daar·en·te·gen [bijwoord]
echter; maar ✦ *zij is heel snel, hij daarentegen is langzaam*

daar·heen [bijwoord]
naar die plaats ✦ *ik weet een goede winkel; als je schoenen wilt kopen, moet je daarheen gaan*

daar·in [bijwoord]
daar- ✦ *iedereen kreeg een doos, met daarin alles wat hij nodig had*

daar·mee [bijwoord]
daar- ✦ *ze heeft een hond en daarmee moet ze iedere dag een uur wandelen*

•**daar·na** [bijwoord]
na een moment dat eerder genoemd is ✦ *we deden het spel daarna meteen nog een keer*

daar·naast [bijwoord]
1 bovendien ✦ *hij ging gewoon naar school, maar daarnaast kreeg hij drie keer per week pianoles*
2 daar- ✦ *je ziet daar een supermarkt, en daarnaast kun je meestal wel parkeren*

•**daar·om** [bijwoord]

da

1 om die reden ✦ *hij was jarig en daarom nodigde hij al zijn vrienden uit*
2 daar- ✦ *hij kijkt zo grappig en daar moet ik om lachen*

daar·om·heen [bijwoord]
daar- ✦ *de ziekte komt vooral voor in de stad Alkmaar en de dorpen daaromheen*

daar·on·der [bijwoord]
1 onder wat eerder genoemd is ✦ *daaronder in het hoekje is het nog niet schoon*
2 daar- ✦ *ik ben niet zo mooi, maar daar lijd ik niet onder*

daar·op [bijwoord]
1 meteen daarna ✦ *hij zei iets onaardigs en daarop liep zijn vriendin boos weg*
2 daar- ✦ *er ligt een papier en daarop staan alle namen*

daar·op·vol·gend [bijvoeglijk naamwoord]
volgend op wat genoemd is ✦ *hij werkt morgen niet, maar de daaropvolgende dagen werkt hij langer*

daar·over [bijwoord]
daar- ✦ *ik heb daarover nog helemaal niet nagedacht*

Dagen van de week

maandag
dinsdag
woensdag
donderdag
vrijdag
zaterdag
zondag

morgen ga ik naar Italië
overmorgen is het zondag
vandaag is het koud
gisteren is zijn broer overleden
eergisteren ben ik in Antwerpen geweest
aanstaande donderdag is Berthe jarig
vorige week vrijdag was zij er niet

maanden

daar·te·gen [bijwoord]
daar- ✦ *de dokter wist eigenlijk niet wat je daartegen kunt doen*

daar·toe [bijwoord]
1 met dat doel = daarom ✦ *de minister vond dat de belasting omlaag moest en deed daartoe een voorstel aan het parlement*
2 daar- ✦ *ik doe het alleen als ik daartoe gedwongen word*

daar·uit [bijwoord]
daar- ✦ *hij trok daaruit de conclusie dat hij zijn werk goed had gedaan*

daar·van [bijwoord]
daar- ✦ *het voordeel daarvan is dat je minder benzine nodig hebt*

daar·voor [bijwoord]
1 vóór het moment dat eerder genoemd is ✦ *hij ging naar de supermarkt, en daarvóór was hij even naar zijn moeder geweest*
2 daar- ✦ *het papier dat daarvoor nodig is, kun je nergens kopen*

dach·ten *zie:* **denken**

de **da·del** [dadels]
een bruine, zoete vrucht uit warme, droge landen

dadel

•**da·de·lijk** [bijwoord]
1 na een korte tijd; straks ✦ *de bus zal dadelijk wel komen*
2 onmiddellijk = direct ✦ *zij begreep de grap niet dadelijk*

de **da·der** [daders] **da·de·res** [daderessen]
iemand die iets heeft gedaan wat niet mag ✦ *de politie zoekt de dader al een hele tijd, maar hij is nog steeds niet gevonden*

de •**dag**[1] [dagen]
1 de periode dat het licht is ✦ *'s winters worden de dagen korter* dagen
op de dag: overdag
dag en nacht: constant
de oude dag: de tijd dat men oud is
op klaarlichte dag: dit zeg je van een misdaad die overdag gepleegd is
voor dag en dauw: 's morgens heel vroeg
het is kort dag: er is nog maar weinig tijd
2 de 24 uur tussen de ene nacht en de volgende nacht = het etmaal ✦ *welke dag is het vandaag?*

de dag van de arbeid: het feest van de arbeiders (op 1 mei) feestdagen

Op de dag van de arbeid zijn er overal in België toespraken van socialistische politici en heeft iedereen een vrije dag.

vandaag de dag: tegenwoordig
een dezer dagen: vandaag, morgen of overmorgen
van de ene dag op de andere: heel plotseling ✦ *ze waren al jaren goede vrienden, maar van de ene dag op de andere wilde zij hem niet meer zien*

•**dag**[2] [tussenwerpsel]
1 een groet als je komt = goedendag, hallo ✦ *dag mevrouw De Groot, hoe gaat het met u?*
2 een groet als je gaat = tot ziens ✦ *dag allemaal, tot morgen*

het **dag·blad** [dagbladen]
een krant die iedere dag verschijnt ✦ *hij heeft een abonnement op het dagblad De Limburger*

het **dag·boek** [dagboeken]
een boek waarin je iedere dag opschrijft wat je hebt meegemaakt

dag·da·ge·lijks (in België) *zie:* **dagelijks**

•**da·ge·lijks** [bijvoeglijk naamwoord]
een dagelijkse gebeurtenis gebeurt elke dag ✦ *Herman had zijn dagelijkse hoeveelheid fruit nog niet op*
het dagelijks bestuur: het bestuur met de algemene leiding

da·gen [daagde, heeft gedaagd]
1 iemand voor de rechter dagen: iemand voor de rechter laten komen
2 het begint me te dagen: ik begin het te begrijpen

da·gen·lang [bijwoord]
gedurende veel dagen ✦ *hij is dagenlang bezig geweest met zijn computer*

de **da·ge·raad**
het moment dat de zon opkomt

het **dag·licht**
het licht van de zon = het zonlicht ✦ *bij daglicht ziet de stof er heel anders uit dan bij een lamp*
dat kan het daglicht niet verdragen: dat had niet mogen gebeuren; dat is fout
iemand in een kwaad daglicht stellen: dingen over iemand vertellen waardoor mensen slecht over hem gaan denken

de **dag·vaar·ding** [dagvaardingen]
een brief waarin staat dat je voor de rechter moet komen rechtspraak

het **dag·ver·blijf** [dagverblijven]
een plaats waar kinderen of bijv. zieke of gehandicapte mensen overdag begeleid worden

de **dah·lia** [dahlia's]
een bepaalde plant die in de herfst bloemen heeft

dahlia

het **daim** (in België)
een soort zacht leer = het suède

het •**dak** [daken]
de bovenkant van een gebouw of van bijv. een auto ✦ *het dak van het nieuwe huis moest voor de winter klaar zijn*
uit je dak gaan: gekke dingen doen omdat je heel blij bent
iets op je dak krijgen: de schuld van iets krijgen
iets van de daken schreeuwen: iets overal bekendmaken

de **dak·goot** [dakgoten]
een smalle bak langs de onderste rand van het dak waar de regen in komt

de **dak·ka·pel** [dakkapellen]
een recht raam in een schuin dak, zodat er meer ruimte is in het gebouw

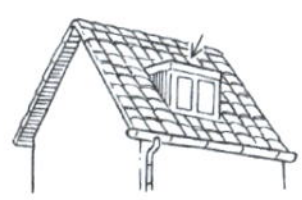

dakkapel

dak·loos [bijvoeglijk naamwoord]
iemand die dakloos is, heeft geen huis ✦ *na de enorme regen waren duizenden mensen dakloos*

de **dak·pan** [dakpannen]
elk van de gebogen plaatjes van klei op een dak

dakpan

het •**dal** [dalen]
een lage plaats tussen bergen of heuvels ✦ *het dal was zo smal dat er geen ruimte was voor een weg*
pieken en dalen: betere en slechtere resultaten
door een diep dal gaan: het een tijd heel moeilijk hebben
uit het dal klimmen: na een moeilijke tijd weer sterker worden ✦ *het bedrijf is na jaren van slechte resultaten uit het dal geklommen*

•**da·len** [daalde, is gedaald]
1 naar beneden gaan ⇔ stijgen [iets daalt] ✦ *iedere drie minuten daalt er een vliegtuig*
2 minder waard worden = zakken ⇔ stijgen [waarden, prijzen dalen] ✦ *de euro daalt* ✦ *de rente is met 0,6 procent gedaald*

de **dam** [dammen]
een smalle, lange strook grond in een rivier of een sloot waardoor het water niet verder kan ✦ *door de aanleg van de dam ontstond er een groot meer*
het hek is van de dam: er ontstaan grote problemen

de •**da·me** [dames]
1 een nette, deftige vrouw ✦ *in die jurk zag ze eruit als een dame*
2 (formeel) de vrouw ✦ *er waren aparte wc's voor dames en heren*

de **damp** [dampen]
kleine deeltjes in de lucht die je als wolk kunt zien; gas van een stof die normaal een vloeistof is ✦ *er kwam veel damp uit de pan*

de **damp·kap** [dampkappen] (in België)
een instrument in de keuken dat lucht weghaalt boven de plaat waarop je kookt = de afzuigkap

de **damp·kring** [dampkringen]
de laag lucht rond de aarde en sommige andere planeten

•**dan**[1] [bijwoord]
1 op die tijd; op dat moment in de toekomst ✦ *kom straks even terug, dan heb ik meer tijd*
2 vervolgens; daarna ✦ *eerst gaat Heleen op vakantie, en dan Marjon*
3 dit woord gebruik je om het gevolg van iets te laten zien na een zin met 'als' of 'wanneer' ✦ *als je hard studeert, dan slaag je zeker voor je examen*
4 een woordje zonder speciale betekenis ✦ *heeft niemand dan iets gezien?*

•**dan**[2] [voegwoord]
dit woord gebruik je om een vergelijking te maken na een vergrotende trap ✦ *de zoon is nu al groter dan zijn vader*

da·nig [bijwoord]
erg; flink ✦ *het vertrouwen in de minister was danig afgenomen*

de •**dank**
de keer dat je laat merken dat je blij bent dat iemand iets voor je heeft gedaan ✦ *als dank voor zijn hulp kreeg hij een bos bloemen* ✦ *hartelijk dank voor je hulp*
iemand iets niet in dank afnemen: niet blij zijn met iets wat iemand gedaan heeft
geen dank: dit kun je zeggen als iemand jou bedankt

•**dank·baar** [bijvoeglijk naamwoord]
1 iemand die dankbaar is, is blij met wat hij of zij gekregen heeft = erkentelijk ✦ *de slachtoffers waren dankbaar voor alle hulp die ze hadden gekregen* ✦ *ze maakte dankbaar gebruik van zijn aanbod om haar te helpen*
2 dankbaar werk geeft je een tevreden gevoel ✦ *het verzorgen van oude mensen is dankbaar werk*

•**dan·ken** [dankte, heeft gedankt]
laten merken dat je blij bent dat iemand iets voor je heeft gedaan [iemand dankt iemand (voor iets)] ✦ *toen alles klaar was, dankte hij de ploeg voor het vele werk*
iets aan iemand of iets te danken hebben: iets krijgen dankzij iemand of iets ✦ *hij heeft zijn succes vooral te danken aan zijn mooie stem*

•**dank·zij** [voorzetsel]
na dit woord noem je de oorzaak van iets positiefs ✦ *dankzij jou hebben we toch gewonnen*

de **dans** [dansen]
1 de keer dat iemand danst ✦ *veel moderne dansen komen uit Zuid-Amerika*

2 de dans ontspringen: nét van een gevaar gered worden

•**dan·sen** [danste, heeft gedanst]

1 mooie passen maken op de maat van de muziek [iemand danst (iets)] ✦ *wil je met mij dansen?* ✦ *Dorine danste de tango*

2 op en neer bewegen [iets danst] ✦ *ik was zo moe dat de letters voor mijn ogen dansten*

het **dans·ge·zel·schap** [dansgezelschappen]

een groep mensen die dansuitvoeringen geeft ✦ *we gaan vanavond naar een voorstelling van een Iers dansgezelschap* uitgaan

dap·per [bijvoeglijk naamwoord]

iemand die dapper is, durft gevaarlijke dingen te doen = moedig ✦ *een paar dappere jongens haalden het kind uit het water*

de **dar** [darren]

een mannelijke bij dieren

de **darm** [darmen]

1 het deel van je lichaam tussen je maag en je anus ✦ *hij moet steeds naar de wc, omdat hij last van zijn darmen heeft*

de blinde darm: een klein stukje darm zonder functie, dat soms ontstoken raakt

de dunne darm: het deel van je darm waar stoffen uit het eten in je bloed komen

de dikke darm: het deel van je darm waar het water uit de ontlasting wordt gehaald

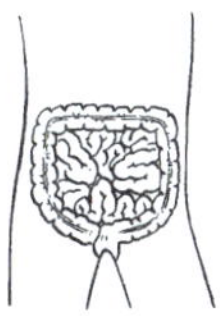

darm 1

2 (in België) een dunne buis van rubber of van plastic ✦ *het darmpje aan de kraan is kapot*

de **das** [dassen]

1 een lang stuk stof dat je om je hals draagt = de sjaal

dat doet hem de das om: daardoor gaat het helemaal fout met hem

2 een lang stuk stof dat de knopen van het overhemd van een man bedekt = de stropdas ✦ *bij dit feest is een das voor heren verplicht*

3 een dier met een zwart-witte streep over zijn rug

das 3

het **dash·board** [dashboards]

de plaat in een auto waarop je de klokjes en de meters kunt zien

•**dat**[1] [voornaamwoord]

1 [aanwijzend voornaamwoord] dit woord gebruik je bijv. voor iets dat je aanwijst of voor iets dat verder weg is; het wordt gebruikt bij woorden die 'het' als lidwoord hebben ✦ *wilt u dit of dat overhemd kopen?* ✦ *dan loopt u naar dat witte huis, en daar gaat u naar rechts*

2 [aanwijzend voornaamwoord] dit woord gebruik je als je praat over iets dat bekend is binnen het gesprek ✦ *dat weet ik niet* ✦ *rust, dat heeft hij nodig*

3 [betrekkelijk voornaamwoord] dit woord gebruik je als je praat over iets of iemand waarover je iets wilt vertellen; er volgt een bijzin ✦ *het laatste boek dat ik heb gelezen, ging over Zuid-Amerika* ✦ *hij kent het meisje dat de prijs gewonnen heeft*

•**dat**[2] [voegwoord]

1 dit woord gebruik je als eerste woord van een bijzin ✦ *je kon zien dat hij niet tevreden was* ✦ *twee jaar geleden was Gerda zo dik dat ze bijna niet meer kon lopen* ✦ *ik ben blij dat ik gezond ben*

2 dit woord gebruik je als je iets heel duidelijk wilt zeggen ✦ *moeilijk dat het examen was!*

de **da·ta** [meervoud]

1 gegevens ✦ *zodra alle data verzameld zijn, gaan we het rapport schrijven*

2 het meervoud van 'datum' ✦ *ik kan niet alle data onthouden*

de **da·ta·bank** [databanken]

een verzameling gegevens, vaak in een computer = de database ✦ *de dokter keek in de databank met gegevens over zijn patiënten*

de **da·ta·base** [databases]

een grote hoeveelheid gegevens, meestal in een computer ✦ *we hebben een database met de namen en adressen van*

da

alle klanten

da·te·ren [dateerde, heeft gedateerd]
een datum ergens op zetten = dagtekenen [iemand dateert iets]

dat·ge·ne [aanwijzend voornaamwoord]
dit woord gebruik je om te praten over iets wat je later in de zin zegt ✦ *hij vindt dat je uitsluitend datgene moet doen wat je leuk vindt*

da·to [bijwoord] (Latijn)
na dato: later; na de genoemde datum of gebeurtenis ✦ *in 1999 overleed de man, en vier jaar na dato komt er nog steeds post voor hem*

de **•da·tum** [data, datums]
de dag en het jaar waarop iets gebeurt of gebeurd is ✦ *weet jij welke datum het vandaag is?* ✦ *ik vergeet altijd de datum waarop jij jarig bent*

de **dauw**
kleine druppels water die je 's ochtends op planten kunt zien
voor dag en dauw: 's morgens heel vroeg

de **da·ver** (in België)
de daver op het lijf hebben: erg bang zijn

da·ve·rend [bijvoeglijk naamwoord]
een daverende lach is een heel harde lach; een daverend succes is een groot succes
het is niet zo daverend: het is niet erg geweldig

d.d. [afkorting]
de dato: deze letters gebruik je om te zeggen van welke datum iets is ✦ *in antwoord op uw brief d.d. 12 maart 2002 kan ik u meedelen …*

•de [lidwoord]
een woord dat voor een zelfstandig naamwoord kan staan ✦ *dat is de auto van Piet* ✦ *de kinderen van de buren maken altijd veel lawaai*

de **dead·line** [deadlines]
de uiterste datum waarop iets moet gebeuren ✦ *hij moet een stuk voor de cursus schrijven en de deadline is maandag*

de **deal** [deals]
een afspraak met elkaar = de overeenkomst ✦ *nu pas is bekend geworden dat de president een deal had met een grote oliemaatschappij*

dea·len in [dealde in, heeft gedeald in]
handelen in iets [iemand dealt in iets, bijv. in auto's]

het **de·ba·cle** [debacles]
het feit dat iets helemaal niet lukt = het fiasco ✦ *het was een debacle dat er niemand naar de voorstelling kwam kijken*

het **de·bat** [debatten]
een openbare discussie ✦ *morgen komt het grote politieke debat op tv*

de·bat·te·ren [debatteerde, heeft gedebatteerd]
een discussie voeren terwijl er publiek bij is [mensen debatteren (over iets)] ✦ *tijdens de vergadering is er een uur lang gedebatteerd over de problemen met het vervoer*

de·bet [bijvoeglijk naamwoord]
debet zijn aan iets: de schuld zijn van iets ✦ *het slechte weer is debet aan de hoge prijzen voor groente*

de·bu·te·ren [debuteerde, heeft gedebuteerd]
voor de eerste keer optreden [iemand debuteert (met iets)] ✦ *Roos debuteert vanavond op het toneel*

het **de·buut** [debuten]
1 de keer dat iemand debuteert* ✦ *in het begin van haar debuut was Debora erg zenuwachtig*
2 iets waarmee je debuteert*, bijv. een boek

de·ca-
tien ✦ *een decameter is tien meter*

de·ca·dent [bijvoeglijk naamwoord]
een decadente persoon leeft op een dure manier en heeft daardoor geen sterk karakter; iets wat decadent is, is overdreven rijk en duur ✦ *ze verhuisden naar een decadente buurt, met bij ieder huis een zwembad*

de **•de·cem·ber**
de twaalfde maand van het jaar **maanden**

het **de·cen·ni·um** [decennia]
een periode van tien jaar ✦ *het bedrijf heeft de laatste decennia te weinig winst gemaakt*

de·ci-
het tiende deel van iets ✦ *twintig centimeter is twee decimeter*

de **de·ci·li·ter** [deciliters]
een tiende liter **meten**

de **de·ci·me·ter** [decimeters]
tien centimeter **meten**

de **de·cla·ra·tie** [declaraties]

een rekening voor geleverde diensten of gemaakte kosten ✦ *de adviseur heeft volgens de declaratie twee dagen gewerkt*

de·cla·re·ren [declareerde, heeft gedeclareerd]
een rekening geven voor de gemaakte kosten [iemand declareert kosten] ✦ *u kunt alle reiskosten declareren*

het **de·cor** [decors]
1 de achtergrond op het toneel of op de tv
2 de achtergrond; de omgeving ✦ *de film gaat over een onmogelijke liefde tegen het decor van de oorlog*

de **de·co·ra·tie** [decoraties]
1 extra dingen die geen functie hebben, maar er alleen zijn om iets mooier te maken ✦ *de gaatjes in deze schoenen dienen uitsluitend als decoratie*
2 een voorwerp als teken dat iemand iets bijzonders heeft gedaan = de onderscheiding ✦ *de vrouw kreeg van de burgemeester een decoratie voor haar werk met kinderen*

het **de·creet** [decreten]
1 een bevel van de regering ✦ *er werd per decreet besloten dat niemand na acht uur 's avonds naar buiten mocht*
2 (in België) de wet van een gemeenschap of van een gewest

de·den *zie:* **doen**

het **deeg**
een mengsel van onder andere meel en melk of water, waarvan je brood of koek kunt maken ✦ *zij maakte het deeg voor het brood*

de **dee·jay** [deejays]
iemand die muziek laat horen voor de radio of in een zaal met publiek = de diskjockey

het **•deel** [delen]
1 elk van de stukken waarin iets verdeeld kan worden ✦ *het grootste deel van het werk is inmiddels gedaan*
deel uitmaken van iets: een deel van iets zijn ✦ *hij maakt deel uit van een groep mensen die iedere zaterdag samen gaan wandelen*
2 een boek uit een serie boeken die bij elkaar horen ✦ *het boek verscheen in drie delen*

de **deel·ge·noot**
iemand deelgenoot maken van iets: iemand iets vertellen ✦ *ze maakte haar vriendin deelgenoot van haar plannen*

•deel·ne·men aan [nam deel aan, heeft deelgenomen aan]
meedoen aan iets [iemand neemt deel aan iets] ✦ *zij nam enthousiast deel aan de cursus*

de **deel·ne·ming**
1 de keer dat je deelneemt ✦ *de wedstrijd gaat om deelneming aan de Olympische Spelen*
2 je deelneming betuigen aan iemand: zeggen dat je het erg vindt dat iemand verdriet heeft ✦ *toen hij had gehoord dat haar man was overleden, betuigde hij zijn deelneming*

deels [bijwoord]
voor een gedeelte = gedeeltelijk ✦ *het resultaat wordt deels veroorzaakt door andere factoren*

de **deel·staat** [deelstaten]
een tamelijk zelfstandig deel van een staat ✦ *Duitsland en India zijn verdeeld in deelstaten*

de **deel·tijd** [deeltijden]
niet de volledige tijd ✦ *Annette werkt in deeltijd*

het **deel·woord** [deelwoorden]
het voltooid deelwoord: de vorm van een werkwoord voor een handeling die klaar is ✦ *'gewerkt' is het voltooid deelwoord van 'werken'*

het **de·fect**[1] [defecten]
de plek waar iets kapot is in een apparaat, een voertuig enz. ✦ *door een defect aan het spoor vertrokken alle treinen te laat*

de·fect[2] [bijvoeglijk naamwoord]
kapot ✦ *er moest iemand komen om de defecte machine te maken*

de **de·fen·sie**
de organisatie die iets beschermt, bijv. een land ✦ *vorig jaar werd er meer geld dan ooit uitgegeven aan defensie*

de·fen·sief [bijvoeglijk naamwoord]
een defensieve houding is een houding om jezelf te beschermen ✦ *de tegenstander was erg sterk, dus de ploeg speelde defensief*

de·fi·ni·ë·ren [definieerde, heeft gedefinieerd]
in één zin precies uitleggen wat een woord of een begrip betekent [iemand definieert een woord of een begrip]

de **de·fi·ni·tie** [definities]

de verklaring van een woord of een begrip ✦ *het was een ingewikkelde definitie, maar zij begreep hem wel*
per definitie: altijd; in alle gevallen ✦ *mensen met een opleiding zijn niet per definitie slimmer dan mensen zonder opleiding*

•de·fi·ni·tief [bijvoeglijk naamwoord]
iets wat definitief is, is klaar en wordt niet meer veranderd ⇔ voorlopig ✦ *zolang er nog geen definitieve oplossing is, geef ik les aan groep drie*

def·tig [bijvoeglijk naamwoord]
deftige mensen komen uit een goede familie en gedragen zich erg netjes = voornaam ✦ *alle dames droegen die avond deftige kleren*

•de·ge·lijk [bijvoeglijk naamwoord]
1 iets wat degelijk is, heeft een goede kwaliteit en gaat niet snel kapot ✦ *de nieuwe stoel was mooi, maar niet erg degelijk*
2 een degelijke persoon is trouw en eerlijk, maar ook een beetje saai
3 wel degelijk: zeker wel, hoewel je misschien iets anders verwacht ✦ *eerst werd gezegd dat het huwelijk niet doorging, maar ze gaan wel degelijk trouwen*

•de·ge·ne [aanwijzend voornaamwoord]
de persoon ✦ *Greetje is degene aan wie je dat kunt vragen*

de·gra·de·ren [degradeerde]
1 [heeft gedegradeerd] iemand een lagere positie geven, bijv. in zijn werk [iemand degradeert iemand] ✦ *toen bleek dat Stijn zijn werk slecht deed, werd hij gedegradeerd*
2 [is gedegradeerd] een lagere positie krijgen, bijv. in je werk [iemand degradeert] ✦ *onze ploeg degradeerde nadat we vijf keer verloren hadden*

dei·nen [deinde, heeft gedeind]
rustig bewegen op de golven [een schip deint] ✦ *de mensen deinden op de maat van de muziek*

de **dei·ning**
1 het op en neer bewegen van golven ✦ *door de deining op de golven werd haast iedereen op het schip ziek*
2 protest en onrust bij veel mensen ✦ *het voorstel van de minister veroorzaakte veel deining*

het **dek** [dekken]
1 de plaats waar je op een schip buiten kunt zijn
2 een laag die over iets heen ligt ✦ *op de auto lag een dek van sneeuw*

het **dek·bed** [dekbedden]
een zak gevuld met bijv. veren, om onder te slapen

de **•de·ken** [dekens]
een dik en warm stuk stof op je bed om onder te slapen

dek·ken [dekte, heeft gedekt]
1 beschermen, soms door te liegen [iemand dekt iemand] ✦ *de soldaten dekten de mensen uit het dorp toen er geschoten werd*
2 vorken, lepels, messen, borden en glazen op tafel leggen [iemand dekt (de tafel)] ✦ *heb je nu nog steeds de tafel niet gedekt?*
3 bereid zijn te betalen [iemand dekt bijv. schade, kosten, risico] ✦ *je hoeft je geen zorgen te maken, want de verzekering dekt de kosten*
4 maken dat een dier een jong dier krijgt = bevruchten [een mannetjesdier dekt een vrouwtjesdier] ✦ *toen de koe was gedekt, moest ze terug naar de stal*

de **dek·king** [dekkingen]
1 het feit dat iets gedekt* (bet. 3) wordt door de verzekering ✦ *u hebt geen dekking voor kosten in het buitenland*
2 dekking zoeken: een plek zoeken waar je veilig bent

de **dek·man·tel** [dekmantels]
een situatie die wordt bedacht om een verboden situatie niet te laten opvallen ✦ *het leek een gewoon kantoor, maar het was een dekmantel voor misdaad*

het **dek·sel** [deksels]
een ding waarmee je bijv. een pan of een pot kunt afsluiten ✦ *hij kreeg het deksel van de pot niet open*

de **del** [dellen]
een vrouw die te veel met mannen en seks bezig is

de·le
ten dele: voor een deel; niet helemaal ✦ *de stichting kreeg het bedrag maar ten dele*

de **de·le·ga·tie** [delegaties]
een kleine groep mensen die een grote groep vertegenwoordigt ✦ *een delegatie van de werknemers mocht bij de directeur komen*

de·le·ge·ren [delegeerde, heeft gedele-

geerd]
1 vertegenwoordiger laten zijn van een groep mensen = afvaardigen [iemand delegeert iemand] ✦ *hij was gedelegeerd om bij de vergadering te zijn*
2 een bepaalde taak door iemand anders laten doen [iemand delegeert een taak (aan iemand)] ✦ *de minister delegeert het meeste werk aan zijn ambtenaren*

•**de·len** [deelde, heeft gedeeld]
1 verdelen; aan ieder een deel geven [iemand deelt iets (met iemand)] ✦ *je moet het snoep eerlijk delen met je vriendje hoor!*
2 je gevoelens of gedachten aan iemand vertellen [iemand deelt iets (met iemand anders)] ✦ *ze kon haar verdriet niet met haar broer delen*
3 (rekenen) verdelen [iemand deelt een getal door een ander getal] ✦ *acht gedeeld door twee is vier (8 : 2 = 4)*

de **delf·stof** [delfstoffen]
een nuttige stof uit de aarde, zoals zilver of goud ✦ *het land was rijk aan delfstoffen*

de·li·caat [bijvoeglijk naamwoord]
een delicate kwestie is een kwestie waarover je niet makkelijk kunt praten = gevoelig, kwetsbaar ✦ *de verhouding tussen de VS en China is op het ogenblik erg delicaat*

de **de·li·ca·tes·se** [delicatessen, delicatesses]
iets bijzonders dat heel lekker is ✦ *er is een nieuwe winkel in de stad waar je allerlei delicatessen kunt kopen*

het **de·lict** [delicten]
een daad die volgens de wet niet mag = de misdaad, het vergrijp ✦ *voor dit financiële delict kun je tien jaar straf krijgen*

de **de·lin·quent** [delinquenten]
iemand die een misdaad heeft gepleegd = de misdadiger, de crimineel ✦ *dit huis is bedoeld voor jeugdige delinquenten*

de **del·ta** [delta's]
een gebied waar een rivier via kleine riviertjes in zee komt

del·ven [dolf of delfde, heeft gedolven]
diep uit de grond halen [iemand delft iets, bijv. goud of erts]
het onderspit delven: een strijd verliezen ✦ *na een lange ruzie met haar werkgever dolf ze het onderspit*

de·ment [bijvoeglijk naamwoord]
een demente persoon is verward en vergeet alles

de **de·mo·craat** [democraten]
iemand die gelooft in de democratie

de•**de·mo·cra·tie** [democratieën]
het bestuur over een land waarbij het volk veel invloed heeft

de **de·mon** [demonen, demons]
een kwade geest = de duivel

de **de·mon·stra·tie** [demonstraties]
1 de keer dat iemand iets demonstreert* (bet. 1)
2 de keer dat mensen demonstreren* (bet. 2) = de betoging

de·mon·stra·tief [bijvoeglijk naamwoord]
iemand die iets demonstratief doet, wil dat iedereen dat ziet ✦ *de voorzitter was erg boos en hij verliet demonstratief de zaal*

de·mon·stre·ren [demonstreerde, heeft gedemonstreerd]
1 laten zien hoe iets werkt [iemand demonstreert iets] ✦ *kan iemand me demonstreren hoe deze tv werkt?*
2 bij elkaar komen om te laten zien dat je ergens voor of tegen bent [iemand demonstreert (tegen iets)] ✦ *tweeduizend mensen hebben gisteren gedemonstreerd tegen de oorlog*

dem·pen [dempte, heeft gedempt]
1 dichtmaken [iemand dempt een gracht, een sloot enz.] ✦ *in 1920 is de gracht gedempt en in 1921 begon men met de bouw van huizen*
2 minder luid maken [iets dempt (geluid)] ✦ *om het geluid van de piano te dempen moet je de gordijnen sluiten*

de **den**[1] [dennen]
een boom met naalden

den[1]

den[2] [lidwoord]
dit woord is een oude vorm van de lidwoorden 'de' of 'het' ✦ *op den duur moet dat fout gaan*

den·de·ren [denderde, heeft gedenderd]

snel en met veel geluid rijden [iets dendert] ✦ *elk half uur dendert hier een trein voorbij*

denk·baar [bijvoeglijk naamwoord]
iets wat denkbaar is, is mogelijk ✦ *het is goed denkbaar dat ik volgend jaar stop met werken*

het **denk·beeld** [denkbeelden]
het idee; de gedachte = de opvatting ✦ *sommigen in de partij hebben andere denkbeelden dan de leider*

denk·beel·dig [bijvoeglijk naamwoord]
iets wat denkbeeldig is, bestaat alleen in gedachten ✦ *de man lijdt aan allerlei denkbeeldige ziekten*
dat is niet denkbeeldig: dat is mogelijk ✦ *het is niet denkbeeldig dat hij al het werk opnieuw moet doen*

•**den·ken** [dacht, heeft gedacht]
1 je hersens laten werken = nadenken [iemand denkt] ✦ *stil, ik moet even denken*
2 een bepaalde mening hebben [iemand denkt iets] ✦ *ik weet niet zeker of de winkel open is, maar ik denk het wel* ✦ *hij denkt dat hij de leukste man op kantoor is*

•**den·ken aan** [dacht aan, heeft gedacht aan]
1 in gedachten hebben [iemand denkt aan iets of iemand] ✦ *ik denk nog vaak aan de vakantie van 2003*
2 niet vergeten te doen [iemand denkt aan iets] ✦ *denk eraan dat je morgen naar de tandarts moet!*
3 ik denk er niet aan!: ik doe het zeker niet!

•**den·ken om** [dacht om, heeft gedacht om]
niet vergeten te doen [iemand denkt om iets] ✦ *de deur is laag, dus denk om je hoofd*

•**den·ken over** [dacht over, heeft gedacht over]
het plan hebben [iemand denkt over iets] ✦ *hij denkt erover om een andere baan te nemen*

de **denk·pis·te** [denkpistes] (in België)
een manier van denken ✦ *we hebben geen bezwaren tegen deze denkpiste*

de **de·o·do·rant** [deodorants]
een middel tegen transpiratie

het **de·par·te·ment** [departementen]
een afdeling van de regering = het ministerie overheid

de **de·pen·dan·ce** [dependances]
een extra gebouw dat niet het hoofdgebouw is = het bijgebouw ✦ *de les Engels wordt in een dependance gegeven*

de·po·ne·ren [deponeerde, heeft gedeponeerd]
1 plaatsen; zetten; leggen [iemand deponeert iets ergens]
2 laten bewaren [iemand deponeert iets ergens] ✦ *als je veel geld hebt, moet je dat op verschillende rekeningen deponeren*

de·por·te·ren [deporteerde, heeft gedeporteerd]
wegbrengen naar een kamp waar iemand gevangen gehouden wordt [iemand deporteert iemand] ✦ *veel Nederlandse joden zijn in de Tweede Wereldoorlog naar Duitsland en Polen gedeporteerd*

het **de·pot** [depots]
een ruimte waar spullen worden bewaard ✦ *reizigers kunnen hun bagage bij het depot ophalen*

de **de·pres·sie** [depressies]
1 een sombere stemming die lang duurt ✦ *elke winter heeft hij last van een depressie*
2 lage luchtdruk die slecht weer veroorzaakt ✦ *na dinsdag zal de depressie voorbij zijn*

de·pres·sief [bijvoeglijk naamwoord]
een depressieve persoon is langere tijd somber ✦ *na de dood van zijn vrouw werd Carlo depressief*

de **De·pu·ta·tie** (in België)
de Bestendige Deputatie: het dagelijks bestuur van een provincie

der [lidwoord]
dit is een oude vorm van het lidwoord 'de'; de betekenis is 'van de' ✦ *de man is één van de rijkste mensen der aarde*

•**der·de** [rangtelwoord]
3e getallen

de·ren [deerde, heeft gedeerd]
pijn doen; vervelend zijn [iets deert iemand niet] ✦ *de koude wind deerde hem niet*

•**der·ge·lijk** [aanwijzend voornaamwoord]
zulk; zo'n ✦ *u weet dat ik op dergelijke vragen geen antwoord geef*
en dergelijke: en meer van zulke zaken ✦ *in het centrum staan veel cafés, restau-*

rants en dergelijke

der·hal·ve [bijwoord] (formeel)
dus ✦ *in veel landen hebben ambtenaren een laag loon en derhalve willen ze graag extra geld verdienen*

der·ma·te [bijwoord] (formeel)
zo; zodanig ✦ *ze was dermate verbaasd dat ze niets meer kon zeggen*

der·tien [hoofdtelwoord]
13 getallen

der·tig [hoofdtelwoord]
30 getallen

des[1] [bijwoord] (met een vergrotende trap)
des te: nog veel meer dan al eerder werd gezegd ✦ *als ze ook niet met elkaar praten, is dat des te erger*

des[2] [lidwoord] (ouderwets)
dit is een oude vorm van de lidwoorden 'de' of 'het'; de betekenis is 'van de' of 'van het' ✦ *lekker eten is voor Tijmen een van de genoegens des levens*

des·al·niet·te·min [bijwoord] (formeel)
toch ✦ *er is wel een afspraak gemaakt over het roken, maar desalniettemin blijft het probleem bestaan*

de·sas·treus [bijvoeglijk naamwoord]
een desastreuze gebeurtenis is heel vervelend of heeft heel slechte gevolgen = rampzalig ✦ *de natte zomer is desastreus geweest voor veel boeren*

des·be·tref·fend [bijvoeglijk naamwoord]
met dit woord bedoel je de persoon of de zaak die je eerder hebt genoemd = betreffend ✦ *de desbetreffende persoon dient de fout geparkeerde auto onmiddellijk te verwijderen*

de **de·ser·teur** [deserteurs]
iemand die ergens weggaat waar hij eigenlijk moet blijven

des·ge·vraagd [bijwoord]
als reactie op een vraag ✦ *desgevraagd antwoordde de werknemer dat het niet zijn fout was*

des·ge·wenst [bijwoord]
als het gewenst wordt ✦ *voeg desgewenst wat water toe*

het **de·sign** [designs]
de manier waarop een product eruitziet = de vormgeving

de **des·il·lu·sie** [desillusies]
een grote teleurstelling ✦ *het was een grote desillusie dat ik die baan niet kreeg*

des·kun·dig [bijvoeglijk naamwoord]
een deskundige persoon weet veel over een onderwerp ✦ *hij is deskundig op het gebied van elektrische apparaten*

de **des·kun·di·ge** [deskundigen]
iemand die deskundig* is ✦ *ze vroeg het advies van een deskundige*

des·noods [bijwoord]
als het niet anders kan ✦ *desnoods gaan we naar een andere stad om een hotel te zoeken*

des·on·danks [bijwoord]
ondanks wat er eerder is gebeurd ✦ *hij was ziek, maar desondanks ging hij naar zijn werk*

de **des·poot** [despoten]
iemand die te streng en niet eerlijk heerst ✦ *de bevolking was blij toen de despoot naar het buitenland vluchtte*

het **des·sert** [desserts]
zoet eten aan het einde van de maaltijd = het toetje ✦ *ze vindt ijs het lekkerste dessert* maaltijden

des·tijds [bijwoord]
toen; in die tijd ✦ *destijds waren er nog geen computers*

het ***de·tail** [details]
een klein onderdeeltje = de bijzonderheid ✦ *ik vertel u alleen de belangrijkste punten van het nieuws want de details zijn niet zo interessant*

de **de·tail·han·del** [detailhandels]
de winkels die aan mensen verkopen en niet aan bedrijven ⇔ de groothandel ✦ *de detailhandel heeft dit jaar drie procent meer winst gemaakt*

de **de·tec·ti·ve** [detectives]
1 iemand die betaald wordt om informatie over iemand of iets te verzamelen
2 een boek waarin een moord wordt opgelost ✦ *voordat ze gaat slapen, leest ze graag een detective*

de **deugd** [deugden]
1 een goede eigenschap van iemand ⇔ de ondeugd ✦ *ik vind eerlijkheid een van de belangrijkste deugden*
2 het doet me deugd: ik ben er blij om

deug·de·lijk [bijvoeglijk naamwoord]
iets dat deugdelijk is, is goed gemaakt of van goede kwaliteit ✦ *deze oude fiets is heel deugdelijk, want hij doet het nog heel goed*

deu·gen [deugde, heeft gedeugd]

de

goed zijn [iemand of iets deugt niet] ✦ *toen hij de resultaten zag, wist hij dat het onderzoek niet deugde*

de **deuk** [deuken]
de plaats waar iets naar binnen is gebogen, doordat iets er hard tegenaan is gekomen ✦ *na het ongeluk zat er een grote deuk in de auto*

de **deun** [deunen]
de muziek van een liedje = de wijs ✦ *zij had al dagenlang een deuntje in haar hoofd*

de **•deur** [deuren]
een grote plaat die een opening afsluit in bijv. een kamer, een kast of een auto
dat doet de deur dicht: dat is zo erg dat ik het niet langer aanvaard
dat is niet naast de deur: dat is ver weg
met de deur in huis vallen: meteen de belangrijke dingen zeggen

de **deur·post** [deurposten]
de rand rondom de opening van een deur

de **deur·waar·der** [deurwaarders]
iemand die zorgt dat mensen hun schulden betalen ✦ *toen ze na een jaar nog niet had betaald, liet de deurwaarder dingen uit haar huis halen*

de **de·va·lu·a·tie** [devaluaties]
het verschijnsel dat geld minder waard wordt ✦ *na de devaluatie van de Russische roebel is de productie in Rusland toegenomen*

het **de·vies** [deviezen]
een regel die iemand voor zichzelf heeft ✦ *vroeg naar bed, dat is mijn devies*

•de·ze [aanwijzend voornaamwoord]
1 dit woord gebruik je bijv. voor iets dat je aanwijst en dat dichtbij is; het wordt gebruikt bij woorden die 'de' als lidwoord hebben ✦ *deze computer is snel, maar die is langzaam*
2 wie of wat het laatst genoemd is ✦ *ze riep haar man, maar deze hoorde haar niet*

•de·zelf·de [aanwijzend voornaamwoord]
dit woord gebruik je als iets gelijk is aan iets anders, bij een de-woord; bij een het-woord wordt 'hetzelfde' gebruikt ✦ *ze heeft dezelfde bril gekocht als haar zus*

de **dia** [dia's]
een klein stuk film, waarmee je een beeld dat niet beweegt kunt projecteren

de **di·a·be·tes**
een ziekte waarbij je te veel suiker in je bloed hebt = de suikerziekte ✦ *omdat hij diabetes heeft, moet hij voorzichtig zijn met eten*

de **di·ag·no·se** [diagnoses]
het vaststellen welke ziekte iemand heeft ✦ *de vrouw schrok erg toen de dokter haar de diagnose vertelde*

de **di·a·go·naal[1]** [diagonalen]
de schuine lijn die de hoeken van een vlak met elkaar verbindt

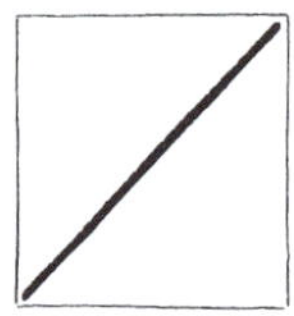

diagonaal[1]

di·a·go·naal[2] [bijvoeglijk naamwoord]
een diagonale lijn verbindt de hoeken van een vlak met elkaar

het **di·a·gram** [diagrammen]
een voorstelling van iets door lijnen, tekens enz. ✦ *in dit diagram ziet u dat het bedrijf meer winst gemaakt heeft dan vorig jaar*

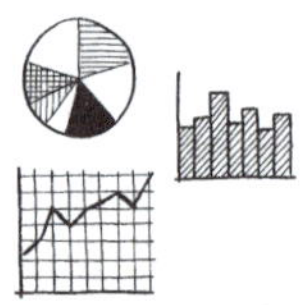

diagram

het **di·a·lect** [dialecten]
een taal die in een gebied wordt gesproken, en die een beetje anders is dan de officiële taal ✦ *thuis spreek ik dialect, maar op school spreek ik gewoon Nederlands*

> In Nederland wordt nog veel dialect gesproken, bijv. in Groningen, in de Achterhoek en in Limburg. Ook België kent nog veel dialecten, bijv. het West-Vlaams of het Antwerps.

de **di·a·loog** [dialogen]
een gesprek tussen twee mensen of twee groepen mensen ✦ *de film bestond uit een lange dialoog tussen een moeder en haar dochter*

de **di·a·mant** [diamanten]
een heel dure edelsteen

diamant

de **di·a·me·ter** [diameters]
de afstand van een punt op een cirkel naar het punt ertegenover = de doorsnede ✦ *de diameter van de boom is meer dan twee meter*

de **di·ar·ree**
een ziekte waarbij je heel vaak moet poepen ✦ *ze heeft diarree omdat ze iets verkeerds heeft gegeten*

•**dicht**[1] [bijvoeglijk naamwoord]
iets dat dicht is, is niet open = gesloten ✦ *wil jij even controleren of de ramen dicht zijn?* ✦ *zij wilde wat kopen, maar de winkel was dicht*

•**dicht**[2] [bijwoord]
zonder dat er veel ruimte tussen zit ✦ *de mensen stonden dicht tegen elkaar*

•**dicht·bij** [bijvoeglijk naamwoord]
iets wat dichtbij is, is niet ver ✦ *de supermarkt is hier heel dichtbij*

dich·ten [dichtte, heeft gedicht]
1 een gedicht schrijven [iemand dicht (over iets)] ✦ *hij dicht de laatste tijd vooral over de liefde*
2 zorgen dat iets dicht wordt = dichtmaken [iemand dicht een gat] ✦ *het gat in het dak is nog niet gedicht*

de **dich·ter** [dichters] **dich·te·res** [dichteressen]
iemand die gedichten schrijft

het **dic·taat** [dictaten]
1 de dingen die je tijdens het luisteren in een les hebt opgeschreven ✦ *ik mag het dictaat van Hanneke lenen, omdat ik ziek was*
2 iets wat een ander je dwingt te doen ✦ *na weer een dictaat van Brussel protesteerden de boeren*

de **dic·ta·tor** [dictators]
een leider van een land die heel streng en dwingend is = de tiran ✦ *op 20 november 1975 is de Spaanse dictator Franco overleden*

de **dic·ta·tuur** [dictaturen]
een regering waarbij een dictator* de macht heeft

het **dic·tee** [dictees]
zinnen die je moet opschrijven om woorden goed te leren schrijven ✦ *hij schrijft netjes, maar hij maakt nog veel fouten in zijn dictees*

dic·te·ren [dicteerde, heeft gedicteerd]
1 zeggen wat anderen moeten opschrijven [iemand dicteert iets] ✦ *de dokter dicteerde zijn brieven aan zijn medewerkster*
2 zeggen wat anderen moeten doen = voorschrijven [iemand dicteert iets] ✦ *veel maatregelen in de landbouw worden door de Europese Unie gedicteerd*

•**die** [voornaamwoord]
1 [aanwijzend voornaamwoord] dit woord gebruik je bijv. bij een tegenstelling of voor iets dat verder weg is; het wordt dan alleen gebruikt bij woorden die 'de' als lidwoord hebben ✦ *die jas is niet van mij, maar deze wel*
2 [aanwijzend voornaamwoord] dit woord gebruik je om te verwijzen naar iets waarover je eerder hebt gesproken ✦ *heb je die brief nu al geschreven of niet?*
3 [betrekkelijk voornaamwoord] dit woord gebruik je als je praat over iets of iemand waarover je iets wilt vertellen; er volgt een bijzin ✦ *daar staat de auto die we gisteren gekocht hebben*

het **di·eet** [diëten]
de regels die zeggen wat je wel of niet mag eten, bijv. als je ziek bent

de •**dief** [dieven] **die·veg·ge** [dievegges]
iemand die steelt ✦ *de dief wilde de gestolen klok op de markt verkopen*

de **dief·stal** [diefstallen]
de keer dat iemand iets steelt ✦ *de man was al een keer opgepakt wegens diefstal*

die·ge·ne [aanwijzend voornaamwoord]
die persoon ✦ *wil diegene die het laatst weggaat, het licht uitdoen?*

de **die·naar** [dienaars, dienaren] **die·na·res** [dienaressen]
iemand die iemand anders dient (bet. 2) = de knecht ✦ *de koning reisde met zijn dienaren naar een ver land*

•**die·nen** [diende, heeft gediend]
1 bedoeld of geschikt zijn voor iets [iets dient voor of tot iets] ✦ *waarvoor dient dit knopje?*
2 trouw zijn aan iemand; helpen [iemand dient iets of iemand] ✦ *een minister dient de staat*

3 soldaat zijn [iemand dient] ✦ *mijn zoon heeft vier jaar in het Russische leger gediend*
4 (formeel) moeten [iemand dient (iets) te ...] ✦ *indien de pijn niet verdwijnt, dient u uw arts te waarschuwen*

diens [aanwijzend voornaamwoord]
van hem ✦ *Stephan had Martijn en diens vrienden ook uitgenodigd*

de •**dienst** [diensten]
1 [geen meervoud] de periode dat iemand als soldaat werkt ✦ *de militaire dienst duurt acht maanden*
2 de tijd dat je werkt ✦ *mijn dienst houdt om vier uur op; daarna heeft dokter Jansen dienst*
3 een handeling waarmee je iemand helpt = de service ✦ *het vervoer naar het station is een gratis dienst van ons hotel*
4 een afdeling met een eigen taak ✦ *hij werkt voor de technische dienst van het bedrijf*
5 de dienst uitmaken: de baas zijn
6 een apparaat is buiten dienst: een apparaat werkt niet; iets is kapot

de **dienst·plicht**
de plicht in sommige landen om voor een tijd in het leger te gaan

> In Nederland bestaat de dienstplicht sinds 1996 niet meer. In België sinds 1995.

de **dienst·re·ge·ling** [dienstregelingen]
de vaste tijden waarop bussen of treinen rijden ✦ *door het ongeluk was de dienstregeling veranderd*

het **dienst·ver·band** [dienstverbanden]
de manier waarop je baan is geregeld ✦ *het bedrijf wil zijn dienstverband per 1 maart beëindigen*

de **dienst·ver·le·ning**
hulp die een persoon of instelling biedt aan andere mensen of instellingen ✦ *Helen werkt in de dienstverlening*

•**diep** [bijvoeglijk naamwoord]
1 iets wat diep is, heeft een grote afstand tussen de bovenkant en de onderkant ⇔ ondiep ✦ *de rivier is hier erg diep*
2 iets wat diep is, heeft een grote afstand tussen de voorkant en de achterkant ✦ *bij het huis zit een diepe tuin van ongeveer 20 meter*
3 hevig; erg ✦ *zijn vriendelijke woorden troffen me diep*

diep·gaand [bijvoeglijk naamwoord]
bij een diepgaand onderzoek onderzoekt men alles heel uitgebreid, en wordt er niets vergeten

de **diep·gang**
het niveau; de kwaliteit ✦ *het programma was niet erg interessant, want het had weinig diepgang*

de **diep·te** [diepten, dieptes]
1 de afstand tussen de bovenkant en de onderkant, of tussen de voorkant en de achterkant ✦ *met dit apparaat kun je de diepte van de zee meten* ✦ *weet je de hoogte, breedte en diepte van de kast?*
2 een diepe plaats ✦ *in de diepte zagen ze een klein dorp liggen*

het **diep·te·punt** [dieptepunten]
het moment waarop iets het ergst is ⇔ het hoogtepunt ✦ *het jaar dat Karel geen werk had, was een dieptepunt in hun huwelijk*

de **diep·vries**
een soort kast waarin het vriest en waarin eten heel koud bewaard wordt

diep·zin·nig [bijvoeglijk naamwoord]
een diepzinnige opmerking is een opmerking waaruit blijkt dat je goed hebt nagedacht

het •**dier** [dieren]
een levend wezen dat geen mens of plant is, bijv. een vogel, een vis of een hond = het beest **dieren**

dier·baar [bijvoeglijk naamwoord]
van dierbare zaken of mensen houd je veel ✦ *dit kreeg ik van een dierbare vriendin*

de **die·ren·arts** [dierenartsen]
een dokter voor dieren

de **die·ren·tuin** [dierentuinen]
een park waarin je bijzondere dieren kunt zien ✦ *de bekendste dierentuin in Nederland is Artis in Amsterdam*

dier·lijk [bijvoeglijk naamwoord]
iets wat dierlijk is, is van een dier, of lijkt op iets van een dier ✦ *ik eet helemaal geen dierlijke producten, dus ook geen kaas*

de **dier·soort** [diersoorten]
een soort dieren ✦ *in Afrika zijn bepaalde diersoorten erg in gevaar*

de **die·sel** [diesels]
een bepaald soort olie die als brandstof gebruikt wordt = de dieselolie

di

Dieren

Dier	Mannetje	Vrouwtje, Wijfje	Jong	Groep	Roepen	Roep
de **beer**	de beer	de berin	de welp		brommen	
de **bij**	de dar	de werkster; de koningin		de zwerm	zoemen	
de **eend**	de woerd	het vrouwtje, het wijfje	het kuiken		kwaken, snateren	kwak
de **ezel**	de ezel, de hengst	de ezelin, de merrie	het veulen	de kudde	balken	ia
de **geit**	de bok	de geit	het geitje	de kudde	mekkeren	bè
de **kip**, het **hoen**	de haan	de kip, de hen	het kuiken		kraaien (haan), tokken (kip), kakelen (kip)	tok (kip), kukeleku (haan)
de **hond**	de reu	de teef	het puppy		blaffen, keffen	woef
de **kat**	de kater	de poes	de kitten		miauwen, spinnen	miauw
de **leeuw**	de leeuw	de leeuwin	de welp	de troep	brullen	
het **paard**	de hengst	de merrie	het veulen	de kudde	hinniken	
het **rund**	de stier	de koe, de vaars	het kalf, de pink	de kudde	loeien	boe
het **schaap**	de ram	de ooi	het lam	de kudde	blaten	bè
het **varken**, het **zwijn**	de beer	de zeug	de big		knorren	knor
de **vogel**			het kuiken	de zwerm	fluiten, zingen, tjilpen	tjiep
de **wolf**	de wolf	de wolvin	de welp	de roedel	huilen	

die·veg·ge *zie:* **dief**

di·gi·taal [bijvoeglijk naamwoord]
digitale informatie is informatie op de computer ✦ *je kunt de tekst ook digitaal krijgen*

de **dij** [dijen]
het bovenste deel van je been, vanaf je knie

de **dijk** [dijken]
een verhoging langs de zee of langs een rivier, om het land droog te houden ✦ *omdat Nederland lager ligt dan de zee, zijn de dijken heel belangrijk* landschap
iemand aan de dijk zetten: iemand

wegsturen, omdat je hem of haar niet meer kunt gebruiken

•**dik** [bijvoeglijk naamwoord]
1 een dik voorwerp of lichaam heeft een grote afstand tussen de ene en de andere kant ⇔ dun ✦ *ze leest het liefste dikke boeken* ✦ *het was koud, dus ik trok een dikke jas aan* ✦ *toen hij steeds dikker werd, besloot hij minder te gaan eten*
2 een dikke vloeistof beweegt niet makkelijk ⇔ dun ✦ *de soep was erg dik geworden, maar smaakte heerlijk*
3 het ligt er dik bovenop: het is duidelijk zichtbaar wat de bedoeling is ✦ *het ligt er wel erg dik bovenop dat de schrijver het verhaal niet goed wilde laten aflopen*
4 het zit er dik in: het zal waarschijnlijk gebeuren
5 dikke vrienden: mensen die een sterke band met elkaar hebben

•**dik·wijls** [bijwoord]
vaak ✦ *het is dikwijls moeilijk om de waarheid vast te stellen*

het **di·lem·ma** [dilemma's]
een moeilijke keuze omdat alle mogelijkheden voordelen en nadelen hebben ✦ *het was een dilemma of hij nu wel of niet de nieuwe baan moest aannemen*

de **di·men·sie** [dimensies]
1 elk van de drie richtingen waarin je kunt meten: lengte, breedte en hoogte ✦ *door een speciaal brilletje konden ze de film in drie dimensies zien*
2 een bepaald aspect van een situatie; de manier waarop je naar een situatie kijkt ✦ *Veronica probeerde ook een sociale dimensie aan haar werk te geven*

dim·men [dimde, heeft gedimd]
minder fel laten schijnen [iemand dimt licht]

het **di·ner** [diners] (formeel)
een maaltijd 's avonds

di·ne·ren [dineerde, heeft gedineerd] (formeel)
het diner* gebruiken; eten in de avond [iemand dineert] ✦ *ze spraken af om in het centrum van de stad te gaan dineren*

het•**ding** [dingen]
een voorwerp; iets dat geen mens of dier is = het object ✦ *pak jij dat ding even van de tafel?* ✦ *hij denkt vaak aan dingen van vroeger*

de **di·no·sau·rus** [dinosaurussen]
een dier dat tweehonderd miljoen jaar geleden leefde

dinosaurus

de•**dins·dag** [dinsdagen]
de tweede dag van de week **dagen**

de **dip** [dippen]
een korte tijd dat het slechter gaat met bijv. een persoon of een bedrijf ✦ *nadat zijn relatie voorbij was, zat hij een paar maanden in een dip*

het•**di·plo·ma** [diploma's]
een officieel papier dat bewijst dat je een opleiding hebt gedaan ✦ *veel studenten verlaten de universiteit zonder diploma* **onderwijs**

de **di·plo·maat** [diplomaten]
iemand in een land die uit een ander land komt, en zorgt voor de politieke betrekkingen met zijn eigen land

di·plo·ma·tiek [bijvoeglijk naamwoord]
1 diplomatieke zaken hebben te maken met diplomaten* ✦ *er was veel diplomatiek overleg nodig om tot een oplossing te komen*
2 een diplomatieke persoon gaat zo met mensen om dat ze niet boos worden ✦ *het antwoord was niet diplomatiek, maar wel eerlijk*

•**di·rect** [bijwoord]
zonder te wachten = onmiddellijk, meteen ✦ *toen hij zich had gebrand, hield hij direct zijn hand onder de kraan*

de•**di·rec·teur** [directeuren, directeurs] **di·rec·tri·ce** [directrices]
iemand die de baas is van een instelling of van een bedrijf ✦ *onze directeur kent de namen van alle werknemers*

de **di·rec·tie** [directies]
een groep mensen die de baas is van een instelling of een bedrijf ✦ *binnen de directie waren er verschillende meningen*

de **di·ri·gent** [dirigenten] **di·ri·gen·te** [dirigentes]
de leider van een groep mensen die muziek maken ✦ *de dirigent gaf met zijn stokje de maat aan*

di·ri·ge·ren [dirigeerde, heeft gedirigeerd]

leiden, bijv. door de maat aan te geven [iemand dirigeert een groep mensen die muziek maken]
iemand ergens heen dirigeren: iemand ergens heen sturen ✦ *de kinderen werden naar boven gedirigeerd*

de **dis·ci·pli·ne** [disciplines]
1 [geen meervoud] de kracht om steeds weer te doen wat moet gebeuren, ook als je geen zin hebt
2 een richting binnen de wetenschap = het vakgebied ✦ *de professor deed ook wel onderzoek buiten zijn eigen discipline*

de **disc·man** [discmans]
een klein apparaat dat je kunt meenemen om naar cd's te luisteren

de• **dis·co** [disco's]
1 een plaats waar je kunt dansen op moderne muziek = de discotheek
uitgaan
2 [geen meervoud] bepaalde popmuziek uit de jaren zeventig, met een duidelijk ritme

de **dis·co·theek** [discotheken]
een plaats waar je kunt dansen op popmuziek

dis·creet [bijvoeglijk naamwoord]
als je iets discreet doet, doe je het met gevoel voor wat wel en wat niet bekend moet worden ✦ *ze had discreet gevraagd of hij belangstelling had, zonder dat de anderen het hoorden*

dis·cri·mi·ne·ren [discrimineerde, heeft gediscrimineerd]
mensen verschillend behandelen terwijl dat niet mag, bijv. vanwege de kleur van de huid [iemand discrimineert (iemand)] ✦ *hij werd gediscrimineerd door zijn collega's omdat hij van jongens hield*

de• **dis·cus·sie** [discussies]
een gesprek waarbij mensen verschillende meningen hebben ✦ *er ontstond een lange discussie over de honger in de wereld*
het staat nog ter discussie: het is nog niet besloten
iets ter discussie stellen: iets tot het onderwerp van een discussie maken, vooral omdat je vindt dat er iets moet veranderen ✦ *omdat het bedrijf veel geld verloren had, werd de positie van de directeur ter discussie gesteld*

dis·cus·si·ë·ren [discussieerde, heeft gediscussieerd]
een gesprek hebben over een onderwerp [iemand discussieert (met iemand over iets)] ✦ *tijdens de vergadering is er lang over dit probleem gediscussieerd*

de **dis·ket·te** [diskettes]
een los schijfje waarop je gegevens uit de computer kunt bewaren

de **disk·joc·key** [diskjockeys]
iemand die muziek laat horen voor de radio of in een zaal met publiek = de dj

het **dis·kre·diet**
iemand in diskrediet brengen: zorgen dat mensen slecht over iemand gaan denken ✦ *het gedrag van de prins heeft de koninklijke familie in diskrediet gebracht*

dis·kwa·li·fi·ce·ren [diskwalificeerde, heeft gediskwalificeerd]
bepalen dat iemand niet meer mee mag doen aan een wedstrijd [iemand diskwalificeert iemand] ✦ *tijdens de Olympische Spelen zijn er tien sporters gediskwalificeerd wegens het gebruik van verboden middelen*

de **dis·si·dent** [dissidenten] **dis·si·den·te** [dissidentes]
iemand die een mening heeft die anders is dan de mening van de groep waartoe hij of zij hoort ✦ *binnen zijn partij staat hij bekend als een dissident*

zich **dis·tan·ti·ë·ren van** [distantieerde zich van, heeft zich gedistantieerd van]
afstand nemen; zeggen dat je je niet verantwoordelijk voelt [iemand distantieert zich van iets of iemand] ✦ *hij distantieert zich van de opmerkingen die zijn zoon heeft gemaakt*

dis·tri·bu·e·ren [distribueerde, heeft gedistribueerd]
verdelen over veel mensen of plaatsen; uitdelen [iemand distribueert spullen] ✦ *het bedrijf distribueert de producten door het hele land*

het **dis·trict** [districten]
een deel van een gebied ✦ *de politie heeft de provincie verdeeld in tien districten*

• **dit** [aanwijzend voornaamwoord]
1 dit woord gebruik je bijv. voor iets dat je aanwijst of voor iets dat dichtbij is; het wordt dan alleen gebruikt bij woorden die 'het' als lidwoord hebben ✦ *wilt u dit of dat overhemd kopen?* ✦ *in dit huis heeft de schrijfster tot haar acht-*

tiende jaar gewoond
2 dit woord gebruik je als je met nadruk praat over iets dat bekend is binnen het gesprek ✦ *ik heb al veel meegemaakt, maar dit accepteer ik niet!*

dit·maal [bijwoord]
deze keer ✦ *hij was wel vaker ziek, maar ditmaal was het wel heel erg*

di·to [bijvoeglijk naamwoord]
van dezelfde soort = soortgelijk ✦ *Nico draagt bijna altijd een blauwe broek en dito overhemd*

de **di·va** [diva's]
een heel bekende zangeres, filmster of toneelspeelster ✦ *de Amerikaanse diva zong twee liedjes in het tv-programma*

di·vers [bijvoeglijk naamwoord]
1 dingen die divers zijn, zijn heel verschillend ✦ *de muziek op het feest was heel divers*
2 meer dan één = verscheiden ✦ *ik heb hem diverse keren gewaarschuwd*

het **di·vi·dend** [dividenden]
de rente die je krijgt als je aandelen hebt in een bedrijf ✦ *moet je belasting betalen over dividend dat je hebt gekregen?*

de **di·vi·sie** [divisies]
1 een afdeling in het leger ✦ *hij was soldaat in de derde divisie*
2 een afdeling van een groot bedrijf of bij sport ✦ *de divisie 'kleine elektrische apparaten' heeft vorig jaar veel winst gemaakt* ✦ *de club speelt al tien jaar volleybal in de hoogste divisie*

de **dj** [dj's]
iemand die muziek laat horen voor de radio of in een zaal met publiek = de diskjockey

dl [afkorting]
deciliter: een maat voor een hoeveelheid vloeistof ✦ *voeg 3 dl melk toe*

dm [afkorting]
decimeter: eentiende meter

d.m.v. [afkorting]
door middel van: door; met ✦ *d.m.v. deze knop kunt u het apparaat starten*

het **DNA**
een stof in het lichaam waarin de erfelijke informatie zit

de **dob·bel·steen** [dobbelstenen]
een blokje met op iedere zijde een aantal puntjes die getallen voorstellen, namelijk 1 tot en met 6, om mee te spelen

dobbelsteen

de **dob·ber** [dobbers]
een drijvend balletje dat onder water gaat als je een vis hebt gevangen
een harde dobber hebben aan iets: iets een heel moeilijke opdracht vinden

dobber

dob·be·ren [dobberde, heeft gedobberd]
rustig op het water drijven [iemand of iets dobbert (op het water)] ✦ *het bootje dobberde op het meer*

de **do·cent** [docenten] **do·cen·te** [docentes]
iemand die lesgeeft aan leerlingen of studenten vanaf 12 jaar = de leraar

do·ce·ren [doceerde, heeft gedoceerd]
lesgeven [iemand doceert een vak] ✦ *mijn vrouw doceert Engels aan de universiteit*

doch [voegwoord] (formeel)
maar ✦ *met enkele korte doch krachtige woorden opende professor Tuinman het congres*

de •**doch·ter** [dochters]
een meisje of een vrouw als kind van iemand ✦ *ze hebben drie dochters en een zoon* familie

de **doc·tor** [doctoren, doctors]
een titel die je op de universiteit krijgt na een eigen onderzoek

de **doc·to·ran·dus** [doctorandi, doctorandussen] **doc·to·ran·da** [doctoranda's, doctorandae]
de titel die je krijgt na een volledige studie op een universiteit

het **do·cu·ment** [documenten]
1 een stuk papier met belangrijke informatie ✦ *haar documenten zijn uit de auto gestolen*
2 een tekst in een computer

de **do·cu·men·tai·re** [documentaires]
een film of een programma op radio of

tv over dingen die echt gebeurd zijn ✦ *morgen komt er een documentaire over de 17e eeuw op de tv*

de **do·cu·men·ta·tie**
de informatie die over een bepaald onderwerp beschikbaar is

do·cu·men·te·ren [documenteerde, heeft gedocumenteerd]
informatie geven als achtergrond of bewijs [iemand documenteert iets] ✦ *de verhalen in dit boek zijn uitstekend gedocumenteerd*

zich **do·cu·men·te·ren** [documenteerde zich, heeft zich gedocumenteerd]
informatie verzamelen [iemand documenteert zich] ✦ *hij is niet zenuwachtig omdat hij zich goed heeft gedocumenteerd*

de **do·de** [doden]
iemand die gestorven is ✦ *bij het ongeluk waren er drie doden*

do·de·lijk [bijvoeglijk naamwoord]
aan een dodelijke ziekte ga je dood; bij een dodelijk ongeluk gaat er iemand dood

•**do·den** [doodde, heeft gedood]
doodmaken [iemand doodt een mens of een dier] ✦ *de jongen vond het leuk om kleine dieren te vangen en te doden*
de tijd doden: iets doen om je niet te vervelen

de **do·den·her·den·king** [dodenherdenkingen]
het moment waarop ieder jaar met veel mensen tegelijk wordt gedacht aan de mensen die gestorven zijn, vooral in de Tweede Wereldoorlog

> In Nederland worden ieder jaar op 4 mei de doden herdacht. Dat gebeurt door om 8 uur 's avonds een paar minuten stil te zijn.

het **do·den·tal** [dodentallen]
het aantal mensen dat bij een ongeluk is overleden ✦ *het dodental bij het ongeluk met het vliegtuig loopt nog op*

de•**doek**[1] [doeken]
een stuk stof ✦ *ze gaf hem een doek om de tafel schoon te maken*
er geen doekjes om winden: iets op een directe manier zeggen
iets uit de doeken doen: iets vertellen, vaak iets wat eerst geheim was

het **doek**[2] [doeken]
1 het gordijn ✦ *na de voorstelling stonden de spelers achter het doek op het toneel*
2 het schilderij ✦ *een doek van Rembrandt kost heel veel geld*

het•**doel** [doelen]
1 iets wat je wilt bereiken ✦ *het is mijn doel om een goed cijfer voor het examen te krijgen*
je doel voorbijschieten: je doel niet bereiken doordat je te erg je best doet
2 de plaats waar de bal moet komen bij een sport = de goal ✦ *er ging in de hele wedstrijd niet één bal in het doel*

doel·be·wust [bijvoeglijk naamwoord]
als iemand iets doelbewust doet, was het zijn of haar bedoeling om dat te doen en geen ongeluk = expres ✦ *de informatie is doelbewust geheimgehouden*

het **doel·ein·de** [doeleinden]
het doel (bet. 1) ✦ *het materiaal kan voor verschillende doeleinden worden gebruikt*

doe·len op [doelde op, heeft gedoeld op]
bedoelen [iemand doelt op iets] ✦ *met 'thuis' doelde hij op het huis van zijn ouders en niet op het huis waar hij zelf woont*

de **doel·groep** [doelgroepen]
de groep waarop iets, vooral reclame, gericht is ✦ *de doelgroep van de reclame bestaat uit mannen tussen de 30 en 40 jaar*

doel·loos [bijwoord]
zonder doel ✦ *de man liep doelloos door de stad*

de **doel·man** [doelmannen]
de persoon die bijv. bij voetbal het doel beschermt = de keeper

doel·ma·tig [bijvoeglijk naamwoord]
zo goed mogelijk voor het bereiken van het doel = efficiënt ✦ *voor groei van de winst is het nodig dat iedereen doelmatiger gaat werken*

het **doel·punt** [doelpunten]
een punt dat je haalt door de bal in het doel te krijgen, bijv. bij voetbal

de **doel·stel·ling** [doelstellingen]
een doel dat je van tevoren hebt vastgesteld ✦ *helaas heeft de vereniging vorig jaar haar doelstellingen niet gehaald*

doel·tref·fend [bijvoeglijk naamwoord]
iets wat doeltreffend is, zorgt ervoor

dat het doel wordt bereikt = efficiënt ✦ *reclame maken is een doeltreffende manier om meer te verkopen*

het **doel·wit**
iemand of iets waarop gericht wordt = het mikpunt ✦ *Marina was steeds het doelwit van Eriks grappen*

•**doen** [deed, heeft gedaan]
1 een handeling verrichten [iemand doet iets] ✦ *dat heb je snel gedaan!* ✦ *het was zo ingewikkeld dat ze niet wist wat ze moest doen*
iets gedaan krijgen: zorgen dat iets gebeurt
er is niets aan te doen: je moet het accepteren
2 functioneren; in werking zijn; niet kapot zijn [iets doet het] ✦ *de televisie doet het niet meer; we moeten hem laten maken*
3 daar plaatsen; daar brengen [iemand doet iets ergens in, op enz.] ✦ *hij deed suiker in zijn thee* ✦ *ze deed wat groente op haar bord*

doen aan [deed aan, heeft gedaan aan]
in je vrije tijd doen [iemand doet aan iets, bijv. aan sport] ✦ *sinds een paar jaar doe ik aan tennis*

het **doe·tje** [doetjes]
iemand die te makkelijk doet wat andere mensen zeggen ✦ *de vrouw wilde geen doetje zijn en besloot vaker nee te zeggen*

dof [bijvoeglijk naamwoord]
1 een dof geluid is wel hard, maar niet duidelijk ⇔ helder ✦ *de boeken vielen met een doffe klap op de grond*
2 iets wat dof is, heeft geen glans ✦ *na haar ziekte was Jenny's haar dof*

dog·ma·tisch [bijvoeglijk naamwoord]
een dogmatische persoon heeft vaste ideeën en wil die niet veranderen ✦ *hij wil dat alles altijd op dezelfde manier gaat, maar zijn kinderen vinden dat dogmatisch*

het **dok** [dokken]
een plaats waar kapotte schepen worden hersteld ✦ *na een reis om de wereld moest het schip naar het dok om te worden gecontroleerd*

do·ken *zie:* **duiken**

de •**dok·ter** [dokters, doktoren] **dok·te·res** [dokteressen]
iemand die ervoor gestudeerd heeft om zieke mensen beter te maken = de arts ✦ *met die pijn in je buik moet je echt naar de dokter*

de **dok·ters·as·sis·ten·te** [doktersassistentes]
de vrouw die de dokter helpt gezondheid

het **dok·ters·voor·schrift** [doktersvoorschriften]
een briefje van de dokter aan de apotheek, waarop staat welke medicijnen iemand moet krijgen = het recept ✦ *dit medicijn kun je zonder doktersvoorschrift krijgen* gezondheid

dol [bijvoeglijk naamwoord]
iemand die dol is, is wild en kan niet meer goed nadenken ✦ *de man werd helemaal dol van de schreeuwende kinderen*

dol op [bijvoeglijk naamwoord]
1 iemand die dol is op iemand of iets vindt die persoon of die zaak heel erg leuk ✦ *mijn man en ik zijn dol op reizen*
2 iemand die dol is op iets, vindt dat heel erg lekker ✦ *zij is dol op vis*

do·len [doolde, heeft gedoold]
reizen zonder duidelijk doel of zonder de weg te weten = dwalen [iemand doolt] ✦ *Sybren had een uur door de stad gedoold, omdat hij de Keizerstraat niet kon vinden*

de **dol·fijn** [dolfijnen]
een zoogdier dat in de zee leeft

dolfijn

de **dolk** [dolken]
een kort wapen om mee te steken ✦ *de man lag op de grond met een dolk in zijn rug*

dolk

de **dol·lar** [dollars]
het geld in onder andere de Verenigde Staten, Canada en Australië

dol·len [dolde, heeft gedold]

gek doen [iemand dolt (met iemand)] ✦ *als hij thuiskomt, dolt hij altijd even met zijn kinderen*

dol·ven *zie:* **delven**

•**dom** [bijvoeglijk naamwoord]
iemand die dom is, maakt fouten en is niet verstandig ⇔ slim ✦ *ze heeft tijdens het examen veel domme fouten gemaakt*

het **do·mein** [domeinen]
een gebied dat iemands eigendom is ✦ *deze bossen horen tot het domein van de koning* ✦ *zijn vrouw mocht niet in de keuken komen, want dat was zijn domein*

de **do·mi·ci·li·ë·ring** [domiciliëringen] (in België)
het regelmatig en automatisch laten overmaken van bedragen aan dezelfde persoon, instelling enz. door een bank

do·mi·nant [bijvoeglijk naamwoord]
dominante personen of zaken hebben meer invloed dan de rest ✦ *Mireille was zo dominant aanwezig dat niemand meer wat zei* ✦ *het bedrijf is dominant op de Belgische markt voor bier*

de •**do·mi·nee** [dominees]
de persoon die in een protestantse kerk de dienst leidt en die geestelijke zorg geeft religie

do·mi·ne·ren [domineerde, heeft gedomineerd]
meer invloed hebben dan de rest = overheersen [iemand of iets domineert (iemand of iets)] ✦ *het gesprek werd gedomineerd door het grote nieuws over het komende huwelijk*

dom·me·len [dommelde, heeft gedommeld]
licht slapen, waarbij je steeds even wakker wordt [iemand dommelt]

de **dom·oor** [domoren]
iemand die dom is = de sufferd ✦ *wat ben je toch een domoor dat je steeds vergeet het licht uit te doen*

dom·pe·len [dompelde, heeft gedompeld]
even in een vloeistof doen en er weer uit halen [iemand dompelt iets in een vloeistof] ✦ *Vincent dompelde zijn voeten in het water*
gedompeld zijn in verdriet, rouw enz.: heel erg verdrietig zijn, heel erg rouwen enz.

de **dom·per** [dompers]
een gebeurtenis waardoor iets opeens niet meer leuk is ✦ *het was een heerlijke dag aan het strand, maar toen het ging regenen was dat wel een domper*

dom·weg [bijwoord]
zonder dat je het kunt uitleggen of veranderen ✦ *ze zaten domweg niet in de trein en niemand wist waar ze waren*

de **do·na·teur** [donateurs] **do·na·tri·ce** [donatrices]
iemand die geld schenkt aan een instelling, meestal ieder jaar ✦ *dankzij de donateurs kon de stichting doorgaan met het helpen van mensen*

de **do·na·tie** [donaties]
geld dat je schenkt, vooral aan een instelling ✦ *hij doet ieder jaar een donatie aan een goed doel*

de **don·der** [donders]
een hard geluid dat je hoort bij onweer ✦ *hoorde je die donder in de verte?* weer[1]

de •**don·der·dag** [donderdagen]
de vierde dag van de week dagen

don·de·ren [donderde, heeft gedonderd]
1 het geluid van donder* geven [iets dondert] ✦ *in de verte hoorden zij het donderen* ✦ *de dingen vielen met een donderend lawaai van de trap*
2 (informeel) vallen [iemand of iets dondert] ✦ *de student had zo veel gedronken dat hij van zijn fiets donderde*

het **don·ker**[1]
de toestand dat er weinig licht is = het duister ⇔ het licht ✦ *in het donker konden we de ingang van het gebouw niet vinden*

•**don·ker**[2] [bijvoeglijk naamwoord]
1 met weinig of geen licht ✦ *het was te donker in de kamer om te kunnen lezen*
2 donkere kleuren zijn dichter bij zwart dan bij wit ✦ *de man had een donkere jas aan*

de **do·nor** [donoren, donors]
iemand die, meestal na zijn dood, een orgaan uit zijn lichaam schenkt aan iemand die ziek is

het **do·nor·co·di·cil** [donorcodicillen, donorcodicils]
een verklaring dat je na je dood een orgaan uit je lichaam wilt schenken aan iemand die ziek is

het **dons**
1 de kleinste en zachtste veertjes van

een vogel ✦ *hij heeft een warme jas die met dons gevuld is*
2 zachte haartjes, bijv. op je gezicht ✦ *de jongen is pas twaalf, maar hij heeft al dons op zijn gezicht*

de •**dood**[1]
het einde van iemands leven
✦ *Rembrandt is pas na zijn dood bekend geworden*
ten dode opgeschreven zijn: zo ziek zijn dat je niet meer beter wordt
als de dood zijn voor iemand of iets: (informeel) heel erg bang zijn voor iemand of iets

•**dood**[2] [bijvoeglijk naamwoord]
iemand die dood is, leeft niet meer ✦ *hij kon niet geloven dat zijn hond dood was*

dood-
heel; erg ✦ *doodeenvoudig* ✦ *doodziek*

dood·gaan [ging dood, is doodgegaan]
ophouden met leven = sterven, overlijden [iemand gaat dood]

dood·ge·scho·ten *zie:* **doodschieten**

dood·ge·woon [bijvoeglijk naamwoord]
iets wat doodgewoon is, is heel gewoon ✦ *de man had overdag een doodgewoon leven, maar 's avonds trok hij altijd een rok of een jurk aan*

dood·leuk [bijwoord]
iemand die iets doodleuk doet, doet alsof het heel normaal is, terwijl dat niet zo is ✦ *één collega liep doodleuk weg, terwijl de vergadering nog bezig was*

dood·lo·pen [liep dood, is doodgelopen]
1 niet verder gaan; geen uitgang hebben [een straat loopt dood] ✦ *ze hadden niet gezien dat de straat doodliep en moesten weer helemaal terug*
2 niet verder gaan; zonder resultaat stoppen [processen, onderhandelingen enz. lopen dood] ✦ *alle gesprekken over vrede tussen de twee landen zijn doodgelopen*

dood·schie·ten [schoot dood, heeft doodgeschoten]
doden met een vuurwapen [iemand schiet een mens of een dier dood] ✦ *de man werd op straat doodgeschoten*

de **doods·kist** [doodskisten]
een kist waarin iemand die dood is, wordt gelegd

de **dood·slag**
een moord die je niet van tevoren hebt bedacht ✦ *de rechter vond dat moord niet bewezen was, maar doodslag wel*

de **doods·oor·zaak** [doodsoorzaken]
de oorzaak van iemands dood ✦ *in het ziekenhuis probeerde men de doodsoorzaak vast te stellen*

de **dood·straf**
een straf die door de rechter gegeven wordt en die betekent dat iemand wordt gedood ✦ *in Nederland en België bestaat de doodstraf niet*

het **dood·von·nis** [doodvonnissen]
een beslissing van de rechter dat iemand voor straf gedood moet worden

dood·ziek [bijvoeglijk naamwoord]
iemand die doodziek is, is heel erg ziek

de **dood·zon·de** [doodzonden]
iets wat absoluut niet mag, vooral van God ✦ *het is een doodzonde om te rijden als je te veel wijn hebt gedronken*

doof [bijvoeglijk naamwoord]
iemand die doof is, kan niet of niet goed horen ✦ *hij is al sinds zijn geboorte doof*

de **doof·pot**
iets in de doofpot stoppen: een probleem waar jij schuld aan hebt, proberen te verbergen

doof·stom [bijvoeglijk naamwoord]
iemand die doofstom is, kan niet horen en niet praten

dooi·en [dooide, heeft gedooid]
als het dooit, wordt het na vorst warmer, zodat ijs weer water wordt [het dooit] ✦ *toen het begon te dooien, kwamen de eerste bloemen al boven de grond*

de **dooi·er** [dooiers]
het gele gedeelte binnen in een ei = het eigeel

de **dool·hof** [doolhoven]
een speciaal systeem van weggetjes waarbij je snel niet meer weet waar je bent, als spel = het labyrint ✦ *de wijk leek wel een doolhof en daardoor duurde het lang voor ze het adres had gevonden*

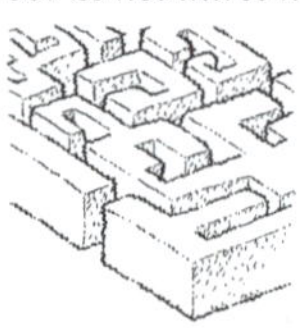
doolhof

de **doop** [dopen]

het feit dat een dominee of een pastoor water op iemands hoofd doet om hem of haar op te nemen in de christelijke kerk ✦ *de hele familie was uitgenodigd bij de doop van het kind*

de **doop·naam**
je officiële voornaam of voornamen ✦ *zijn doopnaam was Antonius, maar hij werd Toon genoemd*

de **doop·sui·ker** (in België)
snoep dat de ouders van een net geboren baby aan vrienden en aan familie geven **gedenkdagen**

•**door**[1] [bijwoord]
door en door: volkomen; volledig ✦ *het regende zo hard dat de vrouw door en door nat was* ✦ *hij had het boek zo vaak gelezen dat hij het door en door kende*

•**door**[2] [voorzetsel]
1 van de ene kant naar de andere kant ✦ *ze liep door de deur naar binnen* ✦ *hij liep een rondje door de tuin en bekeek de bloemen* ✦ *de leraar zette een streep door de zin*
2 een woordje om te zeggen dat een stof gemengd is met een andere stof = in ✦ *er zat niet genoeg zout door het eten*
3 om te zeggen wat de oorzaak is = vanwege, wegens ✦ *door het ongeluk kon hij drie maanden niet werken*
4 om te zeggen wie iets doet (in een passieve zin) ✦ *de vergadering werd geleid door de directeur*

•**door**[3] [voegwoord]
een woordje om te zeggen dat iets een middel is om iets mee te doen ✦ *je kunt het beste een taal leren door veel te oefenen*

door-
verder ✦ *doorlopen* ✦ *dooreten*

de **door·braak** [doorbraken]
een belangrijk, plotseling succes ✦ *na dagen onderhandelen kwam er eindelijk een doorbraak* ✦ *na haar doorbraak als zangeres werd Patricia overal herkend*

door·bre·ken[1] [brak door, is doorgebroken]
1 door breken kapotgaan [iets breekt door] ✦ *door het hoge water was de dijk doorgebroken*
2 plotseling bekend worden [iemand breekt door] ✦ *na jaren in kleine zaaltjes te hebben gespeeld, brak zij met haar laatste voorstelling ineens door*

door·bre·ken[2] [doorbrak, heeft doorbroken]
iets wat altijd op een bepaalde manier ging, plotseling veranderen [iemand doorbreekt iets] ✦ *zij wilde de gewoonte om iedereen drie kussen te geven, doorbreken*

•**door·bren·gen** [bracht door, heeft doorgebracht]
iets doen; ergens zijn [iemand brengt een periode door (met iets; op een plaats)] ✦ *de vrouw heeft een week doorgebracht op het schip* ✦ *ze bracht haar vakantie door met muziek maken*

•**door·dat** [voegwoord]
vanwege de oorzaak dat … ✦ *ik ben te laat doordat mijn auto kapot is*

door·de·weeks [bijvoeglijk naamwoord]
iets wat doordeweeks gebeurt, gebeurt op gewone werkdagen ✦ *kunnen we niet op een doordeweekse dag afspreken?*

door·dra·ven [draafde door, is doorgedraafd]
te lang en met een te sterke mening over iets blijven praten [iemand draaft door] ✦ *hij draafde weer door toen hij over politiek begon*

•**door·drin·gen tot** [drong door tot, is doorgedrongen tot]
1 met moeite verder komen in iets [iemand dringt door tot iets of in iets] ✦ *de soldaten waren doorgedrongen in het gebied van de vijand*
2 helemaal duidelijk worden voor iemand [iets dringt door tot iemand] ✦ *opeens drong het tot haar door dat ze hem nooit meer zou zien* ✦ *de studente zat al de hele dag te studeren, maar de stof drong niet echt tot haar door*

door·drin·gend [bijvoeglijk naamwoord]
een doordringende geur is heel sterk; een doordringend geluid klinkt heel hard ✦ *ze heeft een heel doordringende stem*

•**door·gaan** [ging door, is doorgegaan]
1 iets blijven doen ⇔ ophouden [iemand gaat door (met iets)] ✦ *hij was ontzettend moe, maar hij ging toch door tot het werk klaar was*
2 toch plaatsvinden, hoewel het van tevoren niet zeker was [iets gaat door] ✦ *hij was op tijd beter, dus gelukkig kon*

het feest gewoon doorgaan
3 (in België) plaatsvinden; gebeuren [een gebeurtenis gaat door] ✦ *het feest gaat door op zondag 4 januari*

door·gaand [bijvoeglijk naamwoord]
doorgaand verkeer: verkeer dat door een plaats heen rijdt, maar naar een andere plaats toe gaat

door·gaans [bijwoord]
meestal; gewoonlijk ✦ *doorgaans worden de producten 's middags gecontroleerd*

door·ge·bracht *zie:* **doorbrengen**

door·ge·no·men *zie:* **doornemen**

door·ge·ven [gaf door, heeft doorgegeven]
via andere mensen aan iemand geven [iemand geeft iets door (aan iemand)] ✦ *kun je mij het zout even doorgeven?* ✦ *kunt u misschien een bericht aan hem doorgeven?*

door·gron·den [doorgrondde, heeft doorgrond]
helemaal begrijpen [iemand doorgrondt iemand of iets] ✦ *na jaren van onderzoek doorgrondde de professor het probleem nog steeds niet helemaal*

door·hak·ken [hakte door, heeft doorgehakt]
de knoop doorhakken: een beslissing nemen in een moeilijke situatie ✦ *na jaren nadenken heeft Tim de knoop doorgehakt: hij verhuist naar Finland!*

door·krui·sen [doorkruiste, heeft doorkruist]
1 in allerlei richtingen reizen door een gebied [iemand doorkruist een gebied] ✦ *zij heeft in drie maanden heel Indonesië doorkruist*
2 zorgen dat plannen niet kunnen doorgaan [iets of iemand doorkruist plannen] ✦ *het gebrek aan geld doorkruiste de plannen voor de aanleg van de weg*

door·lich·ten [lichtte door, heeft doorgelicht]
onderzoeken of iets goed functioneert [iemand licht bijv. een bedrijf of een proces door] ✦ *nadat de instelling was doorgelicht, werden er een paar dingen veranderd*

•**door·lo·pen[1]** [liep door, is doorgelopen]
1 doorgaan met lopen; sneller lopen [iemand loopt door] ✦ *we moeten even doorlopen, anders missen we de trein*
2 niet meer goed gescheiden zijn [kleuren lopen door] ✦ *door de regen waren de kleuren van haar nieuwe bloes doorgelopen*

•**door·lo·pen[2]** [doorliep, heeft doorlopen]
helemaal doen; helemaal volgen [iemand doorloopt een school of een cursus] ✦ *na het doorlopen van de cursus kreeg ze een diploma*

door·lo·pend [bijvoeglijk naamwoord]
iets wat doorlopend is, stopt niet = onophoudelijk, continu ✦ *hij was deze winter doorlopend verkouden*

door·ma·ken [maakte door, heeft doorgemaakt]
meemaken; het onderwerp zijn van een verandering [iemand maakt iets door] ✦ *Europa heeft in een paar jaar tijd een enorme ontwikkeling doorgemaakt*

de **door·me·ter** [doormeters] (in België)
de afstand van een punt op een cirkel naar het punt ertegenover = de diameter ✦ *de doormeter van de appel was 15 centimeter*

door·mid·den [bijwoord]
in twee stukken; in tweeën ✦ *hij sneed de appel doormidden*

de **doorn** [doornen, doorns]
een scherpe punt aan een plant
dat is mij een doorn in het oog: dat vind ik heel vervelend ✦ *het was hem een doorn in het oog dat hij een lager loon had dan zijn collega's*

door·ne·men [nam door, heeft doorgenomen]
snel lezen of bespreken [iemand neemt iets door] ✦ *zullen we de onderwerpen voor de vergadering nog even doornemen?*

door·rij·den [reed door, heeft of is doorgereden]
doorgaan met rijden [iemand rijdt door] ✦ *de auto die het ongeluk veroorzaakt had, was doorgereden*

door·sche·me·ren [werkwoord]
iets laten doorschemeren: een klein beetje van een geheim vertellen ✦ *de leraar kon nog niets over het examen zeggen, maar liet wel doorschemeren dat Geert geslaagd was*

door·slaan [sloeg door, is doorgeslagen]

1 te ver gaan met een maatregel zodat het resultaat toch niet goed is [iemand slaat door] ✦ *hij moest afvallen, maar hij is doorgeslagen en nu is hij heel mager*
2 gek worden; wild worden = doordraaien [iemand slaat door] ✦ *toen hij dat zei, sloeg ze helemaal door en ze liep huilend de kamer uit*
3 een misdaad bekennen [iemand slaat door] ✦ *nadat de politie hem drie dagen vragen had gesteld, sloeg hij door*
4 de stoppen slaan door: een deel van de elektriciteit valt uit
5 de balans slaat door: het een heeft veel meer invloed dan het ander

de **door·slag**
iets geeft de doorslag: iets bepaalt welke beslissing je neemt ✦ *ze twijfelde over de schoenen, maar de lage prijs gaf de doorslag: ze besloot ze te kopen*

door·slag·ge·vend [bijvoeglijk naamwoord]
iets wat doorslaggevend is, bepaalt welke beslissing je neemt ✦ *het laatste argument was doorslaggevend*

de **door·snee** [doorsneden]
1 de afstand van een punt op een cirkel tot het punt ertegenover = de middellijn, de diameter ✦ *ze gebruikten een bal met een doorsnee van dertig centimeter*
2 een tekening van de binnenkant van iets ✦ *je ziet hier een doorsnee van het menselijk lichaam*
3 de doorsnee-Engelsman: de gemiddelde Engelsman; de typische Engelsman

door·snij·den [sneed door, heeft doorgesneden]
in twee stukken snijden [iemand snijdt iets door]

door·spe·len [speelde door, heeft doorgespeeld]
zorgen dat iemand iets krijgt [iemand speelt iets door aan iemand] ✦ *de journalist kreeg de geheime stukken doorgespeeld*

door·staan [doorstond, heeft doorstaan]
meemaken en er uiteindelijk geen nadeel van hebben [iemand of iets doorstaat iets vervelends] ✦ *hij heeft de operatie goed doorstaan*

door·stro·men [stroomde door, is doorgestroomd]
doorgaan als een stroom [iemand of iets stroomt door] ✦ *pas na zeven uur begon het verkeer weer door te stromen* ✦ *er stromen veel mensen door naar een andere functie in het bedrijf*

door·tas·tend [bijvoeglijk naamwoord]
een doortastende persoon aarzelt niet bij het oplossen van problemen ✦ *na het ongeluk trad hij doortastend op*

door·trapt [bijvoeglijk naamwoord]
een doortrapte persoon is slim en slecht ✦ *het was heel doortrapt om op die manier boeken te stelen*

door·trek·ken [trok door, heeft doorgetrokken]
1 reizend door een land of een gebied heen gaan [iemand trekt een land of een gebied door] ✦ *eerst zijn we heel Europa doorgetrokken*
2 verder trekken [iemand trekt iets, bijv. een lijn, door] ✦ *deze weg wordt volgend jaar doorgetrokken naar Duitsland*
3 water door de wc laten gaan om hem schoon te maken [iemand trekt (de wc) door]

door·ver·wij·zen [verwees door, heeft doorverwezen]
naar een andere instantie of persoon sturen [iemand verwijst iemand door (naar iets of iemand)] ✦ *de arts heeft de patiënt doorverwezen naar een specialist*

door·voe·ren [voerde door, heeft doorgevoerd]
laten plaatsvinden [iemand voert veranderingen door] ✦ *nadat de bezuinigingen waren doorgevoerd, ging het beter met het bedrijf*

door·zak·ken [zakte door, is doorgezakt]
1 door een te zware last kapotgaan [iets zakt door] ✦ *we gaan een nieuwe bank kopen, omdat de oude is doorgezakt*
2 met anderen veel drinken en laat naar bed gaan [iemand zakt door]

door·zet·ten [zette door, heeft doorgezet]
1 niet opgeven = volhouden [iemand zet (iets) door] ✦ *het lukte de minister niet haar plannen door te zetten*
2 doorgaan en erger worden [iets zet door] ✦ *ik dacht dat ik verkouden werd, maar het zet niet door*

de **door·zet·ter** [doorzetters] **door·zet·ster**

[doorzetsters]
iemand die niet opgeeft

het **door·zet·tings·ver·mo·gen**
de kracht om door te gaan ✦ *hij had niet het doorzettingsvermogen om een heel boek te schrijven*

door·zich·tig [bijvoeglijk naamwoord]
1 door iets dat doorzichtig is, kun je heen kijken = transparant ✦ *in het raam van de douche zat glas dat niet doorzichtig was*
2 iets wat doorzichtig is, is duidelijk en begrijpelijk = transparant ✦ *het beleid van de regering was niet erg doorzichtig*

door·zien [doorzag, heeft doorzien]
begrijpen hoe iets of iemand echt is = doorhebben [iemand of iets doorzien] ✦ *gelukkig doorzag hij haar bedoelingen op tijd*

door·zoe·ken [doorzocht, heeft doorzocht]
zoekend door iets heen gaan [iemand doorzoekt iets] ✦ *hij doorzocht zijn kantoor, maar kon de papieren nergens meer vinden*

de •**doos** [dozen]
een bak van een soort dik papier ✦ *heb je de doos van je nieuwe schoenen bewaard?*

de **dop** [doppen]
1 een klein, rond voorwerp om bijv. een fles af te sluiten ✦ *vergeet je niet de dop op de fles te doen?*

dop 1

2 de harde laag om bijv. een noot of een ei
3 (in België, informeel) een uitkering voor iemand die geen werk heeft
4 kijk uit je doppen!: (informeel) dit zeg je als iemand niet goed uitkijkt

de **dope** (informeel)
bepaalde drugs waardoor je meer presteert

do·pen [doopte, heeft gedoopt]
1 kort in een vloeistof doen [iemand doopt iets in een vloeistof] ✦ *hij doopte zijn koekje in de thee*
2 water op iemand doen om die persoon op te nemen in de christelijke kerk [een dominee of priester doopt iemand] ✦ *de baby wordt volgende week zondag gedoopt*

de **dop·erwt** [doperwten]
een groente die eruitziet als een klein, groen balletje

doperwt

de **do·ping**
een verboden stof die gebruikt wordt om een betere prestatie te kunnen leveren bij een sport ✦ *toen ze doping hadden gevonden in haar bloed, mocht ze een jaar niet meedoen aan wedstrijden*

dop·pen [dopte, heeft gedopt]
1 uit de dop* (bet. 2) halen [iemand dopt erwten, bonen enz.]
2 (in België, informeel) een uitkering krijgen omdat je geen werk hebt [iemand dopt] ✦ *ik heb anderhalf jaar gedopt voordat ik deze baan vond*

dor [bijvoeglijk naamwoord]
1 een gebied dat dor is, is droog omdat er te weinig regen gevallen is ✦ *op het dorre veld groeide bijna niets*
2 dingen die dor zijn, zijn niet interessant = saai ✦ *economie is helemaal niet zo'n dor vak als het lijkt*

het •**dorp** [dorpen]
een kleine plaats waar mensen wonen, winkels zijn enz.

de **dor·pe·ling** [dorpelingen]
iemand die in een dorp woont

de •**dorst**
1 de behoefte om te drinken ✦ *hij had een enorme dorst en dronk drie glazen water*
2 een groot verlangen ✦ *zijn dorst naar succes maakte dat hij veel te hard werkte*

dor·sten *zie:* **durven**

do·se·ren [doseerde, heeft gedoseerd]
de juiste hoeveelheid van iets nemen [iemand doseert iets] ✦ *als leraar moet je de informatie goed doseren*

de **do·sis** [doses, dosissen]
de hoeveelheid van een medicijn die je in één keer moet nemen ✦ *dit medicijn helpt al bij een kleine dosis*

het **dos·sier** [dossiers]
een hoeveelheid papieren over één persoon of één zaak ✦ *de dokter merkte pas na een kwartier dat hij het dossier van een andere patiënt voor zich had*

de **do·ta·tie** [dotaties] (in België)
het geld dat de regering aan bijv. een politieke partij of aan leden van het koninklijk huis geeft

de **dou·a·ne** [douanes]
1 [geen meervoud] de politie die aan de grens mensen en goederen controleert ✦ *de douane controleerde Otto's pas*
2 iemand die bij de douane (bet. 1) werkt = de douanier

de•**dou·che** [douches]
een toestel met kleine gaatjes waaruit water komt, om je onder te wassen ✦ *toen de telefoon ging, stond ik net onder de douche*

dou·chen [douchte, heeft gedoucht]
zich wassen onder de douche [iemand doucht] ✦ *toen het zo warm was, douchte zij twee keer per dag*

de **do·ve** [doven]
iemand die niet kan horen ✦ *er zijn speciale programma's voor doven op de televisie*

do·ve·mans·o·ren [meervoud]
dat is niet tegen dovemansoren gezegd: daar wordt naar geluisterd; daar maakt men graag gebruik van ✦ *toen de chef zei dat iedereen een uur eerder naar huis mocht, was dat niet tegen dovemansoren gezegd*

do·ven [doofde]
1 [heeft gedoofd] zorgen dat iets niet meer brandt = uitmaken [iemand dooft iets wat brandt] ✦ *de man moest zijn sigaret doven voordat hij naar binnen mocht*
2 [is gedoofd] stoppen met branden [vuur dooft] ✦ *toen niemand nieuw hout op het vuur deed, doofde het*

down [bijvoeglijk naamwoord]
iemand die zich down voelt, is in een zware en verdrietige stemming = gedeprimeerd ✦ *in de periode dat hij geen werk had, voelde hij zich down*

het **do·zijn** [dozijnen]
een hoeveelheid van twaalf dezelfde dingen ✦ *mag ik een dozijn flessen wijn van u?*

dr. [afkorting]
doctor: de titel van iemand die na de universiteit nog een boek heeft geschreven over een onderzoek ✦ *ik heb contact gehad met dr. Petersen over het onderzoek*

d'r[1] (informeel) *zie:* **haar**[3]

d'r[2] (informeel) *zie:* **er**

de•**draad** [draden]
een dun touwtje, bijv. om mee te naaien ✦ *bij de knoop van je jas zit een draad los*

de **draag·baar**[1] [draagbaren]
een soort bed waarop je iemand kunt dragen = de brancard ✦ *de vrouw werd op een draagbaar naar de auto gebracht, omdat ze heel ziek was*

draag·baar[2] [bijvoeglijk naamwoord]
iets wat draagbaar is, kun je makkelijk dragen ✦ *in de slaapkamer hadden zij een draagbare televisie*

de **draag·kracht**
betalen naar draagkracht: meer betalen als je meer verdient en minder betalen als je minder verdient ✦ *de prijzen van de cursus zijn naar draagkracht*

het **draag·vlak** [draagvlakken]
de wil bij veel mensen om een beslissing te steunen ✦ *de minister besloot de maatregel niet te nemen omdat er niet genoeg draagvlak was*

de **draai** [draaien]
1 de keer dat iets draait ✦ *bij het verhuizen konden we met de kast de draai van de gang naar de kamer niet maken*
2 je draai niet kunnen vinden: je niet prettig voelen in je positie of situatie

het **draai·boek** [draaiboeken]
1 een boek waarin staat hoe een film opgenomen moet gaan worden = het scenario
2 een plan dat van tevoren bepaalt wat er in een situatie gedaan moet worden ✦ *gelukkig bestaat er een draaiboek voor als er een grote brand is*

•**draai·en** [draaide, heeft of is gedraaid]
rond bewegen; zo bewegen dat iets naar een andere kant gericht wordt [iemand draait (iets)] ✦ *de man draaide zijn gezicht naar de zon* ✦ *de cd draaide wel, maar toch kwam er geen geluid*

het **draai·or·gel** [draaiorgels]
een instrument dat vanzelf muziek maakt en dat je vooral in Nederland op straat ziet

draaiorgel

dr

de **draak** [draken]
1 een groot, gevaarlijk dier dat vuur uit zijn mond kan laten komen en dat alleen in verhalen bestaat ✦ *het was een spannend verhaal waarin Joris tegen de draak vocht*

draak 1

2 iets wat heel lelijk is ✦ *wat een draak van een film was dat!*
3 de draak steken met iemand of iets: grappen over iemand of iets maken ✦ *hij stak de draak met de nieuwe vriend van zijn zus*

de **drab** *ook:* het
vieze deeltjes in een vloeistof ✦ *er zat veel drab onder in de fles wijn*

drach·tig [bijvoeglijk naamwoord]
bij een drachtig dier groeit een jong dier in de buik ✦ *de boer zei dat de koe drie maanden drachtig was*

de **draf**
een manier van lopen van paarden ✦ *eerst ging het paard in draf, toen in galop*

•**dra·gen** [droeg, heeft gedragen]
1 zo meenemen dat het niet tegen de grond komt [iemand draagt iemand of iets] ✦ *draag jij de koffers, dan draag ik de tas* ✦ *hij droeg het slapende kind de trap op*
2 aan je lichaam hebben [iemand draagt kleren] ✦ *hij droeg een broek en een trui in dezelfde kleur*

het **dra·ma** [drama's]
1 een voorstelling die slecht afloopt = de tragedie
2 het spelen van toneel ✦ *wij vinden het belangrijk dat er op de school van onze kinderen aan drama gedaan wordt*
3 een heel nare gebeurtenis = de tragedie ✦ *het was een drama toen het dak naar beneden kwam*

dra·ma·tisch [bijvoeglijk naamwoord]
1 dramatische gebeurtenissen zijn heel nare gebeurtenissen ✦ *na de dramatische gebeurtenissen bleef iedereen een dag thuis* ✦ *de cijfers over de winst waren dramatisch gedaald*
2 iemand die dramatisch doet, toont overdreven veel gevoelens ✦ *je hoeft niet zo dramatisch te doen*

dram·men [dramde, heeft gedramd]
op een vervelende manier blijven zeuren omdat je iets wilt [iemand dramt] ✦ *het kind bleef maar drammen om mee te mogen*

de **drang**
het sterke gevoel dat je iets wilt ✦ *de speler had een enorme drang om te winnen*

de •**drank** [dranken]
1 een vloeistof om te drinken ✦ *het eten is gratis, maar de drank moet je betalen*
dranken
2 een drank (bet. 1) met alcohol erin ✦ *de chauffeur had te veel drank op*
3 een medicijn dat je moet drinken ✦ *de dokter gaf de patiënt een drankje*

dra·pe·ren [drapeerde, heeft gedrapeerd]
mooi neerleggen [iemand drapeert een stuk stof] ✦ *zij drapeerde een lap stof over de tafel*

dras·tisch [bijvoeglijk naamwoord]
een drastische maatregel heeft grote gevolgen ✦ *de problemen waren zo groot dat er drastische maatregelen nodig waren*

dra·ven [draafde, heeft gedraafd]
rennen [een paard draaft]

de **dreef**
op dreef zijn: enthousiast bezig zijn, bijv. met praten of werken ✦ *na een paar glazen wijn kwam Heleen flink op dreef en moest iedereen erg lachen*

het **drei·ge·ment** [dreigementen]
de woorden waarmee je met iets dreigt (bet. 1)

•**drei·gen** [dreigde, heeft gedreigd]
1 mensen bang met iets maken om je doel te bereiken [iemand dreigt (met iets)] ✦ *de werknemers dreigen met een staking* ✦ *de man heeft gedreigd naar de rechter te stappen*
2 bijna gebeuren [er dreigt iets (vervelends)] ✦ *er dreigt regen*

Dranken

Bij het **ontbijt** drinken Nederlanders en Belgen meestal koffie of thee en soms een glas melk of vruchtensap (in België: fruitsap).

Om ongeveer 10.30 uur is het **koffietijd**. Veel Nederlanders en Belgen vinden koffiedrinken gezellig. Koffietijd is de tijd dat mensen bij elkaar op bezoek gaan. Mensen die werken, hebben dan vaak even koffiepauze. Ook op andere tijden van de dag wordt koffie gedronken.
Koffie wordt in Nederland en België gezet met een filter met koffie erin, waar heet water doorheen gaat. Je kunt suiker in je koffie doen en koffiemelk, een soort room. Sommige mensen doen warme, verse melk in hun koffie. Koffie zonder melk heet 'zwarte koffie'.

Als **lunch** eet men meestal een broodmaaltijd of een broodje. Nederlanders drinken daarbij vaak melk of karnemelk, Belgen hebben een voorkeur voor koffie of thee. In België wordt 's middags vaak een warme maaltijd gebruikt. Men drinkt daar dan water of een biertje bij.

Om ongeveer 15.30 uur is het in Nederland **theetijd**, een goed moment in de middag voor een bezoek of een pauze. Nederlanders en Belgen doen vaak suiker in de thee, maar meestal geen melk.

Voor het avondeten wordt soms 'geborreld', een **aperitief** gedronken: jenever ('een borrel'), of bijvoorbeeld wijn, sherry of port. De meeste mensen vinden het gezellig om een of een paar glazen alcohol te drinken, maar echt dronken worden vinden de meeste Nederlanders niet leuk. In Nederland mag alcohol alleen verkocht worden aan mensen ouder dan 16 jaar. Mensen die geen alcohol drinken, bijvoorbeeld omdat ze nog moeten rijden, drinken een glaasje 'fris', bijvoorbeeld mineraalwater, sap of cola.

Bij het **avondeten** wordt, vooral in Nederland, vaak helemaal niets gedronken. Bij feestelijke gelegenheden, maar steeds vaker ook op gewone dagen, wordt er wijn gedronken. Soms staat er water op tafel. Na het eten drinken veel mensen koffie, en soms wordt er later op de avond nog een borrel of iets fris gedronken.

In **cafés** kun je bier drinken, maar ook allerlei andere dranken. Wie koffie wil hebben, kan kiezen uit gewone koffie, espresso (sterke koffie), cappuccino (met schuimende melk) of koffie verkeerd (met veel melk).

maaltijden

drei·gend [bijvoeglijk naamwoord]
iets wat dreigend is, geeft de indruk dat er iets vervelends gaat gebeuren ✦ *de lucht ziet er dreigend uit; het gaat vast regenen*

de **drei·ging**
de keer dat iets dreigt (bet. 2) te gebeuren ✦ *iedereen voelde de dreiging van een oorlog*

de **drem·pel** [drempels]
de rand onder aan de opening van een deur

drempel

de **dren·ke·ling** [drenkelingen]
iemand die in het water ligt en bijna doodgaat

dr

dren·te·len [drentelde, heeft gedrenteld]
zonder doel lopen, vooral omdat je op iets wacht [iemand drentelt] ✦ *nieuwsgierig drentelde zij om de nieuwe auto*

de **dreu·mes** [dreumesen]
een kind van ongeveer één tot drie jaar ✦ *de dreumes viel steeds op de grond*

de **dreun** [dreunen]
een harde klap ✦ *de kist viel met een dreun op de grond*

dreu·nen [dreunde, heeft gedreund]
schudden met een zwaar, hard geluid [iets dreunt] ✦ *het huis dreunde als er een vrachtwagen voorbijkwam*

dre·ven *zie:* **drijven**

drib·be·len [dribbelde, heeft of is gedribbeld]
1 lopen met kleine, snelle pasjes [iemand dribbelt] ✦ *het hondje dribbelde achter zijn baasje aan*
2 lopen en de bal meenemen door er steeds op te slaan of tegen te schoppen [iemand dribbelt] ✦ *hij dribbelde langs drie spelers en schoot de bal in het doel*

•**drie** [hoofdtelwoord]
3 getallen

drie·daags [bijvoeglijk naamwoord]
driedaagse zaken duren drie dagen ✦ *hij is naar Londen voor een driedaagse vakantie*

drie·di·men·si·o·naal [bijvoeglijk naamwoord]
iets wat driedimensionaal is, is niet alleen lang en breed, maar ook diep ✦ *op de tentoonstelling zie je driedimensionale foto's van het menselijk lichaam*

de **drie·hoek** [driehoeken]
een figuur met drie lijnen en drie hoeken

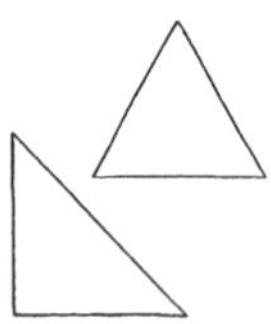

driehoek

drie·kwart [bijvoeglijk naamwoord]
drievierde deel ✦ *de fles was voor driekwart vol*

drie·maal [bijwoord]
drie keer; bij drie gelegenheden ✦ *ik heb het je nu al driemaal gevraagd*

het **drie·tal** [drietallen]
een aantal van drie ✦ *hij had een drietal vrienden bij zich*

drie·vou·dig [bijvoeglijk naamwoord]
een drievoudig kampioen is drie keer kampioen geworden ✦ *zij is drievoudig olympisch kampioen hardlopen*

de **drift** [driften]
1 [geen meervoud] de eigenschap dat iemand plotseling erg boos kan worden en dat laat merken = de woede ✦ *in zijn drift gooide hij alle borden stuk*
2 een sterke wil die je diep van binnen voelt ✦ *sommige dieren hebben de natuurlijke drift om andere dieren te doden*
3 een boot raakt op drift: een boot drijft weg door de stroom
4 iemand raakt op drift: iemand verliest zijn zekerheden en doet domme dingen

drif·tig[1] [bijvoeglijk naamwoord]
iemand die driftig is, wordt soms ineens heel boos ✦ *omdat hij zo driftig was, kreeg hij steeds meer problemen*

drif·tig[2] [bijwoord]
snel en wild = verwoed ✦ *hij zat driftig te schrijven om het werk op tijd klaar te hebben*

de **drift·kop** [driftkoppen]
iemand die ineens erg boos kan worden ✦ *vroeger was mijn broer een echte driftkop, maar hij wordt steeds rustiger*

de **drijf·veer** [drijfveren]
de reden die iemand heeft om iets te doen = het motief, de beweegreden ✦ *het was niet duidelijk wat zijn drijfveren waren voor de moord*

•**drij·ven** [dreef, heeft of is gedreven]
1 in water niet naar de bodem zakken [iemand of iets drijft (ergens heen)] ✦ *hout blijft meestal drijven* ✦ *het bootje dreef steeds verder van de kant*
2 dwingen naar een plek te gaan [iemand drijft iemand ergens heen] ✦ *de hond dreef de kat naar een hoek van de kamer*

•**drij·ven tot** [dreef tot, heeft gedreven tot]
dwingen iets te doen [iemand of iets drijft iemand tot iets] ✦ *in de oorlog dreef honger de mensen tot stelen*

dril·len [drilde, heeft gedrild]
op een strenge manier zorgen dat iemand iets leert [iemand drilt iemand]

✦ de soldaten worden flink gedrild om te doen wat hun gezegd wordt

•**drin·gen** [drong, is gedrongen]
1 tegen mensen aan duwen om vooraan te komen [iemand staat te dringen] *✦ om acht uur 's ochtends stonden veel mensen te dringen om als eerste in de winkel te zijn*
2 de tijd dringt: er is weinig tijd meer voor iets *✦ je moet snel beginnen met het schrijven van het rapport, want de tijd begint te dringen*

•**drin·gend** [bijvoeglijk naamwoord]
iets wat dringend is, is heel belangrijk en moet snel gebeuren = urgent *✦ verder onderzoek is dringend gewenst*

het **drin·ken**[1]
een vloeistof die je kunt drinken[2] = de drank *✦ we hebben bijna geen drinken meer*

•**drin·ken**[2] [dronk, heeft gedronken]
1 een vloeistof door je mond naar binnen laten gaan [iemand drinkt (een vloeistof)] *✦ wat wil je drinken bij het eten?* dranken
2 alcohol drinken [iemand drinkt] *✦ ik mag niet drinken, want ik moet nog rijden*

het **drink·wa·ter**
water dat je kunt drinken

de **drive**
een sterk gevoel dat je iets wilt doen *✦ wat is jouw drive om dit werk te doen?*

droe·gen *zie:* **dragen**

droe·vig [bijvoeglijk naamwoord]
iemand die droevig is, is verdrietig *✦ hij leest het liefst droevige boeken*

dro·gen [droogde]
1 [heeft gedroogd] zorgen dat iets droog wordt [iemand droogt iets] *✦ ze droogde bloemen om er kaarten van te maken*
2 [is gedroogd] droog worden [iets droogt] *✦ hij hing zijn kleren bij de verwarming om te drogen*

de **dro·gist** [drogisten]
een winkel waar je producten kunt kopen om je lichaam mee te verzorgen, bijv. zeep en eenvoudige medicijnen

de **drol** [drollen]
een hoeveelheid van de vaste stof die uit je lichaam komt *✦ de vrouw zei een heel lelijk woord toen ze op straat in een drol stapte*

de **drom** [drommen]
een grote hoeveelheid mensen = de menigte *✦ er waren drommen mensen op het plein*

•**dro·men** [droomde, heeft gedroomd]
1 iets meemaken in je geest terwijl je slaapt [iemand droomt (over iets)] *✦ ik heb gedroomd over een groot paars beest*
iets wel kunnen dromen: iets heel goed kennen *✦ de weg naar de supermarkt kan ik wel dromen*
2 met je gedachten op een andere plaats zijn [iemand zit te dromen] *✦ sinds Aicha Hasan kent, zit ze de hele dag te dromen*

dron·gen *zie:* **dringen**

dron·ken[1] [bijvoeglijk naamwoord]
iemand die dronken is, heeft veel alcohol gedronken

dron·ken[2] *zie:* **drinken**

•**droog** [bijvoeglijk naamwoord]
1 iets wat droog is, bevat geen of bijna geen vocht ⇔ nat *✦ kun je even kijken of mijn kleren al droog zijn?*
2 iemand die droog is, kan een grap maken terwijl hij niet praat alsof hij een grap maakt *✦ Michiel zei droog dat zijn vader hem dan maar een groot cadeau moest geven*
3 droge wijn is niet zoet

de **droog·kuis** (in België)
een bedrijf waar men kleding stoomt (bet. 3) = de stomerij

de **droog·te**
een periode dat het droog is in een gebied *✦ door de droogte was de regering bang dat er niet genoeg te eten zou zijn*

de **droog·zwier·der** [droogzwierders] (in België)
een bak die heel snel draait, om kleren droger te maken = de centrifuge

de •**droom** [dromen]
1 iets wat je in je geest meemaakt terwijl je slaapt
2 iets wat je heel graag wilt *✦ ik heb nog altijd nog de droom van een huisje in Italië*

de **drop**
zwart snoep

dro·pen *zie:* **druipen**

drop·pen [dropte, heeft gedropt] (informeel)
brengen, waarna je zelf verder gaat [iemand dropt iets of iemand] *✦ op weg*

naar zijn werk dropte hij de kinderen op school

drs. [afkorting]
doctorandus: een titel die je krijgt na een studie aan de universiteit ✦ *de vergadering wordt geleid door drs. Versteeg*

de •**drug** [drugs]
een middel om in een betere stemming te komen = het verdovend middel

de **drugs·han·del**
de handel in drugs

de **druif** [druiven]
een blauwe of een groene vrucht waarvan bijv. wijn wordt gemaakt

druif

drui·pen [droop, heeft gedropen]
1 in kleine hoeveelheden vallen [een vloeistof druipt] ✦ *de regen droop van zijn gezicht*
2 zo nat zijn dat er vloeistof uit valt [iets druipt] ✦ *de kleren dropen van de regen*

de •**druk**[1] [drukken]
1 de kracht die op een vlak werkt ✦ *hoe verder je onder water gaat, hoe groter de druk wordt*
2 de dwingende vraag om iets te doen ✦ *de druk op de regering om maatregelen te nemen werd steeds groter*
iemand onder druk zetten: iemand proberen tot iets te dwingen ✦ *hij werd onder druk gezet door de regering*
onder druk staan: gedwongen zijn om snel te gebeuren of snel te handelen ✦ *de planning staat enorm onder druk*
3 de keer dat een boek gedrukt (bet. 3) wordt ✦ *de derde druk van het boek ligt volgende week in de winkel*

•**druk**[2] [bijvoeglijk naamwoord]
1 mensen die druk zijn, bewegen veel en praten veel ⇔ rustig ✦ *de kinderen zijn zo druk dat we zelf nauwelijks kunnen eten*
2 iemand die het druk heeft, heeft veel werk te doen ⇔ rustig ✦ *zij heeft het steeds erg druk op haar werk*
3 als het ergens druk is, zijn er veel mensen ⇔ rustig ✦ *het was vandaag ontzettend druk op de weg*

•**druk·ken** [drukte, heeft gedrukt]
1 kracht zetten op iets = duwen [iemand drukt iets in, op, door, tegen iets] ✦ *ze drukte haar hoofd in het kussen*
2 met een vinger kracht zetten op iets = duwen [iemand drukt op iets] ✦ *hij drukte op een knop van de computer*
3 met een machine tekst en plaatjes op papier zetten [iemand drukt een boek, een krant enz.] ✦ *het is een Nederlands boek, maar het wordt gedrukt in Frankrijk*
4 vaste stof uit je lichaam in de wc laten gaan = poepen [iemand drukt]

de **druk·ke·rij** [drukkerijen]
een bedrijf waar boeken, kranten enz. gedrukt (bet. 3) worden

de **druk·te**[1]
1 veel mensen of veel verkeer ✦ *in de drukte kon ze haar moeder niet vinden*
2 de toestand dat je veel moet doen ✦ *door de drukte ben ik helemaal vergeten je te bedanken*

druk·te[2] *zie:* **drukken**

het **druk·werk** [drukwerken]
papier waarop teksten en plaatjes gedrukt (bet. 3) zijn

de **drum** [drums]
een muziekinstrument waarop je met stokken slaat

drum·men [drumde, heeft gedrumd]
1 muziek maken op een drumstel* [iemand drumt]
2 (in België) tegen mensen aan duwen om vooraan te komen [iemand drumt] ✦ *niet zo drummen, je komt wel aan de beurt*

het **drum·stel** [drumstellen]
een muziekinstrument dat bestaat uit drums* en bekkens

drumstel

de **drup·pel** [druppels]
een heel klein beetje vloeistof dat in een ronde vorm valt ✦ *u moet elke dag twee druppels van het medicijn in uw oog doen*
dat was de druppel die de emmer

deed overlopen: de situatie was al vervelend, maar toen dát gebeurde werd het echt te veel

ds. [afkorting]
dominus: de titel van een dominee ✦ *ik heb ds. Pieterse een brief geschreven*

dub·bel [bijvoeglijk naamwoord]
iets wat dubbel is, bestaat uit twee ongeveer dezelfde dingen ⇔ enkel ✦ *door een fout van de bank kreeg Louis het dubbele bedrag* ✦ *wil je een enkele of een dubbele boterham?*

dub·be·len [dubbelde, heeft gedubbeld]
(in België)
een schooljaar opnieuw doen = zittenblijven [iemand dubbelt (een klas, een jaar)]

de **dub·be·le·punt**
het teken ':', dat je kunt gebruiken voordat je iets gaat uitleggen, voordat je een voorbeeld geeft, of voordat je schrijft wat iemand gezegd heeft

de **dub·bel·gan·ger** [dubbelgangers] **dub·bel·gang·ster** [dubbelgangsters]
iemand die er net zo uitziet als iemand anders = de lookalike ✦ *op het feest waren er twee dubbelgangers van prinses Máxima*

dub·bel·zin·nig [bijvoeglijk naamwoord]
iets wat dubbelzinnig is, kun je op twee manieren begrijpen = ambigu ✦ *hij werd rood toen hij begreep dat de grap dubbelzinnig was*

de **dub·bel·zin·nig·heid** [dubbelzinnigheden]
een opmerking die op meer manieren kan worden uitgelegd

dub·ben [dubde, heeft gedubd]
lang en met twijfel nadenken over een beslissing = twijfelen [iemand dubt (over iets)] ✦ *na lang dubben besloot Mario om in België te blijven*

du·bi·eus [bijvoeglijk naamwoord]
iets wat dubieus is, is waarschijnlijk niet goed of niet eerlijk ✦ *het rapport over de zaak was nogal dubieus*

duch·ten [duchtte, heeft geducht]
bang zijn voor iets [iemand heeft iets te duchten] ✦ *de club had weinig te duchten van de tegenstanders*

het **du·el** [duellen, duels]
een gevecht of een wedstrijd tussen twee mensen of twee ploegen = het tweegevecht ✦ *vanavond is het spannende duel tussen Ajax en Feyenoord*

het **du·et** [duetten]
een stuk muziek voor twee stemmen of twee instrumenten

duf [bijvoeglijk naamwoord]
1 iets wat duf is, is helemaal niet interessant = saai ✦ *hij was blij toen hij uit het duffe dorp naar de stad kon verhuizen*
2 iemand die duf is, is moe en niet actief ✦ *het was een gezellige avond, maar de volgende dag was ik erg duf*

•**dui·de·lijk** [bijvoeglijk naamwoord]
1 iets wat duidelijk is, is gemakkelijk te begrijpen = helder ✦ *gelukkig heeft de leraar alles duidelijk uitgelegd*
2 iets wat duidelijk is, is goed te zien of te horen ✦ *gelukkig praatte Achmed heel duidelijk, zodat ik hem goed kon verstaan*

de **dui·de·lijk·heid** [duidelijkheden]
informatie waardoor je iets weet of begrijpt = de helderheid ✦ *de minister wil meer duidelijkheid over de kosten van het nieuwe ziekenhuis*

dui·den [duidde, heeft geduid]
zeggen wat iets betekent = verklaren [iemand duidt iets] ✦ *omdat de cijfers elkaar tegenspraken, was het lastig om ze te duiden*

dui·den op [duidde op, heeft geduid op]
een teken zijn dat iets zo is [iets duidt op iets] ✦ *alles duidde erop dat de baby spoedig geboren zou worden*

de **duif** [duiven]
een grijze vogel, die je vaak op pleinen ziet

duif

dui·ken [dook, heeft of is gedoken]
voorover in het water springen, met je hoofd eerst [iemand duikt] ✦ *hij dook in het water om het kind te redden*

de **dui·ker** [duikers] **duik·ster** [duiksters]
iemand die met een speciaal pak en flessen met zuurstof lang onder water blijft = de kikvorsman

du

de **duim** [duimen]
de korte, dikke vinger aan de zijkant van je hand ✦ *ik heb me in mijn linker duim gesneden*
iets uit je duim zuigen: iets zelf bedenken, terwijl het niet waar is
de duimen leggen: (in België) een wedstrijd of een gevecht verliezen ✦ *na een spannende wedstrijd moesten onze tegenstanders de duimen leggen*

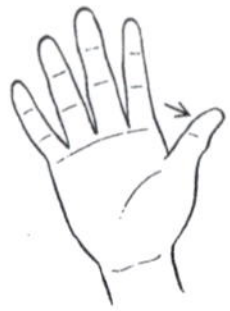

duim

dui·men [duimde, heeft geduimd]
1 je duim* in je mond steken [een kind duimt] ✦ *het jongetje kon niet slapen zonder te duimen*
2 een beweging maken met je duimen, om succes te wensen [iemand duimt (voor iemand)] ✦ *Hanna moet examen doen; duim je voor haar?*

de **duim·spij·ker** [duimspijkers] (in België)
een scherp dingetje waarmee je papier aan de muur kunt hangen = de punaise ✦ *met een duimspijker hing hij de tekening aan de muur*

de **duim·stok** [duimstokken]
een lang stuk hout waarmee je iets kunt meten

duimstok

het **duin** *ook:* de [duinen]
een heuvel van zand bij de zee ✦ *we maakten een lange wandeling door de duinen* landschap

het **duis·ter**[1]
het donker ✦ *we konden in het duister onze fietsen niet meer vinden*
duis·ter[2] [bijvoeglijk naamwoord]
1 een plaats die duister is, is donker ✦ *de vrouw zat in een duistere kamer op een stoel*
2 iets wat duister is, is niet duidelijk en een beetje geheim ✦ *de oorzaken van de ziekte bleven duister*

de **duis·ter·nis**
het donker ✦ *vanwege de duisternis moest men met het werk ophouden*

de **duit** [duiten]
een duit in het zakje doen: iets zeggen over een onderwerp waarover anderen al iets hebben gezegd ✦ *iedereen had al iets gezegd, toen ook John nog eens een duit in het zakje deed*

het **Duits**[1]
een taal die onder andere in Duitsland gesproken wordt ✦ *spreekt u Duits?*
Duits[2] [bijvoeglijk naamwoord]
Duitse zaken komen uit Duitsland of hebben daarmee te maken ✦ *de Duitse president bezocht België*

de **dui·vel** [duivels]
een persoon die het kwaad voorstelt ✦ *in de Middeleeuwen geloofde men dat slechte mensen na hun dood door de duivel gehaald werden*

duivel

dui·vels [bijwoord]
erg; heel ✦ *het is een duivels moeilijk stuk om te spelen*

dui·ze·lig [bijvoeglijk naamwoord]
als je duizelig bent, lijkt alles om je heen te draaien, en lijkt het alsof je gaat vallen = draaierig ✦ *de kinderen vonden het leuk om duizelig te worden op de kermis*

dui·ze·ling·wek·kend [bijvoeglijk naamwoord]
zo groot, snel, veel enz. dat je er een duizelig* gevoel van krijgt ✦ *in New York staan duizelingwekkend hoge gebouwen*

•**dui·zend** [hoofdtelwoord]
1000 getallen

de **dui·zend·poot** [duizendpoten]
1 een klein diertje met veel poten
2 iemand die veel verschillende dingen kan en doet

•**dui·zend·ste** [rangtelwoord]
1000e

dul·den [duldde, heeft geduld]
aanvaarden dat iets gebeurt = tolereren [iemand duldt iets of iemand] ✦ *de bur-*

gemeester duldde geen verdere acties van de bewoners

dum·pen [dumpte, heeft gedumpt]
ergens anders plaatsen zodat je er zelf geen last meer van hebt [iemand dumpt iets of iemand] ✦ *veel Europese boeren dumpen hun producten op de Poolse markt* ✦ *als ze plotseling weg moet, dumpt ze haar kind bij haar moeder*

•**dun** [bijvoeglijk naamwoord]
1 een dun voorwerp of lichaam heeft een kleine afstand tussen de ene en de andere kant ⇔ dik
2 dunne soep is heel vloeibaar ⇔ dik
3 dun haar is haar met veel ruimte ertussen

dun·ken [dunkte, heeft gedunkt] (formeel)
vinden; denken [het dunkt mij dat ...; mij dunkt dat ...] ✦ *mij dunkt dat de krant wel wat minder over sport kan schrijven*

dun·ne·tjes [bijvoeglijk naamwoord]
iets nog eens dunnetjes overdoen: iets nog een keer doen ✦ *ze vierden hun huwelijk eerst met familie en vrienden en later deden ze het met de collega's nog eens dunnetjes over*

het **duo** [duo's]
twee mensen die bij elkaar horen en samen iets doen, bijv. zingen ✦ *het duo 'Snip en Snap' maakte leuke grappen*

de **du·pe**
de dupe zijn: het slachtoffer van iets zijn of worden ✦ *toen de treinen naar Den Bosch niet meer reden, waren veel mensen de dupe*

du·pe·ren [dupeerde, heeft gedupeerd]
nadeel geven [iemand of iets dupeert iemand] ✦ *met deze maatregel dupeert de minister de mensen die veel moeten reizen voor hun werk*

het **du·pli·caat** [duplicaten]
een voorwerp dat precies hetzelfde is gemaakt als een ander voorwerp ✦ *ik heb een duplicaat van de sleutel voor je besteld*

•**du·ren** [duurde, heeft geduurd]
een bepaalde tijd nodig hebben [iets duurt een bepaalde tijd] ✦ *de film duurde vier uur*

de **durf**
de kracht om iets te doen wat eigenlijk eng of gevaarlijk is = het lef, de moed ✦ *er is durf voor nodig om haar de waarheid te zeggen*

•**dur·ven** [durfde of dorst, heeft gedurfd]
de moed hebben [iemand durft iets] ✦ *durf jij naar beneden te springen?*

•**dus** [voegwoord]
met dit woord zeg je dat iets een logisch gevolg is van iets anders ✦ *het is koud buiten, dus ik trek een jas aan* ✦ *ik denk, dus ik besta*

dus·da·nig [bijwoord]
in die mate; zo = zodanig ✦ *ik was dusdanig moe dat ik meteen sliep*

dus·ver [bijwoord]
tot dusver: tot zover als we nu zijn; tot dit moment ✦ *tot dusver zijn er nog geen problemen*

het **dut·je**
een dutje doen: kort slapen ✦ *hij moet 's morgens vroeg opstaan, en daarom doet hij meestal 's middags een dutje*

de **duts** [dutsen] (in België)
iemand om wie je verdriet hebt omdat hij iets naars meemaakt = de stakker, de stumper ✦ *Marcel is nog steeds ziek, de duts!*

de •**duur**[1]
de tijd dat iets duurt ✦ *de lange duur van de voorstelling was een probleem voor de kinderen*

•**duur**[2] [bijvoeglijk naamwoord]
dure dingen kosten veel geld ⇔ goedkoop ✦ *zijn vrouw koopt altijd dure kleren*

duur·zaam [bijvoeglijk naamwoord]
duurzame dingen zijn van goede kwaliteit, zodat ze niet snel kapotgaan ✦ *deze bank is gemaakt van duurzaam materiaal; hij is al veertig jaar oud*

de **duw** [duwen]
iemand een duw geven: iemand duwen* ✦ *doordat Peter Tom een duw gaf, viel Tom in het water*

du·wen [duwde, heeft geduwd]
kracht of gewicht achter iets of iemand zetten waardoor dat voorwerp of die persoon gaat bewegen [iemand duwt iets of iemand] ✦ *ik moest hard duwen om de deur te kunnen openen*

de **dvd** [dvd's]
digital versatile disk: een speciale cd waarop een film staat

de **dwaas**[1] [dwazen]
iemand die domme dingen doet ⇔ de

wijze

dwaas[2] [bijvoeglijk naamwoord]
een dwaze persoon doet gekke dingen die niet verstandig zijn ⇔ wijs ✦ *hij was zo dwaas om in de winter in een korte broek te lopen*

dwa·len [dwaalde, heeft gedwaald]
ergens lopen of rijden zonder een duidelijk doel [iemand dwaalt] ✦ *hij vindt het heerlijk om door de bossen te dwalen*

de **dwang**
de sterke druk waardoor je iets moet doen ✦ *alleen met dwang lukte het om de vrouw uit haar huis te halen*

dwar·re·len [dwarrelde, heeft of is gedwarreld]
langzaam en licht naar beneden vallen [bladeren dwarrelen; sneeuw dwarrelt] ✦ *het was herfst en de bladeren dwarrelden van de bomen*

dwars [bijvoeglijk naamwoord]
1 in een richting die een kruis vormt met de hoofdrichting ✦ *de boom was dwars over de weg gevallen*
2 een dwarse persoon wil alles anders dan andere mensen willen ✦ *doe niet zo dwars en eet gewoon je boterham op*

dwars·bo·men [dwarsboomde, heeft gedwarsboomd]
zorgen dat iemand niet kan doen wat hij of zij wilde doen = tegenwerken [iemand dwarsboomt iemand of iemands plannen] ✦ *de bewoners hebben de plannen van de gemeente voor een nieuwe weg gedwarsboomd*

de **dwars·fluit** [dwarsfluiten]
een muziekinstrument waarop je blaast

dwarsfluit

de **dweil** [dweilen]
een natte doek waarmee je een vloer schoonmaakt

dwe·pen met [dweepte met, heeft gedweept met]
mooi, goed, knap enz. vinden en dat op een overdreven manier laten merken [iemand dweept met iemand of iets] ✦ *hij dweept met de boeken van Mulisch*

de **dwerg** [dwergen]
1 een persoon die erg klein is gebleven
2 een klein wezen dat alleen in verhalen voorkomt, meestal een mannetje met een baard en een rode muts op = de kabouter ✦ *in het verhaal ontmoette het meisje zeven dwergen*

•**dwin·gen** [dwong, heeft gedwongen]
zorgen dat iemand iets doet wat jíj wilt [iets of iemand dwingt iemand] ✦ *zij dwong haar zoontje zijn bord leeg te eten* ✦ *de ziekte dwong Radek tot ander werk*

dwin·gend [bijvoeglijk naamwoord]
iets wat dwingend is, is noodzakelijk en moet gebeuren = onontkoombaar ✦ *de uitspraak van de rechter was dwingend en de dief kreeg een zware straf*

dwon·gen *zie:* **dwingen**

d.w.z. [afkorting]
dat wil zeggen: dit woord gebruik je als je iets preciezer wilt zeggen ✦ *het is een huis met drie kamers, d.w.z. twee kamers en een keuken*

de **dy·na·miek**
de snelheid waarmee iets verandert ✦ *de werknemers konden zich niet goed aanpassen aan de dynamiek van het bedrijf*

het **dy·na·miet**
een stof die met veel kracht dingen kapotmaakt ✦ *ze gebruikten dynamiet om het oude gebouw te verwijderen*

dy·na·misch [bijvoeglijk naamwoord]
iets wat dynamisch is, gebeurt met veel energie en beweging ⇔ statisch ✦ *New York is een dynamische stad*

de **dy·na·mo** [dynamo's]
een klein apparaat dat stroom maakt uit beweging ✦ *ik heb geen licht op mijn fiets want de dynamo is kapot*

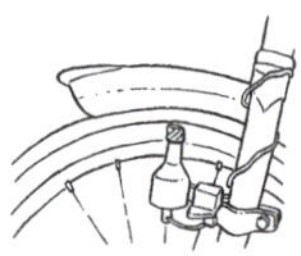
dynamo

de **dys·lexie**
een probleem met het lezen van woorden = de woordblindheid

e

de **e** [e's]
1 de vijfde letter van het alfabet alfabet
2 een toon in de muziek muzieknoten

e.a. [afkorting]
en andere(n): dit woord gebruik je om te laten zien dat er nog meer mensen aan iets hebben gewerkt ✦ *het boek is geschreven door Peter Dekker e.a.*

de **eb**
het moment dat de zee op het laagste punt is, en het strand heel breed is ⇔ de vloed

de **echo** [echo's]
1 het feit dat geluid terugkomt via de wanden ✦ *toen ze haar vriendje riep, hoorde ze de echo van haar stem*
2 een filmpje van de binnenkant van je lichaam, vooral van een kindje dat nog niet is geboren = de echografie

de **echt**[1] (formeel)
in de echt verbonden zijn: getrouwd zijn

•**echt**[2] [bijvoeglijk naamwoord]
iets wat echt is, is wat het lijkt ✦ *is die ring van echt goud?* ✦ *we hebben wel met elkaar gepraat, maar het was geen echte vergadering*

•**echt**[3] [bijwoord]
1 werkelijk; zoals je gezegd hebt ✦ *ga je echt naar het buitenland verhuizen?*
2 dat is echt ...: dat is typisch ... ✦ *dat is nou echt Annelies, om zo laat nog te bellen*

•**ech·ter** [bijwoord] (formeel)
maar ✦ *de prins heeft een ongeluk gehad; hij mocht echter al na een dag het ziekenhuis verlaten*

de **echt·ge·noot** [echtgenoten] **echt·ge·no·te** [echtgenotes]
de persoon met wie je getrouwd bent ✦ *belangrijke beslissingen overlegt ze altijd met haar echtgenoot*

het **echt·paar** [echtparen]
twee mensen die met elkaar getrouwd zijn

de **echt·schei·ding** [echtscheidingen]
het eindigen van een huwelijk = de scheiding

eco-
ecospullen zijn goed voor het milieu ✦ *zij kopen bijna alle producten in de ecowinkel*

eco·lo·gisch [bijvoeglijk naamwoord]
ecologische zaken gaan over dingen die zo goed mogelijk zijn voor het milieu

de •**eco·no·mie** [economieën]
de manier waarop de handel en het geld functioneren in een land, en de wetenschap die dat onderzoekt landschap

•**eco·no·misch** [bijvoeglijk naamwoord]
1 economische zaken betreffen de handel en het geld van een land ✦ *in veel Afrikaanse landen is de economische situatie slecht*
2 iets wat economisch is, gebruikt zo weinig mogelijk tijd of geld = zuinig ✦ *als je alleen bent, is het economischer om met de trein te gaan dan met de auto*

de **eco·noom** [economen] **eco·no·me** [economes]
iemand die economie heeft gestudeerd

het **ec·zeem**
een ziekte van de huid

e.d. [afkorting]
en dergelijke: hiermee zeg je dat je niet alle dingen opnoemt ✦ *wij verkopen hier boeken, kranten e.d.*

edel [bijvoeglijk naamwoord]
edele mensen of dieren hebben bijzonder goede eigenschappen = nobel ✦ *een paard is een edel dier*

de **edel·steen** [edelstenen]
een dure, mooie steen, bijv. een diamant of een robijn

de **edi·tie** [edities]
een bepaalde druk van bijv. een boek of een krant = de uitgave ✦ *bij deze editie krijgt u gratis een cd*

edu·ca·tief [bijvoeglijk naamwoord]
iets wat educatief is, is bedoeld om je iets te leren ✦ *'s middags was er een educatief programma voor de kinderen*

de **eed** [eden]
de keer dat je iets officieel belooft, meestal voor de rechter

de **EEG**
Europese Economische Gemeenschap: de oude naam voor de Europese Unie (EU), een groep landen in Europa die samenwerken

de **ee·ga** [eega's, eegaas] (formeel)
de persoon met wie je getrouwd bent = de echtgenoot ✦ *de koningin en haar eega zijn in Tokio aangekomen*

de **eek·hoorn** [eekhoorns]
een klein dier dat in het bos leeft

eekhoorn

het **eelt**
een harde, dikke plaats op de huid van je hand of voet, bijv. door hard werken of veel lopen ✦ *ze had eelt op haar handen van het harde werken*

•**een**[1] [bijvoeglijk naamwoord]
1 dingen die één met elkaar zijn, zijn met elkaar verbonden ✦ *toen Vera op het podium stond, zag je dat ze één was met haar instrument*
2 één en al: helemaal; niets anders dan ✦ *het publiek was één en al aandacht voor het optreden*

•**een**[2] [lidwoord]
een woord dat voor een zelfstandig naamwoord kan staan ✦ *wilt u een kopje koffie?*

•**een**[3] [hoofdtelwoord]
1 getallen

de **eend** [eenden]
een vogel die in het water leeft dieren
dat is een vreemde eend in de bijt: dat is iemand die niet past bij de rest van de groep

eend

een·dui·dig [bijvoeglijk naamwoord]
iets wat eenduidig is, kun je maar op één manier begrijpen ✦ *ze vroegen aan verschillende mensen hoe laat het begon, maar ze kregen geen eenduidig antwoord*

een·ei·ig [bijvoeglijk naamwoord]
een eeneiige tweeling: een tweeling die uit dezelfde eicel is gegroeid en die erg op elkaar lijkt

de **een·ge·zins·wo·ning** [eengezinswoningen]
een huis dat bedoeld is voor één gezin
wonen

de•**een·heid** [eenheden]
1 een maat die de basis is om te meten en te tellen ✦ *de meter is de eenheid van afstand*
2 verschillende mensen of dingen die een geheel zijn ✦ *dit voetbalelftal heeft goede spelers, maar het is geen eenheid*
de mobiele eenheid (ME): een groep binnen de politie speciaal voor het oplossen van rellen

een·ken·nig [bijvoeglijk naamwoord]
een eenkennig kind is een jong kind dat zich alleen prettig voelt bij mensen die hij of zij kent = verlegen

de **een·ling** [eenlingen]
iemand die niet bij een groep hoort ✦ *als schrijver is Johnson altijd een eenling geweest, met zijn bijzondere stijl*

•**een·maal** [bijwoord]
1 één keer ✦ *ik ben maar eenmaal in Parijs geweest*
nu eenmaal: hiermee zeg je dat je iets niet meer kunt veranderen ✦ *het is jammer dat ze verloren heeft, maar het is nu eenmaal zo*
2 op een bepaald moment in het verleden of in de toekomst = eens, ooit ✦ *als we eenmaal verhuisd zijn, krijg ik meer tijd*

een·ma·lig [bijvoeglijk naamwoord]
iets wat eenmalig is, gebeurt maar één keer ✦ *hij ontving van de gemeente een eenmalige bijdrage voor de bouw van zijn huis*

een·per·soons-
voor één persoon ✦ *hij slaapt in een eenpersoonsbed*

•**eens**[1] [bijvoeglijk naamwoord]
1 het met iemand eens zijn: dezelfde mening hebben als iemand anders heeft ✦ *ik ben het niet met haar eens* ✦ *hij was het met me eens dat er iets moest gebeuren*
2 het met iets eens zijn: iets goed vinden; akkoord zijn met iets ✦ *we waren het eens met het voorstel om naar de film te gaan* ✦ *daar ben ik het niet mee eens* ✦ *de werknemers zijn het er niet mee eens dat hun directeur zo'n hoog salaris heeft*

•**eens**[2] [bijwoord]
1 op een bepaald moment in het verle-

den of in de toekomst = ooit ✦ *er was eens een prinsesje*
2 één keer ✦ *eens per jaar bezoek ik mijn tante in Friesland*
3 een woordje zonder speciale betekenis ✦ *ik zal je eens wat moois laten zien*

eens·ge·zind [bijvoeglijk naamwoord]
een groep mensen is eensgezind als iedereen dezelfde mening of hetzelfde doel heeft ✦ *de leden van de partij stemden eensgezind tegen het voorstel*

eens·klaps [bijwoord]
plotseling = ineens

•**een·tje** [hoofdtelwoord] (informeel)
één ✦ *er zijn veel Kaapverdiërs in Nederland, maar ik heb er nog nooit eentje ontmoet*
in je eentje: zonder andere mensen ✦ *hij is in zijn eentje op vakantie gegaan*

een·to·nig [bijvoeglijk naamwoord]
eentonig werk is steeds hetzelfde en daardoor vervelend = saai, monotoon ✦ *Jan moet in de fabriek erg eentonig werk doen*

de **een·voud**
het feit dat iets of iemand eenvoudig is ⇔ de complexiteit ✦ *de eenvoud van het antwoord verbaasde iedereen*

•**een·vou·dig** [bijvoeglijk naamwoord]
als iets eenvoudig is, is het gemakkelijk te begrijpen, te leren, te doen enz. = simpel ⇔ ingewikkeld ✦ *het was heel eenvoudig om de kast te maken* ✦ *hij kookte een eenvoudige maaltijd*

een·vou·dig·weg [bijwoord]
gewoon ✦ *met deze baan verdien ik eenvoudigweg te weinig geld*

de **een·wor·ding**
het samengaan van een aantal groepen, landen enz.
de Europese eenwording: het streven van de landen in Europa om steeds meer samen te werken

•**een·zaam** [bijvoeglijk naamwoord]
1 eenzame mensen voelen zich alleen ✦ *op het eind van haar leven was Clara erg eenzaam*
2 als iets eenzaam is, is het stil en zonder veel mensen = verlaten ✦ *ik rijd 's avonds niet graag over eenzame wegen*

de **een·zaat** [eenzaten] (in België)
iemand die graag en veel alleen is ✦ *hij woont alleen en hij heeft bijna geen vrienden, dus hij is een echte eenzaat*

een·zelf·de [aanwijzend voornaamwoord]
hetzelfde, dezelfde ✦ *de verenigingen hebben eenzelfde doel: ouders van een overleden kind helpen*

een·zij·dig [bijvoeglijk naamwoord]
1 eenzijdige informatie laat maar één kant zien ⇔ objectief ✦ *in de krant stond een erg eenzijdig verhaal over de gebeurtenissen*
2 een eenzijdige beslissing wordt door één partij genomen

de •**eer**¹
de waardering die je krijgt omdat je iets bijzonders hebt gedaan en waardoor je je trots voelt = het aanzien ✦ *de wedstrijd ging niet alleen om de eer, maar de winnaar kreeg ook nog veel geld*
ter ere van …: bij de gelegenheid van …; vanwege … ✦ *ter ere van mijn verjaardag geef ik morgen een feest*
de eer aan jezelf houden: weggaan of stoppen voordat je daartoe gedwongen wordt

eer² [voegwoord]
voordat ✦ *eer ze een nieuwe baan heeft gevonden, zal het wel zomer zijn*

het **eer·be·toon**
een gebeurtenis, een feestje enz. om de waardering voor iets of iemand te laten zien = de hulde, de hommage ✦ *de film was één groot eerbetoon aan het werk van Sartre*

de **eer·bied**
de waardering die je voor iemand hebt om zijn karakter, kennis, ervaring enz., en waardoor je iemand goed behandelt = het respect ✦ *tegenwoordig hebben kinderen minder eerbied voor hun ouders dan vroeger*

•**eer·der** [bijwoord]
1 vroeger in de tijd ⇔ later ✦ *ik kom vandaag een half uur eerder thuis*
2 zoals dichter bij de waarheid ligt = veeleer ✦ *hij is eerder klein dan dik*
3 (in België) tamelijk; nogal ✦ *het examen was eerder moeilijk*

eer·gis·te·ren [bijwoord]
de dag vóór gisteren; twee dagen geleden ✦ *eergisteren was ze nog ziek, maar nu is ze weer aan het werk*

•**eer·lijk** [bijvoeglijk naamwoord]
iemand die eerlijk is, zegt de waarheid ✦ *hij lijkt mij een eerlijke man, dus ik ge-*

loof wat hij zegt

•eerst [bijwoord]
1 voor iets of iemand anders ⇔ laatst ✦ *hij wilde eerst iets eten voordat hij vertrok* ✦ *Helga was het eerst klaar van iedereen*
2 in het begin = aanvankelijk ✦ *eerst was ze vaak ziek, maar nu voelt ze zich veel beter*

•eer·ste [rangtelwoord]
1e ⇔ laatste ✦ *ze kwam als eerste over de streep en won de wedstrijd* getallen
de Eerste Kamer: (in Nederland) de afdeling van het parlement die de regering als laatste controleert
de eerste minister: de minister die de leider is van de regering; de premier overheid

eer·ste·klas [bijvoeglijk naamwoord]
iets wat eersteklas is, is erg goed = uitstekend, voortreffelijk ✦ *bij het eten dronken we een eersteklas wijn*

eer·vol [bijvoeglijk naamwoord]
iets is eervol als je er waardering mee verdient ✦ *Nederland won de wedstrijd tegen Duitsland met een eervolle 5-0*
een eervolle vermelding: je krijgt een eervolle vermelding als je net geen prijs hebt gehaald, maar toch een goede prestatie hebt geleverd

eer·zuch·tig [bijvoeglijk naamwoord]
eerzuchtige mensen werken erg hard om waardering te krijgen = ambitieus ✦ *hij is eerzuchtig en daarom heeft hij veel bereikt*

de **eet·le·pel** [eetlepels]
een lepel waarmee je eet ✦ *je moet twee eetlepels suiker toevoegen*

de **eet·ta·fel** [eettafels]
een grote tafel, waaraan je eet

de **•eeuw** [eeuwen]
een periode van honderd jaar ✦ *op het eind van de twintigste eeuw kreeg de computer steeds meer invloed*

eeu·wen·lang [bijvoeglijk naamwoord]
honderden jaren lang ✦ *in Engeland is het al eeuwenlang een traditie om 's middags thee te drinken*

eeu·wen·oud [bijvoeglijk naamwoord]
eeuwenoude dingen zijn honderden jaren oud

eeu·wig [bijvoeglijk naamwoord]
als iets eeuwig is, is het zonder einde

de **eeu·wig·heid** [eeuwigheden]
1 de tijd die nooit ophoudt
2 een zeer lange tijd ✦ *we moesten een eeuwigheid op de bus wachten*

de **eeuw·wis·se·ling** [eeuwwisselingen]
het moment waarop de ene eeuw in de andere overgaat ✦ *de laatste eeuwwisseling was van 1999 naar het jaar 2000*

het **ef·fect** [effecten]
1 het gevolg van iets = de invloed ✦ *de medicijnen hadden geen enkel effect*
2 een draaiende beweging van de bal in een spel ✦ *hij sloeg de bal met effect*
3 een bewijs dat je een aandeel hebt in een onderneming ✦ *ze handelt in effecten*

de **ef·fec·ten·beurs** [effectenbeurzen]
de beurs voor de handel in effecten* (bet. 3) ✦ *de effectenbeurs sloot hoger dan normaal*

ef·fec·tief [bijvoeglijk naamwoord]
als iets effectief is, heeft het een duidelijk effect* (bet. 1) = doeltreffend ✦ *met een paar effectieve maatregelen kon de gemeente de buurt veiliger maken*

ef·fen [bijvoeglijk naamwoord]
1 effen stoffen zijn stoffen in één kleur ✦ *het meisje droeg een effen blauwe trui*
2 zonder gevoelens te tonen = mat ✦ *op effen toon zei de man dat hij het niet erg vond om te verliezen*

ef·fi·ciënt [bijvoeglijk naamwoord]
iets is efficiënt als het zoveel mogelijk resultaat heeft ✦ *door haar tijd efficiënt te verdelen kon ze in één dag veel doen*

egaal [bijvoeglijk naamwoord]
1 met overal precies dezelfde kleur = effen ✦ *de lucht was egaal blauw*
2 vlak; glad = effen ✦ *de boer maakte de grond egaal*

de **egel** [egels]
een klein dier met stekels

egel

het **ego**
het gevoel dat je over je eigen persoonlijkheid hebt ✦ *Astrids succes in haar werk was goed voor haar ego*

ego·is·tisch [bijvoeglijk naamwoord]
een egoïstische persoon denkt alleen

aan zichzelf en wil overal voordeel uit halen ✦ *het was egoïstisch van haar om alle koekjes op te eten*

de **EHBO**
eerste hulp bij ongelukken: de eerste dingen die je moet doen als er een ongeluk is gebeurd en er nog geen dokter is

het **•ei** [eieren]
1 een rond voorwerp met een harde schaal waarin het jong van een vogel groeit ✦ *op zondag eten we altijd een eitje bij het ontbijt*
je ei niet kwijt kunnen: niet kunnen zeggen of doen wat je graag wilt
eieren voor je geld kiezen: met minder tevreden zijn, omdat je merkt dat je niet alles kunt krijgen wat je wilt
2 ei zo na: (in België, informeel) net niet helemaal; vrijwel; haast ✦ *toen we ei zo na bij het hotel waren, begon het te regenen*

de **ei·cel** [eicellen]
een cel bij vrouwen waaruit een baby kan groeien nadat er een zaadcel van de man bij is gekomen = het eitje

•ei·gen [bijvoeglijk naamwoord]
van jezelf; dat of die bij jou hoort ✦ *ze rijdt het liefst in haar eigen auto* ✦ *ze doet dingen graag op haar eigen manier* ✦ *het bier in dat café heeft een heel eigen smaak*

de **•ei·ge·naar** [eigenaars, eigenaren] **ei·ge·na·res** [eigenaressen]
iemand die iets bezit ✦ *hij is de eigenaar van een groot aantal huizen*

•ei·gen·aar·dig [bijvoeglijk naamwoord]
eigenaardige dingen of mensen zijn anders dan wat normaal is = vreemd, merkwaardig ✦ *sinds de dood van haar moeder vertoont ze eigenaardig gedrag*

het **ei·gen·be·lang**
het belang voor jezelf, omdat het goed is voor jou ✦ *hij hielp me wel, maar hij deed het alleen uit eigenbelang*

het **ei·gen·dom** [eigendommen]
iets wat iemand bezit ✦ *hij huurde het huis; het was niet zijn eigendom*

ei·gen·ge·reid [bijvoeglijk naamwoord]
iemand die eigengereid is, doet wat hij zelf wil en niet wat anderen zeggen = eigenwijs

ei·gen·han·dig [bijwoord]
met je eigen handen gedaan of gemaakt ✦ *hij heeft eigenhandig zijn nieuwe keuken geplaatst*

•ei·gen·lijk[1] [bijvoeglijk naamwoord]
werkelijk dat wat bedoeld wordt ✦ *we kregen tien vellen papier, maar het eigenlijke rapport was maar één blaadje*

•ei·gen·lijk[2] [bijwoord]
in werkelijkheid; zoals het werkelijk is ✦ *ze ging wel mee, maar eigenlijk was ze liever thuis gebleven* ✦ *gaat het eigenlijk wel goed met je?*

de **ei·gen·naam** [eigennamen] (taal)
de naam van een mens, een dier of een ding ✦ *vroeger dacht ik dat 'farao' een eigennaam was, maar het is de titel van een Egyptische koning*

de **ei·gen·schap** [eigenschappen]
iets wat typisch is voor iemand of iets ✦ *de nieuwe chef heeft de eigenschap dat hij goed kan luisteren* ✦ *een eigenschap van glas is dat het makkelijk breekt*

ei·gen·tijds [bijvoeglijk naamwoord]
iets wat eigentijds is, past bij deze tijd = modern ✦ *ze draagt altijd eigentijdse kleren*

ei·gen·wijs [bijvoeglijk naamwoord]
iemand die eigenwijs is, luistert niet naar adviezen van andere mensen = eigengereid ✦ *hij is verkouden geworden, omdat hij eigenwijs was en zonder jas naar buiten is gegaan*

ei·gen·zin·nig [bijvoeglijk naamwoord]
iemand die eigenzinnig is, doet dingen op zijn of haar eigen manier ✦ *onze jongste dochter is heel eigenzinnig, want ze doet precies wat ze wil*

de **eik** [eiken]
een boom

eik

de **ei·kel** [eikels]
1 de vrucht van een eik*
2 het bovenste deel van de penis
3 (informeel) een woord voor iemand die dom en vervelend doet

het **•ei·land** [eilanden]
een stuk land met water eromheen ✦ *ze gaat altijd op vakantie naar een Grieks eiland*

het **eind** [einden]
1 de plaats waar iets ophoudt of het moment waarop iets ophoudt = het einde ✦ *aan het eind van de straat moet je naar rechts* ✦ *de film had gelukkig een mooi eind*
2 een kort stuk of een korte afstand ✦ *je kunt het vastmaken met een eindje touw* ✦ *je loopt eerst een eind rechtdoor en dan ga je naar rechts*
aan het langste eind trekken: uiteindelijk winnen ✦ *Alex trok aan het langste eind en zijn werkgever moest hem in dienst houden*

het **•ein·de**
1 de plaats waar iets ophoudt of het moment waarop iets ophoudt = het eind ✦ *aan het einde van deze straat moet je naar rechts* ✦ *aan het einde van de dag ging iedereen tevreden naar huis*
2 ten einde raad zijn: helemaal niet meer weten wat je moet doen
3 iets of iemand het einde vinden: iets of iemand geweldig vinden

de **ein·de·jaars·pre·mie** [eindejaarspremies] (in België)
extra loon dat je krijgt aan het eind van het jaar

•ein·de·lijk [bijwoord]
na een lange tijd; na lang wachten = uiteindelijk ✦ *na maanden hard werken ging hij eindelijk met vakantie*

ein·de·loos [bijvoeglijk naamwoord]
1 als iets eindeloos duurt, duurt het veel te lang ✦ *de film was slecht en hij duurde eindeloos*
2 (informeel) iets wat eindeloos is, is geweldig of heerlijk ✦ *ze hadden een eindeloze vakantie in Frankrijk*

het **eind·exa·men** [eindexamens]
het examen waarmee je een opleiding afsluit ✦ *na zijn eindexamen wil hij medicijnen gaan studeren*

•ein·di·gen [eindigde, is geëindigd]
1 ophouden; niet verder gaan = stoppen ⇔ beginnen [iets of iemand eindigt] ✦ *de film eindigt met een prachtig beeld van de bergen*
2 iets laten ophouden; iets niet verder laten gaan = beëindigen ⇔ beginnen [iemand eindigt iets (met iets)] ✦ *Gijs eindigde zijn verhaal met een belangrijke opmerking*

het **eind·rap·port** [eindrapporten]
1 het rapport op school vóór de zomervakantie
2 het definitieve rapport van een onderzoek ✦ *volgende week verschijnt het eindrapport van de commissie*

de **eind·re·dac·teur** [eindredacteuren, eindredacteurs]
de persoon die verantwoordelijk is voor de teksten in bijv. een krant of een tijdschrift

de **eind·streep** [eindstrepen]
de streep waar je aan het einde van een wedstrijd overheen gaat = de finish ✦ *Zoetemelk ging als eerste over de eindstreep*

het **eind·werk** [eindwerken] (in België)
een tekst als afsluiting van een opleiding ✦ *zijn eindwerk gaat over onderwijs aan dove kinderen*

de **•eis** [eisen]
iets waarvan je vindt dat het moet gebeuren voordat er iets anders kan gebeuren = de voorwaarde ✦ *wat zijn de eisen voor het examen?*

•ei·sen [eiste, heeft geëist]
vinden dat iets moet gebeuren; dwingend vragen [iemand eist iets] ✦ *het parlement eiste dat de minister meer informatie gaf*

de **ei·ser** [eisers] **ei·se·res** [eiseressen]
iemand die iets eist, vooral iemand die daarvoor naar de rechter gaat ✦ *de rechter vond dat de eiser gelijk had*

het **ei·wit** [eiwitten]
1 de witte massa in een ei ✦ *dit gerecht is gemaakt met het eiwit van drie eieren*
2 een stof in bijv. melk en vlees die je lichaam nodig heeft = de proteïne

het **EK** [EK's]
Europees kampioenschap: een wedstrijd waarvan de winnaar zich Europees kampioen mag noemen

de **ek·ster** [eksters]
een zwart-witte vogel

ekster

het **elan**
de houding van iemand die veel zin heeft om zijn doel te bereiken = het en-

thousiasme ✦ *de politieke partij had wel goede ideeën, maar weinig elan*

het **elas·tiek**
een band, vaak van rubber, die langer wordt als je eraan trekt, en weer korter als je niet meer trekt ✦ *het elastiek in de broek was kapot*

het **elas·tiek·je** [elastiekjes]
een rond stuk elastiek* ✦ *ze heeft het haar met een elastiekje bij elkaar gebonden*

•**el·ders** [bijwoord]
op een andere plaats ✦ *het grootste deel van mijn familie woont elders in België*

het **elec·to·raat**
alle mensen die mogen stemmen bij verkiezingen

ele·gant [bijvoeglijk naamwoord]
iemand die elegant is, draagt mooie kleren en beweegt zich op een mooie manier ✦ *ze kocht een elegante jurk voor het feest*

het **elek·tra** *ook:* de
de elektriciteit in een huis of in een gebouw ✦ *in het oude huis was geen gas en geen elektra*

de **elek·tri·cien** [elektriciens]
iemand die de elektrische leidingen in een gebouw aanlegt en maakt ✦ *je moet die draad niet zelf repareren maar een elektricien bellen*

de **elek·tri·ci·teit**
de energie die nodig is om bijv. een lamp te laten branden = de stroom ✦ *in 1950 hadden bijna alle huizen in Nederland en België elektriciteit*

•**elek·trisch** [bijvoeglijk naamwoord]
een elektrisch apparaat werkt op elektriciteit* ✦ *hij heeft een elektrische deken op zijn bed*

de **elek·tro·ni·ca**
1 een onderdeel van de wetenschap die over elektriciteit gaat
2 elektrische apparaten

elek·tro·nisch [bijvoeglijk naamwoord]
iets wat elektronisch werkt, werkt met of door elektronica* (bet. 2) ✦ *kan ik hier elektronisch betalen?*

het •**ele·ment** [elementen]
1 een deel van een groter geheel = het aspect ✦ *spanning is een belangrijk element van bijna elke sport*
2 water, lucht, aarde of vuur
3 een chemische stof ✦ *lucht bestaat uit de elementen zuurstof (O) en stikstof (N)*
4 in je element zijn: doen wat je fijn vindt of wat je goed kunt

ele·men·tair [bijvoeglijk naamwoord]
1 iets wat elementair is, is noodzakelijk of heel belangrijk = wezenlijk ✦ *voldoende beweging is van elementair belang voor de gezondheid*
2 elementaire regels zijn de belangrijkste en eenvoudigste regels = fundamenteel ✦ *voor deze baan moet je elementaire kennis van computers hebben*

de **elf**[1] [elfen]
een meisje met vleugels, dat alleen in verhalen bestaat ✦ *in het verhaal werd de prins gered door een elfje*

•**elf**[2] [hoofdtelwoord]
11 **getallen**

het **elf·tal** [elftallen]
een groep van elf voetballers ✦ *het elftal kwam het veld op rennen*

eli·mi·ne·ren [elimineerde, heeft geëlimineerd] (formeel)
zorgen dat iets verdwijnt = verwijderen [iemand elimineert iemand of iets] ✦ *met het medicijn proberen we de ziekte te elimineren*

eli·tair [bijvoeglijk naamwoord]
iets wat elitair is, is alleen voor de elite* ✦ *ik voelde me niet prettig in het elitaire gezelschap*

de **eli·te**
het machtige, rijke deel van de bevolking ✦ *in dit dure restaurant komt de elite van de stad eten*

•**elk** [onbepaald voornaamwoord]
ieder ✦ *bijna elk kind houdt van snoep*

•**el·kaar** [wederkerig voornaamwoord]
1 dit woord geeft aan dat de een naar de ander hetzelfde doet als de ander naar de een ✦ *ze houden van elkaar* ✦ *ze gaven elkaar cadeautjes*
2 het is voor elkaar: het is gelukt; het is klaar
3 iemand in elkaar slaan: iemand zo hard slaan dat hij valt
4 uit elkaar gaan: stoppen met een relatie
5 achter elkaar lopen: zo lopen dat de één voor de ander loopt
6 iets in elkaar zetten: van losse delen een geheel maken
7 twee zaken door elkaar halen: denken dat de ene zaak de andere is en om-

gekeerd

de **el·le·boog** [ellebogen]
het deel van je arm tussen je onderarm en je bovenarm, waardoor je onderarm kan draaien

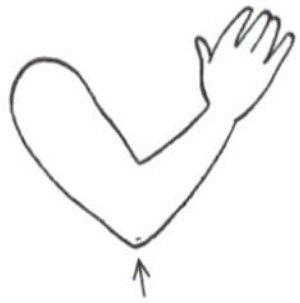

elleboog

de **el·len·de**
een vervelende toestand ✦ *de oorlog veroorzaakte veel ellende voor de bevolking*
el·len·dig [bijvoeglijk naamwoord]
iets wat ellendig is, is heel naar en vervelend ✦ *de mensen leefden in ellendige omstandigheden*

de **e-mail**
post die je via de computer verstuurt en ontvangt media

de **eman·ci·pa·tie**
het proces waarin een groep mensen zich ontwikkelt tot zij niet meer van anderen afhankelijk zijn ✦ *het boek 'De tweede sekse' heeft bijgedragen aan de emancipatie van de vrouw*

het **em·bar·go** [embargo's]
een officieel besluit waarin handel met een bepaald land verboden wordt = het handelsembargo ✦ *omdat het land chemische wapens maakte, hebben de Verenigde Naties een embargo ingesteld*

het **em·bleem** [emblemen]
een plaatje waaraan je een bepaalde school, vereniging enz. herkent = het logo ✦ *het embleem van onze vereniging is een berg met drie sterren*

het **em·bryo** [embryo's]
een mens of een dier dat nog niet geboren is en nog in de eerste periode van ontwikkeling is
emi·gre·ren [emigreerde, is geëmigreerd]
naar een ander land verhuizen ⇔ immigreren [iemand emigreert (naar een ander land)] ✦ *de vrienden hielden contact nadat een van hen naar Rusland was geëmigreerd*

de **•em·mer** [emmers]
een bak die je kunt dragen en waar je iets in kunt doen, vooral water ✦ *haal jij even een emmer water voor me?*
dat was de druppel die de emmer deed overlopen: de situatie was al vervelend, maar toen dát gebeurde werd het echt te veel

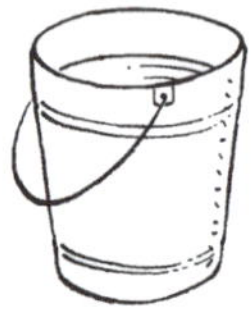

emmer

de **emo·tie** [emoties]
een sterk gevoel ✦ *hij laat nooit iets van zijn emoties merken*
emo·ti·o·neel [bijvoeglijk naamwoord]
een emotioneel moment is een moment waarop je een sterk gevoel hebt, bijv. grote vreugde of groot verdriet ✦ *de man werd emotioneel toen hij voor het eerst zijn zoon zag*

•en [voegwoord]
1 dit woord verbindt twee woorden of twee zinnen ✦ *Paul en Andrea liepen over straat* ✦ *hij kocht een boek en daarna ging hij naar huis*
2 plus ✦ *één en één is twee (1 + 1 = 2)*

de **en·cla·ve** [enclaves]
een gebied dat anders is dan de gebieden eromheen ✦ *het dorpje vormt een Belgische enclave in Nederland*

de **en·cy·clo·pe·die** [encyclopedieën]
een boek waarin je informatie over mensen, dieren en dingen kunt opzoeken ✦ *hij keek in de encyclopedie omdat hij wilde weten wanneer Gerrit Achterberg geboren is*
ene [onbepaald voornaamwoord]
dit woord gebruik je als je de persoon niet kent die je noemt ✦ *ik kreeg dit cadeau van ene meneer Gerritsen*

de **ener·gie**
1 de kracht om iets te doen ✦ *hij wilde 's avonds nog uitgaan, maar hij had geen energie meer*
2 de mogelijkheid om bijv. beweging, warmte of licht te maken ✦ *het is beter voor het milieu als we niet te veel energie gebruiken*

het **ener·gie·be·drijf** [energiebedrijven]
een bedrijf dat zorgt voor het leveren van stroom voor licht, geluid, warmte enz.
ener·giek [bijvoeglijk naamwoord]
iemand die energiek is, heeft veel ener-

gie* (bet. 1) ✦ *hij was in de vakantie zo energiek dat hij iedere dag een lange wandeling maakte*

ener·ve·rend [bijvoeglijk naamwoord]
een enerverende gebeurtenis veroorzaakt veel gevoelens en spanning ✦ *in een enerverende wedstrijd wonnen de Italianen*

•**ener·zijds** [bijwoord]
enerzijds …, anderzijds …: aan de ene kant …, aan de andere kant … ✦ *enerzijds lijkt het me leuk om mee te gaan, anderzijds heb ik het erg druk*

en·fin [tussenwerpsel]
dit woord gebruik je als je de conclusie gaat geven van wat je vertelt ✦ *eerst reed de trein niet, toen ging de bus kapot, enfin, we zijn er nooit gekomen*

eng [bijvoeglijk naamwoord]
van iets wat eng is, word je bang ✦ *enge films moeten op de tv niet zo vroeg op de avond vertoond worden*

het **en·ga·ge·ment**
het feit dat iemand het belangrijk vindt wat er in de maatschappij gebeurt ✦ *uit de film bleek duidelijk het engagement van de makers*

de **en·gel** [engelen]
1 een wezen uit de hemel dat eruitziet als een mens met vleugels

engel 1

2 iemand die je heel lief vindt omdat hij of zij je helpt ✦ *je bent een engel dat je koffie voor me hebt gehaald*

het **En·gels**[1]
een taal die onder andere in Groot-Brittannië en in de Verenigde Staten gesproken wordt ✦ *spreekt u Engels?*

En·gels[2] [bijvoeglijk naamwoord]
Engelse zaken komen uit Groot-Brittannië of hebben daarmee te maken ✦ *zij heeft sinds kort een Engelse vriend*

Het woord 'Engels' gaat eigenlijk over Engeland, een deel van Groot-Brittannië. In het Nederlands wordt 'Engels' ook gebruikt als je eigenlijk over Groot-Brittannië praat.

•**enig**[1] [bijvoeglijk naamwoord]
1 van iets wat enig is, is er maar één ✦ *Max was het enige kind in de klas dat niet mee mocht naar het zwembad* ✦ *ik ben hier de enige met een baard*
2 iets wat enig is, is heel leuk = fantastisch ✦ *ik vind het enig als jullie op bezoek komen!*

•**enig**[2] [onbepaald voornaamwoord]
1 een kleine hoeveelheid; een beetje ✦ *we moeten hier met enige voorzichtigheid aan beginnen*
2 dit woord gebruik je om te laten zien dat het niet uitmaakt ✦ *kan ik jou vandaag op enig moment even spreken?*

•**enigs·zins** [bijwoord]
een beetje ✦ *zij was enigszins verbaasd toen ze het nieuws hoorde*

de **en·kel**[1] [enkels]
het deel van je been vlak boven je voet

enkel[1]

•**en·kel**[2] [bijvoeglijk naamwoord]
enkele dingen bestaan uit één deel ⇔ dubbel ✦ *wil je een enkele boterham of een dubbele?*

•**en·kel**[3] [onbepaald voornaamwoord]
weinig; een paar ✦ *Michael heeft enkele keren in het ziekenhuis gelegen*

•**en·kel**[4] [bijwoord]
alleen maar; uitsluitend ✦ *we hebben op vakantie enkel regen gehad*

de **en·ke·ling**
een enkeling: heel weinig mensen ✦ *er was maar een enkeling naar de tentoonstelling gekomen*

het **en·kel·tje** [enkeltjes]
een kaartje voor de reis ergens heen, maar niet voor de reis terug; de enkele reis ⇔ het retourtje ✦ *mag ik twee enkeltjes Brussel-Amsterdam van u?* vervoer

het **en·kel·voud** [enkelvouden] (taal)
een woord in het enkelvoud gebruik je voor één ding, niet voor meer dingen ⇔ het meervoud ✦ *met het enkelvoud 'boek' bedoel je één boek; met het meervoud 'boeken' bedoel je meer boeken* ✦ *het woord 'aandacht' bestaat alleen in het enkelvoud*

•enorm[1] [bijvoeglijk naamwoord]
iets wat enorm is, is heel groot = gigantisch ✦ *ze zijn een enorm gebouw aan het bouwen naast het station* ✦ *tijdens de vakantie kregen ze enorme ruzie*

•enorm[2] [bijwoord]
heel erg = zeer ✦ *het meisje schrok enorm van de harde knal*

de **en·quê·te** [enquêtes]
een onderzoek door aan veel mensen dezelfde vragen te stellen ✦ *uit de enquête blijkt dat 30% van de mensen nog niet weet wat ze gaan stemmen*
een parlementaire enquête: een onderzoek in opdracht van het parlement naar zaken die onder zijn verantwoordelijkheid zijn gebeurd

het **en·sem·ble** [ensembles]
een kleine groep mensen die samen klassieke muziek maken

het **en·ter·tain·ment**
optredens die aan mensen worden aangeboden voor hun plezier = het amusement ✦ *in het hotel was er iedere avond entertainment voor de gasten*

en·thou·si·ast [bijvoeglijk naamwoord]
iemand die enthousiast is, is met veel plezier bezig, of heeft veel zin in iets ✦ *Govert was heel enthousiast over de cursus*

de **en·tou·ra·ge** [entourages]
de omgeving ✦ *de entourage was niet geweldig, maar we hebben heerlijk gegeten*

de **en·tree** *ook:* het [entrees]
de plaats waar je bij een gebouw naar binnen gaat = de ingang
entree betalen: geld betalen om naar binnen te mogen

de **en·ve·lop·pe** [enveloppen]
een zakje van papier om een brief in te doen

enveloppe

enz. [afkorting]
enzovoort ✦ *er waren kippen, koeien, paarden enz.*

•en·zo·voort [bijwoord]
dit woord gebruik je om te laten zien dat je niet alle dingen van een lijst opnoemt = et cetera ✦ *ze verkopen boeken, kranten enzovoort*

de **EO**
Evangelische Omroep: een omroep in Nederland media

de **epi·de·mie** [epidemieën]
de situatie dat heel veel mensen opeens dezelfde ziekte krijgen ✦ *de griep zorgde vorig jaar voor een epidemie*

de **epi·lep·sie**
een ziekte waarbij je soms opeens niet meer kunt denken, zien, horen enz., en wilde bewegingen gaat maken

de **epi·so·de** [episoden, episodes]
een deel van een verhaal of van een reeks gebeurtenissen ✦ *zijn ziekte was een moeilijke episode in zijn leven*

de **equi·pe** [equipes]
een groep mensen die deelneemt aan een wedstrijd = het team, de ploeg

het **equi·va·lent** [equivalenten]
iets van een andere soort, maar met dezelfde waarde, zodat je het er goed mee kunt vergelijken ✦ *de Millenniumbrug is het Londense equivalent van de Erasmusbrug in Rotterdam* ✦ *in Mexico betaalden we voor een maaltijd het equivalent van drie euro*

•er [bijwoord]
1 op de plaats die bedoeld wordt = daar ✦ *ik ben er gisteren nog geweest*
2 van die dingen of van die mensen ✦ *hoeveel kinderen hebt u? ik heb er drie*
3 een woordje zonder vaste betekenis ✦ *er is telefoon voor je* ✦ *er werd een uur lang gezwegen*
4 er-

er-
samen met een voorzetsel gebruikt om iets te zeggen over een onderwerp van gesprek; soms staat 'er' los van het voorzetsel ✦ *de uitzending begint vroeg zodat ook kinderen ernaar kunnen kijken* ✦ *vorige week had ik een feest en de dag erna ben ik niet naar mijn werk gegaan* ✦ *het was een dure computer maar ik heb er veel problemen mee* ✦ *hij bedoelt er natuurlijk mee dat hij je aardig vindt* er- + voorzetsel

er·aan [bijwoord]
er- ✦ *al drie jaar moet ik elke dag vroeg opstaan, maar ik kan er niet aan wennen*

Er- + voorzetsel

De woorden 'er', 'daar', 'waar' en 'hier' kunnen met een voorzetsel ('in', 'op', 'aan' enz.) gecombineerd worden.

Enkele voorbeelden:

Wie heeft mijn tas gevonden? Mijn naam staat *erin.* (mijn naam staat *in de tas*)
Waarover gaat de film? (*over welk onderwerp* gaat de film?)
Johanna heeft een nieuwe auto. *Daarmee* kun je heel hard rijden. (je kunt heel hard rijden *met de auto*)
Het bedrijf maakt software *waarmee* je een taal kunt leren. (je kunt een taal leren *met die software*)
Edward is *eraan* gewend om laat naar bed te gaan. (hij is gewend *aan het laat naar bed gaan*)
Bernard is niet gekomen. *Hieruit* blijkt dat hij niet erg geïnteresseerd is. (zijn geringe interesse blijkt *uit zijn afwezigheid*)

Soms staan de delen van het woord niet naast elkaar:

Gerard houdt van chocolade maar Yasmina houdt *er* helemaal niet *van.* (Yasmina houdt helemaal niet *van chocolade*)
Ik houd niet van voetbal. *Daar* kijk ik nooit *naar.* (ik kijk nooit *naar voetbal*)
Waar kijk je *naar*?

er·ach·ter [bijwoord]
er- ✦ *de grote eend loopt voorop en de kleintjes lopen erachter*

er·af [bijwoord]
er- ✦ *toen de deken eraf was, had ze het niet meer zo warm*

er·bij [bijwoord]
1 er-
2 erbij zijn: gezien worden terwijl je iets doet wat niet mag ✦ *de dief was erbij toen een agent hem met een computer naar buiten zag komen*

er·door [bijwoord]
er- ✦ *kook eerst de melk en doe dan de suiker erdoor*

de **erec·tie** [erecties]
een harde en grote penis, vooral door seksuele opwinding

de **ere·di·vi·sie** [eredivisies]
de hoogste afdeling in een sport ✦ *Ajax speelt in de eredivisie*

het **ere·loon** [erelonen] (in België)
het loon van een dokter of van een advocaat

eren [eerde, heeft geëerd]
waardering voor iemand tonen [iemand eert iemand] ✦ *de broers en zussen kwamen bij elkaar om hun gestorven ouders te eren*

het **erf** [erven]
de grond rondom een boerderij waarop de stallen en de schuren staan ✦ *de kinderen speelden op het erf*

er·fe·lijk [bijvoeglijk naamwoord]
een erfelijke ziekte kun je krijgen als iemand in je familie die ziekte ook had ✦ *weet jij of kanker erfelijk is?*

de **er·fe·nis** [erfenissen]
geld of goederen die je krijgt van iemand die gestorven is

de **erf·ge·naam** [erfgenamen] **erf·ge·na·me** [erfgenames]
iemand die een erfenis* krijgt ✦ *de erfgenamen kregen ruzie over de verdeling van het geld*

het **erf·goed** [erfgoederen]
de cultuur, de ideeën en de goederen die in de moderne tijd van oude generaties zijn overgebleven ✦ *de democratie behoort tot het culturele erfgoed van Eu-*

ropa

het **erf·recht** [erfrechten]
de regels die bepalen wie er van iemand erven* en wat zij van iemand erven*
rechtspraak

•erg[1] [zelfstandig naamwoord]
geen erg in iets hebben: niet merken dat iets gebeurt ✦ *ze had er geen erg in dat haar kind naar buiten liep*

•erg[2] [bijvoeglijk naamwoord]
1 zeer; heel = ontzettend ✦ *ik ben erg blij met dit cadeau*
2 vervelend; naar = akelig ✦ *wat erg voor je dat je naar het ziekenhuis moet*

•er·gens [bijwoord]
1 op een bepaalde plaats ✦ *is er hier ergens een supermarkt?* ✦ *vroeger woonde Guido in Brussel, maar nu woont hij ergens anders*
2 op een bepaalde manier ✦ *ergens vind ik hem wel aardig*
3 (een woordje dat gebruikt wordt samen met een voorzetsel) iets ✦ *kan ik u ergens mee helpen?* ✦ *misschien ligt het papier wel ergens onder*

er·ge·ren [ergerde, heeft geërgerd]
iets doen wat iemand anders heel vervelend vindt = irriteren [iemand of iets ergert iemand] ✦ *het ergerde de trainer dat de spelers te laat kwamen*

zich **er·ge·ren** [ergerde zich, heeft zich geërgerd]
iemand of iets vervelend vinden [iemand ergert zich (aan iets of iemand)] ✦ *de reizigers in de trein ergerden zich aan de jongen die hard in zijn telefoon praatte*

de **er·ger·nis** [ergernissen]
iets dat je heel vervelend vindt en dat steeds weer gebeurt = de irritatie ✦ *de files zijn een grote ergernis voor Nederlanders*

er·in [bijwoord]
er- ✦ *hij gaat door met zijn actie omdat hij erin gelooft*

er·kend[1] [bijvoeglijk naamwoord]
1 een erkend vakman heeft een officieel bewijs dat hij geleerd heeft voor zijn vak ✦ *je kunt je kapotte fiets beter naar een erkende fietsenmaker brengen*
2 als iets erkend is, is het voor iedereen vanzelfsprekend ✦ *de leerlingen moesten tien culturele activiteiten van algemeen erkende kwaliteit bezoeken*

er·kend[2] *zie:* **erkennen**

•er·ken·nen [erkende, heeft erkend]
1 iets inzien en dat ook toegeven [iemand erkent iets] ✦ *de minister erkende dat zij fouten had gemaakt*
2 verklaren dat iets of iemand echt is [iemand erkent iets of iemand] ✦ *Juans Spaanse diploma's moesten in België nog erkend worden*

de **er·ken·ning**
de waardering; het feit dat iets toegegeven, erkend wordt ✦ *de schrijver kreeg jaren geen erkenning maar nu is hij eindelijk bekend* ✦ *het volk vecht voor de erkenning van zijn taal*

de **er·ker** [erkers]
een stuk van een huis dat uitsteekt, met veel ramen, waardoor er meer licht in huis komt

erker

er·mee [bijwoord]
er- ✦ *ik hoor wat hij zegt, maar wat bedoelt hij ermee?*

er·na [bijwoord]
na een moment dat eerder genoemd is ✦ *hij had een leuk feest, maar de dag erna voelde hij zich niet goed*

er·naar [bijwoord]
er- ✦ *er is veel sport op tv, maar hij heeft er nog nooit naar gekeken*

er·naast [bijwoord]
er- ✦ *dat is een school en ze wonen in het huis ernaast*

de **ernst**
1 de keer dat iemand ernstig (bet. 2) is ✦ *ze sprak met grote ernst over haar nieuwe boek*
2 de mate waarin iets ernstig (bet. 1) is ✦ *vanwege de ernst van de situatie moest iedereen het gebouw verlaten*

•ern·stig [bijvoeglijk naamwoord]
1 met grote, vervelende gevolgen ✦ *door een ernstig ongeluk kan Guido niet meer lopen*
2 een ernstige persoon denkt veel na en maakt geen grapjes = serieus ✦ *ze zat heel ernstig te studeren, terwijl haar zus aan het dansen was*

er·om [bijwoord]
er- ✦ *hij maakte een grapje, maar niemand kon erom lachen*
er·om·heen [bijwoord]
er- ✦ *wat een mooi plein met al die huizen eromheen*
er·on·der [bijwoord]
er- ✦ *als de brief klaar is, zet je je naam eronder*
er·op [bijwoord]
1 er-
2 met alles erop en eraan: compleet; met alles erbij wat erbij hoort
3 het zit erop: het is klaar ✦ *we zijn lang bezig geweest met de verhuizing, maar nu zit het erop*
de **ero·tiek**
erotische* gevoelens en alles wat daarbij hoort
ero·tisch [bijvoeglijk naamwoord]
iets wat erotisch is, geeft een seksuele spanning ✦ *dit is een erotische film en daarom is hij alleen voor mensen van 18 jaar en ouder*
er·over [bijwoord]
er- ✦ *hij denkt erover om de auto te kopen*
er·toe [bijwoord]
er- ✦ *je gedrag dwingt me ertoe je straf te geven*
het **erts** [ertsen]
een stof in de grond waarvan ijzer wordt gemaakt
er·uit [bijwoord]
er- ✦ *als je deze zin eruit haalt, wordt de tekst veel beter*
•er·uit·zien [zag eruit, heeft eruitgezien]
aan de buitenkant … lijken [iemand of iets ziet er … uit] ✦ *je ziet eruit alsof je te weinig hebt geslapen!* ✦ *hij zag er prachtig uit in zijn nieuwe pak*
er·van [bijwoord]
er- ✦ *ik hou van bier, maar mijn man houdt er niet van*
er·van·door [bijwoord]
weg ✦ *ik vind het gezellig om te komen, maar om drie uur moet ik er weer vandoor*
•er·va·ren[1] [bijvoeglijk naamwoord]
iemand die ervaren in iets is, heeft dat al vaker gedaan en kan het daardoor goed ✦ *de ervaren chauffeur maakte toch een fout in het verkeer*
•er·va·ren[2] [ervaarde of ervoer, heeft ervaren]
iets meemaken en daardoor weten hoe het is = ondervinden [iemand ervaart iets] ✦ *ze houdt veel van kinderen maar ze heeft nooit ervaren hoe het is om zelf moeder te zijn* ✦ *hij heeft mijn opmerking als vervelend ervaren*
de **•er·va·ring** [ervaringen]
1 iemand heeft ervaring in iets als hij dat vaak gedaan heeft = de routine ✦ *ons bedrijf heeft veel ervaring in het maken van kasten*
2 de kennis van iets omdat je het zelf hebt meegemaakt = de ondervinding ✦ *onze ervaring is dat je beter in augustus op vakantie kunt gaan*
er·ven [erfde, heeft geërfd]
geld of goederen krijgen van iemand die gestorven is [iemand erft iets] ✦ *Frank heeft het huis van zijn vader geërfd*
er·voor [bijwoord]
er- ✦ *hij schaamt zich ervoor dat hij weinig haar heeft*
de **erwt** [erwten]
een ronde, groene peulvrucht

erwt

de **erw·ten·soep**
een dikke soep van erwten, die vooral 's winters wordt gegeten maaltijden
es·ca·le·ren [escaleerde, is geëscaleerd]
plotseling veel heviger worden [een gespannen situatie, een ruzie enz. escaleert] ✦ *het begon als een gewone discussie, maar het escaleerde tot een enorme ruzie*
de **es·doorn** [esdoorns]
een boom
de **es·pres·so**
sterke, Italiaanse koffie ✦ *om wakker te worden dronk ze een espresso in een café* dranken
het **es·say** [essays]
een tekst over kunst of wetenschap ✦ *de student schreef een mooi essay over Van Gogh*
de **es·sen·tie**
het belangrijkste = het wezen, de kern

es

✦ *de essentie van haar verhaal was dat ouders strenger moeten zijn voor hun kinderen*

es·sen·ti·eel [bijvoeglijk naamwoord]
iets wat essentieel is, is heel belangrijk of onmisbaar = wezenlijk ✦ *vertrouwen in onze producten is essentieel voor het succes van ons bedrijf*

es·the·tisch [bijvoeglijk naamwoord]
iets wat esthetisch is, is mooi om te zien ✦ *het nieuwe kantoor is wel praktisch, maar het is niet erg esthetisch*

de **eta·ge** [etages]
een laag in een gebouw; de ruimte tussen twee vloeren = de verdieping ✦ *hij werkt op de zevende etage van het gebouw*

de **eta·la·ge** [etalages]
een ruimte achter het raam van een winkel, waar dingen staan die je kunt kopen ✦ *in de etalage lagen gouden en zilveren horloges*

eta·le·ren [etaleerde, heeft geëtaleerd]
1 in de etalage* plaatsen [iemand etaleert artikelen]
2 aan veel mensen tonen ✦ *de voetballer etaleerde in de wedstrijd zijn grote kwaliteit*

de **etap·pe** [etappen, etappes] (sport)
het deel van een wedstrijd tussen de plaatsen waar gerust wordt ✦ *een Zwitser won de derde etappe van de Tour de France*

etc. [afkorting]
et cetera = enz. ✦ *ze kochten op de markt brood, melk, fruit etc.*

et ce·te·ra [bijwoord]
dit woord gebruik je om te laten zien dat je niet alle dingen van een lijst opnoemt = enzovoort ✦ *er waren veel bekende schrijvers zoals Giphart, Van Dis, Roosenboom et cetera*

het •**eten**[1]
de dingen die je eet = het voedsel ✦ *het eten was echt heerlijk!*

•**eten**[2] [at, heeft gegeten]
vaste stof door je mond in je lichaam laten gaan [iemand eet (iets)] ✦ *veel Nederlanders eten om zes uur* maaltijden

het **eten·tje** [etentjes]
de keer dat je bij elkaar komt om feestelijk te eten

de **ether**
1 een vloeistof die wordt gebruikt om voorwerpen zo goed schoon te maken dat je er niet ziek van kunt worden
2 de ruimte waardoor golven van radio en televisie worden verspreid

de **ethiek**
de leer van wat goed is en wat verkeerd is ✦ *de ethiek heeft geen duidelijk antwoord op de vraag of je dieren mag gebruiken voor onderzoek*

het **eti·ket** [etiketten]
een stukje papier op een voorwerp waarop informatie staat ✦ *Petra deed een etiket met haar naam op het doosje*

de **eti·quet·te**
de regels voor wat beleefd is en wat niet ✦ *volgens de etiquette mag je niet praten als je eten in je mond hebt*

het **et·maal** [etmalen]
een periode van 24 uur ✦ *ik heb in drie etmalen maar zes uur geslapen*

et·nisch [bijvoeglijk naamwoord]
etnische zaken hebben te maken met een volk of met volkeren ✦ *door etnische spanningen ontstond er een oorlog*

de **ets** [etsen]
een tekening die is gedrukt met een metalen plaat die met een zure stof is behandeld ✦ *in het museum hangen prachtige etsen van Rembrandt*

et·te·lij·ke [onbepaald voornaamwoord]
verscheidene; tamelijk veel ✦ *de politie heeft de jongens ettelijke malen gewaarschuwd*

de **et·ter** [etters]
1 [geen meervoud] vies geel vocht dat uit een zieke plek in je lichaam kan komen = de pus
2 (informeel) een heel vervelende persoon ✦ *een paar ettertjes hebben mijn radio meegenomen*

de **etu·de** [etudes]
een stuk muziek dat gemaakt is om te oefenen ✦ *ze speelde een etude van Chopin op de piano*

het **etui** [etuis]
een tasje om bijv. pennen in te bewaren

de **EU**
Europese Unie: een groep landen in Europa die samenwerken overheid

de **eu·fo·rie**
een toestand waarin je heel erg vrolijk bent ✦ *in de euforie na de wedstrijd vergat hij zijn vriendin te bellen*

de **eu·ro** [euro's]
het geld in de meeste Europese landen ✦ *ze liet drie briefjes van vijftig euro zien*
geld

eu·ro-
1 van Europa ✦ *de eurocommissaris* ✦ *de eurotop*
2 van de euro ✦ *de eurokoers* ✦ *de eurobankbiljetten*

het **Eu·ro·pa**
het werelddeel waarin bijv. Nederland en België liggen

Eu·ro·pees [bijvoeglijk naamwoord]
Europese zaken hebben te maken met Europa ✦ *er was een vergadering van alle Europese landen*
de Europese Unie: een groep van Europese landen die samen afspraken hebben gemaakt, bijv. over de economie politiek

de **eu·tha·na·sie**
de handeling waarmee iemand die heel erg ziek is en erg lijdt, wordt geholpen om te sterven

het **eu·vel**[1] [euvels]
het gebrek ✦ *het euvel van het bedrijf is dat de producten niet snel genoeg bij de klant zijn*

eu·vel[2] [bijvoeglijk naamwoord]
de euvele moed hebben: de moed hebben om iets te doen wat eigenlijk niet mag of niet hoort ✦ *hij had de euvele moed om kritiek te hebben op de koningin*

eva·cu·e·ren [evacueerde, heeft geëvacueerd]
mensen die in gevaar zijn naar een veilige plaats brengen [iemand evacueert mensen] ✦ *toen de rook zich verspreidde, werd iedereen geëvacueerd*

eva·lu·e·ren [evalueerde, heeft geëvalueerd]
onderzoeken wat goed en wat slecht was aan iets [iemand evalueert (iets)] ✦ *in de laatste les werd de cursus geëvalueerd*

het **evan·ge·lie** [evangeliën, evangelies]
1 de leer en het verhaal van Jezus zoals die in de bijbel staan
2 elk van de vier boeken in het begin van het Nieuwe testament in de bijbel ✦ *wij lezen vandaag uit het evangelie volgens Mattheus*

•**even**[1] [bijvoeglijk naamwoord]
1 een getal is even, als je het door twee kunt delen ⇔ oneven ✦ *acht is een even getal, maar negen niet*
2 het is mij om het even: het maakt mij niet uit; ik vind alle voorstellen even goed

•**even**[2] [bijwoord]
1 net zo ✦ *Stefan is even groot als Victor* ✦ *wij zijn even oud*
2 korte tijd = eventjes ✦ *hij is even naar de stad gegaan*
3 een woordje zonder speciale betekenis ✦ *ik weet het antwoord wel, maar ik wil het toch nog even controleren* ✦ *wil je me dat boek even geven?* ✦ *dat is even slim van hem!*

de **eve·naar** [evenaars]
de denkbeeldige lijn die over het midden van de aarde loopt, door bijv. Afrika, Indonesië en Brazilië = de equator

•**even·als** [voegwoord]
net zoals ✦ *evenals zijn broer heeft Johannes veel aanleg voor muziek*

eve·na·ren [evenaarde, heeft geëvenaard]
hetzelfde resultaat hebben [iemand evenaart een resultaat] ✦ *hij heeft zijn record van vorig jaar geëvenaard*

even·eens [bijwoord]
ook ✦ *hij houdt van lekker eten en zijn vrouw eveneens*

het **eve·ne·ment** [evenementen]
een gebeurtenis die voor veel mensen is georganiseerd = de happening ✦ *er zijn dertigduizend mensen naar het evenement gekomen*

•**even·goed** [bijwoord]
1 ook; net zo goed ✦ *hij zei 'hallo', maar hij had evengoed niks kunnen zeggen*
2 toch ✦ *hij heeft geen diploma, maar hij heeft evengoed een goede baan*

•**even·min** [bijwoord]
ook niet ✦ *hij houdt niet van voetbal en zijn zoon evenmin*

even·tjes [bijwoord]
een korte tijd = even ✦ *ze ging eventjes naar de keuken*

•**even·tu·eel**[1] [bijvoeglijk naamwoord]
iets wat eventueel gebeurt, kan gebeuren, maar het hoeft niet ✦ *bij een eventuele meerderheid wordt het voorstel aangenomen*

•**even·tu·eel**[2] [bijwoord]
misschien; als het nodig is ✦ *eventueel*

kan er nog één persoon extra mee

even·veel [hoofdtelwoord]
dezelfde hoeveelheid ✦ *dit jaar hebben evenveel mensen het museum bezocht als vorig jaar*

even·wel [bijwoord] (formeel)
echter ✦ *iedereen was gekomen; de vergadering ging evenwel niet door*

het **even·wicht**
1 een situatie waarin het gewicht zo is verdeeld dat iemand of iets niet valt = de balans
2 een situatie van rust omdat verschillende krachten of invloeden even sterk zijn = de balans ✦ *het is moeilijk om een goed evenwicht te krijgen tussen economie en milieu*

even·wich·tig [bijvoeglijk naamwoord]
evenwichtige zaken of mensen zijn in evenwicht* (bet. 2) ✦ *de rechter vond het moeilijk om tot een evenwichtig oordeel te komen*

even·wij·dig [bijvoeglijk naamwoord]
evenwijdige lijnen hebben overal dezelfde afstand tot elkaar en lopen dus in dezelfde richting = parallel

evenwijdig

even·zeer [bijwoord] (formeel)
in gelijke mate ✦ *de regels die voor mij gelden, gelden evenzeer voor jou*

evi·dent [bijvoeglijk naamwoord]
als iets evident is, is het zo duidelijk dat je het niet hoeft uit te leggen = overduidelijk, zonneklaar ✦ *het is evident dat het geld beter aan iets anders besteed kan worden*

de **evo·lu·tie** [evoluties]
een langzame ontwikkeling, vooral van diersoorten

evt. [afkorting]
eventueel

de **ex**
iemand met wie je vroeger een relatie hebt gehad ✦ *Christiaan schrok toen hij zijn ex tegenkwam*

ex-
met dit woord laat je zien dat iemand iets niet meer is ✦ *ex-directeur* ✦ *ex-onderwijzer*

exact [bijvoeglijk naamwoord]
als iets exact is, is het precies ✦ *het is exact drie kilometer van mijn huis naar mijn werk*

het **•exa·men** [examens]
een proef waarbij je moet laten zien wat je weet of kunt ✦ *ze heeft heel hard geleerd voor haar examen*

ex·cen·triek [bijvoeglijk naamwoord]
excentrieke mensen of dingen zijn heel ongewoon, zodat ze opvallen = buitenissig ✦ *de vrouw trok veel aandacht met haar excentrieke hoed*

het **ex·ces** [excessen]
een actie met te ernstige gevolgen = de uitwas ✦ *er was veel politie aanwezig om excessen te voorkomen*

ex·clu·sief[1] [bijvoeglijk naamwoord]
1 iets wat exclusief is, is maar voor één mens of voor een paar mensen ✦ *de journalist had een exclusief gesprek met de minister*
2 heel duur en heel bijzonder ✦ *hij heeft een heel exclusief pak gekocht*

ex·clu·sief[2] [bijwoord]
zonder; waar een bepaald bedrag nog niet in zit ⇔ inclusief ✦ *het boek kost dertig euro exclusief de kosten voor het vervoer*

de **ex·cur·sie** [excursies]
een reisje om iets te leren ✦ *de klas ging op excursie naar de Deltawerken*

het **ex·cuus** [excuses]
de reden die iemand geeft waarom iets niet goed is gegaan = de verontschuldiging ✦ *toen hij te laat kwam, was zijn excuus dat de brug open was* **formules**

exe·cu·te·ren [executeerde, heeft geëxecuteerd]
iemand doden als straf = terechtstellen [iemand executeert iemand]

de **exe·cu·tie** [executies]
de keer dat iemand wordt gedood om een straf uit te voeren
uitstel van executie krijgen: nog even mogen wachten met iets vervelends dat uiteindelijk toch moet gebeuren

het **exem·plaar** [exemplaren]
één van iets ✦ *toen het nieuwe boek uitkwam, heeft Marjan direct een exemplaar gekocht*

exo·tisch [bijvoeglijk naamwoord]
exotische dingen komen uit verre lan-

den

de **ex·pan·sie**
het uitbreiden van macht of invloed ✦ *de expansie van het bedrijf in het buitenland ging bijna vanzelf*

de **ex·pe·di·tie** [expedities]
een tocht naar een gebied dat je moeilijk kunt bereiken ✦ *de expeditie naar Alaska was niet zonder moeilijkheden*

het **ex·pe·ri·ment** [experimenten]
een proef volgens wetenschappelijke regels ✦ *er werd een experiment gedaan om te kijken of het medicijn goed werkte*

ex·pe·ri·men·teel [bijvoeglijk naamwoord]
iets wat experimenteel is, is om te proberen of het goed werkt ✦ *in het centrum van de stad zijn een paar experimentele gebouwen geplaatst*

ex·pe·ri·men·te·ren [experimenteerde, heeft geëxperimenteerd]
proberen om te zien wat de mogelijkheden zijn [iemand experimenteert (met iets)] ✦ *vroeger heeft hij met drugs geëxperimenteerd*

de **ex·pert** [experts]
iemand die heel veel weet van bepaald onderwerp = de deskundige ✦ *hij is een expert op het gebied van vogels*

de **ex·per·ti·se** [expertises]
de kennis van een bepaald vak ✦ *als Joshua weggaat bij het bedrijf, gaat er veel expertise verloren*

ex·pli·ciet [bijvoeglijk naamwoord]
iets wat je expliciet zegt, zeg je heel duidelijk en direct ⇔ impliciet ✦ *in het interview heeft hij expliciet gezegd dat hij een andere mening heeft dan zijn partij*

ex·plo·de·ren [explodeerde, is geëxplodeerd]
met veel kracht en veel lawaai in alle richtingen kapotgaan = ontploffen [iets explodeert] ✦ *toen de benzine ging branden, is de auto geëxplodeerd*

ex·ploi·te·ren [exploiteerde, heeft geëxploiteerd]
iets gebruiken om er winst mee te maken [iemand exploiteert iets] ✦ *het café is eigendom van Rik, maar zijn broer exploiteert het*

de **ex·plo·sie** [explosies]
de keer dat iets explodeert* = de ontploffing ✦ *na de explosie waren veel ramen in de omgeving kapot*

het **ex·plo·sief**[1] [explosieven]
een stof die explodeert* als hij gaat branden ✦ *de politie nam meteen maatregelen toen bleek dat de man explosieven in zijn bagage had*

ex·plo·sief[2] [bijvoeglijk naamwoord]
iets wat explosief is, explodeert* gemakkelijk ✦ *het is verboden explosieve stoffen mee te nemen in het vliegtuig*

de **ex·port**
het verkopen aan het buitenland = de uitvoer ⇔ de import ✦ *de export van bloemen is dit jaar aanzienlijk toegenomen*

ex·por·te·ren [exporteerde, heeft geëxporteerd]
verkopen aan het buitenland = uitvoeren ⇔ importeren [iemand exporteert goederen] ✦ *Nederland exporteert veel kaas naar Duitsland*

ex·po·se·ren [exposeerde, heeft geëxposeerd]
tonen op een tentoonstelling = tentoonstellen [iemand exposeert kunst of bijzondere voorwerpen] ✦ *haar schilderijen werden geëxposeerd in een museum*

de **ex·po·si·tie** [exposities]
de tentoonstelling

ex·pres [bijwoord]
als je iets expres doet, heb je de bedoeling om dat te doen = opzettelijk ⇔ per ongeluk ✦ *Joke had 's middags expres niet zo veel gegeten, omdat ze 's avonds naar een restaurant wilde gaan*

de **ex·pres·sie** [expressies]
het tonen van je gevoelens ✦ *hij speelde de muziek met veel expressie*

de **ex·pres·weg** [expreswegen] (in België)
een snelweg met kruispunten op gelijk niveau ✦ *op de expresweg was bij de stoplichten een ernstig ongeluk gebeurd*

de **ex·ta·se**
een gevoel van enorme vreugde ✦ *toen Maria op de nieuwe piano speelde, raakte ze helemaal in extase*

ex·tern [bijvoeglijk naamwoord]
externe personen of dingen komen van buiten een bepaalde plaats of van buiten de organisatie ✦ *er moest een externe adviseur komen om het probleem op te lossen*

•**ex·tra** [bijvoeglijk naamwoord]
iets dat extra is, is meer dan normaal ✦ *door de tentoonstelling kwam er veel*

extra publiek naar het museum

het **extraatje** [extraatjes]
iets, bijv. geld, dat je extra krijgt ✦ *alle uitzendkrachten kregen een extraatje voor de vakantie*

ex·treem[1] [bijvoeglijk naamwoord]
extreme zaken zijn heel erg anders dan wat normaal is ✦ *hij had zulke extreme ideeën dat mensen ervan schrokken*

ex·treem[2] [bijwoord]
heel erg; zeer = uiterst ✦ *omdat hij steeds extreem moe was, besloot hij naar de dokter te gaan*

de **ex·tre·mist** [extremisten]
iemand met extreme* ideeën

de **ezel** [ezels]
1 [vrouw: eze·lin; ezelinnen] een zoogdier dat wordt gebruikt om iets zwaars te dragen dieren

ezel 1

2 iemand die dom is

f

de **f** [f'en, f's]
1 de zesde letter van het alfabet alfabet
2 een toon in de muziek muzieknoten

de **faam**
de mening van veel mensen dat iemand of iets goed is = de roem ✦ *de faam van de groep reikte tot ver over de grenzen van België*

de **fa·bel** [fabels]
een verhaal waarin dieren spreken en waarvan je iets kunt leren

fa·bri·ce·ren [fabriceerde, heeft gefabriceerd]
produceren = maken [iemand fabriceert iets] ✦ *de kleren konden in India goedkoop worden gefabriceerd*

de***fa·briek** [fabrieken]
een bedrijf waar producten met machines worden gemaakt

de **fa·bri·kant** [fabrikanten]
iemand die iets fabriceert*

het **fa·cet** [facetten]
een deel van een zaak = het aspect ✦ *we moeten goed over alle facetten van het probleem nadenken*

de **fa·ci·li·teit** [faciliteiten]
een middel dat aanwezig is en dat je voor een bepaald doel kunt gebruiken = de voorziening ✦ *in het gebouw zijn faciliteiten om te koken en te wassen*

de **fa·ci·li·tei·ten** [meervoud] (in België)
de maatregelen en de voorzieningen voor mensen die in een gemeente wonen waar de meerderheid de andere landstaal spreekt ✦ *in het Nederlandstalige Ronse zijn er faciliteiten voor mensen die Frans spreken*

de***fac·tor** [factoren]
een deel van een oorzaak; een feit dat invloed uitoefent ✦ *verschillende factoren waren er de oorzaak van dat hij niet meer zelfstandig kon wonen*

de **fac·tuur** [facturen]
de rekening ✦ *wilt u de factuur naar het bedrijf sturen?*

de **fa·cul·teit** [faculteiten]
een afdeling van een universiteit of een hogeschool

de **fa·got** [fagotten]
een blaasinstrument

fagot

de **Fah·ren·heit**
in een aantal landen een maat voor hoe warm het is

fail·liet [bijvoeglijk naamwoord]
iemand die failliet is, heeft zoveel schulden dat hij ze nooit meer kan betalen ✦ *na een half jaar ging de nieuwe winkel al failliet*

het **fail·lis·se·ment** [faillissementen]
het feit dat iemand failliet* is ✦ *door het faillissement van het reisbureau ging de reis niet door*

fair [bijvoeglijk naamwoord]
iets dat fair is, is eerlijk en redelijk

de **fak·kel** [fakkels]
een stok met aan het einde een stof die kan branden, als lamp

fakkel

fa·len [faalde, heeft gefaald]
je doel niet bereiken doordat je fouten gemaakt hebt ⇔ slagen [iemand faalt (in iets)] ✦ *de overheid heeft gefaald in het verminderen van het aantal werklozen*

de **fa·ling** [falingen] (in België)
het feit dat iemand of dat een bedrijf niet meer in staat is zijn rekeningen te betalen = het faillissement

fa·meus [bijvoeglijk naamwoord]
iets dat fameus is, is erg goed en bekend = beroemd

fa·mi·li·aal [bijvoeglijk naamwoord]
een familiale verzekering: (in België) een verplichte verzekering die betekent dat je verantwoordelijk bent voor schade die je veroorzaakt verzekeringen

de***fa·mi·lie** [families]
1 de mensen met wie je door geboorte

of huwelijk verbonden bent, zoals je vader, moeder, kind, broer, zus, oom of tante ✦ *we gingen ieder jaar met de hele familie op vakantie* familie
2 een groep planten of dieren die erg op elkaar lijken ✦ *de wolf hoort tot de familie van de hondachtigen*

het **fa·mi·lie·lid** [familieleden]
iemand van je familie ✦ *nadat hij gescheiden was, ging hij bij een familielid wonen* familie

de **fan** [fans]
iemand die een bekende persoon, of groep heel goed vindt, en daarvan alles wil weten ✦ *ze is een grote fan van Benny Nijman*

fa·na·tiek [bijvoeglijk naamwoord]
iemand die iets fanatiek doet, is overdreven fel met iets bezig ✦ *hij is bij het voetballen altijd heel fanatiek*

fan·ta·se·ren [fantaseerde, heeft gefantaseerd]
1 in je gedachten laten ontstaan zonder dat het waar is = verzinnen [iemand fantaseert iets] ✦ *ze heeft alles over de ziekte van haar vader gefantaseerd*
2 denken over iets wat je graag wilt = dromen [iemand fantaseert (over iets)] ✦ *zij fantaseerde over een vakantie aan zee*

de **fan·ta·sie** [fantasieën]
1 [geen meervoud] de mogelijkheid om je dingen voor te stellen die niet echt zijn ✦ *ik heb te weinig fantasie om een boek te schrijven*
2 een prettige ervaring die je je voorstelt ✦ *wij hebben al jaren fantasieën over een huisje in Frankrijk*

fan·tas·tisch [bijvoeglijk naamwoord]
1 iets wat fantastisch is, is heel mooi of heel fijn = geweldig ✦ *ze vond het een fantastisch boek*
2 iets wat fantastisch is, is bedacht en bestaat niet echt ✦ *de vrouw vertelde een fantastisch verhaal over wezens die niet echt bestaan*

de **fa·rao** [farao's]
een Egyptische koning in vroegere tijd

de **far·de** [farden, fardes] (in België)
1 iets om losse papieren in te doen = de map ✦ *het verslag van de vergadering zit in de laatste farde*
2 een pak met een aantal pakjes sigaretten erin = de slof

far·ma·ceu·tisch [bijvoeglijk naamwoord]
farmaceutische zaken hebben te maken met medicijnen ✦ *hij werkt in de farmaceutische industrie*

de **fas·ci·na·tie** [fascinaties]
de keer dat iemand iets heel erg interessant vindt ✦ *hij heeft een fascinatie voor vlinders*

fas·ci·ne·ren [fascineerde, heeft gefascineerd]
maken dat je heel sterk met die persoon of die zaak bezig bent = boeien [iets of iemand fascineert iemand] ✦ *hij is gefascineerd door de films van Fellini* ✦ *die man fascineert me*

fas·ci·ne·rend [bijvoeglijk naamwoord]
een persoon of een zaak die fascinerend is, is heel interessant = boeiend ✦ *het is fascinerend hoe er in drie weken uit een klein zaadje een hele plant kan groeien*

het **fas·cis·me**
een politiek systeem waarbij de leiders geweld gebruiken om hun ideeën uit te voeren

de **fa·se** [fasen, fases]
een deel van een ontwikkeling ✦ *in de volgende fase van de ontwikkeling begint het kind voorwerpen te pakken*

fa·taal [bijvoeglijk naamwoord]
1 iets wat fataal is, is de oorzaak van iets heel ernstigs ✦ *de hele groep vocht mee, maar de grootste jongen gaf de fatale klap*
2 iets wat fataal is, zorgt ervoor dat iets anders ophoudt te bestaan ✦ *het was fataal voor het bedrijf dat de directeur wegging*

het **fat·soen**
goed gedrag ✦ *er zou in het verkeer wel meer fatsoen mogen zijn*

fat·soen·lijk [bijvoeglijk naamwoord]
iets wat fatsoenlijk is, is netjes of zoals het hoort ✦ *op de school eisen ze dat de kinderen fatsoenlijke kleren dragen*

de **fau·na**
de dieren in een bepaald gebied = de dierenwereld

de **fau·teuil** [fauteuils]
een grote stoel waarin je lekker kunt zitten

Familie

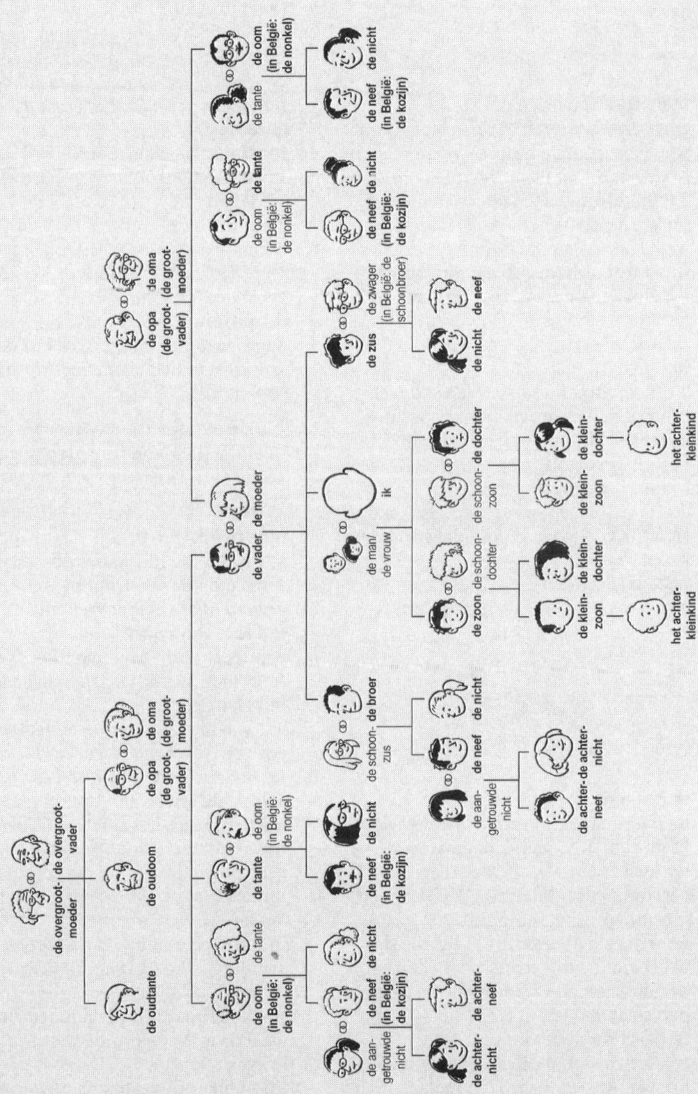
de overgroot-moeder
de overgroot-vader
de oudtante
de oudoom
de opa (de grootvader)
de oma (de grootmoeder)
de opa (de grootvader)
de oma (de grootmoeder)
de oom (in België: de nonkel)
de tante
de tante
de oom (in België: de nonkel)
de vader
de moeder
de oom (in België: de nonkel)
de tante
de tante
de oom (in België: de nonkel)
de aangetrouwde nicht
de neef (in België: de kozijn)
de nicht
de neef (in België: de kozijn)
de nicht
de schoonzus
de broer
de man/ de vrouw
ik
de zus
de zwager (in België: de schoonbroer)
de neef (in België: de kozijn)
de nicht
de neef (in België: de kozijn)
de nicht
de achternicht
de achterneef
de aangetrouwde nicht
de neef
de nicht
de zoon
de schoondochter
de schoonzoon
de dochter
de nicht
de neef
de achterneef
de achternicht
de kleinzoon
de kleindochter
de kleinzoon
de kleindochter
het achterkleinkind
het achterkleinkind

fauteuil

de **fa·vo·riet**[1] [favorieten]
1 het ding waarvan of de persoon van wie je het meeste houdt ✦ *van alle Duitse steden is Keulen toch mijn favoriet*
2 iemand van wie iedereen denkt dat hij of zij zal winnen ✦ *wie is jouw favoriet voor de Tour de France?*
fa·vo·riet[2] [bijvoeglijk naamwoord]
je favoriete ding is dat ding waarvan je het meeste houdt ✦ *'Turks Fruit' is zijn favoriete boek*

de **fax** [faxen]
1 een apparaat waarmee je via de telefoon berichten op papier kunt sturen
2 een bericht op papier dat via de telefoon is gestuurd
faxen [faxte, heeft gefaxt]
een fax* (bet. 2) sturen [iemand faxt (iets)] ✦ *kun je me de lijst met gasten faxen?*

de **fa·zant** [fazanten]
een grote vogel met een lange staart

fazant

de •**fe·bru·a·ri**
de tweede maand van het jaar **maanden**
fe·de·raal [bijvoeglijk naamwoord]
iets wat federaal is, bestuurt een aantal verenigingen, staten enz. die voor een groot deel zelfstandig zijn
de federale overheid: (in België) de overheid die boven de overheden van de gewesten en van de gemeenschappen staat **overheid**

de **fe·de·ra·tie** [federaties]
een groep staten of verenigingen die samenwerken en afspraken maken, maar die toch zelfstandig zijn ✦ *de Europese federatie van banken was blij met de komst van de euro*

de **fee·ling**
feeling voor iets hebben: iets goed kunnen omdat je er gevoel voor hebt ✦ *hij heeft feeling voor het omgaan met kinderen*

het •**feest** [feesten]
een vrolijke toestand waarin mensen samen iets vieren, bijv. dat iemand jarig is ✦ *toen ze trouwden, gaven ze voor hun familie en vrienden een groot feest*
gedenkdagen

de **feest·dag** [feestdagen]
1 een dag waarop feest gevierd wordt
feestdagen
2 een door de overheid of door de kerk erkende dag waarop ieder jaar iets gevierd wordt ✦ *30 april is in Nederland een officiële feestdag*
de nationale feestdag: (in België) de dag waarop wordt gevierd dat de eerste koning van België officieel koning werd (op 21 juli)

> Op de nationale feestdag worden er overal in het land festiviteiten georganiseerd. In Brussel wordt een militaire parade gehouden.

fees·te·lijk [bijvoeglijk naamwoord]
iets wat feestelijk is, is vrolijk, zoals in een feest ✦ *de overwinning werd feestelijk gevierd met lekker eten en muziek*
feil·loos [bijwoord]
zonder fouten; heel precies ✦ *de nieuwe computers werken nog niet feilloos*

het •**feit** [feiten]
iets waarvan je zeker weet dat het zo is; een gegeven ✦ *het is een feit dat het aantal inwoners van België steeds toeneemt*
achter de feiten aan lopen: maatregelen nemen als het al te laat is; een mening hebben naar aanleiding van gegevens die niet meer kloppen ✦ *de minister loopt voortdurend achter de feiten aan*
in feite: eigenlijk ✦ *de chef probeerde de ruzie op te lossen, maar in feite was dat de taak van de directeur*
een strafbaar feit plegen: iets doen waarvoor je volgens de wet straf moet krijgen
•**fei·te·lijk** [bijvoeglijk naamwoord]
iets wat feitelijk zo is, is echt zo = werkelijk ✦ *hij geeft te snel een oordeel, want hij kent de feitelijke situatie niet*

Algemene feestdagen

Oudejaarsdag (31 december)
Nieuwjaarsdag (1 januari)
Oud en nieuw (31 december / 1 januari).
Oud en nieuw wordt ook wel 'de jaarwisseling' genoemd.
Op oudejaarsdag bakken veel mensen in Nederland oliebollen en appelflappen, die op oudejaarsavond en de dagen daarna gegeten worden. In België worden soms pannenkoeken gebakken. Om 00.00 uur wordt overal vuurwerk afgestoken en wenst men elkaar 'gelukkig nieuwjaar', vaak met een glas champagne erbij.

Carnaval (veertig dagen vóór Pasen, gedurende vier dagen).
Carnaval wordt gevierd van zaterdag tot en met de dinsdag erna, vooral in het zuiden van Nederland ('beneden de grote rivieren', in Brabant en Limburg) en in België. Er zijn optochten, waarin ook Prins Carnaval meerijdt. Veel mensen verkleden zich, er wordt veel bier gedronken en gedanst op vrolijke Nederlandstalige muziek. De mensen in het zuiden van Nederland nemen met carnaval vaak vrij.

Goede Vrijdag (de vrijdag voor Pasen).
Op Goede Vrijdag wordt de kruisiging van Christus herdacht.

Pasen (de zondag 40 dagen na de eerste vollemaan na het begin van de lente).
Christenen herdenken de opstanding van Christus, en het is het feest van de lente. Er worden eieren versierd en gegeten, en de kinderen mogen eieren zoeken.

Koninginnedag (30 april).
De verjaardag van de koningin wordt in heel Nederland gevierd. Op veel plaatsen worden buiten spelletjes gedaan, en de kleur oranje (symbool van de koninklijke familie) is overal te zien. Overal hangen vlaggen uit. In veel steden is er vrijmarkt, dat wil zeggen dat mensen hun oude spullen op straat mogen verkopen. Op andere dagen is dat verboden.

Dag van de Arbeid (1 mei).
Op het internationale feest van de arbeiders zijn er in België optochten met toespraken van socialistische politici. Alle Belgen hebben dan een dag vrij.

Bevrijdingsdag (5 mei).
De dag waarop Nederland het einde van de Tweede Wereldoorlog in 1945 viert. Nederland werd bevrijd door onder anderen de Engelsen, de Amerikanen en de Canadezen. De vlaggen hangen op die dag uit. Eén keer in de vijf jaar is het een officiële feestdag.
De slachtoffers van de Tweede Wereldoorlog worden op 4 mei herdacht. Er worden stille tochten gehouden, om 20.00 uur is men twee minuten stil en de vlaggen hangen halfstok.

Hemelvaartsdag (40 dagen na Pasen, op donderdag).
Christenen herdenken dat Christus enige tijd na zijn opstanding (zie Pasen) naar de hemel ging.

Pinksteren (50 dagen na Pasen).
Christenen herdenken dat de Heilige Geest aan de mensen werd gegeven.

fe

Algemene feestdagen (vervolg)

Nationale Feestdag (21 juli).
In België wordt gevierd dat de eerste koning, Leopold I, op 21 juli 1831 de eed aflegde en officieel koning werd.

Maria-Tenhemelopneming (15 augustus).
Op deze dag wordt het overlijden van Maria, de moeder van Jezus, herdacht. In sommige delen van België wordt op deze dag moederdag gevierd (officieel is dat de tweede zondag in mei). Men koopt dan bloemen en cadeautjes en vaak verrichten de kinderen de hele dag alle huishoudelijke taken.

Allerheiligen (1 november) - **Allerzielen** (2 november).
Katholieken herdenken alle heiligen en de dag daarna hun overleden familieleden. Ze gaan dan naar het kerkhof en leggen bloemen neer op de graven.

Wapenstilstand (11 november).
In België wordt op 11 november wapenstilstand gevierd, het einde van de Eerste Wereldoorlog. Op die dag worden de doden van de twee wereldoorlogen herdacht.

Sinterklaas (5 of 6 december).
Sinterklaas is een typisch Nederlands en Belgisch feest. Veel kinderen tot ongeveer 6, 7 jaar geloven dat Sinterklaas echt bestaat. De oude man komt al weken van tevoren uit Spanje met de stoomboot, en brengt op zijn paard cadeautjes aan de kinderen die lief geweest zijn. De kinderen kunnen hun schoen zetten, waar sint of zijn zwarte Pieten 's nachts iets lekkers of een cadeautje in doen. Typische lekkernijen met Sinterklaas zijn speculaas en marsepein. In Nederland komen daar pepernoten bij, in België figuurtjes van chocola.
Op veel plaatsen in Nederland, bijv. in het gezin en op school, worden lootjes (briefjes met een naam erop) getrokken. Je moet dan een cadeautje kopen voor de persoon die op jouw lootje staat. Daar hoort ook een gedicht bij op rijm.

Kerst of **Kerstmis** (25 december en 26 december).
De geboorte van Christus en de terugkeer van het licht worden gevierd.
Er wordt extra lekker gegeten (kalkoen, wild). Veel mensen gaan in de kerstnacht naar de kerk. In veel huizen staat een kerstboom met lichtjes, die mooi versierd is. Ook sturen mensen kaarten om elkaar goede kerstdagen toe te wensen. Er worden kaarsen gebrand.

Officiële feestdagen (vrije dagen dus) zijn in Nederland: nieuwjaarsdag, eerste en tweede paasdag, Koninginnedag, hemelvaartsdag, eerste en tweede pinksterdag, eerste en tweede kerstdag. Eens per vijf jaar is ook 5 mei een officiële feestdag. De meeste winkels zijn dan gesloten.
Sommige politieke partijen willen ook een aantal joodse en islamitische feestdagen tot officiële Nederlandse feestdag maken, zoals het suikerfeest.
In België zijn de officiële feestdagen: nieuwjaarsdag, eerste en tweede paasdag, de Dag van de Arbeid, hemelvaartsdag, eerste en tweede pinksterdag, de Nationale Feestdag, Maria-Tenhemelopneming, Allerheiligen, wapenstilstand en Kerstmis.

gedenkdagen
religie

•fel [bijvoeglijk naamwoord]
1 hevig; sterk ✦ *er is vandaag een felle wind*
2 iemand die fel is, praat hard en wil

anderen overtuigen ✦ *hij maakt vaak felle opmerkingen*
3 felle kleuren vallen erg op; fel licht is scherp voor je ogen ✦ *ze houdt van kleren met felle kleuren*

de **fe·li·ci·ta·tie** [felicitaties]
de manier waarop je iemand feliciteert* ✦ *de prins en prinses ontvingen felicitaties uit de hele wereld* **formules**

fe·li·ci·te·ren [feliciteerde, heeft gefeliciteerd]
iemand met een bepaalde situatie gelukwensen, bijv. door 'gefeliciteerd' te zeggen of op een kaart te schrijven [iemand feliciteert iemand (met iets)] ✦ *toen hij jarig was, werd hij door al zijn collega's gefeliciteerd* **gedenkdagen** **formules**

het **fe·mi·nis·me**
een beweging die probeert mannen en vrouwen dezelfde rechten en plichten te laten hebben

> Het feminisme was een belangrijke beweging in Nederland en België rond 1970-1980.

het **fe·no·meen** [fenomenen]
1 iets wat voorkomt = het verschijnsel ✦ *de club organiseerde een discussie over het fenomeen 'zinloos geweld'*
2 iets heel bijzonders, waarover veel mensen praten ✦ *de leider van de nieuwe politieke partij bleek direct een fenomeen te zijn*

fe·no·me·naal [bijvoeglijk naamwoord]
een fenomenale prestatie is heel bijzonder = verbazingwekkend, buitengewoon ✦ *door zijn fenomenale prestaties won België de voetbalwedstrijd met 3-0*

ferm [bijvoeglijk naamwoord] (ouderwets)
een ferme persoon is niet snel bang = flink ✦ *"Ik heb daar geen zin in", sprak ze ferm*

de **fer·met·te** [fermettes] (in België)
een huisje dat op een boerderij lijkt en waar mensen in het weekend of tijdens vakanties naartoe gaan

fer·vent [bijvoeglijk naamwoord]
een fervent tegenstander is iemand die fel tegen iets is = vurig, fanatiek

het **fes·tijn** [festijnen]
een groot feest ✦ *ieder jaar zien alle bewoners van het dorp elkaar tijdens een groot festijn*

het **fes·ti·val** [festivals]
een feest met muziek, film of toneel dat meerdere dagen duurt en dat ieder jaar gehouden wordt

de **fes·ti·vi·teit** [festiviteiten]
een activiteit die bij een feest hoort ✦ *rondom het huwelijk van de prins werden veel festiviteiten georganiseerd*

het **fi·as·co** [fiasco's]
iets dat helemaal fout is gegaan = de mislukking ✦ *door gebrek aan steun werd het nieuwe bedrijf een financieel fiasco*

het **fi·at**
de toestemming ✦ *zodra we het fiat van de gemeente krijgen, kunnen we de school gaan bouwen*

de **fic·tie**
iets dat niet echt gebeurd is ⇔ de non-fictie ✦ *zijn meeste romans zijn fictie, maar nu heeft hij een boek geschreven over zijn eigen jeugd*

fic·tief [bijvoeglijk naamwoord]
iets wat fictief is, bestaat niet echt = verzonnen ✦ *het boek gaat over een boer in het fictieve dorp Bunt*

fier [bijvoeglijk naamwoord]
een fiere persoon is trots ✦ *de hele club stond in fiere houding op de foto*

de •**fiets** [fietsen]
een vervoermiddel met twee wielen waarop je kunt rijden door je voeten te bewegen = het rijwiel **vervoer**

fiets

fiet·sen [fietste, heeft of is gefietst]
op een fiets rijden [iemand fietst] ✦ *ze fietst elke dag naar haar werk* **sport**

het **fiets·pad** [fietspaden]
een smalle weg waarop alleen fietsers mogen rijden

fi·gu·re·ren [figureerde, heeft gefigureerd]
in een film of toneelstuk een kleine rol hebben, zonder dat je iets hoeft te zeggen [iemand figureert (in een film, een programma)] ✦ *zij heeft in verschillende films gefigureerd*

het •**fi·guur**[1] [figuren]

de vorm van het menselijk lichaam ✦ *ze is moeder van drie kinderen, maar ze heeft het figuur van een jong meisje*

de **•fi·guur**[2] *ook:* het [figuren]
1 de vorm ✦ *voor de kinderen heb ik een deken gekocht met allemaal vrolijke figuren*
2 de persoon; het type ✦ *de figuur Hannibal Lecter wordt in de film gespeeld door Anthony Hopkins*
3 een wiskundige figuur is een tekening van een bepaalde vorm, bijv. een vierkant

fi·guur·lijk [bijvoeglijk naamwoord]
iemand die een woord figuurlijk gebruikt, bedoelt iets anders dan het woord letterlijk betekent ⇔ letterlijk ✦ *in de zin 'zij kookte van woede' is 'kookte' natuurlijk figuurlijk bedoeld*

•fijn [bijvoeglijk naamwoord]
1 fijne dingen zijn prettig = aangenaam, plezierig ✦ *wat fijn dat jullie allemaal gekomen zijn!*
2 een fijne stof is in heel kleine stukjes verdeeld ⇔ grof ✦ *het fijne zand zat overal tussen mijn kleren*
3 fijne dingen zijn bijzonder en heel goed = verfijnd ✦ *er stonden allerlei fijne etenswaren op tafel*

de **fik** [fikken] (informeel)
de brand ✦ *er ontstond snel een enorme fik*

fiks [bijvoeglijk naamwoord]
flink; behoorlijk ✦ *Francis moest een fiks bedrag betalen om zijn hond mee te mogen nemen in de trein*

de **•fi·le** [files]
een rij auto's die langzaam rijden of stilstaan doordat er te veel auto's op de weg zijn vervoer

de **fi·let** *ook:* het [filets]
een stuk vlees of vis zonder harde delen

het **fi·li·aal** [filialen]
een afdeling van bijv. een winkel op een andere plaats dan waar de belangrijkste winkel zich bevindt

de **•film** [films]
1 bewegende beelden waarmee een verhaal wordt verteld in de bioscoop of op de televisie ✦ *draaien er nog leuke films deze week?* uitgaan
2 een rol waarop foto's of films staan ✦ *ik moet nog een nieuw filmpje kopen voor de vakantie*

fil·men [filmde, heeft gefilmd]
met een apparaat beelden opnemen voor de bioscoop of de televisie [iemand filmt (iemand of iets)] ✦ *het volgende gedeelte is met een verborgen camera gefilmd*

het **film·huis** [filmhuizen]
een bioscoop waar bijzondere films draaien, waar niet het grote publiek naartoe gaat uitgaan

de **film·ster** [filmsterren]
iemand die heel bekend is door het spelen in films ✦ *de journalisten renden naar het vliegtuig toen de filmster naar buiten kwam*

fi·lo·so·fe·ren [filosofeerde, heeft gefilosofeerd]
vrij nadenken over belangrijke vragen [iemand filosofeert (over iets)] ✦ *op de vergadering werd gefilosofeerd over de toekomst van het bedrijf*

de **fi·lo·so·fie** [filosofieën]
1 de wetenschap die het wezen van de dingen onderzoekt = de wijsbegeerte
2 een systeem van ideeën over het wezen van de dingen ✦ *ik vind de filosofie van Plato moeilijk te begrijpen* ✦ *zij steunt de filosofie van de nieuwe partij volledig*

de **fi·lo·soof** [filosofen]
iemand die het wezen van dingen onderzoekt

het **fil·ter** *ook:* de [filters]
1 materiaal waar vloeistof en kleine deeltjes doorheen kunnen, maar grote deeltjes niet ✦ *hij deed koffie in het filter en vulde het met water*
2 een deel van een sigaret waarin ongezonde stoffen achterblijven

de **fi·na·le** [finales]
de laatste en belangrijkste wedstrijd ✦ *in de finale speelden Duitsland en Nederland tegen elkaar*

de **fi·na·list** [finalisten]
iemand of een ploeg die in de finale* staat

•fi·nan·ci·eel [bijvoeglijk naamwoord]
financiële zaken gaan over geld ✦ *dankzij uw financiële steun kan onze vereniging blijven bestaan*

de **fi·nan·ci·ën** [meervoud] (formeel)
het geld en alles wat daarmee te maken heeft ✦ *het gezin had grote problemen met de financiën* ✦ *de minister van Fi-*

nanciën kwam met een voorstel om de belastingen te veranderen

de **fi·nan·cier** [financiers]
iemand die geld geeft of leent aan een bedrijf of een instelling ✦ *hij zoekt een financier voor zijn ideeën voor een nieuw product*

fi·nan·cie·ren [financierde, heeft gefinancierd]
zorgen dat er genoeg geld voor iets is [iemand financiert iets] ✦ *het onderzoek wordt gefinancierd door de Europese Unie*

het **fi·nan·cie·rings·te·kort** [financieringstekorten]
de hoeveelheid geld die de staat te veel uitgeeft ✦ *toen het slechter ging met de economie, werd het financieringstekort groter*

de **fi·nes·se** [finesses]
tot in de finesses: heel goed; tot in de kleinste details ✦ *ze beheerst het Engels tot in de finesses*

de **fi·nish**
de lijn waar je overheen gaat aan het einde van een wedstrijd = de eindstreep ✦ *Geert de Bruin ging als eerste over de finish*

de **FIOD-ECD**
Fiscale Inlichtingen- en Opsporingsdienst-Economische Controledienst: een dienst die optreedt tegen fraude

de **fir·ma** [firma's]
het bedrijf ✦ *de firma De Boer voor al uw vervoer!*

fis·caal [bijvoeglijk naamwoord]
fiscale zaken gaan over de belasting ✦ *met een eigen huis heb je veel fiscaal voordeel*

de **fis·cus**
de overheid als instelling waaraan je belasting moet betalen ✦ *de fiscus was niet akkoord met de ingewikkelde constructie*

fit [bijvoeglijk naamwoord]
iemand die fit is, is sterk en gezond ✦ *na haar ziekte duurde het nog een week voordat ze weer helemaal fit was*

de **fit·ness**
een sport die bedoeld is om fit* te worden of te blijven sport

de **fit·ting** [fittingen]
een voorwerp waarin je een lamp kunt draaien

fitting

de **fla·con** [flacons]
een kleine fles, bijv. voor shampoo

flad·de·ren [fladderde, heeft of is gefladderd]
vliegen met bewegingen die niet regelmatig zijn [dieren fladderen] ✦ *het vogeltje fladderde van de ene hoek van de kamer naar de andere*

de **flair**
een snelle, leuke manier van met mensen omgaan ✦ *met flair ontving de vrouw haar gasten*

fla·ne·ren [flaneerde, heeft geflaneerd]
wandelen om te kijken en gezien te worden [iemand flaneert] ✦ *op een warme avond is Zandvoort vol met flanerende mensen*

de **flank** [flanken]
de zijde = de zijkant ✦ *de boer sloeg het paard op de flank om het harder te laten lopen*

de **flap** [flappen]
een plat, los stuk dat ergens aan zit ✦ *op de flap achter in het boek kun je lezen waarover het gaat*

de **flap·oren** [meervoud]
oren die ver naar buiten staan

de **flap·uit** [flapuiten]
iemand die dingen zegt zonder na te denken ✦ *dat moet je niet zeggen; wat ben je toch een flapuit!*

de **flard** [flarden]
een los deel ✦ *de agent hoorde flarden van het gesprek tussen de twee mannen*

de•**flat** [flats]
1 een hoog gebouw met woningen of kantoren boven elkaar = het flatgebouw
2 een woning in een flat = het appartement ✦ *hij was erg blij toen hij een mooie flat had gevonden* wonen

de **fla·ter** [flaters]
een heel domme fout = de blunder ✦ *het was natuurlijk een enorme flater dat Johan zijn moeder niet had uitgenodigd*

het **flat·ge·bouw** [flatgebouwen]
een hoog gebouw met boven elkaar lig-

fl

gende woningen of kantoren = de flat

•**flauw** [bijvoeglijk naamwoord]
1 eten dat flauw is, heeft te weinig zout ✦ *als de aardappels te flauw zijn, kun je er zout bij doen*
2 iets wat flauw is, is niet sterk of niet goed te zien ✦ *er scheen een flauw licht bij het huis*
3 iets wat flauw is, is niet leuk en niet om te lachen ✦ *ik vind het heel flauw als je niet helpt met schoonmaken* ✦ *de leraar maakte een heel flauw grapje*
4 geen flauw idee hebben: iets helemaal niet weten

de **flau·we·kul** (informeel)
de onzin = de nonsens ✦ *moeten we echt luisteren naar die flauwekul?*

flauw·val·len [viel flauw, is flauwgevallen]
in een toestand komen waarin je niet meer kunt denken, bewegen, kijken enz. [iemand valt flauw] ✦ *door het lange wachten en omdat het warm was, waren er een paar mensen flauwgevallen*

het **flens·je** [flensjes]
een dunne koek van meel, melk en eieren die in een pan is gebakken; een kleine dunne pannenkoek

de •**fles** [flessen]
een voorwerp met een smalle opening om vloeistof in te bewaren, meestal van glas of plastic ✦ *ik heb voor het feestje twaalf flessen wijn gekocht*

fles

flets [bijvoeglijk naamwoord]
fletse kleuren zijn licht geworden, bijv. door de zon = bleek ✦ *door het wassen is de broek flets geworden*

fleu·rig [bijvoeglijk naamwoord]
fleurige dingen zien er vrolijk en helder uit ✦ *wat heb jij een fleurige jurk aan!*

flexi·bel [bijvoeglijk naamwoord]
1 iemand die flexibel is, past zich makkelijk aan = soepel ⇔ star ✦ *de werknemer was helemaal niet flexibel en had met iedereen ruzie*
2 flexibel materiaal kan gebogen worden = buigzaam ✦ *de bril is heel licht en van flexibel materiaal*

de **flik·ker** [flikkers] (grof)
1 een mannelijke homoseksueel
2 iemand op zijn flikker geven: iemand straf geven
3 geen flikker: niets ✦ *je opmerkingen interesseren me geen flikker*

•**flink**[1] [bijvoeglijk naamwoord]
1 flinke dingen of mensen zijn groot = fors ✦ *het huis is met een flinke winst verkocht*
2 een flink kind probeert groot en sterk te zijn ✦ *Bas was erg flink bij de tandarts; hij heeft niet gehuild*

•**flink**[2] [bijwoord]
erg; zeer ✦ *alleen als Onno flink ziek is, blijft hij thuis*

de **flip·per·kast** [flipperkasten]
een apparaat waarmee je een spel speelt met een bewegend balletje

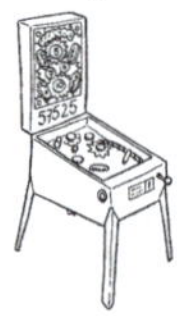

flipperkast

de **flirt** [flirten]
iemand die graag seksuele spanning zoekt met andere mensen

flir·ten [flirtte, heeft geflirt]
iemand laten merken dat je hem of haar leuk vindt [iemand flirt (met iemand)]

de **flits** [flitsen]
1 een fel licht dat heel kort duurt ✦ *eerst zie je een flits en dan wordt de foto gemaakt*
2 een kort moment ✦ *op de tv heb ik alleen maar flitsen van de wedstrijd gezien*

flit·sen [flitste]
1 [heeft geflitst] heel even een fel licht geven [licht flitst] ✦ *op het plein flitsten de lichten van de reclames*
2 [is geflitst] snel bewegen [iemand of iets flitst langs of voorbij] ✦ *op de tv flitsten beelden voorbij van de oorlog*
3 [heeft geflitst] licht van een speciale lamp gebruiken bij een foto [iemand flitst] ✦ *in het museum mag u niet flitsen*

de **flits·paal** [flitspalen]
een paal met een camera waarmee foto's worden gemaakt van auto's die te hard rijden of die doorrijden bij een

rood stoplicht vervoer

de **flop** [flops]
iets dat niet geslaagd is = de mislukking ⇔ het succes ✦ *de laatste cd van de groep is een grote flop geworden*

flop·pen [flopte, is geflopt]
geen succes zijn; niet slagen = mislukken [iets flopt] ✦ *de nieuwe cd van de groep is geflopt*

de **flo·ra** [flora's]
1 alle plantensoorten samen ✦ *veel planten in deze tuin horen niet tot de oorspronkelijke flora van België*
2 een boek over planten ✦ *als hij gaat wandelen, neemt hij altijd zijn flora mee*

flo·re·ren [floreerde, heeft gefloreerd]
in een goede toestand zijn = bloeien [iets of iemand floreert] ✦ *de economie floreerde in de eerste helft van dit jaar*

flo·ris·sant [bijvoeglijk naamwoord]
iets wat florissant is, is in een goede toestand ✦ *de cijfers van het bedrijf waren het afgelopen jaar niet erg florissant*

flo·ten *zie:* **fluiten**

•**fluis·te·ren** [fluisterde, heeft gefluisterd]
zacht praten zonder je stem te gebruiken [iemand fluistert (iets)] ✦ *fluisteren in gezelschap is niet beleefd*

de **fluit** [fluiten]
1 een muziekinstrument waarop je blaast
het is een fluitje van een cent: het is heel makkelijk

fluit 1

2 een voorwerp waaruit een hard geluid klinkt als je erop blaast ✦ *toen de scheidsrechter voor de laatste keer op zijn fluit blies, was de wedstrijd afgelopen*

flui·ten [floot, heeft gefloten]
1 een hoog geluid maken door te blazen met ronde lippen [iemand fluit (een melodie)] ✦ *ze loopt de hele dag vrolijke liedjes te fluiten* dieren
2 op een fluit* (bet. 1) blazen [iemand fluit (iets)]
3 scheidsrechter zijn in een wedstrijd [iemand fluit (een wedstrijd)]

het **flu·or**
een stof die tanden sterker maakt

het **flu·weel**
een zachte glimmende stof

de **FNV**
Federatie Nederlandse Vakbeweging: een organisatie die vertegenwoordiger is van de belangen van werknemers

de **fo·bie** [fobieën]
een angst die zo groot is en zo lang duurt, dat het een ziekte is ✦ *hij heeft een fobie voor grote hoogtes*

de **FOD** (in België)
Federale Overheidsdienst: een afdeling van de landelijke regering die zich met een bepaalde taak bezighoudt overheid

het **foef·je** [foefjes]
iets slims waarmee je iets makkelijker kunt doen = de truc ✦ *wie weet het foefje om deze tafel groter te maken?*

foe·te·ren [foeterde, heeft gefoeterd]
duidelijk laten horen dat je ontevreden of boos bent [iemand foetert] ✦ *ze liep de hele dag te foeteren op haar chef*

de **foe·tus** [foetussen]
een mens of een dier dat nog in de buik van de moeder zit

de **föhn** [föhns]
een apparaat waarmee je je haar kunt drogen

fok·ken [fokte, heeft gefokt]
zorgen dat dieren jongen krijgen en die jongen verkopen [iemand fokt dieren]

de **fol·der** [folders]
een blad of een boekje met informatie ✦ *alle prijzen staan in onze folder, mevrouw*

de **fo·lie** *ook:* het [folies]
dun materiaal om bijv. eten in te bewaren ✦ *wil je folie om de kaas doen?*

de **fol·klo·re**
gebruiken die horen bij een land of een volk ✦ *een draaiorgel op straat hoort tot de Nederlandse folklore*

fol·te·ren [folterde, heeft gefolterd]
pijn doen op een gemene manier = martelen [iemand foltert iemand]

het **fonds** [fondsen]
1 geld dat gereserveerd is voor een bepaal doel ✦ *er is een speciaal fonds voor studenten met financiële problemen*
2 alle boeken van één uitgeverij ✦ *het boek 'De blauwe engel' is uit het fonds gehaald*

de **fon·due** [fondues]
een maaltijd waarbij je kleine stukjes eten in olie of in kaas warm laat worden

fon·ke·len [fonkelde, heeft gefonkeld]
licht geven = flonkeren [iets fonkelt]
✦ *haar ogen fonkelden toen ze zo boos werd*

de **fon·tein** [fonteinen]
water dat omhoog spuit, bijv. in een park

fontein

de **fooi** [fooien]
extra geld dat je geeft, bijv. in een restaurant

de **foor** [foren] (in België)
een reizende gelegenheid om plezier te maken, met bijv. bewegende apparaten waarin je kunt zitten en spellen waarbij je prijzen kunt winnen = de kermis
✦ *gisteren ben ik met mijn kleine zusje naar de foor geweest*

fop·pen [fopte, heeft gefopt]
een grapje met iemand uithalen [iemand fopt iemand] ✦ *op 1 april heeft mijn dochter me vier keer gefopt*

for·ce·ren [forceerde, heeft geforceerd]
1 met geweld openmaken [iemand forceert deuren of sloten] ✦ *de politie forceerde de deur toen er niemand opendeed*
2 sneller willen laten gebeuren dan goed is [iemand forceert iets] ✦ *zulke beslissingen moet je niet forceren, maar je moet rustig het juiste moment afwachten*

de **fo·rel** [forellen]
een vis die in zoet water leeft

forel

de **fo·rens** [forensen, forenzen]
iemand die moet reizen tussen werk en woning ✦ *de trein van acht uur zit altijd vol met forensen*

fo·ren·zen [forensde, heeft geforensd]
reizen tussen de plaats waar je woont en de plaats waar je werkt [iemand forenst] wonen

het **for·fait** (in België)
forfait geven: niet verschijnen om een wedstrijd te spelen, waardoor de tegenstander de wedstrijd wint zonder te hoeven spelen

het **for·maat** [formaten]
de maat; de grootte ✦ *tv's worden in steeds grotere formaten gemaakt*

de **for·ma·li·teit** [formaliteiten]
iets dat niet echt belangrijk is, maar dat wel moet gebeuren ✦ *de vergadering moet het besluit nog goedkeuren, maar dat is een formaliteit*

de **for·ma·teur** [formateurs] **for·ma·tri·ce** [formatrices]
iemand die een nieuw kabinet vormt
✦ *de koningin heeft een nieuwe formateur aangewezen*

de **for·ma·tie** [formaties]
1 een groep sporters, soldaten enz. ✦ *er doen twee Nederlandse formaties mee aan de Tour de France*
2 de periode dat een kabinet gevormd wordt ✦ *de formatie van het kabinet in 1998 duurde drie maanden*
3 in formatie vliegen, lopen enz.: in een bepaalde opstelling vliegen, lopen enz.

for·meel [bijvoeglijk naamwoord]
1 iets wat formeel gebeurt, gebeurt volgens de regels ✦ *Chris is formeel voorzitter, maar in de praktijk doet hij niets*
2 iemand die formeel is, handelt zoals hoort, maar houdt afstand en is niet vertrouwelijk = vormelijk ⇔ informeel
✦ *tijdens vergaderingen zegt iedereen altijd heel formeel 'meneer Beumer' tegen me* formules

for·me·ren [formeerde, heeft geformeerd]
vormen; maken [iemand formeert een groep] ✦ *het is in twee maanden gelukt een nieuw kabinet te formeren*

for·mi·da·bel [bijvoeglijk naamwoord]
iets wat formidabel is, is geweldig = fantastisch ✦ *in het verleden heeft de club een aantal formidabele overwinningen behaald*

de **for·mu·le** [formules]
1 de manier waarop iets gedaan of gezegd wordt ✦ *veel bedrijven die auto's verkopen, hebben succes met de formule 'eerst kopen, later betalen'* **formules**
2 een aantal letters of cijfers die samen een speciale betekenis hebben in de wiskunde of in de scheikunde ✦ *H_2O is toch de formule voor water?*

for·mu·le·ren [formuleerde, heeft geformuleerd]
in woorden uitdrukken [iemand formuleert (een zin of een gedachte)] ✦ *Leo had moeite met helder formuleren*

de **for·mu·le·ring** [formuleringen]
de manier waarop iets gezegd is; de woorden en zinnen ✦ *iedereen vond de formulering van het voorstel goed*

het **for·mu·lier** [formulieren]
een papier waarop je iets moet invullen ✦ *dit boek kan alleen met een formulier besteld worden*

het **for·nuis** [fornuizen]
een toestel dat warmte geeft en waarop je kookt ✦ *altijd als hij gekookt heeft, is het fornuis heel vies*

fors [bijvoeglijk naamwoord]
1 forse mensen zijn groot en een beetje dik ✦ *ze is getrouwd met een forse man*
2 een fors bedrag of aantal is een groot bedrag of aantal = flink ✦ *voor deze auto moet je een fors bedrag betalen*

het **fort** [forten]
een gebouw met dikke muren dat moeilijk in te nemen is

het **for·tuin** [fortuinen]
een grote hoeveelheid geld ✦ *hij heeft in vijf jaar het fortuin van zijn vader opgemaakt*

het **fo·rum** [forums]
een bijeenkomst waarbij een groep mensen die veel over een onderwerp weet voor publiek een discussie houdt

het **fos·siel** [fossielen]
een rest van een plant of dier dat van steen geworden is

de •**fo·to** [foto's]
een plaatje dat gemaakt is met een toestel dat de werkelijkheid vastlegt op een stukje film

fo·to·gra·fe·ren [fotografeerde, heeft gefotografeerd]
foto's maken [iemand fotografeert iemand of iets]

de **fo·to·ko·pie** [fotokopieën]
een vel papier dat een soort foto is van een ander papier, via een kopieerapparaat ✦ *wilt u drie fotokopieën van de tekst maken?*

het **fo·to·mo·del** [fotomodellen]
iemand die zich laat fotograferen voor haar of zijn beroep

het **fo·to·toe·stel** [fototoestellen]
een apparaat waarmee je foto's maakt = de camera

fouil·le·ren [fouilleerde, heeft gefouilleerd]
onderzoeken of iemand verboden dingen in zijn zakken heeft [iemand fouilleert iemand] ✦ *iedereen die in het vliegtuig stapte, werd eerst gefouilleerd*

de •**fout**[1] [fouten]
iets wat niet klopt of niet juist is ✦ *de tekst zat vol met fouten*

•**fout**[2] [bijvoeglijk naamwoord]
iets wat fout is, is niet goed of niet juist = verkeerd ✦ *bij zes foute antwoorden ben je gezakt voor het examen*

fout·loos [bijvoeglijk naamwoord]
iets wat foutloos is, is zonder fouten

de **foy·er** [foyers]
een ruimte waar je in de pauze van een voorstelling iets kunt eten of drinken

•**fraai** [bijvoeglijk naamwoord]
fraaie dingen zijn mooi of goed ✦ *dit schilderij is een fraai voorbeeld van de Hollandse schilders uit de zeventiende eeuw*

de **frac·tie** [fracties]
1 een klein deel ✦ *dit is maar een fractie van alle boeken die hij verzameld heeft*
2 een groep mensen die vertegenwoordiger is van één politieke partij ✦ *de fractie van de PvdA in onze stad bestaat uit zes personen* **politiek**

de **frac·tie·voor·zit·ter** [fractievoorzitters]
frac·tie·voor·zit·ster [fractievoorzitsters]
de voorzitter van een politieke partij

fra·giel [bijvoeglijk naamwoord]
iets dat fragiel is, is niet sterk = breekbaar, broos ✦ *mevrouw Thomas kan niet vervoerd worden vanwege haar fragiele gezondheid*

het **frag·ment** [fragmenten]
een klein deel van iets dat langer duurt ✦ *bij sommige fragmenten van de film sluiten veel mensen hun ogen*

fr

Formules

In Nederland en België kun je bij een standaardformulering vaak kiezen uit een informele en een formele vorm. Meestal is er ook een neutrale vorm.

Als je 'je' zegt tegen iemand (informeel)	**Neutraal**	**Als je 'u' zegt tegen iemand (formeel)**
Als je iemand begroet:		
hallo	dag	dag, meneer Vroon
hoi	goedemiddag enz.	goedemiddag, mevrouw Verhaeren
Bij het afscheid:		
doeg (in Nederland)	dag	dag, mevrouw
tot kijk	tot ziens	
	tot morgen	tot morgen, meneer Vendel
Als je iets geeft:		
alsjeblieft	alstublieft	alstublieft
Bedanken:		
bedankt	dank je (wel)	dank u (wel)
merci	hartelijk dank	
Een reactie op bedanken:		
	graag gedaan	tot uw dienst
	geen dank	
Gelukwensen bij een verjaardag of een prestatie:		
	gefeliciteerd	(...) proficiat
	van harte gefeliciteerd	
	hartelijk gefeliciteerd	
	(...) gelukgewenst	
Aan het begin van een maaltijd:		
	eet smakelijk	
	smakelijk (eten)	
Als men (wijn) drinkt:		
	(op je) gezondheid!	prosit!
	proost !	santé!
Excuses:		
sorry	het spijt me	pardon
	pardon (ook om de aandacht te vragen)	excuseer (mij)
	excuus	
Als je gaat slapen:		
	slaap lekker	goedenacht
	welterusten	
	slaapwel (in België)	
Het begin van een brief of e-mail:		
hallo Mary	beste Mary	geachte heer Boenders
dag Mary		geachte mevrouw/meneer
Het eind van een brief of e-mail:		
groetjes	met vriendelijke groeten	hoogachtend
groeten	met hartelijke groeten	
Als er iemand is overleden:		
	gecondoleerd	innige deelneming
	van harte gecondoleerd	

de **fram·boos** [frambozen]
een zachte, rozerode, zoete vrucht

framboos

het **frame** [frames]
de delen die de basis vormen van een voertuig of een ander voorwerp ✦ *het frame van deze fiets is nog goed, maar verder is er veel kapot*

fran·co·foon [bijvoeglijk naamwoord]
iemand die francofoon is, spreekt Frans

de **fran·gi·pa·ne** [frangipanes] (in België)
een gebakje dat onder andere gevuld is met amandelen

de **fran·je** [franjes]
extra dingen die niet nodig zijn ✦ *ik houd van schrijvers die zonder franje schrijven*

de •**frank** [franken]
het geld in bijv. Zwitserland

fran·ke·ren [frankeerde, heeft gefrankeerd]
postzegels op een brief of een pakje doen [iemand frankeert post]

het **Frans**[1]
een taal die onder andere in Frankrijk gesproken wordt ✦ *spreekt u Frans?*

Frans[2] [bijvoeglijk naamwoord]
Franse zaken komen uit Frankrijk of hebben daarmee te maken ✦ *ze gaan op vakantie naar een dorpje aan de Franse kust*

frap·pant [bijvoeglijk naamwoord]
iets wat frappant is, is heel opvallend = opmerkelijk ✦ *ik vind het frappant dat jij precies zegt wat ik denk*

de **frat·sen** [meervoud] (informeel)
vreemd gedrag ✦ *houd eens op met je fratsen!*

de **frau·de**
oneerlijke handelingen, vooral met geld = het bedrog, de zwendel ✦ *één collega moet vertrekken wegens fraude*

frau·de·ren [fraudeerde, heeft gefraudeerd]
oneerlijke dingen doen, vooral met geld = zwendelen [iemand fraudeert (met iets)] ✦ *het is nu duidelijk dat er bij de aanleg van de weg is gefraudeerd met Europese subsidies*

free·lance [bijvoeglijk naamwoord]
iemand die freelance werkt, werkt zelfstandig voor verschillende bedrijven ✦ *Paul werkt als freelance journalist in New York* werk

fre·quent [bijvoeglijk naamwoord]
iets wat frequent is, komt vaak voor = regelmatig ✦ *'s avonds rijden de bussen niet meer zo frequent*

de **fre·quen·tie** [frequenties]
1 het aantal keren dat iets voorkomt of gebeurt ✦ *de frequentie waarmee boeken verschijnen, is toegenomen*
2 het aantal elektrische golven per seconde ✦ *op welke frequentie van de radio kan ik dat programma vinden?*

frie·me·len [friemelde, heeft gefriemeld]
iets tussen je vingers bewegen = frunniken [iemand friemelt (aan iets of iemand)] ✦ *de man friemelde zenuwachtig aan zijn trui*

de •**friet**
eten dat gemaakt is van stukjes aardappel die in vet zijn gebakken = de patat ✦ *omdat ze geen tijd had om te koken, haalde ze een frietje* maaltijden

Nederlanders en Belgen eten veel friet. In restaurants krijg je vaak friet bij het eten. Soms halen mensen friet in de snackbar, en er wordt ook wel thuis friet gebakken. Vooral kinderen vinden het erg lekker. Mét mayonaise.

de **fri·kan·del** [frikandellen]
een snack van vlees maaltijden

In Nederland eten mensen veel snacks. Die halen ze 'uit de muur' (uit een automaat) of kopen ze in een snackbar. Kroketten en frikandellen zijn het populairst.

het **fris**[1] *ook:* de
een frisse, zoete drank zonder alcohol = de frisdrank ✦ *wil je een glaasje fris of een biertje?* dranken

•**fris**[2] [bijvoeglijk naamwoord]
1 als het fris is, is het een beetje koud = koel ✦ *trek een jas aan, want het is fris buiten*
2 iets dat fris is, is helder of schoon ✦ *de lakens waren fris gewassen* ✦ *wie met een*

fr

frisse blik naar die tekst kijkt, haalt er zo vijf fouten uit

de **fris·bee** [frisbees]
een soort bord dat je naar elkaar toe gooit, als spel ✦ *op het strand speelden de kinderen met een frisbee*

frisbee

de **fris·drank** [frisdranken]
een frisse, zoete drank zonder alcohol ✦ *voor het feest heb ik bier, wijn en frisdrank gekocht*

fri·tu·ren [frituurde, heeft gefrituurd]
iets bakken door het helemaal in hete olie of in heet vet te doen [iemand frituurt iets]

de **fri·tuur** [frituren] (in België)
een stalletje of een kraam waar friet wordt verkocht

fron·sen [fronste, heeft gefronst]
een rimpel boven je ogen maken als je nadenkt of boos bent [iemand fronst (de wenkbrauwen of het voorhoofd)] ✦ *loop niet zo te fronsen, maar kijk eens vrolijk!*

het **front** [fronten]
1 het voorste deel; de voorkant ✦ *het front van de winkel is helemaal veranderd*
2 het gebied waar gevochten wordt in een oorlog ✦ *hun zoon is als soldaat gestorven aan het front*
een front vormen tegen iets: samen proberen te zorgen dat iets niet doorgaat ✦ *de werknemers vormden een front tegen de plannen van de directeur*
3 op verschillende fronten tegelijk bezig zijn: met verschillende dingen tegelijk bezig zijn

fron·taal [bijvoeglijk naamwoord]
iets wat frontaal is, is gericht naar de voorkant ✦ *de auto was frontaal tegen een boom gereden*

de **frou-frou** [frou-frous] (in België)
kort haar dat over je voorhoofd valt = de pony

het •**fruit**
de zachte vruchten van bomen en struiken die je kunt eten, zoals appels en peren ✦ *op de schaal lagen een paar stukken fruit* maaltijden

frui·ten [fruitte, heeft gefruit]
een beetje bruin laten worden in heet vet [iemand fruit uien, knoflook enz.]

het **fruit·sap** [fruitsappen] (in België)
sap van vruchten, vooral van sinaasappels maaltijden dranken

de **frus·tra·tie** [frustraties]
het vervelende gevoel als iets wat je heel graag wilde, niet lukt of niet gebeurt ✦ *zijn grote frustratie is dat hij nooit heeft leren zwemmen* ✦ *Anita probeerde een vogel te tekenen en toen dat niet lukte, gooide ze uit frustratie het papier weg*

frus·tre·ren [frustreerde, heeft gefrustreerd]
1 je boos of verdrietig maken, omdat dingen anders gaan dan je wilt [iets frustreert iemand] ✦ *het frustreerde de trainer dat zijn team zo vaak verloor*
2 zorgen dat iets niet goed gaat of niet lukt [iemand frustreert iets] ✦ *de president frustreerde de ontwikkeling van de democratie in zijn land*

full·time [bijwoord]
iemand die fulltime werkt, werkt ongeveer veertig uur per week = voltijds ⇔ parttime ✦ *nu Chris een kind heeft, blijft hij niet fulltime werken* werk

de •**func·tie** [functies]
1 de taken die horen bij je baan ✦ *hij heeft een belangrijke functie binnen ons bedrijf*
in functie zijn: dienst hebben voor het werk dat je doet ✦ *omdat de agent niet in functie was, mocht hij de dief niet arresteren*
2 datgene waarvoor iets bedoeld is = het doel ✦ *wat is de functie van dit blauwe lampje?*

de **func·ti·o·na·ris** [functionarissen]
iemand die een bepaalde functie heeft (bet. 1) ✦ *welke functionaris is verantwoordelijk voor dit beleid?*

func·ti·o·neel [bijvoeglijk naamwoord]
iets wat functioneel is, is precies geschikt voor een bepaalde functie = praktisch, doelmatig ✦ *het nieuwe kantoor moet niet alleen mooi, maar ook functioneel zijn*

•**func·ti·o·ne·ren** [functioneerde, heeft gefunctioneerd]
de bedoelde taak verrichten [iets of ie-

mand functioneert goed of slecht] ✦ *hij functioneert de laatste tijd niet goed op zijn werk*

het **fun·da·ment** [fundamenten]
1 de onderste laag van een gebouw die onder de grond zit en waarop het gebouw steunt ✦ *op de fundamenten van de oude kerk werden huizen gebouwd*
2 de basis; het belangrijkste = de grondslag ✦ *de openbare discussie vormt het fundament van de democratie*

het **fun·da·men·ta·lis·me**
een richting binnen de politiek of binnen een geloof die zich heel precies aan oude wetten wil houden

fun·da·men·teel [bijvoeglijk naamwoord]
fundamentele zaken zijn heel belangrijk = wezenlijk, essentieel ✦ *zijn reis naar India heeft zijn blik op de wereld fundamenteel veranderd*

de **fun·de·ring** [funderingen]
een constructie van bijv. palen waarop een gebouw steunt ✦ *de huizen moeten worden gesloopt omdat de fundering niet goed meer is*

fu·nest [bijvoeglijk naamwoord]
iets wat funest is, heeft erg negatieve gevolgen ✦ *het is funest voor je gezondheid om zo weinig te slapen*

fun·ge·ren [fungeerde, heeft gefungeerd]
iets doen met een bepaalde rol of taak [iets fungeert als iets of iemand] ✦ *de prins fungeerde als vertegenwoordiger van de koningin*

fu·ri·eus [bijvoeglijk naamwoord]
iemand die furieus is, is erg boos = woedend ✦ *hij werd furieus toen hij hoorde wat er over hem gezegd werd*

de **fu·ro·re**
furore maken: steeds bekender en beroemder worden ✦ *Geert Mak maakte furore met een boek over de twintigste eeuw*

fu·se·ren [fuseerde, is gefuseerd]
samen één bedrijf, instelling enz. worden = samengaan [bedrijven, instellingen enz. fuseren (met een ander bedrijf)]

de **fu·sie** [fusies]
de keer dat bedrijven of instellingen fuseren* ✦ *na de fusie kreeg het grote ziekenhuis een nieuwe naam*

fu·si·o·ne·ren [fusioneerde, is gefusioneerd] (in België)
samen één bedrijf, instelling enz. worden = fuseren [bedrijven, instellingen enz. fusioneren] ✦ *het bedrijf van mijn broer is vorig jaar gefusioneerd met het bedrijf van een vriend van mij*

de **fu·ti·li·teit** [futiliteiten]
iets wat helemaal niet belangrijk is ✦ *de kritiek op de uitvoering bestond alleen maar uit futiliteiten*

fu·tu·ris·tisch [bijvoeglijk naamwoord]
iets wat futuristisch is, lijkt uit de toekomst te komen ✦ *het nieuwe station ziet er futuristisch uit door het gebruik van veel glas en metaal*

fy·siek [bijvoeglijk naamwoord]
een fysiek probleem is een probleem met je lichaam = lichamelijk ⇔ psychisch, mentaal ✦ *mannen zijn fysiek sterker dan vrouwen*

de **fy·sio·the·ra·pie**
een manier om problemen met het bewegen van je lichaam te behandelen, bijv. door oefeningen of massage ✦ *door de fysiotherapie was de voetballer snel hersteld*

g

g[1] [afkorting]
gram: eenduizendste deel van een kilo

de **g**[2] [g's]
1 de zevende letter van het alfabet alfabet
2 een toon in de muziek muzieknoten

gaaf [bijvoeglijk naamwoord]
1 iets wat gaaf is, is nog helemaal heel en niet lelijk of kapot = intact ✦ *mevrouw Hendriks is zeventig, maar ze heeft nog een heel gave huid*
2 (informeel) iets wat gaaf is, is erg leuk ✦ *het concert gisteren was gaaf!*

•**gaan** [ging, is gegaan]
1 bewegen in een bepaalde richting [iemand gaat (naar iets of iemand)] ✦ *de heer Libregts gaat elke dag om acht uur naar zijn werk*
ervoor gaan: alles proberen om iets te bereiken
2 beginnen met een activiteit [iemand gaat iets doen] ✦ *vroeger gingen we eten zodra mijn vader thuiskwam*
3 kunnen; mogelijk zijn [iets gaat] ✦ *hoeveel eieren gaan er in deze doos?*
4 het geluid maken dat bij iets hoort [een bel, een telefoon enz. gaat] ✦ *ze liep meteen naar de deur toen de bel ging*
5 het gaat goed, slecht enz. (met iemand of iets): het is goed, slecht enz. (met iemand of iets) ✦ *hoe gaat het met je?* ✦ *het gaat niet goed met de economie*

•**gaan met** [ging met, is gegaan met]
een liefdesrelatie hebben [iemand gaat met iemand]

•**gaan om** [ging om, is gegaan om]
betreffen [het gaat om iemand of iets] ✦ *dit nummer mag je alleen bellen als het gaat om leven of dood*

gaan over [ging over, is gegaan over]
1 verantwoordelijk zijn voor iets [iemand gaat over iets] ✦ *wie gaat er over de computers?*
2 als onderwerp hebben [iets gaat over iets of iemand] ✦ *het grootste deel van de gesprekken ging over zaken die ik niet interessant vond*

gaan·de [bijvoeglijk naamwoord]
dingen die gaande zijn, gebeuren op dat moment ✦ *er is veel gaande op de universiteit, maar niemand weet precies wat de problemen zijn*

gaan·de·weg [bijwoord]
geleidelijk = langzamerhand ✦ *in het boek wordt gaandeweg duidelijk wie het kind gedood heeft*

gaar [bijvoeglijk naamwoord]
gaar eten is lang genoeg gekookt of gebakken ⇔ rauw ✦ *is het vlees al gaar?*

gaar·ne [bijwoord] (formeel)
graag ✦ *gaarne even uw aandacht voor het volgende*

het **gaas**
1 een stukje stof dat niet helemaal dicht is en dat je op een wond doet ✦ *doe eerst een gaasje op de knie en daarna verband*
2 een soort hek van dunne metalen draden ✦ *de kippen zitten in hun hok, achter het gaas*

ga·de·slaan [sloeg gade, heeft gadegeslagen]
bekijken [iemand slaat iets of iemand gade] ✦ *de wedstrijd werd gadegeslagen door slechts drie mensen*

de **gal**
een bittere vloeistof die uit je lever komt

het **ga·la** [gala's]
een groot, duur feest ✦ *tijdens het gala droeg iedereen mooie kleren*

de **ga·le·rie** [galerieën, galeries]
een ruimte waar je kunst kunt bekijken en kunt kopen ✦ *de beelden zijn te zien in een galerie in Amsterdam*

de **ga·le·rij** [galerijen]
1 een openbare gang in een flat ✦ *er zijn twintig woningen op deze galerij*
2 een grote ruimte voor tentoonstellingen

de **galg** [galgen]
een paal met een touw eraan om iemand voor straf aan op te hangen, zodat hij of zij sterft

de **galm** [galmen]
1 het verschijnsel dat geluid via bijv. muren terugkomt ✦ *door de galm in de zaal konden de mensen niet goed horen wat de voorzitter zei*
2 een vol geluid dat je op grote afstand kunt horen

gal·men [galmde, heeft gegalmd]

1 hol klinken [een ruimte galmt] ✦ *omdat het galmde in de kerk, konden we de pastoor nauwelijks verstaan*
2 hard en zwaar klinken [iemand of iets galmt] ✦ *de naam van de voetballer galmde door het stadion*
3 op een overdreven manier zingen [iemand galmt (een lied)] ✦ *de kinderen zaten in de bus allerlei liedjes te galmen*

gam·mel [bijvoeglijk naamwoord]
1 een gammele tafel of een gammele stoel is niet stevig ✦ *laten we maar niet op deze gammele stoelen gaan zitten*
2 (informeel) iemand die zich gammel voelt, is een klein beetje ziek ✦ *Toon voelde zich gammel op de ochtend na het feest*

de •**gang** [gangen]
1 een smalle ruimte met deuren naar kamers toe ✦ *in de zaal mag niet gerookt worden, maar op de gang wel*
2 [geen meervoud] de manier waarop iets loopt of gaat
je gang gaan: doen wat je wilt ✦ *als je iets wilt eten: ga je gang!*
de gang van zaken: de manier waarop iets gaat ✦ *wat is de normale gang van zaken in zulke gevallen?*
op gang komen: beginnen te lopen, rijden, functioneren enz. ✦ *de hulp kwam na het ongeluk langzaam op gang*
3 een deel van een maaltijd, bijv. een voorgerecht of een hoofdgerecht ✦ *de maaltijd bestond uit vier gangen*

gang·baar [bijvoeglijk naamwoord]
iets wat gangbaar is, wordt vaak in gewone situaties gebruikt = gebruikelijk, courant ✦ *'geen commentaar' is een gangbaar antwoord van mensen in de politiek*

de **gans**[1] [ganzen]
een grote, witte vogel

gans[1]

gans[2] [bijvoeglijk naamwoord] (formeel)
geheel; heel = totaal ✦ *in het ganse land werd er feest gevierd*

het **gan·zen·bord** [ganzenborden]
een spel op een bord dat veel in gezinnen wordt gespeeld

> In Nederland en België houdt men van spelletjes. Vroeger vooral kaartspelen en bordspelen. Nu zijn het vaak computerspelletjes. 'Ganzenbord' is al een oud spel, met een bord, dobbelstenen en pionnen.

ga·pen [gaapte, heeft gegaapt]
op een bepaalde manier je mond opendoen omdat je moe bent [iemand gaapt] ✦ *tijdens het laatste uur op school zaten veel leerlingen te gapen*

gap·pen [gapte, heeft gegapt] (informeel)
stelen = jatten, pikken [iemand gapt iets] ✦ *als kind gapte ik thuis wel eens een koekje*

de •**ga·ra·ge** [garages]
1 een ruimte bij een huis waarin een auto kan staan
2 een plaats waar auto's worden verkocht en kapotte auto's worden gemaakt

de **ga·ra·gist** [garagisten] (in België)
1 iemand die een garage (bet. 2) heeft
2 iemand die in een garage (bet. 2) werkt

ga·ran·de·ren [garandeerde, heeft gegarandeerd]
de zekerheid geven = verzekeren [iemand garandeert (iemand) iets] ✦ *Hanna heeft me gegarandeerd dat ze morgen komt*

ga·rant [zelfstandig naamwoord]
1 garant staan voor iets: de zekerheid geven dat iets zo is ✦ *de naam van deze spreker staat garant voor een volle zaal*
2 je garant stellen voor iets: de zekerheid geven dat iets goed zal gaan en beloven dat je het zult oplossen als het niet goed gaat ✦ *de gemeente stelde zich garant voor de lening aan de vereniging*

de **ga·ran·tie** [garanties]
1 de verklaring dat iets van goede kwaliteit is ✦ *u krijgt een jaar garantie op deze tv*
2 de zekerheid ✦ *de regering geeft geen garantie dat we volgend jaar weer subsidie krijgen*

de **gar·çon** [garçons] (in België)
iemand die eten en drinken brengt in een restaurant of een café = de ober, de

kelner ✦ *garçon, de rekening alstublieft!*

de **gar·de** [gardes]
1 een voorwerp in de keuken om bijv. slagroom te kloppen

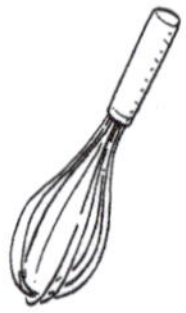

garde

2 de nationale garde: een speciale groep soldaten
3 de oude garde: de mensen die al lang bij een groep horen ✦ *de oude garde van het bedrijf heeft moeite met de nieuwe ontwikkelingen*

de **gar·de·ro·be** [garderobes]
1 alle kleren die iemand heeft ✦ *Tanja's garderobe is veel groter dan die van haar moeder*
2 de plaats waar je je jas kunt hangen, vooral in een openbaar gebouw

het **ga·reel**
iemand weer in het gareel krijgen: zorgen dat iemand geen gekke dingen meer doet

het **ga·ren** [garens]
een dunne draad die je gebruikt bij het maken van kleren

de **gar·naal** [garnalen]
een klein dier dat in zee leeft met een harde buitenkant

garnaal

gar·ne·ren [garneerde, heeft gegarneerd]
zorgen dat het er mooier uitziet [iemand garneert eten] ✦ *ze garneerde de sla met twee eieren*

het• **gas** [gassen]
1 een toestand van een stof waarin die stof geen vorm heeft
gas geven: harder gaan rijden met een auto
2 een onzichtbare stof die uit de grond gehaald wordt, en waarop bijv. gekookt kan worden = het aardgas ✦ *ik vind op gas koken veel prettiger dan elektrisch koken*

het **gas·pe·daal** *ook:* de [gaspedalen]
een onderdeel in een auto waarop je met je voet moet drukken om harder te rijden

de• **gast** [gasten]
1 iemand die ergens op bezoek is ✦ *hoeveel gasten komen er op het feest?*
ergens te gast zijn: ergens op bezoek zijn
2 (informeel) het type; de persoon ✦ *ik vind die jongen maar een vreemde gast*
3 (in België) een man of een jongen die helpt met werken = de knecht

de **gast·heer** [gastheren] **gast·vrouw** [gastvrouwen]
iemand die een of meer gasten heeft ✦ *toen het feest was afgelopen, bedankten alle gasten de gastheer*

gast·vrij [bijvoeglijk naamwoord]
een gastvrije persoon is hartelijk tegen gasten ✦ *we logeerden bij heel gastvrije mensen*

het• **gat** [gaten]
1 een opening in iets wat dicht moet zijn ✦ *Saskia had een gat in haar trui* ✦ *door een gat in de weg konden de auto's niet verder rijden*
een gat in de markt: een nieuw product waaraan behoefte blijkt te zijn
2 een heel klein dorpje = het gehucht ✦ *zij woonden in een klein gat in het noorden van Groningen*
3 [gatten] (informeel) de billen = het achterwerk
4 iets in de gaten hebben: iets merken ✦ *we hadden niet in de gaten dat Jelle stond te huilen*
5 iets of iemand in de gaten houden: op iets of iemand letten

•**gauw** [bijwoord]
snel; vlug ✦ *ze pakte gauw haar fiets en vertrok*

de **ga·ve** [gaven]
1 iets dat je vanzelf goed kunt en waarvoor je niets hebt hoeven leren = het talent ✦ *ze heeft de gave om huilende baby's rustig te krijgen*
2 iets dat je krijgt = het geschenk ✦ *de ouders zagen hun kind als een gave van God*

ga·ven *zie:* **geven**

de **ga·zet** [gazetten] (in België)
een blad dat iedere dag verschijnt en

waarin het nieuws staat = de krant

het **ga·zon** [gazons]
een stuk grond met kort gras in een tuin of een park = het grasveld ✦ *de kinderen speelden op het gazon*

ge [persoonlijk voornaamwoord]
gij; u; jij voornaamwoorden

•ge·acht[1] [bijvoeglijk naamwoord]
woord waarmee je mensen aanspreekt in een officiële situatie ✦ *de directeur ging staan en zei: "Geachte aanwezigen, wat fijn dat u gekomen bent!"*

ge·acht[2] *zie:* **achten**

de **ge·al·li·eer·den** [meervoud]
de landen die in een oorlog een land helpen tegen een vijand te vechten = de bondgenoten ✦ *in de Tweede Wereldoorlog vochten de geallieerden tegen Duitsland*

ge·avan·ceerd [bijvoeglijk naamwoord]
een geavanceerd apparaat is volgens alle moderne technieken gemaakt ✦ *om het spelletje te kunnen spelen heb je een geavanceerde computer nodig*

het **•ge·baar** [gebaren]
1 een beweging die iets uitdrukt ✦ *zij maakte een gebaar dat ik weg moest gaan*
2 een teken dat je het goede wilt = de geste ✦ *de vriendelijke brief van de directeur vind ik een mooi gebaar*

het **ge·bak**
zacht en zoet gebakken lekkers, voor bij de koffie of de thee ✦ *omdat er iemand jarig was, kregen we koffie met gebak*

In Nederland eet men taart of gebak vooral bij feesten, bijv. bij een verjaardag of een huwelijk. In België eet men ook vaak taart of gebak als er familie of vrienden op bezoek zijn. Taart is een groot stuk gebak dat in stukken gesneden wordt. Losse gebakjes zijn duurder en specialer.

het **ge·bak·je** [gebakjes]
een stukje zacht en zoet gebakken lekkers voor bij de koffie of de thee ✦ *Nicole kocht bij de bakker een grote doos met verschillende gebakjes*

het **ge·bed** [gebeden]
een gesprek met God religie

ge·be·den *zie:* **bidden**

het **ge·berg·te** [gebergten, gebergtes]
een gebied met hoge bergen ✦ *de Himalaya is het hoogste gebergte van de wereld*

ge·be·ten *zie:* **bijten**

het **ge·beu·ren**[1]
een grote of belangrijke gebeurtenis ✦ *veel mensen volgden het gebeuren op de tv*

•ge·beu·ren[2] [gebeurde, is gebeurd]
plaatsvinden = voorvallen [iets gebeurt] ✦ *door het slechte weer zijn er veel ongelukken gebeurd* ✦ *het kind vond de vakantie erg saai en hoopte dat er nog iets zou gebeuren*

de **•ge·beur·te·nis** [gebeurtenissen]
iets dat plaatsvindt ✦ *de eerste schooldag is voor elk kind een grote gebeurtenis*

het **•ge·bied** [gebieden]
1 een stuk land = de streek ✦ *als kind woonde ik in een gebied met veel bossen*
2 alles wat bij een onderwerp hoort = het terrein ✦ *zij weet heel veel op het gebied van de Nederlandse taal*

ge·bie·den [gebood, heeft geboden]
1 iemand dwingen om iets te doen = bevelen [iemand gebiedt iemand iets] ✦ *de dief gebood de man om op de grond te gaan liggen*
2 de gebiedende wijs: de vorm van een werkwoord waarin je een opdracht geeft ✦ *in 'ga maar zitten' staat het werkwoord 'gaan' in de gebiedende wijs*

het **ge·bit** [gebitten]
je tanden en kiezen ✦ *hij heeft een slecht gebit doordat hij als kind veel snoep at*

ge·ble·ken *zie:* **blijken**

ge·bles·seerd [bijvoeglijk naamwoord]
als je geblesseerd bent, is er door een ongeluk bij het sporten iets kapot aan je lichaam = gewond ✦ *tijdens het voetballen raakte Cocu geblesseerd*

ge·ble·ven *zie:* **blijven**

ge·blon·ken *zie:* **blinken**

het **ge·bod** [geboden]
iets wat volgens de wet moet ✦ *in het verkeer betekenen de ronde blauwe borden een gebod*
de tien geboden: de belangrijkste geboden van God, zoals ze in de bijbel staan

ge·bo·den[1] *zie:* **bieden**

ge·bo·den[2] *zie:* **gebieden**

ge·bo·gen *zie:* **buigen**

ge·bon·den *zie:* **binden**

de **ge·boor·te** [geboorten, geboortes]
de keer dat een baby of een dier gebo-

ge

ren wordt ✦ *sinds de geboorte van zijn dochter is hij minder gaan werken* gedenkdagen

de **ge·boor·te·dag** [geboortedagen]
de dag waarop je geboren bent = de verjaardag

het **ge·boor·te·jaar** [geboortejaren]
het jaar waarin je geboren bent

het **ge·boor·te·kaart·je** [geboortekaartjes]
een kaart die je aan familie en vrienden stuurt om te zeggen dat je een kind hebt gekregen gedenkdagen

het **ge·boor·te·land** [geboortelanden]
het land waar je geboren bent ✦ *na vijftien jaar ging Aziz terug naar zijn geboorteland*

de **ge·boor·te·plaats** [geboorteplaatsen]
de plaats waar je geboren bent

•**ge·bo·ren** [bijvoeglijk naamwoord]
als je geboren wordt, kom je uit de buik van je moeder ✦ *direct nadat de baby geboren was, begon hij te huilen* ✦ *Nadia is geboren in Rusland*
ergens geboren en getogen zijn: ergens geboren zijn en er je hele jeugd gewoond hebben

ge·bor·gen *zie:* **bergen**

het•**ge·bouw** [gebouwen]
iets dat gebouwd is ✦ *in dit hoge gebouw zijn vijf bedrijven gevestigd*

ge·bracht *zie:* **brengen**

ge·brand op [bijvoeglijk naamwoord]
als je op iets gebrand bent, wil je dat heel graag en probeer je dat te laten gebeuren ✦ *ze was erop gebrand om al het werk op tijd af te krijgen*

het•**ge·brek** [gebreken]
1 iets dat er helaas niet is = het tekort ✦ *er is in dit land een gebrek aan water*
2 iets dat niet helemaal goed is = de fout, het mankement ✦ *de nieuwe auto bleek allerlei gebreken te hebben*

ge·brek·kig [bijvoeglijk naamwoord]
iets wat gebrekkig is, is niet helemaal goed = slecht ✦ *Roberto spreekt nog gebrekkig Nederlands*

de **ge·broe·ders** [meervoud]
de broers ✦ *de gebroeders Hofstede hebben samen een winkel*

ge·bro·ken[1] [bijvoeglijk naamwoord]
iemand die gebroken is, is erg moe = doodmoe ✦ *de voorzitter was gebroken na de lange vergadering*

ge·bro·ken[2] *zie:* **breken**

het•**ge·bruik** [gebruiken]
1 de keer dat je iets gebruikt ✦ *je moet voorzichtig zijn, want bij verkeerd gebruik gaat het apparaat kapot*
2 de gewone manier waarop je iets doet = de gewoonte ✦ *Quintin moest wennen aan de gebruiken van het land* ✦ *in Nederland is het een gebruik om kaarten te sturen als je op vakantie bent*

ge·brui·ke·lijk [bijvoeglijk naamwoord]
iets is gebruikelijk als het is zoals het altijd is ✦ *na zijn gebruikelijke kopje koffie ging hij aan het werk*

•**ge·brui·ken** [gebruikte, heeft gebruikt]
1 als hulpmiddel hebben = hanteren [iemand gebruikt iets] ✦ *de schrijver gebruikt nog steeds pen en papier om zijn boeken te schrijven*
2 iemand dingen voor je laten doen terwijl het voor die persoon geen voordeel oplevert [iemand gebruikt iemand] ✦ *ze zei dat ze van hem hield, maar ze gebruikte hem alleen om een baan te vinden bij de televisie*
3 drugs nemen [iemand gebruikt (drugs)]
4 (formeel) eten of drinken = nuttigen, consumeren [iemand gebruikt eten of drank] ✦ *wilt u nog iets gebruiken voor het overleg begint?*

de **ge·brui·ker** [gebruikers] **ge·bruik·ster** [gebruiksters]
1 iemand die drugs gebruikt ✦ *in een hoekje van het station zaten enkele gebruikers*
2 iemand die iets gebruikt ✦ *de eerste tien gebruikers van de nieuwe weg kregen een cadeautje*

de **ge·bruiks·aan·wij·zing** [gebruiksaanwijzingen]
een tekst met tekeningen waarin uitgelegd wordt hoe je een machine, apparaat enz. moet gebruiken ✦ *de gebruiksaanwijzing van de telefoon was geschreven in het Engels*

ge·bukt[1] [bijvoeglijk naamwoord]
gebukt gaan onder iets: een probleem hebben dat je leven moeilijk maakt ✦ *de vrouw gaat eronder gebukt dat ze geen kinderen kan krijgen*

ge·bukt[2] *zie:* **bukken**

ge·char·meerd van [bijvoeglijk naamwoord]
iemand die gecharmeerd is van iemand

of iets, vindt die persoon of die zaak heel goed of leuk ✦ *de prins was erg gecharmeerd van de buitenlandse prinses*

ge·com·pli·ceerd [bijvoeglijk naamwoord]
iets wat gecompliceerd is, kun je moeilijk begrijpen = ingewikkeld ✦ *de journalist legde de gecompliceerde situatie in het Midden-Oosten duidelijk uit*

ge·con·cen·treerd[1] [bijvoeglijk naamwoord]
in een geconcentreerde vloeistof zit naar verhouding weinig water ✦ *de drank is gemaakt met geconcentreerd sinaasappelsap*

ge·con·cen·treerd[2] *zie:* **concentreren**

ge·daan *zie:* **doen**

de **ge·daan·te** [gedaanten, gedaantes]
een persoon in zijn zichtbare vorm = de gestalte ✦ *de god nam de gedaante aan van een mens*

ge·dacht *zie:* **denken**

de•**ge·dach·te** [gedachten, gedachtes]
iets wat je denkt ✦ *de gedachte aan de vakantie maakt me erg vrolijk*
van gedachten wisselen: met anderen over iets praten
op andere gedachten komen: anders over iets gaan denken
van gedachte veranderen: iets anders gaan doen dan je van plan was

het **ge·dach·te·goed**
het geheel aan ideeën van iets of iemand ✦ *de partij probeert te handelen vanuit het christelijk gedachtegoed*

ge·dach·ten *zie:* **gedenken**

ge·dag [tussenwerpsel]
iemand gedag zeggen: iemand groeten

ge·da·teerd[1] [bijvoeglijk naamwoord]
iets wat gedateerd is, past niet meer bij deze tijd = verouderd ✦ *het boek is nu al erg gedateerd*

ge·da·teerd[2] *zie:* **dateren**

het•**ge·deel·te** [gedeelten, gedeeltes]
het deel ✦ *ik begreep een groot gedeelte van het artikel niet*

ge·deel·te·lijk [bijvoeglijk naamwoord]
iets wat gedeeltelijk gebeurt, gebeurt voor een gedeelte, niet helemaal ⇔ geheel ✦ *ik heb de film maar gedeeltelijk gezien*

ge·de·gen [bijvoeglijk naamwoord]
gedegen werk is van goede kwaliteit = degelijk ✦ *hij heeft gedegen onderzoek gedaan naar de oorzaken van bepaalde ziektes*

ge·deisd [bijvoeglijk naamwoord]
je gedeisd houden: rustig blijven ✦ *iedereen dacht dat hij ruzie zou gaan maken met de agent, maar hij hield zich gedeisd*

de **ge·denk·dag** [gedenkdagen]
een dag waarop een groep mensen denkt aan iets wat vroeger op die dag gebeurd is **gedenkdagen**

ge·den·ken [gedacht, heeft gedacht]
op een bepaald moment denken aan een persoon of aan een gebeurtenis om die niet te vergeten [iemand gedenkt iemand of een gebeurtenis] ✦ *in Nederland gedenkt men op vier mei de mensen die in de oorlog zijn gestorven*

ge·de·pu·teerd [bijvoeglijk naamwoord]
Gedeputeerde Staten: de gekozen vertegenwoordigers bij de provincie

de **ge·de·pu·teer·de** [gedeputeerden]
een vertegenwoordiger van het volk bij het bestuur van een provincie

ge·de·tail·leerd [bijvoeglijk naamwoord]
iets dat gedetailleerd is, geeft heel precieze informatie, met veel details ✦ *Ivo kwam met een gedetailleerd plan voor de nieuwe afdeling*

de **ge·de·ti·neer·de** [gedetineerden]
iemand die voor straf in de gevangenis zit = de gevangene

het **ge·dicht**[1] [gedichten]
een mooie, korte tekst volgens bepaalde regels, waarin dingen nét anders gezegd worden ✦ *Petrarca schreef gedichten over zijn liefde voor Laura*

ge·dicht[2] *zie:* **dichten**

ge·dij·en [gedijde, heeft of is gedijd]
zich goed ontwikkelen; goed groeien [iemand of iets gedijt] ✦ *de plant gedijt goed in de schaduw*

het **ge·ding** [gedingen]
een zaak waarin een rechter moet beslissen = de rechtszaak, het proces
een kort geding: een zaak voor de rechter die haast heeft en daarom eenvoudiger is gemaakt
iets komt in het geding: iets is in gevaar ✦ *als hun eigen veiligheid in het geding komt, vinden veel mensen een groot leger belangrijk*

Gedenkdagen

Geboorte

Zwangere vrouwen die werken, krijgen zwangerschapsverlof, meestal ongeveer vanaf zes weken voor tot zes weken na de bevalling. In België heet dit ook: bevallingsverlof.
Veel baby's worden thuis geboren, met de hulp van een verloskundige. Soms vindt een bevalling in het ziekenhuis plaats, bijv. bij een keizersnede. In België gebeuren de meeste bevallingen in de kraamkliniek, een afdeling van het ziekenhuis.
Als de baby geboren is, worden er geboortekaartjes gestuurd met de naam van het kind. De ouders trakteren in Nederland op 'beschuit met muisjes' (heel kleine snoepjes). De kleur voor een jongetje is blauw en voor een meisje roze. In België trakteert men op doopsuiker.
De periode na de bevalling is de kraamtijd, waarin een kraamverzorgster de moeder helpt. Mensen komen in die tijd op kraambezoek.

Verjaardag

De meeste Nederlanders vieren hun verjaardag, in België is dat voor volwassenen minder gewoon.
Als iemand jarig is, wordt er voor hem of haar gezongen 'Lang zal die leven'. Er worden slingers opgehangen, en de jarige krijgt cadeautjes. De bedoeling is dat je die direct uitpakt. Vaak komt er bezoek van familie en vrienden. Iemand die niet kan komen, kan een kaart sturen om te feliciteren. Er is vaak taart, soms met net zoveel kaarsjes als de leeftijd van de jarige. Als je iemand feliciteert, zeg je: "Van harte gefeliciteerd met je verjaardag", soms gevolgd door: "en nog vele jaren".
Op het werk of op school kan een jarige trakteren.
Kinderen hebben een partijtje of verjaardagsfeestje, waar soms spelletjes worden gedaan.

Huwelijk

Mensen die gaan trouwen, sturen kaarten om dat te laten weten. Eerst gaan ze in ondertrouw. Op de trouwdag wordt op het stadhuis het burgerlijk huwelijk gesloten door een ambtenaar van de burgerlijke stand. In Nederland en België kunnen ook twee mannen of twee vrouwen officieel met elkaar trouwen.
Bij het huwelijk zijn ten minste twee officiële getuigen aanwezig. Als de bruid en bruidegom elkaar het jawoord gegeven hebben (ze zeggen 'ja' op de vraag of ze elkaar trouw zullen blijven), zetten ze hun handtekening. Na het burgerlijk huwelijk kan men ook in de kerk trouwen.
Daarna is er soms een receptie, waar iedereen de bruid en de bruidegom en hun familieleden kan feliciteren. Het bruidspaar krijgt cadeaus, die ze vaak van tevoren op lijsten hebben aangegeven (in België: huwelijkslijst of bruidslijst). Sommige bruidsparen snijden op de receptie een bruidstaart aan. 's Avonds is er vaak een diner of een feest, waarbij in Nederland soms familie en vrienden liedjes zingen of toneelstukjes opvoeren. Veel mensen gaan meteen na hun bruiloft op huwelijksreis. De weken na de bruiloft worden de 'wittebroodsweken' genoemd.
Iemand die 25 jaar getrouwd is, viert zijn zilveren bruiloft. Iemand die 50 jaar getrouwd is, viert zijn gouden bruiloft.

Overlijden

Iemand die overlijdt, kan worden begraven of gecremeerd. De begrafenisondernemer helpt om alles te regelen. Er worden rouwkaarten (in België ook: rouwbrieven of doodsbrieven) verstuurd, en er kan een rouwadvertentie (of: overlijdensbericht) worden geplaatst in de krant. De dode wordt opgebaard, thuis of in een rouwcentrum.

Gedenkdagen (vervolg)

De begrafenis of uitvaart moet binnen een week plaatsvinden. Vaak is er tijdens de begrafenis een plechtigheid in een kerk, of in de aula op de begraafplaats (het kerkhof) of bij het crematorium. Op de kist worden vaak bloemen gelegd. Voor of na de begrafenis kan men de familie condoleren. Men geeft een hand en zegt: "Gecondoleerd met het verlies van ..." (in België: "Innige deelneming"). Mensen tekenen het condoléanceregister. De kleur van de kleren is vaak zwart. Het gevoel van verdriet om iemand die overleden is, heet 'rouw'.

feestdagen

het **ge·doe**
een heleboel ingewikkelde handelingen ✦ *het is een heel gedoe om een eigen bedrijf te beginnen*

ge·doemd [bijvoeglijk naamwoord]
iets is gedoemd te mislukken, te verdwijnen enz.: iets zal beslist mislukken, verdwijnen enz. ✦ *het hele plan was vanaf het begin gedoemd te mislukken*

ge·do·gen [gedoogde, heeft gedoogd] (formeel)
geen straf geven voor iets wat eigenlijk verboden is [iemand gedoogt iets] ✦ *het gebruik van softdrugs wordt in Nederland en België gedoogd*

ge·do·ken *zie:* **duiken**

ge·dol·ven *zie:* **delven**

het **ge·doog·be·leid**
het beleid om geen straf te geven voor sommige dingen die officieel niet mogen ✦ *het gebruik van softdrugs valt in Nederland onder het gedoogbeleid*

het •**ge·drag**
de manier waarop iemand doet ✦ *je gedrag tegenover klanten moet echt vriendelijker worden*

zich **ge·dra·gen** [gedroeg zich, heeft zich gedragen]
op een bepaalde manier doen [iemand gedraagt zich goed, vreemd enz.] ✦ *zij vindt dat haar kinderen zich netjes hebben gedragen*

het **ge·drang**
een heleboel mensen die tegen elkaar duwen ✦ *in het gedrang was Udo zijn dochter opeens kwijt*
iets komt in het gedrang: iets komt in gevaar; iets dreigt te verdwijnen ✦ *met zo'n druk programma komt een rustig gesprek wel in het gedrang*

ge·dre·ven[1] [bijvoeglijk naamwoord]
iemand die gedreven is, heeft een sterke wil om iets te doen ✦ *hij is zo gedreven dat hij vast wel succes krijgt*

ge·dre·ven[2] *zie:* **drijven**

het **ge·drocht** [gedrochten]
iemand die of iets dat heel lelijk is ✦ *de vrouw vond het nieuwe beeld in de tuin prachtig, maar haar man vond het een gedrocht*

ge·dron·gen *zie:* **dringen**

ge·dron·ken *zie:* **drinken**

ge·dro·pen *zie:* **druipen**

ge·ducht [bijvoeglijk naamwoord]
een geduchte tegenstander is een tegenstander voor wie je bang moet zijn

het •**ge·duld**[1]
de eigenschap dat je lang aan iets kunt werken of goed kunt wachten ✦ *met veel geduld legde de docente uit hoe je iets in het boek kunt opzoeken*

ge·duld[2] *zie:* **dulden**

ge·dul·dig [bijvoeglijk naamwoord]
iemand die geduldig is, kan lang aan iets werken en goed op iets wachten ✦ *hij wachtte geduldig tot iedereen klaar was*

•**ge·du·ren·de** [voorzetsel]
in de periode van … ✦ *na zijn ziekte moest de heer Willems gedurende drie jaar medicijnen gebruiken*

ge·dwee [bijvoeglijk naamwoord]
iemand die gedwee is, verzet zich niet ✦ *gedwee stonden de mensen in de rij te wachten*

ge·dwon·gen *zie:* **dwingen**

•**geel** [bijvoeglijk naamwoord]
met de kleur van citroenen

de **geel·zucht**
een ziekte waarbij je geel wordt

•**geen** [onbepaald voornaamwoord]
niet één; niet ✦ *ze heeft de hele avond*

geen woord gezegd ✦ *er hoeft geen zout in het eten*

geens·zins [bijwoord] (formeel)
helemaal niet = allerminst ✦ *hij had geenszins de bedoeling om iets naars te zeggen*

de •**geest** [geesten]
1 [geen meervoud] de sfeer; de manier van denken en doen = de mentaliteit ✦ *het is in de geest van deze tijd om veel geld te verdienen en dat meteen weer uit te geven*
2 [geen meervoud] het deel van de mens dat kan denken en voelen = de psyche ✦ *er is nog veel onbekend over de werking van de menselijke geest*
je iets voor de geest halen: je iets herinneren ✦ *ik kan me niet meer voor de geest halen wat ik toen gezegd heb*
3 het deel van de mens dat volgens gelovige mensen overblijft na je dood = de ziel ✦ *hij gelooft dat je geest je lichaam verlaat als je overlijdt*
4 een mens zonder lichaam = het spook ✦ *ik geloof niet in geesten*
5 iets in die geest: ongeveer zoiets ✦ *ze zei iets in de geest van: morgen zal alles beter zijn*
6 de Heilige Geest: de geest die volgens de christenen door God naar de mensen is gestuurd en die tegelijk deel is van God feestdagen
7 de geest krijgen: ineens goede ideeën krijgen of goed kunnen werken

•**gees·te·lijk** [bijvoeglijk naamwoord]
1 geestelijke zaken hebben te maken met je verstand en je gevoel = psychisch ⇔ lichamelijk ✦ *mevrouw Klein kan niet goed meer lopen, maar geestelijk is ze nog erg goed*
2 geestelijke zaken hebben te maken met geloof en kerk = spiritueel ⇔ materieel ✦ *de mensen zongen samen geestelijke liederen*

de **gees·te·lij·ke** [geestelijken]
iemand die een officiële functie heeft binnen zijn geloof, bijv. een dominee of een imam

gees·tig [bijvoeglijk naamwoord]
iemand die geestig is, maakt slimme grapjes = ad rem

geeu·wen [geeuwde, heeft gegeeuwd]
inademen met je mond wijd open als je moe bent of iets niet interessant vindt = gapen [iemand geeuwt]

ge·flo·ten *zie:* **fluiten**

ge·for·ceerd[1] [bijvoeglijk naamwoord]
iets wat geforceerd is, klopt niet helemaal omdat het niet natuurlijk is = gedwongen ✦ *ik vond het een mooi boek, maar het einde is een beetje geforceerd*

ge·for·ceerd[2] *zie:* **forceren**

de **ge·ga·dig·de** [gegadigden]
iemand die belangstelling heeft voor bijv. een baan of een huis ✦ *toen het huis te koop stond, kwamen er veel gegadigden kijken*

ge·ga·ran·deerd[1] [bijwoord]
zeker = beslist ✦ *als DiCaprio een rol speelt in een film, wordt het gegarandeerd een succes*

ge·ga·ran·deerd[2] *zie:* **garanderen**

ge·geerd [bijvoeglijk naamwoord] (in België)
iets wat gegeerd is, willen veel mensen hebben = gewild ✦ *de huizen in deze straat zijn zeer gegeerd*

het **ge·ge·ven**[1] [gegevens]
een feit dat bekend is ✦ *volgens mijn gegevens bent u 23 jaar*

•**ge·ge·ven**[2] [bijvoeglijk naamwoord]
op een gegeven moment: op een bepaald moment ✦ *op een gegeven moment werden er veel mensen ziek*

ge·gle·den *zie:* **glijden**

ge·glom·men *zie:* **glimmen**

ge·gol·den *zie:* **gelden**

ge·go·ten *zie:* **gieten**

ge·gre·pen *zie:* **grijpen**

ge·had *zie:* **hebben**

het **ge·hakt**[1]
vlees dat met een machine heel fijn is gesneden ✦ *iedere woensdag eten we gehakt*

ge·hakt[2] *zie:* **hakken**

het **ge·hal·te** [gehalten, gehaltes]
de verhouding tussen een bepaalde stof en de rest in iets = het percentage ✦ *de drank had een hoog gehalte aan suiker* ✦ *het boek heeft een hoog wetenschappelijk gehalte*

ge·han·di·capt [bijvoeglijk naamwoord]
gehandicapte mensen kunnen een deel van hun lichaam of hun geest niet goed gebruiken ✦ *hij is gehandicapt geraakt door een ongeluk*

ge·hard[1] [bijvoeglijk naamwoord]
iemand die gehard is, kan goed tegen

moeilijke omstandigheden ✦ *de inwoners van het land waren gehard tegen de kou*

ge·hard[2] *zie:* **harden**

het **ge·har·re·war**
een situatie waarin mensen verschillende meningen hebben en niet helder met elkaar praten = het gekissebis ✦ *na enig geharrewar over geld kwam de commissie toch met een besluit*

ge·ha·vend [bijvoeglijk naamwoord]
iets dat gehavend is, is door een ongeluk lelijk geworden = beschadigd ✦ *doordat de man met een mes gestoken was, was zijn gezicht gehavend*

het •**ge·heel**[1] [gehelen]
het totaal ✦ *er zitten een paar foutjes in het werk, maar het geheel ziet er goed uit*
over het geheel genomen: in het algemeen ✦ *er gingen een paar dingen fout, maar over het geheel genomen was het feest zeer geslaagd*

•**ge·heel**[2] [bijvoeglijk naamwoord] (formeel)
heel; totaal; compleet ✦ *het kantoor is de gehele dag geopend*

ge·heid[1] [bijvoeglijk naamwoord] (informeel)
zonder twijfel = beslist ✦ *als die maatregel doorgaat, komen er geheid protesten*

ge·heid[2] *zie:* **heien**

het •**ge·heim**[1] [geheimen]
iets dat niemand mag weten ✦ *het was een geheim dat Hans en Marjolein zouden trouwen in Italië* ✦ *wat is het geheim van zijn succes?*
de geheime dienst: de groep mensen die voor de regering van een land dingen moeten uitzoeken die niemand mag weten

•**ge·heim**[2] [bijvoeglijk naamwoord]
iets wat geheim is, mag niemand weten ⇔ openbaar ✦ *na een geheim overleg kwam de minister met een verklaring*

ge·heim·zin·nig [bijvoeglijk naamwoord]
als mensen geheimzinnig over iets doen, willen ze dat anderen het niet weten = mysterieus

het **ge·he·mel·te** [gehemelten, gehemeltes]
het bovenste deel van binnenkant van je mond ✦ *door de hete thee verbrandde ze haar gehemelte*

ge·he·sen *zie:* **hijsen**

het **ge·heu·gen** [geheugens]
het vermogen om je dingen te herinneren ✦ *zij heeft een goed geheugen voor getallen*

ge·he·ven *zie:* **heffen**

ge·hol·pen *zie:* **helpen**

het **ge·hoor**
1 de mogelijkheid om te horen ✦ *het gehoor van de oude man werd slechter*
2 de mensen die luisteren = het publiek ✦ *de president sprak tot een gehoor van tweeduizend enthousiaste mensen*
3 gehoor geven aan iets: iets gaan doen nadat dat aan je gevraagd is ✦ *ze gaf gehoor aan de oproep om mee te helpen*
4 een lied ten gehore brengen: een lied zingen

ge·hoor·zaam [bijvoeglijk naamwoord]
gehoorzame mensen doen altijd wat men van hen vraagt ✦ *het volk moest gehoorzaam zijn en de leiders steunen*

ge·hoor·za·men [gehoorzaamde, heeft gehoorzaamd]
doen wat men van je vraagt [iemand gehoorzaamt (iemand)] ✦ *het grootste probleem is dat kinderen hun ouders niet meer gehoorzamen*

ge·ho·rig [bijvoeglijk naamwoord]
in een gehorig huis hoor je de geluiden van andere ruimten goed ✦ *het huis was zo gehorig dat je precies kon verstaan wat de buren zeiden*

het **ge·hucht** [gehuchten]
een heel klein plaatsje of dorpje = het gat ✦ *in het gehucht Breeveld is geen bakker of slager*

ge·huwd[1] [bijvoeglijk naamwoord] (formeel)
getrouwd ✦ *Carla en Ferdinand zijn vijf jaar gehuwd*

ge·huwd[2] *zie:* **huwen**

geil [bijvoeglijk naamwoord]
een geile persoon is seksueel opgewonden

de **gein** (informeel)
het plezier = de lol ✦ *toen hij veertig werd, hadden zijn collega's voor de gein een liedje gemaakt*

ge·ïn·te·res·seerd [bijvoeglijk naamwoord]
iemand die geïnteresseerd is in iemand of iets, wil graag meer weten van die persoon of die zaak = belangstellend ✦ *als je geïnteresseerd bent, zal ik je infor-*

matie sturen

het **gein·tje** [geintjes] (informeel)
het grapje ✦ *toen hij een rol in de film kreeg aangeboden, dacht hij eerst dat het een geintje was*

de **gei·ser** [geisers]
een apparaat dat in de keuken hangt en dat water warm kan maken ✦ *het water van de douche was koud, omdat de geiser stuk was*

de **geit** [geiten]
een dier dat gras eet dieren

geit

ge·jaagd[1] [bijvoeglijk naamwoord]
gejaagde mensen zijn een beetje zenuwachtig omdat ze veel dingen willen doen, maar weinig tijd hebben ✦ *de directeur liep gejaagd door het kantoor*

ge·jaagd[2] *zie:* **jagen**

het **ge·juich**
het vrolijke roepen van een groep blije mensen ✦ *de voetballer hoorde het gejuich al van ver*

de •**gek**[1] [gekken]
iemand die rare dingen doet, meestal omdat hij of zij een zieke geest heeft = de dwaas ✦ *er liep een gek over straat die tegen alle auto's en fietsen schopte*
iemand voor de gek houden: als grapje een beetje oneerlijk doen tegen iemand ✦ *ik geloof je niet, je houdt me voor de gek!*
voor gek staan: iets doen wat anderen belachelijk vinden ✦ *het kind zei dat hij voor gek stond in die rare broek*

•**gek**[2] [bijvoeglijk naamwoord]
1 een gekke persoon doet rare dingen ✦ *naar die gekke man moet je niet luisteren*
2 iets wat gek is, is vreemd of raar ✦ *wat gek dat ik de telefoon niet heb gehoord!*
dat is niet gek: dat is heel leuk ✦ *verdien je € 20,- per uur? dat is niet gek!*
te gek!: heel leuk!

gek op [bijvoeglijk naamwoord]
1 iemand die gek is op iemand of iets, vindt die persoon of zaak heel erg leuk ✦ *ik ben gek op oude films*
2 iemand die gek is op iets, vindt dat heel erg lekker ✦ *hij is gek op friet*

ge·ke·ken *zie:* **kijken**

ge·kleurd[1] [bijvoeglijk naamwoord]
gekleurde dingen hebben een kleur ✦ *de kinderen droegen vrolijk gekleurde kleren*

ge·kleurd[2] *zie:* **kleuren**

ge·klom·men *zie:* **klimmen**

ge·klon·ken *zie:* **klinken**

ge·kne·pen *zie:* **knijpen**

ge·knipt voor [bijvoeglijk naamwoord]
iemand die geknipt is voor iets, is daar precies geschikt voor ✦ *hij is geknipt voor de rol van Hamlet*

ge·kocht *zie:* **kopen**

ge·ko·zen *zie:* **kiezen**

ge·kre·gen *zie:* **krijgen**

ge·krom·pen *zie:* **krimpen**

ge·kro·pen *zie:* **kruipen**

gek·sche·rend [bijvoeglijk naamwoord]
een gekscherende opmerking is als een grap bedoeld ✦ *tijdens de opening van het museum zei iemand gekscherend dat het gebouw mooier zou zijn zonder schilderijen*

de **gek·te**
een situatie waarin veel mensen zeer hevig op iets reageren = de dwaasheid ✦ *door de gekte rond de verkiezingen hadden de ministers weinig tijd voor hun gewone werk*

de **gel** [gels]
een dikke vloeistof die je in je haar doet om het steviger te maken

het **ge·laat** (formeel)
het gezicht ✦ *hij verborg zijn gelaat achter zijn handen*

het **ge·lach**
het lachen ✦ *er klonk vrolijk gelach op de gang*

ge·la·den [bijvoeglijk naamwoord]
een sfeer is geladen als er een spanning is die niet prettig is ✦ *toen de chef binnenkwam, ontstond er een geladen stilte*

ge·lang
al naar gelang ...: afhankelijk van ... ✦ *de jassen kosten tussen de driehonderd en vijfhonderd euro, al naar gelang de gebruikte stof*

ge·las·ten [gelastte, heeft gelast]
de opdracht geven om iets te doen = opdragen, bevelen [iemand gelast iemand iets te doen] ✦ *Franssen gelastte*

zijn werknemers de plannen geheim te houden

ge·la·ten[1] [bijvoeglijk naamwoord]
iemand die gelaten op iets vervelends reageert, laat zien dat hij het feit aanvaardt en dat hij zich er niet tegen verzet = berustend

ge·la·ten[2] *zie:* **laten**

het •**geld**
de munten en papieren waarmee je kunt betalen ✦ *met haar nieuwe baan verdient ze veel geld* geld
voor hetzelfde geld: het was net zo goed mogelijk geweest ✦ *het is nu goed afgelopen, maar voor hetzelfde geld was er een ongeluk gebeurd*

•**gel·den** [gold, heeft gegolden]
1 toegepast moeten worden; belangrijk zijn [iets, bijv. een regel, geldt] ✦ *in ons bedrijf geldt dat je alleen mag roken in de keuken*
2 goedgekeurd worden [iets geldt] ✦ *het doelpunt gold niet omdat de tijd voorbij was*

•**gel·den als** [gold als, heeft gegolden als]
beschouwd worden als ... [iemand of iets geldt als ...] ✦ *Jeanette geldt als iemand die trouw en precies is*

gel·dig [bijvoeglijk naamwoord]
geldige papieren kunnen officieel gebruikt worden, bijv. omdat ze niet te oud zijn ⇔ ongeldig ✦ *ze mocht niet verder met de trein omdat haar kaartje niet geldig was*

de **geld·schie·ter** [geldschieters] **geld·schiet·ster** [geldschietsters]
iemand die geld leent aan bedrijven

•**ge·le·den**[1] [bijvoeglijk naamwoord]
een bepaalde tijd geleden: een bepaalde tijd terug, in het verleden ✦ *hij is vijf jaar geleden bij het bedrijf komen werken*

ge·le·den[2] *zie:* **lijden**

de **ge·le·de·ren** [meervoud]

ge

Geld

In Nederland en België wordt, net als in veel andere landen in Europa, betaald met de **euro**. Er zijn munten van 1, 2, 5, 10, 20 en 50 eurocent en van 1 en 2 euro, en biljetten van 5, 10, 20, 50, 100, 200 en 500 euro. Je kunt betalen met euromunten uit alle landen, maar de euromunten die in Nederland zijn gemaakt kun je herkennen aan de afbeelding van koningin Beatrix. Op de Belgische munt staat koning Albert II.

Bijna alle mensen in Nederland hebben een **bankrekening**. Je inkomen wordt naar je bankrekening overgemaakt. Met de pinpas die bij je rekening hoort, kun je pinnen: geld uit een automaat halen en betalen in een winkel. In België heet zo'n kaart: een bankkaart. Geld dat je over hebt, kun je sparen op een spaarrekening.

Voor kleinere bedragen kun je je **chipknip** gebruiken. Dat is een pasje met een chip waarmee je kleine bedragen elektronisch kunt betalen, bijvoorbeeld in de telefooncel, in de winkel of bij de parkeermeter. Als de chipknip leeg is, kun je er weer geld op zetten, bijv. bij een oplaadpunt van de bank. De chipknip heet in België: proton.

Vooral in restaurants, in het buitenland en op het internet betalen mensen met een **creditcard** (in België: kredietkaart). Je betaalt door je pasje even af te geven en je handtekening op een bon te zetten. Eens in de maand krijg je dan een rekening voor alles wat je in die maand hebt betaald.

Als je per post een rekening krijgt, zit daar vaak een **acceptgirokaart** (in België: overschrijvingsformulier) bij, een formulier waarmee je het bedrag vanaf je bankrekening kunt overmaken naar de bankrekening van het bedrijf of de instelling waaraan je moet betalen. Als je vaak geld aan een bedrijf moet overmaken, kun je dat ook automatisch laten doen, met een machtiging (in België: bestendige opdracht).

verzekeringen

de groep ✦ *de partij had heel weinig vrouwen in haar gelederen*

ge·leerd¹ [bijvoeglijk naamwoord]
een geleerde persoon heeft veel gestudeerd en heeft veel kennis ✦ *een commissie van geleerde mensen moest onderzoeken wie er gelijk had*

ge·leerd² *zie:* **leren**

de **ge·leer·de** [geleerden]
iemand die veel gestudeerd heeft en veel kennis heeft ✦ *hij was een geleerde en heeft lang onderzoek gedaan aan de universiteit*

ge

ge·le·gen¹ [bijvoeglijk naamwoord]
iets komt gelegen: iets gebeurt op een geschikt moment ✦ *het komt nu niet gelegen dat je belt*

ge·le·gen² *zie:* **liggen**

de **•ge·le·gen·heid** [gelegenheden]
1 een moment waarop iets kan gebeuren
2 een bijzondere of officiële gebeurtenis ✦ *ter gelegenheid van de opening kreeg iedereen taart*
3 een plaats waar je iets kunt doen, bijv. eten of drinken ✦ *is daar ook een gelegenheid waar we iets kunnen drinken?*

•ge·lei·de·lijk [bijvoeglijk naamwoord]
langzaam een beetje meer of verder = langzamerhand ✦ *geleidelijk komen er steeds meer vrouwen in het bedrijf*

ge·lei·den [geleidde, heeft geleid]
1 naar de juiste plaats brengen = leiden [iemand geleidt iemand] ✦ *het kostte de politie veel moeite het verkeer de stad uit te geleiden*
2 naar een andere plaats laten gaan [een materiaal geleidt (iets, bijv. warmte, geluid, stroom)] ✦ *dit metaal geleidt elektriciteit goed*

ge·le·ken *zie:* **lijken**

het **ge·lid**
in het gelid staan: netjes op een rij staan ✦ *de bomen stonden allemaal in het gelid*

ge·liefd [bijvoeglijk naamwoord]
als iemand of iets geliefd is, houden veel mensen van die persoon of zaak ✦ *de president was vooral de laatste jaren heel geliefd bij het volk* ✦ *de vrouw zat op haar geliefde plekje in de tuin*

de **ge·lief·de** [geliefden]
de persoon waarmee iemand een relatie heeft

ge·lie·ve (formeel)
gelieve te ...: alstublieft ... ✦ *gelieve hier geen fietsen te plaatsen*

het **•ge·lijk¹**
1 gelijk hebben (in iets): terecht iets vinden of doen ✦ *ze dacht dat de trein om 12.06 uur ging, en ze had gelijk*
2 iemand gelijk geven (in iets): het waar of terecht vinden wat iemand zegt of doet ✦ *mijn collega stopt met haar werk, en ik geef haar groot gelijk*
3 iemand in het gelijk stellen: erkennen dat het waar of terecht is wat iemand zegt of doet ✦ *de rechter heeft mij in het gelijk gesteld*
4 gelijk krijgen: eerder iets gezegd hebben wat nu waar blijkt te zijn ✦ *Wouter heeft gelijk gekregen dat zijn partij de grootste zou worden*

•ge·lijk² [bijvoeglijk naamwoord]
hetzelfde; dezelfde = identiek ✦ *de regels in het verkeer zijn niet in alle landen gelijk*

•ge·lijk³ [bijwoord]
1 op dezelfde manier = identiek, hetzelfde ✦ *de twee heren gingen gelijk gekleed*
2 op hetzelfde moment = tegelijk, gelijktijdig ✦ *iedereen kwam ongeveer gelijk het restaurant binnen*
3 meteen = direct, dadelijk ✦ *toen ze thuiskwam, ging ze gelijk naar bed*

de **ge·lij·ke·nis** [gelijkenissen]
het feit dat iets erg op iets anders lijkt = de overeenkomst ✦ *de schrijvers kenden elkaar en er was een opvallende gelijkenis tussen hun boeken*

het **ge·lijk·spel**
het resultaat van een wedstrijd waarbij beide partijen evenveel punten hebben ✦ *de wedstrijd eindigde in een gelijkspel van 3-3*

ge·lijk·tij·dig [bijvoeglijk naamwoord]
dingen die gelijktijdig gebeuren, gebeuren op hetzelfde moment of in dezelfde periode = tegelijk ✦ *de twee tentoonstellingen zijn gelijktijdig te zien*

ge·lijk·waar·dig [bijvoeglijk naamwoord]
mensen die gelijkwaardig zijn, zijn ongeveer even goed of sterk ✦ *Julia speelt zo goed dat het moeilijk is een gelijkwaardige tegenstander te vinden*

ge·lo·gen *zie:* **liegen**

het •**ge·loof** [geloven]
1 het geloven in een god ✦ *vanwege zijn geloof wil hij op zondag niet werken*
2 het vertrouwen ✦ *ik heb een groot geloof in de eerlijkheid van onze directeur*

ge·loof·waar·dig [bijvoeglijk naamwoord]
iets wat geloofwaardig is, is makkelijk te geloven ✦ *ik vond haar verhaal niet erg geloofwaardig*

•**ge·lo·ven** [geloofde, heeft geloofd]
1 denken dat God bestaat en invloed heeft [iemand gelooft (in God)] ✦ *in onze groep geloven de meeste mensen niet*
2 denken dat het waar is wat iemand zegt [iemand gelooft iemand] ✦ *ik geloofde haar meteen toen ze zei dat ze een andere afspraak had*
3 denken dat iets waar is [iemand gelooft iets] ✦ *zij gelooft niet dat het medicijn echt werkt*
4 eraan moeten geloven: iets vervelends moeten doen of moeten meemaken ✦ *mijn oma wilde nooit een bril, maar nu ze zo slecht ziet, zal ze er toch aan moeten geloven*

ge·lo·vig [bijvoeglijk naamwoord]
iemand die gelovig is, gelooft in God

de **ge·lo·vi·ge** [gelovigen]
iemand die in God gelooft ✦ *met Pasen kwamen er duizenden gelovigen naar het Vaticaan*

het •**ge·luid** [geluiden]
dat wat je kunt horen; een trilling van de lucht ✦ *de vrouw keek op toen ze een geluid hoorde*

de **ge·luids·in·stal·la·tie** [geluidsinstallaties]
de apparaten waarmee je muziek kunt laten horen, zoals de radio en de cd-speler

de **ge·luids·over·last**
last die veroorzaakt wordt door te harde geluiden ✦ *in de zomer hebben wij veel geluidsoverlast van het café*

het •**ge·luk**
1 de toestand dat je blij of tevreden bent ⇔ het ongeluk ✦ *hij wenste ons veel geluk en een goede reis*
2 iets goeds of fijns dat toevallig gebeurt ✦ *het was een enorm geluk dat Daniëlle niet in het gebouw was tijdens de brand*
van geluk mogen spreken: veel geluk hebben gehad ✦ *je mag van geluk spreken dat je niet gevallen bent!*

•**ge·luk·kig**[1] [bijvoeglijk naamwoord]
1 iemand die gelukkig is, is blij en tevreden ✦ *het meisje dacht dat ze nooit meer gelukkig kon zijn toen het uitging met haar vriend* ✦ *hij heeft een heel gelukkige jeugd gehad*
2 iets dat gelukkig is, is gunstig ✦ *het was geen gelukkige beslissing om met de studie te stoppen*

•**ge·luk·kig**[2] [bijwoord]
dit woord gebruik je om te zeggen dat je blij bent dat iets gebeurt ✦ *gelukkig ging de auto onderweg niet kapot*

ge·luk·wen·sen [wenste geluk, heeft gelukgewenst]
tegen iemand zeggen dat je iets heel leuk vindt voor hem of haar = feliciteren [iemand wenst iemand geluk (met iets)] ✦ *zijn vrienden wensten hem geluk met zijn nieuwe baan* formules

de **ge·maal**[1] [gemalen] **ge·ma·lin** [gemalinnen] (formeel)
de persoon met wie je getrouwd bent = de echtgenoot ✦ *zij stelde haar gemaal aan de gasten voor*

het **ge·maal**[2] [gemalen]
een machine die water verplaatst

gemaal[2]

het **ge·mak**
1 een gemakkelijke omstandigheid = het comfort ✦ *de boodschappen worden aan de deur gebracht; dat is voor mij een groot gemak*
2 op je gemak: rustig; zonder haast ✦ *hij liep op zijn gemak naar de winkel*
3 op je gemak zijn: je prettig voelen
4 hou je gemak: doe een beetje rustig; doe niet zo boos
5 met gemak: heel gemakkelijk ✦ *zij won de wedstrijd met gemak*

•**ge·mak·ke·lijk** [bijvoeglijk naamwoord]
voor iets wat gemakkelijk is, hoef je niet veel moeite te doen = makkelijk ✦ *onze dochter kan het examen gemakkelijk halen*

ge·mak·zuch·tig [bijvoeglijk naam-

woord]
gemakzuchtige mensen hebben geen zin om hun best te doen = lui ✦ *hij was te gemakzuchtig om een glas te pakken, dus hij dronk uit de fles*

ge·ma·tigd[1] [bijvoeglijk naamwoord]
iets wat gematigd is, is in het midden en niet ver de ene kant of de andere kant op ✦ *vroeger was zij heel fel, maar nu is ze gematigder*
een gematigd klimaat: een klimaat waarbij het niet erg warm en niet erg koud wordt

ge·ma·tigd[2] *zie:* **matigen**

ge·me·den *zie:* **mijden**

ge·meen [bijvoeglijk naamwoord]
1 gemene mensen doen bewust dingen die vervelend zijn voor anderen ✦ *wat een gemene opmerking!*
2 iets met iemand gemeen hebben: dezelfde eigenschap hebben als iemand anders ✦ *ze hebben met elkaar gemeen dat ze van sport houden*

het **ge·meen·goed**
een gewoon verschijnsel ✦ *mobiele telefoons zijn in korte tijd gemeengoed geworden*

de •**ge·meen·schap** [gemeenschappen]
1 een groep mensen die een geheel vormen ✦ *het dorp bestaat uit een kleine gemeenschap van ambtenaren en winkeliers*
2 (in België) elk van de drie gebieden waarin België op grond van de taal die er wordt gesproken, wordt ingedeeld overheid
3 gemeenschap hebben met iemand: seks hebben met iemand

•**ge·meen·schap·pe·lijk** [bijvoeglijk naamwoord]
als iets gemeenschappelijk is, is het van meer mensen = gezamenlijk ✦ *om drie uur drinken we koffie in de gemeenschappelijke ruimte*

het **ge·meen·schaps·on·der·wijs** (in België)
het onderwijs dat wordt georganiseerd door de gemeenschappen (bet. 2)

het **ge·meen·schaps·par·le·ment** [gemeenschapsparlementen] (in België)
het parlement van een gemeenschap (bet. 2) politiek

de •**ge·meen·te** [gemeenten, gemeentes]
1 een gebied dat door een burgemeester wordt geleid ✦ *zij woont in de gemeente Haarlem* overheid
2 een groep leden van een protestantse kerk in een bepaalde plaats ✦ *de hervormde gemeente hier bestaat uit vijfhonderd mensen* religie

het **ge·meen·te·be·stuur** [gemeentebesturen]
het bestuur van een gemeente (bet. 1), dat bestaat uit burgemeester, wethouders en gemeenteraad

het **ge·meen·te·huis** [gemeentehuizen]
het gebouw waarin het bestuur van de gemeente (bet. 1) zit ✦ *voor een paspoort moet je naar het gemeentehuis*

ge·meen·te·lijk [bijvoeglijk naamwoord]
gemeentelijke zaken zijn van een gemeente (bet. 1) ✦ *de gemeentelijke belastingen worden steeds hoger* overheid

de **ge·meen·te·raad** [gemeenteraden]
een groep mensen die is gekozen als bestuur van een stad of een dorp politiek overheid

de **ge·meen·te·raads·ver·kie·zing** [gemeenteraadsverkiezingen]
een verkiezing waarbij bepaald wordt welke personen de bevolking in het bestuur van de gemeente mogen vertegenwoordigen ✦ *de grote winnaar van de gemeenteraadsverkiezing in Leiden was het CDA* overheid

de **ge·meen·te·rei·ni·ging**
de dienst van een gemeente die zorgt voor het schoonhouden van de straten

ge·mengd[1] [bijvoeglijk naamwoord]
1 als iets gemengd is, bestaat het uit verschillende soorten ✦ *het voorstel heeft tot gemengde reacties geleid*
2 gemengde gevoelens hebben: het niet helemaal eens zijn met iets ✦ *ze hadden gemengde gevoelens over de beslissing van de minister*

ge·mengd[2] *zie:* **mengen**

ge·mid·deld [bijvoeglijk naamwoord]
1 een gemiddeld getal heeft de waarde van alle getallen samen, gedeeld door het aantal getallen ✦ *er komen gemiddeld achttien leerlingen in de les*
2 niet bijzonder groot of klein; niet bijzonder veel of weinig = modaal ✦ *de jongen heeft een gemiddeld verstand, dus hij is niet de beste maar ook niet de slechtste van de klas*
de gemiddelde Fransman: een per-

soon zoals er heel veel in Frankrijk voorkomen; de doorsnee-Fransman ✦ *de gemiddelde Fransman eet niet voor acht uur 's avonds*

het **ge·mid·del·de** [gemiddelden]
alle getallen samen gedeeld door het aantal getallen ✦ *4 is het gemiddelde van de getallen 2, 3 en 7*

het **ge·mis**
het ontbreken van iets dat je nodig hebt ✦ *het vertrek van de directeur is een groot gemis voor het bedrijf*

het **ge·moed** [gemoederen]
de plaats waar je gevoelens zitten = het innerlijk ✦ *de muziek van Satie heeft een sterke werking op mijn gemoed*

ge·moe·de·lijk [bijvoeglijk naamwoord]
gemoedelijke mensen zijn rustig en vriendelijk

de **ge·moe·de·ren** [meervoud]
sterke gevoelens
iets brengt de gemoederen in beweging: iets veroorzaakt bij veel mensen hevige gevoelens
iets houdt de gemoederen bezig: veel mensen praten over iets ✦ *de verkiezingen hielden de gemoederen bezig*
de gemoederen tot bedaren brengen: zorgen dat iedereen weer rustig wordt ✦ *de president probeerde de gemoederen van het volk tot bedaren te brengen*

ge·munt [bijvoeglijk naamwoord]
het gemunt hebben op iemand of iets: iemand of iets als doel hebben van iets slechts ✦ *ze rende weg, omdat ze dacht dat de man met het mes het op haar gemunt had* ✦ *de dief had het op mijn tas gemunt*

het **gen** [genen]
elk van de deeltjes in levende wezens waarin erfelijke informatie zit, die bepalen hoe iets of iemand is

ge·naamd [bijvoeglijk naamwoord]
met de naam ✦ *er is een nieuwe partij, genaamd Nieuwe Democraten*

de **ge·na·de**
de situatie dat je geen straf krijgt terwijl je die wel verdiende ✦ *de vrouw vroeg God om genade*

ge·na·de·loos [bijvoeglijk naamwoord]
genadeloze mensen zijn hard tegen anderen = meedogenloos ✦ *genadeloos stak hij het slachtoffer met een mes in zijn buik*

gê·nant [bijvoeglijk naamwoord]
iets wat gênant is, maakt dat je je ongemakkelijk voelt ✦ *ik vond het gênant dat mijn moeder ineens riep dat ze naar de wc moest*

ge·na·zen *zie:* **genezen**

de **gê·ne**
een ongemakkelijk gevoel, omdat er iets vervelends gebeurt ✦ *hij voelde een lichte gêne toen hij zijn buurvrouw zonder kleren zag*

de **ge·nees·kun·de**
de wetenschap die ziektes onderzoekt = de geneeskunst ✦ *twee professoren in de geneeskunde hebben de ziekte niet herkend*

het **ge·nees·mid·del** [geneesmiddelen]
een middel dat bedoeld is om een zieke beter te maken = het medicijn

de **ge·ne·gen·heid**
het gevoel dat je hebt als je iemand aardig vindt

ge·neigd[1] [bijvoeglijk naamwoord]
tot iets geneigd zijn: het gevoel hebben dat je iets wilt doen of moet doen ✦ *ik ben geneigd het verhaal niet te geloven*

ge·neigd[2] *zie:* **neigen**

de **ge·ne·raal**[1] [generaals]
de hoogste officier in het leger

ge·ne·raal[2] [bijvoeglijk naamwoord]
algemeen
de generale repetitie: de laatste repetitie voor het echte optreden

de• **ge·ne·ra·tie** [generaties]
een groep mensen van ongeveer dezelfde leeftijd ✦ *wij zijn van dezelfde generatie, geboren rond 1950*

zich **ge·ne·ren** [geneerde zich, heeft zich gegeneerd]
een ongemakkelijk gevoel hebben omdat er iets vervelends of raars gebeurt = zich schamen [iemand geneert zich (voor iets)] ✦ *hij geneerde zich voor het gedrag van zijn zoon*

ge·ne·re·ren [genereerde, heeft gegenereerd]
laten ontstaan; zorgen dat iets beschikbaar komt [iemand of iets genereert iets] ✦ *met deze maatregelen hoopt het bestuur geld te genereren*

ge·ne·tisch [bijvoeglijk naamwoord]
genetische zaken hebben te maken met erfelijkheid ✦ *er is een discussie over genetisch veranderd eten en drinken*

ge·ne·zen [genas]
1 [heeft genezen] beter maken [iemand geneest een zieke (van iets)] ✦ *geen enkele arts kon haar genezen van haar bijzondere ziekte*
2 [is genezen] beter worden [iemand of iets geneest] ✦ *jonge mensen genezen vaak sneller dan oude mensen*

ge·ni·aal [bijvoeglijk naamwoord]
iets dat geniaal is, is erg goed bedacht of erg knap gedaan ✦ *dat vind ik een geniaal plan*

ge

het **ge·nie** [genieën]
iemand die buitengewoon slim is ✦ *Einstein was een genie*

•**ge·nie·ten** [genoot, heeft genoten]
1 plezier hebben [iemand geniet (van iets)] ✦ *hij kan erg genieten van muziek*
2 (formeel) hebben; krijgen [iemand geniet iets] ✦ *in het restaurant kunt u een goede maaltijd genieten*
3 niet te genieten zijn: erg vervelend doen ✦ *als de kinderen slecht geslapen hebben, zijn ze niet te genieten*

de **ge·ni·ta·li·ën** [meervoud]
de mannelijke of vrouwelijke geslachtsdelen

de **ge·no·ci·de** [genocides]
de moord op een volk = de volkerenmoord

de **ge·no·dig·de** [genodigden]
iemand die uitgenodigd is ✦ *het feest is alleen voor genodigden*

•**ge·noeg** [onbepaald voornaamwoord]
1 voldoende ✦ *hij heeft genoeg punten voor zijn examen*
genoeg van iets hebben: iets niet meer willen, omdat je het vervelend vindt
2 jammer genoeg: hiermee zeg je dat je iets jammer vindt ✦ *jammer genoeg is mijn man ziek*

de **ge·noeg·doe·ning** [genoegdoeningen]
iets, meestal geld, dat je krijgt om goed te maken dat je iets vervelends hebt meegemaakt ✦ *de zanger eiste € 5000,- genoegdoening voor het negatieve artikel*

het •**ge·noe·gen** [genoegens]
1 iets wat een prettig gevoel geeft = het plezier ✦ *het is mij een groot genoegen om al mijn vrienden hier te zien*
2 genoegen nemen met iets: tevreden zijn met iets, ook al had je eigenlijk meer verwacht ✦ *Tamar hoopte veel meer geld te gaan verdienen, maar ze moest genoegen nemen met dertig euro extra*

ge·noeg·lijk [bijvoeglijk naamwoord]
als het ergens genoeglijk is, is er een prettige sfeer = gezellig ✦ *we hebben een uur genoeglijk met elkaar gepraat*

ge·no·men *zie:* **nemen**

het **ge·not**
iets waarvan je geniet = het genoegen ✦ *het is altijd een genot om je stem te horen*

ge·no·ten *zie:* **genieten**

het **gen·re** [genres]
een bepaalde soort of stijl in de kunst ✦ *hij vond Star Wars een mooie film, al houdt hij eigenlijk niet van het genre 'sciencefiction'*

ge·nu·an·ceerd [bijvoeglijk naamwoord]
een mening, oordeel enz. is genuanceerd als er heel goed over alles nagedacht is ✦ *zij praat heel genuanceerd over de scheiding van haar ouders*

de **geo·gra·fie**
de wetenschap over de aarde = de aardrijkskunde

de **geo·lo·gie**
de wetenschap over de bodem van de aarde

ge·oor·loofd [bijvoeglijk naamwoord]
als iets geoorloofd is, mag het ✦ *de president vond het geoorloofd om het land met wapens te verdedigen*

ge·paard met [bijvoeglijk naamwoord]
iets wat gepaard gaat met iets anders, komt er samen meer voor ✦ *de ziekte gaat gepaard met pijn in de rug*

ge·past[1] [bijvoeglijk naamwoord]
1 iets is gepast als het gebeurt zoals het hoort ✦ *zij vond het gepast om zich aan de nieuwe collega voor te stellen*
2 gepast geld: munten en briefjes die samen precies het bedrag vormen dat betaald moet worden ✦ *kunt u misschien met gepast geld betalen?*

ge·past[2] *zie:* **passen**

ge·pen·si·o·neerd [bijvoeglijk naamwoord]
gepensioneerde mensen hoeven niet meer te werken omdat ze ouder dan 65 jaar zijn

ge·pre·zen *zie:* **prijzen**

ge·prik·keld [bijvoeglijk naamwoord]
een geprikkelde persoon is niet in een

goede stemming, en reageert daarom boos = geïrriteerd ✦ *de minister reageerde geprikkeld op de nieuwsgierige vragen van de journalisten*

ge·raakt[1] [bijvoeglijk naamwoord]
mensen zijn geraakt als ze een sterk gevoel bij iets krijgen = getroffen ✦ *het publiek was geraakt door de prachtige muziek* ✦ *Anna was geraakt door de kritiek op haar werk*

ge·raakt[2] *zie:* **raken**

het **ge·raam·te** [geraamten, geraamtes]
1 het geheel van alle botten van een mens of een dier = het skelet ✦ *in de rivier werd een geraamte van drieduizend jaar oud gevonden*

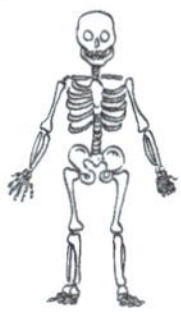
geraamte 1

2 de vaste delen die samen de vorm van iets bepalen = het frame ✦ *het nieuwe kantoor was nog lang niet klaar, maar het geraamte stond er al*

ge·raf·fi·neerd [bijvoeglijk naamwoord]
iets wat geraffineerd gedaan is, is zo slim gedaan dat het niet direct opvalt ✦ *in het verhaal zat op een geraffineerde manier kritiek op de samenleving verborgen*

ge·ra·ken [geraakt, is geraakt]
1 (formeel) komen; terechtkomen [iemand geraakt in of uit bepaalde omstandigheden] ✦ *hoe kan ik uit deze vervelende toestand geraken?*
2 (in België) ergens komen [iemand geraakt ergens] ✦ *hoe geraak ik het snelst in Brussel?*

de **ge·ra·ni·um** [geraniums]
een plant met rode, witte of roze bloemen

geranium

het **ge·recht** [gerechten]
1 een deel van een maaltijd op één schaal
2 de plaats waar een rechter straffen bepaalt = de rechtbank ✦ *de dief moest voor het gerecht komen* rechtspraak

ge·rech·te·lijk [bijvoeglijk naamwoord]
gerechtelijk onderzoek is onderzoek door de rechtbank

de **ge·rech·tig·heid**
de situatie waarin alles eerlijk geregeld is en iedereen gelijke rechten heeft = de rechtvaardigheid

het **ge·rechts·hof** [gerechtshoven] (in Nederland)
de hogere, belangrijkere rechtbank rechtspraak

ge·re·den *zie:* **rijden**

ge·reed [bijvoeglijk naamwoord]
iets wat gereed is, is klaar = af ✦ *er wordt al reclame gemaakt voor het boek, hoewel het nog niet gereed is*

het **ge·reed·schap** [gereedschappen]
voorwerpen die men gebruikt om iets te doen of te maken, bijv. een hamer ✦ *hij had niet het juiste gereedschap om de kraan te maken*

ge·re·for·meerd [bijvoeglijk naamwoord]
een gereformeerde persoon heeft het christelijke geloof volgens de leer van Calvijn religie

•**ge·re·geld**[1] [bijvoeglijk naamwoord]
1 regelmatig = vaak ✦ *vroeger ging hij geregeld naar de kerk, maar nu nooit meer*
2 in een geregeld leven is alles goed georganiseerd

ge·re·geld[2] *zie:* **regelen**

ge·re·gen *zie:* **rijgen**

het **ge·rei**
kleine spullen die je nodig hebt om iets te doen of te maken, bijv. kookgerei, schrijfgerei, tekengerei ✦ *het tekengerei van de kunstenaar lag in een houten kist*

ge·re·ser·veerd[1] [bijvoeglijk naamwoord]
mensen zijn gereserveerd als ze niet makkelijk laten merken wat ze voelen of vinden ✦ *de directeur ontving het bezoek met een vriendelijke, maar gereserveerde houding*

ge·re·ser·veerd[2] *zie:* **reserveren**

ge·re·zen *zie:* **rijzen**

het **ge·rief** (in België)
kleine spullen die je nodig hebt om iets te doen of te maken, bijv. kookgerief,

schoolgerief, schrijfgerief = het gerei ✦ *het kookgerief staat in die kast*

ge·rief·lijk [bijvoeglijk naamwoord]
gerieflijke dingen zijn prettig, met veel gemak en comfort = comfortabel ✦ *de trein was schoon en gerieflijk*

•ge·ring [bijvoeglijk naamwoord]
iets wat gering is, is klein en niet belangrijk ✦ *voor een gering bedrag kunt u de broek korter laten maken*

het **ge·roe·ze·moes**
het geluid van veel stemmen die zachtjes door elkaar praten ✦ *er ontstond geroezemoes in de zaal toen de burgemeester binnenkwam*

ge·ro·ken *zie:* **ruiken**

ge·rou·ti·neerd [bijvoeglijk naamwoord]
mensen zijn geroutineerd als ze iets al vaak gedaan hebben en het daardoor goed kunnen ✦ *de voetballer beantwoordde geroutineerd alle vragen van de journalisten*

de **gerst**
een plant waarvan bijv. bier gemaakt wordt

gerst

het **ge·rucht** [geruchten]
nieuws dat over iets of iemand wordt verteld en dat misschien waar, misschien niet waar is ✦ *volgens de geruchten wilde Brouwer zijn fabriek verkopen, maar zelf heeft hij gezegd dat dat niet waar is*

ge·ruim [bijvoeglijk naamwoord]
geruime tijd: een behoorlijk lange tijd ✦ *mijn broer ligt al geruime tijd in het ziekenhuis*

ge·ruis·loos [bijvoeglijk naamwoord]
iets wat geruisloos is, is zonder geluid en niet opvallend = stil ✦ *de auto had een geruisloze motor* ✦ *het nieuwe product verdween na een paar maanden geruisloos van de markt*

•ge·rust[1] [bijvoeglijk naamwoord]
1 zonder bezwaar ✦ *belt u me gerust als u vragen hebt*
2 iemand die gerust is, heeft geen zorgen meer = gerustgesteld ✦ *na het gesprek ging hij gerust de kamer uit*
met een gerust hart: zonder zorgen ✦ *je kunt je auto hier met een gerust hart laten staan, want dit is een veilige buurt*

ge·rust[2] *zie:* **rusten**

ge·rust·stel·len [stelde gerust, heeft gerustgesteld]
zorgen dat iemand rustig wordt bij een moeilijk probleem of een moeilijke situatie [iemand stelt iemand gerust] ✦ *het gesprek met de minister kon de boze boeren niet geruststellen*

ge·scha·pen *zie:* **scheppen**

ge·sche·nen *zie:* **schijnen**

het **ge·schenk** [geschenken]
het cadeau; de gift

ge·schie·den [geschiedde, is geschied] (formeel)
gebeuren = plaatsvinden [iets geschiedt] ✦ *alleen als er een wonder zou geschieden, kon Harmsen de wedstrijd nog winnen*

de **•ge·schie·de·nis** [geschiedenissen]
1 [geen meervoud] de wetenschap die gaat over het verleden = de historie ✦ *dit boek gaat over de geschiedenis van 1550 tot 1700*
de geschiedenis ingaan als ...: bekend worden als; herinnerd worden als ✦ *de minister zal de geschiedenis ingaan als de vrouw die een oorlog voorkwam*
geschiedenis schrijven: iets heel belangrijks doen, wat mensen zich later nog zullen herinneren ✦ *Neil Armstrong schreef geschiedenis toen hij de eerste stap op de maan zette*
2 het verhaal ✦ *ik vertel jullie de geschiedenis van Pinocchio*

ge·schift[1] [bijvoeglijk naamwoord]
geschifte mensen zijn gek = gestoord, getikt ✦ *de film ging over twee geschifte broers die een moord pleegden*

ge·schift[2] *zie:* **schiften**

•ge·schikt[1] [bijvoeglijk naamwoord]
1 iets wat geschikt is, is goed of juist ✦ *is dit een geschikt moment voor een kort overleg?* ✦ *deze schoenen zijn niet geschikt voor lange wandelingen*
2 iemand die geschikt is, is heel prettig om mee om te gaan = aardig ✦ *onze buurman is een geschikte vent*

ge·schikt[2] *zie:* **schikken**

het **ge·schil** [geschillen]

een ruzie over formele, zakelijke dingen = de onenigheid ✦ *men probeerde met een overleg het financiële geschil op te lossen*

ge·schol·den *zie:* **schelden**

ge·scho·len *zie:* **schuilen**

ge·schon·den *zie:* **schenden**

ge·schon·ken *zie:* **schenken**

ge·schoold [bijvoeglijk naamwoord]
iemand die geschoold is, heeft geleerd voor het werk dat hij of zij doet ✦ *in het bedrijf was er een grote behoefte aan technisch geschoold personeel*

ge·scho·ren *zie:* **scheren**

ge·scho·ten *zie:* **schieten**

ge·scho·ven *zie:* **schuiven**

ge·schre·den *zie:* **schrijden**

ge·schre·ven *zie:* **schrijven**

het **ge·schrift** [geschriften]
iets wat geschreven is, bijv. een boek ✦ *de schrijver heeft in tientallen geschriften zijn liefde voor Bach beschreven*

ge·schrok·ken *zie:* **schrikken**

het **ge·schut**
alles waarmee men in een oorlog schiet, bijv. kanonnen en tanks

ge·slaagd [bijvoeglijk naamwoord]
iets wat geslaagd was, was erg leuk ✦ *de vakantie in Oostende was bijzonder geslaagd*

het **ge·slacht**[1] [geslachten]
1 het feit dat iemand een man of een vrouw is = de sekse ✦ *toen de katjes net waren geboren, konden we niet zien welk geslacht ze hadden*
2 alle leden van een familie, ook die al gestorven zijn ✦ *Richard komt uit een geslacht van boeren*
3 de penis of de vagina = het geslachtsdeel
4 (taal) het feit dat een woord mannelijk, vrouwelijk of onzijdig is ✦ *het geslacht van woorden met 'het' is onzijdig*

ge·slacht[2] *zie:* **slachten**

het **ge·slachts·deel** [geslachtsdelen]
elk van de delen van het lichaam van een man of een vrouw waarmee zij zich voortplanten = het geslachtsorgaan

de **ge·slachts·ge·meen·schap**
de daad waarbij de man zijn penis in de vagina van de vrouw brengt = de geslachtsdaad

het **ge·slachts·or·gaan** [geslachtsorganen]
elk van de delen van het lichaam van een man of een vrouw waarmee zij zich voortplanten = het geslachtsdeel

de **ge·slachts·ziek·te** [geslachtsziekten, geslachtsziektes]
een ziekte die je kunt krijgen bij seksueel contact

ge·sle·pen[1] [bijvoeglijk naamwoord]
iemand die geslepen is, doet slimme dingen voor zijn eigen voordeel = sluw ✦ *het lukte de geslepen directeur om een heel gunstig contract te sluiten*

ge·sle·pen[2] *zie:* **slijpen**

ge·sle·ten *zie:* **slijten**

ge·slon·ken *zie:* **slinken**

ge·slo·pen *zie:* **sluipen**

ge·slo·ten[1] [bijvoeglijk naamwoord]
een gesloten persoon vertelt niet veel over zichzelf ✦ *mijn collega is zo gesloten dat ik na jaren nog steeds niet veel over haar weet*

ge·slo·ten[2] *zie:* **sluiten**

ge·smeerd[1] [bijvoeglijk naamwoord]
het loopt gesmeerd: het gaat makkelijk, zonder problemen ✦ *de hele dag van hun huwelijk liep gesmeerd*

ge·smeerd[2] *zie:* **smeren**

ge·sme·ten *zie:* **smijten**

ge·smol·ten *zie:* **smelten**

ge·sne·den *zie:* **snijden**

ge·sno·ten *zie:* **snuiten**

ge·sno·ven *zie:* **snuiven**

de **gesp** [gespen]
een metalen voorwerp dat de twee einden van een band bij elkaar houdt, bijv. om je middel of aan je schoenen

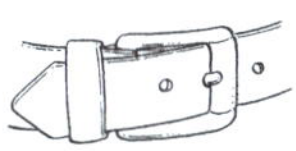

gesp

ge·span·nen[1] [bijvoeglijk naamwoord]
1 bij een gespannen situatie zijn mensen niet rustig en dreigt er iets naars te gebeuren ✦ *na de ruzie hing er een gespannen sfeer op de afdeling*
2 iemand die gespannen is, is niet rustig omdat hij veel moet doen, of omdat hij verwacht dat er iets naars zal gebeuren = gestrest ✦ *de vrouw was heel gespannen toen ze het toneel op moest*

ge·span·nen[2] *zie:* **spannen**

ge·spe·ten *zie:* **spijten**

ge·spierd [bijvoeglijk naamwoord]

ge

een gespierde persoon heeft sterke spieren

ge·spitst op [bijvoeglijk naamwoord]
iemands die gespitst is op iets, heeft daarvoor bijzondere aandacht ✦ *de nieuwe chef is erg gespitst op mensen die te laat komen*

ge·sple·ten *zie:* **splijten**

ge·spo·gen *zie:* **spugen**

ge·spon·nen *zie:* **spinnen**

ge·spo·ten *zie:* **spuiten**

het •**ge·sprek** [gesprekken]
de situatie dat twee of meer mensen met elkaar praten = de conversatie ✦ *we hebben een lang gesprek gevoerd over de toekomst van de vereniging*
in gesprek zijn: niet gebeld kunnen worden omdat je met een ander aan het bellen bent

ge·spro·ken *zie:* **spreken**

ge·spron·gen *zie:* **springen**

ge·staag [bijvoeglijk naamwoord]
zonder te stoppen en steeds met dezelfde snelheid ✦ *de afgelopen dagen daalde de koers van het aandeel gestaag*

de •**ge·stal·te** [gestalten, gestaltes]
een lichaam zoals je het ziet = het figuur ✦ *de lange gestalte van Jens maakte veel indruk*
iets gestalte geven: iets uitvoeren; zorgen dat iets er komt ✦ *de commissie gaf gestalte aan de plannen voor een nieuw beleid*

de **ges·te** [gestes]
een teken dat je het goede wilt = het gebaar ✦ *dat de directeur mij persoonlijk succes kwam wensen, vond ik een vriendelijke geste*

het **ge·steen·te** [gesteenten, gesteentes]
het steen zoals je dat in de natuur vindt ✦ *aan het gesteente kun je zien dat hier vroeger een rivier was*

ge·ste·gen *zie:* **stijgen**

ge·steld [bijvoeglijk naamwoord]
1 hoe is het met je gesteld?: hoe gaat het met je?
2 het is slecht gesteld met …: het gaat niet goed met …
3 gesteld zijn op iemand: iemand aardig vinden

de **ge·steld·heid** [gesteldheden]
de toestand waarin iemand of iets is = de conditie

ge·sto·ken *zie:* **steken**

ge·sto·len *zie:* **stelen**

ge·ston·ken *zie:* **stinken**

ge·stoord[1] [bijvoeglijk naamwoord]
gestoorde mensen zijn gek = geschift, getikt ✦ *ik word gestoord van dat lawaai de hele dag*

ge·stoord[2] *zie:* **storen**

ge·stor·ven *zie:* **sterven**

ge·sto·ten *zie:* **stoten**

ge·sto·ven *zie:* **stuiven**

ge·stre·den *zie:* **strijden**

ge·stre·ken *zie:* **strijken**

het **ge·tal** [getallen]
één of meer cijfers die een aantal of een hoeveelheid voorstellen **getallen**
in groten getale: met veel mensen tegelijk ✦ *de mensen kwamen in groten getale naar de kermis*

het **ge·tij** [getijen]
het regelmatig lager en hoger worden van de zee, 'eb' en 'vloed' genoemd = het tij

ge·tint [bijvoeglijk naamwoord]
… getint: met een … sfeer ✦ *het was een politiek getinte vergadering*

ge·ti·teld [bijvoeglijk naamwoord]
met die titel ✦ *het boek was getiteld 'De ontdekking van de hemel'*

ge·to·gen [bijvoeglijk naamwoord]
ergens geboren en getogen zijn: ergens geboren zijn en daar in je jeugd gewoond hebben ✦ *ik ben geboren en getogen in Maastricht*

ge·trof·fen *zie:* **treffen**

ge·trok·ken *zie:* **trekken**

•**ge·trouwd** [bijvoeglijk naamwoord]
als je getrouwd bent, ben je met iemand verbonden door het huwelijk ✦ *ze voelde zich eenzaam op het feest, omdat er alleen maar getrouwde paren waren*

het **get·to** [getto's]
een arme buurt waar alleen mensen wonen van een bepaalde groep ✦ *in de Tweede Wereldoorlog mochten joden alleen in getto's wonen*

de **ge·tui·ge**[1] [getuigen]
1 iemand die bij een gebeurtenis is geweest en kan vertellen wat er gebeurd is, vooral tegen de politie of tegen de rechter ✦ *een getuige heeft gezien dat de man iets heeft gestolen* **rechtspraak**
2 iemand die bij een huwelijk aanwezig is en officieel zijn handtekening zet **gedenkdagen**

ge

Getallen

1	een	de eerste keer
2	twee	tweede
3	drie	derde
4	vier	vierde
5	vijf	vijfde
6	zes	zesde
7	zeven	zevende
8	acht	achtste
9	negen	negende
10	tien	tiende
11	elf	elfde
12	twaalf	twaalfde
13	dertien	dertiende
14	veertien	veertiende
15	vijftien	vijftiende
16	zestien	zestiende
17	zeventien	zeventiende
18	achttien	achttiende
19	negentien	negentiende
20	twintig	twintigste
21	eenentwintig	eenentwintigste
…		
30	dertig	dertigste
40	veertig	veertigste
50	vijftig	vijftigste
60	zestig	zestigste
70	zeventig	zeventigste
80	tachtig	tachtigste
90	negentig	negentigste
100	honderd	honderdste
200	tweehonderd	tweehonderdste
…		
1000	duizend	duizendste
…		
10.000	tienduizend	tienduizendste
…		
100.000	honderdduizend	honderdduizendste
…		
1.000.000	miljoen	miljoenste
…		
1.000.000.000	miljard	miljardste

ge

ge·tui·ge[2] [voorzetsel]
zoals blijkt uit … = blijkens ✦ *getuige de rapporten heeft de minister zijn werk uitstekend gedaan*

ge·tui·gen [getuigde, heeft getuigd]
als getuige[1*] vertellen wat je gezien hebt [iemand getuigt (iets)] ✦ *Paul moest getuigen dat het om een ongeluk ging*

ge·tui·gen van [getuigde van, heeft getuigd van]
een teken zijn van iets [iets getuigt van iets] ✦ *het getuigt van moed dat hij de baan heeft aangenomen*

de **ge·tui·ge·nis** *ook:* het [getuigenissen]
dat wat een getuige[1*] vertelt = de verklaring ✦ *uit de getuigenis werd toch niet helemaal duidelijk wat er was gebeurd*

het **ge·tuig·schrift** [getuigschriften]

een officieel papier van je werkgever waarop staat dat je je werk goed hebt gedaan en dat je laat zien bij een sollicitatie

de **geul** [geulen]
een smal en lang gat in de grond, bijv. voor water ✦ *voor de aanleg van de leidingen werd er een geul gegraven in de straat*

de **•geur** [geuren]
iets wat je ruikt ✦ *ik houd van de geur van vers brood*

geu·ren [geurde, heeft gegeurd]
een bepaalde geur geven [iets geurt] ✦ *ze had heerlijk geurende bloemen gekocht voor haar vriend*

het **•ge·vaar** [gevaren]
de kans dat er iets ergs gebeurt = het risico ✦ *de arts sprak over de gevaren van het gebruik van drugs* ✦ *er is het gevaar dat de auto onderweg kapotgaat*

•ge·vaar·lijk [bijvoeglijk naamwoord]
bij iets wat gevaarlijk is, is er een grote kans dat er iets ergs gebeurt ✦ *pas op, het is gevaarlijk om op die trap te klimmen!*

het **ge·vaar·te** [gevaarten, gevaartes]
iets dat heel groot is ✦ *het schip is een enorm gevaarte met plaats voor vijfduizend mensen*

het **•ge·val** [gevallen]
1 de situatie = de toestand ✦ *er komen veel meer computers dan nu het geval is*
2 een woord voor een voorwerp waarvan je niet weet hoe het heet ✦ *dat hele geval moet je vervolgens hierin doen*

de **ge·van·ge·ne** [gevangenen]
iemand die in een gevangenis* zit

de **ge·van·ge·nis** [gevangenissen]
een speciaal gebouw voor mensen die niet naar buiten mogen omdat ze straf hebben ✦ *om het terrein van de gevangenis staat een hoge muur*

de **ge·van·ge·nis·straf** [gevangenisstraffen]
een straf waarbij je in de gevangenis* zit ✦ *hij kreeg van de rechter zeven jaar gevangenisstraf*

de **ge·van·gen·schap**
het feit dat iemand in een gevangenis* zit ✦ *tijdens zijn gevangenschap heeft hij drie romans geschreven*

de **ge·va·ren·drie·hoek** [gevarendriehoeken]
een voorwerp langs de weg bij een kapotte auto, om andere auto's te laten zien dat er gevaar is

gevarendriehoek

ge·vat[1] [bijvoeglijk naamwoord]
iemand die gevat is, maakt slimme en grappige opmerkingen = spits, ad rem ✦ *iedereen moest lachen om haar gevatte opmerkingen*

ge·vat[2] *zie:* **vatten**

het **ge·vecht** [gevechten]
een grote ruzie, waarbij mensen elkaar lichamelijk pijn doen

de **ge·vel** [gevels]
de voorkant van een gebouw = de façade ✦ *aan de gevel hing een groot bord met de naam van de winkel*

•ge·ven [gaf, heeft gegeven]
1 in iemands handen doen [iemand geeft iets (aan iemand)] ✦ *Jeanette gaf Desirée een kopje thee*
2 iemand de eigenaar van iets maken, zonder dat hij of zij hoeft te betalen = schenken [iemand geeft iets (aan iemand)] ✦ *hij gaf zijn vrouw een horloge omdat ze jarig was*
3 maken dat iets er is = leveren, bezorgen, verschaffen [iemand of iets geeft iets] ✦ *de koeien geven minder melk dan anders*
4 in verschillende vaste verbindingen ✦ *de toneelgroep geeft vanavond een voorstelling in Leiden* ✦ *de studente gaf een feestje omdat ze geslaagd was voor haar examen* ✦ *ze gaf hem een harde klap* ✦ *als ik je wat vraag, moet je wel antwoord geven!* ✦ *zijn vrouw geeft Engels op een middelbare school*
5 dat geeft niets: dat is niet erg

•ge·ven om [gaf om, heeft gegeven om]
houden van iemand of iets [iemand geeft om iemand of iets] ✦ *hij geeft veel om zijn broers en zussen* ✦ *ik geef niet veel om kaas*

ge·ves·tigd[1] [bijvoeglijk naamwoord]
gevestigde dingen of mensen hebben al lange tijd een plaats in de samenleving ✦ *bij de verkiezingen stemt ze altijd op een van de gevestigde politieke partijen*

de gevestigde orde: de maatschappij zoals die georganiseerd is

ge·ves·tigd[2] *zie:* **vestigen**

ge·vierd[1] [bijvoeglijk naamwoord]
iemand die gevierd is, heeft veel succes en is erg bekend

ge·vierd[2] *zie:* **vieren**

ge·vlo·gen *zie:* **vliegen**

ge·voch·ten *zie:* **vechten**

het •**ge·voel** [gevoelens]
1 iets wat je voelt ✦ *zij had geen gevoel meer in haar vingers, zó koud was het* ✦ *ik heb het gevoel dat je mij niet aardig vindt*
2 gevoel voor iets hebben: goed weten hoe iets moet; goed in iets zijn ✦ *hij heeft weinig gevoel voor muziek*
3 gevoel voor humor: een goed gevoel voor wat grappig is

het •**ge·voe·len** [gevoelens]
wat je in je hart voelt = de emotie ✦ *de slachtoffers konden hun gevoelens met elkaar delen*

ge·voe·lig [bijvoeglijk naamwoord]
1 iemand die gevoelig is, krijgt snel sterke gevoelens bij iets = sensitief ✦ *omdat zij heel gevoelig is, moet ze bij mooie films vaak huilen*
2 een gevoelig deel van je lichaam doet snel pijn ✦ *na het ongeluk was mijn arm nog lang gevoelig*
3 een gevoelig apparaat is heel precies en merkt zelfs kleine veranderingen op = nauwkeurig
4 gevoelige zaken zijn moeilijk om te bespreken = beladen ✦ *je kunt met haar beter niet over baby's praten, want omdat zij zelf geen kinderen kan krijgen, is dat een gevoelig onderwerp*

ge·voels·ma·tig [bijvoeglijk naamwoord]
iets wat je gevoelsmatig doet, doe je vanuit je gevoel = intuïtief ⇔ verstandelijk ✦ *gevoelsmatig ben ik het met je eens, maar ik kan niet precies zeggen waarom*

het •**ge·volg** [gevolgen]
1 iets wat logisch na iets anders gebeurt = de consequentie ⇔ de oorzaak ✦ *de regen van vorige maand heeft vervelende gevolgen voor de landbouw* ✦ *het ongeluk was het gevolg van te hard rijden*
ten gevolge van ...: door ... ✦ *hij overleed ten gevolge van een ongeluk*
2 een groep mensen die bij iemand hoort ✦ *de koning en zijn gevolg kwamen precies om tien uur aan*

ge·von·den *zie:* **vinden**

ge·vor·derd[1] [bijvoeglijk naamwoord]
1 iets dat gevorderd is, is al voor een groot deel klaar ✦ *we waren al behoorlijk gevorderd met het werk, maar het was nog niet af*
2 iemand die gevorderd is, is al een tijd bezig en heeft dus al kennis en ervaring ✦ *deze cursus is alleen geschikt voor gevorderden*

ge·vor·derd[2] *zie:* **vorderen**

ge·vree·ën *zie:* **vrijen**

ge·vro·ren *zie:* **vriezen**

het **ge·waad**[1] [gewaden] (formeel)
een wijde, lange jurk of mantel ✦ *de prinses droeg een schitterend groen gewaad*

ge·waad[2] *zie:* **waden**

ge·waagd [bijvoeglijk naamwoord]
1 iets dat gewaagd is, is nogal gevaarlijk = riskant ✦ *het was een gewaagd besluit om pas later met het werk te beginnen*
2 iets dat gewaagd is, is bijna niet meer netjes = pikant ✦ *Laura kwam naar het feest in een gewaagde jurk*

ge·waagd aan [bijvoeglijk naamwoord]
mensen die aan elkaar gewaagd zijn, zijn ongeveer even goed ✦ *de twee ploegen waren aan elkaar gewaagd en het werd 2 2*

de **ge·waar·wor·ding** [gewaarwordingen]
het moment waarop je iets merkt of meemaakt = de sensatie ✦ *het was een rare gewaarwording om na de vakantie meteen te gaan werken*

ge·wa·pend [bijvoeglijk naamwoord]
1 mensen die gewapend zijn, hebben wapens bij zich ✦ *de gewapende mannen gingen de bank binnen*
2 gewapend beton: beton waarin ijzeren draden zitten om het stevig te maken

het **ge·was** [gewassen]
planten die op het land groeien ✦ *sla is een gewas dat slecht groeit als de aarde te droog is*

het **ge·weer** [geweren]
1 een wapen om mee te schieten ✦ *de helft van de soldaten had geen geweer*
2 in het geweer komen: in actie komen; iets gaan doen ✦ *er werd zo hevig gevochten dat de politie in het geweer*

moest komen

ge·weest *zie:* **zijn**

het **ge·wei** [geweien]
de harde, uitstekende delen die als een soort takken op de kop van een hert groeien

gewei

ge·we·ken *zie:* **wijken**

het •**ge·weld**
de kracht waarmee je mensen pijn doet ✦ *bij de inbraak is geen geweld gebruikt*

ge·weld·da·dig [bijvoeglijk naamwoord]
gewelddadige mensen gebruiken geweld ✦ *de politie heeft gewelddadig opgetreden*

•**ge·wel·dig**[1] [bijvoeglijk naamwoord]
1 iets wat geweldig is, is heel goed, heel mooi enz. = fantastisch ✦ *wat een geweldige auto heb je gekocht!*
2 iets wat geweldig is, is heel groot, heel veel enz. = enorm, verschrikkelijk ✦ *het congres was een geweldig succes* ✦ *we hebben geweldige problemen gehad met onze telefoon*

•**ge·wel·dig**[2] [bijwoord]
heel; erg = verschrikkelijk ✦ *het meisje vond het geweldig leuk om met vakantie te gaan* ✦ *hij vindt het geweldig vervelend om naar de kapper te moeten*

de **ge·weld·ple·ging** [geweldplegingen]
de keer dat iemand geweld gebruikt ✦ *de politie zoekt hem wegens geweldpleging*

het **ge·welf** [gewelven]
1 een gebogen bovenkant van bijv. een kerk of een kelder
2 een ruimte met een gebogen bovenkant ✦ *als je de trap af gaat, kom je in de gewelven van de kerk*

•**ge·wend** [bijvoeglijk naamwoord]
iemand die iets gewend is, vindt het gewoon ✦ *hij is gewend om vroeg op te staan* ✦ *Bernardo is nog niet gewend aan het klimaat in Nederland*

het **ge·west** [gewesten]
1 een deel van een land ✦ *hij is voorzitter geworden van het gewest Utrecht/ Noord-Holland*
2 (in België) elk van de drie gebieden waarin België op grond van de wetten die in dat gebied gelden, wordt ingedeeld **overheid**

het **ge·west·par·le·ment** [gewestparlementen] (in België)
het parlement van een gewest (bet. 2) **politiek**

het **ge·we·ten**[1]
het gevoel voor wat goed en slecht is ✦ *ze zeggen dat die man geen geweten heeft*
naar eer en geweten: eerlijk, op een manier die volgens jou waar en goed is ✦ *ik heb op alle vragen naar eer en geweten geantwoord*
iets op je geweten hebben: iets verkeerds gedaan hebben ✦ *al mijn boeken zijn van mijn bureau verdwenen en ik wil weten wie dat op zijn geweten heeft*

ge·we·ten[2] *zie:* **weten**

ge·we·zen[1] [bijvoeglijk naamwoord]
een gewezen voorzitter is een vroegere voorzitter = vroeger ✦ *de gewezen minister verklaarde dat ze het zich niet meer kon herinneren*

ge·we·zen[2] *zie:* **wijzen**

het **ge·wicht** [gewichten]
1 hoe zwaar iemand of iets is ✦ *het maximale gewicht van de bagage is 20 kilogram* **meten**
2 een metalen blok met een bepaald gewicht (bet. 1) ✦ *onder de klok hangen twee zware gewichten*
iets legt gewicht in de schaal: iets heeft invloed; iets is van belang ✦ *dat de voorzitter het voorstel steunt, legt veel gewicht in de schaal*
3 het belang ✦ *de zaak had zoveel gewicht, dat de directeur zelf aan de telefoon moest komen*

ge·wich·tig [bijvoeglijk naamwoord]
gewichtige dingen zijn belangrijk ✦ *de ambtenaar keek heel gewichtig toen hij het rapport aan de minister gaf*

ge·wiekst [bijvoeglijk naamwoord]
een gewiekste persoon is slim en snel, vooral voor zijn eigen voordeel ✦ *gewiekst liet de verkoper meteen de duurste apparaten zien*

ge·wijd [bijvoeglijk naamwoord]
iets wat gewijd is, is voor gelovige mensen heel bijzonder = heilig ✦ *er hing in het gebouw een gewijde sfeer*

een gewijde stilte: een heel bijzondere stilte
gewijde grond: grond die een speciale betekenis heeft
ge·wild[1] [bijvoeglijk naamwoord]
iets dat gewild is, willen veel mensen hebben = populair ✦ *de huizen in de nieuwe wijk zijn zeer gewild*
ge·wild[2] *zie:* **willen**
ge·wil·lig [bijvoeglijk naamwoord]
iemand die iets gewillig doet, doet dat zonder te protesteren
ge·wo·gen *zie:* **wegen**
ge·wond [bijvoeglijk naamwoord]
iemand die gewond is, heeft wonden of andere lichamelijke problemen door een ongeluk ✦ *bij het ongeluk raakte er gelukkig niemand gewond*
de **ge·won·de** [gewonden]
iemand die gewond* is ✦ *bij het ongeluk vielen drie doden en veertig gewonden*
ge·won·den[1] *zie:* **winden**
ge·won·den[2] *zie:* **winden**
ge·won·nen *zie:* **winnen**
•**ge·woon**[1] [bijvoeglijk naamwoord]
1 iets wat gewoon is, is niet bijzonder en komt vaak voor = normaal ✦ *het is heel gewoon om naar de supermarkt te gaan* ✦ *Trijntje draagt altijd heel gewone kleren*
2 iets wat je gewoon bent te doen, doe je heel vaak = gewend ✦ *wij zijn gewoon om wijn bij het eten te drinken*
•**ge·woon**[2] [bijwoord]
dit woord gebruik je als je vindt dat je iets niet verder uit hoeft te leggen = gewoonweg ✦ *ik vind gewoon dat het niet beleefd is om binnen te lopen zonder te groeten*
•**ge·woon·lijk** [bijwoord]
zoals het meestal gebeurt ✦ *gewoonlijk gaat hij op de fiets naar zijn werk*
de •**ge·woon·te** [gewoonten, gewoontes]
iets wat je regelmatig doet = het gebruik ✦ *zij heeft de gewoonte om op zaterdag uitgebreid de krant te lezen* ✦ *het is een goede gewoonte om iemand die jarig is cadeautjes te geven*
ge·wor·pen *zie:* **werpen**
ge·wor·ven *zie:* **werven**
ge·wraakt [bijvoeglijk naamwoord]
dit woord gebruik je voor iets waarover eerder negatief gesproken is ✦ *de directeur besliste dat de gewraakte film toch gewoon gedraaid zou worden*
ge·wre·ven *zie:* **wrijven**
het **ge·wricht** [gewrichten]
de plaats waar twee botten bij elkaar komen, zodat een lichaamsdeel op die plaats kan bewegen ✦ *toen de vrouw ouder werd, kreeg ze pijn in haar gewrichten*
ge·wro·ken *zie:* **wreken**
ge·wron·gen *zie:* **wringen**
het •**ge·zag**
1 de invloed die iemand heeft vanwege zijn prestaties = de autoriteit ✦ *de president heeft veel gezag, ook in het buitenland*
op mijn gezag: omdat ik het zeg; omdat ik de verantwoordelijkheid neem ✦ *op mijn gezag mag je dat doen*
2 de persoon of de instelling die de officiële macht heeft ✦ *de veiligheid op straat is een zaak van het openbaar gezag*
ge·zag·heb·bend [bijvoeglijk naamwoord]
gezaghebbende mensen of bladen hebben veel invloed ✦ *alle gezaghebbende kranten hebben vandaag een artikel over de problemen in de economie*
de **ge·zag·voer·der** [gezagvoerders] **ge·zag·voer·ster** [gezagvoersters]
iemand die de leiding heeft over een schip of een vliegtuig
ge·za·men·lijk [bijvoeglijk naamwoord]
een gezamenlijke actie is een actie van meer dan één persoon ✦ *in een gezamenlijke brief schrijven de studenten dat ze niet tevreden zijn over de kwaliteit van het onderwijs*
het **ge·zang** [gezangen]
1 [geen meervoud] het zingen ✦ *het gezang van de kinderen kon je op straat horen*
2 een lied dat in de kerk gezongen wordt ✦ *we beginnen met gezang 34*
religie
de **ge·zant** [gezanten]
iemand die namens een land naar het buitenland gestuurd wordt met een opdracht ✦ *Amerika stuurde enkele gezanten om een oordeel te geven over de situatie in het land*
ge·za·pig [bijvoeglijk naamwoord]
gezapige mensen doen weinig, en dus ook niets interessants ✦ *zij leiden al ja-*

ren een gezapig leven op hun boerderij in Brabant

het **ge·zeg·de** [gezegden, gezegdes]
1 een vaste manier om iets te zeggen, bijv. 'voor een appel en een ei' als je 'heel goedkoop' bedoelt
2 (taal) de werkwoorden in een zin = het predikaat ✦ *in de zin 'Anna heeft een auto gekocht' is 'heeft gekocht' het gezegde*

•**ge·zel·lig** [bijvoeglijk naamwoord]
1 gezellige dingen zijn prettig en leuk
2 gezellige dingen of mensen geven een goede sfeer ✦ *in de kamer van Erna liggen een paar gezellige kussens op de bank* ✦ *de buurman is een gezellige man*

het•**ge·zel·schap** [gezelschappen]
1 een groep mensen die samen iets doen ✦ *we reisden met een gezelschap van vier mannen en drie vrouwen*
2 iemand gezelschap houden: met iemand meegaan of bij iemand blijven ✦ *wil je mij vanmiddag gezelschap houden?*

ge·zet[1] [bijvoeglijk naamwoord]
1 gezette personen zijn dik
2 op gezette tijden: regelmatig ✦ *op gezette tijden komt er een rijdende winkel in onze straat*

ge·zet[2] *zie:* **zetten**

ge·ze·ten *zie:* **zitten**

het **ge·zeur**
de toestand dat iemand steeds op een vervelende manier aan het praten is om te klagen of om iets te vragen ✦ *ze werd ontzettend moe van het gezeur van de kinderen*

het•**ge·zicht** [gezichten]
1 de voorkant van je hoofd ✦ *hij heeft een mooi, regelmatig gezicht*
een klap in het gezicht: iets dat de gevoelens van iemand pijn doet ✦ *het negatieve artikel in de krant was een klap in het gezicht van de minister*
2 de indruk die iemand of iets maakt ✦ *het was een prachtig gezicht om de vogels laag over het water te zien vliegen*
3 het eerste gezicht: de eerste keer dat je naar iets kijkt of over iets nadenkt ✦ *op het eerste gezicht lijkt hij een aardige jongen, maar in werkelijkheid is hij dat niet*

het **ge·zichts·punt** [gezichtspunten]
het punt vanwaaruit je naar iets kijkt = het perspectief ✦ *vanuit welk gezichtspunt is het artikel geschreven?*

het **ge·zichts·ver·lies**
het verlies van eer ✦ *het verliezen van de discussie was een enorm gezichtsverlies voor de minister*

ge·zien[1] [bijvoeglijk naamwoord]
iemand die gezien is, wordt door veel mensen aardig gevonden ✦ *Paul is een geziene gast op elk feest*

ge·zien[2] [voorzetsel]
wegens = vanwege ✦ *gezien haar hoge leeftijd is het beter dat mevrouw Bootsma geen auto meer rijdt*

het•**ge·zin** [gezinnen]
een of meer ouders met een of meer kinderen ✦ *ze komt uit een groot gezin, met vier broers en vier zussen* familie

ge·zind [bijvoeglijk naamwoord]
als je iemand goed of slecht gezind bent, denk je goed of slecht over hem of haar ✦ *lange tijd waren Rusland en Amerika elkaar vijandig gezind*

de **ge·zins·her·eni·ging** [gezinshereniginggen]
de situatie dat iemand die in een ander land is gaan wonen ook de andere leden van zijn of haar gezin naar dat land laat komen

ge·zocht *zie:* **zoeken**

ge·zo·gen *zie:* **zuigen**

•**ge·zond** [bijvoeglijk naamwoord]
1 gezonde mensen voelen zich goed en hebben geen lichamelijke problemen ⇔ ziek ✦ *de heer Pietersma is tot het eind van zijn leven gezond gebleven*
2 iets wat gezond is, is goed voor de gezondheid ⇔ ongezond ✦ *het is gezond om veel fruit te eten*
3 je gezond verstand gebruiken: zelf logisch nadenken ✦ *voor dit werk hoef je niet gestudeerd te hebben; je moet gewoon je gezond verstand gebruiken*

ge·zon·den *zie:* **zenden**

Gezondheid

In Nederland en België is iedereen verzekerd tegen ziektekosten. 75% van de mensen in Nederland zit in het **ziekenfonds**. Mensen met een inkomen boven een bepaalde grens hebben een particuliere verzekering. In België zit iedereen in het ziekenfonds. Het deel van de dokterskosten dat niet betaald wordt door het ziekenfonds, heet in België het remgeld.
De meeste mensen hebben een vaste **huisarts**. Als je je ziek voelt, kun je naar het spreekuur van je huisarts gaan. Meestal moet je daarvoor eerst telefonisch een afspraak maken met de doktersassistente. Als je alleen een korte vraag hebt, kun je met je huisarts bellen tijdens het telefonisch spreekuur. De huisarts loopt ook iedere dag visite en gaat dan op huisbezoek bij mensen die te ziek zijn om naar het spreekuur te komen. Als mensen zonder huisarts ernstig ziek worden, gaan ze vaak direct naar de polikliniek van het ziekenhuis.

ge

Als een huisarts vindt dat je medicijnen nodig hebt, schrijft hij of zij een **recept**: een briefje waarmee je naar de apotheek gaat om de medicijnen op te halen. In België heet dit: een doktersvoorschrift. Medicijnen waarvoor je geen recept nodig hebt, haal je in Nederland bij de drogist. Als de huisarts je niet verder kan helpen, moet je misschien naar een specialist. Voor een specialist heb je in Nederland altijd een verwijzing van de huisarts nodig. Je maakt dan een afspraak met die specialist en je gaat naar de polikliniek in een ziekenhuis. Als een opname nodig is, bijvoorbeeld voor een operatie, word je vaak op een wachtlijst geplaatst. Je moet dan een aantal weken of maanden wachten voordat er een plaats is in het ziekenhuis.

Als iemand zo ernstig ziek is dat hij of zij meteen naar het ziekenhuis moet, bijvoorbeeld door een ongeluk, dan moet je in Nederland het **alarmnummer** 112 bellen, in België het nummer 100. Dan komt de ambulance om de patiënt naar het ziekenhuis te brengen.

Mensen die niet meer goed voor zichzelf kunnen zorgen omdat ze te ziek of te oud zijn, kunnen vaak **thuiszorg** krijgen. Er komt dan af en toe iemand langs die de mensen verzorgt of hen helpt met het huishouden. Zieke en oude mensen worden ook vaak verzorgd door de familie (mantelzorg), maar het is niet erg gebruikelijk dat oude mensen bij hun kinderen in huis wonen. Oude mensen die niet meer alleen kunnen wonen, gaan naar een verzorgingshuis (in België: een home of rusthuis) of - als ze veel verzorging nodig hebben - naar een verpleeghuis.

Voor mensen met **psychische problemen** is er in Nederland het Riagg. Via een verwijzing van de huisarts kun je er over je problemen praten en eventueel medicijnen krijgen. In België zijn er de Centra voor Geestelijke Gezondheidszorg.

Veel mensen hebben ook een eigen **tandarts**. De meeste mensen gaan ieder halfjaar voor controle naar de tandarts. De tandarts wordt meestal voor een deel betaald door het ziekenfonds of door de particuliere verzekering; een ander deel moet je zelf betalen.

Voor baby's of peuters is er het **consultatiebureau** (in België: Kind en Gezin). Hier wordt gecontroleerd of de baby goed groeit en gezond is. Ouders kunnen er informatie krijgen over voeding, en kinderen krijgen er inentingen tegen bepaalde ziektes.

verzekeringen

de• **ge·zond·heid**
de situatie van je lichaam, namelijk of je ziek bent of niet ✦ *de heer Vermeer heeft al jaren een slechte gezondheid*
gezondheid

de **ge·zond·heids·zorg**
alle instellingen die gaan over de gezondheid van mensen, zoals ziekenhuizen

ge·zon·gen *zie:* **zingen**

ge·zon·ken *zie:* **zinken**

ge·zon·nen *zie:* **zinnen**

ge·zo·pen *zie:* **zuipen**

ge·zwe·gen *zie:* **zwijgen**

het **ge·zwel** [gezwellen]
een verdikking in je lichaam of op je lichaam die er niet hoort te zijn ✦ *in de borst van de heer Willems hebben de artsen een gezwel gevonden*

ge·zwol·len *zie:* **zwellen**

ge·zwom·men *zie:* **zwemmen**

ge·zwo·ren *zie:* **zweren**

ge·zwor·ven *zie:* **zwerven**

het **gft-af·val**
weggegooide planten uit de tuin of weggegooide delen van groente en fruit

de **gft-bak** [gft-bakken]
een bak om resten van groente, fruit en planten in te doen milieu

de **GGD** (in Nederland)
Gemeentelijke Geneeskundige Dienst: een instelling in een gemeente die diensten levert op het gebied van de gezondheid = de GG en GD

de **GG en GD** (in Nederland)
Gemeentelijke Geneeskundige en Gezondheidsdienst: een instelling in een gemeente die diensten levert op het gebied van de gezondheid = de GGD

de **gids** [gidsen]
1 iemand die informatie geeft aan toeristen ✦ *bij ons bezoek aan de Eiffeltoren hadden we een leuke gids*
2 een boek met praktische informatie die je snel kunt opzoeken ✦ *ik heb een handige gids van Parijs bij me*

gie·be·len [giebelde, heeft gegiebeld]
zachtjes lachen terwijl het eigenlijk niet mag [iemand giebelt (om iets)] ✦ *Nadia en Esther zaten tijdens de les te giebelen*

gie·che·len [giechelde, heeft gegiecheld]
lachen zonder veel geluid te maken [iemand giechelt (om iets)] ✦ *de meisjes begonnen te giechelen toen er een leuke jongen voorbijkwam*

gie·ren [gierde, heeft gegierd]
1 snel gaan en een hard geluid maken [de wind, een auto giert] ✦ *de wind gierde door de straten*
2 hard lachen [iemand giert (om iets)] ✦ *alle kinderen gierden toen er in de film iemand van de trap viel*

gie·rig [bijvoeglijk naamwoord]
iemand die gierig is, geeft niet gauw geld uit aan een ander ⇔ vrijgevig

gie·ten [goot, heeft gegoten]
1 in een stroom uit een beker, een emmer enz. laten komen [iemand giet een vloeistof in of over iets] ✦ *wil jij water op de koffie gieten?*
2 in vloeibare toestand in een vorm doen en hard laten worden [iemand giet iets] ✦ *het gieten van ijzer wordt voor het eerst genoemd in een boek uit de 14e eeuw*
3 hard regenen [het giet]

de **gie·ter** [gieters]
een bak met een tuit waarmee je planten water kunt geven

gieter

het **gif** [giffen]
een stof waarvan je ernstig ziek wordt en soms doodgaat = het vergif ✦ *er is bij de fabriek gif in de bodem gevonden*

de **gift** [giften]
iets dat je geeft, meestal geld = de donatie ✦ *de vereniging krijgt veel giften van bedrijven*

gif·tig [bijvoeglijk naamwoord]
1 een giftige stof kan iemand erg ziek maken of de dood veroorzaken
2 (informeel) iemand die giftig is, is heel boos ✦ *de man werd giftig toen er weer een bal tegen zijn auto kwam*

gi·gan·tisch [bijvoeglijk naamwoord]
gigantische dingen zijn heel groot = kolossaal, reusachtig ✦ *achter het huis is een gigantische tuin*

gij [persoonlijk voornaamwoord]
1 (formeel) jij, u of jullie ✦ *in de bijbel staat: "Gij zult niet stelen."*
2 (in België) jij of je voornaamwoorden

de **gij·ze·laar** [gijzelaars] **gij·ze·laar·ster** [gijzelaarsters]
iemand die wordt gegijzeld* ✦ *er zitten vijftien gijzelaars in het vliegtuig*

gij·ze·len [gijzelde, heeft gegijzeld]
mensen gevangen houden om van anderen iets te krijgen [iemand gijzelt iemand] ✦ *in de school worden vijf mensen gegijzeld*

de **gij·zel·ne·mer** [gijzelnemers]
iemand die mensen gijzelt*

de **gil** [gillen]
een hoog en hard geluid met je stem = de schreeuw, de kreet ✦ *uit de kelder klonk plotseling een harde gil*
een gil geven: iemand waarschuwen ✦ *geef even een gil als je klaar bent*

gil·len [gilde, heeft gegild]
1 schreeuwen met een hoog geluid [iemand gilt] ✦ *toen de bus in de sloot reed, begonnen de reizigers te gillen*
2 hard lachen [iemand gilt (om iets)]

gin·gen *zie:* **gaan**

het **gips**
een witte stof die hard wordt als je hem met water mengt ✦ *toen mijn arm gebroken was, moest die zes weken in het gips*

de **gi·raf·fe** [giraffen, giraffes]
een dier met een heel lange nek

giraffe

de **gi·ro**
1 een systeem waarmee je via de Postbank kunt betalen ✦ *Frank betaalt zijn huur via de giro*
2 een rekening bij de Postbank = het gironummer ✦ *u kunt een bijdrage geven via giro 888*

gis·sen [giste, heeft gegist]
een antwoord geven terwijl je het eigenlijk niet weet = raden [iemand gist (naar iets)] ✦ *naar de oorzaak van het ongeluk kunnen we alleen maar gissen*

de **gist**
zacht, wit spul dat zorgt dat er bij het bakken lucht in brood komt, zodat het hoger wordt

•**gis·ter·avond** [bijwoord]
de avond voor vandaag ✦ *ze hebben gisteravond bij vrienden gegeten*

•**gis·te·ren** [bijwoord]
de dag voor vandaag

de **gi·taar** [gitaren]
een muziekinstrument met snaren

gitaar

de **gi·ta·rist** [gitaristen] **gi·ta·ris·te** [gitaristes]
iemand die gitaar* speelt

glad [bijvoeglijk naamwoord]
1 op een glad vlak glijden dingen makkelijk ⇔ stroef ✦ *in het noorden van het land kunnen de wegen glad zijn*
2 iemand die glad is, doet vriendelijk, maar je kunt hem niet vertrouwen ✦ *de gladde verkoper probeerde met mooie woorden de veel te dure auto te verkopen*

de **gla·mour**
een sfeer waarin alles duur en mooi is

de •**glans** [glansen, glanzen]
1 zacht licht dat door een glad vlak wordt weergegeven ✦ *door de glans van het zilver op tafel zag alles er prachtig uit*
2 iets extra's waardoor iemand of iets mooier of fijner wordt ✦ *doordat de koningin aanwezig was, kreeg de overwinning een extra glans*

glan·zen [glansde, heeft geglansd]
een zacht licht weergeven [iets glanst] ✦ *hij reed in een grote glanzende auto*

het •**glas** [glazen]
1 [geen meervoud] een stof die makkelijk breekt, en waar je doorheen kunt kijken ✦ *pas op, er ligt glas op straat!*
2 een voorwerp van glas (bet. 1) om uit te drinken ✦ *hij dronk een glas wijn*

de **glas·bak** [glasbakken]
een bak waarin je lege flessen en potten kunt gooien, zodat het glas opnieuw gebruikt kan worden milieu

gla·zen [bijvoeglijk naamwoord]
een glazen voorwerp is van glas gemaakt ✦ *hij had de glazen deur niet gezien en liep er zo tegenaan*

de **gla·zen·was·ser** [glazenwassers]
iemand die voor zijn beroep ramen wast

het **gla·zuur**

1 een dun laagje van glas, bijv. op een kopje
2 de harde laag die je tanden en kiezen beschermt

gle·den *zie:* **glijden**

de **glet·sjer** [gletsjers]
een dikke laag ijs in de bergen die heel langzaam naar beneden schuift

de **gleuf** [gleuven]
een lange, smalle opening waar je iets in kunt doen

glib·be·rig [bijvoeglijk naamwoord]
een glibberige weg is nat en glad ✦ *de wegen waren glibberig door de sneeuw*

de **glij·baan** [glijbanen]
een toestel waar kinderen vanaf kunnen glijden

•**glij·den** [gleed, heeft of is gegleden]
zonder moeite heel snel schuiven [iemand of iets glijdt] ✦ *door de regen op de weg gleed de auto naar de kant* ✦ *de zeep gleed uit mijn handen*

de **glim·lach**
een lachende uitdrukking op je gezicht ✦ *met een glimlach nam ze de prijs aan*

•**glim·la·chen** [glimlachte, heeft geglimlacht]
vriendelijk lachen zonder geluid [iemand glimlacht] ✦ *de meeste mensen moesten glimlachen om het verhaal*

•**glim·men** [glom, heeft geglommen]
een sterke glans hebben = blinken [iets glimt] ✦ *na het wassen glom de auto weer mooi*

de **glimp**
een glimp van iets opvangen: een heel klein beetje van iets zien ✦ *de kinderen konden slechts een glimp van de koningin opvangen*

glin·ste·ren [glinsterde, heeft geglinsterd]
steeds fel en kort licht geven, bijv. door het licht van de zon of van een lamp [iets glinstert] ✦ *het water van de rivier glinsterde*

glip·pen [glipte, is geglipt]
1 vallen doordat het glijdt [iets glipt, bijv. uit je vingers] ✦ *de zeep glipte steeds uit haar vingers*
2 in of uit een ruimte gaan terwijl dat niet mag [iemand glipt ergens naartoe] ✦ *er zijn toch enkele mensen zonder kaartje naar binnen geglipt*

glo·baal [bijvoeglijk naamwoord]
iets wat globaal is, is niet heel erg precies = oppervlakkig ✦ *de film gaf een globaal beeld van de toestand in Afghanistan*

de **gloed**
de kleuren en de warmte die bij vuur horen ✦ *in de verte zagen we de rode gloed van een brand*

gloei·en [gloeide, heeft gegloeid]
door vuur heel warm zijn en licht geven [iets gloeit]

gloei·end [bijvoeglijk naamwoord]
iets wat gloeiend is, is heel heet ✦ *ze brandde zich aan de gloeiende schaal*

de **gloei·lamp** [gloeilampen]
een bol in een lamp, die licht geeft

gloeilamp

glom·men *zie:* **glimmen**

glooi·en [glooide, heeft geglooid]
niet helemaal recht en vlak zijn, maar een beetje aflopen [iets glooit] ✦ *omdat het veld een beetje glooit, is het niet geschikt voor het kamp*

de **glo·rie**
de eer = de roem ✦ *alle glorie ging naar de winnaar van de eerste prijs*
in volle glorie: zo dat je het best kunt zien hoe mooi iets of iemand is ✦ *het schilderij zal nadat het hersteld is in volle glorie te zien zijn op een tentoonstelling*

glo·ri·eus [bijvoeglijk naamwoord]
een glorieus moment is een moment waarop je het gevoel hebt dat je een overwinning behaalt

glun·de·ren [glunderde, heeft geglunderd]
een lachend gezicht hebben omdat je heel blij of trots bent [iemand glundert] ✦ *ze glunderde toen ze haar cadeautjes kreeg*

glu·ren [gluurde, heeft gegluurd]
nieuwsgierig naar iets kijken zonder dat je zelf gezien wordt [iemand gluurt (naar iets)] ✦ *de kinderen gluurden door het hek van de buren*

gnif·fe·len [gniffelde, heeft gegniffeld]
zachtjes lachen omdat je eigenlijk niet mag lachen = gnuiven [iemand gniffelt]

✦ *hij gniffelde toen hij hoorde dat zijn tegenstander ziek was*

de **goal** [goals]
1 een doel waar de bal in moet bij wedstrijden
2 een punt dat je krijgt als de bal in het doel gaat = het doelpunt

goal

de •**god** [goden] **go·din** [godinnen]
een wezen dat macht heeft, maar niet van deze aarde is ✦ *men zei dat de goden op de berg de Olympus in Griekenland woonden*

de **God**
het wezen dat volgens een aantal grote religies de wereld heeft gemaakt ✦ *ik ga niet naar de kerk, maar ik geloof wel in God* religie

god·de·lijk [bijvoeglijk naamwoord]
1 goddelijke zaken gaan over God ✦ *volgens een goddelijke opdracht moest Abraham zijn zoon doden*
2 iets wat goddelijk is, is heel fijn of heel lekker = zalig ✦ *het was een heerlijke dag, met goddelijk eten*

de **gods·dienst** [godsdiensten]
het geloof in God of in goden en de gewoontes en regels die daarbij horen = de religie

gods·dien·stig [bijvoeglijk naamwoord]
een godsdienstige persoon gelooft in God; godsdienstige zaken hebben met godsdienst* te maken = religieus ✦ *hij heeft godsdienstige bezwaren tegen werken op zondag*

het •**goed**[1] [goederen]
1 de dingen; de voorwerpen ✦ *de goederen worden vervoerd per schip*
2 [geen meervoud] dat wat goed[2] is ⇔ het kwaad ✦ *zij heeft veel goed gedaan voor de stad*
iets komt ten goede aan iemand of iets: iets is bestemd voor iemand of iets; iets is gunstig voor iemand of iets ✦ *het geld dat we met deze actie verdienen, komt ten goede aan de slachtoffers van de brand*
3 [geen meervoud] de stof; de kleren = het textiel ✦ *het vuile goed kun je in de machine doen*
4 iets te goed hebben: iets nog moeten krijgen
5 zich te goed doen aan iets: iets lekker opeten of opdrinken ✦ *toen ik thuiskwam, zag ik dat de kat zich te goed had gedaan aan de kaas!*

•**goed**[2] [bijvoeglijk naamwoord; beter, best]
1 iets wat goed is, heeft een hoge kwaliteit ⇔ slecht ✦ *Ruud is een goede leraar* ✦ *heb je een goede vakantie gehad?*
iets valt in goede aarde: iets wordt gewaardeerd ✦ *het voorstel om wat vroeger naar huis te gaan, viel bij iedereen in goede aarde*
2 iets wat goed is, is juist of klopt ⇔ fout ✦ *ze gaf het goede antwoord*
alles goed en wel, maar ...: dat kan wel zo zijn, maar ...
zo goed als ...: vrijwel helemaal ✦ *die schoenen zijn nog zo goed als nieuw*
zo goed en zo kwaad als het gaat: zo goed als in de situatie mogelijk is
3 iets wat goed is, is geschikt voor het doel = gunstig ⇔ slecht ✦ *het is goed om veel fruit te eten* ✦ *dit lijkt me een goed moment om iets te eten*
4 niet goed worden: misselijk of duizelig worden
5 niet goed worden van iets: iets heel erg vervelend vinden ✦ *ik word niet goed van jouw gezeur*
6 Goede Vrijdag: de vrijdag voor Pasen, waarop christenen de dood van Jezus Christus herdenken

•**goed**[3] [bijwoord]
1 heel; erg = flink ✦ *het kind is goed verkouden*
2 goed en wel: nog maar net; nauwelijks ✦ *juist toen hij goed en wel in bed lag, ging de telefoon weer*

goed·deels [bijwoord]
voor het grootste deel = grotendeels ✦ *het werk is goeddeels af*

•**goe·de·mid·dag** [tussenwerpsel]
een groet als je 's middags iemand ontmoet of als je 's middags afscheid neemt ✦ *goedemiddag dames en heren*

•**goe·de·mor·gen** [tussenwerpsel]
een groet als je 's morgens iemand ontmoet of als je 's morgens afscheid neemt ✦ *goedemorgen mevrouw De*

Vries

•**goe·de·nacht** [tussenwerpsel]
een groet als je 's nachts afscheid neemt ✦ *goedenacht jongens, slaap lekker*

•**goe·den·avond** [tussenwerpsel]
een groet als je 's avonds iemand ontmoet of als je 's avonds afscheid neemt ✦ *goedenavond mensen, wie heeft er gebeld voor een taxi?*

•**goe·den·dag** [tussenwerpsel]
een groet als je overdag iemand ontmoet of als je overdag afscheid neemt

de **goe·de·ren** [meervoud]
de dingen; de spullen ✦ *de goederen moeten vervoerd worden naar de winkels*

de **goed·heid**
het feit dat iemand vriendelijk is en een goed karakter heeft

•**goed·keu·ren** [keurde goed, heeft goedgekeurd]
1 vinden dat iets goed is = goedvinden ⇔ afkeuren [iemand keurt iets goed] ✦ *de plannen voor ons huis moeten nog worden goedgekeurd* ✦ *goedkeurend keek opa hoe de kinderen de keuken schoonmaakten*
2 na onderzoek zeggen dat iemand geschikt is ⇔ afkeuren [iemand keurt iemand goed] ✦ *na een onderzoek is de heer Tazelaar goedgekeurd voor zijn nieuwe baan*

de **goed·keu·ring**
het feit dat iemand iets goedkeurt = de toestemming ⇔ de afkeuring ✦ *na de goedkeuring van de gemeente kunnen we beginnen met het bouwen*

•**goed·koop** [bijvoeglijk naamwoord]
1 iets dat goedkoop is, kost niet veel geld
2 iets dat goedkoop is, heeft weinig stijl en kwaliteit = ordinair ✦ *de serie op televisie was erg goedkoop, maar er werd toch door veel mensen naar gekeken*

goed·ma·ken [maakte goed, heeft goedgemaakt]
zorgen dat iets wat fout gegaan is, weer goed komt [iemand maakt iets goed] ✦ *het verhaal van de film was slecht, maar dat werd goedgemaakt door de prachtige beelden* ✦ *Ans en Marga hadden ruzie, maar ze hebben het weer goedgemaakt*

•**goed·vin·den** [vond goed, heeft goedgevonden]
geen bezwaar hebben tegen iets = goedkeuren [iemand vindt iets goed] ✦ *vind je het goed dat de kinderen nog zo laat op straat zijn?*

de **goe·roe** [goeroes]
1 een religieuze leraar uit India
2 iemand die veel mensen geweldig vinden en die zij als leraar zien ✦ *hij las een boek van de bekende goeroe op het gebied van internet*

de **goes·ting** (in België)
het verlangen om iets te doen = de zin ✦ *we hadden geen goesting om uit te gaan, dus bleven we thuis*

de **gok**
iets waarvan je niet weet of het zal lukken ✦ *het was een gok om bij Loes op bezoek te gaan zonder eerst te bellen of ze thuis was*

gok·ken [gokte, heeft gegokt]
een spel spelen waarbij het toevallig is of je wint of verliest [iemand gokt] ✦ *hij verloor al zijn geld met gokken*

gok·ken op [gokte op, heeft gegokt op]
denken dat het zo is zonder dat je het zeker weet [iemand gokt op iets] ✦ *ik gok erop dat Real Madrid de wedstrijd wint*

gol·den *zie:* **gelden**

het **golf**[1]
een sport op gras met een stok en een klein balletje

golf[1]

de •**golf**[2] [golven]
1 een grote beweging van water ✦ *je moet niet gaan zwemmen als er zulke hoge golven zijn*
2 een beweging die we bijv. zien als licht of horen als geluid ✦ *hoe langer de golven zijn, hoe lager het geluid is*

gol·fen [golfte, heeft gegolft]
golf[1] spelen [iemand golft]

de **gong** [gongs]
een ronde, metalen plaat waartegen je slaat om geluid te maken ✦ *met een gong werd het begin van de vergadering aangekondigd*

gon·zen [gonsde, heeft gegonsd]

een geluid maken als een vliegende bij of hommel [een dier of iets gonst]

de **goo·che·laar** [goochelaars]
iemand die optreedt voor een publiek en dingen laat verschijnen en verdwijnen ✦ *de goochelaar haalde zomaar een dier uit zijn hoed*

de **good·will**
1 het feit dat men positief gestemd is jegens iemand omdat die goede dingen gedaan heeft ✦ *de man heeft door zijn harde werken veel goodwill bij zijn baas*
2 de extra waarde van een bedrijf omdat het aanzien en vertrouwen heeft ✦ *de waarde van het bedrijf was drie miljoen euro plus een miljoen voor de goodwill*

de **gooi** [gooien]
de keer dat je iets gooit = de worp ✦ *met één gooi haalde hij zestig punten*

•**gooi·en** [gooide, heeft gegooid]
1 met kracht van je af laten bewegen = werpen [iemand gooit iets] ✦ *kun je die bal naar me toe gooien?*
iemand eruit gooien: iemand wegsturen ✦ *zijn baas heeft hem eruit gegooid en nu zoekt hij een nieuwe baan*
iets te grabbel gooien: niet voorzichtig omgaan met iets; iets in gevaar brengen ✦ *de minister heeft de kwaliteit van het onderwijs te grabbel gegooid*
2 het op een akkoordje gooien: een afspraak maken waarbij je allebei iets toegeeft ✦ *hij heeft het met de gemeente op een akkoordje gegooid en nu mag hij zijn bedrijf toch uitbreiden*

goor [bijvoeglijk naamwoord] (informeel)
1 gore kleren zijn vies en moeten gewassen worden
2 gore taal zijn lelijke, platte woorden

de **goot** [goten]
1 de smalle bak langs de onderste rand van het dak waar de regen in komt
2 de rand langs de straat waar de regen in komt
in de goot liggen: een erge crisis hebben in je leven, bijv. omdat je geen plek hebt om te wonen

de **goot·steen** [gootstenen]
de bak onder de kraan in de keuken ✦ *zet de vuile borden maar in de gootsteen*

de **gor·del** [gordels]
een smalle band, bijv. om je middel of in de auto ✦ *ook achter in de auto moet je je gordel omdoen*

het •**gor·dijn** [gordijnen]
een doek die je voor het raam kunt schuiven ✦ *toen het donker werd, deed ze de gordijnen dicht*

gor·tig [bijvoeglijk naamwoord]
iets wordt iemand te gortig: iemand vindt dat iets te erg wordt ✦ *de jongens maakten al de hele dag ruzie, maar uiteindelijk werd het de leraar te gortig*

go·ten *zie:* **gieten**

het •**goud**
een duur metaal met een gele kleur ✦ *veel ringen worden gemaakt van goud*

gou·den [bijvoeglijk naamwoord]
1 gouden dingen zijn gemaakt van goud
2 de gouden bruiloft: een feest omdat twee mensen 50 jaar getrouwd zijn

de **goud·vis** [goudvissen]
een kleine oranje vis, voor in een vijver of een kom

de **gou·lash**
een gerecht met vlees en aardappelen uit Hongarije

de **gou·ver·neur** [gouverneurs]
1 iemand die een gebied bestuurt, bijv. een staat in Amerika ✦ *na de beslissing van de gouverneur van Texas werd er overal geprotesteerd*
2 (in België) de vertegenwoordiger van de koning in een provincie overheid

de **go·zer** [gozers] (informeel)
de jongen ✦ *wat heeft die gozer voor rare kleren aan?*

gr [afkorting]
gram: een bepaald gewicht ✦ *je hebt 100 gr boter nodig, 100 gr bloem, 100 gr suiker en twee eieren*

de **graad** [graden]
1 een eenheid voor hoe warm het is ✦ *het wordt morgen dertig graden!*
2 een eenheid voor hoe groot een hoek is ✦ *een rechte hoek is negentig graden*
3 een bepaalde maat in een ontwikkeling van hoog naar laag, of van goed naar slecht = de rang ✦ *India kent een hoge graad van sterfte onder kinderen* ✦ *Janine kan druk praten, maar haar zus is nog een graadje erger!*
4 (aardrijkskunde) de afstand tussen twee breedtecirkels of twee lengtecir-

kels op de aarde ✦ *Arnhem ligt op 52 graden noorderbreedte en 6 graden oosterlengte*
5 (in België) een periode van twee of drie jaar in het middelbaar onderwijs
onderwijs

de **graad·me·ter** [graadmeters]
een maat die duidelijk maakt hoe het met iets anders is = de norm ✦ *de hoeveelheid reclame in de krant is een goede graadmeter voor de economie*

de **graaf** [graven]
een titel die een man door zijn geboorte heeft

gr

•**graag** [bijwoord; liever, liefst]
met plezier = gaarne ✦ *hij gaat altijd graag met vakantie naar Italië*

graai·en [graaide, heeft gegraaid]
wild iets proberen te pakken = grabbelen [iemand graait] ✦ *de kinderen graaiden naar het geld dat op de grond viel*

het **graan** [granen]
bepaalde planten zoals tarwe of rogge, of de zaden daarvan, waarvan je bijv. brood kunt maken

de **graat** [graten]
een bot van een vis ✦ *er zitten misschien nog wat graatjes in de vis*
geen graten in iets zien: (in België) geen problemen in iets zien

de **grab·bel**
iets te grabbel gooien: niet voorzichtig met iets omgaan ✦ *de minister gooit de kwaliteit van het onderwijs te grabbel met deze maatregelen*

grab·be·len [grabbelde, heeft gegrabbeld]
op je gevoel iets proberen te pakken tussen andere spullen [iemand grabbelt (naar iets)] ✦ *de vrouw grabbelde in haar tas naar haar sigaretten*

de **gracht** [grachten]
een soort smalle, door mensen gemaakte rivier in of om een stad ✦ *er voeren veel boten in de gracht*

gra·ci·eus [bijvoeglijk naamwoord]
een gracieuze beweging of een gracieus gebaar is mooi om te zien = sierlijk ✦ *de meisjes liepen gracieus over het toneel*

het **graf** [graven]
een gat in de grond voor iemand die dood is

de **graf·fi·ti**
teksten en plaatjes die op bijv. muren en treinen worden geschilderd, terwijl dat verboden is

de **gra·fiek** [grafieken]
een tekening met lijnen om cijfers beter te kunnen begrijpen ✦ *in de grafiek kun je zien dat de winst de laatste jaren gestegen is*

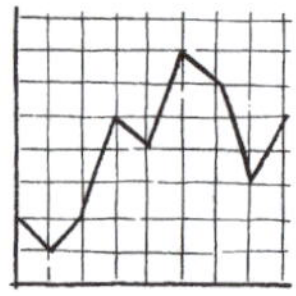
grafiek

gra·fisch [bijvoeglijk naamwoord]
iets wat grafisch is, heeft betrekking op plaatjes en beelden ✦ *het computerprogramma werkte heel goed, maar grafisch was het niet geweldig*
een grafisch vormgever: iemand die de vorm van teksten enz. bedenkt en maakt

de•**gram** *ook:* het [grammen]
een maat voor hoe zwaar iets is meten

de **gram·ma·ti·ca** [grammatica's]
de regels van een taal ✦ *Fatima kent wel veel Nederlandse woorden, maar van de grammatica begrijpt ze nog niet veel*

gram·ma·ti·caal [bijvoeglijk naamwoord]
een zin die grammaticaal is, is juist volgens de regels van de grammatica*

de **gra·naat** [granaten]
1 een soort bom die met kracht in kleine stukken uit elkaar springt
2 een mooie, dure, donkerrode steen ✦ *ze droeg een ring met een granaat*

gran·di·oos[1] [bijvoeglijk naamwoord]
geweldig = fantastisch ✦ *ze vond het grandioos dat iedereen op haar feest was gekomen*

gran·di·oos[2] [bijwoord]
heel; erg = enorm ✦ *de partij had de verkiezingen grandioos verloren*

de•**grap** [grappen]
een opmerking die bedoeld is om mensen te laten lachen
voor de grap: omdat het leuk is ✦ *voor de grap heeft Jim gezegd dat hij 'Jamai' heet*

de **grape·fruit** [grapefruits]
een gele, bittere vrucht

grapefruit

grap·pig [bijvoeglijk naamwoord]
om iets wat grappig is, moet je lachen

het •**gras** [grassen]
de groene plantjes waarmee bijv. een voetbalveld bedekt is

de **gras·mat** [grasmatten]
het gras op een veld ✦ *er kon een maand niet worden gevoetbald, omdat de grasmat niet goed genoeg was*

de **gra·tie**
1 een mooie manier van bewegen = de sierlijkheid ✦ *met gratie liep de vrouw het toneel op*
2 het besluit dat iemand geen straf krijgt, hoewel de rechter heeft verklaard dat hij schuld heeft ✦ *de regering heeft de gevangenen gratie verleend*
3 uit de gratie raken bij iemand: niet meer goed of aardig gevonden worden door iemand ✦ *het tv-programma is uit de gratie geraakt bij het publiek*

•**gra·tis** [bijvoeglijk naamwoord]
voor iets dat gratis is, hoef je niet te betalen ✦ *in sommige landen is het onderwijs gratis*

grauw [bijvoeglijk naamwoord]
grijs en somber ✦ *hij wilde niet in zo'n grauwe flat wonen*

het **gra·vel**
heel kleine, rode steentjes, bijv. op een tennisbaan

gra·ven [groef, heeft gegraven]
een gat in de grond maken [iemand graaft een gat] ✦ *zij groef gaten in de tuin om de planten in te doen*

gra·ve·ren [graveerde, heeft gegraveerd]
met een scherpe punt iets schrijven of tekenen op bijv. glas of metaal [iemand graveert een tekst of een tekening (in iets)] ✦ *ik heb zijn naam in het glas laten graveren*

de **gra·vin** [gravinnen]
de titel van een vrouw die ze heeft door haar geboorte of doordat ze met een graaf is getrouwd

gra·zen [graasde, heeft gegraasd]
1 op een veld gras eten [een dier, bijv. een koe of een paard, graast]
2 iemand te grazen nemen: een grap met iemand uithalen ✦ *zijn collega's hebben hem flink te grazen genomen, maar hij kon er zelf gelukkig ook om lachen*
3 iemand te grazen nemen: iemand veel pijn doen ✦ *het slachtoffer is te grazen genomen door drie onbekende mannen en moest naar het ziekenhuis*

de **greep** [grepen]
1 de keer dat je iets grijpt of pakt ✦ *de kinderen mochten allemaal een greep doen in de grabbelton*
greep krijgen op iets: steeds minder macht hebben over iets
zijn greep op iets verliezen: iets steeds minder goed begrijpen of kunnen
een greep naar de macht doen: proberen de macht te krijgen
een gouden greep: de keer dat je iets probeert dat veel succes heeft
ik doe een greep: ik noem wat voorbeelden
2 iets wat uitsteekt aan bijv. een pan of een la en waaraan je die kunt pakken = het handvat ✦ *ik heb een pan gekocht waarvan de grepen niet warm worden*

het **grein·tje**
geen greintje ...: helemaal geen ... ✦ *we hadden geen greintje hoop dat de trein nog zou rijden*

de •**grens** [grenzen]
een lijn die twee dingen, bijv. landen, van elkaar scheidt ✦ *ze wonen op de grens van Nederland en België*
je grenzen verleggen: een betere prestatie leveren dan je dacht te kunnen

gren·zen aan [grensde aan, heeft gegrensd aan]
1 er vlak naast liggen [iets grenst aan iets] ✦ *onze tuin grenst aan het water*
2 bijna zo erg zijn [iets grenst aan iets] ✦ *Daphnes belangstelling voor internet grenst aan verslaving*

gre·pen *zie:* **grijpen**

de **grep·pel** [greppels]
een smal, lang en ondiep gat in de grond, om water weg te laten lopen ✦ *toen de vijand naderde, ging de soldaat in een greppel liggen*

gre·tig [bijvoeglijk naamwoord]
iemand die gretig is, wil iets heel graag

gr

hebben ✦ *gretig keek ze naar de koekjes op tafel*

de **grief** [grieven]
iets waarover je boos bent = het bezwaar, de klacht

de **griep**
een ziekte die ontstaat door een virus, waarbij je warmer wordt en pijn krijgt in je spieren ✦ *toen ik griep had, lag ik een week op bed*

de **griet** [grieten] (informeel)
het meisje ✦ *de nieuwe vriendin van Bastiaan is een leuke griet*

grie·ven [griefde, heeft gegriefd]
iemands gevoelens pijn doen door wat je zegt = beledigen [iemand grieft iemand] ✦ *die opmerking over zijn moeder heeft hem erg gegriefd*

grie·ze·lig [bijvoeglijk naamwoord]
voor iets wat griezelig is, ben je bang omdat het gevaarlijk lijkt = eng ✦ *het kind vond de poes eerst een beetje griezelig*

grif [bijwoord]
snel en graag ✦ *mensen betalen tegenwoordig grif € 300.000 voor een huis in deze buurt*

de **grijns** [grijnzen]
een sterke, vooral lachende uitdrukking op je gezicht

•grij·pen [greep, heeft gegrepen]
met de hand pakken [iemand grijpt iets of iemand] ✦ *de vrouw greep haar dochter toen ze de straat op wilde rennen*
iets grijpt om zich heen: iets breidt zich snel uit ✦ *de artsen konden niets doen terwijl de ziekte om zich heen greep*
gegrepen zijn door iets: iets heel interessant vinden en er veel tijd aan besteden
voor het grijpen liggen: in overvloed beschikbaar zijn ✦ *de banen liggen voor het grijpen; je hoeft niet eens een diploma te hebben*

•grijs [bijvoeglijk naamwoord]
iets wat grijs is, heeft de kleur van de hemel als het regent, tussen wit en zwart ✦ *hij heeft een grijs pak gekocht voor het feest*

de **gril** [grillen]
een plotselinge gedachte of stemming die weer snel voorbij is ✦ *zijn familie vond het een rare gril dat hij opeens op reis wilde*

de **grill** [grills]
een apparaat waarin je bijv. vlees kunt bakken met een rooster

grill

gril·lig [bijvoeglijk naamwoord]
1 iets wat grillig is, is niet regelmatig van vorm ✦ *hoog op de berg stonden grillig gevormde bomen*
2 iemand die grillig is, heeft steeds een andere stemming; iets wat grillig is, is steeds weer anders ✦ *het was een grillige wedstrijd, want steeds leek een andere partij te gaan winnen* ✦ *jouw zus heeft een grillig karakter*

grim·mig [bijvoeglijk naamwoord]
1 bij een grimmige sfeer zijn mensen boos en is er veel kans op geweld ✦ *na het besluit van de regering was de stemming op straat grimmig*
2 aan een grimmige persoon kun je zien dat hij boos is, terwijl hij daar niets over zegt ✦ *na de bespreking liep de minister met een grimmig gezicht naar zijn auto*

het **grind**
veel kleine steentjes, bijv. op een weg ✦ *langs het huis loopt een weg met grind*

grin·ni·ken [grinnikte, heeft gegrinnikt]
zachtjes lachen met je mond dicht [iemand grinnikt]

de **grip**
het feit dat iets niet glijdt = de greep ✦ *met de nieuwe banden had de auto veel meer grip op de weg*
grip krijgen op iets: iets steeds beter begrijpen of kunnen

de **groef** [groeven]
een dunne lijn in een vlak ✦ *de oude man had een gezicht vol groeven*

•groei·en [groeide, is gegroeid]
groter worden [iemand of iets groeit] ✦ *toen mijn zoon dertien werd, begon hij heel snel te groeien* ✦ *na de uitzending op de televisie groeide de vereniging ineens tot dertigduizend leden*

•groen [bijvoeglijk naamwoord]
1 iets dat groen is, heeft de kleur van gras ✦ *ze droeg een groene jurk op het*

feest
groen licht krijgen: toestemming krijgen ✦ *de commissie kreeg groen licht om de plannen uit te voeren*
2 iemand die groen is, is jong en heeft weinig ervaring
3 groene zaken zijn goed voor het milieu of voor de natuur
groene stroom: stroom die gemaakt wordt op een manier die goed is voor het milieu, bijv. door energie van de wind of de zon

het **Groen·Links**
een politieke partij in Nederland
politiek

de •**groen·te** [groenten, groentes]
planten of delen van planten die je kunt eten ✦ *welke groente eten we vanavond?*
maaltijden landschap

de **groen·te·boer** [groenteboeren]
iemand die groente verkoopt = de groenteman

de •**groen·te·man** [groentemannen]
iemand die groente verkoopt = de groenteboer

de •**groep** [groepen]
1 een aantal mensen, dieren of dingen die bij elkaar horen ✦ *zij is vorig jaar met een groep op vakantie geweest*
2 (in Nederland) elk van de acht klassen van de basisschool ✦ *hun zoontje zit in groep drie*

de **groe·pe·ring** [groeperingen]
een groep mensen die hetzelfde doel proberen te bereiken

het **groeps·ver·band**
in groepsverband: in een groep ✦ *zij doet liever in groepsverband aan sport dan alleen*

de •**groet** [groeten]
iets wat je zegt als je iemand ontmoet of als je weggaat ✦ *hij was zo boos dat hij zonder groet wegging*

•**groe·ten** [groette, heeft gegroet]
iets zeggen als je iemand ontmoet of als je weggaat [iemand groet (iemand)] ✦ *de man groette de gasten door hun allemaal een hand te geven*

de **groe·ve** [groeven]
1 een gat in de grond of in een berg waar nuttige stoffen uit worden gehaald, zoals koper of steenkool
2 een gat in de grond waarin een dode gelegd wordt = het graf ✦ *de familie stond om de groeve heen*

groe·ven *zie:* **graven**

grof [bijvoeglijk naamwoord]
1 iets wat grof is, is niet in details gemaakt of gedaan ⇔ fijn ✦ *met grove lijnen had hij het gezicht getekend*
2 iemand die grof is, is helemaal niet beleefd of niet netjes ✦ *hij maakte een ontzettend grove opmerking*
3 een grove leugen is een ernstige leugen; een grove fout is een grote fout

grof·weg [bijwoord]
ongeveer = ruwweg ✦ *het huis kostte grofweg vier ton*

grom·men [gromde, heeft gegromd]
1 een laag geluid in je keel maken om te dreigen [een dier gromt] ✦ *de hond begon te grommen tegen de vreemde mensen*
2 klagend praten = mopperen, brommen [iemand gromt (over iets)] ✦ *"Waarom zet je je fiets niet in de schuur?", gromde zijn vader*

de •**grond** [gronden]
1 de bodem ✦ *omdat er te weinig stoelen waren, moesten er twee mensen op de grond zitten*
de begane grond: het deel van een gebouw dat op hetzelfde niveau ligt als de straat
een gebouw met de grond gelijkmaken: een gebouw helemaal slopen
iemand of iets met de grond gelijkmaken: heel veel kritiek op iemand of iets hebben ✦ *de plannen van de gemeente zijn met de grond gelijkgemaakt in de krant*
geen voet aan de grond krijgen: geen enkele kans krijgen ✦ *het bedrijf wilde uitbreiden, maar het kreeg geen voet aan de grond in het buitenland*
iets uit de grond stampen: zorgen dat iets er in korte tijd komt ✦ *overal in Nederland worden nieuwe wijken uit de grond gestampt*
iets komt van de grond: iets ontstaat; iets krijgt vorm ✦ *de plannen kwamen niet van de grond*
iets te gronde richten: zorgen dat iets helemaal kapotgaat of verdwijnt ✦ *de oorlog richtte de hele economie van het land te gronde*
2 de zwarte aarde waarin planten kunnen groeien ✦ *de grond in Zeeland is*

zeer geschikt voor landbouw
3 de reden ✦ *zij had goede gronden om niet te komen*

het **grond·ge·bied** [grondgebieden]
een stuk grond (bet. 1) dat iemands bezit is = het territorium ✦ *er waren veel Amerikaanse militairen op Duits grondgebied*

gron·dig [bijvoeglijk naamwoord]
iets wat grondig gebeurt, gebeurt degelijk en zorgvuldig = diepgaand ✦ *de journalist heeft het verleden van de president grondig onderzocht*

gr

de **grond·leg·ger** [grondleggers] **grond·leg·ster** [grondlegsters]
een persoon die begonnen is met een theorie, een leer enz., waarna die verder is ontwikkeld ✦ *Karl Marx is de grondlegger van het communisme*

het **grond·recht** [grondrechten]
een recht dat alle mensen hebben en dat in de grondwet* staat rechtspraak

de **grond·slag** [grondslagen]
een belangrijke overtuiging die de basis vormt van iets = het grondbeginsel, de basis ✦ *de partij heeft een christelijke grondslag*

de **grond·stof** [grondstoffen]
een natuurlijke stof die wordt gebruikt om producten te maken ✦ *olie is de belangrijkste grondstof voor benzine*

het **grond·wa·ter**
het water in de bodem van de aarde ✦ *het niveau van het grondwater in dit gebied is te laag*

de **grond·wet** [grondwetten]
de belangrijkste wetten van een land, waarin staat hoe een land geregeerd moet worden = de constitutie ✦ *het eerste artikel van de Nederlandse grondwet is het verbod op discriminatie* politiek rechtspraak

•**groot** [bijvoeglijk naamwoord]
1 iets dat groot is, neemt veel ruimte in; iemand die groot is, is lang ⇔ klein ✦ *in deze buurt staan grote huizen* ✦ *het kind was erg groot voor zijn leeftijd* ✦ *ze hebben grote problemen met het leren van de taal*
iemand een grote mond geven: brutale dingen zeggen tegen iemand
2 een groot man is belangrijk ✦ *Marquez is een groot schrijver*

de **groot·han·del** [groothandels]
een bedrijf dat producten koopt van fabrieken om die aan winkels te verkopen

de **groot·heid** [grootheden]
1 iemand die belangrijk is ✦ *de schilder was in Nederland onbekend maar in de Verenigde Staten was hij een grootheid*
2 een maat waarmee men rekent ✦ *kilo's en meters zijn verschillende grootheden*

de **groot·moe·der** [grootmoeders]
de moeder van je vader of je moeder = de oma ✦ *zijn beide grootmoeders waren op zijn verjaardag* familie

de **groot·ou·ders** [meervoud]
de ouders van je vader of van je moeder

groots [bijvoeglijk naamwoord]
een grootse gebeurtenis maakt veel indruk ✦ *de bruiloft werd groots gevierd met veel gasten en muziek*

groot·scha·lig [bijvoeglijk naamwoord]
iets wat grootschalig is, gebeurt met of door veel mensen, met veel materiaal enz. ⇔ kleinschalig ✦ *de politie deed een grootschalig onderzoek naar de moord* ✦ *de kans op een grootschalig conflict in Europa is klein*

groot·scheeps [bijvoeglijk naamwoord]
bij een grootscheepse actie zijn veel mensen betrokken ✦ *men organiseerde op de tv een grootscheepse actie voor de slachtoffers van de ramp*

de **groot·spraak**
woorden waarmee je erg overdrijft om belangrijk te lijken = de bluf ✦ *voor de wedstrijd zei de sporter dat hij makkelijk een nieuw record kon halen, maar dat was grootspraak*

de **groot·te** [grootten, groottes]
de maat van iets ✦ *wat is de grootte van de groep?* ✦ *de huizen hebben tuinen met een grootte van 15 vierkante meter*

de **groot·va·der** [grootvaders]
de vader van je vader of je moeder = de opa familie

het **gros**
1 een hoeveelheid van 144
2 het grootste deel; de meerderheid ✦ *het gros van de bevolking was tegen de nieuwe wet*

de **grot** [grotten]
een donkere ruimte in een berg

gro·ten·deels [bijwoord]
voor het grootste deel ✦ *de directeur heeft de problemen nu grotendeels opge-*

lost

de **gru·wel** [gruwelen]
iets wat je heel vervelend, akelig enz. vindt ✦ *voor Dorine zijn vergaderingen een gruwel*

gru·we·lijk [bijvoeglijk naamwoord]
iets wat gruwelijk is, geeft een heel naar gevoel = afschuwelijk, huiveringwekkend ✦ *in de oorlog zijn er gruwelijke dingen gebeurd*

de **gsm** [gsm's]
global system for mobile communications: een systeem voor mobiel bellen

gul [bijvoeglijk naamwoord]
gulle mensen geven gemakkelijk iets weg = vrijgevig ⇔ gierig ✦ *Hester was zo gul dat ze voor iedereen de drank betaalde*

de **•gul·den** [guldens]
de munt waarmee men in Nederland betaalde voordat de euro er was

de **gulp** [gulpen]
1 een sluiting aan de voorkant van een broek ✦ *hij was vergeten zijn gulp dicht te doen*
2 een hoeveelheid vloeistof die ergens uit stroomt ✦ *er kwam een gulp water van het dak van de tent*

gul·zig [bijvoeglijk naamwoord]
gulzige mensen of dieren eten veel en snel ✦ *de kat at gulzig zijn bakje leeg*

de **gum**
een klein, zacht voorwerp waarmee je lijnen kunt weghalen die met potlood zijn gemaakt ✦ *aan de achterkant van het potlood zat een gummetje*

gun·nen [gunde, heeft gegund]
willen dat iemand iets prettigs heeft, doet, krijgt enz. omdat dat fijn is voor die persoon [iemand gunt iemand iets] ✦ *de sporters kwamen tegelijk over de finish, maar Geraldi gunde de Koreaan de overwinning*

de **gunst** [gunsten]
iets wat je voor een ander doet terwijl je dat niet zou hoeven doen ✦ *als ze me om een gunst vraagt, kan ik die nooit weigeren*

•gun·stig [bijvoeglijk naamwoord]
iets wat gunstig is, geeft je voordeel ✦ *als de wind gunstig is, fietsen we in een uurtje naar Groningen*

guur [bijvoeglijk naamwoord]
bij guur weer is het op een onprettige manier koud

de **gym**[1]
de gymnastiek*

het **gym**[2] (informeel)
het gymnasium*

het **gym·na·si·um** [gymnasia, gymnasiums] (in Nederland)
een school voor voortgezet onderwijs, waar je Grieks en Latijn kunt leren

de **gym·nas·tiek**
oefeningen en bewegingen om je lichaam gezond te houden

de **gy·nae·co·loog** [gynaecologen] **gy·nae·co·lo·ge** [gynaecologes]
een arts speciaal voor ziekten van vrouwen

h

de **h** [h's]
de achtste letter van het alfabet **alfabet**
ha¹ [afkorting]
hectare: 10.000 vierkante meter
ha² [tussenwerpsel]
een groet als je iemand ontmoet = hallo, dag ✦ *ha, daar is de eerste gast al*
de **haag** [hagen]
1 een dichte rij lage bomen als grens van bijv. een tuin
2 een rij mensen of dingen vlak bij elkaar ✦ *de prins liep langs een haag van militairen*
de **haai** [haaien]
een vis die gevaarlijk is voor mensen

haai

de **haai·en·tan·den** [meervoud]
witte driehoeken op de weg waar je moet wachten voor ander verkeer

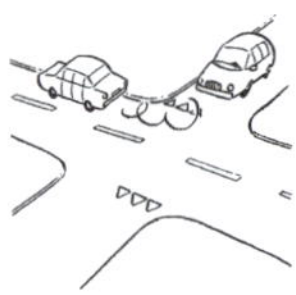
haaientanden

de **haak** [haken]
1 een gebogen stokje van metaal, hout, plastic enz. waaraan je iets kunt hangen ✦ *hang je jas maar op de haak naast de deur*
daar zitten veel haken en ogen aan: dat is moeilijker dan je zou verwachten
iemand aan de haak slaan: een liefdesrelatie met iemand krijgen
2 het is niet in de haak: het is niet goed; er klopt iets niet
het **haak·je** [haakjes]
het teken '(...)' dat je zet rond minder belangrijke stukjes tekst ✦ *in de zin 'ik ga (eindelijk) naar huis' staat het woord 'eindelijk' tussen haakjes*
tussen haakjes: ...: voordat ik het vergeet: ...
haaks [bijvoeglijk naamwoord]
1 met een rechte hoek ✦ *de lijnen in de werken van Mondriaan staan haaks op elkaar*
2 iets staat haaks op iets anders: iets klopt niet met iets anders; iets gaat in tegen iets anders ✦ *jouw mening staat haaks op die van mij*
de **haal** [halen]
1 de keer dat je trekt ✦ *na een korte haal aan zijn sigaret ging de man door met praten*
2 met iets aan de haal gaan: weggaan en iets meenemen; iets, bijv. een idee, van iemand anders gebruiken voor je eigen voordeel ✦ *een dief is met mijn auto aan de haal gegaan* ✦ *zij had een goed plan, maar haar collega ging ermee aan de haal*
haal·baar [bijvoeglijk naamwoord]
dingen die haalbaar zijn, zijn mogelijk ✦ *de meeste voorstellen van de regering leken hem niet haalbaar*
de **haan** [hanen]
het mannelijke dier bij kippen enz. **dieren**
er kraait geen haan naar: niemand merkt het of vindt het erg
het **•haar¹**
alle haren² van iemand bij elkaar ✦ *zij heeft elke week een andere kleur haar*
met de handen in het haar zitten: een probleem hebben en niet weten hoe je het moet oplossen ✦ *de vrouw zit met de handen in het haar, omdat ze niemand kan vinden om op haar kinderen te passen*
de **haar²** [haren]
elk van de dunne draden die uit je lichaam groeien, vooral op je hoofd ✦ *bah, er zit een haar in de soep*
elkaar in de haren vliegen: steeds ruzie maken
het scheelde een haar: het ging maar net goed
•haar³ [voornaamwoord]
1 [persoonlijk voornaamwoord] dit woord gebruik je als je over een vrouw praat ✦ *Bas kent Els niet; hij ziet haar voor de eerste keer* ✦ *Jantien is ziek, dus misschien wil je haar een kaart sturen?*

2 [bezittelijk voornaamwoord] dit woord gebruik je als je praat over iets dat bij een vrouw hoort ✦ *ze heeft vandaag haar laatste examen* ✦ *zij heeft haar kinderen nooit geslagen* **voornaamwoorden**

de **haard** [haarden]
1 een toestel waarmee een ruimte warm wordt gemaakt = de kachel
de open haard: een soort kachel met een open vuur
2 de plaats waar iets ontstaat = de bron ✦ *het was een kleine brand, waarvan de haard snel werd ontdekt*

haar·zelf [persoonlijk voornaamwoord]
dit woord gebruik je als je met nadruk over een vrouw praat ✦ *ik weet zeker dat het waar is, want ik heb het van haarzelf gehoord*

de **haas** [hazen]
een dier met lange oren

haas

de **•haast**[1]
een situatie waarin je snel iets moet of wilt doen ✦ *ik ga nu weg, want ik heb haast*
in zeven haasten: (in België) zeer snel en daardoor meestal niet zorgvuldig ✦ *je kunt wel zien dat je deze brief in zeven haasten hebt geschreven: hij staat vol met fouten*

•haast[2] [bijwoord]
bijna = vrijwel ✦ *de man sprak haast geen Engels*

zich **haas·ten** [haastte zich, heeft zich gehaast]
iets snel doen omdat je weinig tijd hebt [iemand haast zich] ✦ *de vrouw haastte zich naar de trein*

•haas·tig [bijvoeglijk naamwoord]
als iets haastig gebeurt, gebeurt het snel en daardoor niet zorgvuldig ✦ *door mijn haastige vertrek ben ik mijn sleutel vergeten*

de **haat**
het gevoel dat je hebt voor iemand die je vijand is ⇔ de liefde ✦ *ik zag alleen maar haat in zijn ogen*

de **hac·ker** [hackers]
iemand die erin slaagt om de informatie op de computer van iemand anders te lezen of te veranderen = de computerkraker

had·den *zie:* **hebben**

de **hadj** [hadjs]
de reis naar Mekka die alle moslims een keer in hun leven gedurende een bepaalde maand moeten maken

de **ha·ge·dis** [hagedissen]
een klein dier dat zich warm laat worden door de zon

hagedis

de **ha·gel**
1 regen in de vorm van kleine balletjes ijs **weer**[1]
2 kleine metalen balletjes uit een geweer, waarmee je schiet

de **ha·gel·slag**
heel kleine stukjes chocolade die je op brood kunt doen **maaltijden**

de **hak** [hakken]
1 het hoge, achterste deel aan de onderkant van een schoen ✦ *ze loopt altijd op schoenen met hoge hakken*
2 iemand op de hak nemen: een grap over iemand maken
3 iemand een hak zetten: iets doen om een ander nadeel te geven
4 van de hak op de tak springen: steeds over een ander onderwerp beginnen

ha·ken [haakte, heeft gehaakt]
1 maken met een haaknaald en een draad [iemand haakt (iets, bijv. een trui)]
2 blijven haken aan iets: vast blijven zitten aan iets dat uitsteekt ✦ *hij bleef met zijn trui aan de deurknop haken*

hak·ke·len [hakkelde, heeft gehakkeld]
moeilijk, met korte stiltes praten, bijv. omdat je onzeker bent = stamelen, stotteren [iemand hakkelt (iets)] ✦ *de jongen werd rood en begon te hakkelen*

hak·ken [hakte, heeft gehakt]
met een scherp voorwerp in hout slaan om het in stukken te verdelen [iemand

hakt (iets)] ✦ *hij hakte het hout netjes in blokken*
dat hakt erin: dat is heel ingrijpend; daardoor verandert er veel ✦ *de operatie heeft er flink in gehakt*

de **hak·ken·bar** [hakkenbars]
een winkel waar je schoenen kunt laten herstellen

de **hal** [hallen]
1 een ruimte achter de voordeur, die geen echte kamer is ✦ *hang je jas maar in de hal!*
2 een groot eenvoudig gebouw of een grote ruimte, bijv. voor beurzen of als deel van een fabriek ✦ *bij de fabriek is vorig jaar een nieuwe hal gebouwd*

ha·lal [bijvoeglijk naamwoord]
eten is halal als het volgens de islamitische voorschriften is gemaakt

•ha·len [haalde, heeft gehaald]
1 meenemen naar hier = ophalen [iemand haalt iemand of iets] ✦ *wacht even, ik haal mijn boek*
2 op tijd zijn om mee te kunnen ⇔ missen [iemand haalt iets, bijv. de trein of de bus] ✦ *ik kom te laat want ik heb de trein niet gehaald*
3 na een prestatie krijgen [iemand haalt iets, bijv. een examen of een diploma] ✦ *na vier jaar studie haalde hij zijn diploma*
4 iets haalt het niet bij iets anders: iets is veel minder goed dan iets anders ✦ *het optreden van deze groep haalt het niet bij het optreden van de vorige groep*

•half [bijvoeglijk naamwoord]
een half ding is de helft van dat ding ✦ *mag ik een half brood?*

het **half·jaar** [halfjaren]
zes maanden ✦ *in het eerste halfjaar is er te weinig verkocht*

half·stok [bijwoord]
een vlag die halfstok hangt, is maar half gehesen, als teken van verdriet ✦ *toen de prins overleden was, hingen we de vlag halfstok* feestdagen

het **half·uur**
dertig minuten klok

•hal·lo [tussenwerpsel] (informeel)
een groet als je iemand ontmoet die je kent = dag, hoi, ha ✦ *hallo, hoe gaat het met je?* formules

de **halm** [halmen]
het lange, sterke deel van gras of graan

de **hals** [halzen]
1 het deel van je lichaam tussen je hoofd en je schouders ✦ *ze had een gekleurde doek om haar hals*
je iets op de hals halen: iets doen wat een vervelend gevolg voor je heeft, of waardoor je veel werk krijgt ✦ *met een domme opmerking haalde hij zich de woede van zijn baas op de hals*

hals 1

2 het smalle deel van bijv. een fles, een gitaar of een viool

hals·over·kop [bijwoord]
heel plotseling en snel ✦ *mijn broer is halsoverkop getrouwd met zijn Griekse vriendin*

de **halt**[1]
1 halt houden: stoppen ✦ *over een aantal jaar zullen de treinen ook halt houden in het nieuwe deel van de stad*
2 iets een halt toeroepen: zorgen dat iets stopt ✦ *met medicijnen probeerde men de ziekte een halt toe te roepen*

halt[2] [tussenwerpsel]
woord om te zeggen dat iets of iemand moet stoppen = ho ✦ *halt, je rijdt bijna tegen het paaltje!*

de **hal·te** [halten, haltes]
een vaste plaats waar een bus of tram stopt ✦ *er stonden vijf mensen bij de halte te wachten*

hal·ve·ren [halveerde, heeft gehalveerd]
in twee helften verdelen, of kleiner maken zodat nog maar de helft overblijft [iemand halveert iets] ✦ *bij de verkiezingen werd de grootste partij gehalveerd*

hal·ver·we·ge [bijwoord]
op de helft ✦ *de oude man moest halverwege de wandeling even rusten*

de **•ham** [hammen]
een stuk vlees van een varken, dat meestal in plakjes op brood wordt gegeten

de **ham·bur·ger** [hamburgers]
een rond, plat stuk gekruid vlees ✦ *weet u waar ik een broodje hamburger kan kopen?*

de **ha·mer** [hamers]

een voorwerp van hout met ijzer om spijkers in een muur te slaan

hamer

ha·me·ren [hamerde, heeft gehamerd]
het hamert door mijn hoofd: ik moet er steeds aan denken ✦ *de zin: "Je bent niet goed genoeg." hamerde steeds door zijn hoofd*

ha·me·ren op [hamerde op, heeft gehamerd op]
met nadruk blijven zeggen omdat je het belangrijk vindt [iemand hamert op iets] ✦ *de partij bleef hameren op een beter loon voor leraren*

de **ham·ster** [hamsters]
een klein dier dat vaak in een kooitje in huis wordt gehouden

hamster

de •**hand** [handen]
het einde van je arm, waar je vingers aan zitten ✦ *na het ongeluk kon hij drie maanden zijn hand niet gebruiken*
iets loopt uit de hand: iets kan niet meer gecontroleerd worden ✦ *het feest liep volledig uit de hand*
iets achter de hand houden: iets bewaren omdat je het misschien nog nodig hebt ✦ *gelukkig hebben we nog wat eten achter de hand gehouden, want ik heb honger*
iets bij de hand hebben: iets dichtbij hebben, zodat je het makkelijk kunt pakken ✦ *heb jij misschien lucifers bij de hand?*
de hand in eigen boezem steken: je eigen schuld bekennen
iets van de hand doen: iets verkopen
een beschuldiging van de hand wijzen: zeggen dat iets niet waar is
een voorstel van de hand wijzen: een voorstel niet aannemen
iemand op handen dragen: iemand met veel eer behandelen ✦ *zij dragen hun leider op handen*
dat is bij hem in goede handen: daar zorgt hij goed voor
met de handen in het haar zitten: een probleem hebben en niet weten hoe je het moet oplossen ✦ *ze zit met de handen in het haar, omdat ze niemand kan vinden om op haar kinderen te passen*
met harde hand regeren: streng regeren
het heft in handen hebben: de leiding hebben
iemand de helpende hand bieden: iemand helpen
iemand de hand boven het hoofd houden: iemand beschermen ✦ *iedereen was boos op de minister, maar de minister-president hield hem de hand boven het hoofd*
met lege handen staan: niets kunnen doen; jezelf of anderen niet kunnen beschermen
met lege handen achterblijven: je doel niet bereikt hebben
dat ligt voor de hand: dat is vanzelfsprekend ✦ *toen haar vader ziek werd, lag het voor de hand dat zij hem zou verzorgen*
iets loopt uit de hand: iets gaat niet meer zoals je het wilt en je hebt er geen macht meer over ✦ *het feest liep uit de hand en de politie moest erbij komen*
om de hand van een meisje vragen: toestemming vragen om met een meisje te trouwen
het recht in eigen hand nemen: zelf iemand straffen, terwijl de rechter dat zou moeten doen
je handen vol hebben aan iemand of iets: het heel druk hebben met iemand of iets ✦ *de leraar had zijn handen vol aan de ouders van zijn leerlingen, die over de rapporten kwamen praten*
iemand de vrije hand geven: iemand naar eigen inzicht laten handelen

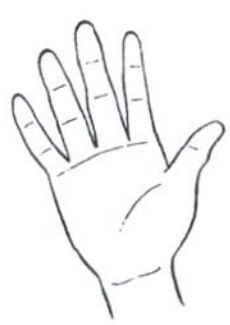

hand

het **hand·bal** [handballen]

ha

een sport met teams waarbij men de bal in het doel moet gooien sport

het **hand·be·reik**
binnen handbereik: dichtbij ✦ *de oplossing is nu binnen handbereik*

het **hand·boek** [handboeken]
een boek waarin de belangrijkste informatie over een onderwerp te vinden is = het naslagwerk ✦ *het is een handboek over het geloof en de cultuur van de islam*

de **hand·doek** [handdoeken]
een doek waarmee je jezelf na het zwemmen of wassen droog kunt maken

de **•han·del**[1] (uitspraak: handel)
1 het kopen en verkopen ✦ *de handel in vlees is dit jaar afgenomen*
2 een bedrijf dat iets koopt en weer verkoopt ✦ *de man heeft een handel in oude auto's*
3 (informeel) spullen ✦ *van mij mag je de hele handel meenemen, ik heb niets nodig!*
4 iemands handel en wandel: alles wat iemand doet en hoe hij of zij zich gedraagt ✦ *in de krant stond een artikel over de handel en wandel van de dominee*

han·del[2] (uitspraak: hendel) *zie:* **hendel**

•han·de·len [handelde, heeft gehandeld]
actief zijn; iets doen [iemand handelt] ✦ *bij gevaar moet u snel handelen*

•han·de·len in [handelde in, heeft gehandeld in]
geld verdienen door iets te verkopen [iemand handelt in iets] ✦ *mijn buurman handelt in oude auto's*

•han·de·len over [handelde over, heeft gehandeld over]
als onderwerp hebben = behandelen, gaan over [iets handelt over iemand of iets] ✦ *dit boek handelt over de geschiedenis van Frankrijk*

de **han·de·ling** [handelingen]
iets wat je doet = de actie ✦ *na een paar eenvoudige handelingen kon de auto weer rijden*

het **han·dels·merk** [handelsmerken]
1 een vaste naam of een vast teken waaraan men de producten van een bedrijf herkent
2 iets speciaals waaraan je iemand herkent ✦ *zijn mooie lach was zijn handelsmerk* ✦ *grote, opvallende hoeden zijn het handelsmerk van de koningin*

de **han·del·wij·ze** [handelwijzen]
de manier waarop je iets doet ✦ *de vrouw keurde de handelwijze van haar zoon af*

•hand·ha·ven [handhaafde, heeft gehandhaafd]
zorgen dat iets blijft bestaan [iemand handhaaft iets] ✦ *ook nu ze verder weg woont, handhaaft ze de gewoonte om op zondag haar moeder te bezoeken*

de **han·di·cap** [handicaps]
een beperking waardoor je een deel van je lichaam of je geest niet goed kunt gebruiken ✦ *door een verstandelijke handicap kan John niet praten*

han·dig [bijvoeglijk naamwoord]
1 handige mensen kunnen met weinig moeite dingen maken met hun handen ✦ *hij is erg handig, want hij heeft een extra kamer gemaakt voor de kinderen*
2 iets dat handig is, is makkelijk te gebruiken ✦ *een woordenboek is handig als je een andere taal wilt leren* ✦ *haar spullen zaten in een handig klein tasje*

het **hand·je·vol**
een handjevol: een paar; weinig ✦ *er zat maar een handjevol mensen in de zaal*

de **hand·lan·ger** [handlangers] **hand·lang·ster** [handlangsters]
iemand die een ander helpt bij een misdaad = de medeplichtige ✦ *terwijl de dief in het huis bezig was, zat zijn handlanger in de auto*

de **hand·lei·ding** [handleidingen]
een tekst waarin staat hoe een apparaat werkt en hoe je het moet gebruiken = de gebruiksaanwijzing

de **hand·om·draai**
in een handomdraai: snel en gemakkelijk ✦ *in een handomdraai had hij een heerlijke maaltijd gemaakt*

de **hand·schoen** [handschoenen]
een voorwerp van stof dat de vorm heeft van een hand en dat je aantrekt over je hand

het **hand·schrift** [handschriften]
1 de manier waarop je letters schrijft ✦ *hij heeft een duidelijk handschrift*
2 een boek dat niet gedrukt is, maar met de hand geschreven = het manuscript ✦ *in het museum was een tentoon-*

stelling van oude handschriften

hand·tas·te·lijk [bijvoeglijk naamwoord]
een handtastelijke persoon raakt mensen steeds aan terwijl die dat niet willen ✦ *toen de boze klant handtastelijk werd en begon te slaan, belde men de politie*

de **hand·te·ke·ning** [handtekeningen]
je naam zoals je die met de hand schrijft op officiële papieren ✦ *de directeur zette haar handtekening onder de brief*

het **hand·vat** [handvatten]
een deel van een voorwerp waaraan je het vastpakt = de handgreep ✦ *het handvat van de pan was heet geworden*

het **hand·werk** [handwerken]
1 iets van stof dat met de hand gemaakt wordt ✦ *enkele dames hadden een handwerkje bij zich*
2 [geen meervoud] iets dat met de hand gemaakt is ✦ *de kast was erg duur omdat het handwerk was*

de **hang**
een hang naar iets hebben: erg naar iets verlangen ✦ *hij heeft een grote hang naar het verleden*

•**han·gen** [hing, heeft gehangen]
1 aan de bovenkant vastgemaakt zijn [iets hangt (aan iets)] ✦ *in zijn kamer hing een grote foto van de koningin aan de muur*
2 aan de bovenkant vastmaken = ophangen [iemand hangt iets op een bepaalde plaats] ✦ *wil je die foto aan de muur hangen?*
3 niet rechtop staan of zitten [iemand of iets hangt] ✦ *geef deze bloemen veel water, anders gaan ze hangen* ✦ *het kind was erg moe en ze hing in haar stoel*

han·te·ren [hanteerde, heeft gehanteerd]
gebruiken [iemand hanteert iets] ✦ *de meeste landen in Europa hanteren dezelfde regels voor subsidies in de landbouw* ✦ *ik weet niet hoe ik dit instrument moet hanteren*

de **hap** [happen]
de hoeveelheid eten die je in één keer in je mond neemt ✦ *ze nam een grote hap van haar boterham*

ha·pe·ren [haperde, heeft gehaperd]
even niet functioneren [iets hapert] ✦ *toen de motor haperde, heeft zij de auto onmiddellijk aan de kant gezet*

hap·pen [hapte, heeft gehapt]
1 met je tanden eten in je mond nemen [iemand hapt (iets)] ✦ *hij hapte een stukje van het brood om het te proeven*
2 reageren op een manier waaruit blijkt dat je niet merkt dat iets een grapje is [iemand hapt] ✦ *ze hapte meteen toen hij zei dat alle vrouwen dom waren*

de **hap·pe·ning** [happenings]
een grote gebeurtenis ✦ *de kermis is elk jaar weer een happening in het dorp*

hap·pig op [bijvoeglijk naamwoord]
als je happig op iets bent, wil je het heel graag hebben ✦ *de meeste leden van onze partij zijn niet zo happig op veranderingen*

hap·py [bijvoeglijk naamwoord] (informeel)
iemand die happy is, is gelukkig = tevreden

•**hard**[1] [bijvoeglijk naamwoord]
1 harde dingen veranderen niet van vorm als je erop drukt ⇔ zacht ✦ *hij viel met zijn hoofd op de harde stenen*
iets hard kunnen maken: iets kunnen bewijzen
2 een hard geluid kun je goed horen = luid ⇔ zacht ✦ *Karel heeft een harde stem*
3 iemand die hard is, is streng en heeft geen medelijden ⇔ soft ✦ *de burgemeester neemt harde maatregelen*
4 een harde wind heeft veel kracht ⇔ zacht
5 iets dat hard is, is moeilijk of zwaar ✦ *het verlies van zijn vrouw is hard voor hem*
6 hard water: water met veel kalk erin

•**hard**[2] [bijwoord]
1 snel ✦ *omdat de auto te hard reed, kon hij niet meer op tijd stoppen*
2 heel erg; krachtig ✦ *het regent hard* ✦ *ik heb vandaag hard gewerkt*

de **hard·drug** [harddrugs]
een drug waarvan je snel afhankelijk wordt, zoals heroïne of cocaïne ⇔ de softdrug

hard·han·dig [bijvoeglijk naamwoord]
een hardhandige actie is een actie met geweld ✦ *de politie heeft op hardhandige wijze de mensen uit elkaar gehaald*

hard·lo·pen [liep hard, heeft hardgelopen]
snel lopen, vooral als sport = rennen

[iemand loopt hard] ✦ *gisteren hebben we tien kilometer hardgelopen*

hard·nek·kig [bijvoeglijk naamwoord]
1 iemand die hardnekkig in iets is, gaat daarmee door en luistert niet naar anderen = halsstarrig ✦ *ondanks zijn hardnekkige pogingen om te stoppen rookt hij nog steeds*
2 een hardnekkige ziekte duurt lang of komt steeds terug; hardnekkige fouten worden steeds opnieuw gemaakt = aanhoudend ✦ *ze heeft last van een hardnekkige verkoudheid*

hard·op [bijwoord]
als je iets hardop zegt, kunnen anderen het horen ✦ *haar vader las de brief hardop*

hard·voch·tig [bijvoeglijk naamwoord]
hardvochtige mensen hebben geen gevoel voor pijn van anderen = meedogenloos, wreed ✦ *het land leed lange tijd onder een zeer hardvochtige regering*

de **hard·ware**
de apparaten waardoor een computer functioneert

de **ha·ring** [haringen]
1 een pin van ijzer waarmee een tent in de grond wordt vastgemaakt
2 een vis

haring 2

Een typisch Nederlands gebruik is het eten van een zoute haring aan een kar of bij een kraam. De rauwe haring – met stukjes ui – wordt dan bij de staart gepakt en zo in de mond gedaan.

de **hark** [harken]
een voorwerp om in de tuin te werken, waarmee je bijv. de grond gladmaakt

hark

de **har·mo·nie** [harmonieën, harmonies]
1 [geen meervoud] de situatie dat dingen mooi samen klinken of goed bij elkaar passen ✦ *zonder vertrouwen zal er nooit harmonie tussen de twee volkeren komen*
2 een vereniging van mensen die muziek maken, vooral op blaasinstrumenten = de fanfare

har·mo·ni·eus [bijvoeglijk naamwoord]
een harmonieuze sfeer is een sfeer waarin er geen ruzie is, en mensen en dingen goed bij elkaar passen

het **har·nas** [harnassen]
een pak van ijzer dat in de Middeleeuwen door ridders werd gedragen
iemand tegen je in het harnas jagen: dingen doen of zeggen waardoor iemand kwaad op je wordt ✦ *de minister heeft veel mensen tegen zich in het harnas gejaagd door te zeggen dat hij niet begrijpt waarom iemand boer wil worden*

de **harp** [harpen]
een muziekinstrument met snaren

harp

de **hars** *ook:* het [harsen]
dik vocht dat uit een boom komt

het •**hart** [harten]
1 het deel van je lichaam links achter je borst, waar het bloed doorheen beweegt ✦ *vanwege zijn zwakke hart kan hij niet lang lopen*
iemand iets op het hart drukken: iemand iets met nadruk zeggen ✦ *hij drukte me op het hart dat ik hem altijd kan bellen als er problemen zijn*
dat gaat me aan het hart: dat doet me veel verdriet ✦ *het ging hem aan het hart om afscheid te moeten nemen van zijn hond*
in hart en nieren … zijn: … heel graag doen ✦ *Wim is boer in hart en nieren*
een advies ter harte nemen: doen wat een advies je zegt
ik hou mijn hart vast!: ik maakt me zorgen
iemand een hart onder de riem steken: iemand moed geven ✦ *de president ging naar het land om zijn soldaten een*

ha

hart onder de riem te steken
2 het centrum ✦ *wij wonen in het hart van Brussel*

de **hart·aan·val** [hartaanvallen]
de situatie dat je hart opeens niet meer functioneert

har·te
van harte: hartelijk ✦ *van harte gefeliciteerd met je verjaardag*

***har·te·lijk** [bijvoeglijk naamwoord]
een hartelijke persoon is eerlijk en vriendelijk ✦ *hartelijk gefeliciteerd met je verjaardag*

de **har·ten·lust**
naar hartenlust: zo veel als je wilt ✦ *je kunt daar naar hartenlust fietsen en wandelen in de natuur*

hart·gron·dig [bijvoeglijk naamwoord]
heel erg; zeer ✦ *hij was het hartgrondig eens met de woorden van de voorzitter*

har·tig [bijvoeglijk naamwoord]
hartig eten bevat zout en kruiden ⇔ zoet ✦ *ik houd meer van hartige dingen dan van zoete dingen*

het **hart·in·farct** [hartinfarcten]
de situatie dat een deel van het hart plotseling sterft door te weinig bloed

hart·stik·ke [bijwoord] (informeel)
heel erg = ontzettend ✦ *mijn vriend is hartstikke blij met zijn nieuwe auto*

de **harts·tocht** [hartstochten]
een groot verlangen; een grote liefde – de passie ✦ *de vrouw heeft haar werk altijd met hartstocht gedaan*

harts·toch·te·lijk [bijvoeglijk naamwoord]
iets wat hartstochtelijk gedaan wordt, wordt met veel hartstocht* gedaan = gepassioneerd ✦ *ze hielden hartstochtelijk veel van elkaar*

hart·ver·scheu·rend [bijvoeglijk naamwoord]
iets wat hartverscheurend is, roept heftige gevoelens op ✦ *het kind huilde hartverscheurend* ✦ *het concert was hartverscheurend mooi*

de **hasj**
een drug die gemaakt is van de hennepplant en die je kunt roken = de hasjiesj

In Nederland en België is het toegestaan om softdrugs, zoals hasj, te gebruiken. In Nederland zijn er speciale coffeeshops waar ze gerookt mogen worden. De meeste andere landen zijn daar veel strenger in.

ha·te·lijk [bijvoeglijk naamwoord]
hatelijk gedrag is bedoeld om iemands gevoel pijn te doen ✦ *hij maakte hatelijke opmerkingen tegen de nieuwe man van zijn ex-vrouw*

ha·ten [haatte, heeft gehaat]
heel erg vervelend vinden; heel erg boos zijn op iemand of iets [iemand haat iemand of iets] ✦ *zij haatte de man die haar dochter had gedood* ✦ *ik haat het om zo lang in de rij te moeten staan*

de **haus·se**
de toestand waarin iets opeens toe neemt, vooral waarin het in de economie opeens beter gaat = de opleving ✦ *opeens was er een hausse aan films en boeken over China*

hau·tain [bijvoeglijk naamwoord]
hautaine mensen doen tegenover anderen alsof ze veel belangrijker en beter zijn dan zij = hooghartig

de ***ha·ven** [havens]
een plaats bij het land waar schepen liggen die aangekomen zijn ✦ *Antwerpen heeft een van de grootste havens ter wereld* landschap

de **ha·ver**
een graansoort

haver

de **ha·ver·klap**
om de haverklap: heel vaak; zeer regelmatig ✦ *mijn zoontje is om de haverklap verkouden*

de **ha·vik** [haviken]
een vogel die kleine dieren eet

havik

het **ha·vo** (in Nederland)
hoger algemeen voortgezet onderwijs
onderwijs

ha

de **ha·zen·lip** [hazenlippen]
de situatie dat de bovenste lip van een mens bij zijn geboorte uit twee delen bestaat ✦ *Martine is als kind geopereerd aan een hazenlip*

het **hbo** (in Nederland)
hoger beroepsonderwijs ✦ *na de havo ging ze naar het hbo om voor journalist te leren* onderwijs

het **heao** (in Nederland)
hoger economisch en administratief onderwijs

•**heb·ben** [had, heeft gehad]
1 bezitten [iemand heeft iets] ✦ *ze heeft een grote auto*
2 een woord dat samen met een voltooid deelwoord aangeeft dat iets al gebeurd is ✦ *het kind heeft gespeeld* ✦ *we hebben eten meegenomen*
3 dit woord gebruik je in verschillende verbindingen
een ziekte hebben: ziek zijn
angst hebben: bang zijn
4 het hebben over iets: over iets praten ✦ *Chris had het de hele dag over het weer*
5 iets hebben aan iets: voordeel van iets hebben ✦ *toen haar vader overleed, had ze veel aan haar vrienden* ✦ *ik heb tijdens mijn vakantie veel gehad aan het gidsje over Portugal*
6 iets met iemand hebben: een relatie met iemand hebben ✦ *sinds Vincent en Alie iets met elkaar hebben, zie je hen altijd samen*
7 iets niet willen hebben: niet willen dat iets gebeurt ✦ *ik wil niet hebben dat je alleen door het donker loopt*

heb·be·rig [bijvoeglijk naamwoord]
hebberige mensen willen veel hebben en houden = hebzuchtig, egoïstisch ⇔ gul ✦ *het meisje was zo hebberig dat ze meteen twee koekjes pakte*

de **heb·zucht**
het gevoel dat je alles voor jezelf wilt hebben = het egoïsme ✦ *hij kocht het schilderij niet omdat hij het zo mooi vond, maar uit hebzucht*

hecht [bijvoeglijk naamwoord]
in een hechte relatie, groep enz. voelen mensen zich erg verbonden = innig ✦ *Leo komt uit een hechte familie die elkaar vaak ziet*

hech·ten [hechtte, heeft gehecht]
1 dichtmaken, vooral met naald en draad [iemand hecht iets] ✦ *de dokter hechtte de wond*
2 vast blijven plakken [iets hecht] ✦ *de verf hechtte niet op de muur*

zich **hech·ten aan** [hechtte zich aan, heeft zich gehecht aan]
je verbonden voelen met iemand of iets [iemand hecht zich aan iemand of iets] ✦ *het kind hechtte zich snel aan de nieuwe hond* ✦ *ik ben erg aan mijn familie gehecht*

hech·ten aan [hechtte aan, heeft gehecht aan]
belangrijk vinden [iemand hecht aan iets] ✦ *zijn familie hecht aan goede manieren*
waarde hechten aan iets: iets belangrijk vinden ✦ *ik hecht veel waarde aan de goede relatie met mijn ouders*

de **hech·te·nis**
een straf waarbij je in de gevangenis zit voor ten minste een dag en ten hoogste een jaar en vier maanden ✦ *de man zit sinds januari in hechtenis*

de **hech·ting** [hechtingen]
de draad waarmee een wond is gehecht* (bet. 1) ✦ *na het ongeluk had Casper drie hechtingen in zijn hoofd*

de **hec·ta·re** [hectaren, hectares]
10.000 m^2 = de bunder ✦ *de boer had 60 hectare grond*

hec·tisch [bijvoeglijk naamwoord]
in een hectische situatie is het opeens heel druk omdat er heel veel dingen tegelijk gebeuren = chaotisch ✦ *toen de aandelen opeens snel daalden, werd het erg hectisch op de beurs*

de **hec·to·li·ter** [hectoliters]
honderd liter meten

de **hec·to·me·ter** [hectometers]
honderd meter meten

het **he·den**[1]
het moment van nu ⇔ het verleden

he·den[2] [bijwoord]
nu; vandaag ✦ *heden alle boeken voor de helft van de prijs!*

he·den·daags [bijvoeglijk naamwoord]
hedendaagse dingen zijn modern en van deze tijd ✦ *het Tate Modern in Londen is een museum voor hedendaagse kunst*

•**heel**[1] [bijvoeglijk naamwoord]
1 een voorwerp, apparaat enz. is heel als het niet kapot is = gaaf ✦ *het glas viel,*

ha

maar gelukkig was het nog heel
2 iets is heel als er niets aan ontbreekt = compleet ✦ *een heel brood alstublieft!* ✦ *ik heb de hele avond zitten wachten*

•**heel²** [bijwoord]
erg; zeer ✦ *naast ons woont een heel vervelend jongetje*

het **heel·al**
de ruimte waarin de aarde, de sterren en de planeten zich bevinden = de kosmos

•**heen** [bijwoord]
ergens naartoe ⇔ terug ✦ *waar ga je heen?*
heen en weer: in twee richtingen ✦ *de agente liep een paar keer heen en weer door de straat*

het **heen·ko·men**
een veilig heenkomen zoeken: een plaats zoeken waar je veilig bent

de **heen·ron·de** [heenrondes, heenronden] (in België)
de eerste helft van een serie wedstrijden waarbij alle clubs één keer tegen elkaar spelen ⇔ de terugronde

de •**heer** [heren]
1 een nette man ✦ *in zijn nette pak zag hij eruit als een echte heer*
2 (formeel) de man ✦ *ik had een gesprek met de heer Westra* ✦ *goedenavond dames en heren!*

de **Heer**
God of Christus

•**heer·lijk** [bijvoeglijk naamwoord]
1 heerlijke dingen zijn erg lekker ✦ *de soep was heerlijk*
2 heerlijke dingen zijn erg fijn ✦ *wat heerlijk dat je bent gekomen!*

de **heer·schap·pij**
de macht over een volk = het bewind ✦ *door de verkiezingen kwam er na veertien jaar een einde aan de heerschappij van de president*

•**heer·sen** [heerste, heeft geheerst]
1 de leider zijn [iemand heerst (over iemand of iets)] ✦ *koning Darius heerste in de vijfde eeuw voor Christus over Perzië*
2 vóórkomen; er zijn [er heerst iets, bijv. een ziekte] ✦ *omdat er griep heerste, waren veel mensen afwezig*

hees [bijvoeglijk naamwoord]
een hese stem geeft heel weinig geluid ✦ *de kinderen waren hees geworden van het schreeuwen*

de **hees·ter** [heesters]
de struik

•**heet** [bijvoeglijk naamwoord]
1 hete dingen zijn erg warm ✦ *in Nederland en België zijn er per jaar niet veel hete dagen*
2 heet eten geeft in je mond een gevoel van brand = scherp ✦ *Indonesisch eten is vaak heet*

de **hef·boom** [hefbomen]
een soort stok waarmee je iets zwaars omhoog kunt tillen

hefboom

hef·fen [hief, heeft geheven]
1 optillen = opheffen [iemand heft iets] ✦ *kunt u uw arm heffen?*
2 verplicht laten betalen [de overheid heft iets, vooral belasting] ✦ *weet jij hoeveel belasting er geheven wordt op een pakje sigaretten?*

de **hef·fing** [heffingen]
het geld dat je als belasting moet betalen

het **heft** [heften]
het deel van een mes dat je vasthoudt = het handvat

•**hef·tig** [bijvoeglijk naamwoord]
iets wat heftig is, is fel en hevig ✦ *de uitspraak van de minister leidde tot heftige reacties*

de **heg** [heggen]
een dichte rij lage bomen of struiken als grens van bijv. een tuin = de haag ✦ *tussen de twee tuinen staat een hoge heg*

de **he·ge·mo·nie** [hegemonieën]
de situatie dat een groep of land duidelijk meer macht heeft dan andere groepen of landen ✦ *Engeland had heel lang de hegemonie op zee*

de **hei** [heiden]
1 een gebied met zand waar hei* (bet. 2) groeit
2 een plant met veel kleine roze of paarse bloemetjes

hei 2

de **hei·bel** (informeel)
een ruzie omdat je het niet met elkaar eens bent = de bonje ✦ *de twee broers hebben voortdurend heibel over het bedrijf*

hei·de *zie:* **heien**

hei·en [heide, heeft geheid]
lange palen met een machine de grond in slaan, als basis voor een gebouw [iemand heit]

het **heil**
het geluk
geen heil zien in iets: verwachten dat iets geen goed resultaat zal hebben ✦ *hoewel ze dringend geld nodig hadden, zagen ze er geen heil in om hun boot te verkopen*
je heil zoeken in iets: je geluk of een oplossing proberen te vinden in iets ✦ *toen zijn vrouw hem verliet, zocht hij zijn heil in de drank*

•**hei·lig** [bijvoeglijk naamwoord]
1 iets wat heilig is, heeft een bijzondere betekenis voor mensen die in God geloven ✦ *Mekka is voor moslims een heilige plaats*
de Heilige Geest: de geest die volgens de christenen door God naar de mensen is gestuurd en die tegelijk deel is van God
2 ernstig; met veel gevoel ✦ *hij had zich heilig voorgenomen vroeg naar huis te gaan* ✦ *ik ben er heilig van overtuigd dat het een goede beslissing is*

het **hei·lig·dom** [heiligdommen]
een heilige (bet. 1) ruimte, zoals een kerk of een moskee

de **hei·li·ge** [heiligen]
iemand die heilig (bet. 1) is volgens de rooms-katholieke leer, en 'Sint' voor zijn of haar naam heeft ✦ *in de kerk worden resten van heiligen bewaard*

hei·li·gen [heiligde, heeft geheiligd]
het doel heiligt de middelen: alles mag als het doel goed is

heil·zaam [bijvoeglijk naamwoord]
iets wat heilzaam is, is gezond voor het lichaam of de geest ✦ *het was heilzaam om na de hete dag te gaan zwemmen*

hei·me·lijk [bijvoeglijk naamwoord]
als je iets heimelijk doet, wil je dat niemand het merkt = stiekem, in het geheim ✦ *de twee hebben elkaar een paar keer heimelijk ontmoet*

het **heim·wee**
een groot verlangen om thuis te zijn terwijl je ergens anders bent ✦ *het meisje heeft vaak heimwee als ze ergens logeert*

hein·de [bijwoord]
van heinde en verre: overal vandaan ✦ *van heinde en verre kwamen mensen naar de brand kijken*

het •**hek** [hekken]
1 een soort wand van bijv. hout of ijzer, die twee ruimtes buiten van elkaar scheidt = de omheining
2 een soort deur tussen twee ruimtes buiten ✦ *doe het hek dicht, anders loopt de hond weg*
het hek is van de dam: er ontstaan grote problemen

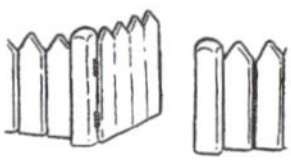

hek 2

de **he·kel**
een hekel hebben aan iemand of iets: iemand of iets heel vervelend vinden ✦ *hij heeft een enorme hekel aan druk verkeer*

he·ke·len [hekelde, heeft gehekeld]
een erg negatief oordeel geven over iemand of iets = bekritiseren [iemand hekelt iemand of iets] ✦ *in het artikel werd het beleid van het kabinet gehekeld*

de **hek·ken·slui·ter** [hekkensluiters]
iemand die de laatste plaats heeft ✦ *Feyenoord speelt vanavond tegen hekkensluiter NAC*

de **heks** [heksen]
in verhalen een gemene vrouw die kan toveren

de **hel**[1]
1 een plaats met vuur, waarvan men zegt dat slechte mensen er na hun dood komen
2 een plaats of een situatie die heel erg vervelend is ✦ *de wedstrijd Parijs-Rou-*

baix wordt 'de Hel van het Noorden' genoemd, omdat het parcours zo zwaar is

hel² [bijvoeglijk naamwoord]
hel licht is fel voor je ogen

he·laas¹ [bijwoord]
van iets wat helaas gebeurt, vind je het jammer dat het gebeurt = jammer genoeg ✦ *helaas zijn er weinig mensen gekomen*

he·laas² [tussenwerpsel]
dit woord gebruik je als je wilt zeggen dat je iets jammer vindt ✦ *helaas, u bent te laat*

de **held** [helden] **hel·din** [heldinnen]
iemand die anderen helpt door iets te doen wat anderen niet durven ✦ *de held redde het kind uit het water*

•hel·der [bijvoeglijk naamwoord]
1 helder water is zuiver, zodat je er doorheen kunt kijken ✦ *door het heldere water kon je de bodem van de rivier zien*
2 helder licht kun je goed zien ✦ *de maan was die nacht heel helder*
3 een heldere stem klinkt mooi en duidelijk
4 iets wat helder is, is duidelijk en goed te begrijpen ✦ *in een helder verhaal legde hij uit hoe het probleem was ontstaan*

•he·le·boel [hoofdtelwoord]
een heleboel: heel veel ✦ *hij heeft een heleboel bier gedronken* ✦ *in de brief stonden een heleboel fouten*

•he·le·maal [bijwoord]
1 geheel = totaal ✦ *je moet je boterham helemaal opeten* ✦ *ze blijkt helemaal niet ziek te zijn!*
2 ver weg ✦ *ik zie haar niet vaak meer sinds ze helemaal in Limburg woont*

he·len [heelde]
1 [is geheeld] gezond worden = genezen [een wond heelt] ✦ *als de wond geheeld is, mag u het ziekenhuis verlaten*
2 [heeft geheeld] gezond maken = genezen [iemand heelt een wond]

de **•helft** [helften]
een deel dat vijftig procent is van het geheel ✦ *de helft van de mensen in ons bedrijf woont in Rotterdam* ✦ *de linkerhelft van zijn gezicht was rood door de zon*

de **he·li·kop·ter** [helikopters]
een klein soort vliegtuig dat recht omhoog kan vliegen

helikopter

hel·len [helde, heeft geheld]
een beetje naar voren of naar achteren staan of liggen [iets helt] ✦ *de toren van Pisa helt sinds 2001 veel minder dan vroeger*

de **hel·ling** [hellingen]
1 een stuk van een weg of een deel van de aarde dat helt* ✦ *op de helling van de berg stond een mooi wit huis*
2 een schuin deel van een plaats waar schepen gebouwd worden ✦ *het schip gleed van de helling het water in*
iets komt op de helling te staan: iets gaat misschien niet door ✦ *door de regen is het feest op de helling komen te staan*

de **helm** [helmen]
een voorwerp van een hard materiaal dat je draagt om je hoofd te beschermen ✦ *als je op een brommer rijdt, moet je een helm dragen*

helm

de **help·desk** [helpdesks]
een afdeling van een bedrijf waar je hulp kunt krijgen bij problemen met de computer

•hel·pen [hielp, heeft geholpen]
1 hulp geven [iemand helpt (iemand, met iets)] ✦ *wie wil mij helpen met het neerzetten van de stoelen?*
2 hulp geven in een winkel [iemand helpt iemand] ✦ *wordt u al geholpen, meneer?*
3 nuttig zijn [iets helpt (tegen iets)] ✦ *de leraar zei voor de tiende keer 'stilte!', maar het hielp niet* ✦ *die medicijnen helpen erg goed tegen hoofdpijn*
4 iets niet kunnen helpen: geen schuld hebben aan iets ✦ *ik kan het ook niet helpen dat het regent!*

hel·pen aan [hielp aan, heeft geholpen aan]

he

leveren; geven [iemand helpt iemand aan iets] ✦ *wie kan mij helpen aan het telefoonnummer van Isabel?*

•**hem** [persoonlijk voornaamwoord]
dit woord gebruik je als je over een man praat of over een begrip waarvoor je een de-woord gebruikt ✦ *hij heeft beloofd om drie uur hier te zijn, maar ik zie hem nog niet* ✦ *ze vond de auto mooi, maar ze heeft hem niet gekocht* ✦ *Anneke vindt Gerard heel leuk, maar ze durft het niet tegen hem te zeggen* **voornaamwoorden**

het **hemd** [hemden]
een kledingstuk dat je op je lichaam draagt onder je kleren
in je hemd staan: belachelijk gemaakt worden

hemd

de •**he·mel** [hemelen]
1 de ruimte boven de aarde ✦ *de zon staat hoog aan de hemel*
2 de plaats waar gelovige mensen God hopen te ontmoeten na hun dood ✦ *ze vertelde haar dochtertje dat opa nu in de hemel was*
iemand de hemel in prijzen: met erg veel nadruk zeggen dat je iemand heel goed, slim enz. vindt

het **he·mel·li·chaam** [hemellichamen]
een object in de ruimte, zoals de zon, de maan enz.

de **he·mel·vaarts·dag**
een christelijk feest, veertig dagen na Pasen op donderdag, waarop gevierd wordt dat Christus naar de hemel ging **feestdagen**

hem·zelf [persoonlijk voornaamwoord]
dit woord gebruik je als je met nadruk over een man praat ✦ *ik weet zeker dat het waar is, want ik heb het van hemzelf gehoord*

de **hen**[1] [hennen]
de kip **dieren**

•**hen**[2] [persoonlijk voornaamwoord]
dit woord gebruik je als lijdend voorwerp als je over meer mensen praat, of na een voorzetsel ✦ *ik wist niet waar ze waren, maar mijn broer zag hen lopen op straat* ✦ *ik heb het aan hen gevraagd* **voornaamwoorden**

de **hen·del** [hendels]
een soort stokje om een machine te bedienen ✦ *je kunt de stoel hoger en lager zetten met het hendeltje*

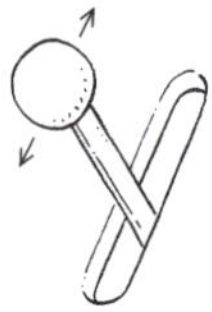

hendel

de **hen·gel** [hengels]
een stok met een draad eraan om vissen te vangen

het **heng·sel** [hengsels]
een ding waaraan je een tas of een emmer kunt pakken

hengsel

de **hengst** [hengsten]
1 een mannelijk paard of een mannelijke ezel **dieren**
2 (informeel) een harde klap = de dreun

her [bijwoord]
1 geleden ✦ *van jaren her wist hij nog hoe de machine werkte*
2 her en der: op verschillende plaatsen ✦ *het was niet netjes in haar kamer, want her en der lagen kleren*
3 van hot naar her: naar alle kanten; van de ene plaats naar de andere ✦ *ik werd van hot naar her gestuurd, maar in geen enkele winkel hadden ze het boek dat ik zocht*

her-
opnieuw ✦ *hergebruiken* ✦ *herbeleven*

de **her·berg** [herbergen]
een café, restaurant of hotel in vroegere tijden ✦ *gelukkig was er nog plaats in de herberg*

her·ber·gen [herbergde, heeft geherbergd]
1 een plaats geven om te slapen = huisvesten [iemand herbergt iemand] ✦ *zij hadden niet genoeg kamers om alle gasten te herbergen*

2 in zich hebben = bevatten [iets herbergt iets] ✦ *de nieuwe bioscoop herbergt negen zalen*

her·den·ken [herdacht, heeft herdacht]
officieel denken aan een belangrijke gebeurtenis in het verleden [iemand herdenkt iets of iemand] ✦ *de slachtoffers van het geweld werden herdacht met twee minuten stilte*

de **her·der** [herders]
1 [vrouw: her·de·rin; herderinnen] iemand die voor een groep schapen zorgt
2 een bepaald soort hond = de herdershond

herder 2

de **her·druk** [herdrukken]
een nieuwe druk van een boek

het **he·ren·huis** [herenhuizen]
een groot en mooi huis in de stad

her·eni·gen [herenigde, heeft herenigd]
weer bij elkaar brengen [iemand herenigt mensen] ✦ *toen de zusjes na tien jaar weer werden herenigd, moesten ze allebei huilen*

het **her·exa·men** [herexamens]
een nieuwe kans om een examen te doen ✦ *toen ze het examen niet haalde, mocht ze gelukkig nog een herexamen doen*

de ***herfst**
het seizoen tussen de zomer en de winter, waarin de bladeren van de bomen vallen en het kouder wordt = het najaar
weer[1] maanden

herfst·ach·tig [bijvoeglijk naamwoord]
als het herfstachtig weer is, regent het en waait het

het **her·ge·bruik**
het opnieuw gebruiken van stoffen en voorwerpen die mensen niet meer nodig hebben, vooral omdat dat beter is voor het milieu = de recycling ✦ *door de nieuwe wet is hergebruik van glas goedkoper geworden*

her·haal·de·lijk [bijwoord]
meer keren; vaker ✦ *de jongen was al herhaaldelijk door de politie gewaarschuwd*

***her·ha·len** [herhaalde, heeft herhaald]
nog een keer doen of zeggen [iemand herhaalt iets] ✦ *de vrouw herhaalde dat ze niet bereid was mee te doen aan de actie* ✦ *we moeten les 6 nog een keer herhalen*

de **her·ha·ling** [herhalingen]
de keer dat iets opnieuw gebeurt ✦ *er werd alles aan gedaan om een herhaling van de gebeurtenis te voorkomen* ✦ *morgen is de herhaling van het programma*
in herhaling vallen: telkens hetzelfde doen of zeggen

zich ***her·in·ne·ren** [herinnerde zich, heeft zich herinnerd]
in je gedachten laten terugkomen [iemand herinnert zich iets of iemand] ✦ *opeens herinnerde ze zich hoe ze samen op de bank hadden gezeten* ✦ *de man kon zich de slager uit het dorp nog goed herinneren*

***her·in·ne·ren aan** [herinnerde aan, heeft herinnerd aan]
1 in iemands gedachten laten terugkomen [iets herinnert iemand aan iets] ✦ *de geur in het oude huis herinnerde hem aan zijn jeugd*
2 zorgen dat iemand iets niet vergeet [iemand herinnert iemand aan iets] ✦ *herinner je me eraan dat ik nog een kaartje voor de trein moet kopen?*

de ***her·in·ne·ring** [herinneringen]
1 iets wat je je herinnert ✦ *hij had mooie herinneringen aan zijn jeugd*
2 [geen meervoud] de mogelijkheid om je iets te herinneren = het geheugen ✦ *zijn naam was uit mijn herinnering verdwenen*
3 een voorwerp dat zorgt dat je iets niet vergeet = het souvenir, het aandenken ✦ *op de kast stonden herinneringen aan de vele reizen die de man gemaakt had*

de **her·kan·sing** [herkansingen]
een nieuwe kans als je de eerste keer geen succes hebt gehad ✦ *toen ze de eerste wedstrijd verloren had, kreeg ze gelukkig nog een herkansing*

her·kau·wen [herkauwde, heeft herkauwd]
1 opnieuw kauwen op eten dat uit de maag terugkomt [een dier herkauwt (eten)] ✦ *de koeien stonden te herkauwen in het veld*

2 iets zo vaak vertellen dat het gaat vervelen [iemand herkauwt iets] ✦ *de journalist bleef het onderwerp herkauwen waardoor niemand zijn artikelen meer las*

her·ken·baar [bijvoeglijk naamwoord]
iets wat herkenbaar is, is gemakkelijk te herkennen, of heel bekend omdat je zoiets zelf ook hebt meegemaakt ✦ *hij is herkenbaar aan zijn lange, zwarte haren* ✦ *ze vertelde een heel herkenbaar verhaal over haar kinderen*

•**her·ken·nen** [herkende, heeft herkend]
door zien of horen weer weten wat of wie iets of iemand is [iemand herkent iemand of iets] ✦ *met zijn donkere bril werd hij door niemand herkend*

de **her·ken·ning** [herkenningen]
de keer dat je iemand of iets herkent

de **her·komst** [herkomsten]
de plek waar iemand of iets vandaan komt ✦ *de herkomst van het schilderij is niet helemaal zeker*

her·le·ven [herleefde, is herleefd]
weer nieuwe kracht krijgen [iemand of iets herleeft] ✦ *in het museum herleefden oude tijden*

her·me·tisch [bijvoeglijk naamwoord]
als iets hermetisch gesloten is, kan er zelfs geen lucht in of uit ✦ *ze merkten dat de deur hermetisch dicht zat*

de **her·nia**
een ziekte aan je rug waardoor je heel veel pijn hebt

her·nieu·wen [hernieuwde, heeft hernieuwd]
weer nieuwe kracht geven [iemand hernieuwt iets] ✦ *na de koffie begon ze met hernieuwde moed aan haar werk*

de **he·ro·ï·ne**
een bepaalde drug waarvan je snel afhankelijk wordt

zich **her·pak·ken** [herpakte zich, heeft zich herpakt] (in België)
je herstellen na een korte periode waarin iets niet zo goed ging [iemand of iets herpakt zich] ✦ *in de eerste tien minuten van de wedstrijd speelden we erg slecht, maar daarna herpakten we ons*

de **her·rie**
1 het lawaai ✦ *de brommers maakten herrie in de straat*
2 (informeel) de ruzie ✦ *er was herrie in de trein omdat iemand geen kaartje had*

de **her·se·nen** [meervoud]
het orgaan in je hoofd dat je lichaam stuurt en waarmee je denkt en voelt

de **her·sens** [meervoud]
1 de hersenen; het verstand
je hersens gebruiken: nadenken ✦ *om dat probleem op te lossen, moet je gewoon je hersens gebruiken*
hoe haal je het in je hersens!: dit zeg je als je verbaasd en boos bent vanwege iets dat iemand gedaan heeft ✦ *hoe haal je het in je hersens om mijn nieuwe broek aan te trekken!*
2 elkaar de hersens inslaan: heel erge ruzie hebben met elkaar

de **her·sen·schud·ding** [hersenschuddingen]
een ziekte die je kunt krijgen als je een harde klap op je hoofd hebt gehad of als je bent gevallen ✦ *door haar hersenschudding had ze nog weken pijn in haar hoofd*

de **her·sen·vlies·ont·ste·king**
een ernstige ziekte in je hoofd

het **her·stel**
1 de situatie dat iemand weer beter wordt na een ziekte ✦ *nadat de vrouw was geopereerd duurde het herstel nog een paar weken*
2 de keer dat je iets weer heel maakt = de reparatie ✦ *het herstel van de weg zal wel enkele dagen duren*

•**her·stel·len** [herstelde]
1 [is hersteld] beter worden [iemand herstelt] ✦ *na de ziekte herstelde hij gelukkig snel*
2 [heeft hersteld] verbeteren zodat het weer goed wordt [iemand herstelt iets] ✦ *ze herstelde de fout meteen*

het **hert** [herten]
een lichtbruin zoogdier

hert

her·val·len [herviel, is hervallen] (in België)
in een vorige, slechte toestand komen [iemand hervalt (in iets)] ✦ *ik was hersteld van mijn griep, maar gisteren ben ik hervallen*

her·vat·ten [hervatte, heeft hervat]
na een tijdje met iets doorgaan [iemand hervat iets] ✦ *toen de regen ophield, kon de wedstrijd worden hervat*

her·vie·len *zie:* **hervallen**

her·vormd[1] [bijvoeglijk naamwoord]
iemand die hervormd is, heeft een bepaald protestants geloof ✦ *zij is lid van de hervormde kerk* religie

her·vormd[2] *zie:* **hervormen**

her·vor·men [hervormde, heeft hervormd]
iets sterk veranderen om het beter te maken [iemand hervormt iets, bijv. het onderwijs of de maatschappij]

de **her·vor·ming** [hervormingen]
een grote verandering om iets beter te maken ✦ *door de hervormingen in het onderwijs kregen leerlingen het veel drukker*

her·za·gen *zie:* **herzien**

her·zien [herzag, heeft herzien]
aanpassen en zorgen dat het beter wordt = verbeteren, corrigeren [iemand herziet een tekst, een mening] ✦ *is er al een herziene druk van het woordenboek?* ✦ *na de beslissing van de rechter moest de gemeente de plannen herzien*

he·sen *zie:* **hijsen**

de **hesp** [hespen] (in België)
een stuk vlees van een varken, dat meestal in plakjes op brood wordt gegeten = de ham

het[1] [persoonlijk voornaamwoord]
dit woord gebruik je als het onderwerp of het lijdend voorwerp onbepaald is, of om te verwijzen naar onzijdige woorden ✦ *het is een geluk dat het niet regent* ✦ *het was een grote vis* ✦ *heb je het gehoord? Mijn broer is gezakt voor zijn examen!* voornaamwoorden

het[2] [lidwoord]
een woord dat voor een onzijdig zelfstandig naamwoord kan staan ✦ *het boompje moest nog flink groeien*

•**he·ten** [heette, heeft geheten]
die naam hebben; zo genoemd worden [iemand of iets heet ...] ✦ *mijn broer heet Michiel* ✦ *weet jij hoe die plant heet?*

de **he·ter·daad**
iemand op heterdaad betrappen: iemand iets zien doen wat niet mag ✦ *de dief werd op heterdaad betrapt en kreeg een flinke straf*

de **he·te·ro** [hetero's]
een man die van vrouwen houdt of een vrouw die van mannen houdt ⇔ de homo

•**het·geen** [betrekkelijk voornaamwoord] (formeel)
dit woord gebruik je als het gaat over iets dat je eerder in de zin gezegd hebt = wat ✦ *het hart van de patiënt functioneert niet goed meer, hetgeen betekent dat hij geopereerd moet worden*

de **het·ze** [hetzes]
een poging om te zorgen dat mensen slecht over iemand gaan denken ✦ *de kranten voerden een hetze tegen de nieuwe partij*

•**het·zelf·de** [aanwijzend voornaamwoord]
dit woord gebruik je als iets gelijk is aan iets anders, bij een het-woord; bij een de-woord wordt 'dezelfde' gebruikt ✦ *Mia droeg hetzelfde bloesje als Janneke* ✦ *de boeken over het onderwerp zeiden allemaal hetzelfde*

het·zij [voegwoord]
hetzij ..., hetzij ...: dit woord gebruik je als er verschillende mogelijkheden zijn; of ..., of ... ✦ *de reis kan hetzij per bus, hetzij per auto worden gemaakt*

de **heup** [heupen]
elk van de twee zijkanten van je lichaam waar je been aan je bovenlichaam zit ✦ *de vrouw is gevallen en heeft haar heup gebroken*

heus [bijvoeglijk naamwoord]
echt; werkelijk ✦ *vanmiddag heb ik met een heuse prinses gesproken* ✦ *ik kan dat heus wel onthouden, hoor!*

de •**heu·vel** [heuvels]
een kleine, lage berg ✦ *Nederland en België hebben geen bergen, alleen maar heuvels* landschap

•**he·vig** [bijvoeglijk naamwoord]
erg; sterk; zeer ✦ *ik voelde een hevige pijn toen ik tegen de muur liep*

de **hiel** [hielen]
het achterste deel van je voet ✦ *de schoen zit bij de hiel een beetje strak*
iemand op de hielen zitten: heel dicht achter iemand aan zitten ✦ *de politie zat de dief op de hielen*

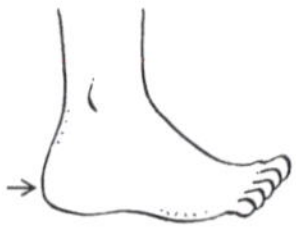

hiel

hiel·den *zie:* **houden**
hiel·pen *zie:* **helpen**
***hier** [bijwoord]
1 op deze plaats ⇔ daar ✦ *deze mensen wonen hier leuk* ✦ *wil je even hier komen?*
2 hier-
hier-
samen met een voorzetsel gebruikt om iets te zeggen over een onderwerp van gesprek; soms staat 'hier' los van het voorzetsel ✦ *hieraan kun je je kleren hangen* ✦ *hij heeft als leraar gewerkt maar hierover praat hij niet graag* er- + voorzetsel
hier·aan [bijwoord]
hier- ✦ *de burgemeester zal morgen vertellen wat hij hieraan gaat doen*
de **hi·ë·rar·chie** [hiërarchieën]
de structuur van een organisatie waarbij sommige mensen de baas zijn van andere mensen = de rangorde ✦ *in het team is geen hiërarchie: iedereen is gelijk*
hier·bij [bijwoord]
hier- ✦ *gisteren is er een ongeluk gebeurd; hierbij raakten twee mensen gewond*
hier·bo·ven [bijwoord]
hier- ✦ *dit is mijn slaapkamer en hierboven is de zolder*
hier·door [bijwoord]
1 vanwege iets wat eerder genoemd is ✦ *ik kon mijn sleutels niet vinden en hierdoor ben ik te laat*
2 hier- ✦ *dit is de gang en hierdoor kun je naar de keuken lopen*
hier·heen [bijwoord]
naar deze plaats ✦ *meestal ga ik bij mijn ouders op bezoek, maar vandaag komen zij hierheen*
hier·in [bijwoord]
hier- ✦ *hierin bewaar ik mijn geld*
hier·mee [bijwoord]
hier- ✦ *hiermee heeft hij haar geslagen*
het **hier·na·maals**
de plaats waar je geest komt na je dood ✦ *hij gelooft niet in een hiernamaals*
hier·op [bijwoord]
1 hierna; vervolgens ✦ *hierop verliet ze de kamer*
2 hier- ✦ *dit is het bureau en hierop ligt de kat vaak te slapen*
hier·over [bijwoord]
hier- ✦ *hierover moeten we nog eens praten*
hier·toe [bijwoord]
1 met dit doel ✦ *hij wilde een groot feest geven en hiertoe huurde hij een zaal*
2 hier- ✦ *hij vroeg om een hoger loon, maar zijn baas was hiertoe niet bereid*
hier·uit [bijwoord]
hier- ✦ *hieruit trok zij de conclusie dat ze niet welkom was*
hier·van [bijwoord]
hier- ✦ *wat vind je hiervan?*
hier·voor [bijwoord]
1 voor het moment of de plaats waarover je spreekt ✦ *nu is ze directeur van een groot bedrijf, maar hiervoor werkte ze in het onderwijs*
2 hier- ✦ *hiervoor heb je alleen pen en papier nodig*
hie·ven *zie:* **heffen**
high·tech [bijvoeglijk naamwoord]
een hightech apparaat werkt met heel moderne technologie ✦ *in de oorlog werden veel hightech wapens gebruikt*
***hij** [persoonlijk voornaamwoord]
dit woord gebruik je als onderwerp als je over een man praat ✦ *Boris leest veel; hij koopt iedere week een boek*
voornaamwoorden
hij·gen [hijgde, heeft gehijgd]
snel en diep ademen [iemand hijgt] ✦ *toen Daniël naar de bus was gerend, zat hij daarna nog vijf minuten te hijgen*
hij·sen [hees, heeft gehesen]
1 aan een touw omhoogtrekken [iemand hijst iets] ✦ *de piano kon niet door de deur en moest door het raam naar binnen worden gehesen*
2 (informeel) veel alcohol drinken [iemand zit te hijsen] ✦ *na het examen zijn we in het café gaan zitten hijsen*
de **hijs·kraan** [hijskranen]
een machine om zware lasten omhoog te hijsen* (bet. 1)

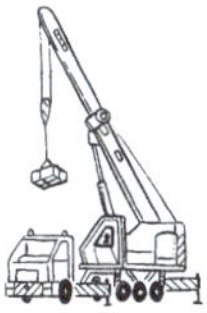

hijskraan

hindernis 2

hij·zelf [persoonlijk voornaamwoord]
dit woord gebruik je als je met nadruk over een man praat ✦ *hijzelf kon niet mee, maar zijn vriendin wel*

de **hik**
de hik hebben: steeds een plotselinge beweging in je buik krijgen, waardoor je een hoog geluid maakt ✦ *ze at haar boterham heel snel en kreeg toen de hik*

hi·la·risch [bijvoeglijk naamwoord]
om hilarische dingen moet je heel erg lachen ✦ *we hebben een hilarische film met Woody Allen gezien*

de **hin·der**
het feit dat je iets vervelend vindt, bijv. omdat het je mogelijkheden beperkt of omdat het je aandacht minder maakt = de last ✦ *het verkeer had veel hinder van het werk aan de weg* ✦ *ze had veel hinder van het lawaai bij de buren*

hin·de·ren [hinderde, heeft gehinderd]
iemand hinder* geven [iemand of iets hindert iemand] ✦ *het hinderde Jochem dat hij zich de naam van de schrijver niet meer kon herinneren*

de **hin·der·laag** [hinderlagen]
een plaats waar je je verbergt om iemand aan te vallen die dat niet verwacht = de valstrik ✦ *op weg naar de stad liepen de soldaten in een hinderlaag*

hin·der·lijk [bijvoeglijk naamwoord]
iets wat hinderlijk is, geeft hinder* = vervelend, lastig ✦ *het lawaai van de vliegtuigen is erg hinderlijk*

de **hin·der·nis** [hindernissen]
1 iets waardoor het moeilijk is om je doel te bereiken = de belemmering ✦ *de afstand was een grote hindernis voor Joost om bij zijn zus op bezoek te gaan*
2 een soort hek waar paarden bij een wedstrijd overheen moeten springen

het **hin·doe·ïs·me**
een religie uit India, waarbij men gelooft in meerdere goden en in meerdere levens religie

hin·gen *zie:* **hangen**

hin·ken [hinkte, heeft gehinkt]
moeilijk lopen omdat er iets niet goed is met je voet of je been [iemand hinkt] ✦ *na het ongeluk heeft zij nog dagen gehinkt*

hin·ni·ken [hinnikte, heeft gehinnikt]
het geluid maken dat typisch is voor paarden [paarden hinniken] dieren

de **hint** [hints]
informatie die je kan helpen iets te begrijpen, zonder dat je meteen de hele oplossing krijgt ✦ *de directeur mocht nog niet zeggen of Merel de baan zou krijgen, maar hij gaf wel een hint toen hij zei dat ze zich niet te veel zorgen moest maken*

hip [bijvoeglijk naamwoord] (informeel)
hippe kleren zijn leuke, moderne kleren

de **his·to·ri·cus** [historici] **his·to·ri·ca** [historica's]
iemand die de geschiedenis bestudeert ✦ *de historicus onderzocht de rol van de vrouw in de 17e eeuw*

de **his·to·rie**
de geschiedenis ✦ *de stad Utrecht heeft een interessante historie*

•his·to·risch [bijvoeglijk naamwoord]
historische zaken gaan over de geschiedenis ✦ *de stad Amersfoort heeft een mooi historisch centrum* ✦ *zij heeft veel historisch onderzoek gedaan*

de **hit** [hits]
1 een liedje dat veel succes heeft en vaak te horen is op de radio ✦ *'Yesterday' is de grote hit van de Beatles*
2 het resultaat van een zoekopdracht op internet = de treffer

de **hit·te**
de toestand dat het heel warm is

hi

de **hit·te·golf** [hittegolven]
een periode waarin het meerdere dagen achter elkaar heel warm is weer[1]

het **hiv**
human immunodeficiency virus: het virus dat aids veroorzaakt

hm [tussenwerpsel]
een geluidje dat je maakt om te laten merken dat je luistert of nadenkt ✦ *hm, ik weet niet of dat een goede oplossing is*

ho [tussenwerpsel]
een woordje om te zeggen dat iemand moet stoppen ✦ *ho, niet verder rijden!*

de **hob·bel** [hobbels]
een plek waar een stukje van de weg even iets hoger is = de bult ⇔ de kuil ✦ *we konden niet snel rijden door de vele hobbels op de weg*

hob·be·len [hobbelde, heeft gehobbeld]
op en neer gaan terwijl je rijdt [een auto, een wagen enz. hobbelt] ✦ *de bus hobbelde over het weggetje*

de **hob·by** [hobby's]
iets dat je graag doet in je vrije tijd, bijv. voetballen of lezen = de liefhebberij ✦ *zij heeft door haar drukke werk geen tijd voor hobby's*

de **ho·bo** [hobo's]
een muziekinstrument waarop je blaast

hobo

het **hoc·key**
een sport die gespeeld wordt met sticks en een kleine bal sport

•**hoe**[1] [bijwoord]
1 op welke manier ✦ *hoe kan ik het snelste bij het station komen?* ✦ *hoe kan ik je herkennen?*
2 een woord om te vragen naar een aantal of een grootte ✦ *hoe vaak ben jij in Parijs geweest?* ✦ *hoe lang ben jij?*

hoe[2] [voegwoord]
hoe … hoe …; hoe …, des te …: woorden waarmee een maat of een verhouding wordt aangegeven ✦ *het kind werd hoe langer hoe slimmer* ✦ *hoe groter de groep, des te gezelliger het wordt*

de •**hoed** [hoeden]
een kledingstuk, vaak met een rand, dat je op je hoofd zet ✦ *op het feest droegen veel vrouwen een mooie jurk en een hoed*

hoed

de **hoe·da·nig·heid** [hoedanigheden]
de functie; de rol ✦ *het kind vond het raar om zijn vader opeens in de hoedanigheid van leraar mee te maken*

de **hoe·de**
1 iemand of iets onder je hoede nemen: op iemand of iets passen; voor iemand of iets zorgen ✦ *Van Gaal heeft de jonge spelers onder zijn hoede genomen*
2 op je hoede zijn: goed oppassen omdat iets gevaarlijk lijkt ✦ *de man was op zijn hoede toen hij in het donker naar zijn auto liep*

hoe·den [hoedde, heeft gehoed]
op dieren passen terwijl ze buiten in het veld lopen [iemand hoedt dieren] ✦ *de jongen hoedde de schapen in de bergen*

het **hoe·de·recht** (in België, rechtspraak)
het recht van de moeder of van de vader om na een scheiding voor de kinderen te zorgen ✦ *de vader van Mieke heeft het hoederecht over twee kinderen uit zijn vorige huwelijk*

de **hoef** [hoeven]
het harde, onderste deel van de poot bij bijv. paarden en koeien

hoef

de •**hoek** [hoeken]
een plek waar twee lijnen samenkomen ✦ *op de hoek van de straat stond een oude man* ✦ *de jongen zat in een hoekje van de kamer te lezen* ✦ *een vierkant heeft allemaal rechte hoeken*

de **hoek·schop** [hoekschoppen]
de keer dat bij voetbal de bal over de achterlijn is gegaan en vanuit de hoek weer in het spel wordt gebracht = de corner

hoe·lang [bijwoord]
met dit woordje vraag je hoeveel tijd iets duurt ✦ *hoelang blijven jullie weg?*

het **hoen** [hoenderen, hoenders]
een kip of een haan dieren

de **hoer** [hoeren]
een vrouw die geld verdient door seks te hebben met mannen = de prostituee

hoe·ra [tussenwerpsel]
een woord dat je roept als je blij bent ✦ *hoera, we hebben gewonnen!*

de **hoes** [hoezen]
een soort zak, doosje enz. om een voorwerp te beschermen ✦ *de kussens op de bank hadden een blauwe hoes* ✦ *waar is het hoesje van de cd?*

hoes·ten [hoestte, heeft gehoest]
een speciaal geluid maken met je keel, vooral wanneer je verkouden bent = kuchen [iemand hoest] ✦ *toen de jongen voor het eerst een sigaret rookte, begon hij meteen te hoesten*

•**hoe·veel** [hoofdtelwoord]
welk aantal of welk bedrag ✦ *hoeveel mensen komen er op het feest?* ✦ *hoeveel kost dat brood?*

de •**hoe·veel·heid** [hoeveelheden]
een deel met betrekking tot het aantal of de grootte = de kwantiteit ✦ *in de dozen zat een grote hoeveelheid boeken* ✦ *er is vandaag een grote hoeveelheid regen gevallen*

•**hoe·ven** [hoefde, heeft gehoeven]
1 nodig zijn; moeten [iemand hoeft iets niet] ✦ *je mag me wel komen helpen maar het hoeft niet* ✦ *je hoeft me niet zo aan te kijken!* ✦ *de minister hoefde niet langer te zwijgen over zijn plannen*
2 willen; lusten [iemand hoeft geen eten of drinken] ✦ *ik hoef geen soep meer, want ik heb genoeg*

hoe·ver [bijwoord]
tot waar ✦ *hoever ben je nu met je werk?* ✦ *hoever is het lopen naar het station?*

hoe·ver·re [bijwoord]
in hoeverre: in welke mate ✦ *de professor onderzoekt in hoeverre het weer van invloed is op het geluk van mensen*

•**hoe·wel** [voegwoord]
een woord dat je gebruikt in een tegenstelling = alhoewel, ofschoon ✦ *hoewel het regende, ging hij toch op de fiets naar zijn werk*

hoe·zeer [voegwoord] (formeel)
hoe erg ✦ *hoezeer het me ook spijt, ik kom niet*

hoe·zo [bijwoord]
hoe bedoel je

de **hof**[1] [hoven] (formeel)
de tuin

het **hof**[2] [hoven]
1 het huishouden en het paleis van een koning of koningin
2 iemand het hof maken: heel aardig tegen iemand doen om een liefdesrelatie te krijgen
3 het hof van assisen: (in België) de rechtbank die zeer ernstige feiten behandelt, bijv. moord
4 het hof van beroep: (in België) de rechtbank waar je naartoe kunt gaan als je vindt dat een lagere rechtbank een verkeerde beslissing in jouw zaak heeft genomen
5 het Hof van Cassatie: (in België) de rechtbank die onderzoekt of een lagere rechtbank alle regels goed heeft toegepast rechtspraak

hof·fe·lijk [bijvoeglijk naamwoord]
een hoffelijke man is beleefd en aardig tegen vrouwen = galant ✦ *het is een hoffelijk gebaar om de deur voor iemand open te houden*

het **ho·ge·druk·ge·bied** [hogedrukgebieden]
een gebied waar de luchtdruk hoog is, waardoor het weer er mooi is

de **ho·ger·hand**
van hogerhand: door de regering, het bestuur, het gezag ✦ *van hogerhand kwamen er maatregelen tegen geweld op straat*

ho·ger·op [bijwoord]
op een hogere plaats in de organisatie ✦ *Mascha probeerde heel goed te werken, want ze wilde hogerop*

de **ho·ge·school** [hogescholen]
een school voor onderwijs na de middelbare school ✦ *hij is student bij de hogeschool in Den Haag* onderwijs

de **ho·ge·snel·heids·lijn** [hogesnelheidslijnen]
een spoorlijn voor hogesnelheidstreinen*

de **ho·ge·snel·heids·trein** [hogesnelheidstreinen]
een trein voor lange afstanden die erg snel gaat = de TGV

hoi [tussenwerpsel] (informeel)
1 een groet als je komt = hallo ✦ *hoi Monique, hoe gaat het?*
2 een groet als je weggaat = dag ✦ *ik ga weg, hoi!*
3 dit woord gebruik je als je blij bent dat iets gebeurt = hoera ✦ *hoi, we gaan morgen met vakantie!*

het **hok** [hokken]
een kleine ruimte, bijv. om dingen in te bewaren, of om kleine dieren in te houden ✦ *achter het huis was een hok voor de fietsen* ✦ *u kunt zich uitkleden in een van de hokjes*
iemand in een hokje stoppen: al heel snel een oordeel over iemand hebben

het **hol**[1] [holen]
1 een gat in de grond of in een boom waarin een dier woont
2 op hol slaan: van schrik wild beginnen te rennen ✦ *het paard schrok van de mensen en sloeg op hol*
3 op hol slaan: te hard en te lang doorgaan ✦ *ze zit iedere avond te werken, dus volgens mij is ze een beetje op hol geslagen*

hol[2] [bijvoeglijk naamwoord]
1 in een hol voorwerp zit een lege ruimte ⇔ massief ✦ *onder de vloer zit een holle ruimte voor de verwarming*
2 een hol vlak is naar binnen gebogen ⇔ bol ✦ *doordat het plein een beetje hol was, liep het water naar het midden*
3 holle woorden hebben weinig betekenis

de **hol·ding** [holdings]
een bedrijf dat de aandelen heeft van een of meer bedrijven

het **Hol·land**
1 Nederland ✦ *in Holland wordt veel kaas gegeten*
2 de provincies Zuid-Holland en Noord-Holland samen

De Nederlanders zelf noemen hun land meestal ‘Nederland’, maar buitenlanders spreken over ‘Holland’. Als Nederlanders in het buitenland zijn, spreken ze ook eerder over ‘Holland’.

de **Hol·lan·der** [Hollanders] **Hol·land·se** [Hollandsen]
iemand uit Holland = de Nederlander

het **Hol·lands**[1]
de taal die in Nederland wordt gesproken = het Nederlands

Hol·lands[2] [bijvoeglijk naamwoord]
iemand die of iets dat Hollands is, komt uit Nederland = Nederlands

hol·len [holde, heeft gehold]
rennen = hardlopen [iemand holt] ✦ *als je holt, haal je de trein nog net*

de **ho·lo·caust** [holocausten]
de moord op veel mensen van een volk, vooral op de joden tijdens de Tweede Wereldoorlog

holst
in het holst van de nacht: midden in de nacht ✦ *hij schrok toen er in het holst van de nacht gebeld werd*

het **home** [homes] (in België)
een instelling waar mensen wonen die verzorging nodig hebben = het tehuis ✦ *de vader van Julie zit sinds vorige week in een home* gezondheid

de **hom·ma·ge** [hommages]
iets wat je doet om eer te brengen aan iemand = het eerbetoon ✦ *hij heeft het boek geschreven als hommage aan zijn vader*

de **hom·mel** [hommels]
een insect

hommel

de **ho·mo** [homo's]
een man die van mannen houdt = de homoseksueel ⇔ de hetero

In Nederland kunnen sinds 2000 mannen officieel voor de wet met mannen trouwen en vrouwen met vrouwen, en in België sinds 2001. Ook bieden sommigen kerken de mogelijkheid van een huwelijk tussen homoseksuele paren.

de **ho·mo·fiel**[1] [homofielen]
een man die van mannen houdt = de homoseksueel

ho·mo·fiel[2] [bijvoeglijk naamwoord]
een homofiele man houdt van mannen = homoseksueel

de **ho·mo·sek·su·eel**[1] [homoseksuelen]
een man die van mannen houdt = de homo ⇔ de heteroseksueel

ho·mo·sek·su·eel[2] [bijvoeglijk naamwoord]
een homoseksuele man houdt van mannen; een homoseksuele vrouw houdt van vrouwen ⇔ heteroseksueel

de **homp** [hompen]
een stuk eten, bijv. kaas of brood, dat niet netjes gesneden is ✦ *hij gooide een homp brood naar de arme man*

de •**hond** [honden]
een dier dat blaft en dat vaak als gezelschap in huis leeft **dieren**
de gebeten hond zijn: de schuld krijgen
er was geen hond: er was niemand

hond

het **hon·derd**[1]
het loopt in het honderd: het gaat helemaal fout ✦ *toen de brief niet bij de post zat, liep alles in het honderd*

hon·derd[2] [hoofdtelwoord]
100 **getallen**

hon·derd·dui·zend [hoofdtelwoord]
100.000 **getallen**

hon·derd·ste [rangtelwoord]
100e

de •**hon·ger**
een sterke behoefte om te eten ✦ *ik neem een boterham, want ik heb honger*

de **hon·gers·nood** [hongersnoden]
een ernstig gebrek aan eten in een bepaald gebied ✦ *door de hongersnood vluchtten duizenden mensen naar het noorden*

de **hon·ger·sta·king** [hongerstakingen]
de situatie dat iemand protesteert door niet meer te eten ✦ *vier mensen waren in hongerstaking om hun vriend vrij te krijgen*

de **ho·ning**
een zoete stof die bijen maken van een stof uit bloemen, en die je op brood kunt doen

het **ho·no·ra·ri·um** [honoraria, honorariums]
het geld dat je krijgt voor een bepaalde taak ✦ *toen hij een boek had geschreven, duurde het lang voor hij zijn honorarium kreeg*

ho·no·re·ren [honoreerde, heeft gehonoreerd]
iemand iets geven dat hij officieel gevraagd heeft [iemand honoreert iets] ✦ *de eisen werden allemaal door de rechter gehonoreerd*

het •**hoofd** [hoofden]
1 het bovenste deel van je lichaam, waarin je ogen, oren, neus en mond zitten ✦ *de vrouw had zo'n pijn in haar hoofd dat ze bijna niet meer kon praten*
iets uit je hoofd leren: iets leren zodat de informatie helemaal in je hoofd zit ✦ *de toneelspeler moest veel tekst uit zijn hoofd leren*
het hoofd boven water houden: zorgen dat je genoeg geld hebt om te kunnen blijven bestaan ✦ *dankzij steun van de overheid kon de organisatie het hoofd boven water houden*
je hoofd breken over iets: heel hard nadenken over iets
iets hangt iemand boven het hoofd: er gaat iets vervelends of gevaarlijks met iemand gebeuren ✦ *de man wist niet dat hem een straf van tien jaar boven het hoofd hing*
iemand de hand boven het hoofd houden: iemand verdedigen ✦ *de directeur hield de chef de hand boven het hoofd, ook al werd steeds duidelijker dat de chef grote fouten had gemaakt*
iets over het hoofd zien: iets per ongeluk niet zien
2 de leider van een organisatie = de chef ✦ *de vrouw was jaren hoofd van de afdeling*
3 aan het hoofd van de tafel: aan een van de korte zijden

hoofd-
de belangrijkste … ✦ *de hoofdverdachte* ✦ *de hoofdmaaltijd*

hoofd·bre·kens
dat kost veel hoofdbrekens: het is zo moeilijk dat je er lang over moet nadenken

het **hoofd·dek·sel** [hoofddeksels]
een hoed, een pet of een muts ✦ *de man gaat nooit naar buiten zonder hoofddeksel*

de **hoofd·doek** [hoofddoeken]
een sjaal voor om je hoofd ✦ *Fatima draagt vanwege haar geloof altijd een*

ho

hoofddoek

het **hoofd·ge·recht** [hoofdgerechten]
het belangrijkste deel van een maaltijd ✦ *na de soep kwam het hoofdgerecht* maaltijden

de **hoofd·klas·se** [hoofdklassen]
de hoogste, belangrijkste groep bij een sport ✦ *de ploeg voetbalt al jaren in de hoofdklasse*

het **hoofd·kus·sen** [hoofdkussens]
een kussen op bed, voor je hoofd ✦ *ik slaap veel beter sinds ik een nieuw hoofdkussen heb*

het **hoofd·kwar·tier** [hoofdkwartieren]
het belangrijkste gebouw vanwaaruit de zaken geregeld worden, vooral in het leger ✦ *het hoofdkwartier van de Verenigde Naties is in New York*

ho

de **hoofd·let·ter** [hoofdletters]
een grote letter die je bijv. gebruikt aan het begin van een zin of als eerste letter van een naam = de kapitaal ✦ *'A' is een hoofdletter, en 'a' is een kleine letter*

de **hoofd·lijn** [hoofdlijnen]
de belangrijkste lijn ✦ *de hoofdlijn in het verhaal was de liefde tussen Jack en Roos* ✦ *in hoofdlijnen heb ik het verhaal wel begrepen*

de **hoofd·per·soon** [hoofdpersonen]
de belangrijkste persoon in een boek of film ✦ *de hoofdpersoon van het boek is een knap meisje van achttien*

de **hoofd·pijn** [hoofdpijnen]
pijn in je hoofd ✦ *ze kon niet goed werken omdat ze veel last had van hoofdpijn*

de **hoofd·prijs** [hoofdprijzen]
de eerste prijs in een wedstrijd ✦ *het meisje won de hoofdprijs met haar gedicht*

de **hoofd·re·dac·teur** [hoofdredacteuren, hoofdredacteurs] **hoofd·re·dac·tri·ce** [hoofdredactrices]
de leider van een groep mensen die de inhoud van een boek, krant of programma bedenkt en maakt

de **hoofd·rol** [hoofdrollen]
de belangrijkste rol in een toneelstuk of in een film

de **hoofd·rol·spe·ler** [hoofdrolspelers] **hoofd·rol·speel·ster** [hoofdrolspeelsters]
de persoon die in een toneelstuk de grootste rol heeft

de **hoofd·stad** [hoofdsteden]
de belangrijkste stad van een land of een provincie ✦ *Brussel is de hoofdstad van België* provincies

het **hoofd·stuk** [hoofdstukken]
elk van de delen waarin een boek is verdeeld ✦ *ik vond het derde hoofdstuk niet zo interessant*

de **hoofd·vo·gel** (in België)
de hoofdvogel afschieten: een heel domme fout maken ✦ *Yo schoot vanmorgen de hoofdvogel af, want ze zei dat China in Afrika lag!*

de **hoofd·zaak** [hoofdzaken]
het belangrijkste ✦ *de hoofdzaak is dat het werk op tijd klaar is*

•**hoofd·za·ke·lijk** [bijwoord]
vooral = voornamelijk ✦ *het bedrijf heeft hoofdzakelijk Belgen als klant*

de **hoofd·zin** [hoofdzinnen]
een zin die geen deel is van een andere zin ⇔ de bijzin ✦ *in de zin 'zij zegt dat de supermarkt om acht uur dicht gaat' is 'zij zegt' de hoofdzin*

•**hoog** [bijvoeglijk naamwoord]
1 hoge dingen hebben een grote afstand tussen het bovenste punt en het laagste punt ⇔ laag ✦ *er komt een hoog gebouw in de stad*
de ruzie loopt hoog op: de ruzie wordt erg heftig
dat probleem zit hem hoog: hij heeft veel last van dat probleem
2 een hoog bedrag heeft een grote waarde ⇔ laag ✦ *de aandelen staan erg hoog de laatste tijd*
3 een hoog geluid heeft snelle golven en klinkt scherp ⇔ laag ✦ *de vrouw kan heel erg hoog zingen*
4 een hoge positie is een belangrijke positie ✦ *ze had een hoge plaats in de organisatie*
5 het is de hoogste tijd: het is nu echt tijd ✦ *om twaalf uur was het de hoogste tijd om naar bed te gaan*
6 de Hoge Raad: de belangrijkste groep rechters in Nederland

hoog·ach·tend [bijvoeglijk naamwoord]
dit woord zet je onder een officiële brief, gevolgd door je naam ✦ *hoogachtend, Laurens Pietersen*

de **hoog·dag** [hoogdagen] (in België)
1 een door de kerk erkende dag waarop ieder jaar iets gevierd wordt

2 een belangrijke, bijzondere dag ✦ *vandaag was een hoogdag voor onze club, want we hebben er acht nieuwe leden bij gekregen*

hoog·dra·vend [bijvoeglijk naamwoord]
hoogdravende taal is overdreven voornaam ✦ *hij vond het een slecht boek omdat het zo hoogdravend was*

hoog·drin·gend [bijvoeglijk naamwoord] (in België)
iets wat hoogdringend is, moet meteen worden gedaan = urgent ✦ *in hoogdringende gevallen neemt de directeur zonder overleg een beslissing*

hoog·ge·span·nen [bijvoeglijk naamwoord]
hooggespannen verwachtingen: zeer hoge verwachtingen ✦ *de jonge sporter werd heel zenuwachtig van de hooggespannen verwachtingen die iedereen van hem had*

hoog·har·tig [bijvoeglijk naamwoord]
een hooghartige persoon vindt zichzelf beter dan anderen = arrogant ✦ *hooghartig weigerde hij om mee te doen aan het spel*

de **hoog·le·raar** [hoogleraars, hoogleraren]
iemand aan de universiteit die het onderzoek en het onderwijs leidt = de professor

hoog·moe·dig [bijvoeglijk naamwoord]
iemand die hoogmoedig is, voelt zich beter dan anderen ✦ *het is wel heel hoogmoedig om te denken dat je de enige bent die verstand heeft van muziek*

de **hoog·oven** [hoogovens]
een grote oven waarin ijzer gemaakt wordt uit erts

het **hoog·sei·zoen**
de periode waarin de meeste mensen met vakantie gaan ✦ *in het hoogseizoen zijn de prijzen van hotels hoger*

de **hoog·span·ning**
elektrische spanning van meer dan 300 volt

het **hoogst**[1]
1 ten hoogste: niet groter, langer, meer enz. dan … ✦ *ik kan ten hoogste twee dagen blijven*
2 op z'n hoogst: niet groter, langer, meer enz. dan … ✦ *ik weet het niet precies, maar zij is op z'n hoogst dertig*

hoogst[2] [bijwoord]
zeer; heel ✦ *de kunstenaar was hoogst verbaasd toen iemand zijn werk wilde kopen*

hoog·stens [bijwoord]
niet meer dan = maximaal ✦ *ik ben hoogstens een half uur weg*

hoogst·waar·schijn·lijk [bijwoord]
heel waarschijnlijk; bijna zeker ✦ *hoogstwaarschijnlijk zullen de resultaten van het onderzoek positief zijn*

de **•hoog·te** [hoogten, hoogtes]
1 de afstand tussen het hoogste en het laagste punt van een voorwerp ✦ *de hoogte van de kast is één meter twintig*
landschap
2 de afstand tussen een voorwerp en de grond ✦ *het vliegtuig vloog op een hoogte van 10.000 meter*
3 de hoeveelheid van een bedrag ✦ *de hoogte van de subsidie is nog niet bekend*
4 tot op zekere hoogte: in zekere mate ✦ *ik kan tot op zekere hoogte begrijpen waarom ze het gedaan heeft*
5 iemand op de hoogte brengen van iets: iemand iets vertellen ✦ *de politie bracht de ouders van het slachtoffer op de hoogte van het ongeluk*
6 geen hoogte kunnen krijgen van iemand of iets: niet weten wat je van iemand of iets moet denken

het **hoog·te·punt** [hoogtepunten]
het belangrijkste, mooiste moment = de climax ⇔ het dieptepunt ✦ *het optreden van de schrijver was het hoogtepunt van de avond*

de **hoog·te·vrees**
de angst voor hoogtes (bet. 2) ✦ *in de toren kreeg hij hoogtevrees en durfde niet meer verder*

het **hoog·tij**
hoogtij vieren: veel voorkomen ✦ *het economische denken vierde hoogtij in die periode*

de **hoog·tij·da·gen** [meervoud]
1 de periode waarin iets op zijn hoogtepunt* is ✦ *van de Beatles werden in hun hoogtijdagen miljoenen platen verkocht*
2 dagen waarop het feest is ✦ *op hoogtijdagen kwam de familie altijd bij elkaar*

hoog·uit [bijwoord]
ten hoogste; niet meer dan … ✦ *er waren hooguit vijftien mensen op het feest*

hoog·waar·dig [bijvoeglijk naamwoord]

ho

hoogwaardige dingen zijn van een hoge kwaliteit ✦ *deze kast is gemaakt van hoogwaardige materialen*

het **hooi**
gedroogd gras, als eten voor dieren
te veel hooi op je vork nemen: meer willen doen dan je eigenlijk kunt

de **hooi·koorts**
het verschijnsel dat sommige mensen rode ogen krijgen en moeten niezen door het fijne stof dat bloemen in de lucht brengen

de •**hoop** [hopen]
1 [geen meervoud] de verwachting dat er iets gebeurt wat je graag wilt ✦ *hij heeft de hoop dat hij snel een relatie krijgt*
2 een heleboel dingen die niet netjes op elkaar liggen ✦ *al zijn kleren lagen op een grote hoop midden in zijn kamer*
dingen op één hoop gooien: heel verschillende dingen op dezelfde manier behandelen
3 een hoeveelheid poep ✦ *er lag een grote hoop op de weg*
4 een hoop: een heleboel; veel ✦ *er wonen een hoop jonge mensen in deze buurt*

hoop·vol [bijvoeglijk naamwoord]
iemand die hoopvol is, heeft de hoop dat iets goed afloopt ✦ *de directeur was heel hoopvol over de toekomst van het bedrijf*

de **hoor**[1]
hoor en wederhoor plegen: bij een ruzie eerst naar allebei de partijen luisteren, voor je een mening vormt ✦ *een journalist moet altijd hoor en wederhoor plegen*

hoor[2] [tussenwerpsel]
dit woord gebruik je aan het eind van een zin, om meer kracht te geven aan wat je zegt ✦ *je moet wel naar de dokter gaan hoor!*

hoor·baar [bijvoeglijk naamwoord]
iets wat hoorbaar is, kun je horen ✦ *ik sprak mijn vriend door de telefoon en hij was hoorbaar moe*

de **hoorn** [hoorns]
1 een hard en puntig ding dat op de kop van sommige dieren groeit

hoorn 1

2 een muziekinstrument waarop je blaast

hoorn 2

3 het deel van een telefoon dat je tegen je oor houdt en waarin je praat

het **hoor·spel** [hoorspelen]
een toneelstuk op de radio

de **hoor·zit·ting** [hoorzittingen]
een vergadering waarop iedereen kan zeggen wat hij of zij van een plan van de overheid vindt

ho·pe·lijk [bijwoord]
dit woord gebruik je om te zeggen dat je iets hoopt ✦ *hopelijk kan de vakantie gewoon doorgaan*

ho·pe·loos [bijvoeglijk naamwoord]
iets wat hopeloos is, is slecht, zonder de hoop dat het beter wordt ✦ *de situatie in het rampgebied was hopeloos*

•**ho·pen** [hoopte, heeft gehoopt]
verlangend verwachten [iemand hoopt (op) iets] ✦ *de vrouw hoopte dat ze de baan zou krijgen* ✦ *we hoopten op mooi weer voor de vakantie*

de **hor** *ook:* het [horren]
een houten lijst met gaas voor een open raam, zodat er geen beestjes naar binnen kunnen vliegen

de **hor·de** [horden, hordes]
1 een grote groep ✦ *voor het gebouw stond een horde journalisten*
2 een soort hekje waar men overheen springt bij een bepaalde sport
een horde nemen: een probleem oplossen

de **ho·re·ca**
cafés en restaurants ✦ *er is veel horeca rondom het Leidseplein in Amsterdam*

•**ho·ren** [hoorde, heeft gehoord]
1 met de oren waarnemen [iemand hoort (iets of iemand)] ✦ *zij hoorde de*

auto al aankomen ✦ *doordat hij erg verkouden is, kan hij moeilijk horen*
2 moeten = behoren [iemand hoort iets te doen] ✦ *kinderen horen te luisteren naar hun ouders*

ho·ren bij [hoorde bij, heeft gehoord bij]
passen bij iets of iemand; een deel zijn van een groep [iemand hoort bij iets of iemand] ✦ *Gijs hoort bij de politie* ✦ *die twee sokken horen niet bij elkaar*

de **ho·ri·zon** [horizonnen]
de lijn in de verte waar de lucht en de aarde elkaar lijken te raken

ho·ri·zon·taal [bijvoeglijk naamwoord]
een horizontale lijn gaat van links naar rechts, niet van boven naar beneden ⇔ verticaal ✦ *de Amerikaanse vlag heeft horizontale strepen*

het ***hor·lo·ge** [horloges]
een instrument dat de tijd aanwijst en dat je onder aan je arm kunt dragen
klok

het **hor·moon** [hormonen]
een stof die in het lichaam gemaakt wordt en die de werking bijv. van de organen regelt ✦ *door het hormoon testosteron krijgen mannen een baard*

de **ho·ro·scoop** [horoscopen]
de beschrijving van iemands karakter of leven door naar de stand van de sterren bij zijn geboorte te kijken

de **hort**
1 de hort op zijn: (informeel) van huis weg zijn ✦ *zij gaat iedere avond de hort op en ontmoet dan haar vrienden in het café*
2 met horten en stoten: langzaam, soms met succes en dan weer zonder succes ✦ *de oude auto ging met horten en stoten vooruit*

het **hos·pi·taal** [hospitalen]
een gebouw waarin zieken verzorgd worden = het ziekenhuis

hos·sen [hoste, heeft gehost]
met een groep mensen vrolijk dansen en springen [iemand host] ✦ *na de gewonnen wedstrijd hoste iedereen door de stad*

de **hos·tess** [hostesses]
een vrouw die namens een organisatie gasten ontvangt ✦ *de gasten kregen door de hostess een drankje aangeboden*

het ***ho·tel** [hotels]
een gebouw met veel kamers waarin je voor een of meer nachten een kamer kunt huren

houd·baar [bijvoeglijk naamwoord]
1 houdbaar eten kun je langere tijd bewaren ✦ *rijst is langer houdbaar dan aardappelen*
2 een uitspraak die houdbaar is, blijkt te kloppen ✦ *het standpunt van de minister bleek in de praktijk niet houdbaar*

***hou·den** [hield, heeft gehouden]
1 bewaren wat je hebt [iemand houdt iets] ✦ *de hoedjes die op het feest waren uitgedeeld, mocht je houden*
2 vasthouden [iemand houdt iets of iemand] ✦ *ik kan die zware tas niet langer houden* ✦ *de kinderen hielden elkaar bij de hand*
iets voor je houden: iets niet vertellen ✦ *ze heeft vijf maanden voor zich gehouden dat ze een baby verwacht*
3 verzorgen [iemand houdt dieren] ✦ *de boer hield koeien en kippen*
4 organiseren of uitvoeren [iemand houdt een feestje, een presentatie enz.] ✦ *het feest wordt gehouden bij het Vondelpark*
5 vast blijven zitten [iets houdt] ✦ *deze lijm houdt niet goed*
het houden: niet losraken; niet breken ✦ *deze fiets houdt het niet als je er met z'n tweeën op zit*
6 het niet houden: het niet meer verdragen ✦ *de vrouw hield het niet meer en begon te huilen*
7 het ergens op houden: vasthouden aan een afspraak ✦ *laten we het erop houden dat we om acht uur vertrekken*

zich **hou·den aan** [hield zich aan, heeft zich gehouden aan]
doen zoals is afgesproken [iemand houdt zich aan iets, bijv. aan regels of aan afspraken] ✦ *in het verkeer moet men zich aan de regels houden*

***hou·den van** [hield van, heeft gehouden van]
1 liefde voelen voor iemand of iets [iemand houdt van iemand of iets] ✦ *het meisje houdt veel van haar oma*
2 lekker vinden = lusten [iemand houdt van iets] ✦ *hij houdt niet van kaas*

de **hou·der** [houders]
1 een voorwerp waarin je iets kunt bewaren ✦ *door de telefoon in een speciale*

houder te zetten, kun je gemakkelijk bellen in de auto
2 [vrouw: houd·ster; houdsters] de eigenaar ✦ *met de nieuwe pas kan de houder overal betalen*

de •**hou·ding** [houdingen]
1 de stand van je lichaam = de positie ✦ *voor een goede houding moet je recht voor je computer zitten*
2 de manier waarop je met mensen en situaties omgaat ✦ *uit zijn houding blijkt dat hij erg boos is*

de **house**
een bepaald soort popmuziek die met computers is gemaakt

het •**hout**
1 het materiaal waaruit bomen bestaan ✦ *midden in de kamer stond een groot bureau van hout*
dat snijdt geen hout: dat is in deze situatie niet van toepassing of van belang ✦ *de bezwaren van de commissie tegen de plannen sneden geen hout*
2 op eigen houtje: alleen, zonder met anderen te overleggen ✦ *hij is op eigen houtje naar het buitenland gegaan*

hou·ten [bijvoeglijk naamwoord]
houten dingen zijn gemaakt van hout ✦ *in de kamer stond een houten tafel*

het **hou·vast**
1 iets waaraan je steun hebt als je een probleem probeert op te lossen ✦ *als je Spaans wilt leren, kun je houvast hebben aan het Frans*
2 iets waaraan je je vasthoudt of wat je als steun gebruikt ✦ *de vrouw liep moeilijk, maar had houvast aan haar stok*

de **ho·ve·nier** [hoveniers]
iemand die voor zijn of haar beroep tuinen verzorgt

ho·zen [hoosde, heeft gehoosd]
1 water uit een boot scheppen [iemand hoost] ✦ *omdat het hard waaide, moesten we steeds hozen*
2 (informeel) hard regenen = gieten [het hoost] ✦ *omdat het hoosde, wachtten we nog even met naar buiten gaan*

het **hso** (in België)
hoger secundair onderwijs: het vierde, vijfde en zesde jaar van het secundair onderwijs

de **hts** (in Nederland)
hogere technische school ✦ *als je een diploma van de hts hebt, ben je ingenieur*

hui·che·len [huichelde, heeft gehuicheld]
doen alsof je een heel goed mens bent terwijl dat niet zo is [iemand huichelt] ✦ *ze huichelde toen ze aardige dingen zei tegen de directeur, want ze heeft juist veel kritiek op hem*

de **huid** [huiden]
de buitenste laag van het lichaam = het vel ✦ *zij heeft een donkere huid*

•**hui·dig** [bijvoeglijk naamwoord]
van dit moment; van nu ✦ *wie is de huidige minister van Onderwijs?*

de **huids·kleur** [huidskleuren]
de kleur van je huid*

de **huig** [huigen]
het stukje vlees dat achter in je mond hangt

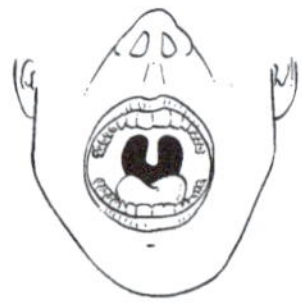
huig

•**hui·len** [huilde, heeft gehuild]
1 tranen uit je ogen laten komen omdat je verdrietig of blij bent [iemand huilt] ✦ *de baby huilde bijna de hele nacht*
2 een geluid maken dat lijkt op het geluid van huilen [een dier of iets huilt] ✦ *de wind huilde om het huis* dieren

het •**huis** [huizen]
een gebouw om in te wonen = de woning ✦ *hij woont in een groot huis in Gent*
van huis uit …: vanuit je opvoeding of je gezin ✦ *van huis uit ben ik niet gewend zuinig te zijn*

het **huis·ar·rest**
een straf waarbij je thuis moet blijven ✦ *omdat het meisje te laat thuiskwam van de disco kreeg ze het hele weekend huisarrest*

de **huis·arts** [huisartsen]
je eigen dokter waar je naartoe gaat als je ziek bent ✦ *Jelle belde de huisarts toen hij zich ziek voelde* gezondheid

de **huis·baas** [huisbazen]
de eigenaar van een huis, van wie je een woning of een kamer huurt ✦ *voordat de huisbaas op bezoek kwam, maakten de studenten het hele huis schoon*

het **huis·dier** [huisdieren]

een dier dat als gezelschap in huis leeft, bijv. een kat of een hond

In Nederland en België hebben veel mensen een huisdier. Soms hoort een huisdier echt bij het gezin.

hui·se·lijk [bijvoeglijk naamwoord]
1 als het ergens huiselijk is, is het warm en gezellig ✦ *ze zat heel huiselijk met de kat op de bank, terwijl het buiten hard regende*
2 een huiselijke persoon is graag thuis
3 huiselijke zaken betreffen het gezin of het huishouden ✦ *het huiselijk geweld is de laatste jaren toegenomen*

huis·hou·de·lijk [bijvoeglijk naamwoord]
1 een huishoudelijk apparaat is een apparaat voor het huishouden
2 een huishoudelijke persoon werkt graag in het huishouden

het •**huis·hou·den**[1] [huishoudens]
1 [geen meervoud] werk dat je doet om je huis schoon en netjes te houden ✦ *op zaterdag doet hij altijd het huishouden*
2 de bewoners van een huis = de huishouding ✦ *toen het hele huishouden eindelijk aan tafel zat, konden we gaan eten* wonen

huis·hou·den[2] [hield huis, heeft huisgehouden]
met veel lawaai dingen stuk maken = tekeergaan [iets of iemand houdt huis] ✦ *de harde wind heeft flink huisgehouden in het dorp*

de **huis·hou·ding** [huishoudingen]
1 werk dat je doet om je huis schoon en netjes te houden = het huishouden ✦ *Henny is onze hulp in de huishouding*
2 de bewoners van een huis = het huishouden

de **huis·houd·ster** [huishoudsters]
een vrouw die bij een ander in de huishouding* (bet. 1) werkt

de •**huis·ka·mer** [huiskamers]
een kamer in huis die door het hele gezin gebruikt wordt en waarin meestal de bank en de televisie staan = de woonkamer, de zitkamer ✦ *de familie zat in de huiskamer televisie te kijken*

het **huis·merk** [huismerken]
een serie eigen producten van een grote winkel ✦ *de producten van het huismerk zijn meestal goedkoper dan de producten van andere merken*

het **huis·num·mer** [huisnummers]
het nummer dat op een huis staat ✦ *ik woon op de Wagenaarkade en mijn huisnummer is 89*

het **huis·raad**
de spullen die in een huis staan = de inboedel ✦ *tijdens de verhuizing werd de huisraad met een vrachtauto vervoerd*

huis·ves·ten [huisvestte, heeft gehuisvest]
een plek geven om te wonen [iemand huisvest iemand] ✦ *het gezin dat gevlucht was, werd gehuisvest in een oud ziekenhuis*

de **huis·ves·ting**
een plek om te wonen ✦ *de student zocht huisvesting in de stad waar hij studeerde*

de **huis·ves·tings·maat·schap·pij** [huisvestingsmaatschappijen] (in België)
een sociale huisvestingsmaatschappij: een instelling waar mensen met een laag inkomen goedkoop een woning kunnen huren wonen

de **huis·vrouw** [huisvrouwen]
een vrouw die thuis het huishouden doet en voor het gezin zorgt

het **huis·vuil**
alles wat je in huis weggooit = het afval ✦ *het huisvuil wordt hier iedere dinsdag opgehaald*

het **huis·werk**
werk voor school dat thuis gedaan moet worden ✦ *de kinderen klaagden over het vele huiswerk*

de **huis·zoe·king** [huiszoekingen]
de keer dat de politie in een huis naar bijv. wapens zoekt ✦ *de politie heeft huiszoeking gedaan bij de man die de moord gepleegd heeft*

hui·ve·ren [huiverde, heeft gehuiverd]
even zachtjes met je lichaam schudden omdat je koud of bang bent [iemand huivert] ✦ *de vrouw huiverde bij de gedachte dat ze voor een publiek van tweehonderd mensen zou moeten spreken* ✦ *hij huiverde van de kou*

hui·ve·rig [bijvoeglijk naamwoord]
iemand die huiverig is om iets te doen, is bang om dat te doen ✦ *men is nog wat huiverig om aandelen van het nieuwe bedrijf te kopen*

hui·zen [huisde, heeft gehuisd]
zich bevinden; zijn [iemand of iets

hu

huist ergens] ✦ *hij huist in een studentenkamer tot hij een eigen woning gevonden heeft*

de **hul·de**[1]
een teken van eer of waardering = het eerbetoon ✦ *hulde aan de man die dit land heeft gered!*

hul·de[2] *zie:* **hullen**

hul·di·gen [huldigde, heeft gehuldigd]
1 op feestelijke wijze waardering laten blijken = eren [iemand huldigt iemand] ✦ *in Amsterdam werd het nationale voetbalteam gehuldigd voor een publiek van duizenden mensen*
2 een mening, een opvatting huldigen: een mening, een opvatting hebben

hul·len in [hulde in, heeft gehuld in]
om iemand heen doen [iemand hult iemand in iets] ✦ *hij was slechts gehuld in een oude bloes toen opeens de bel ging*
zich hullen in stilzwijgen: niets zeggen ✦ *de journalisten stelden vragen, maar de minister hulde zich in stilzwijgen*

de •**hulp** [hulpen]
1 [geen meervoud] de keer dat je iemand helpt of geholpen wordt ✦ *Naima kreeg veel hulp bij het verhuizen* ✦ *je kunt een vreemde taal leren met hulp van een programma op de computer*
2 iemand die je helpt met je werk, bijv. met het huishouden ✦ *wij hebben een hulp voor één dag in de week*

hul·pe·loos [bijvoeglijk naamwoord]
iemand die hulpeloos is, kan zichzelf niet helpen en heeft geen hulp ✦ *de slachtoffers van de ramp zaten hulpeloos bij elkaar*

het **hulp·mid·del** [hulpmiddelen]
een apparaat, voorwerp enz. waardoor je iets makkelijker kunt doen ✦ *de computer is een belangrijk hulpmiddel in het onderwijs* ✦ *de test was een hulpmiddel bij het kiezen van een studie*

de **hulp·or·ga·ni·sa·tie** [hulporganisaties]
een organisatie die mensen helpt ✦ *de hulporganisaties zijn samen een actie begonnen voor de slachtoffers van de ramp*

de **hulp·ver·le·ner** [hulpverleners] **hulp·ver·leen·ster** [hulpverleensters]
iemand die voor zijn of haar beroep mensen helpt, bijv. een arts ✦ *de hulpverleners waren snel aanwezig op de plaats van het ongeluk*

de **hulp·ver·le·ning**
de zorg vanuit de overheid voor mensen die hulp nodig hebben ✦ *de vrouw heeft jaren in de hulpverlening gewerkt*

het **hulp·werk·woord** [hulpwerkwoorden] (taal)
een werkwoord dat niet het hoofdwerkwoord in de zin is, maar dat bijv. de tijd van het hoofdwerkwoord aangeeft ✦ *in de zin 'hij heeft geslapen' is 'heeft' het hulpwerkwoord*

de **huls** [hulzen]
een soort rond doosje dat iets beschermt ✦ *op de plek van de misdaad werden de hulzen van de kogels gevonden*

hu·maan [bijvoeglijk naamwoord]
iets is humaan als het goed is voor de mensen = menselijk ⇔ inhumaan

de **hu·ma·ni·o·ra** [meervoud] (in België)
een type onderwijs dat nu officieel a.s.o. heet

het **hu·ma·nis·me**
een levensbeschouwing waarbij de waardigheid en vrijheid van mensen het belangrijkst zijn **religie**

hu·ma·ni·tair [bijvoeglijk naamwoord]
humanitaire zaken zijn gericht op mensen ✦ *de regering zorgde voor humanitaire hulp aan de slachtoffers*

het **hu·meur** [humeuren]
de gevoelens die iemand heeft en die steeds veranderen = de stemming ✦ *Matthijs is vandaag gelukkig in een goed humeur*

hu·meu·rig [bijvoeglijk naamwoord]
iemand die humeurig is, heeft een slechte, negatieve stemming = chagrijnig ✦ *het meisje werd erg humeurig toen ze het spelletje verloor*

de **hum·mel** [hummels]
een klein kind

de **hu·mor**
het verschijnsel dat men grappen maakt en lacht om dingen ✦ *met een beetje humor probeerde men het programma over politiek wat leuker te maken*

hu·mo·ris·tisch [bijvoeglijk naamwoord]
iets is humoristisch als je erom kunt lachen = grappig ✦ *Laurel en Hardy hebben samen veel humoristische films gemaakt*

de **hu·mus**

grond waarop dingen goed groeien doordat er veel dode planten in zitten

•**hun** [voornaamwoord]
1 [persoonlijk voornaamwoord] dit woord kun je gebruiken als meewerkend voorwerp: aan of voor de personen die het betreft ✦ *ik heb hun een cadeau gegeven*
2 [bezittelijk voornaamwoord] dit woord kun je gebruiken als bezittelijk voornaamwoord, om te zeggen dat iets van een aantal mensen is ✦ *ze hebben hun huis verkocht* voornaamwoorden

hun·ke·ren naar [hunkerde naar, heeft gehunkerd naar]
heel erg verlangen naar iets [iemand hunkert naar iets] ✦ *ze hunkerde naar liefde*

hup [tussenwerpsel]
dit zeg je als je wilt dat iemand iets sneller doet ✦ *hup, pak je jas en kom mee!*

hup·pe·len [huppelde, heeft of is gehuppeld]
lopen terwijl je iedere keer met één voet een kleine sprong maakt [iemand huppelt] ✦ *het kind huppelde vrolijk naar school*

•**hu·ren** [huurde, heeft gehuurd]
tijdelijk gebruiken en daarvoor geld betalen [iemand huurt iets] ✦ *hij heeft zijn huis niet gekocht maar gehuurd* ✦ *het team huurde een busje om naar Frankrijk te rijden* wonen

de **hur·ken**[1] [meervoud]
op je hurken zitten: op de grond zitten met de knieën gebogen en de voeten op de grond

hur·ken[2] [hurkte, heeft gehurkt]
op de grond zitten met de knieën gebogen en de voeten op de grond [iemand hurkt] ✦ *de man hurkte bij het kleine kind om het iets te vertellen*

de•**hut** [hutten]
1 een heel eenvoudig huisje dat gemaakt is van bijv. takken
2 een kamertje om te slapen op een groot schip

de•**huur** [huren]
1 [geen meervoud] het geld dat je betaalt voor iets dat je huurt ✦ *de huur van het huis werd ieder jaar drie procent hoger*
2 de afspraak om iets te huren ✦ *in Amsterdam zijn altijd te weinig kamers te huur*

het **huur·con·tract** [huurcontracten]
een schriftelijke overeenkomst tussen iemand die iets huurt en iemand die iets verhuurt wonen

het **huur·huis** [huurhuizen]
een huis dat je huurt ✦ *het is moeilijk om een goedkoop huurhuis te vinden*

de **huur·sub·si·die** [huursubsidies]
geld dat je van de overheid krijgt om je te helpen de huur van je huis te betalen wonen

de **huur·wo·ning** [huurwoningen]
een woning die je huurt

het•**hu·we·lijk** [huwelijken]
1 de keer dat iemand trouwt = de trouwerij ✦ *bijna iedereen keek op de televisie naar het huwelijk van de prins* gedenkdagen
2 de situatie dat iemand getrouwd is ✦ *na een huwelijk van bijna zestig jaar is de man overleden*

de **hu·we·lijks·reis** [huwelijksreizen]
een reis die je maakt als je net getrouwd bent gedenkdagen

hu·wen [huwde, heeft gehuwd] (formeel)
officieel, voor de wet tot man of vrouw nemen = trouwen [iemand huwt (iemand)]

de **hy·a·cint** [hyacinten]
een plant met roze, witte of paarse bloemen met een zoete geur, die in het vroege voorjaar bloeit

hyacint

de **hy·gi·ë·ne**
het schoonhouden van je lichaam en je omgeving, om ziekten te voorkomen ✦ *op boerderijen waar kaas wordt gemaakt, worden strenge eisen aan de hygiëne gesteld*

de **hype** [hypes]
een verschijnsel dat plotseling heel veel aandacht krijgt in de maatschappij ✦ *de boeken over Harry Potter waren een echte hype*

hy·per-
heel erg ✦ *hypernerveus* ✦ *hyperactief*

hy·po·criet [bijvoeglijk naamwoord]
hypocriete mensen willen beter lijken dan ze zijn = schijnheilig ✦ *het is hypocriet dat er wel drugs gebruikt mogen worden, maar niet verkocht*

de **hy·po·theek** [hypotheken]
het geld dat iemand geleend heeft om bijv. een huis te kopen ✦ *wij hebben op ons huis een hypotheek van € 200.000*
wonen

de **hy·po·theek·ren·te**
geld dat je extra aan de bank betaalt omdat je een hypotheek* hebt ✦ *als de hypotheekrente daalt, wordt het goedkoper om een huis te kopen*

de **hy·po·the·se** [hypothesen, hypotheses]
een idee waarvan nog bewezen moet worden of het juist is = de aanname

hys·te·risch [bijvoeglijk naamwoord]
iemand die hysterisch wordt, is even helemaal gek, vooral van verdriet of boosheid ✦ *toen de vrouw hoorde dat haar dochter dood was, werd ze hysterisch*

Hz [afkorting]
hertz: een maat voor hoe snel iets trilt ✦ *televisies met 100 Hz hebben een mooi beeld*

i

de **i** [i's]
de negende letter van het alfabet alfabet

de **IC**
intensive care: een afdeling in een ziekenhuis voor mensen die ernstig ziek zijn en extra zorg nodig hebben

de **icoon** [iconen]
1 een schilderij op hout van Jezus of van een heilige persoon ✦ *er was een prachtige tentoonstelling van iconen uit de zeventiende eeuw*
2 een beroemde persoon als vertegenwoordiger van een belangrijk idee ✦ *Brigitte Bardot was een icoon van de seksuele revolutie*
3 een plaatje op het scherm van de computer waarmee je een programma kunt starten

de **ICT**
informatie- en communicatietechnologie: de kennis over hoe je een computer kunt gebruiken bij het beheren van informatie

het •**ide·aal**[1] [idealen]
een situatie die heel goed, fijn enz. is en waarnaar je streeft

•**ide·aal**[2] [bijvoeglijk naamwoord]
een ideale situatie is zo goed als mogelijk is ✦ *dit is een ideaal boek als je nieuwe woorden wilt leren*

het **ide·a·lis·me**
het streven naar een ideale samenleving ✦ *uit idealisme wilde ze als arts in Afrika gaan werken*

het •**idee** [ideeën]
1 een duidelijke gedachte = het denkbeeld ✦ *ik had geen idee hoe ik moest beginnen* ✦ *zijn idee van een leuke avond was eerst in een restaurant eten en dan naar de film*
geen flauw idee hebben: iets helemaal niet weten
2 een gedachte die opkomt = het plan ✦ *zij kreeg opeens het idee om met vakantie te gaan*

idem [bijwoord]
hetzelfde; ook ✦ *het gaat niet goed met de bedrijven die computers maken, en met de bedrijven die televisies maken idem*

iden·tiek [bijvoeglijk naamwoord]
dingen die identiek zijn, zijn precies gelijk of precies hetzelfde ✦ *ze heeft twee identieke vazen gekocht*

iden·ti·fi·ce·ren [identificeerde, heeft geïdentificeerd]
na onderzoek vaststellen wie iemand is of wat iets is [iemand identificeert iemand of iets] ✦ *het lukte niet om alle slachtoffers van het ongeluk te identificeren*

zich **iden·ti·fi·ce·ren** [identificeerde zich, heeft zich geïdentificeerd]
bewijzen wie je bent door officiële papieren te tonen = zich legitimeren [iemand identificeert zich] ✦ *de politie vroeg de vrouw zich te identificeren*

zich **iden·ti·fi·ce·ren met** [identificeerde zich met, heeft zich geïdentificeerd met]
jezelf beschouwen als gelijk aan iemand anders of iets anders [iemand identificeert zich met iemand of iets] ✦ *hij identificeerde zich volledig met de held van de film*

de **iden·ti·teit**
1 de persoon die je bent; de naam, geboortedatum enz. die bij iemand horen ✦ *de identiteit van het slachtoffer is nog niet bekend*
2 de eigenschappen waardoor mensen of dingen anders zijn dan andere mensen of dingen ✦ *het is een krant met een sterke eigen identiteit*

het **iden·ti·teits·be·wijs** [identiteitsbewijzen]
een officieel papier waarmee je kunt bewijzen wie je bent, bijv. een paspoort of een rijbewijs ✦ *hij moest zijn identiteitsbewijs aan de politie laten zien*

de **iden·ti·teits·kaart** [identiteitskaarten]
(in België)
een officieel papier waarmee je kunt bewijzen wie je bent

de **ideo·lo·gie** [ideologieën]
een geheel van ideeën over iets, vooral in de politiek ✦ *de ideologie van de partij is dat de kiezer zo veel mogelijk zelf moet kunnen beslissen*

het **idi·oom** [idiomen]
bijzondere woorden en uitdrukkingen in een taal, die iets anders betekenen

dan je zou denken ✦ *'het ei van Columbus' is idioom voor 'een heel goed idee'*

de **idi·oot**[1] [idioten] (informeel)
iemand die erg dom doet = de stommeling ✦ *wat ben je toch een idioot, dat je steeds dezelfde fout maakt*

idi·oot[2] [bijvoeglijk naamwoord] (informeel)
iets wat idioot is, is heel raar = belachelijk ✦ *het is natuurlijk idioot dat de man na zo'n fout gewoon mag blijven werken*

ido·laat van [bijvoeglijk naamwoord]
iemand die idolaat is van iemand of iets, vindt die persoon of die zaak geweldig en denkt aan niets anders ✦ *zij is helemaal idolaat van Italië*

het **idool** [idolen]
een bekende persoon die je geweldig vindt en aan wie je steeds denkt ✦ *zijn idool was Ruud Gullit*

idyl·lisch [bijvoeglijk naamwoord]
op een idyllische plaats of in een idyllische situatie is er geen gevaar en is iedereen gelukkig ✦ *voor hun vakantie hadden ze een huisje gehuurd op een idyllisch plekje*

ie [persoonlijk voornaamwoord] (informeel)
hij ✦ *wat, heeft ie dat nog niet gedaan?*

•**ie·der** [onbepaald voornaamwoord]
dit woord gebruik je als je alle mensen, dieren of zaken bedoelt = elk ✦ *iedere keer dat Jan naar huis ging, vergat hij wel iets* ✦ *Sinterklaas gaf ieder kind een cadeautje*

•**ie·der·een** [onbepaald voornaamwoord]
alle mensen ✦ *iedereen keek uit het raam toen de politie kwam*

•**ie·mand** [onbepaald voornaamwoord]
een persoon, zonder dat duidelijk is wie ✦ *in het café vroeg iemand of ik een sigaret had*

•**iets**[1] [onbepaald voornaamwoord]
een ding of een zaak, zonder dat duidelijk is wat ✦ *bel me als je iets hebt gehoord*

•**iets**[2] [bijwoord]
een beetje = wat, enigszins ✦ *het is iets later geworden dan ik gezegd had*

iet·wat [bijwoord]
een klein beetje = ietsje, wat ✦ *het dorpje maakte een ietwat verlaten indruk*

de **i-grec** [i-grecs]
de letter y, zoals in het woord 'gym' = de ypsilon

ijdel [bijvoeglijk naamwoord]
1 iemand die ijdel is, vindt het belangrijk om er mooi uit te zien en kijkt vaak in de spiegel ✦ *hij is zo ijdel dat hij twee keer per dag andere kleren aantrekt*
2 ijdele hoop of een ijdele poging: hoop of een poging die geen zin heeft ✦ *alle pogingen om de fout te herstellen waren ijdel*

de **ijdel·tuit** [ijdeltuiten]
iemand die erg ijdel* is ✦ *ze is zo'n ijdeltuit dat ze iedere twee weken naar de kapper gaat*

ijken [ijkte, heeft geijkt]
een apparaat zo instellen dat het de juiste waarde geeft bij het meten of wegen [iemand ijkt een apparaat] ✦ *de weegschaal werd ieder jaar geijkt*

ijl [bijvoeglijk naamwoord]
ijle lucht bevat weinig zuurstof ✦ *hoog in de bergen kregen ze moeite met het lopen in de ijle lucht*

ijlings [bijwoord]
heel snel; onmiddellijk ✦ *de dokter besliste dat de jongen ijlings naar het ziekenhuis moest*

het •**ijs**
1 water dat hard is geworden omdat het kouder dan 0 °C is ✦ *Husam was heel verbaasd dat je in de winter zomaar op het ijs kunt lopen*
2 heel koud en zoet lekkers ✦ *onze dochter houdt niet van ijs*

de **ijs·baan** [ijsbanen]
een plaats of een gebouw waar je kunt schaatsen

de **ijs·beer** [ijsberen]
een groot, wit dier dat op de noordpool leeft

ijsbeer

ijs·be·ren [ijsbeerde, heeft geijsbeerd]
steeds hetzelfde stukje lopen omdat je zenuwachtig bent [iemand ijsbeert] ✦ *terwijl zijn vrouw geopereerd werd, ijsbeerde hij door de gang van het ziekenhuis*

de **ijs·berg** [ijsbergen]
een berg van ijs in de zee
het topje van de ijsberg: het zichtbare deel van een veel grotere, vervelende zaak ✦ *de problemen die we ontdekt hebben, zijn nog maar het topje van de ijsberg*

de **ijs·berg·sla**
een bepaald soort sla

het **ijs·blok·je** [ijsblokjes]
een blokje ijs om in een drankje te doen ✦ *wil je ijsblokjes in je limonade?*

het **ijs·hoc·key**
een sport die gespeeld wordt op het ijs met sticks en een puck

het **ijs·je** [ijsjes]
een hoeveelheid ijs (bet. 2), bijv. in een bakje, op een stokje of in koek ✦ *de kinderen vroegen de hele dag om een ijsje*

de **ijs·kast** [ijskasten]
een kast waarin het koud is, zodat eten lang goed blijft = de koelkast ✦ *staat er nog melk in de ijskast?*
iets, bijv. een plan, in de ijskast zetten: iets voorlopig nog niet uitvoeren en er niet meer over spreken ✦ *vanwege de slechte economische omstandigheden zette de regering de plannen in de ijskast*

de **ijver**
de houding dat je hard wilt werken = de vlijt ✦ *in zijn ijver had hij de hele opdracht in één keer gemaakt*
ijve·rig [bijvoeglijk naamwoord]
iemand die ijverig is, werkt hard ✦ *de leerling schreef ijverig alles op wat de leraar zei*

de **ijzel**
een laagje ijs op de weg, zodat het glad is weer[1]
ijze·len [ijzelde, heeft geijzeld]
als het ijzelt, komt er ijs op de weg, waardoor je kunt gaan glijden [het ijzelt]

het •**ijzer**
het metaal waarvan bijv. schepen of treinen gemaakt worden ✦ *deze ring is niet van zilver, maar van ijzer*
ijze·ren [bijvoeglijk naamwoord]
1 ijzeren dingen zijn gemaakt van ijzer ✦ *er stond een hoog, ijzeren hek om het huis*
2 ijzeren zaken zijn heel sterk, als van ijzer ✦ *mijn vrouw is niet sterk, maar ze heeft een ijzeren wil*

ijzer·sterk [bijvoeglijk naamwoord]
1 ijzersterke dingen zijn heel sterk ✦ *die fiets is ijzersterk; daar zul je nog jaren plezier van hebben*
2 ijzersterke zaken zijn heel goed ✦ *de vrouw is oud en ziek, maar ze heeft volgens de dokter een ijzersterk hart*

ijzig [bijvoeglijk naamwoord]
1 iets wat ijzig is, is erg koud ✦ *er stond een ijzige wind*
2 een ijzige reactie is helemaal niet vriendelijk; zo dat je er bang van wordt ✦ *de vrouw reageerde ijzig toen de journalist vroeg hoe oud ze was*

•**ik** [persoonlijk voornaamwoord]
dit woord gebruik je als onderwerp als je over jezelf praat ✦ *ik vond het werk van mijn leerling niet zo goed*
voornaamwoorden

de **IKON**
Interkerkelijke Omroep Nederland: een omroep in Nederland media

de **il·le·gaal**[1]
iemand die in een land woont waar hij of zij officieel niet mag wonen ✦ *het was niet bekend hoeveel illegalen er in het land woonden*
il·le·gaal[2] [bijvoeglijk naamwoord]
iets wat illegaal is, mag niet volgens de wet = onwettig ⇔ legaal ✦ *het is illegaal om wapens te bezitten*

de **il·lu·sie** [illusies]
een te mooie gedachte over iets wat je graag zou willen ✦ *het is een illusie om te denken dat je dat probleem makkelijk kunt oplossen*
il·lus·ter [bijvoeglijk naamwoord] (formeel)
illustere mensen of zaken zijn heel bekend en heel goed = beroemd ✦ *er stond een hele rij illustere namen op het programma*

de **il·lus·tra·tie** [illustraties]
1 een plaatje in een boek of een tijdschrift
2 het voorbeeld ✦ *ter illustratie vertel ik u het volgende verhaal*
il·lus·tre·ren [illustreerde, heeft geïllustreerd]
1 plaatjes maken bij een boek of een tijdschrift [iemand illustreert een boek of een tijdschrift] ✦ *het boek over Nepal was geïllustreerd met veel mooie foto's*
2 voorbeelden geven bij iets [iemand il-

lustreert iets] ✦ *hij illustreerde zijn verhaal door een paar stukjes uit de krant voor te lezen*

het **image** [images]
het beeld dat mensen hebben van iemand of iets = het imago ✦ *het schilderen van de huizen is goed voor het image van de buurt*

het **ima·go** [imago's]
het beeld dat mensen hebben van iemand of iets = het image ✦ *door alle problemen in de landbouw is het imago van boeren slechter geworden*

de **imam** [imams]
een geestelijk leider en leraar bij de islam religie

imi·te·ren [imiteerde, heeft geïmiteerd]
doen alsof je iemand of iets anders bent = nadoen, nabootsen [iemand imiteert iemand of iets] ✦ *iedereen moest vreselijk lachen toen Michiel zijn broer probeerde te imiteren* ✦ *de groep probeerde de muziek van de Beatles te imiteren*

im

im·mens [bijvoeglijk naamwoord]
heel groot = reusachtig ✦ *midden in de stad stond een immens gebouw*

im·mer [bijwoord] (formeel)
altijd ✦ *vrolijk als immer ging ze naar haar werk*

•**im·mers** [bijwoord]
dit woord gebruik je als je een reden geeft = toch ✦ *laten we naar buiten gaan; het is immers mooi weer!* ✦ *je moet veel eten; je weet immers niet wanneer je weer iets krijgt*

im·mi·gre·ren [immigreerde, is geïmmigreerd]
in een ander land komen wonen ⇔ emigreren [iemand immigreert] ✦ *hoeveel mensen immigreren er per jaar in Nederland?*

de **im·mo·bi·li·ën** [meervoud] (in België)
gebouwen en land = het vastgoed

im·muun [bijvoeglijk naamwoord]
1 iemand die immuun is voor een ziekte, kan die ziekte niet meer krijgen = resistent
2 iemand die immuun is voor iets, wordt daardoor niet meer geraakt ✦ *de minister was immuun geworden voor de kritiek van de journalisten*

de **im·pact** [impacts]
de invloed = het effect ✦ *de oorlog had een grote impact op de samenleving*

de **im·pas·se** [impassen, impasses]
een heel vervelende situatie waarvoor bijna geen oplossing meer is ✦ *nadat de directeur was weggelopen, raakten de onderhandelingen in een impasse*

de **im·pe·ri·aal** *ook:* het [imperiaals, imperialen]
een voorwerp waarmee je bagage kunt meenemen op het dak van een auto

imperiaal

het **im·pe·ri·um** [imperia, imperiums]
1 een groot land of een groep landen met één regering of met een keizer = het rijk ✦ *Hitler wilde heel Europa tot zijn imperium maken*
2 een heel groot bedrijf waarover iemand de baas is ✦ *zijn imperium begon honderd jaar geleden met een klein winkeltje*

im·pli·ce·ren [impliceerde, heeft geïmpliceerd]
inhouden = betekenen [iets impliceert iets] ✦ *dat hij graag met vakantie gaat, impliceert niet dat hij zijn werk niet leuk vindt*

im·pli·ciet [bijvoeglijk naamwoord]
iets wat je impliciet zegt, zeg je op een verborgen manier ⇔ expliciet ✦ *de minister heeft niet direct, maar wel impliciet gezegd dat hij een fout heeft gemaakt*

im·po·ne·ren [imponeerde, heeft geïmponeerd]
veel indruk op iemand maken [iemand of iets imponeert iemand] ✦ *de baas werd heel erg boos, maar de klant liet zich niet imponeren*

de **im·port**
het verkopen van goederen uit het buitenland in het eigen land = de invoer ⇔ de export ✦ *de import van groenten uit Zuid-Amerika is dit jaar sterk toegenomen*

im·por·te·ren [importeerde, heeft geïmporteerd]
goederen uit het buitenland verkopen in het eigen land = invoeren ⇔ exporteren [iemand importeert iets] ✦ *België importeert veel elektrische apparaten*

im·po·sant [bijvoeglijk naamwoord]
iets wat imposant is, maakt veel indruk, bijv. omdat het heel groot is = indrukwekkend ✦ *ik vond de Notre Dame in Parijs heel imposant*

im·po·tent [bijvoeglijk naamwoord]
een impotente man kan geen erectie krijgen

de **im·pres·sie** [impressies]
de indruk ✦ *de foto's gaven een goede impressie van de stad*

im·pro·vi·se·ren [improviseerde, heeft geïmproviseerd]
1 een stuk muziek of toneel uitvoeren dat niet eerst is geschreven, maar dat je op het moment zelf bedenkt [iemand improviseert (muziek of toneel)] ✦ *hij kan helemaal geen muziek lezen, maar hij kan geweldig improviseren*
2 iets zo goed mogelijk doen met de weinige mogelijkheden die je op dat moment hebt [iemand improviseert (iets)] ✦ *toen er niet genoeg stoelen bleken te zijn, moest er snel wat worden geïmproviseerd*

de **im·puls** [impulsen]
1 een plotseling verlangen om iets te doen, zonder dat je eerst goed hebt nagedacht = de opwelling ✦ *zij heeft de jurk in een impuls gekocht*
2 iets waardoor een ontwikkeling begint of sterker wordt ✦ *de komst van de nieuwe regering gaf een impuls aan de economie*

im·pul·sief [bijvoeglijk naamwoord]
iets wat je impulsief doet, doe je plotseling, zonder eerst goed na te denken

•**in**[1] [bijwoord]
1 dit woord gebruik je voor een beweging naar binnen ⇔ uit ✦ *de vrouw liep de kamer in*
2 iets wat in is, wordt in een bepaalde periode door veel mensen gedragen of gebruikt ⇔ uit ✦ *die zomer waren lange rokken erg in*
3 (sport) binnen de lijnen ⇔ uit ✦ *de speler protesteerde omdat hij vond dat de bal toch echt in was*
4 ergens in kunnen komen: iets kunnen begrijpen ✦ *ik kan er wel in komen dat ze boos is*

•**in**[2] [voorzetsel]
1 dit woord gebruik je om te zeggen binnen welke ruimte iets gebeurt ✦ *ze zit in de auto* ✦ *de boeken staan in de kast*
2 dit woord gebruik je voor een beweging naar binnen ⇔ uit ✦ *hij deed de boeken in de tas*
3 dit woord gebruik je om te zeggen wanneer iets gebeurt ✦ *in de zomer is het vaak warm*
4 dit woord gebruik je om te zeggen hoe lang iets gaat duren ✦ *we zijn in een uur in Den Haag*
5 in verschillende vaste verbindingen ✦ *hij is goed in sport* ✦ *het kind viel in slaap* ✦ *ze werkten in stilte*

in·be·gre·pen [bijvoeglijk naamwoord]
iets wat inbegrepen is, zit al in het getal dat je noemt ✦ *is het ontbijt bij de prijs inbegrepen?*

het **in·be·grip**
met inbegrip van iets: deze uitdrukking gebruik je als iets al zit in wat je noemt ✦ *we gaan met vier mensen, met inbegrip van mijzelf*

de **in·boe·del** [inboedels]
alle spullen die in een huis staan = de huisraad ✦ *ze liet de inboedel van haar huis verzekeren* verzekeringen

de **in·boe·del·ver·ze·ke·ring** [inboedelverzekeringen]
een overeenkomst dat je geld krijgt als de dingen in jouw huis gestolen worden of kapotgaan door een groot ongeluk verzekeringen

de **in·braak** [inbraken]
de keer dat er ergens ingebroken* wordt ✦ *het aantal inbraken in deze buurt is toegenomen*

in·bre·ken [brak in, heeft ingebroken]
door een deur of raam kapot te maken een gebouw in gaan om er te stelen [iemand breekt in]

de **in·breng**
de keer dat iets ingebracht (bet. 2) wordt ✦ *het kabinet had een aantal beslissingen niet kunnen nemen zonder inbreng van de kleine partij*

in·bren·gen [bracht in, heeft ingebracht]
1 binnen het lichaam brengen [iemand brengt iets in] ✦ *er moest een pacemaker bij de patiënt ingebracht worden*
2 zorgen dat iets toegevoegd wordt [iemand brengt een argument, geld, een grap enz. in] ✦ *de politicus beloofde het*

plan in te brengen in de vergadering

de **in·breuk**
een inbreuk op iets: de keer dat iets verstoord wordt ✦ *de schrijver vond het een inbreuk op zijn privacy dat hij iedere dag gebeld werd door journalisten*

de **in·bur·ge·ring**
de manier waarop mensen zich aanpassen aan een nieuwe omgeving, vooral met betrekking tot nieuwkomers in de samenleving

> Sinds 1998 bestaat in Nederland de WIN, de Wet Inburgering Nieuwkomers. Deze wet regelt de inburgering van nieuwkomers.

in·cas·se·ren [incasseerde, heeft geïncasseerd]
1 ontvangen [iemand incasseert geld] ✦ *het bedrijf incasseerde jaarlijks miljoenen euro's met de verkoop van petjes*
2 aanvaarden [iemand incasseert iets vervelends] ✦ *de partij moest bij de verkiezingen een zwaar verlies incasseren*

de **in·cest**
seks met iemand binnen een familie, vooral binnen een gezin

het **in·ci·dent** [incidenten]
iets vervelends dat opeens gebeurt ✦ *er deden zich geen incidenten voor tijdens het bezoek van de Egyptische koning*

in·ci·den·teel [bijvoeglijk naamwoord]
iets wat incidenteel gebeurt, gebeurt niet vaak ✦ *het bestuur kwam maar incidenteel bij elkaar*

incl. [afkorting]
inclusief

in·clu·sief [bijwoord]
met … erin = inbegrepen ⇔ exclusief ✦ *de kaartjes voor het feest kosten 30 euro, maar dat is inclusief de drankjes*

in·cog·ni·to [bijwoord]
zonder je echte naam bekend te maken ✦ *de prins reisde incognito*

in·con·ti·nent [bijvoeglijk naamwoord]
incontinente mensen hebben geen controle meer over het plassen of poepen ✦ *de oude vrouw was incontinent geworden*

in·de·len [deelde in, heeft ingedeeld]
in stukken verdelen [iemand deelt iets in] ✦ *het bedrijf is ingedeeld in verschillende afdelingen* ✦ *de schrijver kon altijd zelf zijn tijd indelen*

•**in·der·daad** [bijwoord]
daar heb je gelijk in ✦ *"Het lijkt wel of het regent."; "Inderdaad, de straten zijn nat!"*

•**in·der·tijd** [bijwoord]
vroeger = destijds ✦ *ik koos indertijd voor die studie omdat ik lezen leuk vond*

de **in·dex** [indexen, indices]
een alfabetische lijst van belangrijke woorden of onderwerpen, achter in een boek ✦ *in de index kon je vinden welke personen er in het boek voorkomen*

de **in·di·aan** [indianen] **in·di·aan·se** [indiaansen]
de naam voor de oorspronkelijke bewoners van Zuid- en Noord-Amerika

de **in·di·ca·tie** [indicaties]
een teken dat iets waarschijnlijk gaat gebeuren of waarschijnlijk waar is = de aanwijzing ✦ *de uitslag van de verkiezingen in de gemeenten gaf een indicatie voor de uitslag van de landelijke verkiezingen*

•**in·dien** [voegwoord] (formeel)
als ✦ *indien u ouder bent dan zestig jaar, betaalt u slechts de helft van de prijs*

in·die·nen [diende in, heeft ingediend]
laten weten bij een officiële instantie [iemand dient een voorstel, klacht enz. in] ✦ *bij de gemeente kan men voorstellen voor het verbeteren van de buurt indienen*

in·di·rect [bijvoeglijk naamwoord]
iets wat indirect gebeurt, gebeurt niet via de makkelijkste of meest directe weg ⇔ direct ✦ *de directeur liet indirect merken dat ze wel geïnteresseerd was in samenwerking*

het **in·di·vi·du** *ook:* de [individuen]
een persoon als eigen eenheid = de mens ✦ *ieder individu heeft recht op een eigen mening*

het **in·di·vi·du·a·lis·me**
het geloof dat in de maatschappij de rechten en de vrijheid van het individu* het belangrijkst zijn

de **in·di·vi·du·a·list** [individualisten]
iemand die zich niet laat beïnvloeden door wat een groep doet, maar op zijn of haar eigen manier leeft ✦ *schrijvers zijn bijna allemaal individualisten voor wie samenwerking moeilijk is*

•**in·di·vi·du·eel** [bijvoeglijk naamwoord]
iets wat individueel gebeurt, gebeurt

los van andere mensen of andere dingen = apart ✦ *sommige kinderen hebben individueel onderwijs nodig*

in·drin·gend [bijvoeglijk naamwoord]
iets wat indringend is, maakt een diepe indruk ✦ *dit boek geeft een indringend beeld van de oorlog*

de **in·drin·ger** [indringers] **in·dring·ster** [indringsters]
iemand die ergens komt waar hij of zij niet hoort te komen ✦ *plotseling stond er een indringer in zijn huis* ✦ *de kinderen beschouwden de nieuwe man van hun moeder als een indringer*

de •**in·druk** [indrukken]
het idee dat je van iemand of iets hebt, zonder veel van die persoon of die zaak te weten = de impressie ✦ *wat is jouw indruk van de nieuwe chef?*
indruk maken op iemand: bijzonder gevonden worden door iemand ✦ *de jongen probeerde indruk te maken op zijn vrienden met zijn nieuwe fiets*

in·druk·wek·kend [bijvoeglijk naamwoord]
iets wat indrukwekkend is, maakt veel indruk ✦ *het was indrukwekkend om die duizenden mensen in stilte bij elkaar te zien staan*

de •**in·dus·trie** [industrieën]
alle fabrieken samen **landschap**

het **in·dus·trie·ter·rein** [industrieterreinen]
een stuk grond waarop veel fabrieken en kantoren staan

in·een [bijwoord]
in elkaar ✦ *met de handen ineen bad de familie voor het eten*

•**in·eens** [bijwoord]
plotseling ✦ *ineens begon het heel hard te waaien*

in·en·ten [entte in, heeft ingeënt]
een vloeistof bij iemand inbrengen om een ziekte te voorkomen [iemand ent iemand in (tegen een ziekte)] ✦ *in Nederland worden alle kinderen vanaf zes weken ingeënt tegen allerlei ziektes* **gezondheid**

het **in·farct** [infarcten]
het verschijnsel dat er geen bloed meer in het hart of in de hersenen komt, wat schade veroorzaakt ✦ *de man is overleden aan een hartinfarct*

de **in·fec·tie** [infecties]
een ziekte op een plaats in je lichaam, veroorzaakt door een bacterie of een virus ✦ *de heer Theunissen is gestorven aan een infectie in de borst*

in·fe·ri·eur [bijvoeglijk naamwoord]
iets wat inferieur is, is van slechte kwaliteit ⇔ superieur ✦ *de fabriek maakt inferieure producten*

in·fil·tre·ren [infiltreerde, is geïnfiltreerd]
op een geheime manier binnen een groep komen, meestal om informatie te krijgen [iemand infiltreert in een groep mensen] ✦ *de politie probeert te infiltreren in de drugshandel*

de **in·fi·ni·tief** [infinitieven] (taal)
de volledige vorm van een werkwoord = de onbepaalde wijs ✦ *'kijken' is de infinitief van 'keek' en 'gekeken'* ✦ *in de zin 'hij kan niet koken' is 'koken' een infinitief*

de **in·fla·tie**
het verschijnsel dat geld minder waard wordt ⇔ de deflatie

de **in·fo**
de informatie

de **in·for·mant** [informanten]
iemand die informatie geeft

de **in·for·ma·teur** [informateurs]
iemand die als taak heeft te onderzoeken op welke manier een nieuw kabinet kan worden gevormd

de **In·for·ma·ti·ca**
de wetenschap die zich bezighoudt met informatie en computers

de •**in·for·ma·tie**
gegevens en inlichtingen waardoor je meer weet over iets ✦ *in het boekje stond de informatie die ze nodig had* ✦ *voor meer informatie kunt u kijken op onze website*

in·for·ma·tief [bijvoeglijk naamwoord]
iets wat informatief is, geeft veel informatie ✦ *de colleges van de professor Groenink waren erg informatief*

de **in·for·ma·tie·tech·no·lo·gie**
de toegepaste kennis van het ontwerpen van computersystemen die informatie kunnen verwerken

in·for·meel [bijvoeglijk naamwoord]
iets wat informeel is, is niet erg officieel ✦ *veel politieke problemen zijn opgelost door informele contacten* **formules**

in·for·me·ren [informeerde, heeft geïnformeerd]

informatie geven = inlichten [iemand informeert iemand (over iets)] ✦ *we zullen u spoedig nader informeren over de inhoud van het congres*

in·for·me·ren naar [informeerde naar, heeft geïnformeerd naar]
vragen stellen om informatie te krijgen [iemand informeert naar iets] ✦ *iedereen informeerde vol belangstelling naar de gezondheid van de moeder en de baby*

de **in·fra·struc·tuur** [infrastructuren]
de systemen en structuren die een land nodig heeft om goederen en informatie te verspreiden, bijv. wegen en telefoon

het **in·fuus**
een instrument dat in ziekenhuizen wordt gebruikt om vloeistof in het bloed te brengen ✦ *dit medicijn kan het beste worden ingebracht met een infuus*

ing. [afkorting]
ingenieur: de titel die je krijgt na een technische studie aan een hogere beroepsopleiding

•**in·gaan** [ging in, is ingegaan]
beginnen [iets gaat in] ✦ *de vakantie gaat in op 2 augustus*

•**in·gaan op** [ging in op, is ingegaan op]
reageren op iets door er aandacht aan te geven [iemand gaat in op iets] ✦ *graag wil ik ingaan op uw laatste opmerking*

de •**in·gang** [ingangen]
1 de plaats waar je een gebouw of een gebied in gaat ✦ *bij de ingang van het station kun je ijs kopen*
2 met ingang van …: vanaf … ✦ *met ingang van volgende week donderdag is deze winkel gesloten*

in·ge·bracht *zie:* **inbrengen**
in·ge·bro·ken *zie:* **inbreken**
in·ge·gre·pen *zie:* **ingrijpen**
in·ge·kocht *zie:* **inkopen**
in·ge·krom·pen *zie:* **inkrimpen**

de •**in·ge·ni·eur** [ingenieurs]
iemand die heeft gestudeerd aan een technische universiteit of hogeschool ✦ *hij werkt als ingenieur in Eindhoven*

in·ge·ni·eus [bijvoeglijk naamwoord]
iets wat ingenieus is, is op een slimme manier gemaakt ✦ *in de flat hebben ze een ingenieus systeem voor de verwarming*

in·ge·no·men *zie:* **innemen**

in·ge·no·men met [bijvoeglijk naamwoord]
iemand die ingenomen is met iets, is daar erg blij mee ✦ *de vertegenwoordiger was erg ingenomen met zijn nieuwe auto*

in·ge·schre·ven *zie:* **inschrijven**
in·ge·sla·gen *zie:* **inslaan**
in·ge·spro·ken *zie:* **inspreken**
in·ge·spron·gen *zie:* **inspringen**

in·ge·to·gen [bijvoeglijk naamwoord]
iemand die ingetogen reageert, vraagt niet veel aandacht ✦ *het lied werd op ingetogen wijze gezongen*

in·ge·trok·ken *zie:* **intrekken**

de **in·ge·ving** [ingevingen]
een gedachte die je plotseling krijgt = de inval ✦ *toen hij het huis zag, was zijn eerste ingeving dat hij er wilde wonen*

in·ge·vro·ren *zie:* **invriezen**

de **in·ge·wan·den** [meervoud]
de organen in je buik, bijv. de darmen

in·ge·we·ken *zie:* **inwijken**

•**in·ge·wik·keld** [bijvoeglijk naamwoord]
iets wat ingewikkeld is, is moeilijk = complex ⇔ eenvoudig ✦ *veel kinderen begrepen de ingewikkelde opdracht niet*

in·ge·zon·den *zie:* **inzenden**

het **in·gre·di·ënt** [ingrediënten]
een bestanddeel van een gerecht ✦ *doe alle ingrediënten met een beetje zout in de pan*

de **in·greep** [ingrepen]
een handeling om een fout of problemen te voorkomen = de operatie ✦ *mijn broer ligt voor een kleine ingreep in het ziekenhuis*

in·grij·pen [greep in, heeft ingegrepen]
1 handelen omdat iets fout gaat [iemand grijpt in] ✦ *de politie greep in toen de groep protesterende mensen naar het centrum wilde gaan*
2 invloed hebben [iets grijpt diep in (in iets)] ✦ *de dood van zijn kind heeft diep in zijn leven ingegrepen*

in·grij·pend [bijvoeglijk naamwoord]
een ingrijpende gebeurtenis heeft grote invloed ✦ *de winkel is ingrijpend veranderd*

in·ha·ken op [haakte in op, heeft ingehaakt op]
reageren op iets = aansluiten bij [iemand haakt op iets in] ✦ *mag ik even inhaken op de vorige opmerking van de voorzitter?*

in·ha·len [haalde in, heeft ingehaald]
1 voorbijgaan door harder te rijden of

te lopen [iemand haalt een auto, een fietser enz. in] ✦ *op deze weg mag je alleen vrachtwagens inhalen* ✦ *aan het eind van de wedstrijd werd hij toch nog ingehaald*
2 doen wat je nog moest doen [iemand haalt iets in] ✦ *morgen ben ik er niet; mag ik het werk volgende week inhalen?*
3 op een feestelijke manier ontvangen [iemand haalt iemand in] ✦ *alle kinderen gaan kijken als in november Sinterklaas wordt ingehaald*

de **in·ham** [inhammen]
een plaats aan de kust waar de zee het land in komt

in·heems [bijvoeglijk naamwoord]
iets wat inheems is, hoort in het land ✦ *deze planten zijn niet inheems in Nederland*

de •**in·houd** [inhouden]
1 iets dat ergens in zit, bijv. in een pak of in een doos ✦ *de politie onderzoekt de inhoud van de koffer*
2 de hoeveelheid die ergens in kan ✦ *de inhoud van deze pan is 3 liter* **meten**
3 iets wat in een tekst staat, bijv. in een boek ✦ *kun je zeggen wat de inhoud van de brief is?*

in·hou·de·lijk [bijvoeglijk naamwoord]
iets wat inhoudelijk is, heeft te maken met de inhoud (bet. 3) ✦ *je brief is netjes geschreven, maar ik heb nog wel veel inhoudelijke kritiek*

•**in·hou·den** [hield in, heeft ingehouden]
1 betekenen [iets houdt iets in] ✦ *ons voorstel houdt in dat vanaf volgende week iedereen tot zes uur werkt*
2 niet betalen [iemand houdt een bedrag in] ✦ *de gemeente heeft de subsidie voor de vereniging ingehouden*

zich •**in·hou·den** [hield zich in, heeft zich ingehouden]
je gevoelens niet laten zien = zich beheersen, zich bedwingen [iemand houdt zich in] ✦ *ze moest eigenlijk lachen, maar ze hield zich in*

in·hu·ren [huurde in, heeft ingehuurd]
betalen voor een bepaald karwei [iemand huurt iemand in] ✦ *elke zomer huurt de boer een aantal studenten in voor de drukke periode*

de **ini·ti·a·len** [meervoud]
de eerste letter van je voornaam en van je achternaam

het •**ini·ti·a·tief** [initiatieven]
een voorstel dat iemand als eerste doet ✦ *dit congres is een initiatief van de universiteit*

de **ini·ti·a·tief·ne·mer** [initiatiefnemers] **ini·ti·a·tief·neem·ster** [initiatiefneemsters]
iemand die als eerste een voorstel tot iets doet ✦ *wij bedanken de initiatiefnemer, zonder wie het onderzoek nooit gedaan zou zijn*

de **in·jec·tie** [injecties]
het inbrengen van een medicijn met een naald = de prik ✦ *sommige injecties mogen alleen door artsen worden gegeven*

de **in·keer**
tot inkeer komen: een ander, beter inzicht krijgen ✦ *op zijn twintigste kwam hij tot inkeer en stopte hij met roken*

de **in·kom** (in België)
1 een ruimte die de ingang verbindt met de rest van het huis = de hal
2 het geld dat je moet betalen om ergens binnen te mogen ✦ *de inkom voor de tentoonstelling is vijf euro*

het **in·ko·men**[1] [inkomens]
het geld dat je krijgt voor je werk ✦ *ze heeft een hoog inkomen, maar ze moet er wel hard voor werken*

in·ko·men[2] [kwam in, is ingekomen]
daar komt niets van in: dat zal niet gebeuren ✦ *"Daar komt niets van in!", riep de vrouw toen haar man zei dat hij naar het café ging*

de **in·kom·sten** [meervoud]
het geld dat je krijgt uit werk, als rente enz. ✦ *zijn inkomsten zijn gestegen sinds hij een nieuwe baan heeft*

de **in·kom·sten·be·las·ting** [inkomstenbelastingen]
de belasting die je moet betalen over al je inkomsten*

de **in·koop**
de keer dat je inkoopt* voor een winkel of een bedrijf ✦ *de inkoop voor de winkel deed de directeur altijd zelf*

de **in·ko·pen**[1] [meervoud]
de spullen die je hebt gekocht = de boodschappen

in·ko·pen[2] [kocht in, heeft ingekocht]
kopen, meestal om het aan anderen te verkopen [iemand koopt iets in] ✦ *de garage kocht de auto in voor achtduizend euro en verkocht hem voor negenduizend*

euro

in·krim·pen [kromp in]
1 [heeft ingekrompen] kleiner maken [iemand krimpt iets in] ✦ *het bedrijf wordt ingekrompen met vijftien personen*
2 [is ingekrompen] kleiner worden [iets krimpt in] ✦ *het bedrijf krimpt in met vijftien personen*

de **inkt** [inkten]
een vloeistof met kleur, waarmee je schrijft

de **inkt·vis** [inktvissen]
een soort vis

inktvis

in·las·sen [laste in, heeft ingelast]
plotseling iets extra's organiseren [iemand last iets in] ✦ *vanwege het grote succes werden extra optredens ingelast*

zich **in·la·ten met** [liet zich in met, heeft zich ingelaten met]
omgaan met mensen of zaken waarvoor je eigenlijk te goed bent [iemand laat zich in met iemand of iets]

in·lei·den [leidde in, heeft ingeleid]
iets zeggen over iets wat gaat gebeuren = introduceren [iemand leidt iemand of iets in] ✦ *ik zal de film met een paar woorden inleiden*

de **in·lei·ding** [inleidingen]
de woorden waarmee je iets of iemand inleidt* = de introductie ✦ *na een korte inleiding vooraf begon de voorstelling*

in·le·ve·ren [leverde in, heeft ingeleverd]
geven aan degene bij wie het hoort [iemand levert iets, bijv. een formulier, in] ✦ *als u klaar bent, kunt u het formulier bij de ingang inleveren*

in·lich·ten [lichtte in, heeft ingelicht]
informatie over iets geven; vertellen wat er gebeurd is [iemand licht iemand in (over iets)] ✦ *de voorzitter werd als eerste ingelicht over de gebeurtenissen*

de **in·lich·tin·gen** [meervoud]
mededelingen over iets = de informatie ✦ *inlichtingen zijn te krijgen op het telefoonnummer dat in de brief staat*

de **in·lich·tin·gen·dienst** [inlichtingendiensten]
een organisatie die de overheid inlichtingen geeft die met de veiligheid van het land te maken hebben

in·lui·den [luidde in, heeft ingeluid]
het begin zijn van iets [iets luidt iets in] ✦ *het vertrek van de minister luidde het einde van het kabinet in*

in·ma·ken [maakte in, heeft ingemaakt]
1 met zout, zuur of suiker in een pot doen, om lang te kunnen bewaren [iemand maakt vruchten, groenten enz. in]
2 (informeel) met groot verschil winnen van een tegenstander [iemand maakt een tegenstander in] ✦ *Ajax heeft Feyenoord met 4-0 ingemaakt*

het **in me·mo·ri·am** [in memoriams] (Latijn)
een tekst die is geschreven om een overleden persoon te herinneren ✦ *de directeur schreef een in memoriam voor de overleden medewerker*

de **in·men·ging**
de situatie dat je iets wilt veranderen in de zaken van een ander, zonder dat diegene dat wil = de interventie ✦ *Amerika wilde hulp sturen, maar dat werd beschouwd als inmenging*

•**in·mid·dels** [bijwoord]
intussen ✦ *het ongeluk is twee minuten geleden gebeurd en inmiddels staan er al honderd mensen te kijken*

•**in·ne·men** [nam in, heeft ingenomen]
1 door de mond naar binnen laten gaan = slikken [iemand neemt medicijnen in] ✦ *hij neemt iedere dag medicijnen in tegen de pijn*
2 ruimte nodig hebben [iemand of iets neemt ruimte in] ✦ *het is een mooie kast, maar hij neemt erg veel ruimte in*
3 met geweld gaan bezitten = veroveren [iemand neemt een stad of een gebied in] ✦ *Caesar nam met zijn leger Gallië in*

in·ne·mend [bijvoeglijk naamwoord]
iemand die innemend is, wordt door veel mensen aardig gevonden = charmant ✦ *door innemend te glimlachen, kon hij elke vrouw krijgen die hij wilde*

in·nen [inde, heeft geïnd]
zorgen dat je het geld krijgt dat iemand je moet betalen = incasseren [iemand int geld] ✦ *de vrouw zat bij de wc om het*

geld te innen

het **in·ner·lijk**[1]
hoe iemand van binnen is; wat iemand denkt en voelt ⇔ het uiterlijk ✦ *zij heeft een goed innerlijk*

in·ner·lijk[2] [bijvoeglijk naamwoord]
innerlijke zaken zijn zaken van de geest, niet van het lichaam ⇔ het uiterlijk ✦ *de student zocht in India naar innerlijke vrede*

in·nig [bijvoeglijk naamwoord]
1 iets wat innig is, komt uit een sterk gevoel ✦ *het was zijn innige wens om nog eens naar Indonesië te gaan*
2 als je innig verbonden ben met iemand, heb je een heel sterke band met hem of haar ✦ *ons contact is de laatste jaren niet meer zo innig*

de **in·no·va·tie** [innovaties]
de situatie dat iets nieuws ingevoerd wordt = de vernieuwing ✦ *het bedrijf besteedt veel geld aan innovatie*

in·pak·ken [pakte in, heeft ingepakt]
1 in papier doen = verpakken [iemand pakt iets in, bijv. een cadeau]
2 bijv. een koffer of een kist vullen = pakken [iemand pakt iets in] ✦ *Thomas had zijn koffers nog niet ingepakt*
3 zorgen dat iemand je heel aardig gaat vinden = inpalmen [iemand pakt iemand in] ✦ *met haar mooie lach heeft ze haar baas helemaal ingepakt*

in pet·to [bijwoord]
iets in petto hebben: een verrassing hebben ✦ *de directeur had aan het eind van het feest nog een leuke verrassing in petto voor de werknemers*

de **in·pol·de·ring**
het werk om van water land te maken door er dijken* omheen te leggen en het water weg te halen **landschap**

in·rich·ten [richtte in, heeft ingericht]
1 ergens meubels plaatsen, zodat je er kunt gaan wonen [iemand richt een huis of een kamer in] ✦ *onze buren hebben hun huis erg mooi ingericht*
2 (in België) voorbereiden zodat iets gebeurt; regelen = organiseren [iemand richt iets in] ✦ *voor het afscheid van de chef hebben we een groot feest ingericht*

de **in·rich·ting** [inrichtingen]
1 [geen meervoud] de manier waarop een huis of een kamer is ingericht* (bet. 1) = het interieur ✦ *zij hebben gekozen voor een moderne inrichting*
2 [geen meervoud] de manier waarop iets georganiseerd wordt ✦ *er was een vergadering over de nieuwe inrichting van het onderwijs*
3 (ouderwets) een instelling waar mensen worden verzorgd van wie de geest ziek is ✦ *de neef van mevrouw Stevens zit in een inrichting*

in·rui·len [ruilde in, heeft ingeruild]
iets geven om iets anders te krijgen [iemand ruilt iets in (voor iets)] ✦ *hij heeft op zijn werk loon ingeruild voor meer vrije tijd*

in·scha·ke·len [schakelde in, heeft ingeschakeld]
1 de hulp vragen van iemand [iemand schakelt iemand in] ✦ *toen hij na twee dagen nog niets van zijn vrouw had gehoord, heeft hij de politie ingeschakeld*
2 zorgen dat een apparaat gaat werken = aanzetten ⇔ uitschakelen [iemand schakelt een apparaat in] ✦ *bij een grote nationale crisis moet je de radio inschakelen voor informatie*

in·schat·ten [schatte in, heeft ingeschat]
vooraf bedenken hoe iemand of iets zal zijn [iemand schat iemand of iets in] ✦ *de organisatie heeft het aantal bezoekers niet goed ingeschat* ✦ *hij schatte in dat zijn vrouw wel ja zou zeggen*

in·schrij·ven [schreef in, heeft ingeschreven]
officieel opschrijven dat iemand aan iets mee wil doen [iemand schrijft iemand in] ✦ *ze heeft zich ingeschreven voor een cursus Nederlands* **politiek**

het **in·sect** [insecten]
een klein dier dat uit drie delen bestaat, met zes poten en vaak met vleugels ✦ *we hebben in de zomer altijd erg veel last van insecten*

de **in·si·der** [insiders]
iemand die meer over een zaak weet dan anderen, omdat hij of zij erbij betrokken is ✦ *van een insider had Stephan gehoord dat de directeur naar een ander bedrijf zou gaan*

in·si·nu·e·ren [insinueerde, heeft geïnsinueerd]
een opmerking maken waarin je eigenlijk iemand de schuld van iets geeft [iemand insinueert iets] ✦ *de politicus insinueerde dat de minister niet de waarheid*

had gezegd

in·slaan [sloeg in]
1 [heeft ingeslagen] breken door erop te slaan [iemand slaat iets in] ✦ *de kinderen renden hard weg toen ze het raam hadden ingeslagen*
2 [heeft ingeslagen] veel van iets kopen om het te bewaren [iemand slaat producten of artikelen in] ✦ *toen de aardappels zo goedkoop waren, heeft het restaurant er veel ingeslagen*
3 [is ingeslagen] succes hebben [iets slaat in] ✦ *de grap sloeg erg in en iedereen moest hard lachen*
iets slaat in als een bom: iets heeft veel succes of veroorzaakt een drukke sfeer ✦ *zijn opmerking over de directeur sloeg in als een bom*
4 [is ingeslagen] met veel kracht in iets gaan [een bom, een kogel, de bliksem enz. slaat in]
5 [is ingeslagen] volgen [iemand slaat een weg in] ✦ *u slaat die kleine weg in, en gaat dan de eerste rechts*

de **in·slag** [inslagen]
1 de keer dat iets inslaat* (bet. 4) ✦ *gelukkig was Francien niet geraakt door de inslag van de bliksem*
2 een houding die iemand of iets heeft ✦ *zij heeft een romantische inslag*
3 dat is schering en inslag: dat gebeurt heel vaak ✦ *mijn fiets is gestolen, maar dat is schering en inslag in deze buurt*

in·sla·pen [sliep in, is ingeslapen]
1 beginnen te slapen [iemand slaapt in] ✦ *nadat hij naar bed was gegaan duurde het nog een half uur voordat hij insliep*
2 sterven [iemand slaapt in] ✦ *ze had veel verdriet toen ze haar kat moest laten inslapen*

in·span·nen [spande in, heeft ingespannen]
aan een wagen vastmaken, zodat het dier die kan trekken [iemand spant een dier in]

zich **in·span·nen** [spande zich in, heeft zich ingespannen]
je kracht gebruiken [iemand spant zich in] ✦ *de werknemers spanden zich extra in toen hun chef ziek was*

zich **in·span·nen voor** [spande zich in voor, heeft zich ingespannen voor]
moeite doen om een doel te bereiken [iemand spant zich in voor iets] ✦ *de burgemeester heeft zich erg ingespannen voor een nieuwe weg rond de stad*

de **in·span·ning** [inspanningen]
moeite of kracht ✦ *hij probeerde met zo weinig mogelijk inspanning het examen te halen* ✦ *door de inspanning werd haar gezicht rood*

in·spec·te·ren [inspecteerde, heeft geïnspecteerd]
iets bekijken om te controleren of het goed is = controleren [iemand inspecteert iets] ✦ *de groenteman inspecteerde de groente voordat de winkel openging*

de **in·spec·teur** [inspecteurs] **in·spec·tri·ce** [inspectrices]
iemand die voor zijn of haar beroep zaken inspecteert* ✦ *het bedrijf kreeg bezoek van de inspecteur van de belastingen*

in·spe·len op [speelde in op, heeft ingespeeld op]
reageren op een situatie [iemand speelt op iets in] ✦ *de krant speelde in op de behoefte aan informatie over de koningin*

de **in·spi·ra·tie** [inspiraties]
de kracht om nieuwe ideeën te krijgen = de bezieling ✦ *de film was zonder inspiratie gemaakt*

in·spi·re·ren [inspireerde, heeft geïnspireerd]
nieuwe ideeën geven [iemand of iets inspireert iemand (tot iets)] ✦ *een bezoek aan China heeft de schrijver geïnspireerd tot zijn nieuwste boek*
iets is geïnspireerd op iets: iets is ontstaan naar het idee van iets anders ✦ *de kleren in deze winkel zijn geïnspireerd op de nieuwste mode uit Parijs*

de **in·spraak**
de mogelijkheid om mee te praten over beslissingen = de medezeggenschap ✦ *op de meeste scholen hebben de ouders van de kinderen inspraak*

in·spre·ken [sprak in, heeft ingesproken]
iets zeggen wat opgenomen wordt door een apparaat [iemand spreekt een bericht of een antwoordapparaat in] ✦ *u kunt uw boodschap inspreken na de piep*
media

in·sprin·gen [sprong in, is ingesprongen]
ergens ineens moeten helpen [iemand springt ergens in] ✦ *ze vroegen of ik wil*

inspringen, omdat er te weinig personeel is

in·sprin·gen op [sprong in op, is ingesprongen op]
snel reageren op een situatie [iemand springt in op iets] ✦ *ons bedrijf kan snel inspringen op veranderingen in de markt*

in·staan voor [stond in voor, heeft ingestaan voor]
zeggen dat je verantwoordelijk wilt zijn voor de kwaliteit [iemand staat voor iets of iemand in] ✦ *de directie kon niet langer instaan voor de veiligheid van haar medewerkers*

in·sta·biel [bijvoeglijk naamwoord]
1 instabiele dingen staan niet stevig ⇔ stabiel ✦ *doordat één poot te kort is, is de tafel instabiel*
2 instabiele zaken veranderen steeds = labiel ⇔ stabiel ✦ *de situatie in het land is instabiel en misschien wordt het wel oorlog* ✦ *uit de test bleek dat hij te instabiel was voor zo'n verantwoordelijke baan*

de **in·stal·la·tie** [installaties]
1 de keer dat iemand of iets geïnstalleerd* wordt ✦ *na haar installatie ging de burgemeester meteen aan het werk*
2 apparaten die samen één functie hebben ✦ *de alarminstallatie* ✦ *het Amerikaanse bedrijf bouwde een installatie om te zoeken naar gas in de bodem*

in·stal·le·ren [installeerde, heeft geïnstalleerd]
1 plaatsen om te kunnen gebruiken [iemand installeert apparaten] ✦ *vanmiddag komt er iemand om de nieuwe tv te installeren*
2 iemand aan een belangrijke functie laten beginnen door een officiële bijeenkomst te houden [iemand wordt geïnstalleerd] ✦ *volgende week wordt het nieuwe kabinet geïnstalleerd*

zich **in·stal·le·ren** [installeerde zich, heeft zich geïnstalleerd]
zo gaan zitten dat alles wat je nodig hebt dichtbij is [iemand installeert zich] ✦ *ze installeerde zich met een kop thee en de krant op de bank*

in·stant-
snel klaar ✦ *de instantkoffie*

de •**in·stan·tie** [instanties]
1 een afdeling of een instelling van de overheid ✦ *elke gemeente heeft een instantie die geld geeft aan mensen zonder werk*
2 in eerste instantie: in het begin ✦ *toen hij haar na twee jaar weer zag, herkende hij haar in eerste instantie niet*

•**in·stap·pen** [stapte in, is ingestapt]
een bus, trein, auto in gaan [iemand stapt in] ✦ *niet allemaal tegelijk instappen, alstublieft*

•**in·stel·len** [stelde in, heeft ingesteld]
1 oprichten [iemand stelt iets in] ✦ *er is een commissie ingesteld om het onderzoek voor te bereiden*
2 klaarmaken voor gebruik [iemand stelt een apparaat in] ✦ *hij was erg blij dat het bedrijf zijn computer goed had ingesteld*

zich •**in·stel·len op** [stelde zich in op, heeft zich ingesteld op]
verwachten dat iets gebeurt en daarop voorbereid zijn [iemand stelt zich op iets in] ✦ *de werkgevers hebben zich ingesteld op moeilijke onderhandelingen met de werknemers*

de •**in·stel·ling** [instellingen]
1 een organisatie met een bepaalde taak die geen winst wil maken = de instantie ✦ *er zijn in deze stad zeven instellingen voor hoger onderwijs*
2 [geen meervoud] de houding die je hebt tegenover dingen die je doet = de mentaliteit ✦ *mensen die niet de juiste instelling hebben, kunnen beter niet aan deze opleiding beginnen*
3 [geen meervoud] de keer dat iets ingesteld wordt ✦ *de instelling van uw computer kan het beste door een van onze werknemers gebeuren*

in·stem·men met [stemde in met, heeft ingestemd met]
goedvinden = goedkeuren [iemand stemt in met een voorstel] ✦ *de Tweede Kamer heeft vorige week ingestemd met het plan om de belastingen te verhogen*

de **in·stem·ming**
de goedkeuring ✦ *zijn voorstel kreeg de instemming van alle aanwezigen*

het **in·stinct** [instincten]
een gevoel dat mensen en dieren vanaf hun geboorte al hebben en dat ze vertelt wat ze moeten doen ✦ *op het gebied van handel heeft de man een goed instinct*

het **in·sti·tuut** [instituten]

in

1 een organisatie voor onderwijs of onderzoek ✦ *mijn man werkt voor een instituut dat onderzoek doet op het gebied van landbouw*
2 een maatschappelijk verschijnsel dat een vaste plaats heeft ✦ *in veel landen is betaald voetbal een instituut geworden*

in·stor·ten [stortte in, is ingestort]
1 kapotgaan en omlaag vallen [iets stort in] ✦ *de oude brug is vannacht ingestort*
2 een plotselinge crisis hebben [iemand stort in] ✦ *hij is in de vakantie volledig ingestort*

de **in·stroom**
het aantal mensen dat naar iets toe komt ✦ *het onderwijs heeft een grotere instroom van leraren nodig*

de **in·struc·teur** [instructeurs] **in·struc·tri·ce** [instructrices]
iemand die voor zijn of haar beroep aan anderen leert hoe je iets moet doen ✦ *hij werkt als instructeur op een sportschool*

de **in·struc·tie** [instructies]
1 een aanwijzing hoe je iets moet doen ✦ *als u de instructies volgt, kunt u de kast in een uurtje in elkaar zetten*
2 het onderwijs = het onderricht ✦ *we hebben in het leger goede instructies gehad voor het gebruik van wapens*

in·stru·e·ren [instrueerde, heeft geïnstrueerd]
1 instructies* (bet. 1) geven; leren [iemand instrueert iemand] ✦ *toen we nieuwe computers kregen, kwam er iemand van het bedrijf om ons te instrueren*
2 een opdracht geven [iemand instrueert iemand om iets te doen] ✦ *de directeur instrueerde het personeel om geen informatie aan de pers te geven*

het **•in·stru·ment** [instrumenten]
1 een voorwerp waarmee je muziek kunt maken ✦ *de piano vind ik een van de mooiste instrumenten*
2 een voorwerp waarmee je een precies werkje kunt doen ✦ *de instrumenten van een tandarts moeten goed worden schoongemaakt*

de **in·su·li·ne**
een stof in het lichaam die de hoeveelheid suiker in het bloed verlaagt

in·tact [bijvoeglijk naamwoord]
iets wat intact is, is nog heel, en niet kapot = gaaf ✦ *het oude stadhuis in onze stad is nog helemaal intact*

het **in·take·ge·sprek** [intakegesprekken]
een gesprek om uit te zoeken wat voor hulp of les iemand nodig heeft

in·te·gen·deel [bijwoord]
juist niet ✦ *hij heeft het niet slecht gedaan; integendeel, hij heeft het heel goed gedaan*

in·te·ger [bijvoeglijk naamwoord]
integere mensen zijn eerlijk en je kunt ze vertrouwen = onkreukbaar ✦ *de vrouw maakt een integere indruk*

in·te·graal [bijvoeglijk naamwoord]
als iets integraal is, ontbreekt er niets aan ✦ *de boeken van James Joyce worden volgend jaar integraal uitgegeven*

in·te·gre·ren [integreerde]
1 [is geïntegreerd] één geheel worden met een andere groep [iemand integreert] ✦ *zij zijn na twintig jaar volledig geïntegreerd in de Verenigde Staten*
2 [heeft geïntegreerd] tot één geheel maken [iemand integreert twee zaken (tot iets)] ✦ *de groep integreerde oude en moderne muziek tot een interessant geheel*

het **in·tel·lect**
het verstand ✦ *met jouw intellect moet je het examen makkelijk kunnen halen*

in·tel·lec·tu·eel [bijvoeglijk naamwoord]
intellectuele dingen hebben te maken met het intellect* ✦ *de jongen is twaalf, maar hij heeft een intellectueel niveau van iemand met een wetenschappelijke opleiding*

in·tel·li·gent [bijvoeglijk naamwoord]
intelligente mensen hebben een heel goed verstand = slim ⇔ dom ✦ *de schrijver maakt in zijn boek enkele intelligente opmerkingen*

de **in·tel·li·gen·tie**
het vermogen om iets snel te begrijpen ✦ *met zijn grote intelligentie hoefde hij niet hard te studeren voor de opleiding*

in·tens [bijvoeglijk naamwoord]
intense gevoelens voel je sterk ✦ *hij had een intense behoefte aan rust*

in·ten·sief [bijvoeglijk naamwoord]
iets wat intensief gebeurt, krijgt heel veel aandacht ✦ *op deze afdeling van het ziekenhuis hebben mensen intensieve verzorging nodig*

de **in·ten·sive care**
een afdeling in een ziekenhuis waar ernstig zieke mensen liggen die steeds worden gecontroleerd ✦ *mijn vader ligt niet meer op de intensive care, maar hij is nog wel erg ziek*

de **in·ten·tie** [intenties]
de bedoeling ✦ *het bestuur had de intentie om het bedrijf te sluiten*

de **in·ter·ac·tie**
de situatie dat mensen op elkaar reageren ✦ *door de goede interactie tussen de docent en de leerlingen waren de lessen erg interessant*

in·ter·ac·tief [bijvoeglijk naamwoord]
interactieve zaken reageren op handelingen van mensen ✦ *er is een nieuw, interactief tv-programma waarbij je kunt opbellen om te laten weten welke deelnemer mag blijven*

de **in·ter·ci·ty** [intercity's]
een trein die alleen op grotere stations stopt vervoer

de **in·ter·com·mu·na·le** [intercommunales] (in België)
een vereniging van gemeenten die diensten verleent, bijv. het leveren van elektriciteit

•**in·te·res·sant** [bijvoeglijk naamwoord]
interessante zaken of mensen zorgen ervoor dat je interesse* hebt ✦ *mijn zus heeft kan interessante verhalen vertellen over haar reis naar Indonesië*

de **in·te·res·se**
de omstandigheid dat je iets leuk vindt en er meer over wilt weten = de belangstelling ✦ *voor voetbal heeft hij helemaal geen interesse*

•**in·te·res·se·ren** [interesseerde, heeft geïnteresseerd]
belangstelling wekken [iets interesseert iemand] ✦ *moderne muziek interesseert me niet*

zich •**in·te·res·se·ren voor** [interesseerde zich voor, heeft zich geïnteresseerd voor]
belangstelling hebben in iets [iemand interesseert zich voor iets] ✦ *zij interesseert zich niet voor het vak geschiedenis*

het **in·te·ri·eur** [interieurs]
de binnenkant van een ruimte ✦ *de krant heeft foto's gepubliceerd van het interieur van het koninklijk paleis*

de **in·te·rim** [interims]
1 iemand die ergens tijdelijk werkt
2 (in België) een tijdelijke baan; tijdelijk werk ✦ *vorig jaar heeft de studente de hele maand augustus een interim gedaan*

de **in·te·ri·ma·ris** [interimarissen] (in België)
1 iemand die tijdens de afwezigheid van een ambtenaar of van een leraar zijn taken uitvoert
2 iemand die een tijdelijke baan heeft

het **in·te·rim·bu·reau** [interimbureaus] (in België)
een bedrijf dat werknemers voor korte tijd ergens laat werken = het uitzendbureau

de **in·ter·land** [interlands]
een wedstrijd tussen ploegen uit verschillende landen ✦ *in 1977 speelde de voetballer Johan Cruijff tegen België zijn laatste interland*

de **in·ter·li·ner** [interliners]
een bus die over grotere afstanden rijdt en weinig stopt vervoer

het **in·ter·mez·zo** [intermezzo's]
een korte tijd dat er iets anders gebeurt ✦ *na het intermezzo ging het programma weer verder*

in·tern [bijvoeglijk naamwoord]
iets wat intern is, is van binnen ⇔ extern ✦ *nadat de fouten bekend waren geworden, werd er een intern onderzoek ingesteld* ✦ *de deelnemers verblijven intern tijdens het congres*

het **in·ter·naat** [internaten]
een instelling waar kinderen wonen = de kostschool ✦ *omdat haar ouders steeds op reis zijn, woont zij in een internaat*

•**in·ter·na·ti·o·naal** [bijvoeglijk naamwoord]
internationale zaken betreffen verschillende landen ✦ *de VN (Verenigde Naties) is een internationale organisatie*

> Nationale zaken betreffen het eigen land; regionale zaken betreffen de streek; lokale zaken betreffen de stad of het dorp.

het **in·ter·net**
een systeem waardoor computers over de hele wereld met elkaar verbonden zijn ✦ *ik heb op internet heel goedkope reizen naar Turkije gevonden* media

de **in·ter·nist** [internisten]

een dokter die veel weet van ziekten aan de organen

de **in·ter·pre·ta·tie** [interpretaties]
de manier waarop iemand iets begrijpt of uitlegt ✦ *de dominee had een heel eigen interpretatie van de bijbel*

in·ter·pre·te·ren [interpreteerde, heeft geïnterpreteerd]
iets op een bepaalde manier begrijpen of uitleggen [iemand interpreteert iets] ✦ *de journalist interpreteerde het boek als een protest tegen de regering*

de **in·ter·punc·tie**
het zetten van punten, komma's enz. ✦ *het is een uitstekende tekst, maar je moet nog wel even naar de interpunctie kijken*

de **in·ter·ven·tie** [interventies]
de keer dat iemand probeert een ruzie tussen twee partijen of een oorlog te laten ophouden = de tussenkomst ✦ *na de Amerikaanse interventie bleef het onrustig in het gebied*

het **in·ter·view** [interviews]
een gesprek waarbij een persoon vragen stelt en de andere persoon antwoordt = het vraaggesprek ✦ *gisteravond was er een interview met de koningin op de televisie*

in·ter·vie·wen [interviewde, heeft geïnterviewd]
een interview* met iemand houden [iemand interviewt iemand] ✦ *de minister werd geïnterviewd over het economisch beleid*

in·tiem [bijvoeglijk naamwoord]
over intieme dingen praat je niet met veel mensen ✦ *in de krant staan allerlei intieme details over het leven van de tv-journalist*
een intieme vriend: een vriend tegen wie je alles kunt zeggen

in·ti·mi·de·ren [intimideerde, heeft geïntimideerd]
iemand bang maken om te zorgen dat hij doet wat je wilt [iemand intimideert iemand] ✦ *de kiezers werden met geweld geïntimideerd*

de **in·ti·mi·teit** [intimiteiten]
1 [geen meervoud] een vertrouwde sfeer ✦ *de man wilde het liefst sterven in de intimiteit van zijn eigen huis*
2 een intieme* handeling of mededeling ✦ *de vrouw vond de intimiteiten van haar collega heel vervelend*

de **in·tre·de**
iets doet zijn intrede: iets verschijnt voor het eerst ✦ *in 1980 deed de computer zijn intrede in dit bedrijf*

de **in·trek**
ergens je intrek nemen: ergens gaan wonen ✦ *zolang de nieuwe burgemeester nog geen huis heeft gevonden, heeft hij zijn intrek in een hotel genomen*

in·trek·ken [trok in, heeft ingetrokken]
1 door trekken iets naar achteren of naar binnen brengen [iemand trekt iets in] ✦ *als jij je benen even intrekt, kan ik er beter langs*
2 niet meer laten gelden [iemand trekt iets in] ✦ *de minister heeft zijn belofte al na een dag weer ingetrokken*

de **in·tri·gant** [intriganten] **in·tri·gan·te** [intrigantes]
iemand die op een verborgen en slechte manier een doel probeert te bereiken, vooral door te zorgen dat andere mensen ruzie krijgen ✦ *de intrigant luisterde aan de deur wat zijn chef besprak*

de **in·tri·ge** [intriges]
1 een verborgen en slecht plan ✦ *door alle politieke intriges is het land bijna niet meer te besturen*
2 de dingen die gebeuren in een film of een boek, en die er spanning in brengen = de plot ✦ *de schrijver had moeite een goede intrige te verzinnen voor zijn nieuwe boek*

in·tri·ge·ren [intrigeerde, heeft geïntrigeerd]
belangstelling veroorzaken = fascineren, boeien [iets of iemand intrigeert iemand] ✦ *de geschiedenis van de bewoners van deze streek intrigeert me enorm*

de **in·tro·du·cé** [introducés] **in·tro·du·cee** [introducees]
iemand die niet zelf is uitgenodigd, maar wordt meegenomen door iemand die wel is uitgenodigd ✦ *hij ging als introducé met zijn vriendin mee naar het feest*

in·tro·du·ce·ren [introduceerde, heeft geïntroduceerd]
1 iemand voorstellen aan een groep mensen, zodat hij die mensen vaker kan ontmoeten [iemand introduceert iemand ergens] ✦ *hij werd door een vriendin geïntroduceerd bij de toneelclub*

2 iets zeggen over iemand die gaat optreden of over iets dat gaat gebeuren = inleiden [iemand introduceert iemand of iets] ✦ *de spreker werd geïntroduceerd door de voorzitter*
3 iets nieuws brengen [iemand introduceert iets] ✦ *in de jaren vijftig werd de televisie geïntroduceerd*

de **in·tro·duc·tie** [introducties]
1 de keer dat je in contact gebracht wordt met nieuwe mensen of dingen ✦ *de introductie voor de nieuwe studenten was in de eerste week van augustus* ✦ *met de introductie van de mobiele telefoon veranderde het sociale leven*
2 de woorden waarmee je iets of iemand introduceert* (bet. 2) = de inleiding ✦ *na een korte introductie kwam de schrijver op het toneel*

in·tro·vert [bijvoeglijk naamwoord]
introverte mensen houden hun gedachten meestal voor zichzelf en gedragen zich rustig ⇔ extravert ✦ *hij is introvert en zegt niet erg veel*

de **in·tu·ï·tie** [intuïties]
kennis van dingen door te voelen en niet door na te denken ✦ *hij vertrouwde op zijn intuïtie bij het kiezen van een vrouw*

in·tu·ï·tief [bijvoeglijk naamwoord]
iemand die intuïtief werkt, werkt met zijn gevoel = gevoelsmatig ✦ *intuïtief wist ze wat ze moest doen*

•in·tus·sen [bijwoord]
in de tijd die ertussen ligt = inmiddels ✦ *we zaten zo gezellig te praten dat de trein intussen was vertrokken*

de **in·val** [invallen]
1 een plotseling bezoek van de politie om bewijzen voor een misdaad te zoeken ✦ *bij de inval heeft de politie alle rekeningen meegenomen*
2 een poging van een leger om met geweld een grens over te gaan = de invasie ✦ *de Duitse inval in Nederland was op 10 mei 1940*
3 een plotseling idee ✦ *zij kreeg opeens een inval hoe het probleem opgelost moest worden*

in·va·li·de [bijvoeglijk naamwoord]
iemand die invalide is, kan een of meer lichaamsdelen niet gebruiken, bijv. zijn benen ✦ *na het ongeluk is hij invalide geworden*

in·val·len [viel in, is ingevallen]
1 voor korte tijd het werk van iemand doen [iemand valt in voor iemand] ✦ *toen onze collega ziek was, is een uitzendkracht voor haar ingevallen*
2 op het goede moment beginnen met muziek maken, terwijl anderen al bezig zijn [iemand valt in] ✦ *wij beginnen te zingen en dan moeten jullie invallen*

de **in·vals·hoek** [invalshoeken]
het idee waarmee je begint als je over iets gaat nadenken = het perspectief ✦ *de tentoonstelling had als invalshoek de tijd waarin de schilder leefde*

de **in·va·sie** [invasies]
1 de keer dat het leger van de vijand met geweld de grens over komt = de inval
2 de keer dat veel mensen tegelijk ergens binnenkomen ✦ *dat was een hele invasie op mijn verjaardag*

de **in·ven·ta·ris** [inventarissen]
alle spullen in een huis, bedrijf of een winkel ✦ *toen de winkel moest sluiten, werd de inventaris verkocht*

in·ven·ta·ri·se·ren [inventariseerde, heeft geïnventariseerd]
een lijst maken, bijv. van alle spullen in een winkel of van alle dingen die nog moeten gebeuren [iemand inventariseert iets]

in·ven·tief [bijvoeglijk naamwoord]
inventieve mensen zijn goed in het vinden van oplossingen = vindingrijk ✦ *Lenneke had een inventieve oplossing gevonden voor het gebrek aan computers*

in·ves·te·ren [investeerde, heeft geïnvesteerd]
1 geld geven aan een bedrijf om later een deel van de winst te krijgen [iemand investeert geld (in iets)] ✦ *zij had een flink bedrag geïnvesteerd in het nieuwe bedrijf*
2 besteden aan iets [iemand investeert tijd, geld of energie (in iets)] ✦ *hij heeft veel tijd in zijn opleiding geïnvesteerd*

de **in·ves·te·ring** [investeringen]
bedragen, tijd of energie die je investeert* ✦ *door de hoge investeringen heeft de fabriek vorig jaar geen winst gemaakt*

de **•in·vloed** [invloeden]
iets wat een verandering veroorzaakt = het effect ✦ *de klassen worden steeds groter en dat heeft invloed op de kwaliteit*

van het onderwijs ✦ *de werknemers hebben niet veel invloed op het beleid*

•in·voe·ren [voerde in, heeft ingevoerd]
1 in een land brengen om te verkopen = importeren [iemand voert producten in] ✦ *de man had tien kilo heroïne ingevoerd*
2 laten beginnen [iemand voert iets in, bijv. een maatregel of een wet] ✦ *in 1957 werd in Nederland een wet ingevoerd waardoor iedereen vanaf zijn 65e geld van de regering krijgt*
3 in de computer zetten [iemand voert gegevens in] ✦ *het kostte heel veel tijd om alle namen in te voeren*

in·vrie·zen [vroor in, heeft ingevroren]
iets kouder dan nul graden laten worden, zodat je het lang kunt bewaren [iemand vriest iets in, bijv. groente]

in·vul·len [vulde in, heeft ingevuld]
1 de gevraagde gegevens opschrijven [iemand vult een formulier in] ✦ *ik moest drie formulieren invullen om het geld te krijgen*
2 opschrijven op een formulier [iemand vult gegevens in] ✦ *in het eerste vakje moet je je naam invullen*
3 de inhoud van iets bepalen [iemand vult iets in] ✦ *het programma van de cursus kon nu verder worden ingevuld*

in·wen·dig [bijvoeglijk naamwoord]
iets wat inwendig gebeurt, gebeurt binnen in het lichaam ⇔ uitwendig ✦ *hij liet het niet merken, maar inwendig was hij woedend* ✦ *de patiënt kreeg tijdens de operatie een inwendige bloeding*

in·wij·den [wijdde in, heeft ingewijd]
officieel gaan gebruiken [iemand wijdt iets in] ✦ *de burgemeester wijdde de nieuwe brug in door er als eerste overheen te rijden*

in·wij·den in [wijdde in in, heeft ingewijd in]
iemand veel over iets leren, meestal over iets wat geheim is [iemand wijdt iemand in iets in] ✦ *het boek is alleen interessant voor mensen die zijn ingewijd in de wereld van de schrijver*

in·wij·ken [week in, is ingeweken] (in België)
in een ander land komen wonen = immigreren ⇔ uitwijken [iemand wijkt in] ✦ *Claudia is de dochter van een ingeweken Italiaanse familie*

in·wil·li·gen [willigde in, heeft ingewilligd]
positief beslissen over een verzoek [iemand willigt een verzoek in] ✦ *mijn verzoek om langer met vakantie te mogen, werd gelukkig ingewilligd*

de **in·wo·ner** [inwoners] **in·woon·ster** [inwoonsters]
iemand die woont in een bepaalde stad, een bepaald dorp of een bepaald land

de **in·za·ge**
1 inzage krijgen in iets: een tekst mogen bekijken ✦ *de rechter besliste dat de familie inzage kreeg in het rapport van de politie*
2 een tekst is ter inzage: een tekst mag bekeken worden

in·za·ke [voorzetsel] (formeel)
dit woord gebruik je als je wilt gaan zeggen waar iets over gaat = betreffende, aangaande ✦ *de wet inzake het bezitten van wapens is onlangs veranderd*

in·za·me·len [zamelde in, heeft ingezameld]
verzamelen voor een doel [iemand zamelt geld of goederen in] ✦ *de leden van de club zamelden geld in voor het grote feest*

in·zen·den [zond in, heeft ingezonden]
iets sturen omdat dat officieel nodig is voor iets = insturen [iemand zendt iets in] ✦ *om deel te nemen aan de wedstrijd moet u de oplossing voor 1 juli inzenden*
een ingezonden brief: een brief die een lezer naar een krant of tijdschrift gestuurd heeft om zijn mening over iets te geven ✦ *veel ingezonden brieven gingen over de situatie in Irak*

de **in·zen·ding** [inzendingen]
iets dat je inzendt* ✦ *je inzending moet binnen zijn vóór 1 april*

de **in·zet**
1 de moeite die je doet om een doel te bereiken ✦ *de uitzendkracht kreeg meer loon omdat hij veel inzet had getoond*
2 het geld dat je moet betalen bij sommige spellen om iets te kunnen winnen ✦ *bij de volgende beurt werd de inzet verhoogd*
3 het resultaat dat je van onderhandelingen wilt hebben ✦ *de inzet van de onderhandelingen was vier procent meer salaris*

in·zet·baar [bijvoeglijk naamwoord]

mensen die ergens inzetbaar zijn, kunnen daar worden ingezet* (bet. 1) ✦ *het bedrijf zoekt een medewerker die overal inzetbaar is*

in·zet·ten [zette in, heeft ingezet]
1 een bepaalde taak geven; gebruiken [iemand zet iets of iemand in] ✦ *alle mannen tussen achttien en dertig werden ingezet in de oorlog*
2 geld betalen bij sommige spellen, om iets te kunnen winnen [iemand zet geld in] ✦ *hij heeft € 40,- ingezet*
3 beginnen met iets [iemand zet iets in] ✦ *de gemeente heeft de strijd ingezet tegen vuil op straat* ✦ *op het feest zette oom Hassan een lied in en iedereen zong mee*
4 beginnen = starten [een seizoen zet in] ✦ *de lente zet dit jaar vroeg in*

zich **in·zet·ten** [zette zich in, heeft zich ingezet]
veel moeite doen = zich inspannen [iemand zet zich in (voor iets)] ✦ *als je je een beetje meer inzet, kun je het diploma halen* ✦ *hij heeft zich enorm ingezet voor de bouw van de nieuwe kerk*

het •**in·zicht** [inzichten]
1 het moment waarop je gaat begrijpen hoe iets zit = het begrip ✦ *ze hebben totaal geen inzicht in hun financiële situatie*
2 de mening ✦ *de ambtenaar had een ander inzicht dan de minister, maar de minister moest beslissen* ✦ *dit huis is volgens de nieuwste inzichten gebouwd*
3 (in België) de bedoeling

het **in·zien**[1]
1 bij nader inzien: nadat ik er nog eens over heb nagedacht ✦ *eerst dacht ik dat het wel leuk was, maar bij nader inzien ga ik maar niet mee*
2 mijns inziens: volgens mij; naar mijn mening ✦ *mijns inziens is het beter om de bijdrage van de leden te verhogen*

•**in·zien**[2] [zag in, heeft ingezien]
1 begrijpen en aanvaarden [iemand ziet iets in wat niet prettig is] ✦ *hij zag in dat het beter was om nog een paar dagen thuis te blijven*
iets somber inzien: verwachten dat iets niet goed zal gaan ✦ *mijn vrouw verwacht dat de ruzie wel opgelost zal worden, maar ik zie het somber in*
2 bekijken [iemand ziet een boek of papieren in] ✦ *de ambtenaar van de belasting wilde de boeken van het bedrijf inzien*

de **in·zin·king** [inzinkingen]
een plotseling verlies van moed of kracht = de dip ✦ *na een korte inzinking stegen de koersen op de beurs weer flink*

in·zit·ten over [zat in over, heeft ingezeten over]
je zorgen maken over iets [iemand zit in over iets] ✦ *zij zit erg in over de gezondheid van haar ouders*

de **in·zit·ten·de** [inzittenden]
iemand die in een auto, vliegtuig enz. zit

het **IOC**
internationaal olympisch comité: de instelling die de Olympische Spelen organiseert

i.p.v. [afkorting]
in plaats van ✦ *kinderen tot 12 jaar betalen vijf i.p.v. tien euro*

het **IQ**
intelligentiequotiënt: een getal waarmee uitgedrukt wordt hoe slim iemand is

Het IQ van iemand met een gemiddeld verstand is 100. Het IQ van iemand die minder slim is, is lager en het IQ van iemand die slimmer is, is hoger.

Ir. [afkorting]
ingenieur: dit is de titel voor mensen die een diploma van een technische universiteit hebben

de **iro·nie**
het feit dat je voor de grap iets anders zegt dan je bedoelt = de spot ✦ *het was ironie toen ik zei dat ik het knap werk vond, terwijl alles fout gegaan was*

iro·nisch [bijvoeglijk naamwoord]
met een ironische opmerking zeg je voor de grap iets anders dan je bedoelt ✦ *ze zei ironisch dat ze heel veel zin had om naar de dokter te gaan*

ir·ri·tant [bijvoeglijk naamwoord]
van irritante mensen of dingen word je een beetje boos = ergerlijk ✦ *ik vond het schreeuwende kind ontzettend irritant*

de **ir·ri·ta·tie** [irritaties]
1 het feit dat je een beetje boos wordt van iets = de ergernis ✦ *het veroorzaakte veel irritatie dat de trein te laat was*
2 een vervelend gevoel op je huid

ir·ri·te·ren [irriteerde, heeft geïrriteerd]
1 een beetje boos maken = ergeren [iets irriteert iemand] ✦ *het irriteert me als de buurman 's avonds laat muziek draait*
2 maken dat je huid rood wordt en pijn gaat doen [iets irriteert (je huid)] ✦ *bij het randje van haar schoen was haar huid erg geïrriteerd*

de **is·lam**
de godsdienst die begon met de roeping van Mohammed als profeet en die de koran als heilig boek heeft **religie**

i.s.m. [afkorting]
in samenwerking met ... ✦ *het boek is geschreven door Karin Everts i.s.m. Peter van Lingen*

het **iso·le·ment**
de situatie dat iemand weinig of geen contact heeft met andere mensen = de afzondering ✦ *door zijn isolement werd Max steeds verdrietiger*

iso·le·ren [isoleerde, heeft geïsoleerd]
1 zorgen dat iets of iemand weinig of geen contact heeft met de omgeving = afzonderen [iemand of iets isoleert iemand of iets] ✦ *het was belangrijk om de zieke dieren snel te isoleren, anders zouden andere dieren ook ziek worden* ✦ *toen de vrouw niet meer kon lopen, raakte ze steeds meer geïsoleerd*
2 materiaal plaatsen, zodat warmte, kou of geluid minder goed naar binnen of naar buiten gaat [iemand isoleert iets, bijv. een huis] ✦ *toen het hele huis was geïsoleerd, hoefden ze veel minder te betalen voor de verwarming*

de **IT**
informatietechnologie: de kennis over hoe je een computer kunt gebruiken bij het beheren van informatie

het **item** [items]
een punt dat behandeld wordt = het onderwerp ✦ *het programma op de televisie had een item over de boeren in Duitsland*

i.t.t. [afkorting]
in tegenstelling tot ... ✦ *i.t.t. wat in de vorige brief stond, begint de vakantie op 15 juli*

i.v.m. [afkorting]
in verband met: vanwege ✦ *i.v.m. ziekte van het personeel is de winkel vandaag gesloten*

j

de **j** [j's]
de tiende letter van het alfabet alfabet

•**ja** [tussenwerpsel]
dit woord gebruik je om te zeggen dat iets is zoals wordt gevraagd ⇔ nee ✦ *"Ga je mee naar het strand?" "Ja, leuk!"*

het •**jaar** [jaren]
de periode van 1 januari tot en met 31 december; de periode waarin de aarde een keer om de zon draait ✦ *wij gaan twee keer per jaar met vakantie* ✦ *hoeveel jaar ben jij?* ✦ *zij is geboren in het jaar 1924*
sinds jaar en dag: al heel lang ✦ *hij is al sinds jaar en dag lid van de vereniging*
in mijn jonge jaren: toen ik jong was ✦ *in haar jonge jaren speelde ze in films*

de **jaar·gang** [jaargangen]
alle nummers van een krant of een tijdschrift in een jaar

het **jaar·ge·tij·de** [jaargetijden]
elk van de vier perioden waarin het jaar wordt verdeeld: lente, zomer, herfst en winter = het seizoen

de **jaar·kaart** [jaarkaarten]
een kaart waarmee je een jaar lang recht hebt op iets ✦ *hij heeft een jaarkaart waarmee hij kan reizen met de trein* vervoer

jaar·lijks [bijvoeglijk naamwoord]
iets wat jaarlijks gebeurt, gebeurt ieder jaar ✦ *de gemeente besteedt jaarlijks drie miljoen euro aan onderwijs*

het **jaar·tal** [jaartallen]
het getal van het jaar waarin iets gebeurt

het **jaar·ver·slag** [jaarverslagen]
een verslag van de resultaten van een bedrijf of vereniging over één jaar ✦ *uit het jaarverslag blijkt dat het bedrijf veel winst gemaakt heeft*

de **jaar·wis·se·ling**
het moment waarop het oude jaar afloopt en het nieuwe jaar begint, namelijk op 1 januari om 00.00 uur = het oud en nieuw ✦ *wat ga jij doen met de jaarwisseling?* feestdagen

het **jacht**[1] [jachten]
een grote, dure boot die iemand voor zijn plezier heeft ✦ *zij varen met hun jacht over de Middellandse Zee*

de •**jacht**[2]
het volgen van wilde dieren om ze te vangen of te doden ✦ *de groep protesteert tegen de jacht op herten*
jacht op iets of iemand maken: met veel moeite proberen iets of iemand te krijgen ✦ *de politie maakt al maanden jacht op leden van de groep*

jach·tig [bijvoeglijk naamwoord]
een jachtig leven is een leven waarin je steeds haast hebt = druk ✦ *als werkende moeder leidde zij een jachtig bestaan*

het **jack** [jacks]
een korte jas ✦ *hij zag er goed uit in zijn nieuwe zwarte jack*

het **jac·quet** [jacquets, jacquetten]
een jas voor mannen die lang is aan de achterkant en die je binnen draagt, bij speciale gelegenheden ✦ *voor het huwelijk had hij een jacquet gehuurd*

jacquet

ja·gen [jaagde of joeg, heeft gejaagd]
1 volgen om te vangen of te doden [iemand jaagt (op wilde dieren)] ✦ *de koning jaagde met zijn prinsen op wilde dieren*
2 dwingen in een bepaalde richting te gaan [iemand jaagt een mens of een dier in een bepaalde richting] ✦ *de boer joeg de koeien de stal in*
3 iets erdoor jagen: iets snel opgebruiken ✦ *hij heeft zijn loon er in een week door gejaagd en nu heeft hij geen geld meer om te eten*

ja·loers [bijvoeglijk naamwoord]
1 iemand die jaloers is, wil iets hebben wat iemand anders heeft = afgunstig ✦ *het meisje was jaloers omdat de andere kinderen wel mee mochten, en zij niet*
2 iemand die jaloers is, heeft een naar gevoel omdat de persoon met wie hij of zij een relatie heeft, belangstelling heeft voor iemand anders

de **ja·loe·zie·ën** [meervoud]

dunne, horizontale stroken voor een raam, tegen de zon

de **jam** [jams]
gekookte vruchten met suiker, voor op brood maaltijden

•jam·mer [bijvoeglijk naamwoord]
dit woord gebruik je om je teleurstelling over iets te laten horen = spijtig ✦ *hij vond het heel jammer dat de afspraak niet doorging*

de **Jan**
1 Jan en alleman: iedereen, bijzondere en gewone mensen ✦ *haar feestje was alleen voor goede vrienden: ze wilde niet Jan en alleman uitnodigen*
2 Jan met de pet: een man, als voorbeeld van gewone mensen ✦ *de minister legde het probleem zo uit dat Jan met de pet het ook begreep*
3 weer boven Jan zijn: de problemen opgelost hebben; weer beter zijn ✦ *de man had veel schulden, maar hij is nu weer boven Jan*

jan·ken [jankte, heeft gejankt]
1 lange, klagende geluiden maken [een hond, een wolf jankt]
2 (informeel) huilen [iemand jankt]

de **•ja·nu·a·ri**
de eerste maand van het jaar maanden

de **ja·pon** [japonnen] (formeel)
de jurk

ja·ren·lang [bijvoeglijk naamwoord]
heel veel jaren achter elkaar ✦ *ze konden jarenlang niet op vakantie vanwege hun zieke dochter*

het **jar·gon** [jargons]
de woorden die bij een bepaald vak of bij een bepaalde groep horen ✦ *het jargon van dokters is voor veel mensen moeilijk te begrijpen*

•ja·rig [bijvoeglijk naamwoord]
iemand is jarig op de datum waarop hij of zij geboren is ✦ *toen onze collega jarig was, hebben we voor hem gezongen* gedenkdagen

de **•jas** [jassen]
een kledingstuk dat je over je andere kleren aandoet als je naar buiten gaat ✦ *hij hing zijn jas over de verwarming toen hij thuiskwam, omdat het hard had geregend*

jas

het **•jas·je** [jasjes]
een korte jas voor binnen, die vooral door mannen wordt gedragen = het colbert ✦ *voor de vergadering had hij een jasje aangetrokken*

jat·ten [jatte, heeft gejat] (informeel)
stelen [iemand jat iets] ✦ *ze was heel erg boos toen haar fiets was gejat*

•ja·wel [tussenwerpsel]
als iemand zegt dat iets niet zo is, gebruik je dit woord om te zeggen dat het wel zo is ✦ *"Houdt jouw vriend niet van lezen?" "Jawel, hij houdt ontzettend van lezen."*

het **ja·woord**
iemand het jawoord geven: met iemand trouwen ✦ *met tranen van vreugde in haar ogen gaf ze hem het jawoord*

de **jazz**
een bepaalde stijl in de muziek ✦ *hij speelt vooral jazz op de piano*

•je [voornaamwoord]
1 [persoonlijk voornaamwoord] dit woord gebruik je als de persoon tegen wie je praat onderwerp is in de zin = jij ✦ *je kunt ook proberen een baan te zoeken*
2 [persoonlijk voornaamwoord] dit woord gebruik je als de persoon tegen wie je praat lijdend voorwerp of meewerkend voorwerp is in de zin = jou ✦ *die vrouw keek je wel heel lang aan hè?* ✦ *de chef zal je vertellen wat er moet gebeuren*
3 [bezittelijk voornaamwoord] dit woord gebruik je om aan te geven dat iemand iets bezit = jouw ✦ *vergeet je tas niet mee te nemen*
4 [wederkerend voornaamwoord] dit woord gebruik je voor wederkerende werkwoorden in de jij-vorm ✦ *er is geen bad; je kunt je in de keuken wassen*
5 [onbepaald voornaamwoord] dit woord gebruik je als je over mensen praat in het algemeen = men ✦ *je kunt nu eenmaal maar één ding tegelijk doen*

voornaamwoorden

de **jeans**
een broek die gemaakt is van een stevige, meestal blauwe stof = de spijkerbroek

de **jeep** [jeeps]
een speciale auto voor een terrein waar je moeilijk over kunt rijden

jeep

je·gens [voorzetsel] (formeel)
tegen; tegenover ✦ *het is belangrijk altijd vriendelijk jegens uw collega's te zijn*

de **je·ne·ver** [jenevers]
een bepaalde drank zonder kleur met veel alcohol dranken

jen·nen [jende, heeft gejend]
proberen iemand boos te krijgen = treiteren, sarren [iemand jent iemand] ✦ *hij jende zijn zus net zo lang tot ze begon te huilen*

de •**jeugd**
1 de tijd waarin je jong bent ✦ *in haar jeugd heeft ze heel veel gezwommen*
2 de jonge mensen ✦ *dit is muziek voor de jeugd*

de **jeugd·be·scher·ming** (in België)
de instantie die zorgt voor de bescherming van kinderen = de kinderbescherming

jeug·dig [bijvoeglijk naamwoord]
jeugdige mensen zijn jong of lijken jong ✦ *mevrouw Zandstra is tachtig, maar ze maakt nog een jeugdige indruk*

de **jeuk**
een beetje vervelend gevoel op je huid waardoor je er met je nagels overheen wilt gaan ✦ *ik heb jeuk op mijn rug, maar ik kan er niet bij*

je·zelf [wederkerend voornaamwoord]
dit woord gebruik je als je iets tegen iemand zegt over die persoon zelf ✦ *je moet jezelf niet vergeten met de taart* ✦ *je kunt tevreden zijn over jezelf*
iets uit jezelf doen: iets doen zonder dat iemand anders het vraagt

de **Je·zus**
de oprichter van het christendom, die binnen het christelijk geloof wordt beschouwd als de zoon van God religie

•**jij** [persoonlijk voornaamwoord]
de persoon tegen wie je praat = je ✦ *jij denkt daar anders over dan ik*
voornaamwoorden

de **JIMtv**
Jong, Interactief, Muziek - Televisie: een omroep in België media

jl. [afkorting]
jongstleden ✦ *zaterdag jl. is Emma's vader overleden*

de **job**
de baan = de betrekking ✦ *hij heeft een leuke job bij de tv*

de **job·stu·dent** [jobstudenten] (in België)
een student die betaald werk doet, bijv. om zijn studie te kunnen betalen ✦ *in de maanden juli en augustus werken er in de restaurants aan de kust veel jobstudenten*

het **joch** (informeel)
de jongen ✦ *Tim is toch zo'n leuk joch!*

het **jo·chie** [jochies] (informeel)
het jongetje ✦ *een paar jochies speelden in het park*

de **joc·key** [jockeys]
iemand die op een paard rijdt in een wedstrijd

jo·de·len [jodelde, heeft gejodeld]
op een speciale manier zingen, zó dat je heel snel verandert van hoge naar lage tonen [iemand jodelt (een lied)]

het **jo·den·dom**
1 de joodse godsdienst religie
2 alle joden samen

jo·din *zie:* **jood**

het **jo·di·um**
een roodbruine vloeistof die je gebruikt om een wond schoon te maken

joe·gen *zie:* **jagen**

joe·len [joelde, heeft gejoeld]
hard roepen omdat je iets heel goed of heel slecht vindt [iemand joelt] ✦ *het publiek begon te joelen na de beslissing van de scheidsrechter*

jog·gen [jogde, heeft gejogd]
hardlopen om je lichaam gezond te houden [iemand jogt] ✦ *elke woensdagavond ga ik joggen in het park* sport

joh [tussenwerpsel] (informeel)
een woord waarmee je iemand aanspreekt ✦ *kijk eens uit, joh!*

de **joint** [joints]
een sigaret waarin een lichte drug zit =

het stickie

de **jo·ker** [jokers]
een speciale kaart bij het kaartspel

jok·ken [jokte, heeft gejokt]
liegen, vooral over onbelangrijke dingen [iemand jokt (over iets)] ✦ *veel vrouwen jokken over hun leeftijd*

jo·lig [bijvoeglijk naamwoord]
iemand die jolig is, is vrolijk ✦ *omdat hij in een jolige stemming was, zette hij een hoedje op zijn hoofd*

het **jong**[1] [jongen]
1 een dier dat pas geboren is ✦ *de poes heeft vier jongen gekregen* dieren
2 [geen meervoud] (informeel) de jongen ✦ *Ibrahim is een leuk jong*

•**jong**[2] [bijvoeglijk naamwoord]
1 jonge mensen of dieren leven nog niet lang ⇔ oud ✦ *hij is vijftig, maar hij is getrouwd met een heel jonge vrouw*
2 iets wat jong is, bestaat nog niet zo lang ✦ *hij werkt bij een jong bedrijf*
3 van jongs af (aan): vanaf dat je een heel klein kind was ✦ *van jongs af aan ben ik gewend om te bidden voor het eten*

de **jon·ge·da·me** [jongedames] (formeel)
een jonge vrouw

de **jon·ge·lui** [meervoud]
jongens en meisjes ✦ *jongelui, willen jullie wat zachter praten?*

de **jon·ge·man** [jongelieden, jongelui, jongemannen]
een jongen die geen kind meer is ✦ *haar vriend is een knappe jongeman*

de •**jon·gen**[1] [jongens]
een kind van het mannelijk geslacht ✦ *ze hebben een meisje en twee jongens*

jon·gen[2] [jongde, heeft gejongd]
een jong[1] (bet. 1) krijgen [een dier jongt]

de **jon·ge·re** [jongeren]
iemand die ongeveer tussen de 14 en 20 jaar oud is ✦ *café Bruintje is een café voor jongeren*

jongst·le·den [bijvoeglijk naamwoord]
jongstleden zaterdag is de laatste zaterdag vóór vandaag = afgelopen ✦ *op 25 maart jongstleden ontvingen we de brief*

het **jon·kie** [jonkies] (informeel)
een jong dier = het jong ✦ *onze hond heeft vijf jonkies*

de **jood** [joden] **jo·din** [jodinnen]
1 iemand die oorspronkelijk familie is van de mensen uit het oude Israël
2 iemand die gelooft in de god van Abraham, Izaäk en Jakob en die de thora als heilig boek beschouwt

joods [bijvoeglijk naamwoord]
iemand die joods is, behoort tot de groep joden*; iets wat joods is, heeft te maken met het geloof van de joden* ✦ *ze hebben nog een aantal joodse gebruiken*

de **Joost**
Joost mag het weten: ik weet het absoluut niet ✦ *waar de boter is? Joost mag het weten*

•**jou** [persoonlijk voornaamwoord]
dit woord gebruik je als de persoon tegen wie je praat lijdend voorwerp of meewerkend voorwerp is in de zin ✦ *als ik jou iets vraag, moet je wel antwoorden* ✦ *ik hou van jou* voornaamwoorden

het **jour·naal** [journaals]
een programma op de radio of de televisie met het nieuws = het nieuws ✦ *wij kijken iedere avond naar het late journaal*

de •**jour·na·list** [journalisten] **jour·na·lis·te** [journalistes]
iemand die in kranten, op radio en televisie vertelt wat er in de wereld gebeurt ✦ *alle kranten stuurden journalisten naar het oorlogsgebied*

de •**jour·na·lis·tiek**[1]
het vak van journalisten ✦ *nadat hij journalistiek gestudeerd had, is hij voor de krant gaan werken*

jour·na·lis·tiek[2] [bijvoeglijk naamwoord]
journalistieke zaken gaan over het schrijven voor kranten, radio of televisie ✦ *het artikel was niet geschreven volgens de journalistieke regels*

•**jouw** [bezittelijk voornaamwoord]
dit woord gebruik je als iets eigendom is van de persoon met wie je praat ✦ *is dit jouw boek?* voornaamwoorden

jo·vi·aal [bijvoeglijk naamwoord]
iemand die joviaal is, is hartelijk ✦ *joviaal sloeg hij zijn vriend op de schouder*

jr. [afkorting]
junior: deze letters zet je achter een naam als je de jongere van twee personen met dezelfde naam bedoelt ⇔ sr. ✦ *het boek is geschreven door Mick Johnson jr.*

ju·be·len [jubelde, heeft gejubeld]
met veel mooie woorden laten horen dat je blij bent [iemand jubelt (over iets)] ✦ *de kranten jubelden over de overwinning bij het voetbal*

het **ju·bi·le·um** [jubilea, jubileums]
een feest om te vieren dat iets een bepaald aantal jaren bestaat of dat iemand een bepaald aantal jaren ergens werkt ✦ *het vijftigjarig jubileum van de school werd groots gevierd*

het **ju·do**
een sport uit Japan, waarbij je je tegenstander op de grond probeert te gooien
sport

de **juf** [juffen, jufs]
een lerares op de basisschool = de juffrouw, de onderwijzeres ✦ *de juf vertelde de klas over de geschiedenis van België*

de •**juf·frouw** [juffrouwen]
een lerares op de basisschool = de juf, de onderwijzeres

jui·chen [juichte, heeft gejuicht]
je vreugde tonen door te schreeuwen [iemand juicht] ✦ *het publiek begon te juichen toen de schrijver op het toneel kwam*

•**juist**[1] [bijvoeglijk naamwoord]
iets wat juist is, is goed = correct ✦ *ze kreeg een prijs omdat ze het juiste antwoord had gegeven*

•**juist**[2] [bijwoord]
1 dit woord gebruik je om te zeggen dat iets anders is dan je zou denken ✦ *maar als het druk is op je werk moet je juist met vakantie gaan*
2 precies; net ✦ *we wilden juist weggaan toen het begon te regenen* ✦ *terwijl ik ziek in bed lag, werd er juist voor mijn deur lawaai gemaakt*

het **juk·been** [jukbeenderen]
elk van de twee de botten naast je neus en onder je ogen, die een beetje uitsteken

jukbeen

de •**ju·li**
de zevende maand van het jaar maanden

•**jul·lie** [voornaamwoord]
1 [persoonlijk voornaamwoord] dit woord gebruik je als je tegen een groep mensen praat ✦ *gaan jullie mee naar beneden?*
2 [bezittelijk voornaamwoord] dit woord gebruik je als je bedoelt dat iets eigendom is van de groep mensen tegen wie je praat ✦ *is dit jullie bagage?*
voornaamwoorden

de **jun·gle** [jungles]
een wild bos in warme gebieden waar ook veel regen valt = het oerwoud

de •**ju·ni**
de zesde maand van het jaar maanden

ju·ni·or [bijvoeglijk naamwoord]
dit woord zet je achter een naam, als je de jongere van twee personen met dezelfde naam bedoelt ⇔ senior ✦ *mijn naam is Gerard Nieuwenhove junior*

de **junk** [junks]
iemand die afhankelijk is van drugs ✦ *ze zei 'nee' tegen een junk die haar om geld vroeg*

ju·ri·disch [bijvoeglijk naamwoord]
juridische zaken gaan over het recht in een land ✦ *de vrouw heeft een lange juridische strijd moeten voeren, maar uiteindelijk heeft ze gewonnen*

de **ju·rist** [juristen] **ju·ris·te** [juristes]
iemand die aan de universiteit een studie over het recht heeft gedaan

de •**jurk** [jurken]
een kledingstuk voor vrouwen dat bestaat uit een rok en een bloes aan elkaar

jurk

de **ju·ry** [jury's]
1 een groep mensen die beslist wie een wedstrijd wint ✦ *de voorzitter van de jury vertelde wie de prijs had gewonnen*
2 een groep gewone mensen die met elkaar bepalen of iemand schuld heeft of niet, bijv. in België en in de Verenigde Staten

het **ju·ry·lid** [juryleden]
iemand die lid is van een jury* ✦ *de juryleden vonden de kwaliteit van de verhalen heel hoog*

de **jus**

een saus van boter waarin vlees is gebraden maaltijden

de **jus d'oran·ge**
het sap van sinaasappels = het sinaasappelsap

de **jus·ti·tie**
een afdeling van de overheid die beoordeelt of mensen iets hebben gedaan wat volgens de wet niet mag, en die straf geeft
de officier van justitie: de belangrijkste ambtenaar van een afdeling van het Openbaar Ministerie, dat verantwoordelijk is voor het handhaven van de strafwetten rechtspraak

het **jus·ti·tie·pa·leis** [justitiepaleizen] (in België)
een gebouw met verschillende rechtbanken

de **ju·te**
een bruine stof die onder andere gebruikt wordt om zakken te maken

het **ju·weel** [juwelen]
een voorwerp, bijv. een ring of een ketting, met heel dure stenen ✦ *bij haar huwelijk droeg zij de juwelen van de familie*

de **ju·we·lier** [juweliers]
iemand die juwelen* en vaak ook horloges verkoopt

k

de **k** [k's]
de elfde letter van het alfabet **alfabet**

de **kaak** [kaken]
1 het bot waarin je tanden en kiezen vastzitten
2 iets aan de kaak stellen: duidelijk laten zien dat iets verkeerd is ✦ *de directeur stelde het misbruik van vertrouwen aan de kaak*

kaal [bijvoeglijk naamwoord]
1 kale mensen hebben geen haar op hun hoofd
2 iets wat kaal is, heeft niets extra's ✦ *de kamer was zonder planten nog een beetje kaal*

de **kaars** [kaarsen]
een stok van was met een draad erin die brandt met een kleine vlam **feestdagen**

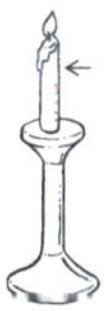

kaars

de•**kaart** [kaarten]
1 een stuk dik papier met figuren en cijfers erop, waarvan er 52 verschillende zijn en waarmee je spelletjes kunt spelen = de speelkaart ✦ *hij won het spel, omdat hij goede kaarten had*
2 een stuk dik papier waarop je informatie kunt schrijven ✦ *de vragen bij het spel stonden op kaartjes*
een gele kaart: (voetbal) een gele kaart die de scheidsrechter omhooghoudt als een speler iets heeft gedaan wat niet mag
een rode kaart: (voetbal) een rode kaart die de scheidsrechter omhoog houdt als een speler voor de tweede keer iets heeft gedaan wat niet mag, waarna de speler niet meer mee mag doen
3 een stuk papier dat je krijgt als je betaald hebt, en waarmee je ergens naar binnen mag = de toegangskaart ✦ *het was een enorme teleurstelling dat de kaartjes voor de voorstelling al op waren*
4 een stuk papier waarop een plaatje staat van een stuk van de aarde en waarop je bijv. kunt zien waar wegen en steden liggen = de landkaart, de plattegrond
5 een papier waarop staat wat je in een restaurant kunt bestellen = de menukaart ✦ *Marc vroeg in het restaurant om de kaart*
6 een stuk dik papier met een plaatje dat je naar iemand stuurt, bijv. van vakantie of met Kerstmis ✦ *in de vakantie stuurde hij een kaart aan zijn oma*
7 van de kaart zijn: heftige gevoelens hebben over iets wat gebeurd is ✦ *na het ongeluk was ze volledig van de kaart*
8 iets in kaart brengen: iets heel duidelijk maken, zodat iedereen het kan zien ✦ *een commissie moet de problemen in het bedrijf in kaart brengen*

het **kaart·je** [kaartjes]
een stuk papier dat je krijgt als je betaald hebt en waarmee je ergens naar binnen mag

de **kaart·ver·koop** [kaartverkopen]
het verkopen van kaarten (bet. 3) ✦ *de kaartverkoop is dit jaar flink gestegen*

de•**kaas** [kazen]
een geel of wit product, gemaakt van melk, dat je bijv. op brood eet
geen kaas van iets gegeten hebben: helemaal geen verstand van iets hebben **maaltijden**

het **ka·baal**
het lawaai ✦ *met veel kabaal viel het blad met kopjes van de trap*

de **ka·bel** [kabels]
1 een dik, sterk touw, meestal van metaal ✦ *er werden heel dikke kabels gebruikt om het schip vast te leggen*
2 een draad waar elektriciteit doorheen gaat ✦ *de computers waren met allerlei kabels verbonden* ✦ *wij ontvangen de beelden op tv via de kabel* **media**

de **ka·bel·aan·slui·ting** [kabelaansluitingen]
een verbinding waarmee een tv, een radio of een computer informatie kan krijgen van zenders of van andere computers **media**

de **ka·bel·jauw** [kabeljauwen]
een vis

ka

kabeljauw

het **•ka·bi·net** [kabinetten]
1 de ministers van een land overheid
2 een ouderwetse, grote kast

de **ka·bou·ter** [kabouters]
een heel klein mannetje of vrouwtje uit verhalen

kabouter

de **ka·chel**[1] [kachels]
een apparaat dat een ruimte verwarmt

ka·chel[2] [bijvoeglijk naamwoord] (informeel)
iemand die kachel is, is dronken = bezopen

ka·das·traal [bijvoeglijk naamwoord] (in België)
het kadastraal inkomen: het bedrag dat een gebouw aan huur zou opleveren, en dat voor de belastingen bij het inkomen van de eigenaar wordt geteld belasting

het **ka·da·ver** [kadavers]
een dood dier

de **ka·de**
een stenen kant langs een rivier of een kanaal, waar boten kunnen liggen ✦ *er lagen prachtige oude boten aan de kade*

het **•ka·der** [kaders]
1 de lijnen om een tekst ✦ *in een kadertje stond iets over de gebruiken in het land*
in het kader van …: als onderdeel van …; vanwege ✦ *in het kader van het nieuwe beleid wordt de benzine goedkoper*
2 de leiders van een bedrijf of een partij ✦ *het gehele hoge kader van het leger was aanwezig*
3 (in België) alle werknemers van een bedrijf die hun werk doen achter een bureau

ka·de·ren in [kaderde in, heeft gekaderd in] (in België)
in iets passen; bij iets aansluiten [iets kadert in iets] ✦ *dit nieuwe onderzoek kadert in het beleid van de universiteit*

het **ka·det·je** [kadetjes]
een zacht broodje

de **kaft** *ook:* het [kaften]
de buitenkant van een boek = het omslag ✦ *op de kaft stond alleen de titel van het boek, niet de naam van de schrijver*

de **ka·juit** [kajuiten]
een afgesloten ruimte op een schip waar je kunt zitten of slapen

ka·ke·len [kakelde, heeft gekakeld]
1 het geluid maken dat typisch is voor kippen [een kip kakelt] dieren
2 steeds maar praten over niks = kwekken [iemand kakelt]

de **kak·ker·lak** [kakkerlakken]
een vrij groot, bruin, plat insect dat graag op warme plaatsen zit waar eten is

de **ka·len·der** [kalenders]
een lijst waarop je de maanden, weken en dagen van een jaar kunt zien ✦ *ze keek op de kalender om te zien wat de datum was*

het **kalf** [kalveren]
een jong van een koe dieren

het **ka·li·ber** [kalibers]
1 de maat van een vuurwapen
2 de kwaliteit; de waarde ✦ *wat deze organisatie nodig heeft is een directeur van hetzelfde kaliber als de vroegere directeur*

de **kalk**
1 een stof die bijv. in melk en in je botten zit ✦ *het is belangrijk om voldoende kalk te eten*
2 een witte laag die op muren zit ✦ *door het vocht laat de kalk op de muren langzaam los*

de **kal·koen** [kalkoenen]
een vogel die lijkt op een grote kip en die vaak met Kerstmis wordt gegeten

kalkoen

kalm [bijvoeglijk naamwoord]
1 iemand die kalm is, heeft geen heftige gevoelens en heeft rustige gebaren enz. = rustig, bedaard ✦ *kalm zei Mariëtte dat ze niet langer bij het bedrijf bleef*

werken
2 iets wat kalm is, beweegt niet of niet veel ✦ *op die mooie avond in de zomer was de zee helemaal kalm* ✦ *op een kalme beurs was er weinig handel in aandelen*
kal·me·ren [kalmeerde]
1 [heeft gekalmeerd] zorgen dat iemand weer rustig wordt [iemand kalmeert iemand] ✦ *Anita probeerde haar boze zoontje te kalmeren*
2 [is gekalmeerd] weer rustig worden [iemand kalmeert]
de **kam** [kammen]
1 een voorwerp waarmee je je haar netjes kunt maken

kam 1

2 een soort versiering op de kop van een haan
de **ka·meel** [kamelen]
een dier met twee grote bulten op de rug, vooral in de woestijn

kameel

de **ka·me·le·on** [kameleons]
1 een dier dat van kleur verandert

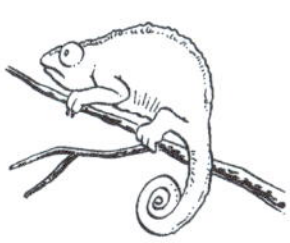

kameleon 1

2 iemand die steeds een andere mening heeft ✦ *je moet een echte kameleon zijn voor deze functie en je steeds kunnen aanpassen aan de omstandigheden*
de **•ka·mer** [kamers]
een ruimte in een gebouw ✦ *hij had een huis gekocht met tien kamers*
een donkere kamer: een speciale ruimte waarin foto's ontwikkeld worden
de **Ka·mer** [Kamers]
1 elk van de twee afdelingen van het parlement, vooral de Tweede Kamer ✦ *de minister moest het voorstel voor de nieuwe wet verdedigen in de Kamer*
overheid
de Tweede Kamer: de afdeling van het parlement die de regering als eerste controleert en die ook zelf wetten mag maken
de Eerste Kamer: (in Nederland) de afdeling van het parlement die de regering als laatste controleert
de Kamer van Volksvertegenwoordigers: (in België) de afdeling van het parlement die de regering als eerste controleert en die ook zelf wetten mag maken
2 de Kamer van Koophandel: een instelling die opkomt voor de belangen van de handel en de industrie
de **ka·me·raad** [kameraden]
de vriend
het **ka·mer·lid** [kamerleden]
iemand die lid is van de Eerste of Tweede Kamer ✦ *er hebben 37 kamerleden tegen het voorstel gestemd*
het **•kamp** [kampen]
1 een groep tenten of houten gebouwen op een stuk grond ✦ *gelukkig konden de mensen die waren gevlucht in een kamp terecht*
2 een vakantie die wordt georganiseerd voor een groep jonge mensen ✦ *de kinderen waren heel blij dat ze deze zomer op kamp mochten*
kam·pen met [kampte met, heeft gekampt met]
last hebben van iets [iemand kampt met iets] ✦ *ze had te kampen met een slechte gezondheid*
kam·pe·ren [kampeerde, heeft gekampeerd]
slapen in een tent of een caravan [iemand kampeert]
de **kam·pi·oen** [kampioenen]
een persoon of een ploeg die het beste is in een bepaalde sport ✦ *het was groot feest, toen de ploeg Belgisch kampioen was geworden*
het **kam·pi·oen·schap** [kampioenschappen]
een serie wedstrijden waarbij de winnaar kampioen wordt
de **kan** [kannen]
een voorwerp waarin je vloeistof kunt doen en waaruit je kunt schenken ✦ *er*

stond een kan water op tafel

kan

kangoeroe

het **ka·naal** [kanalen]
1 een soort rechte rivier die door mensen is gemaakt, voor schepen **landschap**
2 een frequentie waarop programma's voor radio of televisie worden uitgezonden

het **Ka·naal 2**
een omroep in België **media**

de **ka·na·rie** [kanaries]
een kleine vogel die vaak in een kooi in huis gehouden wordt

de **kan·de·laar** [kandelaars, kandelaren]
een voorwerp waarin je kaarsen kunt zetten

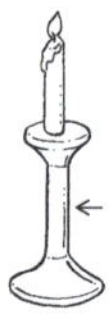

kandelaar

de **kan·di·daat** [kandidaten] **kan·di·da·te** [kandidates]
1 elk van de mensen die proberen bijv. een bepaalde baan of een prijs te krijgen ✦ *Peter wilde het huis heel graag hebben, maar er waren nog vier andere kandidaten* ✦ *van de vijftig kandidaten voor de baan was Jos het meest geschikt*
2 iemand die examen doet ✦ *toen de kandidaten een teken kregen, mochten ze met het examen beginnen*
3 (in België, formeel) iemand die de kandidatuur* (bet. 2) heeft behaald

de **kan·di·da·tuur** [kandidaturen]
1 het feit dat iemand ergens kandidaat* (bet. 1) voor is
2 (in België) een bepaalde studie die je volgt aan de universiteit

de **ka·neel** *ook:* het
een bruine stof met een speciale smaak die in zoete dingen wordt gedaan

de **kan·goe·roe** [kangoeroes]
een dier in Australië dat grote sprongen maakt

de **kan·jer** [kanjers]
1 iets dat heel groot is in zijn soort = de knoeperd, de joekel ✦ *Gerrit had een kanjer van een vis gevangen*
2 (informeel) een heel knappe of leuke persoon

de **kan·ker**
een ziekte waarbij cellen te snel groeien, en waaraan mensen vaak sterven
kan·ke·ren [kankerde, heeft gekankerd] (informeel)
erg klagen = mopperen [iemand kankert over of op iemand of iets]

de **kan·ni·baal** [kannibalen]
iemand die vlees van mensen eet

de **ka·no** [kano's]
een lange, smalle boot, die je beweegt met een peddel

het **ka·non** [kanonnen]
een wapen dat bestaat uit een grote buis waaruit vroeger grote, zware kogels werden geschoten

de **•kans** [kansen]
de mogelijkheid dat iets gebeurt; de mate waarin het waarschijnlijk is dat iets gebeurt ✦ *er is een kans dat het feest morgen niet doorgaat* ✦ *de kans dat een vliegtuig uit de lucht valt is niet zo groot* ✦ *de nieuwe baan was een geweldige kans voor haar*
kans·arm [bijvoeglijk naamwoord]
kansarme mensen hebben weinig kans op succes in de samenleving

de **•kant**[1] [kanten]
1 de rand = de zijkant ✦ *toen zijn auto niet meer werkte, ging hij aan de kant van de weg staan*
aan de kant gaan: ruimte maken voor iemand of iets
2 elk van twee delen die tegenover elkaar liggen = de zijde ✦ *de bank staat mooier aan de andere kant van de kamer* ✦ *voor het station moet je die kant op*
aan de ene kant ..., aan de andere kant ...: op de ene manier bekeken ..., op de andere manier bekeken ... ✦ *aan de ene kant lijkt het me leuk om een paar*

ka

dagen naar Parijs te gaan, maar aan de andere kant is het wel duur
3 het smalle vlak van een voorwerp ✦ *Ludwien zette het doosje op zijn kant*
4 zich van kant maken: zichzelf doden

het **kant**[2] *ook:* de
een fijne stof met een figuur van gaatjes

kan·te·len [kantelde]
1 [heeft gekanteld] draaien zodat het op een andere zijde ligt [iemand kantelt iets] ✦ *toen ik de pot kantelde, kwamen er allemaal beestjes onder vandaan*
2 [is gekanteld] zo vallen dat het op een andere zijde ligt [iets kantelt] ✦ *er stond een lange file omdat er een vrachtwagen was gekanteld*

de **kan·ti·ne** [kantines]
een goedkoop restaurant of café bij bijv. een bedrijf of een vereniging

de **kant·lijn** [kantlijnen]
de witte ruimte naast een geschreven of een gedrukte tekst = de marge ✦ *de leraar had een paar opmerkingen in de kantlijn geschreven*

het **kan·ton·ge·recht** [kantongerechten]
het gebouw waar kleine zaken voor de rechter komen rechtspraak

de **kan·ton·rech·ter** [kantonrechters]
een rechter die gaat over kleine zaken, bijv. ruzies rechtspraak

het •**kan·toor** [kantoren]
een plaats waar vooral werk wordt gedaan met papier en computers

de **kant·te·ke·ning** [kanttekeningen]
een kleine opmerking ✦ *hij vond het een mooi boek, met de kanttekening dat het wel erg dik was*

de **kap** [kappen]
1 het bovenste deel van iets, waarmee het wordt afgesloten ✦ *toen de auto was gerepareerd deed Patrick de kap van de motor weer dicht*
2 een ding om je hoofd, los of aan een jas of jurk ✦ *de bruid droeg een witte jurk en een los kapje*
3 op iemands kap zitten: (in België) voortdurend tegen iemand zeggen dat hij of zij iets niet goed doet, geen goed werk levert enz.

de **ka·pel** [kapellen]
1 een klein gebouw of ruimte waar je kunt bidden ✦ *in het ziekenhuis is een kapel voor mensen die stilte zoeken*
2 een groep mensen die muziek maken, vooral op koperen instrumenten

ka·pen [kaapte, heeft gekaapt]
met wapens de macht nemen om zo mensen te dwingen iets te doen [iemand kaapt bijv. een vliegtuig of een trein]

het **ka·pi·taal**[1] [kapitalen]
een heleboel geld = het fortuin ✦ *toen de ouders overleden, kregen de kinderen allemaal een flink kapitaal*

de **ka·pi·taal**[2] [kapitalen]
de hoofdletter

ka·pi·taal[3] [bijvoeglijk naamwoord]
heel groot; aanzienlijk ✦ *de journalist had een kapitale fout gemaakt*

het **ka·pi·ta·lis·me**
een systeem waarbij bedrijven eigendom zijn van mensen en niet van de staat en waarbij de hoogte van de prijzen wordt bepaald door de markt en niet door de staat

de •**ka·pi·tein** [kapiteins]
1 de baas op een schip ✦ *bij een ongeluk moet een kapitein als laatste het schip verlaten*
2 iemand met een bepaalde militaire rang

het **kap·je** [kapjes]
het eerste sneetje brood, met de korst eraan

•**ka·pot** [bijvoeglijk naamwoord]
1 iets wat kapot is, functioneert niet meer = stuk, defect ✦ *hij moest gaan lopen, omdat zijn fiets kapot was*
2 heel erg moe ✦ *ze was kapot toen ze 's avonds thuiskwam*
3 kapot zijn van iets: heel verdrietig zijn door iets ✦ *hij was kapot van de dood van zijn moeder*
4 niet kapot zijn van iets: iets niet geweldig vinden ✦ *ik was niet kapot van de nieuwe film*

kap·pen [kapte, heeft gekapt]
1 met een bijl tegen een boom slaan totdat hij omvalt = omhakken [iemand kapt bomen] ✦ *er werden bomen gekapt, omdat er hout nodig was*
2 iemands haren knippen en mooi maken [iemand kapt iemand]

kap·pen met [kapte met, heeft gekapt met] (informeel)
ophouden met iets [iemand kapt met iets] ✦ *je moet kappen met dat vervelende geluid, anders word ik boos*

de *°**kap·per*** [kappers] **kap·ster** [kapsters]
iemand die je haar knipt en mooi maakt ✦ *ze gaat iedere maand naar de kapper*

de **kap·sa·lon** [kapsalons]
een soort winkel waar je je haar kunt laten knippen en mooi kunt laten maken

kap·sei·zen [kapseisde, is gekapseisd]
op de zijkant vallen; omvallen [een schip kapseist] ✦ *door de harde wind kapseisde het schip en vielen er mensen in het water*

het **kap·sel** [kapsels]
de manier waarop je haar zit = de haardracht ✦ *iedereen vond zijn nieuwe kapsel leuk*

de **kap·so·nes** [meervoud]
kapsones hebben: je beter voelen dan andere mensen ✦ *sinds Irene een bekende Vlaming is, heeft ze erg veel kapsones*

de **kap·stok** [kapstokken]
een voorwerp waaraan je je jas kunt hangen

kapstok

de **kar** [karren]
een eenvoudige wagen ✦ *ze neemt haar kinderen altijd mee in een kar achter haar fiets*
iemand voor je karretje spannen: iemand dingen voor je laten doen die je zelf zou kunnen doen

de **ka·raf** [karaffen]
een voorwerp van glas waarin je water of wijn kunt doen en waaruit je kunt schenken ✦ *hij bestelde in het restaurant een karaf wijn bij het eten*

het °**ka·rak·ter** [karakters]
de persoonlijkheid; de aard ✦ *onze nieuwe hond heeft een lief karakter* ✦ *Maastricht is een stad met een heel eigen karakter*

ka·rak·te·ri·se·ren [karakteriseerde, heeft gekarakteriseerd]
uitleggen wat het karakter is van iemand of iets = typeren [iemand karakteriseert iemand of iets] ✦ *je kunt hem het beste karakteriseren als snel en slim*

de **ka·rak·te·ris·tiek**[1] [karakteristieken]
een of meer belangrijke eigenschappen van iemand of iets = het kenmerk ✦ *een belangrijke karakteristiek van de stad is dat er zoveel studenten wonen*

ka·rak·te·ris·tiek[2] [bijvoeglijk naamwoord]
iets wat karakteristiek is voor iemand of iets, is typisch voor het karakter van die persoon of die zaak ✦ *het vele water is karakteristiek voor Nederland*

de **ka·ra·mel**
gebrande suiker, waarvan bijv. snoepjes worden gemaakt

het **ka·ra·te**
een sport uit Japan waarbij je op een bepaalde manier vecht

de **ka·ra·vaan** [karavanen]
1 een groep reizigers die op kamelen door de woestijn trekt
2 een groep reizende mensen ✦ *aan het begin van de vakantie trekt er weer een hele karavaan mensen naar het zuiden*

de **kar·bo·na·de** [karbonaden, karbonades]
een plat stuk vlees met een bot

de **kar·di·naal**[1] [kardinalen]
iemand met een hoge functie in de katholieke kerk religie

kar·di·naal[2] [bijvoeglijk naamwoord]
het kardinale punt is het belangrijkste punt; een kardinale fout is een heel belangrijke fout

ka·rig [bijvoeglijk naamwoord]
een karige maaltijd of een karig loon is niet helemaal genoeg

de **ka·ri·ka·tuur** [karikaturen]
een overdreven voorstelling van iemand of iets, waardoor die persoon of die zaak belachelijk wordt ✦ *de film was een karikatuur van films over de misdaad*

het **kar·kas** [karkassen]
1 de botten van een dier, zonder het vlees
2 een geheel van delen die een voorwerp sterk maken ✦ *na de brand stond alleen het karkas van het huis er nog*

de **kar·ne·melk**
melk die zuur gemaakt is dranken

het **kar·tel** [kartels]
een groep bedrijven die samenwerken om zo de prijzen hoog te kunnen houden

het **kar·ton**

dik en sterk papier waarvan bijv. dozen worden gemaakt
kar·ton·nen [bijvoeglijk naamwoord]
kartonnen dozen zijn van karton* gemaakt

het **kar·wei** *ook:* de [karweien]
een hoeveelheid werk = de klus ✦ *het was een heel karwei om het huis schoon te maken*

de **kas** [kassen]
1 een gebouw van glas waarin groente en bloemen beter groeien omdat het er warm is ✦ *in de winter komt de sla uit de kas* landschap
2 een plaats waar geld bewaard wordt, bijv. in een winkel ✦ *er was genoeg geld in kas om de salarissen te kunnen betalen*

de **kas·sa** [kassa's]
een toestel, bijv. in een winkel, waarin geld zit en waarop staat wat je moet betalen ✦ *hij zag op de kassa hoeveel hij moest betalen* ✦ *toen de voorstelling niet doorging, konden we ons geld terugkrijgen bij de kassa*

de **•kast** [kasten]
een meubel om dingen in te bewaren ✦ *zaterdag heb ik alle kastjes in de keuken schoongemaakt*
iemand op de kast jagen: iemand plagen tot hij boos wordt

de **kas·tan·je**
een boom, en de vrucht van die boom

kastanje

de **kas·te** [kasten, kastes]
in het hindoeïsme de maatschappelijke groep waarin je wordt geboren

het **kas·teel** [kastelen]
een groot en sterk gebouw uit de Middeleeuwen, dat mensen beschermde tijdens oorlogen

kasteel

de **•kat** [katten]
1 een dier dat 'miauw' zegt en dat vaak als gezelschap in huis leeft = de poes dieren

kat 1

2 een meisje dat snel en boos reageert ✦ *wat een kat is dat, zeg!*
3 (informeel) een opmerking om iemand boos te maken ✦ *ze gaf de vervelende klant een kat*

de **ka·ter** [katers]
1 een mannelijke kat (bet. 1)
2 het feit dat je je niet lekker voelt omdat je veel alcohol hebt gedronken dieren

de **ka·the·der** [katheders]
een hoog tafeltje waarop je je papieren kunt leggen als je voor publiek spreekt

de **ka·the·draal** [kathedralen]
de belangrijkste katholieke kerk van een gebied = de dom

•ka·tho·liek [bijvoeglijk naamwoord]
de katholieke kerk is de christelijke kerk waarvan de paus in Rome de baas is ✦ *er waren twee katholieke scholen in de stad* religie

de **ka·toen** *ook:* het
een bepaalde stof waarvan bijv. T-shirts en lakens zijn gemaakt ✦ *de bloes was van katoen*

de **ka·trol** [katrollen]
een wieltje waar een touw langs kan bewegen ✦ *de meubels werden aan een katrol omhoog getild*

katrol

het **kat·ten·kwaad**
kattenkwaad uithalen: omdat je dat leuk vindt dingen doen die niet mogen ✦ *de kinderen renden hard weg omdat ze kattenkwaad hadden uitgehaald*
kat·tig [bijvoeglijk naamwoord]
een meisje dat kattig is, zegt dingen die

niet aardig zijn

kau·wen [kauwde, heeft gekauwd]
1 met je tanden en kiezen eten fijn maken [iemand kauwt (iets)]
2 met je tanden en kiezen bijten op iets [iemand kauwt op iets] ✦ *Annemarie zat bij het examen op haar pen te kauwen*

de **kauw·gom** *ook:* het
een snoepje om op te kauwen*

de **ka·vel** [kavels]
een stuk grond = het perceel ✦ *hij heeft een kavel gekocht om een huis op te bouwen*

de **ka·zer·ne** [kazernes]
de gebouwen waar militairen wonen

de •**keel** [kelen]
het achterste deel van je mond, waardoor het eten je lichaam in gaat ✦ *hij bleef een dagje thuis omdat hij zo'n pijn had in zijn keel had*
iemand het mes op de keel zetten: iemand dwingen iets te doen of te zeggen

de **kee·per** [keepers]
de persoon die bij sommige sporten moet zorgen dat de bal niet in het doel komt ✦ *bijna was er een punt gemaakt, maar gelukkig ving de keeper de bal*

de •**keer**[1] [keren]
elk van de momenten waarop iets gebeurt = de maal ✦ *dit is al de achtste keer dat de telefoon gaat vandaag*
keer op keer: steeds weer

keer[2] [voorzetsel]
dit woord gebruik je als het eerste getal met het tweede vermenigvuldigd moet worden = maal ✦ *drie keer vier is twaalf (3 x 4 = 12)*

het **keer·punt** [keerpunten]
het moment waarop een grote verandering plaatsvindt ✦ *zijn huwelijk betekende een keerpunt in zijn leven*

de **keer·zij·de** [keerzijden, keerzijdes]
een negatieve kant van iets wat verder positief is ✦ *mijn man vindt het heel leuk om een eigen bedrijf te hebben, maar de keerzijde is dat hij erg hard moet werken*

de **keet** [keten]
1 een heel eenvoudig gebouw, dat ergens niet lang staat ✦ *de werknemers zaten koffie te drinken in een houten keet*
2 (informeel) de situatie dat er totaal geen orde is = de troep, de rotzooi ✦ *de ochtend na het feest was het een enorme keet in huis*
keet schoppen: met veel lawaai plezier maken

kef·fen [kefte, heeft gekeft]
blaffen [een kleine hond keft] dieren

de **ke·gel** [kegels]
1 een houten voorwerp in de vorm van een fles, dat je gebruikt bij een bepaald spel ✦ *hij kreeg veel punten, omdat hij alle kegels had omgegooid*

kegel 1

2 een figuur die van onderen rond is en van boven een punt heeft
3 een kegel hebben: (informeel) erg naar alcohol ruiken als je te veel hebt gedronken ✦ *de vrouw had zo'n kegel, dat de agent meteen wist dat ze dronken was*

de **kei** [keien]
1 een grote, ronde steen
2 iemand die heel goed is in iets ✦ *Petra is een kei in het organiseren van feesten*

kei·hard [bijvoeglijk naamwoord] (informeel)
heel hard ✦ *hij heeft haar keihard geslagen* ✦ *de muziek stond keihard*

de **kei·zer** [keizers] **kei·ze·rin** [keizerinnen]
de titel van een belangrijke vorst ✦ *Tiberius was de eerste keizer van het Romeinse Rijk*

de **kei·ze·rin** [keizerinnen]
1 een vrouwelijke keizer*
2 de vrouw van een keizer*

de **kei·zer·sne·de** [keizersneden]
een operatie waarbij een kind wordt geboren via een snee in de buik van de moeder gedenkdagen

ke·ken *zie:* **kijken**

de •**kel·der** [kelders]
het deel van een gebouw onder de grond ✦ *in de kelder stonden veel oude meubels*

de **kelk** [kelken]
1 een glas of een beker, van boven wijd en van onderen smal, op een hoge voet
2 het buitenste deel van een bloem

de **kel·ner** [kelners]
een man die bedient in een restaurant =

ka

de ober ✦ *hij riep de kelner voor de rekening*

ken·baar [bijvoeglijk naamwoord]
iets kenbaar maken: iets zeggen, zodat het bekend wordt ✦ *hij heeft bij zijn baas kenbaar gemaakt dat hij ander werk wil doen*

het **ken·merk** [kenmerken]
een eigenschap waaraan je iets of iemand kunt herkennen ✦ *het is een kenmerk van onze tijd dat alles steeds sneller gaat*

ken·mer·ken [kenmerkte, heeft gekenmerkt]
een kenmerk* vormen waaraan je iemand of iets kunt herkennen = typeren [iets kenmerkt iemand of iets] ✦ *de ziekte wordt gekenmerkt door veel pijn*

ken·mer·kend [bijvoeglijk naamwoord]
iets wat kenmerkend is voor iets anders, maakt dat je het daaraan kunt herkennen = typisch ✦ *het is kenmerkend voor de Nederlandse keuken dat er veel aardappels worden gebruikt*

de **ken·nel** [kennels]
een gebouw voor honden

•**ken·ne·lijk** [bijwoord]
zoals blijkt; zoals duidelijk wordt = blijkbaar ✦ *de kinderen zijn zo rustig; ze zijn kennelijk moe*

•**ken·nen** [kende, heeft gekend]
1 weten wie, wat of hoe iemand of iets is [iemand kent iemand of iets] ✦ *ze kende de man niet, maar vond het leuk hem te ontmoeten*
je laten kennen: iets zeggen of doen waaruit blijkt hoe je echt bent
je niet laten kennen: het niet opgeven
iets te kennen geven: iets laten merken ✦ *ze gaf te kennen dat ze naar huis wilde*
2 iets weten doordat je het geleerd hebt [iemand kent iets] ✦ *ken jij alle stof al voor het examen?*

de **ken·ner** [kenners]
iemand die veel weet over een bepaald onderwerp = de deskundige

de •**ken·nis** [kennissen]
1 [geen meervoud] de dingen die je weet of geleerd hebt ✦ *voor deze baan is kennis van de Franse taal noodzakelijk*
2 iemand die je kent = de bekende ✦ *ik heb een paar kennissen uitgenodigd voor het eten*
3 buiten kennis zijn: door een ongeluk je een tijdje van niets meer bewust zijn

de **ken·nis·ge·ving** (formeel)
1 iets voor kennisgeving aannemen: een bericht horen, zonder er verder iets mee te doen ✦ *haar collega nam het nieuws dat ze wegging voor kennisgeving aan*
2 een bericht ter kennisgeving sturen: een bericht sturen zonder dat je een bericht terug verwacht

•**ken·nis·ma·ken** [maakte kennis, heeft kennisgemaakt]
ontmoeten en de naam leren kennen [iemand maakt kennis met iemand of iets] ✦ *op het feest heeft Merel kennisgemaakt met Manon*

het **ken·te·ken** [kentekens]
het nummer van een auto of een motor, dat op het nummerbord staat ✦ *gelukkig had de jongen het kenteken van de auto onthouden, want zo kon de dief worden gevonden*

de **ken·te·ring** [kenteringen]
een plotselinge grote verandering = de ommekeer ✦ *nadat er was geprotesteerd, kwam er een kentering in het beleid van de regering*

de **ke·ra·miek**
borden, schalen enz. van aardewerk ✦ *er was een tentoonstelling van glas en keramiek*

de •**ke·rel** [kerels] (informeel)
de man ✦ *haar broer is een erg sterke kerel*

•**ke·ren** [keerde]
1 [heeft gekeerd] zorgen dat het niet verder gaat; omdraaien [iemand keert iets] ✦ *het lukte de keeper de bal te keren*
2 [is gekeerd] een andere kant op gaan = draaien [iets keert] ✦ *de bloem stond naar de zon gekeerd*

de •**kerk** [kerken]
1 een gebouw waarin christenen 's zondags bij elkaar komen om te bidden, te zingen enz. ✦ *hij gaat iedere zondag naar de kerk*
2 een groep mensen met een bepaald christelijk geloof ✦ *de paus is de baas van de rooms-katholieke kerk* religie

de **kerk·dienst** [kerkdiensten]
een bijeenkomst op zondag in een kerk ✦ *er is een kerkdienst om 9.30 uur* religie

ker·ke·lijk [bijvoeglijk naamwoord]
iets wat kerkelijk is, hoort bij de kerk

ke

✦ *het kerkelijk huwelijk vindt plaats in de Westerkerk te Amsterdam* ✦ *wij geloven wel in God, maar we zijn niet kerkelijk*

de **kerk·fa·briek** [kerkfabrieken] (in België)
een instelling die de eigenaar is van een kerk en zorgt voor het onderhoud enz. van de kerk

het **kerk·hof** [kerkhoven]
een plaats waar dode mensen in de aarde begraven zijn = de begraafplaats gedenkdagen

ker·men [kermde, heeft gekermd]
geluiden maken omdat je veel pijn of veel verdriet hebt [iemand kermt] ✦ *het zieke kind lag zacht te kermen in bed*

de •**ker·mis** [kermissen]
een reizende gelegenheid om plezier te maken, met bijv. bewegende apparaten waarin je kunt zitten en spellen waarbij je prijzen kunt winnen
van een koude kermis thuiskomen: heel erg teleurgesteld worden in iets waarvan je veel verwachtte

ke

de **kern** [kernen]
1 het deel dat binnen in iets zit ✦ *de kern van de appel was zacht en bruin*
2 het belangrijkste deel van iets ✦ *het gebrek aan geld is de kern van het probleem*
de harde kern: de actieve mensen die het niet opgeven

de **kern·cen·tra·le** [kerncentrales]
een fabriek waar elektriciteit gemaakt wordt met kernenergie*

de **kern·ener·gie**
de energie die ontstaat als de kern* (bet. 1) van een atoom wordt gedeeld

de **kern·proef** [kernproeven]
een test met kernwapens*

het **kern·wa·pen** [kernwapens]
een wapen met bijzonder grote kracht, die veroorzaakt wordt door het delen van de kern* van atomen

de **ker·rie**
een geel, scherp mengsel van kruiden

de **kers** [kersen]
een rode vrucht

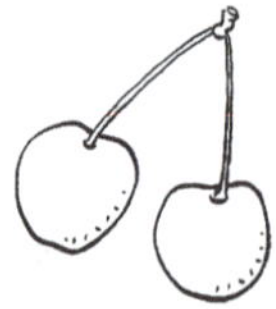

kers

de **kerst**
het feest op 25 en 26 december waarbij gevierd wordt dat Christus is geboren = de Kerstmis ✦ *kerst vieren wij altijd met de hele familie* feestdagen

de **kerst·boom** [kerstbomen]
een boom die je met kerst in huis zet en mooi maakt feestdagen

de **kerst·dag** [kerstdagen]
de eerste of de tweede dag van kerst

de **Kerst·mis**
het feest op 25 en 26 december waarbij gevierd wordt dat Christus is geboren = de kerst feestdagen

ker·ven [kerfde, heeft gekerfd]
snijden in de oppervlakte van iets [iemand kerft iets (in iets)] ✦ *hij heeft zijn naam in de boom gekerfd*

de **ket·chup**
een saus van tomaten en kruiden ✦ *de kinderen aten friet met ketchup*

de **ke·tel** [ketels]
een gesloten pan om water in te koken ✦ *ze deed water in de ketel om thee te zetten*

de **ke·ten**[1] [ketenen, ketens]
1 een ketting waarmee mensen die gevangen zijn, worden vastgemaakt ✦ *de gevangene zat met een keten aan de muur*
2 een groep bedrijven, bijv. winkels of hotels, die op elkaar lijken ✦ *je kunt bij alle winkels van de keten dezelfde producten kopen*
3 een reeks stappen in een proces ✦ *in de keten van de fabriek naar de klant kan er veel verkeerd gaan*

ke·ten[2] [keette, heeft gekeet] (informeel)
met veel lawaai plezier maken [iemand keet] ✦ *toen de kinderen gingen logeren, hebben ze de hele nacht gekeet*

de **ket·jap**
een zoete of zoute saus om eten meer smaak te geven

de **ket·ting** [kettingen]
een rij van dezelfde dingen die aan el-

kaar vastzitten ✦ *de koningin droeg een prachtige ketting in dezelfde kleur als haar jurk* ✦ *hij zette zijn fiets op slot met een grote ketting*

de **ket·ting·bot·sing** [kettingbotsingen]
een ongeluk waarbij een aantal auto's op een rij tegen elkaar aan rijden ✦ *als auto's te dicht achter elkaar rijden, kan er een kettingbotsing ontstaan*

de **•keu·ken** [keukens]
1 de ruimte in huis waar je eten maakt ✦ *hij ging naar de keuken om koffie te zetten*
2 de manier waarop je eten klaarmaakt ✦ *Jaap houdt erg van de Italiaanse keuken*

keu·ren [keurde, heeft gekeurd]
onderzoeken en beoordelen [iemand keurt iemand of iets] ✦ *in het restaurant mocht zij de wijn keuren*

keu·rig [bijvoeglijk naamwoord]
in iets wat keurig is, kun je geen fouten vinden; iemand die keurig is, gedraagt zich zoals het hoort en ziet er netjes uit = net ✦ *ze heeft het huis keurig geschilderd* ✦ *onze nieuwe buren lijken me keurige mensen*

de **keu·ring** [keuringen]
de keer dat je iemand of iets onderzoekt en beoordeelt ✦ *we moeten deze maand een afspraak maken voor de keuring van de auto*

het **keur·merk** [keurmerken]
een teken op een product waaruit blijkt dat het goedgekeurd is ✦ *aan dit keurmerk kun je zien dat een product niet slecht is voor het milieu*

het **keurs·lijf**
in een keurslijf zitten: volgens strakke regels moeten handelen of werken; niet vrij zijn

de **keus** [keuzes, keuzen]
1 de keer dat je kiest = de keuze ✦ *er waren zoveel boeken dat hij het moeilijk vond een keus te maken*
2 dingen waaruit je kunt kiezen = de keuze ✦ *ze wilde rode schoenen hebben, maar er was weinig keus*

de **keu·tel** [keutels]
een kleine, harde hoeveelheid ontlasting van een mens of een dier

keu·ve·len [keuvelde, heeft gekeuveld]
gezellig praten over onbelangrijke dingen = babbelen [iemand keuvelt] ✦ *in de pauze van de film zaten ze een beetje over hun werk te keuvelen*

de **•keu·ze** [keuzes]
1 de keer dat je kiest = de keus ✦ *er waren zoveel boeken dat hij het moeilijk vond een keuze te maken*
2 dingen waaruit je kunt kiezen = de keus ✦ *ze wilde rode schoenen hebben, maar er was weinig keuze*

de **ke·ver** [kevers]
een insect met een ronde, harde bovenkant

kever

het **key·board** [keyboards]
een soort elektrische piano waarmee je allerlei geluiden kunt maken

kg [afkorting]
kilogram: een maat voor hoe zwaar iets is

de **KGB**
de geheime dienst van de vroegere Sovjet-Unie

kib·be·len [kibbelde, heeft gekibbeld]
ruzie maken over iets kleins [iemand kibbelt (over iets)]

de **kick** [kicks]
een sterk gevoel van plezier en kracht ✦ *hij krijgt een enorme kick van dansen*

kid·nap·pen [kidnapte, heeft gekidnapt]
iemand met geweld meenemen en op een geheime plaats gevangen houden, meestal om geld te eisen = ontvoeren [iemand kidnapt iemand]

de **kiel** [kielen]
een punt aan de onderkant van een schip, waardoor het schip stevig in het water ligt

het **kiel·zog**
een spoor in het water achter een schip
in het kielzog van …: naar het voorbeeld van … ✦ *op de universiteit van Amsterdam protesteerden de studenten, en in hun kielzog ook de studenten van andere universiteiten*

de **kiem** [kiemen]
het eerste begin van iets dat groeit ✦ *de kiem van de renaissance ligt al in de dertiende eeuw*

iets in de kiem smoren: een ontwikkeling die je niet gunstig vindt, direct bij het begin laten stoppen ✦ *iedere vorm van kritiek op de leiders werd in de kiem gesmoord*

kien [bijvoeglijk naamwoord]
een kiene persoon is slim = pienter ✦ *we waren niet zo kien om van tevoren een kamer in een hotel te reserveren*

de **kier** [kieren]
een smalle opening = de spleet ✦ *Kim keek door de kier van de deur naar binnen*

de **kies**[1] [kiezen]
elk van de achterste grote tanden waarmee je eten fijnmaakt

kies[2] [bijvoeglijk naamwoord]
iemand die iets kies doet, doet dat met veel gevoel voor de gevoelens van andere mensen = discreet

de **kies·drem·pel** [kiesdrempels]
het kleinste aantal stemmen dat een partij nodig heeft om in het parlement of in de gemeenteraad te komen politiek

kies·kau·wen [kieskauwde, heeft gekieskauwd]
heel langzaam eten, omdat je het eten niet lekker vindt [iemand zit te kieskauwen]

kies·keu·rig [bijvoeglijk naamwoord]
een kieskeurige persoon is erg kritisch bij het kiezen

het **kies·recht** [kiesrechten]
het recht om te stemmen bij verkiezingen

kie·te·len [kietelde, heeft gekieteld]
iemand aanraken met snel bewegende vingers zodat hij of zij moet lachen [iemand kietelt iemand] ✦ *de kinderen hadden veel plezier toen ze de meester kietelden*

de **kieuw** [kieuwen]
een deel van een vis, vlak achter de kop, waardoor hij ademt

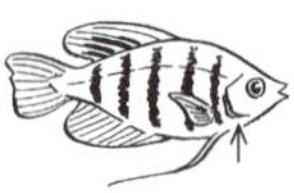

kieuw

de **kie·viet** [kievieten]
een vogel die vooral in weilanden leeft

kieviet

de **kie·zel** [kiezels]
een kleine, gladde steen

•**kie·zen** [koos, heeft gekozen]
uit verschillende mensen, zaken of mogelijkheden bepalen wie of wat de beste is = uitkiezen [iemand kiest (iemand of iets)] ✦ *het was zo'n grote winkel, dat ze het moeilijk vond om te kiezen* ✦ *wie is er tot leider van de partij gekozen?* politiek

de •**kie·zer** [kiezers]
iemand die stemt bij verkiezingen ✦ *de minister beloofde allerlei dingen om kiezers te trekken*

de **kijf**
dat staat buiten kijf: dat is beslist waar; daaraan hoef je niet te twijfelen ✦ *het staat buiten kijf dat hij hier de baas is*

de **kijk**
1 de manier waarop je over dingen denkt of hoe je dingen beoordeelt = de visie ✦ *ik heb Johns kijk op het probleem nooit helemaal begrepen*
2 te kijk staan: iets doms gedaan hebben, terwijl iedereen dat weet
3 iemand te kijk zetten: iemand belachelijk maken

•**kij·ken** [keek, heeft gekeken]
1 zien of proberen te zien [iemand kijkt (naar iemand of iets)] ✦ *ze kijkt iedere avond naar de televisie* ✦ *hij keek om zich heen maar zag niets bijzonders*
2 met je gezicht laten zien hoe je je voelt [iemand kijkt boos, vrolijk, verbaasd enz.] ✦ *mijn collega keek heel verbaasd toen ik het verhaal vertelde*

de **kij·ker** [kijkers]
1 een apparaat waarmee je dingen in de verte beter kunt zien = de verrekijker
2 [vrouw: kijk·ster; kijksters] iemand die kijkt ✦ *het nieuwe programma op de televisie trok erg veel kijkers*
3 (informeel) het oog

het **kijk·je**
ergens een kijkje nemen: ergens even kijken

kij·ven [kijfde, heeft gekijfd]

met veel lawaai lelijke dingen zeggen of ruzie maken [iemand kijft]

de **kik** [kikken]
geen kik geven: geen enkel geluid maken, vooral niets laten blijken van pijn of gevoelens ✦ *Alberts moeder was heel trots dat hij bij de tandarts geen kik had gegeven*

de **kik·ker** [kikkers]
een klein dier met een gladde huid, dat bij het water leeft

kikker

de **kik·vors·man** [kikvorsmannen]
een man met een speciaal pak waarmee hij lang onder water kan zwemmen ✦ *kikvorsmannen zochten in het water naar het lichaam van het meisje*

kil [bijvoeglijk naamwoord]
1 als het kil is, is het op een nare manier koud ✦ *in november was het nat en kil*
2 iemand die kil is, is niet aardig of hartelijk; een kille situatie heeft een slechte sfeer = koel, afstandelijk ✦ *hoewel zijn huwelijk kil was, wilde hij niet scheiden*

de •**ki·lo** *ook:* het [kilo's]
een gewicht van duizend gram ✦ *wij eten met ons gezin drie kilo aardappels per week* meten

de **ki·lo·gram** *ook:* het [kilogrammen]
de kilo

de •**ki·lo·me·ter** [kilometers]
een maat van duizend meter meten

de **kin** [kinnen]
het deel van je gezicht onder je mond

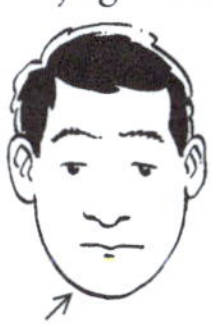
kin

het •**kind** [kinderen]
1 een mens die nog niet volwassen is ✦ *er speelden een paar kinderen in het park*
2 iemand in relatie tot zijn vader of moeder ✦ *mijn ouders hadden zes kinderen, maar de oudste is gestorven*

kin·der·ach·tig [bijvoeglijk naamwoord]
1 kinderachtige dingen zijn dingen van of voor kinderen ✦ *ik vond het een leuke film, maar wel een beetje kinderachtig*
2 iemand die kinderachtig reageert, reageert als een kind = flauw ✦ *wat kinderachtig dat je zo boos doet*

de **kin·der·ar·beid**
werk dat door kinderen wordt gedaan ✦ *in Nederland is een wet waarin kinderarbeid verboden is*

de **kin·der·be·scher·ming**
de instantie die zorgt voor de bescherming van kinderen ✦ *hij werkt bij de Raad voor de Kinderbescherming*

de **kin·der·bij·slag**
een bedrag dat ouders iedere drie maanden van de overheid krijgen per kind

de **kin·der·boer·de·rij** [kinderboerderijen]
een plaats waar boerderijdieren gehouden worden die kinderen mogen aaien, voeren enz.

het **kin·der·dag·ver·blijf** [kinderdagverblijven]
een plaats waar kinderen overdag verzorgd worden, bijv. als hun ouders werken = de crèche

het **kin·der·geld** (in België)
een bedrag dat ouders van de overheid krijgen per kind = de kinderbijslag

kin·der·lijk [bijvoeglijk naamwoord]
iets wat kinderlijk is, is zoals een kind het doet of heeft ✦ *met kinderlijk plezier waren we aan het zwemmen*

de **kin·der·op·vang**
het verzorgen van kinderen door anderen als de ouders er niet zijn ✦ *een aantal bedrijven in Nederland zorgt zelf voor kinderopvang*

de **kin·der·por·no**
films en bladen waarin seksuele handelingen met kinderen te zien zijn

de **kin·der·schoe·nen** [meervoud]
iets staat in de kinderschoenen: iets bestaat nog niet zo lang en moet nog verder ontwikkeld worden

het **kin·der·spel**
dat is kinderspel: dat is heel makkelijk ✦ *rekenen is kinderspel als je de computer gebruikt*

de **kin·der·stoel** [kinderstoelen]
een speciale hoge stoel voor kleine kin-

ki

deren

kinderstoel

de **kin·der·wa·gen** [kinderwagens]
een wagentje waarin kinderen liggen die nog niet kunnen lopen

kinderwagen

de **kin·der·ziek·te** [kinderziekten, kinderziektes]
1 een ziekte die vooral bij kinderen voorkomt ✦ *onze jongste zoon heeft nu alle kinderziektes gehad*
2 een probleem dat hoort bij het begin van iets ✦ *bij het invoeren van de democratie in een land horen kinderziektes*

de **ki·ne·si·the·ra·pie** (in België)
het behandelen van problemen met het bewegen van je lichaam na een ziekte of ongeluk, bijv. door oefeningen of massage = de fysiotherapie

de **kink·hoest**
een ziekte die vooral bij kinderen voorkomt

de **ki·osk** [kiosken]
een soort kleine winkel die los staat en waar kranten, snoep, sigaretten enz. worden verkocht

de **•kip** [kippen]
een bepaalde vogel die men houdt voor de eieren en het vlees **dieren**

kip

het **kip·pen·vel**
kleine puntjes op je huid die je bijv. krijgt als je het koud hebt ✦ *deze muziek vind ik zo mooi dat ik er kippenvel van krijg*

kip·pig [bijvoeglijk naamwoord] (informeel)
kippige mensen kunnen alleen dichtbij goed zien = bijziend

de **•kist** [kisten]
een grote houten bak ✦ *in deze kist hebben aardappels gezeten*

de **kitsch**
onechte kunst ✦ *in het tv-programma 'Kunst of kitsch?' wordt de waarde van spullen bepaald*

de **ki·wi** [kiwi's]
een zachte vrucht met een bruine buitenkant met kleine haartjes en een groene binnenkant

kiwi

•klaar [bijvoeglijk naamwoord]
aan iets wat klaar is, hoeft niets meer te gebeuren = af, gereed ✦ *om zes uur was Emmy klaar met haar werk*

klaar·blij·ke·lijk [bijwoord]
zoals duidelijk blijkt = kennelijk ✦ *"Ik heb me klaarblijkelijk vergist", zei de minister*

klaar·ko·men [kwam klaar, is klaargekomen]
seksueel bevredigd worden [iemand komt klaar]

klaar·licht [bijvoeglijk naamwoord]
op klaarlichte dag: dit zeg je over een misdaad die overdag is gepleegd ✦ *mijn fiets is op klaarlichte dag gestolen, maar niemand heeft het zien gebeuren!*

klaar·ma·ken [maakte klaar, heeft klaargemaakt]
zorgen dat het klaar is om te gebruiken = bereiden [iemand maakt iets, bijv. eten, klaar] ✦ *wie maakt vanavond het eten klaar?*

de **klaar-over** [klaar-overs]
iemand die kinderen helpt bij het oversteken van een drukke straat

klaar·spe·len [speelde klaar, heeft klaargespeeld]
zorgen dat iets lukt = fiksen [iemand speelt iets klaar] ✦ *hoe speelt Inge het toch klaar om elke keer te winnen?*

klaar·staan [stond klaar, heeft klaargestaan]

klaar zijn voor gebruik [iets staat klaar] ✦ *onze koffers staan al klaar voor de vakantie*

klaar·staan voor [stond klaar voor, heeft klaargestaan voor]
bereid zijn om te helpen als dat nodig is [iemand staat klaar voor iemand] ✦ *als we problemen hebben, staat hij altijd voor ons klaar*

klaar·sto·men [stoomde klaar, heeft klaargestoomd]
in een korte tijd voorbereiden [iemand stoomt iemand klaar (voor iets)] ✦ *de leerlingen werden in vier lessen klaargestoomd voor het examen*

de **klacht** [klachten]
de woorden waarmee iemand klaagt ✦ *er kwamen veel klachten over het lawaai van de vliegtuigen*

het **klad**
1 een voorlopige tekst of tekening = het concept ✦ *als hij een brief schrijft, maakt hij altijd eerst een klad*
2 de klad zit erin: dit zeg je als iets niet meer regelmatig gebeurt, wat wel regelmatig zou moeten gebeuren ✦ *vorig jaar ging ze elke week hardlopen, maar nu zit de klad erin*

•**kla·gen** [klaagde, heeft geklaagd]
zeggen dat je problemen hebt met iets of iemand [iemand klaagt (over iets of iemand)] ✦ *Kars klaagt de laatste tijd over het vele werk* ✦ *de man is erg ziek, maar je hoort hem nooit klagen*

klak·ke·loos [bijwoord]
zonder erover na te denken of zonder het te controleren ✦ *de tekst werd door de krant klakkeloos overgenomen*

klam [bijvoeglijk naamwoord]
klamme dingen zijn een beetje nat ✦ *hij had klamme handen van de spanning*

de **klan·di·zie**
de hoeveelheid klanten van een winkel ✦ *de winkel trekt steeds meer klandizie tegenwoordig*

de **klank** [klanken]
de manier waarop iets klinkt ✦ *de piano had een mooie klank*

de •**klant** [klanten]
iemand die iets koopt ✦ *ik moest lang wachten, want er waren veel klanten in de winkel*

de •**klap** [klappen]
1 een hard geluid ✦ *heb je die klap van het ongeluk niet gehoord?*
2 een slag of een tik met je hand ✦ *Arthur gaf zijn zusje een harde klap*
3 in één klap: in één keer ✦ *toen ze de prijs won, was ze in één klap rijk*

klap·pen [klapte]
1 [heeft geklapt] je handen op elkaar slaan, bijv. omdat je iets mooi vindt = applaudisseren [iemand klapt (in zijn handen)] ✦ *na de voorstelling bleef het publiek lang klappen*
2 [is geklapt] kapotgaan met een klap (bet. 1) [iets klapt] ✦ *de band van mijn fiets is geklapt*
3 [is geklapt] met een hard geluid vallen of slaan [iets klapt (tegen iets)] ✦ *het touw klapt tegen het raam* ✦ *de vrouw klapte met haar hoofd tegen de ruit van de auto*
4 [heeft geklapt] (in België) praten [iemand klapt (met iemand over iets)]

de **klap·per** [klappers]
1 een voorwerp om losse papieren in te bewaren = de map ✦ *stopt u dit rapport even in de groene klapper?*
2 een product dat veel succes heeft ✦ *we hebben veel producten verkocht, maar een grote klapper zat er niet tussen*

klap·per·tan·den [klappertandde, heeft geklappertand]
geluid maken met je tanden omdat je het koud hebt of omdat je zenuwachtig bent [iemand is aan het klappertanden]

klap·wie·ken [klapwiekte, heeft geklapwiekt]
met de vleugels omhoog en omlaag gaan [een vogel klapwiekt]

kla·ren [klaarde, heeft geklaard]
een klus, een karwei klaren: een klus, een karwei tot een goed einde brengen ✦ *om elf uur was de klus geklaard, en zat alles in doosjes*

de **kla·ri·net** [klarinetten]
een muziekinstrument waarop je blaast

klarinet

de •**klas** [klassen]
1 een groep leerlingen die samen les krijgen ✦ *onze dochter zit in de tweede*

kl

klas van de middelbare school
2 een ruimte waarin wordt lesgegeven ✦ *de leerlingen gingen met veel lawaai de klas uit*
3 een afdeling van een trein, boot of vliegtuig ✦ *in de eerste klas van de trein zat iedereen rustig te werken*

de **klas·ge·noot** [klasgenoten]
iemand die in dezelfde klas zit ✦ *Fatima en Maria zijn klasgenoten*

de **klas·se** [klassen]
1 de groep; de soort ✦ *dit beestje behoort tot de klasse van de vissen*
2 een hoge kwaliteit ✦ *dat is klasse!*

het **klas·se·ment** [klassementen]
een lijst van de eerste tot de laatste plaats van personen of clubs die aan een reeks wedstrijden meedoen ✦ *Boltini staat eerste in het algemeen klassement*

klas·siek [bijvoeglijk naamwoord]
1 klassieke dingen horen bij de oude Griekse of Romeinse cultuur ✦ *Désirée studeert klassieke talen*
2 klassieke zaken horen tot een stijl die al lange tijd waardering krijgt ✦ *ik luister graag naar klassieke muziek* ✦ *de koningin verscheen op het feest in een klassieke jurk*

de **klas·sie·ker** [klassiekers]
iets dat lang geleden gemaakt is maar dat nog steeds belangstelling krijgt ✦ *het boek 'Max Havelaar' uit de negentiende eeuw is een klassieker*

kla·te·ren [klaterde, heeft geklaterd]
het heldere geluid van water dat omlaag valt [een vloeistof klatert]

klau·te·ren [klauterde, heeft of is geklauterd]
met handen en voeten klimmen [iemand klautert ergens op, uit enz.] ✦ *kleine Suze klauterde met moeite in haar nieuwe bed*

de **klauw** [klauwen]
een poot van een dier met nagels ✦ *de vogel pakte de muis met zijn klauwen op*

het **kla·ve·cim·bel** *ook:* de
een muziekinstrument met toetsen

klavecimbel

de **kla·ver** [klavers]
een bepaalde plant die vooral tussen gras groeit

klaver

zich **kle·den** [kleedde zich, heeft zich gekleed]
kleren aandoen [iemand kleedt zich] ✦ *je moet je voor je nieuwe baan wat netter kleden* ✦ *de prinses was gekleed in een rode jurk*

de **kle·der·dracht** [klederdrachten]
kleren die typisch zijn voor een dorp of een streek

de **kle·dij**
de kleren = de kleding ✦ *iedereen op het feest droeg vrolijke kledij*

de **kle·ding**
de kleren ✦ *op zijn werk moet hij altijd nette kleding dragen*

het **kle·ding·stuk** [kledingstukken]
een voorwerp dat je om je lichaam doet, zoals een jas, een trui of een broek

het **kleed** [kleden]
1 een stuk stof dat je op of om iets doet ✦ *op de vloer lagen enkele prachtige kleden* ✦ *er lag een blauw kleedje op de tafel*
2 (in België) een kledingstuk voor vrouwen dat bestaat uit een rok en een bloes aan elkaar = de jurk ✦ *zij had voor het feest haar mooiste kleed aangedaan*

de **kleed·ka·mer** [kleedkamers]
de ruimte waarin sportmensen of artiesten hun kleren aandoen **sport**

de **kleer·scheu·ren** [meervoud]
ergens zonder kleerscheuren van afkomen: iets gevaarlijks meemaken zonder dat het nare gevolgen voor je heeft ✦ *hij heeft een ongeluk gehad, maar gelukkig kwam hij er zonder kleerscheuren van af*

klef [bijvoeglijk naamwoord]
1 iets wat klef is, is vochtig en plakt een beetje ✦ *in de pauze kregen we een klef broodje kaas*
2 kleffe mensen doen zó vriendelijk dat het je een vervelend gevoel geeft

de **klei**
een zware grondsoort

•klein [bijvoeglijk naamwoord]
kleine mensen of dingen nemen weinig ruimte in ⇔ groot ✦ *Harry is een kleine man* ✦ *ze is nog te klein voor deze film* ✦ *ik kwam vanmorgen een klein beetje te laat op mijn werk*

de **klein·doch·ter** [kleindochters]
een dochter van een zoon of een dochter ✦ *mevrouw Hendrix heeft tien kleindochters* familie

klei·ne·ren [kleineerde, heeft gekleineerd]
proberen iemand minder waard te laten lijken = vernederen [iemand kleineert iemand] ✦ *zijn collega probeert hem altijd te kleineren*

het **klein·geld**
munten ⇔ het papiergeld ✦ *hij gaf het kind wat kleingeld om snoep te kopen*

de **klei·nig·heid** [kleinigheden]
iets wat niet belangrijk is = het detail ✦ *ik heb nog een paar kleinigheden gevonden, maar verder is je tekst goed*

het **klein·kind** [kleinkinderen]
een kind van een zoon of een dochter ✦ *de heer Jorissen krijgt elke zondag bezoek van drie van zijn kleinkinderen*

klein·scha·lig [bijvoeglijk naamwoord]
iets wat kleinschalig is, is niet erg uitgebreid ✦ *de universiteit heeft een kleinschalig onderzoek gedaan naar het gevoel van veiligheid onder studenten*

het **klein·tje** [kleintjes]
iets kleins of iemand die klein is ✦ *dat glas bier is te groot; geeft u mij maar een kleintje* ✦ *er is een film voor de grote kinderen en er zijn spelletjes voor de kleintjes*
op de kleintjes letten: zorgen dat je niet te veel geld uitgeeft

de **klein·zoon** [kleinzonen, kleinzoons]
een zoon van een zoon of een dochter familie

de **klem**[1] [klemmen]
1 een voorwerp waarmee je iets kunt vangen of vasthouden ✦ *pas op, er staan klemmen in het bos om dieren te vangen*
2 iets met klem zeggen: iets met nadruk, heel duidelijk zeggen

klem[2] [bijvoeglijk naamwoord]
klem zitten: zó vast zitten dat beweging niet meer mogelijk is ✦ *toen Paulien uit het raam wilde klimmen, kwam ze klem te zitten*

klem·men [klemde, heeft geklemd]
1 zó vasthouden dat beweging niet mogelijk is [iemand klemt iemand of iets tussen, tegen, in iets] ✦ *hij klemde zijn tas tussen zijn benen en kon toen de deur openen*
2 moeilijk opengaan en dichtgaan [iets, bijv. een deur, klemt]

de **klem·toon** [klemtonen]
de nadruk waarmee een woord of een deel van een woord wordt uitgesproken = het woordaccent ✦ *in het woord 'buiten' ligt de klemtoon op het eerste deel*

de **klep** [kleppen]
1 een voorwerp dat aan één kant vastzit en dat voor een opening zit ✦ *de klep van de brievenbus wil niet meer dicht*
2 het deel van een pet dat je ogen beschermt tegen de zon

klep 2

de **•kle·ren** [meervoud]
voorwerpen die je gebruikt om je lichaam te bedekken, zoals een jas, een jurk of een broek ✦ *al mijn kleren zijn vuil; wat moet ik aantrekken?*

klet·sen [kletste, heeft gekletst]
praten, meestal over onbelangrijke zaken [iemand kletst (over iets)] ✦ *je moet hem niet geloven, want hij kletst maar wat*

de **•kleur** [kleuren]
blauw, oranje, rood enz. ✦ *hoe vind je de kleur van onze nieuwe bank?*

kleu·ren [kleurde, heeft gekleurd]
1 een kleur geven [iemand kleurt iets] ✦ *blijft de tekening in zwart-wit of ga je hem nog kleuren?*
2 een kleur krijgen; rood worden = blozen [iemand kleurt] ✦ *toen Mischa iets aan Yasmina vroeg, kleurde ze*

kleu·ren·blind [bijvoeglijk naamwoord]
mensen zijn kleurenblind als ze kleuren niet juist zien

kleu·rig [bijvoeglijk naamwoord]
kleurige dingen hebben verschillende heldere kleuren ✦ *Ria verscheen op het feest in een kleurige bloes*

kleur·rijk [bijvoeglijk naamwoord]

kl

een kleurrijk leven is een leven waarin veel verschillende dingen gebeuren of zijn gebeurd ◆ *Theo kon kleurrijke verhalen vertellen over zijn tijd in India*

het **kleur·tje** [kleurtjes]
een potlood om mee te kleuren* (bet. 1) = het kleurpotlood

de **kleu·ter** [kleuters]
een kind tussen de vier en zes jaar

de **kleu·ter·school** [kleuterscholen]
1 (in Nederland) dit was vroeger de school voor kinderen van 4 en 5 jaar
2 (in België) een type school voor kinderen van 4 tot 6 jaar onderwijs

kle·ven [kleefde, heeft gekleefd]
plakkerig zijn [iets kleeft] ◆ *de postzegel blijft niet kleven*

kle·ven aan [kleefde aan, heeft gekleefd aan]
vastzitten [iets, bijv. een probleem, kleeft aan iets] ◆ *er kleven grote bezwaren aan zijn voorstel*

klie·de·ren [kliederde, heeft gekliederd]
iets vies maken met een vloeistof [iemand kliedert (met iets)] ◆ *zit niet zo te kliederen!* ◆ *de kinderen konden heerlijk kliederen met water en zand*

de **kliek** [klieken]
1 eten dat is overgebleven van een vorige maaltijd ◆ *op vrijdag at het gezin altijd kliekjes*
2 een groep mensen die erg gesloten is ◆ *alleen de kliek rond de president had de informatie gekregen*

de **klier** [klieren]
1 een klein orgaan dat vocht maakt
2 (informeel) een vervelende jongen of man

klik·ken [klikte, heeft geklikt]
1 het geluid 'klik' maken [iets klikt] ◆ *de camera's klikten toen de prinses de zaal binnenkwam*
2 fouten van iemand vertellen aan iemand die daarvoor straf kan geven [iemand klikt] ◆ *voor een kind is het soms moeilijk om de grens te bepalen tussen klikken en eerlijkheid*
3 op de muisknop van een computer drukken [iemand klikt (op iets)] ◆ *als je hierop klikt, krijg je meer informatie*
4 het klikt tussen twee mensen: ze passen goed bij elkaar ◆ *het klikte meteen tussen de nieuwe directeur en de werknemers*

het ***kli·maat** [klimaten]
het weer in een land of in een gebied ◆ *het eiland Mallorca heeft in de winter een zacht klimaat*
een gematigd klimaat: een klimaat waarbij het niet erg warm en niet erg koud wordt

***klim·men** [klom, heeft of is geklommen]
1 omhooggaan met je handen en voeten [iemand klimt] ◆ *hij klom langs het touw omhoog*
2 hoger komen = omhooggaan, stijgen [iets klimt] ◆ *de euro klom van 0,9850 naar 0,9924 dollar*

de **klim·op**
een bepaalde plant die ergens tegenaan omhoog groeit

klimop

de **kli·niek** [klinieken]
het ziekenhuis ◆ *in Beverwijk is een kliniek voor mensen met brandwonden*

kli·nisch [bijvoeglijk naamwoord]
klinische zaken hebben te maken met een ziekenhuis

de **klink** [klinken]
het voorwerp waarmee je een deur of een raam opent en sluit

***klin·ken** [klonk, heeft geklonken]
1 een geluid maken dat je kunt horen [iets klinkt op een bepaalde manier] ◆ *omdat Bert verkouden was, klonk zijn stem anders dan normaal*
2 een glas kort tegen het glas van iemand anders drukken voordat je samen gaat drinken = toasten, proosten [iemand klinkt (op iets)] ◆ *laten we klinken op het succes van ons bedrijf*

de **klin·ker** [klinkers]
1 een steen die gebruikt wordt voor wegen en straten
2 (taal) een letter die je uitspreekt met je mond een beetje open, zodat de lucht uit je keel vrij naar buiten kan = de vocaal ⇔ de medeklinker ◆ *bijvoorbeeld de 'a', de 'e', de 'o' en de 'u' zijn klinkers* uitspraak

kl

Klok

Hoe laat is het?

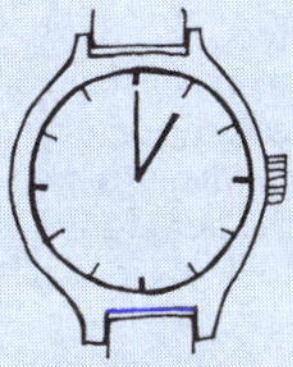

één uur

kwart over één

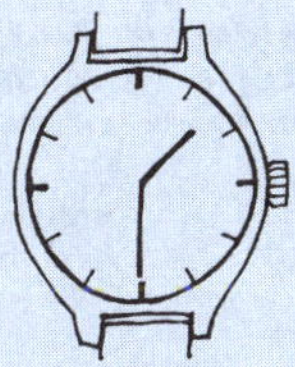

halftwee

kwart voor twee

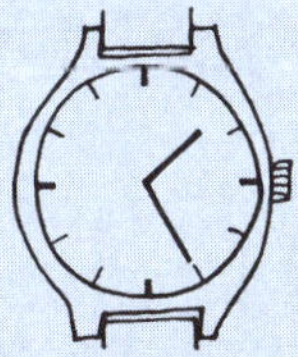

vijf voor halftwee

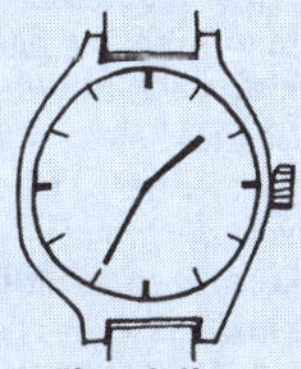

vijf over halftwee

Het is vijf over twee (14.05 uur of 2.05 uur)
Het is kwart voor elf (10.45 uur of 22.45 uur)

21.30 uur	De film begint om halftien.
19.30 uur	Ik kom je om halfacht 's avonds ophalen.
7.00 uur	Om zeven uur 's ochtends slaap ik meestal nog.
3.00 uur	Om drie uur 's nachts ging opeens de telefoon
13.15 uur	Ik zie je om kwart over één op het station.
17.50 uur	De trein vertrekt om tien voor zes.
7.35 uur	De baby is geboren om vijf over halfacht.

de **klip** [klippen]
een berg in zee ✦ *het schip is tegen een klip gevaren*
op de klippen lopen: mislukken
tegen de klippen op: zonder ophouden ✦ *het aantal auto's groeit tegen de klippen op*

klis·sen [kliste, heeft geklist] (in België)
vangen en meenemen naar het bureau van de politie [de politie klist iemand] ✦ *de politie heeft gisteren drie dieven geklist*

de **klit** [klitten]
een stukje haar of touw dat in elkaar gedraaid is ✦ *elke ochtend moest ze de klitten uit haar haar halen*

het **klit·ten·band**
een band stof waarmee je schoenen, jassen enz. kunt vastmaken

de **KLM** (in Nederland)
Koninklijke Luchtvaartmaatschappij: het grootste Nederlandse bedrijf dat vliegreizen organiseert

de **klod·der** [klodders]
een klein beetje van een zachte massa dat ergens op terechtgekomen is ✦ *er viel een klodder eten op zijn broek*

de **kloek**[1] [kloeken]
een kip die jongen heeft

kloek[2] [bijvoeglijk naamwoord]
1 flink; krachtig ✦ *Anna nam het kloeke besluit om te gaan reizen*
2 groot; stevig = fors ✦ *de roman is verschenen in drie kloeke delen*

de **•klok** [klokken]
1 een apparaat dat laat zien hoe laat het

is ✦ *de klok van de kerk staat stil* klok
2 een instrument van zwaar metaal dat een vol en hard geluid kan maken, vaak vanuit een toren ✦ *hoor je het luiden van de klokken?*
iets aan de grote klok hangen: iets aan iedereen bekendmaken

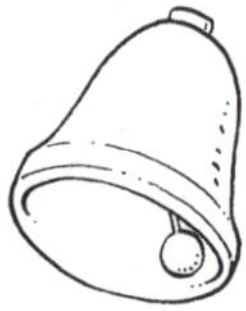

klok 2

het **klok·huis** [klokhuizen]
het binnenste deel van appels en peren

klok·vast [bijvoeglijk naamwoord] (in België)
precies op tijd ✦ *onze trein vertrok klokvast om vijf over tien uit het station*

klom·men *zie:* **klimmen**

kl

de **klomp** [klompen]
1 een houten schoen

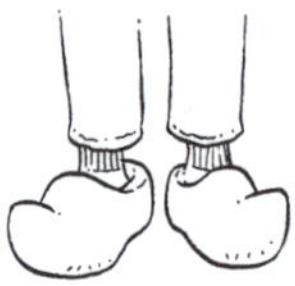

klomp 1

2 een stuk van een zware stof, bijv. van metaal ✦ *het verhaal ging over een jongen die een klomp goud vond*

klo·nen [kloonde, heeft gekloond]
kunstmatig levende wezens maken door cellen te delen [iemand kloont (een levend wezen)] ✦ *het is verboden mensen te klonen*

klon·ken *zie:* **klinken**

de **klont** [klonten]
een kleine hoeveelheid van een stof die aan elkaar zit ✦ *wilt u een klontje suiker in de thee?*

de **kloof** [kloven]
een smalle, diepe opening, bijv. in de bergen ✦ *doordat er sneeuw lag in de bergen, konden ze de kloven niet goed zien* ✦ *in de winter heb ik vaak kloofjes in mijn lippen*
een kloof overbruggen: de afstand kleiner maken ✦ *de kloof tussen Hans en zijn ouders kan niet meer overbrugd worden*

de **kloon** [klonen]
een wezen als resultaat van klonen*
een kloon zijn van …: precies hetzelfde zijn of lijken als … ✦ *de schrijver wordt beschouwd als een kloon van Hemingway*

het **kloos·ter** [kloosters]
een gebouw waarin mensen wonen die leven voor hun geloof ✦ *in het klooster wonen twintig monniken* religie

de **kloot·zak** [klootzakken] (grof)
dit woord gebruik je als je heel boos bent op iemand

•**klop·pen** [klopte, heeft geklopt]
1 met je vingers tegen iets tikken, vooral om een geluid te laten horen [iemand klopt (op iets)] ✦ *als de bel kapot is, moet u drie keer op de deur kloppen* ✦ *de dokter klopte op de rug van de patiënt*
2 waar zijn; logisch zijn [iets klopt (met iets anders)] ✦ *zijn verklaring klopt niet met de andere verklaringen* ✦ *dit getal klopt niet*
3 met regelmatige pauzes bewegen [een hart klopt] ✦ *de dokter hoorde dat het hart nog zwak klopte*
4 beter zijn in een wedstrijd = verslaan [iemand klopt iemand] ✦ *PSV is gisteren door Ajax geklopt met 3-0*
5 slagroom kloppen: slagroom stijf maken, meestal met een speciaal apparaat

de **klos** [klossen]
1 een stuk hout waar je touw omheen kunt doen ✦ *de draad zat om een klosje*
2 de klos zijn: iets vervelends moeten doen ✦ *Annet is altijd de klos met koffie halen*

klo·te- (grof)
dit zet je voor een woord als je het heel vervelend vindt ✦ *het is kloteweer!*

klot·sen [klotste, heeft geklotst]
het geluid maken van een vloeistof die ergens hard tegenaan komt [iets klotst] ✦ *het water klotste tegen de boot*

de **klucht** [kluchten]
een toneelstuk over gewone gebeurtenissen waarin veel grappige situaties voorkomen

de **kluif** [kluiven]
een bot van een dier met vlees eraan ✦ *de hond kreeg elke zaterdag een kluif*
een hele kluif hebben aan iets: iets heel moeilijk vinden ✦ *iedereen vond het examen makkelijk, maar ik had er een*

hele kluif aan

de **kluis** [kluizen]
een kast met dikke muren en een slot om geld in te bewaren ✦ *de gouden munten van zijn opa bewaart hij in een kluis*

de **kluit** [kluiten]
1 een hoeveelheid vaste aarde ✦ *zij nam een kluit aarde en keek of er beestjes in zaten*
2 een groep mensen, dieren of dingen dicht bij elkaar ✦ *toen het ging regenen, moest de hele kluit naar binnen*
3 iemand met een kluitje in het riet sturen: iemand informatie geven die hem niet verder helpt

de **klui·ze·naar** [kluizenaars, kluizenaren]
iemand die alleen woont en geen contact met andere mensen wil hebben = de heremiet

de **klun·gel** [klungels]
iemand die erg dom werkt of handelt = de kluns, de sufferd ✦ *kun je niet uitkijken, klungel!*

de **kluns** [klunzen]
iemand die erg dom werkt of handelt = de klungel

de **klus** [klussen]
werk dat gedaan moet worden = het karwei

klus·sen [kluste, heeft geklust] (informeel)
klusjes* doen, vooral in huis [iemand klust]

de **kluts**
de kluts kwijt zijn: niet meer weten wat je moet doen ✦ *ik ben even de kluts kwijt: wanneer is onze afspraak?*

de **klu·wen** *ook:* het [kluwens]
een bol van draad = de knot ✦ *op zijn bureau lag een kluwen draden van de computer*

km [afkorting]
kilometer: duizend meter

het **KMI** (in België)
Koninklijk Meteorologisch Instituut: een bedrijf waar studie wordt gemaakt van het weer en het klimaat ✦ *het KMI verwacht voor morgen veel regen en wind*

de **kmo** [kmo's] (in België)
kleine en middelgrote onderneming: een bedrijf met minder dan vijftig werknemers

het **knaag·dier** [knaagdieren]
een klein dier met lange voortanden, zoals een muis of een konijn

de **knaap** [knapen]
de jongen ✦ *het is een slimme knaap, die Paultje Roos*

knab·be·len [knabbelde, heeft geknabbeld]
opeten door er kleine stukjes vanaf te bijten [iemand knabbelt (op iets of aan iets)] ✦ *Simon zit op deze foto lekker aan een koekje te knabbelen*

kna·gen [knaagde, heeft geknaagd]
kleine stukjes uit iets bijten [iemand knaagt (op iets of aan iets)] ✦ *de muizen hebben aan de kaas geknaagd*
iets, bijv. verdriet of twijfel knaagt (aan iemand): iets vervelends gaat niet over

knak·ken [knakte]
1 [is geknakt] kapotgaan door te breken [iets knakt] ✦ *hij ging op de bloemen zitten en ze waren allemaal geknakt*
2 [heeft geknakt] kapotmaken door te breken [iets knakt iemand] ✦ *het verlies van haar man heeft haar niet geknakt*

de **knal** [knallen]
een heel hard geluid dat kort duurt ✦ *de auto kwam met een knal tegen de muur*

knal·len [knalde, heeft of is geknald]
een hard geluid maken [iets knalt] ✦ *als het te warm wordt, knalt het apparaat uit elkaar* ✦ *laat de champagne maar knallen!*

•knap [bijvoeglijk naamwoord]
1 knappe mensen hebben een goed verstand ✦ *in dat ziekenhuis werken een paar heel knappe artsen*
2 knappe mensen zijn mooi om te zien

knap·pen [knapte, is geknapt]
kapotgaan door te veel spanning [iets knapt] ✦ *bij de brand zijn alle ramen geknapt*

knap·pe·rig [bijvoeglijk naamwoord]
knapperige dingen zijn hard en maken geluid als je ze opeet = krokant ✦ *friet moet lekker knapperig zijn, vind ik*

knar·sen [knarste, heeft geknarst]
een geluid maken van harde dingen die dicht tegen elkaar aan bewegen [iets knarst] ✦ *de steentjes knarsen onder zijn voeten*

de **knecht** [knechten]
een man of een jongen die helpt met

werken ✦ *zijn grootvader is heel lang knecht bij een boer geweest*

kne·den [kneedde, heeft gekneed]
met de vingers de vorm veranderen [iemand kneedt zacht materiaal] ✦ *deeg voor brood moet je goed kneden*

de **knel**
in de knel zitten: problemen hebben; niet meer weten wat je moet doen ✦ *door alle maatregelen zitten veel boeren nu in de knel*

knel·len [knelde, heeft gekneld]
te strak zitten [iets knelt] ✦ *Dirk moet minder eten, want zijn broeken beginnen te knellen*

het **knel·punt** [knelpunten]
het punt waar de problemen zitten = de bottleneck ✦ *een belangrijk knelpunt bij de ontwikkeling van de biologische landbouw is de hogere prijs van de producten*

kne·pen *zie:* **knijpen**

knet·te·ren [knetterde, heeft geknetterd]
scherpe, korte geluiden maken [iets knettert] ✦ *terwijl het vuur knettert, leest Jolanda een mooi boek*

de **kneus** [kneuzen]
iemand die niet goed functioneert ✦ *zijn kinderen vinden hem een kneus omdat hij niets van computers weet*

de **kneu·zing** [kneuzingen]
een beschadiging door te veel druk ✦ *na het ongeluk had hij een gebroken been en zware kneuzingen*

de **•knie** [knieën]
het deel waar je been kan buigen ✦ *de man ging op zijn knieën zitten om te bidden*
iets onder de knie hebben: weten hoe je iets moet doen ✦ *hij woont al twee jaar in Rome, maar hij krijgt het Italiaans niet onder de knie*

knie

knie·len [knielde, heeft of is geknield]
je lichaam op je knieën laten rusten [iemand knielt] ✦ *hij knielde en zei: "Wil je met me trouwen?"*

knielen

de **knie·val**
een knieval doen voor iemand: doen wat iemand anders wil, om tot een oplossing te komen ✦ *de minister wilde geen knieval doen voor het parlement en hij is uit het kabinet gestapt*

knie·zen [kniesde, heeft gekniesd]
ongelukkig zijn en dat laten merken [iemand zit te kniezen (over iets)] ✦ *zit niet zo te kniezen, maar ga eens een lekkere wandeling maken!*

knij·pen [kneep, heeft geknepen]
1 een stukje van iemands vel strak tussen de vingers nemen en hem of haar daarmee pijn doen [iemand knijpt (iemand)]
2 met je vingers aan alle kanten op iets drukken [iemand knijpt in iets] ✦ *de kapper kneep te hard in het flesje en daardoor kwam er te veel shampoo op het hoofd van de klant*
3 'm knijpen: erg bang zijn
4 ertussenuit knijpen: stilletjes weggaan

de **knik** [knikken]
1 een plek waar iets scherp naar een andere kant buigt ✦ *twee kilometer na het dorp zat er een gevaarlijke knik in de weg*
2 een beweging van je hoofd om te laten weten dat je iets goedvindt ✦ *met een kort knikje antwoordde de minister op de vraag van de journalist*

•knik·ken [knikte, heeft geknikt]
je hoofd even buigen, bijv. om te groeten of om 'ja' te zeggen [iemand knikt] ✦ *de koningin knikte vriendelijk naar de mensen op straat*

de **knip** [knippen]
1 een slot dat je kunt schuiven = de grendel ✦ *elke avond doet hij de knip op de deur*
2 (informeel) de portemonnee ✦ *pak jij de knip om te betalen?*
de hand op de knip houden: geen geld meer uitgeven ✦ *de regering houdt de hand op de knip*

de **knip·oog** [knipogen]

de keer dat je één oog dichtdoet om iets duidelijk te maken ✦ *het was een grapje want hij gaf me een knipoogje*

knip·pen [knipte, heeft geknipt]
1 een schaar gebruiken om bijv. papier of stof kleiner te maken of van vorm te veranderen [iemand knipt (iets)] ✦ *wie knipt je haar?*
2 één of meer vingers hard tegen je duim drukken en loslaten zodat een geluid ontstaat [iemand knipt met zijn of haar vingers] ✦ *het is onbeleefd om met je vingers te knippen als je iets in een restaurant wilt bestellen*

knip·pe·ren [knipperde, heeft geknipperd]
1 snel aan- en uitgaan [een lamp knippert] ✦ *wat moet ik doen als dit lampje begint te knipperen?*
2 je ogen snel achter elkaar openen en sluiten [iemand knippert met zijn of haar ogen]

het **KNMI** (in Nederland)
Koninklijk Nederlands Meteorologisch Instituut: een bedrijf waar studie wordt gemaakt van het weer en het klimaat ✦ *en dan nu het weer, verzorgd door het KNMI*

de **KNO-arts** [KNO-artsen]
een arts voor ziekten van de keel, de neus en het oor

de **knob·bel** [knobbels]
een kleine plek waar de huid harder en dikker is dan normaal ✦ *je moet de dokter eens naar die knobbel laten kijken*

knock-out [bijvoeglijk naamwoord]
als je knock-out bent, ben je zo hard geraakt bij het vechten dat je je niet meer kunt bewegen

knoei·en [knoeide, heeft geknoeid]
zo bezig zijn dat het een vieze boel wordt [iemand knoeit] ✦ *het kind zat erg te knoeien met het eten*

de **knof·look** *ook:* het
een bol met een sterke smaak, die je in kleine hoeveelheden aan eten toevoegt

de **knok·kel** [knokkels]
elk van de botjes in je vingers waar je je vingers kunt bewegen ✦ *met zijn knokkels klopte hij hard op de deur*

knok·ken [knokte, heeft geknokt]
vechten; heel erg je best doen [iemand knokt] ✦ *in het café waren twee mannen aan het knokken* ✦ *de vrouw heeft hard moeten knokken om na haar ziekte weer te kunnen werken*

de **knol** [knollen]
1 een dik stuk van een plant dat onder de grond groeit, vooral als groente
2 (informeel) het paard

de •**knoop** [knopen]
1 een rond ding waarmee je bijv. een jas of bloes sluit ✦ *de knoop van mijn jas zit los*
2 de plek waar touw of draad in elkaar gedraaid is ✦ *de kapitein legde handig een paar knopen in het touw*
de knoop doorhakken: een beslissing nemen

knoop 2

kn

de **knop** [knoppen]
1 een ding waarop je drukt en waardoor iets, bijv. een bel of een lamp, gaat werken ✦ *de vrouw kon niet onthouden waarvoor alle knoppen dienden*
2 een bloem of een blad dat nog dicht zit ✦ *aan de knoppen in de bomen kon je zien dat de lente begonnen was*
3 naar de knoppen: (informeel) kapot ✦ *door het ongeluk is mijn fiets naar de knoppen*

kno·pen [knoopte, heeft geknoopt]
met een knoop (bet. 2) binden [iemand knoopt iets] ✦ *ze knoopten de touwen aan elkaar*

knor·ren [knorde, heeft geknord]
1 een bepaald geluid maken [een varken knort] dieren
2 boos praten = mopperen [iemand knort (op iemand)] ✦ *de oude heer knorde op de drukke kinderen*

de **knot** [knotten]
1 een bol van draad

knot 1

2 haren van een vrouw die in een bol zijn vastgemaakt

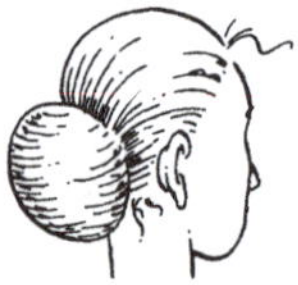

knot 2

de **knots** [knotsen]
1 een grote, zware stok die aan de ene kant dikker is dan aan de andere kant
2 een knots van een …: een heel grote … ✦ *mijn broer en zijn vrouw hebben een knots van een huis gekocht*

knud·de [bijvoeglijk naamwoord] (informeel)
het is knudde: het is heel erg slecht

knuf·fe·len [knuffelde, heeft geknuffeld]
iemand op een warme manier vasthouden en zoenen [iemand knuffelt (iemand)]

kn

de **knuist** [knuisten] (informeel)
de hand ✦ *het kind had een paar bloemen in zijn knuist*

de **knul** [knullen]
de jongen ✦ *Thijs is een leuke knul*

de **knup·pel** [knuppels]
een dikke, ronde stok om mee te slaan ✦ *met een knuppel sloeg hij de bal over het veld*

knus [bijvoeglijk naamwoord]
iets wat knus is, is gezellig ✦ *de kinderen lagen knus bij elkaar in bed*

knut·se·len [knutselde, heeft geknutseld]
1 voor je plezier dingen maken van hout, papier enz. [iemand knutselt (iets)] ✦ *toen het bleef regenen, gingen de kinderen knutselen*
2 proberen iets dat kapot is, te maken [iemand knutselt (aan iets)] ✦ *hij knutselt vaak aan oude auto's*

koch·ten *zie:* **kopen**

de **•koe** [koeien]
een dier dat melk levert ✦ *de koeien hadden te weinig gras te eten* dieren
over koetjes en kalfjes praten: gezellig praten over dingen die niet belangrijk zijn

In Nederland en België worden veel koeien gehouden, vooral zwart-witte. Je ziet ze in de zomer overal in het weiland. Nederland is een belangrijk land voor zuivelproducten, zoals melk en kaas.

koe

de **•koek** [koeken]
iets lekkers dat zoet en plat is en dat gebakken is van meel, eieren, suiker enz. ✦ *wil je een koekje bij de koffie?*
het is weer koek en ei: er is geen ruzie meer
dat is andere koek: dat is iets heel anders

de **koe·ken·pan** [koekenpannen]
een pan om in te bakken ✦ *hij bakte een paar aardappels in de koekenpan*

koekenpan

de **koe·koek** [koekoeken]
een vogel die eieren legt in het nest van een andere vogel

koel [bijvoeglijk naamwoord]
1 iets dat koel is, is koud op een prettige manier ✦ *zij vroeg om een glas koel water*
2 iemand die koel is, is niet hartelijk ✦ *"Geen commentaar", was de koele reactie van de minister*

koel·bloe·dig [bijvoeglijk naamwoord]
iemand die koelbloedig is, blijft rustig terwijl hij iets gevaarlijks doet

koe·len [koelde, heeft gekoeld]
zorgen dat iets koud blijft of wordt [iemand koelt iets] ✦ *we hadden een speciale doos om de drank te koelen*

de **koel·kast** [koelkasten]
een kast om eten koud te bewaren, zodat het goed blijft

de **koe·pel** [koepels]
een bol dak ✦ *in de tuin stond een huisje met een koepel*

de **koer** [koeren] (in België)
een klein plein binnen een gebouw = de binnenplaats ✦ *op de koer van de school is het verboden om met een bal te spelen*

de **koe·rier** [koeriers] **koe·rier·ster** [koeriersters]
iemand die snel berichten of pakjes brengt ✦ *het pakje zal per koerier gebracht worden*

de•**koers** [koersen]
1 de richting ✦ *het schip was de koers helemaal kwijt*
2 de waarde van geld of aandelen ✦ *de koersen zijn de laatste tijd erg gedaald*
3 een snelheidswedstrijd met fietsen of met paarden

koer·sen [koerste, is gekoerst] (in België)
heel hard rijden, varen, rennen = racen [iemand koerst] ✦ *we koersten door de regen naar huis*

koest [bijvoeglijk naamwoord]
je koest houden: rustig blijven ✦ *we waren bang dat hij ruzie zou gaan maken, maar hij hield zich koest*

koes·te·ren [koesterde, heeft gekoesterd]
1 met liefde beschermen [iemand koestert iemand of iets] ✦ *de moeder koesterde de huilende baby*
2 lange tijd bij je dragen [iemand koestert een gevoel] ✦ *zij koestert de wens om een jaar te gaan reizen*

zich **koes·te·ren** [koesterde zich, heeft zich gekoesterd]
je lekker warm laten worden [iemand koestert zich, bijv. in de zon] ✦ *de poes koesterde zich op het muurtje in de zon*

de **koets** [koetsen]
een mooie, dichte wagen die door een paard getrokken wordt

koets

de•**kof·fer** [koffers]
een stevige tas voor bagage ✦ *ze moest twee zware koffers dragen*

koffer

de **kof·fer·bak** [kofferbakken]
een ruimte achter in een auto voor bagage

de•**kof·fie**
een warme drank van de koffieboon, die door veel mensen gedronken wordt ✦ *wie wil er nog een kopje koffie?* dranken

de **kof·fie·melk**
speciale melk voor in de koffie dranken

de **kof·fie·tijd** [koffietijden]
de tijd waarop men gewoonlijk koffiedrinkt dranken

de **ko·gel** [kogels]
een klein balletje van metaal, waarmee geschoten wordt ✦ *het kind werd in zijn arm getroffen door een kogel*
de kogel is door de kerk: de beslissing is eindelijk genomen

de **kok** [koks] **kok·kin** [kokkinnen]
iemand die voor zijn beroep eten kookt, vooral in een restaurant

•**ko·ken** [kookte, heeft gekookt]
1 iets klaarmaken door het in heet water gaar te maken [iemand kookt groente, aardappels enz.]
2 warmer worden dan 100 °C [vloeistof kookt] ✦ *het water voor de thee kookt bijna*

de **ko·ker** [kokers]
een ronde buis om iets in te doen ✦ *je kunt de tekening meenemen in een koker*

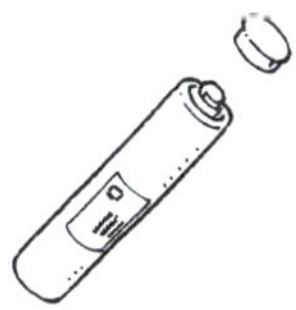
koker

ko·ket [bijvoeglijk naamwoord]
een meisje dat koket is, beweegt op een bepaalde manier om bekeken te worden ✦ *koket draaide ze rond in haar nieuwe jurk*

kok·hal·zen [kokhalsde, heeft gekokhalsd]
een gevoel hebben in je keel dat je eten terugkomt uit je maag [iemand kokhalst] ✦ *toen Marcel het dode dier zag, moest hij kokhalzen*

het **ko·kos**
het witte, zoete binnenste van de kokosnoot, dat je kunt eten

de **kol·der**
de onzin ✦ *het verhaal over mij in de*

krant is kolder

de **ko·len** [meervoud]
stukken steenkool die verbrand worden en energie leveren

de **kolf** [kolven]
1 het deel van een geweer waaraan je het vastpakt
2 de vrucht van bijv. maïs

kolf 2

kol·ken [kolkte, heeft gekolkt]
snel ronddraaien [water kolkt] ✦ *de boot verdween in het kolkende water*

de **ko·lom** [kolommen]
een smalle rij tekst in een krant of tijdschrift ✦ *u kunt verder lezen op pagina 3, kolom 2*

ko

de **ko·lo·nel** [kolonels]
iemand met een bepaalde militaire rang

ko·lo·ni·aal [bijvoeglijk naamwoord]
koloniale zaken gaan over koloniën* (bet. 1) ✦ *in de koloniale tijd heette Indonesië nog Nederlands-Indië*

de **ko·lo·nie** [koloniën, kolonies]
1 een land dat door een ander land ver weg wordt bestuurd, vooral vanwege handel met dat land ✦ *Angola was vroeger een kolonie van Portugal*
2 een grote groep kleine dieren, bijv. insecten of vogels ✦ *de mierenkolonie*
3 een groep mensen met bijv. dezelfde nationaliteit of hetzelfde beroep die bij elkaar wonen ✦ *in Canada vind je een groot aantal kolonies van Nederlandse boeren*

ko·los·saal [bijvoeglijk naamwoord]
heel erg groot ✦ *hij heeft een kolossaal bedrag betaald voor zijn nieuwe boot*

de **kom** [kommen]
1 een bakje om uit te drinken of voor soep ✦ *bij de deur stond een kommetje melk voor de poes*

kom 1

2 een holle plek waarin de botten van je armen of benen tegen elkaar bewegen ✦ *door een verkeerde beweging schoot mijn arm uit de kom*
3 de bebouwde kom: de wegen in een dorp of stad, waar je niet hard mag rijden

de **kom·af**
van goede komaf zijn: uit een goede familie komen

de **ko·me·die** [komedies]
een vrolijk toneelstuk, bedoeld om te lachen

de **ko·meet** [kometen]
een soort ster die een staart lijkt te hebben

komeet

•**ko·men** [kwam, is gekomen]
1 een plek bereiken [iemand komt (ergens)] ✦ *wij komen om acht uur* ✦ *de buurman kwam vertellen dat zijn dochter ging trouwen*
2 achter iets komen: iets ontdekken ✦ *zij kwam erachter ze zich vergist had in de datum*
3 hoe kom je erbij?: wat een raar idee is dat!
4 komen uit een land of een plaats: geboren zijn in dat land of die plaats en daar als kind gewoond hebben ✦ *de directeur komt uit Engeland*

ko·mend [bijvoeglijk naamwoord]
de komende week is de volgende week; komende maandag is de eerste maandag na deze dag

de **ko·miek** [komieken]
iemand die mensen aan het lachen maakt, vooral als beroep

ko·misch [bijvoeglijk naamwoord]
iets wat komisch is, is om te lachen = grappig ✦ *iedereen moest lachen om zijn*

komische opmerking

de **kom·kom·mer** [komkommers]
een bepaald soort groente

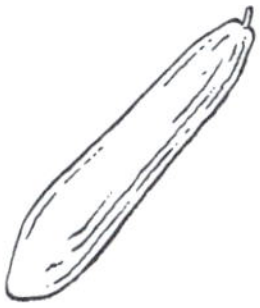

komkommer

de **kom·ma** [komma's]
het teken ',' in een zin, waarmee je een korte pauze aangeeft

de **kom·mer** (ouderwets)
kommer en kwel: allemaal vervelende dingen; ellende ✦ *het was kommer en kwel tijdens onze vakantie: het regende, het huis lag aan een drukke weg en we hebben ook nog uren in de file gestaan*

het **kom·pas** [kompassen]
een voorwerp met een wijzer die altijd naar het noorden wijst, zodat je kunt bepalen waar je bent en welke richting je uit moet

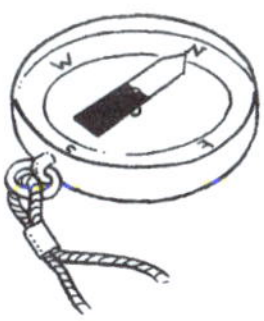

kompas

de **komst**
de keer dat iemand of iets komt ✦ *de kinderen moesten een uur wachten op de komst van Sinterklaas*

kon *zie:* **kunnen**

kon·den *zie:* **kunnen**

het **ko·nijn** [konijnen]
een dier met lange oren en een klein, rond staartje maaltijden

konijn

de •**ko·ning** [koningen] **ko·nin·gin** [koninginnen]
een persoon die een land regeert en die opgevolgd wordt door iemand uit zijn familie ✦ *de koning kreeg informatie van de ministers* overheid

de •**ko·nin·gin** [koninginnen]
1 een vrouwelijke koning
de commissaris van de Koningin: de vertegenwoordiger van de koningin in een provincie, die ook voorzitter is van Provinciale Staten en Gedeputeerde Staten overheid
2 de vrouw van een koning ✦ *na de dood van koning Boudewijn werd zijn broer Albert koning van België en de vrouw van Albert werd koningin*
3 een vrouwtje dat de belangrijkste is van een groep bijen dieren

de **Ko·nin·gin·ne·dag** [Koninginnedagen]
de dag waarop de verjaardag van de koningin in Nederland gevierd wordt, namelijk 30 april

het **ko·nings·huis** [koningshuizen]
de directe familieleden van de koning of koningin ✦ *het Nederlandse koningshuis wordt wel 'het huis van Oranje' genoemd*

•**ko·nink·lijk** [bijvoeglijk naamwoord]
1 koninklijke zaken hebben betrekking op de koning of koningin ✦ *de koninklijke familie is drie weken op vakantie in Italië*
2 iets wat koninklijk is, is heel erg mooi en rijk, zoals van een koning = vorstelijk ✦ *we werden in het hotel koninklijk verzorgd*

het **ko·nink·rijk** [koninkrijken]
een land waarover een koning of koningin de baas is = de monarchie ✦ *Groenland behoort tot het koninkrijk Denemarken*

de **kont** [konten]
het deel van het lichaam waarop je zit = het achterwerk, de billen ✦ *het jongetje viel op zijn kont in een plas water*

het **kon·vooi** [konvooien]
een groep wagens of schepen die bij elkaar horen en achter elkaar rijden of varen

de **kooi** [kooien]
een hok voor bijv. een vogel

kooi

de **kook**
1 iets aan de kook brengen: iets zo

warm maken dat het gaat koken
2 van de kook zijn: door een bepaalde gebeurtenis helemaal niet meer weten wat je moet doen

het **kook·boek** [kookboeken]
een boek waarin staat hoe je eten kunt klaarmaken

de **kool** [kolen]
een groente

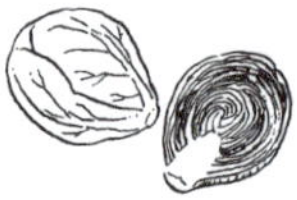

kool

de **kool·mees** [koolmezen]
een kleine vogel met een gele borst

het **kool·zuur**
een gas dat in sommige dranken voorkomt, waardoor belletjes ontstaan

de **koop** [kopen]
de keer dat je iets koopt ✦ *bij de koop van een woning moet je soms geduld hebben*
te koop zijn: gekocht kunnen worden ✦ *dit huis staat al een jaar te koop*
iets op de koop toe nemen: bij iets wat gunstig is ook een nadeel aanvaarden ✦ *als je in het centrum van de stad woont, moet je lawaai van verkeer op de koop toe nemen*

de **koop·ak·te** [koopakten, koopaktes]
een officieel papier dat bewijst dat je bijv. een huis gekocht hebt wonen

het **koop·con·tract** [koopcontracten]
een officiële overeenkomst tussen iemand die iets koopt en iemand die iets verkoopt wonen

de **koop·han·del**
1 de Kamer van Koophandel: een instelling die opkomt voor de belangen van de handel en de industrie werk
2 de rechtbank van koophandel: (in België) de rechtbank die gaat over ruzies tussen bedrijven, handelaren enz. rechtspraak

het **koop·je** [koopjes]
een product dat tijdelijk goedkoop is ✦ *in juli zijn er in veel winkels koopjes te vinden*

de **koop·kracht**
het geld dat een groep mensen heeft om spullen en diensten te kopen

de **koop·man** [kooplieden, kooplui]
iemand die producten verkoopt op een markt ✦ *om vijf uur begonnen de kooplieden in te pakken*

de **koop·waar** [koopwaren]
producten die je kunt kopen, bijv. op een markt ✦ *de koopwaar lag op een lange tafel*

het **koor** [koren]
een groep mensen die zingen uitgaan

het **koord** [koorden]
een dun touw ✦ *als je aan het koordje trekt, gaat de deur open*

de **koorts** [koortsen]
een hoge temperatuur van het lichaam ✦ *bij hoge koorts moet u onmiddellijk de dokter waarschuwen*
koorts·ach·tig [bijvoeglijk naamwoord]
als je koortsachtig handelt, heb je veel haast ✦ *koortsachtig zocht ze alle papieren bij elkaar, deed deze in haar tas en rende naar de trein*

de **•kop** [koppen]
1 het hoofd van dieren, soms ook van mensen ✦ *de hond bewoog even zijn kop toen Charlotte thuiskwam* ✦ *ik heb al dagen pijn in mijn kop*
de kop opsteken: beginnen te ontstaan ✦ *het verzet tegen de regering stak overal de kop op*
op kop liggen: de voorste zijn in een wedstrijd ✦ *om tien uur 's avonds lag de partij op kop bij de verkiezingen*
2 de bovenkant van sommige dingen
iets op zijn kop houden: iets met de verkeerde kant boven houden ✦ *hij doet net of hij leest, maar hij houdt het boek op zijn kop*
iets staat op zijn kop: iets is in een nieuwe, onrustige situatie ✦ *Nederland stond op zijn kop toen de belastingen omhooggingen*
een bedrijf gaat over de kop: een bedrijf stopt vanwege financiële problemen
over de kop slaan: met je hoofd of de voorkant naar voren vallen ✦ *de auto is over de kop geslagen*
3 een tekst in grote letters boven een artikel in de krant ✦ *als hij niet veel tijd heeft, leest hij alleen de koppen van de kranten*
4 een klein bakje waaruit je koffie of thee drinkt ✦ *de kopjes staan in de kast*

een kop en schotel: een kopje met een erbij passend schoteltje

•**ko·pen** [kocht, heeft gekocht]
in je bezit krijgen door er geld voor te geven [iemand koopt iets] ✦ *ze koopt elke maand een boek*

het **ko·per**
een bruin, zacht metaal ✦ *het koper op het dak van de kerk is helemaal groen geworden*

de **kop·groep** [kopgroepen]
de groep sporters die vooraan rennen, fietsen enz. in een wedstrijd ✦ *de kopgroep bestond uit vijf mensen*

de **ko·pie** [kopieën]
1 iets dat precies is nagemaakt ✦ *vroeger werden er van mooie schilderijen vaak kopieën gemaakt*
2 de fotokopie ✦ *ik maak wel even een kopietje van de tekst*

ko·pi·ë·ren [kopieerde, heeft gekopieerd]
een kopie* (bet. 2) maken [iemand kopieert iets] ✦ *wil jij dit rapport even drie keer kopiëren?*

de **ko·pij**
een tekst die bedoeld is om gepubliceerd te worden ✦ *kopij voor het nummer van januari moet vóór 15 november worden ingeleverd*

de **kop·lamp** [koplampen]
een lamp aan de voorkant van een fiets, auto, motor enz.

de **kop·lo·per** [koplopers]
een persoon of een ploeg die in een wedstrijd de eerste plaats inneemt ✦ *PSV is koploper in de eredivisie*

het **kop·pel** [koppels]
1 twee mensen of dieren die bij elkaar horen = het span ✦ *zij vormen een leuk koppel*
2 een groep dieren bij elkaar ✦ *de man had een klein koppeltje koeien*

kop·pe·len [koppelde, heeft gekoppeld]
met elkaar verbinden [iemand koppelt iemand of iets (aan iemand of iets)] ✦ *de twee delen van de trein moeten nog gekoppeld worden* ✦ *Hanneke probeert haar zus te koppelen aan Piet*

de **kop·pe·ling** [koppelingen]
een onderdeel van een auto waardoor je in een andere versnelling kunt komen

het **kop·pel·te·ken** [koppeltekens]
een streepje tussen twee delen van een woord ✦ *in het woord 'Noord-Holland' staat een koppelteken*

kop·pel·tje·dui·ke·len [duikelde koppeltje, heeft koppeltjegeduikeld]
rollen met je hoofd naar voren

het **kop·pel·werk·woord** [koppelwerkwoorden] (taal)
elk van de werkwoorden die samen met een bijvoeglijk naamwoord of een zelfstandig naamwoord een naamwoordelijk gezegde vormt, zoals 'zijn' en 'blijven' ✦ *in de zin 'zij zijn moe' is 'zijn' een koppelwerkwoord*

kop·pen [kopte, heeft gekopt]
een bal laten bewegen door er met een korte beweging van je hoofd tegenaan te stoten [iemand kopt (een bal)] ✦ *de speler kon de bal in het doel koppen*

kop·pig [bijvoeglijk naamwoord]
koppige mensen willen iets niet gemakkelijk toegeven, of willen hun mening niet veranderen ✦ *hij is net zo koppig als zijn vader*

het **kop·stuk** [kopstukken]
één van de belangrijkste personen binnen een groep of een organisatie ✦ *zij is een van de kopstukken van de partij*

de **kop·te·le·foon** [koptelefoons]
een apparaat dat je op je oren plaatst om naar muziek te luisteren zonder dat anderen het horen = de hoofdtelefoon ✦ *hij zette zijn koptelefoon op, zodat zijn vrouw geen last had van de muziek*

het **ko·raal** [koralen]
1 harde rode, witte of roze massa's in allerlei vormen op de bodem van de zee, ontstaan uit de botten van dode beestjes ✦ *deze ketting is gemaakt van koralen*
2 een kerkelijk lied dat door een koor wordt gezongen

de **ko·ran**
het heilige boek van de moslims religie

kor·daat [bijvoeglijk naamwoord]
een kordate persoon handelt snel en flink ✦ *dankzij Harry's kordate optreden kon de politie de dief snel pakken*

het **ko·ren**
een plant waarvan een deel wordt gebruikt om brood te maken
het kaf van het koren scheiden: de goede elementen onderscheiden van de slechte elementen

koren

het **korf·bal**
een oorspronkelijk Nederlandse sport waarbij je een bal door een mand moet gooien sport

korfbal

het **korps** [korpsen]
1 een groep mensen die samen een activiteit hebben, bijv. muziek maken ✦ *een muziekkorps*
2 een groep mensen die hetzelfde beroep hebben ✦ *het lerarenkorps*

de **kor·rel** [korrels]
een klein rond deeltje van een harde stof ✦ *er lagen een paar korreltjes suiker op de grond*

het **kor·set** [korsetten]
een kledingstuk dat een vrouw onder haar kleren kan dragen om de buik platter te maken

de **korst** [korsten]
een hard laagje op iets dat zacht is ✦ *Teuntje at geen korstjes van brood*

het **kort**[1]
1 in het kort: met alleen de belangrijkste informatie ✦ *hij vertelde in het kort wat zijn plannen waren*
2 tot voor kort: tot een korte tijd geleden ✦ *dit is de heer Schutte, tot voor kort directeur van ons bedrijf*

•**kort**[2] [bijvoeglijk naamwoord]
1 korte dingen hebben een kleine lengte ⇔ lang ✦ *op deze foto heeft Anna nog kort haar*
2 korte gebeurtenissen duren maar even ⇔ lang ✦ *na zijn roman heeft de schrijver alleen nog maar korte verhalen geschreven*
3 te kort komen: te weinig hebben ✦ *heb je een euro voor me? ik kom net te kort*
4 iemand of iets te kort doen: iemand of iets niet goed behandelen ✦ *je moet niet te veel geld vragen, maar je hoeft jezelf ook niet te kort te doen*

kort·af [bijvoeglijk naamwoord]
iemand die kortaf is, gebruikt weinig woorden en is daardoor niet vriendelijk ✦ *doe niet zo kortaf!*

kor·ten [kortte]
1 [is gekort] korter worden [de dagen korten] ✦ *in september kun je al goed merken dat de dagen korten*
2 [heeft gekort] kleiner maken; minder maken [iemand kort iemand (op iets)] ✦ *wie slecht functioneert, wordt op zijn salaris gekort*
de tijd korten: iets doen om het wachten minder lang te laten lijken

de **kor·ting** [kortingen]
het deel van een bedrag dat je minder hoeft te betalen ✦ *deze broek heeft Barend met 40% korting gekocht*

kort·om [bijwoord]
om het kort te zeggen ✦ *u bent te laat, het werk is niet af, kortom: we zijn niet tevreden*

de **kort·slui·ting**
een technisch probleem in een elektrisch systeem, veroorzaakt door twee draden die elkaar raken ✦ *de brand is door kortsluiting ontstaan*

kort·ston·dig [bijvoeglijk naamwoord]
iets wat kortstondig is, duurt niet lang ✦ *na een kortstondige ziekte is de heer Huysman overleden*

kort·weg [bijwoord]
kort gezegd ✦ *iedereen noemt Pieternel kortweg Pie*

kort·wie·ken [kortwiekte, heeft gekortwiekt]
de vleugels van een vogel korter maken zodat hij niet kan vliegen [iemand kortwiekt een vogel]

kort·zich·tig [bijvoeglijk naamwoord]
kortzichtige mensen kijken niet ver in de toekomst ✦ *iedereen vond het beleid van het bestuur kortzichtig*

kor·ze·lig [bijvoeglijk naamwoord]
niet vriendelijk ✦ *"Ik heb nu geen tijd", zei hij korzelig*

de **kos·mos**
de oneindige ruimte waarin o.a. de aarde, de zon en de maan zich bevinden

de •**kost**

1 het eten ✦ *in de winter eet hij graag stevige kost*
de kost verdienen: geld verdienen om daarvan te leven ✦ *ze verdient tegenwoordig de kost met de handel in oude boeken*
wat doet hij voor de kost?: wat voor werk doet hij om te kunnen leven?
2 ten koste gaan van iets: in het nadeel zijn van iets ✦ *roken gaat ten koste van de gezondheid*

kost·baar [bijvoeglijk naamwoord]
1 kostbare dingen zijn veel geld waard ✦ *er zijn een paar kostbare schilderijen gestolen uit het museum*
2 kostbare dingen zijn heel belangrijk voor iemand = dierbaar, waardevol ✦ *de foto van zijn moeder is voor Otto erg kostbaar*

de **kost·baar·he·den·ver·ze·ke·ring** [kostbaarhedenverzekeringen]
een verzekering voor dure dingen, zoals horloges, sieraden enz. verzekeringen

kos·te·lijk [bijvoeglijk naamwoord]
iets dat kostelijk is, is erg goed of erg leuk

de •**kos·ten**[1] [meervoud]
het geld dat voor iets betaald moet worden ✦ *door de hoge kosten van hun trouwfeest konden ze niet op vakantie* ✦ *we gaan op kosten van het bedrijf in een duur restaurant eten*
iemand op kosten jagen: zorgen dat iemand geld moet uitgeven ✦ *om de werknemers niet op kosten te jagen, betaalde het bedrijf de cursus voor hen*

•**kos·ten**[2] [kostte, heeft gekost]
1 te koop zijn voor een bepaald bedrag [iets kost een bepaald bedrag] ✦ *hoeveel kost een kilo aardappels?*
2 vragen van iemand = vergen [iets kost (iemand) moeite, tijd enz.] ✦ *het kostte haar veel moeite om te wennen aan haar nieuwe baan*

de **kos·ter** [kosters] **kos·te·res** [kosteressen]
iemand die zorgt voor het gebouw van een kerk

de **kost·prijs** [kostprijzen]
de prijs die het kost om iets te maken ✦ *de kostprijs van deze producten is laag, maar in de winkel moet je er veel voor betalen*

de **kost·school** [kostscholen]
een school waar de leerlingen blijven eten en slapen = het internaat ✦ *zij stuurden hun kinderen naar een dure kostschool*

het **kos·tuum** [kostuums]
1 kleren die bij een bepaalde rol op het toneel horen ✦ *de kostuums zijn gemaakt door Lisa Bakker*
2 een broek en een korte jas die bij elkaar passen = het pak ✦ *de dames kwamen in een jurk, de heren in kostuum*

de **kost·win·ner** [kostwinners]
de persoon in een huishouden die het meeste geld verdient ✦ *wie van jullie is kostwinner?*

het **kot** [kotten]
1 een klein en slecht huis ✦ *de man heeft jaren in een kot op de Veluwe gewoond*
2 (in België) een kleine ruimte om spullen te bewaren of dieren te plaatsen = het hok ✦ *achter in onze tuin staat een groot kippenkot*
3 (in België) een kamer waarin een student woont ✦ *mijn oudere broer zit op kot in Leuven* wonen

de **ko·te·let** [koteletten]
een stuk vlees van een varken = de karbonade

kot·sen [kotste, heeft gekotst] (informeel)
eten via de mond naar buiten laten gaan = overgeven, braken [iemand kotst]

de **kou**
een lage temperatuur ⇔ de warmte ✦ *doe snel de deur dicht, anders komt de kou in huis*
iemand in de kou laten staan: iemand niet goed behandelen; iemand niet helpen ✦ *de regering laat de ambtenaren in de kou staan, zei de voorzitter*

•**koud** [bijvoeglijk naamwoord]
1 als iets koud is, is de temperatuur laag ⇔ warm ✦ *drink je koffie voordat hij koud wordt*
2 iemand die koud reageert, toont weinig gevoel ✦ *op koude toon zei ze dat ze een andere vriend had*

de •**kous** [kousen]
1 een kledingstuk om je voet ✦ *bij dit pak moet je geen witte kousen dragen*
2 daarmee is de kous af: verder praten we er niet meer over ✦ *Anja krijgt een vrije dag en daarmee is de kous af*

ko·zen *zie:* **kiezen**

de **ko·zijn**[1] [kozijns] (in België)
een zoon van een oom of een tante familie

het **ko·zijn**[2] [kozijnen]
een lijst die om de opening van een deur of een raam zit ✦ *we hebben de ramen groen geschilderd en de kozijnen wit*

de **kraag** [kragen]
de rand van een kledingstuk bij de hals ✦ *ze droeg een gele bloes met een witte kraag*
iemand in de kraag vatten: iemand pakken om hem straf te geven ✦ *het lukt de politie niet de dief in de kraag te vatten*

de **kraai** [kraaien]
1 een grote, meestal zwarte vogel

kraai 1

2 (informeel) een man in zwarte kleren die voor zijn beroep de kist van een dode draagt

kraai·en [kraaide, heeft gekraaid]
1 het geluid maken van een haan [een haan kraait] dieren
2 geluid maken van plezier [een baby kraait]

de **kraal** [kralen]
elk van de kleine balletjes met een gat erin waarvan een ketting gemaakt wordt

de **kraam** [kramen]
een tafel op straat, waar je dingen kunt kopen, vooral op een markt ✦ *op de markt kochten we vis bij een grote kraam*

kraam

het **kraam·be·zoek** [kraambezoeken]
het bezoek aan een vrouw die net een kind gekregen heeft gedenkdagen

de **kraam·tijd** [kraamtijden]
de periode dat een vrouw die net een kind gekregen heeft, moet rusten in bed gedenkdagen

de **kraam·ver·zorg·ster** [kraamverzorgsters]
iemand die een gezin waar een baby geboren is een tijdje komt helpen ✦ *de kraamverzorgster deed de baby in bad* gedenkdagen

de **•kraan** [kranen]
1 een voorwerp waar water of gas uit komt als je aan een knop draait
2 een hoge machine waarmee je grote zware voorwerpen omhoog kunt hijsen ✦ *met een kraan werd het nieuwe dak op het kantoor geplaatst*

de **krab** [krabben]
een dier met een harde schaal en tien poten, dat in zee leeft

krab

krab·be·len [krabbelde, heeft gekrabbeld]
1 snel en slordig opschrijven of tekenen [iemand krabbelt iets] ✦ *hij krabbelde zijn adres op een papiertje*
2 met je nagels over de huid bewegen, bijv. als je jeuk hebt = krabben [iemand krabbelt (iemand)]

krab·ben [krabde, heeft gekrabd]
met je nagels over de huid bewegen, bijv. als je jeuk hebt [iemand krabt (iemand of iets)] ✦ *wil je even op mijn rug krabben?*

de **•kracht** [krachten]
1 de sterkte van je lichaam ✦ *door zijn ziekte heeft hij weinig kracht meer in zijn armen*
2 de sterkte of invloed van wind, van een aardbeving enz. ✦ *door de kracht van de wind waren er bomen op de weg gevallen*
3 iemand die ergens werkt ✦ *Fabiola was een goede kracht voor het bedrijf*
4 van kracht zijn: gelden; invloed hebben ✦ *vanaf morgen is de nieuwe wet van kracht*

•krach·tig [bijvoeglijk naamwoord]
krachtige dingen hebben veel kracht = stevig, sterk ✦ *er stond een krachtige wind*

kra·ken [kraakte, heeft gekraakt]
1 het geluid maken van iets hards dat breekt [een vloer, ijs enz. kraakt] ✦ *hoewel hij heel voorzichtig liep, kon je toch de vloer horen kraken*
2 door hard duwen openen [iemand kraakt een noot]
3 binnengaan en erin gaan wonen [iemand kraakt een huis] ✦ *toen de school een jaar leeg stond, heeft een groep mensen het gebouw gekraakt*
4 met geweld openen [iemand kraakt een bank, een kluis]

de **kra·ker** [krakers]
iemand die een huis heeft gekraakt* (bet. 3)

de **kram** [krammen] (in België)
uit je krammen schieten: plotseling zeer boos worden ✦ *toen de jongens te laat in de les kwamen, schoot de leraar uit zijn krammen*

de **kramp** [krampen]
een samentrekking van de spieren die een korte, hevige pijn geeft ✦ *ze kreeg tijdens het zwemmen opeens kramp in haar been*

kramp·ach·tig [bijvoeglijk naamwoord]
iets wat krampachtig gaat, kost veel moeite, en gebeurt op een onnatuurlijke manier ✦ *door het krampachtig zwijgen van de minister wist men dat er iets mis was*

kra·nig [bijvoeglijk naamwoord]
kranige mensen zijn flink en klagen niet over pijn

krank·zin·nig [bijvoeglijk naamwoord]
1 krankzinnige mensen zijn ziek in hun hoofd = gek
2 iets is krankzinnig als het heel erg gek of bijzonder is ✦ *op sommige plekken in Rome moet je krankzinnige prijzen betalen voor een hotel*

de **krans** [kransen]
een ring van bloemen en bladeren ✦ *de koningin legde een krans bij het beeld voor de slachtoffers van de oorlog*

de •**krant**
een blad dat iedere dag verschijnt en waarin het nieuws staat ✦ *ze leest iedere dag de krant bij het ontbijt* media

krap [bijvoeglijk naamwoord]
als iets krap is, is er weinig ruimte over ⇔ ruim ✦ *met vijf mensen zitten we erg krap in de auto* ✦ *de jas van het kind was te krap geworden*

de **kras**[1] [krassen]
een streep die ontstaat doordat iets hards ergens langs schuurt ✦ *de auto had wat krassen doordat de man te dicht langs een paaltje was gereden*

kras[2] [bijvoeglijk naamwoord]
1 krasse oude mensen zijn voor hun leeftijd erg actief en gezond = vief ✦ *Arend is al 89 jaar, maar hij is nog erg kras*
2 iets wat kras is, is moeilijk te geloven = stug ✦ *en toen heb je met die beer gevochten? sorry hoor, maar dit vind ik wel een erg kras verhaal*

kras·sen [kraste, heeft gekrast]
met een pen of een hard voorwerp krassen[1] maken [iemand krast] ✦ *het kind had op de muren gekrast*

het **krat** [kratten]
een bak van plastic waarin je spullen kunt vervoeren ✦ *het krat stond nog vol met flesjes bier*

de **kra·ter** [kraters]
een gat in de aarde door een vulkaan of een bom

het **kre·diet** [kredieten]
de keer dat je geld leent aan iemand met het vertrouwen dat je het weer terugkrijgt ✦ *ik krijg geen krediet meer bij de bank*
krediet hebben bij iemand: iemands vertrouwen hebben doordat je goede dingen hebt gedaan ✦ *de nieuwe heeft de eerste maanden vaak langer gewerkt en daardoor heeft hij nu veel krediet bij de chef*

de **kre·diet·kaart** [kredietkaarten] (in België)
een kaart waarmee je kunt kopen zonder direct te betalen = de creditcard
geld

de **kreeft** [kreeften]
een dier met een harde schaal, dat in zee of in een rivier leeft

kreeft

de **Kreeft** [Kreeften]
een sterrenbeeld sterrenbeelden

kr

de **kreet** [kreten]
1 een plotseling hard geluid dat je maakt als je schrikt of blij bent = de schreeuw ✦ *Vincent liet een kreet van vreugde horen toen bleek dat hij had gewonnen*
2 een uitspraak waarin iets kort en duidelijk gezegd wordt ✦ *met een paar kreten dacht de nieuwe partij alle problemen in de samenleving op te lossen*
kre·gen *zie:* **krijgen**
de **kre·kel** [krekels]
een insect dat een geluid maakt dat klinkt als 'sjirp sjirp'

krekel

kr

het **kreng** [krengen]
een zeer vervelende vrouw ✦ *dat kreng heeft mijn zoontje geslagen!*
de **krent** [krenten]
1 een kleine gedroogde druif
de krenten in de pap: het leukste, het beste van iets ✦ *de journalist vindt de reisjes naar het buitenland de krenten in de pap*
2 (informeel) iemand die zo veel mogelijk geld wil hebben en niets wil uitgeven = de gierigaard
3 (informeel) het achterwerk = de kont
kren·te·rig [bijvoeglijk naamwoord]
krenterige mensen willen zo veel mogelijk geld hebben en niets uitgeven = gierig
kre·sen *zie:* **krijsen**
de **kreu·kel** [kreukels]
een vouw in stof of in papier ✦ *er zaten zoveel kreukels in mijn broek, dat ik hem moest strijken*
kreu·ken [kreukte, heeft gekreukt]
kreukels* maken [iemand kreukt een stof of papier] ✦ *de krant was al helemaal gekreukt voordat ik hem gelezen had*
kreu·nen [kreunde, heeft gekreund]
een zacht geluid maken met de keel, van plezier of van pijn [iemand kreunt] ✦ *vlak na de operatie lag ze te kreunen in bed*
kreu·pel [bijvoeglijk naamwoord]
iemand die kreupel is, kan niet goed lopen = mank ✦ *de koe is kreupel geworden*
de **krib**
je kont tegen de krib gooien: je heel sterk verzetten tegen wat er gebeurt ✦ *toen de onderhandelingen te lang gingen duren, gooiden de werknemers hun kont tegen de krib en gingen ze staken*
krib·big [bijvoeglijk naamwoord]
kribbige mensen zijn een beetje boos zonder dat daar echt een reden voor is ✦ *toen Diana vroeg hoe laat het was, antwoordde Karin kribbig: "Hoe kan ik dat nu weten?"*
de **krie·bel** [kriebels]
een gevoel van prikkeling
de kriebels krijgen van iets: een zenuwachtig gevoel krijgen van iets ✦ *hij kreeg de kriebels van het idee dat er muizen in het huis liepen*
krie·be·len [kriebelde, heeft gekriebeld]
1 door aanraken een prikkelend gevoel geven [iemand of iets kriebelt (iemand)] ✦ *er kriebelde een beestje in haar nek*
2 heel klein schrijven [iemand kriebelt] ✦ *hij kriebelde zijn naam op een papiertje*
•**krij·gen** [kreeg, heeft gekregen]
1 ontvangen zonder dat je hoeft te betalen [iemand krijgt iets] ✦ *Ria kreeg een fiets toen ze jarig was* ✦ *ze kreeg opeens een goed idee*
2 in een bepaalde toestand komen [iemand krijgt ruzie, slaap, honger enz.]
3 ik krijg je nog wel!: ik zal je nog eens iets vervelends aandoen!
de **krijgs·ge·van·ge·ne** [krijgsgevangenen]
een soldaat die door de vijand gevangengenomen is
de **krijgs·macht**
alle legers en wapens van een land ✦ *Amerika wil zijn krijgsmacht kleiner maken*
krij·sen [krijste, heeft gekrijst of krees, heeft gekresen]
heel hard huilen of schreeuwen [iemand krijst] ✦ *de baby lag te krijsen in zijn bedje*
het **krijt**
1 een zachte stof waarmee je kunt tekenen
2 in het krijt staan bij iemand: schuld hebben bij iemand ✦ *ik zal de koffie betalen, want ik sta nog bij je in het krijt*

de **krik** [krikken]
een apparaat waarmee je gemakkelijk iets zwaars, bijv. een auto, kunt optillen ✦ *in iedere auto ligt een krik om een band te kunnen vervangen*

de **krimp**
geen krimp geven: niet laten merken dat iets vervelend is; volhouden

krim·pen [kromp, is gekrompen]
kleiner worden [iets of iemand krimpt] ✦ *de trui is gekrompen in de was* ✦ *oude mensen krimpen een paar centimeter*

de •**kring** [kringen]
1 mensen, dieren of dingen in het rond = de cirkel ✦ *ga nu allemaal in een kring staan* ✦ *de stoelen staan in een kring*
2 een groep mensen die bij elkaar horen ✦ *in sommige kringen mag je niet hard lachen*

de **kring·loop**
1 een ontwikkeling waarbij dezelfde toestand steeds terugkomt ✦ *de seizoenen vormen een kringloop*
2 een organisatie die zorgt dat oude spullen opnieuw gebruikt worden = de recycling ✦ *ik breng mijn oude kleren altijd naar de kringloop*

kri·oe·len [krioelde, heeft gekrioeld]
met veel door elkaar lopen en bewegen [mensen, dieren, dingen krioelen; het krioelt er van de …] ✦ *in Bombay krioelen duizenden auto's, brommers en fietsers door elkaar*

kris·kras [bijwoord]
alle kanten op ✦ *Roos heeft drie weken lang kriskras door Spanje gereisd*

het **kris·tal** [kristallen]
1 [geen meervoud] zeer helder glas waarvan men glazen en vazen maakt
2 een deeltje van een stof met een regelmatige, hoekige vorm ✦ *sneeuw bestaat uit kristallen*

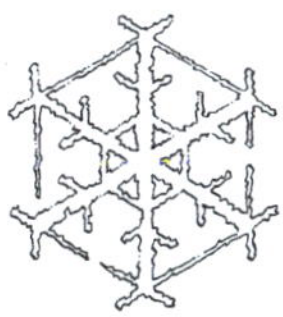

kristal 2

de •**kri·tiek**[1] [kritieken]
1 [geen meervoud] de situatie dat je zegt dat je iets niet goed vindt ✦ *er was veel kritiek op het onderzoek*
2 een tekst waarin iemand een oordeel geeft over een boek, film enz. = de recensie ✦ *de kritieken op haar nieuwe boek zijn heel positief*

kri·tiek[2] [bijvoeglijk naamwoord]
een kritieke situatie is een situatie die heel ernstig is

•**kri·tisch** [bijvoeglijk naamwoord]
1 kritische mensen zijn niet snel tevreden over dingen van anderen
2 als je iets kritisch onderzoekt, onderzoek je het heel grondig

de **KRO**
Katholieke Radio-omroep: een omroep in Nederland media

de **kroeg** [kroegen] (informeel)
een ruimte waar mensen heen gaan om te drinken, te praten enz. = het café

het **kroes·haar**
haar met kleine, stugge krulletjes

kro·kant [bijvoeglijk naamwoord]
krokant eten breekt als je het in je mond doet ✦ *het vlees was krokant aan de buitenkant*

de **kro·ket** [kroketten]
een snack met vlees, die zacht is van binnen en hard is van buiten maaltijden

In Nederland eten mensen veel snacks. Die halen ze 'uit de muur' (uit een automaat) of kopen ze in een snackbar. Kroketten en frikandellen zijn het populairst.

de **kro·ko·dil** [krokodillen]
een groot dier dat in het water en op het land leeft en een grote bek met scherpe tanden heeft

krokodil

de **kro·kus** [krokussen]
een bepaalde plant die vroeg in de lente bloeit

krokus

krom [bijvoeglijk naamwoord]

1 iets wat krom is, is gebogen ⇔ recht ✦ *van zulke kromme planken kun je geen tafel maken!* ✦ *de buurman loopt erg krom de laatste tijd*
2 iets wat krom is, klopt niet, of is niet helemaal juist ✦ *Lilly kent al veel Nederlandse woorden, maar ze maakt nog een beetje kromme zinnen* ✦ *het is toch krom dat er mensen sterven omdat de medicijnen te duur zijn!*

krom·men·aas (in België)
je van krommenaas gebaren: doen alsof je iets niet begrijpt, hoort enz. ✦ *Chantal gebaarde zich van krommenaas toen ik zei dat ik nog vijf euro van haar kreeg*

krom·pen *zie:* **krimpen**

de **kron·kel** [kronkels]
1 een rare gebogen lijn ✦ *men hoopt dat de auto's door de kronkel in de weg minder hard zullen rijden*
2 een bijzondere, niet-logische manier van denken ✦ *hij moet wel erg rare kronkels in zijn hoofd hebben om zulke verhalen te bedenken*

kron·ke·len [kronkelde, heeft gekronkeld]
in veel bochten bewegen [iemand of iets kronkelt] ✦ *de rivier kronkelde door het land*

de **kroon** [kronen]
1 een bijzonder mooi en duur voorwerp dat koningen en keizers op hun hoofd hebben, als teken van hun macht
dat spant de kroon: dat is het beste ✦ *alle bedrijven hadden winst gemaakt, maar ons bedrijf spande de kroon met zeven procent*
2 [geen meervoud] de koning of koningin en de ministers ✦ *de burgemeester wordt door de kroon benoemd*
3 een kies van plastic of van metaal die op het restje van een echte kies wordt gezet
4 een Deense, Noorse of Zweedse munt

de **kroon·prins** [kroonprinsen] **kroon·prin·ses** [kroonprinsessen]
de oudste zoon of dochter van de koning of koningin, die de volgende koning(in) moet worden

het **kroos**
heel kleine, groene blaadjes die op het water van een sloot groeien ✦ *de eenden aten van het kroos*

het **kroost**
iemands kinderen ✦ *iedere zaterdag ging Joke met haar kroost naar haar moeder*

de **krop** [kroppen]
1 een bol van bladeren die je kunt eten ✦ *wat kost een krop sla?*
2 een ruimte in de hals van vogels, waarin het eten geweekt wordt

kro·pen *zie:* **kruipen**

het **krot** [krotten]
een huisje dat erg oud en slecht is

het **kruid** [kruiden]
een plant die gebruikt wordt als medicijn of om het eten smaak te geven ✦ *in de keuken staan kleine potjes met kruiden*

de **krui·de·nier** [kruideniers]
iemand die een winkel heeft met dingen die je kunt eten of waarmee je kunt koken ✦ *door de komst van de supermarkten zijn er in de 20e eeuw veel kleine kruideniers verdwenen*

de **kruik** [kruiken]
1 een fles van steen of metaal ✦ *ze kochten een kruikje met jenever*
2 een metalen fles of een rubberen zak waarin men heet water doet om een bed warm te maken

de **krui·mel** [kruimels]
een heel klein stukje brood of koek dat bijv. op je bord blijft liggen

de **kruin** [kruinen]
1 een plek op je hoofd waar je haren in het rond groeien ✦ *knipt u mijn haar maar zó dat de kruinen niet opvallen*
2 de top van een boom ✦ *in de kruin van de boom was een grote tak gebroken*

•**krui·pen** [kroop, heeft of is gekropen]
1 op handen en voeten over de grond gaan, zoals een baby [iemand kruipt] ✦ *na het ongeluk kroop de man uit de auto*
2 over de grond groeien of schuiven [een plant of dier kruipt]

het **kruis** [kruisen, kruizen]
1 een figuur van twee lijnen die in het midden dwars op elkaar staan, als de letter X ✦ *Nico zette een kruisje voor het goede antwoord*
2 een voorwerp dat gemaakt is van twee balken, waarbij een korte balk dwars op een langere balk is gemaakt ✦ *Jezus stierf aan het kruis*
een kruisje slaan: met de rechterhand

achter elkaar je voorhoofd, borst, rechter schouder en linker schouder aanraken, meestal voor en na het bidden
3 iets wat heel zwaar en moeilijk is = de beproeving ✦ *dat harde werken is een kruis voor hem*
4 de plek waar de benen samenkomen ✦ *Timo draagt altijd broeken met een heel laag kruis*
5 een teken in de muziek waarbij een noot een halve toon hoger wordt
6 het Rode Kruis: een organisatie die slachtoffers van rampen, oorlogen enz. helpt

krui·sen [kruiste, heeft gekruist]
1 een kruis* (bet. 1) met iets vormen [iemand of iets kruist iets] ✦ *de grote weg kruist daar een kleinere weg*
2 laten bevruchten door een andere soort of een ander ras [iemand kruist dieren of planten] ✦ *door het kruisen van soorten zijn er veel verschillende rozen ontstaan*

de **krui·si·ging** [kruisigingen]
de keer dat iemand aan een kruis (bet. 2) gehangen wordt om hem of haar te doden ✦ *dit schilderij stelt de kruisiging van Jezus voor* feestdagen

de **krui·sing** [kruisingen]
1 een plaats waar een weg door een andere weg heen gaat = het kruispunt ✦ *het ongeluk gebeurde op een gevaarlijke kruising*
2 een dier dat ontstaan is uit twee soorten dieren; een plant die ontstaan is uit twee soorten planten ✦ *onze hond is een kruising tussen een golden retriever en een labrador*

het •**kruis·punt** [kruispunten]
het punt waar twee lijnen, wegen enz. elkaar snijden = de kruising ✦ *bij dat gevaarlijke kruispunt moet je goed uitkijken*

de **kruis·tocht** [kruistochten]
een felle actie om iets te laten stoppen ✦ *de vereniging voert al jaren een kruistocht tegen de sigaret*

In de Middeleeuwen zijn er vanaf de elfde eeuw enkele kruistochten geweest. Het waren tochten vanuit Europa naar Jeruzalem, dat in die tijd een islamitische stad was. Christenen uit Europa vonden dat niet goed.

het **kruis·woord·raad·sel** [kruiswoordraadsels]
een puzzel waarbij je de juiste woorden in vakjes moet plaatsen ✦ *mijn vader zit de hele dag kruiswoordraadsels te maken*

het **kruit**
een stof die gemaakt is om iets te laten te ontploffen

de **krui·wa·gen** [kruiwagens]
1 een wagen met één wiel, die je aan één kant optilt om ermee te rijden ✦ *de kinderen mochten in de kruiwagen rijden*

kruiwagen 1

2 iemand die veel invloed heeft en je helpt om iets te regelen ✦ *ze heeft de baan gekregen omdat ze haar broer als kruiwagen gebruikte*

de **kruk** [krukken]
1 een stoel zonder leuning

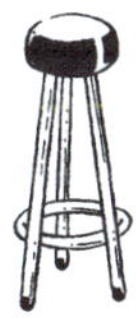

kruk 1

2 een stok die mensen kunnen gebruiken bij het lopen ✦ *toen ze haar been gebroken had, moest ze vier weken met krukken lopen*
3 een soort knop aan een deur, waarmee je de deur kunt openen
4 iemand die slechte prestaties levert, bijv. bij sport

de **krul** [krullen]
1 een mooi gedraaide lijn ✦ *bij de goede antwoorden stond een krul, bij de foute antwoorden een streep*
2 een stukje haar dat mooi gedraaid is ✦ *ze heeft bij de kapper krullen in haar haar laten zetten*

krul·len [krulde, heeft gekruld]
1 krullen* hebben [haar, papier krult]
2 met een krul* (bet. 1) ergens plaatsen [iemand krult een bal] ✦ *een kwartier voor tijd krulde hij de bal in het doel*

het **kso** (in België)
kunstsecundair onderwijs: een type on-

ks

derwijs dat volgt op het basisonderwijs onderwijs

ku·biek [bijvoeglijk naamwoord]
een kubieke meter is één meter breed, één meter hoog en één meter diep (1 m^3)

de **ku·bus** [kubussen]
een vierkant blok ✦ *het kindje probeerde een toren te maken van de kubussen*

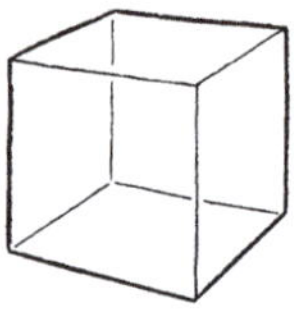
kubus

ku·chen [kuchte, heeft gekucht]
een kort en droog geluid maken met je keel [iemand kucht] ✦ *hij kuchte even voordat hij begon te spreken*

de **kud·de** [kudden, kuddes]
een groep dieren, bijv. schapen dieren

ku

de **kuif** [kuiven]
1 haar vóór op je hoofd dat recht overeind staat
2 veren op de kop van sommige vogels die recht overeind staan

het **kui·ken** [kuikens]
een heel jonge vogel ✦ *we zagen hoe het kuikentje uit het ei kroop* dieren

de **kuil** [kuilen]
een gat in de grond ✦ *de kinderen graven een diepe kuil op het strand*

de **kuip** [kuipen]
een wijde bak ✦ *hij zette een kuipje boter op tafel*

de **kuis**[1] (in België)
het schoonmaken, vooral van je huis = de schoonmaak

kuis[2] [bijvoeglijk naamwoord]
iemand die kuis is, is heel netjes op seksueel gebied

kui·sen [kuiste, heeft gekuist] (in België)
zorgen dat iets niet meer vuil is = schoonmaken [iemand kuist iets] ✦ *ik heb gisteren de gang, de keuken en de wc gekuist*

de **kuit** [kuiten]
1 het dikkere deel van je been tussen je knie en je voet

kuit 1

2 [geen meervoud] de eitjes van een vis

kun·dig [bijvoeglijk naamwoord]
iemand die kundig is in iets, kan dat goed of weet daar veel van = bekwaam ✦ *heel kundig sneed hij een paar takken van de boom*

•**kun·nen** [kon, heeft gekund]
1 weten hoe iets moet en dat ook doen [iemand kan iets] ✦ *Bart kan lekker koken* ✦ *hij kan goed leren, mooi zingen en goed sporten*
2 mogelijk zijn [iets kan] ✦ *het kan vervelend zijn*
3 ergens tegen kunnen: niet kapotgaan door iets; niet boos of verdrietig worden van iets ✦ *Paulien kan niet tegen mensen die altijd over zichzelf praten* ✦ *de directeur krijgt veel kritiek, maar daar kan hij goed tegen*

de •**kunst** [kunsten]
1 [geen meervoud] het maken van mooie dingen, en die dingen zelf, zoals beelden en schilderijen ✦ *in het museum is veel moderne kunst te zien*
2 iets wat je kunt = de vaardigheid ✦ *het is een kunst om goed te luisteren*

kunst-
een woord waarmee je zegt dat iets niet echt is ✦ *een kunstbloem*

de •**kun·ste·naar** [kunstenaars] **kun·ste·na·res** [kunstenaressen]
iemand die voor zijn beroep kunst (bet. 1) maakt ✦ *op de tentoonstelling was het werk van vier kunstenaars te zien*

het **kunst- en vlieg·werk**
met kunst- en vliegwerk: op een slimme manier, met de weinige mogelijkheden die je op dat moment hebt ✦ *met veel kunst- en vliegwerk hebben we het werk nog op tijd afgekregen*

het **kunst·ge·bit** [kunstgebitten]
nagemaakte tanden voor mensen die hun eigen tanden niet meer hebben

de **kunst·ge·schie·de·nis**
een vak dat de geschiedenis van de kunst behandelt

kun·stig [bijvoeglijk naamwoord]

iets wat kunstig is, is heel knap gemaakt of gedaan ✦ *de bloemen waren heel kunstig in de vaas gezet*

het **kunst·je** [kunstjes]
een slimme manier om iets te doen = de truc ✦ *hij kan mooie kunstjes met een voetbal doen*
een koud kunstje: iets dat heel gemakkelijk is ✦ *het is een koud kunstje om een ei te koken*

kunst·ma·tig [bijvoeglijk naamwoord]
iets wat kunstmatig gebeurt, gebeurt niet op een natuurlijke manier ✦ *de vrouw kan niet meer zelf ademen, maar wordt kunstmatig in leven gehouden*

de **kunst·mest**
chemische middelen waardoor planten beter groeien

de **kunst·schil·der** [kunstschilders]
iemand die voor zijn beroep schilderijen maakt ✦ *in het museum hangen werken van Vlaamse kunstschilders*

de **kunst·stof** [kunststoffen]
een stof die op chemische wijze gemaakt is, bijv. plastic ✦ *in onze tuin staan stoelen van kunststof*

het **kunst·werk** [kunstwerken]
iets dat kunst (bet. 1) is, zoals een schilderij of een beeld ✦ *in de tuin van ons kantoor staat een modern kunstwerk*

kunst·zin·nig [bijvoeglijk naamwoord]
iemand die kunstzinnig is, heeft gevoel voor kunst en maakt mooie dingen = artistiek

de **ku·ren**[1] [meervoud]
kuren hebben: steeds iets anders willen en daardoor lastig zijn

ku·ren[2] [kuurde, heeft gekuurd]
een korte periode dingen doen voor je gezondheid [iemand kuurt] ✦ *zij heeft een jaar gekuurd in de bergen van Zwitserland*

de **kurk** [kurken]
1 [geen meervoud] zacht en licht materiaal dat gemaakt is van de buitenkant van een bepaalde boom ✦ *we hebben kurk op de vloer*
2 een voorwerp van kurk (bet. 1) om een fles wijn af te sluiten

kurk 2

de **kur·ken·trek·ker** [kurkentrekkers]
een voorwerp waarmee je de kurk* (bet. 2) van een fles haalt

de •**kus** [kussen]
een groet of een liefkozing met de lippen = de zoen

het •**kus·sen**[1] [kussens]
een zak gevuld met zacht materiaal, waarop je op bed je hoofd legt ✦ *op het bed lagen twee dikke kussens*

kus·sen[2] [kuste, heeft gekust]
een kus geven = zoenen [iemand kust iemand] ✦ *toen ze voor het examen geslaagd was, werd ze door de hele familie gekust*

de •**kust** [kusten]
1 de rand van het land bij de zee ✦ *voor de vakantie hebben we een huisje gehuurd aan de Italiaanse kust* landschap
2 iets te kust en te keur kunnen krijgen: iets overal makkelijk kunnen krijgen

de **kut** [kutten] (grof)
de vagina van een vrouw

de **kuur** [kuren]
de medicijnen die je een tijdje moet nemen of de regels die je van de dokter moet volgen ✦ *zij doet een kuur om magerder te worden*

de **KvK**
Kamer van Koophandel: een instelling die opkomt voor de belangen van de handel en de industrie

kW [afkorting]
kilowatt

het •**kwaad**[1]
1 iets wat slecht is ✦ *hij zei dat hij veel kwaad gedaan had in zijn leven*
2 iemand of iets kan geen kwaad: iemand of iets kan geen problemen veroorzaken ✦ *ik denk niet dat het nodig is om nu al te reserveren, maar het kan natuurlijk geen kwaad*

•**kwaad**[2] [bijvoeglijk naamwoord]
1 als je kwaad bent, ben je boos ✦ *toen hij de brief las, werd hij kwaad*
2 van kwaad tot erger: steeds slechter

kw

✦ *het ging met de jongen van kwaad tot erger, want hij dronk te veel en gebruikte drugs*
3 zo goed en zo kwaad als het gaat: zo goed als in de situatie mogelijk is

kwaad·aar·dig [bijvoeglijk naamwoord]
1 een kwaadaardig gezwel maakt je lichaam steeds zieker
2 iemand die kwaadaardig is, is heel gemeen en slecht ✦ *de man maakte een kwaadaardige opmerking*

de **kwaal** [kwalen]
iets aan je lichaam waarvan je vaak last hebt ✦ *deze winter had ik allerlei kwalen: koude voeten, zere ogen en pijn in mijn schouder*

het **kwa·draat** [kwadraten]
het resultaat van een getal dat met zichzelf is vermenigvuldigd ✦ *het kwadraat van 3 is 9* ($3^2=9$)

kw

kwa·ken [kwaakte, heeft gekwaakt]
het geluid van een eend of een kikker laten horen [een eend, een kikker kwaakt] dieren

kwak·ke·len [kwakkelde, heeft gekwakkeld]
1 vaak een beetje ziek zijn [iemand kwakkelt (met de gezondheid)] ✦ *mijn vader kwakkelt al jaren met zijn gezondheid*
2 tussen vriezen en dooien in zitten [het weer kwakkelt] ✦ *het is de laatste dagen aan het kwakkelen, dus we kunnen niet schaatsen*

de **kwal** [kwallen]
1 een zacht, rond dier dat in zee leeft

kwal 1

2 (informeel) een heel vervelende persoon ✦ *de nieuwe chef is echt een kwal; hij is heel streng en vervelend*

de **kwa·li·fi·ca·tie** [kwalificaties]
de naam waarmee je aanduidt hoe goed of slecht iets is ✦ *op haar diploma stond de kwalificatie 'zeer goed'*

kwa·li·fi·ce·ren [kwalificeerde, heeft gekwalificeerd]
beoordelen als …; aanduiden als … [iemand kwalificeert iemand of iets als …] ✦ *de nieuwe leider van de partij wordt door iedereen gekwalificeerd als vriendelijk en betrouwbaar*

•**kwa·lijk** [bijvoeglijk naamwoord]
1 iets wat kwalijk is, is erg ✦ *de crisis in het bedrijf had zeer kwalijke gevolgen*
2 iemand iets kwalijk nemen: boos zijn op iemand over iets ✦ *de minister nam het de ambtenaar erg kwalijk dat hij had gelogen*

kwa·li·ta·tief [bijvoeglijk naamwoord]
iets wat kwalitatief goed is, heeft een goede kwaliteit ✦ *in de fabriek worden kwalitatief sterke producten gemaakt*

de •**kwa·li·teit** [geen meervoud]
de mate waarin iets goed of slecht is ✦ *deze fiets is van een zeer goede kwaliteit*

kwa·men *zie:* **komen**

de **kwan·ti·teit** [kwantiteiten]
de hoeveelheid ✦ *de fabriek kon de gevraagde kwantiteit niet meer leveren*

de **kwark**
een product van melk dat als nagerecht wordt gegeten

het •**kwart** [kwarten]
een vierde deel ✦ *er is ongeveer een kwart van de koek over*
kwart voor acht: een kwartier voor acht uur
kwart over acht: een kwartier na acht uur klok

het **kwar·taal** [kwartalen]
een periode van drie maanden ✦ *we moeten het tweede kwartaal van de krant nog betalen*

het **kwar·tet** [kwartetten]
1 een groep van vier mensen die muziek maken ✦ *een vioolkwartet*
2 vier kaarten in een kaartspel die bij elkaar horen ✦ *Joost had als eerste een kwartet*

de **kwart·fi·na·le** [kwartfinales]
een wedstrijd tussen twee van de laatste acht deelnemers aan een toernooi

het **kwar·tier** [kwartieren]
1 een vierde deel van een uur; vijftien minuten ✦ *hij kwam een kwartier te laat op de afspraak* klok
2 een plek waar militairen tijdelijk wonen
3 een deel van een stad = de wijk

de **kwast** [kwasten]
1 een voorwerp met haren waarmee je

kunt schilderen en verven
2 een voorwerp ter versiering, waaraan draadjes hangen ✦ *aan de hoed zaten allemaal vrolijke kwastjes*
3 (informeel) iemand die een beetje vreemd of dom doet ✦ *die kwast heeft zijn tas laten staan*

kweb·be·len [kwebbelde, heeft gekwebbeld]
vrolijk praten over onbelangrijke dingen [iemand kwebbelt]

kwe·ken [kweekte, heeft gekweekt]
1 laten groeien [iemand kweekt planten] ✦ *deze plant heb ik zelf gekweekt*
2 zorgen dat iets ontstaat [iemand kweekt iets] ✦ *negatief praten over collega's kweekt een nare sfeer*

de **kwe·ke·rij** [kwekerijen]
een bedrijf dat planten kweekt* (bet. 1)

kwel·len [kwelde, heeft gekweld]
een mens of een dier pijn doen [iemand of iets kwelt een mens of een dier] ✦ *hij werd gekweld door een vreselijke ziekte*

de **kwel·ling** [kwellingen]
de keer dat iemand pijn lijdt of iets heel vervelends meemaakt ✦ *het was voor de ouders een kwelling om hun kind te zien lijden*

de **•kwes·tie** [kwesties]
1 een zaak, vooral een moeilijke zaak = het onderwerp, de affaire ✦ *een commissie moet de kwestie verder onderzoeken*
2 het is een kwestie van ...: het gaat om ... ✦ *het is een kwestie van geluk of ik de baan krijg of niet*

kwets·baar [bijvoeglijk naamwoord]
1 iemand die kwetsbaar is, kan makkelijk geraakt worden in zijn of haar gevoel = gevoelig
2 iets dat kwetsbaar is, kan makkelijk breken of kapotgaan ✦ *de kwetsbare vazen werden voorzichtig vervoerd*

kwet·sen [kwetste, heeft gekwetst]
dingen zeggen die iemand pijn doen = grieven [iemand kwetst iemand] ✦ *zij kwetste haar collega door hem dom te noemen*

kwiek [bijvoeglijk naamwoord]
iemand die kwiek is, is vrolijk en snel ✦ *een kwieke oude heer hield de deur voor haar open*

kwij·len [kwijlde, heeft gekwijld]
vocht uit je mond laten lopen [iemand kwijlt] ✦ *de baby kwijlde op de jurk van zijn moeder*

•kwijt [bijvoeglijk naamwoord]
1 iets kwijt zijn: iets niet kunnen vinden ✦ *ik ben mijn tas kwijt; heeft iemand hem gevonden?*
2 iets kwijt willen: iets willen vertellen ✦ *de minister wilde niets kwijt over wat hij met de koningin besproken had*

kwijt·ra·ken [raakte kwijt, is kwijtgeraakt]
verliezen [iemand raakt iets of iemand kwijt] ✦ *onderweg ben ik mijn jas kwijtgeraakt* ✦ *hij is in de oorlog al zijn broers kwijtgeraakt*

het **kwik**
een chemische stof met de kleur van zilver, die onder andere in thermometers wordt gebruikt

kwis·pe·len [kwispelde, heeft gekwispeld]
vrolijk zijn staart bewegen [een hond kwispelt] ✦ *de hond begint te kwispelen zodra hij zijn baasje ziet*

kwis·tig [bijvoeglijk naamwoord]
als je iets kwistig doet, doe je dat niet zuinig, maar in grote hoeveelheden = royaal ✦ *hij deed kwistig zout op de aardappelen*

de **kwi·tan·tie** [kwitanties]
een briefje waarop staat hoeveel je voor iets betaald hebt ✦ *hebt u de kwitantie van de camera nog?*

l

l[1] [afkorting]
liter

de **l**[2] [l'en, l's]
de twaalfde letter van het alfabet alfabet

de **la** [la's]
een soort bak in een tafel of een kast, die je eruit kunt schuiven ✦ *pen en papier vindt u in de bovenste la*

la

de **laag**[1] [lagen]
een hoeveelheid van een stof die ergens op, tussen of onder zit ✦ *als het koud is, kun je het best veel lagen kleding aantrekken*
de volle laag krijgen: felle kritiek krijgen ✦ *toen bleek dat de ambtenaar had gelogen, kreeg hij de volle laag*

•**laag**[2] [bijvoeglijk naamwoord]
1 een kast, tafel, huis enz. is laag als er een kleine afstand van de bovenkant tot de grond is ⇔ hoog ✦ *bij de bank stond een laag tafeltje om kopjes op te zetten* ✦ *de zon stond laag aan de hemel*
2 een laag getal ligt dicht bij nul ⇔ hoog ✦ *voor een laag bedrag kon ze de auto kopen*
3 een laag geluid klinkt zwaar en donker ⇔ hoog ✦ *hij heeft een lage stem*
4 een lage functie is een niet erg belangrijke functie ⇔ hoog
5 laag gedrag is slecht gedrag = gemeen

laai·end[1] [bijvoeglijk naamwoord]
heel erg kwaad = woedend ✦ *ze werd laaiend toen ze zag dat er geld weg was uit haar portemonnee*

laai·end[2] [bijwoord]
laaiend enthousiast zijn: heel erg enthousiast zijn

de **laan** [lanen]
een weg met bomen ✦ *het huis stond aan het einde van een lange laan*
iemand de laan uitsturen: iemand zeggen dat hij weg moet bij het bedrijf waar hij werkte

de •**laars** [laarzen]
1 een soort dichte schoen die ook een deel van het been bedekt ✦ *ik doe mijn laarzen aan, want ik wil geen natte voeten krijgen!*

laars

2 iets aan je laars lappen: iets niet doen of ergens niet naar luisteren ✦ *het bedrijf lapte de nieuwe regels voor de veiligheid aan zijn laars*

•**laat** [bijvoeglijk naamwoord]
verder in de tijd dan normaal is of dan je verwacht ⇔ vroeg ✦ *de kinderen gingen laat naar bed* ✦ *we hadden om twee uur afgesproken, maar mijn vriendin kwam een kwartier te laat* ✦ *weet iemand hoe laat het is?* klok

laat·dun·kend [bijvoeglijk naamwoord]
laatdunkende mensen vinden zichzelf heel goed en belangrijk en andere mensen heel onbelangrijk = minachtend ✦ *de tennisser deed erg laatdunkend over zijn tegenstander, maar hij kon toch niet van hem winnen*

laatst[1] [bijvoeglijk naamwoord]
1 op de laatste persoon of het laatste ding volgt niets of niemand meer ✦ *neem jij dat laatste koekje?*
op het laatst: aan het eind; ten slotte ✦ *op het laatst moest ze toegeven dat ze had gelogen*
2 het kortst geleden ✦ *ik heb het de laatste tijd erg druk*

laatst[2] [bijwoord]
kort geleden = onlangs ✦ *ik heb laatst een mooie film gezien*

laat·tij·dig [bijvoeglijk naamwoord] (in België)
iets dat laattijdig is, komt te laat of gebeurt te laat ✦ *door uw laattijdige betaling moeten wij extra kosten in rekening brengen*

het **lab** [labs] (informeel)
laboratorium

het **la·bel** *ook:* de [labels]

1 een kaartje met naam en adres dat men aan een koffer of tas vastmaakt
2 een merk van cd's ✦ *de band heeft de nieuwste cd onder een nieuw label uitgebracht*
3 een stukje stof in bijv. een jasje waarop staat welke maat het is, welk merk en van welk materiaal het is gemaakt
4 een stukje tekst tussen haken in een woordenboek met extra informatie ✦ *bij het woord stond het label '(informeel)'*

het **la·beur** (in België)
een zwaar en moeilijk werk ✦ *een boek schrijven is labeur*

la·biel [bijvoeglijk naamwoord]
labiele mensen veranderen snel van stemming = onevenwichtig ⇔ stabiel ✦ *ze was zo labiel dat ze hard begon te huilen toen ze even haar sleutels niet kon vinden*

het **la·bo** [labo's] (in België)
laboratorium

het **la·bo·ra·to·ri·um** [laboratoria, laboratoriums]
een ruimte, bijv. in een ziekenhuis, waar stoffen onderzocht en gemaakt worden ✦ *het bloed werd voor onderzoek naar het laboratorium gebracht*

het **la·by·rint** [labyrinten]
een ruimte die gemaakt is om in te verdwalen = de doolhof

de **lach**
de keer dat iemand lacht ✦ *je hoorde zijn harde lach al van ver*

•**la·chen** [lachte, heeft gelachen]
op iets leuks reageren door een geluid te maken dat klinkt als 'hahaha' [iemand lacht] ✦ *we hebben erg gelachen om de grappen van mijn broer*

het **la·cher·tje** [lachertjes] (informeel)
iets dat belachelijk is ✦ *het was een leuke baan, maar het loon was een lachertje*

lach·wek·kend [bijvoeglijk naamwoord]
iets waarom je moet lachen omdat het een beetje raar is ✦ *het was lachwekkend om de directeur opeens in een korte broek te zien*

la·co·niek [bijvoeglijk naamwoord]
iemand die laconiek is, reageert veel rustiger op iets bijzonders dan je zou verwachten ✦ *de wielrenner reageerde laconiek op zijn overwinning: "Ach ja, er moet er één de snelste zijn."*

de **la·cu·ne** [lacunes]
iets wat er niet is, maar er wel had moeten zijn = het hiaat ✦ *er zaten een paar lacunes in zijn verhaal*

de **lad·der** [ladders]
1 een voorwerp dat bestaat uit twee lange palen met daartussen veel korte horizontale latjes, dat men gebruikt om omhoog te klimmen ✦ *hij zette de ladder tegen het huis om de ramen te kunnen schoonmaken*

ladder 1

2 een smal en lang gat in een dunne kous

la·den [laadde, heeft geladen]
1 met dingen vullen voor vervoer [iemand laadt iets, bijv. een vrachtwagen] ✦ *de dag voor hij op vakantie ging, laadde hij de auto*
2 met iets vullen zodat het kan werken [iemand laadt iets, bijv. een geweer of een accu]

de **la·ding** [ladingen]
1 de producten waarmee je iets laadt* (bet. 1) ✦ *ze heeft een lading grond besteld voor haar tuin*
2 de gevoelens die er zijn, maar die niet direct getoond worden ✦ *het boek had een sterke politieke lading*

laf [bijvoeglijk naamwoord]
1 laffe mensen durven niet te doen wat ze wel zouden moeten doen ⇔ moedig ✦ *toen de man zag dat iemand een fiets ging stelen, keek hij laf de andere kant op*
2 eten dat laf smaakt, smaakt erg flauw

de **laf·aard** [lafaards]
iemand die niet durft te doen wat hij of zij zou moeten doen

het **la·ge·druk·ge·bied** [lagedrukgebieden]
een gebied waar de luchtdruk laag is, waardoor het slecht weer is

la·gen *zie:* **liggen**

de **la·ger·wal**
aan lagerwal raken: in slechte financiële of maatschappelijke omstandigheden komen ✦ *nadat zijn vrouw bij hem weggegaan is, is hij aan lagerwal geraakt*

de **lak** *ook:* het [lakken]

la

1 een soort verf, met of zonder kleur ✦ *de lak van de auto is beschadigd* ✦ *de tafel zat goed in de lak*
2 lak hebben aan iets: niet luisteren naar negatieve dingen die men over je denkt of zegt ✦ *veel mensen vinden dat de kunstenares rare kleren draagt, maar daar heeft zij lak aan*

het •**la·ken** [lakens]
1 een grote doek die onder de dekens op een bed ligt ✦ *de vuile lakens moesten gewassen worden*
2 dat is van hetzelfde laken een pak: dat is eigenlijk precies hetzelfde

lak·ken [lakte, heeft gelakt]
lak* of verf op iets doen [iemand lakt iets] ✦ *de stoel is bijna af, ik moet hem alleen nog lakken*

laks [bijvoeglijk naamwoord]
lakse mensen doen altijd wat ze het makkelijkste vinden omdat ze een beetje lui zijn = gemakzuchtig ✦ *het ongeluk kon gebeuren doordat de gemeente te laks was geweest met het controleren van de veiligheid in het gebouw*

lal·len [lalde, heeft gelald]
onduidelijk en luid praten als je te veel alcohol gedronken hebt [iemand lalt] ✦ *op een hoek van de straat stond een man te lallen*

het **lam**[1] [lammeren]
een jong schaap **dieren**

lam[2] [bijvoeglijk naamwoord]
iemand die een lamme arm of een lam been heeft, kan die arm of dat been niet meer bewegen ✦ *de hond had een lam pootje*

de **la·ma** [lama's]
een dier met een wollige vacht, dat in Zuid-Amerika leeft

lama

de **la·mel** [lamellen]
elk van de verticale stroken die voor een raam hangen, tegen de zon ✦ *de lamellen waren gesloten*

lam·leg·gen [legde lam, heeft lamgelegd]
zorgen dat iets niet meer kan functioneren [iets legt iets lam] ✦ *een groot ongeluk heeft het verkeer lamgelegd*

de •**lamp** [lampen]
een voorwerp dat elektrisch licht kan geven ✦ *toen het donker werd, deden we de lampen aan*

de **lam·pi·on** [lampions]
een papieren bol die je aan een stokje hangt en waarin je een klein lichtje kunt doen

lampion

lan·ce·ren [lanceerde, heeft gelanceerd]
1 de lucht in schieten [iemand lanceert een raket]
2 voor het eerst laten horen; bekendmaken [iemand lanceert een bericht, een idee] ✦ *iedereen was erg tevreden over het idee dat de minister had gelanceerd*

het •**land** [landen]
1 [geen meervoud] het deel van de aarde dat geen water is ✦ *nadat ze drie dagen op zee hadden gevaren, kwamen ze aan land*
2 een gebied met grenzen dat één regering heeft ✦ *Spanje, België en Nederland zijn Europese landen*
3 een stuk grond dat door een boer wordt gebruikt ✦ *de koeien liepen achter in het land*
4 [geen meervoud] een gebied dat geen stad is = het platteland ✦ *sinds ze op het land leeft, is ze veel gelukkiger*
5 het land aan iets hebben: iets heel vervelend vinden ✦ *hij houdt van koken, maar aan schoonmaken hij heeft het land*

de •**land·bouw**
het laten groeien van graan, gras enz. op het land (bet. 3) ✦ *door de groei van de steden werken er steeds minder mensen in de landbouw*

lan·de·lijk [bijvoeglijk naamwoord]
1 iets is landelijk als het het hele land (bet. 2) betreft = nationaal ✦ *in 2002 werden er landelijke verkiezingen gehouden*
2 iemand die landelijk woont, woont

op het land (bet. 4) ✦ *mijn zus woont heel landelijk: vanuit haar huis zie je alleen gras en koeien*

lan·den [landde, is geland]
weer op de grond komen [een vliegtuig landt] ✦ *het vliegtuig was precies op tijd geland*

de **land·ge·noot** [landgenoten] **land·ge·no·te**
iemand die in hetzelfde land woont ✦ *op vakantie in Frankrijk ontmoeten we altijd landgenoten*

het **land·goed** [landgoederen]
een groot stuk land (bet. 3) met een groot, mooi huis erop

het **land·huis** [landhuizen]
een groot huis op een landgoed*

de **lan·dings·baan** [landingsbanen]
de weg waarop een vliegtuig landt

de **land·kaart** [landkaarten]
een groot stuk papier waarop een of meer landen staan getekend, met alle steden, dorpen en wegen ✦ *de man keek op de landkaart om te zien waar Hekendorp lag*

de **land·macht**
het onderdeel van het leger dat op het land vecht

het **land·schap** [landschappen]
de manier waarop een deel van een land eruitziet, bijv. met bos of met bergen ✦ *midden in het lege landschap stond een grote boom* landschap

•**lang**[1] [bijvoeglijk naamwoord]
1 iets wat lang is, heeft een grote lengte ⇔ kort ✦ *met een lang touw bond ze alle kranten bij elkaar*
2 met een bepaalde lengte ✦ *haar broer is bijna twee meter lang*

•**lang**[2] [bijwoord]
1 voor een bepaalde tijd ✦ *we hebben erg lang gelopen voor we bij het dorpje kwamen*
2 een hele tijd ✦ *ik heb hem lang niet gezien*
3 lang niet slecht: helemaal niet slecht; best goed
4 bij lange na niet: nog lang niet ✦ *ze is bij lange na nog geen veertig*

lang·dra·dig [bijvoeglijk naamwoord]
een langdradig verhaal duurt erg lang en is saai

lang·du·rig [bijvoeglijk naamwoord]
langdurige zaken duren erg lang ✦ *na langdurig overleg kwam men tot een besluit*

lang·lau·fen [langlaufte, heeft gelanglauft]
door de sneeuw lopen met lange latten onder je schoenen [iemand langlauft]
sport

•**langs**[1] [bijwoord]
1 op bezoek ✦ *wanneer kom je weer eens langs?*
2 ervan langs krijgen: een flinke straf krijgen

•**langs**[2] [voorzetsel]
1 als iets ergens langs staat, staat het in de lengte ervan ✦ *langs de kant van de weg stonden oude bomen*
2 voorbij; via ✦ *als je hier naar links gaat, kom je langs mijn huis*

langs·zij [bijwoord]
langs de zijkant van een schip ✦ *de kapitein van een ander schip vroeg of hij bij ons langszij mocht komen*

lang·wer·pig [bijvoeglijk naamwoord]
iets langwerpigs is langer dan het breed is ✦ *in de schuur stonden ronde, vierkante en langwerpige tafels*

•**lang·zaam** [bijvoeglijk naamwoord]
iets gaat langzaam als het erg veel tijd kost = traag ⇔ snel ✦ *hij eet altijd erg langzaam, zodat hij goed proeft wat hij eet*

•**lang·za·mer·hand** [bijwoord]
langzaam een beetje meer of verder = geleidelijk ✦ *om tien uur begonnen de kinderen langzamerhand moe te worden*

de **lans** [lansen]
een lang wapen met een metalen punt
een lans breken voor iemand of iets: iemand of iets verdedigen ✦ *de minister brak een lans voor kleinere scholen*

de **lan·taarn·paal** [lantaarnpalen]
een paal langs de weg met bovenin een lamp

lan·ter·fan·ten [lanterfantte, heeft gelanterfant] (informeel)
gedurende langere tijd niets, of niets nuttigs doen [iemand lanterfant] ✦ *hij loopt de hele dag te lanterfanten*

de **lap** [lappen]
1 een stuk stof ✦ *ze kocht op de markt een lap stof, waarvan ze een rok maakte*
2 een plat stuk ✦ *hij kocht een grote lap vlees* ✦ *zij woonde op een klein lapje grond*

Landschap en economie in Nederland

Water

Een groot deel van Nederland ligt lager dan het niveau van de zee. Veel land is ontstaan door inpoldering: er zijn in het water dijken aangelegd en daarbinnen is het water met molens weggemalen. Zo zijn polders ontstaan. Ook een groot deel van het IJsselmeer is ingepolderd: de Noordoostpolder en de provincie Flevoland zijn daardoor ontstaan.
Er is nog steeds veel water in Nederland. In de eerste plaats is er de Noordzee. In Zeeland zorgen de Deltawerken ervoor dat de zee het land niet overstroomt; in Noord-Holland en Zuid-Holland hebben de duinen die functie. Dan zijn er de grote rivieren zoals de Rijn, de IJssel en de Maas. Verder zijn er plassen en meren, bijv. in Friesland. Ook zijn er heel veel kleinere rivieren, sloten en kanalen.

Hoogte

Nederland is bijna helemaal plat (daarom wordt er zoveel gefietst). Sommige delen van de Achterhoek en Twente zijn glooiend en er zijn wat heuvels in Zuid-Limburg. De hoogste berg in Nederland, de Vaalserberg op de grens met Duitsland en België, is 321 meter hoog.

Landschap en natuur

Nederland is dichtbevolkt. De meeste mensen wonen in de Randstad: het gebied rond Amsterdam, Rotterdam, Den Haag en Utrecht. In het Westland (in de buurt van Delft) zijn veel kassen waarin groenten worden geteeld.
Aan de kust van Nederland vind je duinen en strand. In Noord-Holland zijn, vlakbij de duinen, de bollenvelden, waar bloemen worden geteeld.
Er zijn nog veel boeren in Nederland, hoewel het er steeds minder worden. In het midden en noorden zijn er vooral weilanden, voor koeien en schapen.
In het zuidwesten en noordoosten zijn er ook veel akkers, waar o.a. aardappelen en maïs worden verbouwd. Verder zijn er nog veel bossen, o.a. op de Veluwe. De Veluwe is een groot beschermd natuurgebied in Gelderland. Ook veel andere natuurgebieden worden beschermd, om te voorkomen dat alles verdwijnt. Er zijn twee grote natuurorganisaties: Natuurmonumenten en Staatsbosbeheer.
Dan zijn er ook nog de waddeneilanden in het noorden: er wonen weinig mensen en er is veel natuur. Er komen veel toeristen met de boot.

Industrie

Rotterdam is de grootste haven ter wereld. Vandaar worden producten naar de hele wereld vervoerd. Rond Rotterdam is ook veel industrie: het Rijnmondgebied.
Schiphol is een groot vliegveld, dat belangrijk is voor de economie.
In Eindhoven zijn ooit de Philipsfabrieken begonnen, waar elektrische apparaten worden gemaakt. Er staat nog steeds een belangrijk bedrijf van Philips, waar onderzoek wordt gedaan.
In Groningen wordt aardgas gewonnen, dat ook naar andere landen wordt uitgevoerd.
Steeds belangrijker wordt de dienstverlenende industrie: cafés, hotels en restaurants, winkels, banken, vervoersbedrijven en verzorgende beroepen.

Landschap en economie in België

Water
Er lopen twee grote rivieren dwars door België, van Frankrijk naar Nederland: de Schelde en de Maas. Typisch aan de Schelde is dat ze tussen dijken loopt in een vlak landschap. De Maas, en dan vooral de grote zijrivier de Samber, stroomt met veel bochten door mooie dalen. Minder lang en minder breed is de IJzer, die uit Frankrijk komt en in België in de Noordzee stroomt. Deze rivier speelde een belangrijke rol in de Eerste Wereldoorlog.
In het binnenland varen er veel schepen op grote kanalen die binnenhavens met elkaar verbinden. De belangrijkste Belgische haven is de haven van Antwerpen. Maar ook Brussel, dat meer dan honderd kilometer van de zee verwijderd is, heeft een haven.

Hoogte
België heeft allerlei verschillende landschappen. Wie van noordwest naar zuidoost reist, begint op het niveau van de zee en klimt tot boven de 600 meter. De reis begint aan de Noordzee met een kust met duinen en polders. Daarna komt een laagvlakte, met enkele heuvels in het zuiden en een gebied met heide in het noorden. Dat alles heet laag-België. Ten zuidoosten daarvan ligt midden-België. Het is het vruchtbare gebied tussen 100 en 200 meter boven het niveau van de zee, met veel heuvels. Nog hoger, achter de rivier de Maas, ligt hoog-België, met vooral bossen en hoogvlakten, en rotsen.

Landschap en natuur
De meeste mensen wonen in Vlaanderen en in het centrum van het land, en dan vooral bij de steden. Brussel en Antwerpen zijn de grootste, gevolgd door Gent en Brugge in Vlaanderen, en Charleroi en Luik in Wallonië. Typisch voor België zijn dorpen langs de verbindingswegen, die vaak steenwegen worden genoemd.
In West-Vlaanderen zijn er grote boerderijen waar varkens worden gehouden. In Brabant en Antwerpen zie je meer akkers, weiden met gras voor koeien en schapen. Rond Brussel zie je veel serres met druiven. In het noorden van het land is er een groot gebied met heide en dennenbossen. Even ten zuiden van Brussel ligt het Zoniënwoud. De meeste bossen liggen in de Ardennen. Daar leeft nog veel wild en het is een ideaal gebied om te wandelen en te jagen.

Diensten en industrie; toerisme
Door de vele Europese instellingen in Brussel en de diensten van de overheid, zijn er vooral veel kantoren in de hoofdstad. Maar ten noorden van Brussel, richting Antwerpen, ligt een gebied met industrie. Je vindt er veel fabrieken, spoorwegen, autowegen en ook de nationale luchthaven van Zaventem.
De zware industrie, met fabrieken waar bijv. staal of glas wordt gemaakt, ligt in Wallonië, rond Luik en Charleroi. De Vlaamse textielindustrie en de steenkoolmijnen in de Kempen zijn stilgevallen.
Behalve Brussel en Antwerpen zijn ook Brugge en Gent, de Ardennen en de Belgische kust erg belangrijk voor het toerisme. Veel Belgen zijn tijdens de vakantie in de zomer aan zee en in de winter in de Ardennen.

provincies

de **lap·naam** [lapnamen] (in België)
een naam die anderen aan je geven = de bijnaam ✦ *Ferry's lapnaam is 'Herrie', omdat hij altijd luide muziek speelt*

lap·pen [lapte, heeft gelapt]
1 schoonmaken [iemand lapt ramen]

2 (informeel) geld bij elkaar brengen [een groep mensen lapt (een bedrag)] ✦ *alle collega's hebben voor het cadeau gelapt*
3 iets aan zijn laars lappen: iets niet doen of ergens niet naar luisteren ✦ *het bedrijf lapte de nieuwe regels voor de veiligheid aan zijn laars*

de **lap·top** [laptops]
een kleine computer die je in een tas kunt doen = de notebook ✦ *de werknemers kregen een laptop om ook thuis te kunnen werken*

de **la·rie·koek** (informeel)
iets wat niet waar kan zijn; onzin = de nonsens ✦ *mijn vriend gelooft dat bomen pijn kunnen voelen, maar ik vind dat lariekoek*

de **lar·ve** [larven]
een jong insect dat net uit het ei is gekomen en dat lijkt op een worm, maar dat later een insect met vleugels zal worden ✦ *de rups is de larve van de vlinder*

la

de **la·sag·ne** [lasagnes]
een Italiaans gerecht uit de oven

de **la·ser** [lasers]
een speciaal, sterk licht dat je als een gekleurde lijn kunt zien en dat bijv. gebruikt wordt bij operaties

las·sen [laste, heeft gelast]
door smelten twee dingen van bijv. ijzer aan elkaar vastmaken [iemand last iets] ✦ *hij werkt in een fabriek, waar hij delen van fietsen in elkaar last*

de **las·so** [lasso's]
een lang touw met een lus, waarmee men dieren vangt

de **•last** [lasten]
1 [geen meervoud] iets wat je moeilijk vindt ✦ *de zorg voor haar twee kinderen was voor de vrouw een grote last*
2 iets wat je moet dragen of tillen ✦ *de koffer was een zware last*
3 het geld dat je moet betalen, bijv. de belasting of de huur ✦ *de lasten stijgen ieder jaar met 10%*
4 iemand iets ten laste leggen: zeggen dat iemand iets heeft gedaan wat verboden is ✦ *de man werd moord ten laste gelegd*
5 op last van …: omdat het moet van … ✦ *op last van de politie is het café gesloten*

de **las·ter**
vervelende dingen die over iemand gezegd worden, en die niet waar zijn

las·tig [bijvoeglijk naamwoord]
1 aan lastige mensen moet je veel tijd en energie besteden, terwijl het niet nodig is = moeilijk ✦ *hij is goed in zijn werk, maar men vindt hem een lastige man*
2 een lastig probleem is een probleem dat je moeilijk kunt oplossen ✦ *de kinderen vonden de opdracht erg lastig*

de **last·pak** [lastpakken]
iemand die lastig* (bet. 1) doet

de **lat** [latten]
een smalle, dunne plank ✦ *van een paar latten maakte hij een nieuwe deur*
de lat hoog leggen: hoge eisen stellen

•la·ten [liet, heeft gelaten]
1 niet doen [iemand laat iets] ✦ *ik kon het niet laten om een grapje te maken*
2 zorgen dat iemand iets doet [iemand laat iemand iets doen] ✦ *door wie laat jij je haar knippen?* ✦ *je moet me niet zo laten schrikken!*
3 zorgen dat iets een bepaalde plaats blijft of is [iemand laat iets of iemand ergens] ✦ *laat je tas maar hier* ✦ *waar moet ik al die boeken laten?*
4 laten we …: hiermee vraag je mensen om samen met jou iets te gaan doen ✦ *laten we gaan!*

la·tent [bijvoeglijk naamwoord]
iets wat latent is, is er wel, maar je merkt het niet ✦ *er is bij de bevolking altijd een latente angst voor een nieuwe oorlog*

la·ter [bijwoord]
over enige tijd; in de toekomst = naderhand ✦ *hij wil nu hard werken om later een goed leven te hebben*

het **La·tijn**
de taal van de Romeinen, die nu niet meer wordt gesproken ✦ *heb jij Latijn geleerd op school?*

de **lat-re·la·tie** [lat-relaties]
living apart together: een liefdesrelatie waarbij je elk je eigen huis hebt ✦ *ze hebben drie jaar een lat-relatie gehad en zijn toen gaan samenwonen*

lauw [bijvoeglijk naamwoord]
1 niet warm en niet koud ✦ *ze vindt lauwe thee niet lekker*
2 een lauwe reactie is een reactie waar-

uit geen duidelijk positief of negatief gevoel blijkt

de **lau·we·ren** [meervoud]
op je lauweren rusten: door je eigen succes niet meer hoeven werken

de **la·va**
de hete stof die uit een werkende vulkaan komt

de **la·va·bo** [lavabo's] (in België)
een bak aan de muur met een kraan om je bij te wassen = de wastafel

la·ve·ren [laveerde, heeft of is gelaveerd]
1 met een zeilboot tegen de wind in varen door het zeil steeds aan de andere kant te plaatsen [iemand laveert] ✦ *we moesten laveren om in de haven te komen*
2 proberen om niet in moeilijkheden te komen [iemand laveert (tussen mensen of zaken)] ✦ *hij moest op zijn werk laveren om zowel zijn baas als zijn klanten tevreden te houden*

het •**la·waai**
hard en vervelend geluid = de herrie ✦ *door het lawaai bij de buren kon ik niet slapen*

de **la·wi·ne** [lawines]
een grote hoeveelheid sneeuw die plotseling van een berg valt ✦ *er zijn drie mensen gedood door de lawine van gisteren*

de **lay-out** [lay-outs]
de manier waarop tekst, plaatjes, foto's enz. over een pagina verdeeld zijn

la·zen *zie:* **lezen**

het **lbo** (in Nederland)
lager beroepsonderwijs

lea·sen [leaste/leasde, heeft geleast/geleasd]
voor een langere tijd huren, waarbij reparaties door de eigenaar betaald worden [iemand least iets, bijv. een auto] ✦ *bel dit nummer als u een auto wilt leasen*

de **lec·tuur**
boeken en tijdschriften ✦ *op veel plaatsen in het ziekenhuis ligt lectuur voor de patiënten*

de **le·de·ma·ten** [meervoud]
armen en benen ✦ *ik heb slecht geslapen en al mijn ledematen doen pijn*

le·den *zie:* **lijden**

de **le·den·ver·ga·de·ring** [ledenvergaderingen]
een vergadering voor de leden van een organisatie ✦ *op de algemene ledenvergadering waren dertig mensen aanwezig*

het **le·der** (formeel)
het leer[1] ✦ *deze jas is van echt leder*

le·de·ren [bijvoeglijk naamwoord] (formeel)
lederen dingen zijn gemaakt van leer; leren ✦ *een echt lederen tas voor slechts € 50,- !*

het **le·di·kant** [ledikanten]
een bed met hoge randen ✦ *mijn ouders slapen in een ouderwets ledikant*

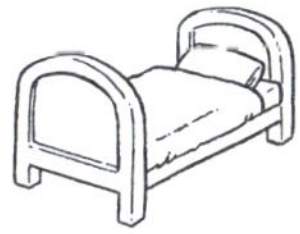
ledikant

het **leed**
het verdriet = de ellende ✦ *de journalist zag veel leed tijdens zijn reis door India*
het leed is geleden: de problemen zijn voorbij

het **leed·ver·maak**
plezier dat je hebt omdat iemand anders lijdt

leef·baar [bijvoeglijk naamwoord]
een leefbare situatie is een situatie waarin je goed kunt leven ✦ *een speciale commissie probeert de buurt leefbaarder te maken*

het **leef·loon** [leeflonen] (in België)
een uitkering die je krijgt als je geen of te weinig geld verdient om normaal te kunnen leven

de •**leef·tijd** [leeftijden]
het aantal jaren dat je geleefd hebt ✦ *haar moeder overleed op de leeftijd van zestig jaar*
iemand op leeftijd: een oudere man of vrouw ✦ *er kwam een heer op leeftijd binnen*

•**leeg** [bijvoeglijk naamwoord]
zonder inhoud ⇔ vol ✦ *ik wil dat je bureau aan het eind van de dag helemaal leeg is*
met lege handen staan: iemand niet kunnen helpen; niets kunnen doen

het **leeg·goed** (in België)
lege flessen, lege potten enz. ✦ *waar kan ik in deze winkel het leeggoed inleveren?*

le

de **leeg·te** [leegten, leegtes]
een ruimte waar niets is = het gat ✦ *de heer Prins verlaat ons bedrijf en hij laat een enorme leegte achter*

de **leek** [leken]
1 iemand die niet veel weet van een bepaald vak ⇔ de deskundige ✦ *op het gebied van computers ben ik een leek*
2 iemand die geen geestelijke is binnen de rooms-katholieke kerk

de **leem·te** [leemten, leemtes]
iets wat je mist ✦ *er waren weinig boeken over uitgestorven dieren, maar dit boek vult deze leemte*

het **leen**
iets te leen hebben: iets in gebruik hebben dat je geleend hebt ✦ *ik heb een paar boeken te leen van mijn zus*

het **•leer**[1]
1 de huid van een dier die op een speciale manier behandeld is ✦ *ze koopt altijd schoenen van echt leer*
2 van leer trekken (tegen iets): iets boos en op een felle manier zeggen ✦ *de kranten trokken fel van leer tegen de militaire actie*

le

de **•leer**[2] [leren]
1 een aantal ideeën die samen één geheel vormen ✦ *volgens de islamitische leer moet je vijf keer per dag bidden*
streng in de leer zijn: iets precies doen volgens een theorie of een geloof ✦ *onze familie is katholiek, maar we zijn niet zo streng in de leer*
2 bij iemand in de leer zijn: bij iemand werken om het vak te leren

het **leer·con·tract** [leercontracten] (in België)
een overeenkomst waarbij een werkgever aan een leerling de mogelijkheid biedt om een vak te leren

de **leer·gang** [leergangen]
de cursus ✦ *welke leergang gebruikt u om Nederlands te leren?*
leer·gie·rig [bijvoeglijk naamwoord]
leergierige mensen vinden het leuk om te leren (bet. 1)

de **leer·kracht** [leerkrachten]
iemand die lesgeeft = de onderwijzer, de onderwijzeres, de leraar, de lerares, de docent, de docente

de **•leer·ling** [leerlingen]
iemand die les krijgt ✦ *na het examen kregen twintig leerlingen hun diploma* ✦ *Gerard Dou was een leerling van Rembrandt*

de **leer·mees·ter** [leermeesters] **leer·mees·te·res** [leermeesteressen]
iemand van wie je iets leert ✦ *toen ze een prijs gewonnen had, bedankte ze als eerste haar leermeester*

de **leer·plicht**
de wettelijke verplichting om naar school te gaan als je een bepaalde leeftijd hebt ✦ *de leerplicht is in Nederland in 1900 ingevoerd* onderwijs

de **leer·stoel** [leerstoelen]
een baan aan de universiteit voor een professor ✦ *de universiteit heeft een nieuwe leerstoel economie ingesteld*
leer·zaam [bijvoeglijk naamwoord]
van leerzame dingen kun je iets leren ✦ *vond u de cursus leerzaam?*

de **leest**
dat is op dezelfde leest geschoeid: dat is op dezelfde manier gemaakt; die zaken lijken op elkaar ✦ *de methode van de nieuwe leraar is op dezelfde leest geschoeid als die van de vorige leraar*

het **lees·te·ken** [leestekens]
een teken dat je gebruikt om een zin structuur te geven, zoals een punt, een komma of een vraagteken ✦ *als je meer leestekens gebruikt, is je tekst makkelijker te begrijpen*

de **leeuw** [leeuwen] **leeu·win** [leeuwinnen]
een groot soort kat die in Afrika leeft en die andere dieren vangt en eet dieren

leeuw

de **Leeuw** [Leeuwen]
een sterrenbeeld sterrenbeelden

het **leeu·wen·deel**
het grootste deel ✦ *haar broer heeft het leeuwendeel van het werk gedaan*

de **leeu·we·rik** [leeuweriken]
een vogel die hoog in de lucht zingt

het **lef** (informeel)
de moed ✦ *zij had het lef kritiek te leveren op de organisatie*
le·gaal [bijvoeglijk naamwoord]
legale dingen zijn toegestaan door de wet ⇔ illegaal ✦ *hij bezat enkele wapens,*

maar dat was legaal

le·ga·li·se·ren [legaliseerde, heeft gelegaliseerd]
legaal* maken; zorgen dat het officieel mag [iemand legaliseert iets] ✦ *sommige mensen vinden dat het gebruik van alle soorten drugs gelegaliseerd moet worden*

le·gen [leegde, heeft geleegd]
zorgen dat het leeg wordt; leegmaken [iemand leegt iets] ✦ *de emmers met afval worden iedere week geleegd*

le·gen·da·risch [bijvoeglijk naamwoord]
een legendarische persoon is iemand over wie nog steeds verhalen worden verteld ✦ *de grappen die hij altijd maakte, zijn legendarisch geworden*

de **le·gen·de** [legenden, legendes]
een verhaal dat al lang wordt verteld en dat waarschijnlijk niet helemaal waar is ✦ *er zijn veel legendes over koning Arthur*
een levende legende: iemand die nog leeft maar over wie al veel verhalen worden verteld

het •**le·ger** [legers]
1 een groep militairen die vechten voor hun land
2 (informeel) een grote groep ✦ *aan de film heeft een heel leger bekende mensen meegewerkt*

le·ge·ren [legerde, heeft gelegerd]
een verblijfplaats geven [iemand legert iemand ergens] ✦ *de soldaten worden tijdens de oefening gelegerd in een oude school*

de **le·ge·ring** [legeringen]
een mengsel van twee soorten metaal ✦ *brons is een legering van koper en tin*

•**leg·gen** [legde, heeft gelegd]
1 zó plaatsen dat het ligt [iemand legt iets ergens] ✦ *wil je het boek op mijn bureau leggen als je het hebt gelezen?*
2 uit het lichaam laten komen [een vogel legt eieren]
3 aansluiten [iemand legt iets, bijv. een draad voor de telefoon] ✦ *volgende week dinsdag zullen we een kabel leggen voor uw tv*

le·gio [bijvoeglijk naamwoord]
heel veel ✦ *naast een goed verstand zijn er nog legio andere zaken die het succes van uw studie bepalen*

het **le·gi·oen** [legioenen]
1 een afdeling van het leger
2 een grote groep ✦ *een legioen journalisten wachtte op de aankomst van de koningin*

le·gi·tiem [bijvoeglijk naamwoord]
1 iets wat legitiem is, mag volgens de wet = wettig ✦ *de rechter oordeelde dat de eis legitiem was*
2 terecht; juist = gerechtvaardigd ✦ *uw vraag is legitiem en ik vind dat u antwoord moet krijgen*

de **le·gi·ti·ma·tie** [legitimaties]
een paspoort, een rijbewijs of iets anders waaruit blijkt wie je bent ✦ *bij twijfel dient u een legitimatie te tonen*

le·gi·ti·me·ren [legitimeerde, heeft gelegitimeerd]
zeggen dat het juist of goed is wat je doet = rechtvaardigen [iemand legitimeert iets (met iets)] ✦ *de jongen legitimeerde zijn gedrag door te zeggen dat hij geen goede ouders had*

zich **le·gi·ti·me·ren** [legitimeerde zich, heeft zich gelegitimeerd]
met een legitimatie* laten zien wie je bent [iemand legitimeert zich] ✦ *bij het ophalen van het pakje moet u zich legitimeren*

het **lei**[1] [geen meervoud]
bepaalde dunne grijze steen, waarvan o.a. daken worden gemaakt

de **lei**[2] [leien]
1 een plaat van lei[1], waarop mensen vroeger schreven
met een schone lei beginnen: de fouten van vroeger vergeten en opnieuw beginnen
2 (in België) een brede laan in een stad

•**lei·den** [leidde, heeft geleid]
1 de baas zijn [iemand leidt iets] ✦ *de directeur heeft het bedrijf goed geleid*
2 een bepaalde richting uit laten gaan [iemand leidt iemand of iets] ✦ *de hond leidde de blinde vrouw door het verkeer*
3 een bepaalde kant uitgaan [iets leidt ergens heen] ✦ *deze weg leidt naar Brussel*
4 hebben; doorbrengen [iemand leidt zijn of haar leven] ✦ *Naomi leidt een leven zonder zorgen*

•**lei·den tot** [leidde tot, heeft geleid tot]
als gevolg hebben [iets leidt tot iets] ✦ *de maatregelen moeten leiden tot een oplossing van de parkeerproblemen*

de •**lei·der** [leiders] **leid·ster** [leidsters]

iemand die de baas is ✦ *de leider van de groep wees ons de weg*

het **lei·der·schap**
het feit dat iemand leider is ✦ *onder zijn leiderschap is de partij groot geworden*

de •**lei·ding** [leidingen]
1 [geen meervoud] het leiden (bet. 1) ✦ *zij heeft de leiding over dertig mensen*
2 [geen meervoud] de mensen die de baas zijn ✦ *vanmiddag wordt het probleem besproken door de leiding*
3 een draad of een buis voor bijv. elektriciteit of water ✦ *alle elektrische leidingen van ons huis moesten worden vervangen*

lei·ding·ge·vend [bijvoeglijk naamwoord]
iemand met een leidinggevende functie geeft leiding (bet. 1) aan andere mensen

de **lei·draad** [leidraden]
iets dat de richting bepaalt ✦ *bij het leren werken met het programma is dit boekje een goede leidraad*

le

het **lek**[1] [lekken]
1 een opening waaruit gas of water verdwijnt ✦ *het lek in de boot was snel gemaakt*
2 iemand die geheime informatie aan anderen geeft ✦ *er zit een lek bij de politie*

lek[2] [bijvoeglijk naamwoord]
in iets wat lek is, zit een opening waaruit gas of water verdwijnt ✦ *hij kwam met de auto, want zijn fiets had een lekke band*

le·ken *zie:* **lijken**

de **lek·ka·ge** [lekkages]
de keer dat iets lekt* (bet. 1) ✦ *door de lekkage zitten er grote kringen op de muur*

lek·ken [lekte, heeft gelekt]
1 een opening bevatten waardoor gas of water verdwijnt [iets lekt] ✦ *iets, bijv. het dak, lekt*
2 geheime informatie aan anderen geven [iemand lekt] ✦ *welke ambtenaar heeft gelekt over het rapport?*

•**lek·ker**[1] [bijvoeglijk naamwoord]
1 goed van smaak of geur ⇔ vies ✦ *het eten was lekker*
2 prettig; goed ✦ *het gaat lekker met onze kinderen* ✦ *dit is een lekkere stoel* ✦ *op vakantie zat ze de hele dag lekker te lezen*
3 niet lekker: een beetje ziek ✦ *hij was gisteren niet zo lekker*

•**lek·ker**[2] [bijwoord] (informeel)
dit woord zeg je als je iets leuk vindt ✦ *deze keer mag jij lekker niet mee!*

de **lek·ker·bek** [lekkerbekken]
iemand die houdt van lekker eten

de **lek·ker·nij** [lekkernijen]
iets dat je erg lekker vindt = de delicatesse ✦ *deze vogel vindt men in China een lekkernij*

de **lel** [lellen]
1 het onderste, zachte deel van je oor

lel 1

2 (informeel) een harde klap

de **le·lie** [lelies]
een plant met grote, meestal witte bloemen

lelie

•**le·lijk**[1] [bijvoeglijk naamwoord]
1 niet prettig om te zien of te horen ⇔ mooi ✦ *ik vind dat een lelijke jas* ✦ *wat een lelijke muziek!*
2 niet gunstig = slecht ✦ *deze ziekte kan lelijke gevolgen hebben*
3 lelijke dingen zijn kwaad bedoeld ✦ *op haar werk worden lelijke dingen over haar verteld*

•**le·lijk**[2] [bijwoord]
behoorlijk; flink ✦ *hij had zich lelijk vergist*

•**le·nen** [leende, heeft geleend]
1 gebruiken en weer aan de eigenaar geven [iemand leent iets (van iemand)] ✦ *mag ik je pen even lenen?*
2 voor een tijdje aan iemand anders geven = uitlenen [iemand leent iets (aan iemand)] ✦ *ik wil je dat boek wel lenen, maar volgende week wil ik het terug!*

zich •**le·nen voor** [leende zich voor, heeft zich geleend voor]
geschikt zijn voor iets [iets leent zich

voor iets] ✦ *het grote huis leent zich uitstekend voor feesten*

de **leng·te** [lengten, lengtes]
het aantal centimeters of meters dat iets of iemand lang is ✦ *de lengte van deze kamer is zes meter* meten

le·nig [bijvoeglijk naamwoord]
lenige mensen kunnen gemakkelijk moeilijke bewegingen maken ✦ *de lenige man legde zijn been in zijn nek*

de **le·ning** [leningen]
een bedrag dat je leent (bet. 1) ✦ *om de auto te kunnen kopen heeft ze een lening afgesloten bij de bank*

de **lens** [lenzen]
1 een klein rond glaasje dat je op je oog doet en waardoor je beter kunt zien – de contactlens ✦ *vroeger droeg Jo een bril, maar nu heeft hij lenzen*
2 een voorwerp van glas of plastic waar je doorheen kunt kijken en waardoor je de dingen kleiner of groter ziet
3 een deel van het oog

de •**len·te** [lentes]
de periode na de winter, waarin de bomen weer nieuwe blaadjes krijgen = het voorjaar weer[1] maanden

de •**le·pel** [lepels]
een voorwerp waarmee je soep eet

lepel

de •**le·raar** [leraren, leraars] **le·ra·res** [leraressen]
een persoon die voor zijn of haar beroep dingen leert aan een klas met leerlingen = de docent

•**le·ren** [leerde, heeft geleerd]
1 zorgen dat je iets gaat kunnen of weten door te oefenen of door te studeren [iemand leert iets] ✦ *het kind leerde fietsen* ✦ *hij heeft in drie maanden Nederlands geleerd*
2 zorgen dat iemand iets gaat kunnen of weten, bijv. door hem of haar iets uit te leggen [iemand leert iemand iets] ✦ *ze leerde haar dochter allerlei liedjes* ✦ *op de universiteit heb ik leren nadenken*

de **le·ring**
lering trekken uit iets: door ervaring iets leren

de •**les** [lessen]
1 de keer dat iemand iets leert (bet. 1) ✦ *het meisje krijgt les in tekenen*
iemand de les lezen: boos tegen iemand praten
bij de les blijven: goed meedoen
2 een opdracht waarvan je moet leren ✦ *de kinderen moesten thuis twee lesjes maken* onderwijs

de **les·bi·en·ne** [lesbiennes]
een vrouw die van vrouwen houdt

In Nederland kunnen sinds 2000 mannen officieel voor de wet met mannen trouwen en vrouwen met vrouwen, en in België sinds 2001. Ook bieden sommige kerken de mogelijkheid van een huwelijk tussen homoseksuele paren.

les·bisch [bijvoeglijk naamwoord]
een lesbische vrouw houdt van vrouwen

les·ge·ven [gaf les, heeft lesgegeven]
een leerling of een groep leerlingen dingen laten leren [iemand geeft les] ✦ *de directeur van de school had nog nooit lesgegeven*

les·sen [leste, heeft gelest]
1 zorgen dat het minder wordt [iemand lest zijn of haar dorst] ✦ *hij leste zijn dorst met grote glazen water*
2 lessen nemen in het autorijden [iemand lest] ✦ *ze lest in een BMW*

het **let·sel** [letsels]
de keer dat er iets stuk is aan het lichaam = de verwonding ✦ *bij het ongeluk heeft de man zwaar letsel opgelopen*

•**let·ten** [lette, heeft gelet]
1 aandacht geven [iemand let op iemand of iets] ✦ *wil jij even op mijn tas letten?*
2 wat let je?: wat houdt je tegen?; waarom doe je het niet?

de •**let·ter** [letters]
een teken dat samen met andere tekens een woord kan vormen, bijv. a, m of q ✦ *het woord 'boom' begint met de letter b*

de **let·ter·greep** [lettergrepen]
elk stukje waarin een lang woord verdeeld is ✦ *het woord 'bedanken' bestaat uit drie lettergrepen: 'be-dan-ken'*

let·ter·lijk[1] [bijvoeglijk naamwoord]
de letterlijke betekenis van een uitdruk-

le

king is de precieze betekenis van de losse woorden ⇔ figuurlijk ✦ *'cum laude' betekent letterlijk 'met lof'*

let·ter·lijk[2] [bijwoord]
precies zoals de woorden het zeggen ✦ *het water stond letterlijk tot aan onze lippen*

de **leu·gen** [leugens]
iets wat gelogen is ✦ *de burgemeester had leugens verteld over zijn verleden*

•**leuk** [bijvoeglijk naamwoord]
1 leuke dingen zijn mooi om te zien of geven een fijn gevoel, bijv. omdat je erom moet lachen = aardig ✦ *ze vertelde een leuk verhaal over haar vakantie* ✦ *wat een leuke trui heb je aan!* ✦ *het was een erg leuk feest*
2 leuke mensen zijn aardig ✦ *ik heb in de vakantie een leuke jongen ontmoet*

de **leu·ke·mie**
een ernstige ziekte in je bloed

leu·nen [leunde, heeft geleund]
als steun gebruiken [iemand leunt op of tegen iets] ✦ *hij leunde tegen de tafel om zijn schoenen aan te doen*

de **leu·ning** [leuningen]
iets om tegen of op te leunen* ✦ *de stoel heeft hoge leuningen* ✦ *de man stond tegen de leuning van de brug*

leu·ren [leurde, heeft geleurd]
proberen te verkopen [iemand leurt (met iets)] ✦ *Bob heeft lang met zijn jonge poesjes moeten leuren voordat hij iemand vond die ze wilde hebben*

de **leus** [leuzen]
een korte zin die precies zegt wat je wilt ✦ *de leus van de politicus was: "Ik zeg wat ik denk en ik doe wat ik zeg."*

de **leu·ze** [leuzen]
de leus

het •**le·ven**[1] [levens]
1 de tijd tussen de geboorte en de dood = het bestaan ✦ *de vrouw had een lang en gelukkig leven*
2 [geen meervoud] het lawaai = de herrie ✦ *op zaterdagnacht is er vaak veel leven op straat*

•**le·ven**[2] [leefde, heeft geleefd]
1 kunnen groeien, ademen enz. ⇔ dood zijn [iemand leeft] ✦ *één poesje was dood geboren, maar de andere drie leefden*
naar iets toe leven: je verheugen op iets ✦ *Veronique had maandenlang naar het feest toe geleefd*
2 je leven[1] op een bepaalde manier leiden ✦ *de oude man leeft al jaren op straat*
3 aanwezig zijn; bestaan [een idee leeft] ✦ *bij de leden van de partij leven allerlei vreemde opvattingen*

le·vend [bijvoeglijk naamwoord]
levende mensen, dieren of planten zijn niet dood ✦ *op de markt kon je levende vissen kopen*

le·ven·dig [bijvoeglijk naamwoord]
1 druk en vrolijk ✦ *Anne zat levendig te praten*
2 op zo'n manier dat je het precies voor je ziet ✦ *met veel voorbeelden gaf hij een levendig beeld van het probleem*

het **le·vens·be·lang**
iets is van levensbelang: iets is erg belangrijk ✦ *het is van levensbelang voor het bedrijf dat het beter gaat met de economie*

de **le·vens·be·schou·wing** [levensbeschouwingen]
de ideeën van een groep mensen over de zin van het leven en hoe het geleefd moet worden ✦ *hij heeft een heel andere levensbeschouwing dan zijn vriendin*

het **le·vens·ge·vaar**
het gevaar om dood te gaan ✦ *het slachtoffer is in levensgevaar*

le·vens·ge·vaar·lijk [bijvoeglijk naamwoord]
zeer gevaarlijk ✦ *het is levensgevaarlijk om uit een rijdende trein te stappen*

le·vens·groot [bijvoeglijk naamwoord]
iets dat levensgroot is, is heel groot ✦ *dat is een levensgroot probleem*

le·vens·lang [bijvoeglijk naamwoord]
iets wat levenslang duurt, duurt de rest van je leven ✦ *de vrouw kreeg een levenslange gevangenisstraf*

de **le·vens·mid·de·len** [meervoud]
de dingen die je eet of waarmee je eten maakt ✦ *suiker, brood en koffie zijn levensmiddelen*

het **le·vens·on·der·houd**
het geld dat je nodig hebt om van te kunnen leven

de **le·vens·stijl** [levensstijlen]
een bepaalde manier van leven ✦ *ze heeft een dure levensstijl, want ze houdt van mooie kleren en lekker eten*

le·vens·vat·baar [bijvoeglijk naamwoord]

1 een levensvatbaar kind of dier is al zo ver gegroeid in de buik van de moeder, dat het kan leven als het geboren wordt
2 een levensvatbaar plan kan lukken ✦ *hij had veel ideeën, maar ze bleken niet levensvatbaar*

het **le·vens·ver·haal** [levensverhalen]
het verhaal van de belangrijke dingen die je in je leven hebt meegemaakt ✦ *op het feestje vertelde hij zijn hele levensverhaal*

de **le·vens·ver·ze·ke·ring** [levensverzekeringen]
een afspraak waarbij je iedere maand geld betaalt aan een instantie, zodat je familie een groot bedrag krijgt als je sterft ✦ *de man had gelukkig een levensverzekering, dus toen hij stierf kregen zijn vrouw en kinderen genoeg geld om verder te kunnen leven* verzekeringen

de **le·ver** [levers]
een orgaan in het lichaam dat het bloed schoonmaakt

de **le·ve·ran·cier** [leveranciers]
een persoon die voor zijn of haar beroep dingen levert aan bedrijven ✦ *omdat de leverancier te laat was, waren er geen appels in de winkel*

•**le·ve·ren** [leverde, heeft geleverd]
zorgen dat het er komt; brengen = bezorgen [iemand levert iets (aan iemand)] ✦ *de bakker levert iedere ochtend vers brood* ✦ *onze ploeg heeft gisteren een goede prestatie geleverd*

•**le·zen** [las, heeft gelezen]
woorden zien en begrijpen wat ze betekenen [iemand leest iets] ✦ *zij leest twee boeken per week*

de **le·zing** [lezingen]
1 een verhaal over een bepaald onderwerp dat je uitspreekt voor een publiek ✦ *de professor hield een lezing over het gedrag van mensen in een groep*
2 de manier waarop een gebeurtenis wordt beschouwd ✦ *er waren verschillende lezingen over de oorzaak van het ongeluk*
3 de keer dat je iets leest ✦ *pas bij tweede lezing vond ik het boek echt mooi*

li·be·raal [bijvoeglijk naamwoord]
1 liberale mensen accepteren gemakkelijk de ideeën van anderen = ruimdenkend
2 een liberale politieke partij vindt dat de overheid niet te veel invloed moet hebben op de maatschappij en op bedrijven

het **li·cen·ti·aat** [licentiaten] (in België)
een bepaald diploma dat je kunt behalen aan de universiteit

de **li·cen·tie** [licenties]
1 een schriftelijke afspraak dat men iets kan gebruiken of kan doen = de vergunning ✦ *het bedrijf kocht een licentie om het programma op veertig computers te mogen zetten*
2 (in België) een studie die je volgt aan de universiteit

het •**li·chaam** [lichamen]
1 het deel van een mens of een dier dat je kunt zien en aanraken = het lijf ⇔ de geest ✦ *de benen, de armen, het hoofd enz. zijn delen van het menselijk lichaam*
2 een voorwerp met een bepaalde vorm ✦ *een bol is een lichaam met een ronde vorm*

het **li·chaams·deel** [lichaamsdelen]
een deel van het lichaam, bijv. hoofd, neus, been, knie

li·cha·me·lijk [bijvoeglijk naamwoord]
lichamelijke dingen gaan over het lichaam = fysiek ⇔ geestelijk ✦ *door haar ziekte was ze lichamelijk erg zwak*

het •**licht**[1] [lichten]
1 [geen meervoud] de energie die komt van de zon of van een lamp, waardoor je dingen kunt zien = de duisternis ✦ *de lamp gaf veel licht*
er gaat me een licht op: ik krijg een idee
aan het licht komen: duidelijk worden ✦ *de zaak kwam aan het licht toen Janssen met de politie ging praten*
in het licht van …: als je … erbij betrekt ✦ *in het licht van de verkiezingen is zijn gedrag wel te begrijpen*
2 de lamp ✦ *als het 's avonds donker wordt, gaat het licht vanzelf aan*

•**licht**[2] [bijvoeglijk naamwoord]
1 iets wat licht is, heeft weinig gewicht ⇔ zwaar ✦ *ze droeg een kleine, lichte koffer*
2 het is ergens licht als er veel licht[1] (bet. 1) is ⇔ donker ✦ *ze heeft een lichte kamer*
3 lichte kleuren lijken meer op wit dan op zwart ⇔ donker ✦ *geel is een lichte kleur*

4 iets wat licht gaat, gaat makkelijk ⇔ zwaar ✦ *deze fiets fietst licht*
5 een lichte verandering is een kleine verandering; een lichte straf is een straf die niet heel erg is ⇔ zwaar ✦ *er komt een lichte verbetering in het weer*
6 een vrouw van lichte zeden: een vrouw met wie je voor geld seksueel contact kunt hebben

lich·te·lijk [bijwoord]
een beetje ✦ *ze reageerde lichtelijk verbaasd*

lich·tend [bijvoeglijk naamwoord]
een lichtend voorbeeld: een goed voorbeeld, dat door anderen gevolgd moet worden ✦ *zij is een lichtend voorbeeld voor haar collega's*

de **lich·ting** [lichtingen]
1 een groep mensen die tegelijkertijd met iets begonnen is, bijv. op een school
2 het leegmaken van de brievenbus door iemand van de post ✦ *er zijn twee lichtingen per dag*

licht·vaar·dig [bijvoeglijk naamwoord]
over een lichtvaardig plan is van tevoren niet goed nagedacht ✦ *het was een te lichtvaardig besluit om met mijn werk te stoppen en te gaan reizen*

licht·zin·nig [bijvoeglijk naamwoord]
lichtzinnige mensen zijn al te makkelijk en doen daardoor soms domme dingen ✦ *hij gaat te lichtzinnig met de regels om*

het **•lid** [leden]
1 iemand die hoort bij een groep of een club ✦ *van iedere politieke partij kun je lid worden*
2 een deel van het lichaam ✦ *hij had pijn in al zijn leden*
iets onder de leden hebben: ziek zijn

het **lid·geld** (in België)
geld dat je betaalt als je lid (bet. 1) bent van een club of van een vereniging = de contributie ✦ *het lidgeld voor de voetbalclub is € 50,-*

het **lid·maat·schap** [lidmaatschappen]
het feit dat je lid (bet. 1) bent van een groep of een club ✦ *Frank moest zijn lidmaatschap van de voetbalclub nog verlengen*

de **lid·staat** [lidstaten]
een staat die lid (bet. 1) is van een bepaalde organisatie ✦ *hoeveel lidstaten heeft de Europese Unie?*

het **lid·woord** [lidwoorden] (taal)
een woordje dat voor een zelfstandig naamwoord staat: 'de', 'het' of 'een'

het **•lied** [liederen]
een tekst die gezongen wordt ✦ *in de kerk zingt men vaak liederen* ✦ *ken je het nieuwe liedje van Madonna?*

de **lie·den** [meervoud]
de mensen = de lui ✦ *er liepen vreemde lieden op straat*

het **lief**[1]
1 de persoon van wie je houdt en met wie je een relatie hebt = de geliefde
2 lief en leed delen: de goede en de slechte dingen samen meemaken ✦ *toen ze trouwden, beloofden ze lief en leed met elkaar te delen*

•lief[2] [bijvoeglijk naamwoord]
1 lieve mensen zijn erg aardig en doen goede, fijne dingen ✦ *de moeder vindt al haar kinderen even lief* ✦ *wat lief dat je bloemen voor me hebt gekocht!*
2 iets voor lief nemen: iets accepteren ✦ *dat Sylvia moest verhuizen vanwege haar nieuwe baan nam ze voor lief*

de **lief·da·dig·heid**
1 het feit dat mensen goed zijn voor andere mensen ✦ *het is niet uit liefdadigheid dat ik iedere dag mijn oude moeder help, maar ik vind het zelf leuk*
2 een organisatie die tot doel heeft om goede dingen te doen voor mensen

de **•lief·de**
1 het gevoel dat je hebt als je van iemand of iets houdt = de genegenheid ⇔ de haat ✦ *ze heeft een grote liefde voor muziek*
2 de liefde bedrijven: seks hebben

lief·de·vol [bijvoeglijk naamwoord]
uit iets wat liefdevol gedaan wordt, blijkt veel liefde ✦ *liefdevol tilde de man het huilende kind op*

lie·fe·lijk [bijvoeglijk naamwoord]
iets is liefelijk als het mooi en prettig is ✦ *de natuur in Limburg is heel liefelijk*

lief·heb·ben [had lief, heeft liefgehad]
houden van iemand of iets [iemand heeft iemand of iets lief] ✦ *hij had nog nooit eerder iemand zo liefgehad*

de **lief·heb·ber** [liefhebbers] **lief·heb·ster** [liefhebsters]
iemand die erg veel van iets houdt ✦ *hij is een liefhebber van oude auto's*

de **lief·heb·be·rij** [liefhebberijen]

iets wat je graag doet in je vrije tijd = de hobby ✦ *hij begon zijn winkel als liefhebberij, maar nu is het zijn werk*

lief·ko·zen [liefkoosde, heeft geliefkoosd]
uit liefde aanraken = strelen [iemand liefkoost iemand] ✦ *de baby werd door iedereen geliefkoosd*

liefst [bijwoord]
1 dit is de overtreffende trap van 'graag' ✦ *het liefst gaan wij naar Italië op vakantie*
2 dit is de overtreffende trap van 'lief' ✦ *Marije is het liefste meisje uit de straat*
3 maar liefst: wel ✦ *ik dacht dat er een paar mensen zouden komen, maar er waren er maar liefst veertig!*

•**lie·gen** [loog, heeft gelogen]
iets zeggen terwijl je weet dat het niet waar is [iemand liegt (over iets)] ✦ *hij loog over zijn leeftijd*

lie·pen *zie:* **lopen**

de **lies** [liezen]
een deel van het lichaam tussen de buik en het been

lie·ten *zie:* **laten**

het **lie·ve·heers·beest·je** [lieveheersbeestjes]
een insect met stippen

lieveheersbeestje

de **lie·ve·ling** [lievelingen]
1 dit kun je zeggen tegen iemand die je heel lief vindt = de schat, het liefje ✦ *o lieveling, ik heb je zo gemist!*
2 iemand die aardiger gevonden wordt dan anderen ✦ *Tim is het lievelingetje van de juffrouw*

•**lie·ver** [bijwoord]
1 dit is de vergrotende trap van 'graag' ✦ *ik ga liever naar Italië dan naar Spanje*
2 dit is de vergrotende trap van 'lief'

de **lift**
1 [liften] een hokje waarmee je omhoog en omlaag kunt in een gebouw ✦ *er was een lift in de flat, maar hij nam altijd de trap*
in de lift: iets gaat steeds beter; iets wordt steeds beter ✦ *de verkoop van boeken via internet zit enorm in de lift*
2 [lifts] de keer dat je meerijdt in een auto ✦ *kun je me een lift geven tot Woerden?*

lif·ten [liftte, heeft gelift]
proberen met iemand mee te rijden door langs de kant van de weg te gaan staan en je duim omhoog te houden [iemand lift] ✦ *de vriendinnen zijn naar Spanje gelift*

•**lig·gen** [lag, heeft gelegen]
1 met de lange kant op een vlak rusten [iemand of iets ligt ergens] ✦ *Vincent ligt al in bed* ✦ *er ligt een boek op tafel*
iets laten liggen: iets vergeten mee te nemen ✦ *ze had haar tas in de trein laten liggen*
2 passen bij [iemand of iets ligt iemand] ✦ *dat werk ligt haar wel*
3 de wind gaat liggen: de wind wordt minder hard

•**lig·gen aan** [lag aan, heeft gelegen aan]
als oorzaak hebben [iets ligt aan iets] ✦ *het ligt aan haar werk dat ze zo vaak moe is*
dat ligt eraan: dat is nog afhankelijk van een aantal dingen ✦ *we gaan naar Frankrijk of Spanje, dat ligt eraan*

de **lig·ging**
de plaats of de manier waarop iets ligt ✦ *de ligging van het dorpje was ideaal: in de natuur, maar niet ver van de stad*

•**lij·den** [leed, heeft geleden]
1 een lange tijd een heel vervelend gevoel hebben, bijv. verdriet of pijn [iemand lijdt] ✦ *de mensen leden al maanden honger* ✦ *het volk leed onder de strenge regering*
2 het lijdt geen twijfel: het is zeker ✦ *het lijdt geen twijfel dat de partij zal verliezen bij de verkiezingen*

•**lij·den aan** [leed aan, heeft geleden aan]
een ziekte hebben [iemand lijdt aan iets] ✦ *haar man lijdt aan een ernstige ziekte*

de **lij·dens·weg** [lijdenswegen]
een moeilijk, naar proces ✦ *het zoeken naar een nieuwe baan was een lijdensweg*

lijd·zaam [bijvoeglijk naamwoord]
iemand die lijdzaam is, verzet zich niet = passief ✦ *lijdzaam onderging het kind alle onderzoeken in het ziekenhuis*

het •**lijf** [lijven]

li

het lichaam ✦ *ze heeft al weken pijn in haar lijf*
dat is hem op het lijf geschreven: dat is precies iets voor hem; dat past heel goed bij hem ✦ *de rol van felle oude vrouw is Kitty op het lijf geschreven*
iemand te lijf gaan: met iemand gaan vechten
iemand tegen het lijf lopen: iemand toevallig ontmoeten
iets aan den lijve ondervinden: iets zelf ervaren

de **lijf·wacht** [lijfwachten]
iemand die belangrijke personen beschermt door altijd vlakbij te blijven = de bodyguard ✦ *we hebben de koningin niet gezien omdat er zoveel lijfwachten om haar heen stonden*

het **lijk** [lijken]
het lichaam van een dode persoon ✦ *de politie vond een lijk in de rivier*
over lijken gaan: heel harde maatregelen nemen om je doel te bereiken

li

•**lij·ken** [leek, heeft geleken]
een bepaalde indruk geven [iemand lijkt iemand of iets] ✦ *je lijkt wel ziek!*

•**lij·ken op** [leek op, heeft geleken op]
een overeenkomst hebben; er ongeveer hetzelfde uitzien [iets of iemand lijkt op iets of iemand] ✦ *hij lijkt erg op zijn vader*

de **lijm** [lijmen]
een dikke vloeistof die je ergens op doet om te zorgen dat dat vast blijft zitten aan iets anders ✦ *met deze lijm kun je de foto's in het boek plakken*

de •**lijn** [lijnen]
1 een streep van het ene punt naar het andere punt ✦ *met een pen trok hij een lijn over het papier*
2 de verbinding tussen twee punten van de trein, de tram of de bus ✦ *lijn 3 gaat naar het centrum van de stad*
3 de verbinding tussen twee telefoons ✦ *blijft u even aan de lijn?*
4 de draad waaraan iemand of iets vastzit ✦ *u moet hier uw hond aan de lijn houden*
5 een harde lijn volgen: streng zijn ✦ *een deel van het kabinet wilde de harde lijn volgen*
6 aan de lijn doen: minder eten om magerder te worden

de **lijn·dienst** [lijndiensten]
een vaste verbinding van een boot of een vliegtuig

de **lijn·kaart** [lijnkaarten] (in België)
een kaart die je kunt gebruiken voor de bus of de tram vervoer

lijn·recht [bijvoeglijk naamwoord]
lijnrecht tegenover elkaar staan: totaal verschillend zijn ✦ *de standpunten stonden lijnrecht tegenover elkaar*

de •**lijst** [lijsten]
1 een rij woorden onder elkaar ✦ *de nieuwe leraar kreeg een lijst met de namen van de leerlingen*
2 een rand om bijv. een schilderij ✦ *aan de muur hangen enkele foto's in lijstjes*

de **lijst·trek·ker** [lijsttrekkers]
de persoon die bij de verkiezingen boven aan de lijst (bet. 1) van een partij staat politiek

lij·vig [bijvoeglijk naamwoord]
een lijvig boek is een groot, dik en zwaar boek

lij·zig [bijvoeglijk naamwoord]
als je op een lijzige toon praat, praat je zo langzaam dat het vervelend klinkt

de **li·keur** [likeuren]
een zoete drank met veel alcohol ✦ *we namen een likeurtje bij de koffie*

lik·ken [likte, heeft gelikt]
met je tong over iets bewegen [iemand likt (aan iets)] ✦ *de hond likte aan mijn hand*

li·la [bijvoeglijk naamwoord]
met een lichtpaarse kleur

de **lil·li·put·ter** [lilliputters]
een persoon die erg klein is en niet groter wordt

de **li·miet** [limieten]
de uiterste grens ✦ *de limiet van het aantal leerlingen op de school is 350*

de •**li·mo·na·de** [limonades]
een zoete drank voor kinderen, verdund met water

de **li·mou·si·ne** [limousines]
een heel grote en dure auto ✦ *de prins werd opgehaald met een limousine*

li·ne·air [bijvoeglijk naamwoord]
iets wat lineair is, loopt als een rechte lijn ✦ *er is een lineair verband tussen het aantal uren dat je werkt en het loon dat je krijgt*

de **lin·ge·rie**
kleren die je onder je gewone kleren draagt = het ondergoed

de **li·ni·aal** [linialen]
een korte platte stok waarlangs je lijnen maakt op papier = de meetlat ✦ *met een liniaal maak je een mooie rechte lijn*

liniaal

de **li·nie** [linies]
1 een rij van bijv. soldaten of schepen in een situatie van oorlog ✦ *de soldaten vochten in de voorste linie*
2 over de hele linie: in het algemeen ✦ *over de hele linie was het feest goed georganiseerd*

de **link**[1] [links]
1 het verband ✦ *de onderzoekers legden een link tussen roken en slecht slapen*
2 een woord of een plaatje op een internetsite waarop je kunt klikken om op een andere plaats op het internet te komen ✦ *op de site van het journaal stond een link naar de site van de FNV*

link[2] [bijvoeglijk naamwoord] (informeel)
gevaarlijk ✦ *het is de laatste tijd link op straat*

lin·ker [bijvoeglijk naamwoord]
het linker voorwerp is het voorwerp dat links (bet. 1) ligt ⇔ rechter ✦ *met de linker buren hebben we meer contact dan met de rechter*

de **lin·ker·hand** [linkerhanden]
de hand die aan de linkerkant van je lichaam zit
twee linkerhanden hebben: niet goed zijn in het maken van dingen met je handen

•**links** [bijvoeglijk naamwoord]
1 iets wat links zit, zit aan de kant van je lichaam waar je hart is ⇔ rechts ✦ *de auto kwam van links, dus die hoefden we niet voor te laten gaan*
iemand links laten liggen: niet met iemand omgaan
2 iemand die links is, schrijft altijd met de linkerhand ⇔ rechts ✦ *vroeger moesten kinderen die links waren, rechts leren schrijven*
3 linkse politieke partijen streven naar een eerlijke verdeling van inkomen, kennis en macht = progressief ⇔ rechts

links·af [bijwoord]
in de richting van links ⇔ rechtsaf ✦ *als je aan het eind van de straat linksaf gaat, kom je bij de kerk*

het **lin·nen**
een stof die gemaakt is van vlas ✦ *hij droeg een linnen broek*

het **lin·nen·goed**
de lakens, de handdoeken en het ondergoed

het **lint** [linten]
een lange en smalle reep stof ✦ *het meisje had een lint in het haar*
door het lint gaan: erg druk en gek worden omdat je heel boos of heel blij bent ✦ *hij ging door het lint toen hij de wedstrijd had verloren*

het **lint·je** [lintjes]
een voorwerp als een teken van eer dat je van de koning of koningin krijgt omdat je iets goeds hebt gedaan voor de samenleving ✦ *de vrouw kreeg een lintje voor haar werk voor de buurt*

de **lint·me·ter** [lintmeters] (in België)
een band waarmee je een afstand kunt meten = de centimeter

de•**lip** [lippen]
de zachte rand om je mond ✦ *ze kleurde haar lippen rood*
aan iemands lippen hangen: met veel aandacht naar iemand luisteren
op iemands lip zitten: steeds te dicht bij iemand in de buurt zijn ✦ *in dat kleine flatje zaten ze te veel op elkaars lip*

lip·le·zen [werkwoord]
begrijpen wat iemand zegt door naar de bewegingen van de lippen te kijken [iemand lipleest] ✦ *omdat hij niet kan horen, heeft hij leren liplezen*

de **lip·pen·stift** [lippenstiften]
een zachte stift om kleur op je lippen te doen

de **li·qui·da·tie** [liquidaties]
de moord ✦ *de politie onderzoekt de liquidatie van een hoge ambtenaar*

de **list** [listen]
een slim plan om je doel te bereiken ✦ *de jongen bedacht een list om 's nachts weg te kunnen blijven*

lis·tig [bijvoeglijk naamwoord]
iets wat listig is, is slim en handig ✦ *door de listige vragen van de journalist vertelde de president meer dan hij wilde*

de •**li·ter** [liters]
een maat voor inhoud ✦ *ik drink een liter melk per dag* meten

li·te·rair [bijvoeglijk naamwoord]
in een literair boek staat literatuur* (bet. 1) ✦ *Harry Mulisch schrijft literaire boeken*

de **li·te·ra·tuur**
1 verhalen en gedichten die als kunst bedoeld zijn ✦ *ik lees veel kranten en tijdschriften, maar weinig literatuur*
2 alles wat over een bepaald onderwerp geschreven is ✦ *de student heeft literatuur verzameld over het onderwerp*

het **lit·te·ken** [littekens]
een plek op de huid waaraan je kunt zien dat er een wond is geweest ✦ *hij heeft littekens op zijn hand van het ongeluk*

de **li·tur·gie** [liturgieën]
de gebeden en liederen in een kerkdienst

live [bijvoeglijk naamwoord]
een optreden dat live is, is echt op dit moment, dus niet van tevoren opgenomen ✦ *het interview met de prinses dat vanavond op de tv komt, is live*

de **lob·by** [lobby's]
1 een groep mensen die probeert om buiten de vergadering anderen van iets te overtuigen ✦ *de minister had goed naar de lobby van de werkgevers geluisterd*
2 een gemeenschappelijke ruimte in een hotel

de **lo·co·mo·tief** [locomotieven]
een voertuig dat de wagons van een trein trekt of duwt

de **loef**
iemand de loef afsteken: iemand vóór zijn, zodat die ander niet de kans heeft om zijn of haar kwaliteiten te tonen

loei·en [loeide, heeft geloeid]
1 een geluid maken dat klinkt als 'mmmoeee' [een koe loeit] dieren
2 een hard geluid maken [iets loeit] ✦ *de politie reed met loeiende sirenes door de straat* ✦ *de wind loeide om het huis*

loen·sen [loenste, heeft geloenst]
kijken met de ogen naar de neus gedraaid [iemand loenst]

de **loep** [loepen]
een stokje met een rond stuk glas eraan, waardoor je dingen groter ziet
iets onder de loep nemen: iets heel precies bekijken

loep

de **loer**
1 op de loer liggen: dreigend aanwezig zijn
2 iemand een loer draaien: iemand heel oneerlijk behandelen om er zelf voordeel van te hebben

loe·ren [loerde, heeft geloerd]
stiekem en scherp kijken [iemand loert (op iets)] ✦ *de kat loerde op het vogeltje*

de **lof**[1]
positieve dingen die over iemand gezegd worden ✦ *de president kreeg alle lof voor zijn optreden*

het **lof**[2]
een groente met witte bladeren = de witlof

log [bijvoeglijk naamwoord]
groot en zwaar ✦ *de olifant is een log dier*

het **log·boek** [logboeken]
een boek waarin je opschrijft wat er iedere dag gebeurt ✦ *in een logboek werd opgeschreven wat de kinderen deden op school*

de **lo·ge** [loges]
een kleine aparte ruimte voor publiek in een schouwburg ✦ *we zitten liever in de zaal dan in een loge*

de **lo·gé** [logés] **lo·gee** [logees]
iemand die ergens logeert

lo·gen *zie:* **liegen**

•**lo·ge·ren** [logeerde, heeft gelogeerd]
op bezoek zijn en blijven slapen [iemand logeert ergens] ✦ *in de vakantie logeerden de kinderen een week bij familie*

de **lo·gi·ca**
het logisch denken en praten ✦ *ik begrijp de logica niet van je verhaal*

het **lo·gies**
de keer dat je ergens voor geld kunt slapen ✦ *in het hotel kostte logies met ontbijt 60 euro*

•**lo·gisch** [bijvoeglijk naamwoord]
iets wat logisch is, is een natuurlijk gevolg van iets anders = vanzelfsprekend

li

✦ *het is logisch dat de ouders zich zorgen maakten toen hun dochter niet thuiskwam*

de **lo·gis·tiek**
het zorgen dat materialen en voorraden op het juiste moment op de juiste plek zijn, zodat een organisatie kan werken

het **lo·go** [logo's]
een plaatje met een of meer letters, als herkenningsteken van een bedrijf of een merk ✦ *alle medewerkers droegen een bloes met het logo van het bedrijf erop*

de **lo·go·pe·die**
het onderwijs in het goed leren spreken

de **lo·go·pe·dist** [logopedisten] **lo·go·pe·dis·te** [logopedistes]
iemand die logopedie* geeft

de **lok** [lokken]
een bosje haren bij elkaar ✦ *de kapper knipte Arno's mooie lokken eraf*

het **lo·kaal¹** [lokalen]
een ruimte waarin onderwijs wordt gegeven ✦ *de leerlingen hadden les in lokaal 23*

lo·kaal² [bijvoeglijk naamwoord]
iets wat lokaal is, blijft beperkt tot een bepaalde plaats ✦ *het wordt morgen 10 tot 15 graden, lokaal wordt het 17 graden* ✦ *het probleem met de buurt werd lokaal opgelost*

Internationale zaken betreffen andere landen; nationale zaken betreffen het eigen land; regionale zaken betreffen een bepaalde streek.

de **lo·ka·tie** [lokaties]
een plaats waar een gebeurtenis plaatsvindt ✦ *de oude fabriek was een mooie lokatie voor het feest*

het **lo·ket** [loketten]
een kamertje dat aan één kant open is, waar je bijv. een kaartje kunt kopen ✦ *voor de trein kochten we een kaartje aan het loket*

lok·ken [lokte, heeft gelokt]
naar je toe proberen te halen [iemand lokt een mens of een dier] ✦ *men probeerde de kat te lokken door met een pak eten te schudden*
iemand uit zijn of haar tent lokken: een reactie van iemand proberen te krijgen door bepaalde dingen te doen of te zeggen

de **lol**
het plezier = de pret

lomp [bijvoeglijk naamwoord]
1 lelijk en groot ✦ *onder het mooie witte jurkje droeg ze grote lompe schoenen*
2 lompe mensen zijn ruw en denken niet erg aan anderen ✦ *het was lomp van hem om zo negatief te doen over het eten*

lo·nen [loonde, heeft geloond]
zoveel opleveren dat het gunstig is [iets loont]
dat loont de moeite niet: dat levert niet veel op

de **long** [longen]
elk van de twee organen in je borst waarmee lucht naar binnen wordt gehaald ✦ *na dertig jaar roken heeft hij last van zijn longen*

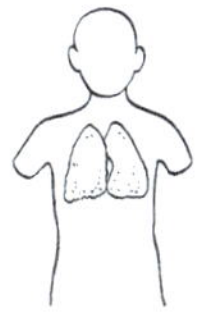
long

de **long·kan·ker**
een ernstige ziekte aan de longen* ✦ *roken kan longkanker veroorzaken*

de **long·ont·ste·king** [longontstekingen]
een infectie van de longen* ✦ *een longontsteking kan voor oude mensen gevaarlijk zijn*

lon·ken [lonkte, heeft gelonkt]
steeds naar iemand kijken om persoonlijk contact met die persoon te maken [iemand lonkt (naar iemand)]

de **lont** [lonten]
een draad die kan branden in bijv. een kaars of een bom

het **lood**
een zwaar soort metaal

de **lood·gie·ter** [loodgieters]
iemand die voor zijn beroep leidingen maakt voor water, gas enz.

het **lood·je**
het loodje leggen: sterven; kapotgaan ✦ *onze auto heeft na vijftien jaar het loodje gelegd*

lood·recht [bijvoeglijk naamwoord]
een loodrechte lijn is een rechte lijn met een hoek van 90 graden = haaks ✦ *de Oranjestraat staat loodrecht op onze straat*

de **loods** [loodsen]

1 een heel groot eenvoudig gebouw om dingen te bewaren ✦ *bij de fabriek is vorig jaar een nieuwe loods gebouwd*
2 iemand die grote schepen in en uit een haven leidt ✦ *in Rotterdam werken veel loodsen*

lood·sen [loodste, heeft geloodst]
1 als loods* (bet. 2) in of uit de haven leiden [iemand loodst een schip in of uit de haven]
2 brengen [iemand loodst iemand ergens heen] ✦ *de minister werd door de ambtenaar langs de journalisten geloodst*

lood·vrij [bijvoeglijk naamwoord]
in iets wat loodvrij is, zit geen lood ✦ *vergeet niet loodvrije benzine te nemen als je gaat tanken*

de **loof·boom** [loofbomen]
een boom met bladeren

loom [bijvoeglijk naamwoord]
als je loom bent, ben je moe en langzaam ✦ *ik word altijd zo loom van dit warme weer*

lo

het •**loon** [lonen]
het geld dat je krijgt voor je werk ✦ *in mijn vorige baan had ik een hoger loon*
werk
dat is je verdiende loon: dit zeg je tegen iemand als iets zijn eigen schuld is

de **loon·be·las·ting** [loonbelastingen]
belasting die een werknemer over zijn loon moet betalen

de **loon·hef·fing** [loonheffingen]
de afspraak dat er een bepaald bedrag op het loon van werknemers wordt ingehouden voor de belasting enz.
belasting

de •**loop** [lopen]
1 [geen meervoud] de manier van bewegen ✦ *je kunt hem al van grote afstand herkennen aan zijn eigenaardige loop* ✦ *op deze kaart kun je de loop van de rivier goed zien*
2 [geen meervoud] de manier waarop iets zich ontwikkelt ✦ *we hebben als commissie weinig invloed op de loop van de gebeurtenissen*
3 de voorkant van een wapen waarmee je kunt schieten ✦ *de soldaat richtte de loop van zijn geweer op het hoofd van de jongen*

de **loop·baan** [loopbanen]
de verschillende banen en functies van iemand = de carrière ✦ *hij heeft een mooie loopbaan op de universiteit gehad*

de **loop·pas**
een snelle manier van lopen ✦ *vaak gingen we in looppas naar school*

loops [bijvoeglijk naamwoord]
een loopse hond wil seksueel contact met een mannelijke hond

loos [bijvoeglijk naamwoord]
1 iets dat loos is, heeft geen inhoud ✦ *de nieuwe chef beloofde een heleboel, maar het bleken loze woorden*
loos alarm: een waarschuwing die niet nodig blijkt te zijn
2 er is iets loos: er zijn problemen

de **loot** [loten]
een jonge tak aan een boom of een struik

•**lo·pen** [liep]
1 [heeft of is gelopen] met stappen vooruitgaan [iemand loopt] ✦ *elke dag lopen er veel mensen langs dit bord* ✦ *hij gaat lopend naar zijn werk*
2 [heeft gelopen] in werking zijn; werken [iets loopt] ✦ *de klok loopt niet meer*
3 [is gelopen] zich ontwikkelen = verlopen [iets loopt (op een bepaalde manier)] ✦ *loopt je onderzoek goed?*
4 [heeft gelopen] in die richting gaan = leiden [een weg of een rivier loopt naar een bepaalde plaats] ✦ *deze weg loopt naar Rotterdam*
5 [heeft of is gelopen] (in België) hardlopen = hollen, rennen [iemand loopt] ✦ *als je loopt, haal je je bus nog*

de **lo·per** [lopers]
1 een lang en smal kleed ✦ *er lag een rode loper vanaf de kerk naar het paleis*
2 een sleutel die in veel sloten past

•**los** [bijvoeglijk naamwoord]
1 losse dingen zitten nergens aan vast ⇔ vast ✦ *zit je tand los?*
2 losse zaken hebben geen verband met de rest ✦ *hij maakte een paar losse opmerkingen*
3 als je je los voelt, gedraag je je gemakkelijk ✦ *na twee uur was ik los genoeg om een grapje te maken*
4 erop los slaan: om je heen slaan, zonder te kijken wat je doet ✦ *de man was zo kwaad dat hij erop los sloeg*

los·ban·dig [bijvoeglijk naamwoord]
een losbandige persoon heeft een wild leven en houdt zich niet aan regels ✦ *tot zijn dertigste jaar leidde de man een los-*

bandig leven

los·bar·sten [barstte los, is losgebarsten]
plotseling en hevig beginnen [iets barst los] ✦ *er is een discussie losgebarsten over de positie van de minister*

het **los·geld** [losgelden]
geld dat je betaalt om iemand terug te krijgen die meegenomen is door criminelen

los·la·ten [liet los, heeft losgelaten]
1 niet meer vasthouden [iemand laat iets of iemand los] ✦ *als ik 'ja' zeg, moet je het touw loslaten*
2 vertellen [iemand laat iets los] ✦ *Anton laat op zijn werk weinig los over zijn persoonlijke leven*
3 niet meer vastzitten [iets laat los] ✦ *het etiket op de fles laat los*

los·ma·ken [maakte los, heeft losgemaakt]
1 zorgen dat iets niet meer vastzit [iemand maakt iets los] ✦ *wil je dit touw even losmaken?*
2 heftige gevoelens veroorzaken [iets maakt iets los (bij iemand)] ✦ *deze film heeft veel losgemaakt in Nederland*

los·sen [loste, heeft gelost]
1 de producten eruit halen [iemand lost iets, bijv. een schip] ✦ *de vrachtwagen wordt morgen in Frankrijk gelost*
2 een schot lossen: schieten

het **lot** [loten]
1 een briefje met een nummer waarmee je een prijs kunt winnen ✦ *voor de tv-actie zijn twee miljoen loten verkocht*
lootjes trekken: briefjes trekken met daarop de namen van mensen: voor de persoon die op jouw briefje staat, moet je bijv. een cadeautje kopen feestdagen
2 [geen meervoud] de loop van de gebeurtenissen, waarop je weinig invloed hebt
3 iemand aan zijn lot overlaten: iemand die het moeilijk heeft, niet helpen

lo·ten [lootte, heeft geloot]
een beslissing door iets toevalligs laten bepalen [iemand loot (om iets)] ✦ *zullen we loten om het laatste koekje?*

de **lo·te·rij** [loterijen]
een bijeenkomst om geld te krijgen voor een goed doel, waarbij je een nummer krijgt met een kans op een prijs

de **lot·ge·noot** [lotgenoten]
iemand in dezelfde vervelende situatie als iemand anders ✦ *onze vereniging probeert mensen met kanker in contact te brengen met lotgenoten*

de **lo·ti·on** [lotions]
een vloeistof met een lekkere geur, voor het lichaam of het haar

lou·che [bijvoeglijk naamwoord]
louche personen of zaken kun je niet vertrouwen ✦ *die man verdient zijn geld met louche handel*

lou·ter [bijwoord]
alleen maar ✦ *hij studeert louter voor zijn plezier Chinees*

lo·ven [loofde, heeft geloofd] (formeel)
positieve dingen zeggen om eer te bewijzen = prijzen [iemand looft iemand, bijv. God] ✦ *de mensen in de kerk loofden God in een lied*

loy·aal [bijvoeglijk naamwoord]
loyale mensen zijn eerlijk en trouw ✦ *de heer Gerritsen staat bekend als een loyale werknemer* ✦ *kinderen zijn vaak erg loyaal aan hun ouders*

lo·zen [loosde, heeft geloosd]
weg laten stromen; wegdoen [iemand loost vloeistof] ✦ *het water uit de polder wordt geloosd in de rivier*

de **lp** [lp's]
langspeelplaat: een ronde plaat van vinyl waarmee je muziek kunt laten horen

de **LPF**
Lijst Pim Fortuyn: een politieke partij in Nederland politiek

het **LPG**
liquefied petroleum gas: een soort gas waarop auto's kunnen rijden

L.S. [afkorting]
lectori salutem: dit betekent: heil aan de lezer; je kunt het boven een brief zetten die voor meerdere mensen bedoeld is

het **lso** (in België)
lager secundair onderwijs: het eerste, tweede en derde jaar van het secundair onderwijs

de •**lucht** [luchten]
1 het gas dat om je heen is en dat je gebruikt om te ademen ✦ *de jongen had een rood hoofd want hij kreeg bijna geen lucht meer*

2 de hemel met zon, wolken enz. ✦ *kijk eens, wat een mooie lucht!*
er zit iets in de lucht: er gaat iets gebeuren
dat is uit de lucht gegrepen: dat klopt niet; dat is niet waar ✦ *de verhalen over het huwelijk van de prins zijn volkomen uit de lucht gegrepen*
iets is niet van de lucht: iets komt veel voor ✦ *de kritiek op het rapport was niet van de lucht*
3 de geur ✦ *er hangt een vreemd luchtje in de kamer*

de **lucht·bal·lon** [luchtballonnen, luchtballons]
een grote ballon met een mand eronder waarin je de lucht in gaat

luchtballon

het **lucht·bed** [luchtbedden]
een voorwerp gevuld met lucht, waarop je kunt slapen ✦ *als ik kampeer, slaap ik altijd op een luchtbed*

de **lucht·bel** [luchtbellen]
een bolletje lucht in een vloeistof ✦ *in de benzine mogen geen luchtbellen zitten*

lucht·dicht [bijvoeglijk naamwoord]
als iets luchtdicht is, kan er geen lucht in of uit = vacuüm ✦ *deze vis is in Japan luchtdicht verpakt*

luch·ten [luchtte, heeft gelucht]
1 buiten hangen [iemand lucht iets, bijv. dekens] ✦ *elke week lucht ze alle dekens*
2 je hart luchten: zeggen wat je vervelend vindt

de **lucht·ha·ven** [luchthavens]
een plek waar vliegtuigen aankomen en vertrekken = het vliegveld

luch·tig [bijvoeglijk naamwoord]
1 luchtig eten bevat veel lucht ✦ *als je eiwit klopt, krijg je een luchtige massa*
2 luchtige kleren laten de wind door ✦ *ze droeg een luchtig jasje en een korte broek*
3 luchtige opmerkingen zijn niet ernstig of zwaar bedoeld ✦ *hij doet heel luchtig over zijn financiële problemen*

het **lucht·kas·teel** [luchtkastelen]
een mooie droom die nooit werkelijkheid zal worden

de **lucht·macht** [luchtmachten]
het onderdeel van een militaire organisatie dat bestaat uit vliegtuigen

de **lucht·ma·tras** *ook:* het [luchtmatrassen] (in België)
een voorwerp gevuld met lucht, waarop je kunt slapen = het luchtbed

de **lucht·pijp** [luchtpijpen]
de buis tussen je mond en je longen

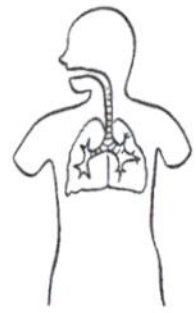

luchtpijp

het **lucht·ruim**
het gebied boven de aarde waar lucht (bet. 1) is = de dampkring

de **lucht·vaart**
het verkeer in de lucht

de **lucht·vaart·maat·schap·pij** [luchtvaartmaatschappijen]
een bedrijf dat reizen per vliegtuig organiseert

de **•lu·ci·fer** [lucifers]
een stokje waarmee je vuur maakt ✦ *heb je een doosje lucifers voor mij?*

lu·cra·tief [bijvoeglijk naamwoord]
lucratieve zaken leveren geld op = winstgevend ✦ *de handel in oude kunst kan erg lucratief zijn*

lu·diek [bijvoeglijk naamwoord]
ludieke activiteiten zijn vrolijk en niet ernstig ✦ *met deze ludieke actie willen ze protesteren tegen de nieuwe weg*

lu·gu·ber [bijvoeglijk naamwoord]
van lugubere dingen word je bang ✦ *er staat veel in de krant over de lugubere moord op een jong meisje*

de **lui**[1] [meervoud]
de mensen = de lieden ✦ *onze buren zijn aardige lui*

lui[2] [bijvoeglijk naamwoord]
luie mensen houden niet van werken ✦ *hij kan betere cijfers halen, maar hij is erg lui*

•luid [bijvoeglijk naamwoord]
iets wat luid is, kun je goed horen = hard ✦ *we hebben veel last van de luide muziek bij de buren*

•lui·den [luidde, heeft geluid]
1 laten klinken [iemand luidt een klok]

2 klinken [een klok luidt] ✦ *bij hun huwelijk luidden de klokken wel een kwartier*
3 … zijn; … klinken [een bericht of boodschap luidt …] ✦ *het juiste antwoord luidt: 1903*

luid·keels [bijwoord]
als je iets luidkeels roept, zeg je het zo hard dat iedereen het horen kan ✦ *iedereen zong luidkeels 'Lang zal ze leven'*

luid·op [bijwoord] (in België)
als je iets luidop zegt, kunnen anderen het horen = hardop ✦ *Lieven las het artikel in de krant luidop*

luid·ruch·tig [bijvoeglijk naamwoord]
iemand die luidruchtig is, maakt veel lawaai = rumoerig ✦ *de klas was erg luidruchtig toen de les was afgelopen*

de **luid·spre·ker** [luidsprekers]
een apparaat om elektrisch versterkt geluid te laten horen = de speaker

de **lui·er** [luiers]
een soort broekje waarin baby's kunnen poepen en plassen

de **lui·fel** [luifels]
een los dak aan een gebouw of aan een tent = het afdak

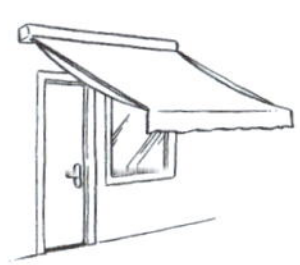
luifel

het **luik** [luiken]
1 een kleine deur in een muur of een plafond ✦ *heb je het luik van de zolder dichtgedaan?*
2 een plank voor een raam om de kamer te beschermen tegen het weer ✦ *ze zijn niet thuis, want de luiken zitten voor de ramen*

de **lui·lak** [luilakken]
iemand die lui[2] is ✦ *kom eens uit je bed, luilak*

de **luis** [luizen]
een klein diertje dat in je haar kan zitten en een vervelend gevoel veroorzaakt ✦ *veel kinderen op deze school hebben luizen*

•**luis·te·ren** [luisterde, heeft geluisterd]
1 met aandacht horen om iets tot je door te laten dringen [iemand luistert (naar iets of iemand)] ✦ *iedereen in de zaal zat stil naar de muziek te luisteren* ✦ *kinderen, jullie moeten beter luisteren als ik wat zeg* ✦ *luister, ik zal een verhaal vertellen*
2 dat luistert nauw: dat is heel precies werk

de **lui·te·nant** [luitenants]
iemand met een bepaalde militaire rang

•**luk·ken** [lukte, is gelukt]
goed gaan ⇔ mislukken [iets lukt] ✦ *hij wilde altijd een goede baan en dat is gelukt* ✦ *zijn de foto's gelukt?* ✦ *het lukt hem niet om minder te eten*

luk·raak [bijwoord]
als je iets lukraak doet, doe je het zonder na te denken ✦ *ze ziet eruit alsof ze haar kleren lukraak uit de kast heeft gepakt*

de **lul** [lullen] (grof)
1 het mannelijk geslachtsorgaan = de penis, de pik, de piemel
2 dit woord gebruik je als je iemand vervelend vindt

lul·lig [bijvoeglijk naamwoord] (informeel)
vervelend; niet leuk ✦ *doe niet zo lullig* ✦ *wat een lullige opmerking is dat!*

de **lum·mel** [lummels]
een onhandige jongen of man ✦ *hé lummel, kijk een beetje uit!*

de •**lunch** [lunches]
een maaltijd die aan het begin van de middag wordt gegeten ✦ *dit probleem wordt na de lunch besproken* maaltijden

lun·chen [lunchte, heeft geluncht]
eten aan het begin van de middag [iemand luncht]

de **lus** [lussen]
een ronde vorm in bijv. een touw ✦ *in sommige bussen kun je je vasthouden aan een lus*

lus

de **lust**
de zin; het verlangen ✦ *ze heeft alle lust verloren om verder te studeren*
wel de lusten maar niet de lasten heb-

ben: wel de voordelen maar niet de nadelen hebben

lus·ten [lustte, heeft gelust]
lekker vinden [iemand lust iets] ✦ *hij lustte als kind geen aardappelen*

het **lus·trum** [lustra]
een periode van vijf jaar ✦ *de vereniging viert volgende week haar vijfde lustrum*

de **luw·te**
een plek met weinig wind ✦ *als je in de luwte zit, is het buiten heerlijk*

de **luxe**[1]
dingen die niet nodig zijn, maar wel prettig ✦ *ik heb een dag vrij in de week en dat vind ik een grote luxe*

luxe[2] [bijvoeglijk naamwoord]
luxe dingen zijn niet nodig, maar wel prettig ✦ *je moet veel belasting betalen als je luxe goederen uit een ander land invoert*

luxu·eus [bijvoeglijk naamwoord]
luxueuze dingen zijn luxe[2] en duur ✦ *de directeur woont in een luxueuze villa*

het **ly·ce·um** [lycea, lyceums] (in Nederland)
een middelbare school met havo, atheneum en gymnasium ✦ *hun dochter zit op het Zaanlands Lyceum*

ly·risch [bijvoeglijk naamwoord]
1 een lyrisch gedicht gaat over de persoonlijke gevoelens van de dichter
2 heel positief ✦ *onze dochter is lyrisch over de nieuwe leraar*

m

m¹ [afkorting]
meter

de **m²** [m'en, m's]
de dertiende letter van het alfabet alfabet

'm [persoonlijk voornaamwoord] (informeel)
hem

de **•ma** [ma's]
de moeder ✦ *ma, kun je een dagje op de kinderen passen?*

de **maag** [magen]
een orgaan in je buik waar je eten in komt ✦ *voor de operatie moet ik een lege maag hebben*
met iets in je maag zitten: iets een probleem vinden ✦ *hij zat ermee in zijn maag dat hij een geheim had voor zijn vrouw*

de **maagd** [maagden]
iemand die nog nooit seksueel contact heeft gehad

de **Maagd** [Maagden]
een sterrenbeeld sterrenbeelden

de **maag·zweer** [maagzweren]
een ziekte waarbij het slijmvlies in je maag is beschadigd

maai·en [maaide, heeft gemaaid]
1 gras kort maken met een machine [iemand maait gras]
2 met je armen maaien: grote bewegingen met je armen maken ✦ *zij maaide wild met haar armen in de lucht*

de **maak**
in de maak zijn: gemaakt worden ✦ *er is een nieuwe wet in de maak*

de **•maal¹** *ook:* het [malen]
de maaltijd ✦ *dat was een heerlijk maal*

het **•maal²** *ook:* de [malen]
de keer ✦ *ik heb hem al meerdere malen geroepen, maar hij luistert niet*

de **•maal·tijd** [maaltijden]
het eten dat je iedere dag op vaste tijden eet = het maal ✦ *'s avonds eten we een warme maaltijd* maaltijden

de **•maan** [manen]
de maan draait om de aarde en geeft 's nachts wat licht; ook om andere planeten draaien manen ✦ *de maan schijnt*

de **•maand** [maanden]
een periode van ongeveer dertig dagen ✦ *een jaar heeft twaalf maanden* maanden
een dertiende maand: een bedrag dat zo hoog is als het loon dat je in een maand verdient en dat sommige mensen in december van hun werkgever krijgen werk

de **•maan·dag** [maandagen]
de eerste dag van de week ✦ *op maandag beginnen de scholen weer* dagen

het **maand·blad** [maandbladen]
een tijdschrift dat iedere maand verschijnt

maan·de·lijks [bijvoeglijk naamwoord]
een maandelijkse gebeurtenis vindt iedere maand plaats ✦ *zij krijgt een maandelijks bedrag van driehonderd euro*

het **maand·ver·band** [maandverbanden]
een zacht ding dat een vrouw in haar onderbroek draagt als ze haar menstruatie heeft

het **maan·zaad**
kleine, zwarte zaadjes die soms op brood zitten

•maar¹ [bijwoord]
1 niet meer dan … = slechts, enkel ✦ *ik ken maar twee woorden in het Engels: 'yes' en 'no'*
2 steeds, voortdurend ✦ *die vrouw blijft maar praten*

•maar² [voegwoord]
een woord dat tussen woorden of zinnen staat die een tegenstelling vormen ✦ *ik wil wel stoppen met roken, maar het lukt me niet* ✦ *ze is klein maar wel sterk*

de **•maart**
de derde maand van het jaar maanden

de **•maat** [maten]
1 een getal of een letter waarmee wordt uitgedrukt hoe groot iets is ✦ *de schoenen die hij wilde kopen, waren er helaas niet meer in maat 44* meten
de maat is vol: nu is het genoeg; zo kan het niet langer
2 elk van de stukjes van een muziekstuk met hetzelfde aantal tellen
3 de vriend ✦ *zij hadden een tijdje ruzie, maar ze zijn nu weer goede maten*
4 met twee maten meten: sommige vergelijkbare situaties anders beoordelen dan andere

Maaltijden

Er zijn drie maaltijden per dag: het ontbijt, de lunch en het avondeten.

Het **ontbijt** is in Nederland en België niet erg verschillend. Men eet dan vaak een paar boterhammen met kaas, pindakaas of jam (in Vlaanderen: confituur) en soms ook een beschuit of een plak ontbijtkoek (in Vlaanderen: peperkoek). Ook eet men wel een bord pap, of yoghurt met cornflakes of müsli en neemt men fruit of vruchtensap (in Vlaanderen: fruitsap). Bij een uitgebreid ontbijt neemt men ook een gekookt of gebakken ei. Men drinkt er koffie of thee bij.

In Nederland wordt de **lunch** gebruikt om ongeveer 13.00 uur ('tussen de middag'). Deze maaltijd bestaat hier voor het grootste deel uit brood: boterhammen met hartig beleg (kaas, worst of andere vleeswaren) of met zoet beleg (bijv. jam of hagelslag). Veel mensen nemen brood mee naar hun werk of naar school. In grotere bedrijven en op grote scholen is er vaak een kantine. Daar zijn broodjes, snacks, soep, melk, koffie of thee te koop.
In België eet men tussen 12.00 uur en 14.00 uur vaak een warme maaltijd. Wie op het werk of op school geen warme maaltijd gebruikt, neemt een thermos koffie en een boterhammendoosje mee, of haalt een broodje bij een broodjeszaak.

In Nederland wordt de derde maaltijd, de **warme maaltijd** of het **avondeten**, gebruikt tussen 17.30 uur en 19.00 uur. Soms begint men met soep. Het hoofdgerecht bestaat vaak uit gekookte aardappelen, groente, vlees en jus. Steeds meer wordt er ook rijst of pasta gegeten. Vaak eet men daarna nog iets 'toe'. Dit dessert of toetje bestaat vaak uit vla, pudding of yoghurt. Ook eet men wel fruit toe. Enkele bekende Nederlandse gerechten zijn: stamppot, zuurkool, boerenkool en erwtensoep. Ook pannenkoeken zijn bekend. Vooral kinderen eten ze graag.
In Nederland wordt steeds vaker wijn gedronken bij het avondeten.
In Vlaanderen wordt de warme maaltijd ook steeds meer 's avonds gegeten, over het algemeen wat later dan in Nederland. Typisch Vlaamse gerechten zijn: Gentse waterzooi, hutsepot en konijn met pruimen en biersaus. Er worden ook veel frieten gegeten, met biefstuk, kip of mosselen. Typische groenten zijn witloof (met kaas en hesp) en spruiten. Regelmatig wordt er bier of wijn aan tafel gedronken. Op een feest voor kinderen worden vaak wafels gebakken.

Men kan ook in een **restaurant** eten. Men doet dat vooral 's avonds (vanaf ongeveer 19.00 uur). Van Belgen wordt gezegd dat ze graag lekker en veel eten. Ze gaan ook vaker uit eten dan Nederlanders, vooral bij speciale gelegenheden: om een verjaardag te vieren of met mensen van het werk. De Belgen laten ook vaker gerechten van de traiteur thuisbezorgen.
Zowel in Vlaanderen als in Nederland wordt er 's zomers volop gebarbecued.
Ten slotte wordt er tamelijk veel gebruik gemaakt van afhaalrestaurants, vooral voor Chinees eten en pizza's. En ook worden tussen de maaltijden door snacks gegeten, zoals de (typisch Nederlandse) kroketten en frikandellen.

dranken

de•**maat·re·gel** [maatregelen]
een regeling om iets te veranderen of te organiseren ✦ *de school nam maatregelen tegen het gebruik van drugs*

•**maat·schap·pe·lijk** [bijvoeglijk naamwoord]
iets wat maatschappelijk is, heeft met de maatschappij te maken = sociaal ✦ *de oorlog had grote maatschappelijke gevolgen*

Maanden van het jaar

maanden:
januari
februari
maart
april
mei
juni
juli
augustus
september
oktober
november
december

het is vandaag *21 april*
op 13 maart ben ik jarig
op de twaalfde van de maand krijgt u bericht
in de maand oktober was het koud

begin september
half / medio / midden augustus
eind november

vorige (of: *afgelopen*) maand waren we in Italië
deze maand blijven we in Nederland
volgende (of: *komende*) *maand* gaan we naar Turkije

de afgelopen maanden was het koud
de komende maanden wordt het beter weer

twee maanden geleden heb ik een ongeluk gehad
een paar maanden lang hebben we elkaar niet gezien
ik ga *ruim een maand* op vakantie
over een maand zien we elkaar weer
de nieuwe auto komt *binnen drie maanden*

seizoenen:
de lente = het voorjaar
de zomer
de herfst = het najaar
de winter

dagen

de maatschappelijk werker: iemand die voor zijn werk mensen helpt die problemen hebben ✦ *de maatschappelijk werkster hielp Cora om beter met haar kinderen om te gaan*

de•**maat·schap·pij** [maatschappijen]
1 alle mensen die samen ergens leven = de gemeenschap, de samenleving ✦ *de moderne maatschappij verandert heel snel*
2 een onderneming, vooral op het gebied van handel, wetenschap of kunst ✦ *Ton werkt bij een oliemaatschappij*

de **maat·staf** [maatstaven]
een regel die door bijna iedereen wordt aanvaard = de norm ✦ *tegenwoordig zijn de maatstaven voor gezond eten heel anders dan vroeger*

de **ma·ca·dam** *ook:* het (in België)
een bepaald materiaal om de wegen hard te maken

de **ma·ca·ro·ni**
Italiaanse pasta in de vorm van pijpjes

ma·chi·naal [bijvoeglijk naamwoord]
iets wat machinaal gebeurt, wordt met een machine gedaan = mechanisch ✦ *de bakker maakte het brood niet meer met de hand, maar machinaal*

de•**ma·chi·ne** [machines]
een groot apparaat om iets te doen of te maken ✦ *in de fabriek stonden machines om auto's te maken*

de **ma·chi·nist** [machinisten]
1 een bestuurder van een trein
2 iemand die op een schip zorgt dat de machines goed functioneren

de **ma·cho** [macho's]
een man die een overdreven sterke indruk wil maken ✦ *die macho praat alleen maar over auto's en vrouwen*

de•**macht** [machten]
1 de invloed die iemand heeft door zijn baan of zijn rol ✦ *de president van Amerika heeft veel macht*
2 de kracht om iets te doen
uit alle macht: zo krachtig als je kunt ✦ *ik heb uit alle macht geprobeerd om te stoppen met roken, maar het lukte me niet*
niet bij machte zijn om iets te doen: iets niet kunnen doen ✦ *de ploeg was niet bij machte om de wedstrijd te winnen*
3 2^3 betekent: twee tot de derde macht,

ma

en dat is 2 x 2 x 2 = 8

mach·te·loos [bijvoeglijk naamwoord]
als je machteloos bent, heb je geen invloed op een nare situatie ✦ *het gezin keek machteloos naar het brandende huis*

de **macht·heb·ber** [machthebbers]
iemand die de macht heeft in een land

•**mach·tig** [bijvoeglijk naamwoord]
1 een machtige persoon heeft veel macht (bet. 1) ✦ *hij is een van de machtigste personen in Irak*
2 machtig eten vult je maag snel = zwaar, voedzaam ✦ *de taart was wel lekker, maar erg machtig*

mach·ti·gen [machtigde, heeft gemachtigd]
officieel toestemming geven om iets in jouw plaats te doen [iemand machtigt iemand (om iets te doen)] ✦ *mijn moeder heeft mij gemachtigd om geld van haar bankrekening te halen*

de **mach·ti·ging** [machtigingen]
een officieel papier waarop staat dat jij iets mag doen in plaats van iemand anders ✦ *als je in plaats van iemand anders wilt stemmen, heb je een machtiging nodig* **geld**

de **machts·strijd**
een strijd om de macht ✦ *er ontstond een machtsstrijd tussen de twee grote politieke partijen*

ma·cro-
groot ⇔ micro- ✦ *de macro-economie*

het **ma·de·lief·je** [madeliefjes]
een wit bloempje met een geel hart dat in het gras groeit

maf [bijvoeglijk naamwoord] (informeel)
op een leuke manier vreemd en gek ✦ *op het feest had zelfs de directeur een maffe trui aan*

de **maf·fia**
een organisatie van mensen die misdaden plegen ✦ *de maffia is in Italië heel actief*

het **ma·ga·zijn** [magazijnen]
1 een ruimte bij een kantoor of een winkel waar dingen worden bewaard = de opslagplaats
2 de ruimte in een wapen waarin de kogels zitten

het **ma·ga·zi·ne** [magazines]
1 een blad waarin elke maand of elke week artikelen staan over politiek, economie of kunst ✦ *bij de krant zit iedere zaterdag een magazine*
2 een radio- of tv-programma over politiek, economie of kunst

•**ma·ger** [bijvoeglijk naamwoord]
1 een magere persoon is dun ⇔ dik ✦ *je moet meer eten, want je bent zo mager!*
2 magere producten bevatten weinig vet ⇔ vet ✦ *omdat ze graag dunner wil worden, eet ze altijd magere kaas*
3 een mager resultaat is een slecht resultaat

de **ma·gie**
de geheime manier waarop sommige mensen proberen om dingen in de natuur te veranderen = de toverkunst, de tovenarij

de **mag·neet** [magneten]
een stuk ijzer dat ijzer naar zich toe trekt

mag·ne·tisch [bijvoeglijk naamwoord]
magnetische dingen hebben de kracht om dingen aan te trekken ✦ *goud is niet magnetisch, maar ijzer wel*

de **mag·ne·tron** [magnetrons]
een apparaat dat eruitziet als een kastje en waarin je op een snelle manier eten kunt klaarmaken

mag·ni·fiek [bijvoeglijk naamwoord]
iets wat magnifiek is, is erg mooi of erg goed = schitterend, geweldig ✦ *de ploeg leverde een magnifieke prestatie door te winnen van de kampioen*

de **mail** [mails]
de post die je via de computer stuurt en ontvangt = de e-mail ✦ *hij stuurde zijn vrienden een mailtje met zijn nieuwe adres*

mai·len [mailde, heeft gemaild]
via de computer post sturen en ontvangen = e-mailen [iemand mailt (iets aan iemand)] ✦ *hij heeft haar gemaild dat hij volgende week afwezig is*

de **mail·lot** [maillots]
een kledingstuk dat bestaat uit een broekje met lange kousen eraan

maillot

de **maïs**
een soort graan

maïs

de **ma·jes·teit** [majesteiten]
dit woord gebruik je als je tegen een koning of een koningin praat ✦ *majesteit, wat een eer dat u bent gekomen!*

de **ma·joor** [majoors]
iemand met een bepaalde militaire rang

mak [bijvoeglijk naamwoord]
makke dieren zijn rustig en niet bang voor mensen

de **ma·ke·laar** [makelaars, makelaren]
iemand die voor zijn beroep mensen helpt bij het kopen of verkopen van een huis ✦ *ga je je huis via een makelaar verkopen of doe je het zelf?* wonen

de **ma·ke·lij**
van … makelij: gemaakt in … ✦ *dit horloge is van Zwitserse makelij*

•**ma·ken** [maakte, heeft gemaakt]
1 laten ontstaan [iemand maakt iets] ✦ *deze tafel is gemaakt van hout* ✦ *als je met de computer werkt, moet je geen fouten maken*
2 herstellen; weer heel maken = repareren [iemand maakt iets] ✦ *als de tv kapot is, moet je hem laten maken*
3 zorgen dat iemand of iets … wordt [iemand of iets maakt iemand of iets …] ✦ *wat jammer dat de regen mijn broek zo vies heeft gemaakt* ✦ *je maakt me gek met die harde muziek!*
4 het maken: succes hebben ✦ *sinds hij iedere week op de televisie komt, denkt hij dat hij het helemaal heeft gemaakt*
5 dat kun je niet maken: dat hoort niet
6 te maken hebben met iemand of iets: verband hebben met iemand of iets ✦ *de man zei dat hij niets met de moord te maken had*

•**mak·ke·lijk** [bijvoeglijk naamwoord]
makkelijke dingen zijn eenvoudig = gemakkelijk ⇔ moeilijk ✦ *hij wist het antwoord op de makkelijke vraag niet*

de **mak·ker** [makkers]
de vriend = de maat ✦ *zijn hond is zijn trouwe makker*

de **ma·kreel** [makrelen]
een vis

de **mal**[1] [mallen]
een vorm waarmee je iets kunt maken of tekenen ✦ *om die figuren te maken doen ze ijzer in een mal*

mal[2] [bijvoeglijk naamwoord]
malle mensen of zaken zijn op een leuke manier raar = maf ✦ *Kim is een malle meid die altijd leuke plannen heeft*

ma·la·fi·de [bijvoeglijk naamwoord]
malafide zaken kun je niet vertrouwen = onbetrouwbaar ⇔ bonafide ✦ *de man van wie ik mijn fiets heb gekocht, blijkt malafide te zijn, want de fiets is gestolen!*

de **ma·lai·se**
een sombere toestand ✦ *de economische malaise verdween toen er een nieuwe regering kwam*

de **ma·la·ria**
een ziekte die je in warme en natte delen van de wereld kunt krijgen, en waarbij je hoge koorts hebt

ma·len [maalde]
1 [heeft gemalen] klein en fijn maken [iemand maalt iets] ✦ *vroeger maalde iedereen zelf koffie*
2 [heeft gemaald] steeds aan iets denken, zonder dat je kunt stoppen [iemand maalt] ✦ *de vrouw lag de hele nacht te malen over haar examen*

de **ma·ling**
1 maling hebben aan iets: iets niet belangrijk vinden ✦ *ik heb maling aan wat andere mensen over me denken*
2 iemand in de maling nemen: als grapje een beetje oneerlijk doen tegen iemand ✦ *je moet Barbara niet geloven: ze neemt je in de maling*

mals [bijvoeglijk naamwoord]
mals vlees is zacht ⇔ taai
dat is niet mals: dat is zwaar, heftig ✦ *de kritiek op het beleid van de minister was niet mals*

de •**ma·ma** [mama's]
dit woord gebruiken kinderen als ze tegen of over hun moeder praten = ma, mam ✦ *mama, mag ik een koekje?*

de •**man** [mannen]
1 de mijnheer; de heer ⇔ de vrouw ✦ *vroeger mochten alleen mannen stemmen*
2 de persoon met wie een vrouw ge-

ma

trouwd is = de echtgenoot ✦ *ik ben 30 jaar en mijn man is 31* familie
3 [geen meervoud] de persoon ✦ *Michael, Anna, Froukje en ik: we zijn vanavond met vier man*
iets aan de man brengen: iets verkopen ✦ *hij brengt wijn aan de man*
met man en macht: met alle mensen en dingen die kunnen helpen ✦ *we hebben met man en macht geprobeerd het vuur uit te maken, maar het is niet gelukt*

het **ma·nage·ment**
het bestuur van een organisatie = de leiding

de **ma·na·ger** [managers]
1 iemand die de leiding heeft in een organisatie
2 iemand die de zaken regelt voor personen of groepen die in het openbaar optreden ✦ *de zangeres heeft een eigen manager*

de **man·chet** [manchetten]
de onderste rand van de mouw van een overhemd ✦ *de manchetten van zijn overhemd kwamen onder de mouwen van zijn jasje uit*

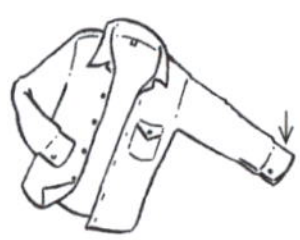
manchet

het **man·co** [manco's]
iets dat niet helemaal goed is of dat helaas ontbreekt = het gebrek ✦ *het is een groot manco dat ik geen Engels ken*

de **mand** [manden]
een voorwerp waarin je dingen mee kunt dragen, gemaakt van bijv. riet of plastic
door de mand vallen: als iemand door de mand valt, wordt duidelijk dat hij of zij niet eerlijk is

mand

het **man·daat** [mandaten]
een officiële opdracht om iets te doen = de volmacht ✦ *de voorzitter kreeg het mandaat om een beslissing te nemen*

de **man·da·rijn** [mandarijnen]
een oranje vrucht, een soort kleine sinaasappel

mandarijn

de **ma·ne·ge** [maneges]
een plaats waar je leert rijden op een paard ✦ *ze bracht haar dochter naar de manege voor paardrijles*

de **ma·nen** [meervoud]
de lange haren op het hoofd van een paard of van een leeuw

ma·nen tot [maande tot, heeft gemaand tot]
waarschuwen om iets te doen [iemand maant iemand tot iets] ✦ *hij maande de mensen tot grote voorzichtigheid*

de **ma·ni·ak** [maniakken]
iemand die zo fel met iets bezig is dat hij of zij ziek lijkt

de **ma·nie** [manies]
iemand die een manie heeft, is zo fel met iets bezig dat hij of zij ziek lijkt ✦ *het is een manie van haar om heel harde muziek te draaien*

de •**ma·nier** [manieren]
hoe iets gebeurt of gedaan wordt = de wijze, de methode ✦ *veel lezen is een goede manier om woorden te leren*

de **ma·nie·ren** [meervoud]
hoe je netjes met elkaar omgaat = het fatsoen
goede manieren hebben: doen zoals het hoort
geen manieren hebben: niet doen zoals het hoort

het **ma·ni·fest**[1] [manifesten]
een openbare tekst met de mening van een persoon of een groep ✦ *de nieuwe partij bood een manifest aan over het milieu*

ma·ni·fest[2] [bijvoeglijk naamwoord]
iets dat manifest is, is erg duidelijk = onmiskenbaar, overduidelijk ✦ *hij was op de vergadering manifest aanwezig*

de **ma·ni·fes·ta·tie** [manifestaties]
de gelegenheid dat een grote groep

mensen bij elkaar komt om anderen iets te laten zien of om te protesteren ✦ *er werd een manifestatie georganiseerd tegen het sluiten van de fabriek*

zich **ma·ni·fes·te·ren** [manifesteerde zich, heeft zich gemanifesteerd]
1 duidelijk worden [iets manifesteert zich] ✦ *de ziekte manifesteert zich pas enkele dagen later*
2 laten zien wie je bent [iemand manifesteert zich] ✦ *zij manifesteerde zich als schilderes*

de **ma·ni·pu·la·tie** [manipulaties]
het feit dat iemand of iets gemanipuleerd* wordt ✦ *de politieke partijen beschuldigden elkaar van manipulatie van de kiezer*

ma·ni·pu·le·ren [manipuleerde, heeft gemanipuleerd]
1 proberen invloed te hebben op iemands mening zonder dat hij dat merkt [iemand manipuleert iemand] ✦ *de president manipuleerde het volk via de televisie*
2 iets zo veranderen dat men het bijna niet merkt [iemand manipuleert iets] ✦ *de foto is gemanipuleerd, want in werkelijkheid zag het er anders uit*

mank [bijvoeglijk naamwoord]
iemand die mank loopt, loopt met één been niet goed ✦ *sinds het ongeluk loopt ze een beetje mank*

het **man·ke·ment** [mankementen]
iets dat niet helemaal goed is = het gebrek ✦ *het vliegtuig heeft een mankement aan de motor*

man·ke·ren [mankeerde, heeft gemankeerd]
1 niet helemaal goed zijn [er mankeert iets (aan iets)] ✦ *er mankeert iets aan de computer, want het geluid doet het niet*
2 niet gezond zijn; een ziekte hebben [iemand mankeert iets] ✦ *ik mankeer op het ogenblik van alles*

de **man·kracht** [mankrachten]
de hoeveelheid mensen voor een bepaald werk ✦ *we hebben meer mankracht nodig om het werk op tijd af te krijgen*

man·ne·lijk [bijvoeglijk naamwoord]
1 mannelijke mensen, dieren of planten zijn de vormen van leven die zaad maken ⇔ vrouwelijk ✦ *de boom heeft mannelijke en vrouwelijke bloemen*
2 iets wat mannelijk is, is zoals je van een man verwacht = masculien ⇔ vrouwelijk ✦ *zij heeft een mannelijke stem*
3 (taal) een mannelijk woord heeft 'de' als lidwoord; over een mannelijk woord spreek je met 'hij' of 'hem'

de **man·ne·quin** [mannequins]
iemand die kleren laat zien aan het publiek tijdens een modeshow ✦ *de mannequin droeg een kort rokje*

het **man·ne·tje** [mannetjes]
een mannelijk dier ⇔ het wijfje, het vrouwtje ✦ *bij honden heet het mannetje een 'reu'* dieren

de **ma·noeu·vre** [manoeuvres]
1 een beweging om bijv. een auto of een fiets van richting te laten veranderen ✦ *door een verkeerde manoeuvre van de chauffeur is de bus tegen een boom gereden*
2 een handeling om iets te bereiken ✦ *de man heeft door vreemde manoeuvres zijn baan gekregen*

ma·noeu·vre·ren [manoeuvreerde, heeft gemanoeuvreerd]
op zo'n manier sturen dat de auto, bus, boot enz. in de goede richting gaat [iemand manoeuvreert een auto, bus, boot enz.] ✦ *de kapitein manoeuvreerde het schip de haven in*
iets zó weten te manoeuvreren dat ...: de dingen zó kunnen regelen dat ... ✦ *zij wist het zo te manoeuvreren dat ze naast hem kwam te zitten*

de **man·schap·pen** [meervoud]
de soldaten ✦ *honderdduizend manschappen werden naar de oorlog gestuurd*

de •**man·tel** [mantels]
een lange jas voor vrouwen

mantel

de **man·tel·zorg**
hulp door familie en vrienden aan mensen die zorg nodig hebben
gezondheid

het **ma·nus·cript** [manuscripten]
een tekst voordat hij uitgegeven is ✦ *de schrijver heeft het manuscript eerst door enkele vrienden laten lezen*

de **map** [mappen]
1 iets om losse papieren in te doen ✦ *hij liet de map vallen en al zijn papieren lagen op de grond*

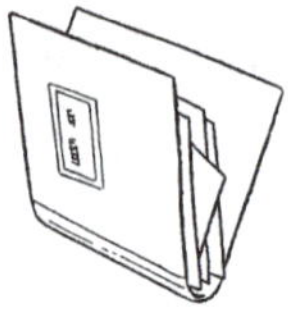

map 1

2 een plaats in je computer waarin je informatie over een bepaald onderwerp bewaart ✦ *om die informatie te bewaren kun je beter een nieuwe map maken*

de **ma·quet·te** [maquettes]
een gebouw in het klein, precies zoals het in het echt gebouwd zal worden ✦ *er is een maquette van het nieuwe kantoor gemaakt*

de **ma·ra·thon** [marathons]
een wedstrijd in hardlopen over 42 kilometer en 195 meter ✦ *ze heeft de marathon van New York gelopen*

mar·che·ren [marcheerde, heeft of is gemarcheerd]
met een groep mensen met gelijke passen lopen [iemand marcheert] ✦ *de soldaten marcheerden door de stad*

de **ma·re·chaus·see**
de militaire politie in Nederland

de **mar·ga·ri·ne** [margarines]
een soort boter die gemaakt is van vet van planten of dieren

de **mar·ge** [marges]
1 de witte randen om de tekst op een blad papier ✦ *in het boek waren een paar woorden met pen in de marge geschreven*
2 verschil in afstanden, bedragen, prijzen, hoeveelheden enz. = de speelruimte ✦ *bij het meten van de stof kun je beter een marge van een paar centimeter nemen*

mar·gi·naal [bijvoeglijk naamwoord]
iets wat marginaal is, is niet erg belangrijk of niet erg groot ✦ *het bedrijf heeft dit jaar een marginale winst gemaakt*

de **mar·griet** [margrieten]
een bloem met witte blaadjes en een geel hart

de **Ma·ria-Ten·he·mel·op·ne·ming** (in België)
15 augustus, het katholieke feest van Maria, de moeder van Jezus = de Maria-Hemelvaart **feestdagen**

De dag waarop het opnemen van Maria in de hemel wordt herdacht. Op Maria-Tenhemelopneming heeft iedereen in België een vrije dag.

de **ma·ri·hu·a·na**
een drug die je in een sigaret kunt roken = de wiet

Zo'n sigaret met marihuana heet ook wel een stickie of een joint. Marihuana is een softdrug. In Nederland en België mogen softdrugs verkocht worden.

de **ma·ri·ne**
het deel van het leger dat op zee werkt ✦ *mijn broer zit bij de marine*

de **ma·ri·nier** [mariniers]
een soldaat bij de marine*

de **ma·ri·o·net** [marionetten]
1 een pop die je kunt bewegen door aan touwtjes te trekken

marionet 1

2 iemand die precies doet wat anderen willen ✦ *sommigen beweren dat hij een marionet van het bestuur is*

ma·ri·tiem [bijvoeglijk naamwoord]
maritieme zaken hebben te maken met de zee of met het varen op zee ✦ *in Scheveningen is een tentoonstelling van maritieme voorwerpen*

mar·kant [bijvoeglijk naamwoord]
markante mensen of dingen vallen op; je vergeet ze niet gauw ✦ *hij heeft een markant gezicht, met zijn grote neus*

mar·ke·ren [markeerde, heeft gemarkeerd]
met een teken duidelijk maken waar iets is [iemand of iets markeert iets] ✦ *de fouten in de tekst worden gemarkeerd met een rood lijntje* ✦ *een beeld markeert de plaats waar de jongen gedood is*

de **mar·ke·ring** [markeringen]
een teken waarmee je duidelijk maakt waar iets is ✦ *we konden de weg niet meer vinden omdat de markeringen niet klopten*

de **mar·ke·ting**

de dingen die worden gedaan om meer producten te verkopen ✦ *er wordt veel aandacht besteed aan de marketing van het apparaat*

de•**markt** [markten]
1 een plaats of een plein waar mensen hun producten verkopen ✦ *ik koop mijn groenten op de markt*
2 de mogelijkheid tot handel in producten ✦ *de uitgever dacht dat er geen markt was voor het boek*
een gat in de markt: iets wat nog niet of nauwelijks te koop is, zodat je geld kunt verdienen door het te gaan verkopen ✦ *jaren geleden waren kleine telefoontjes nog een gat in de markt, maar nu heeft bijna iedereen er een*
van alle markten thuis zijn: veel verschillende dingen kunnen
3 het niet onder de markt hebben: (in België) het moeilijk hebben ✦ *de directeur had het niet onder de markt tijdens de vergadering*

het **markt·aan·deel** [marktaandelen]
het deel van alle kopers van een product aan wie één bedrijf dat product verkoopt ✦ *het bedrijf heeft een marktaandeel van dertig procent*

de **markt·lei·der** [marktleiders]
het bedrijf dat de meeste producten van een bepaalde soort verkoopt

de **mar·me·la·de** [marmeladen, marmelades]
fruit, vooral sinaasappels, gekookt met suiker om op brood te doen

het **mar·mer**
een harde steensoort, meestal wit of zwart ✦ *in de tuin staat een beeld van marmer*

de **mar·mot** [marmotten]
een klein dier dat hoog in de bergen leeft

marmot

de **mars** [marsen]
1 een tocht te voet van een grote groep mensen ✦ *zij hielden een lange mars door de stad*
2 een stuk muziek waarop je goed in de maat kunt lopen
3 heel wat in je mars hebben: heel goed zijn; veel kunnen

de **mar·se·pein** *ook:* het
zacht snoep dat gemaakt wordt van onder andere amandelen en suiker
feestdagen

de **mar·te·laar** [martelaars, martelaren]
mar·te·la·res [martelaressen]
iemand die zo sterk in iets gelooft dat hij of zij er zelfs voor wil sterven ✦ *hij stierf als martelaar voor zijn geloof*

mar·te·len [martelde, heeft gemarteld]
iemand veel pijn doen, vooral om hem of haar tot iets te dwingen [iemand martelt een mens of een dier] ✦ *de tegenstanders van de regering werden gemarteld*

de **mas·ca·ra**
een stof om de haartjes rond je ogen donker te maken

de **mas·cot·te** [mascottes]
een poppetje of een voorwerp dat je bij je hebt, omdat je hoopt dat het geluk brengt ✦ *de mascotte van onze club is een kip*

het **mas·ker** [maskers]
een voorwerp dat je voor je gezicht draagt, om het te beschermen of om te doen alsof je iemand anders bent ✦ *alle mensen op het feest droegen een masker*
een masker op hebben: anders doen dan je echt bent

mas·ke·ren [maskeerde, heeft gemaskeerd]
zorgen dat je iets niet goed kunt zien of horen door iets anders te laten zien of horen = verbergen [iemand maskeert iets] ✦ *hij maskeerde zijn verdriet met het maken van grappen*

de•**mas·sa** [massa's]
1 een grote groep mensen ✦ *het meisje kon in de massa haar moeder niet vinden*
2 een grote hoeveelheid ✦ *wij hebben een massa boeken*
3 een hoeveelheid van een stof zonder vorm ✦ *maak van boter, suiker en eieren een dikke massa*

mas·saal [bijvoeglijk naamwoord]
bij massale gebeurtenissen zijn heel veel mensen aanwezig ✦ *de bevolking protesteerde massaal tegen de oorlog*

de **mas·sa·moord** [massamoorden]

de moord op een groot aantal mensen

mas·se·ren [masseerde, heeft gemasseerd]
met je handen op iemands lichaam drukken en strijken om het soepeler te maken [iemand masseert iemand] ✦ *hij masseerde het been van zijn zoon*

mas·sief [bijvoeglijk naamwoord]
een massief voorwerp is van binnen en van buiten van dezelfde stof ⇔ hol ✦ *de lepels zijn van massief zilver*

de **mast** [masten]
1 een rechte paal op een boot waaraan het zeil vastzit
2 een paal, bijv. voor draden voor stroom of telefoon

mas·tur·be·ren [masturbeerde, heeft gemasturbeerd]
jezelf seksueel bevredigen [iemand masturbeert]

de• **mat**[1] [matten]
een stevig, dik stuk stof dat bij de deur ligt, om je voeten te vegen ✦ *de volgende dag lag er een brief op de mat*
iemand op het matje roepen: iemand bij je laten komen om hem te vertellen dat hij of zij iets fout heeft gedaan ✦ *toen ik steeds niet reageerde, werd ik op het matje geroepen*

mat[2] [bijvoeglijk naamwoord]
1 iets dat mat is, glimt niet = dof ⇔ glanzend ✦ *de ene deur was glimmend, de andere was mat*
2 iemand die mat reageert op iets, is een beetje moe of vindt het niet interessant ✦ *"O leuk", zei ze mat*
3 je staat mat bij het schaakspel als je je koning verliest = schaakmat

de **match** [matches]
de wedstrijd

de• **ma·te** [maten]
een hoeveelheid van iets abstracts ✦ *de mate van succes is afhankelijk van veel dingen*
met mate: niet te veel ✦ *alcohol moet je met mate drinken, anders is het ongezond*
in hoge mate: erg; heel ✦ *het succes van de besprekingen is in hoge mate afhankelijk van de gemeente*

ma·te·loos [bijvoeglijk naamwoord]
heel erg; erg veel ✦ *de meisjes hebben een mateloze belangstelling voor hem*

ma·ten *zie:* **meten**

het• **ma·te·ri·aal** [materialen]
alles waarmee je iets kunt doen of maken ✦ *van welk materiaal is deze stoel?*

het **ma·te·ri·a·lis·me**
het feit dat sommige mensen alleen maar geïnteresseerd zijn in geld en spullen

de **ma·te·rie**
1 dingen die je kunt zien en aanraken = de stof ✦ *de mens bestaat uit materie en geest*
2 de informatie; het onderwerp ✦ *het is een lastige materie*

het **ma·te·ri·eel**[1]
voorwerpen en machines om iets mee te maken of te doen ✦ *het materieel van het bedrijf bestond uit twintig bussen* ✦ *de minister beloofde meer geld voor nieuw materieel voor het leger*

ma·te·ri·eel[2] [bijvoeglijk naamwoord]
materiële zaken hebben te maken met geld en spullen ✦ *het ongeluk had gelukkig alleen materiële gevolgen*

ma·tig [bijvoeglijk naamwoord]
iets wat matig is, is niet erg veel of niet erg goed ✦ *de prestaties van de groep waren matig*

ma·ti·gen [matigde, heeft gematigd]
1 minder groot maken = beperken [iemand matigt iets] ✦ *de regering heeft gevraagd de lonen te matigen*
2 minder nemen of doen dan je eigenlijk zou willen = zich beperken [iemand matigt (zich)] ✦ *vroeger dronk zij te veel, maar nu is ze aan het matigen* ✦ *nu de werknemers minder loon krijgen, zou het bestuur zich ook moeten matigen*

de **ma·trak** [matrakken] (in België)
een stok van rubber die door de politie wordt gebruikt als wapen

de **ma·tras** *ook:* het [matrassen]
het deel van een bed dat gevuld is met een zacht materiaal en waarop je ligt

matras

de **ma·troos** [matrozen]
iemand die op grote schepen op zee werkt, met de laagste functie

de **ma·vo** [mavo's] (in Nederland)

een school voor middelbaar algemeen vormend onderwijs, die tegenwoordig vmbo heet

m.a.w. [afkorting]
met andere woorden: dit gebruik je als je iets ook nog op een andere manier wilt zeggen ✦ *ik werk tien uur per dag, m.a.w. ik heb te veel taken*

maxi·maal[1] [bijvoeglijk naamwoord]
maximale zaken zijn zo groot mogelijk ⇔ minimaal ✦ *in mijn werk heb ik maximale vrijheid*

maxi·maal[2] [bijwoord]
niet meer dan; ten hoogste ⇔ minimaal ✦ *er kunnen maximaal honderd mensen in de zaal*

het **maxi·mum** [maxima]
het meeste; het hoogste ⇔ het minimum ✦ *het maximum aan bagage is 25 kilo*

de **may·o·nai·se** [mayonaises]
een gele saus van eieren, olie, azijn enz. ✦ *ze at friet met mayonaise*

de **ma·ze·len** [meervoud]
een ziekte die vooral kinderen kunnen krijgen, met koorts en rode vlekjes

de **ma·zout** (in België)
een bepaald soort brandstof waarmee huizen worden verwarmd

de **maz·zel** (informeel)
1 het geluk ✦ *we hebben veel mazzel gehad bij het kopen van onze auto*
2 de mazzel!: een groet als je weggaat

de **MB**
megabyte: een maat voor de hoeveelheid informatie op een computer ✦ *op een diskette past 1,44 MB*

het **mbo**
middelbaar beroepsonderwijs ✦ *na het vmbo gaan veel leerlingen naar het mbo* onderwijs

m.b.t. [afkorting]
met betrekking tot …: die te maken heeft met …; die te maken hebben met … ✦ *de maatregelen m.b.t. het onderwijs aan kinderen die slecht leren, hebben weinig succes*

m.b.v. [afkorting]
met behulp van …: door … te gebruiken ✦ *maak m.b.v. een lepel kleine balletjes van het deeg*

'me [voornaamwoord]
1 [persoonlijk voornaamwoord] dit woord gebruik je als je over jezelf praat; het is de objectvorm van 'ik' = mij ✦ *hij heeft me gisteren gebeld*
2 [wederkerend voornaamwoord] dit woord gebruik je bij wederkerende werkwoorden in de ik-vorm = mij ✦ *sorry, ik vergiste me* voornaamwoorden

de **ME** (in Nederland)
mobiele eenheid: een speciale afdeling van de politie die optreedt in moeilijke situaties

me·cha·nisch [bijvoeglijk naamwoord]
mechanische dingen werken door bewegende onderdelen ✦ *de brug wordt niet meer met de hand geopend, maar mechanisch*

het **me·cha·nis·me**
de manier waarop een machine in elkaar zit en werkt ✦ *het mechanisme van het hart is eigenlijk eenvoudig*

de **me·dail·le** [medailles]
een plaatje van goud of zilver dat iemand krijgt die wint of die iets heel goed heeft gedaan ✦ *ze kreeg een medaille omdat ze de wedstrijd gewonnen had*

medaille

me·de [bijwoord] (formeel)
samen met andere mensen of zaken = ook ✦ *hij is mede verantwoordelijk voor wat er gebeurd is*

de **me·de·de·ling** [mededelingen]
een boodschap die wordt meegedeeld ✦ *we kregen de mededeling dat de vergadering niet doorgaat*

het **me·de·do·gen** (formeel)
het medelijden*

de **me·de·klin·ker** [medeklinkers] (taal)
een letter die je uitspreekt terwijl je tong of je lippen op een bepaalde plaats in je mond de lucht die naar buiten gaat even tegenhouden = de consonant ⇔ de klinker ✦ *de 'b', de 'p' en de 't' zijn medeklinkers en de 'a', de 'e' en de 'i' zijn klinkers* uitspraak

het **me·de·le·ven**
de belangstelling voor de gevoelens van andere mensen ✦ *om zijn medeleven te tonen, bracht hij bloemen mee voor de patiënt*

het **me·de·lij·den**
het begrip voor de gevoelens van iemand die iets vervelends meemaakt ✦ *het is haar eigen schuld en ik heb geen medelijden met haar*

de **me·de·mens** [medemensen]
ieder ander mens dan de persoon over wie het gaat = de naaste ✦ *hij heeft helemaal geen vertrouwen in zijn medemensen*

me·den *zie:* **mijden**

me·de·plich·tig [bijvoeglijk naamwoord]
iemand die medeplichtig is, doet mee aan iets wat verboden is ✦ *hij heeft de misdaad niet zelf gepleegd, maar hij is wel medeplichtig*

de **me·de·stan·der** [medestanders]
iemand die laat merken dat hij of zij het met je eens is ✦ *hij had veel medestanders voor zijn voorstel*

de **me·de·wer·ker** [medewerkers] **me·de·werk·ster** [medewerksters]
iemand die werkt bij een organisatie of een bedrijf = het personeelslid

de **me·de·wer·king**
het feit dat je samen met anderen aan iets werkt ✦ *ik dank mijn vriendin voor de medewerking aan dit boek*

de **me·de·zeg·gen·schap**
het recht om mee te beslissen ✦ *de werknemers wilden medezeggenschap in beslissingen over het bedrijf*

de **me·dia** [meervoud]
alle middelen om informatie te geven, zoals kranten, radio en televisie **media**

het **me·di·ca·ment** [medicamenten]
een middel tegen een ziekte = het medicijn, het geneesmiddel

het •**me·di·cijn** [medicijnen]
een middel tegen een ziekte = het geneesmiddel, het medicament ✦ *de oude man gebruikte allerlei medicijnen* **gezondheid**
medicijnen studeren: studeren om arts te worden

me·dio [bijwoord]
in het midden van ... ✦ *medio augustus krijgt u bericht*

me·disch [bijvoeglijk naamwoord]
medische zaken hebben te maken met artsen en ziekenhuizen = geneeskundig ✦ *meteen na het ongeluk kreeg hij medische hulp*

me·di·te·ren [mediteerde, heeft gemediteerd]
stil worden in jezelf om de diepste werkelijkheid te ervaren [iemand mediteert]

het **me·di·um**
1 [media] een middel om informatie te geven, zoals een krant, de radio, de televisie enz.
2 [mediums] iemand die contact heeft met zielen van gestorven mensen of met geesten

•**mee** [bijwoord]
1 met iemand of iets ✦ *Julius wil graag met ons mee*
2 in het voordeel van iemand of iets; gunstig voor iemand of iets ⇔ tegen ✦ *we hebben de wind gelukkig mee*

•**mee·bren·gen** [bracht mee, heeft meegebracht]
bij je hebben [iemand brengt iets mee] ✦ *voor de volgende les moeten jullie een ander boek meebrengen*
iets brengt iets met zich mee: iets heeft een bepaald gevolg ✦ *de oorlog bracht veel problemen met zich mee*

•**mee·de·len** [deelde mee, heeft meegedeeld]
bekendmaken; laten weten [iemand deelt iets mee] ✦ *de baas heeft niets bijzonders meegedeeld*

•**mee·doen** [deed mee, heeft meegedaan]
samen met anderen doen = deelnemen [iemand doet mee (met iets of aan iets)] ✦ *ze willen beslist niet met ons meedoen*

mee·do·gen·loos [bijvoeglijk naamwoord]
meedogenloze mensen zijn hard en hebben geen medelijden met anderen ✦ *de soldaat sloeg de vrouw meedogenloos*

•**mee·gaan** [ging mee, is meegegaan]
met iemand naar iets toegaan [iemand gaat (met iemand) mee (naar iemand of iets)] ✦ *wie gaat er mee naar de film?*

mee·ge·hol·pen *zie:* **meehelpen**

mee·ge·no·men *zie:* **meenemen**

mee·hel·pen [hielp mee, heeft meegeholpen]
helpen om iets te doen = meewerken [iemand helpt (iemand) mee (met iets)] ✦ *mijn broers hebben meegeholpen met het schoonmaken van het huis*

Media en communicatie

Je kunt te weten komen wat er in de wereld gebeurt via kranten, de radio, de televisie, de telefoon, de post of het internet.
Er zijn in Nederland **ochtendkranten** en **avondkranten**. *De Telegraaf, de Volkskrant, Algemeen Dagblad* en *Trouw* zijn ochtendkranten, *NRC Handelsblad* en *het Parool* zijn avondkranten. Veel kranten zijn landelijk, met alleen nieuws uit Nederland en de wereld, maar er zijn ook regionale kranten, met ook nog nieuws uit de buurt waar je woont.
In België zijn er alleen ochtendkranten. Er zijn kwaliteitskranten, zoals *De Standaard, De Morgen* en *De Financieel Economische Tijd*, en populaire kranten, zoals *Het Laatste Nieuws* en *Het Nieuwsblad*. Regionale kranten zijn *Het Belang van Limburg* en *Gazet van Antwerpen*.

In Nederland maken de publieke **omroepen**, zoals de Vara, de Tros en de NCRV met geld van de overheid programma's die op de radio en op tv op Nederland 1, 2 en 3 worden uitgezonden. Een grote omroep met veel leden krijgt meer zendtijd dan een kleine omroep. In België is er één openbare omroep per landstaal. Voor de Nederlandstalige uitzendingen is dat de VRT (Vlaamse Radio en Televisieomroep). Die werkt vooral met geld van de overheid.
Daarnaast is er nog een aantal Nederlandstalige commerciële televisiezenders, zoals RTL en Yorin in Nederland. In België zijn dat VTM en VT4 als algemene omroepen, en speciale omroepen, zoals Kanaal Z voor economisch nieuws en Jim-tv met popmuziek. Op deze laatste zenders is er veel meer reclame tussen en tijdens de programma's, en ze zijn alleen te ontvangen via een schotelantenne of een kabel. Veel huizen hebben een kabelaansluiting: als je geld betaalt aan een kabelbedrijf, kun je op de televisie ongeveer veertig zenders ontvangen. Met de afstandsbediening kun je langs alle zenders zappen. Op de radio zijn er zenders met popmuziek, zenders met klassieke muziek en een zender met vooral nieuws.

Men kan **post** versturen en ontvangen via de TPG Post in Nederland en De Post in België. De postbode doet iedere dag, behalve op zondag (en in België ook op zaterdag), de post in je brievenbus. Als je zelf iets wilt versturen, dan doe je er een postzegel op en breng je het naar het postkantoor of je doet het in de rode brievenbus op straat. In de brievenbus in Nederland zitten twee gleuven: een voor post in de buurt en een voor post verder weg. Er staat op welke post je in welke gleuf moet doen.

Telefoneren kan met een vast toestel thuis, met een mobiele telefoon of vanuit een telefooncel. Telefoneren met een vast toestel is het goedkoopst, maar dan moet je wel een aansluiting hebben en je moet iedere twee maanden abonnementskosten betalen. Veel mensen hebben voicemail of een antwoordapparaat: als ze de telefoon niet opnemen, kan de persoon die belt een bericht inspreken. Wie een mobiele telefoon koopt, kan kiezen uit een abonnement of prepaid. Bij een abonnement betaal je een vast bedrag per maand, en bij prepaid kun je het beltegoed opwaarderen met bijvoorbeeld een kaart. Voor de meeste telefooncellen heb je een telefoonkaart nodig, maar er zijn ook openbare telefoons waar je geld in kunt doen.

Voor **e-mail** en **internet** heb je een computer nodig, een provider en een telefoonaansluiting of een kabelaansluiting. Voor internet via de telefoonlijn moet je per minuut betalen. Wie internet via de kabel heeft, betaalt een vast bedrag per maand. Ook de meeste providers vragen een bepaald bedrag per maand.

het **meel**
graan dat heel fijn gemalen is en waarvan bijv. brood gemaakt wordt = de bloem

mee·le·ven [leefde mee, heeft meegeleefd]
belangstelling tonen voor de gevoelens van een ander [iemand leeft mee (met iemand)] ✦ *Sharon moet morgen examen doen en de hele familie leeft met haar mee*

•**mee·ma·ken** [maakte mee, heeft meegemaakt]
bij een gebeurtenis zijn; een bepaalde ervaring hebben = beleven, ervaren, ondervinden [iemand maakt iets mee] ✦ *de vrouw heeft in haar leven al veel meegemaakt* ✦ *ik heb wel eens meegemaakt dat ik van mijn fiets getrokken werd*

•**mee·ne·men** [nam mee, heeft meegenomen]
1 zorgen dat je iets bij je hebt [iemand neemt iets of iemand mee] ✦ *als we boodschappen doen, nemen we altijd een tas mee*
2 dat is mooi meegenomen: dat is leuk; daar heb je voordeel van ✦ *ze kregen elk twintig euro en dat was natuurlijk mooi meegenomen*

mee·pra·ten [praatte mee, heeft meegepraat]
praten met anderen [iemand praat mee (met anderen)]
kunnen meepraten over iets: ervaring hebben met iets
meepraten met iemand: dingen zeggen die een ander graag wil horen ✦ *hij praat altijd met zijn baas mee, omdat hij hoopt op die manier een hogere functie te krijgen*

het **meer**[1] [meren]
een groot stuk water in het land = de plas ✦ *zullen we naar het meer gaan om te zwemmen?* landschap

•**meer**[2] [bijwoord]
1 naast wat al genoemd is ✦ *wie waren er nog meer op het feest?*
onder meer: dit zeg je als je niet alle personen of zaken noemt, maar een paar ✦ *onder meer Inez, Karim en Hassan waren er*
2 vaker ✦ *je zou eens wat meer naar buiten moeten*
3 langer; verder in de tijd ✦ *ze kon niet meer op haar stoel blijven zitten* ✦ *dat weet ik niet meer*
4 een grotere hoeveelheid ✦ *er waren meer mensen dan we verwacht hadden*
5 zonder meer: zonder dat je het hoeft uit te leggen ✦ *dat hoef je niet te vragen; dat is zonder meer goed*
6 des te meer: juist wel ✦ *zij houdt niet van wandelen, maar haar zus des te meer*

•**meer**[3] [hoofdtelwoord]
dit is de vergrotende trap van 'veel' ✦ *vandaag heeft hij meer boterhammen gegeten dan gisteren*

de **meer·de·re**[1] [meerderen]
1 iemand die een hogere positie heeft dan een ander = de chef, de superieur ⇔ de ondergeschikte ✦ *soldaten moeten hun meerderen groeten*
2 iemand die beter is ⇔ de mindere ✦ *in sport is hij mijn meerdere*

meer·de·re[2] [hoofdtelwoord]
meer dan één = verscheidene ✦ *ze heeft meerdere keren geroepen*

de •**meer·der·heid**
de grootste groep ⇔ de minderheid ✦ *de meerderheid heeft voor het voorstel gestemd*

meer·der·ja·rig [bijvoeglijk naamwoord]
iemand die meerderjarig is, is achttien jaar of ouder en is volgens de wet zelfstandig = volwassen ⇔ minderjarig

meer·ma·len [bijwoord]
meer dan één keer; vaak = herhaaldelijk, dikwijls ✦ *ik heb hem meermalen gewaarschuwd, maar hij heeft nog steeds niet betaald*

het **meer·voud** [meervouden] (taal)
de vorm van een woord waaraan je kunt zien dat het om meer dan één gaat ⇔ het enkelvoud ✦ *het meervoud van 'vrouw' is 'vrouwen'*

meer·vou·dig [bijvoeglijk naamwoord]
iets dat meervoudig is, bestaat uit meer dan één deel ✦ *hij is meervoudig winnaar zwemmen op de Olympische Spelen*

de **meer·waar·de** [meerwaarden, meerwaardes]
een extra waarde ✦ *het bestuur besloot de voetballer te verkopen, omdat hij geen meerwaarde voor de club had*

de **mees** [mezen]

een kleine vogel die mooi kan zingen

mees

mee·sle·pend [bijvoeglijk naamwoord]
meeslepende verhalen zijn zo echt dat het lijkt alsof je ze zelf meemaakt ✦ *hij vertelde meeslepend over zijn reizen*

mee·spe·len [speelde mee, heeft meegespeeld]
1 samen met iemand spelen [iemand speelt mee (met iemand)] ✦ *een paar kinderen mochten niet meespelen met de rest*
2 invloed hebben [iets speelt mee (bij iets)] ✦ *ik kan niet meer zo hard lopen; mijn leeftijd gaat meespelen*

•meest [bijwoord]
dit is de overtreffende trap van 'veel' ✦ *hij houdt het meest van zijn vrouw* ✦ *dat is het meest romantische verhaal dat ik ooit gehoord heb*

•meest·al [bijwoord]
in de meeste gevallen = gewoonlijk, doorgaans ✦ *vandaag waren ze te laat, maar meestal zijn ze op tijd*

de **•mees·ter** [meesters]
1 [vrouw: mees·te·res; meesteressen] iemand die de baas is of de macht heeft = de heer
je meester maken van iets: iets krijgen door er moeite voor te doen ✦ *de spelers hebben zich meester gemaakt van de eerste plaats*
een toestand of situatie meester zijn: de macht in een situatie hebben ✦ *er werd zwaar gevochten na de wedstrijd, maar om tien uur was de politie de situatie meester*
2 een man die lesgeeft op de basisschool = de leraar, de onderwijzer ✦ *de meester zei dat de kinderen stil moesten zijn*
3 iemand die iets heel goed kan = de uitblinker ✦ *zij is een meester in het tekenen van vogels*
4 met dit woord spreek je een advocaat aan ✦ *meester De Vries heeft al veel zaken gewonnen*

mees·ter·lijk [bijvoeglijk naamwoord]
iets wat meesterlijk is, is heel erg goed = voortreffelijk ✦ *zij maakte een meesterlijke grap*

het **mees·ter·werk** [meesterwerken]
een kunstwerk dat heel erg goed is ✦ *in het Rijksmuseum hangen enkele meesterwerken van Rembrandt*

meet [zelfstandig naamwoord]
van meet af aan: vanaf het begin ✦ *van meet af aan heb ik de man niet vertrouwd*

mee·tel·len [telde mee, heeft meegeteld]
1 erbij tellen = meerekenen [iemand telt iets of iemand mee] ✦ *ze zijn vergeten de kinderen mee te tellen*
2 samen met andere mensen of dingen van belang zijn ✦ *de vrouw kreeg het gevoel dat ze niet meetelde*

de **meet·kun·de**
een vak op school waarin het gaat om lijnen, vlakken en figuren

de **meet·lat** [meetlatten]
een voorwerp waarmee je kunt vaststellen hoe lang iets is = de liniaal

de **meeuw** [meeuwen]
een vogel die meestal wit is en vooral in de buurt van het water leeft

meeuw

•mee·val·len [viel mee, is meegevallen]
minder erg zijn dan je had gedacht ⇔ tegenvallen [iets of iemand valt (iemand) mee] ✦ *het valt me mee dat ze niet boos is* ✦ *het examen is erg meegevallen*

de **mee·val·ler** [meevallers]
een voordeel dat je niet verwacht had ✦ *het was een mooie meevaller dat hij een prijs gewonnen heeft* ✦ *dankzij een financiële meevaller kon hij een nieuwe auto kopen*

mee·wa·rig [bijvoeglijk naamwoord]
iemand die meewarig kijkt, laat merken dat hij iemand zielig en een beetje dom vindt

mee·wer·ken [werkte mee, heeft meegewerkt]
1 samen met anderen werken = meehelpen [iemand werkt mee] ✦ *zijn*

me

vrouw werkt mee in de winkel
2 helpen; gunstig zijn = meehelpen [iets werkt mee] ✦ *we wilden gaan wandelen, maar het weer werkte niet mee*

mee·wer·kend [bijvoeglijk naamwoord]
het meewerkend voorwerp: (taal) het deel van de zin waar 'aan' of 'voor' voor staat, of waar je 'aan' of 'voor' voor kunt zetten ✦ *in de zin 'ik geef hem de pen' is 'hem' het meewerkend voorwerp*

me·ga-
1 miljoen ✦ *megahertz* ✦ *megawatt*
2 (informeel) enorm; geweldig ✦ *Elvis Presley was een megaster*

de •**mei**
de vijfde maand van het jaar maanden

de •**meid** [meiden]
het meisje ✦ *de meiden gaan elke zaterdag naar de film*

de **mein·eed** [meineden]
het feit dat iemand voor de rechter niet de waarheid spreekt, terwijl hij officieel beloofd had dat wel te doen ✦ *de vrouw kreeg een strengere straf omdat ze meineed had gepleegd*

me

het •**meis·je** [meisjes]
1 een kind van het vrouwelijk geslacht ✦ *ze hebben al twee zoons en nu hopen ze op een meisje*
2 de vriendin van een jongen ✦ *Rob ging met zijn meisje naar de film*

mek·ke·ren [mekkerde, heeft gemekkerd]
1 een bepaald geluid maken [een geit mekkert] dieren
2 op een vervelende manier klagen = zeuren [iemand mekkert (over iets)] ✦ *toen ze zag wat een troep het was, begon ze meteen te mekkeren*

me·laats [bijvoeglijk naamwoord]
iemand die melaats is, lijdt aan de ziekte lepra

me·lan·cho·liek [bijvoeglijk naamwoord]
een melancholieke persoon is een beetje somber en bedroefd = weemoedig ✦ *de vrouw werd melancholiek toen ze bedacht hoe mooi ze vroeger was*

de **me·lan·ge** *ook:* het [melanges]
verschillende dingen door elkaar die samen zorgen voor een bepaalde smaak of geur ✦ *door de bijzondere melange heeft de koffie een aparte smaak*

mel·den [meldde, heeft gemeld]
officieel laten weten = bekendmaken [iemand meldt iets (aan iemand)] ✦ *hij heeft de brand direct gemeld*

de **mel·ding** [meldingen]
de keer dat iets gemeld* wordt ✦ *de politie kreeg een melding van diefstal*

het **meld·punt** [meldpunten]
een instantie waar je heen kunt als je niet eerlijk bent behandeld ✦ *als je vermoedt dat een kind wordt geslagen door zijn ouders, kun je bellen met het meldpunt kindermishandeling*

me·lig [bijvoeglijk naamwoord]
1 om melige dingen moet je erg lachen, maar eigenlijk zijn ze flauw ✦ *de melige meisjes konden niet meer stoppen met lachen*
2 melige vruchten zijn droog en hebben weinig smaak ⇔ sappig ✦ *een melige peer*

de •**melk**
de witte vloeistof die uit de uiers van bijv. een koe of uit de borst van een vrouw kan komen en die je kunt drinken ✦ *wil je suiker en melk in je koffie?* dranken

de **me·lo·die** [melodieën]
de tonen van een lied of een stuk muziek = de wijs ✦ *de tekst van dat lied ken ik wel, maar de melodie niet*

het **me·lo·dra·ma** [melodrama's]
een toneelstuk met overdreven gevoelens

de **me·loen** [meloenen]
een grote, ronde vrucht met veel sap

meloen

het **me·mo** *ook:* de [memo's]
een briefje met een mededeling ✦ *de directeur schreef een memo over de verhuizing*

de **me·moi·res** [meervoud]
de geschreven herinneringen van iemand ✦ *heb je de memoires van de president gelezen?*

me·mo·re·ren [memoreerde, heeft gememoreerd]

iets uit het verleden noemen [iemand memoreert iets] ✦ *bij zijn afscheid memoreerde hij de dag dat hij bij het bedrijf kwam werken*

•**men** [onbepaald voornaamwoord]
de mensen (zonder precies te zeggen wie je bedoelt) ✦ *men zegt dat zij geen kinderen kan krijgen*

de •**me·neer**
1 dit zeg je als je tegen een man spreekt ⇔ mevrouw ✦ *meneer, weet u hoe laat het is?*
2 [meneren] een volwassen man ⇔ de mevrouw ✦ *meer informatie kunt u krijgen bij meneer Chen*

•**me·nen** [meende, heeft gemeend]
1 echt bedoelen wat je zegt [iemand meent iets] ✦ *ik meen het echt hoor!*
2 denken dat het zo is = geloven [iemand meent iets] ✦ *Monique is in augustus jarig, meen ik*

me·nens [bijvoeglijk naamwoord]
het is menens!: ik maak geen grapje; ik ben ernstig! ✦ *om te laten weten dat het menens is, werden er steeds meer soldaten naar de grens gestuurd*

de **men·ge·ling** [mengelingen]
verschillende mensen of dingen door elkaar = de mix, de mengelmoes ✦ *het smaakt naar een mengeling van appels en peren*

de **men·gel·moes**
heel verschillende mensen of dingen door elkaar = het ratjetoe, de mengeling ✦ *ze spreken er een vreemd mengelmoesje van Frans en Spaans*

•**men·gen** [mengde, heeft gemengd]
door elkaar doen, zodat het één geheel wordt = mixen [iemand mengt dingen] ✦ *je moet de melk en het meel mengen*

zich •**men·gen in** [mengde zich in, heeft zich gemengd in]
mee gaan praten met anderen = zich bemoeien met [iemand mengt zich in een gesprek, een ruzie enz.]

het **meng·sel** [mengsels]
het geheel van stoffen die met elkaar gemengd zijn = de mix ✦ *in dat potje zit een mengsel van verschillende kruiden*

me·nig [onbepaald voornaamwoord]
een behoorlijk groot aantal; heel wat ✦ *hij heeft al menige reis naar Afrika gemaakt*

me·nig·een [onbepaald voornaamwoord]
behoorlijk veel mensen ✦ *menigeen was op straat op de verjaardag van de koningin*

de **me·nig·te** [menigten, menigtes]
een grote groep mensen = de massa, de schare ✦ *in de menigte raakte het kindje zijn moeder kwijt*

de •**me·ning** [meningen]
het idee dat je hebt over iemand of iets; wat je vindt van iemand of iets = de opvatting, de opinie ✦ *de heer Naftali heeft een andere mening over de kwestie*

het **me·nings·ver·schil** [meningsverschillen]
een situatie waarin twee mensen of partijen heel verschillende meningen hebben en niet willen toegeven ✦ *het meningsverschil tussen de partijen werd uiteindelijk een grote ruzie*

de **me·no·pau·ze**
de periode waarin bij een vrouw haar menstruatie stopt, rond haar vijftigste jaar = de overgang

de •**mens**[1] [mensen]
de persoon ✦ *er zijn veel mensen op het strand*
onder de mensen komen: andere mensen zien en ontmoeten ✦ *de eenzame jongen zou eens wat meer onder de mensen moeten komen*

het •**mens**[2] [mensen] (informeel)
een vrouw die je niet zo aardig vindt ✦ *dat mens wil altijd de baas zijn*

•**men·se·lijk** [bijvoeglijk naamwoord]
1 iets wat menselijk is, heeft te maken met een mens ✦ *de kinderen kregen les over het menselijk lichaam* ✦ *het ongeluk werd veroorzaakt door een menselijke fout*
2 iemand die menselijk is, is vriendelijk, zoals je van een mens verwachten mag = humaan ⇔ onmenselijk ✦ *hij is in het kamp heel menselijk behandeld*

de **men·sen·heu·ge·nis**
sinds mensenheugenis: al heel lang ✦ *dat doen wij hier al sinds mensenheugenis zo, dus dat gaan we niet veranderen*

de **men·sen·rech·ten** [meervoud]
de rechten die alle mensen zouden moeten hebben, zoals het recht om je mening te geven ✦ *in dat land worden de mensenrechten geschonden*

de **mens·heid**

alle mensen op de hele wereld ✦ *het is een boek over de geschiedenis van de mensheid*

de **men·stru·a·tie**
het verschijnsel dat een vrouw iedere maand een paar dagen bloed verliest uit haar vagina = de ongesteldheid
men·taal [bijvoeglijk naamwoord]
iets dat mentaal is, heeft te maken met je verstand ✦ *mijn oude moeder is nog goed gezond, maar mentaal wordt ze steeds slechter*

de **men·ta·li·teit** [mentaliteiten]
de houding of de instelling waarmee je iets doet ✦ *de ploeg had niet de mentaliteit om op te geven*

de **men·tor** [mentoren, mentors] **men·trix** [mentrices]
iemand die leerlingen of studenten helpt bij problemen ✦ *de klas had iedere week een gesprek met de mentor*

het **me·nu** [menu's]
1 een lijst met gerechten waaruit je kunt kiezen in een restaurant = de menukaart ✦ *wat staat er vandaag op het menu?*
2 het eten van één maaltijd ✦ *wil je een menu met vlees of met vis?*
3 de verschillende mogelijkheden op de computer waaruit je kunt kiezen ✦ *als je een grotere letter wilt, moet je 'Lettertype' kiezen uit het menu 'Opmaak'*

de **mep** [meppen]
1 een klap met je hand = de tik ✦ *zij gaf hem een mep in zijn gezicht*
2 de volle mep betalen: het hele bedrag betalen

de **me·rel** [merels]
een vogel waarvan het mannetje zwart is en het vrouwtje donkerbruin

merel

het **me·ren·deel**
het grootste deel ✦ *het merendeel van de mensen vond de film mooi*
me·ren·deels [bijwoord]
voor het grootste gedeelte = voornamelijk ✦ *het zijn merendeels jonge mensen die deze muziek mooi vinden*

het **merg**
de zachte, witte stof die binnen in botten zit
dat gaat door merg en been: dat klinkt heel hard en naar ✦ *het huilen van de baby's ging door merg en been*

de **me·ri·di·aan** [meridianen]
een lijn (die niet echt bestaat) om de aarde heen, van het noorden naar het zuiden

het **merk** [merken]
1 een teken waaraan je iets kunt herkennen ✦ *aan dat merkje konden we zien dat het echt zilver was*
2 de naam van alle producten van een fabriek ✦ *hij koopt alleen kleding van bekende merken*
merk·baar [bijvoeglijk naamwoord]
iets wat merkbaar is, kun je zien en voelen ✦ *de spanning in het bedrijf was merkbaar*

•**mer·ken** [merkte, heeft gemerkt]
1 zien en voelen hoe iets is = waarnemen [iemand merkt iets] ✦ *merk je dat de lente begonnen is?* ✦ *heb je iets gemerkt van het feest van de buren?*
2 een teken zetten op iets om het aan te herkennen, bijv. je naam [iemand merkt iets] ✦ *alle kleren van de soldaten moeten gemerkt zijn*

•**merk·waar·dig** [bijvoeglijk naamwoord]
iets wat merkwaardig is, is vreemd = raar ✦ *ik vind het een merkwaardig verhaal*

de **mer·rie** [merries]
een vrouwelijk paard of een vrouwelijke ezel dieren

het •**mes** [messen]
een voorwerp waarmee je snijdt ✦ *met een mes sneed zij een stuk van de appel*
iemand het mes op de keel zetten: iemand dwingen iets te doen of te zeggen

de **mest**
de poep van dieren die in de grond gebracht wordt om producten beter te laten groeien

•**met** [voorzetsel]
1 een woord waarmee je aangeeft dat iets of iemand erbij is ✦ *zij droeg een tas met boeken* ✦ *wil je koffie met suiker?*
2 in uitdrukkingen, zonder vaste betekenis ✦ *wanneer ga jij met vakantie?*

het •**me·taal** [metalen]

een harde, koude stof, bijv. ijzer of goud ✦ *ik vind een houten bureau mooier dan een bureau van metaal*

de **me·ta·foor** [metaforen]
een uitdrukking waarin je iets benoemt door iets te noemen dat erop lijkt ✦ *in 'de avond valt' is 'valt' een metafoor*

me·ta·len [bijvoeglijk naamwoord]
metalen dingen zijn gemaakt van metaal* ✦ *het gebouw had een zware, metalen deur*

de **me·ta·mor·fo·se** [metamorfosen, metamorfoses]
een grote verandering waardoor iets of iemand er heel anders uitziet ✦ *wat een metamorfose, dat korte haar en die nieuwe bril!*

•met·een [bijwoord]
1 direct; onmiddellijk ✦ *wil je meteen hier komen?*
2 ook; tegelijk ✦ *als je naar buiten gaat, wil je dan meteen even kijken of er post is?*

me·ten [mat, heeft gemeten]
1 bepalen hoe groot, lang, warm, snel enz. iets is [iemand meet iets] ✦ *wil je meten hoe hoog deze muur is?* meten
met twee maten meten: sommige vergelijkbare situaties anders beoordelen dan andere
2 … lang zijn [iets of iemand meet …] ✦ *hij meet 1 meter 85*
3 zich kunnen meten met iemand: even sterk of goed zijn als iemand ✦ *Amsterdam kan zich meten met alle grote steden in Europa*

de **me·te·o·ro·lo·gie**
de leer van het weer

de **•me·ter** [meters]
1 een afstand van 100 centimeter ✦ *de weg is vier meter breed* meten
voor geen meter: (informeel) helemaal niet ✦ *deze broek past me voor geen meter*
2 een apparaat om mee te meten* (bet. 1) ✦ *op de meter kon Arnold zien hoeveel gas hij had gebruikt*

de **met·ge·zel** [metgezellen] **met·ge·zel·lin** [metgezellinnen]
iemand die met je meegaat ✦ *ga je alleen op vakantie, of heb je een metgezel?*

de **•me·tho·de** [methoden, methodes]
een bepaalde manier waarop je iets doet = het systeem ✦ *met welke methode heb je Nederlands geleerd?* ✦ *wat is de beste methode om een tafel te maken?*

de **me·ting** [metingen]
de keer dat je meet* (bet. 1) ✦ *volgens de laatste meting is het aantal mensen zonder werk toegenomen*

de **me·tro** [metro's]
een trein onder de grond in een grote stad ✦ *we nemen de metro in plaats van de bus* vervoer

de **me·tro·pool** [metropolen]
een heel grote stad, zoals Parijs of New York = de wereldstad

met·se·len [metselde, heeft gemetseld]
bouwen met stenen [iemand metselt (een muur)]

met·sen (in België) *zie:* **metselen**

de **met·ten** [meervoud]
korte metten maken met iets of iemand: zorgen dat iets of iemand snel ophoudt ✦ *de ploeg maakte korte metten met de tegenstander* ✦ *ze maakte korte metten met de kritiek op haar onderzoek*

met·ter·tijd [bijwoord]
na enige tijd = op den duur ✦ *nu gaat het niet zo goed, maar mettertijd zal het wel beter gaan*

het **meu·bel** [meubelen, meubels]
een voorwerp in huis zoals een tafel, een stoel, een bed, een kast

het **meu·bi·lair**
de meubels* in een huis ✦ *bij de brand hebben ze het meubilair kunnen redden*

de **meug**
1 ieder zijn meug: iedereen moet vooral doen wat hij of zij leuk vindt ✦ *Ali heeft nu groen haar; ieder zijn meug!*
2 tegen heug en meug: terwijl je helemaal geen zin hebt ✦ *tegen heug en meug heeft hij zijn eten opgegeten*

de **meu·te** [meuten, meutes] (informeel)
een grote groep mensen = de menigte

mevr. [afkorting]
mevrouw

de **•me·vrouw** [mevrouwen]
1 dit zeg je als je tegen een vrouw spreekt ⇔ meneer ✦ *tot morgen, mevrouw Rabbae*
2 een volwassen vrouw ⇔ de meneer ✦ *er zit een mevrouw op je te wachten*

me·zelf [wederkerend voornaamwoord]
degene die ik ben; mijn persoon = mijzelf ✦ *ik vind mezelf niet te dik*

Meten en wegen

	Lengte	Inhoud	Gewicht
1000	kilometer (km)	{kiloliter}	kilo(gram)
100	hectometer (hm)	hectoliter (hl)	{hectogram}
10	{decameter}	{decaliter}	{decagram}
1	meter (m)	liter (l)	gram (g)
0,1	decimeter (dm)	deciliter (dl)	{decigram}
0,01	centimeter (cm)	centiliter (cl)	{centigram}
0,001	millimeter (mm)	milliliter (ml)	milligram (mg)

NB De woorden tussen accolades {...} worden zelden gebruikt. In plaats van 'hectogram' (100 gram), zegt men in Nederland meestal 'ons': *een ons thee.* 500 gram wordt meestal 'pond' genoemd: *een pond suiker.*

Tussen haakjes (...) staan de afkortingen.

mg [afkorting]
milligram: een duizendste deel van een gram

m.i. [afkorting]
mijns inziens: volgens mij; naar mijn mening ✦ *mijns inziens is het beter om de bijdrage van de leden te verhogen*

mi·au·wen [miauwde, heeft gemiauwd]
een bepaald geluid maken [een kat miauwt] dieren

de **mi·cro** [micro's] (in België)
microfoon

mi·cro-
dit woord zet je voor een ander woord als het iets betekent dat heel klein is ✦ *alle belangrijke gegevens worden bewaard op microfilm*

de **mi·cro·foon** [microfoons]
een apparaat om je stem harder te laten klinken ✦ *wilt u duidelijk in de microfoon spreken?*

microfoon

de **mi·cro·golf·oven** [microgolfovens] (in België)
een apparaat dat eruitziet als een kastje en waarin je op een snelle manier eten kunt klaarmaken = de magnetron

de **mi·cro·scoop** [microscopen]
een apparaat waarmee je heel kleine dingen kunt bekijken

microscoop

de •**mid·dag** [middagen]
het deel van de dag tussen de ochtend en de avond
's middags: in de middag ✦ *'s middags gaat mijn vader altijd een uurtje slapen*
tussen de middag: ongeveer tussen twaalf uur en twee uur ✦ *we kunnen tussen de middag wel even boodschappen doen*

het •**mid·del** [middelen]
1 [middels] het middelste deel van je lichaam; het smalste deel van je romp = de taille ✦ *ze droeg een sjaal om haar middel*

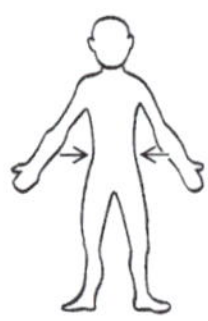
middel 1

2 iets waarmee je een doel probeert te bereiken ✦ *het land heeft niet de middelen om alle kinderen goed onderwijs te geven*
3 een medicijn = het geneesmiddel ✦ *weet je een goed middel tegen pijn in je keel?*

•**mid·del·baar** [bijvoeglijk naamwoord]

een middelbare opleiding of een middelbare leeftijd zitten tussen hoog en laag in ✦ *mijn ouders zijn van middelbare leeftijd*
de middelbare school: de school na de basisschool onderwijs

de **Mid·del·eeu·wen** [meervoud]
de tijd tussen ongeveer 500 en 1500 na Christus

mid·del·eeuws [bijvoeglijk naamwoord]
1 middeleeuwse zaken zijn van of uit de Middeleeuwen ✦ *hij heeft een middeleeuws bord gevonden*
2 middeleeuwse zaken zijn niet van deze tijd, niet modern ✦ *mijn zus heeft van die middeleeuwse ideeën*

mid·del·groot [bijvoeglijk naamwoord]
middelgrote zaken zijn niet echt groot, maar zeker niet klein ✦ *Gent is een middelgrote stad*

mid·del·ma·tig [bijvoeglijk naamwoord]
middelmatige zaken zijn niet erg goed ✦ *het feest was maar een middelmatig succes*

het **mid·del·punt** [middelpunten]
1 een punt precies in het midden van een figuur
2 een belangrijke, centrale plaats = het centrum ✦ *Joyce wil altijd in het middelpunt van de belangstelling staan*
3 de persoon in een groep die de meeste belangstelling krijgt = de spil ✦ *hij was het middelpunt van het feest*

mid·dels [voorzetsel]
door middel van …; door … ✦ *middels deze brief wil ik afscheid van je nemen*

mid·del·ste [bijvoeglijk naamwoord]
de middelste persoon of zaak is de persoon of zaak precies in het midden ✦ *ze wonen in het middelste huis*

het •**mid·den**[1] [middens]
het punt tussen twee uitersten, het verst van de randen = het centrum ✦ *de jongen stond in het midden van de kring*

•**mid·den**[2] [bijwoord]
in of bij het punt tussen twee andere punten ✦ *er stond een auto midden op de weg*

mid·den·in [bijwoord]
in het midden ✦ *de ouders zaten op de bank en het kind zat middenin*

de **mid·den·klas·se** [middenklassen]
1 een groep in het midden ✦ *hij rijdt een auto uit de middenklasse*
2 de groep mensen die niet heel rijk is, maar ook niet arm

de **mid·den·moot** [middenmoten]
de groep die niet heel goed en niet heel slecht is ✦ *de hardloper eindigde in de middenmoot* ✦ *op school hoorde ik altijd bij de middenmoot*

het **mid·den·rif** [middenriffen]
het deel van je lichaam tussen je borst en je buik

de **mid·den·school** [middenscholen] (in België)
een school met alleen de eerste twee jaren van het middelbaar onderwijs

de **mid·den·stand**
de groep mensen met een klein eigen bedrijf, bijv. een winkel

de **mid·der·nacht**
twaalf uur in de nacht ✦ *we kwamen rond middernacht thuis*

de **mier** [mieren]
een kruipend insect dat meestal in grote groepen leeft

mier

mie·ze·ren [miezerde, heeft gemiezerd]
als het miezert, regent het heel zachtjes = motregenen [het miezert]

mie·ze·rig [bijvoeglijk naamwoord]
1 als het miezerig weer is, regent het een beetje en is het somber = druilerig
2 miezerige mensen en dingen zijn klein en niet belangrijk ✦ *ze kreeg een miezerig cadeautje van haar vriend*

de **mi·grai·ne**
terugkerende erge pijn in het hoofd, meestal aan één kant

de **mi·grant** [migranten]
iemand die in een ander land gaat wonen

de **mi·gra·tie** [migraties]
1 het feit dat mensen in een ander land gaan wonen
2 het feit dat dieren, vooral vogels, regelmatig naar een ander gebied gaan = de trek

•**mij** [voornaamwoord]

1 [persoonlijk voornaamwoord] dit woord gebruik je als je over jezelf praat; het is de objectvorm van 'ik' = me ✦ *hij heeft mij gevraagd of ik iets voor hem wilde doen*
2 [wederkerend voornaamwoord] dit woord gebruik je bij wederkerende werkwoorden als je over jezelf praat = me ✦ *ik ben bang dat ik mij vergist heb* voornaamwoorden

mij·den [meed, heeft gemeden]
zorgen dat je iets of iemand niet ziet of ontmoet = ontwijken [iemand mijdt iemand of iets] ✦ *ik mijd mensen die te veel praten*

de **mijl** [mijlen]
een bepaalde afstand; de gewone mijl is 1609 meter en de zeemijl is 1851 meter

de **mijl·paal** [mijlpalen]
een belangrijke gebeurtenis voor iemand ✦ *ik beschouw mijn overwinning in 1998 nog steeds als een mijlpaal in mijn leven*

mij·me·ren [mijmerde, heeft gemijmerd]
lang over iets nadenken, vooral over vroeger of over iets wat je graag wilt [iemand mijmert (over iets)] ✦ *als zij oude foto's ziet, begint zij altijd over haar jeugd te mijmeren*

de **mijn**[1] [mijnen]
1 een plaats diep in de grond waar bijv. goud wordt gehaald ✦ *hij heeft vroeger in de mijn gewerkt*
2 een wapen in de grond of op zee dat explodeert als iemand het aanraakt ✦ *de soldaten plaatsten mijnen in het gebied van de vijand*

•**mijn**[2] [bezittelijk voornaamwoord]
dit woord gebruik je als iets jouw eigendom is ✦ *dat is mijn boek* voornaamwoorden

de **mijn·heer** [mijnheren] (formeel)
de meneer

mij·zelf [wederkerend voornaamwoord]
degene die ik ben; mijn persoon = mezelf ✦ *ze vroegen me iets over mijzelf te vertellen*

mik·ken [mikte, heeft gemikt]
1 proberen te raken [iemand mikt (op iets)] ✦ *hij mikte op het doel, maar hij schoot de bal ernaast*
2 (informeel) gooien [iemand mikt iets ergens op, in enz.] ✦ *ze kwam binnen en mikte haar jas op de bank*

mik·ken op [mikte op, heeft gemikt op]
hopen te krijgen [iemand mikt op iets] ✦ *ze mikte op een hoge functie binnen het bedrijf*

het **mik·punt**
het mikpunt zijn: het slachtoffer zijn ✦ *Natasja is binnen ons bedrijf het mikpunt van veel kritiek*

mild [bijvoeglijk naamwoord]
milde mensen of dingen zijn zacht en vriendelijk ✦ *de leraar was erg mild bij de examens* ✦ *ze gebruikte een milde zeep*

het •**mi·lieu** [milieus]
1 het water, de grond, en de lucht om ons heen milieu
2 het soort mensen waartussen je leeft; de sociale omgeving ✦ *na ons vertrek uit Gent kwamen we in een heel ander milieu*

de **mi·lieu·be·we·ging** [milieubewegingen]
alle organisaties die actie voeren voor een goed en gezond milieu

mi·lieu·vrien·de·lijk [bijvoeglijk naamwoord]
milieuvriendelijke zaken zijn goed voor het milieu ✦ *hij gebruikt alleen milieuvriendelijke producten om zijn kleren te wassen*

de •**mi·li·tair**[1] [militairen]
iemand bij het leger

•**mi·li·tair**[2] [bijvoeglijk naamwoord]
militaire zaken hebben te maken met het leger en soldaten

de **mi·li·tant**[1] [militanten] (in België)
een actief lid van een politieke partij of van een organisatie

mi·li·tant[2] [bijvoeglijk naamwoord]
een militante organisatie wil met geweld een doel bereiken

de **mi·li·tie** [milities]
een militaire organisatie met een politieke basis ✦ *de hele nacht hebben de milities met elkaar gevochten*

het •**mil·jard**
1.000.000.000 ✦ *er wonen ongeveer zes miljard mensen op aarde* getallen

mil·jard·ste [rangtelwoord]
1.000.000.000e

het •**mil·joen**
1.000.000 ✦ *meer dan een miljoen mensen gaven geld aan het goede doel* getallen

Milieu

Omdat er zo veel mensen in Nederland en België wonen, is het belangrijk om zuinig te zijn op de lucht, het water en de grond.

De overheid probeert de lucht schoner te krijgen door schonere benzine en door te proberen het aantal auto's op de weg te beperken.

Om te zorgen dat er zo weinig mogelijk afval verbrand hoeft te worden (dat is slecht voor het milieu), scheiden veel mensen hun **afval**: glas brengen ze naar de glasbak en papier naar de papierbak. In fabrieken wordt van het oude glas en papier weer nieuw glas en papier gemaakt. In bijna alle gemeenten kun je ook groente-, fruit- en tuinafval apart inleveren in de gft-bak: van dit afval maakt men compost, een soort vruchtbare grond. In restjes verf en in lege batterijen zitten stoffen die erg slecht zijn voor het milieu. Deze producten moet je daarom inleveren bij de chemokar. In België hebben de meeste gemeenten een containerpark. Daar kun je nog meer gesorteerd afval naar toe brengen, bijv. oud metaal, plastic of gebruikte kleding.

Ook op andere manieren probeert men het milieu te beschermen. Zo kun je in Nederland in je huis kiezen voor **groene stroom**, waarmee je stimuleert dat stroom niet meer gemaakt wordt uit olie of gas, maar bijvoorbeeld wordt opgewekt met windmolens. Ook kopen veel Nederlanders en Belgen spaarlampen, die minder energie verbruiken dan gewone lampen. In sommige buurten heeft men zonnepanelen op de daken van de huizen gebouwd.

landschap
vervoer

mil·joen·ste [rangtelwoord]
1.000.000e

de **mil·jo·nair** [miljonairs]
iemand die heel veel geld heeft, één miljoen euro of meer ✦ *hij is miljonair geworden met het verkopen van auto's*

het **mil·le**
duizend euro ✦ *ze hebben drie mille gewonnen*

het **mil·len·ni·um** [millennia]
een periode van duizend jaar

de **mil·li·gram** *ook:* het [milligrammen]
eenduizendste gram; 0,001 gram meten

de **mil·li·li·ter** [milliliters]
eenduizendste liter; 0,001 liter meten

de **mil·li·me·ter** [millimeters]
eenduizendste meter; 0,001 meter meten

de **milt** [milten]
een orgaan in je lichaam dat je bloed zuiver maakt

de **mi·miek**
de uitdrukking van je gezicht = de gelaatsuitdrukking ✦ *aan haar mimiek kon je goed zien dat ze boos was*

de **min**[1] [minnen]
1 een teken dat aangeeft dat een getal negatief is (het teken '–') = het minteken ⇔ de plus ✦ *als het resultaat negatief is, zet je een min voor het getal*
in de min staan: een negatief financieel resultaat hebben
2 een negatief punt = het minpunt ⇔ de plus ✦ *dat het huis erg donker is, is een duidelijke min*

min[2] [bijvoeglijk naamwoord]
1 personen of zaken die min zijn, zijn van weinig waarde = minderwaardig ✦ *Fatima's ouders vonden de jongen te min voor hun dochter*
2 iets wat min is, is niet eerlijk = gemeen ✦ *dat vind ik een minne opmerking*

•**min**[3] [bijwoord]
1 minder dan nul ✦ *het was gisteren min acht graden; erg koud dus*
2 weinig
zo min mogelijk: zo weinig als kan ✦ *hij*

wil zo min mogelijk aan zijn verleden herinnerd worden
net zo min als ...: en ... ook niet ✦ *hij houdt niet van kaas, net zo min als zijn zus*
min of meer: ongeveer ✦ *Johan was niet helemaal duidelijk, maar hij heeft min of meer beloofd om ons te helpen*
3 dit gebruik je om te zeggen dat het tweede getal van het eerste getal afgetrokken moet worden = minus ⇔ plus ✦ *acht min vijf is drie (8 - 5 = 3)*
4 min of meer: enigszins; een beetje ✦ *het was min of meer een teleurstelling dat ik de baan niet kreeg*

de **min·ach·ting**
een totaal gebrek aan waardering ✦ *hij voelde minachting voor zijn baas*

de **mi·na·ret** [minaretten]
een toren van een moskee

minaret

mi

°min·der [bijvoeglijk naamwoord]
dit woord betekent 'kleiner in getal, kwaliteit enz.'; het is een vorm van het woord 'weinig' ✦ *hij heeft minder geld dan ik* ✦ *gisteren voelde ik me goed, maar vandaag voel ik me wat minder*

de **min·de·re** [minderen]
1 iemand die een lagere positie heeft dan een ander ⇔ de meerdere ✦ *de baas is altijd vriendelijk voor zijn minderen*
2 iemand die minder goed is dan iemand anders ⇔ de meerdere ✦ *ik kan beter voetballen dan mijn broer, maar met fietsen ben ik de mindere*

de **min·der·heid** [minderheden]
een groep die kleiner is dan de helft van de gehele groep ✦ *een minderheid van de leden stemde voor het voorstel*

de **min·de·ring**
iets in mindering brengen op iets: iets aftrekken van iets anders, waardoor dat minder wordt ✦ *het geld dat je al betaald hebt, wordt in mindering gebracht op de rekening*

min·der·ja·rig [bijvoeglijk naamwoord]
iemand die minderjarig is, is jonger dan 18 jaar en daarom volgens de wet nog niet zelfstandig ⇔ meerderjarig

min·der·waar·dig [bijvoeglijk naamwoord]
1 minderwaardige personen of zaken zijn van een slechte kwaliteit, zonder waarde = inferieur ✦ *koop niet bij deze slager; hij levert minderwaardig vlees* ✦ *zij moet wat meer vertrouwen in zichzelf hebben en zich niet zo minderwaardig voelen*
2 minderwaardige personen of handelingen zijn slecht en verdienen geen waardering ✦ *ik vond zijn gedrag zo minderwaardig dat ik hem nooit meer wil zien*

het **mi·ne·raal** [mineralen]
1 een stof die uit de grond gehaald wordt en die niet ontstaan is uit de resten van planten ✦ *kwarts is een mineraal*
2 een nuttige stof die je nodig hebt voor je gezondheid ✦ *in melk zitten veel mineralen*

het **mi·ne·raal·wa·ter**
water met zouten en gassen, dat gezond is om te drinken ✦ *mag ik een flesje mineraalwater alstublieft?* dranken

het **mi·neur**
1 een rij tonen waardoor muziek somber klinkt ⇔ het majeur
2 in mineur zijn: somber zijn ✦ *hij was in mineur, omdat hij ruzie had met zijn vrouw*

mi·ni-
dit woord zet je voor een ander woord als dat iets kleins is ✦ *ze droeg een minirokje*

de **mi·niem**[1] [miniemen] (in België)
iemand van tien of elf jaar die in een club aan sport doet, bijv. aan voetbal

mi·niem[2] [bijvoeglijk naamwoord]
minieme zaken zijn heel klein ✦ *hij heeft met een miniem verschil gewonnen*

de **mi·ni·ma** [meervoud]
de mensen met het minste geld ✦ *de regering beloofde iets te doen voor de minima*

mi·ni·maal[1] [bijvoeglijk naamwoord]
minimale zaken zijn heel klein of zo klein mogelijk ⇔ maximaal ✦ *het minimale aantal dat je nodig hebt, is tien*

mi·ni·maal[2] [bijwoord]
niet minder dan = minstens ✦ *we hebben minimaal honderd nieuwe leden nodig*

het **mi·ni·mum** [minima]
het kleinste; het minste; het laagste ⇔ het maximum ✦ *vijfhonderd euro is het minimum dat je voor een gebruikte auto moet betalen*

het **mi·ni·mum·loon** [minimumlonen]
het laagste loon dat officieel is toegestaan werk

de •**mi·nis·ter** [ministers]
een persoon die lid is van de regering en die het hoofd is van een ministerie overheid
de eerste minister: de minister die de leider is van de regering; de premier

het •**mi·nis·te·rie** [ministeries]
1 een afdeling van de regering die zich met een bepaalde taak bezighoudt ✦ *het ministerie van Verkeer verhuist naar een nieuw kantoor* overheid
2 het Openbaar Ministerie: het ministerie dat verantwoordelijk is voor het handhaven van de strafwetten rechtspraak

de **mi·nis·ter-pre·si·dent** [ministers-presidenten]
de minister die de leider is van de regering = de premier ✦ *de minister-president bracht een bezoek aan Duitsland* overheid

de **mi·nis·ter·raad** [ministerraden]
alle ministers van een land samen = het kabinet overheid

de **min·naar** [minnaars] **min·na·res** [minnaressen]
iemand die van je houdt en met wie je seks hebt, maar die niet je vaste partner is ✦ *ze is getrouwd, maar ze heeft ook een minnaar*

•**minst** [bijvoeglijk naamwoord]
dit is de overtreffende trap van weinig ✦ *zij verdient niet veel, maar hij verdient het minste*
bij het minste of geringste: telkens; bij een kleine aanleiding ✦ *bij het minste of geringste gaat ze huilen*

min·stens [bijwoord]
niet minder dan = minimaal ✦ *er waren minstens dertig mensen*

mi·nus [bijwoord]
dit gebruik je om te zeggen dat het tweede getal van het eerste getal afgetrokken moet worden = min ⇔ plus ✦ *zeven minus twee is vijf*

mi·nus·cuul [bijvoeglijk naamwoord]
minuscule dingen zijn heel klein = piepklein

de •**mi·nuut** [minuten]
1 eenzestigste deel van een uur; zestig seconden ✦ *over twee minuten begint het nieuws op tv* klok
2 een korte tijd = het ogenblik ✦ *heb je even een minuutje voor me?*

min·zaam [bijvoeglijk naamwoord]
iemand die minzaam kijkt, kijkt vriendelijk, maar wel een beetje alsof hij zich beter voelt dan de andere mensen ✦ *de koningin knikte minzaam*

het **mi·ra·kel** [mirakelen, mirakels]
een bijzondere gebeurtenis die je niet kunt verklaren = het wonder

de **mis**[1] [missen]
een katholieke kerkdienst ✦ *het hele gezin ging op zondag naar de mis* religie

mis[2] [bijvoeglijk naamwoord]
1 iets wat mis is, is naast het doel ⇔ raak ✦ *hij schoot op het doel, maar het was mis*
2 iets wat mis is, is fout = verkeerd ✦ *er is veel mis in het bedrijf*
dat is niet mis!: dit zeg je als je onder de indruk bent van iets

het •**mis·bruik**
een verkeerd of slecht gebruik ✦ *hij maakte misbruik van de situatie*

mis·brui·ken [misbruikte, heeft misbruikt]
1 verkeerd of slecht gebruiken [iemand misbruikt iets] ✦ *ze misbruikte haar macht*
2 tegen iemands wil seks met hem of haar hebben = verkrachten [iemand misbruikt iemand]

de •**mis·daad** [misdaden]
1 een daad die volgens de wet streng verboden is en waarvoor je straf kunt krijgen = het misdrijf ✦ *hij moest voor zijn misdaad voor de rechter komen* rechtspraak
2 de georganiseerde misdaad: de groepen die misdaden plegen

mis·da·dig [bijvoeglijk naamwoord]
misdadige dingen hebben te maken met misdaad = crimineel

de **mis·da·di·ger** [misdadigers] **mis·da·dig·ster** [misdadigsters]
iemand die een of meer misdaden heeft gepleegd = de crimineel ✦ *de politie zocht de misdadiger*

zich **mis·dra·gen** [misdroeg zich, heeft zich misdragen]
je slecht gedragen [iemand misdraagt zich] ✦ *de politie moest komen omdat de mensen in het restaurant zich misdroegen*

het **mis·drijf** [misdrijven]
een daad die volgens de wet streng verboden is en waarvoor je straf kunt krijgen = de misdaad ✦ *hij is slachtoffer geworden van een misdrijf* **rechtspraak**

In België heeft misdrijf een ruimere betekenis: ieder strafbaar feit wordt 'misdrijf' genoemd.

de **mi·sè·re**
een vervelende toestand = de ellende ✦ *de minister is verantwoordelijk voor de misère in het onderwijs*

mi·se·rie (in België) *zie:* **misère**

mis·gaan [ging mis, is misgegaan]
verkeerd gaan = mislopen [iets gaat mis] ✦ *er is iets misgegaan, waardoor er brand ontstaan is*

mis·han·de·len [mishandelde, heeft mishandeld]
een mens of een dier veel pijn doen [iemand mishandelt een mens of een dier] ✦ *de vrouw is ernstig mishandeld door een onbekende man*

de **mis·kraam** [miskramen]
een te vroege geboorte van een baby die nog niet buiten de buik van de moeder kan leven ✦ *voordat haar eerste kind geboren werd, heeft zij twee miskramen gehad*

mis·lei·den [misleidde, heeft misleid]
iemand expres dingen laten denken die niet kloppen [iemand misleidt iemand] ✦ *het parlement voelt zich misleid door de minister*

mis·lo·pen [liep mis, is misgelopen]
1 net niet ontmoeten [iemand loopt iemand mis] ✦ *we zijn elkaar in de drukte misgelopen*
2 net niet krijgen [iemand loopt iets mis] ✦ *hij is een goede baan misgelopen, doordat hij te laat kwam*
3 verkeerd gaan = mislukken [iets loopt mis] ✦ *al mijn plannen zijn misgelopen*

mis·luk·ken [mislukte, is mislukt]
verkeerd aflopen; niet het gewenste resultaat hebben ⇔ lukken [iets mislukt] ✦ *zijn poging om de wedstrijd te winnen is mislukt*

de **mis·luk·king** [mislukkingen]
een resultaat dat niet is wat je verwacht of gehoopt had ✦ *onze vakantie werd een grote mislukking*

mis·mees·te·ren [mismeesterde, heeft mismeesterd] (in België)
helemaal verkeerd behandelen [een arts mismeestert iemand] ✦ *de buurvrouw heeft een operatie gehad aan haar ogen, maar ze is helemaal mismeesterd*

mis·peu·te·ren [mispeuterde, heeft mispeuterd] (in België)
iets doen dat slecht of verkeerd is [iemand mispeutert iets] ✦ *omdat Klaas iets mispeuterd had, werd hij door de leraar de klas uit gestuurd*

mis·plaatst [bijvoeglijk naamwoord]
iets wat misplaatst is, past niet bij de omstandigheden ✦ *ik vond zijn opmerking een beetje misplaatst*

de **miss** [missen, misses]
een jonge vrouw die in een wedstrijd gekozen is als de mooiste ✦ *zij is vroeger miss België geweest*

•mis·schien [bijwoord]
1 dit woord gebruik je als iets zou kunnen, maar niet zeker is = wellicht ✦ *misschien weet Jaap het antwoord wel*
2 dit woord gebruik je als je iets beleefd wilt vragen ✦ *zou je misschien de muziek zachter willen zetten?*

mis·se·lijk [bijvoeglijk naamwoord]
1 als je misselijk bent, heb je een naar gevoel in je buik, alsof je moet braken ✦ *ze bleef thuis, omdat ze zich misselijk voelde*
2 iets wat misselijk is, is vervelend en maakt je boos ✦ *hij maakte een misselijke grap over mijn neus*
3 dat is niet misselijk!: dit zeg je als je onder de indruk bent van iets

•mis·sen [miste, heeft gemist]
1 niet raken; niet halen [iemand mist (iets)] ✦ *hij schoot op het doel, maar hij miste* ✦ *we hebben de trein gemist* ✦ *het is een gemiste kans dat je geen examen hebt gedaan*
2 het erg vinden dat iemand of iets er niet is [iemand mist iemand of iets] ✦ *het meisje miste haar moeder*
3 niet meer hebben [iemand mist iemand of iets] ✦ *ze merkte plotseling dat ze haar sleutels miste*

mi

4 ontbreken; er niet zijn [iets mist] ✦ *er missen nog een paar stukjes*
5 dat kan niet missen: dat is heel waarschijnlijk

de **mis·sie** [missies]
1 een speciale opdracht of taak ✦ *zij ziet het als haar missie om ernstig zieke mensen te verzorgen*
2 een groep mensen met een speciale opdracht of taak ✦ *de regering stuurde een missie naar Moskou*

de **mis·stand** [misstanden]
een slechte toestand in de maatschappij ✦ *volgens de journalist zijn er misstanden in de gezondheidszorg*

de **mis·stap** [misstappen]
iets dat je doet en dat niet goed is of niet mag ✦ *in de kranten werd veel geschreven over de misstap van de minister*

de **mist**
een grijze massa in de lucht, die bestaat uit heel kleine druppeltjes water en die laag boven het land hangt ✦ *door de mist konden we bijna niets meer zien*
de mist in gaan: mislukken ✦ *doordat het niet goed te verstaan was, ging het hele verhaal de mist in*

mis·ten[1] [mistte, heeft gemist]
als het mist, hangt er mist* boven het land [het mist]

mis·ten[2] *zie:* **missen**

mis·tig [bijvoeglijk naamwoord]
als het mistig is, hangt er mist* boven het land

de **mis·vat·ting** [misvattingen]
een idee dat niet klopt ✦ *het is een misvatting dat je altijd doodgaat aan de ziekte*

het•**mis·ver·stand** [misverstanden]
het feit dat je elkaar verkeerd begrijpt ✦ *door een misverstand staat de foto op een verkeerde plaats in de krant*

de **mi·tel·la** [mitella's]
een doek waarin je arm rust, bijv. als die gebroken is

mitella

de **mi·trail·leur** [mitrailleurs]
een wapen waarmee je heel snel en vaak achter elkaar kunt schieten

mits [voegwoord]
alleen als ...; op voorwaarde dat ... ✦ *ik kom, mits Mark ook komt*

m.i.v. [afkorting]
met ingang van ...: vanaf ✦ *m.i.v. 1 januari gelden de nieuwe regels*

de **mix** [mixen]
verschillende dingen door elkaar = het mengsel ✦ *ze maakte koekjes van een mix van boter, suiker, meel en eieren*

de **mixer** [mixers]
een apparaat om verschillende bestanddelen van eten te mengen

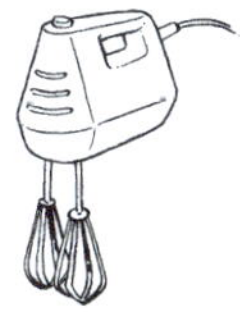
mixer

ml [afkorting]
milliliter: een maat voor inhoud ✦ *doe 100 ml water in de schaal*

mm [afkorting]
millimeter: een maat voor hoe lang iets is ✦ *het voorwerp is 15 mm lang*

m.m.v. [afkorting]
met medewerking van ...: deze letters gebruik je als andere mensen ook aan iets hebben gewerkt ✦ *het boek is geschreven door prof. Derksen m.m.v. Maarten van Schoorl*

m.n. [afkorting]
met name: in het bijzonder; vooral ✦ *met name Miranda heeft ons heel goed geholpen*

m'n [bezittelijk voornaamwoord] (informeel)
dit woord gebruik je als iets jouw eigendom is = mijn

mo·biel [bijvoeglijk naamwoord]
1 mobiele dingen kun je gemakkelijk op een andere plaats zetten of meenemen
een mobiele telefoon: een kleine telefoon waarmee je via antennes bijna overal kunt bellen
2 mobiele groepen van het leger of van de politie kunnen snel op verschillende plaatsen aan het werk
de mobiele eenheid: een speciale afdeling van de politie die snel op verschillende plaatsen aan het werk kan

het **mo·biel·tje** [mobieltjes]
een kleine telefoon waarmee je via antennes bijna overal kunt bellen

mo·bi·li·se·ren [mobiliseerde, heeft gemobiliseerd]
1 zorgen dat men klaar is voor een oorlog [iemand mobiliseert een leger] ✦ *het leger werd gemobiliseerd*
2 zorgen dat mensen komen helpen [iemand mobiliseert mensen] ✦ *ze mobiliseerden al hun vrienden om te helpen verhuizen*

moch·ten *zie:* **mogen**

mo·daal [bijvoeglijk naamwoord]
modale dingen zijn zoals iets het meest voorkomt ✦ *hij heeft een modaal inkomen*

de **mod·der**
vieze, natte grond = de blubber ✦ *de auto zat vast in de modder*

de **mo·de** [modes]
een manier waarop je je kleedt en eruitziet, die in een bepaalde periode leuk gevonden wordt

het **mo·del** [modellen]
1 een bepaald type of een bepaalde uitvoering van een voorwerp ✦ *toen hij een nieuwe auto nodig had, kocht hij het nieuwste model*
2 een voorbeeld van hoe iets moet worden ✦ *ze bouwden het huis precies zoals het model*
model staan voor iets: als voorbeeld gebruikt worden voor iets ✦ *ons dorp heeft model gestaan voor een nieuwe wijk in de grote stad*
3 iemand van wie foto's gemaakt worden of kunstwerken ✦ *de kunstenaar gebruikte steeds hetzelfde model*
4 iets dat in het klein nagemaakt is ✦ *hij verzamelt modellen van vliegtuigen*

mo·del-
dit woord zet je voor een woord dat een goed voorbeeld voor andere mensen of zaken is ✦ *zij hebben een modelhuwelijk*

het **mo·dem** *ook:* de [modems]
een apparaat waardoor computers via de telefoon gegevens kunnen versturen en ontvangen

de **mo·de·ra·tor** [moderatoren, moderators] (in België)
de leider van een gesprek of van een debat

•mo·dern [bijvoeglijk naamwoord]
iets wat modern is, is van deze tijd = hedendaags ⇔ ouderwets ✦ *houd jij van moderne kunst?* ✦ *ik heb een heel moderne jas gekocht*

mo·der·ni·se·ren [moderniseerde, heeft gemoderniseerd]
modern maken [iemand moderniseert iets, bijv. een huis] ✦ *het huis is mooi, maar de keuken moet gemoderniseerd worden*

de **mo·de·show** [modeshows]
een gelegenheid waarbij nieuwe kleren getoond worden ✦ *er kwamen veel journalisten naar de modeshow in Parijs*

mo·di·eus [bijvoeglijk naamwoord]
modieuze mensen of dingen volgen de laatste mode* ✦ *ze droeg een modieuze jas*

•moe [bijvoeglijk naamwoord]
1 als je moe bent, wil je rusten of slapen ✦ *ik ben moe van het harde werken*
2 iets moe zijn: iets niet leuk meer vinden ✦ *hij is het lawaai moe*

de **•moed**
1 de kracht om te doen wat nodig is, terwijl je misschien bang bent ✦ *er was veel moed voor nodig, maar het is gelukt*
moed verzamelen: de kracht proberen te krijgen om iets te doen ✦ *ze moest heel wat moed verzamelen voordat ze naar binnen durfde*
2 het vertrouwen dat iets goed zal gaan ✦ *vol goede moed gingen ze op reis*

moe·de·loos [bijvoeglijk naamwoord]
als je moedeloos bent, ben je somber omdat je denkt dat het niet goed zal gaan ✦ *er mislukte zoveel, dat ze er moedeloos van werd*

de **•moe·der** [moeders]
een vrouw die een of meer kinderen heeft ✦ *hij ging op bezoek bij zijn vader en moeder* familie

de **moe·der·dag**
een dag speciaal voor moeders
feestdagen

> De tweede zondag in mei krijgen de moeders extra aandacht, en worden ze verwend.

de **moe·der·taal** [moedertalen]
de taal die je als kind van je ouders leert ✦ *mijn moedertaal is Duits en later heb ik ook Engels en Frans geleerd*

mo

de **moe·der·vlek** [moedervlekken]
een donker vlekje op je huid

moe·dig [bijvoeglijk naamwoord]
als je moedig bent, doe je iets wat nodig is, maar waarvoor je eigenlijk bang bent = dapper ⇔ laf ✦ *er stond een foto in de krant van het moedige meisje dat haar broertje gered had*

•moei·lijk¹ [bijvoeglijk naamwoord]
voor moeilijke dingen moet je erg je best doen ⇔ makkelijk ✦ *hij was er trots op dat het moeilijke werk gelukt was*

•moei·lijk² [bijwoord]
op een manier waaruit blijkt dat er een probleem is ✦ *waarom kijk je zo moeilijk?*

de **•moei·lijk·heid** [moeilijkheden]
iets wat moeilijk is = het probleem

de **•moei·te**
de energie die je voor iets nodig hebt ✦ *met veel moeite kon hij de zware doos optillen*
moeite hebben met iets: iets vervelend vinden ✦ *hij heeft moeite met gezag*
iets is de moeite waard: iets is leuk genoeg om er je best voor te doen ✦ *een reis naar Rome is de moeite waard*

moei·te·loos [bijvoeglijk naamwoord]
als je iets moeiteloos doet, doe je het zonder moeite = probleemloos ⇔ moeizaam

moei·zaam [bijvoeglijk naamwoord]
als iets moeizaam gaat, kost het veel moeite ⇔ moeiteloos ✦ *ze kwam moe thuis van een moeizame vergadering*

de **moer** [moeren]
1 een ringetje waar je een bout in kunt draaien

moer

2 iets is naar zijn moer: (informeel) iets is kapot ✦ *mijn fiets is helemaal naar zijn moer*
3 geen moer: (informeel) helemaal niets ✦ *we hebben vandaag geen moer gedaan*

het **moe·ras** [moerassen]
een gebied waarin je weg kunt zakken omdat de grond heel nat is ✦ *deze plant groeit alleen in moerassen*

de **moes** *ook:* het
een zachte massa van gekookte vruchten of groente

moes·ten *zie:* **moeten**

de **moes·tuin** [moestuinen]
een tuin waarin iemand groenten laat groeien ✦ *mijnheer Vollering gebruikte een groot deel van zijn tuin als moestuin*

•moe·ten [moest, heeft gemoeten]
1 verplicht zijn; noodzakelijk zijn [iemand moet iets] ✦ *ik moet om negen uur thuis zijn*
nodig moeten: nodig naar de wc moeten
2 willen; wensen [iemand moet iets] ✦ *moet je nog een kopje koffie?*
3 (in België) nodig zijn; hoeven [iemand moet iets niet] ✦ *u moet morgen niet komen als u dat niet wilt*

•mo·ge·lijk [bijvoeglijk naamwoord]
iets wat mogelijk is, kan gebeuren ✦ *is het mogelijk om later met de vergadering te beginnen?* ✦ *mogelijk vergis ik me*
zo … mogelijk: zo … als maar kan ✦ *ik kom zo snel mogelijk*

de **•mo·ge·lijk·heid** [mogelijkheden]
iets dat kan; iets dat mogelijk is ✦ *er zijn veel mogelijkheden om naar Londen te reizen*

•mo·gen [mocht, heeft gemogen]
1 toestemming hebben [iemand mag iets] ✦ *mag ik nog een kopje koffie?* ✦ *je mag hier niet fietsen*
2 aardig vinden [iemand mag iemand] ✦ *ik mag mijn broer heel graag*
3 (in België) lekker vinden [iemand mag iets] ✦ *ik mag geen appels, maar peren mag ik wel*

de **Mo·ham·med**
de belangrijkste profeet volgens de islam religie

de **mok** [mokken]
een hoog en groot kopje ✦ *ze dronk haar koffie uit een mok*

mok·ken [mokte, heeft gemokt]
door je gedrag laten merken dat je boos bent [iemand mokt] ✦ *het kind zat de hele dag te mokken omdat hij niet mee mocht*

de **mol** [mollen]
1 een dier dat onder de grond leeft

mo

mol 1

2 een teken voor een muzieknoot om aan te geven dat die noot een halve toon lager gespeeld of gezongen moet worden

de **mo·le·cu·le** *ook:* het [moleculen]
het allerkleinste deel van een stof dat nog alle eigenschappen van die stof heeft

de **mo·len** [molens]
een gebouw met vier wieken die door de wind gaan draaien en waarmee je water uit een polder kunt pompen of iets kunt malen

molen

mo·les·te·ren [molesteerde, heeft gemolesteerd]
iemand zo schoppen en slaan dat hij of zij gewond raakt = aftuigen [iemand molesteert iemand]

mol·lig [bijvoeglijk naamwoord]
een mollige persoon is een beetje dik ✦ *ze is niet dik, ze is alleen een beetje mollig*

het **mom**
onder het mom van …: met een reden die niet waar is ✦ *onder het mom van informatie werd er reclame gemaakt voor een nieuw soort zeep*

het •**mo·ment** [momenten]
een korte tijd = het ogenblik ✦ *heb je een momentje, dan zal ik het even opzoeken*

mo·men·teel [bijwoord]
op dit moment ✦ *momenteel heb ik het erg druk op mijn werk*

mom·pe·len [mompelde, heeft gemompeld]
praten met je mond bijna dicht, waardoor moeilijk te verstaan is wat je zegt [iemand mompelt (iets)] ✦ *wat zit je daar te mompelen?*

de **mo·nar·chie** [monarchieën]
een systeem waarbij een koning of koningin aan het hoofd staat van de regering van een land ✦ *Nederland en België zijn monarchieën* overheid

de •**mond** [monden]
1 het deel van je gezicht waarin je eten doet en waarmee je praat
je mond houden: niets zeggen
iemand een grote mond geven: dingen zeggen tegen iemand die je niet hoort te zeggen ✦ *het kind gaf zijn vader een grote mond toen hij straf kreeg*
met de mond vol tanden staan: geen antwoord meer weten ✦ *de minister stond opeens met zijn mond vol tanden door de kritische vraag van de journalist*
2 de opening ✦ *de mond van een vulkaan*

mon·dain [bijvoeglijk naamwoord]
een mondaine persoon of zaak hoort bij een rijk leven ✦ *zij is een mondaine vrouw die altijd in dure restaurants eet*

mond·dood [bijvoeglijk naamwoord]
iemand monddood maken: zorgen dat iemand niet meer kan zeggen wat hij of zij wil ✦ *de journalisten zijn in dat land monddood gemaakt*

mon·de
bij monde van …: gezegd door … ✦ *Nederland steunde het voorstel bij monde van de minister van Buitenlandse Zaken*

mon·de·ling [bijvoeglijk naamwoord]
iets wat mondeling gebeurt, gebeurt via gesproken taal ⇔ schriftelijk ✦ *ze hadden een mondelinge overeenkomst over de koop van het huis*

de **mond·har·mo·ni·ca** [mondharmonica's]
een muziekinstrument waarop je blaast en zuigt

mondharmonica

mon·di·aal [bijvoeglijk naamwoord]
iets wat mondiaal is, gaat over de hele wereld = wereldwijd ✦ *tijdens het congres probeerde men mondiale afspraken te maken over het milieu*

mon·dig [bijvoeglijk naamwoord]
een mondige persoon kan goed voor

zichzelf opkomen omdat hij goed kan zeggen wat hij vindt

de **mon·ding** [mondingen]
de plaats waar een rivier de zee in gaat ✦ *Rotterdam ligt bij de monding van de Maas*

mond·jes·maat [bijwoord]
iets wat mondjesmaat gebeurt, gebeurt heel weinig ✦ *vrouwen dringen slechts mondjesmaat door tot de top van bedrijven*

mo·ne·tair [bijvoeglijk naamwoord]
monetaire zaken hebben te maken met de munt die ergens gebruikt wordt ✦ *de meeste landen in Europa doen mee met de monetaire unie*

de **mo·ni·tor** [monitoren, monitors]
1 een soort tv die bij een computer hoort, waarop je de beelden kunt zien ✦ *hij kocht een grotere monitor voor zijn computer*
2 een beeldscherm waarop je in een ziekenhuis iemands hartslag kunt zien ✦ *zij lag aan de monitor*
3 [vrouw: mo·ni·tri·ce; monitrices] (in België) iemand die de leiding geeft aan kinderen en op hen let
4 [vrouw: mo·ni·tri·ce; monitrices] (in België) iemand die studenten helpt bij hun studie

de **mon·nik** [monniken]
een man die in een klooster leeft **religie**

mo·no-
als een apparaat mono is, komt het geluid uit maar één box ⇔ stereo ✦ *al is die plaat mono, het klinkt nog heel goed*

de **mo·no·loog** [monologen]
een gesprek waarbij maar één persoon praat ⇔ de dialoog

het **mo·no·po·lie** [monopolies]
het recht om als enige iets te doen of te verkopen = het alleenrecht ✦ *dat bedrijf heeft een monopolie op het vervoeren van mensen per trein*

mo·no·toon [bijvoeglijk naamwoord]
een monotoon geluid heeft niet veel verschillende tonen, maar klinkt steeds hetzelfde = eentonig ✦ *hij heeft een monotone stem* ✦ *Frits doet erg monotoon werk in de fabriek*

het **mon·ster** [monsters]
1 een groot, lelijk en gevaarlijk wezen dat alleen in verhalen voorkomt
2 een kleine hoeveelheid van een product, om het te proberen of te onderzoeken ✦ *op straat werden monstertjes zeep uitgedeeld*

mon·ster·lijk [bijvoeglijk naamwoord]
monsterlijke dingen zijn erg lelijk = afschuwelijk ✦ *wat een monsterlijke bank is dat!*

mon·ter [bijvoeglijk naamwoord]
een montere persoon is vrolijk en flink

mon·te·ren [monteerde, heeft gemonteerd]
in elkaar zetten; van losse delen een geheel maken [iemand monteert iets] ✦ *de film moest nog gemonteerd worden*

de **mon·teur** [monteurs]
iemand die auto's en machines herstelt

het **mon·tuur** [monturen]
een bril zonder glazen ✦ *toen ze een nieuwe bril wilde, heeft ze verschillende monturen gepast*

het **mo·nu·ment** [monumenten]
1 een gebouw of een beeld dat bedoeld is om je aan iets te herinneren ✦ *op de Dam in Amsterdam staat een monument voor de slachtoffers van de Tweede Wereldoorlog*
2 een gebouw dat bewaard moet worden omdat het een historische waarde heeft

mo·nu·men·taal [bijvoeglijk naamwoord]
1 monumentale gebouwen hebben een historische waarde ✦ *zij woonden in een monumentaal huis in Amsterdam*
2 monumentale dingen zijn groot en indrukwekkend ✦ *hij heeft een monumentaal boek over China geschreven*

•mooi [bijvoeglijk naamwoord]
1 mooie personen of dingen zijn fijn om te zien ⇔ lelijk ✦ *hij is een mooie man* ✦ *wat een mooie foto is dat!*
2 mooie zaken zijn gunstig en goed ✦ *zij heeft haar auto voor een mooie prijs verkocht*
het is weer mooi geweest!: zo is het genoeg, we stoppen

de **•moord** [moorden]
een daad waarmee je iemand expres doodt

moor·den [moordde, heeft gemoord]
mensen expres doden [iemand moordt]

de **moor·de·naar** [moordenaars] **moor·de·na·res** [moordenaressen]

mo

iemand die een moord gepleegd heeft

de **moot** [moten]
een stuk dat afgesneden is, meestal vis ✦ *ze kocht een flinke moot vis*

de **mop** [moppen]
en kort verhaaltje met een grap ✦ *tijdens het eten vertelde hij allerlei moppen*

mop·pe·ren [mopperde, heeft gemopperd]
klagend praten = brommen [iemand moppert (over iets, op iets)] ✦ *de vrouw zit altijd te mopperen dat haar man niets doet in het huishouden*

de **mo·raal**
1 de opvatting over wat goed en slecht is en over hoe je hoort te leven ✦ *volgens de christelijke moraal mag je niet doden*
een dubbele moraal hebben: de ene vergelijkbare zaak anders beoordelen dan de andere
2 een wijze les ✦ *wat is de moraal van dit verhaal?*

het **mo·reel**[1]
de kracht van iemand om door te gaan met iets

mo·reel[2] [bijvoeglijk naamwoord]
morele zaken hebben te maken met opvattingen over hoe je hoort te leven ✦ *de vrouw had morele bezwaren tegen het eten van vlees*

de **mo·res** [meervoud]
iemand mores leren: iemand op een vervelende manier zeggen wat hij of zij verkeerd gedaan heeft

de **mor·fi·ne**
een medicijn dat zorgt dat je minder pijn hebt

de •**mor·gen**[1]
het eerste deel van de dag = de ochtend ✦ *hij moet 's morgens om acht uur opstaan*

•**mor·gen**[2] [bijwoord]
de dag na vandaag ✦ *vandaag heb ik geen tijd, maar morgen kom ik bij je*

mor·ren [morde, heeft gemord]
klagen om te protesteren [iemand mort] ✦ *het volk morde over de slechte economische situatie* ✦ *zonder morren heeft hij alle foto's van de vakantie bekeken*

mor·sen [morste, heeft gemorst]
een beetje van iets laten vallen zonder dat het de bedoeling was [iemand morst iets, bijv. eten of drinken] ✦ *hij morste koffie op de tafel*

het **mor·tu·a·ri·um** [mortuaria, mortuariums]
een ruimte waar overleden personen liggen voordat ze begraven worden, bijvoorbeeld in een ziekenhuis

het **mos** [mossen]
een klein en laag plantje dat als een groen dekentje op de bodem groeit

de **mos·kee** [moskeeën]
een gebouw waar moslims* bij elkaar komen om te bidden en de koran te lezen religie

de **mos·lim** [moslims] **mos·li·ma** [moslima's]
iemand die gelooft in God en zijn profeet Mohammed religie

de **mos·sel** [mosselen, mossels]
een diertje dat leeft in een schelp in de zee en dat je kunt eten maaltijden

mossel

de **mos·terd**
een dikke, scherpe saus ✦ *hij deed mosterd op de kaas*

de **mot** [motten]
1 een insect dat gaten maakt in kleren
2 [geen meervoud] (informeel) de ruzie = de bonje

de **mo·tie** [moties]
een voorstel om ergens over te praten in een vergadering ✦ *Van Helden heeft in de Tweede Kamer een motie ingediend over de veiligheid in trams*
een motie van wantrouwen: een uitspraak waaruit blijkt dat de Tweede Kamer het beleid van een minister of van het kabinet afkeurt ✦ *nadat de Tweede Kamer een motie van wantrouwen had aangenomen, moest de minister vertrekken*

het **mo·tief** [motieven]
1 de reden waarom je iets doet ✦ *de politie zocht nog naar een motief voor de moord*
2 een figuur die zich herhaalt = het patroon ✦ *de jurk had een leuk motiefje*

mo·ti·ve·ren [motiveerde, heeft gemotiveerd]

1 redenen voor iets geven [iemand motiveert iets] ✦ *de man kon goed motiveren waarom hij geschikt was voor de baan*
2 zorgen dat iemand zin krijgt in iets [iemand motiveert iemand (voor iets)] ✦ *de leraar vond het steeds moeilijker om zijn leerlingen te motiveren*

de **mo·tor** [motoren, motors]
1 een machine die iets laat bewegen ✦ *deze auto heeft een heel sterke motor*
2 een voertuig op twee wielen, met een krachtige motor (bet. 1) = de motorfiets

motor 2

de **mo·to·riek**
de manier waarop je je lichaam beweegt ✦ *het kind zal nooit piano kunnen spelen, want het heeft een slechte motoriek*

de **mo·tor·kap** [motorkappen]
de klep waaronder de motor* (bet. 1) van een auto zit ✦ *de vrouw keek even onder de motorkap omdat er rook uit de motor kwam*

de **mo·tor·rij·tui·gen·be·las·ting** [motorrijtuigenbelastingen]
de belasting die je moet betalen als je een auto of een motor* (bet. 2) hebt
belasting

de **mot·re·gen**
regen met heel kleine druppeltjes

het **mot·to** [motto's]
een zin waarmee je kort en precies zegt wat je wilt of bedoelt ✦ *voor in het boek stond een motto*

de **moun·tain·bike** [mountainbikes]
een fiets met dikke banden waarmee je door het bos of door de heuvels kunt rijden

de **mouw** [mouwen]
een deel van een jas, trui of bloes waar je je arm door steekt ✦ *de mouwen van haar jas waren te lang*

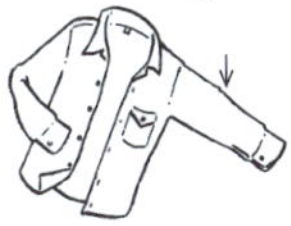

mouw

mr. [afkorting] (in Nederland)
meester: de titel van iemand die rechten heeft gestudeerd

de **MS**
multiple sclerose: een ziekte waarbij je je niet meer goed kunt bewegen

muf [bijvoeglijk naamwoord]
muffe dingen ruiken niet fris, doordat ze een beetje nat zijn of doordat er te weinig frisse lucht binnenkomt = bedompt ✦ *ze zette het raam open, omdat het muf was in de kamer*

de **mug** [muggen]
een vliegend insect dat steekt

de **mug·gen·zif·ter** [muggenzifters]
iemand die veel kritiek heeft op onbelangrijke punten

de **muil** [muilen]
1 de bek van een groot dier, bijv. van een leeuw
2 een schoen die aan de achterkant open is, vooral voor vrouwen

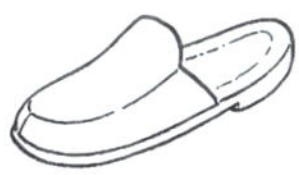

muil 2

3 (informeel) de mond

de **muil·korf** [muilkorven]
een constructie van ijzer of leer, die je om de bek van een dier doet, zodat het dier niemand kan bijten

muilkorf

de **muis** [muizen]
1 een klein dier met scherpe tandjes en een lange, kale staart

muis 1

2 een los onderdeel van een computer dat je over de tafel beweegt om het pijltje in beeld te besturen

muis 2

mul·ti-
dit zet je voor een woord als dat uit veel delen bestaat of als het betrekking heeft op veel mensen of zaken ✦ *hij noemt haar een multitalent, omdat ze goed kan zingen, dansen en schilderen*

mul·ti·cul·tu·reel [bijvoeglijk naamwoord]
multiculturele zaken hebben betrekking op verschillende culturen ✦ *morgen is er in Rotterdam een multicultureel festival*

de **mul·ti·na·tio·nal** [multinationals]
een grote onderneming die in verschillende landen gevestigd is ✦ *de multinational heeft bedrijven in vijf landen*

de **mul·ti·ple choice**
een test waarbij bij iedere vraag meerdere antwoorden gegeven worden, waaruit de student het juiste moet kiezen ✦ *het examen was multiple choice*

de **mul·ti·ple scle·ro·se**
een ziekte waardoor steeds meer spieren verlammen

de **mul·to·map** [multomappen]
een map met een rij ringen waarin je papieren met gaatjes kunt bewaren = de ringband

het **mum**
in een mum van tijd: in heel korte tijd ✦ *in een mum van tijd had hij zijn kamer opgeruimd*

de **mu·ni·tie**
kogels enz. die uit wapens geschoten kunnen worden

de **munt** [munten]
1 een plat, rond stukje metaal waarmee je kunt betalen ✦ *hij verzamelt oude Romeinse munten* geld
munt slaan uit iets: voordeel halen uit iets ✦ *de andere partijen proberen munt te slaan uit de crisis waarin de regering verkeert*
kop of munt gooien: een beslissing nemen door een munt te gooien; als de kop boven ligt doe je het ene en als de munt boven ligt, doe je het andere
2 [geen meervoud] een plant met fris ruikende blaadjes die in het eten gebruikt kunnen worden ✦ *hij dronk thee met munt*

de **munt·een·heid** [munteenheden]
een eenheid waarin in een bepaald gebied geldbedragen uitgedrukt worden ✦ *de munteenheid in Nederland en België is de euro*

murw [bijvoeglijk naamwoord]
als je murw bent, ben je te zwak en te moe om je nog te verzetten ✦ *de tegenstander was na een uur zo murw dat we de wedstrijd met gemak wonnen*

de **mus** [mussen]
een kleine grijs-bruine vogel
de mussen vallen dood van het dak: dit zeg je als het heel erg warm is

mus

het **mu·se·um** [musea, museums]
een gebouw waarin voorwerpen getoond worden die belangrijk zijn voor de cultuur uitgaan

de **mu·se·um·jaar·kaart** [museumjaarkaarten]
een kaart waarmee je minder hoeft te betalen bij verschillende musea*

de **mu·si·cal** [musicals]
een toneelstuk of een film waarin een deel van de tekst gezongen wordt

mu·si·ce·ren [musiceerde, heeft gemusiceerd]
muziek maken [iemand musiceert] ✦ *hij musiceerde met een paar vrienden*

de **mu·si·cus** [musici]
iemand die voor zijn of haar beroep muziek maakt = de muzikant ✦ *de musici waren zenuwachtig voor de voorstelling*

de **mus·kiet** [muskieten]
een mug die in warme landen voorkomt ✦ *hij is gestoken door muskieten*

de **müs·li**
een mengsel van graan, noten en vruchten, dat je met melk of yoghurt eet ✦ *ze eet meestal müsli als ontbijt*
maaltijden

Muzieknoten

noot	halve toon hoger	halve toon lager
a	aïs	as
b	bis	bes
c	cis	ces
d	dis	des
e	eïs	es
f	fis	fes
g	gis	ges

de **mu·ta·tie** [mutaties]
de verandering = de wijziging
✦ *mutaties in uw gegevens moet u binnen een maand melden*

de **muts** [mutsen]
een kledingstuk van zacht materiaal dat je op je hoofd draagt

muts

de **mu·tu·a·li·teit** [mutualiteiten] (in België)
een instelling die voor haar leden een groot deel van de kosten bij ziekte betaalt = het ziekenfonds

de •**muur** [muren]
een wand van steen
van het kastje naar de muur gestuurd worden: steeds naar iemand anders gestuurd worden met je probleem, zonder dat het opgelost wordt
met je rug tegen de muur staan: geen oplossing meer zien; niets meer kunnen doen ✦ *de minister beweert dat hij met zijn rug tegen de muur staat en dat hij geen extra geld voor het onderwijs heeft*

m.u.v. [afkorting]
met uitzondering van: behalve ✦ *m.u.v. Pauline is iedereen geslaagd voor het examen*

de •**mu·ziek**
tonen die gemaakt worden met instrumenten of de stem, waar mensen voor hun plezier naar luisteren

het **mu·ziek·in·stru·ment** [muziekinstrumenten]
een voorwerp om muziek mee te maken ✦ *op het toneel stonden een piano en een paar andere muziekinstrumenten*
uitgaan

de **mu·ziek·noot** [muzieknoten]
een teken dat laat zien hoe hoog een toon in de muziek is muzieknoten

mu·zi·kaal [bijvoeglijk naamwoord]
muzikale mensen zijn goed in het maken van muziek

de **mu·zi·kant** [muzikanten] **mu·zi·kan·te** [muzikantes]
iemand die voor zijn beroep muziek maakt = de musicus ✦ *de muzikanten gaven een voorstelling*

mw. [afkorting]
mevrouw

het **mys·te·rie** [mysteries]
iets wat je niet kunt begrijpen of verklaren = het raadsel ✦ *het is een mysterie hoe dat kon gebeuren*

mys·te·ri·eus [bijvoeglijk naamwoord]
als iets mysterieus is, kun je het niet begrijpen of verklaren ✦ *de politie doet onderzoek naar de mysterieuze verdwijning van mevrouw Schmidt*

de **mys·tiek**[1]
het streven om één te worden met God

mys·tiek[2] [bijvoeglijk naamwoord]
1 iets wat mystiek is, is geheim en moeilijk te begrijpen ✦ *volgens Sophie is liefde een mystieke kracht*
2 mystieke zaken hebben te maken met de mystiek[1]* = bovennatuurlijk ✦ *de vrouw beweert dat ze een mystieke ervaring heeft gehad*

de **my·the** [mythen, mythes]
1 een oud verhaal over het ontstaan van een volk en zijn goden ✦ *iedereen luisterde met aandacht naar de mythe van Odysseus*
2 een verzonnen verhaal; een verhaal dat niet waar is ✦ *het is een mythe dat de*

regering de ramp kon voorkomen

de **my·tho·lo·gie**
het geheel van mythen* (bet. 1) van een volk

n

de **n** [n'en]
de veertiende letter van het alfabet
alfabet

'n [lidwoord] (informeel)
de korte vorm van 'een'

•na[1] [bijwoord]
1 dichtbij (vooral in uitdrukkingen)
dat ligt mij na aan het hart: dat vind ik heel belangrijk
2 later dan iets anders ✦ *we dronken koffie na*
3 op … na: behalve ✦ *op Anne na was iedereen aanwezig*

•na[2] [voorzetsel]
later dan ⇔ voor ✦ *de stad Konstantinopel is in 323 na Christus ontstaan*

de **naad** [naden]
de plaats waar twee stukken stof of andere materialen aan elkaar vastzitten ✦ *er zit in de broek een scheur bij de naad*

naai·en [naaide, heeft genaaid]
1 van stof en met draad maken [iemand naait kleren] ✦ *deze broek heb ik zelf genaaid*
2 repareren met naald en draad [iemand naait een scheur] ✦ *ik heb het gaatje in mijn jurk genaaid*
3 (informeel) oneerlijk behandelen [iemand naait iemand] ✦ *ik voel me genaaid*
4 (grof) seksueel contact hebben [iemand naait iemand]

de **naai·ma·chi·ne** [naaimachines]
een machine om te naaien (bet. 1 en 2)

naakt [bijvoeglijk naamwoord]
als je naakt bent, heb je geen kleren aan

de **naald** [naalden]
1 een dun staafje met een punt om mee te naaien ✦ *hij deed de draad door de naald*

naald 1

2 elk van de kleine, groene stokjes aan de takken van een naaldboom
3 de metalen punt aan een injectiespuit waar de vloeistof doorheen komt ✦ *de junk spoot met een vuile naald*

naald 3

de **naald·boom** [naaldbomen]
een boom zoals een den of een spar, die geen bladeren heeft, maar naalden* (bet. 2) ⇔ de loofboom

de **•naam** [namen]
1 het woord of de woorden waarmee je zegt hoe iets of iemand heet ✦ *mijn naam is Gerda Biermans* ✦ *wat is de naam van dit voorwerp?*
met name: vooral ✦ *met name Saskia heeft mij erg goed geholpen*
met naam en toenaam: met alle persoonlijke gegevens ✦ *hij werd met naam en toenaam in de krant genoemd, zodat iedereen nu weet wat hij gedaan heeft*
2 de manier waarop iets of iemand bekend is ✦ *dit bedrijf heeft een goede naam*

de **naam·val** [naamvallen] (taal)
de functie van een naamwoord in een zin

het **naam·woord** [naamwoorden] (taal)
een woord in een taal dat een persoon of zaak noemt of bepaalt
een zelfstandig naamwoord: een naam voor een persoon of zaak ✦ *'auto', 'mens' en 'overleg' zijn zelfstandige naamwoorden*
een bijvoeglijk naamwoord: een woord dat iets zegt over een zelfstandig naamwoord ✦ *'leuk' en 'rood' zijn bijvoeglijke naamwoorden*

•naar[1] [bijvoeglijk naamwoord]
1 nare mensen of dingen zijn vervelend ✦ *ik heb vannacht naar gedroomd* ✦ *mijn leraar Engels was een nare man*
2 ziek ✦ *onze dochter wordt naar als ze lang in een rijdende auto zit*

•naar[2] [voorzetsel]
1 in de richting van … ✦ *de trein naar Nijmegen vertrekt vanaf spoor drie*
2 net zoals … = volgens ✦ *gaat alles*

na

naar wens? ✦ *naar mijn mening moeten we dit niet doen*
3 dit woord wordt gebruikt bij veel werkwoorden ✦ *ze luistert graag naar muziek*

•**naar**[3] [voegwoord]
zoals ✦ *naar men zegt gaat de winkel dicht*

naar·ma·te [voegwoord]
naar verhouding dat (na 'naarmate' volgt altijd een vergrotende trap) = naargelang ✦ *naarmate mijn vader ouder werd, werd hij vriendelijker*

naar·stig [bijvoeglijk naamwoord]
als je iets naarstig doet, doe je het vlug en met al je aandacht = ijverig ✦ *hij zocht naarstig naar het pasje van de bank*

•**naast**[1] [bijvoeglijk naamwoord]
het meest dichtbij ✦ *de directeur en een naaste medewerker hebben het plan gemaakt*

•**naast**[2] [voorzetsel]
aan de zijkant ✦ *hij woont naast een garage* ✦ *Melanie zat naast me*

de **naas·te** [naasten]
iemand met wie je te maken hebt ✦ *we moeten vriendelijk zijn tegenover onze naasten*

na

de **na·be·staan·de** [nabestaanden]
iemand die familie is van iemand die is gestorven ✦ *de politie vertelde aan de nabestaanden hoe het ongeluk was gebeurd*

na·bij[1] [bijvoeglijk naamwoord]
iets wat nabij is, is dichtbij, niet ver ✦ *in de nabije toekomst zal de koningin onze stad bezoeken*

na·bij[2] [voorzetsel]
in de buurt van; dichtbij ✦ *Delft ligt nabij Rotterdam*

na·bij·ge·le·gen [bijvoeglijk naamwoord]
nabijgelegen plaatsen liggen dichtbij ✦ *in een nabijgelegen dorpje vonden we een restaurant*

de **na·bij·heid**
de directe omgeving ✦ *in de nabijheid van het dorp is een rivier*

na·boot·sen [bootste na, heeft nagebootst]
doen alsof je iets of iemand anders bent = imiteren, nadoen [iemand bootst iets of iemand na] ✦ *Monica kan goed een kip nabootsen*

na·bu·rig [bijvoeglijk naamwoord]
naburige plaatsen liggen in de buurt ✦ *tijdens de oorlog zijn veel mensen naar naburige landen gevlucht*

de •**nacht** [nachten]
de tijd waarin het donker is en waarin je gewoonlijk slaapt ⇔ de dag ✦ *ik word 's nachts vaak wakker van de hoofdpijn*

de **nacht·club** [nachtclubs]
een club die tot laat in de nacht open is

de **nach·te·gaal** [nachtegalen]
een vogel die 's nachts zingt

nachtegaal

nach·te·lijk [bijvoeglijk naamwoord]
nachtelijke gebeurtenissen vinden in de nacht plaats ✦ *het feest duurde tot in de nachtelijke uurtjes*

de **nacht·mer·rie** [nachtmerries]
een heel vervelende droom

de **na·da·gen** [meervoud]
de laatste periode vlak voordat iets ophoudt te bestaan, na een periode waarin het heel goed ging ✦ *in de nadagen van het Romeinse Rijk werd het onderwijs steeds slechter*

•**na·dat** [voegwoord]
na het ogenblik dat ✦ *we praten verder met u nadat u examen hebt gedaan*

het •**na·deel** [nadelen]
iets dat niet gunstig is ⇔ het voordeel ✦ *hij spreekt slecht Engels en dat is een nadeel*

na·de·lig [bijvoeglijk naamwoord]
een nadelige situatie is een situatie die niet gunstig is ⇔ voordelig ✦ *de hardloper begon de wedstrijd in een nadelige positie*

•**na·den·ken** [dacht na, heeft nagedacht]
denken [iemand denkt na (over iets)] ✦ *ik moet nog even over uw voorstel nadenken*

•**na·der** [bijvoeglijk naamwoord]
1 dichterbij ✦ *door het gesprek zijn ze nader tot elkaar gekomen*
2 preciezer; uitgebreider ✦ *we moeten dat probleem nader onderzoeken* ✦ *nadere informatie staat in een volgende brief*

•na·de·ren [naderde, is genaderd]
dichterbij komen [iemand of iets nadert (iemand of iets)] ✦ *we naderen Londen* ✦ *de trein naderde heel langzaam*

na·der·hand [bijwoord]
daarna; later ✦ *naderhand wist ik niet meer wat ik tijdens het examen gezegd had*

na·dien [bijwoord] (formeel)
daarna; sinds die tijd ✦ *zijn vrouw is overleden en nadien heeft hij nooit meer gelachen*

na·doen [deed na, heeft nagedaan]
hetzelfde doen = imiteren, nabootsen [iemand doet iemand of iets na] ✦ *Veronica doet haar oudere zusje in alles na*

de **•na·druk**
1 de kracht; de extra duidelijkheid ✦ *ik wil met nadruk zeggen dat ik blij ben met uw opmerking*
2 de extra kracht waarmee je een woord of een deel van een woord uitspreekt = het accent, de klemtoon ✦ *in het woord 'aankomen' ligt de nadruk op 'aan'*

na·druk·ke·lijk [bijvoeglijk naamwoord]
als je iets nadrukkelijk zegt, zeg je het met nadruk (bet. 1) = expliciet ✦ *het is nadrukkelijk verboden om op het gras te lopen*

na·gaan [ging na, is nagegaan]
onderzoeken en een conclusie trekken = checken [iemand gaat iets na] ✦ *we zullen nagaan hoe we het probleem kunnen oplossen*

de **na·ge·dach·te·nis**
de herinnering aan iemand die gestorven is ✦ *ter nagedachtenis aan de slachtoffers houden we nu een minuut stilte*

na·ge·ke·ken *zie:* **nakijken**

de **na·gel** [nagels]
het harde gedeelte van een vinger of teen ✦ *ik moet de nagels van mijn tenen knippen*

na·ge·noeg [bijwoord]
bijna; vrijwel ✦ *deze fiets is nagenoeg nieuw*

het **na·ge·recht** [nagerechten]
het meestal zoete eten dat je eet na ander eten = het toetje, het dessert

het **na·ge·slacht**
de generaties die na iemand leven

na·ïef [bijvoeglijk naamwoord]
naïeve mensen hebben er te veel vertrouwen in dat alles goed zal gaan en dat andere mensen eerlijk zijn ✦ *hij is een naïeve jongen die iedereen vertrouwt*

het **•na·jaar**
het seizoen tussen de zomer en de winter, waarin de bladeren van de bomen vallen en het kouder wordt = de herfst
maanden

na·kij·ken [keek na, heeft nagekeken]
kijken of iets goed is [iemand kijkt iets na] ✦ *de leraar moest vijftien examens nakijken*

de **na·ko·me·ling** [nakomelingen]
iemands kind, kleinkind enz. ✦ *de koning ging dood zonder nakomelingen*

na·ko·men [kwam na, is nagekomen]
doen wat je hebt beloofd [iemand komt een belofte of een verplichting na] ✦ *mijn vader kwam zijn beloften altijd na*

na·la·ten [liet na, heeft nagelaten]
1 iemand iets na je dood laten krijgen [iemand laat (iemand) iets na] ✦ *mijn oma heeft me deze mooie kast nagelaten*
2 niet doen [iemand laat iets na] ✦ *hij heeft nagelaten de auto te controleren voordat hij vertrok*

de **na·la·ten·schap** [nalatenschappen]
alles wat er achterblijft na iemands dood = de erfenis

na·le·ven [leefde na, heeft nageleefd]
je aan de regels houden [iemand leeft wetten of regels na] ✦ *elke deelnemer aan het verkeer moet de verkeersregels naleven*

de **na·maak**
iets dat niet echt is = de nep ✦ *dat is geen echt goud, maar namaak*

•na·me·lijk [bijwoord]
1 dit woord gebruik je om een reden aan te kondigen ✦ *geen taart voor de heer Fransen, hij wil namelijk dunner worden*
2 dit woord gebruik je om een voorbeeld aan te kondigen ✦ *er zijn in het Nederlands twee letters die nooit aan het eind van een woord staan, namelijk de 'v' en de 'z'*

na·men *zie:* **nemen**

na·mens [voorzetsel]
dit woord gebruik je als je voor iemand anders spreekt ✦ *ik wil u ook namens mijn vrouw bedanken voor de bloemen*

de **nar·cis** [narcissen]
een plant met gele of witte bloemen

narcis

de **nar·co·se**
de toestand dat iemand in slaap is gebracht voor bijvoorbeeld een operatie ✦ *als je onder narcose bent, voel je geen pijn*

de **na·rig·heid** [narigheden]
de problemen = de ellende ✦ *we waren ontzettend blij dat alle narigheid voorbij was*

het **na·schrift** [naschriften]
een tekstje na het eind van bijvoorbeeld een brief

de **na·si**
gekookte rijst die met groente is gebakken

het **na·slag·werk** [naslagwerken]
een boek om iets in op te zoeken, zoals een woordenboek en een encyclopedie

de **na·sleep**
de vervelende gevolgen van een gebeurtenis die je nog lange tijd merkt ✦ *het ongeluk had een lange nasleep*

na·stre·ven [streefde na, heeft nagestreefd]
willen bereiken [iemand streeft iets na] ✦ *de landen werken samen, omdat ze hetzelfde doel nastreven*

na·syn·chro·ni·se·ren [synchroniseerde na, heeft nagesynchroniseerd]
de gesproken taal van een film opnieuw opnemen, in een andere taal [iemand synchroniseert een film na]

•**nat** [bijvoeglijk naamwoord]
natte dingen bevatten een vloeistof of zijn daarmee bedekt ⇔ droog ✦ *ze legde een natte doek op haar hoofd*

de **na·tie** [naties]
een volk dat in één land woont ✦ *Duitsland is een grote natie*

•**na·ti·o·naal** [bijvoeglijk naamwoord]
iets wat nationaal is, geldt voor het hele land ⇔ internationaal ✦ *het nationale voetbalteam moet vanavond tegen Engeland spelen* ✦ *Koninginnedag is een nationale feestdag in Nederland*
de nationale feestdag: (in België) de dag waarop wordt gevierd dat de eerste koning van België officieel koning werd (op 21 juli) feestdagen

> Internationale zaken betreffen andere landen; regionale zaken betreffen de streek; lokale zaken betreffen de stad of het dorp.

het **na·ti·o·na·lis·me**
het gevoel dat je eigen land beter is dan andere landen

de •**na·ti·o·na·li·teit** [nationaliteiten]
het volk en het land waartoe je officieel hoort ✦ *de mannen hadden de Belgische nationaliteit*

de **NATO**
North Atlantic Treaty Organization: de Noord-Atlantische Verdragsorganisatie = de NAVO

na·tu·rel [bijvoeglijk naamwoord]
1 iets dat naturel is, heeft de eigen kleur of smaak, zonder dat er iets aan toegevoegd is ✦ *wil je thee met een smaakje of naturel?*
2 als iemand iets naturel doet, doet hij of zij dat heel natuurlijk, alsof het echt is ✦ *zij speelt de rol in de film heel naturel*

de •**na·tuur**
1 alles dat niet door mensen gemaakt is, zoals bomen, planten en dieren ✦ *wij wandelen graag in de natuur* landschap
2 de manier waarop iemand doet en denkt = de aard, het karakter, de persoonlijkheid ✦ *het meisje heeft een vrolijke natuur*

het **na·tuur·ge·bied** [natuurgebieden]
een gebied met mooie natuur (bet. 1) landschap

de **na·tuur·kun·de**
de wetenschap die studie maakt van elektriciteit, licht enz. = de fysica

•**na·tuur·lijk**[1] [bijvoeglijk naamwoord]
1 iets wat natuurlijk gebeurt, gebeurt volgens de natuur (bet. 1) ⇔ kunstmatig ✦ *volgens de politie is de man een natuurlijke dood gestorven*
2 iets wat natuurlijk is, is gewoon ⇔ gekunsteld ✦ *ze komt heel natuurlijk over op tv*

•**na·tuur·lijk**[2] [bijwoord]
zoals iedereen meteen begrijpt ✦ *dat was natuurlijk een grapje*

het **na·tuur·mo·nu·ment** [natuurmonumen-

ten]
een beschermd gebied waar bijzondere planten groeien of bijzondere dieren leven

de **na·tuur·ramp** [natuurrampen]
een grote, verschrikkelijke gebeurtenis in de natuur (bet. 1)

het •**nauw**[1]
in het nauw zitten: grote problemen hebben; niet meer weten wat je moet doen

•**nauw**[2] [bijvoeglijk naamwoord]
1 iets wat nauw is, is smal en heeft weinig ruimte ✦ *het verhuizen was moeilijk door de nauwe gang*
2 een nauwe vriendschap is een heel goede vriendschap ✦ *ik heb twintig jaar nauw samengewerkt met mevrouw Mulder*
3 het niet zo nauw nemen met iets: niet zo zorgvuldig omgaan met iets; iets niet helemaal doen zoals het hoort ✦ *de journalist nam het niet zo nauw met de waarheid*
4 dat luistert nauw: het is belangrijk dat je dat precies doet zoals het hoort, anders lukt het niet ✦ *je moet precies voldoende zout toevoegen; dat luistert heel nauw*

•**nau·we·lijks** [bijwoord]
1 bijna niet ✦ *de man kon nauwelijks geloven dat hij een miljoen euro gewonnen had*
2 nog maar net; pas ✦ *de docent was nauwelijks weg of iedereen begon met elkaar te vechten*

nauw·ge·zet [bijvoeglijk naamwoord]
iemand die nauwgezet werkt, werkt precies en zorgvuldig = nauwkeurig

nauw·keu·rig [bijvoeglijk naamwoord]
iemand die nauwkeurig werkt, werkt precies en zorgvuldig = exact ✦ *wilt u alles nauwkeurig lezen?*

nauw·let·tend [bijvoeglijk naamwoord]
iets wat je nauwlettend doet, doe je met veel aandacht = aandachtig ✦ *zij volgde de ontwikkelingen op de beurs nauwlettend*

n.a.v. [afkorting]
naar aanleiding van …: met … als aanleiding ✦ *ik schrijf deze brief naar aanleiding van uw artikel over het fileprobleem*

de **na·vel** [navels]
de plaats midden op de buik waar de navelstreng* heeft gezeten

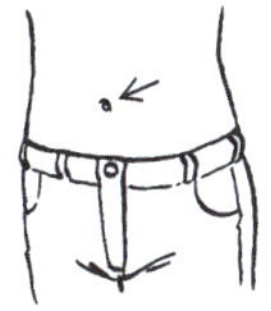
navel

de **na·vel·streng** [navelstrengen]
een soort draad waarmee een baby in de buik van de moeder vastzit

de **NAVO**
Noord-Atlantische Verdragsorganisatie: een militaire overeenkomst tussen landen in Europa en de Verenigde Staten = de NATO

de **na·vol·ging**
de situatie dat je hetzelfde doet als iemand anders ✦ *zijn goede gedrag verdient navolging*
in navolging van …: omdat … het ook heeft gedaan ✦ *in navolging van Duitsland heeft Nederland de belastingen verlaagd*

de **na·vraag**
de keer dat je informatie over iets of iemand vraagt
navraag doen naar iets of iemand (bij iemand): inlichtingen verzamelen over iets of iemand ✦ *de politie heeft navraag gedaan naar zijn gedrag bij zijn vroegere werkgever*
bij navraag: na het vragen ✦ *bij navraag bleek hij geen diploma te hebben*

de **na·zaat** [nazaten]
een kind, kleinkind enz. = de nakomeling

de **na·zi** [nazi's]
iemand die hoorde bij de partij van Adolf Hitler = de nationaal-socialist

het **na·zicht** (in België)
de keer dat je kijkt of iets klopt ✦ *het nazicht gebeurt door de directeur*

de **na·zorg**
de zorg die je krijgt nadat er iets naars is gebeurd, bijv. nadat je in het ziekenhuis hebt gelegen ✦ *er was niet voldoende nazorg voor de slachtoffers van de brand*

NB [afkorting]
nota bene: let goed op (dit staat vaak onder aan een tekst, om speciaal aandacht voor iets te vragen) ✦ *NB: neem een warme jas mee!*

de **NCRV**
Nederlandse Christelijke Radiovereniging: een omroep in Nederland media

ne·de·rig [bijvoeglijk naamwoord]
1 iemand die nederig is, eist niet veel = bescheiden ✦ *hoewel hij een rijk man was, had hij een nederige houding*
2 iets wat nederig is, is klein en eenvoudig ✦ *kom binnen in mijn nederige woning*

de **ne·der·laag** [nederlagen]
de keer dat iemand of een groep een strijd verliest ✦ *na zijn eerste nederlaag in tien jaar zei de hardloper dat hij ging stoppen*

de **Ne·der·lan·der** [Nederlanders]
iemand die in Nederland woont

het **Ne·der·lands**[1]
de taal die in Nederland en in Vlaanderen wordt gesproken ✦ *Songül is pas een jaar in België, maar haar Nederlands is al erg goed*

Ne·der·lands[2] [bijvoeglijk naamwoord]
iets wat Nederlands is, heeft te maken met Nederland ✦ *de Nederlandse vlag heeft de kleuren rood, wit en blauw*

de **ne·der·zet·ting** [nederzettingen]
een klein dorp in een gebied waar verder helemaal geen mensen wonen

nc

•nee [tussenwerpsel]
dit woord gebruik je als antwoord op een vraag waar je het niet mee eens bent ⇔ ja

de **neef** [neven]
1 een zoon van je oom of tante
2 een zoon van je broer of zus familie

neep *zie:* **nijpen**

•neer [bijwoord]
1 naar beneden
2 op en neer: omhoog en omlaag; beter en slechter ✦ *het ging met de economie op en neer*

neer·bui·gend [bijvoeglijk naamwoord]
een neerbuigende opmerking lijkt vriendelijk, maar de bedoeling is om iemand zich minder te laten voelen

neer·ko·men op [kwam neer op, is neergekomen op]
1 door iemand gedaan moeten worden [iets komt op iemand neer] ✦ *het zware werk komt op Joop neer*
2 betekenen; inhouden [iets komt neer op iets] ✦ *je kunt ook zeggen dat het de schuld van de regering is, maar dat komt op hetzelfde neer* ✦ *dus het komt erop neer dat u alles zelf moet betalen*

•neer·leg·gen [legde neer, heeft neergelegd]
1 op de grond of op een plaats leggen [iemand legt iets neer]
kritiek naast je neerleggen: geen aandacht aan kritiek geven
2 niet langer doen; met iets stoppen [iemand legt zijn werk, zijn functie enz. neer]

zich **•neer·leg·gen bij** [legde zich neer bij, heeft zich neergelegd bij]
aanvaarden dat het zo is [iemand legt zich bij iets neer]

neer·slach·tig [bijvoeglijk naamwoord]
iemand die neerslachtig is, is vaak erg somber = gedeprimeerd ✦ *ze is erg neerslachtig sinds de dood van haar vader*

de **neer·slag**
1 alles wat uit de lucht valt: regen, sneeuw enz. ✦ *in Nederland valt veel neerslag*
2 het resultaat; de manier waarop je gebeurtenissen of onderzoek opschrijft ✦ *dit boek vormt de neerslag van alles wat hij tijdens zijn reis heeft beleefd*

neer·stor·ten [stortte neer, is neergestort]
hard naar beneden vallen [een vliegtuig stort neer]

•neer·zet·ten [zette neer, heeft neergezet]
op de grond, op tafel enz. zetten [iemand zet iets neer] ✦ *wilt u de tv daar in die hoek neerzetten alstublieft?*

ne·fast [bijvoeglijk naamwoord] (in België)
iets dat nefast is, geeft je nadeel ✦ *het beleid van de nieuwe regering is nefast voor de economie*

het **ne·ga·tief**[1] [negatieven]
een stukje film waarop in omgekeerde kleuren de afbeelding van een foto staat

•ne·ga·tief[2] [bijvoeglijk naamwoord]
1 een negatief antwoord betekent: 'nee' ⇔ positief ✦ *ze kreeg een negatief antwoord op haar vraag*
2 iemand die negatief is, vindt niets goed of leuk ⇔ positief ✦ *alleen Johan had veel kritiek, maar die is altijd negatief*
3 een negatief getal is een getal dat lager is dan nul, bijv. -3 (min drie) ⇔ positief

•**ne·gen** [hoofdtelwoord]
9 getallen

•**ne·gen·de** [rangtelwoord]
9e getallen

ne·gen·tien [hoofdtelwoord]
19 getallen

ne·gen·tig [hoofdtelwoord]
90 getallen

de **ne·ger** [negers] **ne·ge·rin** [negerinnen]
iemand met een donkerbruine of zwarte huid (dit woord wordt soms als beledigend ervaren)

ne·ge·ren [negeerde, heeft genegeerd]
geen aandacht geven [iemand negeert iemand of iets] ✦ *de minister heeft de uitspraken van de commissie genegeerd*

nei·gen tot [neigde tot, heeft geneigd tot]
bijna doen [iemand of iets neigt tot iets] ✦ *de banken neigen ertoe de rente te verlagen*

de **nei·ging** [neigingen]
iets wat je steeds weer doet of wilt doen ✦ *hij heeft de neiging om te veel te praten*

de **nek** [nekken]
de achterkant van het deel onder je hoofd
iemand met de nek aankijken: doen alsof je iemand niet ziet, omdat je boos bent ✦ *in India worden mensen die niet trouwen met de nek aangekeken*
je nek uitsteken: je best voor iets doen met het gevaar dat anderen je daarvoor zullen straffen ✦ *niemand durfde tijdens de vergadering zijn nek uit te steken voor het nieuwe plan*

nek

de **nek·kramp** (informeel)
een bepaald soort hersenvliesontsteking, een gevaarlijke ziekte

de **nek·slag** [nekslagen]
iets waardoor iemand definitief met iets moet stoppen = de doodsteek, de genadeklap ✦ *de slechte verkoop van het nieuwe model auto was de nekslag voor het bedrijf*

•**ne·men** [nam, heeft genomen]
1 pakken; gebruiken [iemand neemt iets] ✦ *neem een lekker koekje!* ✦ *nemen we de trein of de bus?*
2 aanvaarden [iemand neemt iets of iemand] ✦ *hij nam het niet langer en werd kwaad* ✦ *je moet hem maar nemen zoals hij is*
3 dit woord gebruik je samen met andere woorden in verschillende betekenissen ✦ *hij nam een foto van het gebouw* ✦ *morgen neem ik een dag vrij*
iemand iets kwalijk nemen: boos zijn om wat iemand gedaan heeft ✦ *neem mij niet kwalijk dat ik te laat ben*

neo-
nieuw- ✦ *dit gebouw is gebouwd in een neoklassieke stijl*

de **nep** (informeel)
iets dat echt lijkt, maar niet echt is = de namaak ✦ *deze ring is niet echt van goud hoor; hij is nep*

ne·pen *zie:* **nijpen**

de **nerf** [nerven]
een lijn in hout of in het blad van een boom

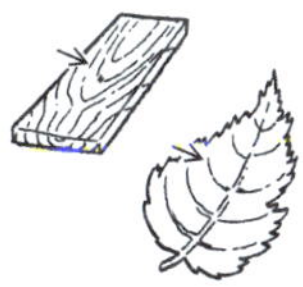
nerf

•**ner·gens** [bijwoord]
1 op geen enkele plaats ✦ *hij kon zijn sleutels nergens vinden*
2 (in combinatie met een voorzetsel:) niets ✦ *zij vindt alles leuk maar hij heeft nergens zin in*

ner·veus [bijvoeglijk naamwoord]
iemand die nerveus is, is bang dat er iets fout gaat = zenuwachtig ✦ *de man maakte een nerveuze indruk, want hij zat geen ogenblik stil*

het **nest** [nesten]
1 de plek waar een vogel eitjes legt

nest 1

2 een groepje jonge honden, poezen enz. die tegelijk geboren zijn
3 (informeel) een vervelend meisje

ne

4 [geen meervoud] (informeel) het bed ✦ *Vincent, kom uit je nest!*
5 in de nesten zitten: grote problemen hebben

nes·te·len [nestelde, heeft genesteld]
een nest* (bet. 1) maken [vogels nestelen]

zich **nes·te·len** [nestelde zich, heeft zich genesteld]
lekker gaan zitten of liggen [een mens of een dier nestelt zich] ✦ *ze nestelde zich met een boek op de bank*

het **net**[1] [netten]
1 aan elkaar geknoopt touw met openingen van gelijke grootte ✦ *op de Noordzee mag alleen maar gevist worden met netten die niet te groot zijn*

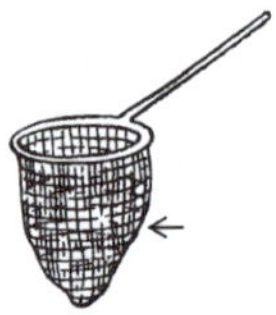

net[1] **1**

2 een systeem van wegen, leidingen enz. die met elkaar zijn verbonden ✦ *België heeft een uitgebreid wegennet*
3 een tv-kanaal = de zender ✦ *vanavond is er een leuke film op het tweede net*

•**net**[2] [bijvoeglijk naamwoord]
nette mensen of zaken zien er goed verzorgd uit ✦ *de boer trok voor het feest zijn nette kleren aan* ✦ *we wonen in een nette buurt*

•**net**[3] [bijwoord]
1 precies ✦ *ben je net zo slim als je broer?* ✦ *je dochter praat net als jij* ✦ *dat beeld lijkt net echt*
2 kort geleden = zojuist ✦ *ik heb Nina net nog gezien*

het **Net 5**
een omroep in Nederland media

•**net·jes** [bijvoeglijk naamwoord]
1 als je er netjes uitziet, zie je er goed verzorgd uit = keurig ✦ *het ziet er netjes uit*
2 als je iets netjes doet, doe je het zoals het hoort = fatsoenlijk ✦ *in een winkel moet je je klanten altijd netjes behandelen*

net·to [bijwoord]
1 zonder belastingen enz. ⇔ bruto ✦ *Bart verdient duizend euro netto per maand*
2 zonder het gewicht van bijv. de doos waarin het zit ✦ *op het pakje kaas stond 'netto 250 gram'*

het **net·to-in·ko·men** [netto-inkomens]
je loon nadat er geld voor de belasting vanaf is gehaald ⇔ het bruto-inkomen ✦ *het bruto-inkomen leek erg hoog, maar het netto-inkomen viel een beetje tegen* belasting

de **net·to·winst**
de winst die overblijft als de belasting enz. eraf is ✦ *het bedrijf had een nettowinst van honderdduizend euro*

het **net·vlies** [netvliezen]
het deel achter in het oog waar de beelden worden gevormd

het **net·werk** [netwerken]
wegen, leidingen, contacten enz. die met elkaar verbonden zijn ✦ *de computers zijn met elkaar verbonden in een netwerk* ✦ *het is belangrijk een goed sociaal netwerk te hebben als je alleen woont*

neu·ken [neukte, heeft geneukt] (grof)
seks hebben met iemand [iemand neukt ((met) iemand)]

neu·ri·ën [neuriede, heeft geneuried]
zingen met je mond dicht, zonder de woorden uit te spreken [iemand neuriet (een lied)]

neu·ro·tisch [bijvoeglijk naamwoord]
neurotische mensen zijn erg zenuwachtig

de •**neus** [neuzen]
1 het deel van het gezicht waarmee je ruikt
van je neus maken: (in België) je kwaad maken en dat laten blijken door bijv. nare woorden te roepen ✦ *toen Johnny een bal tegen zijn hoofd kreeg, begon hij tegen mij van zijn neus te maken!*

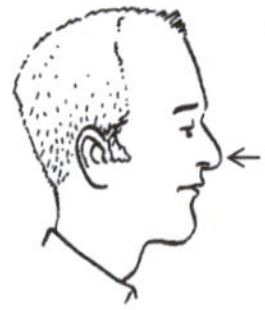

neus 1

2 het voorste deel van een schoen

de **neus·hoorn** [neushoorns]
een groot dier uit Afrika = de rinoceros

ne

neushoorn

neu·traal [bijvoeglijk naamwoord]
1 iemand die neutraal is, is niet voor of tegen ✦ *Nederland was neutraal in de Eerste Wereldoorlog*
2 neutrale zaken vallen niet op ✦ *ik wil een jas kopen in een neutrale kleur*

neu·zen [neusde, heeft geneusd]
kijken zonder iets speciaals te zoeken = snuffelen [iemand neust ergens] ✦ *ik wil niet dat je in mijn kamer gaat neuzen*

de **ne·vel** [nevelen, nevels]
dunne mist of regen

de **nicht** [nichten]
1 een dochter van je oom of tante
2 een dochter van je broer of zus familie
3 (informeel) een man die van mannen houdt (zo worden vooral homoseksuele mannen genoemd die zich als een vrouw gedragen) = de homo

de **ni·co·ti·ne**
de stof die onder andere in sigaretten zit en die je afhankelijk maakt van het roken

•**nie·mand** [onbepaald voornaamwoord]
geen enkele persoon ✦ *niemand wist waar Carla was*

het **nie·mands·land**
een gebied dat niet bij een land hoort ✦ *er zaten militairen in het niemandsland tussen de twee landen*

de **nier** [nieren]
het orgaan dat urine maakt

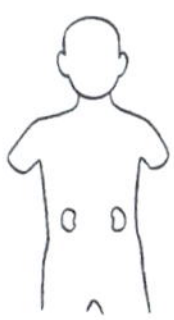

nier

het **niet**[1]
dat valt in het niet bij ...: dat stelt niets voor in vergelijking met ... ✦ *het aantal slachtoffers van de vorige oorlog valt in het niet bij het aantal van deze oorlog*

•**niet**[2] [bijwoord]
een woord om iets te ontkennen ✦ *mijn zoon heeft niet genoeg geld voor een auto* ✦ *na lang nadenken kocht hij de cd niet* ✦ *hij werkt al jaren niet meer*

nie·tig [bijvoeglijk naamwoord]
nietige mensen en zaken zijn klein en onbelangrijk ✦ *tussen de hoge bergen voelde ik me erg nietig*

het **nietje** [nietjes]
een klein stukje metaal waarmee papieren aan elkaar worden vastgemaakt

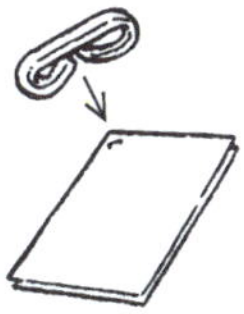

nietje

•**niets** [onbepaald voornaamwoord]
1 geen enkel ding; geen enkele zaak ✦ *hij heeft vandaag de hele dag niets gedaan* ✦ *heb je niets beters te doen?*
2 voor niets: tevergeefs ✦ *het werk was allemaal voor niets*

niet·te·min [bijwoord]
toch ✦ *het product wordt goed verkocht, niettemin blijkt uit onderzoek dat het een slechte kwaliteit heeft*

•**niet·waar** [tussenwerpsel]
met dit woord vraag je of iets waar is, en ook of iemand het met je eens is ✦ *jullie zijn broer en zus, nietwaar?*

•**nieuw** [bijvoeglijk naamwoord]
1 iets wat nieuw is, bestaat nog niet lang, of wordt nog niet lang gebruikt ⇔ oud ✦ *we hebben een nieuwe piano gekocht*
2 nieuwe personen of zaken komen na iets of iemand anders ✦ *de dokter neemt geen nieuwe patiënten meer*

de **nieuw·bouw**
nieuwe gebouwen ✦ *op de plaats waar vroeger een school stond, komt nu nieuwbouw*

de **nieu·we·ling** [nieuwelingen]
iemand die ergens nog maar kort is of kort werkt ✦ *de nieuwelingen kregen uitgebreide informatie over de instelling*

de **nieu·we·maan**
de maan die niet te zien is ✦ *omdat het nieuwemaan was, was het die nacht helemaal donker*

het **nieuw·jaar**
1 het jaar dat komt of pas is begonnen ✦ *we wensen u een gelukkig nieuwjaar*
2 1 januari, de eerste dag van het nieuwe

jaar = de nieuwjaarsdag ✦ *alle bedrijven en scholen zijn met nieuwjaar gesloten*

de **nieuw·jaars·brief** [nieuwjaarsbrieven] (in België)
een brief (meestal in de vorm van een gedicht) die kinderen 1 januari voorlezen aan hun peetoom of peettante

de **nieuw·jaars·dag** [nieuwjaarsdagen]
1 januari, de eerste dag van het nieuwe jaar feestdagen

de **nieuw·ko·mer** [nieuwkomers]
1 iemand die ergens nog maar kort is of kort werkt = de nieuweling
2 iemand die pas in Nederland woont en die gebruik maakt van de Wet Inburgering Nieuwkomers

de **nieuw·kuis** (in België)
een bedrijf waar men kleding stoomt = de stomerij

het **•nieuws**
1 de nieuwe dingen die gebeurd zijn ✦ *heb jij nog nieuws?*
2 een programma op tv of op de radio met berichten over wat er in de wereld gebeurt = het journaal ✦ *ik heb op het nieuws gezien dat er een ongeluk met een vliegtuig gebeurd is*

ni

•nieuws·gie·rig [bijvoeglijk naamwoord]
1 een nieuwsgierige persoon wil graag dingen weten die niet voor hem of haar bedoeld zijn ✦ *er kwamen veel nieuwsgierige mensen naar de brand kijken*
2 als je nieuwsgierig naar iets bent, ben je geïnteresseerd in iets = benieuwd ✦ *ik ben nieuwsgierig naar het resultaat van je examen*

het **nieuw·tje** [nieuwtjes]
een nieuw, interessant feit ✦ *luister, ik heb een nieuwtje over de buren*

nie·zen [niesde, heeft geniesd]
een speciaal geluid maken met je neus en je mond, vooral als je verkouden bent: hatsjoe! [iemand niest]

ni·hil [onbepaald voornaamwoord]
niets ✦ *de kosten voor het schoonmaken waren nihil*

nij·dig [bijvoeglijk naamwoord]
iemand die nijdig is, is boos ✦ *mijn zoon keek me nijdig aan*

het **nijl·paard** [nijlpaarden]
een groot dier dat in Afrika bij rivieren leeft

nijlpaard

nij·pen [neep, heeft genepen] (in België)
een stukje van iemands vel strak tussen de vingers nemen en hem of haar daarmee pijn doen = knijpen [iemand nijpt iemand] ✦ *ik zag hoe hij de kat van de buren neep*

nij·pend [bijvoeglijk naamwoord]
een nijpend probleem is een groot probleem dat snel opgelost moet worden ✦ *in veel landen in Afrika is een nijpend gebrek aan water*

de **nijp·tang** [nijptangen]
een instrument om bijv. een spijker uit iets te halen

nijptang

•niks [onbepaald voornaamwoord] (informeel)
niets ✦ *op de foto was niks te zien*

nim·mer [bijwoord] (formeel)
nooit ✦ *zulke lelijke woorden zal Hanna nimmer gebruiken*

het **nip·per·tje**
op het nippertje: nog net; op het laatste moment ✦ *op het nippertje kon ik in de trein stappen*

nipt [bijvoeglijk naamwoord]
bij een nipte overwinning is er maar een heel klein verschil tussen de winnaar en de verliezer ✦ *Ajax won nipt van Feyenoord*

de **nis** [nissen]
een kleine ruimte in een muur waarin je iets kunt zetten

het **NIS** (in België)
Nationaal Instituut voor de Statistiek: een bedrijf dat cijfers verzamelt en verwerkt ✦ *volgens het NIS zijn er dit jaar vijf procent meer werklozen in België dan vorig jaar*

het **•ni·veau** [niveaus]
1 de hoogte, bijv. van water in een ri-

vier = het peil ✦ *het water is tot een gevaarlijk hoog niveau gestegen*
2 de kwaliteit = het peil ✦ *het niveau van de lessen Duits was niet hoog*

nl. [afkorting]
namelijk ✦ *u moet de derde weg rechts nemen, nl. de Beatrixlaan*

de **NMBS** (in België)
Nationale Maatschappij der Belgische Spoorwegen: het bedrijf dat de treinen in België laat rijden vervoer

•**noch** [voegwoord]
en ook niet ✦ *noch de gemeente, noch het rijk wil de vereniging subsidie geven*

noch·tans [bijwoord] (formeel)
maar toch ✦ *er zijn grote problemen, nochtans moeten we rustig blijven*

no·de [bijwoord]
iets of iemand node missen: iets of iemand heel erg missen ✦ *de zieke speler werd node gemist bij de wedstrijd*

no·de·loos [bijvoeglijk naamwoord]
iets wat nodeloos gebeurt, gebeurt zonder dat het nodig is = onnodig ✦ *er waren veel ouders die zich nodeloos zorgen maakte over de ziekte op school*

•**no·dig** [bijvoeglijk naamwoord]
iets wat nodig is, is noodzakelijk ✦ *voor goed onderwijs zijn goede docenten nodig* ✦ *hij heeft niet de nodige bescherming gekregen*

•**noe·men** [noemde, heeft genoemd]
1 een naam geven [iemand noemt iets of iemand iets] ✦ *hij heet eigenlijk Gerard, maar iedereen noemt hem Rardy* ✦ *dat noem ik nou eens goed werk!*
2 zeggen; vermelden door de naam te noemen [iemand noemt iets of iemand] ✦ *noem alle grote steden van de provincie Noord-Holland* ✦ *hij heeft Richard genoemd als mogelijke voorzitter*

•**nog** [bijwoord]
1 opnieuw; weer ✦ *kom je nog een keer?*
2 tot op dit moment ✦ *hallo, ben je er nog?*
3 met dit woord zeg je wat er over is ✦ *ik heb nog twee euro*
4 een woord zonder duidelijke betekenis ✦ *is zij nog dikker geworden?*

•**nog·al** [bijwoord]
in redelijk hoge mate = tamelijk ✦ *ze is nogal grijs geworden*

•**nog·maals** [bijwoord]
opnieuw; nog een keer ✦ *mag ik je nogmaals feliciteren met je nieuwe baan?*

de **nok** [nokken]
de hoogste rand van een dak

de **no·mi·na·tie**
een voorstel om iemand of iets een bepaalde eer te geven, bijv. een prijs ✦ *de film kreeg een nominatie voor een oscar*
op de nominatie staan (voor iets): voorgesteld zijn voor iets ✦ *het gebouw staat op de nominatie om gesloopt te worden*

no·mi·ne·ren [nomineerde, heeft genomineerd]
kandidaat maken voor iets, bijv. een prijs [iemand nomineert iemand (voor iets)]

de **non** [nonnen]
een vrouw die in een klooster leeft = de zuster religie

non-ac·tief [zelfstandig naamwoord]
iemand op non-actief stellen: iemand verbieden te werken, meestal voor een bepaalde periode ✦ *de kapitein is na zijn kritiek op het leger op non-actief gesteld*

non·cha·lant [bijvoeglijk naamwoord]
nonchalante mensen of dingen geven de indruk dat ze iets onbelangrijk vinden ✦ *hij draagt graag nonchalante kleren; die staan hem erg leuk*

de **non·kel** [nonkels] (in België)
een broer van je vader of je moeder, of de man van een zus van je vader of je moeder = de oom familie

de **non·sens**
de onzin ✦ *wat er over mij in de krant staat, is allemaal nonsens*

de **nood** [noden]
1 grote moeilijkheden ✦ *op de radio hoorden we het SOS-bericht van een schip in nood*
in geval van nood: als het echt noodzakelijk is
2 te weinig van iets wat je absoluut nodig hebt = het gebrek ✦ *er is in de grote steden een grote woningnood*

nood·ge·dwon·gen [bijwoord]
omdat er geen andere oplossing is ✦ *hij is noodgedwongen gestopt met werken*

het **nood·ge·val** [noodgevallen]
een dringend geval ✦ *de dokter werd geroepen voor een noodgeval*
in noodgevallen: als het echt noodzakelijk is

nood·lij·dend [bijvoeglijk naamwoord]

een noodlijdend bedrijf heeft dringend geld nodig om te kunnen blijven bestaan

het **nood·lot**
een ongelukkige loop van gebeurtenissen ✦ *het noodlot bracht de vijanden bij elkaar*

de **nood·rem** [noodremmen]
een instrument in de trein waaraan je in geval van nood kunt trekken om de trein te laten stoppen

de **nood·toe·stand**
een gevaarlijke situatie die officieel is erkend ✦ *vanwege de stakingen kondigde de regering de noodtoestand af*

de **nood·uit·gang** [nooduitgangen]
de uitgang die je bij brand of ander gevaar kunt gebruiken

het **nood·weer**[1]
erg slecht weer

de **nood·weer**[2]
bescherming van jezelf = de zelfverdediging ✦ *zij kreeg geen straf want zij handelde uit noodweer*

de **nood·zaak**
iets wat dringend is ✦ *er is geen noodzaak om te verhuizen*

•**nood·za·ke·lijk** [bijvoeglijk naamwoord]
iets wat noodzakelijk is, is dringend nodig = onmisbaar ✦ *goed slapen is noodzakelijk voor een goede gezondheid*

nood·za·ken [noodzaakte, heeft genoodzaakt]
noodzakelijk maken [iemand of iets noodzaakt iemand (tot iets)] ✦ *de directie was genoodzaakt een deel van het bedrijf te sluiten*

•**nooit** [bijwoord]
op geen enkel moment ✦ *ik heb nooit een sigaret gerookt* ✦ *probeer nooit je geduld te verliezen*

de **noord**
de kant tegenover de plaats waar de zon in de middag staat ⇔ de zuid

noor·de·lijk [bijvoeglijk naamwoord]
noordelijke plaatsen liggen in het noorden

het •**noor·den**
het gebied tegenover het zuiden ⇔ het zuiden ✦ *de wind uit het noorden is vaak koud*

de **noord·pool**
1 het punt precies op het noorden van de aarde
2 het gebied rond de noordpool (bet. 1)

de **noot** [noten]
1 een vrucht met een harde schil ✦ *ze zette een bakje met nootjes op tafel*

noot 1

2 een teken voor een toon in de muziek ✦ *zij kan geen noten lezen* muzieknoten
3 extra informatie bij een woord of zin, aan het eind van een tekst = de voetnoot ✦ *in de noten staan de titels van de boeken vermeld*

de **noot·mus·kaat**
poeder van een bepaalde noot, dat gebruikt wordt om het eten sterker te laten smaken

de **nop** [noppen]
1 elk van de witte of gekleurde rondjes op stof ✦ *zij droeg een bloes met noppen*
2 elk van de balletjes onder een sportschoen

nop 2

no·pen tot [noopte tot, heeft genoopt tot] (formeel)
dwingen iets te doen [iets of iemand noopt iemand tot iets] ✦ *dit gevaarlijke kruispunt noopt tot goed uitkijken*

de **nop·jes** [meervoud]
in je nopjes zijn: vrolijk en tevreden zijn ✦ *hij was erg in zijn nopjes met de prijs die hij gewonnen had*

de •**norm** [normen]
dat wat volgens afspraak normaal is en waaraan andere dingen beoordeeld worden = de maatstaf ✦ *wat is de wettelijke norm voor geluidsoverlast?* ✦ *ouders leren hun kinderen normen en waarden*

•**nor·maal** [bijvoeglijk naamwoord]
iets wat normaal is, is gewoon = gebruikelijk ⇔ abnormaal ✦ *het water staat hoger dan normaal* ✦ *dat is een heel normale vraag!*

de **nor·maal·school** [normaalscholen] (in België)
een school waar je een opleiding kunt volgen om leraar of lerares te worden

nor·ma·li·ter [bijwoord]
meestal = gewoonlijk ✦ *de wedstrijd duurt normaliter twee uur*

nors [bijvoeglijk naamwoord]
iemand die nors is, klinkt of kijkt boos ✦ *na het verliezen van de wedstrijd bleef hij nors zwijgen*

de **NOS**
Nederlandse Omroep Stichting: een omroep in Nederland media

de **nos·tal·gie**
het verlangen naar vroeger ✦ *de oude man praatte met nostalgie over zijn jeugd*

de •**no·ta** [nota's]
1 de rekening ✦ *onze directeur betaalt onze nota's*
2 een officieel bericht of een officiële verklaring op papier ✦ *de minister behandelt de nota over het milieu*
3 (in België) iets wat je kort opschrijft om het te onthouden = de aantekening
4 nota nemen van iets: iets horen of lezen en het onthouden ✦ *de directeur heeft nota genomen van het rapport*

no·ta be·ne [bijwoord]
1 dit zet je vóór een stukje tekst onder aan een brief, dat belangrijk is, meestal kort: NB ✦ *er stond onder de brief: "Nota bene: het kantoor is maandags gesloten."*
2 een woord waarmee je aangeeft dat je verbaasd of boos over iets bent ✦ *hij gaf mij nota bene een klap!*

de **no·ta·ris** [notarissen]
iemand die de papieren regelt, bijv. als iemand een huis koopt of als iemand overleden is wonen

de **no·ten·dop**
in een notendop: met weinig woorden; kort ✦ *hier staat in een notendop iets over de geschiedenis van de stad*

no·te·ren [noteerde, heeft genoteerd]
opschrijven om te onthouden [iemand noteert iets] ✦ *de agent noteerde haar adres*

de **no·tie** [noties]
het begrip; het inzicht ✦ *de notie dat het eten van groente en fruit goed is voor de gezondheid, is algemeen aanvaard*
ergens geen notie van hebben: iets helemaal niet weten ✦ *ze hadden er geen notie van wat je voor een huwelijk moet regelen*

de **no·ti·tie** [notities]
een korte tekst die je opschrijft om iets te onthouden = de aantekening ✦ *ze maakte een notitie tijdens het gesprek*

de **no·tu·len** [meervoud]
een tekst waarin staat wat er in een vergadering is besproken = het verslag

•**nou**[1] [bijwoord] (informeel)
1 nu, op dit moment ✦ *kun je nou direct even komen?*
2 een woord zonder speciale betekenis ✦ *wat is er nou allemaal gebeurd?*

•**nou**[2] [tussenwerpsel] (informeel)
iemand die aan het vertellen is, kan een zin met 'nou' beginnen ✦ *nou, en toen begon het te regenen*

de •**no·vem·ber**
de elfde maand van het jaar maanden

de **NPS**
Nederlandse Programmastichting: een omroep in Nederland media

nr. [afkorting]
nummer ✦ *wilt u het pakje afgeven op nr. 15?*

de **NS**
de Nederlandse Spoorwegen: het bedrijf dat de treinen in Nederland laat rijden vervoer

de **NSB**
Nationaal-socialistische Beweging: een politieke partij in Nederland, voor en tijdens de Tweede Wereldoorlog, die Adolf Hitler steunde

het **NT2**
Nederlands als tweede taal: het onderwijs in de Nederlandse taal aan mensen in Nederland voor wie het Nederlands niet hun moedertaal is

•**nu**[1] [bijwoord]
1 op dit moment ✦ *kunt u nu even komen?*
2 in deze tijd = tegenwoordig ✦ *het is nu op straat veel drukker dan vroeger*
3 een woordje zonder speciale betekenis = nou ✦ *hoe kun je dat nu doen?* ✦ *luister nu eens even*
4 zo nu en dan: soms

•**nu**[2] [voegwoord]
op dit moment waarop ✦ *nu het lente wordt, gaan we vaak fietsen*

de **nu·an·ce** [nuances]
een heel klein verschil ✦ *in dit schilderij zie je veel nuances rood*

nu·an·ce·ren [nuanceerde, heeft genuanceerd]
een klein beetje veranderen, om het beter of duidelijker te maken [iemand nuanceert iets] ✦ *later nuanceerde hij zijn opmerking dat het bedrijf slecht geleid werd*

nuch·ter [bijvoeglijk naamwoord]
1 iemand die nuchter is, reageert praktisch en rustig
2 iemand die nuchter is, heeft niets gegeten of gedronken, vooral geen alcohol ✦ *voor een operatie moet je nuchter zijn*

nu·cle·air [bijvoeglijk naamwoord]
nucleaire zaken hebben te maken met kernenergie ✦ *Amerika heeft veel nucleaire wapens*

de **nul**[1] [nullen]
het cijfer 0 ✦ *in dat hokje moet u een nul zetten*
nul op het rekest krijgen: 'nee' als antwoord krijgen ✦ *Freek vroeg om meer loon, maar hij kreeg nul op het rekest*

•**nul**[2] [hoofdtelwoord]
niet één; 0 ✦ *Natasja had nul fouten*

het •**num·mer** [nummers]
1 een getal dat de plaats aangeeft in een reeks ✦ *nummer 25 is aan de beurt*
2 een deel van een cd of een optreden, bijvoorbeeld een lied ✦ *het mooiste nummer van de Rolling Stones vind ik 'Brown Sugar'*
3 iemand op zijn nummer zetten: iemand laten merken dat hij te ver gegaan is

het **num·mer·bord** [nummerborden]
het bord met cijfers en letters waaraan je een auto herkent = de nummerplaat, de kentekenplaat

het **nut**
het voordeel = het profijt ✦ *wat is het nut van het vak geschiedenis?*
dat heeft geen nut: dat helpt je niet je doel te bereiken

het **nuts·be·drijf** [nutsbedrijven]
een bedrijf dat dingen levert die iedereen nodig heeft, zoals water of stroom

nut·te·loos [bijvoeglijk naamwoord]
iets wat nutteloos is, heeft geen zin = zinloos ⇔ nuttig ✦ *op de cursus leerden we veel nutteloze dingen*

•**nut·tig** [bijvoeglijk naamwoord]
iets wat nuttig is, is goed om te gebruiken of te doen = zinnig ⇔ nutteloos ✦ *kleren herstellen is nuttig werk* ✦ *achter in het boekje staan nuttige adressen*

nut·ti·gen [nuttigde, heeft genuttigd] (formeel)
eten of drinken = consumeren [iemand nuttigt iets] ✦ *Nederlanders nuttigen veel kaas en bier*

de **NV**
naamloze vennootschap: een onderneming die niet wordt geleid door de eigenaar

de **NVA** (in België)
Nieuw-Vlaamse Alliantie: een politieke partij in België politiek

n.v.t. [afkorting]
niet van toepassing: deze letters gebruik je als iets niet hoort bij deze situatie ✦ *als u geen hond hebt, schrijft u hieronder 'n.v.t.'*

het **ny·lon** *ook:* de
een dunne, lichte stof van niet-natuurlijk materiaal ✦ *is deze jas van nylon?*

O

de **o**[1] [o's]
de vijftiende letter van het alfabet
alfabet
o[2] [tussenwerpsel]
dit woord gebruik je als je verbaasd bent ✦ *o, had ik dat niet gezegd?*
o.a. [afkorting]
onder andere(n): dit gebruik je als je een paar mensen of dingen noemt uit een grotere groep ✦ *de ploegen komen uit o.a. Zwitserland, Duitsland en Hongarije*
de **oa·se** [oases]
een plaats in de woestijn waar water is en waar planten groeien
een oase van rust: een rustige plaats in een drukke omgeving
de **ober** [obers]
iemand die eten en drinken brengt in een restaurant = de kelner ✦ *ober, twee koffie graag!*
het **ob·ject** [objecten]
1 het voorwerp = het ding ✦ *op de tentoonstelling waren allerlei bewegende objecten te zien* ✦ *Iris is het object van zijn liefde*
2 (taal) een lijdend voorwerp of een meewerkend voorwerp ✦ *de zin 'hij loopt' heeft geen object*
ob·jec·tief [bijvoeglijk naamwoord]
iets dat objectief is, geeft alleen feiten en geeft geen oordeel ⇔ subjectief ✦ *het was een goed programma met objectieve informatie*
de **obli·ga·tie** [obligaties]
een papier waaruit blijkt dat je geld hebt geleend aan de overheid of aan een bedrijf en dat je daarvoor rente krijgt
ob·scuur [bijvoeglijk naamwoord]
obscure zaken zijn niet gunstig bekend of helemaal niet bekend ✦ *hij woonde op een klein kamertje in een obscuur straatje*
ob·se·de·ren [obsedeerde, heeft geobsedeerd]
op een dwingende manier de aandacht trekken [iets obsedeert iemand] ✦ *ze is helemaal geobsedeerd door haar nieuwe huis*
de **ob·ser·va·tie** [observaties]
iets wat je ziet of hoort = de waarneming ✦ *in het boek stonden enkele interessante observaties*
iemand ter observatie opnemen: iemand voor onderzoek in het ziekenhuis opnemen
ob·ser·ve·ren [observeerde, heeft geobserveerd]
kijken wat iemand doet of hoe iets gaat [iemand observeert iemand of iets] ✦ *de dief werd al twee weken geobserveerd door de politie*
de **ob·ses·sie** [obsessies]
iets wat op een dwingende manier alle aandacht krijgt ✦ *de film gaat over de obsessie van een jonge vrouw voor snelle auto's*
het **ob·sta·kel** [obstakels]
iets wat het moeilijk maakt om je doel te bereiken = de belemmering ✦ *de hoge kosten zijn een obstakel bij het maken van een film*
de **ob·sti·pa·tie**
het feit dat iemand moeite heeft om zijn ontlasting op de wc kwijt te raken = de verstopping
de **obus** [obussen] (in België)
een soort bom die met kracht in kleine stukken uit elkaar springt = de granaat
de **oc·ca·sie** [occasies] (in België)
een artikel dat eerst van iemand anders is geweest, vooral een auto ✦ *we reden vroeger altijd in een occasie, maar nu hebben we een nieuwe auto gekocht*
de **oce·aan** [oceanen]
een grote zee tussen twee delen van de wereld
het **OCenW**
het ministerie van Onderwijs, Cultuur en Wetenschappen: een ministerie in Nederland
och [tussenwerpsel]
dit woord gebruik je als je iets niet zo erg vindt ✦ *och, het valt wel mee*
de **°och·tend** [ochtenden]
het eerste deel van de dag, tot twaalf uur = de morgen ✦ *ze heeft de hele ochtend hard gewerkt*
de **och·tend·krant** [ochtendkranten]
een krant die 's ochtends verschijnt

oc

media

het **OCMW** [OCMW's] (in België)
Openbaar Centrum voor Maatschappelijk Welzijn: een instelling die hulp biedt aan mensen die arm zijn en die bijv. hun rekeningen niet kunnen betalen verzekeringen

het **oc·trooi** [octrooien]
het recht om als enige een nieuw product te verkopen ✦ *hij heeft octrooi aangevraagd op een pen voor mensen die links schrijven*

de **ode** [oden, odes]
een verhaal of een gedicht als teken van eer aan iemand of iets = de lofzang ✦ *het lied is een ode aan de liefde*

de **oe·cu·me·ne**
het streven naar samenwerking tussen verschillende christelijke kerken religie

oe·cu·me·nisch [bijvoeglijk naamwoord]
oecumenische zaken hebben te maken met het samenwerken van de christelijke kerken ✦ *elke zondag is er een oecumenische dienst in onze kerk*

•**oe·fe·nen** [oefende, heeft geoefend]
vaak doen om te leren = repeteren [iemand oefent (iets)] ✦ *de kinderen oefenen voor de voorstelling van vanavond* ✦ *hij oefende een paar stukjes op de piano*

de **oe·fe·ning** [oefeningen]
een activiteit of een opdracht om iets te leren ✦ *oefening 8 hoeven we niet te maken* ✦ *als je goed wilt leren zingen, heb je veel oefening nodig*

oer-
1 van heel lang geleden; oorspronkelijk ✦ *de fiets is een oer-Nederlands verschijnsel*
2 heel erg ✦ *Anna draagt altijd oerdegelijke kleren*

het **oer·woud** [oerwouden]
een groot wild bos, vooral in Afrika en Zuid-Amerika, waarop de mens geen invloed heeft gehad = de jungle

de **oes·ter** [oesters]
een dier dat in een schelp in zee leeft

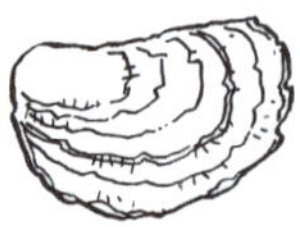

oester

het **oeu·vre**
alle werken van één persoon of van een groep personen ✦ *er is hier een tentoonstelling van het oeuvre van twee kunstenaars*

de **oe·ver** [oevers]
land aan de rand van een rivier of een meer ✦ *het huis staat aan de oever van een groot meer*

•**of** [voegwoord]
1 dit woord gebruik je om te zeggen dat er meer keuzes of mogelijkheden zijn ✦ *gaat u naar huis of blijft u hier?* ✦ *als ik thuiskom, drink ik altijd eerst een kopje koffie of thee*
2 dit woord gebruik je om te zeggen dat iets niet zeker is of niet bekend is; er volgt een bijzin ✦ *hij wil weten of je morgen komt* ✦ *hij moet nog bedenken of hij dit jaar op vakantie gaat*
3 samen met een getal betekent het: ongeveer ✦ *ze gaan een week of drie naar Griekenland*

het **of·fen·sief**[1] [offensieven]
een extra actie om je doel te bereiken ✦ *het bedrijf begint volgende week met extra veel reclame om nieuwe klanten te trekken*

of·fen·sief[2] [bijvoeglijk naamwoord]
iemand die offensief handelt, begint als eerste en wacht niet af = aanvallend ⇔ defensief ✦ *in de eerste helft van de wedstrijd speelde de ploeg erg offensief*

het **of·fer** [offers]
1 iets wat je geeft om God een plezier te doen
2 iets moeilijks wat je doet voor een goed doel ✦ *onze ouders hebben veel offers gebracht om ons te laten studeren*

of·fe·ren [offerde, heeft geofferd]
1 als offer* (bet. 1) geven [iemand offert iets (aan een god)]
2 iets van jezelf, vooral geld, geven voor een goed doel [iemand offert iets]

het **of·fer·feest** [offerfeesten]
een islamitisch feest omdat Abraham bereid was zijn zoon Ismael te offeren religie

de **of·fer·te** [offertes]
een voorstel voor een bedrag dat betaald moet worden voor werk dat nog moet gebeuren ✦ *ik laat twee offertes maken voor de bouw van mijn nieuwe garage*

OC

•of·fi·ci·eel [bijvoeglijk naamwoord]
1 officiële zaken zijn goedgekeurd door instellingen of door de overheid ⇔ officieus ✦ *we hoorden dat er een staking was, maar officieel is het nog niet meegedeeld* ✦ *het officiële bericht luidt dat morgen alle treinen weer rijden*
2 iets wat officieel gebeurt, gebeurt netjes en volgens de regels ✦ *je kunt nu al spullen kopen in de nieuwe winkel, maar de officiële opening is volgende week*

de **•of·fi·cier** [officieren, officiers]
1 iemand met een bepaalde militaire rang
2 de officier van justitie: de belangrijkste ambtenaar van een afdeling van het Openbaar Ministerie, dat verantwoordelijk is voor het handhaven van de strafwetten **rechtspraak**

of·fi·ci·eus [bijvoeglijk naamwoord]
officieuze zaken zijn nog niet goedgekeurd door instellingen of door de overheid ⇔ officieel ✦ *de eerste officieuze voetbalwedstrijd tussen België en Nederland was in 1901*

•of·schoon [voegwoord]
dit woord gebruik je om twee zinnen te verbinden die een tegenstelling zijn = hoewel ✦ *ofschoon Carel en Harry elkaar niet vaak zien, zijn het toch goede vrienden*

of·te·wel [voegwoord]
anders gezegd ✦ *en dan is hier Anneke Dekker, oftewel de koningin van het Hollandse lied*

of·wel [voegwoord]
of (bet. 1) ✦ *ik moet kiezen: ofwel werken, ofwel studeren*

ogen [oogde, heeft geoogd]
eruitzien ✦ *in de winkel oogde de tafel veel groter dan thuis*

het **•ogen·blik** [ogenblikken]
een heel korte periode = de tel ✦ *na enkele ogenblikken ging het licht weer aan* ✦ *een ogenblikje, ik moet nog even iets halen*
op het ogenblik: tegenwoordig; nu

ogen·blik·ke·lijk [bijwoord]
direct; meteen ✦ *kom ogenblikkelijk hier!*

ogen·schijn·lijk [bijwoord]
zo te zien = schijnbaar ✦ *ogenschijnlijk heeft onze zoon niet veel problemen met zijn studie*

de **ogen·schouw**
iets in ogenschouw nemen: iets bekijken ✦ *de koningin kwam zelf de situatie op de plaats van de ramp in ogenschouw nemen*

o.i.d. [afkorting]
of iets dergelijks: of iets wat erop lijkt ✦ *voor de tentoonstelling zoeken we een oude fabriek o.i.d.*

OK [tussenwerpsel]
dit woord gebruik je als je iets goed vindt ✦ *het werk van Carla is altijd OK*

okay [bijvoeglijk naamwoord]
goed; in orde ✦ *hij vond het bedrijf wel okay, maar hij wilde er niet zijn hele leven blijven werken* ✦ *okay, ik zal straks even boodschappen doen*

de **ok·sel** [oksels]
de plaats onder je arm, waar die aan het lichaam vastzit

oksel

de **•ok·to·ber**
de tiende maand van het jaar **maanden**

de **olie** [oliën]
1 een dikke vloeistof die uit de grond gehaald wordt en die moeilijk met water gemengd kan worden ✦ *gebruikt jouw auto veel olie?*
2 een vloeistof die uit planten gehaald wordt en die bijv. bij het koken gebruikt wordt ✦ *op tafel stonden een flesje olie en een potje zout*

de **olie·bol** [oliebollen]
een zachte, ronde koek die in hete olie* is gebakken, en die met oudjaar gegeten wordt **feestdagen**

de **oli·fant** [olifanten]
een groot dier

olifant

de **olijf** [olijven]
de kleine, ronde vrucht van de olijfboom, die je kunt eten

de **olijf·olie**
olie gemaakt van olijven*, die je bijv. gebruikt in de sla

o.l.v. [afkorting]
onder leiding van …: geleid door … ✦ *de muziek wordt verzorgd door het Metropole Orkest o.l.v. Dick Bakker*

olym·pisch [bijvoeglijk naamwoord]
olympische zaken hebben te maken met de Olympische Spelen, de internationale sportwedstrijden die elke vier jaar worden gehouden ✦ *de Belgische olympische ploeg bestaat uit vijftig mensen*

•**om**[1] [bijwoord]
1 voorbij ✦ *uw tijd is om, dus u moet stoppen met schrijven*
2 langer dan noodzakelijk ✦ *je moet niet via Utrecht rijden; dat is heel erg om*
3 precies de andere kant op ✦ *zijn vriendin wilde eerst geen kinderen, maar nu is ze helemaal om*
het roer moet om: er moeten grote veranderingen komen
4 om en om: eerst de een, dan de ander, dan weer de een enz.
5 om en nabij: ongeveer ✦ *het was in Egypte om en nabij de 30 °C*

•**om**[2] [voorzetsel]
1 rond ✦ *ze is al drie keer om haar huis gelopen, maar ze heeft haar sleutels nog niet gevonden*
2 op de tijd van … ✦ *vanavond begint om 19.00 uur een leuke film*
3 vanwege ✦ *de vrouw is voor de functie gekozen om haar goede verstand*

•**om**[3] [voegwoord]
het woord heeft verschillende betekenissen, maar geeft vaak een doel aan; achter 'om' staat altijd 'te' en een werkwoord ✦ *ik zeg dit om je te waarschuwen* ✦ *Bob heeft geen tijd om haar te helpen* ✦ *Klaas is te oud om dit werk te doen* ✦ *deze bril gebruikt ze alleen om mee te lezen*

het **OM**
Openbaar Ministerie: het ministerie dat verantwoordelijk is voor het handhaven van de strafwetten rechtspraak

de •**oma** [oma's]
de moeder van je vader of van je moeder = de grootmoeder familie

om·ar·men [omarmde, heeft omarmd]
1 je armen om iemand doen = omhelzen [iemand omarmt iemand] ✦ *de twee presidenten omarmden elkaar op het vliegveld*
2 met plezier aanvaarden [iemand omarmt iets] ✦ *het voorstel van de voorzitter werd door alle partijen onmiddellijk omarmd*

om·bren·gen [bracht om, heeft omgebracht]
doodmaken = vermoorden [iemand brengt iemand om] ✦ *het boek gaat over een man die zijn vrouw heeft omgebracht*

de **om·buds·man** [ombudsmannen] **om·buds·vrouw** [ombudsvrouwen]
iemand die voor de overheid mensen helpt die sociale of financiële problemen hebben ✦ *sinds 1992 heeft Nederland een nationale ombudsman*

•**om·dat** [voegwoord]
vanwege de reden dat … = aangezien, doordat ✦ *Hazid stopt met zijn studie omdat hij die niet meer interessant vindt*

•**om·draai·en** [draaide om]
1 [heeft omgedraaid] in een andere positie plaatsen, bijv. met de onderkant boven = omkeren [iemand draait iets om] ✦ *wil je het blaadje even omdraaien?* ✦ *hij draaide zich om en liep weg*
2 [is omgedraaid] in de andere richting rijden of lopen en aan de terugweg beginnen = omkeren [iemand draait om] ✦ *toen we het huis niet konden vinden, zijn we omgedraaid*

zich •**om·draai·en** [draaide zich om, heeft zich omgedraaid]
in een andere positie gaan liggen of staan = zich omkeren [iemand draait zich om] ✦ *het kind draaide zich om in bed en ze sliep rustig verder*

de **ome·let** [omeletten]
een platte koek van gebakken eieren

•**om·gaan** [ging om, is omgegaan]
1 voorbijgaan; tot een einde komen [een periode gaat om] ✦ *het uur ging om zonder dat er iets gebeurde*
2 wat gaat er in je om?: waar denk je aan?

•**om·gaan met** [ging om met, is omgegaan met]
1 regelmatig contact hebben met iemand [iemand gaat met iemand om] ✦ *sinds hun ruzie gaan ze niet meer met elkaar om*
2 reageren op iets; gebruiken = hante-

ol

ren [iemand gaat op een bepaalde manier met iets om] ✦ *mijn zus kan niet goed omgaan met spanning* ✦ *wie van u kan goed met de computer omgaan?*

om·gaan·de [bijwoord]
per omgaande: zo spoedig mogelijk ✦ *wilt u de brief per omgaande beantwoorden?*

de **om·gang**
de manier van omgaan met iemand; het contact ✦ *de nieuwe chef is gemakkelijk in de omgang*

om·ge·bracht *zie:* **ombrengen**

om·ge·keerd[1] [bijvoeglijk naamwoord]
iets wat omgekeerd is, is in tegenstelling met iets anders, of anders dan bedoeld = andersom ✦ *je moet eerst je werk doen en daarna tv kijken, en niet omgekeerd*

om·ge·keerd[2] *zie:* **omkeren**

om·ge·kocht *zie:* **omkopen**

om·ge·re·den *zie:* **omrijden**

om·ge·ven [omgaf, heeft omgeven]
rondom iets of iemand zijn = omringen [iets of een groep mensen omgeeft iets of iemand] ✦ *op de foto wordt opa omgeven door zijn kinderen*

om·ge·ven met [omgaf met, heeft omgeven met]
mensen of zaken rondom iets of iemand plaatsen = omringen met [iemand omgeeft iets of iemand met iets of iemand] ✦ *de president heeft zich omgeven met mensen die hem advies geven* ✦ *het verschijnen van haar nieuwe boek is met veel geheimzinnigheid omgeven*

de •**om·ge·ving**
1 het gebied rondom iets of iemand = de streek ✦ *in de hele omgeving was geen boom te zien*
2 een groep mensen met wie je veel contact hebt = de kring ✦ *zij luisterde niet naar het advies van haar omgeving om rust te nemen*

om·hak·ken [hakte om, heeft omgehakt]
laten vallen door te slaan een bijl [iemand hakt een boom om]

de **om·ha·ling** [omhalingen] (in België)
het langs de huizen gaan en aanbellen om geld op te halen voor een goed doel = de collecte

om·heen [bijwoord]
rondom ✦ *vroeger konden we op dit veld voetballen, maar nu staat er een hek omheen*
niet om iets heen kunnen: iets moeten aanvaarden ✦ *we kunnen er niet omheen dat onze dochter vanaf nu haar eigen beslissingen neemt*

de **om·hei·ning** [omheiningen]
iets, bijv. een hek, dat rondom een stuk grond staat ✦ *de bal verdween achter de omheining*

om·hel·zen [omhelsde, heeft omhelsd]
je armen om iemand heen doen [iemand omhelst iemand] ✦ *hij omhelsde zijn ouders en beloofde dat hij snel terug zou komen*

•**om·hoog** [bijwoord]
naar boven ⇔ omlaag ✦ *alle kinderen deden hun handen omhoog*

het **om·hul·sel** [omhulsels]
iets dat rondom iets is ✦ *de nieuwe koffer zat in een plastic omhulsel*

•**om·ke·ren** [keerde om]
1 [heeft omgekeerd] in een andere positie plaatsen, bijv. met de onderkant boven = omdraaien [iemand keert iets om] ✦ *als je de foto omkeert, zie je wie het is*
2 [is omgekeerd] in de andere richting rijden of lopen en aan de terugweg beginnen = omdraaien [iemand keert om] ✦ *toen de weg te smal werd, zijn we omgekeerd*

zich •**om·ke·ren** [keerde zich om, heeft zich omgekeerd]
in een andere positie gaan liggen of staan = zich omdraaien [iemand keert zich om] ✦ *toen hij dat zei, heb ik me omgekeerd en ben ik weggegaan*

om·ko·men [kwam om, is omgekomen]
doodgaan = sterven [iemand komt om] ✦ *bij een ongeluk op de A2 zijn drie mensen omgekomen*

om·ko·pen [kocht om, heeft omgekocht]
met geld of cadeaus zorgen dat iemand iets voor je doet [iemand koopt iemand om (met iets)] ✦ *de rechter in deze zaak blijkt omgekocht te zijn*

•**om·laag** [bijwoord]
naar beneden ✦ *het vliegtuig vloog omlaag*

om·lei·den [leidde om, heeft omgeleid]
via een andere, langere richting sturen [het verkeer wordt omgeleid] ✦ *het ver-*

keer werd omgeleid omdat er aan de weg werd gewerkt

om·lig·gend [bijvoeglijk naamwoord]
omliggende plaatsen zijn plaatsen die om iets heen liggen = omringend ✦ *in Antwerpen en de omliggende plaatsen was veel regen gevallen*

de **om·loop** [omlopen]
1 in omloop zijn: overal aanwezig zijn ✦ *de euro is sinds 2002 in omloop*
2 iets in omloop brengen: zorgen dat het overal komt ✦ *wie heeft dat verhaal in omloop gebracht?*

de **om·me·keer**
het moment waarop iets heel anders wordt = de omwenteling ✦ *de dood van zijn vader bracht een ommekeer in zijn leven*

het **om·me·tje**
een ommetje maken: een rondje lopen of rijden in de buurt ✦ *Dries maakt iedere dag een ommetje door het park*

het **om·me·zien**
in een ommezien: heel snel ✦ *in een ommezien had Otto een andere broek aangetrokken*

de **om·me·zwaai**
een grote en plotselinge verandering ✦ *toen hij van leraar kapper werd, was dat een grote ommezwaai*

om

de **om·ni·um·ver·ze·ke·ring** [omniumverzekeringen] (in België)
een overeenkomst dat je geld krijgt als er schade is aan je auto, je fiets enz. = de cascoverzekering verzekeringen

om·re·ke·nen [rekende om, heeft omgerekend]
berekenen naar een andere eenheid [iemand rekent iets om] ✦ *veel mensen bleven nog jarenlang de prijzen in euro's omrekenen naar guldens*

om·rij·den [reed om, is omgereden]
een weg nemen die langer is dan nodig [iemand rijdt om] ✦ *vanwege een ongeluk moesten we een heel eind omrijden*

om·rin·gen [omringde, heeft omringd]
rondom iets of iemand zijn = omgeven [iets of iemand omringt iets of iemand] ✦ *de jarige man werd omringd door vrienden* ✦ *grote bomen omringden het plein*

om·rin·gen met [omringde met, heeft omringd met]
iets om iemand heen plaatsen = omgeven met [iemand omringt iemand met iets] ✦ *ze omringde haar oude moeder met zorg* ✦ *hij omringt zich graag met rijke mensen*

de **om·roep** [omroepen]
een organisatie die programma's maakt voor de radio of de televisie media

om·rui·len [ruilde om, heeft omgeruild]
teruggeven en er iets anders voor krijgen = ruilen [iemand ruilt iets om] ✦ *omdat Tina het boek al had, heeft ze het omgeruild voor een ander*

om·scha·ke·len [schakelde om, is omgeschakeld]
je aanpassen aan een nieuwe situatie [iemand schakelt om] ✦ *het was wel even omschakelen om na drie weken vakantie weer aan het werk te gaan*

om·scho·len [schoolde om, heeft omgeschoold]
iemand opleiden voor een ander beroep dan hij of zij al had [iemand laat zich omscholen] ✦ *ze was lerares, maar ze heeft zich laten omscholen tot kapster*

om·schre·ven *zie:* **omschrijven**

om·schrij·ven [omschreef, heeft omschreven]
met woorden beschrijven [iemand omschrijft iets of iemand] ✦ *Rick omschreef de man als 'vriendelijk en beleefd'*

de **om·schrij·ving** [omschrijvingen]
de woorden waarmee je iets omschrijft* ✦ *weet jij een goede omschrijving van het begrip 'jaloezie'?*

om·slaan [sloeg om]
1 [heeft omgeslagen] de achterkant naar voren draaien [iemand slaat een blad om] ✦ *het verhaal was zo spannend dat Marloes snel de bladzijde omsloeg om verder te lezen* ✦ *hij heeft de pijpen van zijn broek omgeslagen*
2 [heeft omgeslagen] om je heen doen [iemand slaat een trui, jas enz. om] ✦ *na het zwemmen sloegen de kinderen snel een handdoek om*
3 [is omgeslagen] door de wind op de zijkant vallen [een boot slaat om] ✦ *iedereen was nat omdat de boot was omgeslagen*
4 [is omgeslagen] plotseling slecht worden [het weer slaat om] ✦ *in de bergen kan het weer snel omslaan*

om·slach·tig [bijvoeglijk naamwoord]
als je iets op een omslachtige manier

doet, is het lang en ingewikkeld terwijl het ook kort en eenvoudig kan ✦ *hij vertelde een omslachtig verhaal waarmee hij eigenlijk wilde zeggen dat hij niet kwam* ✦ *het is omslachtig om via een klein raam een huis binnen te komen als het ook via de deur kan*

de **om·slag**[1] [omslagen]
1 een grote verandering ✦ *de oorlog veroorzaakte een omslag in de internationale verhoudingen*
2 (in België) een zakje van papier om een brief in te doen = de enveloppe

het **om·slag**[2] *ook:* de
de buitenkant van een boek ✦ *op het omslag van het boek stond een foto van een koe*

om·sprin·gen met [sprong om met, is omgesprongen met]
behandelen = omgaan met [iemand springt op een bepaalde manier met iemand of iets om] ✦ *je moet voorzichtiger met die dure computer omspringen*

de **om·stan·ders** [meervoud]
de mensen die erbij staan te kijken als er iets gebeurt ✦ *toen het jongetje in het water was gevallen, deden de omstanders niets*

de ***om·stan·dig·heid** [omstandigheden]
een feit dat invloed heeft op de situatie ✦ *de omstandigheden in het ziekenhuis waren niet ideaal: het was er koud en vies*

om·stre·den [bijvoeglijk naamwoord]
op een omstreden uitspraak, film, optreden enz. komen veel heftige reacties = controversieel ✦ *het besluit om de oude flats te slopen was zeer omstreden*

om·streeks [voorzetsel]
ongeveer in de tijd van … = rond, omtrent ✦ *het museum is omstreeks 1900 gebouwd*

de **om·stre·ken** [meervoud]
de omgeving van de plaats die wordt genoemd ✦ *de krant wordt verkocht in Utrecht en omstreken*

de **om·trek**
1 een gebied dat om iets heen ligt = de omgeving ✦ *in de wijde omtrek van de boerderij was geen mens te zien*
2 de grootte van iets als je eromheen gaat ✦ *de oude boom had een omtrek van zes meter*

om·trent [voorzetsel]
over; aangaande = betreffende ✦ *de politie kon niets zeggen omtrent de oorzaak van het ongeluk*

om·val·len [viel om, is omgevallen]
door vallen in een liggende positie komen [iets valt om] ✦ *door de wind was de vaas met bloemen omgevallen*

de **om·vang**
de ruimte die iets inneemt = de grootte ✦ *de omvang van het probleem werd hem nu pas duidelijk*

om·vang·rijk [bijvoeglijk naamwoord]
iets dat omvangrijk is, is heel groot ✦ *het omvangrijke onderzoek naar de ziekte werd door de overheid betaald*

om·vat·ten [omvatte, heeft omvat]
1 als inhoud hebben = behelzen [iets omvat iets] ✦ *het boek omvatte de hele Europese geschiedenis*
2 je handen ergens omheen houden [iemand omvat iets] ✦ *hij omvatte haar armen met zijn handen en keek haar diep in de ogen*

om·ver-
zo dat het valt ✦ *omvervallen* ✦ *omvertrekken*

om·vor·men [vormde om, heeft omgevormd]
een andere vorm geven; veranderen tot iets nieuws = transformeren [iemand vormt iets om] ✦ *de nieuwe directeur wilde de kleine bedrijfjes omvormen tot één grote industrie*

de **om·weg** [omwegen]
een weg die ergens niet direct heen gaat en daardoor langer is ✦ *omdat het zulk mooi weer was, fietste ze met een omweg naar huis*

de **om·wen·te·ling** [omwentelingen]
een heel grote verandering = de revolutie

om·wil·le [bijwoord]
omwille van …: in het belang van …; vanwege ✦ *omwille van de vrede in huis gaat Marc minder vaak naar het café*

om·zei·len [omzeilde, heeft omzeild]
op een slimme manier ervoor zorgen dat je iets vervelends niet meemaakt [iemand omzeilt vragen, problemen, wetten enz.] ✦ *Anna vertrok extra vroeg om de files te omzeilen* ✦ *de wetten zijn streng, maar gemakkelijk te omzeilen omdat er weinig op gecontroleerd wordt*

de **om·zet** [omzetten]

het geld dat een winkel of een bedrijf ontvangt door producten of diensten te verkopen ✦ *de kapper had een omzet van vijfhonderd euro per dag*

om·zet·ten [zette om, heeft omgezet]
1 verkopen [iemand zet geld of producten om] ✦ *de bakker heeft dit jaar veel meer omgezet dan vorig jaar*
2 zo veranderen dat het iets anders wordt = transformeren [iets zet iets om in iets anders] ✦ *het lichaam kan suiker omzetten in energie*

om·zich·tig [bijvoeglijk naamwoord]
iemand die omzichtig handelt, handelt voorzichtig en niet direct ✦ *de politie moest omzichtig handelen om het gevaarlijke dier te vangen*

on-
niet- ✦ *onduidelijk* ✦ *onervaren*

on·aan·ge·naam [bijvoeglijk naamwoord]
onaangename mensen of dingen zijn niet prettig = akelig ✦ *het was zulk onaangenaam weer dat ik de hele dag in huis bleef*

on·aan·tast·baar [bijvoeglijk naamwoord]
iets wat onaantastbaar is, is erg belangrijk en kan niet worden veranderd ✦ *de macht van de koning is onaantastbaar*

on·aan·vaard·baar [bijvoeglijk naamwoord]
iets wat onaanvaardbaar is, is zo slecht dat je er 'nee' tegen zegt = onacceptabel ⇔ aanvaardbaar ✦ *het parlement vond het plan van de minister onaanvaardbaar*

on·af·ge·bro·ken [bijvoeglijk naamwoord]
iets wat onafgebroken doorgaat, gaat steeds door, zonder pauze of stop ✦ *Winny praatte onafgebroken over voetbal*

•**on·af·han·ke·lijk** [bijvoeglijk naamwoord]
iemand die onafhankelijk is, doet of zegt wat hij of zij zelf wil, zonder de invloed van anderen ⇔ afhankelijk ✦ *een onafhankelijke commissie onderzocht de zaak* ✦ *nu hij een baan en een huis heeft, is Kaj onafhankelijk van zijn ouders*

on·be·gon·nen [bijvoeglijk naamwoord]
dat is onbegonnen werk: dat is onmogelijk ✦ *het is onbegonnen werk om met alle mensen hier persoonlijk te spreken*

on·be·grij·pe·lijk [bijvoeglijk naamwoord]
iets wat onbegrijpelijk is, is niet te begrijpen ⇔ begrijpelijk ✦ *de reizigers vonden het onbegrijpelijk dat de kaartjes voor de trein duurder werden*

het **on·be·grip**
het feit dat je iets niet kunt of wilt snappen ⇔ het begrip ✦ *er heerste veel onbegrip tussen de verschillende volkeren*

het **on·be·ha·gen**
een vervelend gevoel omdat je niet tevreden bent over een situatie ✦ *de nieuwe partij maakte duidelijk hoeveel onbehagen er was in de samenleving*

on·be·hol·pen [bijvoeglijk naamwoord]
onbeholpen gedrag is onhandig gedrag omdat iets nieuw is

on·be·hoor·lijk [bijvoeglijk naamwoord]
onbehoorlijk gedrag is gedrag dat niet netjes of niet volgens de regels is = onfatsoenlijk ✦ *op deze school krijgen de leerlingen voor onbehoorlijk gedrag meteen straf*

•**on·be·kend** [bijvoeglijk naamwoord]
iets wat onbekend is, kent men niet ⇔ bekend ✦ *zijn vrouw lijdt aan een onbekende ziekte* ✦ *de naam 'Verschuren' is bij ons onbekend*
onbekend maakt onbemind: iets dat je niet kent, kun je ook niet mooi, lekker enz. vinden ✦ *de Chinese gast hoefde geen aardappels, want onbekend maakt onbemind*

on·be·kom·merd [bijvoeglijk naamwoord]
iemand die onbekommerd is, heeft geen zorgen ✦ *doordat hij veel geld heeft, kan hij onbekommerd van het leven genieten*

on·be·lang·rijk [bijvoeglijk naamwoord]
niet belangrijk ✦ *Chris vindt het onbelangrijk hoe hij eruitziet*

on·be·nul·lig [bijvoeglijk naamwoord]
iets wat onbenullig is, is van weinig belang en een beetje dom = onbelangrijk ✦ *de nieuwe journalist stelde alleen maar onbenullige vragen*

on·be·paald [bijvoeglijk naamwoord]
iets wat onbepaald is, is niet vastgesteld

⇔ bepaald ✦ *de nieuwe werknemers kregen een contract voor onbepaalde tijd*
on·be·perkt [bijvoeglijk naamwoord]
iets wat onbeperkt is, heeft geen grenzen = vrij ⇔ beperkt ✦ *in dat restaurant kun je voor twintig euro onbeperkt spareribs eten*
on·be·reik·baar [bijvoeglijk naamwoord]
1 met een onbereikbare persoon kun je geen contact krijgen ✦ *ik heb geprobeerd je te bellen, maar je was onbereikbaar*
2 iets wat onbereikbaar is, kun je niet bereiken ✦ *een huwelijk met de prinses was voor de eenvoudige slager onbereikbaar*
on·be·ris·pe·lijk [bijvoeglijk naamwoord]
iets wat onberispelijk is, is helemaal goed = perfect ✦ *de man sprak na een jaar onberispelijk Nederlands*
on·be·schoft [bijvoeglijk naamwoord]
onbeschoft gedrag is slecht gedrag waar anderen veel last van hebben ⇔ beschaafd ✦ *veel mensen vinden het onbeschoft om te bellen in een restaurant*
on·be·taal·baar [bijvoeglijk naamwoord]
1 iets wat onbetaalbaar is, is te duur ⇔ betaalbaar ✦ *het is een mooie auto, maar voor mij onbetaalbaar*
2 van iets onbetaalbaars kun je de waarde niet in geld uitdrukken ✦ *de liefde die ik van mijn kinderen krijg, is onbetaalbaar*
on·be·trouw·baar [bijvoeglijk naamwoord]
onbetrouwbare mensen of dingen kun je niet vertrouwen ⇔ betrouwbaar ✦ *de ambtenaar werd ontslagen omdat hij onbetrouwbaar was* ✦ *het had al een week gevroren maar het ijs was nog onbetrouwbaar*
on·be·tuigd [bijvoeglijk naamwoord]
zich niet onbetuigd laten: flink meedoen ✦ *bij het protest lieten ook de boeren zich niet onbetuigd*
on·be·twist [bijvoeglijk naamwoord]
over iets wat onbetwist is, bestaat geen twijfel ✦ *Van Basten was onbetwist de beste voetballer van 1988*
on·be·van·gen [bijvoeglijk naamwoord]
onbevangen mensen weten van tevoren niet wat er gebeurt en zijn daardoor heel open = naïef ✦ *het onbevangen kind ging zonder problemen mee naar het ziekenhuis*
on·be·wust [bijvoeglijk naamwoord]
bij onbewust gedrag denk je niet na, en weet je niet wat je doet ⇔ bewust ✦ *terwijl hij aan het bellen was, tekende hij onbewust op de tafel* ✦ *onbewust heb ik altijd geweten dat ik president zou worden*
on·be·zon·nen [bijvoeglijk naamwoord]
onbezonnen mensen doen dingen waar ze van tevoren niet goed over nagedacht hebben ✦ *ze kreeg veel kritiek op haar onbezonnen actie*
het **on·bruik**
iets raakt in onbruik: iets wordt niet meer gedaan ✦ *vroeger dronken we iedere morgen samen koffie, maar die gewoonte is in onbruik geraakt*
•on·danks [voorzetsel]
dit zeg je wanneer je het tegenovergestelde zou verwachten ✦ *ondanks de regen hadden we een leuke dag*
on·denk·baar [bijvoeglijk naamwoord]
iets wat ondenkbaar, kan niet gebeuren = uitgesloten ⇔ denkbaar ✦ *hoewel het niet goed ging met de zaken, was het ondenkbaar om de fabriek te sluiten*
•on·der¹ [bijwoord]
1 aan de kant die het meest beneden is ⇔ boven ✦ *onder aan het blad stond zijn naam*
2 ten onder gaan: verloren gaan; verdwijnen ✦ *het bedrijf is door slecht beleid ten onder gegaan*
•on·der² [voorzetsel]
1 iets of iemand bevindt zich onder iets als het lager is dan iets anders ✦ *het kind lag onder een deken* ✦ *de chef had zes mensen onder zich*
2 tijdens = gedurende ✦ *onder het eten vertelde Wilco over zijn dag*
3 tussen
onder de mensen: in het gezelschap van mensen ✦ *de oude man is een beetje eenzaam; hij zou eens wat vaker onder de mensen moeten komen*
iets onder ons houden: iets niet aan anderen vertellen
mannen, vrouwen, Amsterdammers enz. onder elkaar: in een gezelschap van alleen mannen, vrouwen, Amsterdammers enz.

on·der·aan [bijwoord]
op de laagste plaats ⇔ bovenaan ✦ *het voetbalteam eindigde onderaan*

de **on·der·bouw**
de laagste klassen van een school ⇔ de bovenbouw

on·der·bou·wen [onderbouwde, heeft onderbouwd]
redenen geven om je uitspraken te bewijzen [iemand onderbouwt een standpunt] ✦ *het artikel over de slechte toestand in het onderwijs was wetenschappelijk onderbouwd*

on·der·bra·ken *zie:* **onderbreken**

on·der·bre·ken [onderbrak, heeft onderbroken]
1 even stoppen met iets = pauzeren [iemand onderbreekt iets] ✦ *Ruth onderbrak haar werk voor een kopje koffie*
2 even laten stoppen [iemand onderbreekt iets of iemand] ✦ *de journalist onderbrak het lange verhaal van de minister en stelde een korte vraag* ✦ *de film werd onderbroken voor de reclame*

de **on·der·bre·king** [onderbrekingen]
de keer dat iets onderbroken* wordt = de pauze ✦ *na een korte onderbreking werd de vergadering voortgezet*

on·der·bren·gen [bracht onder, heeft ondergebracht]
zorgen dat iemand een tijdelijk verblijf heeft [iemand brengt iemand ergens onder] ✦ *de kinderen werden ondergebracht bij een tante*

de **on·der·broek** [onderbroeken]
een broekje dat je onder je gewone broek draagt = de slip

on·der·bro·ken *zie:* **onderbreken**

het **on·der·dak**
een plek om te wonen ✦ *Jeffrey heeft in Amerika tijdelijk onderdak gevonden bij familie* ✦ *het gebouw biedt onderdak aan twintig bedrijven*

on·der·da·nig [bijvoeglijk naamwoord]
onderdanige mensen doen wat anderen zeggen omdat ze zichzelf niet belangrijk vinden = nederig ✦ *mijn moeder is altijd heel onderdanig geweest; ze deed alles wat mijn vader zei*

het **on·der·deel** [onderdelen]
een deel van iets ✦ *er moest een onderdeel van de auto vervangen worden* ✦ *het leukste onderdeel van het programma was de lunch*

on·der·druk·ken [onderdrukte, heeft onderdrukt]
1 in een positie dwingen waarin men weinig vrijheid heeft [iemand onderdrukt mensen] ✦ *de familie wilde niet langer wonen in een land waar vrouwen onderdrukt worden*
2 zorgen dat iets niet naar buiten komt = tegenhouden [iemand onderdrukt iets] ✦ *hij kon zijn gevoelens niet langer onderdrukken en begon haar te kussen*

on·der·gaan[1] [ging onder, is ondergegaan]
achter de horizon verdwijnen [de zon, de maan gaat onder] ✦ *nadat de zon was ondergegaan, werd het veel kouder*

on·der·gaan[2] [onderging, heeft ondergaan]
een behandeling of een verandering meemaken [iemand ondergaat een behandeling of een verandering] ✦ *ze vond het fijn om met mensen te praten die dezelfde operatie hadden ondergaan*

de **on·der·gang** [ondergangen]
het feit dat iets op een nare manier ophoudt te bestaan of verdwijnt ✦ *het slechte nieuws betekende de ondergang van het bedrijf*

on·der·ge·bracht *zie:* **onderbrengen**

on·der·ge·schikt [bijvoeglijk naamwoord]
iets wat ondergeschikt is aan iets anders, is minder belangrijk ✦ *het individuele belang is ondergeschikt aan het belang van de club*

de **on·der·ge·te·ken·de** [ondergetekenden]
de persoon die de brief schrijft ✦ *u kunt reacties sturen naar ondergetekende*

het **on·der·goed**
kleren die je direct op je lichaam draagt, onder je andere kleren = de lingerie

de **on·der·grond**
1 een laag waarop je iets doet of maakt ✦ *de harde ondergrond was heel geschikt om op te bouwen*
2 de basis waarop je verder gaat ✦ *mijn jaar op kantoor in Engeland was een heel goede ondergrond voor mijn latere werk*

on·der·gronds [bijvoeglijk naamwoord]
1 iets wat ondergronds is, zit onder de grond ✦ *in het centrum van de stad is een ondergrondse garage*
2 een organisatie die ondergronds

werkt, werkt in het geheim ✦ *in de oorlog was de heer Everts lid van een ondergrondse organisatie*

on·der·hand [bijwoord]
zo langzamerhand = inmiddels ✦ *ze zijn het daar onderhand wel gewend dat ze lang moeten wachten*

•**on·der·han·de·len** [onderhandelde, heeft onderhandeld]
over iets praten om te proberen er een afspraak over te maken [iemand onderhandelt (over iets)] ✦ *de werkgevers en de werknemers hebben twee weken onderhandeld over de hoogte van het loon*

de •**on·der·han·de·ling** [onderhandelingen]
een gesprek waarbij je onderhandelt ✦ *de minister is boos bij de onderhandelingen weggelopen*

on·der·he·vig aan [bijvoeglijk naamwoord]
iets wat onderhevig is aan iets, heeft daarvan de invloed ✦ *de internationale markt is aan grote veranderingen onderhevig*

het **on·der·houd**
1 het feit dat je iets onderhoudt* (bet. 1) ✦ *het onderhoud van de vliegtuigen kost veel geld*
2 een gesprek tussen twee mensen, waarbij de een iets tegen de ander wil zeggen ✦ *er zal binnenkort een onderhoud plaatsvinden tussen de directeur en de medewerker*

on·der·hou·den [onderhield, heeft onderhouden]
1 doen wat nodig is om te zorgen dat iets goed blijft werken of dat iets mooi blijft [iemand onderhoudt iets] ✦ *als je deze auto goed onderhoudt, kun je er nog jaren mee rijden* ✦ *Joshua schreef veel brieven om het contact met zijn familie te onderhouden*
2 iemand geld geven om van te leven [iemand onderhoudt iemand] ✦ *Marina wordt onderhouden door haar ouders*

zich **on·der·hou·den met** [onderhield zich met, heeft zich onderhouden met] (formeel)
praten met iemand [iemand onderhoudt zich met iemand] ✦ *de president onderhield zich een uur met de minister*

on·der·hou·den over [onderhield over, heeft onderhouden over]
tegen iemand zeggen dat je vindt dat hij iets verkeerds heeft gedaan [iemand onderhoudt iemand over iets] ✦ *de directeur onderhield de werknemer over het feit dat hij geld had gestolen*

on·der·hou·dend [bijvoeglijk naamwoord]
als iets onderhoudend is, verveel je je er niet bij ✦ *het programma gaf niet echt antwoord op mijn vragen, maar het was wel heel onderhoudend*

on·der·in [bijwoord]
in het onderste gedeelte ⇔ bovenin ✦ *het boek lag helemaal onderin*

de **on·der·kant** [onderkanten]
de kant van een voorwerp die normaal onder is ⇔ de bovenkant ✦ *de prijs stond op de onderkant van de doos*

on·der·ken·nen [onderkende, heeft onderkend]
zich realiseren = inzien [iemand onderkent iets] ✦ *ze had te laat onderkend dat er problemen in het gezin waren*

het **on·der·ko·men** [onderkomens]
een plaats waar je kunt wonen ✦ *na de brand moest er voor honderd mensen een nieuw onderkomen worden gevonden*

on·der·ling [bijvoeglijk naamwoord]
een onderlinge afspraak is een afspraak die mensen onder elkaar gemaakt hebben ✦ *in onderling overleg werd besloten voortaan niet meer te roken op het werk*

on·der·mij·nen [ondermijnde, heeft ondermijnd]
maken dat iets zwak wordt [iemand of iets ondermijnt iets] ✦ *de uitspraken van de president ondermijnden het beleid van de minister*

on·der·na·men *zie:* **ondernemen**

on·der·ne·men [ondernam, heeft ondernomen]
beginnen iets te doen [iemand onderneemt iets] ✦ *om geld terug te krijgen, moeten klanten zelf actie ondernemen*

on·der·ne·mend [bijvoeglijk naamwoord]
iemand die ondernemend is, neemt veel initiatieven ✦ *voor deze functie zoeken wij een ondernemende jonge man of vrouw*

de **on·der·ne·mer** [ondernemers]
iemand die een bedrijf heeft ✦ *als ondernemer werkte hij zo'n zestig uur per week*

de •**on·der·ne·ming** [ondernemingen]
1 het bedrijf; de zaak ✦ *deze onderne-*

ming levert uitsluitend producten aan het buitenland
2 een moeilijke of zware activiteit ✦ *verhuizen is een hele onderneming*

de **on·der·ne·mings·raad** [ondernemingsraden]
een groep mensen die namens de werknemers van een bedrijf of instelling opkomen voor de belangen van het personeel ✦ *de ondernemingsraad was tegen het plan om nieuwe mensen aan te nemen*

on·der·no·men *zie:* **ondernemen**

het **on·der·ons·je** [onderonsjes]
een kort gesprek tussen mensen dat anderen niet mogen horen ✦ *de beslissing bleek het resultaat te zijn van een onderonsje tussen een paar ambtenaren*

het **on·der·pand** [onderpanden]
iets wat je aan iemand geeft zolang je iets van die persoon hebt geleend ✦ *omdat de man zijn portemonnee was vergeten, gaf hij bij het restaurant zijn gouden horloge als onderpand*

on·der·schat·ten [onderschatte, heeft onderschat]
denken dat iemand of iets minder of slechter is dan hij, zij of het in werkelijkheid is ⇔ overschatten [iemand onderschat iemand of iets] ✦ *Henk had het examen een beetje onderschat*

het **on·der·scheid**
het verschil ✦ *er wordt hier geen onderscheid gemaakt tussen oudere en jongere mensen*

•on·der·schei·den [onderscheidde, heeft onderscheiden]
1 met moeite kunnen zien [iemand onderscheidt iemand of iets] ✦ *in de verte konden we de toren nog net onderscheiden*
2 als verschillend erkennen [iemand onderscheidt soorten] ✦ *van deze ziekte zijn vier typen te onderscheiden*
3 iemand een medaille of een ridderorde geven omdat hij of zij iets goeds heeft gedaan [iemand onderscheidt iemand] ✦ *de jongen werd onderscheiden omdat hij mensen had gered bij de brand*

zich **•on·der·schei·den** [onderscheidde zich, heeft zich onderscheiden]
anders zijn dan andere dingen of andere mensen [iemand of iets onderscheidt zich (van andere dingen of andere mensen)] ✦ *de straat waar de familie Peeters woont, onderscheidt zich niet van andere straten*

de **on·der·schei·ding** [onderscheidingen]
iets wat je krijgt, vooral een medaille, als teken van eer ✦ *de man kreeg een onderscheiding omdat hij een kind had gered*

on·der·schep·pen [onderschepte, heeft onderschept]
zorgen dat iets niet komt op de plaats waar het naartoe moest [iemand onderschept iets] ✦ *de uitzendkracht onderschepte een brief van zijn chef met kritiek op zijn functioneren*

on·der·schre·ven *zie:* **onderschrijven**

on·der·schrij·ven [onderschreef, heeft onderschreven]
het met iets eens zijn = instemmen met [iemand onderschrijft iets] ✦ *de professor onderschreef de wetenschappelijke theorie*

het **on·der·spit**
het onderspit delven: een wedstrijd of een gevecht verliezen ✦ *bij de verkiezingen bleek dat de partij het onderspit had gedolven*

on·der·ste [bijvoeglijk naamwoord]
het onderste kastje is het kastje dat het meest onder is ⇔ bovenste

on·der·ste·bo·ven [bijwoord]
1 als iets ondersteboven is, is de bovenkant onder ✦ *toen hij de doos ondersteboven hield, viel alles eruit*
2 iemand die ondersteboven is van iets, weet even niet meer wat hij moet doen, omdat er plotseling iets vervelends of fijns gebeurt = confuus ✦ *Heidi was even helemaal ondersteboven toen ze een prijs had gewonnen*

on·der·steu·nen [ondersteunde, heeft ondersteund]
1 zorgen dat iemand of iets niet valt [iemand ondersteunt iemand of iets] ✦ *het dak werd ondersteund door vier palen* ✦ *de verpleegster ondersteunde de oude man bij het lopen*
2 iemand helpen omdat hij problemen heeft [iemand ondersteunt iemand] ✦ *ze bedankte haar beste vriend omdat hij haar zo goed had ondersteund na de dood van haar vader*
3 helpen een voorstel of een idee aangenomen te krijgen [iemand ondersteunt

on

een voorstel of een idee] ✦ *de leraar ondersteunde het plan van de leerling om een jaar in het buitenland te studeren*

on·der·stre·pen [onderstreepte, heeft onderstreept]
1 een lijn zetten onder woorden [iemand onderstreept woorden] ✦ *ze onderstreepte de woorden in het boek die ze wilde onthouden*
2 zorgen dat iets nog meer aandacht krijgt = benadrukken [iemand onderstreept iets] ✦ *de dokter onderstreepte nog eens dat de patiënt moest stoppen met roken*

on·der·te·ke·nen [ondertekende, heeft ondertekend]
je handtekening onder een brief of contract zetten [iemand ondertekent een brief of een contract] ✦ *de brief was ondertekend door de voorzitter van de vereniging*

de **on·der·ti·te·ling** [ondertitelingen]
de tekst in een andere taal onder aan het beeld bij films of op televisie ✦ *het was een Engelse film met Nederlandse ondertiteling*

de **on·der·trouw**
in ondertrouw gaan: officieel tegen de gemeente zeggen dat je wilt gaan trouwen gedenkdagen

on·der·tus·sen [bijwoord]
1 in dezelfde tijd; terwijl er iets anders gebeurt = onderwijl ✦ *hij zat te eten en keek ondertussen naar de televisie*
2 ondanks dat = desalniettemin ✦ *hij zei dat hij het heel druk had, maar ondertussen werkte hij helemaal niet hard*

on·der·uit [bijwoord]
1 onder iets anders uit ✦ *de man droeg een mooi overhemd, maar zijn T-shirt kwam er onderuit*
2 ergens niet onderuit kunnen: iets moeten doen, hoewel je het niet wilt ✦ *ze had beloofd om bij haar ouders op bezoek te gaan, en daar kon ze niet onderuit*

on·der·uit·gaan [ging onderuit, is onderuitgegaan]
1 vallen, vooral flauwvallen [iemand gaat onderuit] ✦ *toen hij het bloed zag, ging hij onderuit*
2 een grote fout maken in het openbaar ✦ *de ging minister ging onderuit toen hij geen antwoord had op de vragen van het parlement*

on·der·uit·ha·len [haalde onderuit, heeft onderuitgehaald]
met woorden aanvallen en proberen minder waard te laten lijken [iemand haalt iemand onderuit] ✦ *op de vergadering probeerde hij zijn collega onderuit te halen door te zeggen dat hij loog*

on·der·vin·den [ondervond, heeft ondervonden]
meemaken; ervaren [iemand ondervindt iets] ✦ *Jesse ondervindt nu zelf hoe het is om geen werk te hebben*

on·der·von·den *zie:* **ondervinden**

on·der·vra·gen [ondervroeg of ondervraagde, heeft ondervraagd]
vragen stellen over een misdaad of een ongeluk [de politie ondervraagt iemand] ✦ *toen de dief was gepakt, werd hij lang ondervraagd*

on·der·weg [bijwoord]
tijdens de reis of de tocht ✦ *als hij onderweg is, luistert hij altijd naar muziek*

de **on·der·we·reld** [onderwerelden]
1 de wereld van de misdaad
2 bij de oude Grieken de plaats waar mensen na hun dood verder leven

het •**on·der·werp** [onderwerpen]
1 dat waarover iets gaat = het thema ✦ *de schrijver heeft over het onderwerp 'De Middeleeuwen' al eerder een boek geschreven*
2 (taal) het deel van een zin dat doet wat het werkwoord uitdrukt = het subject ✦ *in de zin 'de man eet een appel' is 'de man' het onderwerp*

on·der·wer·pen [onderwierp, heeft onderworpen]
de baas worden van een volk, terwijl het volk dat niet wil [iemand onderwerpt een volk] ✦ *de Romeinen onderwierpen de Galliërs*

zich **on·der·wer·pen aan** [onderwierp zich aan, heeft zich onderworpen aan]
alles doen wat iemand zegt [zich onderwerpen aan iemand] ✦ *het volk had geen keus en onderwierp zich aan de vijand*

on·der·wer·pen aan [onderwierp aan, heeft onderworpen aan]
iets doen met iemand [iemand onderwerpt iemand aan iets, bijv. een onderzoek] ✦ *de patiënt werd aan allerlei tests onderworpen*

on·der·we·zen *zie:* **onderwijzen**

on·der·wijl [bijwoord]
in dezelfde tijd; terwijl er iets anders gebeurt = intussen, ondertussen ✦ *ze bleef praten en onderwijl keek ze hem strak aan*

het °**on·der·wijs**
de lessen die gegeven worden = het onderricht ✦ *deze school biedt ook onderwijs in muziek* onderwijs
speciaal onderwijs (in België: bijzonder onderwijs): onderwijs voor leerlingen die het gewone onderwijs niet kunnen volgen, bijv. doordat ze veel extra aandacht nodig hebben
het voortgezet onderwijs: het onderwijs na de basisschool

on·der·wij·zen [onderwees, heeft onderwezen]
iemand lessen geven over iets = doceren [iemand onderwijst iemand (in) iets]

de °**on·der·wij·zer** [onderwijzers] **on·der·wij·ze·res** [onderwijzeressen]
iemand die les geeft aan leerlingen op een basisschool; de meester of de juffrouw = de leerkracht ✦ *de onderwijzer wordt door zijn leerlingen 'meester Jaap' genoemd*

on·der·zoch·ten *zie:* **onderzoeken**

het °**on·der·zoek**
de keer dat iemand iets of iemand onderzoekt ✦ *zij heeft onderzoek gedaan naar nieuwe medicijnen tegen de ziekte*

°**on·der·zoe·ken** [onderzocht, heeft onderzocht]
1 via een systeem proberen te weten te komen hoe iets is [iemand onderzoekt iets] ✦ *de commissie heeft onderzocht hoe het verkeer in de stad veiliger kan worden*
2 volgens een systeem bekijken of iemand gezond is [een dokter onderzoekt iemand]

de **on·der·zoeks·rech·ter** [onderzoeksrechters] (in België)
een rechter die bewijzen verzamelt tegen mensen die worden verdacht van een misdrijf

on·deu·gend [bijvoeglijk naamwoord]
een ondeugend kind doet dingen die eigenlijk niet mogen = stout

on·draag·lijk [bijvoeglijk naamwoord]
iets wat ondraaglijk is, is zo erg dat je het bijna niet kunt verdragen ✦ *de pijn was ondraaglijk geworden*

on·dui·de·lijk [bijvoeglijk naamwoord]
iets wat onduidelijk is, is niet duidelijk ✦ *de oorzaak van de brand is nog onduidelijk*

on·eens [bijvoeglijk naamwoord]
het oneens zijn met iemand (over iets): een andere mening hebben dan iemand ✦ *de twee landen waren het oneens over waar de grens precies liep*

on·eer·lijk [bijvoeglijk naamwoord]
iets wat oneerlijk is, is niet eerlijk

on·ein·dig [bijvoeglijk naamwoord]
iets wat oneindig is, is heel lang, alsof er geen einde aan komt ✦ *met deze letters kun je oneindig veel woorden maken*

de **on·enig·heid**
een kleine ruzie ✦ *ze hadden onenigheid over het bedrag dat ze aan een nieuwe auto wilden uitgeven*

on·er·va·ren [bijvoeglijk naamwoord]
iemand die onervaren is, heeft weinig of geen ervaring met iets ✦ *ze kreeg de baan niet, omdat ze te onervaren was*

°**on·even** [bijvoeglijk naamwoord]
een getal dat oneven is, kun je niet door twee delen ⇔ even ✦ *drie, vijf en zeven zijn oneven getallen*

on·ge·acht [voorzetsel]
zonder dat wat je noemt invloed heeft = onafhankelijk van ✦ *iedereen heeft recht op dat geld, ongeacht zijn of haar situatie*

on·ge·brui·ke·lijk [bijvoeglijk naamwoord]
iets wat ongebruikelijk is, komt niet vaak voor ✦ *het is ongebruikelijk dat een bedrijf in het eerste jaar al winst maakt*

on·ge·daan [bijvoeglijk naamwoord]
iets ongedaan maken: zorgen dat het lijkt alsof iets niet gebeurd is ✦ *is het nog mogelijk om het besluit ongedaan te maken?*

on·ge·deerd [bijvoeglijk naamwoord]
iemand die ongedeerd is, heeft een ongeluk gehad, maar is niet gewond geraakt

het **on·ge·dier·te**
kleine dieren die last veroorzaken ✦ *het huis zat vol muizen en ander ongedierte*

on·ge·dwon·gen [bijvoeglijk naamwoord]
een ongedwongen sfeer is een vrije, open en losse sfeer ✦ *de voorzitter vertelde op de vergadering heel ongedwongen wat hij had meegemaakt*

on

Onderwijs

Alle kinderen moeten tot hun achttiende jaar naar school, vanwege de zogenaamde **leerplicht**. In Nederland is dat vanaf vijf jaar, in België vanaf zes jaar.

Er bestaan in Nederland en België verschillende soorten scholen. Naast de **openbare scholen** van de overheid zijn er **bijzondere scholen**, bijvoorbeeld met een bepaald geloof zoals rooms-katholiek of islamitisch, en scholen die een eigen systeem of methode hebben, bijvoorbeeld montessorischolen. In België worden dit vrije scholen genoemd. Zowel openbare scholen als bijzondere en vrije scholen worden door de overheid gecontroleerd en betaald.
Speciaal onderwijs (in België: bijzonder onderwijs) is onderwijs aan kinderen met een handicap of kinderen die veel moeite hebben met leren.

Kinderen gaan van 4 tot 12 jaar naar de **basisschool**. In België is de basisschool verdeeld in twee of drie jaar kleuterschool (tot 6 jaar) en zes jaar lagere school (tot 12 jaar). De basisschool is in Nederland verdeeld in acht groepen. In groep 1 en 2 wordt nog vooral gespeeld. Vanaf groep 3 leren de kinderen lezen, schrijven en rekenen en krijgen ze les over bijvoorbeeld geschiedenis en aardrijkskunde. Daarnaast zijn er vakken als handvaardigheid waarin kinderen dingen leren maken, en gymnastiek waarin kinderen aan sport doen. Een dag op school duurt vaak van 8.30 uur tot 15.30 uur. Op woensdagmiddag zijn kinderen vrij. Soms gaan kinderen naar huis voor de lunch, maar meestal kunnen ze ook op school overblijven. Ze krijgen dan brood mee van thuis.

Na de basisschool gaan kinderen naar het *voortgezet onderwijs* of de **middelbare school**. Hier krijgen leerlingen vakken als algemene natuurwetenschappen, wiskunde en verzorging en leren ze talen. Ze krijgen ook meer huiswerk.
De eerste paar jaar van de middelbare school wordt *basisvorming* genoemd. Daarna kiezen de leerlingen voor een bepaald type school. In Nederland zijn dat bijvoorbeeld vmbo, havo of vwo. Het vwo is voor leerlingen die graag leren en goed zijn in de theorie; het vmbo voor leerlingen die vooral goed zijn in de praktijk, en kiezen voor een praktisch beroep. De havo zit daartussenin.
Op het vmbo, de havo en het vwo kunnen leerlingen kiezen uit verschillende combinaties van vakken: de *profielen*. Aan het einde van de middelbare school doe je examen. Als je slaagt, krijg je je diploma.
In België is de middelbare school verdeeld in drie graden van twee leerjaren. Na de eerste graad kiezen de leerlingen of ze algemeen secundair onderwijs (a.s.o.) volgen, technisch secundair onderwijs (tso), kunstsecundair onderwijs (kso) of beroepssecundair onderwijs (bso).

Na de middelbare school kun je **vervolgonderwijs** volgen. Na het vmbo kun je in Nederland naar het middelbaar beroepsonderwijs (mbo) waar je leert om bijv. kok of loodgieter te worden. Na de havo kun je naar het hoger beroepsonderwijs (hbo), waar je leert om bijv. leraar of verpleegkundige te worden. Na het vwo kun je naar de universiteit, waar je leert om bijvoorbeeld ingenieur of arts te worden.
In België kun je na de middelbare school bij elke vorm van hoger onderwijs terecht: een hogeschool of een universiteit.

on·ge·grond [bijvoeglijk naamwoord] een ongegronde angst of klacht is niet terecht en niet nodig ♦ *de rechter oordeelde dat de klacht ongegrond was*

on·ge·hoord [bijvoeglijk naamwoord] iets wat ongehoord is, is vreemd en erg = absurd ♦ *het is toch ongehoord dat je drie maanden moet wachten op die ope-*

ratie!

on·ge·kend [bijvoeglijk naamwoord]
iets wat ongekend is, is nog nooit eerder voorgekomen ✦ *de rijen in de winkels waren ongekend lang*

het **on·ge·lijk**[1]
ongelijk hebben: iets zeggen wat niet waar is ✦ *Maarten zei dat Amsterdam verder is dan Den Haag, maar hij had ongelijk*

on·ge·lijk[2] [bijvoeglijk naamwoord]
ongelijke dingen zijn niet hetzelfde en hebben een andere waarde ✦ *de kansen van kinderen in het onderwijs zijn nog altijd ongelijk*

on·ge·lo·fe·lijk [bijwoord]
heel erg ✦ *het land is in een paar jaar tijd ongelofelijk veranderd*

on·ge·lood [bijvoeglijk naamwoord]
in ongelode benzine zit geen lood = loodvrij

on·ge·loof·waar·dig [bijvoeglijk naamwoord]
iets wat ongeloofwaardig is, is zo vreemd dat het waarschijnlijk niet waar is ✦ *dat onder de nieuwe regering de lonen zullen stijgen, klinkt heel ongeloofwaardig*

het •**on·ge·luk**
1 een gebeurtenis waarbij iets fout gaat met vervelende gevolgen = het ongeval ✦ *er gebeuren veel ongelukken op deze weg*
2 ongunstige omstandigheden = de tegenspoed ⇔ het geluk ✦ *het lijkt wel of hij het ongeluk opzoekt*
3 per ongeluk: zonder dat het de bedoeling was ✦ *ik heb per ongeluk de brief naar een verkeerd adres gestuurd*

on·ge·luk·kig [bijvoeglijk naamwoord]
1 ongelukkige mensen zijn niet blij met hun situatie ⇔ gelukkig ✦ *wat kijk je ongelukkig op deze foto!*
2 iets dat ongelukkig is, past niet in de situatie of is vervelend ✦ *Hanneke is gisteren gevallen en heel ongelukkig terechtgekomen*
een ongelukkige liefde: een liefde die slecht afloopt

het **on·ge·mak** [ongemakken]
iets waarvan je last hebt ✦ *de toeristen klaagden over de ongemakken tijdens de reis*

on·ge·mak·ke·lijk [bijvoeglijk naamwoord]
ongemakkelijke dingen zijn niet prettig ✦ *de manier waarop hij kijkt, geeft me een ongemakkelijk gevoel*

on·ge·merkt [bijwoord]
iets wat ongemerkt gebeurt, wordt door niemand opgemerkt ✦ *Els geeft een feestje, want ze wil haar verjaardag niet ongemerkt voorbij laten gaan*

on·ge·moeid [bijvoeglijk naamwoord]
iemand of iets ongemoeid laten: iemand niet storen; iets niet veranderen ✦ *het bedrijf besloot de prijzen ongemoeid te laten* ✦ *de rechter besloot dat de oude man ongemoeid moest worden gelaten*

on·ge·nees·lijk [bijwoord]
ongeneeslijk ziek: zó ziek dat je nooit meer beter wordt

het **on·ge·noe·gen** [ongenoegens]
het feit dat iemand niet tevreden is over iets ✦ *de chef liet zijn ongenoegen duidelijk blijken*

on·ge·past [bijvoeglijk naamwoord]
iets wat ongepast is, is niet beleefd en hoor je niet te doen = misplaatst ⇔ gepast ✦ *hij maakte een ongepaste opmerking over de kleren van zijn collega*

de **on·ge·re·geld·he·den** [meervoud]
de situatie dat veel mensen aan het vechten zijn, bijv. op straat ✦ *de politie heeft hard opgetreden tijdens de ongeregeldheden na de voetbalwedstrijd*

on·ge·rept [bijvoeglijk naamwoord]
op ongerepte natuur heeft de mens niet of nauwelijks invloed gehad ✦ *zij wandelden door ongerepte bossen*

on·ge·rust [bijvoeglijk naamwoord]
als je ongerust bent, ben je bang dat er iets vervelends is gebeurd ✦ *zijn ouders maakten zich ongerust toen hij om drie uur nog niet thuis was*

on·ge·schikt [bijvoeglijk naamwoord]
niet goed; niet passend ⇔ geschikt ✦ *zij is totaal ongeschikt voor de baan die ze wil hebben*

on·ge·steld [bijvoeglijk naamwoord]
als een vrouw ongesteld is, heeft ze haar maandelijkse verlies van bloed

•**on·ge·twij·feld** [bijwoord]
zonder twijfel; beslist = zeker ✦ *de professor weet ongetwijfeld het goede antwoord*

het **on·ge·val** [ongevallen]
een gebeurtenis waarbij iets fout gaat

met vervelende gevolgen = het ongeluk ✦ *vanwege een ongeval tussen Gent en Antwerpen stond de trein bijna een uur stil*

•**on·ge·veer** [bijwoord]
dit woord gebruik je als je niet precies kunt zeggen hoe groot of hoeveel iets is ✦ *het meisje slaapt elke nacht ongeveer negen uur* ✦ *er wonen ongeveer honderdduizend mensen in de stad*

on·ge·wenst [bijvoeglijk naamwoord]
van iets dat ongewenst is, wil je liever niet dat het gebeurt ⇔ gewenst ✦ *ze hebben veel verdriet, omdat ze ongewenst zonder kinderen gebleven zijn*

het **on·ge·wis·se**
iemand in het ongewisse laten (over iets): iemand iets niet vertellen ✦ *de politie liet hen lang in het ongewisse over de oorzaak van het ongeluk*

on·ge·woon [bijvoeglijk naamwoord]
iets wat ongewoon is, komt niet vaak voor = ongebruikelijk ⇔ gewoon ✦ *het is heel ongewoon dat er in mei nog sneeuw valt* ✦ *de minister heeft in ongewoon harde taal kritiek gegeven op haar collega*

on·ge·zond [bijvoeglijk naamwoord]
iets wat ongezond is, is niet goed voor de gezondheid ⇔ gezond ✦ *ik heb soms zin om lekker ongezond te eten*

on·gun·stig [bijvoeglijk naamwoord]
iets dat ongunstig is, geeft je nadeel ⇔ gunstig ✦ *vijf uur is voor mij een ongunstige tijd voor een afspraak*

on·han·dig [bijvoeglijk naamwoord]
1 onhandige mensen hebben moeite om dingen met hun handen te doen of te maken ⇔ handig
2 iets dat onhandig is, is niet makkelijk te gebruiken ⇔ handig ✦ *via een onhandige trap kwamen we weer beneden*

het **on·heil**
een erg vervelende gebeurtenis = de ellende

on·heil·spel·lend [bijvoeglijk naamwoord]
iets wat onheilspellend is, geeft het gevoel dat er iets vervelends gaat gebeuren ✦ *"Als je over een uur nog niet klaar bent, bedenk ik een andere straf", zei hij onheilspellend*

on·her·roe·pe·lijk [bijvoeglijk naamwoord]
iets wat onherroepelijk is, kun je niet meer voorkomen ✦ *als er een nieuwe directie komt, zal onze afdeling onherroepelijk verdwijnen*

on·houd·baar [bijvoeglijk naamwoord]
een onhoudbare situatie is een situatie die niet gehandhaafd kan worden ✦ *de president is door zijn uitspraken in een onhoudbare positie gekomen*

on·juist [bijvoeglijk naamwoord]
iets wat onjuist is, is fout of klopt niet = incorrect ⇔ juist ✦ *hij zegt dat hij om 15.00 uur thuis was, maar dat is onjuist*

de **on·kos·ten** [meervoud]
geld dat je hebt uitgegeven om iets te kunnen doen ✦ *we verdienen geen geld met het werk, maar krijgen alleen een bedrag voor de gemaakte onkosten*

het **on·kruid**
planten die groeien op plaatsen waar je ze niet wilt

•**on·langs** [bijwoord]
niet zo lang geleden = recentelijk, pas ✦ *Clara heeft mij onlangs nog gebeld*

on line [bijwoord]
een apparaat dat on line is, is verbonden met de centrale computer ⇔ off line ✦ *over een half uur is de printer weer on line*

de **on·lus·ten** [meervoud]
de situatie dat mensen protesteren met geweld = de rellen ✦ *direct nadat de moord op de president was gepleegd, braken er onlusten uit*

de **on·macht**
het feit dat je niets kunt doen, terwijl je dat wel zou willen = de machteloosheid ✦ *uit een gevoel van onmacht begon hij te huilen*

on·men·se·lijk [bijvoeglijk naamwoord]
iets wat onmenselijk is, is te gemeen of te slecht voor mensen = wreed ✦ *zij leven daar in onmenselijke omstandigheden*

•**on·mid·del·lijk** [bijvoeglijk naamwoord]
1 dadelijk; meteen = ogenblikkelijk, direct ✦ *als ik je roep, moet je onmiddellijk komen* ✦ *de agent eiste de onmiddellijke betaling van het geld*
2 zonder dat er iets tussen zit; direct = pal ✦ *de ingang van het park is onmiddellijk naast onze woning*

on·mis·baar [bijvoeglijk naamwoord]
iets wat onmisbaar is, heb je echt nodig

= onontbeerlijk ✦ *een goed boek is voor mij onmisbaar tijdens de vakantie*

on·mis·ken·baar [bijvoeglijk naamwoord]
iets wat onmiskenbaar is, is zo duidelijk dat je het wel móét zien = overduidelijk ✦ *Rembrandts invloed op de schilder Govert Flinck is onmiskenbaar*

***on·mo·ge·lijk** [bijvoeglijk naamwoord]
1 iets wat onmogelijk is, kan niet gebeuren ✦ *na het ongeluk kon je onmogelijk nog met de auto rijden*
2 iemand die onmogelijk is, is moeilijk voor andere mensen ✦ *Jeroen heeft zich op het feest onmogelijk gedragen*

on·no·dig [bijvoeglijk naamwoord]
als iets onnodig is, is er geen goede reden voor = nodeloos ✦ *de vergaderingen op zijn werk duren meestal onnodig lang*

on·no·zel [bijvoeglijk naamwoord]
1 onnozele mensen begrijpen niet veel = dom ✦ *doe niet zo onnozel; je weet toch wat ik bedoel?*
2 onnozele zaken zijn niet belangrijk ✦ *ik ga niet terug naar kantoor voor zo'n onnozel rapport*

on·om·sto·te·lijk [bijvoeglijk naamwoord]
als iets onomstotelijk vaststaat, is het zeker dat het zo is

on·om·won·den [bijwoord]
als je iets onomwonden zegt, zeg je het duidelijk en direct ✦ *de vrouw vertelde haar directeur onomwonden wat zij ervan vond*

on·ont·beer·lijk [bijvoeglijk naamwoord]
iets wat onontbeerlijk is, heb je echt nodig = noodzakelijk, onmisbaar ✦ *"Voor een moderne economie is groei onontbeerlijk", zei de econoom*

on·ont·koom·baar [bijvoeglijk naamwoord]
als iets onontkoombaar is, gebeurt het zeker = onvermijdelijk ✦ *het is onontkoombaar dat er meer files komen als er steeds meer auto's rijden*

on·op·ge·merkt [bijvoeglijk naamwoord]
iets wat onopgemerkt gebeurt, merkt niemand ✦ *Wilma probeerde onopgemerkt de zaal te verlaten*

on·op·hou·de·lijk [bijvoeglijk naamwoord]
iets wat onophoudelijk gebeurt, gaat steeds maar door = continu ✦ *ik ga in een andere kamer werken, want hier gaat onophoudelijk de telefoon*

on·op·val·lend [bijvoeglijk naamwoord]
onopvallende zaken trekken niet de aandacht ⇔ opvallend ✦ *de politie was zo onopvallend mogelijk aanwezig*

on·paar [bijvoeglijk naamwoord] (in België)
een getal dat onpaar is, kun je niet door twee delen = oneven ⇔ paar ✦ *drie, vijf en zeven zijn onpare getallen*

het **on·raad**
het gevaar ✦ *bij onraad moet u onmiddellijk de politie bellen*

het **on·recht**
1 alle gebeurtenissen die niet volgens de wet of niet eerlijk zijn ✦ *hij heeft zijn hele leven gestreden tegen het onrecht in de wereld*
2 ten onrechte: zonder goede reden ✦ *er werd ten onrechte een negatief beeld gegeven van het onderwijs*

on·recht·ma·tig [bijvoeglijk naamwoord]
onrechtmatige handelingen zijn niet volgens de wet ⇔ rechtmatig ✦ *de actie van de politie was volgens de rechter onrechtmatig*

on·recht·streeks [bijvoeglijk naamwoord] (in België)
niet via de makkelijkste of directste weg = indirect ⇔ rechtstreeks

on·recht·vaar·dig [bijvoeglijk naamwoord]
onrechtvaardige handelingen zijn niet eerlijk ⇔ rechtvaardig

on·re·gel·ma·tig [bijvoeglijk naamwoord]
iets wat onregelmatig gebeurt, gebeurt niet steeds op dezelfde tijd of op dezelfde manier ⇔ regelmatig ✦ *de krant is in de eerste jaren onregelmatig verschenen*

on·roe·rend [bijvoeglijk naamwoord]
1 onroerend goed: gebouwen en de grond waarop ze staan ✦ *het onroerend goed is in het laatste jaar erg in prijs gestegen*
2 onroerende voorheffing: (in België) een belasting op het loon voor de eigenaren van gebouwen en grond
belasting

de **on·roe·ren·de·zaak·be·las·ting** [onroerendezaakbelastingen]
de belasting die je moet betalen over de waarde van je huis belasting

de **on·rust**
de situatie dat het niet rustig is ✦ *het artikel in de krant heeft veel onrust veroorzaakt*

on·rus·tig [bijvoeglijk naamwoord]
vol onrust* ⇔ rustig ✦ *de situatie in de stad is nog steeds onrustig*

het **ons**[1]
honderd gram = het hectogram ✦ *mag ik twee ons oude kaas, alstublieft?* meten

•**ons**[2] [voornaamwoord]
1 [persoonlijk voornaamwoord] dit woord gebruik je als je praat over mensen waar je bij hoort; het is de objectvorm van 'wij' ✦ *ze hebben ons niet gezien* ✦ *kunt u ons het verhaal vertellen?* ✦ *er kwamen altijd veel kinderen bij ons spelen*
2 [bezittelijk voornaamwoord] dit woord gebruik je als je praat over iets dat van jou en andere mensen is; het is het bezittelijk voornaamwoord van 'wij' ✦ *hebben jullie ons huis al gezien?* ✦ *dit zijn onze kinderen*
3 [wederkerend voornaamwoord] dit woord gebruik je bij wederkerende werkwoorden in de wij-vorm ✦ *wij hebben ons vergist* voornaamwoorden

on·scha·de·lijk [bijvoeglijk naamwoord]
iets wat onschadelijk is, heeft geen nadelige gevolgen ⇔ schadelijk ✦ *er is een nieuw computervirus, maar gelukkig is het onschadelijk*

de **on·schuld**
de situatie dat je geen verkeerde dingen hebt gedaan ⇔ de schuld ✦ *hij probeerde voor de rechter zijn onschuld te bewijzen*

on·schul·dig [bijvoeglijk naamwoord]
1 als je onschuldig bent aan iets, heb je het niet gedaan ⇔ schuldig ✦ *de rechter verklaarde dat de vrouw onschuldig was aan moord*
2 iets wat onschuldig is, is niet kwaad bedoeld ✦ *Frits maakte een onschuldig grapje, maar zijn vriendin werd erg boos*

on·stui·mig [bijvoeglijk naamwoord]
iets wat onstuimig is, is heftig en vol beweging ✦ *vanwege een onstuimige zee mocht het schip niet varen* ✦ *de kranten schrijven veel over de onstuimige liefde tussen de prinses en haar Amerikaanse vriend*

ons·zelf [persoonlijk voornaamwoord]
dit woord gebruik je als je aan 'ons'[2] (bet. 1) nadruk wilt geven ✦ *wij gaan zonder de kinderen op vakantie, want we moeten ook eens aan onszelf denken*

ont·aar·den in [ontaardde in, is ontaard in]
langzaam in een slechte toestand komen = uitlopen op [iets ontaardt in iets] ✦ *de vergadering ontaardde in een vervelende ruzie*

ont·be·ren [ontbeerde, heeft ontbeerd]
niet hebben terwijl het wel nodig is [iemand ontbeert iets] ✦ *onze stad moest lange tijd een zwembad ontberen, maar nu komt het er eindelijk*

de **ont·be·ring** [ontberingen]
de vervelende situatie dat je iets niet hebt dat wel erg nodig is ✦ *na zware ontberingen kwamen de reizigers aan in het dorp*

ont·be·ten *zie:* **ontbijten**

ont·bie·den [ontbood, heeft ontboden]
iemand zeggen dat hij of zij moet komen [iemand ontbiedt iemand]
✦ *gisteren is ze bij de directeur ontboden*

het •**ont·bijt** [ontbijten]
de eerste maaltijd van de dag, in de ochtend maaltijden

ont·bij·ten [ontbeet, heeft ontbeten]
het ontbijt gebruiken [iemand ontbijt]
✦ *als hij zit te ontbijten, luistert hij altijd naar de radio*

de **ont·bijt·koek** [ontbijtkoeken]
een zachte koek waarvan je plakken snijdt maaltijden

ont·bin·den [ontbond, heeft ontbonden]
1 zorgen dat iets, bijv. een vereniging of een samenwerking, niet meer bestaat [iemand ontbindt iets, bijv. een vergadering] ✦ *het huwelijk van Anneke en Theo is in 2001 ontbonden*
2 langzaam uiteenvallen en verdwijnen [een dood lichaam ontbindt] ✦ *na drie dagen begon het lichaam te ontbinden*

ont·bo·den *zie:* **ontbieden**

de **ont·boe·ze·ming** [ontboezemingen]
iets persoonlijks dat je vertelt ✦ *de vrouw deed in het tv-programma de ontboezeming dat ze eigenlijk als man gebo-*

ren was

ont·bon·den *zie:* **ontbinden**

ont·bra·ken *zie:* **ontbreken**

•**ont·bre·ken** [ontbrak, heeft ontbroken]
kwijt zijn; weg zijn = missen [iets of iemand ontbreekt] ✦ *ik heb alle kinderen in de bus geteld en er ontbreekt niemand* ✦ *helaas ontbreken er twee kaarten van het spel*

•**ont·bre·ken aan** [ontbrak aan, heeft ontbroken aan]
er niet zijn, terwijl iemand het nodig heeft [het ontbreekt iemand aan iets] ✦ *het ontbrak mij aan tijd om eerder op uw brief te reageren*

ont·bro·ken *zie:* **ontbreken**

ont·cij·fe·ren [ontcijferde, heeft ontcijferd]
met veel moeite ontdekken welke letters of tekens er staan [iemand ontcijfert een tekst] ✦ *in 1822 is het hiëroglifenschrift van de oude Egyptenaren ontcijferd* ✦ *ik schrijf deze brief in de trein, dus ik hoop dat je mijn handschrift kunt ontcijferen*

ont·daan[1] [bijvoeglijk naamwoord]
iemand die ontdaan is over iets, heeft daar heel heftige gevoelens over ✦ *de schrijver was ontdaan door alle kritiek op zijn boek*

ont·daan[2] *zie:* **ontdoen**

ont·de·den *zie:* **ontdoen**

•**ont·dek·ken** [ontdekte, heeft ontdekt]
1 vinden wat nog niet bekend was [iemand ontdekt iets] ✦ *ze heeft een kortere weg naar haar werk ontdekt* ✦ *Columbus heeft Amerika ontdekt*
2 als eerste de kwaliteiten zien van iemand die later bekend wordt [iemand ontdekt iemand] ✦ *door wie is Elvis Presley ontdekt?*

de **ont·dek·king** [ontdekkingen]
iets wat ontdekt is ✦ *er is op de universiteit een ontdekking gedaan die belangrijk kan zijn voor medicijnen tegen kanker*

ont·doen [ontdeed, heeft ontdaan]
zorgen dat iets verdwijnt [iemand ontdoet iets van iets] ✦ *de boom was van al zijn takken ontdaan*

zich **ont·doen van** [ontdeed zich van, heeft zich ontdaan van]
zorgen dat je iemand of iets niet meer hebt [iemand ontdoet zich van iemand of iets] ✦ *het bedrijf heeft zich ontdaan van een aantal activiteiten die geen winst opleverden*

ont·dooi·en [ontdooide, heeft ontdooid]
1 zorgen dat de temperatuur boven nul komt [iemand ontdooit iets] ✦ *in de magnetron kun je bevroren vlees snel ontdooien*
2 een temperatuur krijgen boven nul [iets ontdooit]

on·te·gen·zeg·lijk [bijwoord]
zonder twijfel; zonder discussie ✦ *zijn voorstel heeft ontegenzeglijk voordelen, maar er zijn ook een paar nadelen*

on·tel·baar [bijvoeglijk naamwoord]
zó veel dat je het niet meer kunt tellen ✦ *in zijn jeugd is hij ontelbare keren verhuisd*

on·te·recht [bijvoeglijk naamwoord]
iets dat onterecht is, is niet eerlijk en mocht niet gebeuren ⇔ terecht ✦ *veel mensen vinden het onterecht dat rijke mensen minder belasting hoeven te betalen*

on·te·vre·den [bijvoeglijk naamwoord]
iemand die ontevreden is, is niet tevreden ✦ *de meeste mensen waren in het begin erg ontevreden over de euro*

zich **ont·fer·men over** [ontfermde zich over, heeft zich ontfermd over]
zorgen voor iemand of iets [iemand ontfermt zich over iemand of iets] ✦ *de politie ontfermde zich na het ongeluk over de kinderen*

ont·fut·se·len [ontfutselde, heeft ontfutseld]
iets wat iemand voor zichzelf wil houden op een slimme manier afnemen [iemand ontfutselt iemand iets] ✦ *de journalist ontfutselde de minister zijn plannen*

ont·gaan [ontging, is ontgaan]
niet bij iemand doordringen [iets ontgaat iemand] ✦ *het ontging de meeste mensen wat er achter in de zaal gebeurde*

ont·gel·den [werkwoord]
het slachtoffer zijn [iemand moet het ontgelden] ✦ *als Yvonne boos is, moeten haar collega's het altijd ontgelden*

ont·gin·gen *zie:* **ontgaan**

ont·gin·nen [ontgon, heeft ontgonnen]
geschikt maken voor de landbouw [iemand ontgint grond] ✦ *veel gebieden in Drenthe zijn pas in de 20e eeuw ontgon-*

on

nen

ont·gon·nen *zie:* **ontginnen**

de **ont·goo·che·ling** [ontgoochelingen]
het gevoel dat iets wat heel mooi, goed enz. leek, opeens helemaal niet zo blijkt te zijn ✦ *het was voor Ruud een ontgoocheling om het huis van zijn jeugd weer terug te zien*

het **ont·haal** [onthalen] (in België)
een ruimte in een kantoor of in een hotel waar gasten zich kunnen melden ✦ *voor meer informatie kunt u terecht bij het onthaal*

de **ont·haal·moe·der** [onthaalmoeders] (in België)
een vrouw die in haar eigen huis op de kinderen van anderen past

ont·ha·len [onthaalde, heeft onthaald]
een gast eten of drinken geven = trakteren [iemand onthaalt iemand (op iets)] ✦ *de gasten werden onthaald op koffie*

ont·heemd [bijvoeglijk naamwoord]
ontheemde mensen voelen zich eenzaam omdat ze ver van hun eigen omgeving zijn ✦ *ver van haar vrienden en familie voelde zij zich ontheemd in de nieuwe stad*

ont·hef·fen uit [onthief uit, heeft ontheven uit]
beslissen dat iemand iets niet meer mag doen [iemand ontheft iemand uit een functie] ✦ *de voorzitter is ontheven uit zijn functie omdat hij geld heeft gestolen*

ont·hef·fen van [onthief van, heeft ontheven van]
beslissen dat iemand iets niet meer hoeft te doen [iemand ontheft iemand van een taak of een plicht] ✦ *zij is ontheven van haar plicht om te solliciteren*

de **ont·hef·fing** [ontheffingen]
een afspraak dat je een bepaalde regel of wet niet hoeft te volgen ✦ *er mogen in deze straat geen auto's rijden, maar ik heb een ontheffing*

ont·hiel·den *zie:* **onthouden**

•**ont·hou·den** [onthield, heeft onthouden]
1 in je hoofd bewaren; niet vergeten [iemand onthoudt iets] ✦ *zal ik mijn adres opschrijven of onthoud je het wel?*
2 iemand niet geven wat hij of zij wel zou moeten krijgen [iemand onthoudt iemand iets] ✦ *de ambtenaar was boos omdat hem informatie was onthouden*

zich **ont·hou·den van** [onthield zich van, heeft zich onthouden van]
niet nemen; niet gebruiken [iemand onthoudt zich van iets] ✦ *Nico onthoudt zich van koek en snoep omdat hij te dik is*

ont·hul·len [onthulde, heeft onthuld]
1 bekendmaken [iemand onthult een geheim]
2 zichtbaar maken [iemand onthult een standbeeld of een ander kunstwerk] ✦ *de koningin onthulde het beeld door een doek weg te trekken*

ont·hutst [bijvoeglijk naamwoord]
iemand die onthutst is, is erg geschrokken en daardoor verdrietig of kwaad ✦ *de werknemers waren onthutst over de plannen van het bestuur*

ont·ken·nen [ontkende, heeft ontkend]
zeggen dat een uitspraak niet waar is ⇔ bevestigen [iemand ontkent iets] ✦ *de man ontkende dat hij het slachtoffer had geslagen*

de **ont·ken·ning** [ontkenningen]
de keer dat iemand iets ontkent*

ont·ke·te·nen [ontketende, heeft ontketend]
laten ontstaan [iemand of iets ontketent iets, bijv. een ruzie of een oorlog] ✦ *de studenten wilden een revolutie ontketenen*

de **ont·kno·ping** [ontknopingen]
het slot van een verhaal waarin alles duidelijk wordt ✦ *het was een goede film met een ontknoping die niemand verwachtte*

ont·ko·men [ontkwam, is ontkomen]
weggaan waardoor iets vervelends niet met je gebeurt [iemand ontkomt (aan iets of iemand)] ✦ *de politie probeerde de dieven te pakken, maar ze ontkwamen*

ont·ko·men aan [ontkwam aan, is ontkomen aan]
iets niet hoeven wat eigenlijk wel zou moeten [iemand ontkomt aan iets of iemand] ✦ *hoe kan ik ontkomen aan alle vragen?*

ont·kwa·men *zie:* **ontkomen**

de **ont·las·ting**
de resten van eten die als een bruine massa via je anus uit je lichaam komen = de poep ✦ *door haar ziekte had haar ontlasting een rare kleur*

ont·le·den [ontleedde, heeft ontleed]
in kleine stukjes delen om te begrijpen

[iemand ontleedt iets] ✦ *toen Chantal het probleem had ontleed, kon ze het ook oplossen* ✦ *de studenten moesten het oog van een koe ontleden*

ont·le·nen aan [ontleende aan, heeft ontleend aan]
van iemand of iets hebben; overnemen van iemand of iets [iemand ontleent iets aan iemand of iets] ✦ *het Van Gogh Museum ontleent zijn naam aan Vincent van Gogh*

ont·lie·pen *zie:* **ontlopen**

ont·lok·ken [ontlokte, heeft ontlokt]
met enige moeite te horen krijgen [iemand ontlokt iemand een uitspraak] ✦ *de krant wist de minister enkele interessante uitspraken te ontlokken*

ont·lo·pen [ontliep, heeft ontlopen]
proberen niet te ontmoeten door weg te lopen = ontwijken [iemand ontloopt iemand of iets] ✦ *nu Joris ruzie heeft met Wim, probeert hij hem steeds te ontlopen*
elkaar niet veel ontlopen in iets: op een bepaald punt weinig van elkaar verschillen ✦ *in leeftijd ontlopen de vrienden elkaar niet veel*

ont·man·te·len [ontmantelde, heeft ontmanteld]
handelingen verrichten waardoor je iets niet meer kunt gebruiken [iemand ontmantelt iets] ✦ *de landen spraken af dat een deel van hun wapens zou worden ontmanteld*

ont·mas·ke·ren [ontmaskerde, heeft ontmaskerd]
bekendmaken wie of hoe iemand echt is [iemand ontmaskert iemand] ✦ *de nieuwe directeur werd ontmaskerd als een bedrieger*

ont·moe·di·gen [ontmoedigde, heeft ontmoedigd]
laten geloven dat iets niet zal lukken = demotiveren ⇔ aanmoedigen [iemand of iets ontmoedigt iemand] ✦ *alle kritiek op zijn werk ontmoedigde de student*

•**ont·moe·ten** [ontmoette, heeft ontmoet]
1 toevallig of volgens een afspraak zien en spreken = tegenkomen [iemand ontmoet iemand] ✦ *wij hebben op vakantie veel leuke mensen ontmoet* ✦ *laten we elkaar volgende week om 7.00 uur bij het station ontmoeten*
2 krijgen = ondervinden [iemand of iets ontmoet iets] ✦ *het plan van de chef ontmoette veel protest*

de **ont·moe·ting** [ontmoetingen]
de keer dat mensen elkaar ontmoeten (bet. 1) ✦ *na die eerste ontmoeting moest René vaak aan haar denken*

ont·na·men *zie:* **ontnemen**

ont·ne·men [ontnam, heeft ontnomen]
afnemen; weghalen [iemand of iets ontneemt iemand iets] ✦ *het huwelijk ontnam Sigrid haar vrijheid*

ont·no·men *zie:* **ontnemen**

ont·plof·fen [ontplofte, is ontploft]
1 met veel kracht naar alle kanten uit elkaar gaan = exploderen [iets ontploft] ✦ *toen de bom ontplofte, vloog het glas alle kanten op*
2 plotseling erg boos worden [iemand ontploft]

de **ont·plof·fing** [ontploffingen]
de keer dat iets met een grote klap de lucht in vliegt = de explosie

ont·plooi·en [ontplooide, heeft ontplooid]
laten ontstaan en verder ontwikkelen [iemand ontplooit activiteiten] ✦ *de baas van de boekwinkel ontplooide steeds meer activiteiten*

zich **ont·plooi·en** [ontplooide zich, heeft zich ontplooid]
je door ervaring en oefening ontwikkelen [iemand ontplooit zich] ✦ *in Italië heeft hij zich kunnen ontplooien tot een echte kunstenaar*

zich **ont·pop·pen als** [ontpopte zich als, heeft zich ontpopt als]
na enige tijd iets blijken te zijn [iemand of iets ontpopt zich als iets] ✦ *hij heeft zich ontpopt als de beste speler van de ploeg*

ont·red·derd [bijvoeglijk naamwoord]
ontredderde mensen hebben net een heftige gebeurtenis meegemaakt en weten niet goed hoe ze hulp kunnen krijgen ✦ *een dag na de grote brand liep iedereen een beetje ontredderd over straat*

ont·roe·ren [ontroerde, heeft ontroerd]
het gevoel raken met iets wat heel mooi of verdrietig is [iemand of iets ontroert iemand] ✦ *Riet was erg ontroerd door het lied dat haar dochters voor haar zongen*

ont·rui·men [ontruimde, heeft ontruimd]
alles uit een gebouw halen; leegmaken

[iemand ontruimt een gebouw]
ont·slaan [ontsloeg, heeft ontslagen]
1 iemand laten weten dat hij niet meer bij je mag werken [iemand ontslaat iemand] ✦ *Niels is ontslagen en nu zoekt hij ander werk*
2 toestemming geven om naar huis te gaan [iemand ontslaat iemand uit het ziekenhuis] ✦ *Rachel is gelukkig weer thuis; de dokters hebben haar uit het ziekenhuis ontslagen*
ont·slaan van [ontsloeg van, heeft ontslagen van]
toestemming geven iets niet meer te doen = ontheffen van [iemand ontslaat iemand van iets] ✦ *de koning ontsloeg hem van zijn taak*
het **ont·slag** [ontslagen]
de keer dat iemand ontslagen* (bet. 1) wordt ✦ *tijdens de ruzie dreigde de chef met ontslag van de werknemer*
ont·sla·gen *zie:* **ontslaan**
ont·sloe·gen *zie:* **ontslaan**
ont·snap·pen [ontsnapte, is ontsnapt]
op een slimme manier weggaan van een plaats waar je moest blijven [iemand ontsnapt] ✦ *de vogel was ontsnapt uit de kooi*
ont·snap·pen aan [ontsnapte aan, is ontsnapt aan]
zorgen dat iets gevaarlijks of vervelends je niet gebeurt [iemand ontsnapt aan iets] ✦ *door het snelle optreden van de politie kon het dorp aan een ramp ontsnappen* ✦ *het kind ontsnapte aan de aandacht van de ouders en liep de tuin in*
ont·span·nen[1] [bijvoeglijk naamwoord]
ontspannen mensen voelen zich rustig en hebben geen zorgen = relaxed
ont·span·nen[2] [ontspande, heeft ontspannen]
1 je lichaam en je geest rustig maken [iets ontspant iemand] ✦ *wandelen in de natuur ontspant me*
2 minder strak spannen ⇔ aanspannen [iemand ontspant een spier]
zich **ont·span·nen** [ontspande zich, heeft zich ontspannen]
je lichaam en je geest rustig maken door iets wat prettig is [iemand ontspant zich] ✦ *hij ging in bad om zich te ontspannen*
de **ont·span·ning**
de keer dat iemand of iets zich ontspant* ✦ *Ivo kijkt alleen televisie voor de ontspanning*
ont·spo·ren [ontspoorde, is ontspoord]
1 uit zijn baan raken; uit de rails lopen [een trein of een tram ontspoort]
2 steeds meer verkeerde dingen gaan doen [iemand ontspoort] ✦ *nadat hij zijn baan verloren had, is hij volledig ontspoord*
•**ont·staan** [ontstond, is ontstaan]
beginnen te bestaan = zich vormen [iets ontstaat] ✦ *er ontstonden allerlei problemen* ✦ *weet jij hoe de aarde is ontstaan?*
ont·sta·ken *zie:* **ontsteken**
ont·ste·ken [ontstak]
1 [heeft ontstoken] zorgen dat iets gaat branden = aansteken [iemand ontsteekt iets] ✦ *Anna ontstak twee lucifers tegelijk*
2 [is ontstoken] rood en dik worden door bacteriën [een lichaamsdeel raakt ontstoken] ✦ *je moet die wond goed schoonmaken, anders gaat hij ontsteken*
3 in woede ontsteken: heel boos worden ✦ *Harm ontstak in woede toen hij zag dat zijn fiets weg was*
de **ont·ste·king** [ontstekingen]
de keer dat iets ontstoken* (bet. 2) is = de infectie
de **ont·stel·te·nis**
het gevoel dat je hebt als er plotseling iets heel naars gebeurt ✦ *tot ontsteltenis van de werknemers vertelde de directeur dat de fabriek zou worden gesloten*
ont·stemd [bijvoeglijk naamwoord]
iemand die ontstemd is, is nogal boos ✦ *de partij reageerde ontstemd op de voorstellen van de regering*
ont·sto·ken *zie:* **ontsteken**
zich **ont·trek·ken aan** [onttrok zich aan, heeft zich onttrokken aan]
zorgen dat je iets niet hoeft te doen [iemand onttrekt zich aan iets] ✦ *hij kon zich aan het bezoek onttrekken doordat hij naar een vergadering moest*
ont·trek·ken aan [onttrok aan, heeft onttrokken aan]
iets aan het oog onttrekken: zorgen dat iets niet te zien is door er iets vóór te plaatsen ✦ *het huis werd aan het oog onttrokken door grote bomen*
de **on·tucht**
seksuele handelingen die niet passend zijn ✦ *de man kreeg een zware straf voor*

ontucht met kinderen

•**ont·van·gen** [ontving, heeft ontvangen]
1 iets gaan bezitten doordat iemand het je geeft of stuurt = krijgen [iemand ontvangt iets] ✦ *ik heb je brief nog niet ontvangen*
2 als gast begroeten [iemand ontvangt iemand] ✦ *we werden vriendelijk ontvangen door de eigenaar van het hotel*

de **ont·van·ger** [ontvangers]
1 iemand die iets ontvangt (bet. 1)
2 een toestel waarmee je signalen uit de lucht ontvangt, bijv. een radio

ont·van·ke·lijk [bijvoeglijk naamwoord]
1 iemand die ontvankelijk is, staat open voor indrukken ✦ *Merel was niet ontvankelijk voor de argumenten van haar vader*
2 iets niet ontvankelijk verklaren: beslissen dat iets niet voldoet aan de voorwaarden voor een rechtszaak

ont·vin·gen *zie:* **ontvangen**

ont·vluch·ten [ontvluchtte, is ontvlucht]
stiekem weggaan omdat je ergens niet langer wilt zijn [iemand ontvlucht iets of iemand] ✦ *om de drukte van de stad te ontvluchten, gaat hij vaak naar Friesland* ✦ *ze ontvlucht haar problemen door heel hard te werken*

ont·voe·ren [ontvoerde, heeft ontvoerd]
iemand met geweld meenemen om geld te krijgen voor het vrijlaten van die persoon [iemand ontvoert iemand] ✦ *toen de zoon van de rijke directeur was ontvoerd, heeft men meteen veel geld betaald*

ont·vreem·den [ontvreemdde, heeft ontvreemd] (formeel)
stelen [iemand ontvreemdt iets] ✦ *iemand heeft de papieren die op mijn bureau lagen ontvreemd*

ont·wa·ken [ontwaakte, is ontwaakt]
wakker worden [iemand ontwaakt] ✦ *hij ontwaakte in een vreemd bed*

ont·wa·pe·nen [ontwapende, heeft ontwapend]
de wapens helemaal of voor een deel wegdoen [een land, een leger of een persoon ontwapent (iemand)] ✦ *de Indonesische politie is vandaag begonnen met het ontwapenen van de rebellen* ✦ *het land was bereid volledig te ontwapenen*

ont·wa·pe·nend [bijvoeglijk naamwoord]
iemand die ontwapenend is, zorgt dat anderen open zijn en geen ruzie willen maken

ont·wa·ren [ontwaarde, heeft ontwaard]
met moeite zien [iemand ontwaart iemand of iets] ✦ *in de donkere gang kon ik alleen de ogen van de poes ontwaren*

ont·we·ken *zie:* **ontwijken**

het **ont·werp** [ontwerpen]
een tekening van hoe iets eruit moet gaan zien = de schets ✦ *ik heb slechts een ontwerp gezien, maar ik denk dat het nieuwe kantoor prachtig wordt*

ont·wer·pen [ontwierp, heeft ontworpen]
bedenken en tekenen hoe iets eruit gaat zien [iemand ontwerpt een gebouw, kleren enz.] ✦ *de Sagrada Família in Barcelona is ontworpen door Gaudí*

ont·wier·pen *zie:* **ontwerpen**

ont·wij·ken [ontweek, heeft ontweken]
proberen niet te ontmoeten of te treffen [iemand ontwijkt iets of iemand] ✦ *Ko kon de vallende piano maar net ontwijken* ✦ *de minister probeerde de kritische vragen te ontwijken*

ont·wik·keld[1] [bijvoeglijk naamwoord]
1 ontwikkelde mensen hebben veel kennis ✦ *hij praat graag met ontwikkelde mensen over economie*
2 ontwikkelde volkeren of landen hebben een hoog niveau op het gebied van onderwijs, economie enz. ⇔ onderontwikkeld

ont·wik·keld[2] *zie:* **ontwikkelen**

•**ont·wik·ke·len** [ontwikkelde, heeft ontwikkeld]
1 laten ontstaan = ontwerpen [iemand ontwikkelt iets] ✦ *de professor ontwikkelde een methode om eten langer te kunnen bewaren*
2 de beelden van een film of foto zichtbaar maken door bepaalde vloeistoffen te gebruiken [iemand ontwikkelt een film of foto]

zich •**ont·wik·ke·len** [ontwikkelde zich, heeft zich ontwikkeld]
1 geestelijk groeien in een bepaalde richting [iemand ontwikkelt zich (tot iets)] ✦ *de jonge minister ontwikkelde*

zich tot een groot leider
2 ontstaan; zich vormen [iets ontwikkelt zich] ✦ *er ontwikkelde zich een discussie over de veiligheid van het gebouw*

de ***ont·wik·ke·ling** [ontwikkelingen]
de manier waarop iets loopt en verandert ✦ *er zijn vervelende ontwikkelingen op mijn werk*

de **ont·wik·ke·lings·hulp**
de hulp van rijke landen aan arme landen

het **ont·wik·ke·lings·land** [ontwikkelingslanden]
een land dat door rijke landen geholpen wordt om sociaal en economisch te groeien = het derdewereldland

de **ont·wik·ke·lings·sa·men·wer·king**
de samenwerking met ontwikkelingslanden* waarbij deze landen financieel gesteund worden

ont·wor·pen *zie:* **ontwerpen**

ont·wrich·ten [ontwrichtte, heeft ontwricht]
zorgen dat iets helemaal verkeerd loopt = verstoren [iemand ontwricht iets] ✦ *door het slechte weer raakte het verkeer ontwricht en stonden er files in het hele land* ✦ *men probeerde met acties de vergadering van de leiders te ontwrichten*

het **ont·zag**
grote waardering die je voor iemand hebt vanwege zijn of haar kennis, macht enz. ✦ *vol ontzag keek de jongen naar de bekende voetballer*

ont·za·gen *zie:* **ontzien**

ont·zag·lijk [bijvoeglijk naamwoord]
heel erg; heel groot = enorm ✦ *er waren ontzaglijk veel mensen gekomen*

ont·zeg·gen [ontzegde of ontzei, heeft ontzegd]
1 weigeren; verbieden [iemand ontzegt iemand de toegang] ✦ *omdat Piet vaak ruzie maakt, is hem de toegang tot het café ontzegd*
2 iets kan iemand niet ontzegd worden: het is beslist zo dat iemand … heeft ✦ *gevoel voor humor kan de vrouw niet worden ontzegd*

ont·zet·ten [ontzette, heeft ontzet]
1 ontslaan [iemand ontzet iemand uit een functie of een ambt] ✦ *toen bleek dat de voorzitter geld had gestolen, werd hij uit zijn functie ontzet*
2 door te vechten zorgen dat een stad bevrijd wordt = bevrijden [een leger of een groep mensen ontzet een stad]

***ont·zet·tend** [bijvoeglijk naamwoord]
heel erg; heel veel; heel groot = vreselijk, enorm ✦ *het was een ontzettende troep op haar bureau* ✦ *het was ontzettend leuk om hem weer te zien*

de **ont·zet·ting**
de grote schrik als er plotseling iets heel naars gebeurt ✦ *in heel Nederland werd met ontzetting gereageerd op de moord op Pim Fortuyn*

ont·zien [ontzag, heeft ontzien]
zorgen dat iets of iemand zo min mogelijk nadeel heeft [iemand ontziet iets of iemand] ✦ *de voetballer moest zijn knie zo veel mogelijk ontzien* ✦ *hij was pas een week voorzitter van de partij, maar hij werd niet ontzien*

on·vei·lig [bijvoeglijk naamwoord]
niet veilig ✦ *zij voelde zich 's nachts onveilig in die buurt*

on·ver·ant·woord [bijvoeglijk naamwoord]
niet verstandig ✦ *ze vond het onverantwoord om de kinderen alleen naar school te laten fietsen*

on·ver·bid·de·lijk [bijvoeglijk naamwoord]
iemand die onverbiddelijk is, is streng en verandert zijn mening niet ✦ *de werknemers hebben hevig geprotesteerd tegen de verhuizing, maar het bestuur was onverbiddelijk*

on·ver·ge·te·lijk [bijvoeglijk naamwoord]
iets wat onvergetelijk is, is zo mooi dat je het nooit meer vergeet ✦ *iedereen vond het feest onvergetelijk*

on·ver·hoeds [bijvoeglijk naamwoord]
iets wat onverhoeds gebeurt, gebeurt plotseling ✦ *het kind maakte een onverhoedse beweging, waardoor het glas viel*

on·ver·let [bijvoeglijk naamwoord]
dat laat onverlet dat …: het blijft een feit dat … ✦ *hij heeft geen werk en geen geld meer, maar dat laat onverlet dat hij zijn huur moet betalen*

on·ver·mij·de·lijk [bijvoeglijk naamwoord]
iets wat onvermijdelijk is, kun je niet voorkomen en zal zeker gebeuren ✦ *dat iedereen een keer sterft, is onvermijdelijk*

het **on·ver·mo·gen**

het feit dat je iets niet kunt ✦ *er was veel kritiek op het onvermogen van de regering om het probleem om te lossen*

on·ver·schil·lig [bijvoeglijk naamwoord]
onverschillige mensen hebben weinig interesse omdat ze dingen niet belangrijk vinden ✦ *de leerlingen reageerden onverschillig op het nieuws dat de school moest verhuizen*

on·ver·stan·dig [bijvoeglijk naamwoord]
niet verstandig = dom ✦ *het is onverstandig om met zo weinig geld op reis te gaan*

on·ver·stoor·baar [bijvoeglijk naamwoord]
onverstoorbare mensen laten zich niet stoppen of hinderen door andere dingen ✦ *de voorzitter praatte onverstoorbaar door toen er een vogeltje door het raam naar binnen vloog*

on·ver·wacht [bijvoeglijk naamwoord]
een onverwachte gebeurtenis komt plotseling, als een verrassing ✦ *ze houdt niet van onverwacht bezoek*

on·ver·wachts [bijwoord]
onverwacht ✦ *de familie kwam onverwachts op bezoek*

on

de **on·vol·doen·de**[1] [onvoldoenden, onvoldoendes]
een slechte prestatie in het onderwijs, vaak uitgedrukt in een cijfer onder de zes ✦ *Dirk had op zijn rapport onvoldoendes voor Nederlands en voor Engels* ✦ *de krant gaf de nieuwe minister een dikke onvoldoende*

on·vol·doen·de[2] [bijvoeglijk naamwoord]
iets wat onvoldoende is, is niet genoeg of niet goed genoeg ✦ *de partij heeft onvoldoende steun om in de regering te komen* ✦ *de gemeente heeft onvoldoende gedaan om de buurt te veiliger te maken*

on·voor·spel·baar [bijvoeglijk naamwoord]
als iets of iemand onvoorspelbaar is, is het moeilijk te zeggen wat er precies gaat gebeuren ⇔ voorspelbaar ✦ *ik weet niet hoe mijn zus op dat nieuws zal reageren; ze is zo onvoorspelbaar!*

on·voor·stel·baar [bijvoeglijk naamwoord]
iets wat onvoorstelbaar is, is niet goed voor te stellen of te bedenken ⇔ voorstelbaar ✦ *de zee is onvoorstelbaar diep*

on·voor·waar·de·lijk [bijvoeglijk naamwoord]
aan iets wat onvoorwaardelijk is, zijn geen voorwaarden of eisen verbonden ⇔ voorwaardelijk ✦ *hij voelt een onvoorwaardelijke liefde voor zijn kinderen*

de **on·vre·de**
het gevoel dat je hebt als je niet tevreden bent = de ontevredenheid ✦ *uit onvrede met de regering zijn veel mensen niet gaan stemmen*

on·waar·schijn·lijk [bijvoeglijk naamwoord]
iets wat onwaarschijnlijk is, gebeurt waarschijnlijk niet ⇔ waarschijnlijk ✦ *het is onwaarschijnlijk dat we nog op tijd komen*

het **on·weer**
slecht, donker weer waarbij je licht in de lucht ziet en lawaai hoort weer[1]

on·weer·staan·baar [bijvoeglijk naamwoord]
zo mooi, lekker enz. dat je jezelf niet kunt tegenhouden = verleidelijk

on·wel [bijvoeglijk naamwoord] (formeel)
een beetje ziek ✦ *een paar reizigers waren onwel geworden in het vliegtuig*

on·wen·nig [bijvoeglijk naamwoord]
iemand die onwennig is, is nog niet helemaal gewend ✦ *Corine voelde zich nog een beetje onwennig in haar nieuwe baan*

on·we·ren [onweerde, heeft geonweerd]
als het onweert, is het slecht, donker weer met licht en lawaai [het onweert] ✦ *het onweerde de hele nacht*

de **on·wil**
het feit dat iemand iets niet wil en daarom niet meewerkt ✦ *er was een grote onwil bij de burgers om zich aan de nieuwe regels te houden*

on·wil·le·keu·rig [bijvoeglijk naamwoord]
iets wat onwillekeurig gebeurt, gebeurt zonder dat je erbij nadenkt ✦ *onwillekeurig keek Ria op haar horloge toen ze de bel hoorde*

on·ze·ker [bijvoeglijk naamwoord]
1 onzekere mensen hebben weinig vertrouwen in zichzelf ⇔ zeker ✦ *hij is niet dom, maar hij is zo onzeker dat hij niet*

naar de universiteit durft
2 iets wat onzeker is, is nog niet definitief ⇔ zeker ✦ *het is nog onzeker of we dit jaar op vakantie gaan*
3 niet erg duidelijk of stevig = onvast ✦ *het kind deed haar eerste onzekere stappen*

on·zicht·baar [bijvoeglijk naamwoord]
iets wat onzichtbaar is, kun je niet zien ✦ *het huis was vanaf de weg onzichtbaar*

on·zij·dig [bijvoeglijk naamwoord]
(taal)
een onzijdig woord is niet mannelijk en niet vrouwelijk ✦ *het woord 'huis' is onzijdig, want je kunt er 'het' voor zetten*

de **•on·zin**
uitspraken, ideeën enz. die belachelijk en niet waar zijn = de nonsens ✦ *in de bladen staat dat de prins gaat scheiden, maar dat is onzin*

on·zin·nig [bijvoeglijk naamwoord]
dom en raar = dwaas ✦ *wat een onzinnig plan om de deuren paars te maken!*

het **•oog** [ogen]
1 elk van de twee ronde dingen in je gezicht waarmee je kijkt ✦ *mijn dochters hebben blauwe ogen*
een oogje in het zeil houden: opletten of alles goed gaat ✦ *terwijl de kinderen buiten speelden, hield de buurman een oogje in het zeil*
iets onder ogen zien: je iets realiseren ✦ *hij moest onder ogen zien dat hij niet meer beter zou worden*
iets voor ogen houden: aan een doel denken, omdat dat je helpt verder te gaan ✦ *tijdens de ziekte heeft ze steeds voor ogen gehouden dat ze weer beter wilde worden*
met het oog op ...: terwijl je rekening houdt met ... ✦ *met het oog op de verkiezingen moest er een sterke leider van de partij komen*
op het oog: als je snel en niet goed kijkt; op het eerste gezicht ✦ *op het oog lijkt de nieuwe medewerker wel geschikt*
in mijn ogen: zoals ik het zie; naar mijn mening ✦ *in mijn ogen had Bas nooit met Joyce moeten trouwen*
2 een kleine ronde opening in sommige voorwerpen ✦ *hij deed de draad door het oog van de naald*

de **oog·arts** [oogartsen]
een arts voor de ogen

de **oog·ge·tui·ge** [ooggetuigen]
iemand die bijv. een ongeluk of een moord heeft gezien en daarom belangrijk is voor de politie

het **oog·lid** [oogleden]
het vel boven en onder je oog dat over je oog gaat wanneer je je oog sluit ✦ *hij kwam net uit bed en had nog dikke oogleden*

de **oog·op·slag**
iets in één oogopslag zien: iets onmiddellijk zien ✦ *in één oogopslag zag de arts dat de vrouw was overleden*

het **oog·punt**
vanuit een bepaald oogpunt: vanuit een bepaalde manier van denken over een onderwerp ✦ *vanuit economisch oogpunt is het goed als je weer een nieuwe computer koopt, maar ik vind het onzin*

de **oog·scha·duw**
een gekleurde stof die je boven je ogen doet om er mooier uit te zien

de **oogst** [oogsten]
de producten die een land opbrengt, zoals aardappelen, fruit, groente enz. ✦ *de boer had dit jaar een goede oogst*

oog·sten [oogstte, heeft geoogst]
rijpe groenten en fruit van het land halen [iemand oogst (graan, groente of fruit)] ✦ *de appels kunnen in oktober worden geoogst*

de **ooi** [ooien]
een vrouwelijk schaap dieren

de **ooi·e·vaar** [ooievaars]
een grote, wit met zwarte vogel met lange poten

ooievaar

•ooit [bijwoord]
in de verre toekomst; eens ⇔ nooit ✦ *de Nederlandse taal is zo moeilijk; zal ik die ooit nog eens perfect spreken?*

•ook [bijwoord]
1 dit woord gebruik je als hetzelfde waar is voor iets of iemand anders = eveneens ✦ *Wim is lang, maar Klaas ook!* ✦ *kom je ook op dat feest?*
2 bovendien ✦ *ze is slim, maar ook mooi*

3 misschien ✦ *kunt u me ook vertellen waar de wc is?*
4 **wie dan ook:** iemand, maar het is onbelangrijk wie

de **•oom** [ooms]
een broer van je vader of je moeder, of de man van een zus van je vader of je moeder familie

het **•oor** [oren]
1 elk van de twee organen aan de zijkant van je hoofd waarmee je kunt horen
wel oren naar iets hebben: interesse in iets hebben
iets in je oren knopen: iets goed onthouden
2 iets aan een voorwerp in de vorm van een oor, waaraan je dat voorwerp kunt vastpakken ✦ *het oor was van het kopje gebroken*

de **oor·bel** [oorbellen]
een sieraad dat je aan je oor hangt ✦ *nu Nienke gaatjes in haar oren heeft, kan ze oorbellen dragen*

het **oord** [oorden]
de plaats; de plek ✦ *de toerist vond Amsterdam een veiliger oord dan Moskou*

het **•oor·deel** [oordelen]
de mening = de opvatting ✦ *graag wil ik je oordeel over zijn werk*
van oordeel zijn dat ...: vinden dat ...

oor·de·len [oordeelde, heeft geoordeeld]
een oordeel geven [iemand oordeelt over iets of iemand] ✦ *iedereen oordeelde positief over het plan*

de **oor·kon·de** [oorkonden, oorkondes]
een officieel papier waarop staat dat iets of iemand heel goed, groot enz. is ✦ *toen de koe 100.000 liter melk had gegeven, kreeg de boer een oorkonde*

de **oor·lel** [oorlellen]
het onderste, zachte deel van je oor

de **•oor·log** [oorlogen]
een ruzie tussen landen of groepen waarbij er met legers gevochten wordt ✦ *het volk vluchtte voor de oorlog*

de **oor·logs·mis·da·di·ger** [oorlogsmisdadigers] **oor·logs·mis·da·dig·ster** [oorlogsmisdadigsters]
iemand die een oorlogsmisdaad* pleegt of heeft gepleegd

de **oor·sprong** [oorsprongen]
het punt waar iets begint ✦ *de oorsprong van de Rijn ligt in Oostenrijk* ✦ *van oorsprong is Gino een Griek*

•oor·spron·ke·lijk[1] [bijvoeglijk naamwoord]
1 vanaf het begin = eerst ✦ *het dier werd naar de oorspronkelijke eigenaar gebracht*
2 oorspronkelijke mensen of dingen zijn heel anders dan andere mensen of dingen = origineel ✦ *Joshua heeft heel oorspronkelijke ideeën*

•oor·spron·ke·lijk[2] [bijwoord]
eerst; in het begin = aanvankelijk ✦ *oorspronkelijk stond hier het huis van mijn ouders*

oor·ver·do·vend [bijvoeglijk naamwoord]
een oorverdovend lawaai is een heel heftig lawaai

de **•oor·zaak** [oorzaken]
de reden waarom iets gebeurt ✦ *de oorzaak van zijn vermoeidheid is dat hij te hard werkt*

de **oost**
de kant waar de zon opkomt = het oosten ⇔ de west

oos·te·lijk [bijvoeglijk naamwoord]
oostelijke plaatsen liggen in het oosten ✦ *Hengelo ligt in het oostelijke deel van Nederland*

het **•oos·ten**
de kant waar de zon opkomt ⇔ het westen ✦ *de tuin ligt op het oosten*

oos·ters [bijvoeglijk naamwoord]
oosterse dingen komen uit de landen die ten oosten van Europa liggen ✦ *hij houdt van oosterse muziek*

•op[1] [bijwoord]
1 naar boven; omhoog ✦ *ze liepen de berg op*
2 dit zeg je als er niets meer over is ✦ *al mijn geld is op*
het kan niet op: er is heel veel van iets
ik ben op: ik ben heel moe
3 niet in bed; opgestaan ✦ *Sam was om vijf uur al op*
4 **kom op!:** doe je best!

•op[2] [voorzetsel]
1 dit woord gebruik je om te zeggen waar iets is of waar iets gebeurt ✦ *het boek lag op tafel* ✦ *Christel werkt op kantoor*
2 dit woord gebruik je om te zeggen wanneer iets gebeurt ✦ *Rick komt op*

vrijdag thuis

de •**opa** [opa's]
de vader van je vader of je moeder = de grootvader familie

op·ba·ren [baarde op, heeft opgebaard]
netjes neerleggen voor de uitvaart, zodat familie en vrienden afscheid kunnen nemen [iemand baart een dode persoon op] gedenkdagen

•**op·bel·len** [belde op, heeft opgebeld]
via de telefoon contact zoeken = bellen, telefoneren [iemand belt iemand op] ✦ *je moet Piet nog wel even opbellen om te zeggen dat je niet komt*

op·ber·gen [borg op, heeft opgeborgen]
in een kast, doos enz. leggen [iemand bergt iets op] ✦ *waar heb ik die brief nou opgeborgen?* ✦ *berg je spullen eens op en laat niet alles op de tafel liggen!*

op·beu·ren [beurde op, heeft opgebeurd]
1 met de handen omhoog brengen = optillen [iemand beurt iets op] ✦ *ze beurde de kist op om eronder te kijken*
2 zorgen dat iemand die verdriet had, vrolijk wordt [iemand beurt iemand op] ✦ *Maria kwam haar zieke moeder opbeuren met een bos bloemen*

op·biech·ten [biechtte op, heeft opgebiecht]
vertellen dat je iets slechts hebt gedaan [iemand biecht iets op] ✦ *hij durfde niet op te biechten dat hij alle koekjes had opgegeten*

op·bla·zen [blies op, heeft opgeblazen]
1 iets groter maken door er lucht in te doen [iemand blaast iets op] ✦ *het luchtbed moest nog opgeblazen worden*
2 door een explosie kapotmaken ✦ *de oude flat werd opgeblazen*
3 zeggen dat iets veel erger, groter enz. is dan het werkelijk is = overdrijven [iemand blaast een voorval op] ✦ *in de krant werd het verhaal over de wilde jeugd van de president enorm opgeblazen*

•**op·bou·wen** [bouwde op, heeft opgebouwd]
bouwen; tot een geheel maken [iemand bouwt iets op (uit iets)] ✦ *na de brand is het huis weer opnieuw opgebouwd* ✦ *het boek is opgebouwd uit veertien korte verhalen*

op·bre·ken [brak op]
1 [heeft opgebroken] uit elkaar halen [iemand breekt iets, bijv. een straat, op] ✦ *we konden niet verder rijden omdat de straat was opgebroken*
2 [is opgebroken] weggaan [iemand breekt op] ✦ *om twaalf uur was het tijd om op te breken en gingen we naar huis*
3 [is opgebroken] een groot probleem worden [iets breekt iemand op] ✦ *het harde werken en de korte nachten beginnen haar op te breken*

•**op·bren·gen** [bracht op, heeft opgebracht]
1 door verkoop opleveren [iets brengt een bedrag op] ✦ *die oude spullen brengen niets meer op*
2 iets doen terwijl het moeilijk is of terwijl je het eigenlijk niet wilt [iemand brengt iets op] ✦ *ze kon niet meer het geduld opbrengen om naar de lastige klant te luisteren* ✦ *hij kon nauwelijks begrip opbrengen voor het besluit van zijn vriend*

de **op·brengst** [opbrengsten]
1 het geld dat bijv. een verkoop of een actie opbrengt (bet. 1) ✦ *de opbrengst van de actie was zeshonderd euro*
2 de producten die een stuk land opbrengt (bet. 1) = de oogst ✦ *de boer had dit jaar een slechte opbrengst*

op·da·gen [daagde op, is opgedaagd]
komen; verschijnen [iemand komt opdagen] ✦ *ik weet niet of Johan vandaag nog komt opdagen*

op·dat [voegwoord]
dit woord gebruik je om een doel aan te geven ✦ *ik ga vroeg naar bed, opdat ik morgen niet meer zo moe ben*

op·doe·ken [doekte op, heeft opgedoekt]
definitief sluiten; wegdoen [iemand doekt een zaak op] ✦ *ze heeft de winkel opgedoekt omdat er te weinig klanten kwamen*

op·doen [deed op, heeft opgedaan]
krijgen [iemand doet kennis of ervaring op] ✦ *in haar vorige baan heeft Frederique veel ervaring opgedaan*

op·draai·en voor [draaide op voor, is opgedraaid voor]
moeten betalen, ook voor anderen [iemand draait op voor de kosten, voor schade enz.] ✦ *wie draait er op voor de kosten van het eten?*

de •**op·dracht** [opdrachten]

een taak die iemand je geeft ✦ *de politie zoekt nog naar de persoon die de opdracht heeft gegeven om de moord te plegen*
de bestendige opdracht: (in België) een opdracht aan de bank om iedere maand een bepaald bedrag naar een bepaalde rekening te sturen, bijv. om de huur van je huis te betalen geld

de **op·dracht·ge·ver** [opdrachtgevers] **op·dracht·geef·ster** [opdrachtgeefsters]
een persoon of een instantie die een opdracht geeft en daarvoor betaalt ✦ *hij werkt voor verschillende opdrachtgevers*

op·dra·gen [droeg op, heeft opgedragen]
tegen iemand zeggen wat hij of zij moet doen [iemand draagt iemand iets op] ✦ *de directeur heeft mij opgedragen een rapport te maken*

op·dra·gen aan [droeg op aan, heeft opgedragen aan]
aanbieden als teken van waardering [iemand draagt iets, bijv. een boek, aan iemand op] ✦ *de schrijver droeg het boek op aan zijn moeder, die hem altijd gesteund had*

op·dra·ven [draafde op, is opgedraafd]
ergens naartoe komen omdat dat gevraagd is [iemand komt opdraven] ✦ *in het programma kwamen allemaal bekende Vlamingen opdraven*

op·drin·gen [drong op]
1 [is opgedrongen] een weg naar voren zoeken [mensen dringen op] ✦ *de politie trad streng op toen de massa begon op te dringen*
2 [heeft opgedrongen] iemand iets geven wat hij eigenlijk niet wil [iemand dringt iemand iets op] ✦ *Kees wilde zijn oude bed aan zijn zus opdringen, maar ze wilde het niet hebben*

zich **op·drin·gen** [drong zich op, heeft zich opgedrongen]
heel sterk de aandacht vragen [iets of iemand dringt zich op (aan of naar iemand)] ✦ *de gedachte dringt zich op, dat we een kans gemist hebben* ✦ *we wilden Ciska helemaal niet uitnodigen, maar ze heeft zich opgedrongen*

op·drin·ge·rig [bijvoeglijk naamwoord]
opdringerige mensen komen zonder dat ze uitgenodigd zijn, of doen dingen zonder daarvoor gevraagd te zijn

op·dui·ken [dook op, is opgedoken]
1 opeens ergens zijn [iemand of iets duikt ergens op] ✦ *heb je gehoord dat Désirée weer in de stad is opgedoken?*
2 vinden [iemand duikt iets op] ✦ *ze hebben papieren opgedoken waaruit blijkt dat hier vroeger een markt was*

de **OPEC**
Organisation of Petroleum Exporting Countries: de organisatie van landen die aardolie produceren

•**op·eens** [bijwoord]
niet verwacht = plotseling, ineens ✦ *opeens realiseerde Bernard zich dat hij zijn sleutels had vergeten*

op·een·vol·gend [bijvoeglijk naamwoord]
na elkaar komend = successief ✦ *Ruud Lubbers is premier geweest van drie opeenvolgende kabinetten*

op·ei·sen [eiste op, heeft opgeëist]
1 zeggen dat je het recht hebt om iets te hebben [iemand eist iets op] ✦ *de acteur eiste voor zichzelf de belangrijkste rol op*
2 zeggen dat jouw organisatie een misdaad gepleegd heeft [iemand eist een misdaad op] ✦ *de organisatie heeft de aanslag in Jeruzalem opgeëist*

•**open** [bijvoeglijk naamwoord]
1 zó dat je erin kunt of zó dat er iets in kan = geopend ⇔ gesloten, dicht ✦ *kom binnen; de deur is open* ✦ *de winkel is morgen om negen uur weer open* ✦ *wie heeft de fles open laten staan?*
2 van iets wat open is, is nog niet duidelijk wat er zal gebeuren ✦ *de film had een open einde*
3 iemand die open is, laat op een prettige manier zien wat hij of zij vindt en denkt ⇔ gesloten ✦ *de vriendin van Pieter is een leuk, open meisje*
4 iets wat open is, is voor iedereen bedoeld ✦ *op de open dag van de school kunt u meer informatie krijgen over het programma* ✦ *er staat een open brief van Els de Boer in de krant*

•**open·baar** [bijvoeglijk naamwoord]
1 iets dat openbaar is, mag iedereen bezoeken of gebruiken = publiek ⇔ privé ✦ *de boer moest met zijn koeien een stukje over de openbare weg*
het openbaar vervoer: de vervoermiddelen die voor iedereen zijn, zoals de trein, de bus, de tram enz. vervoer

een openbare school: een school zonder een bepaalde godsdienst onderwijs
2 iets dat openbaar is, is algemeen bekend = publiek ⇔ geheim ✦ *is het nieuws van zijn dood al openbaar?*
3 het Openbaar Ministerie: het ministerie dat verantwoordelijk is voor het handhaven van de strafwetten

de **open·baar·heid**
in de openbaarheid komen: bij iedereen bekend worden

open·ba·ren [openbaarde, heeft geopenbaard]
zorgen dat iedereen het weet; bekendmaken [iemand openbaart iets, bijv. een geheim] ✦ *niet alle resultaten van het onderzoek zijn geopenbaard*

zich **open·ba·ren** [openbaarde zich, heeft zich geopenbaard]
duidelijk worden; zich laten zien [iets openbaart zich] ✦ *als de verschijnselen van de ziekte zich openbaren, is het vaak al te laat*

de **open·ba·ring** [openbaringen]
een nieuw verschijnsel dat mensen verrast ✦ *Harry Beukel speelt op deze cd piano en dat is een openbaring!*

de **open·deur·dag** [opendeurdagen] (in België)
een dag waarop een school, een bedrijf enz. voor iedereen te bezoeken is

•**open·doen** [deed open, heeft opengedaan]
openen [iemand doet een deur, een raam enz. open]

•**ope·nen** [opende, heeft geopend]
1 openmaken ⇔ dichtdoen [iemand opent iets] ✦ *wil jij deze fles even openen?*
2 laten beginnen ⇔ sluiten [iemand opent iets] ✦ *de voorzitter opende de vergadering*

open·gaan [ging open, is opengegaan]
open worden ⇔ dichtdoen [iets gaat open] ✦ *de winkel gaat om negen uur open*

open·har·tig [bijvoeglijk naamwoord]
iemand die openhartig is, vertelt dingen die persoonlijk of geheim zijn ✦ *de werknemer praatte heel openhartig over de problemen in zijn huwelijk*

de •**ope·ning** [openingen]
1 een open plaats in iets ✦ *in het hek zit een kleine opening waar honden doorheen kunnen*
2 de keer dat iets geopend (bet. 2) wordt ✦ *tijdens de opening van de tentoonstelling sprak de burgemeester enkele vriendelijke woorden*
3 opening van zaken geven: inlichtingen geven over de werkelijke toestand

de **ope·nings·tij·den**
de tijd dat een winkel, een gebouw enz. open is ✦ *de openingstijden van onze winkel zijn: maandag t/m zaterdag van 9.00 uur tot 18.00 uur*

open·lijk [bijvoeglijk naamwoord]
iets wat openlijk gebeurt, gebeurt in het openbaar terwijl je dat niet zou verwachten ⇔ stiekem ✦ *Leo heeft de directeur openlijk gezegd dat hij het beleid slecht vindt*

open·staan [stond open, heeft opengestaan]
open (bet. 1) zijn [iets staat open] ✦ *de deur staat open*

open·staan voor [stond open voor, heeft opengestaan voor]
bereid zijn om een nieuw idee te aanvaarden [iemand staat open voor iets] ✦ *de nieuwe directeur staat niet open voor kritiek*

open·stel·len [stelde open, heeft opengesteld]
zorgen dat iets voor andere mensen open is [iemand stelt een gebouw, een rekening open] ✦ *het paleis wordt één keer per jaar opengesteld voor publiek*

zich **open·stel·len voor** [stelde zich open voor, heeft zich opengesteld voor]
open zijn voor nieuwe mensen of dingen [iemand stelt zich open voor iemand of iets] ✦ *België heeft zich opengesteld voor uitbreiding van de Europese Unie*

de **ope·ra** [opera's]
1 een gezongen toneelstuk ✦ *'Le nozze di Figaro' is een van de opera's die Wolfgang Amadeus Mozart heeft gemaakt*
2 een gebouw waarin opera's (bet. 1) worden opgevoerd ✦ *mijn man en ik zijn gisteravond naar de opera in Amsterdam geweest*

de •**ope·ra·tie** [operaties]
1 een medische handeling waarbij tijdelijk een opening in het lichaam wordt gemaakt ✦ *sinds de operatie heeft Noortje erge pijn in haar buik*

op

2 een grote actie van een georganiseerde groep mensen, bijv. de politie ✦ *het huwelijk van de prins in Brussel was een hele operatie voor de politie*

ope·ra·ti·o·neel [bijvoeglijk naamwoord]
een machine of een organisatie die operationeel is, kan meteen functioneren ✦ *we hopen dat de nieuwe ploeg begin volgend jaar operationeel is*

ope·re·ren [opereerde, heeft geopereerd]
1 een medische handeling uitvoeren via een opening in het lichaam [iemand opereert iemand] ✦ *Victor wordt morgen geopereerd*
2 werken; handelen [iemand opereert ergens of op een bepaalde manier] ✦ *het bedrijf verkoopt cd's en opereert via internet*

•**op·eten** [at op, heeft opgegeten]
eten tot er niets meer is [iemand eet iets op] ✦ *als je je brood helemaal opeet, krijg je vanmiddag een ijsje*

•**op·gaan** [ging op, is opgegaan]
1 besteed worden [iets gaat op (aan iets)] ✦ *het hele bedrag is opgegaan aan reclame*
2 zichtbaar worden = opkomen [de zon, de maan gaat op] ✦ *hoe laat gaat morgen de zon op?*
3 iets gaat niet op: iets klopt niet

•**op·gaan in** [ging op in, is opgegaan in]
1 veel aandacht aan iets geven zodat er weinig aandacht overblijft voor iets anders [iemand gaat op in iets] ✦ *als Dirk 's avonds een boek leest, kan hij er zó in opgaan dat hij de bel niet hoort*
2 met iets samengaan en daarin verdwijnen [iets gaat op in iets anders] ✦ *het bedrijf is opgegaan in een ander, groter bedrijf*

de **op·ga·ve** [opgaven]
1 een taak; een vraag in een leerboek ✦ *het schoonmaken van de oude fiets was een hele opgave* ✦ *opgave 14 hoeven we niet te maken*
2 iets wat iemand heeft opgegeven (bet. 2) ✦ *volgens uw opgave hebt u dertigduizend euro verdiend*

op·ge·bor·gen *zie:* **opbergen**
op·ge·bracht *zie:* **opbrengen**
op·ge·bro·ken *zie:* **opbreken**
op·ge·daan *zie:* **opdoen**
op·ge·do·ken *zie:* **opduiken**
op·ge·dron·gen *zie:* **opdringen**

op·ge·fokt [bijvoeglijk naamwoord]
iemand die opgefokt doet, is zenuwachtig en druk ✦ *er was een opgefokte stemming op kantoor door het plotselinge vertrek van een medewerker*

op·ge·la·ten [bijvoeglijk naamwoord]
iemand die zich opgelaten voelt, voelt zich niet prettig in een situatie

op·ge·no·men *zie:* **opnemen**

op·ge·ruimd[1] [bijvoeglijk naamwoord]
opgeruimde mensen zijn vrolijk en maken geen problemen

op·ge·ruimd[2] *zie:* **opruimen**
op·ge·scho·ten *zie:* **opschieten**
op·ge·scho·ven *zie:* **opschuiven**
op·ge·schre·ven *zie:* **opschrijven**
op·ge·slo·ten *zie:* **opsluiten**
op·ge·ste·gen *zie:* **opstijgen**
op·ge·sto·ken *zie:* **opsteken**

op·ge·to·gen [bijvoeglijk naamwoord]
iemand die opgetogen is, is heel erg blij ✦ *iedereen was opgetogen over het resultaat*

op·ge·trok·ken *zie:* **optrekken**

•**op·ge·ven** [gaf op, heeft opgegeven]
1 niet meer willen of kunnen doorgaan met iets [iemand geeft (iets) op] ✦ *de vijand moest de strijd opgeven* ✦ *vlak voor het einde van de wedstrijd werd Olga te moe en moest ze opgeven*
2 noemen wat gevraagd wordt [iemand geeft iets op (aan iemand)] ✦ *heeft Kim een verkeerd adres opgegeven?* ✦ *deze bedragen moet u aan de belasting opgeven*
3 zeggen dat je lid wilt worden of dat je iets wilt doen = aanmelden [iemand geeft iemand op (voor iets)] ✦ *ik heb me opgegeven voor een cursus Spaans*
4 denken dat iemand niet meer beter wordt [iemand geeft iemand op] ✦ *de dokter heeft de patiënt opgegeven; hij kan niets meer voor hem doen*

op·ge·was·sen te·gen [bijvoeglijk naamwoord]
iemand die tegen iets is opgewassen, is er sterk genoeg voor ✦ *hij bleek niet opgewassen te zijn tegen de spanning op zijn werk*

op·ge·wekt [bijvoeglijk naamwoord]
opgewekte mensen zijn vrolijk = blij ✦ *iedereen verliet het feest in een opgewekte stemming*

op·ge·won·den[1] [bijvoeglijk naamwoord]
iemand die opgewonden is, is zenuwachtig en druk ✦ *iedereen was opgewonden op de ochtend van het huwelijk*
op·ge·won·den[2] *zie:* **opwinden**
op·ge·wor·pen *zie:* **opwerpen**
op·ge·zet met [bijvoeglijk naamwoord] (in België)
iemand die opgezet is met iets, is er zeer tevreden mee ✦ *hij was opgezet met zijn nieuwe auto*
op·ge·zocht *zie:* **opzoeken**
op·gra·ven [groef op, heeft opgegraven]
uit de grond halen door de aarde erboven weg te halen [iemand graaft iets op] ✦ *in het dorp is een oud Romeins huis opgegraven*
de **op·gra·ving** [opgravingen]
de keer dat heel oude dingen uit de grond gehaald worden ✦ *tijdens de opgravingen is veel ontdekt over het leven van mensen in de tweede eeuw*
op·groei·en [groeide op, is opgegroeid]
je jeugd ergens doorbrengen [iemand groeit ergens op] ✦ *Einstein is geboren in Ulm, maar hij groeide op in München*
•**op·ha·len** [haalde op, heeft opgehaald]
1 naar een plaats gaan om iemand of iets mee te nemen [iemand haalt iemand of iets op] ✦ *om 16.00 uur kunt u uw horloge weer ophalen*
2 iets van vroeger weer in de gedachte terugbrengen [iemand haalt een gebeurtenis, een herinnering op]
3 geld verzamelen [iemand haalt geld op] ✦ *er is tijdens de tv-actie twee miljoen euro opgehaald*
op·han·den
iets is ophanden: iets zal spoedig gebeuren ✦ *er zijn verkiezingen ophanden*
op·han·gen [hing op, heeft opgehangen]
1 zó hangen dat iets niet naar beneden valt [iemand hangt iets op] ✦ *waar hebben jullie de klok opgehangen?* ✦ *u kunt uw jas in de kamer hiernaast ophangen*
2 doodmaken door iemand met een touw om zijn nek te laten hangen [iemand hangt iemand op] ✦ *vorige week heeft een man zich in zijn eigen woning opgehangen*
3 het contact dat je via de telefoon hebt, verbreken [iemand hangt op] ✦ *Fien wilde nog wat zeggen, maar Vroni had al opgehangen*
de **op·hef**
overdreven veel aandacht ✦ *er is veel ophef ontstaan over de film over het leven van Christus*
•**op·hef·fen** [hief op, heeft opgeheven]
zorgen dat een instelling of organisatie niet meer bestaat [iemand heft een instelling of organisatie op] ✦ *de vereniging heeft bijna geen leden meer en wordt volgende maand opgeheven*
op·hef·ma·kend [bijvoeglijk naamwoord] (in België)
ophefmakende zaken veroorzaken veel drukte = sensationeel ✦ *in deze krant staat een ophefmakend artikel over de Franse president*
de **op·hel·de·ring** [ophelderingen]
de duidelijkheid ✦ *de journalisten vroegen de minister om opheldering*
op·he·me·len [hemelde op, heeft opgehemeld]
erg positieve dingen zeggen over iemand of iets [iemand hemelt iemand of iets op] ✦ *tijdens het feest voor zijn afscheid werd Jaap door verschillende sprekers opgehemeld*
op·hit·sen [hitste op, heeft opgehitst]
zorgen dat iemand de slechte dingen gaat doen die je wilt [iemand hitst iemand op] ✦ *het publiek werd opgehitst door de felle woorden van de leider van de partij*
•**op·hou·den** [hield op]
1 [is opgehouden] stoppen; niet meer doorgaan [iemand houdt op (met iets)] ✦ *wat jammer dat je met je studie bent opgehouden!*
2 [heeft opgehouden] zorgen dat iets een tijdje langzamer gaat of stopt = tegenhouden [iets of iemand houdt iemand op] ✦ *het verkeer werd door een kapotte vrachtwagen opgehouden* ✦ *ik wilde naar huis, maar ik werd door mijn baas opgehouden*
de **opi·nie** [opinies]
de mening ✦ *in ons bedrijf is plaats voor mensen met verschillende opinies*
de publieke opinie: de mening van de meeste mensen
de **opi·nie·pei·ling** [opiniepeilingen]
een onderzoek onder een deel van een groep om de mening te weten van de

hele groep

de **opi·um** *ook:* het
een middel tegen pijn, waarvan je steeds meer nodig hebt

op·ja·gen [joeg of jaagde op, heeft opgejaagd]
zorgen dat iemand iets sneller doet = opjutten [iemand jaagt iemand op] ✦ *als je me steeds zo opjaagt, word ik zenuwachtig*

•**op·kij·ken te·gen** [keek op tegen, heeft opgekeken tegen]
iemand heel erg goed vinden [iemand kijkt tegen iemand op] ✦ *hij heeft altijd erg opgekeken tegen zijn vader*

op·kij·ken van [keek op van, heeft opgekeken van]
verbaasd zijn over iets [iemand kijkt van iets op] ✦ *haar man keek ervan op toen ze al om 15.00 uur thuiskwam*

de **op·kik·ker** [opkikkers]
iets waarvan je weer vrolijk wordt ✦ *we zullen haar een kaart sturen, want ze kan wel een opkikkertje gebruiken*

op·kla·ren [klaarde op, is opgeklaard]
helder worden [de lucht klaart op] ✦ *de regen lijkt voorbij te zijn en in het zuiden klaart het al op*
de lucht is opgeklaard: dit zeg je als het weer goed is na een ruzie

de **op·kla·ring** [opklaringen]
de keer dat de zon gaat schijnen na wolken en regen ✦ *in de middag komen er opklaringen vanuit het westen* weer[1]

op·knap·pen [knapte op, heeft opgeknapt]
1 mooier maken; herstellen [iemand knapt iets op] ✦ *ze hebben hun huis opgeknapt en het is prachtig geworden*
2 doen [iemand knapt een karwei op] ✦ *hij vond het niet leuk dat hij al het werk moest opknappen*
3 gezond worden [iemand knapt op] ✦ *de patiënt begint al aardig op te knappen*

•**op·ko·men** [kwam op, is opgekomen]
1 omhoogkomen; zich laten zien [iets komt op] ✦ *toen de zon opkwam, waren we al een uur aan het wandelen*
2 in de gedachte komen [iets komt op (bij iemand)] ✦ *de gedachte kwam bij de man op om met zijn werk te stoppen*
3 kom op: dit zeg je als je iemand moed wilt geven ✦ *kom op; er zijn ergere dingen dan een verloren wedstrijd*

•**op·ko·men voor** [kwam op voor, is opgekomen voor]
iemand of iets proberen te beschermen = verdedigen [iemand komt op voor iemand of iets] ✦ *tijdens de ruzie kwam Gerda voor haar zus op*

de **op·komst**
1 het aantal mensen dat verschijnt, bijv. bij verkiezingen ✦ *er was een grote opkomst bij de vergadering*
2 het begin van een verschijnsel dat groter wordt ✦ *tijdens de opkomst van het fascisme zijn veel mensen uit Duitsland gevlucht*

op·ko·pen [kocht op, heeft opgekocht]
kopen [iemand koopt artikelen in een grote hoeveelheid op] ✦ *het bedrijf is opgekocht door een groot Amerikaans bedrijf*

op·krab·be·len [krabbelde op, is opgekrabbeld]
met moeite weer gaan staan nadat je bent gevallen [iemand krabbelt op]

op·laai·en [laaide op, is opgelaaid]
groter of erger worden [iets, bijv. vuur, laait op] ✦ *de ruzie tussen Hassan en Michael is weer opgelaaid*

de **op·la·ge** [oplagen, oplages]
het aantal boeken, kranten enz. dat in één keer wordt gedrukt ✦ *het boek is verschenen in een oplage van tienduizend stuks*

op·lap·pen [lapte op, heeft opgelapt]
een beetje herstellen of gezonder maken [iemand lapt iets of iemand op] ✦ *ze heeft haar oude fiets opgelapt, omdat haar nieuwe fiets gestolen is*

op·leg·gen [legde op, heeft opgelegd]
zeggen dat iemand iets moet doen [iemand legt iemand iets op] ✦ *de rechter legde de man een hoge straf op*

de **op·leg·ger** [opleggers]
het achterste, losse deel van een vrachtwagen waar de spullen in gaan

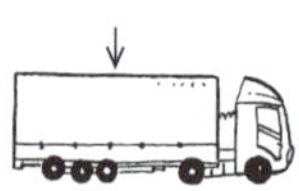

oplegger

op·lei·den [leidde op, heeft opgeleid]
zorgen dat iemand een beroep leert [ie-

mand leidt iemand op (voor een beroep)] ✦ *ze is niet voor het werk opgeleid, maar ze doet het heel goed*

de **˚op·lei·ding** [opleidingen]
een cursus waar je leert voor een beroep ✦ *de opleiding tot ingenieur duurt vier jaar*

op·let·ten [lette op, heeft opgelet]
met aandacht kijken en luisteren [iemand let op] ✦ *als je tijdens de les altijd goed oplet, zul je je examen wel halen* ✦ *toen ik even niet oplette, reed ik tegen een paal*

˚op·le·ve·ren [leverde op, heeft opgeleverd]
als resultaat hebben [iets levert iets op] ✦ *we hebben hard gewerkt, maar het heeft ook veel opgeleverd*

de **op·le·ving** [oplevingen]
een periode van nieuwe activiteit of energie na een slechte periode ✦ *de economen verwachten volgend jaar een economische opleving*

op·lich·ten [lichtte op, heeft opgelicht]
1 oneerlijk behandelen, vooral financieel [iemand licht iemand op] ✦ *de man heeft waarschijnlijk de belasting voor een heleboel geld opgelicht*
2 omhoog halen = optillen [iemand licht iets op, bijv. een steen]
een tipje van de sluier oplichten: een deel van een geheim vertellen

de **op·lich·ter** [oplichters] **op·licht·ster** [oplichtsters]
iemand die mensen oplicht (bet. 1) ✦ *de man deed of hij veel ervaring had in het werk, maar hij was een oplichter*

de **op·loop**
de keer dat veel mensen ergens heen lopen omdat daar iets gebeurd is ✦ *de brand veroorzaakte een grote oploop*

˚op·lo·pen [liep op]
1 [is opgelopen] steeds meer worden [een geldbedrag, een schuld enz. loopt op] ✦ *de kosten voor een eigen bedrijf kunnen erg oplopen*
2 [heeft opgelopen] krijgen [iemand loopt een ziekte op] ✦ *hij heeft in Indonesië een gevaarlijke ziekte opgelopen*

˚op·los·sen [loste op]
1 [heeft opgelost] het antwoord vinden [iemand lost een probleem op] ✦ *de ruzie in de partij is nog steeds niet opgelost* ✦ *oma lost elke week de puzzel van de krant op*
2 [is opgelost] helemaal verdwijnen in water of in een andere vloeistof [iets lost op (in water of een andere vloeistof)] ✦ *na een minuut is het medicijn in het water opgelost*
3 [heeft opgelost] laten verdwijnen in water of een andere vloeistof [iemand lost iets in een vloeistof op] ✦ *u moet het medicijn in water oplossen*

de **˚op·los·sing** [oplossingen]
1 het antwoord op een vraag of een probleem ✦ *de landen zochten samen naar een oplossing van de ruzie*
2 water of een andere vloeistof waarin een stof is opgelost (bet. 2) ✦ *ze deed een oplossing van water en zout in haar neus*

op·luch·ten [luchtte op, heeft opgelucht]
je spanning of zorgen laten verdwijnen [iets lucht iemand op] ✦ *hij was bang dat hij erg ziek was, maar de woorden van de dokter hebben hem opgelucht*

de **op·luch·ting**
de situatie dat je spanning of zorgen verdwenen zijn ✦ *het was een hele opluchting dat het meisje veilig thuis was*

de **op·maat** [opmaten]
iets dat vooraf gaat aan iets, maar er wel bij hoort ✦ *het eten vormde een opmaat voor het feest dat de hele nacht duurde*

op·ma·ken [maakte op, heeft opgemaakt]
1 zoveel gebruiken, uitgeven enz. tot er niets meer over is [iemand maakt iets op] ✦ *wie heeft het wc-papier opgemaakt?* ✦ *de studente heeft al haar geld opgemaakt aan boeken*
2 netjes maken [iemand maakt zijn bed op]
3 mooi maken met make-up [iemand maakt zichzelf of iemand anders op] ✦ *ze wilde zich nog even opmaken voor ze vertrok*

op·ma·ken uit [maakte op uit, heeft opgemaakt uit]
een conclusie trekken uit iets = afleiden uit [iemand maakt iets op uit iets] ✦ *ik maak uit uw woorden op dat u het met mij eens bent*

de **op·mars**
de situatie dat iets of iemand steeds belangrijker, groter enz. wordt, of dat iets

steeds meer verkocht wordt

op·mer·ke·lijk [bijvoeglijk naamwoord]
opmerkelijke zaken trekken de aandacht omdat ze anders zijn = opvallend, bijzonder ✦ *de directeur van het internationale bedrijf sprak opmerkelijk slecht Engels*

•**op·mer·ken** [merkte op, heeft opgemerkt]
1 zien = waarnemen [iemand merkt iets of iemand op] ✦ *ze had het beestje op haar schouder nog niet opgemerkt*
2 zeggen = meedelen [iemand merkt iets op] ✦ *ik wil nog even opmerken dat mijn vrouw niet kan komen*

de •**op·mer·king** [opmerkingen]
iets dat opgemerkt (bet. 2) wordt ✦ *toen hij naar de kapper was geweest, kreeg hij veel opmerkingen over zijn haar*

de **op·na·me** [opnamen, opnames]
een foto of een film ✦ *voor de film waren opnames gemaakt in Spanje*

•**op·ne·men** [nam op, heeft opgenomen]
1 de telefoon pakken en antwoord geven als je gebeld wordt [iemand neemt (de telefoon) op] ✦ *ik probeer mijn werk te bellen, maar er neemt niemand op*
2 goed, slecht enz. reageren op iets [iemand neemt iets goed, slecht enz. op] ✦ *de leraar nam de kritiek goed op en werd niet boos*
3 een plek geven in een ziekenhuis [iemand wordt opgenomen] ✦ *de zieke man moest met spoed worden opgenomen in het ziekenhuis*
4 op een bandje of op een film zetten om er later naar te luisteren of naar te kijken [iemand neemt geluiden of beelden op] ✦ *de colleges worden tegenwoordig altijd op een bandje opgenomen* ✦ *we mochten de straat niet in, want er werd een film opgenomen*
5 van de bank halen [iemand neemt geld op] ✦ *ik heb vanochtend € 100,- opgenomen*
6 onderzoeken hoe groot iets is = taxeren [iemand neemt de schade op] ✦ *de verzekering komt morgen de schade opnemen*
7 ergens plaatsen [iemand neemt iets (in iets) op] ✦ *in de krant van zaterdag is een interview opgenomen met de koningin*
8 het voor iemand opnemen: iemand steunen door voor die persoon te praten ✦ *de president nam het op voor de minister die veel kritiek kreeg*
9 het tegen iemand opnemen: met iemand gaan vechten, ruzie maken enz. ✦ *het nationale elftal nam het op tegen Malta*

•**op·nieuw** [bijwoord]
nog een keer; weer ✦ *na zijn dood werden zijn boeken opnieuw uitgegeven*

op·of·fe·ren [offerde op, heeft opgeofferd]
iets geven wat je graag zelf zou houden, voor een goed doel [iemand offert iets op (voor iemand)] ✦ *de vrouw moest haar vakantie opofferen om voor haar vader te kunnen zorgen*

zich **op·of·fe·ren** [offerde zich op, heeft zich opgeofferd]
iets doen wat niet leuk is, maar dat toch door iemand gedaan moet worden [iemand offert zich op] ✦ *Rick offerde zich op om na het feest terug te rijden*

het **op·ont·houd**
de tijd waarin je niet verder kunt met iets ✦ *door het ongeluk ontstond er oponthoud in het verkeer*

op·pak·ken [pakte op, heeft opgepakt]
1 met de hand pakken en optillen [iemand pakt iets op] ✦ *ze pakte het boek op van tafel*
2 het initiatief nemen om er iets mee te doen [iemand pakt iets op, bijv. een idee of een probleem] ✦ *een collega heeft het idee opgepakt om met elkaar naar de film te gaan*

de **op·pas** [oppassen]
iemand die oppast op kleine kinderen ✦ *ze namen een oppas voor de kinderen toen ze een avondje weg wilden*

•**op·pas·sen** [paste op, heeft opgepast]
1 uitkijken = opletten [iemand past op] ✦ *pas op, die hond bijt*
2 letten op kinderen van anderen [iemand past op (op iemand)] ✦ *het meisje moet vanavond oppassen op de baby van de buren*

de **op·pas·ser** [oppassers]
iemand die in een dierentuin de dieren verzorgt

de **op·per·be·vel·heb·ber** [opperbevelhebbers]
de belangrijkste persoon in het leger, die de beslissingen neemt

op·pe·ren [opperde, heeft geopperd]
als idee noemen = voorstellen [iemand oppert een idee of een voorstel] ✦ *hij opperde het plan om iets te gaan drinken na het werk*

op·per·mach·tig [bijvoeglijk naamwoord]
oppermachtige mensen of zaken hebben heel veel invloed ✦ *de ploeg van Brazilië bleek tijdens de wedstrijden oppermachtig*

het **op·per·vlak** [oppervlakken]
1 het bovenste of buitenste vlak van iets = de oppervlakte ✦ *het gladde oppervlak van de tafel was vies geworden*
2 de ruimte die een vlak inneemt = de oppervlakte ✦ *de tuin heeft een klein oppervlak, maar hij is wel heel licht*

op·per·vlak·kig [bijvoeglijk naamwoord]
oppervlakkige mensen praten alleen over onbelangrijke zaken ✦ *de collega's hadden een oppervlakkig gesprekje over het weer* ✦ *ik heb je rapport oppervlakkig bekeken, maar straks zal ik het goed lezen*

de **op·per·vlak·te** [oppervlakten, oppervlaktes]
1 de ruimte die een vlak inneemt = het oppervlak ✦ *de oppervlakte van het terrein is drie hectare*
2 het bovenste vlak van iets = het oppervlak ✦ *net onder de oppervlakte van het water zwommen veel vissen*

de **op·po·nent** [opponenten]
de tegenstander ✦ *het lukte de tennisser niet om te winnen van zijn opponent*

het **op·por·tu·nis·me**
het verschijnsel dat iemand zijn of haar mening makkelijk verandert als dat hem of haar voordeel geeft ✦ *de krant noemde het 'opportunisme' dat de partij vlak voor de verkiezingen de belasting wilde verlagen*

de **op·po·si·tie**
1 de partijen die niet in de regering zitten ✦ *de oppositie had veel kritiek op de plannen van het kabinet* ✦ *na acht jaar regeren zat de partij weer in de oppositie*
politiek
2 het verzet ✦ *toen de gemeente het park kleiner wilde maken, kwam er veel oppositie van de bewoners*

de **op·po·si·tie·par·tij** [oppositiepartijen]
een partij die in de oppositie* (bet. 1) zit

op·punt·stel·len [stelde oppunt, heeft oppuntgesteld] (in België)
zorgen dat iets gebeurt; iets regelen; zorgen dat iets goed of beter gaat werken [iemand stelt iets oppunt]

op·ra·pen [raapte op, heeft opgeraapt]
iets kleins van de grond pakken [iemand raapt iets op] ✦ *toen het papiertje op de grond was gevallen, raapte hij het meteen op*

op·recht [bijvoeglijk naamwoord]
oprechte mensen zeggen eerlijk wat ze voelen en wat ze denken ✦ *ze was oprecht verbaasd toen ze zag dat er een paard in de tuin stond*

•**op·rich·ten** [richtte op, heeft opgericht]
zorgen dat iets gaat bestaan = stichten [iemand richt iets op, bijv. een club] ✦ *Amnesty International is in 1961 opgericht*

zich •**op·rich·ten** [richtte zich op, heeft zich opgericht]
gaan zitten of gaan staan [iemand richt zich op] ✦ *langzaam richtte de zieke man zich op*

de **op·rit** [opritten]
een korte weg waarlangs je op een grotere weg komt ✦ *ze zette de auto op de oprit en opende de garage* ✦ *via een oprit kom je op de snelweg*

de **op·roep** [oproepen]
een officiële vraag om iets te gaan doen ✦ *alle Nederlanders kregen een oproep om te gaan stemmen*

op·roe·pen [riep op, heeft opgeroepen]
1 met nadruk vragen iets te doen [iemand roept mensen op (tot iets)] ✦ *de politie heeft de inwoners van de stad opgeroepen om binnen te blijven*
2 gevoelens omhoog laten komen [iets of iemand roept gevoelens op (bij iemand)] ✦ *de foto's van de oorlog riepen veel verdriet op*

het **op·roer** [oproeren]
de situatie dat mensen zich ineens, met veel lawaai, gaan verzetten ✦ *er was oproer ontstaan in de gevangenis*

op·rol·len [rolde op, heeft opgerold]
1 een rol of een bal van iets maken [iemand rolt een touw, een stuk papier enz. op]
2 laten verdwijnen door de belangrijke

mensen te arresteren [iemand rolt een criminele organisatie op]

op·rui·men [ruimde op, heeft opgeruimd]

1 op een vaste of een handiger plek neerleggen of neerzetten [iemand ruimt (iets) op] ✦ *toen haar vloer helemaal vol lag met kleren, ging ze eindelijk opruimen*

2 spullen voor een lagere prijs verkopen [een winkel ruimt op] ✦ *'Wij ruimen op!', stond er met grote letters op de winkel*

de **op·rui·ming** [opruimingen]
de keer dat spullen voor een lagere prijs verkocht worden, vaak in de zomer en in de winter = de uitverkoop ✦ *mijn vriendin koopt haar kleren altijd in de opruiming*

op·ruk·ken [rukte op, is opgerukt]
zich bewegen in een bepaalde richting [iets of iemand rukt op] ✦ *het leger wilde zo snel mogelijk naar Berlijn oprukken* ✦ *de stad rukt hier steeds verder op*

op·schep·pen [schepte op, heeft opgeschept]

1 te veel goede dingen over jezelf zeggen [iemand schept op (over iets)] ✦ *hij zat op te scheppen over zijn nieuwe auto, maar zo bijzonder is die niet*

2 met een lepel eten uit de pan op een bord doen [iemand schept (iets) op] ✦ *hij schepte voor iedereen de soep op*

•**op·schie·ten** [schoot op, is opgeschoten]

1 snel werken of lopen om op tijd te zijn = zich haasten, voortmaken [iemand schiet op] ✦ *schiet eens op, anders halen we de trein niet!*

2 snel verder komen = vorderen [iets schiet op] ✦ *de bouw van onze woning schiet lekker op; we kunnen volgende maand al verhuizen*

3 goed of niet goed met iemand kunnen opschieten: goed of niet goed met iemand omgaan ✦ *we kunnen gelukkig goed met de buren opschieten*

op·schor·ten [schortte op, heeft opgeschort]
even stoppen met iets, om later door te gaan [iemand schort iets op] ✦ *de vergadering werd een half uur opgeschort om te eten*

het **op·schrift** [opschriften]
een korte tekst die ergens op staat ✦ *op de winkel stond het opschrift 'de Winkel van Sinkel'*

op·schrij·ven [schreef op, heeft opgeschreven]
met woorden op papier zetten [iemand schrijft iets op] ✦ *wacht, ik schrijf je naam even op*

op·schrik·ken [schrikte op of schrok op, is opgeschrikt of opgeschrokken]
opeens overeind komen omdat je schrikt [iemand schrikt op] ✦ *de bewoners werden opgeschrikt door het lawaai van vliegtuigen*

de **op·schud·ding**
de keer dat een groep mensen druk praat over een onderwerp ✦ *de komst van de koningin veroorzaakte veel opschudding in het dorp*

op·schui·ven [schoof op]

1 [is opgeschoven] schuivend plaats maken voor iets of iemand = opschikken [iemand schuift op] ✦ *wil je een stukje opschuiven, dan kan ik ook op de bank zitten*

2 [heeft opgeschoven] naar een andere plek schuiven [iemand schuift iets op] ✦ *als je die kast een stukje opschuift, kan ik erachter kijken* ✦ *kunnen we onze afspraak een week opschuiven?*

op·slaan [sloeg op, heeft opgeslagen]
in grote hoeveelheden bewaren [iemand slaat iets op] ✦ *de wijn werd in de kelder opgeslagen*

de **op·slag**

1 de keer dat goederen ergens worden bewaard, en de plek waar dat gebeurt ✦ *zet die dozen maar in de opslag*

2 de situatie dat je meer loon krijgt ✦ *in juni kregen alle werknemers opslag*

de **op·slag·plaats** [opslagplaatsen]
een ruimte waar je goederen bewaart = de opslag

op·slui·ten [sloot op, heeft opgesloten]
zorgen dat iemand een ruimte niet kan verlaten, bijv. door een deur op slot te doen [iemand sluit een mens of een dier op] ✦ *voor straf werd het kind een uur opgesloten in zijn kamer*

op·som·men [somde op, heeft opgesomd]
achter elkaar, op een rij, noemen [iemand somt dingen op] ✦ *de leerling kon alle Amerikaanse presidenten uit de ge-*

schiedenis opsommen

op·split·sen [splitste op, heeft of is opgesplitst]
in groepen verdelen [iemand splitst iets op] ✦ *voor het spel werd de klas opgesplitst in kleine groepjes*

op·spo·ren [spoorde op, heeft opgespoord]
zoeken en vinden [iemand spoort iets of iemand op] ✦ *de politie probeert de dader op te sporen*

de **op·spraak**
in opspraak raken: in het openbaar kritiek krijgen omdat je iets fout hebt gedaan ✦ *de minister raakte in opspraak nadat hij een ongeluk had veroorzaakt*

•**op·staan** [stond op, is opgestaan]
1 gaan staan [iemand staat op] ✦ *als de rechter binnenkomt, moet iedereen opstaan*
2 uit bed komen [iemand staat op] ✦ *als de vakantie voorbij is, moeten we weer vroeg opstaan*

de **op·stal·ver·ze·ke·ring** [opstalverzekeringen]
een overeenkomst dat je geld krijgt als er schade is aan je huis, en waarvoor je regelmatig een bedrag betaalt verzekeringen

de **op·stand** [opstanden]
het verzet van een grote groep mensen ✦ *de bevolking kwam in opstand tegen de president*

op·stan·dig [bijvoeglijk naamwoord]
opstandige mensen verzetten zich sterk tegen allerlei dingen ✦ *het opstandige personeel besloot een dag niet te gaan werken*

de **op·stan·ding** [opstandingen]
de gebeurtenis dat iemand weer levend wordt na zijn dood, vooral met betrekking tot Jezus Christus feestdagen

op·stap·pen [stapte op, is opgestapt]
1 weggaan = vertrekken [iemand stapt op] ✦ *na veel ruzie is de directeur opgestapt* ✦ *het is al elf uur; ik moet opstappen*
2 op een fiets gaan zitten ⇔ afstappen [iemand stapt op]
3 in een trein of tram gaan zitten ⇔ uitstappen [iemand stapt op] ✦ *waar bent u opgestapt?*

op·ste·ken [stak op]
1 [heeft opgestoken] leren [iemand steekt iets op (van iets)] ✦ *op de boerderij konden de kinderen veel opsteken van de dingen ze zagen*
2 [heeft opgestoken] laten branden [iemand steekt een sigaret op]
3 [is opgestoken] beginnen te waaien [de wind steekt op]

het **op·stel** [opstellen]
een stuk tekst dat een kind op school geschreven heeft over een onderwerp ✦ *de leerlingen moesten een opstel over de vakantie schrijven*

•**op·stel·len** [stelde op, heeft opgesteld]
1 op de juiste plaats neerzetten [iemand stelt iemand of iets op] ✦ *om het veld stonden een paar camera's opgesteld*
2 bedenken en opschrijven = ontwerpen [iemand stelt een tekst of een plan op] ✦ *de voorzitter had een mooie brief opgesteld*

zich •**op·stel·len** [stelde zich op, heeft zich opgesteld]
een bepaalde houding aannemen; op een bepaalde manier reageren [iemand stelt zich op een bepaalde manier op] ✦ *de werknemers moesten bespreken hoe ze zich zouden opstellen tijdens het overleg*

de **op·stel·ler** [opstellers] (in België)
een lage ambtenaar ✦ *hij is zijn loopbaan begonnen als opsteller bij de dienst Veiligheid*

op·stij·gen [steeg op, is opgestegen]
steeds hoger komen; omhooggaan [iets stijgt op] ✦ *het vliegtuig is om acht uur opgestegen* ✦ *warme lucht stijgt op*

op·sto·ken [stookte op, heeft opgestookt]
1 zorgen dat vuur harder gaat branden [iemand stookt vuur op]
2 uitdagen om iets slechts te gaan doen = ophitsen [iemand stookt iemand op] ✦ *de jongens stookten elkaar op om telefoons te stelen*

het **op·stoot·je** [opstootjes]
een ruzie op straat met veel mensen = de rel ✦ *er ontstond een opstootje rond de vechtende mensen uit het café*

de **op·stop·ping** [opstoppingen]
de situatie dat het verkeer stilstaat ✦ *door het slechte weer ontstonden er opstoppingen*

op·stu·ren [stuurde op, heeft opgestuurd]

met de post versturen [iemand stuurt iets op (aan iemand)] ✦ *ik kan je dat artikel wel even opsturen*

op·te·ke·nen [tekende op, heeft opgetekend]
opschrijven [iemand tekent iets op] ✦ *alle klachten werden opgetekend*

op·tel·len [telde op, heeft opgeteld]
tellen hoeveel de getallen of bedragen samen zijn [iemand telt getallen of bedragen op]

de **op·ti·cien** [opticiens]
iemand die voor zijn of haar beroep brillen en lenzen maakt en verkoopt

de **op·tie** [opties]
1 een mogelijkheid die je kunt kiezen ✦ *naar het buitenland verhuizen vond hij geen goede optie*
2 het recht om binnen een bepaalde periode iets te kopen ✦ *we hebben een optie op een nieuw huis*
3 (in België) een vak (bet. 2) dat je kiest in het tweede jaar van het middelbaar onderwijs

•**op·til·len** [tilde op, heeft opgetild]
pakken en omhoogbrengen [iemand tilt iemand of iets op] ✦ *toen de kleine jongen moe werd, tilde zijn vader hem op*

op·ti·maal [bijvoeglijk naamwoord]
iets dat optimaal is, is zo goed mogelijk ✦ *de sporters trainden onder optimale omstandigheden*

op·ti·mis·tisch [bijvoeglijk naamwoord]
optimistische mensen denken vooral aan de positieve kant van een zaak ⇔ pessimistisch ✦ *ondanks de moeilijkheden bleef ze optimistisch*

de **op·tocht** [optochten]
een rij mensen die over straat lopen en bekeken worden, bijv. vanwege een feest of een actie ✦ *in onze stad is er elk jaar met carnaval een grote optocht*
feestdagen

het •**op·tre·den**[1] [optredens]
1 de voorstelling ✦ *vanavond hebben we ons eerste optreden voor publiek*
2 [geen meervoud] het gedrag = de handelwijze ✦ *men had veel kritiek op het harde optreden van de politie*

•**op·tre·den**[2] [trad op]
1 [heeft opgetreden] een voorstelling of een uitvoering geven = spelen [iemand treedt op] ✦ *op 12 juli treedt de Hongaarse groep op in Rotterdam*
2 [is of heeft opgetreden] streng handelen [iemand treedt op (tegen iemand of iets)] ✦ *de politie trad hard op tegen de groep jongeren*
3 [is opgetreden] gebeuren; plaatsvinden = zich voordoen [iets treedt op] ✦ *wanneer is de pijn voor het eerst opgetreden?*

•**op·trek·ken** [trok op, is opgetrokken]
gaan rijden of sneller gaan rijden [een auto of een motor trekt op] ✦ *je moet in de eerste versnelling optrekken*

zich **op·trek·ken aan** [trok zich op aan, heeft zich opgetrokken aan]
beter worden door het voorbeeld van iemand anders [iemand trekt zich op aan iemand anders] ✦ *als ze samen tennissen, kan Vincent zich aan Sjef optrekken*

•**op·trek·ken met** [trok op met, heeft of is opgetrokken met]
omgaan met iemand; samen met iemand dingen doen [iemand trekt met iemand op] ✦ *na hun opleiding trokken ze nog jarenlang met elkaar op*

het **opus** [opera]
een werk van een kunstenaar, vooral in de muziek ✦ *we spelen nu opus 5 van Gustav Mahler*

•**op·val·len** [viel op, is opgevallen]
aandacht trekken vanwege iets bijzonders [iemand of iets valt iemand op] ✦ *het valt me op dat er veel mensen ziek zijn de laatste tijd* ✦ *ze probeert altijd op te vallen door bijzondere kleren te dragen*

op·val·lend [bijvoeglijk naamwoord]
opvallende mensen of dingen krijgen aandacht omdat ze bijzonder zijn ✦ *er stond een opvallend bericht in de krant over onze stad* ✦ *de baas deed vandaag opvallend aardig*

de **op·vang**
de eerste hulp aan mensen met problemen ✦ *Yvonne werkt in de opvang voor mensen met psychische problemen*

het **op·vang·cen·trum** [opvangcentra, opvangcentrums]
een instelling die in het begin hulp geeft, bijv. aan mensen die vanuit het buitenland komen om in Nederland of België te blijven

op·van·gen [ving op, heeft opgevangen]
1 iets vangen zodat het niet op de grond valt [iemand vangt iets op] ✦ *het glas*

op

viel van tafel, maar ik kon het nog net opvangen
2 toevallig horen [iemand vangt iets op] ✦ *hij ving op zijn werk iets op over langere vakanties*
3 de eerste hulp geven aan iemand die problemen heeft [iemand vangt iemand op] ✦ *de slachtoffers van het ongeluk werden door de politie opgevangen*
4 als eerste contact maken met iemand die aankomt [iemand vangt iemand op] ✦ *op het station werd de professor opgevangen door de organisator van het congres*

op·vat·ten [vatte op, heeft opgevat]
1 op je eigen manier begrijpen [iemand vat iets op een bepaalde manier op] ✦ *hoe moeten we uw woorden opvatten?* ✦ *haar vriend heeft haar grapje verkeerd opgevat en nu is hij boos*
2 beginnen met iets [iemand vat iets op, bijv. een plan of een taak] ✦ *de directie heeft het plan opgevat om alle werknemers een extra dag vakantie te geven*

de **•op·vat·ting** [opvattingen]
het idee; de mening ✦ *mijn buurman heeft vreemde opvattingen over politiek*

op·voe·den [voedde op, heeft opgevoed]
verzorgen en zorgen dat iemand goed gedrag ontwikkelt = grootbrengen [iemand voedt een mens of een dier op] ✦ *hij is in een groot gezin opgevoed en heeft een leuke jeugd gehad*

de **op·voe·der** [opvoeders]
1 iemand die een kind opvoedt* ✦ *de school stuurde een brief aan alle ouders en opvoeders*
2 (in België) iemand die op een internaat een groep kinderen begeleidt

op·voe·ren [voerde op, heeft opgevoerd]
1 vertonen = uitvoeren [iemand voert een toneelstuk op] ✦ *er wordt een stuk van Shakespeare opgevoerd*
2 groter, sterker maken [iemand voert iets op] ✦ *deze regering heeft de prijs van benzine enorm opgevoerd*
3 noemen om iets te bewijzen [iemand voert iets op] ✦ *ze voerde twee redenen op waarom ze niet goed gestudeerd had*

de **op·voe·ring** [opvoeringen]
de keer dat iets opgevoerd* (bet. 1) wordt = de uitvoering ✦ *hij is altijd zenuwachtig voor een opvoering*

op·vol·gen [volgde op]
1 [heeft of is opgevolgd] de functie krijgen van iemand die daarmee gestopt is [iemand volgt iemand op] ✦ *de heer Barends wordt als directeur opgevolgd door mevrouw Joekes*
2 [heeft opgevolgd] gaan uitvoeren; gaan doen [iemand volgt een advies op] ✦ *ze heeft het advies van de dokter opgevolgd om te stoppen met roken*

op·vra·gen [vraagde op of vroeg op, heeft opgevraagd]
vragen om te krijgen [iemand vraagt informatie op] ✦ *de politie heeft bij de bank alle namen opgevraagd van de werknemers*

op·vul·len [vulde op, heeft opgevuld]
zorgen dat iets vol of volledig wordt [iemand vult iets op] ✦ *onze chef stopt met werken en het zal voor het bedrijf moeilijk zijn om zijn plaats op te vullen*

op·waar·de·ren [waardeerde op, heeft opgewaardeerd]
een hogere waarde geven [iemand waardeert iets op] ✦ *het aandeel olie werd 2% opgewaardeerd* media

de **op·wach·ting**
ergens je opwachting maken: naar een officiële gebeurtenis gaan ✦ *de koningin maakte haar opwachting bij de opening van de tentoonstelling*

de **op·wel·ling** [opwellingen]
een plotseling gevoel om iets te doen ✦ *de man zei dat hij de moord in een opwelling had gepleegd*

op·wer·pen [wierp op, heeft opgeworpen]
1 in een gesprek naar voren brengen = opperen [iemand werpt iets op, bijv. een vraag of een bezwaar]
2 maken; bouwen [iemand werpt iets op, bijv. een blokkade (tegen iets)] ✦ *de bevolking heeft een barricade opgeworpen tegen het leger*

zich **op·wer·pen als** [wierp zich op als, heeft zich opgeworpen als]
zich aanbieden om een rol te vervullen [iemand werpt zich op als iets] ✦ *Kamahl heeft zich opgeworpen als leider van de groep*

op·win·den [wond op, heeft opgewonden]
1 aan iets draaien zodat het blijft func-

tioneren [iemand windt een apparaat op, bijv. een horloge of een klok] ✦ *hij kreeg een nieuw horloge, dat hij niet meer hoeft op te winden*
2 op een rol draaien [iemand windt iets op, bijv. draad of touw]
3 maken dat iemand seksuele gevoelens krijgt [iets of iemand windt iemand op]

zich **op·win·den** [wond zich op, heeft zich opgewonden]
boos of zenuwachtig worden [iemand windt zich op (over iets)] ✦ *de chauffeur wond zich op over fietsers die door het rode licht reden*

de **op·win·ding**
een toestand van heftige gevoelens = de commotie ✦ *er is grote opwinding ontstaan over de uitspraken van de minister*

op·za·de·len met [zadelde op met, heeft opgezadeld met]
iets vervelends laten doen of laten voelen [iemand zadelt iemand met iets op] ✦ *de directeur is op vakantie gegaan en heeft ons opgezadeld met een boel werk*

de **op·zeg** (in België)
de beëindiging van een afspraak of van een overeenkomst

op·zeg·gen [zegde of zei op, heeft opgezegd]
1 zorgen dat iets niet doorgaat [iemand zegt iets op, bijv. een abonnement] ✦ *na de tv-uitzending hebben veel leden van de NCRV hun lidmaatschap opgezegd*
2 een tekst uitspreken = declameren [iemand zegt een tekst op] ✦ *wie kan het gedicht 'Denkend aan Holland ...' opzeggen?*

de **op·zet**
de bedoeling ✦ *wat is de opzet van de bijeenkomst?*
met opzet: met een bepaalde bedoeling ✦ *pardon, ik deed het niet met opzet*

op·zet·te·lijk [bijvoeglijk naamwoord]
iemand die iets opzettelijk doet, weet wat hij doet en heeft er een bedoeling mee ✦ *op straat liepen een paar jongens opzettelijk tegen me aan*

•**op·zet·ten** [zette op]
1 [heeft opgezet] beginnen; laten ontstaan [iemand zet iets op, bijv. een bedrijf] ✦ *hij heeft een centrum opgezet voor mensen die aan drugs verslaafd zijn*
2 [heeft opgezet] zorgen dat iets op de goede plaats komt of in de goede stand komt [iemand zet iets op] ✦ *we hebben de tent binnen dertig minuten opgezet*
3 [is opgezet] dik worden [een lichaamsdeel zet op] ✦ *ze gaat naar de dokter, want haar voet is rood en opgezet*
4 [heeft opgezet] een dood dier zo maken dat het er lang na zijn dood nog goed uitziet [iemand zet een dood dier op]
5 zet 'm op!: doe het zo goed mogelijk!

het•**op·zicht**
1 in dat opzicht: wat dat betreft; op dat punt ✦ *de broers zijn allebei erg nieuwsgierig; in dat opzicht lijken ze op elkaar*
2 ten opzichte van ...: vergeleken met ... ✦ *de winst is dit jaar met 45 procent gedaald ten opzichte van het vorige jaar*

de **op·zich·ter** [opzichters]
iemand die er verantwoordelijk voor is dat bepaalde activiteiten, bijv. in de bouw, goed worden uitgevoerd

op·zich·tig [bijvoeglijk naamwoord]
opzichtige kleren vallen op

het **op·zien**
iets baart opzien: iedereen praat over iets, omdat het erg opvalt

op·zien te·gen [zag op tegen, heeft opgezien tegen]
van tevoren niet makkelijk vinden om te doen [iemand ziet tegen iets op] ✦ *we zien erg op tegen de lange reis met de bus*

op·zien·ba·rend [bijvoeglijk naamwoord]
een opzienbarende gebeurtenis is heel bijzonder en krijgt daarom veel aandacht ✦ *er staat opzienbarend nieuws in het rapport*

op·zij [bijwoord]
naar de kant ✦ *als je hier naar opzij kijkt, zie je mijn huis*

•**op·zoe·ken** [zocht op, heeft opgezocht]
1 zoeken waar je het verwacht [iemand zoekt informatie op] ✦ *op het internet kun je snel opzoeken hoe laat de trein vertrekt*
2 bezoeken [iemand zoekt iemand op] ✦ *als je in Utrecht bent, moet je me even opzoeken*

de **OR**
de ondernemingsraad: een groep mensen die namens de werknemers van een bedrijf of instelling opkomt voor de belangen van het personeel

•**oran·je** [bijvoeglijk naamwoord]

op

een kleur ✦ *op Koninginnedag dragen veel mensen oranje kleren, omdat oranje de kleur van de koninklijke familie is*
feestdagen

de **or·chi·dee** [orchideeën]
een plant met vaak fel gekleurde bloemen

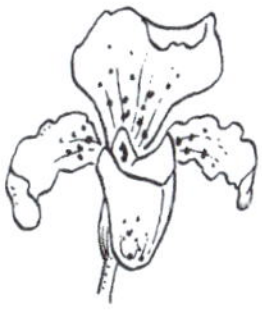
orchidee

de• **or·de** [orden, ordes]
1 [geen meervoud] een regelmatige en rustige toestand ✦ *in een huis zonder orde kan ik niet studeren*
in orde: juist; goed ✦ *je tekst is in orde*
iets is op orde: iets is in de gewenste toestand ✦ *toen het huis weer op orde was, hebben we lekker een boek zitten lezen*
orde op zaken stellen: op een krachtige manier zorgen dat een slechte situatie beter wordt ✦ *er komt bij het bedrijf een nieuwe directeur om orde op zaken te stellen*
het is aan de orde van de dag: het gebeurt vaak ✦ *het gebruik van geweld is in grote steden aan de orde van de dag*
overgaan tot de orde van de dag: weer met gewone zaken beginnen
iets is aan de orde: iets is het onderwerp; het is de tijd voor iets ✦ *hij heeft het erg druk met zijn werk en een vakantie is nu niet aan de orde*
2 een groep mensen die volgens bepaalde regels in een klooster woont = de congregatie
3 in die orde van grootte: ongeveer zoveel

or·de·lijk [bijvoeglijk naamwoord]
iets wat ordelijk gebeurt, gebeurt rustig en georganiseerd ✦ *u wordt verzocht de zaal ordelijk te verlaten*

or·de·nen [ordende, heeft geordend]
een volgorde of een systeem aanbrengen [iemand ordent iets] ✦ *ik ga vanmiddag een uur besteden aan het ordenen van mijn papieren*

de **or·de·ning** [ordeningen]
de manier waarop iets geordend* is ✦ *welke ordening zit er in deze tentoonstelling?*

de **or·der** [orders]
1 de opdracht om iets te doen = het bevel ✦ *we hebben van de directie orders gekregen om tot zes uur door te werken*
2 de opdracht om iets te leveren ✦ *de twee bedrijven onderhandelen over een order van vijf miljoen*

or·di·nair [bijvoeglijk naamwoord]
ordinaire mensen hebben slechte manieren; ordinaire dingen zijn niet erg netjes ✦ *ik vind dat die bloes haar ordinair staat* ✦ *tussen de twee directeuren ontstond een ordinaire strijd om de macht*

het **or·gaan** [organen]
1 een deel binnen je lichaam met een eigen functie ✦ *het hart is het belangrijkste orgaan in het lichaam*
2 de instelling ✦ *de SER is het orgaan dat de regering economische adviezen geeft*

de• **or·ga·ni·sa·tie** [organisaties]
1 de keer dat iemand iets organiseert ✦ *de organisatie van het feest heeft veel tijd gekost*
2 de instelling ✦ *er zijn verschillende particuliere organisaties die hulp geven aan mensen in nood*

or·ga·nisch [bijvoeglijk naamwoord]
1 iets dat organisch is, bestaat uit materiaal dat levend geweest is ✦ *de groene emmer is voor organisch afval*
2 iets dat organisch gegroeid is, is op een natuurlijke manier ontstaan ✦ *het beeld vormt een organisch geheel met de ruimte waarin het staat*

•**or·ga·ni·se·ren** [organiseerde, heeft georganiseerd]
voorbereiden zodat iets gebeurt; regelen [iemand organiseert iets] ✦ *toen mijn oudste zus vijftig werd, organiseerde ze een groot feest*

het **or·ga·nis·me** [organismen, organismes]
een levend wezen

de **or·ga·nist** [organisten] **or·ga·nis·te** [organistes]
iemand die orgel speelt

het **or·gas·me** [orgasmen, orgasmes]
het belangrijkste moment van seksuele opwinding

het• **or·gel** [orgels]
een muziekinstrument met toetsen

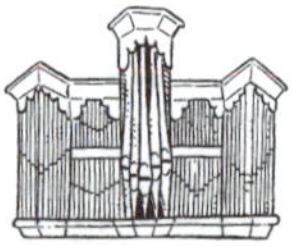
orgel

zich **ori·ën·te·ren** [oriënteerde zich, heeft zich georiënteerd]
1 je positie bepalen [iemand oriënteert zich] ✦ *in een grote stad kan ik me altijd heel goed oriënteren*
2 informatie verzamelen om tot een standpunt te komen [iemand oriënteert zich (op iets)] ✦ *hij is zich aan het oriënteren op een nieuwe studie*

de **ori·gi·ne**
van origine: oorspronkelijk ✦ *ze is van origine lerares Spaans, maar nu werkt ze bij een bank*

het **ori·gi·neel**[1] [originelen]
het oorspronkelijke ding, bijv. een schilderij of een tekst, dat als voorbeeld dient ⇔ de kopie ✦ *het origineel van dit schilderij hangt in het museum de Hermitage in Sint Petersburg*

ori·gi·neel[2] [bijvoeglijk naamwoord]
1 originele ideeën zijn niet van anderen overgenomen ✦ *wat een origineel plan, om met het hele bedrijf naar een museum te gaan*
2 iets wat origineel is, is niet volgens een voorbeeld gemaakt = authentiek, oorspronkelijk ✦ *de originele tekeningen van Rembrandt kunt u elders zien*

de **or·kaan** [orkanen]
een heel harde en gevaarlijke wind

het **or·kest** [orkesten]
een groep mensen die met instrumenten muziek maken ✦ *er was een leuk orkest op het feest en we hebben lekker gedanst*

or·tho·dox [bijvoeglijk naamwoord]
iemand die orthodox is, is heel streng in zijn geloof ✦ *er wonen veel orthodoxe joden in Antwerpen*

de **os** [ossen]
een gecastreerd rund

het **oud**[1]
oud en nieuw: het eind van het jaar en het begin van het nieuwe jaar: 31 december en 1 januari ✦ *rond oud en nieuw is het gezin altijd op vakantie in België*

•**oud**[2] [bijvoeglijk naamwoord]
1 oude mensen en oude dieren hebben een hoge leeftijd ⇔ jong ✦ *ze is tachtig, maar ze voelt zich nog niet oud*
2 oude dingen bestaan al lang ⇔ nieuw ✦ *we wonen in een oud huis* ✦ *wat heb jij veel oude troep in huis*
oude vrienden: mensen die al lang vrienden van elkaar zijn ✦ *hij is met een paar oude vrienden op vakantie*
3 met een bepaalde leeftijd ✦ *ze was zeventig jaar oud toen ze stierf*
4 weer de oude zijn: weer net zo goed zijn als daarvoor ✦ *zijn vrouw is na haar ziekte nooit meer de oude geworden*

oud-
van vroeger ✦ *op het feest waren vijftienhonderd oud-leerlingen van de school aanwezig*

de **ou·de·jaars·avond** [oudejaarsavonden]
de avond van 31 december

de **ou·de·jaars·dag**
31 december, de laatste dag van het jaar
feestdagen

de•**ou·der** [ouders]
een vader of een moeder ✦ *hij heeft een gelukkige jeugd gehad, met heel fijne ouders*

de **ou·der·dom**
1 de hoge leeftijd ✦ *de hond is van ouderdom overleden*
2 de tijd dat iets bestaat ✦ *men kan de ouderdom van een schilderij tegenwoordig precies vaststellen*

de **ou·de·re** [ouderen]
iemand die oud is = de bejaarde ✦ *ouderen hebben een grotere kans om de ziekte te krijgen*

ou·der·lijk [bijvoeglijk naamwoord]
van de ouders ✦ *de school vraagt een ouderlijke bijdrage van € 60,- per kind*

het **ou·der·schaps·ver·lof** [ouderschapsverloven]
een periode waarin je minder werkt omdat je een kind hebt gekregen

ou·der·wets [bijvoeglijk naamwoord]
ouderwetse zaken zijn van vroeger en passen niet meer in deze tijd ⇔ modern ✦ *de leraar heeft ouderwetse ideeën over hoe je moet lesgeven*

de **Oud·heid**
de tijd van de Griekse en Romeinse cultuur, tot ongeveer 500 na Christus

het **oud·jaar**
31 december ✦ *hij viert oudjaar in een*

café

de **oud·oom** [oudooms]
een oom van je vader of moeder familie

ouds·her [bijwoord]
van oudsher: zo lang als men zich kan herinneren ✦ *van oudsher heeft op deze plek een café gestaan*

de **oud·tan·te** [oudtantes]
een tante van je vader of moeder familie

de **out·fit**
de kleren die je draagt ✦ *hij verscheen in een nieuwe outfit op het werk*

de **out·si·der** [outsiders]
iemand die niet bij een bepaalde groep hoort ⇔ de insider ✦ *voor outsiders waren de liedjes op het feest niet te begrijpen*

ou·we (informeel) *zie:* **oud**

het **ovaal**[1] [ovalen]
een figuur in de vorm van een ei

ovaal[1]

ovaal[2] [bijvoeglijk naamwoord]
ovale dingen hebben de vorm van een ei ✦ *haar gezicht is eerder ovaal dan rond*

de **ova·tie** [ovaties]
de keer dat mensen hard in hun handen klappen; een luid applaus ✦ *de koningin kreeg een ovatie toen ze de zaal binnenkwam*

de **oven** [ovens]
een toestel in de keuken waarin eten warm of gaar wordt gemaakt ✦ *haal jij het vlees uit de oven?*

•**over**[1] [bijwoord]
1 afgelopen = voorbij ✦ *de vakantie is over* ✦ *is de pijn al over?*
2 van de ene kant naar de andere kant ✦ *we liepen het plein over*
3 nog aanwezig; overgebleven ✦ *is er nog iets over van het brood?*
te over: veel; meer dan genoeg ✦ *er zijn redenen te over om niet te roken*

•**over**[2] [voorzetsel]
1 van de ene naar de andere kant ✦ *kun jij over het hek springen?* ✦ *er lopen kleine beestjes over de grond* ✦ *de auto is te zwaar om over de brug te rijden* ✦ *wil je het kleed over de tafel leggen?*
2 verder dan; na; voorbij ✦ *het is nu tien over vier* ✦ *de hardloper was blij toen hij over de streep kwam*
3 via ✦ *rijden we over Breda of over Eindhoven?*
4 wat betreft; omtrent = aangaande ✦ *hij is kwaad over het voorstel* ✦ *ik ben erg tevreden over het resultaat* ✦ *hij weet alles over Parijs* ✦ *er is een boek verschenen over mijn familie*

•**over·al** [bijwoord]
1 op alle plaatsen ✦ *hij heeft overal gezocht, maar hij kon zijn sleutels niet vinden*
2 (vóór een voorzetsel) alles ✦ *met zoveel tv-programma's kun je niet overal naar kijken* ✦ *Brenda lacht overal om*

de **over·all** [overalls]
een pak uit één stuk dat bij het werk vuil mag worden

het **over·blijf·sel** [overblijfselen, overblijfsels]
iets wat over[1] (bet. 3) is = het restant ✦ *deze steen is een overblijfsel uit de tijd dat hier nog geen mensen woonden*

•**over·blij·ven** [bleef over, is overgebleven]
1 blijven bestaan = resteren [iemand of iets blijft over] ✦ *er bleef een klein beetje soep over*
2 op school blijven voor de lunch [de kinderen blijven over] ✦ *dinsdags blijft Sofia altijd over* onderwijs

over·bo·dig [bijvoeglijk naamwoord]
overbodige zaken zijn niet nodig = onnodig ✦ *bij de professor moet je geen overbodige vragen stellen*

over·boord [bijwoord]
in het water naast het schip ✦ *tijdens de vakantie is hij bijna overboord gevallen*
iets overboord zetten: geen aandacht meer aan iets besteden ✦ *uiteindelijk heeft Rolf zijn bezwaren overboord gezet en ging hij akkoord met het voorstel*

over·bren·gen [bracht over, heeft overgebracht]
duidelijk maken [iemand brengt een boodschap over (aan of op iemand)] ✦ *met advertenties probeert de stichting haar ideeën aan de jeugd over te brengen*

over·brug·gen [overbrugde, heeft overbrugd]
een verbinding maken; van het ene naar het andere moment gaan [iemand overbrugt een periode of een afstand]

✦ *de reizigers moesten vanwege de staking vele uren op het vliegveld overbruggen* ✦ *we moeten de afstand tussen de culturen proberen te overbruggen*

de **over·daad**
een te grote hoeveelheid ✦ *er was een overdaad aan eten op het feest*

over·da·dig [bijvoeglijk naamwoord]
als iets overdadig is, is er te veel van ✦ *op het feest werd heel overdadig gegeten en gedronken*

•**over·dag** [bijwoord]
op de dag, als het licht is ⇔ 's nachts ✦ *onze kat wil 's nachts naar buiten en ligt overdag te slapen*

over·doen [deed over, heeft overgedaan]
nog een keer doen = herhalen [iemand doet iets over] ✦ *we adviseren u het examen later nog een keer over te doen*

over·doen aan [deed over aan, heeft overgedaan aan]
geven of verkopen [iemand doet iets over aan iemand] ✦ *hij heeft zijn auto aan een van zijn zoons overgedaan*

de **over·dracht** [overdrachten]
het moment dat iets wordt overgedragen* ✦ *de overdracht van Hong Kong aan China ging zonder veel problemen*

over·dra·gen [droeg over, heeft overgedragen]
op een officiële manier aan iemand geven [iemand draagt iets over (aan iemand)] ✦ *de burgemeester heeft na de laatste vergadering zijn functie overgedragen aan de nieuwe burgemeester*

•**over·dre·ven** [bijvoeglijk naamwoord]
iets wat overdreven is, is te veel of te erg en krijgt daarom geen waardering ✦ *de negatieve verhalen over Katja zijn erg overdreven, want ze is bijzonder aardig*

over·drij·ven [overdreef, heeft overdreven]
iets groter of mooier voorstellen dan het is [iemand overdrijft (iets)] ✦ *hij overdreef toen hij zei dat hij meer geld verdient dan een minister*

over·een·ko·men [kwam overeen, is overeengekomen]
1 hetzelfde zijn = overeenstemmen [iets komt overeen (met iets)] ✦ *het verhaal in de film komt niet overeen met de werkelijkheid*
2 samen een overeenkomst (bet. 2) sluiten [iemand komt iets overeen (met iemand)] ✦ *de ministers zijn met elkaar overeengekomen dat ze over dit onderwerp niet met journalisten praten*

de•**over·een·komst** [overeenkomsten]
1 een punt waarop iets hetzelfde is als iets anders = de gelijkenis ✦ *er zijn veel overeenkomsten tussen een mens en een aap*
2 een officiële afspraak = het contract ✦ *in de overeenkomst stond dat de werknemer drie jaar kon blijven*

de **over·een·stem·ming** [overeenstemmingen]
de situatie dat je het met elkaar eens wordt = het akkoord ✦ *de partijen hebben overeenstemming bereikt over de hoogte van de prijs*

over·eind [bijwoord]
1 in rechtopstaande positie ✦ *toen de man was gevallen, hielp een toerist hem overeind*
2 overeind blijven: in een discussie of kwestie je mening blijven houden ✦ *de werknemers zijn tijdens de onderhandelingen goed overeind gebleven*

•**over·gaan** [ging over, is overgegaan]
1 naar een hogere klas mogen gaan [iemand gaat over (naar een volgende klas)] ✦ *alle leerlingen van klas 4b zijn overgegaan naar de vijfde*
2 geluid geven [een telefoon of een bel gaat over] ✦ *ze liet de telefoon eerst een paar keer overgaan voordat ze hem opnam*
3 ophouden; verdwijnen [iets, bijv. een gevoel, gaat over] ✦ *de pijn zal overgaan*

•**over·gaan in** [ging over in, is overgegaan in]
in een andere toestand komen [iets gaat over in iets] ✦ *de zomer is dit jaar heel langzaam overgegaan in de herfst*

•**over·gaan op** [ging over op, is overgegaan op]
iets nieuws gaan gebruiken [iemand gaat over op iets] ✦ *omdat het bedrijf overgaat op een nieuw systeem, kunnen we morgen niet op de computer werken*

•**over·gaan tot** [ging over tot, is overgegaan tot]
aan iets beginnen; gaan doen [iemand gaat over tot iets] ✦ *we gaan nu over tot het uitdelen van de prijzen*

de **over·gang**

1 een verandering van de ene situatie in de andere ✦ *de overgang van de gulden naar de euro was in het jaar 2002* ✦ *het was voor onze zoon een hele overgang om na de middelbare school naar de universiteit te gaan*
2 de periode bij een vrouw waarna ze geen kinderen meer kan krijgen, meestal rond de vijftig jaar

de **over·ga·ve**
1 het moment waarop je toegeeft dat je minder sterk bent dan een andere partij = de capitulatie ✦ *de Amerikanen probeerden de Taliban tot overgave te dwingen*
2 met overgave: met veel aandacht en enthousiasme ✦ *het lied werd met veel overgave gezongen*

o·ver·ge·ble·ven *zie:* **overblijven**

o·ver·ge·no·men *zie:* **overnemen**

over·ge·ven [gaf over, heeft overgegeven]
eten via de mond naar buiten laten gaan, vooral als je ziek bent = kotsen [iemand geeft over] ✦ *na het bezoek aan het restaurant moest ik thuis overgeven*

zich **over·ge·ven** [gaf zich over, heeft zich overgegeven]
erkennen dat je een strijd hebt verloren = capituleren [iemand geeft zich over (aan iemand)] ✦ *de soldaten hebben zich na een lange strijd overgegeven*

het **over·ge·wicht** [overgewichten]
het feit dat iemand te zwaar is

over·groot [bijvoeglijk naamwoord]
het overgrote deel: het grootste gedeelte ✦ *het overgrote deel van de bevolking is tegen de nieuwe wet*

de **over·groot·moe·der** [overgrootmoeders]
de moeder van je oma of je opa familie

de **over·groot·va·der** [overgrootvaders]
de vader van je oma of je opa familie

over·ha·len [haalde over, heeft overgehaald]
zorgen dat iemand iets doet wat hij of zij eerst niet wilde [iemand haalt iemand over (tot iets)] ✦ *we hebben mijn broer niet kunnen overhalen om met ons mee op vakantie te gaan*

de **over·hand**
iets heeft de overhand: iets is het sterkst of heeft de meeste invloed ✦ *al na een maand kregen negatieve verhalen over de directeur de overhand*

over·han·di·gen [overhandigde, heeft overhandigd]
in handen geven [iemand overhandigt iets (aan iemand)] ✦ *tijdens een speciale vergadering is de prijs aan de burgemeester overhandigd*

over·heen [bijwoord]
1 over de buitenkant van iets ✦ *de kist was wit en er lag een blauwe doek overheen*
2 hoger dan de bovenkant van iets ✦ *het was een mooi schot, maar het ging net over het doel heen*
3 voorbij ✦ *er gingen vier jaar overheen voordat moeder en dochter elkaar weer zagen*
4 over iets heen komen: iets vervelends langzaam aanvaarden ✦ *hij is er nooit overheen gekomen dat zijn vrouw hem verliet*
5 over iets heen stappen: geen probleem van iets maken

over·heer·sen [overheerste, heeft overheerst]
1 het belangrijkst zijn; het vaakst voorkomen = domineren [iets overheerst] ✦ *de indruk overheerst dat de chef niet goed functioneert* ✦ *de kleuren blauw en rood overheersen in hun huis*
2 de baas zijn over iemand = domineren [iemand overheerst iemand] ✦ *Nederland is van 1940 tot 1945 overheerst door Duitsland*

de• **over·heid** [overheden]
de regering ✦ *de overheid is het hoogste gezag van het land* overheid

het• **over·hemd** [overhemden]
een nette bloes voor mannen ✦ *bij zijn blauwe pak droeg hij een grijs overhemd*

over·hoop [bijwoord]
zonder orde terwijl die er eerst wel was ✦ *alle brieven lagen overhoop*
overhoop liggen met iemand: ruzie hebben met iemand

over·hou·den [hield over, heeft overgehouden]
nog een rest van iets hebben [iemand houdt iets over] ✦ *ik begrijp niet hoe Wim naast zijn werk tijd overhoudt om zo veel aan sport te doen*
het houdt niet over: het is niet erg goed; het kon beter ✦ *zij doet haar werk, maar het houdt niet over*

ov

Overheid Nederland

Nederland is sinds 1815 een **monarchie:** een koning of een koningin is het staatshoofd. Sinds 1980 is dat koningin Beatrix. Samen met het kabinet vormt zij de regering. Maar: de koningin heeft niet veel politieke macht. Het kabinet en het parlement hebben de macht.

Aan het hoofd van het **kabinet** staat de minister-president (ook wel eerste minister of premier genoemd). De minister-president en de ministers vormen samen het kabinet. Elke minister staat, meestal samen met een staatssecretaris (of 'onderminister'), aan het hoofd van een ministerie (of departement). Voorbeelden van ministeries zijn: Financiën, Economische Zaken, Buitenlandse Zaken.
Ieder jaar op prinsjesdag (de derde dinsdag in september) presenteert het kabinet de plannen van de regering voor het volgend jaar. De koningin vertelt over die plannen in de troonrede.

Het **parlement** wordt gevormd door de Eerste Kamer en de Tweede Kamer. Wetten moeten worden goedgekeurd door de Kamers. De Tweede Kamer mag wetten maken, wetten veranderen en wetten aannemen of verwerpen. De Eerste Kamer mag de wetten alleen aannemen of verwerpen. De samenstelling van de Tweede Kamer wordt bepaald bij verkiezingen, die elke vier jaar worden gehouden. De 150 gekozen Tweede-Kamerleden zitten daar namens een politieke partij. De Eerste Kamer heeft 75 leden, die door de leden van de Provinciale Staten worden gekozen. Voor de Provinciale Staten worden aparte verkiezingen gehouden.

Er zijn nog twee andere **niveaus van bestuur**: de provincie en de gemeente.
De **Provinciale Staten** is een regionaal parlement, van de provincie. Dit bestuur wordt per provincie gekozen, één keer in de vier jaar. Het dagelijks bestuur wordt Gedeputeerde Staten genoemd. Aan het hoofd van een provincie staat de Commissaris van de Koningin.
De samenstelling van de **gemeenteraad** wordt bepaald tijdens de gemeenteraadsverkiezingen. Het dagelijks bestuur van een gemeente wordt gevormd door de wethouders, met aan het hoofd de burgemeester.

Ten slotte is er ook nog de Europese Unie (EU), een verbond van een groot aantal Europese landen die samenwerken op allerlei gebieden, zoals landbouw en economie. Het hoofdkwartier is in Brussel.

Er is geen stemplicht in Nederland, maar **stemrecht**, voor mensen vanaf 18 jaar.

de rijksoverheid	**de provinciale overheid**	**de gemeentelijke overheid**
de minister-president	de Commissaris van de Koningin	de burgemeester
de ministerraad (ministers, geholpen door staatssecretarissen)	Gedeputeerde Staten	de wethouders
de Eerste en Tweede Kamer	Provinciale Staten	de gemeenteraad

Overheid België

België is sinds 1830 een parlementaire en grondwettelijke **monarchie**: een konin-g(in) is het staatshoofd. Sinds 1993 is dat Koning Albert II. Maar hij heeft vooral een symbolische macht. De politieke macht ligt bij de regering en het parlement.

België heeft een ingewikkelde structuur. Dat komt doordat de volkeren die een eigen taal spreken (Nederlands, Frans en Duits), in de afgelopen halve eeuw steeds meer **zelfbestuur** hebben gekregen. Nederlandstalig België wordt meestal Vlaanderen genoemd, Franstalig België heet ook Wallonië. Brussel is de tweetalige hoofdstad. Er is een kleine Duitstalige gemeenschap in het oosten van het land.

Het hoogste niveau van bestuur in het land is het **federale** bestuur. Dat bestaat uit een regering die gecontroleerd wordt door een parlement dat bestaat uit twee vergaderingen: de *Kamer van Volksvertegenwoordigers* (meestal genoemd: de *Kamer*) en de *Senaat*. Aan het hoofd van de regering staat de premier (ook wel *eerste minister* genoemd). Die heeft veertien ministers naast zich. Een minister staat aan het hoofd van een *FOD* of federale overheidsdienst. Voorbeelden: FOD Binnenlandse Zaken, FOD Werkgelegenheid, Arbeid en Sociaal Overleg, FOD Economie.

Wetten moeten worden goedgekeurd door de **twee kamers** van het parlement, dat gevestigd is in Brussel. De samenstelling van het parlement wordt bepaald bij verkiezingen, die elke vier jaar worden gehouden. De 150 kamerleden en 71 senatoren zitten daar meestal namens een politieke partij.

Naast het federale niveau van bestuur zijn er de **gemeenschappen** en de **gewesten**. De gemeenschappen houden zich bezig met zaken die betrekking hebben op de mensen die er wonen: onderwijs, cultuur, gezondheidszorg. De gewesten mogen beslissen over zaken die betrekking hebben op het grondgebied: landbouw, ruimtelijke ordening, milieu, openbare werken. In Vlaanderen oefent de Vlaamse Gemeenschap ook de bevoegdheden uit van het gewest, maar dat is niet zo in de andere delen van het land. Daarom bestaan ook: het Brusselse Hoofdstedelijke Gewest, het Waalse Gewest, de Franse Gemeenschap en de Duitstalige Gemeenschap. Brussel is dus tegelijk de federale hoofdstad en een zelfstandig gewest, maar voor de Nederlandstalige cultuur valt het onder de Vlaamse Gemeenschap. Elk van deze gemeenschappen en gewesten heeft een eigen regering en een eigen parlement, dat om de vijf jaar wordt gekozen. Aan het hoofd van de regering van een gewest of een gemeenschap staat een minister-president. Bijvoorbeeld: de ministers van Onderwijs en van Leefmilieu maken deel uit van de regering van een gemeenschap of gewest en worden dus genoemd: de Vlaamse minister van Onderwijs en de Waalse minister van Leefmilieu.

Er zijn nog twee andere niveaus van bestuur: de provincie en de gemeente.
Het **provinciebestuur** wordt één keer in de vier jaar gekozen. Er zijn tien provincies in België, waarvan vijf in Vlaanderen en vijf in Wallonië. Het dagelijks bestuur wordt *Bestendige Deputatie* genoemd. Aan het hoofd staat de (provincie)gouverneur of gouverneur van de provincie.
De samenstelling van de **gemeenteraad** wordt bepaald tijdens de gemeenteraadsverkiezingen. Die zijn er elke zes jaar. Het dagelijks bestuur van een gemeente wordt gevormd door het college van burgemeester en schepenen. De schepenen worden gekozen door de meerderheid van de gemeenteraadsleden. De burgemeester wordt op voorstel van de gemeenteraad benoemd door de gewestregering.

Overheid België (vervolg)

Ten slotte is er ook nog de Europese Unie (EU), een verbond van een groot aantal Europese landen die samenwerken op allerlei gebieden, zoals landbouw en economie. Het hoofdkwartier is in Brussel.

Er is stemplicht in België voor mensen vanaf 18 jaar.

de federale overheid	gemeenschappen en gewesten	de provinciale overheid	de gemeentelijke overheid
de premier	de minister-president	de provinciegouverneur	de burgemeester
de ministerraad	de gemeenschaps- of gewestregering	de Bestendige Deputatie	de schepenen
het parlement: Kamer en Senaat	het gemeenschaps- of gewestparlement	het provinciebestuur	de gemeenteraad

politiek
taal

over·hou·den aan [hield over aan, heeft overgehouden aan]
krijgen door iets of via iets [iemand houdt iets over aan iets] ✦ *Simone heeft een vervelende ziekte overgehouden aan haar vakantie*

ove·rig [bijvoeglijk naamwoord]
overige zaken zijn andere zaken, die overblijven ✦ *op woensdag en donderdag werkt hij in Utrecht en de overige dagen in Amsterdam* ✦ *in de buurt wonen twee jonge gezinnen; de overige bewoners zijn oude mensen*

•**ove·ri·gens** [bijwoord]
trouwens ✦ *overigens wilde ik nog zeggen dat ik morgen iets later kom*

de **over·kant**
de andere kant van een straat, van water enz. ✦ *we lopen nu naar de winkel aan de overkant*

over·ko·men[1] [overkwam, is overkomen]
gebeuren [iets overkomt iemand] ✦ *er is mij gelukkig nog nooit een ongeluk overkomen*

over·ko·men[2] [kwam over, is overgekomen]
een bepaalde indruk maken [iets of iemand komt over op een bepaalde manier] ✦ *we hopen dat de boodschap bij jonge mensen goed is overgekomen*

over·la·den [bijvoeglijk naamwoord]
in een overladen programma zitten te veel activiteiten ✦ *door het overladen programma had de koningin geen tijd voor een bezoek aan het museum*

over·la·den met [overlaadde met, heeft overladen met]
geven in grote hoeveelheden [iemand overlaadt iemand met iets] ✦ *op zijn verjaardag is hij overladen met cadeaus*

over·lap·pen [overlapte, heeft overlapt]
een gemeenschappelijk deel hebben [iets overlapt (met iets anders)] ✦ *omdat de twee tv-programma's elkaar overlapten, nam hij er één op de video op*

de **over·last**
last die je anderen geeft ✦ *de ruzies van de buren zorgen voor veel overlast*

over·la·ten aan [liet over aan, heeft overgelaten aan]
iemand anders iets laten doen, omdat dat makkelijker of beter is [iemand laat iets over aan iemand] ✦ *het oordeel over deze zaak moeten we overlaten aan de rechter*

de **over·le·de·ne** [overledenen]
iemand die overleden is = de dode ✦ *op woensdagavond kunt u van 19.00-19.30 uur afscheid nemen van de overledene*

het •**over·leg**
een gesprek om iets te regelen = de bespreking ✦ *de politie en de burgemeester hebben drie keer overleg gehad*

over·leg·gen [overlegde, heeft overlegd]
overleg hebben; bespreken [iemand overlegt iets (met iemand)] ✦ *dit probleem zullen we met de directeur overleggen* ✦ *de ministers zijn al twee uur aan het overleggen*

over·le·ven [overleefde, heeft overleefd]
niet overlijden na een gevaarlijke gebeurtenis [iemand overleeft iets, bijv. een ongeluk] ✦ *slechts twee mensen hebben het ongeluk overleefd*

de **over·le·ven·de** [overlevenden]
iemand die blijft leven na een ramp of een ongeluk ✦ *er waren geen overlevenden bij het ongeluk*

over·le·ve·ren [leverde over, heeft overgeleverd]
1 in handen geven = overhandigen [iemand levert iemand over (aan iemand anders)] ✦ *elke dief wordt overgeleverd aan de politie*
overgeleverd zijn aan iemand of iets: op een negatieve manier afhankelijk zijn van iemand of iets ✦ *in de film speelt ze een vrouw die is overgeleverd aan de macht van slechte mannen*
2 vertellen aan anderen [een verhaal wordt overgeleverd] ✦ *het verhaal van Sinterklaas wordt steeds weer door ouders aan hun kinderen overgeleverd*

de **over·le·ve·ring** [overleveringen]
het feit dat oude verhalen of gewoonten doorgegeven worden van generatie op generatie

•**over·lij·den** [overleed, is overleden]
doodgaan = sterven [iemand overlijdt] ✦ *de vrouw is vorig jaar plotseling overleden* gedenkdagen

over·lo·pen [liep over, is overgelopen]
1 zo vol zijn dat de vloeistof eruit loopt [iets waar een vloeistof in zit, loopt over] ✦ *als je er nog meer water bij doet, loopt de emmer over*
2 zich aansluiten bij een andere partij [iemand loopt over (naar een andere partij)] ✦ *Jean Pierre is naar de vijand overgelopen*

de **over·maat**
tot overmaat van ramp: bij alle vervelende dingen die al gebeurd zijn ✦ *tot overmaat van ramp ging mijn bril kapot*

de **over·macht**
omstandigheden buiten je schuld ✦ *dat Hagar veel te laat kwam, was overmacht, want de treinen reed niet*

over·ma·ken [maakte over, heeft overgemaakt]
van de ene naar de andere bankrekening sturen = gireren [iemand maakt een bedrag over (aan of naar iemand)] ✦ *gisteren hebben we een bedrag van honderd euro aan u overgemaakt* geld

over·ma·tig [bijvoeglijk naamwoord]
iets wat overmatig is, wordt te veel gedaan ✦ *door overmatig gebruik van alcohol kun je ziek worden*

over·mees·te·ren [overmeesterde, heeft overmeesterd]
met geweld beetpakken [iemand overmeestert iemand] ✦ *de politie kon de dief na een kort gevecht overmeesteren*

over·moe·dig [bijvoeglijk naamwoord]
iemand die overmoedig is, doet makkelijk dingen die eigenlijk te gevaarlijk zijn ✦ *door de alcohol werd de man overmoedig en ging hij veel te hard rijden*

over·mor·gen [bijwoord]
de dag na morgen ✦ *overmorgen ben ik jarig*

over·nach·ten [overnachtte, heeft overnacht]
blijven slapen [iemand overnacht ergens] ✦ *kan ik van donderdag op vrijdag bij je overnachten?*

over·ne·men [nam over, heeft overgenomen]
1 de taak van iemand anders gaan doen [iemand neemt een taak over (van iemand)] ✦ *toen de directeur ziek was, nam Jan de leiding over*
2 iets kopen dat van een ander was [iemand neemt iets over (van iemand)] ✦ *je mag deze fiets voor tien euro van mij overnemen*
3 ook gaan doen [iemand neemt iets (van iemand) over, bijv. een gewoonte] ✦ *hij nam in Italië de gewoonte van de Italianen over om 's middags te slapen*

over·plaat·sen [plaatste over, heeft overgeplaatst]
op een andere plaats zetten [iemand plaatst iemand over (naar een andere plaats)] ✦ *Daniëlle is overgeplaatst naar het kantoor in Brussel*

over·scha·du·wen [overschaduwde, heeft overschaduwd]
een andere gebeurtenis minder mooi

maken [iets overschaduwt iemand of iets] ✦ *de dag van hun huwelijk werd overschaduwd door de plotselinge dood van opa*

over·schat·ten [overschatte, heeft overschat]
denken dat iemand of iets beter, moeilijker enz. is dan in werkelijkheid ⇔ onderschatten [iemand overschat iemand of iets] ✦ *je moet de invloed van een voorzitter niet overschatten*

over·schie·ten [schoot over, is overgeschoten]
als rest overblijven = resteren [iets schiet over] ✦ *als hij vijfhonderd euro krijgt, schiet er voor de anderen niet veel meer over*

het **over·schot** [overschotten]
het deel van een hoeveelheid dat te veel is; iets wat overblijft = het restant ✦ *door het overschot aan appels zijn de prijzen gedaald*
het stoffelijk overschot: (formeel) het lichaam van een dode

over·schrij·den [overschreed, heeft overschreden]
verder gaan dan een bepaald punt of een bepaald aantal [iemand of iets overschrijdt iets, bijv. een grens] ✦ *het aantal aanwezigen overschreed de tweehonderd*

ov

het **over·schrij·vings·for·mu·lier** [overschrijvingsformulieren] (in België)
een papier waarmee mensen die een bankrekening of een girorekening hebben, een rekening kunnen betalen geld

over·slaan [sloeg over]
1 [heeft overgeslagen] geen aandacht aan iets of iemand geven terwijl dat wel logisch zou zijn [iemand slaat iemand of iets over] ✦ *hoofdstuk twee mag je overslaan* ✦ *iedereen werd naar zijn mening gevraagd, maar ik werd overgeslagen*
2 [is overgeslagen] naar een ander gebouw gaan [vuur slaat over] ✦ *de brand is naar het gebouw ernaast overgeslagen*
3 [is overgeslagen] plotseling hoog worden [een stem slaat over] ✦ *zijn stem sloeg over toen hij begon te schreeuwen*

over·span·nen [bijvoeglijk naamwoord]
iemand die overspannen is, is ziek doordat hij of zij problemen heeft op het werk ✦ *ze zit al drie maanden overspannen thuis*

het **over·spel**
seksueel contact met iemand die niet je man of je vrouw is

over·spoe·len met [overspoelde met, heeft overspoeld met]
in te grote hoeveelheden aanbieden [iemand wordt overspoeld met iets] ✦ *jonge kinderen worden overspoeld met geweld op de tv*

het **over·staan**
ten overstaan van …: terwijl … aanwezig is ✦ *ten overstaan van de journalisten zei de minister dat hij een fout had gemaakt*

over·stag [bijwoord]
overstag gaan: een andere mening krijgen ✦ *mijn vriend wilde niet stoppen met roken, maar hij is overstag gegaan na het zien van een film op tv*

over·stap·pen [stapte over, is overgestapt]
uit het ene vervoermiddel in het andere vervoermiddel stappen [iemand stapt over (op een ander vervoermiddel)] ✦ *u moet in Antwerpen overstappen en daar de trein van 12.32 uur nemen*

over·stap·pen op [stapte over op, is overgestapt op]
iets anders gaan gebruiken of doen [iemand stapt over op iets anders] ✦ *ons bedrijf is overgestapt op een nieuw systeem*

o·ver·ste·gen *zie:* **overstijgen**

•**over·ste·ken** [stak over, heeft of is overgestoken]
van de ene kant naar de andere kant gaan [iemand steekt (een weg, een rivier enz.) over] ✦ *het kleine meisje mag nog niet alleen oversteken*

over·stem·men [overstemde, heeft overstemd]
harder klinken dan iets anders [iets overstemt iets anders] ✦ *de muziek werd overstemd door het lawaai van vliegtuigen*

over·stij·gen [oversteeg, heeft overstegen]
belangrijker, groter zijn dan iets anders [iets overstijgt iets anders] ✦ *dit probleem moet op Europees niveau worden opgelost, want het overstijgt de nationale politiek*

de **over·stro·ming** [overstromingen]

de situatie dat er te veel water uit zeeën en rivieren op het land is gekomen ✦ *bij de overstroming in 1953 zijn bijna tweeduizend mensen gestorven*

over·stuur [bijvoeglijk naamwoord]
iemand die overstuur is, is fel en verdrietig omdat er iets vervelends is gebeurd ✦ *de vrouw was na het ongeluk helemaal overstuur*

over·tol·lig [bijvoeglijk naamwoord]
overtollige dingen zijn te veel = overbodig, onnodig ✦ *hij doet veel aan sport om overtollig gewicht te verliezen*

over·tre·den [overtrad, heeft overtreden]
je niet houden aan wetten of regels = schenden [iemand overtreedt wetten of regels] ✦ *de rechter vond dat het bedrijf de wet had overtreden*

de **over·tre·ding** [overtredingen]
een actie die tegen de regels is ✦ *bij het voetbal worden meer overtredingen gemaakt dan vroeger* rechtspraak

over·tref·fen [overtrof, heeft overtroffen]
beter zijn dan iemand of iets [iemand of iets overtreft iemand of iets] ✦ *het boek overtreft mijn verwachtingen*

over·trek·ken [overtrok, heeft overtrokken]
belangrijker maken dan het in werkelijkheid is = overdrijven [iemand overtrekt iets] ✦ *ik vind dat het probleem erg wordt overtrokken in de kranten*

o·ver·trof·fen *zie:* **overtreffen**

over·tuigd[1] [bijvoeglijk naamwoord]
iemand die van iets overtuigd is, heeft daar geen twijfel over ✦ *niet iedereen was overtuigd van het nut van de onderhandelingen*

over·tuigd[2] *zie:* **overtuigen**

•**over·tui·gen** [overtuigde, heeft overtuigd]
duidelijk maken dat iets waar is [iemand overtuigt iemand (van iets)] ✦ *hoe kan ik de rechter ervan overtuigen dat het ongeluk niet mijn schuld was?*

over·tui·gend [bijvoeglijk naamwoord]
als iemand overtuigend is, denk je dat hij of zij gelijk heeft ✦ *je verhaal klinkt niet overtuigend*

de **over·tui·ging** [overtuigingen]
iets waarvan je zeker bent, hoewel je het niet kunt bewijzen ✦ *volgens de overtuiging van christenen is Jezus de zoon van God*

de **over·val** [overvallen]
een poging om met geweld geld van een bank, een winkel enz. te stelen ✦ *na de overval was de bank twee weken gesloten*

over·val·len [overviel, heeft overvallen]
1 proberen om met geweld geld of goederen te stelen [iemand overvalt iemand of iets] ✦ *twee jonge mannen hebben gisteravond het kantoor overvallen*
2 plotseling gebeuren en iemand daardoor laten schrikken [iets overvalt iemand] ✦ *het overlijden van de heer De Graaf heeft ons allemaal overvallen*

over·val·len met [overviel met, heeft overvallen met]
iets onverwachts zeggen waarvan iemand schrikt [iemand overvalt iemand met iets] ✦ *je overvalt me met je voorstel*

de **over·vloed**
een erg grote hoeveelheid ✦ *de schrijver heeft een overvloed aan informatie over het onderwerp verzameld*
ten overvloede: terwijl het niet nodig is, omdat het wel duidelijk is ✦ *"Op de zalen in het ziekenhuis mag niet worden gerookt", zei de verpleegkundige ten overvloede*

over·vloe·dig [bijvoeglijk naamwoord]
iets wat overvloedig gebeurt, gebeurt in een mate die meer dan genoeg is ✦ *het heeft vorige week overvloedig geregend in Zuid-Frankrijk*

over·vol [bijvoeglijk naamwoord]
overvolle zaken zijn te vol ✦ *we hebben de reis in een overvolle trein gemaakt*

de **over·weg**[1] [overwegen]
een kruispunt van een weg met een spoor van de trein ✦ *er stond een lange file te wachten bij de overweg*

over·weg[2] [bijwoord]
overweg kunnen met iemand of iets: met iemand of iets kunnen omgaan ✦ *hun ouders zijn gescheiden omdat ze niet met elkaar overweg konden* ✦ *wie kan er met dit apparaat overweg?*

•**over·we·gen** [overwoog, heeft overwogen]
nadenken over iets als mogelijkheid [iemand overweegt iets] ✦ *Hakim overweegt om zijn baard eraf te halen*

over·we·gend [bijwoord]

vooral; voornamelijk ✦ *op onze vereniging zitten overwegend oudere mensen*

de **over·we·ging** [overwegingen]
een reden om iets te doen of te laten = het motief ✦ *de behoefte aan ander werk was voor haar de belangrijkste overweging om een andere baan te zoeken*

over·wel·di·gend [bijvoeglijk naamwoord]
overweldigende gebeurtenissen maken veel indruk ✦ *hartelijk dank voor de overweldigende belangstelling tijdens mijn ziekte*

over·wer·ken [werkte over, heeft overgewerkt]
langer werken dan normaal [iemand werkt over] ✦ *hij is vanavond laat thuis, want hij moet overwerken*

het **over·wicht**
de macht binnen een groep ✦ *ze heeft totaal geen overwicht op haar kinderen* ✦ *in de tweede helft van de wedstrijd had de Belgische club duidelijk het overwicht*

over·win·nen [overwon, heeft overwonnen]
de sterkste blijken te zijn in een wedstrijd of een gevecht = verslaan [iemand overwint (iemand of iets)] ✦ *hij overwon zijn angst en ging toch met het vliegtuig*

het **over·zicht** [overzichten]
de situatie dat je alles goed en in juist verband kunt zien ✦ *de directeur had totaal geen overzicht meer over de gebeurtenissen in het bedrijf* ✦ *de film geeft een overzicht van het leven van de kunstenaar*

over·zich·te·lijk [bijvoeglijk naamwoord]
overzichtelijke dingen zijn duidelijk en makkelijk te begrijpen ✦ *er is een overzichtelijk boekje verschenen met informatie over internet*

over·zien [overzag, heeft overzien]
1 in het geheel zien [iemand overziet iets] ✦ *vanaf de zolder kun je de hele stad overzien*
2 een duidelijk beeld hebben van iets [iemand overziet iets, bijv. een situatie] ✦ *de gevolgen van het ongeluk kan de politie nog niet overzien*

de **ozb**
onroerendezaakbelasting: belasting die je moet betalen over de waarde van je huis **belasting**

de **ozon·laag**
een laag om de aarde met een bepaald gas dat mensen beschermt tegen schadelijke straling van de zon

p

de **p** [p's]
de zestiende letter van het alfabet
alfabet

de•**pa** [pa's]
papa = de vader ✦ *pa, ik kom vanavond laat thuis*

paai·en [paaide, heeft gepaaid]
proberen in een gunstige stemming te krijgen [iemand paait iemand] ✦ *hij paaide de kinderen met een koekje*

de•**paal** [palen]
een stok die bedoeld is om rechtop in de grond te staan ✦ *het huis is op palen gebouwd*
paal en perk stellen aan iets: iets beperken ✦ *de gemeente wil met krachtige maatregelen paal en perk stellen aan de misdaad in de stad*
dat staat als een paal boven water: dat is zeker ✦ *het staat als een paal boven water dat de man geen schuld heeft aan het ongeluk*

het•**paar**[1] [paren]
1 twee mensen, dieren of dingen die bij elkaar horen = het stel ✦ *ze zijn nog maar net getrouwd, maar het paar ziet er niet gelukkig uit* ✦ *ik heb vier paar sokken gekocht*
2 een paar: enkele; meer dan één, maar niet veel ✦ *de voorzitter maakte een paar domme opmerkingen*

•**paar**[2] [bijvoeglijk naamwoord] (in België)
een getal is paar, als je het door twee kunt delen = even ⇔ onpaar ✦ *twee, vier en zes zijn pare getallen*

het•**paard** [paarden]
1 een dier waarop je kunt rijden dieren

paard 1

2 een toestel dat bij gymnastiek gebruikt wordt

paard 2

de **paar·den·bloem** [paardenbloemen]
een gele bloem die vooral tussen gras groeit

paardenbloem

•**paars** [bijvoeglijk naamwoord]
een kleur tussen rood en blauw

de **pa·bo** [pabo's] (in Nederland)
een opleiding voor onderwijzer ✦ *onze zoon zit op de pabo*

het **pact** [pacten]
een overeenkomst, vooral tussen twee landen = het verdrag ✦ *na jaren van oorlog hebben de twee landen nu een pact gesloten*

het **pad**[1] [paden]
een smalle weg, meestal niet voor auto's
op pad gaan: weggaan; vertrekken ✦ *in de vakantie gingen ze elke ochtend om zeven uur op pad*
iemand op het rechte pad brengen: zorgen dat iemand een beter leven gaat leiden

de **pad**[2] [padden]
een dier dat op een kikker lijkt

pad[2]

de **pad·de·stoel** [paddestoelen]
1 een soort plant, meestal met een steel en een hoed
dingen schieten als paddestoelen uit de grond: er komen er heel snel heel veel van ✦ *bedrijven die internetpagina's maken, schieten als paddestoelen uit de grond*

pa

paddestoel 1

2 een stenen paaltje, vaak in een natuurgebied, waarop richtingen staan

pag. [afkorting]
pagina: de bladzijde = p. ✦ *meer informatie kunt u vinden op pag. 43*

de **pa·gi·na** [pagina's]
één kant van een blad papier waarop informatie staat = de bladzijde ✦ *het boek heeft enkele pagina's met schitterende foto's*

het •**pak** [pakken]
1 een jasje en een broek die bij elkaar passen = het kostuum ✦ *op zijn werk moet hij een pak dragen*
2 een papieren doos om iets in te bewaren ✦ *haal even een pak melk* ✦ *wil je ook een pak suiker meenemen?* ✦ *we zullen een nieuw pak papier in de printer doen*
3 een hoeveelheid van iets ✦ *er ligt een dik pak sneeuw*
iemand een pak slaag geven: iemand klappen geven
4 niet bij de pakken neerzitten: vrolijk doorgaan, ook als het minder goed gaat

het **pak·huis** [pakhuizen]
een soort huis waarin goederen worden bewaard

het **pak·je** [pakjes]
1 iets dat je per post stuurt en dat groter is dan een brief = het pakket ✦ *wil je dit pakje even naar het postkantoor brengen?*
2 een cadeau in papier ✦ *alsjeblieft, dit pakje is voor jou*
3 een rok en een jasje die bij elkaar horen

•**pak·ken** [pakte, heeft gepakt]
1 met je handen nemen [iemand pakt iets] ✦ *wil je het boek over kunst even uit de kast pakken?*
iemand te pakken krijgen: per telefoon contact met iemand kunnen maken ✦ *ik denk dat Jan op vakantie is, want ik krijg hem niet te pakken*
2 meenemen naar het bureau = arresteren [de politie pakt iemand] ✦ *de dieven van het schilderij zijn gepakt*
3 een tas of een koffer vullen voor een reis [iemand pakt (een koffer, een tas enz.)] ✦ *ik heb nu geen tijd want ik ben aan het pakken*
4 het flink te pakken hebben: flink ziek zijn
5 het flink te pakken hebben: erg verliefd zijn

het **pak·ket** [pakketten]
1 een pakje dat per post verstuurd wordt ✦ *u kunt het pakket komen halen op het postkantoor*
2 een groep dingen of begrippen die bij elkaar horen ✦ *de burgemeester gaf informatie over het nieuwe pakket maatregelen tegen drugstoerisme*

pak·weg [bijwoord]
ongeveer ✦ *er waren pakweg duizend mensen aanwezig*

pal [bijwoord]
pal naast, achter, tegenover enz.: direct naast, achter, tegenover enz. ✦ *het huis staat pal naast het station*

het •**pa·leis** [paleizen]
een grote woning van een koninklijk persoon ✦ *het paleis van de vroegere koning is nu een museum*

de **pa·ling** [palingen]
een lange, dunne vis

paling

de **palm** [palmen]
1 een boom die vooral in warme gebieden groeit en waaraan bijv. kokosnoten groeien

palm 1

2 de binnenkant van je hand

de **pal·ma·res** [palmaressen] (in België)
een lijst van overwinningen die iemand in een bepaalde sport heeft behaald ✦ *die wielrenner heeft al bijna vijftig overwinningen op zijn palmares staan*

het **pam·flet** [pamfletten]

een blaadje met een felle mening over een bepaald onderwerp ✦ *de werknemers deelden pamfletten uit met informatie over de staking*

de **pan** [pannen]
1 een voorwerp dat je op het vuur kunt zetten en waarin je eten kunt klaarmaken ✦ *hij zette een grote pan aardappels op het vuur*
iets rijst de pan uit: iets wordt veel te erg ✦ *de kosten voor het nieuwe station rijzen de pan uit*

pan 1

2 elk van de tegels op het dak van een huis = de dakpan ✦ *door de harde wind zijn er een paar pannen van het dak gewaaid*

het **pand** [panden]
het gebouw ✦ *het bedrijf is gevestigd in een oud pand*

het **pa·neel** [panelen]
1 een rechthoekige houten plaat ✦ *we hebben rode deuren met gele panelen*
2 een bord met knoppen om machines te bedienen

het **pa·nel** [panels]
een speciale groep mensen die voor publiek een discussie voeren of aan een spel op tv meedoen ✦ *de discussie van het panel werd geleid door Menno Eekman*

de **pa·niek**
een plotselinge grote angst ✦ *er ontstond paniek toen iemand 'Brand!' riep*

de **pan·ne** [geen meervoud]
een technisch probleem met een auto of een motor = de pech ✦ *vlak na de grens kregen we panne*

de **pan·nen·koek** [pannenkoeken]
een grote platte koek van meel, melk en eieren maaltijden

'Pannenkoeken bakken' is een typisch Nederlands gebruik. Pannenkoeken worden omgedraaid door ze boven de pan in de lucht te gooien. Ze worden vooral gegeten met bijv. stroop of suiker, maar soms ook met kaas of spek. Vooral kinderen vinden ze lekker.

het **pa·no·ra·ma** [panorama's]
een breed beeld dat je hebt als je bijvoorbeeld op een heuvel staat ✦ *als je nog even doorloopt, heb je een prachtig panorama*

de **pan·ta·lon** [pantalons] (formeel)
een lange broek

pantalon

de **pan·ter** [panters]
een groot soort kat die in Afrika en Zuid-Azië leeft en andere dieren vangt en eet

panter

de **pan·tof·fel** [pantoffels]
een zachte schoen voor in huis = de slof

het **pant·ser** [pantsers]
1 een meestal harde laag rond voorwerpen en dieren om die te beschermen
2 een houding van afweer waarmee iemand zichzelf beschermt ✦ *sinds de dood van haar zoontje heeft zij een pantser waar niemand doorheen komt*

de **pan·ty** [panty's]
een paar nylon kousen aan een broekje

de **pap**
1 een product met melk dat je als ontbijt of als nagerecht eet maaltijden
2 pappa ✦ *pap, kom je?*

de •**pa·pa** [papa's]
pappa = de vader

de **pa·pe·gaai** [papegaaien]
een vogel met mooie kleuren, die soms kan praten

papegaai

de **pa·per·clip** [paperclips]
een dingetje van metaal om papieren bij elkaar te houden

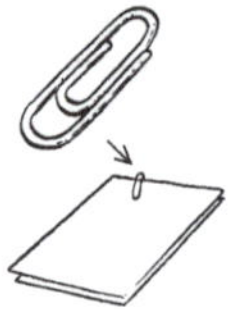

paperclip

het ***pa·pier**
het materiaal waarvan bijv. boeken worden gemaakt ✦ *ze gaf de kinderen papier en potloden om te tekenen*
op papier: in theorie ✦ *op papier is Bas sterker dan Anton, maar ik weet niet wie de wedstrijd wint*

de **pa·pie·ren**[1] [meervoud]
officiële stukken die als bewijs dienen = de documenten ✦ *"Mag ik uw papieren zien?", vroeg de politieman*
pa·pie·ren[2] [bijvoeglijk naamwoord]
papieren dingen zijn gemaakt van papier ✦ *toen het meisje jarig was, had ze een papieren hoed op*

de **pap·le·pel**
dat is hem met de paplepel ingegoten: dat heeft hij in zijn vroegste jeugd geleerd ✦ *zij kan heel mooi zingen; dat is haar met de paplepel ingegoten*

de **pap·pa** [pappa's]
dit woord wordt vooral door kinderen gebruikt voor 'vader' ✦ *pappa, mag ik naar buiten?*

de **pa·pri·ka** [paprika's]
een rode, groene of gele vrucht, die als groente gegeten wordt

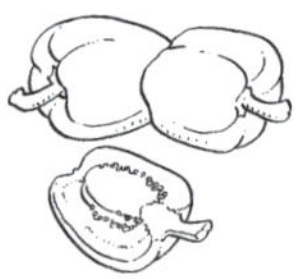

paprika

de **pa·raaf** [parafen]
een handtekening met alleen de eerste letters van de voornaam en de achternaam ✦ *onder aan de brief zette hij zijn paraaf*
pa·raat [bijvoeglijk naamwoord]
1 iemand die paraat is, is helemaal klaar om een taak uit te voeren ✦ *alle militairen moeten morgen paraat staan*
2 als je iets paraat hebt, heb je het beschikbaar ✦ *ik zal het thuis opzoeken, want ik heb het nu niet paraat*

de **pa·ra·chu·te** [parachutes]
een groot stuk doek dat ervoor zorgt dat je langzaam vanuit een vliegtuig naar beneden gaat

parachute

de **pa·ra·de** [parades]
een rij mensen, dieren enz. die lopen om bekeken te worden bij een feestelijke gelegenheid = de optocht

het **pa·ra·dijs** [paradijzen]
1 [geen meervoud] de tuin waarin Adam en Eva woonden volgens de bijbel en de koran
2 een ideale plaats waar het mooi en rustig is = het eldorado ✦ *tussen twee grote steden ligt het dorpje Kolhuis, een paradijs op aarde*

de **pa·ra·dox** [paradoxen]
een uitspraak die niet lijkt te kloppen ✦ *'het was zulk mooi weer, dat ik mijn jas aandeed' is een paradox*
pa·ra·doxaal [bijvoeglijk naamwoord]
een paradoxale uitspraak lijkt niet te kloppen

de **pa·ra·graaf** [paragrafen]
een onderdeel van een hoofdstuk in een boek of een onderdeel van een artikel ✦ *in paragraaf 2.1 wordt de werking van het apparaat uitgelegd*

de **pa·ral·lel**[1] [parallellen]
een lijn die evenwijdig loopt aan een andere lijn
een parallel trekken tussen twee dingen: dingen met elkaar vergelijken
pa·ral·lel[2] [bijvoeglijk naamwoord]
parallelle lijnen lopen naast elkaar; parallelle ontwikkelingen gebeuren op hetzelfde moment

de **pa·ra·plu** [paraplu's]
een voorwerp dat je boven je hoofd houdt om droog te blijven in de regen ✦ *veel mensen in het publiek hebben hun paraplu opgezet*

paraplu

de **pa·ra·sol** [parasols]
een voorwerp boven je hoofd als bescherming tegen de zon

parasol

het **par·cours** [parcoursen]
een route die je in een wedstrijd moet volgen = het parkoers, het traject ✦ *alle deelnemers vonden het een zwaar parcours*

het **par·don**[1]
zonder pardon: hard; zonder medelijden ✦ *alle zieke koeien werden zonder pardon doodgemaakt*

•**par·don**[2] [tussenwerpsel]
dit woord gebruik je als je je verontschuldigt ✦ *pardon, mag ik er even langs om uit te stappen?*

de **pa·rel** [parels]
een wit balletje met een grote waarde dat in een oester groeit ✦ *de parels stonden erg mooi op de zwarte jurk*

pa·ren [paarde, heeft gepaard]
zich verenigen voor de bevruchting [dieren paren]

pa·re·ren [pareerde, heeft gepareerd]
iemand die jou aanvalt zelf ook weer aanvallen [iemand pareert een aanval] ✦ *de minister pareerde de kritiek door een scherpe opmerking*

het **par·fum** *ook:* de [parfums]
een vloeistof met een sterke en prettige geur, vooral door vrouwen gebruikt

het •**park** [parken]
een grote tuin waar iedereen mag komen ✦ *op zondagmiddag wandelt de familie Fruin vaak in het park*

de **par·keer·ga·ra·ge** [parkeergarages]
een groot gebouw, vooral in de stad, waar auto's kunnen parkeren

de **par·keer·plaats** [parkeerplaatsen]
1 een ruimte waar je je auto kunt parkeren ✦ *heb je een parkeerplaats kunnen vinden?*
2 het parkeerterrein*

het **par·keer·ter·rein** [parkeerterreinen]
een plein waar auto's mogen parkeren ✦ *bij het hotel is een groot parkeerterrein aanwezig*

•**par·ke·ren** [parkeerde, heeft geparkeerd]
tijdelijk op een plaats zetten [iemand parkeert (een voertuig, bijv. een auto)] ✦ *mag je hier parkeren?*

het **par·ket** [parketten]
1 een vloer van smalle stukken hout = de parketvloer ✦ *ze hebben parket op de vloer*
2 het bureau van ambtenaren van het Openbaar Ministerie
3 in een lastig parket zitten: in een moeilijke situatie zijn

de **par·kiet** [parkieten]
een vogel die meestal in een kooi gehouden wordt

parkiet

de **par·king** [parkings] (in België)
een plaats waar auto's mogen parkeren ✦ *bij het kantoor is een kleine parking aanwezig*

de **par·kin·son**
een ziekte waardoor je onder andere gaat beven

het **par·koers** [parkoersen]
een route die je in een wedstrijd moet volgen = het parcours, het traject

het •**par·le·ment** [parlementen]
alle vertegenwoordigers van het volk die het land besturen = de volksvertegenwoordiging ✦ *het Nederlandse parlement vergadert in Den Haag* overheid
het Europees Parlement: het parlement van de Europese Unie politiek

par·le·men·tair [bijvoeglijk naamwoord]
parlementaire zaken hebben te maken met het parlement ✦ *er werd een parlementaire discussie gehouden over het voorstel*

de **par·le·men·ta·ri·ër** [parlementariërs]

iemand die in het parlement zit

de **pa·ro·chie** [parochies]
het gebied en de mensen onder het bestuur van één rooms-katholieke pastoor religie

de **pa·ro·die** [parodieën]
een verhaal, een film of een toneelstukje waarin iets of iemand op een grappige manier wordt nagedaan ✦ *de film was een parodie op de bekende westerns*

het **part** [parten]
1 een stukje van iets dat rond is ✦ *Rina sneed de taart in acht parten*
2 voor mijn part: wat mij betreft ✦ *voor mijn part ga je op je hoofd staan, je mag toch niet mee!*

de **par·ter·re** [parterres]
de verdieping die op gelijke hoogte is met de straat ✦ *de winkel had een kelder, een parterre en een eerste verdieping*

par·ti·ci·pe·ren [participeerde, heeft geparticipeerd]
meedoen = deelnemen [iemand participeert (in iets)] ✦ *wij willen de ouders meer laten participeren in het onderwijs*

de **par·ti·cu·lier**[1] [particulieren]
iemand die spullen voor zichzelf koopt of verkoopt, los van een bedrijf of een instelling ✦ *de beurs is maandag voor bedrijven en dinsdag voor particulieren*

•**par·ti·cu·lier**[2] [bijvoeglijk naamwoord]
1 particuliere ideeën, meningen enz. zijn van één persoon = persoonlijk, privé ✦ *de minister wilde niet zijn particuliere mening geven over het besluit*
2 iets wat particulier is, is niet georganiseerd vanuit de overheid = privé ✦ *de kinderen van Manuel zitten op een particuliere school*

de •**par·tij** [partijen]
1 een groep mensen met dezelfde ideeen, bijv. op politiek gebied = de groepering ✦ *aan de verkiezingen doen ook een aantal nieuwe partijen mee* politiek
van de partij zijn: erbij zijn; meedoen ✦ *de vrouw van de directeur was ook van de partij*
2 de wedstrijd; het spel = de pot ✦ *wie wil er met mij een partijtje schaak spelen?*
3 het feest = de fuif ✦ *voor hun huwelijk gaven ze een grote partij met honderd gasten* ✦ *op het partijtje van Elise waren alleen maar jongens* gedenkdagen
4 de muziek van één instrument of één stem ✦ *zij zong de hoge partij van het lied*
5 een hoeveelheid goederen ✦ *Carlos heeft een grote partij horloges verkocht aan de eigenaar van de kermis*

par·tij·dig [bijvoeglijk naamwoord]
iemand die partijdig is, denkt en handelt vanuit het belang van één persoon of één groep ✦ *de partijdige scheidsrechter liet de ploeg van zijn stad winnen*

de **par·tij·lei·der** [partijleiders] **par·tij·leid·ster** [partijleidsters]
de baas van een partij (bet. 1)

de **par·ti·tuur** [partituren]
een blad papier waarop alle partijen van een muziekstuk staan

de **part·ner** [partners]
1 iemand met wie je werkt, sport, speelt enz. ✦ *Tiny en Wanda zijn partners in hun bedrijf* ✦ *omdat zijn partner ziek is, zoekt Rob iemand anders om mee te tennissen*
2 de man of vrouw met wie je samenleeft ✦ *op het feest mocht iedereen zijn of haar partner meenemen*

part·time [bijwoord]
iemand die parttime werkt, werkt minder dan veertig uur per week ✦ *hij is sinds de geboorte van zijn kind parttime gaan werken* werk

de **par·ty** [party's]
een groot feest

de •**pas**[1] [passen]
1 een plastic kaartje met je naam erop, bijv. als bewijs dat je lid bent van iets ✦ *je hebt een pasje nodig om in dit gebouw te komen*
2 een officieel papier met je foto, je naam en geboortedatum als bewijs van je nationaliteit = het paspoort
3 de stap ✦ *met grote passen liep ze naar huis*
in de pas lopen: de dingen doen zoals iedereen ze doet ✦ *de Britse politiek moest meer in de pas gaan lopen met die van Europa*
pas op de plaats maken: even niet verder gaan; minder geld uitgeven ✦ *door de slechte economie moesten veel bedrijven pas op de plaats maken*
4 een plek waar je tussen hoge bergen door kunt

5 iets komt van pas: iets is nuttig ✦ *het kwam goed van pas dat ze een mes bij zich had*
6 te pas en te onpas: heel vaak, ook als het niet zou moeten ✦ *hij laat te pas en te onpas zijn dikke buik zien*

•**pas**[2] [bijwoord]
1 nog maar korte tijd = net ✦ *hij heeft pas een nieuwe fiets*
2 niet meer, niet groter, niet ouder enz. dan ✦ *ik heb pas een uur gewerkt en ik ben nu al moe* ✦ *de nieuwe directeur is pas 25 jaar oud*

de **Pa·sen**
een christelijk feest in de lente waarbij de opstanding van Jezus wordt gevierd ✦ *zij gaan alleen met Kerstmis en Pasen naar de kerk* feestdagen

de **pas·fo·to** [pasfoto's]
een kleine foto van je hoofd, bijv. voor in je paspoort*

het **pas·poort** [paspoorten]
een officieel papier met je foto, je naam en geboortedatum als bewijs van je nationaliteit = de pas

de **pas·sa·ge** [passages]
1 een deel van een tekst of van een muziekstuk ✦ *de schrijver las een paar passages voor uit zijn nieuwe boek*
2 een ruimte waar je doorheen moet om ergens te komen = de doorgang
3 een straat met winkels en een dak erboven

de **pas·sa·gier** [passagiers]
iemand die reist in een auto, een trein, een vliegtuig enz. ✦ *er konden vier passagiers mee in de auto*

de **pas·sant** [passanten]
iemand die ergens langskomt = de voorbijganger ✦ *de journalist stelde vragen aan passanten in de straat* ✦ *in het hotel logeerden vooral passanten, die maar één nacht bleven*

•**pas·sen** [paste, heeft gepast]
1 de juiste grootte hebben; aansluiten [iets past] ✦ *de broek paste mij precies* ✦ *pas ik nog tussen jullie in?*
2 iets aantrekken om te zien of het goed zit [iemand past een kledingstuk] ✦ *toen ze de broek gepast had, wist ze zeker dat ze hem wilde*
3 juist of netjes zijn in een bepaalde situatie [iets past] ✦ *het past niet om in zo'n kort jurkje naar de kerk te gaan*
4 precies het juiste bedrag betalen, zodat je geen geld terug hoeft te krijgen [iemand past (een bedrag)] ✦ *ik heb niet terug van twintig euro; kunt u passen?*
5 voor iets passen: iets niet willen doen ✦ *zij paste ervoor om steeds voor haar vriend te moeten betalen*

•**pas·sen bij** [paste bij, heeft gepast bij]
aansluiten bij iets of iemand; geschikt zijn voor iets of iemand = horen bij [iets of iemand past bij iets of iemand] ✦ *Jip en Merel passen goed bij elkaar* ✦ *erwtensoep past meer bij de winter dan bij de zomer*

•**pas·sen op** [paste op, heeft gepast op]
op iemand of iets letten [iemand past op iemand of iets] ✦ *tijdens de vakantie pasten de buren op de kat* ✦ *kun je even op mijn tas passen?*

pas·send [bijvoeglijk naamwoord]
passende oplossingen, antwoorden, cadeaus enz. zijn precies goed voor die situatie ✦ *na zijn studie kon hij geen passend werk vinden*

de **pas·ser** [passers]
een voorwerp met een naald en een potlood waarmee men cirkels kan tekenen

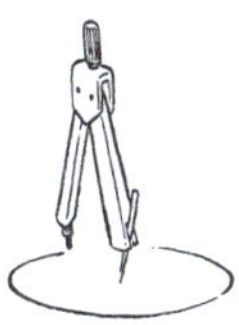

passer

pas·se·ren [passeerde]
1 [heeft of is gepasseerd] langs iemand of iets gaan = voorbijgaan [iemand passeert (iemand of iets)] ✦ *de auto passeerde de vrachtwagen met grote snelheid*
2 [heeft gepasseerd] niet kiezen = overslaan [iemand passeert iemand] ✦ *Anton voelde zich gepasseerd toen hij niet was uitgenodigd*
3 [is gepasseerd] gebeuren [iets is gepasseerd] ✦ *wat is er allemaal gepasseerd toen ik er niet was?*

de **pas·sie** [passies]
een hevig gevoel van liefde voor iets of iemand = de hartstocht ✦ *muziek is mijn grote passie*

pas·sief [bijvoeglijk naamwoord]
passieve mensen nemen weinig initiatief en wachten af wat er gebeurt ⇔ ac-

tief ✦ *als je zo passief blijft, vind je nooit een baan!*

de **pas·ta** [pasta's]
1 Italiaans eten dat van deeg is gemaakt, bijv. macaroni of spaghetti ✦ *wil je rijst of pasta bij het eten?* **maaltijden**
2 een dikke massa die je kunt smeren ✦ *de tandpasta* ✦ *de chocoladepasta*

de* **pas·toor** [pastoors]
een geestelijke die aan het hoofd staat van een parochie **religie**

de **pas·tor** [pastores, pastors]
iemand die voor zijn beroep vanuit het geloof mensen helpt, bijv. een dominee ✦ *in het ziekenhuis kon je praten met een pastor*

pas·to·raal [bijvoeglijk naamwoord]
iemand die pastoraal werk doet, probeert vanuit het geloof mensen te helpen, meestal via de kerk

de **pa·tat** [patatten]
1 [geen meervoud] eten dat gemaakt is van stukjes aardappel die in heet vet zijn gebakken = de friet
2 (in België) de knol van een plant die je kunt eten = de aardappel

Nederlanders en Belgen eten veel patat. In restaurants krijg je vaak patat bij het eten. Soms halen mensen patat in de snackbar, en er wordt ook wel thuis patat gebakken. Vooral kinderen vinden het erg lekker. Mét mayonaise.

de **pa·ta·tes fri·tes** [meervoud]
eten dat gemaakt is van stukjes aardappel die in heet vet zijn gebakken

de **pa·té** [patés]
een dikke massa van gemalen vlees en kruiden, bijv. voor op brood

het **pa·tent** [patenten]
het recht om als enige een product te maken en te verkopen ✦ *ze had zo'n goed idee dat ze er direct patent op heeft aangevraagd*

de **pa·ter** [paters]
een katholieke priester die tot een kloosterorde behoort

de* **pa·tiënt** [patiënten] **pa·tiën·te** [patiëntes]
iemand die behandeld wordt door een arts ✦ *in sommige zalen van het ziekenhuis liggen acht patiënten op één kamer*

de **pa·tis·se·rie** [patisserieën] (in België)
zacht en zoet gebakken lekkers, voor bij de koffie of de thee

de **pa·troon**[1] [patronen]
1 een ding dat in een wapen gaat en waarin een kogel zit
2 een ding dat in een pen of een toestel gaat en waarin bijv. inkt of verf zit ✦ *de inktpatroon*

het **pa·troon**[2] [patronen]
1 een figuur die zich herhaalt ✦ *er was een patroon van bloemetjes op de muur geschilderd*
2 de manier waarop iets altijd gaat ✦ *ze vond het vaste patroon van werken, eten, televisie kijken, slapen erg vervelend*
3 een tekening waarop precies staat hoe je een kledingstuk kunt maken ✦ *heb je het patroon van die trui voor mij?*

de **pa·trouil·le** [patrouilles]
1 een groep soldaten die iets verdedigt of onderzoekt ✦ *de regering stuurde een patrouille naar de grens*
2 de keer dat er gepatrouilleerd* wordt ✦ *de politie was op patrouille in het gebied*

pa·trouil·le·ren [patrouilleerde, heeft gepatrouilleerd]
een gebied beschermen door steeds heen en weer te rijden, te varen enz. [iemand patrouilleert] ✦ *de legers patrouilleerden langs de grens*

de **pat·stel·ling** [patstellingen]
de situatie dat je geen oplossing voor een grote ruzie kunt vinden ✦ *wie kan de patstelling tussen de werkgevers en de werknemers doorbreken?*

de **paus** [pausen]
de leider van de katholieke kerk ✦ *de paus woont in het Vaticaan in Rome* **religie**

de **pauw** [pauwen]
een vogel waarvan het mannetje een prachtige staart heeft

pauw

de **pau·ze** [pauzes]
de tijd dat je even stopt met werken of leren ✦ *ze heeft op haar werk een uur pauze* ✦ *in de pauze kunt u boven koffie of thee halen*

het **pa·vil·joen** [paviljoenen, paviljoens]
1 een gebouw dat een onderdeel is van een groep gebouwen ✦ *het ziekenhuis bestond uit een hoofdgebouw en vier paviljoenen*
2 een groot café in een park

de **pc** [pc's]
personal computer: een computer waar mensen zelfstandig op kunnen werken

de **pech**
1 de keer dat jou toevallig iets vervelends overkomt ✦ *wat een pech dat je net ziek bent op je verjaardag!*
2 de keer dat er iets stuk is aan de auto, bus enz. ✦ *hij komt later, want hij staat met pech langs de weg*

de **pech·strook** [pechstroken] (in België)
een baan op de snelweg aan de rechterkant, waar je kunt gaan staan als je auto kapot is = de vluchtstrook ✦ *de auto stond met een lekke band op de pechstrook*

het **pe·daal** *ook:* de [pedalen]
een onderdeel van een machine dat je met je voet kunt bedienen ✦ *deze auto heeft maar een klein gaspedaal* ✦ *heeft een piano twee of drie pedalen?*

pe·da·go·gisch [bijvoeglijk naamwoord]
pedagogische zaken hebben te maken met het opvoeden van kinderen ✦ *pedagogisch gezien is het niet verstandig om een kind vaak cadeaus te geven*

de **ped·del** [peddels]
een stok met aan het einde een plat deel, waarmee je een boot door het water kunt sturen ✦ *we konden niet verder varen omdat we de peddels waren verloren*

peddel

de **pe·do·fiel** [pedofielen]
iemand die seksuele gevoelens heeft voor kinderen

de **peer** [peren]
1 een zachte, zoete vrucht

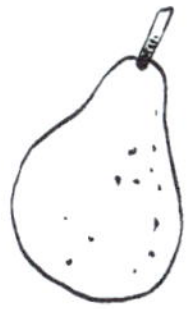
peer 1

2 een ding dat licht geeft en dat je in een lamp draait

de **pees** [pezen]
een soort touwtje waarmee een spier vastzit aan een bot ✦ *de voetballer had zijn pees gescheurd*

de **peet·oom** [peetooms]
een man die bij de doop van een kind belooft om hem of haar extra aandacht te geven

de **peet·tan·te** [peettantes]
een vrouw die bij de doop van een kind belooft om hem of haar extra aandacht te geven

het **peil**
1 de hoogte van het water in bijv. een rivier ✦ *na alle regen steeg het peil in de rivieren snel* ✦ *het oliepeil in de auto was te laag*
2 de hoogte van de kwaliteit = het niveau
op peil: op een goed niveau ✦ *de ambtenaren moesten op cursus om hun kennis op peil te brengen*
dat is beneden alle peil: dat is heel erg slecht
3 geen peil op iets kunnen trekken: niet kunnen verklaren wanneer iets wel of niet gebeurt

pei·len [peilde, heeft gepeild]
1 onderzoeken hoe men over iets denkt [iemand peilt iemand of iets] ✦ *de journalist peilde de stemming op straat*
2 onderzoeken hoe hoog of diep iets is [iemand peilt iets] ✦ *met een stok peilde de kapitein hoe diep het water was*

de **pei·ling** [peilingen]
een onderzoek naar hoe men over iets denkt ✦ *volgens de peilingen zal die partij flink verliezen bij de verkiezingen*

•**pein·zen** [peinsde, heeft gepeinsd]
lang nadenken [iemand peinst (over iets)] ✦ *de man peinsde vaak over het verleden, toen zijn vrouw nog leefde*

de **pel·grim** [pelgrims]
iemand die, meestal lopend, een tocht maakt naar een heilige plaats ✦ *de pel-*

pe

grim was van Brussel naar Santiago de Compostela gelopen

pel·len [pelde, heeft gepeld]
de harde buitenkant van iets halen = doppen [iemand pelt iets, bijv. pinda's] ✦ *zij pelde haar eitje en at het langzaam op*

het **pe·lo·ton** [pelotons]
1 een grote groep wielrenners, hardlopers enz. die bij elkaar blijven tijdens een wedstrijd ✦ *Cipollini ontsnapte uit het peloton en won de wedstrijd*
2 een afdeling soldaten

de **pels** [pelzen]
het vel van een dier met de haren erop, dat gebruikt wordt voor bijv. kleren of tassen = de vacht ✦ *sommige dieren doodt men om hun pels*

de **•pen** [pennen]
1 een met inkt gevuld voorwerp waarmee je kunt schrijven ✦ *heb je even een pen voor mij?*
2 een houten of metalen stokje = de pin ✦ *met een pennetje kun je de deur sluiten* ✦ *de breipen*

de **pe·nal·ty** [penalty's] (voetbal)
een straf bij voetbal, waarbij een speler van de andere partij vrij op het doel mag schieten = de strafschop ✦ *de wedstrijd werd beslist met penalty's*

de **pen·de·laar** [pendelaars] (in België)
iemand die moet reizen tussen werk en woning = de forens ✦ *veel pendelaars staan elke dag in de file* wonen

de **pe·ni·cil·li·ne**
een medicijn tegen ontstekingen = het antibioticum

de **pe·nis** [penissen]
het deel van het lichaam van een man waarmee hij plast en seks heeft = de pik

de **pen·ning** [penningen]
een munt, bijv. voor een automaat

de **pen·ning·mees·ter** [penningmeesters]
iemand die de financiële zaken regelt voor bijv. een vereniging

het **pen·seel** [penselen]
een soort stokje met haren aan het uiteinde, waarmee een kunstenaar schildert = de kwast

het **pen·si·oen** [pensioenen]
1 het geld dat van je loon apart gezet wordt, en dat je krijgt als je vanwege je leeftijd stopt met werken ✦ *ze heeft in veertig jaar een goed pensioen opgebouwd* verzekeringen
2 het moment waarop je vanwege je leeftijd stopt met werken ✦ *na zijn pensioen is hij veel gaan reizen*

het **pen·si·oen·fonds** [pensioenfondsen]
een bedrijf dat het geld voor je pensioen* bewaart en iedere maand aan je geeft als je gestopt bent met werken

het **pen·si·on** [pensions]
een huis waar je tegen betaling kunt logeren en eten ✦ *als we op Terschelling zijn, slapen we altijd in een pension*

de **pe·per**
1 een specerij die je op eten doet om het scherp te laten smaken ✦ *in een restaurant staan er vaak zout en peper op tafel*
2 een rode of groene vrucht met een heel scherpe smaak

de **pe·per·munt**
1 een fris snoepje
2 een plant waarvan je de blaadjes door het eten kunt doen = de munt

de **pe·per·noot** [pepernoten]
een soort heel klein kruidig koekje feestdagen

•per [voorzetsel]
1 voor elk ✦ *de appels kosten veertig cent per stuk*
2 vanaf ✦ *per 1 januari heb ik geen werk meer*
3 met ✦ *ga je per fiets of per auto?*

het **per·ceel** [percelen]
een stuk grond, met of zonder gebouwen erop = het kavel ✦ *de man kocht het perceel om er een huis te bouwen*

het **per·cen·ta·ge** [percentages]
een getal dat aangeeft hoeveel procent iets is ✦ *een klein percentage van de winst (vijf procent) mag je zelf houden*

•per·fect [bijvoeglijk naamwoord]
iets wat perfect is, is helemaal goed = volmaakt ✦ *de muren van het oude huis scheuren, maar het dak is nog perfect*

de **•pe·ri·o·de** [perioden, periodes]
een bepaalde tijd = het tijdperk ✦ *in de periode 1945-1955 zijn er veel nieuwe huizen in Nederland gebouwd*

pe·ri·o·diek [bijvoeglijk naamwoord]
iets wat periodiek gebeurt, gebeurt iedere keer met een gelijke periode ertussen ✦ *de auto moest naar de garage voor periodiek onderhoud*

het **perk** [perken]

een stukje grond met bijv. gras of bloemen, met een hekje eromheen ✦ *het bloemperk*

iets binnen de perken houden: iets niet te erg maken ✦ *voor de buren probeerde hij het lawaai binnen de perken te houden*

dat gaat alle perken te buiten: dat is veel te erg ✦ *de ruzie binnen de partij ging alle perken te buiten*

het **per·ma·nent**[1]
krullen in het haar die gemaakt zijn door de kapper ✦ *zijn Gordons krullen echt of is het een permanentje?*

per·ma·nent[2] [bijvoeglijk naamwoord]
iets wat permanent is, is er altijd = blijvend ⇔ tijdelijk ✦ *in het Rijksmuseum is een permanente tentoonstelling van Hollandse meesters*

per·ma·nent[3] [bijwoord]
zonder te stoppen; voortdurend = onafgebroken, constant ✦ *hij denkt permanent aan zijn werk*

de **per·mis·sie**
de keer dat je iets mag doen van iemand = de toestemming, het verlof ✦ *hij kreeg van de gemeente permissie om een nieuw huis te bouwen*

per·mit·te·ren [permitteerde, heeft gepermitteerd] (formeel)
toestaan [iemand permitteert iemand iets] ✦ *permitteert u mij dat ik uw vrouw kus?*

zich **per·mit·te·ren** [permitteerde zich, heeft zich gepermitteerd]
jezelf toestaan; de vrijheid nemen = zich veroorloven [iemand permitteert zich iets] ✦ *hij permitteerde het zich om met schoenen aan op de bank te gaan liggen*

zich iets niet kunnen permitteren: niet genoeg geld voor iets hebben ✦ *wij kunnen ons geen duurder huis permitteren*

per·plex [bijwoord]
perplex zijn; perplex staan: helemaal stil zijn omdat je heel verbaasd over iets bent ✦ *Auke stond perplex toen zijn broer uit Australië opeens voor de deur stond*

het **per·ron** [perrons]
een soort straat op een station, waar je in de trein stapt ✦ *er stonden veel mensen op het perron te wachten*

perron

de **•pers** [persen]
1 een apparaat waarmee je iets perst* (bet. 1) ✦ *een knoflookpers* ✦ *een drukpers*
2 [geen meervoud] de journalisten en de kranten, radio of televisie waarvoor ze werken = de media ✦ *er was veel buitenlandse pers aanwezig bij het huwelijk van de prins*

het **pers·be·richt** [persberichten]
een bericht met nieuws dat naar de pers (bet. 2) wordt gestuurd

de **pers·con·fe·ren·tie** [persconferenties]
een bijeenkomst waarbij iemand dingen vertelt aan de pers (bet. 2) ✦ *de president hield een persconferentie waarin hij vertelde dat hij wilde stoppen*

per se [bijwoord]
iemand die iets per se wil, wil dat heel duidelijk en dwingend ✦ *het meisje wilde per se geen jurken aan*

per·sen [perste, heeft geperst]
1 hard op iets drukken en duwen [iemand perst iets] ✦ *Diana perste een sinaasappel en dronk het sap op*
2 iets strijken met stoom, om het glad te maken [kleren, stoffen persen] ✦ *die broek wordt mooier als je hem perst*
3 een bepaalde vorm geven door te verwarmen en hard te drukken [iemand perst iets] ✦ *de cd's werden in een grote fabriek geperst*
4 met je spieren van je buik hard drukken om een baby geboren te laten worden [een vrouw perst]

de **per·si·fla·ge** [persiflages]
een poging om mensen te laten lachen door op iets of iemand te lijken op een manier die erger is dan de werkelijkheid = de parodie ✦ *dit programma is een persiflage op tv-programma's uit de jaren zeventig*

het **per·so·na·ge** *ook:* de [personages]
1 een persoon die voorkomt in een boek, een film enz. ✦ *Frits van Egters is een personage in een boek van Gerard Reve*
2 de persoon = de figuur ✦ *er liep een*

vreemd personage op straat

de **per·so·na·lia** [meervoud]
de persoonlijke gegevens van iemand: naam, geboortedatum enz. ✦ *men vermoedde wie de misdaad gepleegd had, maar men gaf nog niet de personalia van de man*

het **•per·so·neel**
de werknemers van een bedrijf ✦ *op zaterdagen werkt er extra personeel in de winkel*

de **per·so·neels·ad·ver·ten·tie** [personeelsadvertenties]
een bericht in een krant of een tijdschrift waarmee een organisatie nieuwe werknemers zoekt werk

het **per·so·neels·lid** [personeelsleden]
een werknemer in een bedrijf

de **per·so·nen·au·to** [personenauto's]
een auto voor het vervoer van mensen = de auto ⇔ de vrachtwagen

de **per·so·nen·be·las·ting** [personenbelastingen] (in België)
de belasting die je over je loon moet betalen = de inkomstenbelasting belasting

de **•per·soon** [personen]
de mens = het individu ✦ *hoeveel personen passen er in die auto?*

•per·soon·lijk[1] [bijvoeglijk naamwoord]
persoonlijke dingen zijn van jezelf of voor jezelf = eigen ✦ *de journalist gaf zijn persoonlijke mening* ✦ *de voorzitter hield een heel persoonlijke toespraak*

•per·soon·lijk[2] [bijwoord]
zelf; niet een ander ✦ *de burgemeester kwam het cadeau persoonlijk brengen*

de **•per·soon·lijk·heid** [persoonlijkheden]
1 de manier waarop iemand doet en denkt = het karakter ✦ *Judith heeft een heel andere persoonlijkheid dan haar broertje*
2 iemand met een sterk en interessant karakter ✦ *de prins was een echte persoonlijkheid*

het **per·spec·tief** [perspectieven]
het punt waarvandaan je dingen ziet en begrijpt = het gezichtspunt ✦ *deze foto is gemaakt vanuit een heel ander perspectief* ✦ *bekijk het eens vanuit mijn perspectief; dan denk je er wel anders over!*
dat biedt perspectieven: dat geeft mogelijkheden ✦ *een goede opleiding biedt perspectieven*

per·te to·ta·le [bijvoeglijk naamwoord] (in België)
een voertuig dat perte totale is, is zo kapot dat het te duur is om het te herstellen = total loss ✦ *hij heeft zijn nieuwe auto perte totale gereden*

per·ti·nent [bijvoeglijk naamwoord]
zeer zeker; beslist ✦ *het is pertinent niet waar wat ze over me zeggen*

de **per·zik** [perziken]
een zachte, zoete vrucht met een grote pit

perzik

pes·si·mis·tisch [bijvoeglijk naamwoord]
pessimistische mensen zien vooral de negatieve kant van een zaak ⇔ optimistisch ✦ *de trainer was pessimistisch over de kansen om te winnen*

de **pest**
1 een ziekte waaraan vroeger veel mensen stierven
2 (er) de pest in hebben: boos of verdrietig zijn ✦ *Rosa had er de pest in dat ze niet had gewonnen*
3 de pest hebben aan iets of iemand: iets of iemand heel vervelend vinden ✦ *Mina heeft de pest aan vroeg uit bed komen*

pes·ten [pestte, heeft gepest]
erg vervelende dingen tegen iemand zeggen of doen = treiteren [iemand pest iemand] ✦ *het kind werd gepest om haar rode haar*

de **•pet[1]** [petten]
een kledingstuk voor op je hoofd, met een klep aan de voorkant
geen hoge pet van iemand op hebben: niet veel waardering voor iemand hebben
er met de pet naar gooien: een veel slechtere prestatie leveren dan je zou kunnen
petje af!: dit zeg je als je veel waardering hebt voor iemand
dat gaat boven mijn pet: dat begrijp ik niet; daar ben ik te dom voor

pet[1]

pet[2] [bijvoeglijk naamwoord] (informeel)
heel slecht = waardeloos ✦ *het weer was pet*

het **pe·te·kind** [petekinderen]
een kind waarvan je bij de doop peetoom* of peettante* bent geworden, en dat je extra aandacht geeft ✦ *ik kan niet komen op 29 juni, want dan is mijn petekind jarig*

de **pe·ter·se·lie**
een plant met kleine blaadjes die je door het eten doet

de **pe·ti·tie** [petities]
een officieel papier met een vraag aan de regering, de directie enz. = het verzoekschrift ✦ *de bewoners van de oude buurt hebben de burgemeester een petitie aangeboden*

de **pe·tro·le·um**
een vloeistof waarop men vroeger bijv. een kachel of een lamp liet branden

pet·to
iets in petto hebben: iets, meestal iets leuks, nog niet zeggen, omdat je het voor later bewaart ✦ *de ouders hadden voor de kinderen nog een verrassing in petto*

de **peuk** [peuken]
1 het restje van een opgerookte sigaret of sigaar ✦ *de jongens gooiden hun peuken op de grond*
2 (informeel) de sigaret ✦ *heb je nog een peuk voor mij?*

de **peul·vrucht** [peulvruchten]
een lange vrucht met zaden erin die je kunt eten, zoals een boon

de **peu·ter** [peuters]
een kind van ongeveer één tot vier jaar

peu·te·ren [peuterde, heeft gepeuterd]
iets los proberen te maken met je vinger = pulken [iemand peutert (aan iets)] ✦ *zit niet in je neus te peuteren!*

de **peu·ter·speel·zaal** [peuterspeelzalen]
een instelling met leidsters waar kinderen van 2 tot 4 jaar kunnen spelen

de **peu·ter·tuin** [peutertuinen] (in België)
een school voor de opvang van heel kleine kinderen ✦ *in een peutertuin zitten kinderen die nog te klein zijn voor de kleuterschool*

peu·ze·len [peuzelde, heeft gepeuzeld]
met kleine hapjes en met smaak eten [iemand peuzelt] ✦ *de kinderen zaten lekker te peuzelen van de taart*

de **pi·a·nist** [pianisten] **pi·a·nis·te** [pianistes]
iemand die op een piano speelt

de•**pi·a·no** [piano's]
een groot muziekinstrument met toetsen

piano

de **pick·nick** [picknicks]
een maaltijd met brood en lekkere dingen buiten in de natuur ✦ *toen mijn zus jarig was, hield ze een picknick in het park*

het **pied-à-ter·re**
een meestal kleine tweede woning in een stad, voor iemand die daar vaak moet zijn ✦ *de minister woont in Friesland, maar ze heeft een pied-à-terre in Den Haag*

pi

de **piek** [pieken]
1 een top met een punt ✦ *vanuit het huis kon je de pieken van de bergen zien* ✦ *we zetten een glazen piek op de kerstboom*
2 het hoogste punt = het hoogtepunt ✦ *het was al heel druk op de weg, maar men verwachtte de piek in het weekend*
3 een bosje haren dat omhoog staat ✦ *Bea's haar stond in rare pieken toen ze uit bed kwam*

pie·ke·ren [piekerde, heeft gepiekerd]
nadenken over problemen [iemand piekert (over iets)] ✦ *ze lag de hele nacht te piekeren over haar werk*

de **pie·mel** [piemels] (informeel)
het deel van het lichaam van een man waarmee hij plast = de penis

pien·ter [bijvoeglijk naamwoord]
iemand die pienter is, is heel slim ✦ *Harry Potter is een pientere jongen*

pie·pen [piepte, heeft gepiept]
1 een hoog geluid maken dat klinkt als

'piep' [iets of iemand piept] ✦ *de deur piept* ✦ *een muis piept*
2 bang of boos reageren terwijl dat niet nodig is = zich aanstellen [iemand piept] ✦ *hij begint meteen te piepen als hij bloed ziet*
3 nog net te zien zijn [iets piept onder iets uit] ✦ *er piepte een stuk trui onder haar jas uit*
4 het is zo gepiept: het is snel gedaan

de **pie·per** [piepers]
1 een toestelletje dat je bij je draagt en dat gaat piepen als iemand je wil bereiken = de semafoon ✦ *vroeger had een dokter vaak een pieper bij zich, nu heeft hij een mobiele telefoon*
2 (informeel) de aardappel ✦ *eten we alweer piepers?*

de **pier** [pieren]
1 een lang dun beestje dat in de grond zit = de worm
2 een soort smalle weg die in de zee steekt
3 een gang op een vliegveld waardoor je naar een vliegtuig loopt

de **pier·cing** [piercings]
een ringetje of een knopje door een lip, neus, navel enz., of het gaatje daarvoor ✦ *ze mag pas een piercing in haar navel als ze achttien is*

de **Piet**
1 er voor Piet Snot bij zitten of staan: ergens zonder doel zijn en niet meedoen ✦ *ik sta hier niet voor Piet Snot; je moet wel naar me luisteren!*
2 zwarte Piet: de hulp van Sinterklaas
3 een Pietje Precies: iemand die te precies is
4 je een hele Piet voelen: het idee hebben dat je belangrijk bent

piet·lut·tig [bijvoeglijk naamwoord]
pietluttige mensen zijn te precies ✦ *hij zette pietluttig alle kopjes in de kast recht*

de **pijl** [pijlen]
1 een wapen dat bestaat uit een stok met aan het einde een scherpe punt ✦ *het slachtoffer was getroffen door een pijl*
2 een teken waarmee een richting wordt aangegeven ✦ *als je naar de uitgang wilt, moet je de groene pijlen volgen*

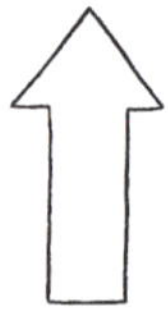

pijl 2

de **pij·ler** [pijlers]
1 een paal waarop een deel van een brug of een gebouw steunt
2 iets waarop iets anders steunt ✦ *de minister vond het gezin de pijler van de samenleving*

de •**pijn** [pijnen]
1 een naar gevoel in je lichaam ✦ *de wond aan haar been deed veel pijn*
2 het verdriet ✦ *het afscheid van zijn vrouw heeft hem veel pijn gedaan*

pijn·lijk [bijvoeglijk naamwoord]
1 iets wat pijnlijk is, doet pijn (bet. 1) ✦ *hij had een pijnlijke rug*
2 iets wat pijnlijk is, geeft een nare en gespannen sfeer ✦ *er viel een pijnlijke stilte* ✦ *het was een pijnlijk misverstand dat Aldo niet was uitgenodigd*

de **pijn·stil·ler** [pijnstillers]
een medicijn waardoor je minder pijn voelt

de •**pijp** [pijpen]
1 een voorwerp waarin je tabak kunt doen om te roken

pijp 1

2 het deel van een broek dat om je been zit = de broekspijp

pijp 2

3 een voorwerp dat rond, lang en hol is ✦ *de rioolpijp* ✦ *de afvoerpijp*
4 de pijp uitgaan: (informeel) sterven

pi·kant [bijvoeglijk naamwoord]
1 pikant eten smaakt scherp doordat er veel kruiden in zitten
2 pikante dingen zijn interessant en

gaan over wat net wél of net níét kan ✦ *in het blad stonden pikante details over het huwelijk van de prins*

pik·ken [pikte, heeft gepikt]
1 met de snavel eten of andere dingen pakken [een vogel pikt (iets)] ✦ *de kippen pikten elkaar*
2 (informeel) wegnemen terwijl dat niet mag = stelen [iemand pikt (iets)] ✦ *het kind had een snoepje gepikt*
3 (informeel) laten gebeuren, terwijl je je eigenlijk zou moeten verzetten [iemand pikt iets] ✦ *hij pikte het niet langer dat hij altijd het stomme werk moest doen*

de **pil** [pillen]
1 een medicijn in de vorm van een soort balletje dat je moet doorslikken ✦ *de patiënt kreeg van de dokter pilletjes tegen de pijn*
het was een bittere pil: het was een grote teleurstelling
2 het medicijn dat een vrouw slikt om geen kinderen te krijgen
3 (informeel) een heel dik boek ✦ *hij nam een paar lekkere dikke pillen mee op vakantie*

de **pi·laar** [pilaren]
een soort dikke paal van steen, waarop een deel van een gebouw steunt = de zuil

de **pi·loot** [piloten]
iemand die een vliegtuig bestuurt

het **pils** *ook:* de
het bier ✦ *hij bestelde een pilsje bij het eten*

de **pin** [pinnen]
een soort houten of ijzeren stokje waarmee je iets vastzet = de pen ✦ *als je dat pinnetje erin stopt, kan de deur niet meer open*

het **pin·cet** *ook:* de [pincetten]
een kleine tang waarmee je kleine dingetjes kunt pakken ✦ *hij haalde met een pincet de splinter uit zijn voet*

pincet

de **pin·co·de** [pincodes]
het geheime getal dat bij je pinpas* hoort en dat je nodig hebt om geld te halen of om te betalen

de **pin·da** [pinda's]
een noot

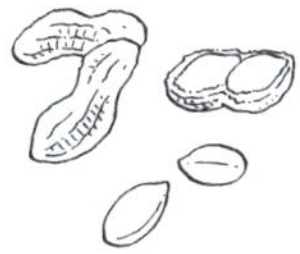
pinda

de **pin·da·kaas**
een massa van gemalen pinda's* die je op brood kunt doen **maaltijden**

de **pi·neut**
de pineut zijn: het slachtoffer zijn; iets vervelends moeten doen ✦ *hij maakt grapjes over iedereen en vandaag was ik de pineut*

de **pin·gu·ïn** [pinguïns]
een vogel die op Antarctica leeft

pinguïn

de **pink** [pinken]
1 de kleinste vinger

pink 1

2 een jonge koe **dieren**

de **Pink·ste·ren**
een christelijk feest, vijftig dagen na Pasen **feestdagen**

pin·nen [pinde, heeft gepind]
1 geld opnemen met een pinpas* [iemand pint (geld)]
2 betalen met een pinpas* [iemand pint]

pin·nig [bijvoeglijk naamwoord]
een vrouw die pinnig is, zegt dingen die niet aardig zijn ✦ *de mevrouw zei pinnig dat we op onze beurt moesten wachten*

de **pin·pas** [pinpassen]
het pasje van de bank waarmee je geld kunt halen of waarmee je kunt betalen **geld**

de **pint** [pinten] (informeel)
een glas bier

de **pi·on** [pionnen]
een figuurtje dat je bij spelletjes over het bord verplaatst ✦ *Margreet speelde met de rode pionnen en Geert met de gele*

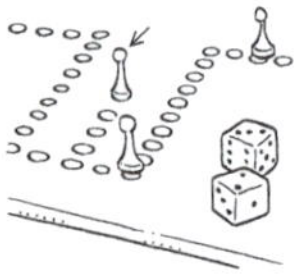

pion

de **pi·o·nier** [pioniers]
iemand die als eerste nieuwe en spannende dingen onderneemt, die later heel gewoon zijn ✦ *het bedrijf was een pionier bij het gebruik van internet*

pips [bijvoeglijk naamwoord]
iemand die pips ziet, ziet er wit en niet zo gezond uit = bleek ✦ *ze was wel weer beter, maar ze zag nog wat pips*

de **pi·ra·mi·de** [piramiden, piramides]
een vorm met driehoeken als vlakken ✦ *de oude Egyptenaren bouwden piramides om hun doden in te begraven*

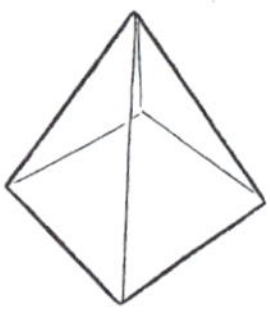

piramide

pi

pis·sen [piste, heeft gepist] (informeel)
urine uit je lichaam laten komen = plassen [iemand pist]

pis·sig [bijvoeglijk naamwoord] (informeel)
iemand die pissig is, is flink boos = nijdig ✦ *Joost was pissig omdat niemand naar hem luisterde*

de **pis·te** [pistes]
1 het ronde midden van een circus, waar wordt opgetreden ✦ *toen de paarden de piste in kwamen, klapte het publiek*
2 een plaats met sneeuw die speciaal bedoeld is om te skiën ✦ *ze gaan graag skiën in Frankrijk, omdat je daar zulke mooie pistes hebt*

de **pis·to·let** [pistolets]
een bepaald hard broodje

het **pis·tool** [pistolen]
een wapen dat je in je hand kunt houden en waarmee je kogels kunt schieten

pistool

de **pit** [pitten]
1 het harde deel in het midden van vruchten
2 de draad in een kaars = de lont
3 het deel van een fornuis waarop één pan kan staan ✦ *zet die pan maar op de achterste pit*
iets op een laag pitje zetten: tijdelijk niet veel aan iets doen
4 (ook: het) kracht en energie ✦ *de commissie heeft voor Valerie gekozen, omdat ze zoveel pit heeft*

pit·ten [pitte, heeft gepit] (informeel)
slapen [iemand ligt te pitten] ✦ *ze kon nog drie uur pitten voor ze weer op moest staan*

pit·tig [bijvoeglijk naamwoord]
1 pittige mensen of dingen hebben veel kracht en energie ✦ *door de pittige onderwerpen kijken er veel mensen naar het programma*
2 een pittig gerecht is scherp, met veel kruiden ✦ *hij houdt erg van pittig, Indonesisch eten*
3 iets wat pittig is, is behoorlijk moeilijk ✦ *het was een pittige test, maar ze had een goed cijfer* ✦ *omdat de werknemer vaak te laat kwam, had de directeur een pittig gesprek met hem*

pit·to·resk [bijvoeglijk naamwoord]
een pittoreske plaats is mooi en rustig = schilderachtig ✦ *ze wonen in een pittoresk dorpje aan de Maas*

de **piz·za** [pizza's]
een Italiaans plat, rond brood met tomaten, kaas enz. uit de oven maaltijden

pk [afkorting]
paardenkracht: de eenheid voor de kracht van een machine ✦ *het was een snelle auto, met een vermogen van 350 pk*

de **plaag** [plagen]
iets dat opeens erg veel last veroorzaakt, vooral een groot aantal diertjes of een ziekte ✦ *er waren zoveel muizen in de stad, dat de kranten het een plaag noemden*

de **•plaat** [platen]
1 een foto of een tekening = de illustratie ✦ *op het plaatje kun je zien hoe de gebouwen eruit gaan zien*
2 een dun, plat stuk van hard materiaal ✦ *met grote platen werden de twee kamers van elkaar gescheiden*
3 een zwarte schijf waarmee je op een grammofoon muziek kunt laten horen = de grammofoonplaat ✦ *de platen van de Beatles zijn nu veel geld waard*

de **•plaats** [plaatsen]
1 een gebied op aarde; een punt in de ruimte = de plek ✦ *op die plaats stond vroeger een huis* ✦ *deze plaats is bezet*
2 een punt in een reeks ✦ *de zwemmer is op de derde plaats geëindigd*
3 een stad of een dorp ✦ *weet jij waar de plaats Mechelen ligt?*
4 in plaats van ...: om ... te vervangen ✦ *in plaats van de burgemeester kwam de wethouder naar de opening*
5 plaats maken voor iets of iemand: zorgen dat iets of iemand de ruimte krijgt
6 ter plaatse zijn: op de plek zijn waar je moet zijn
7 in de eerste plaats: om te beginnen; wat het belangrijkste is

•plaat·se·lijk [bijvoeglijk naamwoord]
iets wat plaatselijk is, is op een bepaalde plaats, niet overal = lokaal ✦ *in de krant staat dat er plaatselijk wat regen zal vallen*

•plaat·sen [plaatste, heeft geplaatst]
een plaats geven [iemand plaatst iemand of iets] ✦ *overal in het gebouw werden nieuwe deuren geplaatst*

plaats·ge·no·men *zie:* **plaatsnemen**

plaats·ge·von·den *zie:* **plaatsvinden**

plaats·heb·ben [had plaats, heeft plaatsgehad]
plaatsvinden [een gebeurtenis heeft plaats] ✦ *het geheime overleg tussen de ministers van de twee landen heeft gisteren plaatsgehad*

plaats·ne·men [nam plaats, heeft plaatsgenomen]
gaan zitten [iemand neemt plaats] ✦ *na de pauze nam iedereen weer plaats in de zaal*

plaats·ver·van·gend [bijvoeglijk naamwoord]
iemand die of iets dat plaatsvervangend is, vervangt iemand of iets ✦ *de heer Numan is plaatsvervangend directeur*

•plaats·vin·den [vond plaats, heeft plaatsgevonden]
gebeuren [een gebeurtenis vindt plaats] ✦ *het onderzoek naar de oorzaak van het probleem heeft nog niet plaatsgevonden*

plach·ten *zie:* **plegen**

de **pla·dijs** [pladijzen] (in België)
een vis = de schol

het **pla·fond** [plafonds]
de bovenkant van een kamer ✦ *het plafond moest geschilderd worden*

pla·gen [plaagde, heeft geplaagd]
1 voor de grap proberen boos te maken [iemand plaagt iemand] ✦ *om haar te plagen noemde Jan Carolien 'Kale Sien'*
2 last veroorzaken [iemand wordt door iets geplaagd] ✦ *de man wordt geplaagd door een slechte gezondheid en problemen met zijn kinderen*

het **pla·gi·aat**
het feit dat je iemands tekst, ideeën of werk gebruikt en doet alsof je het zelf hebt bedacht ✦ *toen bleek dat de professor plagiaat had gepleegd, mocht hij niet bij de universiteit blijven werken*

de **plaid** [plaids]
een deken die je over je knieën legt tegen de kou, of waarop je op het gras kunt zitten

de **plak** [plakken]
1 een dun stuk van iets dat je kunt eten ✦ *hij deed een plakje kaas op zijn brood*
onder de plak zitten: iemand anders de baas over je laten zijn
2 [geen meervoud] een laagje op je tanden, waarvan je gaatjes kunt krijgen
3 (informeel) een rond metalen plaatje, als teken dat je een prijs hebt gewonnen ✦ *de zwemmer heeft op de Olympische Spelen een gouden plak gewonnen*

het **plak·band**
een smal stuk plastic, dat aan één kant kleeft en dat je gebruikt om dingen vast te maken ✦ *de kaarten zaten met plakband vast op de deur*

het **plak·boek** [plakboeken]
een boek waarin je dingen plakt*, bijv. plaatjes en artikelen uit de krant ✦ *haar moeder heeft vroeger een plakboek met alles over de Beatles gemaakt*

het **plak·kaat** [plakkaten]
een groot stuk papier dat ergens opge-

plakt is, bijv. met reclame = het aanplakbiljet

plak·ken [plakte, heeft geplakt]
1 met lijm of een andere kleefstof zorgen dat iets niet makkelijk los kan komen [iemand plakt iets (op iets)] ✦ *het jongetje plakte de figuurtjes op het papier*
2 door lijm of een andere kleefstof vast blijven zitten = kleven [iets plakt] ✦ *de foto bleef niet plakken en viel op de grond*
3 ergens blijven plakken: ergens langer blijven dan je van plan was

het •**plan** [plannen]
1 het idee om iets te gaan doen = het voornemen ✦ *we hebben het plan om morgen naar het strand te gaan* ✦ *de minister is van plan minder geld te besteden aan de ziekenhuizen*
2 een tekst of een tekening die beschrijft hoe iets gedaan moet worden ✦ *de gemeente heeft een plan gemaakt om drie van de tien scholen te sluiten*
3 [geen meervoud] het niveau ✦ *het onderwijs aan de universiteiten komt op een steeds lager plan*
4 je plan trekken: (in België) je redden zonder de hulp van anderen ✦ *ga maar naar huis, ik trek mijn plan wel*
je eigen plan trekken: doen wat je zelf wilt ✦ *haar collega's gaan altijd samen lunchen, maar zij trekt liever haar eigen plan*

de **pla·neet** [planeten]
een hemellichaam dat om de zon draait ✦ *de aarde, Venus en Mars zijn planeten*

de •**plank** [planken]
een plat stuk hout ✦ *hij haalde een paar planken weg om onder de vloer te kunnen kijken* ✦ *zet het boek maar op de derde plank*
de plank misslaan: je vergissen
op de planken staan: op het toneel staan

plan·nen [plande, heeft gepland]
een plan maken; bepalen wanneer je iets gaat doen [iemand plant (iets)] ✦ *de wedstrijd was gepland op 15 februari*

de **plan·ning**
een beschrijving waaruit blijkt welke dingen er op welk moment moeten gebeuren

de •**plant** [planten]
een levend wezen, meestal met bladeren, dat in de aarde groeit ✦ *heb je de planten al water gegeven?*

plant·aar·dig [bijvoeglijk naamwoord]
iets wat plantaardig is, is gemaakt van planten ✦ *zij eet alleen plantaardige producten*

plan·ten [plantte, heeft geplant]
een plant in de aarde zetten, zodat die kan groeien [iemand plant iets, bijv. een plant of een boom]

het **plant·soen** [plantsoenen]
een klein park ✦ *in de zomer speelden de kinderen in het plantsoen*

de **plas** [plassen]
1 een hoeveelheid regen die ergens is blijven liggen ✦ *toen de auto door een plas reed, werd ik helemaal nat*
2 een kleine hoeveelheid vloeistof die ergens ligt ✦ *er lag een plasje wijn naast het glas*
3 een grote hoeveelheid water met land eromheen ✦ *vlak bij de stad is een plas, waar mensen in de zomer zwemmen*
landschap
4 de urine die uit je lichaam komt ✦ *voor hij wegging, deed hij een plas*

plas·sen [plaste, heeft geplast]
urine uit je lichaam laten komen [iemand plast]

het **plas·tic**[1] [plastics]
een licht en sterk materiaal dat chemisch wordt gemaakt ✦ *het spel wordt gespeeld met geld van plastic*

plas·tic[2] [bijvoeglijk naamwoord]
een plastic voorwerp is gemaakt van plastic[1]* ✦ *ze aten de soep met plastic lepels*

plas·tisch [bijvoeglijk naamwoord]
1 als iets plastisch wordt verteld, kun je het je goed voorstellen ✦ *hij vertelde heel plastisch hoe de operatie gegaan was*
2 plastische chirurgie: operaties waarvan je er mooier uit gaat zien

•**plat** [bijvoeglijk naamwoord]
1 iets dat plat is, is niet dik of hoog ✦ *je kunt tegenwoordig heel platte televisies kopen*
2 als iemand plat praat, kun je goed horen uit welke stad of streek hij komt ✦ *de mevrouw in de winkel praatte plat Antwerps*
3 niet netjes = platvloers, ordinair ✦ *Heleen vond de platte grappen van de jongens helemaal niet leuk*

de **pla·ten·maat·schap·pij** [platenmaat-

schappijen]
een bedrijf dat muziek opneemt en verkoopt

het **plat·form** [platformen, platforms]
1 een platte, hoger gelegen plaats ✦ *vanaf een platform was het mogelijk de zaal in te kijken*
2 een groep mensen die uit verschillende groepen komen en die met elkaar overleggen ✦ *er wordt een platform opgericht dat zich zal bezighouden met de problemen in de zorg*
3 het gedeelte van een vliegveld waar de vliegtuigen geparkeerd staan ✦ *voor passagiers is het verboden op het platform te komen*

plat·ge·le·gen *zie:* **platliggen**

plat·leg·gen [legde plat, heeft platgelegd]
zorgen dat iets niet meer kan functioneren [iemand of iets legt iets plat] ✦ *de boze arbeiders hebben de fabriek platgelegd*

plat·lig·gen [lag plat, heeft platgelegen]
niet meer functioneren [iets ligt plat] ✦ *door de staking ligt het hele bedrijf plat*

de **plat·te·grond** [plattegronden]
een kaart waarop een gebied van bovenaf is getekend, om de weg te kunnen vinden ✦ *Boudewijn keek op de plattegrond hoe hij moest lopen*

de **plat·te·kaas** (in België)
een product van melk dat als nagerecht wordt gegeten = de kwark

het **plat·te·land**
het gebied buiten de stad, waar boeren wonen ✦ *ze zijn verhuisd, omdat ze op het platteland wilden wonen*

de **pla·vuis** [plavuizen]
een plat stuk steen voor op de vloer = de vloertegel

de **play·boy** [playboys]
een man die veel geld uitgeeft en veel vriendinnen heeft ✦ *James Bond is een typische playboy*

plech·tig [bijvoeglijk naamwoord]
iets wat plechtig is, is officieel en ernstig ✦ *hij moest plechtig beloven dat hij altijd de waarheid zou spreken*

de **plech·tig·heid** [plechtigheden]
een officiële en ernstige gebeurtenis, bijvoorbeeld het moment dat een huwelijk gesloten wordt = de ceremonie

het **pleeg·kind** [pleegkinderen]
een kind dat niet bij zijn eigen ouders woont, maar bij andere mensen ✦ *de buren hebben twee eigen kinderen en een pleegkind*

de **pleeg·ou·ders** [meervoud]
ouders die voor een kind zorgen dat niet bij zijn eigen ouders kan wonen

•**ple·gen** [pleegde, heeft gepleegd]
doen [iemand pleegt een misdaad]

•**ple·gen te** [placht te]
de gewoonte hebben om … [iemand pleegt te …] ✦ *hij pleegt iedere dag een stukje te wandelen*

het **plei·dooi** [pleidooien]
de dingen die je zegt om iets te bereiken ✦ *ze hield een pleidooi voor een ruimte waar werknemers mogen roken*

het •**plein** [pleinen]
een grote, open plaats in een stad of dorp, tussen gebouwen ✦ *op het plein is iedere week markt*

het **pleis·ter**[1]
een stof waarmee je muren glad kunt maken = het stuc

de **pleis·ter**[2] [pleisters]
een stukje kunststof met plakkende randen dat je op een wondje doet ✦ *ze had een pleister nodig, omdat ze zich gesneden had*

het **pleit**
1 het pleit winnen: gelijk krijgen bij een verschil van mening
2 het pleit is beslecht: er is beslist wie gelijk heeft

de **pleit·be·zor·ger** [pleitbezorgers]
iemand die iets verdedigt of probeert te bereiken ✦ *hij is een groot pleitbezorger van de nieuwe politiek*

plei·ten [pleitte, heeft gepleit]
verdedigen; proberen te bereiken [iemand pleit voor iets] ✦ *de partij pleitte voor minder reclame op de televisie*
dat pleit niet voor hem: dat geeft geen gunstige indruk van hem ✦ *het pleit niet voor Patrick dat niemand op hem gestemd heeft*

de •**plek** [plekken]
1 de plaats ✦ *de kat lag op een lekker plekje in de zon*
2 ter plekke: op de plaats waarom het gaat ✦ *gelukkig kon de auto ter plekke gerepareerd worden, zodat we verder konden reizen*

de **plens** [plenzen]

een hoeveelheid vloeistof die in één keer valt ✦ *de vrouw kreeg opeens een plens water over zich heen*

plet·ter
1 iets valt te pletter: iets valt zo hard dat het kapot is ✦ *bij het verhuizen viel de piano te pletter op straat*
2 zich te pletter schrikken: heel erg schrikken ✦ *ze schrok zich te pletter toen midden in de nacht de bel ging*
3 zich te pletter vervelen: zich heel erg vervelen

ple·zant [bijvoeglijk naamwoord] (in België)
als je iets plezant vindt, ben je er blij mee = plezierig ✦ *het was plezant om met de hele klas een dagje naar de zee te gaan*

het **•ple·zier**
het feit dat je blij bent of dat je iets leuk vindt ✦ *Maarten deed zijn werk met veel plezier* ✦ *als opa grapjes maakt, hebben de kinderen veel plezier*
iemand een plezier doen: iets doen wat iemand anders graag wil

ple·zie·rig [bijvoeglijk naamwoord]
als je iets plezierig vindt, ben je er blij mee = prettig ✦ *ze bedankte haar collega voor de plezierige samenwerking*

de **plicht** [plichten]
iets wat je moet doen; iets wat verplicht is ✦ *de vrouw voelde het als een plicht om haar moeder te verzorgen*

de **plint** [plinten]
een rand langs de onderkant van een muur ✦ *voorzichtig schoven we de kast tegen de plint*

de **PLO**
Palestine Liberation Organization: een politieke organisatie die streeft naar onafhankelijkheid voor de Palestijnen

de **•ploeg** [ploegen]
1 een apparaat waarmee een boer grond omkeert, zodat planten er beter kunnen groeien

ploeg 1

2 een groep arbeiders of een groep mensen die aan sport doen ✦ *de wedstrijd kon niet doorgaan omdat de ploeg uit Brugge te laat was*

ploe·gen [ploegde, heeft geploegd]
met een ploeg (bet. 1) de aarde omkeren, zodat planten er beter kunnen groeien [iemand ploegt (een stuk land)]

ploe·te·ren [ploeterde, heeft geploeterd]
hard en met veel moeite werken = zwoegen [iemand ploetert] ✦ *we hebben acht weken moeten ploeteren om het werk op tijd af te krijgen*

plof·fen [plofte, is geploft]
een kort, hard geluid maken, vooral bij het vallen [iets ploft] ✦ *hij was zo moe, dat hij meteen op de bank plofte*

de **plons** [plonsen, plonzen]
het geluid van iets dat in het water valt ✦ *we hoorden een harde plons en toen zagen we dat Marieke in het water was gevallen*

plon·zen [plonsde, is geplonsd]
in het water springen of vallen [iemand of iets plonst] ✦ *Geesje kleedde zich uit en plonsde in het zwembad*

de **plooi** [plooien]
een smalle, lange vouw in stof of in huid ✦ *het gordijn hing in mooie plooien omlaag*

de **plot** [plots]
het verhaal van een boek of een film ✦ *de plot van de film was slecht, maar de beelden waren prachtig*

plots [bijwoord]
plotseling ✦ *tijdens de vergadering kwam plots Sinterklaas binnen*

•plot·se·ling [bijwoord]
ineens; heel snel en niet verwacht = plots, opeens ✦ *de artsen wisten niet waarom er plotseling zo veel mensen overleden*

het **plu·che** *ook:* de [pluches]
een zachte, dikke stof

de **plug** [pluggen]
1 een plastic pijpje dat je in een gaatje in de muur doet en waarin je een schroef draait
2 het einde van een elektrische draad, dat je in een apparaat kunt steken ✦ *ze ontdekte dat de tv het niet deed omdat de plug los zat*

de **pluim** [pluimen]
1 een bosje haren of veren, om iets mooier te maken ✦ *de koningin droeg*

een hoed met drie grote pluimen erop
2 iemand een pluim geven: zeggen dat iemand iets goed heeft gedaan ✦ *de juffrouw gaf het meisje een pluim, omdat ze zo hard gewerkt had*

het **pluim·vee**
vogels zoals kippen, die worden gehouden voor eieren of vlees

de **pluis**[1] [pluizen]
een kleine hoeveelheid draadjes aan een stof of aan touw ✦ *wacht, laat me de pluisjes even van je jas halen*

pluis[2] [bijvoeglijk naamwoord]
het is niet pluis: er klopt iets niet; het is niet veilig ✦ *toen Maria 's nachts geluid hoorde, wist ze dat er iets niet pluis was*

de **pluk** [plukken]
een kleine hoeveelheid van iets, bijv. van haar ✦ *de kapper veegde de plukken haar op een hoop*

pluk·ken [plukte, heeft geplukt]
1 bloemen, vruchten enz. van de boom of plant trekken [iemand plukt bloemen, vruchten enz.] ✦ *hij heeft het fruit in zijn eigen tuin geplukt*
2 de veren verwijderen van een vogel [iemand plukt een vogel]

plun·de·ren [plunderde, heeft geplunderd]
dingen stelen die zijn achtergebleven, bijv. omdat mensen zijn gevlucht vanwege de oorlog [iemand plundert iets, bijv. een huis of een gebied] ✦ *de soldaten hebben alle huizen in het dorp geplunderd*

de **plus**[1] *ook:* het
het teken '+' ⇔ de min ✦ *als je meegaat, moet je een plusje voor je naam zetten*

•**plus**[2] [bijwoord]
1 plus voor een getal betekent dat de waarde groter is dan nul ⇔ min ✦ *overdag wordt het niet warmer dan plus drie graden*
2 plus na een getal betekent dat de waarde iets hoger is dan het getal ⇔ min ✦ *Vincent kreeg van de meester een acht plus (8+) voor zijn werk*
3 dit woord gebruik je om aan te geven dat getallen bij elkaar moeten worden opgeteld = en ⇔ min ✦ *drie plus vier is zeven (3 + 4 = 7)*

plus·mi·nus [bijwoord]
ongeveer; ook aangegeven met het teken '±' = circa ✦ *het is plusminus een kwartier lopen*

het **plus·punt** [pluspunten]
het voordeel ✦ *een pluspunt van het voorstel is dat het minder geld kost*

p.m. [afkorting]
1 post meridiem: na 12.00 uur 's middags ⇔ a.m. ✦ *om vier uur p.m. wordt iedereen bij de directeur verwacht*

Dit wordt in het Nederlands niet veel gebruikt; daar telt men door tot 24: 16.35 uur, 18.00 uur, 4.30 uur enz.

2 pro memorie: om niet te vergeten ✦ *bij kosten stond 'p.m.'*
3 per maand ✦ *de huur bedraagt 325 euro p.m.*

de **po** [po's]
een bak om in te plassen en te poepen, voor mensen die niet naar de wc kunnen = de pot

po·chen [pochte, heeft gepocht]
te veel goede dingen over jezelf zeggen = opscheppen [iemand pocht (over iets)] ✦ *hij pochte dat hij veel sterker was dan zijn broer*

de **poc·ket** [pockets]
een boek dat goedkoop is uitgegeven, met een buitenkant van stevig papier ✦ *na een jaar was het boek ook als pocket te koop*

het **po·di·um** [podia, podiums]
een verhoging waarop mensen uit de zaal je goed kunnen zien = het toneel ✦ *hij wachtte tot het stil was in de zaal en ging toen het podium op*

de **poe·del** [poedels]
een hond

poedel

de **poe·der**[1] [poeders]
een medicijn dat fijngemalen is ✦ *ze nam een poeder tegen de hoofdpijn*

het **poe·der**[2] *ook:* de
een stof die bestaat uit heel kleine deeltjes ✦ *er lag een laagje grijs poeder op alle tafels*

de **poe·lier** [poeliers]
een winkel waar je het vlees van vogels

kunt kopen ✦ *de kip van de poelier is veel lekkerder dan die van de supermarkt*

de **poen** *ook:* het (informeel)
het geld

de **poep**
de vaste stof die je uit je lichaam in de wc laat gaan = de ontlasting

poe·pen [poepte, heeft gepoept]
vaste stof uit je lichaam in de wc laten gaan = drukken [iemand poept]

de **•poes** [poezen]
een dier dat 'miauw' zegt en dat vaak als gezelschap in huis leeft dieren

poes

de **poes·pas**
meer drukte dan nodig is = het gedoe ✦ *ik heb geen zin in een groot feest met veel poespas*

poet·sen [poetste, heeft gepoetst]
hard met een borstel of een doek over iets bewegen, om het schoon en glimmend te maken [iemand poetst (iets)] ✦ *voor hij naar de bruiloft ging, poetste hij zijn schoenen* ✦ *ze poetst twee keer per dag haar tanden*

de **po·ë·zie**
teksten waarin dingen mooi worden gezegd volgens bepaalde regels

het **pof·fer·tje** [poffertjes]
een klein stukje deeg, dat op een plaat met kuiltjes is gebakken

po·gen [poogde, heeft gepoogd]
proberen [iemand poogt iets] ✦ *hij poogde op het laatste moment de fout te herstellen*

de **•po·ging** [pogingen]
de keer dat je iets probeert ✦ *dit is al zijn derde poging om te stoppen met roken*

de **pok·ken** [meervoud]
een gevaarlijke ziekte die door een virus wordt veroorzaakt, maar die niet meer bestaat

de **po·la·ri·sa·tie** [polarisaties]
de keer dat tegenstellingen nog groter worden ✦ *door het besluit van de werkgever, werd de polarisatie tussen werkgever en werknemers nog scherper*

de **pol·der** [polders]
een stuk land tussen dijken, waar vroeger zee was ✦ *rond 1950 zijn er polders gemaakt in het IJsselmeer* landschap

de **po·li·kli·niek** [poliklinieken]
de afdeling van een ziekenhuis waar je wordt behandeld als je niet wordt opgenomen ✦ *hij had om vier uur een afspraak in de polikliniek* gezondheid

de **po·lis** [polissen]
een papier waarop staat dat je een verzekering hebt afgesloten

de **po·li·ti·cus** [politici] **po·li·ti·ca** [politica's]
iemand die in de politiek werkt ✦ *bij de opening van de tentoonstelling waren ook verschillende politici aanwezig* politiek

de **•po·li·tie**
de ambtenaren die zorgen dat mensen zich aan de wet houden en dat het veilig is op straat

de **po·li·tie·agent** [politieagenten] **po·li·tie·agen·te** [politieagentes]
iemand die bij de politie werkt = de agent

het **po·li·tie·bu·reau** [politiebureaus]
het kantoor van de politie ✦ *de dief moest mee naar het politiebureau*

de **•po·li·tiek**[1]
1 alles wat te maken heeft met het besturen van een land = de staatkunde ✦ *eerst heeft hij bij een bedrijf gewerkt en nu gaat hij de politiek in* politiek
2 de manier waarop je belangrijke dingen doet of organiseert = het beleid ✦ *wat voor politiek voert de nieuwe directeur ten aanzien van de problemen in het bedrijf?*

•po·li·tiek[2] [bijvoeglijk naamwoord]
politieke zaken hebben te maken met het besturen van een land ✦ *de christelijke politieke partijen hebben veel leden in het oosten van Nederland*

de **po·li·tie·man** [politiemannen]
een man die bij de politie werkt

de **po·li·tie·recht·bank** [politierechtbanken] (in België)
de rechtbank die gaat over het verkeer en over kleine zaken rechtspraak

de **po·li·tie·rech·ter** [politierechters]
een rechter bij de arrondissementsrechtbank, die eenvoudige zaken behandelt rechtspraak

po

Politieke partijen Nederland

Er zijn vier soorten **verkiezingen** in Nederland: voor de Tweede Kamer, voor de Provinciale Staten, voor de gemeenteraad en voor Europa, want sinds 1979 mogen Nederlanders ook stemmen voor het **Europees Parlement**.

In Nederland is stemrecht, geen stemplicht. Je mag dus stemmen, maar het hoeft niet.

Volgens de grondwet mag iedere Nederlander (Nederlands staatsburger) van 18 jaar en ouder **kiezen** en **gekozen worden**. Bij de gemeenteraadsverkiezingen mogen ook mensen stemmen die niet de Nederlandse nationaliteit hebben. Die moeten dan wel minstens vijf jaar officieel in Nederland wonen.

Als er verkiezingen voor de **Tweede Kamer** komen, gaan de politieke partijen campagne voeren. Alle partijen die meedoen aan de verkiezingen, komen op een genummerde lijst. De grootste partij die aan de verkiezingen meedoet, staat op Lijst 1. De lijsttrekkers en andere politici proberen zo veel mogelijk aandacht van de media te krijgen voor de ideeën van hun partij. Op grond van de uitslag van de verkiezingen worden de 150 zetels van de Tweede Kamer verdeeld over de partijen (fracties).

In Nederland is de **kiesdrempel** bij de Tweede-Kamerverkiezingen 0,67 procent: een van de laagste ter wereld. Omdat de drempel zo laag is, zijn er in Nederland veel politieke partijen in het parlement. Meestal bestaat een kabinet ook uit verschillende partijen, een coalitiekabinet.

Ook Nederlanders die niet in Nederland wonen, hebben stemrecht voor de Europese verkiezingen en de Tweede-Kamerverkiezingen.

Hieronder staat een korte beschrijving van enkele **politieke partijen** die in de Tweede Kamer vertegenwoordigd zijn.

De *Partij van de Arbeid* (PvdA) is de partij van de sociaal-democraten.
D66 is een vrij jonge partij met sociaal-liberale ideeën. Er zijn ook een paar sterk linkse partijen, zoals de Socialistische Partij (SP) en GroenLinks.

Het *Christen-democratisch Appel* (CDA) neemt de bijbel als basis. Enkele kleinere christelijke partijen doen dat in nog grotere mate: de *ChristenUnie* en de *Staatkundig Gereformeerde Partij* (SGP).

De *Volkspartij voor Vrijheid en Democratie* (VVD) heeft liberale ideeën.

De *Lijst Pim Fortuyn* (LPF). Die partij is in 2002 opgericht omdat men vond dat er te weinig naar de burgers geluisterd werd.

Politieke partijen België

Er zijn vijf soorten **verkiezingen** in België: voor het federale parlement (Kamer en Senaat), voor de gewest- en gemeenschapsparlementen (in Vlaanderen: voor het Vlaams Parlement), voor het provinciebestuur, voor de gemeenteraad en voor het **Europees Parlement**. De verkiezingen voor de gewest- en gemeenschapsparlementen en het Europees Parlement worden op dezelfde dag gehouden, elke vijf jaar. Die

Politieke partijen België (vervolg)

voor het provinciebestuur en de gemeenteraad elke zes jaar. Federale verkiezingen zijn er officieel om de vier jaar.

In België is er **stemplicht** voor alle Belgen die 18 jaar zijn geworden en er is stemrecht voor gemeenteraadsverkiezingen voor niet-Belgen met een Europese nationaliteit. Zij moeten zich vooraf laten inschrijven op het gemeentehuis.

Als er verkiezingen komen, gaan de politieke partijen **campagne** voeren. Alle partijen die meedoen, maken lijsten met kandidaten.
De lijsttrekkers en andere politici proberen zo veel mogelijk aandacht en sympathie van de kiezers te krijgen. Ze organiseren politieke vergaderingen, zoeken de kiezers op, bijvoorbeeld in cafés of op openbare markten, en ze hangen de straten vol met verkiezingsaffiches, met foto's en slogans. Ook via de media vragen ze belangstelling voor de ideeën van hun partij. Ze nemen deel aan debatten en houden politieke redevoeringen.

De kiezers moeten op de dag van de verkiezingen (altijd een zondag) met hun oproepingskaart en hun identiteitskaart naar het stembureau in de gemeente waar ze wonen. Op veel plaatsen in België gebeurt het **stemmen** op een computer. Soms moet er nog een bolletje worden gekleurd op een stembiljet. Op grond van de uitslag van de verkiezingen worden de zetels verdeeld over de partijen (fracties). Daarna beginnen de fracties te onderhandelen over de vorming van een *regering* (na parlementsverkiezingen), een *bestendige deputatie* (na provinciale verkiezingen) of een *schepencollege* (na gemeenteraadsverkiezingen). Meestal moeten verschillende partijen samenwerken om een meerderheid te vormen. Ze sluiten een bestuursovereenkomst en vormen een coalitie. De andere partijen komen in de oppositie terecht.

Hieronder enkele **nationale politieke partijen**:

Socialisten: in Vlaanderen de *sp.a* (Socialistische Partij Anders), in Wallonië de *PS* (Parti Socialiste). Christen-democraten: in Vlaanderen *CD&V* (Christen-democratisch en Vlaams), in Wallonië *CDH* (Centre Démocratique Humaniste). Liberalen: in Vlaanderen *VLD* (Vlaamse Liberalen en Democraten), in Wallonië *MR* (Mouvement Réformateur).

Kleinere partijen zijn: de *groenen* (in Vlaanderen *Agalev*, in Wallonië *Ecolo*); de nationalistische partijen *N-VA* (Nieuw-Vlaamse Alliantie) en *FDF* (Front Démocratique des Francophones); het *Vlaams Blok*, de rechtse partij die door de andere partijen als niet-democratisch wordt beschouwd.

overheid

de **pol·le·pel** [pollepels]
1 een lepel van hout waarmee je in een pan kunt roeren
2 een diepe lepel waarmee je bijv. soep in borden kunt doen

pollepel 2

de **pols** [polsen]
1 het stuk tussen je arm en je hand, dat je kunt bewegen ✦ *toen ze was gevallen, was ze bang dat ze haar pols gebroken had*

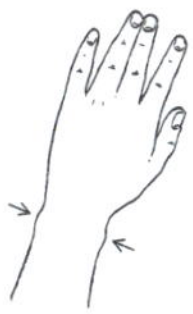

pols 1

2 het slaan van je hart, zoals je aan iemands pols kunt voelen

pol·sen [polste, heeft gepolst]
voorzichtig vragen hoe iemand over iets denkt [iemand polst iemand] ✦ *Van Beersum was gepolst of hij belangstelling had om minister te worden*

het **po·ly·es·ter** *ook:* de
een bepaald soort kunststof, waarvan bijv. schepen en kleren worden gemaakt

po·ly·va·lent [bijvoeglijk naamwoord] (in België)
een polyvalente zaal: een zaal die geschikt is voor verschillende doelen, bijv. tentoonstellingen, concerten enz.

de **pomp** [pompen]
een toestel dat vloeistof of lucht verplaatst ✦ *met een pomp werd het water uit de kelder gehaald* ✦ *de fietspomp*

pomp·af [bijvoeglijk naamwoord] (in België)
erg moe = bekaf ✦ *na een hele dag wandelen was Bea pompaf*

pom·pen [pompte, heeft gepompt]
met een pomp* verplaatsen [iemand of een pomp pompt een vloeistof of lucht] ✦ *het water werd uit de aarde omhoog gepompt*

het **pond** [ponden]
1 een gewicht van 500 gram ✦ *mag ik een pond appels van u?* meten
2 het geld waarmee bijv. in Groot Brittannië en Ierland wordt betaald

de **pont** [ponten]
een boot die heen en weer vaart om mensen en auto's te vervoeren = het veer

de **po·ny** [pony's]
1 een bepaald soort klein paard ✦ *in het park konden de kinderen op een pony rijden*
2 kort haar dat over je voorhoofd valt ✦ *ze ging naar de kapper om haar pony te laten knippen*

de **pooi·er** [pooiers]
de baas van vrouwen met wie mannen voor geld seks kunnen hebben = de souteneur

de **pook** [poken]
1 een stok van ijzer om hout te bewegen zodat vuur harder gaat branden
2 de hendel waarmee je in een auto kunt schakelen

de **pool**[1] [polen] (uitspraak: pool)
1 elk van de twee gebieden helemaal in het noorden en in het zuiden van de aarde, waar het heel koud is
2 elk van de twee einden van een magneet of een batterij ✦ *weet jij wat de negatieve pool is?*

de **pool**[2] [pools] (uitspraak: poel)
1 een spel waarbij je geld kunt verdienen door te zeggen wie er gaat winnen bij een wedstrijd
2 een Amerikaans spel waarbij je ballen met een stok over een tafel moet bewegen
3 een groep werknemers die je kunt laten werken wanneer dat nodig is ✦ *de school beschikte over een pool van mensen die les konden geven als er een leraar ziek was*

de **pools·hoog·te**
poolshoogte gaan nemen: gaan kijken hoe de situatie ergens is ✦ *vertegenwoordigers van de gemeente kwamen poolshoogte nemen in de oude buurt*

de **poort** [poorten]
een open plaats in een muur, waardoor je naar binnen kunt, vaak met deuren ✦ *in de muur om de stad zaten op verschillende plaatsen poorten*

de **poos** [pozen]
een korte periode ✦ *ik zit al een poosje te wachten*
een hele poos: behoorlijk lang ✦ *het is al een hele poos geleden dat ik in Gent was*

de **poot** [poten]
1 een been van een dier ✦ *als een kat valt, komt hij altijd op zijn pootjes terecht*
2 elk van de onderdelen waarop een tafel of een stoel staat ✦ *omdat de tafel*

niet recht stond, legde Martin een plankje onder een van de poten

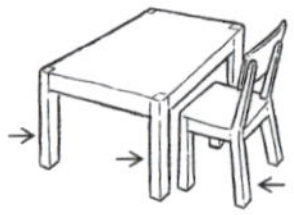

poot 2

3 (informeel) je hand of je voet
iets op poten zetten: iets organiseren ✦ *hij heeft een eigen bedrijf op poten gezet*
4 een afdeling van een bedrijf of een organisatie = de tak ✦ *alleen de Franse poot van het bedrijf had winst gemaakt*

de •**pop** [poppen]
1 een figuur met de vorm van een mens, meestal als speelgoed ✦ *het meisje heeft nog lang met poppen gespeeld*
2 een rups vlak voordat hij vlinder wordt

pop 2

3 [geen meervoud] moderne muziek, waarnaar vooral jongeren luisteren, met een eenvoudige melodie en een sterk ritme = de popmuziek ✦ *hij houdt ook wel van andere muziek, maar luistert vooral naar pop*

po·pe·len [popelde, heeft gepopeld]
sterk verlangen om iets te gaan doen; bijna niet kunnen wachten [iemand popelt (om iets te doen)] ✦ *Paul zat te popelen om te beginnen met eten*

de **pop·groep** [popgroepen]
een groep die popmuziek* maakt = de band

de **pop·mu·ziek**
moderne muziek, waarnaar vooral jongeren luisteren, met een eenvoudige melodie en een sterk ritme = de pop

de **pop·ster** [popsterren]
iemand die bekend is uit de popmuziek* ✦ *Bruce Springsteen is een bekende popster*

po·pu·lair [bijvoeglijk naamwoord]
1 populaire mensen of zaken zijn bekend en worden door veel mensen leuk, goed enz. gevonden ✦ *Romario is een populaire voetballer* ✦ *de computer wordt steeds populairder bij oudere mensen*
2 populaire taal is makkelijk en voor iedereen goed te begrijpen ✦ *om kiezers te winnen probeerde de minister wat populairder te praten*

de **po·pu·la·tie** [populaties]
de hoeveelheid mensen of dieren die in een bepaald gebied wonen ✦ *de populatie mussen in Nederland is sterk afgenomen*

de **po·pu·lier** [populieren]
een hoge, rechte boom

de **por** [porren]
de keer dat je bijv. met je arm kort en hard tegen iemand aan drukt = de stoot, de duw ✦ *geef Ruth eens een por in haar zij, want ze moet luisteren!*

po·reus [bijvoeglijk naamwoord]
door poreuze voorwerpen kan water of lucht gaan ✦ *de band van de fiets was door de warmte poreus geworden* ✦ *de oude vaas bleek poreus te zijn*

de **po·rie** [poriën]
elk van de heel kleine gaatjes in je huid waar zweet uit komt en waar lucht doorheen komt ✦ *als het warm is, gaan je poriën open*

de **por·no**
films, boeken enz. die de bedoeling hebben om je seksueel te prikkelen = de pornografie

por·ren [porde, heeft gepord]
met bijv. je arm kort en hard tegen iemand aan drukken [iemand port iemand] ✦ *ze porde hem, omdat hij niet luisterde*
te porren zijn voor iets: iets leuk vinden ✦ *voor een feestje is hij altijd te porren*

het **por·se·lein**
een duur soort aardewerk waarvan men kopjes en borden maakt ✦ *we kregen thee in kopjes van porselein*

de **port**
1 het geld dat je moet betalen als je iets wilt versturen = de porto
2 een soort wijn met meer alcohol, die extra zoet is dranken

het **por·taal** [portalen]
een grote ruimte waar je een gebouw binnenkomt ✦ *je mag geen fietsen in het portaal van de flat zetten*

po

de **por·te·feuil·le** [portefeuilles]
1 een leren mapje voor geld en belangrijke papieren
2 de taak die een minister of een wethouder heeft ✦ *de minister had verkeer en vervoer in haar portefeuille*

de **por·te·mon·nee** [portemonnees]
een mapje of een zakje waar je je geld in doet = de beurs ✦ *de vrouw pakte haar portemonnee om te betalen*

de **por·tie** [porties]
een bepaalde hoeveelheid eten of werk ✦ *iedereen kreeg een portie aardappelen* ✦ *hij nam een flinke portie werk mee naar huis*

het **por·tiek** *ook:* de [portieken]
een ruimte met een dak erboven voor de ingang van een gebouw ✦ *er lag een man te slapen in het portiek*

de **por·tier**[1] [portiers]
iemand die bij de deur van een gebouw staat om te controleren wie er binnenkomen ✦ *we mochten van de portier niet het café binnen omdat het vol was*

het **por·tier**[2] [portieren]
de deur van een auto

de **por·to** *ook:* het [porti, porto's]
1 het geld dat je moet betalen als je iets wilt versturen = de port ✦ *op deze brief zit te weinig porto*
2 [geen meervoud] (in België) een soort wijn met meer alcohol, die extra zoet is = de port

het **por·tret** [portretten]
1 een tekening of een schilderij van een persoon ✦ *de oude dame heeft haar portret laten schilderen*
2 (informeel) een opvallende persoon ✦ *die dochter van jou, dat is een portret!*

de **po·se** [posen, poses]
1 een bepaalde manier van staan, zitten of liggen = de houding ✦ *in wat voor pose heb je hem geschilderd?*
2 een houding die niet natuurlijk is ✦ *dat drukke praten van Rob is een pose, want eigenlijk is hij heel rustig*

po·se·ren [poseerde, heeft geposeerd]
in een bepaalde houding staan of zitten zodat iemand je kan tekenen of schilderen [iemand poseert (voor iemand)]

de **•po·si·tie** [posities]
1 de toestand waarin iemand of iets zich bevindt = de situatie ✦ *de partij vindt dat de positie van de vrouw nog verder verbeterd moet worden*
2 de plaats waar je bent of waar iets is = de ligging ✦ *de kapitein bepaalde de positie van het schip op zee*
je positie bepalen: bepalen hoe je over iets denkt
3 de baan; de functie ✦ *omdat hij goed werk leverde, kreeg hij een hogere positie in het bedrijf*
4 de stand van je lichaam = de houding ✦ *als ik in een bepaalde positie lig, doen mijn knieën pijn*

•po·si·tief [bijvoeglijk naamwoord]
1 een positief antwoord betekent: ja = instemmend ⇔ negatief ✦ *ze gaf een positief antwoord op mijn vraag of ze 's avonds wilde werken*
2 een positieve persoon ziet vaak de goede kanten van dingen = opbouwend ⇔ negatief ✦ *zijn positieve instelling hielp hem om snel nieuw werk te vinden*
3 een positief getal of cijfer is groter dan nul ⇔ negatief ✦ *voor een positief getal staat een plus (+), voor een negatief getal een min (-)*

de **po·si·tie·kle·ding**
kleren voor vrouwen die een kind verwachten

de **•post** [posten]
1 [geen meervoud] de brieven, kaarten en bladen die worden gebracht door de postbode* ✦ *de post lag op een stapeltje op tafel* media
2 [geen meervoud] het bedrijf dat ervoor zorgt dat brieven, kaarten en bladen gebracht worden ✦ *wil je deze brief even op de post doen?* ✦ *is de post al geweest?*
3 een deel van een rekening of een boekhouding ✦ *in de boekhouding werd de post 'studie' steeds groter*
4 de baan; de functie ✦ *mijn zus bekleedt een belangrijke post bij de politie*
5 op je post blijven: op de plek blijven waar je moet zijn, bijv. om die plek te beschermen ✦ *de soldaat bleef de hele nacht op zijn post*
6 een idee vat post: een idee ontstaat bij iemand ✦ *het idee dat de regering niet naar de burgers luistert, heeft bij veel mensen post gevat*

post-
na ⇔ pre- ✦ *postdoctoraal* ✦ *postnataal*

de **Post** (in België)

po

het bedrijf dat ervoor zorgt dat brieven, pakjes enz. worden bezorgd media

de **post·bo·de** [postboden, postbodes]
een persoon die voor zijn of haar beroep de post (bet. 1) brengt

de **post·bus** [postbussen]
1 een soort kastje op het postkantoor dat je kunt huren en waar je post (bet. 1) in gedaan wordt
2 Postbus 51: de instantie waar burgers informatie over allerlei zaken van de overheid kunnen krijgen

de **post·co·de** [postcodes] (in Nederland)
een code van vier cijfers en twee letters waarmee de post (bet. 1) automatisch gesorteerd wordt ✦ *als je geen postcode bij een adres schrijft, duurt het langer voordat een brief aankomt*

pos·ten [postte, heeft gepost]
1 in een brievenbus gooien; op de post (bet. 2) doen [iemand post een brief]
2 bij een plek heen en weer lopen om die te beschermen [iemand post ergens] ✦ *hij heeft de hele dag voor de ingang gepost, maar hij heeft niets raars gezien*

de **pos·ter** [posters]
een groot stuk papier met een plaat erop die je aan de muur hangt = het affiche

het **post·kan·toor** [postkantoren]
een gebouw waar je post (bet. 1) kunt brengen, postzegels kunt kopen enz. ✦ *de man ging naar het postkantoor om een pakje naar Engeland te laten versturen* media

het **post·num·mer** [postnummers] (in België)
een getal van vier cijfers dat voor de plaatsnaam staat, waardoor de post sneller geleverd kan worden

pos·tuum [bijvoeglijk naamwoord]
iets wat postuum gebeurt, gebeurt na iemands dood ✦ *de schrijver ontving postuum een belangrijke prijs*

het **pos·tuur**
de vorm van je lichaam = de gestalte ✦ *voor iemand met haar postuur is het moeilijk om leuke kleren te vinden*

de **post·ze·gel** [postzegels]
een speciaal stukje papier dat je op een brief plakt om te betalen voor het versturen ✦ *heb je wel genoeg postzegels op die brief gedaan?* media

de •**pot** [potten]
1 een rond vat waar je iets in kunt doen ✦ *er is nog een hele pot koffie* ✦ *koop je een potje pindakaas?*
2 een rond voorwerp waarin je kunt plassen, bijv. als je niet naar de wc kunt ✦ *het kind leerde plassen op een potje*
3 geld dat mensen bij elkaar leggen voor iets ✦ *in het café hebben we samen een pot gemaakt om de drankjes van te betalen* ✦ *hij heeft bij het spelletje de pot gewonnen*
4 (informeel) een vrouw die van andere vrouwen houdt = de lesbienne
5 het is allemaal één pot nat: het is allemaal hetzelfde
6 een potje van iets maken: iets slecht en rommelig doen ✦ *ze zei dat ze heel goed kon schilderen, maar ze maakte er een potje van*

po·ten [pootte, heeft gepoot]
in de grond zetten [iemand poot planten] ✦ *als je deze plant in het voorjaar poot, krijgt hij in de zomer bloemen*

de **po·ten·tie** [potenties]
1 de kracht of de mogelijkheid om iets te doen = het vermogen ✦ *in potentie is hij een goede directeur, maar hij moet nog veel leren*
2 de lichamelijke kracht van een man om seks te hebben

po·ten·ti·eel [bijvoeglijk naamwoord]
een potentiële klant is iemand die klant zou kunnen worden; een potentieel gevaar is een gevaar dat zou kunnen optreden = mogelijk ✦ *de potentiële leider van de partij kwam vaak op televisie*

het **pot·je** [potjes]
een spel dat je kunt winnen of verliezen ✦ *kom, we spelen nog één potje!* ✦ *ik heb gisteren een lekker potje zitten huilen*

het **pot·lood** [potloden]
een houten stokje met in het midden een stift waarmee je kunt tekenen ✦ *als je met potlood schrijft, kun je de letters weer weghalen*

potlood

de **pou·le** [poules]
een aantal ploegen die tegen elkaar

moeten sporten ✦ *tijdens het WK van 2002 zaten België en Rusland in dezelfde poule*

po·ver [bijvoeglijk naamwoord]
povere zaken zijn erg eenvoudig en arm = armzalig, schamel ✦ *de resultaten van dit jaar waren erg pover*

p.p. [afkorting]
per persoon ✦ *de kosten zijn vijftien euro p.p.*

de **pr**
public relations: de dingen die een bedrijf of instelling doet om te zorgen voor goede contacten met klanten en andere bedrijven

de **praat**
1 met iemand aan de praat raken: met iemand beginnen te praten
2 iemand aan de praat houden: met iemand blijven praten ✦ *wil je hem even aan de praat houden tot ik klaar ben?*
3 een motor aan de praat krijgen: een motor laten starten en draaien ✦ *ik krijg die auto niet meer aan de praat*

het **praat·je** [praatjes]
1 een kort gesprekje ✦ *mijn collega kwam even een praatje maken*
2 iets negatiefs dat mensen over iemand vertellen = het gerucht ✦ *er gaan rare praatjes rond over de burgemeester*
3 een gesproken verhaal voor een publiek = de toespraak, de speech ✦ *de professor hield een praatje voor de buitenlandse gasten*

•**prach·tig** [bijvoeglijk naamwoord]
heel erg mooi = schitterend ✦ *in de herfst zijn de kleuren van de bomen prachtig*

prag·ma·tisch [bijvoeglijk naamwoord]
pragmatische mensen nemen beslissingen die het meest praktisch zijn in een situatie, waarbij persoonlijke gevoelens minder belangrijk zijn = zakelijk ✦ *heel pragmatisch koos men voor de leider die het bekendst was bij de kiezers*

de •**prak·tijk** [praktijken]
1 [geen meervoud] het doen; het uitvoeren van regels of van een theorie ✦ *dit werk lijkt wel makkelijk, maar de praktijk valt niet mee*
2 het werk en de patiënten van bijv. een arts ✦ *de dochter gaat in de drukke praktijk van haar moeder werken*

de **prak·tij·ken** [meervoud]
dingen die iemand doet en die niet goed zijn ✦ *niemand merkte dat de jongen zich bezighield met criminele praktijken*

•**prak·tisch**[1] [bijvoeglijk naamwoord]
1 praktische zaken hebben te maken met de praktijk (bet. 1) ⇔ theoretisch ✦ *op school werden veel praktische vakken gegeven*
2 praktische mensen en dingen kunnen problemen op een eenvoudige manier oplossen ✦ *het is niet zo praktisch om de lepels en de vorken in verschillende kasten te doen* ✦ *hij vraagt altijd praktische cadeaus voor zijn verjaardag*

•**prak·tisch**[2] [bijwoord]
bijna helemaal ✦ *ik kan wel weer aan het werk, want ik ben praktisch beter*

prat [bijvoeglijk naamwoord]
prat gaan op iets: heel trots zijn op iets en er veel over praten ✦ *zij gaat prat op haar kennis van het Russisch*

•**pra·ten** [praatte, heeft gepraat]
1 woorden zeggen [iemand praat] ✦ *een kind van drie jaar kan vaak al goed praten*
2 een gesprek voeren [iemand praat (met iemand)] ✦ *we hebben de hele avond zitten praten*
langs elkaar heen praten: elkaar helemaal niet begrijpen doordat je over verschillende dingen praat
jij hebt makkelijk praten: dit zeg je tegen iemand die zelf geen last van iets heeft

pre-
voor- ⇔ post- ✦ *prenataal* ✦ *het preadvies*

pre·cair [bijvoeglijk naamwoord]
een precaire situatie is een heel spannende en onzekere situatie ✦ *omdat zijn toestand precair was, mocht hij nog niet uit het ziekenhuis*

het **pre·ce·dent** [precedenten]
een geval dat eerder voorkwam en waarover men later zegt: "Toen mocht het ook, dus waarom nu niet?"

•**pre·cies**[1] [bijvoeglijk naamwoord]
precieze mensen letten goed op alle details = nauwkeurig ✦ *hij is heel precies op zijn spullen*

•**pre·cies**[2] [bijwoord]
juist; exact ✦ *we vertrokken precies op tijd*

het **pre·di·kaat** [predikaten]
een naam die je aan iets geeft en die een eigenschap aanduidt = de titel ✦ *de school kreeg het predikaat 'zeer goed'* ✦ *hij had niet genoeg gestudeerd om het predikaat 'arts' te krijgen*

de **pre·di·kant** [predikanten] **pre·di·kan·te** [predikantes]
iemand die in een protestantse kerk de dienst leidt = de dominee

de **preek** [preken]
1 een verhaal van een dominee of een pastor in de kerk over de bijbel, als deel van een dienst religie
2 een boze toespraak tegen een of meer mensen die volgens jou fouten hebben gemaakt ✦ *de chef hield een hele preek omdat er niet hard genoeg gewerkt werd*

pre·fe·re·ren [prefereerde, heeft geprefereerd] (formeel)
liever willen dan iets anders = verkiezen [iemand prefereert iets] ✦ *het bos is mooi, maar ik prefereer het strand!*

de **prei** [preien]
een groente met een scherpe smaak

prei

pre·ken [preekte, heeft gepreekt]
een preek* (bet. 1) houden [iemand preekt] ✦ *de dominee heeft maar vijf minuten gepreekt*

de **pre·mie** [premies]
1 een extra beloning ✦ *de werknemer die de meeste tv's verkoopt, krijgt een premie van honderd euro*
2 het geld dat je moet betalen om je te verzekeren ✦ *na de brand moesten we meer premie betalen*

de **pre·mier** [premiers]
de leider van een kabinet = de minister-president ✦ *Jean-Luc Dehaene was ruim zeven jaar de premier van België* overheid

de **pre·miè·re** [premières]
de eerste keer dat een film wordt vertoond of een toneelstuk wordt gespeeld ✦ *er was veel pers bij de première van de film*

de **pre·mi·niem** [preminiemen] (in België)
iemand van zes tot tien jaar die in een club aan sport doet, bijv. aan voetbal

de **prent** [prenten]
een plaatje op papier ✦ *het boek stond vol met mooie prenten*

het **pren·ten·boek** [prentenboeken]
een boek met veel plaatjes, voor kleine kinderen

zich **pre·pa·re·ren** [prepareerde zich, heeft zich geprepareerd]
zorgen dat je ergens klaar voor bent = zich voorbereiden [iemand prepareert zich (op iets)] ✦ *zij heeft zich nog niet voldoende op het examen geprepareerd*

de **pre·se·lec·tie** [preselecties] (in België)
de eerste van een reeks wedstrijden waaruit mensen gekozen worden die verder mogen gaan = de voorronde ✦ *de preselecties van de wedstrijd vinden plaats op 8 en 15 mei*

het **pre·sent**[1] [presenten]
iets wat iemand je geeft = het cadeau ✦ *met sinterklaas geven we elkaar een presentje van ongeveer tien euro*

pre·sent[2] [bijvoeglijk naamwoord]
aanwezig ⇔ absent ✦ *als iedereen present is, kunnen we beginnen*

de **pre·sen·ta·tie** [presentaties]
de manier waarop iets gepresenteerd* (bet. 2) wordt; de keer dat iets gepresenteerd* (bet. 2) wordt ✦ *ik vond het een goed verhaal, maar de presentatie was erg slecht* ✦ *Froukje deed de presentatie van het programma*

de **pre·sen·ta·tor** [presentatoren, presentators] **pre·sen·ta·tri·ce** [presentatrices]
iemand die iets presenteert* (bet. 2) ✦ *de presentator vertelde wie de volgende artiest was*

pre·sen·te·ren [presenteerde, heeft gepresenteerd]
1 aanbieden = geven [iemand presenteert iemand iets] ✦ *Malinca presenteerde ons een drankje*
2 als gastvrouw of gastheer een programma leiden [iemand presenteert een radio- of tv-programma]

de **•pre·si·dent** [presidenten] **pre·si·den·te** [presidentes]
de leider van een land dat geen koning of koningin heeft ✦ *wie was de eerste president van Amerika?*

de **•pres·ta·tie** [prestaties]
iets wat je goed doet ✦ *ik vind het een hele prestatie om veertig kilometer te*

pr

rennen

pres·te·ren [presteerde, heeft gepresteerd]
een prestatie leveren [iemand presteert goed, slecht, veel, weinig enz.] ✦ *ik heb in de vakantie weinig gepresteerd* ✦ *de voetballer heeft dit seizoen slecht gepresteerd*
het presteren het om ...: dit zeg je als iemand iets (meestal iets negatiefs) doet waarover je je verbaast ✦ *hij presteerde het om op één dag drie keer te laat te komen*

het **pres·ti·ge**
de positieve manier waarop iemand of iets bekend is = het aanzien ✦ *het dure gebouw moest de stad weer wat prestige geven*

pres·ti·gi·eus [bijvoeglijk naamwoord]
prestigieuze zaken worden heel goed en belangrijk gevonden ✦ *de schrijver won een prestigieuze prijs*

de **pret**
het plezier = de lol ✦ *de kinderen maakten veel pret met elkaar*

de **pre·ten·tie** [pretenties]
de keer dat je laat merken dat je jezelf heel belangrijk, goed enz. vindt ✦ *zeg maar niet te vaak tegen hem dat hij goed gespeeld heeft; straks krijgt hij pretenties*

het **pret·park** [pretparken]
een terrein waar je allerlei leuke dingen kunt doen ✦ *in de vakantie gaan we een dagje naar het pretpark*

•**pret·tig** [bijvoeglijk naamwoord]
prettige zaken geven een goed gevoel ✦ *Mieke woont in een prettig huis* ✦ *dank u wel voor het prettige gesprek*

preuts [bijvoeglijk naamwoord]
preutse mensen zijn verlegen over dingen die met bloot en seks te maken hebben ✦ *die preutse José houdt op het strand altijd haar kleren aan*

pre·ve·len [prevelde, heeft gepreveld]
zachtjes voor jezelf zeggen [iemand prevelt (iets)] ✦ *de oude man prevelde nog een paar woorden voordat hij stierf*

de **pre·ven·tie** [preventies]
de dingen die je doet om te voorkomen dat er iets vervelends gebeurt ✦ *het bedrijf deed veel aan de preventie van ziekte*

pre·ven·tief [bijvoeglijk naamwoord]
preventieve zaken moeten ervoor zorgen dat iets niet zal gebeuren ✦ *er werden preventief dieren gedood om te voorkomen dat de ziekte zich zou uitbreiden* ✦ *de politie wil nog meer preventieve maatregelen nemen tegen het stelen van fietsen*

pre·zen *zie:* **prijzen**

de **pries·ter** [priesters]
1 een man die in de katholieke kerk de dienst leidt en de sacramenten geeft
religie
2 [vrouw: pries·te·res; priesteressen] iemand die bepaalde rituelen uitvoert en tussen mensen en goden staat

prij·ken [prijkte, heeft geprijkt]
ergens opvallend staan, liggen, hangen enz. [iets prijkt ergens] ✦ *de naam van de baby prijkte al op de voordeur*

de •**prijs** [prijzen]
1 het bedrag dat je voor iets moet betalen ✦ *de prijs voor groenten is de laatste jaren flink gestegen*
tot elke prijs: wat het ook kost ✦ *de regering wilde tot elke prijs een oorlog voorkomen*
2 dat wat iemand krijgt die een wedstrijd wint ✦ *mijn broer heeft de eerste prijs gewonnen bij tennis*
3 iets op prijs stellen: waardering voor iets hebben ✦ *ik stel het erg op prijs dat je me komt halen*

prijs·ge·ven [gaf prijs, heeft prijsgegeven]
weggeven of bekendmaken terwijl je dat eigenlijk niet wilt [iemand geeft iets prijs] ✦ *de jongen wilde zijn adres niet aan de politie prijsgeven*

de **prijs·stij·ging** [prijsstijgingen]
de keer dat de prijs van een product hoger wordt ✦ *door de prijsstijgingen in Japan werden in Europa veel producten duurder*

de **prijs·vraag** [prijsvragen]
een wedstrijd waarbij je een of meer vragen moet beantwoorden om een prijs te kunnen winnen

prij·zen
1 [prees, heeft geprezen] tegen iemand zeggen dat hij of zij heel goed, slim enz. is = loven [iemand prijst iemand] ✦ *de minister werd geprezen om zijn heldere manier van praten*
2 [prijsde, heeft geprijsd] een prijs op artikelen doen [iemand prijst artikelen]

prij·zig [bijvoeglijk naamwoord]
voor prijzige artikelen moet je veel geld betalen = duur ✦ *het is een mooie trui, maar erg prijzig*

de **prik** [prikken]
1 een steek in de huid met een scherpe punt ✦ *de dokter gaf de kinderen een prik tegen ziektes*
2 [geen meervoud] een zoete drank met koolzuur, bijv. cola = de priklimonade
3 voor een prikkie: voor weinig geld
4 dat is vaste prik: dat gebeurt regelmatig

de **prik·kel** [prikkels]
iets waardoor je iets gaat doen = de stimulans ✦ *de overheid gaf werkgevers een financiële prikkel om meer vrouwen in dienst te nemen*

het **prik·kel·draad**
een ijzeren draad met scherpe puntjes die men bijv. om een stuk land met koeien doet

prikkeldraad

prik·ke·len [prikkelde, heeft geprikkeld]
1 een vervelend gevoel geven alsof je zachtjes gestoken wordt = prikken [iets prikkelt]
2 zorgen dat iets gaat gebeuren = aansporen, stimuleren [iemand of iets prikkelt iemand (tot iets)] ✦ *zijn brief prikkelde me tot nadenken over mijn leven*
dat prikkelt mijn nieuwsgierigheid: dat maakt me nieuwsgierig

prik·ken [prikte, heeft geprikt]
1 met een scherpe punt steken [iemand prikt iemand of iets] ✦ *de dokter prikte de patiënt in zijn arm* ✦ *de jongen prikte een gaatje in het papier*
2 een vervelend gevoel geven alsof je zacht gestoken wordt = prikkelen [iets prikt] ✦ *deze trui prikt een beetje*
3 zomaar kiezen uit veel mogelijkheden [iemand prikt een datum, een naam enz.] ✦ *we moeten nog even een datum prikken voor het feest*

pril [bijvoeglijk naamwoord]
iets wat pril is, is nog maar net begonnen ✦ *de liefde tussen die twee is nog pril*

pri·ma [bijvoeglijk naamwoord]
iets wat prima is, is helemaal goed = uitstekend ✦ *dat heb je prima gedaan!*

pri·mair [bijvoeglijk naamwoord]
primaire zaken zijn het belangrijkst ✦ *eten en drinken zijn primaire behoeftes*

pri·me·ren [primeerde, heeft geprimeerd] (in België)
op de eerste plaats komen; belangrijker zijn [iets primeert (op iets)] ✦ *deze nieuwe wet primeert op de oude*

de **pri·meur** [primeurs]
iets dat nog door niemand anders is verteld, gedaan, gemaakt enz. ✦ *de krant had de primeur over het vertrek van de president* ✦ *deze auto is een Europese primeur*

pri·mi·tief [bijvoeglijk naamwoord]
1 primitieve volkeren zijn niet erg ontwikkeld
2 heel eenvoudig ✦ *in het primitieve huisje was geen elektrisch licht*

het ***prin·ci·pe** [principes]
1 een duidelijke mening over wat goed en slecht is, vanwaaruit je ook leeft ✦ *het was tegen zijn principe om vlees te eten*
2 de manier waarop iets werkt ✦ *wat is het principe van deze machine?*
3 in principe: zoals het officieel is ✦ *in principe vergaderen we iedere dinsdag*

prin·ci·pi·eel [bijvoeglijk naamwoord]
principiële mensen hebben duidelijke principes ✦ *ik ga niet met het vliegtuig naar Spanje, want ik ben daar principieel op tegen*

de ***prins** [prinsen] **prin·ses** [prinsessen]
1 de zoon van een koning of een koningin ✦ *de prins en zijn vriendin waren de belangrijkste gasten op het feest*
2 de man van een koningin ✦ *prins Claus was getrouwd met koningin Beatrix*
3 Prins Carnaval: de leider van het carnaval in een bepaalde plaats feestdagen

de ***prin·ses** [prinsessen]
1 de dochter van een koning of koningin
2 de vrouw van een prins ✦ *prinses Máxima is getrouwd met prins Willem-Alexander*

de **prins·jes·dag**
de dag waarop de koningin de plannen van de regering bekendmaakt

pr

✦ *prinsjesdag is altijd op de derde dinsdag van september* overheid

prin·ten [printte, heeft geprint]
teksten, tekeningen enz. vanaf een computer op papier brengen = afdrukken [iemand print (iets)] ✦ *kun je die e-mail even voor me printen?*

de **prin·ter** [printers]
een apparaat waarmee je teksten, tekeningen enz. vanaf een computer op papier brengt

de **pri·o·ri·teit** [prioriteiten]
datgene wat het belangrijkste is ✦ *voor veel politieke partijen heeft veiligheid nu de hoogste prioriteit*

de **pri·va·cy**
de mogelijkheid om alleen te zijn, zonder dat anderen je zien of alles van je weten ✦ *de soldaten hadden weinig privacy doordat ze in grote zalen sliepen*

pri·va·ti·se·ren [privatiseerde, heeft geprivatiseerd]
niet langer eigendom laten zijn van de overheid, maar zelfstandig maken [iemand privatiseert een bedrijf] ✦ *vanaf 1990 zijn in Nederland veel bedrijven geprivatiseerd*

pri·vé [bijvoeglijk naamwoord]
iets wat privé is, is alleen voor jezelf of voor mensen die je heel goed kent = persoonlijk ⇔ openbaar ✦ *als je die kunstenaar privé spreekt, blijkt hij een heel gewone man te zijn* ✦ *ik vind het te privé om over de problemen in mijn relatie te praten*

het **pri·vi·le·ge** [privileges]
een speciaal recht dat je krijgt = het voorrecht ✦ *het voetbalteam had het privilege om de prins te ontmoeten*

pro [bijwoord]
voor ⇔ contra ✦ *de chef was pro verhuizen, maar de rest van het kantoor niet*

•**pro·be·ren** [probeerde, heeft geprobeerd]
een poging doen; je best doen voor iets = pogen, trachten [iemand probeert iets] ✦ *de man probeerde in een gestolen auto de grens over te gaan*

het •**pro·bleem** [problemen]
een moeilijke vraag of een moeilijke situatie ✦ *dat probleem met uw auto kunnen we makkelijk oplossen!* ✦ *Julia praatte de hele avond over haar problemen*

de **pro·ble·ma·tiek**
alle problemen van een onderwerp ✦ *de problematiek van de armoede in de wereld is nog lang niet opgelost*

pro·ble·ma·tisch [bijvoeglijk naamwoord]
problematische situaties zijn moeilijk op te lossen ✦ *zij heeft een problematische verhouding met haar ouders*

het **pro·cé·dé** [procédés]
de methode waarmee iets gemaakt of gedaan wordt = de werkwijze ✦ *in de fabriek ontwikkelde men een nieuw procédé om kleren te wassen*

de **pro·ce·du·re** [procedures]
alle stappen die officieel nodig zijn om iets te doen = de aanpak ✦ *wat is de procedure voor het aanvragen van een paspoort?*

het •**pro·cent** [procenten]
een honderdste deel = het percent ✦ *het openbaar vervoer is vijf procent duurder geworden*

het •**pro·ces** [processen]
1 een zaak die de rechter behandelt = de rechtszaak, het geding ✦ *het proces over de moord vond gisteren plaats*
2 de manier waarop iets zich ontwikkelt = het verloop, de ontwikkeling ✦ *de ontwikkeling van een nieuw medicijn is een lang proces*

de **pro·cu·reur** [procureurs] (in België)
de procureur des Konings: de belangrijkste ambtenaar van een afdeling van het Openbaar Ministerie, dat verantwoordelijk is voor het handhaven van de strafwetten rechtspraak

pro Deo [bijwoord]
gratis; voor niets ✦ *in sommige zaken werken advocaten pro deo*

de **pro·du·cer** [producers]
iemand die een cd, een film of een toneelstuk produceert

pro·du·ce·ren [produceerde, heeft geproduceerd]
1 maken [iemand produceert iets]
✦ *deze fabriek produceert auto's*
2 de voorwaarden scheppen en het geld leveren waardoor iets gemaakt kan worden [iemand produceert een film, een toneelstuk of een cd]

het •**pro·duct** [producten]
1 iets dat gemaakt is of op het land gegroeid is en verkocht moet worden

◆ *klanten kunnen onze producten via internet bestellen*
2 (rekenen) het resultaat van een vermenigvuldiging ◆ *het product van drie en vier is twaalf (3 x 4 = 12)*

de **°pro·duc·tie** [producties]
het maken van dingen, en het resultaat daarvan ◆ *de fabriek voor de productie van auto's verhuisde naar het buitenland* ◆ *de film was een veel te dure productie*

pro·duc·tief [bijvoeglijk naamwoord]
iemand die productief is, produceert* (bet. 1) veel ◆ *de schrijver was dat jaar erg productief; hij schreef twee dikke boeken*

de **pro·duc·ti·vi·teit**
de mate waarin iets of iemand productief* is ◆ *de productiviteit van de fabriek moest omhoog*

de **proef** [proeven]
1 een onderzoek om te kijken of iets of iemand aan de verwachtingen voldoet ◆ *Farid mocht de nieuwe auto een dag op proef gebruiken* ◆ *werk je hier nog op proef of ben je definitief aangenomen?*
iemand op de proef stellen: iemand testen door hem of haar in een moeilijke situatie te brengen
2 een onderzoek in de scheikunde = het experiment ◆ *we deden allerlei proefjes met chemische stoffen*

pr

de **proef·per·soon** [proefpersonen]
iemand die meedoet aan een wetenschappelijk onderzoek

het **proef·schrift** [proefschriften]
een wetenschappelijk boek waarmee iemand promoveert aan de universiteit en de titel 'doctor' krijgt = de dissertatie

het **proef·stuk** (in België)
niet aan zijn proefstuk (toe) zijn: al veel ervaring met iets hebben, op een bepaald gebied al heel wat gedaan hebben

de **proef·tijd** [proeftijden]
1 een periode waarin een nieuwe werknemer kan kijken of de nieuwe baan bevalt en waarin de werkgever kan kijken of de nieuwe werknemer bevalt ◆ *u krijgt een proeftijd van twee maanden* werk
2 een periode waarin een straf die niet is uitgevoerd tóch uitgevoerd wordt wanneer je iets fout doet ◆ *hij kreeg een voorwaardelijke straf met een proeftijd van zes maanden*

het **proef·werk** [proefwerken]
een test met vragen over een bepaald onderwerp op de middelbare school = de repetitie

°proe·ven [proefde, heeft geproefd]
onderzoeken hoe de smaak van iets is [iemand proeft (iets)] ◆ *mag ik een plakje kaas proeven?*

de **prof** [profs]
iemand die voor zijn of haar beroep sport = de professional ◆ *de jonge voetballer wil later prof worden*

prof. [afkorting]
professor ◆ *prof. dr. Meijer opent de vergadering*

de **pro·feet** [profeten] **pro·fe·tes** [profetessen]
iemand die via God weet wat er in de toekomst zal gebeuren, en die daarover spreekt of schrijft religie

de **pro·fes·sio·nal** [professionals]
iemand die geld verdient met sporten ⇔ de amateur ◆ *het meisje tennist nu voor haar plezier, maar later wil ze professional worden*

pro·fes·si·o·neel [bijvoeglijk naamwoord]
1 professionele zaken worden gedaan door mensen voor wie dat hun beroep is ◆ *ze had professionele hulp nodig voor haar problemen*
2 iets wat professioneel gebeurt, gebeurt of lijkt te gebeuren door iemand wiens beroep het is ⇔ amateuristisch ◆ *hij heeft het zoeken naar nieuw werk professioneel aangepakt*

de **°pro·fes·sor** [professoren, professors]
de titel van een hoogleraar ◆ *professor Bovendorp, mag ik u iets vragen?*

pro·fi·ci·at [tussenwerpsel]
een woord waarmee je iemand gelukwenst = gefeliciteerd ◆ *wat fijn dat je een nieuwe baan hebt, proficiat!*

het **pro·fiel** [profielen]
1 de gleuven en ribbels op een voorwerp waardoor het minder glad is ◆ *de banden van een auto moeten een goed profiel hebben*
2 een gezicht zoals het er van opzij uitziet ◆ *op de cursus leerden we eerst een profiel te tekenen, en later een gezicht van voren*

profiel 2

3 een beschrijving van alle eigenschappen van iemand bij elkaar = de profielschets ✦ *wat is het profiel van de nieuwe chef?*
4 een richting die een leerling moet kiezen die naar de vierde klas van de havo of het vwo gaat onderwijs

het **pro·fijt**
het voordeel ✦ *op vakantie hadden we veel profijt van de nieuwe fietsen*

zich **pro·fi·le·ren** [profileerde zich, heeft zich geprofileerd]
duidelijk laten zien wat je kunt en hoe je bent [iemand profileert zich] ✦ *mevrouw Verdonk profileert zich als iemand die goed leiding kan geven*

pro·fi·te·ren van [profiteerde van, heeft geprofiteerd van]
voordeel hebben van iets [iemand profiteert van iets] ✦ *welke partij zal het meeste profiteren van de val van de regering?*

de **prog·no·se** [prognoses]
een uitspraak over hoe iets waarschijnlijk zal verlopen ✦ *de prognose van de dokter was dat de patiënt over twee weken weer zou kunnen lopen*

het ***pro·gram·ma** [programma's]
1 een lijst met alle onderdelen van een feest, een congres, een concert enz. ✦ *in het programma stond dat we tussen 12.00 en 13.00 uur konden lunchen*
iets staat op het programma: iets is georganiseerd of bedacht ✦ *tijdens de vakantie stond er iedere dag zwemmen op het programma*
2 een uitzending op de radio of de televisie ✦ *de kunstenaar was die avond te gast bij verschillende programma's*
3 een tekst van een politieke partij waarin de plannen en ideeën van die partij worden beschreven = het verkiezingsprogramma ✦ *voor de verkiezingen las ze de programma's van verschillende partijen*
4 een reeks opdrachten voor de computer waardoor de computer een bepaalde taak kan uitvoeren = het computerprogramma ✦ *het jij een programmaatje waarmee ik deze file kan openen?*

pro·gram·me·ren [programmeerde, heeft geprogrammeerd]
1 een programma (bet. 4) schrijven voor de computer [iemand programmeert (een programma)]
2 een programma (bet. 1) voor iets maken [iemand programmeert iets] ✦ *de artiest stond voor twee weken in theater Carré geprogrammeerd*

de **pro·gres·sie** [progressies]
de ontwikkeling dat iets beter wordt
progressie boeken: beter worden ✦ *de sporter heeft dit jaar veel progressie geboekt*

pro·gres·sief [bijvoeglijk naamwoord]
1 progressieve politiek streeft naar verandering in de maatschappij ⇔ conservatief ✦ *Marit stemde op een progressieve partij*
2 bij een progressief belastingsysteem betalen rijke mensen een groter deel van hun loon aan de belasting dan arme mensen; een progressieve ziekte wordt steeds erger

het **pro·ject** [projecten]
iets dat je maakt of doet, en waarmee je langere tijd bezig bent ✦ *de aanleg van de nieuwe brug zou een groot project worden* ✦ *de kinderen hebben op school een project over kunst*

pro·jec·te·ren [projecteerde, heeft geprojecteerd]
met licht beelden op een wit vlak laten verschijnen [iemand projecteert een film of dia's] ✦ *hij projecteerde dia's van zijn vakantie*

het **pro·jec·tiel** [projectielen]
een voorwerp dat wordt gegooid of geschoten ✦ *gelukkig werd de soldaat niet door het projectiel geraakt*

de **pro·ject·ont·wik·ke·laar** [projectontwikkelaars]
een bedrijf dat gebouwen laat bouwen om te verkopen of verhuren

de **pro·jec·tor** [projectors]
een apparaat om dia's of films mee te projecteren*

de **pro·loog** [prologen]
het eerste deel van een boek of een film, waarin iets verteld wordt voordat het

pr

verhaal begint ✦ *in de proloog stond iets over de jeugd van de hoofdpersoon*

het **pro·mil·le**
een duizendste deel ✦ *de man bleek 1,2 promille alcohol in zijn bloed te hebben*

pro·mi·nent [bijvoeglijk naamwoord]
een prominente persoon of zaak is belangrijk ✦ *er kwamen veel prominente Nederlanders naar de opening van de tentoonstelling*

pro·mo·ten [promootte, heeft gepromoot]
reclame maken voor iets [iemand promoot iets] ✦ *er werd veel geld besteed aan het promoten van de stad*

de **pro·mo·tie** [promoties]
1 de situatie dat je een hogere functie in je werk krijgt = de bevordering ⇔ de degradatie ✦ *het was een flinke promotie voor hem dat hij chef van de afdeling werd*
2 het feit dat je op een hoger niveau mag gaan sporten ✦ *er was een groot feest om de promotie van de club te vieren*
3 het feit dat je de titel 'doctor' krijgt, omdat je een proefschrift hebt geschreven ✦ *na afloop van de promotie hebben we uitgebreid met de professor gesproken*

pro·mo·ve·ren [promoveerde, is gepromoveerd]
1 op een hoger niveau mogen gaan sporten [een club promoveert] ✦ *toen de spelers de wedstrijd hadden gewonnen, promoveerde de club*
2 de titel 'doctor' krijgen, omdat je een proefschrift hebt geschreven [iemand promoveert] ✦ *hij is gepromoveerd op het gedrag van kinderen van gescheiden ouders*

prompt [bijwoord]
meteen daarna ✦ *we zaten over Caroline te praten en prompt kwam ze binnen*

pron·ken met [pronkte met, heeft gepronkt met]
iets laten zien waarop je trots bent [iemand pronkt met iets] ✦ *ze ging naar het feest om met haar dure jurk te kunnen pronken*

de **pro·nos·tiek** [pronostieken] (in België)
een uitspraak over hoe iets, meestal een wedstrijd, waarschijnlijk zal verlopen ✦ *voor de wedstrijd België-Frankrijk hebben mijn broer en ik een pronostiek gemaakt*

de **prooi** [prooien]
een dier dat door een ander dier gevangen en opgegeten wordt
ten prooi vallen aan iets: het slachtoffer worden van iets ✦ *tijdens de reis vielen ze ten prooi aan allerlei ziektes en gevaren*

de **prop** [proppen]
1 een bal van iets dat bij elkaar is gedrukt, bijv. papier ✦ *de kinderen gooiden met propjes naar de meester*
2 met iets op de proppen komen: beginnen te praten over iets wat men niet verwachtte ✦ *toen we bijna klaar waren, kwam Marie opeens op de proppen met haar problemen*

de **pro·pa·gan·da**
reclame voor bepaalde ideeën ✦ *de leden van de groep werden gevangengenomen omdat ze propaganda maakten tegen de regering*

pro·pa·ge·ren [propageerde, heeft gepropageerd]
propaganda* maken [iemand propageert iets] ✦ *aan het begin van de vorige eeuw propageerde de president vrijheid van onderwijs*

de **pro·pel·ler** [propellers]
het draaiende deel van helikopters en van sommige vliegtuigen dat lucht verplaatst

propeller

de **pro·por·tie** [proporties]
de grootte van iets in vergelijking met iets anders = de verhouding ✦ *de proporties in de tekening kloppen niet*

prop·pen [propte, heeft gepropt]
iets in elkaar drukken om het kleiner te maken [iemand propt iets in, onder, achter enz. iets] ✦ *Ad had haast en propte daarom zijn kleren snel in zijn koffer*

de **pros·ti·tu·ee** [prostituees]
een vrouw die voor geld seksuele handelingen verricht = de hoer

de **pros·ti·tu·tie**
het verschijnsel dat iemand zich laat betalen voor seksuele handelingen

het **pro·test** [protesten]
de keer dat mensen laten merken dat ze iets niet aanvaarden = het verzet ✦ *de stille tocht was een protest tegen het toenemende geweld op straat*

•**pro·tes·tants** [bijvoeglijk naamwoord]
de protestantse kerk is een bepaald soort christelijke kerk, vooral in het noorden van Europa religie

•**pro·tes·te·ren** [protesteerde, heeft geprotesteerd]
laten merken dat je iets niet aanvaardt = zich verzetten [iemand protesteert (tegen iets)] ✦ *de bewoners protesteerden tegen de plannen van de gemeente*

de **pro·the·se** [prothesen, protheses]
een lichaamsdeel dat door mensen is gemaakt om een ziek of kapot deel te vervangen, bijv. een been of tanden

het **pro·to·col** [protocollen]
de regels en het programma bij officiële gelegenheden, vooral waarbij koninklijke personen of presidenten aanwezig zijn ✦ *de koningin kon vanwege het strakke protocol niet langer dan tien minuten blijven*

pro·ton (in België) *zie:* **protonkaart**

de **pro·ton·kaart** [protonkaarten] (in België)
een kaart voor het betalen van kleine bedragen ✦ *kan ik hier betalen met mijn protonkaart?* geld

het **pro·to·ty·pe** [prototypen, prototypes]
het eerste product, bedoeld om te testen voordat er meer van gemaakt worden ✦ *van de nieuwe auto is een prototype gemaakt*

de **pro·vi·and** *ook:* het
een hoeveelheid eten, vooral voor als je op reis gaat ✦ *de reizigers hadden voor drie dagen proviand meegenomen*

de **pro·vi·der** [providers]
een bedrijf dat zorgt dat klanten internet kunnen gebruiken of mobiel kunnen telefoneren ✦ *bij sommige providers hoef je niets te betalen voor internet*
media

pro·vin·ci·aal [bijvoeglijk naamwoord]
een provinciale zaak is van een provincie ✦ *er was een interessante tentoonstelling in het provinciaal museum*
Provinciale Staten: alle vertegenwoordigers van het volk die een provincie besturen overheid

de•**pro·vin·cie** [provincies]
een deel van een land met een eigen bestuur, zoals Zuid-Holland, Gelderland, West-Vlaanderen en Antwerpen
overheid

het **pro·vin·cie·be·stuur** [provinciebesturen] (in België)
alle vertegenwoordigers van het volk die een provincie besturen overheid

de **pro·vin·cie·gou·ver·neur** [provinciegouverneurs] (in België)
de vertegenwoordiger van de koning in een provincie

de **pro·vi·sie** [provisies]
geld dat je krijgt omdat je zorgt dat iemand klanten krijgt ✦ *de man kreeg provisie toen hij zijn vrienden een dure verzekering had laten afsluiten*

pro·vo·ce·ren [provoceerde, heeft geprovoceerd]
iets doen of zeggen omdat je hoopt dat iemand op een bepaalde manier reageert = uitdagen [iemand provoceert iemand] ✦ *om hem te provoceren zei Jeroen dat Peter nooit iets zou durven stelen bij de supermarkt*

het **pro·za**
een tekst, bijv. een verhaal, waarin de lengte van de regels niet vast is en waarin de regels niet rijmen ⇔ de poëzie

de **pruik** [pruiken]
haar dat je op je hoofd draagt omdat je zelf geen haar hebt of om er anders uit te zien

de **pruim** [pruimen]
een zachte vrucht met een grote pit

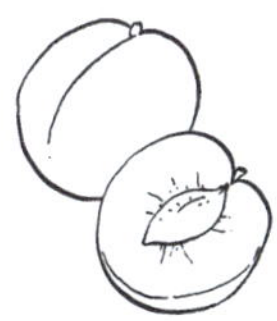

pruim

het **prul** [prullen]
iets dat niet veel waard is ✦ *de man vond zelf dat hij iets moois had geschilderd, maar zijn vrouw vond het een prul*

de **prul·len·bak** [prullenbakken]
een bak om dingen in weg te gooien
✦ *gooi de stukken papier maar in de prullenbak*

de **prut**
een natte, vieze massa ✦ *hij vond het vies om de prut uit de gootsteen te halen*

pr

Provincies

Nederland

Provincie	Hoofdstad
Groningen	Groningen
Friesland	Leeuwarden
Drenthe	Assen
Overijssel	Zwolle
Flevoland	Lelystad
Gelderland	Arnhem
Utrecht	Utrecht
Noord-Holland	Haarlem
Zuid-Holland	Den Haag
Zeeland	Middelburg
Noord-Brabant	's-Hertogenbosch
Limburg	Maastricht

De hoofdstad van Nederland is Amsterdam.
De residentie (de plaats waar de regering zit) is Den Haag of 's-Gravenhage.

België

Provincie	Hoofdstad
West-Vlaanderen	Brugge
Oost-Vlaanderen	Gent
Antwerpen	Antwerpen
Limburg	Hasselt
Vlaams-Brabant	Leuven
Henegouwen	Bergen (Mons)
Waals-Brabant	Waver (Wavre)
Namen	Namen (Namur)
Luxemburg	Aarlen (Arlon)
Luik	Luik (Liège)

De hoofdstad van België is Brussel.

de **pruts** [prutsen] (in België)
1 iets wat niet veel waard is = de prul
2 een lief woord voor een kind van ongeveer één tot vier jaar oud

prut·sen [prutste, heeft geprutst]
iets op een onhandige manier doen = knoeien [iemand prutst] ✦ *ze zat eerst een hele tijd te prutsen, voor het eindelijk lukte*

prut·te·len [pruttelde, heeft geprutteld]
zachtjes koken [iets pruttelt]

het **PS**
hierna volgt iets onder aan een brief die eigenlijk al af is ✦ *PS ik hou van je*

de **psalm** [psalmen]
een lied dat in de kerk gezongen wordt
religie

pseu·do-
als iets alleen lijkt op iets, maar het niet is ✦ *op dit instituut doet men aan pseudo-wetenschap*

het **pseu·do·niem** [pseudoniemen]
een bedachte naam die je gebruikt om je eigen naam verborgen te houden ✦ *Marek van der Jagt is een pseudoniem van Arnon Grunberg*

de **psy·chi·a·ter** [psychiaters]
een dokter voor mensen met een ziekte van de geest

de **psy·chi·a·trie**
de wetenschap van de ziekten van de geest

psy·chisch [bijvoeglijk naamwoord]
iets wat psychisch is, heeft te maken met de geest = geestelijk ⇔ fysiek ✦ *het bedrijf heeft veel psychisch zieke werknemers*

de **psy·cho·lo·gie**
de wetenschap van het gedrag van mensen

de **psy·cho·the·ra·pie**
een manier om door gesprekken mensen te helpen met problemen en ziekten van de geest ✦ *toen hij zich na drie maanden niet beter voelde, kreeg hij psychotherapie en medicijnen*

de **PTT** (in Nederland)
de dienst die vroeger zorgde voor de post en de telefoon; tegenwoordig heet die dienst voor de post TPG en voor de telefoon KPN

de **pu·ber** [pubers]
een kind in de puberteit*

de **pu·ber·teit**
de periode waarin kinderen seksueel volwassen worden, ongeveer van dertien tot achttien jaar

de **pu·bli·ca·tie** [publicaties]
1 de keer dat een tekst wordt gepubliceerd ✦ *na de publicatie van zijn boek kwam de schrijver een paar keer op de televisie*
2 een tekst die gepubliceerd is = de uitgave ✦ *op het internet zijn interessante publicaties over het onderwerp te vinden*

•**pu·bli·ce·ren** [publiceerde, heeft gepubliceerd]
een tekst openbaar maken = uitgeven [iemand publiceert een tekst] ✦ *het nieuwe boek van de schrijver wordt pas volgend jaar gepubliceerd*

de **pu·bli·cist** [publicisten] **pu·bli·cis·te** [publicistes]
iemand die vaak artikelen publiceert, vooral over onderwerpen die op een bepaald moment veel belangstelling hebben

de **pu·bli·ci·teit**
1 het feit dat iemand of iets bekend wordt bij veel mensen, vooral via kranten, radio en tv ✦ *er werd veel publiciteit gegeven aan het verschijnen van het nieuwe boek*
2 (in België) informatie over een product met het doel dat mensen dat product gaan kopen = de reclame

de **pu·blic re·la·tions** [meervoud]
de dingen die een bedrijf of instelling doet om te zorgen voor goede contacten met klanten en andere bedrijven = de pr ✦ *het bedrijf heeft speciaal iemand in dienst die zorgt voor de public relations*

het •**pu·bliek**[1]
de mensen die ergens naar komen kijken en luisteren ✦ *de groep trad gisteren voor een groot publiek op*

pu·bliek[2] [bijvoeglijk naamwoord]
1 iets is publiek als het voor iedereen is = openbaar ✦ *hij wist niet wat er besloten was, want de vergadering was niet publiek*
2 publieke zaken hebben met de overheid te maken = openbaar ✦ *sinds een paar jaar heeft zij een publieke functie*

pu·blie·ke·lijk [bijvoeglijk naamwoord]
als iets publiekelijk gebeurt, is er publiek bij ✦ *de minister erkende publiekelijk dat hij een fout had gemaakt*

de **pud·ding** [puddingen]
een dikke massa van onder andere suiker, meel en melk, dat als nagerecht wordt gegeten **maaltijden**

puf·fen [pufte, heeft gepuft]
blazen, bijv. omdat je het warm hebt [iemand puft] ✦ *we liepen te puffen omdat we de kast de trap op moesten dragen*

de **pui** [puien]
het onderste deel van de muur aan de buitenkant van een huis

het **puin**
stukken steen van kapotte muren ✦ *er lagen nog veel slachtoffers onder het puin*

de **puin·hoop** [puinhopen]
een plaats waar het niet netjes is = de troep, de rommel, de bende ✦ *omdat de jongen weken zijn kamer niet had opgeruimd, was het een enorme puinhoop*

de **puist** [puisten]
een dik plekje op je huid door een ontsteking

de **puk·kel** [pukkels]
een hard en dik plekje op je huid ✦ *de oude vrouw had een grote pukkel naast haar neus*

de **pulp**
1 een dikke vloeistof van delen van planten ✦ *om papier te maken wordt pulp van hout gebruikt*
2 boeken of films van slechte kwaliteit

✦ *in het artikel werd de film 'pulp' genoemd*

de **pu·nai·se** [punaises]
een scherp dingetje, waarmee je papier aan de muur kunt hangen

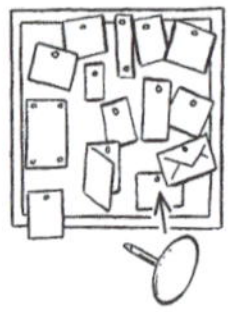

punaise

de **•punt**[1] [punten]
1 een klein, rond plekje = de stip ✦ *het dier had kleine zwarte puntjes om zijn neus*
2 het teken op de i en de j en aan het einde van een zin ✦ *ze vergat steeds om een punt te zetten aan het einde van de zin*
een punt achter iets zetten: ophouden met iets ✦ *toen Nel 60 werd, besloot ze een punt te zetten achter haar werk*
3 een smal einde van een voorwerp ✦ *er zat koffie op het puntje van zijn neus*
op het puntje van je stoel zitten: vol spanning naar iets kijken ✦ *hij zat op het puntje van zijn stoel naar de wedstrijd te kijken*

het **•punt**[2] [punten]
1 een cijfer dat uitdrukt hoe goed iets is ✦ *hij won honderd punten door het goede antwoord te geven*
2 een plaats die je precies kunt aanwijzen = de plek ✦ *op het hoogste punt kun je heel ver kijken*
3 het onderwerp = de kwestie ✦ *wiskunde blijft haar zwakke punt* ✦ *op dat punt zijn we het met elkaar eens*
4 op het punt staan om iets te doen: iets bijna gaan doen ✦ *ze stond op het punt om weg te gaan toen de bel ging*
5 iets geen punt vinden: iets geen probleem vinden ✦ *hij vond het geen punt om een uur eerder te komen*
6 als puntje bij paaltje komt: als het echt belangrijk wordt wat er gebeurt

de **punt·haak** [punthaken]
het teken '<' of '>'

de **punt·kom·ma** [puntkomma's]
het teken ';', dat je plaatst tussen twee zinnen die bij elkaar horen

de **pu·pil** [pupillen]
1 het zwarte rondje in je oog
2 de leerling ✦ *de trainer liet zijn pupil meedoen met belangrijke wedstrijden*
3 een jong lid van een sportvereniging

het **pup·py** *ook:* de [puppy's]
een jonge hond dieren

de **pu·ree**
een soort pap van gemalen of gestampte aardappelen of groente ✦ *we aten vlees, aardappelpuree en bloemkool*

pur sang [bijvoeglijk naamwoord]
helemaal = op-en-top ✦ *hij is een kunstenaar pur sang*

het **pus** *ook:* de
vies geel vocht dat uit een zieke plek in je lichaam kan komen = de etter

de **put** [putten]
1 een diep gat in de grond waaruit je water omhoog kunt halen = de waterput ✦ *in het droge gebied werden putten gebouwd om toch water te kunnen drinken*
in de put zitten: heel verdrietig zijn en geen oplossing zien voor je problemen
2 een gat in de grond waardoor het water weg kan lopen in het riool
3 een plek waar iets niet vlak is, maar waar het even dieper is = de kuil ✦ *het meisje heeft een putje in haar kin*

put·ten [putte, heeft geput]
uit een put* (bet. 1) halen [iemand put water]

put·ten uit [putte uit, heeft geput uit]
uit iets halen [iemand put iets uit iets] ✦ *de journalist putte zijn gegevens uit de officiële rapporten* ✦ *de man putte kracht uit de gedachte dat hij al grotere problemen had opgelost*

puur [bijvoeglijk naamwoord]
pure mensen en dingen zijn zuiver en echt ✦ *kinderen zijn nog heel puur* ✦ *uit pure eenzaamheid ging de man boeken lezen*

de **puz·zel** [puzzels]
een spel waarbij je een probleem moet oplossen ✦ *het kind maakte een legpuzzel* ✦ *er staat elke dag een kruiswoordpuzzel in de krant*

het **pvc**
een soort plastic waarvan men buizen maakt

de **PvdA**
de Partij van de Arbeid: een politieke partij in Nederland politiek

de **py·ja·ma** [pyjama's]
een broek en een bloes van zachte stof, die men in bed draagt ✦ *hij was ziek en liep de hele dag in zijn pyjama*

q

de **q** [q's]
de zeventiende letter van het alfabet
alfabet

•**qua** [voorzetsel]
wat betreft ✦ *qua ruimte is het een mooi huis*

de **qua·ran·tai·ne**
de situatie dat mensen of dieren die een besmettelijke ziekte kunnen overbrengen, apart gezet zijn ✦ *de zieke dieren werden twee maanden in quarantaine geplaatst*

qua·si [bijwoord]
1 niet echt, maar gespeeld = zogenaamd ✦ *zij reageerde quasi boos op de vragen*
2 (in België) net niet helemaal; bijna ✦ *het is quasi onmogelijk om zonder fouten te schrijven*

het **qua·tre-mains** [quatre-mains]
een muziekstuk voor twee mensen op één piano

quit·te [bijvoeglijk naamwoord]
1 quitte spelen of draaien: gelijk staan; evenveel verdienen als uitgeven ✦ *na twee jaar quitte gedraaid te hebben, begon de onderneming winst te maken*
2 quitte staan: gelijkstaan; evenveel punten hebben ✦ *na vier wedstrijden stonden we quitte: 2-2*

de **quiz** [quizzen]
een spel met vragen, bijv. op de televisie ✦ *de winnaars van de quiz wonnen een reis naar Mexico*

r

de **r** [r'en, r's]
de achttiende letter van het alfabet
alfabet

'r [persoonlijk voornaamwoord] (informeel)
haar

de •**raad** [raden]
1 [geen meervoud] de woorden waarmee je iemand zegt wat hij moet doen, om hem te helpen = het advies ✦ *als u financiële problemen heeft, kunt u de bank om raad vragen*
2 een groep mensen die advies geeft of die een bestuur vormt = het college ✦ *in de raad van ministers is een meerderheid tegen de aanleg van nieuwe wegen*
de raad van bestuur: de leden van het bestuur van een bedrijf
de Hoge Raad: de belangrijkste groep rechters in Nederland rechtspraak
3 bij iemand te rade gaan: iemand om advies vragen
4 moord met voorbedachten rade: (formeel) een moord waarover van tevoren is nagedacht
5 je geen raad weten: helemaal niet meer weten wat je moet doen
6 ten einde raad zijn: helemaal niet meer weten wat je moet doen

r

raad·ple·gen [raadpleegde, heeft geraadpleegd]
1 om raad vragen [iemand raadpleegt iets of iemand] ✦ *nadat hij alle partijen had geraadpleegd, beantwoordde hij de brief*
2 informatie opzoeken in een woordenboek, een encyclopedie enz. [iemand raadpleegt een woordenboek, een encyclopedie enz.] ✦ *zij raadpleegt altijd eerst de encyclopedie voordat ze naar de dokter gaat*

het **raad·sel** [raadsels, raadselen]
een ingewikkelde vraag, waarbij het antwoord soms een grapje is ✦ *het is een raadsel waar dat boek is gebleven* ✦ *hij vertelde een raadsel, maar niemand wist het antwoord*

raad·sel·ach·tig [bijvoeglijk naamwoord]
heel vreemd = mysterieus ✦ *het blijft raadselachtig waarom dat paarse schilderij 'geel' heet*

het **raads·lid** [raadsleden]
een lid van de gemeenteraad

de **raads·man** [raadslieden, raadsmannen]
raads·vrouw [raadsvrouwen]
1 iemand die adviezen geeft
2 iemand die voor zijn beroep mensen steunt die voor de rechter moeten komen = de advocaat

raad·zaam [bijvoeglijk naamwoord]
iets wat raadzaam is, is verstandig om te doen ✦ *het is raadzaam om op tijd te vertrekken vanwege de files*

raak [bijvoeglijk naamwoord]
1 iets wat raak is, komt precies in het doel ⇔ mis ✦ *de voetballer schoot raak*
2 precies goed ✦ *de journalist maakte een rake opmerking over het gedrag van de kunstenaar*

het •**raam** [ramen]
een opening in een muur, meestal met glas erin = het venster ✦ *het huis had grote ramen*

•**raar** [bijvoeglijk naamwoord]
rare dingen of mensen zijn anders dan je verwacht = vreemd, gek ✦ *ze vond het raar dat haar zoon een jurk aan wilde* ✦ *ik voel me een beetje raar in mijn hoofd*

de **ra·bar·ber**
een rode plant met een frisse smaak

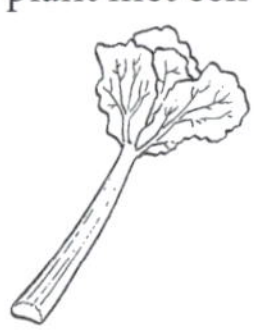

rabarber

de **rab·bijn** [rabbijnen]
een joodse man die les geeft in godsdienst en die de diensten in de synagoge leidt = de rabbi

de **race** [races]
de wedstrijd ✦ *midden in Siena wordt ieder jaar een race met paarden gehouden*
het was een race tegen de klok: het was moeilijk om op tijd te zijn

ra·cen [racete, heeft of is geracet]
heel hard rijden, varen, rennen [iemand racet] ✦ *de kinderen raceten naar school*

het **ra·cis·me**

het beoordelen van mensen op de kleur van hun huid of op het volk waar ze bij horen

de **ra·cist** [racisten]
iemand die mensen beoordeelt op de kleur van hun huid of op het volk waar ze bij horen

het **rac·ket** [rackets]
een voorwerp waarmee je een bal of een shuttle slaat ✦ *het tennisracket*

racket

de **ra·dar** [radars]
een toestel dat radiogolven uitzendt en ontvangt, waardoor je kunt bepalen waar een voorwerp is ✦ *met de radar konden we zien waar het vliegtuig was*

ra·de·loos [bijvoeglijk naamwoord]
radeloze mensen hebben een groot probleem en weten niet meer wat ze moeten doen = wanhopig ✦ *de slachtoffers van de brand renden radeloos over straat*

ra·den [raadde of ried, heeft geraden]
1 het antwoord op een vraag proberen te vinden door mogelijke antwoorden te geven [iemand raadt (naar) iets] ✦ *raad eens hoeveel broers ik heb?*
2 dat is je geraden!: dat zou ik maar doen!

de **ra·di·a·tor** [radiatoren, radiators]
het deel van de centrale verwarming dat warmte geeft doordat er warm water doorheen stroomt

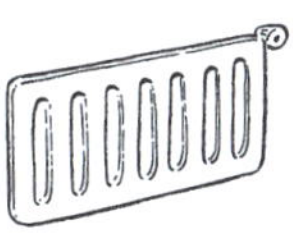
radiator

ra·di·caal [bijvoeglijk naamwoord]
iemand met een radicale mening wil grote veranderingen = grondig ✦ *de man werd uit de partij gezet vanwege zijn radicale opvattingen* ✦ *de moord is gepleegd door een lid van een radicale beweging*

de **ra·dijs** [radijzen]
de ronde, rood-witte wortel van een bepaalde plant, die je kunt eten

radijs

de •**ra·dio** [radio's]
1 een toestel dat radiogolven ontvangt en verandert in geluid ✦ *hij zette de radio harder toen hij een leuk liedje hoorde*
2 [geen meervoud] een zender op de radio ✦ *op radio 1 komt vooral nieuws*
media

ra·dio·ac·tief [bijvoeglijk naamwoord]
radioactieve stoffen hebben een gevaarlijke straling ✦ *door het ongeluk was het water in de rivier radioactief geworden*

ra·fe·len [rafelde, is gerafeld]
draadjes verliezen [een stof rafelt] ✦ *omdat de zoom kapot was, ging de trui rafelen*

ra·fe·lig [bijvoeglijk naamwoord]
aan een rafelig stuk stof zitten allemaal losse draadjes

de **ra·ge** [rages]
het feit dat je bepaalde artikelen of kleren een tijdje overal ziet, en daarna niet meer ✦ *schoenen met lampjes waren een tijdje een rage*

de **rail** [rails]
1 elk van de smalle ijzeren banen waar een trein of tram overheen rijdt = het spoor ✦ *er reden minder treinen omdat er bladeren op de rails lagen*
2 een lang smal voorwerp waar iets langs glijdt ✦ *de gordijnrails*

ra·ke·lings [bijwoord]
zo dicht langs iets of iemand dat dat ding of die persoon bijna geraakt wordt ✦ *de trein kwam rakelings voorbij*

•**ra·ken** [raakte]
1 [heeft geraakt] treffen met bijv. een klap of een schot [iemand of iets raakt iemand of iets] ✦ *de man raakte mij hard in het gezicht* ✦ *de nieuwe speler kon geen bal raken*
2 [heeft geraakt] tegen iets aankomen = aanraken [iemand of iets raakt iets] ✦ *de auto raakte heel even de fiets*
3 [heeft geraakt] een diep gevoel geven, bijv. van verdriet of vreugde = ontroe-

ren [iets raakt iemand] ✦ *dat verhaal over haar ziekte raakte mij totaal niet*
4 [is geraakt] met een bijvoeglijk naamwoord betekent het vaak: worden [iemand raakt gewond, zwanger enz.; iets raakt zoek, lek enz.] ✦ *langzaam raakte de hond gewend aan zijn nieuwe baas*

de **ra·ket** [raketten]
1 een voertuig dat de lucht in geschoten wordt ✦ *men kan met een raket op de maan komen* ✦ *in de oorlog probeerde men met raketten vliegtuigen uit de lucht de schieten*

raket 1

2 (in België) een voorwerp waarmee je een bal of een shuttle slaat = het racket

de **ram** [rammen]
1 een mannelijk schaap dieren
2 een harde klap ✦ *de jongen gaf de man een ram op zijn gezicht*

de **Ram** [Rammen]
een sterrenbeeld sterrenbeelden

de **ra·ma·dan**
de maand waarin de moslims overdag niets mogen eten of drinken, maar pas als de zon onder is religie

ra·men [raamde, heeft geraamd]
bedenken hoeveel iets waarschijnlijk gaat kosten = schatten [iemand raamt de kosten] ✦ *de kosten voor een nieuwe keuken werden geraamd op vijfduizend euro*

ram·me·len [rammelde, heeft gerammeld]
1 een geluid geven doordat iets los zit [iets rammelt] ✦ *hij rijdt op een rammelende oude fiets*
ik rammel (van de honger): ik heb erge honger
2 weinig verband hebben; niet goed in elkaar zitten [iets rammelt] ✦ *ik geloof hem niet; zijn verhaal rammelt aan alle kanten*
3 iemand door elkaar rammelen: iemand flink heen en weer schudden ✦ *Evert pakte Mirna bij de schouders en rammelde haar door elkaar*

de **ram·me·ling** [rammelingen] (in België)
een rammeling krijgen: klappen krijgen ✦ *als kind kreeg Jean-Pierre vaak een rammeling van zijn vader*

ram·men [ramde, heeft geramd]
zo hard met bijv. een auto of een fiets tegen iets aan komen, dat het kapot gaat [iemand of iets ramt iets] ✦ *het schip ramde een ander schip*

de **ramp** [rampen]
een groot ongeluk waarbij veel mensen of dieren betrokken zijn = de calamiteit ✦ *de ramp met het schip kostte 34 mensen het leven*

de **ramp·spoed**
erg vervelende gebeurtenissen ✦ *het gebied werd getroffen door rampspoed*

ramp·za·lig [bijvoeglijk naamwoord]
rampzalige gebeurtenissen zijn heel erg = desastreus ✦ *het was rampzalig dat de club alweer verloor*

de **ran·cu·ne**
boosheid die lang duurt over iets dat jou is aangedaan = de wrok ✦ *uit pure rancune schreef de journalist een negatief stuk over zijn vroegere baas*

de• **rand** [randen]
1 het buitenste deel van een vlak, een gebied of een voorwerp ✦ *het boek lag op de rand van de tafel* ✦ *we liepen aan de rand van het bos*
2 het bovenste deel van iets dat hol of diep is ✦ *hij schonk het glas tot aan de rand toe vol* ✦ *we zaten aan de rand van het zwembad*
op de rand van een faillissement, oorlog, chaos enz. zijn: bijna een faillissement, oorlog, chaos enz. hebben
3 een Zuid-Afrikaanse munt

de **Rand·stad**
het drukke gebied tussen Amsterdam, Den Haag, Rotterdam en Utrecht ✦ *in de Randstad zijn er meer files dan in de rest van Nederland* landschap

de **rand·voor·waar·de** [randvoorwaarden]
een voorwaarde waaraan iets in ieder geval moet voldoen ✦ *bij de onderhandelingen werd als randvoorwaarde gesteld dat de lonen niet lager mogen worden*

de **rang** [rangen]
1 de positie die iemand heeft in een organisatie, bijv. in het leger = de klasse
mensen van alle rangen en standen: allerlei soorten mensen, rijk en arm

2 de plaats waar je zit, bijv. in een theater ✦ *de kaartjes voor de eerste rang waren erg duur, maar we konden alles goed zien*

de **rang·lijst** [ranglijsten]
een lijst met namen waarbij de besten bovenaan staan en de slechtsten onderaan ✦ *door de wedstrijd te winnen, steeg de tennisser op de wereldranglijst*

rang·schik·ken [rangschikte, heeft gerangschikt]
in een bepaalde volgorde plaatsen = ordenen [iemand rangschikt iets] ✦ *de boeken stonden gerangschikt op schrijver*

rank [bijvoeglijk naamwoord]
ranke mensen of dieren zijn dun en sierlijk

het **rant·soen** [rantsoenen]
een beperkte hoeveelheid eten die je krijgt ✦ *het rantsoen van de soldaten bestond uit brood, kaas en melk*

ran·zig [bijvoeglijk naamwoord]
1 ranzig vet is niet meer goed en ruikt zuur
2 iets wat ranzig is, is niet helemaal te vertrouwen ✦ *de vergadering werd gehouden in een ranzig zaaltje*

rap [bijvoeglijk naamwoord]
als je iets rap doet, doe je het snel ✦ *de kennis over ziektes groeit in rap tempo*

ra·pen [raapte, heeft geraapt]
kleine dingen van de grond pakken = oprapen [iemand raapt iets] ✦ *de kinderen raapten mooie steentjes van de grond*

rap·pen [rapte, heeft gerapt]
pratend zingen met een sterke beat op de achtergrond [iemand rapt]

het •**rap·port** [rapporten]
een papier waarin iets of iemand wordt beoordeeld ✦ *het kind had goede cijfers op zijn rapport* ✦ *de commissie schreef een rapport over het onderwijs in België*

rap·por·te·ren [rapporteerde, heeft gerapporteerd]
vertellen wat er gebeurd is = doorgeven [iemand rapporteert iets] ✦ *het ongeluk werd meteen gerapporteerd aan de politie*

het **ras** [rassen]
een groep mensen of dieren die door hun geboorte tot dezelfde groep horen en er ongeveer hetzelfde uitzien ✦ *van welk ras is jouw hond?*

ras-
een echte ... ✦ *Willem is een rasverteller*

de **rasp** [raspen]
een voorwerp met scherpe gaatjes waarmee je kleine stukjes van iets kunt afhalen ✦ *hij maakte de appel fijn met een rasp*

rasp

de **rat** [ratten]
een dier met scherpe tandjes en een lange, kale staart

rat

ra·te·len [ratelde, heeft gerateld]
1 heel veel en snel praten [iemand ratelde] ✦ *de vrouw ratelde maar door, ook al luisterde er niemand meer*
2 veel snelle harde geluiden achter elkaar maken [iets ratelt] ✦ *zij werd wakker door het ratelen van de wekker*

ra·ti·o·neel [bijvoeglijk naamwoord]
rationele mensen beslissen vanuit hun verstand en niet vanuit hun gevoel = verstandelijk ✦ *ze koos heel rationeel voor een goede baan in Londen*

rauw [bijvoeglijk naamwoord]
1 rauw voedsel is niet gekookt of gebakken ✦ *worteltjes kun je rauw en gekookt eten*
2 een rauwe keel is rood en doet pijn
3 een rauwe stem klinkt laag, hard en lelijk

de **rauw·kost**
rauwe* (bet. 1) groente ✦ *naast ieder bord stond een schaaltje met rauwkost*

de **ra·va·ge** [ravages]
een enorme troep = de puinhoop ✦ *de dieven hadden van het huis een ravage gemaakt*

het **ra·vijn** [ravijnen]
een lang en diep gat in de aarde bij een berg = de afgrond ✦ *de auto was in het ravijn gevallen*

het **ray·on** [rayons]

een deel van een gebied = het district ✦ *ieder rayon heeft een eigen leider*

ra·zen [raasde, heeft geraasd]
1 heel snel en met veel lawaai voorbij komen [de wind, een auto enz. raast] ✦ *er raasde een storm over het land*
2 heel boos zijn en daar lawaai bij maken = tieren [iemand raast]

ra·zend[1] [bijvoeglijk naamwoord]
iemand die razend is, is heel boos = woedend ✦ *de directeur was razend toen bleek dat een werknemer geld gestolen had*

ra·zend[2] [bijwoord]
heel erg ✦ *ik heb nu geen tijd, want ik heb het razend druk*

de **ra·zer·nij** [razernijen]
een heftig, negatief gevoel over iets = de woede ✦ *het gedrag van zijn collega bracht hem tot razernij*

re-
weer; opnieuw ✦ *de reorganisatie*

de •**re·ac·tie** [reacties]
1 iets wat je doet of zegt als antwoord op iets ✦ *graag wil ik een reactie op mijn brief*
2 (scheikunde) de verandering van een chemische stof ✦ *bij sommige chemische reacties komt warmte vrij*

de **re·ac·tor** [reactoren, reactors]
een toestel waarin kernenergie wordt gemaakt = de kernreactor

•**re·a·ge·ren** [reageerde, heeft gereageerd]
1 doen of zeggen als antwoord op iets; een reactie (bet. 1) geven [iemand reageert (op iets)] ✦ *hoe reageerde Jeroen toen hij hoorde dat hij de wedstrijd had gewonnen?* ✦ *de dokter wil weten of de patiënt goed reageert op de medicijnen*
2 (scheikunde) chemisch veranderen [een stof reageert met een andere stof] ✦ *deze stof reageert met water*

•**re·a·li·se·ren** [realiseerde, heeft gerealiseerd]
zorgen dat iets werkelijkheid wordt = uitvoeren [iemand realiseert een plan, een idee enz.] ✦ *de regering wilde de nieuwe woningen vóór 2008 gerealiseerd hebben*

zich •**re·a·li·se·ren** [realiseerde zich, heeft zich gerealiseerd]
beginnen te weten; je bewust worden van iets = beseffen [iemand realiseert zich iets] ✦ *ze realiseerde zich opeens dat ze een fout had gemaakt*

re·a·lis·tisch [bijvoeglijk naamwoord]
realistische zaken lijken erg op de werkelijkheid; realistische mensen weten wat wel kan en wat niet kan = reëel ✦ *je moet realistisch zijn, want de kans dat je wint is heel klein* ✦ *de man maakt realistische schilderijen*

de **re·a·li·teit**
de wereld zoals die is = de werkelijkheid ✦ *de realiteit is dat er nog steeds veel mensen op straat slapen*

re·ani·me·ren [reanimeerde, heeft gereanimeerd]
zorgen dat iemand die dood lijkt, weer gaat ademen [iemand reanimeert (iemand)] ✦ *ze hebben het kind nog een tijdje gereanimeerd, maar het was al te laat*

de **re·bel** [rebellen]
iemand die zich fel verzet tegen de mensen die de macht hebben = de opstandeling ✦ *het leger van de rebellen heeft honderden mensen gedood*

re·bels [bijvoeglijk naamwoord]
rebelse mensen verzetten zich tegen wat er van ze verwacht wordt = opstandig ✦ *die rebelse meid ging in een oude trui naar de bruiloft van haar zus*

re·cen·se·ren [recenseerde, heeft gerecenseerd]
in een krant of een tijdschrift een oordeel geven over een boek, een film, een voorstelling enz. = bespreken [iemand recenseert een boek, een film, een voorstelling enz.]

de **re·cen·sie** [recensies]
een artikel waarin iemand zijn of haar mening geeft over een boek, een film, een voorstelling enz. = de bespreking ✦ *ik wil de film 'Lek' zien, want daarover heb ik een goede recensie gelezen*

re·cent [bijvoeglijk naamwoord]
recente dingen zijn korte tijd geleden gebeurd ✦ *de minister was blij met de recente afspraken met de werkgevers*

re·cen·te·lijk [bijwoord]
korte tijd geleden = onlangs, pas ✦ *ik heb haar recentelijk nog gesproken*

het **re·cept** [recepten]
1 een tekst waarin staat hoe je een gerecht moet maken ✦ *kun je me het recept geven van deze heerlijke koekjes?*

2 een briefje van de dokter aan de apotheek, waarop staat welke medicijnen iemand moet krijgen ✦ *deze medicijnen kun je zonder recept kopen* gezondheid

de **re·cep·tie** [recepties]
1 een feestje met veel mensen waarbij men de gelegenheid heeft om bijv. iemand te feliciteren gedenkdagen
2 een ruimte in een kantoor of in een hotel waar gasten zich kunnen melden = de balie ✦ *er ligt een pakje voor je bij de receptie!*

het **re·ces**
de vakantie van een bestuur, bijv. van de regering

de **re·ces·sie** [recessies]
een periode dat het slechter gaat met de economie ✦ *door de recessie kwamen veel mensen zonder werk*

de **re·cher·che**
het deel van de politie dat misdaden oplost ✦ *de recherche van Alkmaar probeerde de moord op te lossen*

de **re·cher·cheur** [rechercheurs]
iemand die bij de politie misdaden oplost

het •**recht**[1] [rechten]
1 iets wat je mag, bijv. volgens de wet ✦ *mannen en vrouwen hebben gelijke rechten*
recht op iets hebben: iets mogen omdat dat is afgesproken ✦ *alle werknemers hebben recht op vakantie*
dat is haar goed recht: dat mag zij
2 [geen meervoud] de wetten en regels van de overheid waarin staat wat wel en wat niet mag ✦ *hij studeert internationaal recht aan de Universiteit van Amsterdam* rechtspraak
burgerlijk recht, civiel recht: het recht dat de verhoudingen tussen burgers regelt
administratief recht: het recht dat bepaalt hoe de overheid moet handelen
3 [geen meervoud] een toestand waarin alles eerlijk is = de gerechtigheid, de rechtvaardigheid ⇔ het onrecht ✦ *het recht zal overwinnen*
iemand of iets recht doen: iemand of iets geven wat die persoon of die zaak verdient
met recht: terecht ✦ *hij wordt met recht 'bierkoning van België' genoemd*
4 tot zijn recht komen: goed de kwaliteiten laten zien ✦ *in die baan komt zij goed tot haar recht*

•**recht**[2] [bijvoeglijk naamwoord]
1 rechte dingen zijn niet gebogen ⇔ krom ✦ *de weg naar huis was één lange rechte weg* ✦ *doe je rug eens recht!*
2 precies van links naar rechts of van boven naar beneden ⇔ schuin ✦ *dat schilderij hangt niet recht* ✦ *opeens stond Eva recht voor me*

de **recht·bank** [rechtbanken]
een gebouw waar een rechter misdaden beoordeelt en straffen bepaalt ✦ *Dirk W. moest voor de rechtbank verschijnen* rechtspraak
de rechtbank van koophandel: (in België) de rechtbank die gaat over ruzies tussen bedrijven, handelaren enz.

recht·door [bijwoord]
verder in dezelfde richting ✦ *om bij het theater te komen moet je rechtdoor en dan de derde straat links*

de **rech·ten** [meervoud]
de studie van het recht (bet. 2) ✦ *als je rechten hebt gestudeerd, kun je advocaat of rechter worden*

de •**rech·ter**[1] [rechters]
iemand bij een rechtbank die beslist of mensen zich volgens de wet hebben gedragen en welke straf zij eventueel moeten krijgen ✦ *de rechter besliste dat de man niet schuldig was* rechtspraak

rech·ter[2] [bijvoeglijk naamwoord]
het rechter voorwerp is het voorwerp dat rechts ligt ⇔ linker ✦ *met de rechter buren hebben we minder contact dan met de linker buren*

de **rech·ter·hand** [rechterhanden]
de hand die aan de rechterkant van je lichaam zit ⇔ de linkerhand
iemands rechterhand zijn: iemand helpen en steunen ✦ *zij is de rechterhand van de prinses*

rech·ter·lijk [bijvoeglijk naamwoord]
een rechterlijk bevel is een bevel van de rechter
de rechterlijke macht: alle rechters en rechtbanken samen

de **recht·hoek** [rechthoeken]
een vorm met vier rechte hoeken ✦ *een boek heeft meestal de vorm van een rechthoek*

rechthoek

recht·lij·nig [bijvoeglijk naamwoord]
rechtlijnige mensen hebben één duidelijk doel en denken niet aan andere dingen = star ✦ *de school werd streng en rechtlijnig bestuurd*

recht·ma·tig [bijvoeglijk naamwoord]
iets wat rechtmatig is, is volgens de wet ✦ *wie is de rechtmatige eigenaar van deze fiets?*

recht·op [bijwoord]
recht omhoog = overeind ✦ *kort na de operatie zat ze alweer rechtop in bed*

•**rechts** [bijvoeglijk naamwoord]
1 iets wat rechts staat, staat aan de kant van je lichaam waar niet je hart zit ⇔ links ✦ *in het verkeer mogen auto's van rechts meestal eerst*
2 iemand die rechts is, schrijft altijd met zijn of haar rechterhand ⇔ links ✦ *ben jij links of rechts?*
3 rechtse politieke partijen zijn conservatief en willen geen grote veranderingen in de samenleving ⇔ links

rechts·af [bijwoord]
in de richting van rechts ⇔ linksaf ✦ *als je hier rechtsaf gaat, kom je bij de fabriek*

de **rechts·bij·stands·ver·ze·ke·ring** [rechtsbijstandsverzekeringen]
een overeenkomst die je verzekert tegen kosten als je naar de rechter moet
verzekeringen

rechts·om·keert [bijwoord]
rechtsomkeert maken: omkeren; teruggaan ✦ *toen ze de grote hond zag, maakte ze rechtsomkeert*

de **recht·spraak**
het systeem dat beslist of iemand zich aan de wet heeft gehouden en welke straf iemand eventueel moet krijgen
rechtspraak

de **rechts·staat** [rechtsstaten]
een staat waarin de rechten van alle mensen zijn vastgelegd in de wet ✦ *Nederland en België zijn rechtsstaten*

recht·streeks [bijvoeglijk naamwoord]
1 iets wat rechtstreeks gebeurt, gebeurt via de kortste, snelste weg = direct ✦ *is er een rechtstreekse treinverbinding tussen Brussel en Gent?*
2 een rechtstreeks radio- of tv-programma wordt op hetzelfde moment opgenomen en uitgezonden = live ✦ *omdat het een rechtstreeks programma is, kunnen er dingen fout gaan*

de **rechts·zaak** [rechtszaken]
een gelegenheid waarbij een rechter onderzoekt of iemand zich aan de wet heeft gehouden en welke straf hij of zij eventueel moet hebben = het proces

de **rechts·zaal** [rechtszalen]
de zaal waarin een rechtszaak* gehouden wordt ✦ *in de rechtszaal mochten geen camera's komen*

recht·toe [bijwoord]
rechttoe rechtaan: duidelijk en direct; zonder dingen die geen doel hebben ✦ *zijn manier van leiding geven is rechttoe rechtaan*

recht·vaar·dig [bijvoeglijk naamwoord]
rechtvaardige mensen beoordelen mensen en zaken eerlijk ✦ *het is niet rechtvaardig als rijke mensen steeds rijker worden en arme mensen steeds armer*

recht·vaar·di·gen [rechtvaardigde, heeft gerechtvaardigd]
een goede reden voor iets geven [iemand rechtvaardigt iets] ✦ *het feit dat u boos was, rechtvaardigt niet dat u veel te hard reed*

de•**re·cla·me** [reclames]
informatie over een product met het doel dat mensen dat product gaan kopen ✦ *op het feestje maakte Arne reclame voor zijn nieuwe bedrijfje* ✦ *na de reclame ging de film weer verder*

de **re·clas·se·ring**
een instelling die mensen helpt die uit de gevangenis komen, bijv. met het zoeken van werk of een huis

re·con·stru·e·ren [reconstrueerde, heeft gereconstrueerd]
1 iets herstellen tot wat het oorspronkelijk was [iemand reconstrueert iets dat vernield is] ✦ *het dak van de kerk kon nog gereconstrueerd worden*
2 een gebeurtenis nadoen om te begrijpen hoe het gegaan is [iemand reconstrueert een gebeurtenis] ✦ *het ongeluk werd gereconstrueerd*

Rechtspraak

Iedereen die in Nederland en België woont, heeft het recht om bij een verschil van mening naar de rechter te gaan. De rechter beslist wie er gelijk heeft.

In de **grondwet** staan de grondrechten die iedere Nederlander en Belg heeft, zoals het recht om je mening uit te spreken, het kiesrecht, de vrijheid van godsdienst, het recht om een politieke partij op te richten enzovoort.

De rechtspraak in Nederland en België is **onafhankelijk**. Dat wil zeggen dat de rechters niet hoeven te doen wat de regering zegt, ze volgen alleen de wet. De rechters zijn verplicht hun beslissing te motiveren en een uitspraak te doen binnen een redelijke periode. Dat zorgt voor een eerlijke behandeling van de zaak. Nederland en België kennen drie vormen van rechtspraak: het *civiel recht* (dat wordt ook wel het *burgerlijk recht* genoemd), het *strafrecht* en het *bestuursrecht* (in België: *administratief recht*).
Het **civiel recht** gaat over de verhouding tussen burgers. Hierbij kun je denken aan huwelijk en echtscheiding, erfrecht, de verhouding tussen werkgever en werknemer, de verhouding tussen iemand die een huis huurt en iemand die een huis verhuurt enzovoort.
In het **strafrecht** staan de regels waaraan burgers zich moeten houden. Wie zich niet aan die regels houdt, pleegt een overtreding of een misdrijf en kan vervolgd worden door het *Openbaar Ministerie*. De verdachte ontvangt dan een dagvaarding waarin staat wanneer hij of zij bij de rechter moet komen. In België worden misdrijven, afhankelijk van de ernst, onderverdeeld in overtredingen, wanbedrijven en misdaden.
Het **bestuursrecht** bepaalt op welke manier de overheid besluiten moet nemen. Als de overheid dat op een verkeerde manier doet, kunnen burgers naar de rechter gaan.

Het Openbaar Ministerie (OM) handelt namens de Nederlandse gemeenschap of de Belgische staat. Het OM zorgt ervoor dat zaken die tegen de wet ingaan, vervolgd worden en dat de straffen die rechters geven, ook uitgevoerd worden. Bij het OM werken *officieren van justitie* (in België: *procureurs des Konings*). Zij bepalen of een zaak voor de rechter moet komen of niet.

Nederland

Er zijn vier soorten gerechten in Nederland. Het laagste gerecht is het **kantongerecht**. De kantonrechter behandelt vooral overtredingen. Eerst vertelt de officier van justitie wat er is gebeurd en daarna mag de verdachte of zijn advocaat zich verdedigen. De rechter kan ook vragen stellen aan getuigen. De rechter doet meestal direct na de zitting uitspraak. De verdachte of de officier van justitie kan tegen deze uitspraak *in beroep gaan*. Er zijn 63 kantongerechten in Nederland. De kantonrechter heeft ook een civielrechtelijke functie: hij regelt o.a. echtscheidingen.
Misdrijven en zaken waarbij een van de partijen in beroep is gegaan, worden door de **rechtbank** behandeld. Eenvoudige zaken worden door één rechter behandeld. Deze rechter noemen we de politierechter. De politierechter doet meestal direct na de zitting uitspraak. Moeilijke zaken worden door drie rechters behandeld. Zij doen veertien dagen na de zitting uitspraak. Tegen deze uitspraak kan de verdachte of de officier van justitie *in hoger beroep gaan*. Er zijn negentien rechtbanken in Nederland.

Rechtspraak (vervolg)

Het **gerechtshof** behandelt de zaken in hoger beroep. De officier van justitie en de verdachte (of zijn advocaat) vertellen opnieuw wat er precies gebeurd is. Ook kunnen er weer getuigen gehoord worden. Het gerechtshof neemt een geheel nieuwe beslissing. De verdachte kan vrijgesproken worden, maar hij kan ook een hogere straf krijgen. De verdachte of de officier van justitie kan daarna nog eenmaal in beroep gaan tegen de uitspraak. Er zijn vijf gerechtshoven in Nederland.
Wanneer een verdachte of een officier van justitie in beroep gaat tegen een uitspraak van het gerechtshof, komt de zaak voor de **Hoge Raad**. De Hoge Raad onderzoekt niet opnieuw wat er gebeurd is, maar kijkt alleen of het gerechtshof alle regels goed heeft toegepast. Als dat niet zo is, moet een ander gerechtshof de hele zaak opnieuw behandelen. Als de regels wel goed toegepast zijn, blijft de veroordeling gelden. Er is één Hoge Raad in Nederland.

België

Er zijn ook in België vier soorten gerechten. Het dichtst bij de burger staan het **vredegerecht** en de **politierechtbank**. De vrederechter behandelt zaken die over lage bedragen gaan, zoals huurgeschillen en voorlopige maatregelen bij een echtscheiding. De politierechtbank behandelt alles over het verkeer en daden die strafbaar zijn met de lichtste straffen.
Boven het vredegerecht staan de rechtbanken van de arrondissementen: de **rechtbank van eerste aanleg**, de **arbeidsrechtbank** en de **rechtbank van koophandel**. De rechtbank van eerste aanleg is onderverdeeld in de burgerlijke rechtbank, de correctionele rechtbank en de jeugdrechtbank.
Iedere partij in een rechtszaak heeft het recht om in beroep te gaan. Dan wordt de zaak behandeld door een **hof van beroep** of een **arbeidshof**. Die kunnen een heel andere beslissing nemen, of de uitspraak van de lagere rechter bevestigen.
Helemaal bovenaan staat het **Hof van Cassatie**. Dat onderzoekt niet opnieuw wat er gebeurd is, maar kijkt alleen of de rechtbank alle regels goed heeft toegepast.
Heel zware misdrijven, zoals moorden, worden behandeld door het **hof van assisen**. Dat is de enige rechtbank met een volksjury.

het **•re·cord** [records]
het beste resultaat dat is gehaald ✦ *de schaatser verbrak het Nederlandse record op de 500 meter*

de **re·cre·a·tie**
het verschijnsel dat mensen in hun vrije tijd leuke dingen doen op een daarvoor ingerichte plek ✦ *het gebied werd geschikt gemaakt voor recreatie, dus er kwamen paden om te wandelen en te fietsen en er werd een restaurant gebouwd*

re·cre·ë·ren [recreëerde, heeft gerecreeerd]
op speciale plaatsen leuke dingen doen als je niet hoeft te werken [iemand recreëert] ✦ *buiten de stad is een bos waar veel gerecreëerd wordt*

rec·ti·fi·ce·ren [rectificeerde, heeft gerectificeerd]
zeggen dat iets fout is, en dat vervangen door iets dat juist is = verbeteren [iemand rectificeert een onjuiste mededeling] ✦ *het blad rectificeerde het bericht over de nieuwe liefde van de prinses*

de **rec·tor** [rectoren, rectors] **rec·trix, rec·tri·ce** [rectrices]
de directeur van een middelbare school

de **re·cy·cling**
het proces dat stoffen opnieuw gebruikt worden ✦ *glas wordt veel gebruikt voor de recycling*

de **re·dac·teur** [redacteuren, redacteurs] **re·dac·tri·ce** [redactrices]
iemand die voor een krant of voor een uitgeverij teksten schrijft en verbetert ✦ *het werd pas een goed artikel toen de redacteur het helemaal opnieuw geschre-*

ven had

de **re·dac·tie** [redacties]
1 een groep mensen die de inhoud van een krant, tijdschrift of televisieprogramma bedenkt en bewerkt
2 het werk van een redacteur* ✦ *er waren fouten gemaakt bij de redactie van het artikel*

•**red·den** [redde, heeft gered]
uit een gevaarlijke of moeilijke situatie helpen [iemand redt iemand of iets] ✦ *Mohammed heeft het meisje uit het water gered*
het redden: zo handelen dat iets nét lukt of goed gaat ✦ *ik red het niet om op tijd te zijn voor de vergadering*

zich •**red·den** [redde zich, heeft zich gered]
niet in moeilijkheden komen [iemand redt zich] ✦ *je hoeft me niet te helpen; ik red me wel*

de **re·de** [redes]
1 [geen meervoud] het verstand = de ratio ✦ *in de 18e eeuw had men een groot geloof in de menselijke rede*
niet voor rede vatbaar zijn: niet luisteren naar rationele argumenten ✦ *de man was niet voor rede vatbaar en bleef hard schreeuwen*
2 een gesproken verhaal voor een groep mensen = de toespraak, de redevoering ✦ *de professor hield een rede over het onderwijs*
iemand in de rede vallen: gaan praten terwijl iemand anders praat ✦ *de journalist viel de minister in de rede met een korte vraag*

•**re·de·lijk**[1] [bijvoeglijk naamwoord]
1 iets wat redelijk is, aanvaard je als juist of als geschikt ✦ *in deze winkel kun je voor een redelijke prijs kleren kopen*
2 ruim voldoende; vrij goed ✦ *het is een redelijk resultaat*

•**re·de·lijk**[2] [bijwoord]
nogal; tamelijk ✦ *ik ben wel oud, maar nog redelijk gezond*

de •**re·den**[1] [redenen]
het feit waarom iemand iets doet of waarom iets gebeurt = de oorzaak ✦ *wat is de reden dat u altijd te laat komt?*

re·den[2] *zie:* **rijden**

re·de·ne·ren [redeneerde, heeft geredeneerd]
een gedachte of een mening over iets ontwikkelen [iemand redeneert] ✦ *als je logisch redeneert, kun je de vraag beantwoorden*

de **re·de·ne·ring** [redeneringen]
de redenen die je bedenkt om tot een mening te komen = de argumentatie ✦ *dat kun je wel zeggen, maar je redenering klopt niet!*

de **re·de·rij** [rederijen]
een bedrijf dat boten laat varen ✦ *met welke rederij vaar je naar Engeland?*

de **re·de·voe·ring** [redevoeringen]
een gesproken verhaal voor een groep mensen = de rede, de toespraak ✦ *iedereen had de televisie aangezet voor de redevoering van de president*

re·du·ce·ren [reduceerde, heeft gereduceerd]
minder laten worden = terugbrengen, verminderen [iemand reduceert iets] ✦ *het aantal werknemers moest gereduceerd worden*

de **re·duc·tie** [reducties]
het geld dat je minder hoeft te betalen = de korting ✦ *de kaartjes voor de film kostten acht euro, maar kinderen kregen reductie*

de **ree** *ook:* het [reeën]
een lichtbruin zoogdier dat in bossen leeft

•**reeds** [bijwoord] (formeel)
eerder dan verwacht = al ✦ *heeft u mijn brief reeds ontvangen?*

re·ëel [bijvoeglijk naamwoord]
reële zaken en mensen hebben een sterke band met de werkelijkheid = realistisch, werkelijk ✦ *er was een reële kans om te winnen*

de •**reeks** [reeksen]
een rij van dingen achter elkaar = de serie ✦ *ze noemde een reeks voordelen van alleen wonen*

de **reep** [repen]
1 een stuk dat lang en smal is ✦ *hij sneed het vel papier in repen*
2 een stuk chocola in papier ✦ *de kinderen kregen een reep van hun opa*

het **re·fe·ren·dum** [referenda, referendums]
een stemming van het volk over een bepaald voorstel van de regering ✦ *de gemeente Utrecht hield een referendum over de toekomst van het centrum*

re·fe·re·ren aan [refereerde aan, heeft gerefereerd aan]
verwijzen naar iets anders [iemand of

iets refereert aan iets] ✦ *in het lied wordt gerefereerd aan de oorlog*

re·flec·te·ren [reflecteerde, heeft gereflecteerd]
1 nadenken over iets wat gebeurd is [iemand reflecteert (op iets)] ✦ *de leraar leerde om te reflecteren op zijn manier van werken*
2 licht terug laten komen = weerkaatsen ✦ *de fiets had reflecterende banden*

de **re·flec·tie** [reflecties]
1 het nadenken over iets wat gebeurd is = de bezinning ✦ *in de vakantie had ik eindelijk tijd voor reflectie*
2 het feit dat licht terugkomt = de weerkaatsing

de **re·flex** [reflexen]
een handeling die je snel en vanzelf verricht, zonder erbij na te denken ✦ *in een reflex ving hij het vallende kopje*

het **re·frein** [refreinen]
een deel van een lied dat steeds herhaald wordt ✦ *iedereen zong het refrein mee*

de **ref·ter** [refters] (in België)
een grote zaal om te eten, meestal in een school of in een bedrijf

het **re·geer·ak·koord** [regeerakkoorden]
een verzameling afspraken die de partijen van een nieuwe regering met elkaar maken ✦ *in het regeerakkoord was afgesproken om meer geld aan het onderwijs te besteden*

de **•re·gel** [regels]
1 een zin waarin is bepaald wat mag of wat niet mag = het voorschrift ✦ *bij voetbal is het tegen de regels om de bal met de handen aan te raken*
je aan de regels houden: precies doen wat mag, en niet wat niet mag
2 een lijn waarop woorden zijn geschreven of gedrukt ✦ *hij las een paar regels in het boek*
tussen de regels door: zonder dat het echt zo gezegd of geschreven is ✦ *tussen de regels door begreep ik dat hij bij het bedrijf weg wil*
3 in de regel: gewoonlijk ✦ *in de regel drink ik geen alcohol*

•re·ge·len [regelde, heeft geregeld]
zorgen dat iets gebeurt; iets organiseren [iemand regelt iets] ✦ *heb je al kaartjes geregeld voor de bioscoop?*

de **re·gel·ge·ving** [regelgevingen]
de regels ✦ *ken jij de Europese regelgeving met betrekking tot het invoeren van dieren?*

de **•re·ge·ling** [regelingen]
een officiële afspraak ✦ *door een financiële regeling kan zij eerder stoppen met werken*

de **re·gel·maat**
het verschijnsel dat er steeds dezelfde hoeveelheid tijd tussen gebeurtenissen zit

•re·gel·ma·tig[1] [bijvoeglijk naamwoord]
1 bij dingen die regelmatig gebeuren, zit er steeds ongeveer dezelfde tijd tussen de gebeurtenissen ✦ *de patiënt ademde langzaam, maar regelmatig*
2 bij regelmatige dingen staat alles op de juiste plek ✦ *Francine heeft een regelmatig gebit*

•re·gel·ma·tig[2] [bijwoord]
redelijk vaak = geregeld ✦ *we zijn geen collega's meer, maar we zien elkaar nog regelmatig*

re·gel·recht [bijwoord]
direct; op de snelste manier; zonder eerst andere dingen te doen ✦ *ze ging na haar werk regelrecht naar huis*

de **•re·gen[1]**
het water dat uit de lucht valt

re·gen[2] *zie:* **rijgen**

de **re·gen·boog** [regenbogen]
een grote gekleurde boog aan de hemel als de zon schijnt en het tegelijk regent

de **re·gen·bui** [regenbuien]
een korte periode waarin het regent ✦ *ze wachtten tot de regenbui voorbij was*
weer[1]

•re·ge·nen [regende, heeft geregend]
als het regent, valt er water uit de lucht [het regent] ✦ *ik ga niet naar buiten, want het regent!* **weer[1]**

de **re·gent** [regenten] **re·gen·tes** [regentessen]
1 iemand die tijdelijk regeert in plaats van een koning of een koningin
2 (in België) een leraar die les geeft in de lagere klassen van het middelbaar onderwijs

de **re·gen·val**
de toestand dat het regent ✦ *door de regenval van de afgelopen week staat het water in de rivier erg hoog*

het **re·gen·woud** [regenwouden]
een groot bos in een warm gebied waar

het veel regent ✦ *dit dier komt alleen voor in het regenwoud*

re·ge·ren [regeerde, heeft geregeerd]
een land leiden = besturen [iemand regeert (een land)] ✦ *in Nederland regeert een kabinet officieel vier jaar*

de* **re·ge·ring** [regeringen]
de leiders van een land ✦ *in Nederland is de koning of koningin lid van de regering* overheid

de **re·ge·rings·lei·der** [regeringsleiders]
het hoofd van een regering ✦ *in Brussel vergaderden de Europese regeringsleiders*

de **re·gie** [regies]
de leiding over de uitvoering van een toneelstuk of over de opname van een film, een televisie-uitzending of een radio-uitzending ✦ *Toneelgroep Amsterdam speelt onder regie van Ivo van Hove het stuk 'Othello'*

het **re·gi·me** [regimes]
het strenge bestuur van een regering die niet door het volk is gekozen ✦ *in Chili werden soms tegenstanders van het regime van Pinochet vermoord*

de **re·gio** [regio's]
een groot gebied om een stad heen = het gewest, de streek ✦ *steeds meer mensen die in de stad werken, gaan wonen in de regio*

re·gi·o·naal [bijvoeglijk naamwoord]
iets wat regionaal is, is van en voor de regio* = streek- ✦ *in Woerden staat een regionaal ziekenhuis* ✦ *lees jij een landelijke of een regionale krant?*
de regionale overheid: (in België) de personen, instellingen enz. die een gewest of een gemeenschap besturen ✦ *er zijn in België zes regionale overheden: het Vlaamse, het Waalse en het Brusselse Gewest, en de Vlaamse, Franse en Duitstalige Gemeenschap* overheid

> Internationale zaken betreffen andere landen; nationale zaken betreffen het eigen land; lokale zaken betreffen de stad of het dorp.

de **re·gi·o·nen** [meervoud]
de hogere regionen: de groepen met een hoge positie in de maatschappij

re·gis·se·ren [regisseerde, heeft geregisseerd]
bepalen hoe een film, toneelstuk, radio- of televisieprogramma eruit gaat zien [iemand regisseert een film, een toneelstuk of een tv-programma]

het **re·gis·ter** [registers]
1 een officiële lijst met namen van mensen ✦ *hij liet zijn kind bijschrijven in het geboorteregister*
2 een lijst achter in een boek met belangrijke woorden
3 een groep pijpen van een orgel die een bepaald soort geluid geven

re·gis·tre·ren [registreerde, heeft geregistreerd]
1 opnemen in een register* (bet. 1) [iemand registreert iets] ✦ *je moet je laten registreren voordat je die website kunt bezoeken*
2 met een toestel vastleggen [iemand registreert iets] ✦ *het toestel registreerde alle bewegingen van de aarde* ✦ *het concert werd geregistreerd voor de televisie*
3 zien of horen en onthouden = waarnemen [iemand registreert iets] ✦ *zij registreerde twijfel in de stem van haar chef*

het **re·gle·ment** [reglementen]
alle regels van een organisatie of een wedstrijd ✦ *de commissie heeft een reglement opgesteld waaraan alle leden zich moeten houden*

re·gu·le·ren [reguleerde, heeft gereguleerd]
zorgen dat een activiteit of een proces goed verloopt = regelen [iemand reguleert iets] ✦ *de wet reguleert het vervoer van gevaarlijke stoffen*

re·gu·lier [bijvoeglijk naamwoord]
iets dat regulier is, is gewoon en standaard ✦ *tijdens het volgende reguliere overleg zullen we de zaak bespreken*

re·ha·bi·li·te·ren [rehabiliteerde, heeft gerehabiliteerd]
in het openbaar laten weten dat iemand die eerst schuldig leek, toch niet schuldig is [iemand rehabiliteert iemand] ✦ *toen na een onderzoek bleek dat de burgemeester weinig schuld had aan het ongeluk, werd hij gerehabiliteerd*

de **rei·ger** [reigers]
een grote grijze vogel

reiger

•**rei·ken** [reikte, heeft gereikt]
met de hand naar iets toe bewegen om het te pakken of aan te raken [iemand reikt (naar iets)] ✦ *het kind reikte naar het koekje* ✦ *Richard reikte zijn chef de hand*

•**rei·ken tot** [reikte tot, heeft gereikt tot]
bereiken [iets of iemand reikt tot een bepaalde afstand, hoogte enz.] ✦ *de toren reikt tot een hoogte van zestig meter*

reik·hal·zend [bijwoord]
reikhalzend uitkijken naar iets: met groot verlangen wachten op iets ✦ *we kijken reikhalzend uit naar de vakantie*

rei·len [werkwoord]
het reilen en zeilen van iets: de manier waarop iets gaat ✦ *hij vertelde me na mijn vakantie alles over het reilen en zeilen op kantoor*

rein [bijvoeglijk naamwoord] (ouderwets)
1 iets dat rein is, is schoon = zuiver
2 je reinste onzin: grote onzin
3 in het reine komen met iets: iets oplossen zodat je je goed voelt ✦ *de man is in het reine gekomen met zijn verleden*

de **re·ïn·car·na·tie**
het opnieuw geboren worden na je dood ✦ *zij gelooft in reïncarnatie*

rei·ni·gen [reinigde, heeft gereinigd]
schoonmaken [iemand reinigt iets] ✦ *het pak moest chemisch gereinigd worden*

de •**reis** [reizen]
de tocht van de ene plaats naar de andere ✦ *hij maakte een reis naar Turkije* ✦ *we gaan zondag op reis*
een enkele reis: een kaartje voor de heenweg

het **reis·bu·reau** [reisbureaus]
een bedrijf dat reizen organiseert ✦ *als je ergens met het vliegtuig heen wilt, kun je dat regelen via een reisbureau*

de **reis·ver·ze·ke·ring** [reisverzekeringen]
een verzekering tegen kosten als er iets vervelends gebeurt terwijl je op reis bent verzekeringen

•**rei·zen** [reisde, heeft of is gereisd]
een reis maken [iemand reist ergens naartoe] ✦ *ze reist elke dag een uur met de trein naar haar werk*

de •**rei·zi·ger** [reizigers] **rei·zig·ster** [reizigsters]
iemand die reist ✦ *alle reizigers moesten de bus verlaten*

de **rek**[1]
de eigenschap dat een stof langer of wijder kan worden ✦ *de trui was niet mooi meer omdat er geen rek meer in zat*
de rek is eruit: er kunnen niet nog meer problemen worden opgelost, dingen worden gedaan enz. ✦ *nadat Sasha jarenlang zestig uur per week had gewerkt, was opeens de rek eruit en deed ze niets meer*

het **rek**[2] [rekken]
een ding van metalen of houten latten, waar je iets op kunt leggen, iets in kunt doen enz. ✦ *de reizigers legden hun bagage in het rek* ✦ *in het voorste rek hangen de jassen*

•**re·ke·nen** [rekende, heeft gerekend]
1 met cijfers en getallen werken [iemand rekent] ✦ *ik heb even zitten rekenen, maar bij elkaar wordt het een hoog bedrag*
2 een bedrag voor iets vragen [iemand rekent een bedrag voor iets] ✦ *hoeveel reken je voor die boot?*

•**re·ke·nen op** [rekende op, heeft gerekend op]
1 vertrouwen op iets; zeker weten dat iets gaat gebeuren [iemand rekent op iets] ✦ *alle spelers rekenden op een overwinning*
2 verwachten dat iemand aanwezig zal zijn [iemand rekent op iemand] ✦ *op hoeveel mensen reken je vanavond?*

re·ke·nen tot [rekende tot, heeft gerekend tot]
vinden dat iemand of iets bij een groep hoort = beschouwen als [iemand rekent iemand of iets tot een groep] ✦ *Boris rekent Moestafa tot een van zijn beste vrienden*

de •**re·ke·ning** [rekeningen]
1 een papier waarop staat hoeveel je moet betalen = de nota
iets voor je rekening nemen: iets doen; ergens de verantwoordelijkheid voor nemen ✦ *wie neemt de organisatie van het feest voor zijn rekening?*

re

iets voor je rekening nemen: zorgen dat iets gebeurt
2 per slot van rekening: tenslotte ✦ *Harry moet het cadeau geven, hij is per slot van rekening de voorzitter!*
3 rekening houden met iets of iemand: je gedrag aanpassen aan iets of iemand ✦ *hou je er rekening mee dat het kan gaan regenen?*

rek·ken [rekte, heeft gerekt]
1 door te trekken groter of wijder laten worden [iemand rekt iets] ✦ *na het sporten moet je even je spieren rekken*
2 langer laten duren [iemand rekt iets] ✦ *hij probeerde tijd te rekken door veel te blijven praten* ✦ *de artsen konden het leven van de patiënt niet langer rekken*

de **rel** [rellen]
een ruzie waarbij er veel mensen boos zijn ✦ *de uitspraken van de ambtenaar veroorzaakten een grote rel*

het **re·laas** [relazen]
een verhaal waarin iemand vertelt wat er gebeurd is

de **°re·la·tie** [relaties]
1 de verhouding tussen mensen ✦ *de relatie tussen de twee buren was niet zo goed*
2 het in liefde verbonden zijn met iemand ✦ *mijn broer heeft al zeven jaar een relatie, maar hij is niet getrouwd*
3 het verband tussen dingen = de betrekking ✦ *er bestaat een relatie tussen te weinig beweging en ziekte*

re·la·tief [bijvoeglijk naamwoord]
iets wat relatief is, staat in relatie tot iets anders = betrekkelijk ⇔ absoluut ✦ *ik vind het veel geld, maar voor een nieuwe keuken is vijfduizend euro een relatief klein bedrag*

re·la·ti·ve·ren [relativeerde, heeft gerelativeerd]
inzien dat iets betrekkelijk is [iemand relativeert iets] ✦ *de vrouw relativeerde haar problemen door te zeggen dat haar gezondheid het belangrijkste is*

re·laxed [bijvoeglijk naamwoord] (informeel)
relaxte mensen hebben geen zorgen en voelen zich rustig = ontspannen ✦ *het was een relaxed werkje om de bloemen te knippen*

re·le·vant [bijvoeglijk naamwoord]
relevante zaken zijn op dit moment of voor dit onderwerp belangrijk ✦ *in het gesprek werden relevante vragen gesteld*

het **re·liëf** [reliëfs]
de plaats waar iets uitsteekt boven iets anders ✦ *op deze kaart zie je het reliëf van het land*

de **re·li·gie** [religies]
het geloof in een god of in goden en de gewoontes en regels die daarbij horen = de godsdienst ✦ *ze mag niet trouwen met iemand van een andere religie* religie

re·li·gi·eus [bijvoeglijk naamwoord]
religieuze mensen hebben een bepaalde religie* ✦ *wat is uw religieuze achtergrond?*

de **rem** [remmen]
een deel van een auto, fiets enz. waarmee je die kunt laten stoppen ✦ *Rico trapte hard op de rem toen hij een kat voor zijn auto zag*

de **re·me·di·al tea·cher** [remedial teachers]
een leraar op de basisschool die kinderen buiten de groep extra hulp geeft

de **re·me·die** [remedies]
een middel waardoor iets beter wordt of waarmee een probleem wordt opgelost = het geneesmiddel ✦ *wandelen is een goede remedie tegen een sombere stemming*

het **rem·geld** [remgelden] (in België)
het geld dat je moet betalen aan de dokter en dat je niet van het ziekenfonds terugkrijgt gezondheid

de **re·mi·se** [remises]
1 een garage voor bussen, trams en treinen
2 de keer dat er niemand wint bij een partijtje schaken of dammen ✦ *de partij eindigde in remise*

rem·men [remde, heeft geremd]
1 zorgen dat een auto, fiets enz. langzamer gaat rijden of stil gaat staan doordat de bestuurder de rem* gebruikt [iemand remt] ✦ *de auto moest remmen toen er plotseling iemand de straat overstak*
2 tegenhouden = afremmen [iemand of iets remt iemand of iets] ✦ *de hoge verwachtingen van het publiek remden de schrijver bij zijn nieuwe boek*

de **ren** [rennen]
een afgesloten stukje grond waar bijv. kippen en konijnen kunnen lopen

Religie

In Nederland en België zijn **kerk en staat** altijd gescheiden geweest, d.w.z. dat de overheid zich niet bemoeit met de religie van de mensen. Lange tijd waren Nederland en België vooral christelijke landen. Tot ongeveer 1970 waren de meeste mensen protestants (in het noorden) of katholiek (in het zuiden) en gingen ze op zondag naar de kerk. Sinds die tijd is dat langzaam veranderd. Minder dan 40% van de mensen is nog lid van een kerk, een kwart gaat nog regelmatig naar de kerk. Een kwart zegt geen geloof te hebben.
Naast het christendom zijn andere religies steeds belangrijker geworden, doordat er steeds meer mensen uit andere landen zijn komen wonen. Een voorbeeld is de islam. Ook zijn er allerlei andere niet-religieuze levensbeschouwingen, zoals het humanisme.

De religies die in Nederland en België belangrijk zijn:

1. het **christendom**
Christenen geloven in God en in Zijn zoon Jezus Christus, die op aarde heeft geleefd, aan het kruis is gestorven en na drie dagen is opgestaan uit de dood. Het boek van de christenen is de bijbel. Op zondag gaat men naar de kerk.
Het christendom bestaat uit het protestantse en het katholieke geloof. De samenwerking tussen de christelijke kerken heet oecumene.
De doop is het teken dat je bij de kerk hoort. In de Katholieke Kerk kun je daarna de communie doen (als je ongeveer 8 jaar bent) en later het vormsel (als je ongeveer 12 jaar bent). In de Protestantse Kerk kun je later belijdenis doen.

Aan het hoofd van de **katholieke** kerk staat de paus in Rome. Hij wordt geholpen door onder andere kardinalen en bisschoppen. Katholieken die een functie in de kerk hebben en een hogere wijding hebben gehad, zijn priester.
Katholieken die naar dezelfde kerk gaan, vormen een parochie. Een parochie wordt geleid door een pastoor die de mis leidt. Tijdens de communie geeft hij de mensen in de kerk een stukje speciaal brood en wijn, als teken van het lichaam en het bloed van Christus.
Er zijn ook geestelijken die in een klooster wonen: monniken en nonnen. Zij mogen niet trouwen, net als de priesters (het celibaat). De christenen in België zijn vrijwel allemaal katholiek.

De **protestantse kerk** is verdeeld in veel verschillende kerken. De grootste zijn de Nederlands Hervormde kerk en de Gereformeerde Kerken in Nederland. Deze werken al jaren samen en zullen (samen met de Evangelisch-Lutherse Kerk) in 2004 officieel één kerk worden: de Protestantse Kerk in Nederland.
Protestantse mensen die naar dezelfde kerk gaan, vormen een gemeente. De voorganger is de dominee, die de kerkdienst leidt. De preek is een belangrijk deel van de dienst. Verder wordt er gebeden en worden er psalmen en gezangen gezongen. Eens per drie maanden wordt er brood en wijn gedeeld, tijdens het Avondmaal.

2. de **islam**
De islam is het geloof van de **moslims**. De moslims geloven, net als de joden en de christenen, in een God. Ze geloven ook in alle profeten van het jodendom en van het christendom, en bovendien in de profeet Mohammed, die rond het jaar 600 leefde. God heeft aan Mohammed de koran geopenbaard. God heet in de islam Allah.

Religie (vervolg)

Moslims moeten vijf keer per dag bidden, met hun gezicht naar de heilige stad Mekka. Moslims komen bijeen om te bidden in een moskee, vooral tijdens het middaggebed op vrijdag, als er door de voorganger (de imam) gepreekt wordt. Een maand per jaar mogen ze overdag niet eten en drinken, tijdens de ramadan. Eens in hun leven gaan de moslims, als ze het kunnen betalen, op bedevaart naar Mekka. Bekende feesten zijn o.a. het afsluitingsfeest van de ramadan (ook wel het suikerfeest genoemd) en het offerfeest. Tijdens het offerfeest herdenken de moslims het feit dat Abraham bereid was om zijn zoon Ismaël te offeren.
In Nederland wonen ongeveer 900.000 moslims, in België 300.000.

3. het **jodendom**
In Nederland wonen ongeveer 45.000 joden, in België 35.000. Veel joden zijn in de Tweede Wereldoorlog vermoord. Het heilige boek van de joden is de thora. Joden houden van vrijdagavond tot zaterdagavond sabbat: op vrijdagavond houden ze een maaltijd met brood en op zaterdag gaan ze naar de synagoge. Er zijn allerlei joodse feesten, zoals Pesach.

4. overig
Verder zijn er nog allerlei andere godsdiensten in Nederland en België, zoals het **hindoeïsme** en het **boeddhisme**. Hindoes geloven in Brahma als belangrijkste god, maar daarnaast eren ze allerlei andere goden en godinnen. De stichter van het boeddhisme was Boeddha.

feestdagen

de **re·nais·san·ce**
de periode van ongeveer 1450 tot 1550 waarin er in de kunst en de wetenschap weer veel belangstelling was voor de klassieke Oudheid

ren·da·bel [bijvoeglijk naamwoord]
rendabele zaken leveren geld op = lonend ✦ *het winkeltje in die rustige buurt was niet meer rendabel*

het **ren·de·ment** [rendementen]
het resultaat dat iets oplevert, vergeleken met wat het heeft gekost = de winst ✦ *door een andere manier van werken wilde de fabriek een hoger rendement halen*

•**ren·nen** [rende, heeft of is gerend]
heel hard lopen [iemand rent] ✦ *Khalid moest rennen om de bus te halen*

re·no·ve·ren [renoveerde, heeft gerenoveerd]
nieuw maken [iemand renoveert een woning] ✦ *toen de oude huizen gerenoveerd werden, kwam er verwarming in*

de **ren·te** [renten, rentes]
extra geld dat je van de bank krijgt als je geld op een rekening hebt ✦ *de rente werd met één procent verlaagd* wonen

de **ren·tree** [rentrees]
de keer dat een sporter die gestopt was met zijn of haar sport weer terugkomt ✦ *de rentree van de voetballer werd geen succes*

re·or·ga·ni·se·ren [reorganiseerde, heeft gereorganiseerd]
helemaal anders organiseren [iemand reorganiseert een bedrijf] ✦ *de nieuwe directeur kreeg de opdracht de fabriek te reorganiseren*

rep [zelfstandig naamwoord]
in rep en roer zijn: opeens zo bang zijn, dat je niet meer goed kunt nadenken over wat je doet ✦ *iedereen was in rep en roer toen het kind in het water viel*

re·pa·re·ren [repareerde, heeft gerepareerd]
iets dat kapot is, heel maken = maken [iemand repareert iets] ✦ *hij repareerde de oude klok*

het **re·per·toi·re** [repertoires]
alle liedjes, toneelstukken enz. die een kunstenaar of een groep kan uitvoeren ✦ *de zanger had een repertoire van mo-*

re

derne liedjes tot klassieke stukken

re·pe·te·ren [repeteerde, heeft gerepeteerd]
1 iets leren door het vaak te doen = oefenen [iemand repeteert (een muziekstuk of een toneelstuk)] ✦ *na drie maanden repeteren werd het stuk voor het eerst uitgevoerd*
2 herhalen [iemand repeteert iets] ✦ *zij bleef het nummer in haar hoofd repeteren om het te onthouden*

de **re·pe·ti·tie** [repetities]
1 de keer dat je oefent om iets te leren ✦ *voor het concert is er een extra repetitie*
2 een test met vragen over een bepaald onderwerp op school = het proefwerk ✦ *mijn dochter moet leren voor een repetitie geschiedenis*

de **re·pli·ca** [replica's]
een voorwerp dat precies is gemaakt naar het voorbeeld van een ander voorwerp = de kopie ✦ *in de haven ligt een replica van een oud schip*

de **re·pliek** [replieken]
het antwoord ✦ *de minister schreef een felle repliek op het stuk in de krant*
iemand van repliek dienen: iemand een duidelijk en fel antwoord geven op een kritische vraag

de **re·por·ta·ge** [reportages]
een journalistiek verhaal op televisie, op de radio of in een krant of een tijdschrift ✦ *in de krant staat een reportage over Afghanistan*

de **re·por·ter** [reporters]
iemand die een reportage* maakt = de verslaggever

zich **rep·pen** [repte zich, heeft zich gerept]
opschieten; haast maken [iemand rept zich] ✦ *toen hij hoorde dat zijn kind ziek was, repte hij zich naar huis*
rep·pen over [repte over, heeft gerept over]
over iets praten; iets noemen [iemand rept over iets] ✦ *met geen woord repte hij over zijn overleden vrouw*

re·pre·sen·ta·tief [bijvoeglijk naamwoord]
1 iets wat representatief is, geeft een goed beeld van een groter geheel waar het bij hoort ✦ *de universiteit houdt een representatief onderzoek onder studenten* ✦ *de groep is representatief voor het hele bedrijf*
2 een representatieve functie is een functie waarin je namens een bedrijf optreedt
3 iemand die of iets dat representatief is, ziet er netjes uit ✦ *als je een belangrijk gesprek hebt, moet je representatieve kleren aandoen*

re·pro·du·ce·ren [reproduceerde, heeft gereproduceerd]
1 zich iets proberen te herinneren en dat opnieuw vertellen = weergeven [iemand reproduceert iets] ✦ *ik kan de feiten niet precies reproduceren*
2 een tweede, derde enz. van iets maken [iemand reproduceert iets] ✦ *ze hebben de cd's zonder toestemming gereproduceerd*

het **rep·tiel** [reptielen]
een kruipend dier met schubben dat eieren legt, bijv. een slang of een hagedis

de **re·pu·bliek** [republieken]
een land met een president aan het hoofd, bijv. Frankrijk

de **re·pu·ta·tie** [reputaties]
het beeld dat mensen van iemand of iets hebben = de naam ✦ *het is een bekend ziekenhuis met een goede reputatie*

de **re·search**
wetenschappelijk of journalistiek onderzoek

het **re·ser·vaat** [reservaten]
een gebied waar planten en dieren officieel beschermd worden, of waar mensen op hun eigen manier kunnen leven ✦ *tijdens de reis bezoekt u een indianenreservaat* ✦ *we hebben gewandeld in een natuurreservaat*

de **re·ser·ve** [reserves]
1 iets dat niet direct nodig is, maar dat je bewaart om het later eventueel te gebruiken, bijv. eten, kleren of geld ✦ *achter in de auto ligt een reservewiel* ✦ *het bedrijf heeft grote financiële reserves opgebouwd*
2 een persoon die anderen eventueel kan helpen of vervangen ✦ *Manon wilde graag voetballen, maar ze begon de wedstrijd als reserve*
3 het gevoel dat je ook andere mogelijkheden wilt openhouden = de terughoudendheid ✦ *de burgemeester bekeek de plannen voor het grote hotel met enige reserve*

•re·ser·ve·ren [reserveerde, heeft gere-

serveerd]
1 voor jou apart laten houden = bespreken [iemand reserveert iets (voor iets)] ✦ *hij heeft kaartjes gereserveerd voor een concert*
2 apart houden voor een bepaald doel [iemand reserveert iets (voor iets)] ✦ *de gemeente heeft geld gereserveerd voor een nieuw zwembad*

het **re·ser·voir** [reservoirs]
1 een grote bak waarin vloeistof of gas bewaard wordt
2 een grote hoeveelheid mensen of dingen die je kunt gebruiken voor iets ✦ *als er extra mensen nodig zijn, kan het bedrijf gebruik maken van een reservoir aan uitzendkrachten*

de **re·si·den·tie** [residenties]
de plaats waar het hoofd van de regering van een land woont ✦ *Den Haag is de residentie van Nederland* provincies

re·sis·tent [bijvoeglijk naamwoord]
iets dat of iemand die resistent is tegen iets, kan daar niet ziek door worden = immuun ✦ *dit middel maakt de plant resistent tegen allerlei ziektes*

de **re·so·lu·tie** [resoluties]
1 een besluit van een overheid of van een belangrijke vergadering ✦ *de vergadering nam een resolutie aan over de handel in wapens*
2 de hoeveelheid puntjes waarmee het beeld van een computer of een tv wordt gemaakt ✦ *mijn nieuwe monitor heeft een erg hoge resolutie*

re·so·luut [bijvoeglijk naamwoord]
iemand die resoluut optreedt, aarzelt niet = vastberaden ✦ *de nieuwe minister wil dat de politie veel resoluter optreedt*

re·so·ne·ren [resoneerde, heeft geresoneerd]
met een ander geluid meeklinken of nog een tijdje naklinken [iets resoneert] ✦ *zijn woorden resoneerden in de grote ruimte*

resp. [afkorting]
respectievelijk: dit woord gebruik je als je dingen noemt in dezelfde volgorde als eerdere dingen ✦ *onze kinderen zijn resp. 6, 9 en 14 jaar oud*

het **res·pect**
het gevoel dat je hebt voor iets dat of iemand die je waardeert = de achting, de eerbied ✦ *de oude koning werd met respect behandeld*

res·pec·ta·bel [bijvoeglijk naamwoord]
voor iets wat respectabel is, heb je respect* ✦ *80 jaar is een respectabele leeftijd*

res·pec·te·ren [respecteerde, heeft gerespecteerd]
1 respect* hebben voor iemand = achten [iemand respecteert iemand] ✦ *alle mensen in het dorp respecteren de arts*
2 met respect* behandelen = eerbiedigen [iemand respecteert iets] ✦ *ik respecteer jouw keuze om geen kinderen te willen hebben*

res·pec·tie·ve·lijk [bijwoord]
dit woord gebruik je als je dingen noemt in dezelfde volgorde als eerdere dingen ✦ *Marcel en Martijn hebben de eerste respectievelijk de tweede prijs gewonnen*

het **res·pijt**
respijt krijgen: toestemming krijgen om iets later te mogen doen dan was afgesproken; uitstel krijgen ✦ *hij heeft de opdracht nog niet af, maar zijn baas heeft hem respijt gegeven*

de **res·pons**
de antwoorden of reacties die je krijgt ✦ *we kregen weinig respons op het voorstel om een feest te organiseren*

de ***rest** [resten]
alles wat overgebleven is = het restant ✦ *morgen eten we de restjes op* ✦ *dit ongeluk zullen ze de rest van hun leven niet vergeten*
voor de rest: verder ✦ *hij kan niet koken, maar voor de rest is hij wel aardig*

het **res·tant** [restanten]
alles wat overgebleven is = de rest ✦ *het restant van het bedrag krijg je volgende week*

het ***res·tau·rant** [restaurants]
een plaats waar je tegen betaling kunt eten maaltijden

de **res·tau·ra·tie** [restauraties]
1 de keer dat iets, bijv. een gebouw, gerestaureerd* wordt
2 een plaats op een station waar je tegen betaling kunt eten of drinken

res·tau·re·ren [restaureerde, heeft gerestaureerd]
een kapot gebouw of kunstwerk in de vroegere toestand brengen = herstellen [iemand restaureert een gebouw of een kunstwerk] ✦ *in 1980 is het oude paleis*

geheel gerestaureerd

res·ten [restte, heeft gerest]
overblijven [iets rest (iemand)] ✦ *mij rest nu niets anders dan af te wachten*

res·te·ren [resteerde, is geresteerd]
overblijven [iets resteert] ✦ *er resteren nog drie wedstrijden en dan zijn we klaar*

de **res·tric·tie** [restricties]
een beperkende voorwaarde ✦ *de politie stelt de restrictie dat het café om twaalf uur dicht moet zijn*

het •**re·sul·taat** [resultaten]
het gevolg van iets; datgene wat iets oplevert ✦ *vanwege haar goede resultaten mag zij naar de universiteit*

de **re·to·riek**
een stijl van spreken waarmee je mensen met mooie woorden probeert te overtuigen ✦ *met veel retoriek probeert de politieke partij de verkiezingen te winnen*

het •**re·tour**[1] [retours]
1 een kaartje voor een trein, een bus of een vliegtuig waarmee je heen en terug kunt reizen ⇔ het enkeltje ✦ *een retourtje Enschede, alstublieft* vervoer
2 op je retour zijn: niet meer zo goed zijn ✦ *de zangeres verkoopt niet meer zoveel platen; ze is duidelijk op haar retour*

•**re·tour**[2] [bijwoord]
terug naar de plaats waar het vandaan kwam ✦ *deze brief stuur ik retour aan de afzender*

re·tour·ne·ren [retourneerde, heeft geretourneerd]
iets terugsturen of terugbrengen naar de plaats waar het vandaan komt [iemand retourneert iets] ✦ *je moet de boeken die je geleend hebt over twee weken retourneren*

de **reu** [reuen]
een mannelijke hond dieren

de **reuk**
het vermogen om te ruiken ✦ *de reuk van onze oude hond is de laatste jaren slechter geworden*

de **reu·ma**
een ziekte waarbij je gewrichten pijn doen = de reumatiek ✦ *mevrouw Arends kan door haar reuma niet meer schrijven*

de **reu·ma·tiek**
de reuma

de **re·ü·nie** [reünies]
een bijeenkomst van mensen die elkaar lang niet meer gezien hebben ✦ *op de reünie van de cursus heb ik mijn vroegere leraar gesproken*

de **reus** [reuzen] **reu·zin** [reuzinnen]
een wezen dat alleen in verhalen voorkomt en eruitziet als een heel groot mens ✦ *... en toen kwam de reus en trok de bomen uit de grond*

reus·ach·tig [bijvoeglijk naamwoord]
reusachtige mensen of dingen zijn heel groot = enorm, gigantisch

re·va·li·de·ren [revalideerde, is gerevalideerd]
weer zo goed mogelijk leren bewegen na een ongeluk of een ziekte [iemand revalideert] ✦ *na het ongeluk moest zij zes maanden revalideren*

de **re·van·che** [revanches]
een gelegenheid om je eer te herstellen ✦ *na de verloren wedstrijd van twee weken geleden nam de ploeg revanche op de tegenstander door te winnen*

de •**re·vo·lu·tie** [revoluties]
1 een plotselinge poging om de macht van een land aan nieuwe leiders met andere politieke ideeën te geven ✦ *de Russische Revolutie vond plaats in 1917*
2 een grote verandering ✦ *de muziek van de Beatles werd beschouwd als een muzikale revolutie*

re·vo·lu·ti·o·nair [bijvoeglijk naamwoord]
revolutionaire ideeën zijn zo bijzonder en nieuw dat ze een grote verandering veroorzaken ✦ *ze had een revolutionair plan voor een nieuw onderwijssysteem*

de **re·vol·ver** [revolvers]
een wapen dat je in je hand kunt houden en waarmee je kogels kunt schieten

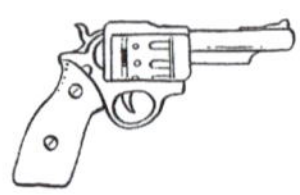

revolver

de **re·vue** [revues]
1 een voorstelling die bestaat uit zang, dans en toneel ✦ *de nieuwe revue van Mini en Maxi is volgende week te zien in Leiden*
2 dingen passeren de revue: dingen worden na elkaar getoond of besproken ✦ *in het programma zullen vanavond*

re

verschillende onderwerpen de revue passeren

re·zen *zie:* **rijzen**

het **Riagg** *ook:* de
Regionale Instelling voor Ambulante Geestelijke Gezondheidszorg: een instelling waar je heen kunt als je geestelijke problemen hebt **gezondheid**

ri·ant [bijvoeglijk naamwoord]
iets wat riant is, is ruim en groot ✦ *de directeur heeft een riante woning*

de **rib** [ribben]
elk van de gebogen botten van je borst en rug ✦ *hij heeft met het ongeluk drie ribben gebroken*
dat kost een rib uit je lijf: dat is heel duur

de **rib·bel** [ribbels]
een smalle verhoging op een plat vlak of op een stof ✦ *als je over de ribbels rijdt, hoor je een vreemd geluid*

de **rib·ben·kast** [ribbenkasten]
alle ribben* samen, die je bovenlichaam vormen = de borstkas ✦ *hij is zo mager dat je zijn ribbenkast kunt zien*

de **ri·chel** [richels]
een rand aan een voorwerp of een berg ✦ *hij liep over een richel langs het dak van het huis*

•rich·ten [richtte, heeft gericht]
in een bepaalde richting brengen = mikken [iemand richt een wapen (op iets of iemand)]

zich **•rich·ten op** [richtte zich op, heeft zich gericht op]
je aandacht houden bij iets of iemand [iemand richt zich op iets of iemand] ✦ *George richtte zich helemaal op het examen*

zich **•rich·ten tot** [richtte zich tot, heeft zich gericht tot]
tegen iemand gaan praten terwijl er anderen bij zijn = zich wenden tot [iemand richt zich tot iemand] ✦ *in zijn toespraak richtte de directeur zich ook even tot de vrouw van de werknemer* ✦ *voor informatie kunt u zich richten tot de afdeling verkoop*

de **•rich·ting** [richtingen]
1 de kant waarheen je gaat of rijdt ✦ *niemand wist welke richting we uit moesten*
2 de manier van denken van een groep of een partij = de stroming ✦ *de man hoorde niet bij een bepaalde politieke richting*

de **richt·lijn** [richtlijnen]
een instructie om duidelijk te maken hoe je iets moet doen en wat wel en niet mag = het voorschrift ✦ *als je voor dit project subsidie aanvraagt, moet je de Europese richtlijnen volgen*

de **rid·der** [ridders]
1 iemand in de Middeleeuwen die vocht voor bijv. de koning ✦ *ridder Lancelot vocht voor koning Arthur*

ridder 1

2 iemand die vanwege een bijzondere verdienste door de staat lid gemaakt is van een ridderorde ✦ *de koningin heeft de burgemeester ridder gemaakt in de orde van Oranje-Nassau*

ri·di·cuul [bijvoeglijk naamwoord]
iets wat ridicuul is, is belachelijk

rie·den *zie:* **raden**

rie·ken naar [riekte naar, heeft geriekt naar]
doen denken aan; lijken op [iets riekt naar iets (negatiefs)] ✦ *de opmerking van José riekt naar discriminatie*

de **riem** [riemen]
1 een smalle band, meestal van leer, waarmee je iets kunt vastmaken ✦ *hij droeg een bruine riem om zijn broek*
iemand een hart onder de riem steken: iemand moed geven ✦ *hij stak zijn zus een hart onder de riem toen zij examen ging doen*

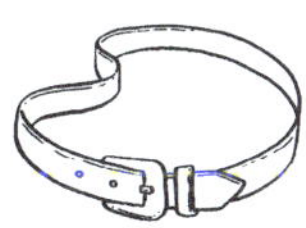

riem 1

2 een smalle band waarmee je je in de auto of in het vliegtuig vastmaakt aan je stoel = de veiligheidsgordel ✦ *alle reizigers moeten hun riemen vastmaken voordat het vliegtuig vertrekt*
3 een stok met een plat stuk, waarmee je een kleine boot door het water kunt

bewegen = de roeispaan, de peddel
je moet roeien met de riemen die je hebt: je moet werken met de middelen die beschikbaar zijn ✦ *we hebben geen computer, maar we moeten roeien met de riemen die we hebben*

rie·pen *zie:* **roepen**

het **riet** [geen meervoud]
een plant die in het water groeit op plaatsen waar het niet diep is

ri·gi·de [bijvoeglijk naamwoord]
rigide mensen handelen streng volgens bepaalde regels of principes = star ✦ *de soldaten moesten een rigide programma volgen*

ri·gou·reus [bijvoeglijk naamwoord]
een rigoureuze maatregel is een maatregel met grote gevolgen = radicaal ✦ *alleen met rigoureuze veranderingen kunnen we het probleem oplossen*

de •**rij** [rijen]
een groep mensen of dingen in een rechte lijn achter of naast elkaar ✦ *er stond een lange rij mensen te wachten voor de kassa*
dingen op een rijtje zetten: zorgen dat dingen duidelijker worden
op rij: achter elkaar ✦ *hij won drie wedstrijden op rij*

het **rij·be·wijs** [rijbewijzen]
een officieel papier dat bewijst dat je mag autorijden ✦ *hij mocht niet verder rijden van de agent, omdat hij zijn rijbewijs niet bij zich had* vervoer

•**rij·den** [reed, heeft of is gereden]
1 op wielen gaan [een auto, een fiets enz. rijdt] ✦ *de treinen rijden vandaag niet, omdat er geen stroom is* ✦ *mijn nieuwe fiets rijdt heel fijn*
2 met de auto, de fiets, op een paard enz. van de ene plaats naar de andere gaan [iemand rijdt] ✦ *ze rijden in één dag van Brussel naar Milaan*

ri

de **rijf** [rijven] (in België)
een voorwerp om in de tuin te werken, waarmee je bijv. de grond gladmaakt = de hark

rij·gen [reeg, heeft geregen]
1 vastmaken aan een draad door de draad door een gat te steken [iemand rijgt kralen] ✦ *hij reeg de kralen tot een mooie ketting*
2 tijdelijk met naald en draad aan elkaar vastmaken [iemand rijgt iets] ✦ *eerst rijg je de stukken stof, daarna naai je ze met de machine vast*

het •**rijk**[1] [rijken]
het gebied waarover iemand heerst ✦ *het zuiden van Nederland is een deel van het Romeinse Rijk geweest*

•**rijk**[2] [bijvoeglijk naamwoord]
1 rijke mensen bezitten veel geld of goederen = vermogend, welgesteld ⇔ arm ✦ *hij is door hard werken rijk geworden*
2 een rijke geschiedenis is een geschiedenis waarin veel is gebeurd; een rijk boek is een boek waarin veel belangrijke dingen staan = overvloedig ⇔ arm ✦ *de stad Utrecht heeft een rijke cultuur*

het **Rijk**
1 (in Nederland) de overheid ✦ *het Rijk wijst aan op welke plaatsen huizen gebouwd mogen worden*
2 (in België) het land

•**rijk aan** [bijvoeglijk naamwoord]
iets is rijk aan iets als het daarvan veel heeft ⇔ arm aan ✦ *Nederland is rijk aan gas*

de **rijk·aard** [rijkaards]
iemand die rijk is

de **rijk·dom** [rijkdommen]
1 veel geld en bezittingen ✦ *hij streefde naar macht en rijkdom*
2 [geen meervoud] iets wat in ruime mate aanwezig is ✦ *je vindt hier een rijkdom aan bloemen en planten*

rij·ke·lijk [bijwoord]
in ruime mate ✦ *het mes is rijkelijk versierd met zilver en goud* ✦ *de reactie van de directeur kwam rijkelijk laat*

de **rijks·over·heid**
de overheid van een land overheid

het **rijks·re·gis·ter·num·mer** [rijksregisternummers] (in België)
elk van de nummers van de inwoners van België, in een grote, officiële lijst van alle personen die in België wonen belasting

de **rijks·wacht** (in België)
een afdeling van de politie die sinds 2002 niet meer bestaat

de **rijks·wach·ter** [rijkswachters] (in België)
iemand die bij de rijkswacht* werkte

de **rijks·weg** [rijkswegen]
een weg die door de overheid gemaakt is en waarvoor de overheid verant-

woordelijk is ✦ *er staat een file op de rijksweg A4*

het **rijm** [rijmen]
1 [geen meervoud] het verschijnsel dat woorden voor een deel hetzelfde klinken, zoals 'rok' en 'sok' ✦ *hij heeft het lied op rijm gezet*
2 een versje op rijm* (bet. 1) ✦ *toen Ilse twee jaar was, kon ze al een rijmpje opzeggen*

rij·men [rijmde, heeft gerijmd]
voor een deel hetzelfde klinken [twee woorden rijmen; een woord rijmt op een woord] ✦ *goed en moed rijmen* ✦ *zus rijmt op kus*
iets niet kunnen rijmen met iets: niet begrijpen hoe twee zaken samen kunnen voorkomen ✦ *ik kan zijn vriendelijkheid niet rijmen met zijn misdaden*

rijp [bijvoeglijk naamwoord]
1 een rijpe vrucht is een vrucht die lang genoeg gegroeid is om hem te kunnen eten ✦ *deze appel is nog niet rijp; hij is veel te hard*
2 een rijpe persoon is iemand die verstandig is en die al veel weet over het leven ✦ *hij trouwt met een rijpe vrouw van 45 jaar*

rijp voor [bijvoeglijk naamwoord]
als iets rijp is voor iets, is het het goede moment om dat te laten gebeuren ✦ *de tijd is rijp voor een nieuwe politieke partij*

rij·pen [rijpte]
1 [is gerijpt] rijp* worden [iets rijpt] ✦ *je kunt de appels nog niet eten, want ze moeten nog rijpen* ✦ *het plan moet nog even rijpen voordat we het kunnen uitvoeren*
2 [heeft gerijpt] rijp* maken [iets rijpt iets of iemand] ✦ *de zon rijpt de vruchten* ✦ *de ervaring heeft hem gerijpt*

de **•rijst**
de korrels van een bepaalde plant, die je kunt eten ✦ *we eten vanavond rijst met groente en vlees* **maaltijden**

de **rij·taks** [rijtaksen] (in België)
de belasting die je moet betalen als je een auto of een motor hebt **belasting**

het **rij·tuig** [rijtuigen]
1 een wagen die getrokken wordt door paarden en die gebruikt wordt voor het vervoer van personen ✦ *de koning liet zich in een rijtuig door de stad rijden*
2 een wagen die deel is van een trein = de wagon ✦ *de trein bestond uit een locomotief en drie rijtuigen*

het **rij·wiel** [rijwielen] (formeel)
de fiets ✦ *het is verboden om hier rijwielen te plaatsen*

rij·zen [rees, is gerezen]
1 omhoogkomen doordat er meer lucht in komt [deeg of beslag rijst] ✦ *als het deeg gerezen is, zet de bakker het brood in de oven*
2 ontstaan; er plotseling zijn [een vraag of een probleem rijst] ✦ *toen we gewonnen hadden, rees de vraag wie de prijs mee naar huis mocht nemen*
3 (formeel) omhoogkomen; gaan staan [iemand of iets rijst] ✦ *de zon rijst boven de daken* ✦ *de minister rees van zijn stoel*

ril·len [rilde, heeft gerild]
heel snel bewegen, bijv. van kou of angst = beven, bibberen [iemand rilt] ✦ *de kinderen rilden van de kou*

de **rim·boe** [rimboes]
een groot bos, bijv. in Afrika, met zoveel bomen en planten, dat je er bijna niet kunt lopen = de wildernis ✦ *midden in de rimboe is een klein dorpje*

de **rim·pel** [rimpels]
een dunne lijn of een smalle vouw, vooral in het gezicht ✦ *de oude man heeft een gezicht vol rimpels*

de **•ring** [ringen]
1 een mooi rond voorwerp voor om je vinger ✦ *de prinses droeg prachtige gouden ringen om haar vingers*
2 iets dat de vorm van een cirkel heeft ✦ *vanuit de ruimte zie je de aarde met een ring van licht eromheen*
3 een plaats waar bepaalde sportwedstrijden gehouden worden, bijv. bij boksen
de handdoek in de ring gooien: stoppen met iets moeilijks, omdat het niet lukt

de **ring·band** [ringbanden]
een map met een rij ringen waarin je papieren met gaatjes kunt bewaren = de multomap ✦ *ze heeft een ringband waarin ze de opdrachten van haar cursus bewaart*

rin·ke·len [rinkelde, heeft gerinkeld]
een helder geluid maken als een klokje [iets rinkelt] ✦ *de telefoon rinkelde*

het **ri·ool** *ook:* de [riolen]

de buizen onder de grond waar water uit wc's enz. doorheen gaat

het **ri·si·co** [risico's]
het gevaar van nadeel of verlies ✦ *ik heb een duur slot gekocht, want ik wil niet het risico lopen dat mijn fiets gestolen wordt*

ris·kant [bijvoeglijk naamwoord]
als iets riskant is, is er gevaar van nadeel of verlies ✦ *doordat de trein te vol was, ontstond er een riskante situatie*

ris·ke·ren [riskeerde, heeft geriskeerd]
het risico* nemen dat iets gebeurt [iemand riskeert iets] ✦ *de dief riskeert een zware straf*

de **rit** [ritten]
een tocht met een auto, een fiets, een paard enz. ✦ *na een lange rit waren we eindelijk in Dinant*

de **ri·te** [riten, rites]
een geheel van handelingen die altijd op dezelfde manier uitgevoerd worden ✦ *kleine Sophie voert altijd een hele rite uit voordat ze naar bed gaat*

het **rit·me** [ritmen, ritmes]
1 de maat van muziek ✦ *alle kinderen dansten mee op het ritme van de muziek*
2 de manier waarop de dingen zich steeds herhalen ✦ *de dieren leven volgens het ritme van de seizoenen*

rit·misch [bijvoeglijk naamwoord]
ritmische mensen of zaken hebben te maken met ritme* (bet. 1) ✦ *de zanger maakte ritmische bewegingen op de maat van de muziek* ✦ *de jongen is heel ritmisch, dus hij zou een goede drummer zijn*

de **rits** [ritsen]
1 een sluiting van kleren, tassen enz. die bestaat uit twee rijen tandjes die in elkaar kunnen grijpen ✦ *wil jij de rits van mijn jurk even dichtdoen?*

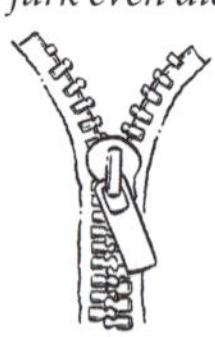

rits 1

2 een hoeveelheid van dezelfde zaken = de serie ✦ *hij stelde mij een hele rits vragen over mijn verleden*

rit·se·len [ritselde, heeft geritseld]
1 een zacht geluid maken, zoals de wind die door de bomen waait [iets ritselt] ✦ *ik hoor een diertje ritselen in de tuin*
2 op een niet-officiële manier regelen [iemand ritselt iets] ✦ *hij heeft kaartjes voor de voorstelling geritseld*

het **ri·tu·eel** [rituelen]
een gebruik dat bestaat uit een aantal vaste handelingen ✦ *de pastoor voert tijdens de dienst een vast ritueel uit*

de **ri·vaal** [rivalen]
iemand die tegen een ander strijdt omdat beiden hetzelfde willen bereiken ✦ *de mannen waren vroeger rivalen, toen ze beiden tennisten*

de **•ri·vier** [rivieren]
een brede stroom die op natuurlijke wijze ontstaan is en die water naar zee voert ✦ *het bootje vaart op de rivier* landschap

het **Riziv** (in België)
Rijksinstituut voor Ziekte- en Invaliditeitsverzekering: een instelling die het toezicht heeft over alles wat te maken heeft met ziektekosten, ziekteverzekeringen enz. verzekeringen

r.-k. [afkorting]
rooms-katholiek: iemand die of iets dat rooms-katholiek is, hoort bij de kerk van Rome ✦ *mijn dochter zit op een r.-k. school*

de **RKK**
Rooms-katholiek Kerkgenootschap: een omroep in Nederland media

de **ro·bot** [robots]
een machine die door een computer gestuurd wordt en die allerlei werk kan doen ✦ *de auto wordt in de fabriek door robots in elkaar gezet*

ro·buust [bijvoeglijk naamwoord]
robuuste mensen of dingen zijn sterk gebouwd en gaan niet snel kapot ✦ *ze kocht een paar robuuste schoenen voor haar vakantie in de bergen*

het **roc**
regionaal opleidingencentrum: een grote scholengemeenschap voor vmbo, onderwijs aan volwassenen enz.

de **rock**
harde moderne muziek met een eenvoudige melodie en een sterk ritme

rod·de·len [roddelde, heeft geroddeld]
over iemand praten zonder dat die persoon dat weet, vooral over negatieve

dingen [iemand roddelt (over iemand)] ✦ *sinds Michelle een relatie heeft met de directeur, wordt er veel over haar geroddeld*

de **ro·de·hond**
een ziekte waarbij je rode vlekken op je huid krijgt

het **roe·del** *ook:* de [roedels]
een groep wolven dieren

de **roei·boot** [roeiboten]
een kleine boot die met roeispanen* door het water bewogen wordt

roei·en [roeide, heeft of is geroeid]
een kleine boot door het water bewegen met roeispanen* [iemand roeit] sport

de **roei·spaan** [roeispanen]
een stok met een plat stuk, waarmee je een kleine boot door het water kunt bewegen = de riem

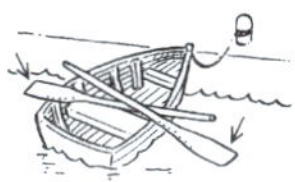

roeispaan

roe·ke·loos [bijvoeglijk naamwoord]
roekeloze mensen doen dingen zonder te bedenken of dat gevaarlijk is ✦ *het was een roekeloze actie om zo ver de zee in te zwemmen*

de **roem**
de grote bekendheid en de waardering van heel veel mensen voor wat je gedaan hebt ✦ *Eric Heiden verdiende zijn roem door vijf wedstrijden te winnen op de Olympische Spelen*

roe·men [roemde, heeft geroemd]
de goede kwaliteiten noemen van iemand of iets = prijzen [iemand roemt iemand of iets]

de **roep**
1 het geluid dat je hoort als iemand roept ✦ *het enige dat je in de stilte hoorde, was de roep van de uil*
2 een dringende vraag van een grote groep mensen ✦ *er is een roep om meer agenten op straat*

•**roe·pen** [riep, heeft geroepen]
1 met een luide stem zeggen [iemand roept (iets)] ✦ *hij riep: "Komen jullie?"*
2 iemand die op een andere plaats is, vragen te komen [iemand roept iemand] ✦ *ik heb hem al geroepen, maar hij komt niet*

de **roe·ping** [roepingen]
het sterke gevoel dat je een bepaalde taak in het leven moet vervullen ✦ *ze wist al toen ze een klein meisje was dat schrijven haar roeping was*

de **roep·naam** [roepnamen]
de voornaam waarmee mensen je aanspreken ✦ *ze heet Johanna Maria, maar haar roepnaam is Hanneke*

het **roer** [roeren]
het blad dat onder water aan een boot zit, waarmee je stuurt ✦ *de kapitein stond aan het roer van het schip*
aan het roer staan: de leiding hebben ✦ *de heer Benali heeft jaren aan het roer gestaan van onze onderneming*

roe·ren [roerde, heeft geroerd]
met draaiende bewegingen mengen [iemand roert (iets door iets)] ✦ *je moet goed roeren, anders lost de suiker niet goed op*

zich **roe·ren** [roerde zich, heeft zich geroerd]
protest laten horen [iemand roert zich] ✦ *toen de plannen van de minister bekend werden, begonnen de studenten zich te roeren*

roe·rend [bijwoord]
het roerend eens zijn met iemand: precies dezelfde mening hebben als iemand anders ✦ *volgens mijn collega is er te weinig personeel en ik ben het roerend met haar eens*

roe·rig [bijvoeglijk naamwoord]
een roerige situatie is een onrustige situatie ✦ *het waren roerige weken vóór het huwelijk van Beatrix en Claus*

roer·loos [bijvoeglijk naamwoord]
roerloze mensen of dingen bewegen niet ✦ *ze riep haar vader, maar hij bleef roerloos voor zich uit kijken* ✦ *door het roerloze water kon je de bodem van de rivier zien*

de **roes** [roezen]
1 een toestand waarin je niets meer voelt en niets meer weet door drank of drugs ✦ *het medicijn dat ik moet innemen, kan een roes veroorzaken*
je roes uitslapen: slapen totdat je weer helemaal helder bent
2 een toestand waarin je niet goed meer kunt nadenken, doordat je heel erg blij of gespannen bent ✦ *nadat ze de belangrijke wedstrijd gewonnen had, leefde ze*

in een roes

de **roest** *ook:* het
een roodbruine laag die zich op ijzer vormt als dat nat wordt ✦ *dat mes kun je beter niet gebruiken, want er zit roest op*

roes·ten [roestte, is geroest]
met roest* bedekt worden [iets roest] ✦ *ik zet mijn fiets altijd binnen, anders gaat hij roesten*

het **roet**
zwart stof dat ontstaat door het verbranden van bijv. hout ✦ *haar handen waren zwart van het roet toen ze vuur gemaakt had*
roet in het eten gooien: zorgen dat iets leuks niet doorgaat ✦ *we wilden naar het strand gaan, maar de regen gooide roet in het eten*

de **rog·ge**
een bepaalde graansoort

rogge

de •**rok** [rokken]
1 een kledingstuk voor vrouwen van het middel tot op de benen ✦ *ze draagt een rode rok*

rok 1

2 een net pak voor mannen, met een jasje waarvan de voorkant kort is en de achterkant lang ✦ *bij het huwelijk van zijn beste vriend verscheen hij in rok*

rok 2

•**ro·ken**[1] [rookte, heeft gerookt]
1 de rook van een sigaret, sigaar of pijp door je mond naar binnen halen en naar buiten brengen [iemand rookt (een sigaret, sigaar, pijp)] ✦ *de vrouw rookt tien sigaretten per dag*
2 rook afgeven [iets rookt] ✦ *het vuur rookt heel erg; ik denk dat het hout nat is*
3 voedsel geschikt maken om te eten door het in rook te hangen [iemand rookt voedsel, bijv. vlees of vis] ✦ *de slager rookt de ham*

ro·ken[2] *zie:* **ruiken**

de •**rol** [rollen]
1 een lang rond voorwerp ✦ *neem je een rol koekjes mee van de winkel?*
2 de persoon die iemand in een toneelstuk speelt ✦ *de rol van de koning moest gespeeld worden door iemand met een baard*
de rollen zijn omgedraaid: wie eerst de baas was, is dat nu niet meer, en omgekeerd
3 de betekenis die iemand of iets heeft = de functie ✦ *de rol van het internet wordt steeds belangrijker in de samenleving*
iets speelt een rol: iets is belangrijk ✦ *de dood van haar man heeft een belangrijke rol gespeeld bij de beslissing om te verhuizen*

de **rol·la·de** [rollades]
een stuk vlees in de vorm van een rol

rol·len [rolde]
1 [heeft of is gerold] zich op wielen of ronddraaiend van de ene plaats naar de andere bewegen [iets of iemand rolt] ✦ *de bal rolde over het plein*
een zaak aan het rollen brengen: zorgen dat een negatieve zaak aandacht krijgt
ergens in rollen: ergens toevallig in terechtkomen
2 [heeft gerold] iets op wielen of door het rond te draaien van de ene plaats naar de andere bewegen [iemand rolt iets] ✦ *hij rolde het wagentje naar buiten*
3 [heeft gerold] met draaiende bewegingen om iets heen doen [iemand rolt iets om iets heen] ✦ *ze rolde het papier om het pakje*
4 [heeft gerold] platmaken door er met een rol over te gaan [iemand rolt iets] ✦ *de bakker rolde het deeg tot een lap*
5 [heeft gerold] tot een rol maken [iemand rolt iets, bijv. een sigaret]
6 [heeft gerold] uit iemands kleren stelen [iemand rolt iets] ✦ *vorige week is mijn horloge gerold*

het **rol·luik** [rolluiken]
een luik voor een raam, dat je kunt laten zakken om je huis te beschermen, bijv. tegen het weer

de **rol·schaats** [rolschaatsen]
een stuk ijzer met vier wieltjes, dat kinderen onder hun schoenen kunnen binden zodat ze ermee kunnen rijden

rolschaats

de **rol·stoel** [rolstoelen]
een stoel met grote wielen voor mensen die niet kunnen lopen ✦ *sinds het ongeluk zit zij in een rolstoel*

rolstoel

de **rol·trap** [roltrappen]
een trap die naar boven of naar beneden beweegt, zodat je zelf niet hoeft te lopen

de **•ro·man** [romans]
een boek met een verhaal over mensen ✦ *Joost leest een roman van Vestdijk*

de **ro·man·ce** [romances]
een mooie liefdesrelatie die meestal niet zo lang duurt ✦ *op de universiteit had ze een korte romance met haar professor*

de **ro·man·tiek**
een fijne sfeer waardoor gevoelens van liefde worden opgeroepen ✦ *het verhaal gaat over de romantiek van vroeger*

ro·man·tisch [bijvoeglijk naamwoord]
1 romantische dingen zorgen ervoor dat je prettige gedachten krijgt, vooral over de liefde ✦ *hij nodigde Sylvia uit voor een romantische wandeling over het strand*
2 romantische mensen denken liever aan leuke dingen dan aan de werkelijkheid

de **rom·mel**
1 een heleboel spullen die door elkaar liggen = de troep, de rotzooi ✦ *wat een rommel is het in jouw kamer!*
2 spullen van slechte kwaliteit = de rotzooi ✦ *ik heb een radio gekocht, maar hij werkt niet; wat een rommel!*

rom·me·len [rommelde, heeft gerommeld]
1 klinken alsof er iets rolt in de verte [iets rommelt] ✦ *in de verte hoorde hij het onweer rommelen*
2 zoeken en daardoor veroorzaken dat spullen door elkaar raken [iemand rommelt ergens in] ✦ *ik kan zien dat er iemand in mijn kast heeft gerommeld, want al mijn papieren liggen door elkaar*
3 oneerlijke dingen doen, vooral met geld = frauderen [iemand rommelt (met iets)] ✦ *hij heeft gerommeld met zijn belastingaangifte*

rom·me·lig [bijvoeglijk naamwoord]
rommelige mensen of dingen zijn niet netjes = slordig ✦ *het is daar zo rommelig, dat je er niets kunt vinden*

de **romp** [rompen]
1 het lichaam van mensen zonder het hoofd, de armen en de benen, of het lichaam van dieren zonder de kop, de poten en de staart ✦ *de romp van de koe was zwart met een witte band*
2 de buitenste vorm van grote dingen, zonder de uitstekende delen ✦ *er zit een gat in de romp van het schip*

de **romp·slomp**
een heleboel ingewikkelde handelingen = het gedoe ✦ *het is een hele rompslomp om een congres te organiseren*

•rond[1] [bijvoeglijk naamwoord]
1 een rond voorwerp heeft de vorm van een cirkel of een bal ✦ *ik kon niet kiezen tussen een ronde of een vierkante tafel*
2 iets wat rond is, is helemaal klaar ✦ *nu de plannen rond zijn, kunnen we met de bouw beginnen*
3 een rond getal: een getal dat op een nul eindigt, zoals 300

•rond[2] [voorzetsel]
1 om … heen = rondom ✦ *we dansten rond de boom* ✦ *rond die zaak is een hoop ruzie geweest*
2 ongeveer = circa, omstreeks ✦ *de man is rond de dertig jaar oud* ✦ *we gaan rond 1 juli op vakantie*

de **ron·de** [ronden, rondes]
1 een tocht langs verschillende mensen of zaken = de rondgang ✦ *de arts deed*

zijn ronde in het ziekenhuis
iets doet de ronde: iets wordt van de een aan de ander verteld ✦ *het gerucht doet de ronde dat de directeur vertrekt*
2 elk van de keren dat in een wedstrijd een ronde baan wordt gelopen of gereden ✦ *de hardloper lag een hele ronde voor op zijn tegenstanders*
3 een deel van een wedstrijd op een bepaald niveau ✦ *de winnaars mochten door naar de volgende ronde*
4 een wedstrijd voor wielrenners ✦ *wie heeft de Ronde van Vlaanderen gewonnen?*

rond·han·gen [hing rond, heeft rondgehangen]
ergens staan of zitten zonder echt een doel te hebben [iemand hangt ergens rond] ✦ *de jongens hebben de hele middag in het centrum rondgehangen*

het **rond·je** [rondjes]
1 iets in de vorm van een cirkel ✦ *ze tekende allemaal rondjes op het papier*
2 een drankje voor iedereen met wie je in een café bent ✦ *hij gaf een rondje voor de hele zaak*

rond·ko·men [kwam rond, is rondgekomen]
van een bedrag kunnen leven; voldoende hebben aan je loon [iemand komt rond (met een bepaald bedrag; van zijn loon)] ✦ *nu de kinderen studeren, kunnen we nauwelijks rondkomen*

rond·lei·den [leidde rond, heeft rondgeleid]
alles laten zien van een bepaalde plek en er informatie over geven [iemand leidt iemand ergens rond] ✦ *Betty leidde ons rond in haar nieuwe huis*

ro

de **rond·lei·ding** [rondleidingen]
de keer dat iemand je ergens alles laat zien en er informatie over geeft = de tour ✦ *we kregen een rondleiding door het museum*

rond·lo·pen [liep rond, heeft rondgelopen]
lopen zonder dat je ergens heen loopt [iemand loopt rond] ✦ *de man liep rond in de tuin en bekeek de bloemen*

rond·lo·pen met [liep rond met, heeft rondgelopen met]
voortdurend aan iets denken [iemand loopt rond met iets] ✦ *ze loopt al jaren rond met het plan om te verhuizen*

•**rond·om** [voorzetsel]
in een rondje om … heen ✦ *de journalisten stonden rondom de minister*

het **rond·punt** [rondpunten] (in België)
een ronde weg op een kruispunt = de rotonde

rond·uit [bijwoord]
1 op een eerlijke, open manier = openlijk ✦ *Naima heeft hem ronduit de waarheid gezegd*
2 zonder twijfel ✦ *hij was ronduit de beste*

de **rond·weg** [rondwegen]
een weg die helemaal om een stad heen loopt ✦ *als je met de auto naar de andere kant van de stad wilt, kun je het beste de rondweg nemen*

de **rönt·gen·fo·to** [röntgenfoto's]
een foto van de binnenkant van je lichaam, die gemaakt wordt met röntgenstralen ✦ *er werd een röntgenfoto gemaakt om te zien of het bot gebroken was*

•**rood** [bijvoeglijk naamwoord]
rode dingen hebben de kleur van bloed ✦ *ze kreeg een rood hoofd toen ze opeens haar naam hoorde*
de rode draad: de lijn die ergens in zit, bijv. in een verhaal
een rode kaart krijgen: niet meer mee mogen voetballen vanwege overtredingen
in de rode cijfers zitten: schulden hebben
rood licht krijgen: niet verder mogen gaan met iets
rood staan: schulden hebben bij de bank

het **rood·borst·je** [roodborstjes]
een vogel met een rode borst

roodborstje

de **roof**
de keer dat iets met geweld wordt weggenomen

het **roof·dier** [roofdieren]
een dier dat andere dieren doodt om ze op te eten, zoals een leeuw of een tijger

de **roof·vo·gel** [roofvogels]
een vogel die dieren doodt om ze op te

eten, zoals een uil of een valk

de •**rook**

grijze wolken, door brand veroorzaakt ✦ *na de brand was er nog dagen rook te zien boven de stad*

iets gaat in rook op: iets verdwijnt plotseling ✦ *het mooie plannetje ging in rook op*

onder de rook van Brussel: heel dicht bij Brussel

de **room**

het deel van melk dat vet en dik is ✦ *na een paar dagen stond er een laagje room op de melk* ✦ *de soep wordt extra lekker met een beetje room erin*

rooms-ka·tho·liek [bijvoeglijk naamwoord]

rooms-katholieke mensen horen bij de christelijke kerk uit Rome waarvan de paus de baas is

de **roos** [rozen]

1 een bloem met een zoete geur en scherpe punten op de steel ✦ *als teken van liefde gaf Roger zijn vriendin een bos rode rozen*

roos 1

2 het middelste deel van een schietschijf ✦ *Raymund gooide het pijltje precies in de roos*

dat was in de roos!: dat was precies goed gezegd of gedaan!

roos 2

3 [geen meervoud] de stukjes dode huid van je hoofd die als witte spikkeltjes in je haar zitten

roos·kleu·rig [bijvoeglijk naamwoord]

iets wat rooskleurig is, lijkt heel positief te worden ✦ *de nieuwe directeur had een rooskleurig beeld van de toekomst van het bedrijf*

het **roos·ter** [roosters]

1 (ook: de) een soort metalen hekje dat plat ligt en waar iets doorheen kan ✦ *de koeien liepen in de stal op de roosters* ✦ *het vlees werd gebraden op een rooster boven het vuur*

2 een lijst waarop staat wat er moet gebeuren en wie dat moet doen ✦ *de leerlingen keken op hun rooster om te zien wat de volgende les was* ✦ *de kinderen maakten een rooster om het werk in huis eerlijk te verdelen*

roos·te·ren [roosterde, heeft geroosterd]

op een rooster* (bet. 1) boven een vuur leggen zodat de buitenkant een beetje hard wordt [iemand roostert iets, bijv. vlees of vis] ✦ *we roosterden visjes op het strand*

de **rot**[1]

een oude rot in het vak: iemand die een bepaald beroep al heel lang heeft ✦ *de zanger is een oude rot in het vak*

•**rot**[2] [bijvoeglijk naamwoord]

1 rot fruit is zacht, bruin en niet meer goed ✦ *gooi die rotte appel maar weg!*

2 rotte dingen zijn vervelend ✦ *wat rot voor je dat je ziek bent*

je rot werken, leren enz.: heel hard werken, leren enz.

de **ro·ton·de** [rotonden, rotondes]

een ronde weg op een kruispunt

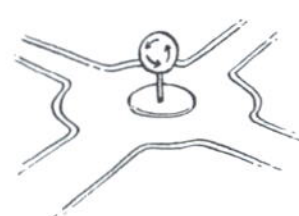

rotonde

de **rots** [rotsen]

een groot stuk steen in de natuur ✦ *er stak een hoge rots uit in de zee*

rot·ten [rotte, is gerot]

rot[1]* (bet. 1) worden = bederven [fruit en groenten rotten]

de **rot·zooi**

1 de situatie waarin alles door elkaar ligt en het niet netjes is = de troep, de rommel ✦ *als Marcel heeft gekookt, is het altijd een rotzooi in de keuken*

2 (informeel) dingen die niet nuttig zijn of van slechte kwaliteit zijn ✦ *hij wilde een goede computer, en geen rotzooi*

de **rou·la·tie**

iets in roulatie brengen: zorgen dat

ro

iets verkocht of gebruikt gaat worden ✦ *van dat boekje zijn er vijftienduizend in roulatie gebracht*

rou·le·ren [rouleerde, heeft gerouleerd]
telkens aan iemand anders gegeven worden [iets rouleert] ✦ *de foto rouleerde door het bedrijf* ✦ *het voorzitterschap van de vergadering rouleert*

de **rou·te** [routes]
de weg ergens heen ✦ *de kortste route naar huis is door het park, maar die is 's avonds niet zo veilig*

de **rou·ti·ne**
de situatie dat je iets heel snel en makkelijk kunt doen, omdat je het al heel vaak hebt gedaan ✦ *als hij wat routine krijgt in zijn werk, zal het wel sneller gaan*

de **rouw**
het verdriet om iemand die dood is ✦ *ze was maanden in de rouw om haar gestorven vriendin* gedenkdagen

de **rouw·ad·ver·ten·tie** [rouwadvertenties]
een bericht in de krant dat iemand overleden is ✦ *de familie plaatste een grote rouwadvertentie toen de oude man overleden was* gedenkdagen

het **rouw·cen·trum** [rouwcentra, rouwcentrums]
een gebouw waar mensen bij elkaar komen voor een begrafenis of een crematie gedenkdagen

rou·wen [rouwde, heeft gerouwd]
verdriet hebben om iemand die dood is [iemand rouwt (om iemand)]

rou·wig [bijvoeglijk naamwoord]
niet rouwig zijn om iets: iets helemaal niet erg vinden ✦ *hij was er niet rouwig om dat de vergadering niet doorging*

de **rouw·kaart** [rouwkaarten]
een kaart die je aan familie en vrienden stuurt om te laten weten dat iemand dood is gedenkdagen

ro·ven [roofde, heeft geroofd]
met geweld stelen [iemand rooft iets] ✦ *ik zag hoe een man de tas van een oude dame roofde*

roy·aal [bijvoeglijk naamwoord]
1 royale mensen geven gemakkelijk veel weg = gul ✦ *mijn broer was zo royaal om voor iedereen het eten te betalen*
2 royale dingen zijn ruim en groot ✦ *het huis had drie royale kamers*

ro·ze [bijvoeglijk naamwoord]
roze dingen hebben een lichtrode kleur ✦ *als je de kleuren wit en rood mengt, krijg je roze*

de **ro·zijn** [rozijnen]
een gedroogde druif ✦ *de kinderen kregen een doosje rozijntjes*

het **RTL 4**
Radio-Télévision Luxembourg 4: een omroep in Nederland media

het **RTL 5**
Radio-Télévision Luxembourg 5: een omroep in Nederland media

het **rub·ber** *ook:* de
een elastische stof waarvan men banden, laarzen enz. maakt

de **ru·briek** [rubrieken]
1 een groep dingen die bij elkaar staan omdat ze bij elkaar horen = de categorie ✦ *die cd staat onder de rubriek 'Nederlandse muziek'*
2 een deel van een krant, tijdschrift of televisieprogramma met telkens hetzelfde onderwerp ✦ *in de rubriek 'Wat eten we vandaag?' vertellen bekende Nederlanders wat ze lekker vinden*

de **rucht·baar·heid**
ruchtbaarheid geven aan iets: iets algemeen bekendmaken ✦ *ze zijn getrouwd zonder er ruchtbaarheid aan te geven*

de **•rug** [ruggen]
het deel van je lichaam aan de achterkant, boven je benen en onder je hoofd ✦ *ze kreeg een zere rug van het grond scheppen in de tuin*
iets of iemand de rug toekeren: geen contact meer met iets of iemand willen ✦ *na de ruzie heeft hij zijn ouders de rug toegekeerd*
iets doen achter iemands rug (om): iets doen zonder dat iemand dat weet, terwijl die persoon dat wel behoort te weten ✦ *de minister werd boos toen zijn ambtenaren achter zijn rug om besluiten hadden genomen*

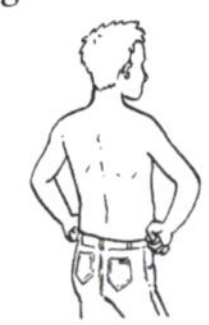
rug

het **rug·by**
een sport met twee ploegen, waarbij

men een platte bal in een doel moet plaatsen

de **rug·gen·graat** [ruggengraten]
de reeks botjes onder elkaar in het midden van je rug = de wervelkolom
iemand met ruggengraat: iemand die sterk is en niet snel opgeeft

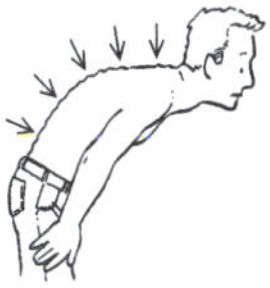

ruggengraat

de **rug·zak** [rugzakken]
een tas die je op je rug draagt = de rugtas ✦ *bijna alle wandelaars droegen een rugzak*

de **rui**
in de rui zijn: (van dieren) in een bepaalde periode veel haren verliezen ✦ *je kon zien dat de hond in de rui was, want overal lagen haren*

ruig [bijvoeglijk naamwoord]
1 ruige natuur is wilde natuur, waar mensen weinig aan gedaan hebben
2 (informeel) ruige mensen zijn wild en praten niet netjes ✦ *de leraar wilde geen ruige taal horen in de klas*

rui·ken [rook, heeft geroken]
1 met de neus waarnemen [iemand ruikt een geur] ✦ *we gingen meteen naar buiten toen we brand roken*
2 een bepaalde geur hebben [iets ruikt op een bepaalde manier] ✦ *het eten rook heerlijk*

de **ruil** [ruilen]
de keer dat iets geruild* wordt ✦ *het lijkt mij een goede ruil dat ik jouw fiets krijg en jij de mijne*

rui·len [ruilde, heeft geruild]
iets geven en er iets anders voor terugkrijgen [iemand ruilt (iets)] ✦ *de broek was te klein, maar ik kon hem nog ruilen bij de winkel* ✦ *zullen we van plaats ruilen, dan kan ik het beter zien*

het **ruim**[1] [ruimen]
de ruimte onder in een schip waar de goederen liggen ✦ *de dozen werden in het ruim geplaatst*

•ruim[2] [bijvoeglijk naamwoord]
als iets ruim is, heeft het voldoende plaats of is het groot ⇔ krap ✦ *toen het bedrijf groter werd, verhuisden ze naar een ruimer kantoor* ✦ *de winkel had een ruime keuze aan jassen en broeken*

•ruim[3] [bijwoord]
(vóór een getal:) iets meer dan … ✦ *er staan ruim vijftig koeien in de stal*

rui·men [ruimde, heeft geruimd]
verwijderen; zorgen dat iets er niet meer is [iemand ruimt iets] ✦ *omdat een aantal dieren ziek was, moesten alle dieren op het bedrijf geruimd worden*
iemand uit de weg ruimen: iemand doden
een probleem uit de weg ruimen: een probleem oplossen

ruim·schoots [bijwoord]
in ruime mate; meer dan ✦ *we waren ruimschoots te vroeg*

de **•ruim·te** [ruimten, ruimtes]
1 [geen meervoud] een lege plek ✦ *in de kamer was ruimte voor vier bureaus* ✦ *die plant groeit hard en heeft dus veel ruimte nodig*
iets of iemand de ruimte geven: iets of iemand de vrijheid geven ✦ *de strenge ouders gaven hun kinderen niet de ruimte om fouten te maken*
2 een plaats tussen vier muren = het vertrek ✦ *door muurtjes werd de grote ruimte verdeeld in vier kamers*
3 [geen meervoud] het gebied buiten de aarde, waar de sterren en planeten zich bevinden = het heelal, de kosmos ✦ *satellieten zweven in de ruimte*

ruim·te·lijk [bijvoeglijk naamwoord]
ruimtelijke zaken hebben te maken met de ruimte ✦ *ze heeft een groot ruimtelijk inzicht, want ze ziet meteen dat die bank niet door de deur kan*

de **ruim·te·vaart**
het reizen door de ruimte ✦ *de ruimtevaart wordt gebruikt voor wetenschappelijk onderzoek*

het **ruim·te·vaar·tuig** [ruimtevaartuigen]
een toestel waarmee men door de ruimte kan reizen = het ruimteveer, het ruimteschip

de **ru·ï·ne** [ruïnes]
de resten van een gebouw ✦ *het mooie paleis was door de oorlog veranderd in een ruïne*

de **ruis**
1 een ruisend* geluid in bijv. een radio waardoor je de muziek niet meer goed hoort

2 dingen er niet horen te zijn en die een resultaat onduidelijk maken

rui·sen [ruiste, heeft geruist]
een laag geluid dat de hele tijd blijft doorgaan = suizen [iets ruist] ✦ *de wind ruist door de bomen* ✦ *hoor je het ruisen van de golven?*

de **ruit** [ruiten]
1 het glas in een raam = het raam ✦ *de ruiten van de auto waren kapot*
2 een vierkant dat gevormd wordt door lijnen van boven naar beneden en van links naar rechts ✦ *hij droeg een broek met Schotse ruiten*

de **rui·ten·wis·ser** [ruitenwissers]
een ding dat de regen wegveegt van een raam van een auto

de **rui·ter** [ruiters]
iemand die op een paard rijdt

rui·ter·lijk [bijwoord]
op een eerlijke, open manier = ronduit ✦ *ze gaf haar fout ruiterlijk toe*

de **ruk** [rukken]
een korte, trekkende beweging ✦ *met een ruk deed hij de gordijnen open*

ruk·ken [rukte, heeft gerukt]
pakken door kort en hard te trekken [iemand rukt iets ergens vanaf, uit enz.] ✦ *hij rukte de krant uit haar handen*

het **ru·moer**
het lawaai van veel mensen die tegelijk praten ✦ *er ontstond rumoer in de zaal toen opeens de koningin binnenkwam*

de **run** [geen meervoud]
de keer dat veel mensen tegelijkertijd ergens naar toe gaan = de stormloop ✦ *er ontstond een run op kaartjes voor de film*

het **rund** [runderen]
1 een dier dat hoort tot de familie van de koeien, zoals koeien en buffels dieren
2 (informeel) een woord voor iemand die dom is = de stommeling

het **rund·vlees**
het vlees van een rund* (bet. 1)

run·nen [runde, heeft gerund]
leiden [iemand runt een zaak of een bedrijf] ✦ *het is een drukke baan om een restaurant te runnen*

de **rups** [rupsen]
een diertje met veel pootjes, dat later een vlinder wordt

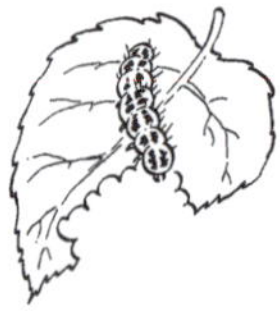

rups

de•**rust**
1 de toestand van niet meer actief zijn na een periode waarin je dat wel was ✦ *de patiënt heeft veel rust nodig*
2 de toestand waarbij er geen lawaai is en er geen drukke dingen om je heen gebeuren = de stilte ✦ *hij hield van de rust van de nacht*
3 de pauze in een sportwedstrijd ✦ *na de rust kon de ploeg van België toch nog een keer scoren*

•**rus·ten** [rustte, heeft gerust]
liggen omdat je moe bent [iemand rust] ✦ *mijn vrouw gaat 's middags altijd even een uurtje rusten op de bank*

•**rus·tig** [bijvoeglijk naamwoord]
rustige mensen maken weinig drukte ⇔ druk ✦ *het was een rustig feestje met weinig mensen* ✦ *doordat er weinig wind was, was de zee heel rustig*

ruw [bijvoeglijk naamwoord]
1 ruwe dingen voelen hard aan en zijn niet glad ✦ *katten hebben een ruwe tong*
2 ruwe producten zijn producten zoals ze uit de aarde gehaald worden, voordat er iets mee gedaan is ✦ *in die fabriek wordt ruwe olie bewerkt*
3 als je iets ruw doet, doe je het niet zo precies ✦ *de kunstenaar maakte eerst een ruwe tekening en begon toen te schilderen*
4 ruwe mensen en zaken zijn wild en niet beleefd = grof ✦ *de kat werd ruw van de tafel gegooid*

ruw·weg [bijwoord]
ongeveer = grofweg ✦ *een nieuwe fiets kost ruwweg vierhonderd euro*

de•**ru·zie** [ruzies]
de situatie dat twee of meer mensen boos op elkaar zijn omdat ze een andere mening hebben over iets = de onenigheid ✦ *de broers maakten vaak ruzie over wie er achter de computer mocht*

ru·zi·ën [ruziede, heeft geruzied]
ruzie maken [twee of meer mensen ruziën] ✦ *hou op met dat geruzie en kom aan tafel zitten!*

ru

de **RVA** (in België)
Rijksdienst voor Arbeidsvoorziening: een instelling die mensen helpt die geen werk hebben

de **RVD** (in Nederland)
Rijksvoorlichtingsdienst: de landelijke instantie die informatie geeft aan de burgers, bijv. over de koningin

de **RVU**
Radio Volksuniversiteit: een omroep in Nederland **media**

S

de **s** [s'en]
de negentiende letter van het alfabet alfabet

's [lidwoord]
1 's morgens: in de morgen
2 's middags: in de middag
3 's avonds: in de avond
4 's nachts: in de nacht

saai [bijvoeglijk naamwoord]
saaie dingen en saaie mensen vervelen gauw = eentonig ✦ *zijn werk is erg saai, want hij moet steeds hetzelfde doen*

de **saam·ho·rig·heid**
het gevoel dat je bij elkaar hoort ✦ *de saamhorigheid onder de reizigers werd tijdens de vakantie steeds groter*

de **sab·bat** [sabbatten]
de dag waarop joden rust houden, van vrijdagavond tot zaterdagavond religie

sab·be·len [sabbelde, heeft gesabbeld]
iets in je mond houden en er zachtjes op zuigen [iemand sabbelt (op iets)] ✦ *het kind sabbelde op het touwtje van zijn jas*

sa·bo·te·ren [saboteerde, heeft gesaboteerd]
expres niet laten lukken of kapotmaken [iemand saboteert iets] ✦ *Klaassen saboteerde de vergadering door hard liedjes te zingen* ✦ *na het ongeluk bleek dat de motor van het vliegtuig was gesaboteerd*

s

het **sa·cra·ment** [sacramenten]
1 een officiële katholieke handeling waarvoor een priester nodig is, bijv. de doop of het huwelijk
2 de doop en het Avondmaal in de protestantse kerk

sa·dis·tisch [bijvoeglijk naamwoord]
sadistische mensen vinden het fijn om mensen of dieren te laten lijden

de **sa·fa·ri** [safari's]
een tocht door een gebied waar wilde dieren leven, vooral in Afrika ✦ *wij gaan binnenkort op safari*

de **sa·la·de** [salades]
een koud gerecht van verschillende groenten ✦ *we aten een salade van sla, appel en komkommer*

de **sa·la·man·der** [salamanders]
een klein dier dat zich warm laat worden door de zon

de **sa·la·mi**
een Italiaanse worst met een scherpe smaak

het **sa·la·ris** [salarissen]
het geld dat je iedere maand krijgt als je ergens werkt = het loon

het **sal·do** [saldi, saldo's]
het verschil tussen de hoeveelheid geld die je uitgeeft en die je ontvangt ✦ *het bedrijf had aan het einde van het jaar een positief saldo van een miljoen euro* ✦ *via internet kun je je saldo op de bank bekijken*
per saldo: als je alles samen bekijkt ✦ *zijn nieuwe baan heeft voordelen en nadelen, maar per saldo is het er beter*

de **sa·lon**[1] [salons]
een mooie kamer om gasten in te ontvangen

het **sa·lon**[2] [salons] (in België)
een tentoonstelling voor fabrieken en organisaties = de beurs ✦ *het autosalon* ✦ *het voedingssalon*

de **sal·sa**
1 een stijl in de muziek uit Midden-Amerika, of de dans op deze muziek
2 een koude saus uit Midden-Amerika met tomaten en kruiden

de **sal·to** [salto's]
een sprong in de lucht waarbij je voeten over je hoofd gaan, waarna je weer met je voeten op de grond komt

sa·lu·e·ren [salueerde, heeft gesalueerd]
groeten als een militair [iemand salueert]

salueren

de **sam·bal** [sambals]
een rode massa die gemaakt is van pepers en die heel scherp smaakt ✦ *als je Chinees eten haalt, krijg je er sambal bij*

·sa·men [bijwoord]
bij elkaar ⇔ alleen ✦ *alle boodschappen samen kostten 47 euro* ✦ *Maartje en Marc zijn in het weekend het liefste sa-*

men

sa·men·gaan [ging samen, is samengegaan]
1 bij elkaar passen [dingen gaan samen] ✦ *alcohol en drugs gaan niet goed samen*
2 samen één worden = fuseren [organisaties gaan samen] ✦ *omdat de bedrijven te klein waren om winst te maken, besloten ze samen te gaan*

sa·men·han·gen [hing samen, heeft samengehangen]
een verband hebben [iets hangt met iets samen] ✦ *de problemen hangen samen met de slechte economie van het land*

sa·men·le·ven [leefde samen, heeft samengeleefd]
met elkaar leven = samenwonen [iemand leeft met iemand samen] ✦ *zij leven sinds drie jaar samen*

de* **sa·men·le·ving** [samenlevingen]
de mensen die samen in een land wonen = de maatschappij ✦ *de Nederlandse samenleving is de laatste tijd harder geworden*

het **sa·men·le·vings·con·tract** [samenlevingscontracten]
een officiële overeenkomst op papier tussen twee mensen die niet getrouwd zijn, maar wel met elkaar samenwonen ✦ *toen ze een huis kochten, besloten ze ook een samenlevingscontract af te sluiten*

de **sa·men·loop**
een samenloop van omstandigheden: de situatie dat dingen toevallig tegelijk gebeuren ✦ *door een samenloop van omstandigheden kon ik gisteren niet komen*

sa·men·span·nen [spande samen, heeft samengespannen]
in het geheim afspraken maken om iets tegen iemand te doen = samenzweren [twee of meer mensen spannen samen tegen iemand] ✦ *de twee landen spanden samen om de vijand aan te vallen*

sa·men·stel·len [stelde samen, heeft samengesteld]
een geheel maken uit verschillende dingen = vormen [iemand stelt iets samen] ✦ *er werden groepen samengesteld met evenveel mannen als vrouwen*

de **sa·men·stel·ling** [samenstellingen]
de manier waarop iets is samengesteld* ✦ *de journalist had kritiek op de samenstelling van het nieuwe kabinet*

sa·men·vat·ten [vatte samen, heeft samengevat]
korter maken door alleen de belangrijke dingen te noemen = resumeren [iemand vat iets samen] ✦ *ze vatte in een paar woorden het verhaal samen*

de **sa·men·vat·ting** [samenvattingen]
een korte tekst of een kort programma met alleen de belangrijkste dingen = het resumé ✦ *veel leerlingen lezen de boeken niet, maar wel de samenvattingen* ✦ *we keken naar een samenvatting van de wedstrijd*

sa·men·voe·gen [voegde samen, heeft samengevoegd]
bij elkaar doen [iemand voegt dingen samen] ✦ *de dorpen werden samengevoegd tot één grote gemeente*

sa·men·wer·ken [werkte samen, heeft samengewerkt]
met elkaar aan dezelfde taak werken [twee of meer mensen werken samen] ✦ *bij het bouwen van de nieuwe brug werkten de gemeente en de universiteit met elkaar samen*

sa·men·wo·nen [woonde samen, heeft samengewoond]
samen in één huis wonen, vooral zonder getrouwd te zijn [iemand woont samen (met iemand)]

de **sa·men·zwe·ring** [samenzweringen]
een geheime afspraak om iets tegen iemand te doen = het complot ✦ *de president vermoedde overal samenzweringen tegen hem*

de **sanc·tie** [sancties]
een maatregel om iemand te straffen ✦ *de Verenigde Naties dreigden met sancties als het land chemische wapens bleef maken*

de **san·daal** [sandalen]
een open schoen met riempjes

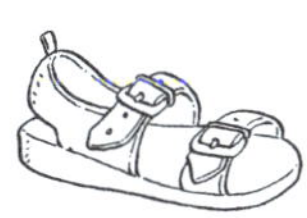

sandaal

de **sand·wich** [sandwiches]
1 twee boterhammen met iets ertussen

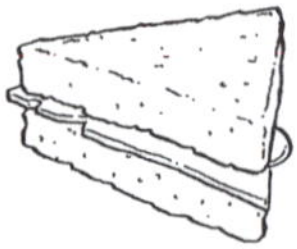
sandwich 1

2 (in België) een klein en fijn broodje

sa·ne·ren [saneerde, heeft gesaneerd]
zorgen dat iets weer goed of gezond wordt [iemand saneert iets] ✦ *het bedrijf moet helemaal gesaneerd worden voordat het weer winst kan maken* ✦ *ze liet haar gebit bij de tandarts saneren*

het **sa·ni·tair**[1]
de dingen in een wc of een badkamer, zoals de wc, de douche en het bad

sa·ni·tair[2] [bijvoeglijk naamwoord]
sanitaire artikelen horen bij een badkamer of een wc ✦ *voor een nieuwe wc gingen we naar een winkel met sanitaire artikelen*

het **sap** [sappen]
de vloeistof uit een vrucht ✦ *ze dronk een glaasje sap* dranken

sap·pig [bijvoeglijk naamwoord]
1 in sappig fruit zit veel sap*
2 sappige verhalen zijn erg leuk omdat ze veel interessante details bevatten = smeuïg

sar·cas·tisch [bijvoeglijk naamwoord]
sarcastische mensen zijn bitter en geloven niet meer dat mensen goed zijn ✦ *iedereen in de groep had genoeg van zijn sarcastische opmerkingen*

sar·ren [sarde, heeft gesard]
vervelende dingen doen of zeggen tegen iemand = pesten [iemand sart een mens of een dier]

de **sa·té**
stukjes vlees aan een stokje, die je meestal met saus van pinda's eet

de **sa·tel·liet** [satellieten]
een toestel dat rond de aarde of een andere planeet draait en dat informatie naar de aarde stuurt ✦ *via de satelliet kon je Arabische televisie ontvangen*

de **sa·ti·re** [satires]
een verhaal of een programma waarin iets belachelijk wordt gemaakt ✦ *het boek van Erasmus was een satire op de kerk*

sa·ti·risch [bijvoeglijk naamwoord]
iets wat satirisch is, heeft de bedoeling om een zaak belachelijk te maken ✦ *Kees van Kooten en Wim de Bie maakten jarenlang satirische programma's op de televisie*

de **sau·na** [sauna's]
een ruimte met droge, heel warme lucht, waarin mensen zonder kleren zitten omdat dat lekker en gezond is

de **saus** [sauzen]
1 een dikke, warme of koude vloeistof die je over eten kunt doen
2 [geen meervoud] (in België) het vocht waarin vlees is gebraden = de jus

de **saxo·foon** [saxofoons]
een muziekinstrument van koper waarop je blaast

saxofoon

de **SBS 6**
Scandinavian Broadcasting System 6: een omroep in Nederland media

het **sca·la** *ook:* de [scala's]
een reeks met verschillende dingen ✦ *er is een scala aan mogelijkheden als je in Amsterdam wilt trouwen*

de **scan** [scans]
een serie speciale foto's van een deel van de binnenkant van je lichaam ✦ *er werd een scan van haar hoofd gemaakt om te onderzoeken of alles goed was*

scan·de·ren [scandeerde, heeft gescandeerd]
een woord of een zin steeds herhalen [iemand scandeert iets] ✦ *het publiek scandeerde de naam van de prinses*

scan·nen [scande, heeft gescand]
1 onderzoeken door een speciale foto te maken [iemand scant iemand of iets] ✦ *de bagage van de reizigers werd gescand*
2 met behulp van een scanner in de computer zetten [iemand scant een tekst of een plaatje] ✦ *ze scande een paar foto's om ze te e-mailen naar haar dochter in Amerika*

de **scan·ner** [scanners]
een apparaat dat tekst en afbeeldingen op papier kan 'lezen' en opslaan in een computer

het **sce·na·rio** [scenario's]
1 een boek waarin staat hoe een film opgenomen moet gaan worden = het draaiboek
2 een manier waarop dingen in de toekomst zouden kunnen gaan ✦ *in het gunstigste scenario is het gebouw in de zomer klaar*

de **scene** [scenes] (uitspraak: sien)
een groep mensen met een eigen sfeer ✦ *Sabrina is kunstenaar, maar ze wil niet bij die scene horen*

de **scè·ne** [scènes] (uitspraak: sène)
1 een deel van een toneelstuk of een film ✦ *het is een prachtige scène waarin Hamlet zijn liefde verklaart aan Ophelia*
2 een grote ruzie ✦ *de vrouw maakte een enorme scène toen ze haar geld niet kreeg*

de **scep·sis**
het feit dat je iets niet helemaal gelooft of vertrouwt = de twijfel ✦ *de minister had nogal wat scepsis tegenover de uitslag van het onderzoek*

de **scep·ter**
ergens de scepter zwaaien: ergens de baas zijn ✦ *wie mag tijdens de vakantie van de directeur de scepter zwaaien?*

scep·tisch [bijvoeglijk naamwoord]
sceptische mensen geloven dingen niet snel ✦ *de president was sceptisch over het nieuws dat de vijand vrede wilde*

de **schaaf** [schaven]
een voorwerp waarmee je een dun laagje van iets af kunt halen ✦ *met de schaaf haalde hij een randje van de deur, zodat hij weer dicht kon*

de• **schaal** [schalen]
1 een mooie bak waarin je eten kunt doen
2 de harde buitenkant van bijv. een ei of van sommige zeedieren
3 iets waarmee je een verhouding laat zien ✦ *als een kaart een schaal van 1:100.000 heeft, wil dat zeggen dat 1 centimeter op de kaart 100.000 centimeter in de werkelijkheid betekent* ✦ *op een schaal van een tot tien verdiende hij een zeven*
iets gebeurt op grote schaal: iets gebeurt door veel mensen of dingen, of op veel plaatsen ✦ *er werd op grote schaal misbruik gemaakt van de regeling*

het **schaal·dier** [schaaldieren]
een dier dat in de zee leeft en dat een schaal om zich heen heeft ✦ *een kreeft is een schaaldier*

de **schaal·ver·gro·ting** [schaalvergrotingen]
de ontwikkeling dat iets, bijv. een bedrijf, groter wordt ✦ *door de schaalvergroting zijn er minder ziekenhuizen, maar de ziekenhuizen zijn wel groter geworden*

het **schaam·haar** [schaamharen]
het haar dat bij volwassen mensen bij de penis of de vagina groeit

de **schaam·te**
een vervelend gevoel dat je kunt hebben als je iets raars of iets slechts hebt gedaan ✦ *met schaamte vertelde hij dat hij de afspraak vergeten was*

schaam·te·loos [bijvoeglijk naamwoord]
schaamteloze mensen voelen geen schaamte* = brutaal ✦ *de journalist stelde allemaal schaamteloze vragen*

het **schaap** [schapen]
een dier dat wol geeft dieren
het zwarte schaap: de persoon die binnen een groep heel anders is dan de rest, en daardoor minder waardering krijgt

schaap

de **schaar** [scharen]
een voorwerp met twee scherpe bladen die je over elkaar laat schuiven om bijv. papier te knippen

schaar

schaars [bijvoeglijk naamwoord]
van iets wat schaars is, is er niet veel ✦ *ik kan maar even komen, want mijn tijd is schaars* ✦ *goed personeel is schaars*

de **schaats** [schaatsen]
een schoen met een smal ijzer eronder, waarmee je over ijs kunt glijden

sc

schaats

schaat·sen [schaatste, heeft geschaatst]
met schaatsen* over ijs glijden [iemand schaatst] weer[1] sport

de **scha·de**
het nadeel dat je hebt door een vervelende gebeurtenis ✦ *door de brand hebben we een schade van meer dan duizend euro* ✦ *het slechte weer heeft veel schade aangericht*

de **scha·de·claim** [schadeclaims]
een eis dat je geld wilt ontvangen omdat je een bepaalde schade* hebt geleden ✦ *de werknemer die ziek was geworden van zijn werk, heeft een schadeclaim ingediend bij zijn werkgever*

scha·de·lijk [bijvoeglijk naamwoord]
iets wat schadelijk is, veroorzaakt schade* ✦ *het product werd uit de winkels gehaald omdat het schadelijke stoffen bevat*

scha·den [schaadde, heeft geschaad]
schade* veroorzaken; nadeel geven = benadelen, aantasten [iemand of iets schaadt iemand of iets] ✦ *roken schaadt de gezondheid*

de **scha·de·ver·goe·ding** [schadevergoedingen]
geld dat je krijgt als je schade* hebt

de •**scha·duw**
een donkere plaats waar het licht niet kan schijnen omdat iemand of iets ervoor staat ✦ *de koeien liggen in de schaduw van de bomen*

de **scha·kel** [schakels]
elk van de ringen die met elkaar verbonden zijn in een ketting ✦ *hij is de belangrijkste schakel tussen het leger en de regering*

schakel

de **scha·ke·laar** [schakelaars]
een knopje waarmee je bijv. het licht aan en uit kunt doen

scha·ke·len [schakelde, heeft geschakeld]
een auto naar een andere versnelling laten gaan [iemand schakelt] ✦ *vergeet niet te schakelen als je harder gaat rijden*

scha·ken [schaakte, heeft geschaakt]
een bepaald spel spelen met 16 witte en 16 zwarte stukken op een bord met 32 witte en 32 zwarte vlakken [iemand schaakt]

schal·len [schalde, heeft geschald]
hard klinken [een geluid schalt] ✦ *de stemmen schalden over straat*

scha·mel [bijvoeglijk naamwoord]
iets wat schamel is, is minder goed of groot dan gewenst is ✦ *het was een schamele troost dat de zon scheen*

zich **scha·men** [schaamde zich, heeft zich geschaamd]
een vervelend gevoel over jezelf hebben als je iets raars of iets verkeerds hebt gedaan [iemand schaamt zich] ✦ *Wouter schaamt zich voor zijn grote oren*

scham·per [bijvoeglijk naamwoord]
met een schampere reactie laat je blijken dat je iets niet veel waard vindt ✦ *de klant maakte een schampere opmerking over de slechte kwaliteit van het product*

scham·pe·ren [schamperde, heeft of is geschamperd]
laten merken dat je iets niet veel waard vindt [iemand schampert] ✦ *"Dat wordt niks" schamperde hij*

het **schan·daal** [schandalen]
een gebeurtenis of een situatie waar veel mensen erg boos om zijn ✦ *de minister veroorzaakte een schandaal door geld aan te nemen van bedrijven*

schan·da·lig [bijvoeglijk naamwoord]
iets wat schandalig is, vindt men heel slecht en heel erg = schandelijk ✦ *die schoenen waren schandalig duur* ✦ *de partij vond het schandalig dat de rijke mensen steeds rijker worden*

de **schan·de**
iets wat veel mensen slecht en heel erg vinden ✦ *het is een schande dat er zo weinig geld is voor de zorg voor ouderen*
door schade en schande wijs worden: leren van je fouten

schan·de·lijk [bijvoeglijk naamwoord]
iets wat schandelijk is, is heel slecht en heel erg = schandalig ✦ *het parlement*

vond het schandelijk dat er zo weinig aandacht was voor het milieu

de **schand·paal**
iemand aan de schandpaal nagelen: aan iedereen bekendmaken wat iemand verkeerd heeft gedaan ✦ *de man werd aan de schandpaal genageld, omdat hij geld had gestolen*

het **schap** *ook:* de [schappen]
een plank waarop in een winkel artikelen liggen ✦ *de schappen lagen weer vol met broodjes*

de **scha·re** [scharen]
een grote groep mensen = de menigte ✦ *hij werd gevolgd door een grote schare leerlingen*

zich **scha·ren ach·ter** [schaarde zich achter, heeft zich geschaard achter]
het eens zijn met iets of iemand [iemand schaart zich achter iemand of achter een idee] ✦ *de hele partij schaarde zich achter het voorstel van de voorzitter*

het **schar·nier** [scharnieren]
een ijzeren voorwerp waarmee bijv. een deur verbonden is met de muur, zodat de deur kan draaien

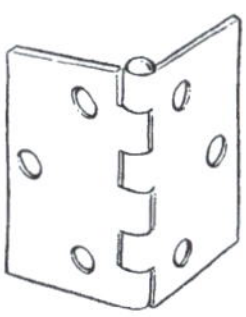
scharnier

schar·rel-
scharrelvlees is vlees van dieren die vrij konden rondlopen; scharreleieren zijn eieren van kippen die vrij kunnen rondlopen

schar·re·len [scharrelde, heeft gescharreld]
1 zonder haast kleine werkjes doen = rommelen [iemand scharrelt] ✦ *op haar vrije dag scharrelt Fatima wat in haar huis*
iets bij elkaar scharrelen: dingen vanuit allerlei plekken bij elkaar brengen ✦ *Henk heeft de spullen voor zijn huis overal vandaan bij elkaar gescharreld*
2 een korte relatie hebben die niet serieus is [iemand scharrelt (met iemand)] ✦ *met die jongen heb ik vroeger wel eens gescharreld*

de **schat** [schatten]
1 een grote hoeveelheid geld of dure voorwerpen
een schat aan ...: heel veel ... ✦ *door het onderzoek hebben we nu een schat aan informatie over de slaap*
2 iemand die je erg lief vindt ✦ *je bent een schat, dat je op me gewacht hebt!*

de **schat·be·waar·der** [schatbewaarders] (in België)
iemand die de financiële zaken regelt voor bijv. een vereniging = de penningmeester

scha·te·ren [schaterde, heeft geschaterd]
heel hard lachen = schaterlachen [iemand schatert] ✦ *hij schaterde om de grap van het kind*

de **schat·kist** [schatkisten]
1 een kist met veel geld of veel dure voorwerpen
2 (informeel) het geld van de overheid = de staatskas ✦ *de regering moest bezuinigen omdat de schatkist leeg was*

schat·ten [schatte, heeft geschat]
bedenken hoe veel, groot, duur enz. iets is zonder te meten of te rekenen = ramen [iemand schat iets] ✦ *hoe oud schat je mij?* ✦ *het bedrijf schatte de kosten op € 5000,-*

schat·tig [bijvoeglijk naamwoord]
schattige mensen of dingen zijn lief ✦ *wat een schattig kindje!*

de **schat·ting** [schattingen]
de keer dat iets geschat* wordt = de raming ✦ *er zijn schattingen dat er zesduizend mensen gedood zijn in de oorlog*

scha·ven [schaafde, heeft geschaafd]
1 met een schaaf* over iets heen gaan om het glad te maken [iemand schaaft iets] ✦ *de nieuwe tafel moest nog mooi rond geschaafd worden*
2 verbeteren door kleine dingen te veranderen [iemand schaaft (aan iets)] ✦ *als je dat verhaal wilt publiceren, moet je er nog wel wat aan schaven*
3 een wond op de huid krijgen [iemand schaaft zijn huid] ✦ *het kind was gevallen en had zijn knie geschaafd*

de **sche·del** [schedels]
het harde, bovenste deel van het hoofd van een mens

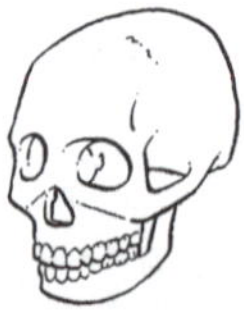

schedel

scheef [bijvoeglijk naamwoord]
1 scheve dingen zijn niet in dezelfde richting als andere dingen, bijvoorbeeld omdat ze aan één kant hoger zijn dan aan de andere kant = schuin ⇔ recht ✦ *dat schilderij hangt scheef*
2 iets wat scheef is, is niet zoals het hoort = verkeerd ✦ *de verhoudingen zijn scheef in dat bedrijf*

scheel [bijvoeglijk naamwoord]
als mensen scheel zijn, kijken hun ogen niet in dezelfde richting ✦ *hij kijkt scheel*

de **scheen** [schenen]
het bot aan de voorkant van je been, tussen je voet en je knie ✦ *de voetballer schopte de tegenstander tegen de schenen*

de **scheeps·werf** [scheepswerven]
een plek waar schepen worden gebouwd en hersteld

de **scheep·vaart**
het verkeer op het water ✦ *de scheepvaart op de Rijn had veel last van het hoge water*

de **scheet** [scheten] (informeel)
de vieze lucht die met een geluidje via je billen uit je lichaam komt = de wind

•**schei·den** [scheidde]
1 [heeft gescheiden] in delen of groepen verdelen; apart zetten wat één geheel was = splitsen [iemand scheidt mensen of dingen] ✦ *als je de jonge dieren van hun moeder scheidt, gaan ze dood* ✦ *het eiland Cyprus is gescheiden in een Grieks en een Turks deel*
2 [is gescheiden] een einde maken aan je huwelijk [iemand scheidt (van iemand)] ✦ *toen zijn ouders scheidden, is Eskil bij zijn vader gaan wonen*
3 [is gescheiden] afscheid nemen van iemand; bij iemand weggaan [iemand scheidt (van iemand)] ✦ *hier moeten wij van elkaar scheiden*

de **schei·ding** [scheidingen]
1 de situatie dat er een einde komt aan een huwelijk ✦ *na haar scheiding is Esmee in een andere stad gaan wonen*
2 [geen meervoud] het scheiden (bet. 1) of gescheiden zijn ✦ *de scheiding van haar familie deed haar veel verdriet*
3 een lijn op je hoofd waarvandaan je haar naar links en naar rechts gaat ✦ *hij draagt zijn haar in een scheiding opzij*

scheiding 3

de **scheids·rech·ter** [scheidsrechters]
een persoon die controleert of een voetbalwedstrijd volgens de regels wordt gespeeld

de **schei·kun·de**
de wetenschap die onderzoekt hoe stoffen zijn opgebouwd en hoe ze kunnen veranderen = de chemie

schel [bijvoeglijk naamwoord]
1 een schel geluid klinkt hard en scherp
2 schelle kleuren en schel licht zijn heel fel

schel·den [schold, heeft gescholden]
nare, lelijke woorden roepen [iemand scheldt (op iemand)] ✦ *hij begon meteen te schelden toen hij zijn sleutels niet kon vinden*

het **scheld·woord** [scheldwoorden]
een woord waarmee je kunt schelden*

•**sche·len** [scheelde, heeft gescheeld]
verschillen; een verschil uitmaken [iets scheelt] ✦ *Tom en Marcel schelen twee jaar in leeftijd* ✦ *het scheelt behoorlijk of je vis koopt op de markt of in de supermarkt*
het kan me niet schelen: ik heb geen voorkeur; ik vind het niet erg ✦ *het kon hem niet schelen dat hij verloren had* ✦ *het kan me niet schelen hoe laat je komt, als je maar komt*
wat scheelt eraan?: wat is er niet goed? ✦ *ze deed heel vreemd, maar niemand wist wat eraan scheelde*

de **schelp** [schelpen]
de harde buitenkant van een diertje in de zee ✦ *er lagen veel schelpen op het strand*

schelp

het **sche·ma** [schema's]
een tekening of een systeem waarmee je informatie ordent ✦ *het werk dat nog gedaan moet worden hebben we in een schema gezet*
op schema liggen: precies zoveel tijd met iets bezig zijn als je van tevoren bedacht had

de **sche·mer**
de tijd dat het buiten donker wordt of licht wordt = de schemering ✦ *in de schemer fietste hij naar zijn werk*

de **sche·me·ring**
de tijd dat het buiten donker wordt of licht wordt = de schemer

de **sche·mer·lamp** [schemerlampen]
een lamp die gezellig licht geeft

schemerlamp

schen·den [schond, heeft geschonden]
1 kapotmaken [iemand schendt iets, bijv. eer of vertrouwen] ✦ *je schendt ons vertrouwen als je steeds wegloopt*
2 niet doen wat je volgens een regel of een afspraak moet doen [iemand schendt een regel of een afspraak] ✦ *al een maand nadat het akkoord was gesloten, werd het door een van de landen geschonden*

sche·nen *zie:* **schijnen**

•**schen·ken** [schonk, heeft geschonken]
1 als cadeau geven [iemand schenkt iets (aan iemand)] ✦ *de kunstenaar schonk al zijn werken aan het museum*
2 laten stromen, bijvoorbeeld uit een fles of een kan [iemand schenkt thee of een andere vloeistof] ✦ *hij schonk de wijn in de glazen*

de **schen·king** [schenkingen]
geld dat geschonken is = de gift

de **schep** [scheppen]
1 een voorwerp dat bestaat uit een stok met daaraan een ijzeren blad, waarmee je kunt scheppen (bet. 1)

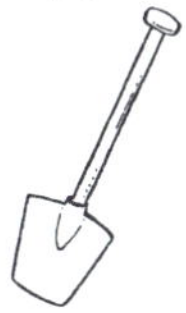
schep 1

2 de hoeveelheid van een stof die op een schep (bet. 1) past ✦ *de vrouw deed twee schepjes suiker in haar koffie*
er een schepje bovenop doen: iets nog erger maken ✦ *toen de werknemer kritiek van zijn baas kreeg, deed een collega er nog een schepje bovenop*

de **sche·pen** [schepenen] (in België)
iemand die deel uitmaakt van het bestuur van een gemeente = de wethouder ✦ *burgemeester en schepenen hebben gisteren vijf uur vergaderd* overheid

het **sche·pen·col·le·ge** [schepencolleges] (in België)
het dagelijks bestuur van een gemeente politiek

de **sche·per** [schepers] (in België)
een bepaald soort hond = de herder, de herdershond

•**schep·pen**
1 [schepte, heeft geschept] met een schep* (bet. 1) of een ander voorwerp verplaatsen [iemand schept iets] ✦ *het kind schepte zand in een emmertje* ✦ *ze schepte het eten op haar bord*
2 [schiep, heeft geschapen] maken; doen ontstaan = creëren [iemand schept iets] ✦ *God schiep de wereld in zes dagen* ✦ *de overheid wilde meer banen scheppen*
3 [schiep, heeft geschapen] veroorzaken [iemand of iets schept iets] ✦ *de zachte muziek schept een rustige sfeer op kantoor*
4 vreugde of behagen scheppen in iets: genieten van iets ✦ *zij schept veel plezier in het werken in de tuin*

de **schep·per** [scheppers]
iemand die iets schept, vooral God die de wereld heeft geschapen

de **schep·ping** [scheppingen]
datgene wat geschapen* is = de creatie ✦ *'de Nachtwacht' is een schepping van de schilder Rembrandt*

sche·ren

1 [schoor, heeft geschoren] met een mes of met een apparaat haren weghalen [iemand scheert iemand of zichzelf] ✦ *hij heeft zijn gezicht heel glad geschoren*
2 [schoor, heeft geschoren] de vacht dunner maken [iemand scheert dieren, meestal schapen] ✦ *wanneer worden de schapen geschoren?*
3 [scheerde, heeft gescheerd] snel langs iets bewegen [iets of iemand scheert langs of over iets] ✦ *de vogel scheerde over de bomen*

de **scherf** [scherven]
een stuk gebroken glas of aardewerk ✦ *het bord viel in scherven*

de **sche·ring**
dat is schering en inslag: dat gebeurt heel vaak ✦ *mijn fiets is gestolen, maar dat is schering en inslag in deze buurt*

het **scherm** [schermen]
1 een vlak waarop beelden of gegevens worden getoond ✦ *hoe groot is het scherm van je computer?*
2 een vlak dat rechtop staat en dat iets beschermt ✦ *je kon je achter een scherm uitkleden*
achter de schermen: in het deel dat je niet ziet op de televisie, in de film enz. ✦ *bij de televisie werken de meeste mensen achter de schermen*

scher·men [schermde, heeft geschermd]
als sport met een degen vechten [iemand schermt]

schermen

scher·men met [schermde met, heeft geschermd met]
iets niet helemaal terecht als reden gebruiken [iemand schermt met iets] ✦ *in iedere discussie schermt hij met het feit dat hij de oorlog heeft meegemaakt*

de **scher·mut·se·ling** [schermutselingen]
een ruzie, vooral een ruzie waarbij wat gevochten wordt ✦ *de actie verliep zonder schermutselingen*

het **scherp**[1]
1 op het scherp van de snede: met weinig mogelijkheden om iets anders te doen ✦ *de onderhandelingen werden op het scherp van de snede gevoerd*
2 met scherp schieten: schieten met echte kogels
3 op scherp staan: helemaal klaar zijn voor iets ✦ *na de moord op de president stond de politie op scherp*

•**scherp**[2] [bijvoeglijk naamwoord]
1 met een scherp mes kun je goed snijden ⇔ bot
2 iets wat scherp is, heeft een punt waaraan je je pijn kunt doen ⇔ stomp ✦ *aan het hek zaten scherpe punten*
3 iets wat scherp is, is duidelijk of nauwkeurig ✦ *de foto is niet scherp*
4 een scherpe geur is zo sterk dat het niet prettig is
5 een scherp antwoord is onvriendelijk en bevat een negatief oordeel ✦ *hij heeft scherpe kritiek op het voorstel*

scherp·zin·nig [bijvoeglijk naamwoord]
scherpzinnige mensen kunnen goed nadenken = slim ✦ *een scherpzinnige journalist stelde precies de goede vraag*

schert·sen [schertste, heeft geschertst]
als grap zeggen [iemand schertst] ✦ *"Jij krijgt de prijs voor de domste vrouw", schertste hij*

sche·ten *zie:* **schijten**

de **schets** [schetsen]
een snelle tekening of een korte beschrijving van hoe iets is of hoe iets moet worden ✦ *de kunstenaar had eerst wat schetsen gemaakt van het landschap* ✦ *de schetsen van het nieuwe kantoor waren erg mooi* ✦ *de journalist gaf een schets van de situatie in het land*

schet·sen [schetste, heeft geschetst]
een schets* maken [iemand schetst iets] ✦ *welk beeld van de koningin wordt er in het boek geschetst?*

schet·te·ren [schetterde, heeft geschetterd]
hard en druk praten = tetteren [iemand schettert]

de **scheur** [scheuren]
1 een lang en smal gat ✦ *er zit een scheur in je broek!* ✦ *er zaten overal scheuren in de weg*
2 (informeel) de mond = de muil

•**scheu·ren** [scheurde]
1 [heeft gescheurd] kapotmaken door te trekken [iemand scheurt iets, bijv. papier of stof] ✦ *hij scheurde een blad-*

sc

zijde uit het boek
2 [is gescheurd] kapot getrokken worden [iets scheurt] ✦ *alle muren van het oude huis waren gescheurd*
3 [heeft of is gescheurd] (informeel) heel hard rijden [iemand scheurt] ✦ *de auto kwam de hoek om scheuren*

de **scheut** [scheuten]
1 een hoeveelheid vloeistof die je in één keer schenkt ✦ *zij deed een scheutje melk in de koffie*
2 een korte, hevige pijn ✦ *ik kreeg een scheut in mijn rug*
3 een nieuw takje of steeltje aan een plant = de uitloper, de loot

scheu·tig met [bijvoeglijk naamwoord]
als je scheutig bent met iets, geef je er veel van aan anderen = royaal ✦ *de regering is niet zo scheutig met subsidies aan toneel*

schich·tig [bijvoeglijk naamwoord]
schichtige dieren of mensen schrikken snel

schie·pen *zie:* **scheppen**

schier [bijwoord] (formeel)
bijna ✦ *het is schier onmogelijk om deze studie in drie jaar af te maken*

het **schier·ei·land** [schiereilanden]
een stuk land dat bijna helemaal water rondom zich heeft

•**schie·ten** [schoot]
1 [heeft geschoten] een wapen gebruiken [iemand schiet (op iemand of iets)] ✦ *de politie schoot in de lucht, niet op de dief*
2 [heeft geschoten] doden met een wapen [iemand schiet een dier] ✦ *het is een gebruik in onze familie om in september hazen te schieten*
iemand wel kunnen schieten: iemand helemaal niet aardig vinden ✦ *de nieuwe chef kijkt alsof hij me wel kan schieten*
3 [heeft geschoten] met je voet een bal ergens naartoe laten gaan [iemand schiet (in een bepaalde richting)] ✦ *de voetballer schoot zó hard, dat de bal kapotging*
4 [is geschoten] snel bewegen [iemand of iets schiet ergens heen] ✦ *hij schoot een winkel in toen hij zijn vroegere vriendin op straat zag*
5 een touw laten schieten: een touw niet meer vast kunnen houden
6 een kans laten schieten: een kans niet gebruiken
7 iets schiet me te binnen: ik herinner me plotseling iets ✦ *plotseling schoot hem te binnen dat hij nog een andere afspraak had*

de **schiet·par·tij** [schietpartijen]
een gevecht waarbij mensen schieten

schif·ten [schiftte]
1 [heeft geschift] van elkaar scheiden [iemand schift dingen] ✦ *er is zoveel materiaal voor het boek dat er veel geschift moet worden*
2 [is geschift] kleine vaste deeltjes vormen [melk schift] ✦ *gooi melk altijd weg als die geschift is*

de **schijf** [schijven]
een plat, rond voorwerp = de plak ✦ *wilt u een schijfje citroen bij het bier?* ✦ *ik kan bijna niet geloven dat de informatie van drie dikke boeken op één schijfje kan*

de **schijn**
1 iets wat zo lijkt te zijn, maar niet zo is ✦ *de man lijkt heel rustig, maar dat is schijn*
de schijn tegen hebben: een ongunstige indruk maken ✦ *ik weet niet zeker of het de schuld is van Diederik, maar hij heeft in elk geval de schijn tegen*
2 geen schijn van kans hebben: geen enkele mogelijkheid hebben op succes ✦ *de man heeft in de verkiezingen geen schijn van kans*
3 de schijn ophouden: doen alsof het mooier is dan het echt is ✦ *ze hielden de schijn op dat ze een goed huwelijk hadden*
4 het heeft er alle schijn van: het is heel waarschijnlijk ✦ *het heeft er alle schijn van dat de brand is aangestoken*

schijn·baar [bijvoeglijk naamwoord]
iets wat schijnbaar zo is, lijkt zo te zijn, maar is niet echt zo = ogenschijnlijk ✦ *hij doet zijn werk schijnbaar zonder moeite*

de **schijn·be·we·ging** [schijnbewegingen]
een beweging die je maakt om iemand een verkeerde indruk te geven

•**schij·nen** [scheen, heeft geschenen]
1 licht geven [iets, bijv. de zon, schijnt] ✦ *de lamp van de auto scheen in zijn gezicht*
2 een bepaalde indruk geven terwijl je niet weet of die klopt [iemand of iets schijnt zo te zijn] ✦ *het schijnt gezonder*

te zijn om rijst te eten dan aardappels
schijn·hei·lig [bijvoeglijk naamwoord]
schijnheilige mensen willen een eerlijke indruk maken, maar ze zijn niet eerlijk = hypocriet

het **schijn·sel**
zwak licht ✦ *bij het schijnsel van de maan probeerde hij een boek te lezen*

het **schijn·tje**
een schijntje: heel weinig geld ✦ *hij kon de auto voor een schijntje kopen*

de **schijn·wer·per** [schijnwerpers]
een sterke lamp, die bijv. bij toneel wordt gebruikt = de spot
in de schijnwerpers staan: veel aandacht krijgen van de kranten en van de tv

schij·ten [scheet, heeft gescheten] (grof)
poepen = kakken [iemand schijt]

de **schik**
het plezier = de lol ✦ *we hebben veel schik gehad op vakantie*

schik·ken [schikte, heeft geschikt]
1 op een bepaalde manier neerleggen of neerzetten [iemand schikt dingen] ✦ *de stoelen waren zó om de tafel geschikt dat iedereen met elkaar kon praten*
2 een goed moment zijn [het schikt]
✦ *schikt het als ik morgen kom?*
3 een oplossing vinden doordat iedereen een beetje toegeeft [partijen schikken (een zaak)] ✦ *de partijen besloten de zaak te schikken om een juridisch proces te voorkomen*

zich **schik·ken** [schikte zich, heeft zich geschikt]
aanvaarden [iemand schikt zich (in een situatie)] ✦ *het is voor haar moeilijk om zich te schikken in de situatie dat ze geen werk heeft*

zich **schik·ken naar** [schikte zich naar, heeft zich geschikt naar]
zich aanpassen [iemand schikt zich naar iets of iemand] ✦ *als je bij dit bedrijf werkt, moet je je schikken naar de regels op het gebied van kleding*

de **schik·king** [schikkingen]
een regeling als oplossing voor een ruzie ✦ *het bedrijf voorkwam een juridisch proces door een schikking van tweeduizend euro*

de **schil** [schillen]
de buitenste laag van een vrucht ✦ *kleine stukjes van de schil van een citroen zijn vaak lekker in eten*

het **schild** [schilden]
een plaat van hout of van metaal die je draagt om je te beschermen

schild

de **schil·der** [schilders]
1 [vrouw: schil·de·res; schilderessen]
iemand die schilderijen maakt = de kunstschilder
2 iemand die voor zijn beroep huizen verft

schil·der·ach·tig [bijvoeglijk naamwoord]
iets wat schilderachtig is, is zo mooi en rustig dat je er een schilderij van kunt maken = pittoresk ✦ *de familie Poelmans heeft voor de vakantie een huis gehuurd in een schilderachtig dorpje aan de Franse kust*

•**schil·de·ren** [schilderde, heeft geschilderd]
1 een schilderij maken [iemand schildert (een voorstelling)] ✦ *nu Toon gestopt is met werken, zit hij soms hele dagen te schilderen* ✦ *ze schilderde het mooie pleintje*
2 verf op iets doen [iemand schildert (een huis)] ✦ *elke zomer schildert Victor zijn huis*
3 met woorden een beeld van iets vormen = schetsen, beschrijven [iemand schildert iets] ✦ *de schrijver schildert met veel gevoel het dorpje van zijn jeugd*

het **schil·de·rij** [schilderijen]
een voorstelling die op een doek of op hout is geschilderd ✦ *er is een schilderij van Picasso uit het museum gestolen*

de **schild·klier** [schildklieren]
een orgaan in je lichaam dat zorgt voor bijv. de groei van je lichaam en dat het verbranden van je eten regelt

de **schild·pad** [schildpadden]
een dier met een schild, dat heel langzaam loopt

schildpad

de **schild·wacht** [schildwachten]
iemand die bij de ingang van bijv. een paleis staat om mensen tegen te houden die niet naar binnen mogen

de **schil·fer** [schilfers]
een klein stukje van een vaste stof dat los is van de rest ✦ *er zaten wat schilfertjes van de schaal van het ei in het eten*

schil·len [schilde, heeft geschild]
de schil* van iets af halen [iemand schilt een vrucht] ✦ *schil de aardappels eens wat dunner*

de **schim** [schimmen]
een figuur die je vaag kunt zien ✦ *een pasgeboren baby ziet alleen maar vage schimmen*
geen schim meer zijn van vroeger: niet meer zo goed zijn als vroeger ✦ *Ben is geen schim meer van de sterke man die hij altijd was*

de **schim·mel** [schimmels]
1 heel kleine plantjes die bijv. groeien op eten dat niet meer goed is
2 een wit paard

schim·mig [bijvoeglijk naamwoord]
iets wat schimmig is, is onduidelijk en vaag ✦ *hij heeft een schimmig verleden maar daarover praat hij nooit*

het •**schip** [schepen]
de boot ✦ *het schip vaart de haven binnen*
schoon schip maken: alle problemen oplossen om opnieuw te kunnen beginnen ✦ *de directie wil schoon schip maken met het personeel*
tussen wal en schip vallen: in een positie komen tussen twee dingen in, waardoor je nergens bij hoort

de **schip·breuk** [schipbreuken]
een ongeluk op zee, waarbij een schip kapotgaat
iets lijdt schipbreuk: iets gaat fout ✦ *het mooie plan heeft uiteindelijk schipbreuk geleden*

de **schip·per** [schippers]
de baas op een klein schip

schip·pe·ren [schipperde, heeft geschipperd]
een vervelende situatie voorkomen of oplossen door iedereen een beetje zijn zin te geven [iemand schippert] ✦ *als politicus moet je altijd een beetje schipperen*

schit·te·ren [schitterde, heeft geschitterd]
1 een fel, bewegend, licht geven [iets schittert] ✦ *als het heeft geregend, schitteren de lampen van de auto's erg*
2 opvallen door goede prestaties [iemand schittert] ✦ *op het toneel schitterde Joost Veerman in zijn rol van oude gek*

•**schit·te·rend** [bijvoeglijk naamwoord]
schitterende dingen zijn heel mooi = fantastisch, prachtig ✦ *de vrouw kan schitterend zingen*

schi·zo·freen [bijvoeglijk naamwoord] (medisch)
schizofrene mensen hebben een ziekte van de geest: ze horen en zien dingen die er niet zijn

de **schmink**
spullen om je gezicht geschikt te maken voor toneel of voor tv

het **schoei·sel**
schoenen, laarzen enz. ✦ *het is belangrijk dat een kind goed schoeisel draagt*

de •**schoen** [schoenen]
een kledingstuk om je voet, voor buiten

schoen

de **schoen·ma·ker** [schoenmakers]
iemand die kapotte schoenen herstelt

de **schof·fel** [schoffels]
een werktuig om planten uit de tuin te halen die er niet horen

schoffel

de **schoft** [schoften] (grof)
een slechte man ✦ *iemand die zoiets doet, vind ik een schoft!*

de **schok** [schokken]
1 een korte, plotselinge beweging ✦ *na een schok stond de trein stil*
2 het gevoel dat je hebt als je erg schrikt ✦ *het bericht over zijn dood was een grote schok*
3 het gevoel dat je krijgt als je elektrische stroom voelt ✦ *je moet niet aan die draden komen, anders krijg je een schok*

schok·ken [schokte, heeft geschokt]
een schok* (bet. 2) geven = choqueren [iets schokt iemand] ✦ *het ongeluk heeft ons allen geschokt*

de **schol** [schollen]
een vis

schol

schol·den *zie:* **schelden**

scho·len[1] [schoolde, heeft geschoold]
onderwijs geven [iemand schoolt iemand] ✦ *hij is niet geschoold, maar toch weet hij heel veel*

scho·len[2] *zie:* **schuilen**

de **scho·len·ge·meen·schap** [scholengemeenschappen]
een middelbare school met verschillende typen onderwijs

de **scho·lier** [scholieren]
1 een kind dat op school zit = de leerling
2 (in België) iemand van veertien of vijftien jaar die in een club aan sport doet, bijv. aan voetbal

de **scho·ling**
onderwijs, meestal voor een bepaald beroep = de educatie ✦ *er werden werknemers gezocht met de juiste scholing*

de **schom·mel** [schommels]
een toestel waarop kinderen kunnen spelen door heen en weer te bewegen

schommel

schom·me·len [schommelde, heeft geschommeld]
1 op een bewegende schommel* zitten [iemand schommelt]
2 soms meer en soms minder zijn [getallen schommelen] ✦ *de prijzen voor een goede tv schommelen rond de vijfhonderd euro*

schon·den *zie:* **schenden**

schon·ken *zie:* **schenken**

de •**school** [scholen]
1 een instelling en een gebouw waar onderwijs wordt gegeven ✦ *ik heb op een leuke school gezeten* ✦ *na de brand werd er een nieuwe school gebouwd* onderwijs
een bijzondere school: een school die niet door de overheid is opgericht, maar door mensen met een bepaald doel, bijv. om christelijk onderwijs te geven
een openbare school: een school zonder een bepaalde godsdienst
een vrije school: (in België) een school die niet door de overheid is opgericht, maar door mensen met een bepaald doel, bijv. om christelijk onderwijs te geven
de middelbare school: de school na de basisschool
uit de school klappen: dingen aan anderen vertellen die je niet zou mogen vertellen
2 een groep vissen
3 een groep mensen in de kunst of de wetenschap die onder invloed staan van dezelfde ideeën ✦ *dit is een schilderij uit de school van Vermeer*

het **school·jaar** [schooljaren]
de periode van augustus tot augustus ✦ *in zijn laatste schooljaar is Simon vaak ziek geweest*

het **school·plein** [schoolpleinen]
een plein voor een school waar de kinderen kunnen spelen

•**schoon** [bijvoeglijk naamwoord]
1 schone dingen zijn niet vuil
2 (formeel) een schone vrouw is een mooie vrouw
3 ik heb er schoon genoeg van: dit zegt iemand die boos begint te worden over iets vervelends dat steeds gebeurt

de **schoon·broer** [schoonbroers] (in België)
de man van je zus of een broer van je man of van je vrouw = de zwager familie

de **schoon·doch·ter** [schoondochters]

sc

de vrouw van je zoon familie

de **schoon·heid** [schoonheden]
1 het feit dat iemand of iets mooi is = de pracht ✦ *in Duitsland werd ik getroffen door de schoonheid van de natuur*
2 een vrouw die mooi is

de **schoon·heids·spe·ci·a·lis·te** [schoonheidsspecialisten, schoonheidsspecialistes]
iemand die mensen een behandeling geeft om er mooier uit te zien

de **schoon·maak**
de keer dat je iets schoonmaakt, vooral je huis

•**schoon·ma·ken** [maakte schoon, heeft schoongemaakt]
zorgen dat iets niet meer vuil is [iemand maakt iets schoon] ✦ *met dit doekje kunt u uw bril schoonmaken*

de **schoon·ma·ker** [schoonmakers] **schoon·maak·ster** [schoonmaaksters]
iemand die voor zijn beroep gebouwen schoonmaakt

de **schoon·moe·der** [schoonmoeders]
de moeder van de persoon met wie je bent getrouwd

de **schoon·va·der** [schoonvaders]
de vader van de persoon met wie je bent getrouwd

de **schoon·zoon** [schoonzonen, schoonzoons]
de man van je dochter familie

de **schoon·zus** [schoonzussen]
1 de zus van de persoon met wie je bent getrouwd
2 de vrouw die getrouwd is met je broer of met de broer van je vrouw familie

de **schoor·steen** [schoorstenen]
1 een pijp waardoor rook een gebouw uit gaat

schoorsteen 1

2 de schoorsteenmantel*

de **schoor·steen·man·tel** [schoorsteenmantels]
het uitstekende deel onder aan een schoorsteen* (bet. 1) in een kamer = de schouw

schoor·voe·tend [bijvoeglijk naamwoord]
als je iets schoorvoetend doet, wil je het eigenlijk niet, maar doe je het aarzelend ✦ *schoorvoetend gaf ze toe dat ze weer sigaretten rookte*

de **schoot**
de voorkant van de bovenbenen van iemand die zit ✦ *het kind zat bij zijn vader op schoot*
iets in de schoot geworpen krijgen: iets gemakkelijk krijgen ✦ *doordat zijn vader directeur was, kreeg Bob zijn nieuwe baan in de schoot geworpen*

de **schop** [schoppen]
1 een voorwerp dat bestaat uit een stok met daaraan een ijzeren blad, waarmee je kunt scheppen = de schep ✦ *met een schop werd het voer voor de koeien verdeeld*
iets gaat op de schop: iets wordt helemaal veranderd, bijv. omdat er te weinig geld is ✦ *het hoger onderwijs moet op de schop*
2 een harde trap met je voet ✦ *de voetballer gaf de bal een harde schop*

schop·pen [schopte, heeft geschopt]
1 met je voet trappen [iemand schopt (iets) (tegen iets)] ✦ *hij schopte de bal in het doel* ✦ *uit woede schopte hij tegen de deur*
2 het ver schoppen: een hoge positie bereiken in de samenleving ✦ *hij kon niet zo goed leren op school, maar toch heeft hij het ver geschopt*

schor [bijvoeglijk naamwoord]
als je een schorre keel hebt, kun je je stem niet goed gebruiken = hees ✦ *na de wedstrijd was zij schor van het schreeuwen*

scho·ren *zie:* **scheren**

de **schor·pi·oen** [schorpioenen]
een klein dier met acht poten en een giftige punt aan zijn staart

schorpioen

de **Schor·pi·oen** [Schorpioenen]
een sterrenbeeld sterrenbeelden

de **schors** [schorsen]
de buitenste laag van een boom = de

bast

schor·sen [schorste, heeft geschorst]
1 voor een tijdje verbieden om een functie uit te oefenen [iemand schorst iemand] ✦ *de voetballer werd voor drie wedstrijden geschorst*
2 voor een tijdje laten stoppen [iemand schorst iets, bijv. een vergadering] ✦ *de voorzitter schorste de vergadering toen iedereen ruzie ging maken*

het **schort** *ook:* de [schorten]
een lap die je voor je buik bindt om je kleren schoon te houden, bijv. tijdens het koken

schor·ten aan [schortte aan, heeft geschort aan]
ontbreken [het schort aan iets] ✦ *wat schort eraan bij de ploeg, dat ze steeds verliezen?*

het ***schot**
1 [schoten] de keer dat je schiet ✦ *de agent hoorde een schot en rende erheen* ✦ *het was een prachtig schot, maar de bal ging over het doel*
buiten schot blijven: zorgen dat je niet in moeilijkheden komt ✦ *de ambtenaar probeerde buiten schot te blijven door te wijzen op de fouten van anderen*
dat is een schot in de roos: dat is precies de goede opmerking of handeling
2 [schotten] een houten muurtje dat je ergens kunt neerzetten ✦ *de koeien en de paarden staan in één stal, gescheiden door een schot*
3 er zit schot in iets: er begint een oplossing te komen ✦ *eindelijk zit er schot in het onderzoek naar de moord*

de **scho·tel** [schotels]
1 een klein bord, waarop je bijv. een kopje kunt zetten
2 een gerecht ✦ *we aten een warme schotel met groente en kaas*
3 een grote ronde antenne waarmee je radio- en tv-programma's kunt ontvangen = de schotelantenne

de **scho·tel·an·ten·ne** [schotelantennes]
een antenne die de vorm heeft van een grote witte schotel* (bet. 1), waarmee je radio- en tv-programma's kunt ontvangen = de schotel media

de **scho·tel·doek** [schoteldoeken] (in België)
een nat doekje waarmee je de keuken schoonmaakt = de vaatdoek ✦ *ze veegde met een schoteldoek het fornuis schoon*

scho·ten *zie:* **schieten**

de **schots**[1] [schotsen]
een drijvend stuk ijs = de ijsschots ✦ *toen de boot door het ijs was gevaren, dreven er overal schotsen*

schots[2] [bijvoeglijk naamwoord]
schots en scheef: niet recht en zonder systeem ✦ *de boeken waren schots en scheef in de kast gezet*

de ***schou·der** [schouders]
elk van de twee delen van het lichaam boven de arm en onder je hals
je schouders ophalen (over iets): je schouders kort omhoog doen als teken dat je iets niet weet of dat je iets niet belangrijk vindt
je schouders onder iets zetten: hard werken om iets te bereiken ✦ *als we allemaal onze schouders eronder zetten, kunnen we het werk deze week af krijgen*

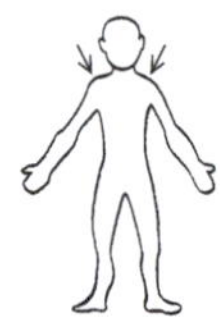
schouder

het **schou·der·blad** [schouderbladen]
elk van de twee platte stukken bot bovenaan je rug

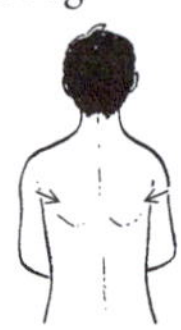
schouderblad

het **schou·der·klop·je** [schouderklopjes]
een opmerking of een gebaar waarmee je laat weten dat iemand iets goed heeft gedaan = het compliment

de **schouw** [schouwen]
1 een plaats in een huis waar een kachel kan branden = de schoorsteenmantel
2 (in België) een pijp waardoor rook een gebouw uit gaat = de schoorsteen

de **schouw·burg** [schouwburgen]
een groot gebouw waarin toneelstukken worden gespeeld = het theater

de **schou·wing** (in België)
de keer dat je iets, meestal een auto, onderzoekt en beoordeelt

het **schouw·spel** [schouwspelen]

een gebeurtenis die mooi of interessant is om te zien = het spektakel ✦ *alle lichtjes in de nacht leverden een prachtig schouwspel op*

scho·ven *zie:* **schuiven**

schraal [bijvoeglijk naamwoord]
1 een schrale huid is rood en pijnlijk ✦ *in de winter krijg je snel last van schrale lippen*
2 een schrale wind is een koude en droge wind
3 op schrale grond kunnen planten niet goed groeien = onvruchtbaar
4 dat is een schrale troost: het is een steun, maar die is kleiner dan het verdriet of het nadeel ✦ *iedereen vond dat wij beter hadden gespeeld dan de winnaars, maar dat was een schrale troost*

de **schram** [schrammen]
een wondje dat eruitziet als een rode streep op je huid

schran·der [bijvoeglijk naamwoord]
schrandere mensen zijn slim = intelligent ✦ *ze maakte enkele schrandere opmerkingen*

schrap [bijvoeglijk naamwoord]
je schrap zetten: je voorbereiden op een vervelende gebeurtenis of op een moeilijke taak

schra·pen [schraapte, heeft geschraapt]
1 het buitenste laagje van iets af halen door er met een mesje langs te bewegen [iemand schraapt worteltjes of aardappels]
2 zorgen dat je stem helderder wordt door even te kuchen [iemand schraapt zijn of haar keel]
3 dingen bij elkaar schrapen: dingen met moeite verzamelen ✦ *door hard te werken kon ze genoeg geld bij elkaar schrapen voor een nieuwe computer*

schrap·pen [schrapte, heeft geschrapt]
1 ergens uit halen; verwijderen [iemand schrapt iets (in een tekst of een programma)] ✦ *we hebben een aantal activiteiten van het programma geschrapt* ✦ *als je goed wilt leren schrijven, moet je leren om te schrappen*
2 het buitenste laagje van iets af halen door er met een mesje langs te bewegen [iemand schrapt aardappels, worteltjes]

de **schre·de** [schreden] (formeel)
de stap = de pas ✦ *het bedrijf zette zijn eerste schreden op de Duitse markt*

schre·den *zie:* **schrijden**

de **schreef**
over de schreef gaan: dingen doen die beslist niet goed zijn ✦ *de journalist ging over de schreef toen hij de naam van de dief in de krant zette*

de **schreeuw** [schreeuwen]
het geluid van iemand die hard roept = de gil

•**schreeu·wen** [schreeuwde, heeft geschreeuwd]
hard roepen [iemand schreeuwt (iets)] ✦ *de mensen schreeuwden: "Help!"*

schre·ven *zie:* **schrijven**

het **schrift** [schriften]
1 een dun boekje met lege bladzijden waarin je kunt schrijven ✦ *het kind had nieuwe schriften nodig voor school*
2 [geen meervoud] de tekens van een taal ✦ *het Russisch heeft een heel ander schrift dan het Nederlands*
iets op schrift stellen: iets opschrijven ✦ *alle oude verhalen uit de streek zijn gelukkig op schrift gesteld*

schrif·te·lijk [bijvoeglijk naamwoord]
iets wat schriftelijk is, is geschreven ⇔ mondeling ✦ *je kon telefonisch of schriftelijk informatie aanvragen* ✦ *alle examens in de studie zijn schriftelijk*

schrij·den [schreed, heeft of is geschreden]
langzaam en deftig lopen [iemand schrijdt] ✦ *in de kerk schreed het paar langzaam naar voren*

schrij·nen [schrijnde, heeft geschrijnd]
een pijnlijk, brandend gevoel geven [een wond schrijnt]

schrij·nend [bijvoeglijk naamwoord]
iets wat schrijnend is, is zo onprettig dat het pijn doet van binnen ✦ *het was schrijnend om te zien hoe het meisje alleen voor haar zes broertjes en zusjes moest zorgen*

het **schrij·ven**[1] (formeel)
de brief ✦ *in antwoord op uw schrijven stuur ik u deze informatie*

•**schrij·ven**[2] [schreef, heeft geschreven]
1 letters en woorden op papier zetten met bijv. een pen [iemand schrijft (iets)] ✦ *kinderen van zes jaar leren lezen en schrijven* ✦ *hoe schrijf je haar naam?*
2 een tekst maken en op papier zetten [iemand schrijft iets, bijv. een brief of

een boek] ✦ *ze schrijft iedere dag een paar e-mails*
3 laten weten door een brief, een kaart of een e-mail te sturen [iemand schrijft iets (aan iemand)] ✦ *hij schreef me dat hij niet kan komen*

de •**schrij·ver** [schrijvers] **schrijf·ster** [schrijfsters]
1 iemand die voor zijn of haar beroep boeken schrijft = de auteur ✦ *Hugo Claus is een beroemde Belgische schrijver*
2 iemand die iets geschreven heeft ✦ *wie is de schrijver van dit artikel?*

de **schrik**
een plotseling gevoel van angst ✦ *van schrik liet hij het glas vallen*
met de schrik vrijkomen: bij een ongeluk alleen maar erg geschrokken zijn ✦ *bij de brand in het kantoor kwam iedereen met de schrik vrij*
de schrik slaat me om het hart: ik word ineens erg bang

het **schrik·beeld** [schrikbeelden]
een gedachte over de toekomst die je bang maakt ✦ *het was haar grote schrikbeeld dat ze haar baan zou verliezen*

het **schrik·draad**
een ijzeren draad waar stroom op staat ✦ *de koeien blijven in de wei door het schrikdraad*

het **schrik·kel·jaar** [schrikkeljaren]
een jaar met één dag extra, dat eens in de vier jaar voorkomt ✦ *in een schrikkeljaar heeft februari 29 dagen in plaats van 28*

•**schrik·ken** [schrok, is geschrokken]
opeens bang worden door iets dat plotseling gebeurt [iemand schrikt (van iemand of iets)] ✦ *hij schrok van het geluid van de telefoon*

schril [bijvoeglijk naamwoord]
1 een schril geluid is hoog en scherp ✦ *"Jij hebt mijn zoon vermoord!" klonk het opeens schril door de zaal*
2 iets staat in schril contrast met iets: iets vormt een grote tegenstelling met iets ✦ *de vrolijke stemming bij de club stond in schril contrast met de stemming van de tegenstanders*
3 iets steekt schril af bij iets: iets is heel anders dan iets ✦ *het aantal vrouwelijke professoren steekt schril af bij het aantal mannelijke professoren*

schrob·ben [schrobde, heeft geschrobd]
schoonmaken met water en een harde borstel [iemand schrobt iets, bijv. een vloer] ✦ *de vloer van de keuken moet geschrobd worden*

de **schroef** [schroeven]
1 een metalen dingetje met aan één kant een punt, waarmee je dingen aan elkaar vast kunt maken
iets staat op losse schroeven: iets gaat misschien niet door ✦ *door gebrek aan geld is de bouw van de tunnel op losse schroeven komen te staan*

schroef 1

2 een draaiend onderdeel van een boot of een vliegtuig om beweging te krijgen

schroei·en [schroeide]
1 [heeft geschroeid] maken dat iets door grote hitte zwart wordt [iemand of iets schroeit iets] ✦ *hij schroeide zijn trui aan de kachel*
2 [is geschroeid] zwart worden door grote hitte [iets schroeit] ✦ *ze stond zo dicht bij het vuur, dat de haartjes op haar arm schroeiden*

schroe·ven [schroefde, heeft geschroefd]
met een schroef* (bet. 1) vastmaken [iemand schroeft iets ergens in, op, aan enz.] ✦ *hij schroefde de kast in elkaar*

de **schroe·ven·draai·er** [schroevendraaiers]
een ijzeren voorwerp waarmee men een schroef ergens in kan draaien

schroevendraaier

schrok·ken[1] [schrokte, heeft geschrokt]
heel snel eten = schransen [iemand schrokt (iets naar binnen)] ✦ *hij had zo'n honger dat hij zijn eten naar binnen schrokte*

schrok·ken[2] *zie:* **schrikken**

schro·men [schroomde, heeft geschroomd]

sc

niet goed durven = aarzelen [iemand schroomt om iets te doen] ✦ *schroom niet om vragen te stellen als je iets niet begrijpt!*

de **schroom**
een aarzeling om iets te doen = de terughoudendheid ✦ *met enige schroom vertelde George over zijn nieuwe liefde*

het **schroot**
stukken oud ijzer

schuch·ter [bijvoeglijk naamwoord]
schuchtere mensen zijn bang om aandacht te krijgen = verlegen ✦ *ze keek schuchter de andere kant op toen de jongen naar haar lachte*

•schud·den [schudde, heeft geschud]
1 flink heen en weer bewegen [iemand schudt (iets)] ✦ *dit pak met drank moet je schudden voor gebruik*
je hoofd schudden: 'nee' zeggen door je hoofd te bewegen
iemand wakker schudden: iemand ineens laten inzien wat hij of zij fout doet
2 je kunt het wel schudden: je hoeft niets meer te verwachten

de **schuif** [schuiven]
1 een ijzeren voorwerp dat je in een gat schuift om een raam of een deur vast te maken

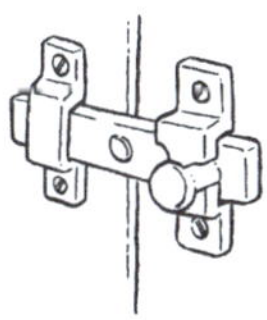

schuif 1

2 (in België) een soort bak in een tafel of een kast, die je eruit kunt trekken = de la ✦ *in deze schuif liggen messen, vorken en lepels*

schui·fe·len [schuifelde, heeft of is geschuifeld]
1 langzaam lopen, waarbij je nauwelijks je voeten optilt [iemand schuifelt (ergens naartoe)] ✦ *de mensen in de rij schuifelden langzaam naar voren*
2 langzaam en dicht tegen elkaar aan dansen [iemand schuifelt met iemand]

schui·len
1 [schuilde, heeft geschuild] ergens gaan staan waar je niet nat wordt van de regen [iemand schuilt (voor de regen)] ✦ *het regende zo hard, dat we even hebben geschuild in een winkel*
2 [school, heeft gescholen] verborgen zijn [iets schuilt ergens] ✦ *wat schuilt er achter die lieve lach?*

de **schuil·naam** [schuilnamen]
een verzonnen naam die je gebruikt in plaats van je echte naam = het pseudoniem ✦ *'Bernlef' is de schuilnaam van Hendrik Jan Marsman*

de **schuil·plaats** [schuilplaatsen]
een plaats waar je je kunt verbergen ✦ *de gevluchte familie vond een schuilplaats in een oude stal*

het **schuim**
een massa van kleine belletjes die door zeep en water ontstaan ✦ *ze lag in bad met veel schuim*

schuim

schuin [bijvoeglijk naamwoord]
1 iets wat schuin is, gaat niet recht van boven naar beneden of van links naar rechts ✦ *ze heeft een kamer onder het schuine dak* ✦ *hij zat schuin tegenover mij in de trein*
2 een schuine mop: een grap over seks

de **schuit** [schuiten]
een platte boot
in hetzelfde schuitje zitten: dezelfde problemen hebben ✦ *de werknemers zaten in hetzelfde schuitje: allemaal moesten ze nieuw werk gaan zoeken*

•schui·ven [schoof]
1 [heeft geschoven] op een andere plaats zetten zonder op te tillen [iemand schuift iets in een bepaalde richting] ✦ *schuif je stoel eens onder de tafel*
2 [is geschoven] je over de grond of langs een vlak voortbewegen [iemand of iets schuift] ✦ *de mensen schoven langzaam in de richting van de uitgang*

de **•schuld** [schulden]
1 [geen meervoud] de verantwoordelijkheid voor een fout ✦ *het is de schuld van de directeur dat het slecht gaat met het bedrijf* ✦ *iedereen geeft mij de schuld, maar ik heb het niet gedaan*
2 het geld dat je nog moet betalen ✦ *bijna iedereen die een huis bezit, heeft een grote schuld bij de bank*

de **schuld·ei·ser** [schuldeisers]
iemand bij wie je een schuld hebt ✦ *de vrouw moest duizend euro betalen aan de schuldeiser*

het **schuld·ge·voel** [schuldgevoelens]
een vervelend gevoel omdat je je schuldig* (bet. 1) voelt over iets ✦ *de man heeft last van een schuldgevoel omdat hij zijn kinderen weinig ziet*

schul·dig [bijvoeglijk naamwoord]
1 iemand die schuldig is aan iets, heeft de verantwoordelijkheid voor een fout ⇔ onschuldig ✦ *de rechter besliste dat Edgar W. schuldig was aan moord* ✦ *ik voel me zo schuldig dat ik je niet geholpen heb!*
2 als je iemand geld schuldig bent, moet je iemand nog geld betalen ✦ *hoeveel ben ik je schuldig voor de koffie?*

de **schulp**
in je schulp kruipen: je in jezelf terugtrekken, bijv. omdat je verlegen bent ✦ *de schrijver kroop in zijn schulp toen hij harde kritiek kreeg*

schun·nig [bijvoeglijk naamwoord]
schunnige dingen hebben te maken met seks en zijn niet netjes ✦ *de jongens maakten schunnige opmerkingen naar de vrouw die op straat liep*

schu·ren [schuurde, heeft geschuurd]
gladmaken door er met iets hards over te wrijven [iemand schuurt (iets)] ✦ *als je iets wilt verven, moet je het eerst schuren*

de **schurk** [schurken]
een slechte en gemene man = de boef

schut [zelfstandig naamwoord]
voor schut staan: een belachelijke indruk maken ✦ *de regering stond voor schut toen de twee ministers dagelijks ruzie maakten*

de **schut·kleur** [schutkleuren]
een kleur die moet zorgen dat je in de omgeving niet gezien wordt

de **schut·ter** [schutters]
iemand die schiet ✦ *na de moord kon de politie de schutter snel pakken*

schut·te·rig [bijvoeglijk naamwoord]
iemand die iets schutterig doet, durft het niet goed en is onzeker = verlegen ✦ *Barend vertelde schutterig dat hij van Anna hield*

de **schut·ting** [schuttingen]
een hoog hek om een tuin

schutting

de ***schuur** [schuren]
een klein gebouw, vooral bij een huis, waarin je spullen kunt plaatsen ✦ *zet je fiets maar in de schuur*

schuw [bijvoeglijk naamwoord]
schuwe mensen en dieren zijn bang om dichtbij te komen

schu·wen [schuwde, heeft geschuwd]
bang zijn voor iets = vrezen [iemand schuwt iets] ✦ *deze mensen schuwen geen geweld*

de **sci·ence·fic·tion**
bedachte verhalen die in de toekomst spelen en waarbij op technisch gebied meer mogelijk is dan nu

de **scoo·ter** [scooters]
een motorfiets met kleine wielen

scooter

de **sco·re** [scores]
het aantal punten dat iemand op een bepaald moment gehaald heeft ✦ *de wedstrijd eindigde met een opvallende score van 12-0*

sco·ren [scoorde, heeft gescoord]
1 een punt maken in een wedstrijd of bij een test [iemand scoort (een punt)] ✦ *de meeste leerlingen scoren hoog op de luistertest*
2 (informeel) drugs kopen [iemand scoort (drugs)] ✦ *als Bas een dag niet heeft gescoord, voelt hij zich ziek*

de **scou·ting**
een organisatie voor kinderen en jongeren, om ze te leren over de natuur en over samenwerking

scree·nen [screende, heeft gescreend]
onderzoeken of iemand geschikt is voor een bepaalde baan of een bepaalde positie [iemand screent iemand] ✦ *alle leden van het nieuwe kabinet zijn uitge-*

breid gescreend

het **script** *ook:* de [scripts]
een geschreven tekst die de basis is voor een film, een tv-programma enz. ✦ *toen de actrice het script had gelezen, wilde ze graag meedoen aan de film*

de **scrip·tie** [scripties]
een tekst die je voor een opleiding schrijft ✦ *hij heeft een scriptie geschreven over Australische muziek*

de **sculp·tuur** [sculpturen]
een beeld dat als kunstwerk is gemaakt = het beeldhouwwerk ✦ *in de tuin bij het gebouw staan enkele moderne sculpturen*

de •**se·con·de** [seconden, secondes]
een zestigste deel van een minuut = de tel ✦ *de zwemmer was precies één seconde sneller dan zijn tegenstander* klok

de **se·cre·ta·res·se** [secretaressen, secretaresses]
iemand die binnen een bedrijf of een instelling dingen regelt, de administratie doet enz.

het **se·cre·ta·ri·aat** [secretariaten]
de afdeling van een instelling of een bedrijf waar een of meer secretaresses* werken

de **se·cre·ta·ris** [secretarissen]
iemand die in een bestuur verslagen maakt van de vergaderingen, dingen regelt enz.

de **sec·tie** [secties]
1 een afdeling van een organisatie ✦ *de sectie Duits is het niet eens met de voorstellen*
2 het snijden in een dode om de oorzaak van de dood vast te stellen = de autopsie ✦ *er zal sectie worden verricht op het slachtoffer*

de **sec·tor** [sectoren, sectors]
een gedeelte van de samenleving dat voor de economie belangrijk is ✦ *de toeristische sector heeft veel last van de negatieve berichten over de Nederlandse politiek*
de collectieve sector: alle instellingen die afhankelijk zijn van geld van de overheid
de publieke sector: alle instellingen die namens de overheid werken
de particuliere sector: alle bedrijven

se·cun·dair [bijvoeglijk naamwoord]
secundaire zaken komen op de tweede plaats en zijn daardoor minder belangrijk ⇔ primair ✦ *als het gesneeuwd heeft, moet je langzaam rijden, vooral op secundaire wegen*

se·cuur [bijvoeglijk naamwoord]
iemand die secuur is, doet alles heel precies ✦ *ze werkt langzaam, maar wel erg secuur*

•**se·dert** [voorzetsel] (formeel)
vanaf een moment in het verleden = sinds ✦ *sedert vorige week is mijn boek klaar en ik zal u er thans uit voorlezen*

sef·fens [bijwoord] (in België)
1 na een korte tijd; straks ✦ *de politie zal seffens wel komen*
2 onmiddellijk; direct ✦ *ik wil dat je seffens hier komt!*

het **seg·ment** [segmenten]
1 een deel van een geheel ✦ *het bedrijf wil zich gaan richten op het segment van de duurdere auto's*
2 een deel van een dier, een plant of een gebouw ✦ *het gebouw bestaat uit vier segmenten, die allemaal ongeveer dezelfde vorm hebben*

het **sein** [seinen]
1 een geluid of een gebaar om iets duidelijk te maken of om te waarschuwen = het teken, het signaal ✦ *het geluid van de bel is het sein voor het einde van de les*
2 een voorwerp waarmee je iets duidelijk kunt maken of kunt waarschuwen ✦ *de trein stopte want het sein stond op rood*

sei·nen [seinde, heeft geseind]
iets aan anderen bekendmaken door een sein (bet. 1) [iemand seint (een bericht)] ✦ *hij seinde met zijn handen dat we binnen mochten komen*

het •**sei·zoen** [seizoenen]
1 elk van de vier delen van een jaar
weer[1] maanden
2 een periode van het jaar waarin iets wordt gedaan, bijv. een sport ✦ *na het ongeluk was het seizoen voor de voetballer afgelopen*

de **seks**
alles wat te maken heeft met de lichamelijke kant van de liefde

de **sek·se** [seksen]
het feit of iemand een man of een vrouw is = het geslacht ✦ *de bezoekers werden in kleine groepjes verdeeld naar leeftijd en sekse*

se

de **sek·su·a·li·teit**
alles wat te maken heeft met de lichamelijke kant van de liefde ✦ *Monica heeft vrije opvattingen over seksualiteit*

de **sek·te** [sekten, sektes]
een gesloten religieuze groep, meestal met een sterke leider ✦ *de leider van de sekte is naar het buitenland gevlucht*

sel·der (in België) *zie:* **selderie**

de **sel·de·rie**
een plant die je als kruid gebruikt, bijv. in soep

se·lect [bijvoeglijk naamwoord]
een selecte groep is zorgvuldig uitgezocht en daardoor niet groot ✦ *bij de opening van de tentoonstelling was een select gezelschap aanwezig*

se·lec·te·ren [selecteerde, heeft geselecteerd]
kiezen uit veel mogelijkheden [iemand selecteert iemand of iets] ✦ *voor het onderzoek zijn driehonderd personen geselecteerd*

de **se·lec·tie** [selecties]
1 de activiteit van het selecteren* ✦ *na een strenge selectie bleven er twee personen over voor de wedstrijd*
2 de personen of de dingen die zijn geselecteerd* ✦ *de tentoonstelling toont een selectie uit het werk van de kunstenaar*

se·lec·tief [bijvoeglijk naamwoord]
een selectieve keuze is een keuze waarbij bewust niet alles wordt gekozen ✦ *u geeft selectieve informatie en dat vind ik niet eerlijk*

het **se·mes·ter** [semesters]
een periode van een half jaar in een opleiding

se

de **Se·naat** [Senaten]
de afdeling van het parlement die de regering als laatste controleert **overheid**

In België is dit de gewone benaming voor de afdeling van het parlement die de regering als laatste controleert. In Nederland wordt dit deel van het parlement 'de Eerste Kamer' genoemd, maar soms gebruikt men ook de term 'Senaat'.

de **se·na·tor** [senatoren, senators]
iemand die in de Senaat* zit

se·ni·or [bijvoeglijk naamwoord]
de heer K. Ploegsma senior is de oudere heer K. Ploegsma, dus de vader en niet de zoon ⇔ junior

de **sen·sa·tie** [sensaties]
1 grote opwinding; de situatie dat er druk en veel over iets spannends gesproken wordt ✦ *het verhaal veroorzaakte grote sensatie in de club*
2 iets wat je voelt, ziet, hoort, proeft of ruikt = de gewaarwording ✦ *het was een prettige sensatie om in het warme water te zwemmen*

sen·sa·ti·o·neel [bijvoeglijk naamwoord]
iets wat sensationeel is, veroorzaakt sensatie* (bet. 1) ✦ *in de krant staat een artikel over sensationele ontwikkelingen op het gebied van de landbouw*

het **sen·ti·ment** [sentimenten]
een gevoel dat makkelijk geraakt wordt bij mensen ✦ *in veel landen heersen anti-Amerikaanse sentimenten*

sen·ti·men·teel [bijvoeglijk naamwoord]
sentimentele mensen zijn overdreven snel geraakt door gevoelens ✦ *de soldaat werd een beetje sentimenteel toen hij aan zijn moeder dacht*

de• **sep·tem·ber**
de negende maand van het jaar **maanden**

de **SER** (in Nederland)
de Sociaal-economische Raad: een commissie die aan de regering advies geeft over sociale en economische zaken

se·reen [bijvoeglijk naamwoord]
iets wat sereen is, is op een mooie manier rustig en stil ✦ *op zondagochtend heerst er een serene rust in de stad*

de **ser·geant** [sergeanten, sergeants]
iemand met een bepaalde militaire rang

de• **se·rie** [series]
de reeks ✦ *er komt een serie programma's op de tv over de negentiende eeuw*

se·ri·eus [bijvoeglijk naamwoord]
ernstig ✦ *is dit een serieuze opmerking of maak je een grapje?* ✦ *Hans is een serieuze jongen die graag boeken leest* ✦ *er is een serieuze kans dat mevrouw Van Haaren voorzitter wordt*

se·ro·po·si·tief [bijvoeglijk naamwoord]
iemand die seropositief is, heeft het hiv-virus

de **ser·re** [serres]

1 een kamer van glas aan een huis
2 (in België) een grote kast van glas voor planten = de broeikas landschap

de **ser·veer·ster** [serveersters]
een vrouw die eten of drinken rondbrengt in een café of een restaurant

de **ser·ver** [servers]
een grote computer met een centrale functie in een computersysteem

ser·ve·ren [serveerde, heeft geserveerd]
1 geven; aanbieden [iemand serveert eten of drinken] ✦ *u kunt de groente serveren met witte rijst*
2 de bal in het spel brengen bij een sport met een net, zoals tennis [iemand serveert]

het **ser·vet** [servetten]
een stuk stof of papier dat je gebruikt om schoon te blijven bij het eten

servet

de **ser·vice**
1 de manier waarop een winkel of een bedrijf klanten helpen die iets gekocht hebben ✦ *de garage is bekend om zijn goede service*
2 de activiteit waarmee je de bal in het spel brengt bij bijv. volleybal ✦ *hij wint veel wedstrijden door zijn harde service*

het **ser·vies** [serviezen]
voorwerpen die je gebruikt bij het eten en drinken, zoals borden, kopjes en schalen

de **ses·sie** [sessies]
de bijeenkomst; de vergadering = de zitting ✦ *de bijeenkomst met de leden van de gemeenteraad was een lange sessie*

de **set** [sets]
1 enkele voorwerpen die bij elkaar horen ✦ *ze zag een mooie set pannen op de markt*
2 een deel van een wedstrijd bij sporten als tennis ✦ *de tweede set is gewonnen door Klieverink*
3 de plaats waar een film wordt opgenomen ✦ *op de set van de film 'Omega' hebben ze elkaar ontmoet*

de **set·ting**
de dingen of de mensen die de omgeving vormen = het decor ✦ *de setting van het verhaal is het België van 1935*

sexy [bijvoeglijk naamwoord]
een sexy persoon ziet er lichamelijk aantrekkelijk uit

de **•sfeer** [sferen]
de stemming van een groep mensen of in een ruimte = de atmosfeer ✦ *er was een goede sfeer tijdens het feest*

sfeer·vol [bijvoeglijk naamwoord]
sfeervolle dingen geven een goede sfeer ✦ *we hebben gegeten in een sfeervol restaurant*

de **SGP**
Staatkundig Gereformeerde Partij: een politieke partij in Nederland politiek

de **shag**
tabak om zelf sigaretten te maken

de **sham·poo** [shampoos]
een dikke vloeistof waarmee je je haar kunt wassen

de **sher·ry** [sherry's]
een bepaalde witte Spaanse wijn dranken

het **shirt** [shirts]
een overhemd of een dunne trui

shit [tussenwerpsel] (informeel)
dit zeg je als je iets heel vervelend vindt ✦ *shit, ik kom te laat!*

de **shock** [shocks]
een toestand waarbij je lichaam of je geest plotseling helemaal niet goed functioneert na een ongeluk of na hevige gevoelens ✦ *na het ongeluk raakte de man in een shock*

shop·pen [shopte, heeft geshopt] (informeel)
langs verschillende winkels of instellingen gaan om dingen of diensten met elkaar te vergelijken [iemand shopt]

de **short** [shorts]
een broek met korte pijpen

het **shot** [shots]
1 een plaatje dat je maakt met een camera ✦ *in de film zaten veel mooie shots van de natuur*
2 een injectie met drugs ✦ *de man verlangde hevig naar een nieuw shot*

shot·ten [shotte, heeft geshot] (in België)
een partijtje voetbal spelen [iemand shot] ✦ *op zaterdag gaan we altijd even shotten in het park*

de **show** [shows]

1 een voorstelling met bijv. dans en muziek
de show stelen: alle aandacht krijgen ✦ *op het feestje stal Ilse de show met haar prachtige jurk*
2 een gelegenheid waarbij dingen getoond worden ✦ *er is een show met de nieuwste auto's*

sho·wen [showde, heeft geshowd]
op een mooie manier laten zien [iemand showt iets] ✦ *show je nieuwe kleren eens!*

sid·de·ren [sidderde, heeft gesidderd]
trillen omdat je bang bent = beven [iemand siddert] ✦ *ik sidderde van angst toen ik het gevaarlijke dier zag*

de **sier**
1 voor de sier: alleen omdat het mooi is; zonder praktisch doel ✦ *dat glas moet je niet gebruiken, het staat daar alleen maar voor de sier*
2 goede sier maken met iets: een goede indruk maken met iets ✦ *hij maakte goede sier met zijn grappen over politiek*

het **sie·raad** [sieraden]
een voorwerp dat je draagt om er mooier uit te zien, bijv. een ring of een ketting

sie·ren [sierde, heeft gesierd]
eer geven [iets siert iemand] ✦ *het siert hem dat hij geen moeilijke vragen heeft gesteld*

sier·lijk [bijvoeglijk naamwoord]
sierlijke bewegingen zijn licht en mooi = elegant, gracieus ✦ *Diana droeg een sierlijk jurkje*

de **si·ës·ta** [siësta's]
een slaapje aan het begin van de middag = het middagdutje ✦ *in Spanje zijn de winkels gesloten tijdens de siësta*

de **si·gaar** [sigaren]
een bruine rol met tabak om te roken

sigaar

de ***si·ga·ret** [sigaretten]
een dunne witte rol met tabak om te roken

sigaret

het **sig·naal** [signalen]
een teken om iets te doen = het sein ✦ *het vliegtuig stuurde signalen naar de grond* ✦ *geef even een signaal als je wilt dat ik stop*

het ***sig·na·le·ment** [signalementen]
een beschrijving van hoe een persoon eruitziet ✦ *ze kon de politie een goed signalement van de dief geven, want ze had zijn gezicht goed gezien*

sig·na·le·ren [signaleerde, heeft gesignaleerd]
iets of iemand opmerken en dat laten weten [iemand signaleert iemand of iets] ✦ *de man was gesignaleerd met een andere vrouw*

de **sig·na·li·sa·tie** [signalisaties] (in België)
borden en tekens voor het verkeer langs de weg ✦ *ondanks de goede signalisatie gebeuren er op dit kruispunt regelmatig ongelukken*

de **sig·na·tuur** [signaturen]
de aard van een persoon of een groep ✦ *de politieke partij heeft een rechtse signatuur*

sig·ne·ren [signeerde, heeft gesigneerd]
op verzoek je handtekening plaatsen omdat je bekend bent = tekenen [iemand signeert iets] ✦ *in de winkel signeerde de schrijver zijn nieuwste boek*

sij·pe·len [sijpelde, is gesijpeld]
heel zachtjes stromen = druppelen [een vloeistof sijpelt] ✦ *als het hard regent, sijpelt het water langs het raam naar binnen*

de **sik** [sikken]
1 een klein smal baardje

sik 1

2 een geit

het **sil·hou·et** [silhouetten]
het beeld van een mens of een ding

sh

waarbij je alleen de omtrek ziet ✦ *aan het begin van de film werd langzaam het silhouet van een jonge vrouw zichtbaar*

silhouet

de **si·lo** [silo's]
een soort grote, ronde schuur met bijv. graan of eten voor dieren

silo

sim·pel [bijvoeglijk naamwoord]
1 iets wat simpel is, is niet moeilijk = eenvoudig ✦ *de chef kwam met een simpele oplossing voor het probleem*
2 (informeel) simpele mensen zijn een beetje dom ✦ *ik word een beetje simpel van zoveel televisiekijken*

si·mu·le·ren [simuleerde, heeft gesimuleerd]
net doen alsof iets zo is [iemand simuleert (iets)] ✦ *is hij echt ziek, of simuleert hij?*

de **si·naas·ap·pel** [sinaasappelen, sinaasappels]
een oranje vrucht

sinaasappel

•**sinds**[1] [voorzetsel]
vanaf = sedert ✦ *ik heb hem sinds vorige week niet meer gezien*

•**sinds**[2] [voegwoord]
vanaf het moment dat … ✦ *sinds mijn moeder de nieuwe medicijnen gebruikt, heeft ze geen pijn meer*

sinds·dien [bijwoord]
vanaf dat moment ✦ *ze kreeg twee maanden geleden andere medicijnen, en sindsdien heeft ze geen pijn meer*

de **sin·gel** [singels]
water rondom het centrum van een stad

de **sin·gle** [singles]
1 een plaat of een cd met één of twee nummers muziek ✦ *de nieuwe single van Madonna ligt nu in de winkels*
2 iemand die niet getrouwd is en geen relatie heeft

de **Sink·sen** (in België)
een christelijk feest, vijftig dagen na Pasen = de Pinksteren

de **Sint**
1 een heilige ✦ *Sint-Barbara* ✦ *Sint-Franciscus*
2 Sinterklaas = de Sint-Nicolaas ✦ *de Sint is weer in het land!*

de **sin·ter·klaas**
de dag waarop het feest van Sint-Nicolaas wordt gevierd **feestdagen**

de **Sin·ter·klaas**
een heilige die op 5 december en in de weken ervoor cadeaus geeft aan kinderen = de Sint-Nicolaas

Kinderen geloven dat Sinterklaas in december op zijn paard over de daken rijdt om kinderen cadeaus te geven.

Sinterklaas

sip [bijvoeglijk naamwoord]
als mensen sip doen, zijn ze een beetje verdrietig omdat ze teleurgesteld zijn over iets ✦ *het kind keek sip omdat hij zijn cadeaus niet leuk vond*

de **si·re·ne** [sirenen, sirenes]
een apparaat dat veel geluid maakt om mensen te waarschuwen ✦ *de auto van de politie reed met loeiende sirenes door de straat*

de **si·roop** [siropen]
een zoete, dikke vloeistof waarvan je limonade maakt door er water bij te doen = de limonadesiroop

sis·sen [siste, heeft gesist]
een geluid maken dat klinkt als: sss [iets of iemand sist] ✦ *de boter siste in de pan* ✦ *'Schiet een beetje op!' siste Henk*

de **sis·ser**
iets loopt met een sisser af: iets wat

verkeerd lijkt te gaan, heeft toch geen ernstige gevolgen ✦ *we dachten even dat de mannen zouden gaan vechten, maar de ruzie liep met een sisser af*

de **site** [sites]
een plaats op het internet = de website ✦ *veel bedrijven in Nederland en België hebben een eigen site*

de•**si·tu·a·tie** [situaties]
de toestand ✦ *het land bevindt zich in een moeilijke situatie* ✦ *we reageren in iedere situatie weer anders*

si·tu·e·ren [situeerde, heeft gesitueerd]
laten plaatsvinden [iemand situeert iets ergens] ✦ *de schrijver situeert veel van zijn verhalen in Spanje*

de•**sjaal** [sjaals]
1 een lang stuk stof dat je om je nek doet als het koud is = de das

sjaal 1

2 een dun lapje stof dat je om je nek draagt omdat dat mooi is

de **sjeik** [sjeiks]
de leider van een groep Arabische mensen van één volk

sjoe·len [sjoelde, heeft gesjoeld]
een spel waarbij je ronde schijven in een sjoelbak laat schuiven [iemand sjoelt]

sjoelen

sjoe·me·len [sjoemelde, heeft gesjoemeld]
niet helemaal eerlijk werken [iemand sjoemelt] ✦ *toen duidelijk werd dat de directeur met de cijfers had gesjoemeld, moest hij weg*

sjo·fel [bijvoeglijk naamwoord]
sjofele kleren zijn oud en zien er niet netjes uit ✦ *hij zag er erg sjofel uit op zijn feestje*

sjok·ken [sjokte, heeft of is gesjokt]
langzaam lopen waarbij je nauwelijks je voeten optilt = sloffen [iemand sjokt] ✦ *als we gaan wandelen, sjokt John er altijd achteraan*

sjor·ren [sjorde, heeft gesjord]
ruw trekken [iemand sjort (aan iets of iemand)] ✦ *de man sjorde aan de deur om hem open te krijgen*

sjou·wen [sjouwde, heeft gesjouwd]
met veel moeite dragen = zeulen [iemand sjouwt (iets)] ✦ *ze sjouwde de zware tas naar huis*

de **skate** [skates]
een schoen met vier wieltjes eronder

skate

het **ska·te·board** [skateboards]
een plank met wieltjes eronder, waarop jongeren over de weg rollen ✦ *hij doet graag kunstjes op zijn skateboard*

skateboard

ska·ten [skatete, heeft geskatet]
op skates* rijden [iemand skatet] sport

de **skee·ler** [skeelers]
een schoen met vijf wieltjes eronder

skeeler

het **ske·let** [skeletten]
het geheel van alle botten van een mens of een dier = het geraamte

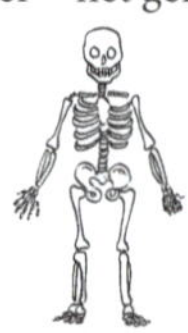
skelet

de **sketch** [sketches]
een kort en grappig toneelstukje ✦ *op*

het feest deed de familie enkele sketches over het leven van de bruid

de **ski** [ski's]
een lange, smalle lat onder je schoen, waarmee je door de sneeuw kunt glijden

ski

ski·ën [skiede, heeft geskied]
met ski's* van een berg met sneeuw af glijden [iemand skiet] weer[1] sport

de **•sla**
een plant met groene bladeren die je kunt eten ✦ *de man haalde een krop sla uit de tuin*

de **slaaf** [slaven] **sla·vin** [slavinnen]
1 iemand die eigendom is van iemand anders en niet over zijn of haar eigen leven mag beslissen ✦ *in de 17e eeuw zijn er veel mensen uit Afrika als slaaf naar Amerika gebracht*
2 iemand die altijd precies doet wat hem of haar wordt gezegd ✦ *de moderne werknemer is een slaaf van de computer geworden*

de **slaag**
de klappen
een pak slaag: klappen als straf ✦ *als kind kreeg ze vaak een pak slaag van haar vader*

slaags [bijwoord]
slaags raken: in gevecht raken ✦ *de jongeren raakten slaags met de politie*

•slaan [sloeg, heeft geslagen]
1 raken met je open hand [iemand slaat (iemand of iets)] ✦ *een leraar mag geen leerlingen slaan*
2 een regelmatig geluid maken [een klok slaat] ✦ *de klok slaat tien uur*
3 kloppen; een slag geven [je hart of je pols slaat] ✦ *gelukkig sloeg zijn hart nog regelmatig*
4 je erdoorheen slaan: tot het einde volhouden ✦ *hij vond het een moeilijke taak, maar hij heeft zich er goed doorheen geslagen*

•slaan op [sloeg op, heeft geslagen op]
betreffen; betrekking hebben op iemand of iets [iets slaat op iemand of iets] ✦ *die opmerking slaat op de slechte situatie van het bedrijf*

de **•slaap** [slapen]
1 [geen meervoud] een toestand van rust van het lichaam ✦ *Trudie heeft elke nacht negen uur slaap nodig*
2 de zijkant van je hoofd naast je oog ✦ *mijn man wordt al grijs bij de slapen*

de **slaap·ka·mer** [slaapkamers]
de kamer waar je slaapt

slaap·wel [tussenwerpsel] (in België)
dit zeg je tegen iemand voordat hij gaat slapen = welterusten

de **slaap·zak** [slaapzakken]
een soort deken met een rits waarin je kunt slapen

slaapzak

de **slab** [slabben]
een lapje rond de nek van een kind, waardoor de kleding schoon blijft als het kind eet

slab

sla·bak·ken [slabakte, heeft geslabakt] (in België)
niet helemaal goed gaan [iets slabakt] ✦ *als de economie slabakt, geven de mensen minder geld uit*

slach·ten [slachtte, heeft geslacht]
een dier doden om het op te eten [iemand slacht een dier]

de **slach·ting** [slachtingen]
geweld waarbij er veel doden zijn = het bloedbad ✦ *het leger heeft onder de bewoners van het dorpje een slachting aangericht*

het **•slacht·of·fer** [slachtoffers]
iemand die veel nadeel heeft van iets waaraan hij geen schuld heeft ✦ *het verkeer eist veel slachtoffers* ✦ *toen haar ouders van elkaar scheidden, voelde Josefine zich het slachtoffer*

de **•slag** [slagen]

sl

1 een beweging van slaan (bet. 1) = de klap ✦ *hij gaf met zijn hand een harde slag op de tafel*
2 een groot verdriet ✦ *de dood van zijn vrouw was een zware slag voor hem*
3 het gevecht ✦ *Napoleon verloor de slag bij Waterloo*
4 een golf in je haar ✦ *ze heeft een leuke slag in haar haar*
5 je slag slaan: profiteren van een goede gelegenheid ✦ *het bedrijf heeft zijn slag geslagen toen het de oude fabriek in Polen kon kopen*
6 aan de slag gaan: gaan werken
7 op slag: direct; onmiddellijk ✦ *de jongen was op slag dood*
8 je uit de slag trekken: (in België) zorgen dat je uit een moeilijke situatie raakt
9 van slag zijn: door iets ergs niet meer gewoon kunnen functioneren ✦ *na de dood van zijn hond was Wouter een week van slag*
10 een slag om de arm houden: geen definitieve uitspraken willen doen ✦ *hij wil proberen te komen, maar hij houdt een slag om de arm*
11 zonder slag of stoot: zonder verzet ✦ *de directeur zal niet zonder slag of stoot vertrekken*

de **slag·ader** [slagaderen, slagaders]
een buis in je lichaam waardoor je bloed vanaf je hart naar de rest van je lichaam stroomt

de **slag·boom** [slagbomen]
een paal die dwars over een weg kan worden gelegd om die weg af te sluiten

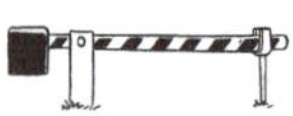

slagboom

•**sla·gen** [slaagde, is geslaagd]
1 met succes een examen doen [iemand slaagt (voor iets)] ✦ *mijn zus is voor de cursus geslaagd* onderwijs
2 een succes zijn; succes hebben [iets of iemand slaagt] ✦ *zij kon niet slagen in de winkel*

•**sla·gen in** [slaagde in, is geslaagd in]
met succes doen [iemand slaagt in iets] ✦ *'s avonds slaagde ze er niet meer in om haar ogen open te houden*

de •**sla·ger** [slagers]
iemand die voor zijn of haar beroep vlees verkoopt

de **slag·room**
een dikke witte massa die gemaakt is van melk ✦ *we aten taart met slagroom*

slag·vaar·dig [bijvoeglijk naamwoord]
slagvaardige mensen reageren snel en actief op dingen = doortastend ✦ *dankzij het slagvaardige optreden van het personeel kon de dief in de winkel worden gepakt*

het **slag·veld** [slagvelden]
een plaats waar tijdens een oorlog is gevochten

de **slag·zin** [slagzinnen]
een korte zin, meestal gebruikt in de reclame = de slogan ✦ *met de slagzin 'minder is meer' probeerde het bedrijf kleine computers te verkopen*

de **slak** [slakken]
een diertje dat heel langzaam vooruitgaat
op alle slakken zout leggen: zelfs op de kleinste details kritiek hebben ✦ *ik wil u vragen om uw commentaar te beperken tot de hoofdpunten en niet op alle slakken zout te leggen*

slak

sla·ken [slaakte, heeft geslaakt]
een bepaald geluid maken [iemand slaakt een kreet, een gil of een zucht] ✦ *ze slaakte een gil toen ze hoorde dat ze gewonnen had*

de **sla·lom** [slaloms]
een weg met paaltjes waar je wisselend links en rechts langs gaat

de **slang** [slangen]
1 een dier zonder poten, dat over de grond kruipt

slang 1

2 een dun, lang voorwerp dat je makkelijk kunt buigen, waar een vloeistof doorheen gaat ✦ *ik gebruik een slang om de tuin water te geven*

slang 2

slank [bijvoeglijk naamwoord]
iemand die slank is, is mager op een mooie manier

slap [bijvoeglijk naamwoord]
1 iets wat slap is, kun je makkelijk buigen en heeft geen spanning ⇔ stijf ✦ *hij liet zijn armen slap langs zijn lichaam hangen*
2 iemand die slap is, heeft geen kracht = zwak ⇔ sterk ✦ *nadat Ivo ziek was geweest, voelde hij zich nog weken slap*
3 een slap verhaal heeft geen kwaliteit en weinig inhoud ✦ *ze vond het programma zo slap, dat ze de televisie uitdeed*
4 slappe koffie: koffie met veel water

•**sla·pen** [sliep, heeft geslapen]
1 in een situatie zijn waarin je niet ziet, hoort en voelt en waarin je rust, meestal 's nachts in je bed [iemand slaapt] ✦ *Michiel lag nog te slapen toen de telefoon ging*
2 een raar gevoel geven om doordat er niet genoeg bloed doorheen stroomt [een arm of een been slaapt] ✦ *toen ze wilde opstaan, merkte ze dat haar voet sliep*

de **sla·ver·nij**
de toestand dat mensen niet vrij zijn omdat ze het bezit zijn van iemand anders ✦ *in de 19e eeuw werd de slavernij afgeschaft*

sla·vin *zie:* **slaaf**

•**slecht** [bijvoeglijk naamwoord]
niet goed ✦ *hij heeft thuis een slechte computer* ✦ *veel eten is slecht voor de gezondheid* ✦ *je bent toch nog geen slecht mens als je een keer iets verkeerds doet?*

slech·ten [slechtte, heeft geslecht]
zorgen dat iets verdwijnt; weghalen [iemand slecht een muur] ✦ *in dat boek wordt de muur tussen wetenschappers en het gewone publiek geslecht*

•**slechts** [bijwoord]
alleen; niet meer dan ✦ *de tentoonstelling duurt slechts drie dagen*

de **slee** [sleeën]
1 een voertuig dat over sneeuw glijdt

slee 1

2 (informeel) een heel grote en dure auto

de **sleep** [slepen]
een deel van een jurk dat over de grond sleept* (bet. 2) ✦ *toen de prinses trouwde, werd de sleep van haar jurk gedragen door acht meisjes*

sleep·touw [zelfstandig naamwoord]
iemand op sleeptouw nemen: iemand overal mee naartoe nemen ✦ *toen we bij onze familie in Amerika waren, namen ze ons elke dag op sleeptouw*

slen·te·ren [slenterde, heeft geslenterd]
langzaam lopen zonder doel [iemand slentert] ✦ *mijn dochter vindt het in de vakantie het fijnst om door een stad te slenteren*

sle·pen[1] [sleepte, heeft gesleept]
1 iets over de grond laten schuiven door eraan te trekken [iemand sleept iets] ✦ *toen de auto het niet meer deed, moest hij gesleept worden*
iets in de wacht slepen: iets met moeite krijgen ✦ *Iwan sleepte met zijn nieuwe film drie prijzen in de wacht*
iemand ergens doorheen slepen: iemand helpen iets tot een goed einde te brengen ✦ *maak je maar geen zorgen over het examen: ik sleep je er wel doorheen*
2 over de grond schuiven [iets sleept] ✦ *haar rok was zo lang dat hij over de grond sleepte*

sle·pen[2] *zie:* **slijpen**

sle·pend [bijvoeglijk naamwoord]
1 een slepende zaak duurt lang en wordt niet beter ✦ *de vrouw had een slepende ziekte waaraan ze uiteindelijk is gestorven*
2 slepende muziek is erg langzaam

sle·ten *zie:* **slijten**

de **sleur**

handelingen die steeds hetzelfde en daardoor niet leuk zijn ✦ *ik ging met vakantie om even weg te zijn uit de dagelijkse sleur*

sleu·ren [sleurde, heeft gesleurd]
iemand of iets verplaatsen door die persoon of die zaak hard over de grond te trekken [iemand sleurt iemand of iets ergens heen] ✦ *ze sleurde het schreeuwende kind naar boven*

de * **sleu·tel** [sleutels]
1 een voorwerp waarmee je een slot opent

sleutel 1

2 een teken in muziek dat aangeeft hoe je de muziek moet lezen

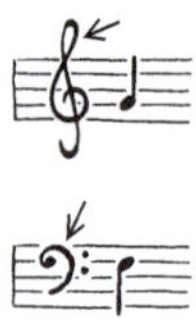

sleutel 2

het **sleu·tel·been** [sleutelbeenderen]
elk van de twee gebogen botten boven aan je borst

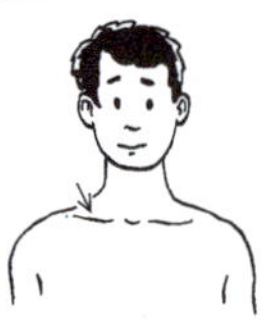

sleutelbeen

sleu·te·len [sleutelde, heeft gesleuteld]
proberen een kapotte auto, bromfiets enz. te maken [iemand sleutelt (aan een auto, een bromfiets enz.)] ✦ *na een uurtje sleutelen deed de auto het weer*

het **slib**
zachte, natte grond, vooral langs een rivier of op de bodem van een rivier

slie·pen *zie:* **slapen**

de **sliert** [slierten]
iets dat lang en dun is en dat je makkelijk kunt buigen ✦ *Leo deed de slierten spaghetti op het bord*

het **slijk**
vieze, vaste stoffen en water door elkaar = de modder

het **slijm**
een dikke vloeistof die door hoesten omhoogkomt ✦ *er zat zoveel slijm in zijn longen, dat hij naar het ziekenhuis moest*

slij·men [slijmde, heeft geslijmd]
aardig tegen iemand zijn, omdat je iets van die persoon nodig hebt [iemand slijmt (bij iemand)] ✦ *door flink te slijmen bij de baas hoopte zij een hogere positie te krijgen*

het **slijm·vlies** [slijmvliezen]
een dunne laag op verschillende plaatsen binnen in het lichaam waar slijm* gevormd wordt

slij·pen [sleep, heeft geslepen]
1 scherp maken [iemand slijpt bijv. een mes of een potlood] ✦ *hij sleep het mes voordat hij het vlees sneed*
2 een vlak glad maken door er snel langs te bewegen met iets hards [iemand slijpt iets, bijv. een edelsteen of een brillenglas]

slij·ten [sleet]
1 [is gesleten] door gebruik dunner en minder sterk worden [iets slijt] ✦ *na de vakantie naar Spanje waren de banden van de auto flink gesleten*
2 [heeft gesleten] doorbrengen, vooral op een saaie manier [iemand slijt zijn tijd ergens of met iets] ✦ *de oude man sleet zijn dagen met het lezen van boeken*
3 [heeft gesleten] verkopen [iemand slijt iets (aan iemand)] ✦ *de schrijver probeerde aan iedereen zijn nieuwe boek te slijten*

de **slij·ter** [slijters]
iemand die alcoholische drank verkoopt

slik·ken [slikte, heeft geslikt]
1 een beweging met je keel maken waardoor eten of drinken van je mond in je maag komt [iemand slikt] ✦ *na de operatie had de man problemen met slikken*
het was even slikken: het was niet makkelijk
2 van je mond naar je maag laten gaan [iemand slikt een pil of een capsule] ✦ *ze slikte pillen tegen de pijn in haar hoofd*
3 zonder verzet aanvaarden [iemand slikt iets] ✦ *het personeel moest de nieuwe maatregelen slikken*

•**slim** [bijvoeglijk naamwoord]
iemand die slim is, begrijpt dingen snel = intelligent ✦ *hij maakte tijdens de vergadering een slimme opmerking*

de **slin·ger** [slingers]
1 een lang, dun voorwerp van papier, met veel kleuren, dat je ophangt als het feest is **gedenkdagen**
2 een lang, hangend voorwerp aan een klok dat heen en weer beweegt

slin·ge·ren [slingerde]
1 [heeft of is geslingerd] hangend heen en weer bewegen [iets slingert]
2 [heeft of is geslingerd] niet in een rechte lijn lopen of rijden [iemand of een voertuig slingert] ✦ *de politie liet de auto stoppen omdat hij te veel slingerde* ✦ *de plant slingert langs de muur*
3 [heeft geslingerd] niet op de plaats liggen waar het hoort [iets slingert ergens] ✦ *mijn jas slingerde ergens in een hoek van de zaal*
4 [heeft geslingerd] gooien [iemand slingert iets naar iemand of iets] ✦ *hij slingerde de bal terug in het veld*

slin·ken [slonk, is geslonken]
minder of kleiner worden = reduceren [iets slinkt] ✦ *door de slechte economie is de winst over het afgelopen jaar behoorlijk geslonken*

de **slip**
1 [slippen] een punt van een stuk stof ✦ *er hing een slip van zijn overhemd uit zijn broek*
2 [slips] een korte strakke onderbroek

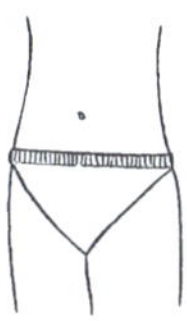
slip 2

3 in een slip raken: gaan glijden omdat je niet meer kunt sturen ✦ *de auto raakte in een slip, maar er gebeurden gelukkig geen ongelukken*

slip·pen [slipte, heeft of is geslipt]
gaan glijden over de weg, zodat je het voertuig niet meer goed kunt controleren [een voertuig slipt] ✦ *de auto begon te slippen en reed tegen een muur*

de **slip·per** [slippers]
een schoen zonder achterkant, waar je makkelijk in stapt

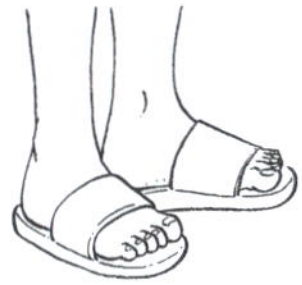
slipper

slob·be·ren [slobberde, heeft geslobberd]
1 te wijd zijn [kleding slobbert] ✦ *hij droeg altijd dezelfde, slobberende trui*
2 met geluid drinken [iemand slobbert (van een vloeistof)]

sloe·gen *zie:* **slaan**

de **sloep** [sloepen]
een kleine brede boot, vaak om mensen van een groter schip mee te kunnen redden

de **slof** [sloffen]
1 een schoen voor binnen, zonder achterkant ✦ *op haar sloffen kwam de vrouw de deur opendoen*
uit je slof schieten: plotseling heel boos worden
uit je slof schieten: ineens heel royaal zijn
2 een pak met een aantal pakjes sigaretten erin

slof·fen [slofte, heeft of is gesloft]
langzaam lopen zonder je voeten goed op te tillen [iemand sloft] ✦ *de jongen was zo moe, dat hij sloffend naar huis liep*

de **slo·gan** [slogans]
een korte, duidelijke zin waarmee je reclame maakt voor iets = de slagzin

de **slok** [slokken]
een hoeveelheid vloeistof die je bij het drinken in één keer in je mond neemt = de teug ✦ *Laurens nam nog een flinke slok bier*

de **slok·darm** [slokdarmen]
de buis die de verbinding is tussen je mond en je maag

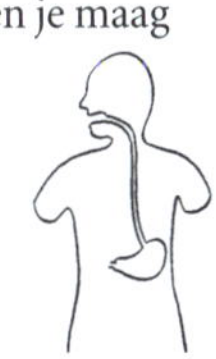
slokdarm

slon·ken *zie:* **slinken**

de **slons** [slonzen]
een vrouw die niet netjes is of er niet

sl

netjes uitziet ✦ *Jeanine was al maanden niet naar de kapper geweest en zag eruit als een slons*

sloom [bijvoeglijk naamwoord]
iemand die sloom is, is langzaam en een beetje moe ✦ *doordat het warm was, was iedereen een beetje sloom*

de **sloop**[1]
de keer dat een gebouw afgebroken wordt ✦ *na de sloop bleef er een leeg stuk grond achter*

het **sloop**[2] *ook:* de [slopen]
een zak van stof die je om een kussen doet

de **sloot** [sloten]
1 een smal, lang gat in een veld, met water dat niet beweegt ✦ *de koeien dronken water uit de sloot* landschap
2 (informeel) een grote hoeveelheid vloeistof ✦ *ze drinkt 's morgens een sloot koffie om wakker te worden*

het **slop**
iets raakt in het slop: iets dreigt te mislukken; iets gaat slechter ✦ *door de slechte economie raakte het bedrijf in het slop*

•**slo·pen**[1] [sloopte, heeft gesloopt]
helemaal kapotmaken = afbreken [iemand sloopt iets, vooral een gebouw] ✦ *toen het ziekenhuis was verhuisd, werd het oude gebouw gesloopt*

slo·pen[2] *zie:* **sluipen**

slor·dig [bijvoeglijk naamwoord]
1 een slordige persoon of zaak is niet netjes ✦ *de juf vond dat Daniëls werk er veel te slordig uitzag*
2 dit woord gebruik je bij hoge bedragen, als je niet precies bent ✦ *hij verdient een slordige zestigduizend euro per jaar*

het •**slot** [sloten]
1 de opening in een deur of in een kast, waar een sleutel in kan
achter slot en grendel: in de gevangenis
achter slot en grendel: op een plaats die op slot zit

slot 1

2 [geen meervoud] het einde ✦ *bij het slot van de film zat bijna iedereen te huilen*
3 een heel oud gebouw dat goed verdedigd werd = het kasteel, de burcht ✦ *slot Loevestein is bekend in Nederland*
4 per slot van rekening: uiteindelijk

slo·ten *zie:* **sluiten**

de **slot·som** [slotsommen]
het inzicht nadat je hebt nagedacht = de conclusie ✦ *de slotsom was dat niemand verantwoordelijk was*

slo·ven [sloofde, heeft gesloofd]
hard en zonder rusten werken in huis [iemand slooft] ✦ *toen ik net kinderen had, liep ik de hele dag te sloven*

de **slui·er** [sluiers]
een doek die vrouwen in sommige landen voor hun gezicht dragen, of die vanaf het hoofd van een bruid naar beneden hangt
een tipje van de sluier oplichten: een deel van een geheim vertellen

sluik·stor·ten [sluikstortte, heeft gesluikstort] (in België)
afval weggooien op plaatsen waar dat verboden is [iemand sluikstort]

slui·me·ren [sluimerde, heeft gesluimerd]
1 half slapen, half wakker zijn, bijv. vlak na een operatie [iemand sluimert]
2 verborgen aanwezig zijn [iets sluimert] ✦ *het gevaar van economische problemen sluimert nog altijd*

slui·pen [sloop, is geslopen]
voorzichtig lopen, om geen geluid te maken [iemand sluipt] ✦ *'s nachts sloop er iemand rond het gebouw*

de **sluis** [sluizen]
een systeem met twee deuren waardoor schepen van hoger in lager water komen en omgekeerd

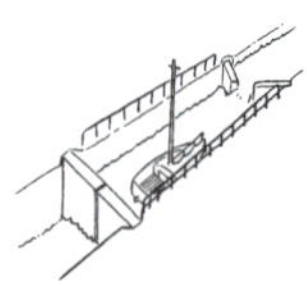
sluis

•**slui·ten** [sloot]
1 [heeft gesloten] zorgen dat iets dicht is = dichtdoen ⇔ openen [iemand sluit iets] ✦ *wil je het raam sluiten?*
2 [is gesloten] dichtgaan ⇔ opengaan [iets sluit] ✦ *de winkel sluit om tien uur*

✦ *deze deur sluit vanzelf*
3 [heeft gesloten] officieel laten ophouden [iemand sluit een vergadering, een bijeenkomst]

de **slui·ting** [sluitingen]
1 het voorwerp waarmee je iets sluit ✦ *hij liet een nieuwe sluiting in zijn jas maken*
2 de keer dat iets gesloten wordt ✦ *er werd geprotesteerd tegen de sluiting van het museum*

de **slun·gel** [slungels]
iemand die lang en dun is ✦ *Cor is een lange slungel met donker haar*

de **slurf** [slurven]
1 de lange neus van een olifant
2 de gang waardoor je in een vliegtuig komt ✦ *pas toen de slurf aan het vliegtuig zat, kon iedereen uitstappen*

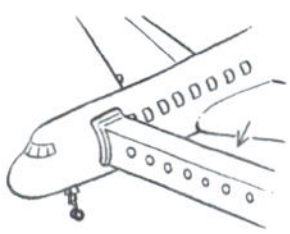
slurf 2

slur·pen [slurpte, heeft geslurpt]
drinken met veel geluid [iemand slurpt]

sluw [bijvoeglijk naamwoord]
iemand die sluw is, is op een slechte manier slim ✦ *hij had een sluwe manier bedacht om minder belasting te hoeven betalen*

de **smaad**
de dingen die je zegt of schrijft om te zorgen dat mensen slecht over iemand gaan denken ✦ *de journalist moest voor de rechter komen wegens smaad*

de **•smaak** [smaken]
1 [geen meervoud] het feit dat je iets kunt proeven ✦ *als je ouder wordt, wordt je smaak minder*
2 dat wat je proeft ✦ *ik houd niet zo van de smaak van tomaten*
de smaak te pakken krijgen: iets leuk gaan vinden en er dan mee door willen gaan
3 een gevoel voor wat mooi is ✦ *hij heeft een goede smaak, want zijn kamer ziet er gezellig uit* ✦ *de gordijnen waren met smaak gekozen*
4 iets valt in de smaak: iets wordt goed of mooi gevonden

smaak·vol [bijvoeglijk naamwoord]
iets wat smaakvol is, is met smaak* (bet. 3) gemaakt of gekozen ✦ *de vrouw ontvangt vaak gasten in haar smaakvolle huis*

smach·ten naar [smachtte naar, heeft gesmacht naar]
heel erg naar iets verlangen = snakken naar [iemand smacht naar iets]
✦ *Gonnie smachtte naar haar vakantie*
✦ *de kinderen smachten naar een beetje liefde en aandacht*

•sma·ke·lijk [bijvoeglijk naamwoord]
1 smakelijk eten smaakt lekker ✦ *eet smakelijk allemaal* ✦ *je kunt de soep smakelijk maken met kruiden en zout*
2 als iemand smakelijk vertelt, vertelt hij met plezier ✦ *hij vertelde een smakelijk verhaal over de twee collega's*

sma·ke·loos [bijvoeglijk naamwoord]
iets wat smakeloos is, heeft een laag niveau en is niet mooi of leuk ✦ *ze vond het smakeloos dat er zo over de burgemeester geschreven werd*

•sma·ken [smaakte, heeft gesmaakt]
een bepaalde smaak* (bet. 2) hebben [iets smaakt op een bepaalde manier]
✦ *de soep smaakt erg zout*

smak·ken [smakte, heeft gesmakt]
1 eten met veel geluid [iemand smakt]
✦ *hij zei tegen zijn zoontje dat het niet netjes is om te smakken*
2 hard tegen iets aan vallen [iets of iemand smakt tegen iets] ✦ *ze viel van haar fiets en smakte tegen de grond*

•smal [bijvoeglijk naamwoord]
iets wat smal is, heeft een kleine afmeting vergeleken bij hoe lang het is ⇔ breed ✦ *na ongeveer honderd meter ga je rechts een smal weggetje in*

sma·len [smaalde, heeft gesmaald]
laten blijken dat je iets niet goed vindt [iemand smaalt] ✦ *smalend zei ze dat ze nog nooit zo'n slechte tekening had gezien*

de **smart** [smarten] (ouderwets)
de toestand dat iemand lijdt = het verdriet ✦ *de smart over het overlijden van haar man was op haar gezicht te zien*

het **smar·ten·geld**
geld dat je krijgt omdat je geleden hebt doordat iemand een fout heeft gemaakt
✦ *de man eiste tienduizend euro smartengeld voor de fout van het ziekenhuis*

de **smart·lap** [smartlappen]
een lied over het leven, waarvan je bijna moet huilen = het levenslied

sme·den [smeedde, heeft gesmeed]
1 metaal in een bepaalde vorm brengen door verhitting en door ertegen te slaan [iemand smeedt metaal]
2 bedenken [iemand smeedt iets, bijv. een plan of een complot] ✦ *er zijn plannen gesmeed om het systeem totaal te veranderen*

het **smeer·geld**
geld dat je iemand geeft om ervoor te zorgen dat hij of zij doet wat je wilt = de steekpenningen ✦ *de ambtenaar had smeergeld aangenomen*

de **smeer·lap** [smeerlappen]
1 iemand die vies is of vieze dingen doet = de viezerik, de smeerpoets ✦ *die smeerlap wast zich maar één keer per maand!*
2 (informeel) iemand die gemeen is = de rotzak

sme·ken [smeekte, heeft gesmeekt]
heel dringend om iets vragen vanuit een afhankelijke positie [iemand smeekt (iemand om iets)] ✦ *de vrouw smeekte de soldaat om eten*

smel·ten [smolt]
1 [is gesmolten] vloeibaar worden ✦ *vaste stoffen kunnen smelten als je ze heet maakt* ✦ *het ijsje was gesmolten*
2 [heeft gesmolten] vloeibaar laten worden [iemand smelt iets]

sme·ren [smeerde, heeft gesmeerd]
1 olie op iets doen om het gemakkelijker te laten draaien [iemand smeert iets, bijv. een scharnier] ✦ *als je de ketting van je fiets regelmatig smeert, breekt hij niet snel*
2 met je vingers of met bijv. een mes een zachte massa over iets verdelen [iemand smeert iets op iets] ✦ *hij smeerde boter op zijn brood*
3 'm smeren: (informeel) weggaan ✦ *toen de politie kwam, was de dief 'm al gesmeerd*

sme·rig [bijvoeglijk naamwoord]
smerige dingen zijn vies = goor, vuil ✦ *mijn broek was smerig geworden*

de **smet** [smetten]
1 een vieze plek = de vlek ✦ *er zat geen smetje op de bloes*
2 een gebeurtenis die iets moois of iets goeds minder mooi of goed maakt = de blaam ✦ *de oorlog was een smet op de geschiedenis van het land*

sme·ten *zie:* **smijten**

smeu·ïg [bijvoeglijk naamwoord]
1 smeuïg voedsel smaakt lekker en zacht omdat het veel vet bevat ✦ *het eten was lekker smeuïg gemaakt met boter*
2 smeuïge verhalen bevatten veel interessante details = sappig

smeu·len [smeulde, heeft gesmeuld]
zacht branden zonder vlammen [vuur smeult] ✦ *het vuur smeulde 's avonds nog steeds*

de **smid** [smeden]
iemand die voor zijn beroep ijzer en metalen smeedt* (bet. 1) ✦ *de zilversmid* ✦ *de smid maakte nieuwe hoefijzers voor het paard*

smij·ten [smeet, heeft gesmeten]
hard gooien [iemand smijt (met) iets naar, op enz. iemand of iets] ✦ *hij smeet de boeken op tafel en liep weg* ✦ *boos begon ze met de kopjes te smijten*

de **smoes** [smoezen]
een verklaring die je bedenkt voor iets wat je fout gedaan hebt ✦ *iedere keer als hij te laat is, heeft hij een andere smoes*

smoe·zen [smoesde, heeft gesmoesd]
zachtjes met elkaar praten omdat anderen het niet mogen horen [mensen smoezen] ✦ *er stond een groepje mensen in de keuken te smoezen*

de **smog**
dikke vieze wolken die laag over de stad hangen en die veroorzaakt worden door auto's en fabrieken

smok·ke·len [smokkelde, heeft gesmokkeld]
1 in het geheim over de grens brengen [iemand smokkelt goederen] ✦ *hij smokkelde drugs van Aruba naar Nederland*
2 niet helemaal eerlijk werken [iemand smokkelt] ✦ *als je een beetje smokkelt, kun je dat spel best winnen*

smol·ten *zie:* **smelten**

smo·ren [smoorde]
1 [is gesmoord] geen lucht kunnen krijgen = stikken [iemand smoort] ✦ *mag er een raam open, het is hier om te smoren!*
2 [heeft gesmoord] op een laag vuur in vocht of vet koken [iemand smoort

sm

vlees, vis, groente]
3 iets in de kiem smoren: een ontwikkeling die je niet gunstig vindt, direct bij het begin laten stoppen ✦ *iedere vorm van kritiek op de leiders werd in de kiem gesmoord*

de **smos** (in België)
een broodje smos: een broodje met ham, sla, ei, tomaat en mayonaise

sms [afkorting]
short message service: een systeem waarmee je korte berichten kunt versturen via je mobiele telefoon

sms'en [sms'te, heeft ge-sms't]
via sms* een bericht sturen [iemand sms't (iemand iets)]

smul·len [smulde, heeft gesmuld]
genieten van lekker eten [iemand smult (van iets)] ✦ *de kinderen smulden van de pannenkoeken*

de **snaar** [snaren]
elk van de draden die aan bijv. een gitaar of een viool zitten en waarmee je muziek maakt
een gevoelige snaar raken: iets zeggen dat bij een ander heftige gevoelens oproept ✦ *met haar vraag of wij kinderen willen, raakte ze een gevoelige snaar*

het **snaar·in·stru·ment** [snaarinstrumenten]
een instrument waarmee je muziek maakt door de snaren* te bewegen, zoals een gitaar of een viool

de **snack** [snacks]
een zout gerechtje dat je tussen de maaltijden door eet ✦ *de kroket en de frikandel zijn bekende snacks* maaltijden

de **snack·bar** [snackbars]
een soort kleine winkel waar je warme snacks kunt kopen en opeten ✦ *we haalden patat bij de snackbar*

snak·ken naar [snakte naar, heeft gesnakt naar]
sterk verlangen naar iets [iemand snakt naar iets] ✦ *ik snak naar een sigaret!*
naar adem snakken: naar lucht happen ✦ *toen hij boven water kwam, snakte hij naar adem*

°**snap·pen** [snapte, heeft gesnapt]
1 begrijpen [iemand snapt iets of iemand] ✦ *ik snap dat het moeilijk voor je is* ✦ *ik snap dat kind niet, want ze wil elke dag iets anders*
2 iemand zien terwijl die persoon iets slechts aan het doen is = betrappen [iemand snapt iemand] ✦ *de ambtenaar werd gesnapt toen hij drugs gebruikte*

sna·te·ren [snaterde, heeft gesnaterd]
een bepaald geluid maken [een eend snatert] dieren

snau·wen [snauwde, heeft gesnauwd]
op een boze, onvriendelijke manier praten [iemand snauwt] ✦ *"Wat kom je doen?", snauwde Ton tegen zijn zoon*

de **sna·vel** [snavels]
de harde mond van een vogel = de bek

de **sne·de** [sneden]
de scherpe kant van een mes
op het scherp van de snede: waarbij het heel spannend is wat er precies gebeurt ✦ *het was een spannende wedstrijd, op het scherp van de snede*

sne·den *zie:* **snijden**

de **snee** [sneeën]
1 een lange opening die ontstaan is door bijv. een mes ✦ *hij had een snee in zijn vinger*
2 een plak die ergens afgesneden is ✦ *ze at een sneetje brood met kaas*

de **sneeuw**
de koude witte vlokken die in de winter uit de lucht kunnen vallen weer[1]
iets verdwijnt als sneeuw voor de zon: iets verdwijnt plotseling

sneeu·wen [sneeuwde, heeft gesneeuwd]
als het sneeuwt, vallen er koude witte vlokken uit de lucht [het sneeuwt]

de **sneeuw·klas** [sneeuwklassen] (in België)
een klas die naar gebieden gaat waar sneeuw ligt en die daar les krijgt, bijv. over de natuur ✦ *we gaan volgend jaar op sneeuwklas naar Oostenrijk*

het **sneeuw·klok·je** [sneeuwklokjes]
een wit bloempje dat aan het eind van de winter bloeit

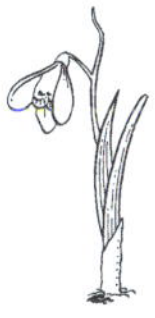
sneeuwklokje

°**snel** [bijvoeglijk naamwoord]
1 iets wat snel gebeurt, gebeurt in een korte tijd = vlug ⇔ langzaam ✦ *wat gaat de tijd toch snel!* ✦ *dank u voor uw snelle reactie*

sn

2 snelle dingen kunnen zich vlug verplaatsen ✦ *Julia heeft een snelle auto*

de **snel·bin·der** [snelbinders]
een elastiek achter op je fiets waaronder je bagage kunt binden ✦ *als je snelbinders hebt, kun je die doos wel meenemen op de fiets*

snelbinder

de **snel·bus** [snelbussen]
een bus die alleen bij belangrijke haltes stopt vervoer

de **snel·heid**
de mate waarin iets of iemand snel gaat = het tempo ✦ *de auto reed voorbij met een snelheid van 120 kilometer per uur*

snel·len [snelde, is gesneld]
snel lopen, rijden enz. [iemand snelt naar iets of iemand toe] ✦ *de arts snelde naar de plaats van het ongeluk* ✦ *ze snelde de man die gevallen was te hulp*

de **snel·trein** [sneltreinen]
een trein die niet bij de kleinere stations stopt vervoer

de **snel·weg** [snelwegen]
een grote weg waar alleen auto's, vrachtwagens en motoren op mogen rijden en die je bereikt via een oprit

sneu [bijvoeglijk naamwoord]
iets wat sneu is, is jammer voor iemand ✦ *wat sneu dat Yousouf alweer ziek is!*

sneu·ve·len [sneuvelde, is gesneuveld]
1 sterven door een oorlog of door een gevecht = omkomen [iemand sneuvelt] ✦ *er sneuvelden veel soldaten tijdens de Eerste Wereldoorlog*
2 kapotgaan; verdwijnen [iets sneuvelt] ✦ *bij het verhuizen zijn er veel glazen gesneuveld* ✦ *de minister wilde voorkomen dat er nog meer banen zouden sneuvelen*

snib·big [bijvoeglijk naamwoord]
snibbige opmerkingen zijn kort en niet vriendelijk = vinnig ✦ *ze reageerde erg snibbig op de vraag of ze koffie wilde halen*

•**snij·den** [sneed, heeft gesneden]
1 met een mes of een scherp voorwerp iets in stukken verdelen of een snee* (bet. 1) in iets maken [iemand snijdt (iets)] ✦ *wie wil het vlees snijden?* ✦ *ze heeft zich in haar vinger gesneden*
2 op één punt bij elkaar komen en dan weer uit elkaar gaan = kruisen ✦ *de twee lijnen snijden elkaar precies in het midden*
3 in het verkeer iemand voorbijrijden en dan te snel naar rechts gaan, zodat de ander moet remmen [iemand snijdt iemand]

de **snik**[1] [snikken]
tot aan mijn laatste snik: totdat ik sterf

snik[2] [bijvoeglijk naamwoord]
niet goed snik zijn: gek zijn ✦ *je bent niet goed snik dat je zolang achter elkaar autorijdt*

snik·ken [snikte, heeft gesnikt]
huilen [iemand snikt] ✦ *de vrouw begon meteen te snikken toen ze haar zieke zoontje zag*

de **snip·per** [snippers]
een heel klein stukje papier ✦ *de brief lag in snippers op de grond*

de **snip·per·dag** [snipperdagen]
een vrije dag tussendoor ✦ *hij nam een snipperdag vanwege zijn verjaardag* werk

snoei·en [snoeide, heeft gesnoeid]
takken van een boom of een struik af halen zodat die daarna mooier gaat groeien [iemand snoeit bomen en struiken]

snoei·en in [snoeide in, heeft gesnoeid in]
minder geld uitgeven aan iets [iemand snoeit in iets] ✦ *de minister wilde flink snoeien in het onderwijs*

de **snoek** [snoeken]
een grote vis die in zoet water zwemt

snoek

het •**snoep** *ook:* de
zoete dingen met veel suiker, die je eet omdat ze lekker zijn = het snoepgoed

snoe·pen [snoepte, heeft gesnoept]
snoep eten [iemand snoept] ✦ *veel snoepen is slecht voor je tanden*

het **snoep·je** [snoepjes]

sn

een stukje snoep, bijv. een zuurtje

het **snoer** [snoeren]
1 een rij dingetjes die met een draad aan elkaar vast zitten ✦ *de vrouw droeg een snoer met echte parels*
2 een dikke draad waar elektrische stroom doorheen loopt ✦ *het snoer van de lamp was te kort*

snoe·ren [snoerde, heeft gesnoerd]
iemand de mond snoeren: zorgen dat iemand niet verder kan praten ✦ *toen ze merkte dat hij haar geheim wilde bekendmaken, snoerde ze hem snel de mond*

de **snoet** [snoeten]
het gezicht = de snuit ✦ *de pop had een lief snoetje*

snoe·zig [bijvoeglijk naamwoord]
snoezige mensen of dingen zijn heel lief = schattig ✦ *het kind droeg een snoezig jurkje*

de **snor** [snorren]
de haren boven de mond van een man

het **snot** *ook:* de
de dikke vloeistof die uit je neus komt als je verkouden bent

sno·ten *zie:* **snuiten**

sno·ven *zie:* **snuiven**

snuf·fe·len [snuffelde, heeft gesnuffeld]
een beetje kijken en zoeken omdat je nieuwsgierig bent = neuzen [iemand snuffelt (in iets)] ✦ *hij snuffelde in het bureau van zijn chef, maar hij vond geen interessante dingen*

snuf·fe·len aan [snuffelde aan, heeft gesnuffeld aan]
met aandacht aan iets ruiken [een mens of een dier snuffelt aan iets] ✦ *de hond snuffelde aan mijn hand*

het **snuf·je** [snufjes]
1 een kleine hoeveelheid van bijv. zout of peper die je tussen je duim en je wijsvinger kunt houden ✦ *Jamie deed een snufje zout in de soep*
2 iets wat nieuw is en interessant, maar niet echt nodig ✦ *die nieuwe auto zit vol met technische snufjes*

de **snuit** [snuiten]
1 de neus en de mond van een dier ✦ *de hond duwde zijn snuit tegen het raam*
2 (informeel) het gezicht = de snoet ✦ *hij heeft een leuke snuit, maar ik vertrouw hem niet!*

snui·ten [snoot, heeft gesnoten]
zorgen dat je snot* in een zakdoek komt door lucht uit je neus te duwen [iemand snuit zijn of haar neus]

snui·ven [snoof, heeft gesnoven]
1 met geluid door je neus ademen [iemand snuift] ✦ *hij snoof van woede*
2 drugs via je neus in je lichaam laten komen [iemand snuift (drugs, bijv. cocaïne)]

de **snul** [snullen] (in België)
iemand die niet zo'n sterk karakter heeft = de sul ✦ *de jongen is een snul, want hij doet alles wat zijn broer zegt*

snur·ken [snurkte, heeft gesnurkt]
harde geluiden in je neus of je keel maken terwijl je slaapt [iemand snurkt] ✦ *ze kon niet slapen omdat haar man zo hard snurkte*

de **soa** [soa's]
seksueel overdraagbare aandoening: een ziekte die je kunt krijgen via seksueel contact

de **soap** [soaps]
een lange serie op tv over een groep mensen, met veel emoties en erge dingen

so·ber [bijvoeglijk naamwoord]
iets wat sober is, is erg eenvoudig en zonder luxe ✦ *we aten een sobere maaltijd van aardappelen en groente*

•**so·ci·aal** [bijvoeglijk naamwoord]
1 een sociaal verschijnsel is een maatschappelijk verschijnsel ✦ *misdaad in de grote steden is een groot sociaal probleem in Nederland*
2 iemand die sociaal is, heeft veel gevoel voor andere mensen ⇔ asociaal ✦ *het is niet sociaal om je buren niet te groeten*

de •**so·cio·lo·gie**
de wetenschap die het gedrag van mensen bestudeert

het **soe·laas**
dat biedt geen soelaas: dat helpt niet ✦ *de nieuwe medicijnen boden helaas geen soelaas*

de •**soep** [soepen]
1 vloeibaar eten dat bestaat uit water dat gekookt is met groente en vaak ook met vlees maaltijden
2 iets loopt in de soep: iets gaat helemaal fout ✦ *het congres is helemaal in de soep gelopen*

soe·pel [bijvoeglijk naamwoord]
1 soepele dingen bewegen gemakkelijk

⇔ stijf ✦ *de jas was gemaakt van soepel leer*
2 soepele mensen en dingen geven weinig problemen = flexibel ⇔ star ✦ *als je geen zin hebt om weg te gaan, blijven we thuis; daar ben ik heel soepel in*

soe·zen [soesde, heeft gesoesd]
half slapen = dommelen [iemand soest] ✦ *ze zat te soezen boven haar boeken*

de **sof**
iets wat niet gelukt is = de mislukking, de tegenvaller ✦ *we wilden een groot feest organiseren, maar het werd een sof*

het **so·fi·num·mer** [sofinummers]
het nummer waarmee je bekend bent bij onder andere de belastingdienst en de sociale dienst belasting

soft [bijvoeglijk naamwoord]
softe mensen of dingen zijn vriendelijk, maar niet zo praktisch = zachtaardig ✦ *de leraar was veel te soft en daarom luisterden de leerlingen niet naar hem*

de **soft·drug** [softdrugs]
een drug waarvan je niet zo snel afhankelijk wordt, bijv. hasj ⇔ de harddrug

de **soft·ware**
de programma's voor computers ⇔ de hardware ✦ *de nieuwste software werkt niet op mijn oude computer*

de **so·ja**
een plant met bonen waarvan o.a. vegetarische producten worden gemaakt

de•**sok** [sokken]
een kledingstuk voor je voet ✦ *er zit een gat in je sok*

de **sok·kel** [sokkels]
het onderste deel waar een beeld op staat = het voetstuk

SO

de•**sol·daat** [soldaten]
iemand die in dienst is van het leger = de militair ✦ *België stuurt soldaten naar het buitenland om daar hulp te verlenen*

de **sol·den**[1] [meervoud] (in België)
de periode waarin artikelen van het voorbije seizoen goedkoper worden verkocht = de uitverkoop ✦ *tijdens de solden heb ik een paar schoenen gekocht voor maar tien euro*

sol·den[2] *zie:* **sollen**

sol·de·ren [soldeerde, heeft gesoldeerd]
met een heet stuk ijzer aan elkaar vastmaken [iemand soldeert (twee stukken metaal aan elkaar)] ✦ *ze soldeerde de delen van de kapotte leiding aan elkaar*

so·li·dair [bijvoeglijk naamwoord]
als je solidair bent met iemand, voel je je met die persoon verbonden en wil je hem of haar steunen ✦ *de studenten verklaarden zich solidair met de professoren die actie voerden*

de **so·li·da·ri·teit**
het gevoel dat je verbonden bent met iemand en dat je die persoon wilt steunen ✦ *uit solidariteit met kinderen uit arme landen besloot Damian een dag niet te eten*

so·li·de [bijvoeglijk naamwoord]
1 solide dingen zijn sterk en gaan niet snel kapot = degelijk ✦ *we moeten solide stoelen kopen*
2 op solide mensen en zaken kun je vertrouwen = degelijk ✦ *hij is een solide kerel die doet wat hij belooft* ✦ *de regering voert een solide financieel beleid*

de **so·list** [solisten]
iemand die alleen optreedt ✦ *het was een prachtig concert en het mooiste vond ik de solist* ✦ *de samenwerking met Julia ging moeilijk, want zij is een echte solist*

sol·len met [solde met, heeft gesold met]
allerlei dingen over iemand beslissen zonder te vragen wat die persoon zelf wil [iemand solt met iets of iemand] ✦ *de baas wil haar allerlei vervelende werkjes laten doen, maar zij laat niet met zich sollen*

de **sol·li·ci·ta·tie·brief** [sollicitatiebrieven]
een brief waarmee je een baan probeert te krijgen ✦ *hij had al tien sollicitatiebrieven geschreven, maar nog steeds had hij geen baan* werk

het **sol·li·ci·ta·tie·ge·sprek** [sollicitatiegesprekken]
een gesprek tussen iemand die een baan wil hebben en iemand die een baan aanbiedt werk

sol·li·ci·te·ren [solliciteerde, heeft gesolliciteerd]
proberen om een bepaalde baan te krijgen, bijv. door een brief te schrijven [iemand solliciteert (naar een functie)] ✦ *graag solliciteer ik naar de functie van chauffeur* werk

de **so·lo**[1] [solo's]
een optreden van één persoon voor publiek ✦ *tijdens het concert zong hij een lange solo*

so·lo[2] [bijwoord]
iemand die solo optreedt, treedt alleen op ✦ *meestal treedt hij met een groep op, maar vanavond speelt hij solo*

de **som** [sommen]
1 het totaal als je alle getallen of bedragen bij elkaar telt ✦ *de som van 18 en 22 is 40*
2 een hoeveelheid geld ✦ *voor zijn nieuwe huis heeft hij de som van één miljoen euro betaald*
3 een opdracht waarbij je moet rekenen ✦ *Jasper heeft op school moeilijke sommen gemaakt*

•**som·ber** [bijvoeglijk naamwoord]
1 iemand die somber is, vindt niets leuk, en is een beetje verdrietig zonder te weten waarom = down ⇔ vrolijk ✦ *ik ben in een sombere stemming*
2 sombere dingen zijn donker en daardoor maken ze je niet vrolijk ✦ *ik vind bruin een sombere kleur* ✦ *het is vandaag somber weer*

som·me·ren [sommeerde, heeft gesommeerd]
iemand zeggen dat hij of zij iets moet doen = bevelen [iemand sommeert iemand iets] ✦ *de chauffeur sommeerde de vervelende reiziger uit te stappen*

•**som·mi·ge** [onbepaald voornaamwoord]
niet alle; een aantal ✦ *sommige mensen zijn bang in het donker*

•**soms** [bijwoord]
1 niet altijd ✦ *soms neem ik een koekje bij de thee, maar meestal niet*
2 (in zinnen waarin een vraag staat) misschien ✦ *weet jij soms waar Guido is?*

de **song** [songs]
een lied in de moderne muziek ✦ *op de radio klonk een song van Jennifer Lopez*

het •**soort**[1] [soorten]
1 een groep mensen of dingen die op een bepaalde manier op elkaar lijken = het type ✦ *ik houd niet zo van dit soort feesten*
2 [geen meervoud] iets dat op iets anders lijkt, maar niet precies hetzelfde is ✦ *een oliebol is een soort koek*

de **soort**[2] [soorten]
een groep dieren of planten die volgens een bepaalde indeling bij elkaar horen ✦ *als het milieu niet beter beschermd wordt, zullen er in het gebied hele soorten uitsterven*

soort·ge·lijk [aanwijzend voornaamwoord]
soortgelijke dingen lijken op elkaar ✦ *Heleen zei dat ze niet mee wilde en Sonja gaf een soortgelijk antwoord*

het **sop** [soppen]
water met zeep, om mee schoon te maken

de **so·praan** [sopranen]
een vrouw die met een hoge stem zingt **zangstemmen**

•**sor·ry** [tussenwerpsel]
dit zeg je om je te verontschuldigen = pardon ✦ *sorry dat ik te laat ben* **formules**

sor·te·ren [sorteerde, heeft gesorteerd]
bij elkaar leggen wat bij elkaar hoort [iemand sorteert dingen] ✦ *eerst sorteert hij de post, daarna deelt hij de brieven uit*

het **SOS**
Save Our Souls; dit is Engels en betekent 'red onze zielen': een teken waarmee je laat weten dat je in gevaar bent ✦ *in de haven hoorde men het SOS van een schip op zee*

de **sound** (informeel)
het eigen geluid of de stijl waaraan je een muziekgroep herkent ✦ *de sound van Pearl Jam herken je direct*

het **sou·ter·rain** [souterrains]
een verdieping van een huis, die half onder de grond ligt en waar je kunt wonen

het **sou·ve·nir** [souvenirs]
een voorwerp dat een herinnering is aan een bepaalde plaats of gebeurtenis = het aandenken ✦ *als wij op vakantie geweest zijn, brengen we altijd een paar souvenirs mee terug*

so·wie·so [bijwoord]
toch al; in elk geval ✦ *hij wist nog niet tot hoe laat hij moet werken, maar hij heeft beloofd dat hij sowieso zal komen*

de **SP**
Socialistische Partij: een politieke partij in Nederland **politiek**

de **sp.a** (in België)
Sociaal Progressief Alternatief: een politieke partij in België **politiek**

de **spaak**[1] [spaken]
elk van de dunne, ijzeren staven die van het midden van een wiel naar de buitenste rand lopen ✦ *mijn jas kwam tus-*

sen de spaken van mijn fiets

spaak² [bijwoord]
iets loopt spaak: iets lukt niet ✦ *onze plannen om een nieuw huis te kopen zijn helemaal spaak gelopen*

Spaans¹ [bijvoeglijk naamwoord]
Spaanse zaken komen uit Spanje of hebben daarmee te maken ✦ *zij luistert graag naar Spaanse muziek*

Spaans² [bijwoord]
een taal die onder andere in Spanje gesproken wordt

het **spaar·geld**
geld dat je bewaart voor later ✦ *ze kocht van haar spaargeld een televisie*

de **spaar·lamp** [spaarlampen]
een lamp die weinig stroom gebruikt
milieu

de **spaar·pot** [spaarpotten]
een pot waarin je spaargeld* bewaart ✦ *zit er al genoeg geld in je spaarpot om een boek van te kopen?*

de **spaar·re·ke·ning** [spaarrekeningen]
een rekening bij een bank waarop spaargeld* staat ✦ *hij zette het geld dat hij van zijn oma had gekregen op een spaarrekening* geld

spaar·zaam [bijvoeglijk naamwoord]
spaarzame mensen bewaren geld te voor later; spaarzame dingen komen weinig voor = zuinig ✦ *de vrouw wilde de spaarzame momenten met haar man goed besteden*

de **spa·ghet·ti**
Italiaans eten dat van lange draden deeg gemaakt is

het **span·doek** [spandoeken]
een doek, vaak aan twee stokken, met daarop een korte tekst waarmee iemand de aandacht wil trekken ✦ *veel protesterende mensen droegen een spandoek*

span·nen [spande, heeft gespannen]
1 strak trekken en vastmaken [iemand spant iets] ✦ *hij spande een touw tussen twee palen om daaraan zijn kleren te laten drogen*
2 vastmaken [iemand spant een dier voor een wagen] ✦ *de paarden worden voor de wagen gespannen*
iemand voor je karretje spannen: zorgen dat iemand iets voor je doet ✦ *Sven wil dat ik krantjes van zijn politieke partij ga uitdelen, maar ik laat me niet voor zijn karretje spannen*
3 het spant erom: het is niet zeker of het net wel of net niet zal lukken ✦ *het zal erom spannen of onze club zal winnen*

span·nend [bijvoeglijk naamwoord]
spannende dingen zijn dingen waarvan je zenuwachtig wordt of die je volledige aandacht vragen ✦ *het boek was zo spannend dat ik niet wilde stoppen met lezen*

de •**span·ning** [spanningen]
1 het gevoel dat je hebt als je zenuwachtig bent over iets dat gaat gebeuren = de stress ✦ *door de spanning voor het examen kon hij niet slapen*
2 de druk in iets, bijv. van lucht ✦ *de spanning in de fietsband is te laag*
3 de kracht van elektrische stroom ✦ *pas op, er staat spanning op de draad*

de **spar** [sparren]
een boom die in de winter groen blijft

spar

spa·ren [spaarde, heeft gespaard]
1 geld bewaren voor later [iemand spaart (geld)] ✦ *hij heeft lang gespaard en hij kan nu een boot kopen*
2 verzamelen omdat je het leuk vindt om te hebben [iemand spaart iets] ✦ *hij spaart buitenlandse euro's*
3 zorgen dat iets zo lang mogelijk bewaard blijft [iemand spaart iets] ✦ *we doen maar één lamp aan, om stroom te sparen*

spar·te·len [spartelde, heeft gesparteld]
met de armen en de benen heen en weer slaan [iemand spartelt] ✦ *Jelle ligt te spartelen in het water, want hij kan niet zwemmen*

spas·tisch [bijvoeglijk naamwoord]
spastische mensen hebben een ziekte waardoor ze bewegingen maken zonder dat ze dat willen

de **spat** [spatten]
1 een heel klein beetje vloeistof dat op iets valt = de druppel ✦ *ik vind het niet erg als er een spatje regen valt, als het maar niet heel hard gaat regenen*
2 geen spat: helemaal niets ✦ *ik heb*

hem jaren niet gezien, maar hij is nog geen spat veranderd

de **spat·ader** [spataderen, spataders]
een ader die op een bepaalde plaats dikker is geworden door de druk van het bloed

de **spa·tie** [spaties]
een witte ruimte tussen letters, woorden of tekens in een tekst ✦ *voor de punt komt geen spatie, maar na de punt wel*

spat·ten [spatte, heeft gespat]
in kleine deeltjes uit elkaar vliegen [iets spat] ✦ *het water spatte tegen mijn broek*

de **spea·ker** [speakers]
1 een apparaat om elektrisch versterkt geluid te laten horen = de luidspreker
2 iemand die bij sportwedstrijden via de luidspreker spreekt ✦ *de speaker kondigde aan wat de stand van de wedstrijd was*

de **spe·ce·rij** [specerijen]
een plant uit een warm land, die gebruikt wordt om eten meer smaak te geven ✦ *het schip bracht allerlei specerijen uit Indonesië mee*

de **specht** [spechten]
een vogel met een scherpe snavel, die insecten eet

specht

•**spe·ci·aal**[1] [bijvoeglijk naamwoord]
speciale dingen zijn niet gewoon, maar hebben een bepaald doel = bijzonder, apart ✦ *dit is een speciale stoel voor lange mensen*
speciaal onderwijs: onderwijs voor leerlingen die het gewone onderwijs niet kunnen volgen, bijv. doordat ze veel extra aandacht nodig hebben onderwijs

•**spe·ci·aal**[2] [bijwoord]
vooral; in het bijzonder; met een bepaalde bedoeling ✦ *ik heb speciaal voor jou soep gemaakt*

de **spe·cial** [specials]
een programma op televisie of op de radio, of een nummer van een blad dat helemaal over één onderwerp gaat ✦ *gisteren was er een special over Gilbert Bécaud op televisie*

zich **spe·ci·a·li·se·ren** [specialiseerde zich, heeft zich gespecialiseerd]
zorgen dat je heel veel weet over een bepaald onderwerp [iemand specialiseert zich (in iets)] ✦ *tijdens haar studie heeft zij zich gespecialiseerd in kindergeneeskunde*

het **spe·ci·a·lis·me** [specialismen]
een onderwerp waarover je heel veel weet ✦ *mijn specialisme is internationaal recht*

de **spe·ci·a·list** [specialisten] **spe·ci·a·lis·te** [specialistes]
1 iemand die heel veel weet over een onderwerp = de deskundige ✦ *de heer Van Strien is onze specialist op het gebied van computers*
2 een arts die zich gespecialiseerd heeft in een bepaald onderwerp ✦ *de dokter heeft me naar een specialist gestuurd* gezondheid

de **spe·ci·a·li·teit** [specialiteiten]
iets waar je erg goed in bent of waarvan je veel weet ✦ *ik kook graag en mijn specialiteit is erwtensoep*

spe·ci·fiek[1] [bijvoeglijk naamwoord]
specifieke dingen horen in het bijzonder bij iets bepaalds = typisch ✦ *praten is een specifieke eigenschap van de mens*

spe·ci·fiek[2] [bijwoord]
in het bijzonder; met een bepaald doel ✦ *ik heb specifiek naar hem gevraagd, niet naar een van zijn collega's*

spec·ta·cu·lair [bijvoeglijk naamwoord]
iets wat spectaculair is, valt op en is spannend om te zien ✦ *we hebben gisteren een spectaculaire film gezien*

het **spec·trum** [spectra, spectrums]
een reeks zaken die binnen een bepaald gebied bij elkaar horen ✦ *wij kunnen u het hele spectrum van financiële producten aanbieden*

de **spe·cu·laas** *ook:* het
een kruidige koek die vooral rond sinterklaas gegeten wordt feestdagen

de **spe·cu·la·tie** [speculaties]
een uitspraak waarbij men uitgaat van iets dat misschien helemaal niet waar is ✦ *in het blad stonden allerlei speculaties over een huwelijk tussen de prins en de zangeres*

spe·cu·le·ren [speculeerde, heeft gespeculeerd]

1 geloven dat iets gaat gebeuren en daar al naar handelen [iemand speculeert (op iets)] ✦ *de politieke partij speculeerde op winst bij de verkiezingen*
2 dingen bedenken die zouden kunnen gebeuren of die misschien waar zijn [iemand speculeert (over iets)] ✦ *de politie speculeert over de oorzaak van het ongeluk*
3 geld proberen te verdienen door dingen te kopen waarvan je verwacht dat ze duurder zullen worden, zodat je ze later voor meer geld kunt verkopen [iemand speculeert] ✦ *ze heeft veel geld verdiend door te speculeren op de beurs*

de **speech** [speeches]
de tekst waarmee iemand wordt toegesproken bij een bepaalde gebeurtenis = de toespraak, de redevoering ✦ *tijdens het huwelijk van Iris hield haar vader een lange speech*

het **speek·sel**
het water in je mond = het spuug ✦ *de dokter had een beetje speeksel van de patiënt nodig voor een onderzoek*

de **speel·bal** [speelballen]
een slachtoffer dat geen invloed heeft op wat er gebeurt ✦ *de president was bang dat het land een speelbal van de Verenigde Staten zou worden*

de **speel·film** [speelfilms]
een film waarin mensen rollen spelen

het **speel·goed**
dingen voor kinderen, om mee te spelen ✦ *toen Marthe jarig was, kreeg ze veel speelgoed en een paar boeken*

de **speel·ruim·te**
een hoeveelheid ruimte of tijd tussen dingen = de speling ✦ *de ploeg heeft nog wat speelruimte, want als ze deze wedstrijd verliezen, kunnen ze nog steeds kampioen worden*

speels [bijvoeglijk naamwoord]
1 speelse mensen en dieren spelen graag ✦ *de jonge hond was nog erg speels*
2 speelse dingen zijn vrolijk en niet strak ✦ *Lotte had de foto's speels in het boek geplakt*

de **speel·tuin** [speeltuinen]
een plek buiten waar kinderen kunnen spelen, met bijv. schommels en een glijbaan

het **speen**[1] (in België)
plekjes bij de anus die pijn doen als je gaat zitten of als je naar de wc gaat = de aambeien

de **speen**[2] [spenen]
1 het deel van de uier van een koe waaraan je trekt om er melk uit te halen

speen[2] 1

2 een zacht voorwerp waardoor een baby melk uit een flesje kan drinken

de **speer** [speren]
een stok met aan het einde een scherpe, ijzeren punt ✦ *vroeger ving men dieren met een speer*

de **speer·punt** [speerpunten]
dat deel van een beleid waaraan extra aandacht besteed wordt ✦ *één van de speerpunten van het kabinet was het verminderen van het geweld op straat*

het **spek**
een laag vet onder de huid van bijv. een varken ✦ *Engelsen eten voor hun ontbijt vaak eieren met spek*
voor spek en bonen meedoen: meedoen zonder dat je invloed hebt

spek·ken [spekte, heeft gespekt]
vullen met geld [iemand spekt de kas of iemands portemonnee] ✦ *met het geld dat hij gewonnen had, spekte hij de kas van de vereniging*

het **spek·ta·kel** [spektakels]
een grote gebeurtenis die veel reacties veroorzaakt = het schouwspel ✦ *de voorstelling was een groot spektakel met vuur en muziek*

het •**spel**
1 [spelen] een activiteit om plezier te maken, vaak in de vorm van een wedstrijdje ✦ *de kinderen speelden het spel 'tikkertje'*
er is … in het spel: er is … aanwezig ✦ *er is liefde in het spel, dat zie je meteen als je naar Tom en Marga kijkt*
iets op het spel zetten: iets wagen ✦ *de man zette zijn leven op het spel door de wilde rivier over te steken*
2 [spellen] een of meer dingen waarmee je een wedstrijdje kunt spelen ✦ *Najib heeft een heel leuk spel gekregen voor de computer*

sp

3 iets of iemand vrij spel geven: iets of iemand alle vrijheid geven ✦ *de vrouw die had gewonnen, gaf haar emoties vrij spel en begon hard te huilen*

de **spel·bre·ker** [spelbrekers] **spel·breek·ster** [spelbreeksters]
iemand die ervoor zorgt dat iets leuks niet meer leuk is, bijv. door opeens niet meer mee te doen ✦ *we wilden naar het strand gaan, maar de regen was de spelbreker*

de **speld** [spelden]
1 een dun metalen staafje met aan één kant een punt, die je gebruikt om iets vast te zetten ✦ *ik heb met een speld de bloem aan mijn jasje vastgemaakt*
2 een ding dat je met een speld op kleding vastmaakt, omdat het mooi is = de broche ✦ *de vrouw had een speld met een vogel op haar jas*

•**spe·len** [speelde, heeft gespeeld]
1 met een spel of een sport bezig zijn [iemand speelt (iets)] ✦ *de kinderen speelden met een bal* ✦ *hij speelde een partijtje voetbal met zijn vrienden*
2 een voorstelling maken [iemand speelt (een toneelstuk; een persoon)] ✦ *in welke films speelt Sharon Stone?*
3 op het toneel voorstellen [iemand speelt een persoon] ✦ *in de voorstelling speelde Julian een eenzame oude man*
4 muziek maken [iemand speelt (een instrument, een muziekstuk enz.)] ✦ *Fien speelt piano* ✦ *ze speelde enkele werken van Bach*

de **spe·ling** [spelingen]
1 een ruimte tussen dingen waardoor iets kan bewegen ✦ *er zat speling in het wiel*
2 een bepaalde hoeveelheid ruimte of tijd tussen dingen = de speelruimte ✦ *ze had nog wat speling tussen twee afspraken, zodat ze nog even een boodschapje kon doen*
3 een speling van de natuur: een vreemde soort van de natuur ✦ *door een speling van de natuur bleef het meisje erg klein*
4 een speling van het lot: een bijzonder toeval ✦ *het was een speling van het lot dat ze elkaar hebben ontmoet in de trein*

spel·len [spelde, heeft gespeld]
de letters van een woord één voor één noemen [iemand spelt een woord] ✦ *kunt u uw naam even spellen?* alfabet

de **spel·ling** [spellingen]
de manier waarop woorden geschreven worden ✦ *wat is de juiste spelling van het woord 'product'?*

de **spel·re·gel** [spelregels]
een regel over hoe een sport of een spel gespeeld moet worden

spen·de·ren [spendeerde, heeft gespendeerd]
besteden [iemand spendeert iets, bijv. geld of tijd (aan iets)] ✦ *hij spendeerde al zijn geld aan computers*

het **sper·ma**
het zaad van een man of van een mannelijk dier

de **sper·zie·boon** [sperziebonen]
een groene lange boon die je kunt eten

sperzieboon

spe·ten *zie:* **spijten**

de **spet·ter** [spetters]
een druppel van een vloeistof die ergens op gekomen is = de spat ✦ *er zaten spetters bloed op zijn overhemd*

spet·te·ren [spetterde, heeft gespetterd]
spetters* veroorzaken = spatten [iets spettert] ✦ *het vet spetterde in de pan*

speu·ren naar [speurde naar, heeft gespeurd naar]
goed zoeken naar iets of iemand [iemand speurt naar iets of iemand] ✦ *de politie speurde naar bewijzen*

de **speur·tocht** [speurtochten]
een tocht om iets of iemand te zoeken

spie·den [spiedde, heeft gespied]
heel goed kijken omdat je iets zoekt = loeren [iemand spiedt (naar iets)] ✦ *ze spiedde in alle kasten naar iets lekkers*

de •**spie·gel** [spiegels]
een stuk glas waarin je jezelf kunt zien ✦ *de vrouw zit elke dag uren voor de spiegel*
iemand een spiegel voorhouden: iemand laten zien hoe hij of zij handelt

het **spie·gel·beeld** [spiegelbeelden]
het beeld van iets in een spiegel ✦ *hij zag zijn spiegelbeeld in het water* ✦ *de foto*

sp

was in spiegelbeeld afgedrukt

spie·ge·len [spiegelde, heeft gespiegeld]
als een spiegel werken [iets spiegelt] ✦ *de ruiten spiegelden*

zich **spie·ge·len aan** [spiegelde zich aan, heeft zich gespiegeld aan]
iemand als voorbeeld hebben en net zo willen zijn of doen als die persoon [iemand spiegelt zich aan iemand]
✦ *Engeland spiegelde zich aan de Verenigde Staten*

spie·ken [spiekte, heeft gespiekt]
tijdens een examen in het geheim in een boek of bij een ander kijken voor de antwoorden = afkijken [iemand spiekt] ✦ *de tafels stonden ver uit elkaar zodat de leerlingen niet konden spieken*

de **spier** [spieren]
een bundel draden in je lichaam waarmee je bewegingen kunt maken ✦ *het hart is een grote spier* ✦ *door zijn ziekte kan hij de spieren van zijn armen niet meer gebruiken*

de **spies** [spiesen]
een ijzeren pen waaraan je stukken vlees steekt om te roosteren

spies

spij·be·len [spijbelde, heeft gespijbeld]
niet naar school gaan terwijl dat wel moet [iemand spijbelt] ✦ *de vrouw wist niet dat haar zoon bijna iedere dag spijbelde*

de **spij·ker** [spijkers]
een ijzeren pen met aan één kant een punt, die je met een hamer ergens in slaat

spijker

de **spij·ker·broek** [spijkerbroeken]
een broek die gemaakt is van dikke, blauwe katoen = de jeans

de **spijl** [spijlen]
een dunne ronde stok die in een hek van boven naar beneden loopt ✦ *het kind sliep in een bedje met spijlen*

de **spijs** [spijzen]
1 [geen meervoud] een zoete massa die gemaakt is van amandelen en suiker en die soms in koek of brood zit
2 (formeel) het gekookte eten = het gerecht ✦ *er stonden dure spijzen op tafel*

de **spijs·ver·te·ring**
het proces waarbij je lichaam de nuttige stoffen uit je eten haalt ✦ *het is goed voor de spijsvertering om na het eten een stuk te wandelen*

de **spijt**
het gevoel dat je hebt als je iets hebt gedaan wat je niet had moeten doen ✦ *ze had meteen spijt van haar vervelende opmerking*

•**spij·ten** [speet, heeft gespeten]
spijt* veroorzaken [iets spijt iemand]
✦ *het spijt me dat ik te laat ben*

spij·tig [bijvoeglijk naamwoord]
iets wat spijtig is, veroorzaakt spijt* = jammer ✦ *het is heel spijtig dat we niet eerder wisten wat er gebeurd is*

de **spil** [spillen]
1 iets waarom iets anders heen draait = de as
2 iemand die heel belangrijk is, omdat veel mensen van hem of haar afhankelijk zijn ✦ *ze is de spil van de familie*

de **spin** [spinnen]
een zwart diertje met acht poten

spin

de **spi·na·zie**
een groente

spin·nen [spon, heeft gesponnen]
1 van wol of een andere stof draden maken [iemand spint (wol, zijde enz.)]
2 (ook: heeft gespind) een laag geluid maken van tevredenheid [een kat spint]
✦ *de kat Teun lag te spinnen voor de verwarming* dieren

het **spin·nen·web** [spinnenwebben]
een net dat een spin* maakt om kleine insecten te vangen

spi·o·ne·ren [spioneerde, heeft gespioneerd]

in het geheim informatie over de vijand verzamelen [iemand spioneert]

de **spi·raal** [spiralen]
1 een lijn die rond een punt in het midden draait, en steeds meer naar buiten draait

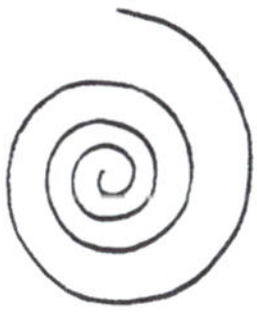

spiraal 1

2 een deel van een bed met draden van ijzer waarop een matras rust

de **spi·rit** (informeel)
de kracht van je geest = de energie ✦ *de ploeg had de juiste spirit om te winnen*

de **Spirit** (in België)
Sociaal, Progressief, Internationaal, Regionalistisch, Integraal-democratisch, Toekomstgericht: een politieke partij in België

de **spi·ri·tu·a·li·teit** [spiritualiteiten]
de aandacht voor dingen die met het 'hogere' te maken hebben, bijv. voor geloof en voor God

het **spit**[1] [speten, spitten]
een ijzeren stok met aan het einde een punt, die met vlees eraan draait boven een vuur ✦ *we aten kip aan het spit*

spit[1]

de **spit**[2] *ook:* het [geen meervoud]
een plotselinge pijn in je rug die ontstaat door een verkeerde beweging

de **spits**[1] [spitsen]
1 de plaats waar iets in een punt uitloopt ✦ *op de spits van de toren stond een kruis*
2 het spitsuur* vervoer
3 een voetballer die voor in het veld speelt en de doelpunten moet maken = de aanvaller
4 iets op de spits drijven: iets veel erger maken dan het is

spits[2] [bijvoeglijk naamwoord]
1 spitse dingen hebben een punt ✦ *de torens van gotische kerken zijn spitser dan de torens van romaanse kerken*
2 iemand die spits is, reageert snel en slim = gevat ✦ *op die spitse opmerking had ik niet meteen een antwoord*

het **spits·uur** [spitsuren]
de tijd op de dag dat het heel druk is in het verkeer, vooral 's morgens tussen 7.00 en 9.00 uur en 's avonds tussen 17.00 en 19.00 uur

spit·ten [spitte, heeft gespit]
met een spa in de grond scheppen om de grond om te keren [iemand spit]

de **spleet** [spleten]
een lange, smalle opening = de kier ✦ *er zaten nog wel wat spleten tussen de planken op de vloer*

sple·ten *zie:* **splijten**

splij·ten [spleet]
1 [heeft gespleten] met een scherp voorwerp in tweeën delen = kloven [iemand splijt iets, bijv. een blok hout]
2 [is gespleten] in stukken breken [iets, vooral hout, splijt] ✦ *het hout begon te splijten*

de **splin·ter** [splinters]
een klein, scherp stukje hout of glas ✦ *hij had een splinter in zijn vinger*

de **split** *ook:* het [splitten]
de plaats van bijv. een rok waar de stof is ingesneden ✦ *de vrouw droeg een jurk met een grote split aan de zijkant*

split·sen [splitste, heeft gesplitst]
in delen verdelen [iemand splitst iets (in iets)] ✦ *de groep werd in vier kleine groepjes gesplitst*

zich **split·sen** [splitste zich, heeft zich gesplitst]
in delen uiteengaan [iets splitst zich] ✦ *na een kilometer splitst de weg zich*

de **split·sing** [splitsingen]
de plaats waar een weg of een rivier zich splitst* ✦ *bij de tweede splitsing moet je naar links*

de **spoed**
grote snelheid ✦ *de man werd met spoed naar het ziekenhuis gebracht*

•**spoe·dig** [bijwoord]
binnen korte tijd = gauw ✦ *ik zal uw brief spoedig beantwoorden*

spoe·len [spoelde, heeft gespoeld]
met veel water schoonmaken of verwijderen [iemand spoelt iets] ✦ *de man spoelde de zure melk door de wc* ✦ *dit is een middel om de leidingen te spoelen*

sp

spo·gen *zie:* **spugen**
spo·ken [spookte, heeft gespookt]
1 als het ergens spookt, gebeuren er enge dingen die eigenlijk niet kunnen [het spookt] ✦ *men zegt dat het spookt in dat oude paleis*
2 steeds in je aandacht zijn zonder dat je het wilt [iemand of iets spookt] ✦ *de gedachte bleef door zijn hoofd spoken*
spon·nen *zie:* **spinnen**
de **spons** [sponsen, sponzen]
een zacht voorwerp dat veel water kan opnemen en dat je gebruikt om dingen schoon te maken

spons

de **spon·sor** [sponsors]
een bedrijf dat personen of groepen financieel steunt, waarbij de naam van dat bedrijf genoemd wordt ✦ *de voetballers droegen T-shirts met de naam van hun sponsor erop*
spon·so·ren [sponsorde, heeft gesponsord]
personen of groepen financieel steunen, waarbij de naam van het bedrijf genoemd wordt [een bedrijf sponsort iemand of een club] ✦ *wie heeft het wereldkampioenschap voetballen gesponsord?*
spon·taan [bijvoeglijk naamwoord]
1 spontane mensen zeggen en doen meteen wat ze bedenken ✦ *de spontane vrouw riep meteen: "Wat een mooie bank!"*
2 spontane dingen gebeuren zonder dat dat van tevoren is bepaald ✦ *spontaan gaf ze haar chef een zoen*
het **spook** [spoken]
de geest van een dode persoon, meestal voorgesteld als een bewegend laken met ogen = de schim ✦ *kinderen zijn vaak bang voor spoken*
de **spook·rij·der** [spookrijders]
iemand die met een auto in de verkeerde richting rijdt op een weg waar je maar in één richting mag rijden ✦ *over de radio werd er gewaarschuwd voor een spookrijder op de A2*

het **•spoor** [sporen]
1 de ijzeren banen waarover een trein rijdt ✦ *de trein naar Leiden vertrok vanaf spoor 19*
2 een figuur in de grond van een voet, een poot of een wiel ✦ *we zagen de sporen van een hond in het zand* ✦ *de politie zocht naar sporen van de dief*
het spoor bijster zijn: niet meer weten hoe je verder moet
iets of iemand op het spoor zijn: beginnen te vermoeden waar iets of iemand is
op het goede of het verkeerde spoor zitten: de goede of de verkeerde dingen doen
de **spoor·boom** [spoorbomen]
een soort hek over de weg dat verkeer tegenhoudt als er een trein aankomt

spoorboom

de **spoor·lijn** [spoorlijnen]
een verbinding tussen twee plaatsen per trein
spoor·loos [bijvoeglijk naamwoord]
van iemand die spoorloos is, weet niemand waar hij of zij is; iets wat spoorloos is, is nergens meer te vinden
de **spoor·weg** [spoorwegen]
de baan waarover een trein rijdt
spo·ra·disch [bijvoeglijk naamwoord]
dingen die sporadisch voorkomen, komen zelden voor ✦ *ze bezoekt haar zus sporadisch*
spo·ren [spoorde]
1 [heeft of is gespoord] met de trein reizen [iemand spoort] ✦ *zij spoort dagelijks van Antwerpen naar Rotterdam*
2 [heeft gespoord] samengaan; tegelijk gebeuren [iets spoort (met iets)] ✦ *het geluid spoort niet met het beeld*
de **•sport** [sporten]
1 een activiteit of een spel waarbij je je beweegt, voor je plezier of voor je beroep, bijv. zwemmen of voetballen ✦ *ze houdt niet van sport op tv* sport
2 een liggende stok van een ladder
spor·ten [sportte, heeft gesport]
een sport beoefenen [iemand sport]

Sport

Slechts een klein deel van de bevolking in Nederland en België doet aan **topsport**, maar er wordt veel naar gekeken, vooral op de televisie. Populair zijn voetbal, wielrennen (bekend is o.a. de Ronde van Vlaanderen), tennis, schaatsen (in Nederland), paardensport en atletiek.

Ongeveer 63 procent van de Nederlanders en Belgen doet in zijn vrije tijd met enige regelmaat aan sport. Sporters die niet voor hun beroep maar als hobby aan sport doen, worden **amateurs** genoemd. Als je een sport wilt beoefenen, kun je lid worden van een sportvereniging. Als lid van een vereniging betaal je contributie (in België: lidgeld). Op een vereniging vind je de dingen die nodig zijn voor de sport, zoals kleedkamers, sportvelden of een sporthal en vaak een kantine. Veel mensen zitten op een teamsport als basketbal, handbal, hockey, korfbal, voetbal of volleybal, of ze gaan met een vriend of vriendin tennissen.
Er zijn ook mensen die liever individueel sporten. Zij gaan bijv. joggen, fietsen of skaten. Of ze worden lid van een sportschool of fitnesscentrum. Daar kun je bijv. aan fitness, judo of aerobics doen.

Omdat er in Nederland veel water is, vinden Nederlanders het belangrijk dat kinderen op jonge leeftijd leren **zwemmen**. Daarom wordt op veel basisscholen zwemles gegeven. Veel ouders laten hun kinderen vanaf ongeveer zes of zeven jaar daarnaast buiten schooltijd zwemlessen volgen. 93 procent van alle kinderen haalt voor het einde van de basisschool een zwemdiploma.

De meren, de rivieren en de zee worden gebruikt voor **watersporten**, zoals zeilen, surfen en roeien.

Wanneer er 's winters ijs ligt, gaan veel mensen **schaatsen**. Als het ijs dik genoeg is, wordt de elfstedentocht georganiseerd. Dat is een schaatswedstrijd in Friesland over tweehonderd kilometer, waarbij de schaatsers door elf steden komen.
In Nederland zijn geen bergen en er ligt niet vaak sneeuw. Veel mensen gaan daarom op **wintersport** naar bijv. Oostenrijk of Zwitserland, om daar te skiën. In België kan wel worden geskied. In de Hoge Venen liggen de interessantste gebieden om te langlaufen.

uitgaan

sp

de **sport·hal** [sporthallen]
een grote ruimte voor sport sport

spor·tief [bijvoeglijk naamwoord]
1 sportieve mensen sporten vaak
2 iemand die sportief reageert, doet niet vervelend als hij of zij verloren heeft ⇔ onsportief ✦ *ik vind het sportief van je dat je niet boos bent*
3 sportieve kleren zitten gemakkelijk

de **sport·ver·eni·ging** [sportverenigingen]
een vereniging waar je aan sport kunt doen uitgaan

de **sport·wa·gen** [sportwagens]
een lage, snelle auto waarin meestal twee personen kunnen zitten

sportwagen

de **spot** [spots]
1 [geen meervoud] een opmerking of een gebaar om iemand of iets belachelijk te maken ✦ *de kleren van Annechien zijn vaak het onderwerp van spot*
2 een korte uitzending op radio of tv met reclame of informatie ✦ *in een spotje van de overheid wordt gewaarschuwd*

voor ongelukken in je eigen huis
3 een lamp die fel licht geeft op één plaats ✦ *boven de foto van zijn vader hangt een spotje*

spo·ten *zie:* **spuiten**

spot·ten [spotte, heeft gespot]
een persoon of een zaak belachelijk maken [iemand spot (met iemand of iets)] ✦ *je moet niet spotten met hun geloof*

de **spraak**
de mogelijkheid om te kunnen spreken ✦ *na een ernstig ongeluk heeft hij zijn spraak verloren*

spraak·ma·kend [bijvoeglijk naamwoord]
spraakmakende zaken zijn belangrijk omdat veel mensen erover praten ✦ *in de krant stond een spraakmakend artikel over de nieuwe partij*

spraak·zaam [bijvoeglijk naamwoord]
spraakzame mensen praten graag en veel

de **•spra·ke**
1 er is sprake van iets: iets gaat misschien gebeuren; het gaat om iets ✦ *de politie denkt dat er sprake is van een misdrijf*
2 daar is geen sprake van!: dat verbied ik!
3 iets komt ter sprake: er wordt over iets gepraat

spra·ke·loos [bijvoeglijk naamwoord]
iemand die sprakeloos is, is zó verbaasd of blij dat hij of zij geen woorden kan vinden om iets te zeggen

spra·ken *zie:* **spreken**

spran·ke·len [sprankelde, heeft gesprankeld]
steeds kort, helder licht laten zien = fonkelen [iemand of iets sprankelt] ✦ *de ogen van Bertine sprankelden toen ze Gaston zag*

de **spray** [sprays]
een vloeistof die je in heel dunne druppels spuit ✦ *als je erg verkouden bent, kun je een spray voor je neus gebruiken*

de **spreek·beurt** [spreekbeurten]
een verhaal voor een publiek over een bepaald onderwerp ✦ *op school moeten de kinderen van groep 5 al een spreekbeurt houden*

de **spreek·buis** [spreekbuizen]
iemand die zegt wat anderen denken ✦ *de politiek leider was de spreekbuis van een grote groep Nederlanders*

de **spreek·ka·mer** [spreekkamers]
een kamer waarin een arts of een tandarts de patiënten behandelt

de **spreek·taal**
de woorden en zinnen die je gebruikt als je spreekt ⇔ de schrijftaal

het **spreek·uur** [spreekuren]
de tijd waarop je een arts zonder afspraak kunt bezoeken ✦ *dokter Wybenga heeft vandaag spreekuur van 9.00 tot 11.00 uur* gezondheid

het **spreek·woord** [spreekwoorden]
een vaste zin die gebruikt en herkend wordt als algemene uitspraak ✦ *'hoge bomen vangen veel wind' is een bekend spreekwoord*

de **spreeuw** [spreeuwen]
een zwarte vogel met kleine, gekleurde puntjes

de **sprei** [spreien]
een stuk doek dat je over een bed legt zodat het bed er netjes uitziet

sprei·den [spreidde, heeft gespreid]
1 verdelen over een gebied of in de tijd [iemand spreidt dingen] ✦ *de gemeente wil de scholen spreiden over de hele stad* ✦ *sinds de vakanties gespreid zijn, is het minder druk in de Efteling*
2 uit elkaar doen; breed maken [iemand spreidt de armen, de benen, de vingers]

de **sprei·ding**
de verdeling over een gebied of in de tijd ✦ *de spreiding van de vakanties heeft grote voordelen*

•spre·ken [sprak, heeft gesproken]
1 met woorden iets zeggen = praten [iemand spreekt (over iets)] ✦ *morgen spreken we over de financiële problemen* ✦ *als minister moet je vaak in het openbaar spreken*
dat spreekt voor zich; dat spreekt vanzelf: dat is duidelijk en logisch ✦ *het spreekt vanzelf dat de kinderen mee mogen komen*
niet te spreken zijn over iets: niet tevreden zijn over iets
2 een gesprek hebben met iemand [iemand spreekt iemand] ✦ *ik heb mijn broer al twee maanden niet gesproken*
3 kunnen gebruiken [iemand spreekt een taal] ✦ *zij spreekt heel goed Engels*
4 iets spreekt tot de verbeelding: iets

sp

maakt veel indruk
spre·ken van [sprak van, heeft gesproken van]
noemen; een naam geven [iemand spreekt van iets] ✦ *in Nederland zegt men 'politie', in Engeland spreekt men van 'police'*
spre·kend [bijvoeglijk naamwoord]
1 opvallend; precies ✦ *ze lijkt sprekend op haar moeder*
2 een sprekend voorbeeld: een duidelijk voorbeeld
de **spre·ker** [sprekers] **spreek·ster** [spreeksters]
iemand die in het openbaar spreekt ✦ *op het congres waren interessante sprekers*
de **spreuk** [spreuken]
een vaste zin, meestal met een algemene waarheid ✦ *aan de wand hing een bord met de spreuk 'gasten en vis blijven drie dagen fris'*
de **spriet** [sprieten]
een dunne en lange stengel van een plant
°**sprin·gen** [sprong]
1 [heeft of is gesprongen] kort omhooggaan waarbij je benen tegelijk van de grond zijn [een mens of een dier springt] ✦ *durf jij over het hek te springen?*
2 [is gesprongen] plotseling, met een hard geluid, kapotgaan [iets springt] ✦ *door de kou is het glas gesprongen*
spring·le·vend [bijvoeglijk naamwoord]
iemand die springlevend is, leeft en is gezond ✦ *de discussie over drugs in Nederland is nog springlevend*
het **spring·tuig** [springtuigen] (in België)
een stof die explodeert als hij gaat branden = het explosief ✦ *het springtuig werd op het strand onschadelijk gemaakt*
de **sprink·haan** [sprinkhanen]
een insect dat hoog kan springen

sprinkhaan

de **sprint** [sprinten, sprints]
1 een korte periode dat je heel hard rent ✦ *na een sprintje kon hij nog net in de trein springen*
2 een snelheidswedstrijd over een korte afstand ✦ *zij doet mee aan de honderd meter sprint*
sprin·ten [sprintte, heeft gesprint]
een korte periode heel hard lopen [iemand sprint] ✦ *hij sprint de tweehonderd meter in 19 seconden*
sproei·en [sproeide, heeft gesproeid]
nat maken met een speciaal apparaat = besproeien [iemand sproeit iets (met een vloeistof)] ✦ *als het morgen nog niet heeft geregend, ga ik het gras sproeien*
de **sproet** [sproeten]
een kleine donkere plek op je huid
sprok·ke·len [sprokkelde, heeft gesprokkeld]
hout verzamelen om een vuur te kunnen maken [iemand sprokkelt (hout)]
de **sprong** [sprongen]
de beweging die je maakt als je springt ✦ *de verste sprong was acht meter*
een sprong in het duister: een poging waarvan je helemaal niet weet hoe het verder zal gaan ✦ *zijn nieuwe baan was een sprong in het duister*
spron·gen *zie:* **springen**
het **sprook·je** [sprookjes]
1 een verhaal voor kinderen dat niet echt gebeurd is, maar dat al heel lang verteld wordt
2 een situatie die heel mooi en onwerkelijk is ✦ *de vakantie op Bonaire was een sprookje*
sprook·jes·ach·tig [bijvoeglijk naamwoord]
sprookjesachtige dingen lijken uit een sprookje* te komen = feeëriek ✦ *het was een sprookjesachtige avond, met een heldere maan boven een veld met sneeuw*
de **spruit** [spruiten]
1 een nieuwe stengel aan een plant = de uitloper, de loot
2 een kind in relatie tot de ouders ✦ *Suze is onze jongste spruit*
de **spruit·jes** [meervoud]
een groente die bestaat uit heel kleine groene kooltjes maaltijden

sp

spruitjes

spu·gen [spuugde, heeft gespuugd of spoog, heeft gespogen]
1 met kracht vocht uit je mond naar buiten brengen [iemand spuugt] ✦ *de man spoog op de grond*
2 de inhoud van je maag via de mond naar buiten brengen = overgeven [iemand spuugt]

spui·en [spuide, heeft gespuid]
vertellen wat je graag wilt vertellen = uiten [iemand spuit kennis, kritiek enz.] ✦ *in de vergadering kreeg iedereen de kans zijn kritiek te spuien*

de **spuit** [spuiten]
een voorwerp met een nauwe opening, om mee te spuiten* (bet. 1)
een dier een spuitje geven: een dier doodmaken
spuit elf: iemand die ook nog eens zijn mening geeft zonder dat iemand daar om vraagt

spui·ten [spoot]
1 [heeft gespoten] een vloeistof met kracht door een nauwe opening laten gaan [iemand spuit (een vloeistof)]
2 [is gespoten] met kracht door een nauwe opening komen [een vloeistof spuit] ✦ *toen ik aan de knop draaide, spoot het water eruit*
3 [heeft gespoten] drugs gebruiken via een spuit [iemand spuit]

sp

het **spul**
1 het materiaal; de stof ✦ *dit is erg goed spul om de tafel mee te behandelen* ✦ *heb jij spul voor zere lippen?*
2 het hele spul: iedereen ✦ *'s avonds kwam het hele spul bij ons eten*

de **spul·len** [meervoud]
dingen ✦ *als zij op vakantie gaan, hebben ze altijd veel spullen bij zich*

het **spuug**
het vocht in je mond = het speeksel

spu·wen [spuwde, heeft gespuwd]
met kracht vocht uit je mond naar buiten brengen = spugen [iemand spuwt]

sr. [afkorting]
senior: deze letters zet je achter een naam, als je de oudere van twee personen met dezelfde naam bedoelt ⇔ jr. ✦ *meneer Struik sr. wordt vandaag tachtig jaar*

St. [afkorting]
Sint: de heilige ✦ *St.-Jozef was de man van Maria*

de **staaf** [staven]
een lang en dun voorwerp ✦ *de man had zijn vrouw met een ijzeren staaf op haar hoofd geslagen*

het **staal** [geen meervoud]
een hard soort ijzer ✦ *het schip is gemaakt van staal*

het **staal·tje** [staaltjes]
het voorbeeld ✦ *Juventus liet weer een prachtig staaltje voetbal zien*

°**staan** [stond, heeft gestaan]
1 in de positie zijn dat je benen op de grond zijn met je lichaam erboven [iemand staat] ✦ *iedereen ging staan toen de koningin binnenkwam*
erop staan dat ...: willen dat iets beslist gebeurt ✦ *de vrouw stond erop dat ze de chef kon spreken*
2 rechtop zijn of op een normale plaats zijn [iets staat] ✦ *de boeken staan in de kast* ✦ *de fiets staat tegen de muur* ✦ *de schalen staan op tafel* ✦ *het huis staat naast een fabriek*
eten laten staan: niet eten ✦ *omdat ze geen honger had, liet ze het eten staan*
3 zich bevinden [iets staat in een tekst of ergens op] ✦ *in welk boek staat dat?* ✦ *mijn naam staat op de deur*
4 een bepaalde indruk geven [iets staat] ✦ *dat kleed op de tafel staat leuk* ✦ *die broek staat je goed, Ron*
5 laat staan dat ...: dit zeg je als er iets volgt wat nog minder waarschijnlijk is ✦ *zij ziet haar eigen fouten niet, laat staan dat zij haar gedrag wil veranderen*

staan·de [bijvoeglijk naamwoord]
1 je staande houden: je handhaven ✦ *ze wist zich goed staande te houden in een bedrijf met veel mannen*
2 een staande ovatie: een groot applaus waarbij het publiek gaat staan
3 iemand op staande voet ontslaan: iemand laten weten dat hij onmiddellijk moet stoppen met zijn baan

de **staart** [staarten]
1 het soms lange onderste deel van de rug van een dier ✦ *aan de staart van een*

hond kun je zien of hij blij is
2 haar dat bij elkaar is gebonden
✦ *Emma draagt vandaag twee staartjes in het haar*
3 het laatste deel = het restje ✦ *is er nog een staartje wijn?* ✦ *er is een probleem met de staart van het vliegtuig*

de **•staat** [staten]
1 de toestand waarin iets zich bevindt ✦ *het huis is in zeer goede staat*
2 het land ✦ *Nederland heet ook wel 'de Staat der Nederlanden'* ✦ *ze reisden door verschillende Afrikaanse staten*
3 een lijst waarop je snel iets kunt opzoeken = de tabel ✦ *in deze staat kun je lezen hoeveel geld je auto waard is*
4 in staat zijn tot iets: iets kunnen ✦ *ze was zo moe dat ze niet meer in staat was om tv te kijken*
5 Provinciale Staten: alle vertegenwoordigers van het volk die een provincie besturen
6 Gedeputeerde Staten: het dagelijks bestuur van een provincie

staat·kun·dig [bijvoeglijk naamwoord]
staatkundige zaken gaan over de staat (bet. 2) = politiek

het **staats·be·drijf** [staatsbedrijven]
een bedrijf dat van de overheid is

het **staats·be·zoek** [staatsbezoeken]
een officieel bezoek van het hoofd van een land ✦ *de koning van Noorwegen brengt volgende week een staatsbezoek aan België*

het **Staats·bos·be·heer** (in Nederland)
de organisatie die zorgt voor de natuur in Nederland

de **staats·bur·ger** [staatsburgers]
iemand die de nationaliteit van een land heeft ✦ *de man is volgens zijn paspoort een Oostenrijks staatsburger* politiek

de **staats·greep** [staatsgrepen]
een actie om de macht van een land over te nemen = de coup ✦ *bij de staatsgreep van 1995 zijn veel mensen gedood*

het **staats·hoofd** [staatshoofden]
het hoofd van een land ✦ *in Nederland en België is een koning of een koningin het staatshoofd, maar in Frankrijk een president* overheid

de **staats·man** [staatslieden, staatsmannen]
iemand die een hoge positie heeft bij het bestuur van een land ✦ *Winston Churchill was een groot staatsman uit de vorige eeuw*

de **staats·se·cre·ta·ris** [staatssecretarissen]
een lid van het kabinet dat de taak heeft om een minister te helpen ✦ *zij is staatssecretaris van onderwijs in het nieuwe kabinet*

de **Staats·vei·lig·heid**
de organisatie die namens de regering de veiligheid binnen België beschermt

sta·biel [bijvoeglijk naamwoord]
1 stabiele dingen staan stevig ⇔ instabiel ✦ *voor dit werk heb je een stabiele werktafel nodig*
2 iets wat stabiel is, verandert niet en is steeds ongeveer hetzelfde ⇔ labiel ✦ *aan het eind van het jaar komt er een verandering in de stabiele economische situatie* ✦ *voor zo'n zware baan heb je een stabiele persoonlijkheid nodig*

sta·bi·li·se·ren [stabiliseerde, heeft gestabiliseerd]
stabiel* (bet. 2) worden [iets stabiliseert] ✦ *de prijs van benzine stabiliseert*

de **•stad** [steden]
een grote plaats waar mensen wonen ✦ *Enschede is de grootste stad van de provincie Overijssel*
de stad in gaan: naar het deel van de stad gaan waar de winkels zijn

het **stad·huis** [stadhuizen]
het gebouw waarin het bestuur van een gemeente is gevestigd = het gemeentehuis gedenkdagen

het **sta·di·on** [stadions]
een groot terrein voor sport, vaak met een dak erboven, met veel plaats voor publiek eromheen ✦ *er kunnen vijftigduizend mensen in het nieuwe stadion*

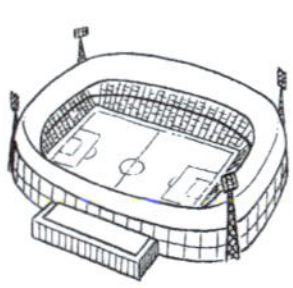

stadion

het **sta·di·um** [stadia, stadiums]
een periode in een ontwikkeling = de fase ✦ *het is belangrijk om de ziekte in een vroeg stadium te ontdekken*

de **staf** [staven]
1 een groep mensen die de leiding heeft ✦ *de staf heeft vandaag een vergadering*

st

over de toekomst van het bedrijf
2 een mooie stok die sommige machtige personen bij zich dragen ✦ *Sinterklaas heeft een mijter en een staf*

de **sta·ge** [stages]
het werk dat je doet als deel van je opleiding ✦ *Renske loopt stage bij de politie*

de **sta·gi·air** [stagiairs] **sta·gi·ai·re** [stagiaires]
iemand die als deel van zijn of haar opleiding ergens werkt

stag·ne·ren [stagneerde, heeft gestagneerd]
niet verder gaan; stoppen [iets stagneert] ✦ *de groei van de economie is gestagneerd*

sta·ken[1] [staakte, heeft gestaakt]
1 niet werken om zo de werkgever te dwingen om aan bepaalde eisen te voldoen [werknemers staken] ✦ *de werknemers staken voor een hoger loon*
2 niet verder gaan met iets; stoppen [iemand staakt iets] ✦ *hij heeft zijn studie gestaakt*

sta·ken[2] *zie:* **steken**

de **stak·ker** [stakkers]
iemand om wie je verdriet hebt omdat hij iets naars meemaakt = de stumper, de zielepiet ✦ *hij heeft uren in de regen staan wachten, de stakker!*

de •**stal** [stallen]
een gebouw voor koeien, paarden enz. ✦ *'s nachts staan de koeien in de stal*
iets van stal halen: iets ouds opnieuw gebruiken

sta·len *zie:* **stelen**

stal·len [stalde, heeft gestald]
op een geschikte plaats neerzetten [iemand stalt een auto, een fiets enz.] ✦ *je kunt je fiets wel bij mij in de schuur stallen*

de **stal·ling** [stallingen]
een ruimte waar je een auto, een fiets enz. veilig kunt neerzetten ✦ *in de winter staat de caravan in een stalling*

de **stam** [stammen]
1 het deel van een boom tussen de grond en de takken ✦ *er groeien nieuwe takken uit de stam van de oude boom*
2 een groep mensen van één volk, met een eigen cultuur, die met elkaar in een gebied wonen ✦ *jarenlang voerden de twee stammen oorlog over een stuk land*
3 (taal) de vorm van een werkwoord zonder de uitgangen ✦ *de stam van 'lopen' is 'loop'*

de **stam·boom** [stambomen]
een lijst van mensen die familie zijn van elkaar, die laat zien wat de familierelaties zijn en hoe de familie er in het verleden uitzag ✦ *zijn stamboom gaat terug tot de vijftiende eeuw* familie

sta·me·len [stamelde, heeft gestameld]
met moeite iets zeggen, bijv. omdat je bang bent [iemand stamelt (iets)] ✦ *ze stamelde dat ze de trein gemist had*

stam·men [stamde, is gestamd]
gemaakt zijn of ontstaan zijn in een bepaalde tijd [iets stamt uit iets of van iets] ✦ *dit horloge stamt nog uit de tijd van Napoleon*

stam·pen [stampte, heeft gestampt]
1 met je voet hard tegen de grond slaan [iemand stampt] ✦ *kwaad stampte het kind met haar voeten*
2 iets kleiner maken door erop te slaan met een voorwerp [iemand stampt iets] ✦ *hij stampt de aardappels en doet de groente erdoor*
3 proberen te onthouden door hard te leren [iemand stampt feiten in zijn hoofd]

de **stamp·pot** [stamppotten]
eten dat je maakt door aardappels te stampen en er groente en eventueel vlees door te doen ✦ *vanavond eten we stamppot met rookworst* maaltijden

de **stand**[1] [stands] (uitspraak: stent)
een plek om producten te tonen op een tentoonstelling of een beurs ✦ *het bedrijf had een grote stand op de tentoonstelling*

de •**stand**[2] [standen] (uitspraak: stant)
1 de houding; de positie ✦ *deze stoel kan in verschillende standen staan*
2 het aantal punten bij een wedstrijd ✦ *de wedstrijd eindigde met de stand 2-1*
3 de plaats in de maatschappij ✦ *in deze buurt wonen mensen van een andere stand dan wij*
4 de stand van zaken: de manier waarop het nu is ✦ *met de huidige stand van zaken kunnen we beter niet verhuizen*
5 iets komt tot stand: iets ontstaat doordat eraan gewerkt is ✦ *tijdens de vakantie is er niet veel tot stand gekomen*
6 iets in stand houden: zorgen dat iets blijft bestaan ✦ *de nieuwe directeur hield*

het oude beleid in stand

de **stan·daard**[1] [standaarden, standaards]
1 datgene wat als goed of juist beschouwd wordt = de norm ✦ *hij vindt dat een hoogte van twee meter veertig de standaard voor alle deuren zou moeten worden*
2 een stok waarop iets kan steunen of waaraan iets kan hangen ✦ *de standaard van mijn fiets is kapot*

stan·daard[2] [bijwoord]
in alle normale gevallen ✦ *deze auto heeft standaard vijf deuren*

het **stan·daard·werk** [standaardwerken]
het belangrijkste boek over een bepaald onderwerp ✦ *Lou de Jong schreef een standaardwerk over de Tweede Wereldoorlog*

het **stand·beeld** [standbeelden]
een groot beeld van een bekende of historische persoon, waar iedereen naar kan kijken

het **stand·je** [standjes]
de woorden waarmee je het gedrag van iemand, vooral van een kind, afkeurt ✦ *de vader gaf zijn zoontje een standje*

de **stand·plaats** [standplaatsen]
1 de vaste plaats waar iets of iemand zich gewoonlijk bevindt ✦ *voor het station is een standplaats voor taxi's* ✦ *de groenteman heeft een vaste standplaats op de markt*
2 de plaats waar bijv. een ambtenaar of een journalist voor zijn werk gevestigd is ✦ *de standplaats van de journalist is New York*

het •**stand·punt** [standpunten]
de mening ✦ *de standpunten van de werkgevers en de werknemers liggen ver uit elkaar*

stand·vas·tig [bijvoeglijk naamwoord]
standvastige mensen blijven hetzelfde denken en geven niet op ✦ *de werknemers bleven standvastig bij hun eis om een hoger loon*

de **stang** [stangen]
een voorwerp met de vorm van een stok, dat gemaakt is van bijv. ijzer ✦ *Merel zat op de stang van Pauls fiets terwijl hij haar naar huis bracht*

de **stank**
een vieze geur ✦ *veel mensen hadden last van de stank van de fabriek*

de •**stap** [stappen]
1 de keer dat je de ene voet voor de andere zet bij het lopen ✦ *in drie grote stappen was ze bij de deur*
een stap in de goede richting: een goede poging ✦ *het is een stap in de goede richting dat er meer banen komen*
stap voor stap: langzaam, maar wel duidelijk ✦ *hij gaat stap voor stap vooruit*
2 op stap gaan: uitgaan; vertrekken om iets leuks te gaan doen

de **sta·pel** [stapels]
1 een hoeveelheid voorwerpen die op elkaar liggen ✦ *wil jij me het papier dat boven op die stapel ligt even geven?*
2 te hard van stapel lopen: te snel en zonder er goed over na te denken met iets beginnen ✦ *ik begrijp dat je graag wilt beginnen, maar nu loop je toch te hard van stapel*

sta·pe·len [stapelde, heeft gestapeld]
op elkaar leggen [iemand stapelt voorwerpen] ✦ *de eigenaar van het café heeft nieuwe stoelen gekocht die gemakkelijk te stapelen zijn*

•**stap·pen** [stapte, heeft of is gestapt]
1 lopen; gaan [iemand stapt (ergens naartoe)] ✦ *hij stapte snel in de bus*
2 (informeel) uitgaan [iemand stapt] ✦ *vanavond gaan de vriendinnen samen stappen*

stap·voets [bijwoord]
als je stapvoets rijdt, rijd je zo langzaam als iemand die loopt

star [bijvoeglijk naamwoord]
1 starre mensen handelen streng volgens bepaalde regels of principes = rigide ✦ *nu we zo'n starre burgemeester hebben, kunnen we geen veranderingen verwachten*
2 iets wat star is, beweegt niet of verandert niet ✦ *ze keek hem aan met een starre blik*

•**sta·ren** [staarde, heeft gestaard]
lange tijd kijken zonder iets te zien [iemand staart (naar iemand of iets)] ✦ *tijdens de les Engels zat ik vaak uit het raam te staren*
je blind staren op iets: zo sterk met een probleem bezig zijn, dat je de rest vergeet

de **start** [starts]
het moment dat of de plaats waarop iets begint ✦ *iedereen die wil deelnemen*

aan de wedstrijd, moet nu naar de start komen ✦ *vanaf de start was al duidelijk dat het plan niet goed was*
van start gaan: beginnen ✦ *het programma gaat om 14.00 uur van start*

star·ten [startte]
1 [heeft of is gestart] beginnen met iets [iemand start iets] ✦ *de politie start een onderzoek naar de moord*
2 [heeft gestart] zorgen dat de motor gaat draaien [iemand start een auto, brommer enz.] ✦ *start jij de auto vast, dan zet ik de boodschappen achterin*
3 [heeft gestart] beginnen te draaien [een motor start] ✦ *de auto wilde niet starten door het natte weer*
4 [is gestart] beginnen met een wedstrijd [iemand start] ✦ *de hardlopers starten om drie uur*
5 [is gestart] beginnen [iets start] ✦ *hoe laat start de film?*

het **state·ment** [statements]
een krachtige uitspraak of een verklaring ✦ *in een kort statement liet de president weten dat er geen reden tot zorg is*

het **sta·tie·geld**
geld dat je betaalt als je een volle fles koopt en dat je terugkrijgt als je de lege fles weer terugbrengt ✦ *op alle flessen die ik gekocht heb, zit statiegeld*

sta·tig [bijvoeglijk naamwoord]
aan statige mensen of dingen kun je zien dat ze voornaam zijn = deftig ✦ *het oude kantoor was een statig gebouw*

het •**sta·ti·on** [stations]
1 een plaats waar treinen aankomen en vertrekken en waar de reizigers kunnen instappen en uitstappen ✦ *we renden naar het station, omdat de trein bijna zou vertrekken* vervoer
2 een plaats die geschikt is gemaakt voor een praktisch of wetenschappelijk doel ✦ *op de zuidpool is een station waar onderzoek gedaan wordt naar het weer*

sta·ti·o·ne·ren [stationeerde, heeft gestationeerd]
een vaste plaats geven [iemand stationeert iets of iemand ergens] ✦ *de soldaten zijn gestationeerd in Angola*

sta·tisch [bijvoeglijk naamwoord]
1 statische dingen bewegen niet of veranderen niet ⇔ dynamisch ✦ *taal is niet statisch, want er komen nieuwe woorden bij en oude woorden verdwijnen*
2 statische dingen hebben een elektrische lading, maar staan niet onder stroom ✦ *als het koud en droog weer is, krijg ik altijd statisch haar*

de **sta·tis·tiek** [statistieken]
1 een tekening waarin verzamelde feiten of gegevens getoond worden ✦ *de statistieken laten zien dat de prijzen van huizen blijven stijgen*
2 de wetenschap van het verzamelen van feiten en gegevens om die met elkaar te vergelijken en op grond daarvan uitspraken over de toekomst te doen ✦ *beoefenaars van de statistiek verwachten dat het de komende jaren steeds warmer zal worden*

de **sta·tus**
1 je aanzien in de maatschappij ✦ *de status van een onderwijzer is tegenwoordig niet zo hoog meer als vroeger*
2 de positie die je volgens de wet hebt, waardoor je bepaalde rechten en plichten hebt ✦ *vroeger was dit een studentenvereniging, maar nu het de status van café heeft, moet het 's nachts om 1.00 uur sluiten*

het **sta·tuut** [statuten]
een officiële afspraak over de rechten en plichten van personen binnen een bedrijf, een vereniging enz. ✦ *volgens de statuten mogen personen jonger dan achttien jaar geen lid worden van onze vereniging*

ste·de·lijk [bijvoeglijk naamwoord]
stedelijke dingen hebben te maken met een stad ✦ *het stedelijk gebied in België wordt steeds groter*

•**steeds** [bijwoord]
telkens weer; de hele tijd = voortdurend ✦ *de baby wordt steeds wakker*

de **steeg** [stegen]
een smalle straat tussen huizen ✦ *in dit steegje kun je de auto niet parkeren*

de **steek** [steken]
1 de keer dat iemand of iets door iets scherps gestoken wordt ✦ *het kind huilde toen het een steek van een insect kreeg*
2 een korte pijn ✦ *hij stopte met rennen toen hij steken in zijn borst kreeg*
3 de manier waarop je een draad door stof haalt ✦ *met grote steken maakte hij de broek*
4 iemand in de steek laten: weggaan

st

bij iemand die wil dat je blijft ✦ *ze heeft haar man in de steek gelaten*

de **steek·pen·nin·gen** [meervoud]
geld dat je iemand betaalt om hem iets te laten doen dat officieel niet mag ✦ *het bedrijf heeft steekpenningen betaald aan een hoge ambtenaar*

de **steek·proef** [steekproeven]
een onderzoek onder een kleine groep, waarvan het resultaat voor een grotere groep geldt ✦ *het onderzoeksbureau houdt een steekproef onder studenten*

de **steel** [stelen]
1 een uitstekend deel van een voorwerp in de vorm van een stok, waaraan je het voorwerp vastpakt ✦ *de steel van de bezem is gebroken*

steel 1

2 het dunne deel van een plant waaraan een blad, een bloem of een vrucht zit = de stengel

steels [bijvoeglijk naamwoord]
steelse dingen gebeuren in het geheim = heimelijk ✦ *Wiebe raakte Annet steels aan*

de **•steen**[1] [stenen]
een stuk steen[2]* ✦ *de jongens gooiden met stenen naar de politie*
de onderste steen boven halen: een zaak heel precies onderzoeken

het **•steen**[2]
1 hard materiaal dat in de grond zit ✦ *deze schuur is gemaakt van steen*
2 steen en been klagen: heel erg klagen

de **steen·bok** [steenbokken]
een geit die in de bergen leeft

de **Steen·bok** [Steenbokken]
een sterrenbeeld **sterrenbeelden**

de **steen·kool**
zwart materiaal dat in de grond zit en dat gebruikt wordt als brandstof

de **steen·puist** [steenpuisten]
een harde, dikke plek op je huid, die ontstaan is door een ontsteking

de **steen·weg** [steenwegen] (in België)
een grote weg die door dorpen en steden loopt ✦ *het is heel gevaarlijk om de drukke steenweg over te steken* **landschap**

de **steen·worp**
op een steenworp afstand: dichtbij ✦ *het huis licht op een steenworp afstand van de rivier*

stee·vast [bijwoord]
volgens een vaste gewoonte; bij iedere gelegenheid ✦ *als Guido en ik dansen, gaat hij steevast op mijn tenen staan*

ste·gen *zie:* **stijgen**

de **stei·ger** [steigers]
1 een houten constructie aan de kant van het water, waaraan boten vastgemaakt kunnen worden ✦ *ze liep over de steiger naar de boot*
2 een hoge constructie van palen en planken waarop arbeiders aan gebouwen werken ✦ *het huis staat in de steigers, omdat het geschilderd wordt*

stei·ge·ren [steigerde, heeft gesteigerd]
1 de voorste benen allebei optillen [paarden steigeren]
2 boos protesteren [iemand begint te steigeren] ✦ *de zangeres begon te steigeren toen ze de onzin las die de bladen over haar schreven*

steil [bijvoeglijk naamwoord]
1 steile wegen, trappen enz. stijgen heel snel: bij iedere stap naar voren ga je ook een heel stuk omhoog ✦ *je moet oppassen dat je niet valt, want deze trap is heel steil*
2 steil haar is helemaal recht en glad

de **stek** [stekken]
1 een geschikte plaats ✦ *de groenteman staat op zijn vaste stek op de markt*
2 een afgesneden takje waaruit een nieuwe plant kan groeien ✦ *ze heeft me een paar stekjes gegeven voor in mijn tuin*

de **ste·kel** [stekels]
elk van de scherpe, harde en dikke haren op de huid van sommige dieren en op sommige planten ✦ *hij wil zijn haar in stekels laten knippen*

•ste·ken [stak, heeft gestoken]
1 met een scherp voorwerp raken [iemand of iets steekt iemand of iets] ✦ *de dief stak de agent met een mes* ✦ *ik ben gestoken door een insect*
2 in, achter of onder iets plaatsen = doen, plaatsen [iemand steekt iets in, achter, onder iets] ✦ *Elly stak haar hand in haar zak om te voelen of ze nog geld had*

3 tijd, geld enz. besteden aan iets [iemand steekt tijd, geld enz. in iets] ✦ *ik heb veel tijd in dit artikel gestoken, dus ik hoop dat iedereen het goed leest*
4 een scherpe pijn veroorzaken = prikken [iets steekt] ✦ *het wondje op mijn vinger steekt*
5 ergens blijven steken: ergens vast blijven zitten ✦ *de wagen bleef in het zand steken*
6 op een bepaalde manier in elkaar steken: op een bepaalde manier zijn ✦ *kun je vertellen hoe het Belgische onderwijs in elkaar steekt?*

de **stek·ker** [stekkers]
een voorwerp aan het eind van een elektrische draad, dat je in een stopcontact steekt

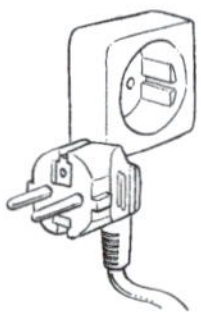

stekker

het **stel** [stellen]
1 twee personen of dingen die bij elkaar horen = het paar ✦ *Jos en Mia zijn een leuk stel*
2 een klein aantal ✦ *op tafel ligt een stel brieven die nog op de post moeten* ✦ *wat een stelletje oplichters zijn jullie!*

•ste·len [stal, heeft gestolen]
iets dat van iemand anders is in het geheim meenemen = pikken [iemand steelt iets] ✦ *mijn fiets is gestolen*

de **stel·la·ge** [stellages]
een tijdelijk gebouwde constructie van bijv. palen en planken ✦ *op het toneel is een stellage gebouwd waarop de muzikanten staan*

•stel·len [stelde, heeft gesteld]
1 als waar aannemen [iemand stelt dat …] ✦ *stel dat jij president was, wat zou je dan doen?*
2 met woorden zeggen = formuleren [iemand stelt iets] ✦ *laat ik het zo stellen: ik ben niet arm en niet rijk*
een vraag stellen: iets vragen
3 in verschillende betekenissen en verbindingen ✦ *hij stelt hoge eisen aan het personeel* ✦ *dat wil ik graag ter discussie stellen*
het zonder iets of iemand stellen: zonder iets of iemand doorgaan of functioneren ✦ *je moet snel naar huis komen, want ik kan het niet zonder je stellen*

•stel·lig [bijvoeglijk naamwoord]
als iemand een stellige mening heeft, is hij of zij er heel zeker van ✦ *hij beweerde heel stellig dat hij niets gezien had*

de **stel·ling** [stellingen]
1 een uitspraak waarvan je uitgaat ✦ *de minister was het niet eens met de stelling dat er door de slechte economie geen geld meer voor het milieu was*
stelling nemen: je mening bepalen en duidelijk laten horen ✦ *de partij nam fel stelling tegen de plannen van het nieuwe kabinet*
2 een eenvoudige, open kast ✦ *in de kelder stonden stellingen vol flessen wijn*
3 de positie van een leger of van stukken bij een spel
4 (in België) een hoge constructie van palen en planken waarop arbeiders aan gebouwen werken = de steiger ✦ *omdat ons huis geschilderd wordt, staat er al drie dagen een stelling tegen de muur*

de **stel·ling·na·me** [stellingnamen, stellingnames]
een duidelijke mening; de keer dat iemand zijn mening bepaalt ✦ *met zoveel tegenstanders was het moeilijk voor de minister om bij haar stellingname te blijven*

de **stel·plaats** [stelplaatsen] (in België)
een garage voor bussen, trams en treinen = de remise

het **stel·sel** [stelsels]
1 de afspraken, regels enz. van een systeem ✦ *het nieuwe stelsel van de sociale zekerheid heeft voor iedereen voordelen*
2 buizen of gangen die met elkaar verbonden zijn = het netwerk

stel·sel·ma·tig [bijvoeglijk naamwoord]
iets dat stelselmatig gebeurt, gebeurt steeds, volgens een systeem ✦ *veel werknemers kwamen stelselmatig te laat op hun werk*

de **stelt** [stelten]
de boel op stelten zetten: drukte veroorzaken ✦ *de jongens zetten de boel op stelten in de klas*

de **•stem** [stemmen]
1 het geluid dat je maakt als je praat of zingt ✦ *ze zong het lied met een hoge stem*

st

er gaan stemmen op om ...: veel mensen vinden het een goed idee om ... ✦ *er gaan steeds meer stemmen op om de belastingen te verlagen*
2 de keuze voor bijv. een partij of een persoon bij verkiezingen ✦ *de politieke partij heeft 30% van de stemmen gekregen*

de **stem·ban·den** [meervoud]
de spieren in je keel die je stem laten klinken

het **stem·bu·reau** [stembureaus]
een plaats waar je bij verkiezingen kunt stemmen (bet. 1)

de **stem·bus** [stembussen]
een bus waarin je het papier doet waarmee je stemt (bet. 1)

•stem·men [stemde, heeft gestemd]
1 je stem (bet. 2) geven aan een persoon of een partij [iemand stemt (op een partij)] ✦ *er zijn nog veel mensen die nog niet weten op welke partij ze gaan stemmen* politiek
2 de tonen van instrumenten op de juiste hoogte brengen [iemand stemt een muziekinstrument] ✦ *de piano moet worden gestemd*
3 in een bepaalde stemming brengen [iets stemt iemand verdrietig, blij enz.] ✦ *de minister is somber gestemd over de economie*

stem·mig [bijvoeglijk naamwoord]
iets wat stemmig is, past goed bij de gelegenheid en valt niet op ✦ *op de begrafenis droeg iedereen stemmige kleren*

de **•stem·ming** [stemmingen]
1 een bepaald gevoel dat je een tijd hebt = het humeur, de bui ✦ *hij mocht bijna met vakantie en was in een prima stemming*
2 de sfeer ✦ *door het goede nieuws was er een positieve stemming op de beurs*
3 de keer dat er wordt gestemd (bet. 1) ✦ *na de stemming mocht de nieuwe voorzitter op het toneel komen*

de **stem·pel**[1] [stempels]
een klein voorwerp waarmee je met inkt tekst of een plaatje op papier kunt drukken

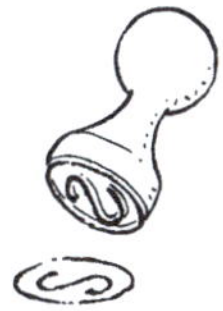

stempel[1]

het **stem·pel**[2] *ook:* de [stempels]
een tekst of een plaatje op papier, gedrukt met een stempel[1]* ✦ *op het postkantoor werd er een stempel op de brief gezet*
je stempel op iets drukken: veel invloed hebben op iets
iemand van de oude stempel: iemand met ideeën van vroeger

stem·pe·len [stempelde, heeft gestempeld]
1 met een stempel[1]* tekst of een plaatje op papier zetten [iemand stempelt iets] ✦ *de brief was in Australië gestempeld*
2 (in België) een uitkering krijgen omdat je geen werk hebt [iemand stempelt] ✦ *toen de fabriek sloot, moest hij gaan stempelen*

het **stem·pel·geld** (in België)
geld dat je krijgt omdat je er recht op hebt, vooral van de overheid werk verzekeringen

de **stem·plicht** (in België)
de plicht om naar het stembureau te gaan als er verkiezingen zijn politiek overheid

het **stem·recht** [stemrechten]
het recht om te stemmen (bet. 1) = het kiesrecht politiek overheid

ste·nen [bijvoeglijk naamwoord]
stenen dingen zijn gemaakt van steen ✦ *in de tuin stond een stenen bankje*

de **sten·gel** [stengels]
het dunne deel van een plant waaraan een blad of een bloem zit = de steel

de **step** [steppen, steps]
een plank met twee wielen en een stuur, waarop je met één voet staat, terwijl je je met je andere voet vooruitduwt

step

de **ster** [sterren]

st

1 een hemellichaam dat bestaat uit gassen en dat licht geeft
de sterren van de hemel zingen, spelen enz.: heel mooi zingen, spelen enz.
2 een figuur met punten die naar alle kanten uitsteken

ster 2

3 een persoon die heel bekend is van film of televisie ✦ *alle sterren waren uitgenodigd voor het feest*
4 een ster (bet. 2) als teken voor kwaliteit van een hotel of restaurant ✦ *het hotel waarin ze sliepen had drie sterren*

de **STER** (in Nederland)
Stichting Etherreclame: de organisatie die de reclame op de publieke radio en de tv verzorgt

de **ste·reo**[1]
een apparaat waarmee je bijv. cd's en cassettes kunt laten horen = de geluidsinstallatie ✦ *van haar eerste loon heeft ze een stereo gekocht*

ste·reo[2] [bijvoeglijk naamwoord]
als een apparaat stereo is, komt het geluid uit twee boxen zodat het echt lijkt ⇔ mono ✦ *is die televisie stereo?*

ste·re·o·tiep [bijvoeglijk naamwoord]
iets wat stereotiep is, geeft precies dát beeld dat je verwacht ✦ *het boek geeft een stereotiep beeld van Amsterdam*

het **sterf·ge·val** [sterfgevallen]
de toestand dat er iemand is overleden ✦ *wegens een sterfgeval is de winkel gesloten*

de **sterf·te**
het feit dat mensen of dieren sterven; het aantal mensen of dieren dat sterft door een bepaalde oorzaak ✦ *door een nieuw medicijn is de sterfte als gevolg van de ziekte veel minder geworden*

ste·riel [bijvoeglijk naamwoord]
1 iets wat steriel is, heeft geen bacteriën waarvan je ziek kunt worden ✦ *bij een operatie worden alleen steriele instrumenten gebruikt*
2 een steriele kamer is zo schoon en netjes dat hij niet gezellig is = clean

***sterk** [bijvoeglijk naamwoord]
1 een sterke persoon kan veel kracht ontwikkelen = krachtig ⇔ slap, zwak ✦ *hij doet aan sport om sterker te worden*
je sterk maken voor iets: veel moeite doen om iets te laten lukken
2 een sterk voorwerp gaat niet gauw kapot = stevig ✦ *als je in de bergen gaat lopen, heb je sterke schoenen nodig*
3 flink; erg ✦ *de economie is de laatste jaren sterk gestegen*
4 een sterk verhaal is moeilijk te geloven
5 een sterk werkwoord: een werkwoord met onregelmatige vormen in de verleden tijd, zoals 'hebben', 'kopen' enz.
6 ik maak me sterk dat …: ik weet bijna zeker dat …

de **sterk·te** [sterkten, sterktes]
1 het feit dat iets sterk (bet. 2) is ✦ *de machines bleven op volle sterkte draaien*
2 sterkte!: dit zeg je om iemand moed te geven die problemen heeft

het **ster·ren·beeld** [sterrenbeelden]
een groep sterren die samen een figuur vormen, zoals Weegschaal of Vissen
sterrenbeelden

het **ster·re·tje** [sterretjes]
een teken in een tekst in de vorm van een ster* (bet. 2) waarmee je naar iets verwijst = de asterisk ✦ *er stond een sterretje bij het woord, en onder aan de pagina werd het woord uitgelegd*

de **ster·ve·ling** [stervelingen]
de mens ✦ *alle belangrijke gasten gingen naar binnen, maar als gewone sterveling moest ik buiten blijven* ✦ *toen er voetbal op de televisie was, liep er geen sterveling op straat*

***ster·ven** [stierf, is gestorven]
1 ophouden met leven = doodgaan, overlijden [iemand sterft]
2 op sterven na dood zijn: bijna dood zijn

de **ste·tho·scoop** [stethoscopen]
een apparaat waarmee de dokter naar je borst luistert

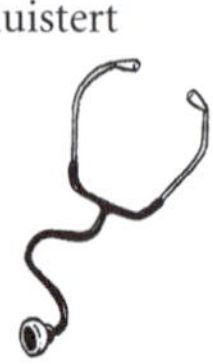
stethoscoop

st

Sterrenbeelden

sterrenbeeld	Latijnse naam	symbool	periode
Ram	Aries	♈	21/3 - 20/4
Stier	Taurus	♉	21/4 - 21/5
Tweelingen	Gemini	♊	22/5 - 21/6
Kreeft	Cancer	♋	22/6 - 22/7
Leeuw	Leo	♌	23/7 - 23/8
Maagd	Virgo	♍	24/8 - 23/9
Weegschaal	Libra	♎	24/9 - 23/10
Schorpioen	Scorpius	♏	24/10 - 22/11
Boogschutter	Sagittarius	♐	23/11 - 21/12
Steenbok	Capricornus	♑	22/12 - 20/1
Waterman	Aquarius	♒	21/1 - 19/2
Vissen	Pisces	♓	20/2 - 20/3

de **•steun** [steunen]
1 iets waarop iets anders steunt (bet. 1) ✦ *de palen dienden als steun voor het huis*
2 [geen meervoud] hulp die je krijgt bij problemen ✦ *in de moeilijke tijd had zij de steun van haar ouders hard nodig* ✦ *toen de steun van de overheid stopte, moest het theater sluiten*
een steuntje in de rug: iets waardoor je geholpen wordt

•steu·nen [steunde, heeft gesteund]
1 iets als basis hebben, waardoor het niet valt [iemand of iets steunt op iets] ✦ *de planken steunen op palen* ✦ *de vrouw steunde bij het lopen op een stok*
2 hulp geven [iemand steunt iemand of iets] ✦ *de regering heeft het plan om de boeren te steunen* ✦ *het parlement steunde het voorstel van de minister*
3 iets klagend zeggen [iemand steunt] ✦ *"Ik ben zo moe!", steunde hij*

ste·vig [bijvoeglijk naamwoord]
1 iets wat stevig is, gaat niet snel kapot = sterk ✦ *voor de reis kocht ik een stevige koffer*
2 stevige mensen zijn tamelijk zwaar = fors ✦ *ze moet minder gaan eten want ze wordt erg stevig*
3 flink = fors ✦ *de directeur kreeg stevige kritiek op zijn plannen*

de **ste·ward** [stewards]
een man die mensen ontvangt, o.a. in een vliegtuig of op een boot

de **ste·war·dess** [stewardessen]
een vrouw die in een vliegtuig of op een boot voor de reizigers zorgt

stich·ten [stichtte, heeft gesticht]
1 zorgen dat iets begint te bestaan = oprichten [iemand sticht iets] ✦ *de man heeft een school gesticht voor kinderen die moeilijk leren*
2 laten ontstaan = veroorzaken [iemand sticht iets] ✦ *hij moest voor de rechter komen omdat hij brand had gesticht*

de **•stich·ting** [stichtingen]
een organisatie die niet het doel heeft om winst te maken en die geen leden heeft ✦ *het bestuur van de stichting besloot dat er een nieuwe directeur moest komen*

de **stic·ker** [stickers]
een plaatje dat kleeft zodat je het ergens op kunt plakken

het **stief·kind** [stiefkinderen]
een kind van je man of vrouw uit een eerder huwelijk ✦ *hij zorgde voor zijn stiefkind alsof het zijn eigen kind was*

de **stief·moe·der** [stiefmoeders]
de vrouw die getrouwd is met je vader, maar die niet je eigen moeder is

de **stief·va·der** [stiefvaders]
de man die getrouwd is met je moeder, maar die niet je eigen vader is

stie·kem [bijvoeglijk naamwoord]
als je iets stiekem doet, zorg je dat andere mensen het niet merken ✦ *toen ik twaalf was, rookte ik stiekem mijn eerste sigaretjes*

de **stier** [stieren]
een mannelijk rund dieren

de **Stier** [Stieren]
een sterrenbeeld sterrenbeelden

stier·ven *zie:* **sterven**

de **stift** [stiften]
een pen met een hard stuk vilt aan het einde waar de inkt doorheen komt

stijf[1] [bijvoeglijk naamwoord]
1 iets wat stijf is, kun je niet makkelijk buigen ⇔ soepel ✦ *toen Guus ouder werd, was hij altijd een beetje stijf als hij opstond*
2 iemand die stijf doet, doet beleefd zonder gevoelens te tonen ⇔ spontaan ✦ *stijf zei hij dat hij niet van voetbal hield*

stijf[2] [bijwoord]
stevig; met kracht ✦ *Kate hield haar ogen stijf dicht*

•**stij·gen** [steeg, is gestegen]
1 omhooggaan ⇔ dalen [iets stijgt] ✦ *het water in de rivier stijgt*
2 in waarde omhooggaan ⇔ dalen [iets stijgt] ✦ *de prijs van benzine is weer gestegen*

de •**stijl** [stijlen]
1 de manier waarop iets gemaakt is, vooral de manier waarop een tekst geschreven is ✦ *de inhoud van het boek was heel interessant, maar op de stijl was veel kritiek* ✦ *het gebouw was gebouwd in de stijl van twee eeuwen geleden*
2 iemands manier van doen, van kleden enz. ✦ *in de stijl van de overledene was de begrafenis heel eenvoudig*

stijl·vol [bijvoeglijk naamwoord]
stijlvolle dingen zijn met gevoel voor stijl (bet. 2) gemaakt = smaakvol ✦ *zij woont in een stijlvol appartement*

stik·ken [stikte]
1 [is gestikt] sterven door gebrek aan lucht [iemand stikt] ✦ *in de rook zijn drie mensen gestikt*
2 [heeft gestikt] met een naaimachine vastmaken [iemand stikt iets] ✦ *ze stikte de band op haar jas*

de **stik·stof**
het gas waaruit lucht voor het grootste deel bestaat ✦ *voor planten is het heel belangrijk dat er voldoende stikstof in de grond zit*

•**stil** [bijvoeglijk naamwoord]
iemand die stil is, praat niet; op een plek die stil is, hoor je geen geluid ✦ *kun je even stil zijn?* ✦ *op een stille plek in het bos aten we ons brood*
een stille tocht: een tocht van zwijgende mensen die slachtoffers herdenken ✦ *de burgemeester liep voorop in de stille tocht voor de slachtoffers van de ramp*

sti·lis·tisch [bijvoeglijk naamwoord]
een stilistische opmerking gaat over de stijl (bet. 1) van iets ✦ *vooral in stilistisch opzicht is het boek heel mooi*

stil·leg·gen [legde stil, heeft stilgelegd]
zorgen dat iets niet meer werkt [iemand legt iets stil] ✦ *toen er een machine kapot was, moest het werk worden stilgelegd*

stil·len [stilde, heeft gestild]
laten stoppen [iemand stilt zijn honger (met iets)]

stil·le·tjes [bijwoord]
zonder geluid te maken ✦ *op het feestje zat ze stilletjes in een hoekje*

het **stil·le·ven** [stillevens]
een schilderij van dingen die niet kunnen bewegen, zoals borden en fruit

stil·staan [stond stil, heeft stilgestaan]
staan zonder te lopen; stoppen met lopen [iemand staat stil] ✦ *hij bleef even stilstaan om naar een plantje te kijken*

stil·staan bij [stond stil bij, heeft stilgestaan bij]
even aandacht aan iets besteden [iemand staat stil bij iets] ✦ *er werd uitgebreid stilgestaan bij het honderdjarig bestaan van het bedrijf*

de **stil·stand** [stilstanden]
1 [geen meervoud] de keer dat iets stilstaat
2 (in België) een vaste plaats waar een trein stopt ✦ *deze trein heeft stilstanden te Mechelen en te Antwerpen*

de •**stil·te** [stiltes]
het feit dat het stil is ✦ *hij genoot van de stilte in de bergen*
in stilte trouwen, begraven enz.: trouwen, begraven zonder veel mensen uit te nodigen ✦ *hij is vrijdag in stilte begraven*

stil·zwij·gend [bijvoeglijk naamwoord]
iets wat je stilzwijgend doet, doe je zonder dat je erover gepraat hebt ✦ *ze had stilzwijgend aangenomen dat haar chef het probleem wel zou oplossen*

de **sti·mu·lans** [stimulansen]
iets wat stimuleert* = de prikkel ✦ *het succes van het eerste boek was een grote stimulans om een volgend boek te maken*

sti·mu·le·ren [stimuleerde, heeft gestimuleerd]

zorgen dat iemand iets leuk gaat vinden; zorgen dat een ontwikkeling sneller gaat [iemand stimuleert iemand of iets] ✦ *de leraar stimuleerde de kinderen om meer te lezen*

stin·ken [stonk, heeft gestonken]
een vieze geur geven [iemand of iets stinkt] ✦ *toen de melk een week oud was, begon hij vreselijk te stinken*

stin·kend [bijwoord]
stinkend rijk: heel rijk

de **stip** [stippen]
een klein rondje ✦ *in de zomer droeg ze een jurk met stippen* ✦ *de bal wordt vanaf de stip in het doel geschoten*

de **stip·pel** [stippels]
een stip

stipt [bijvoeglijk naamwoord]
iemand die stipt is, is heel precies ✦ *Ed komt altijd stipt op tijd*

stoc·ke·ren [stockeerde, heeft gestockeerd] (in België)
in grote hoeveelheden bewaren [iemand stockeert iets] ✦ *de boeken worden gestockeerd achter in de winkel*

stoe·fen [stoefte, heeft gestoeft] (in België)
te veel goede dingen over jezelf zeggen = opscheppen [iemand stoeft (over iets)] ✦ *hij stoefte dat hij een nieuwe computer had*

stoei·en [stoeide, heeft gestoeid]
een beetje vechten voor je plezier [twee of meer mensen of dieren stoeien] ✦ *de man stoeide met zijn kinderen*

de •**stoel** [stoelen]
een meubelstuk waarop één persoon kan zitten
je mening niet onder stoelen of banken steken: je mening duidelijk laten weten

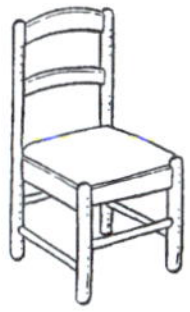
stoel

de **stoep** [stoepen]
het verhoogde deel van de straat langs de huizen, waarop geen fietsen of auto's mogen rijden = het trottoir ✦ *je mag buiten spelen, maar je moet wel op de stoep blijven*

stoer [bijvoeglijk naamwoord]
stoere mensen zijn sterk en durven veel ✦ *wat stoer van je dat je alleen op reis gaat!*

de **stoet** [stoeten]
een rij mensen, auto's enz. die langzaam rijden of lopen = de optocht

het •**stof**[1]
het grijze poeder dat dingen bedekt als er lang niet is schoongemaakt ✦ *er lag een dikke laag stof op de oude boeken*
iets doet veel stof opwaaien: iets veroorzaakt veel discussie

de •**stof**[2] [stoffen]
1 materiaal dat bestaat uit draden en waarvan men kleding, gordijnen enz. maakt = het textiel ✦ *de broek was gemaakt van dikke blauwe stof*
2 een soort massa, gas of vloeistof met bepaalde eigenschappen ✦ *lucht bestaat uit een aantal verschillende stoffen*
3 [geen meervoud] het onderwerp ✦ *de stof voor het examen stond in een dik boek*
lang van stof zijn: lang praten ✦ *Tine is altijd erg lang van stof*

stof·fe·lijk [bijvoeglijk naamwoord]
stoffelijke dingen kun je zien en aanraken = materieel ⇔ geestelijk ✦ *hebben we te veel waardering voor stoffelijke zaken en te weinig voor de geestelijke?*
het stoffelijk overschot: het lichaam van een dode

stof·fe·ren [stoffeerde, heeft gestoffeerd]
1 vloerbedekking leggen, gordijnen ophangen enz. [iemand stoffeert een huis] ✦ *het huis dat ze wilde huren, was al volledig gestoffeerd*
2 van stof voorzien = bekleden [iemand stoffeert meubels] ✦ *als je die bank opnieuw laat stofferen, is hij best mooi*

stof·fig [bijvoeglijk naamwoord]
op stoffige dingen ligt veel stof[1] (bet. 1) ✦ *Menno woont in een oud, stoffig huis*

de **stof·wis·se·ling**
alle processen in het lichaam waarbij voedingsstoffen worden veranderd

stof·zui·gen [stofzuigde, heeft gestofzuigd]
met een stofzuiger* schoonmaken [iemand stofzuigt iets, bijv. een kamer of een vloer]

de **stof·zui·ger** [stofzuigers]

een elektrisch apparaat waarmee je stof en kleine dingetjes van de vloer verwijdert

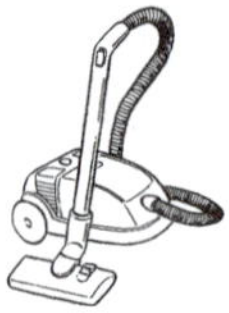

stofzuiger

de •**stok** [stokken]
1 een lang, dun, rond stuk hout ✦ *de hond werd met een stok geslagen* ✦ *de oude man liep met een stok*
2 het aan de stok krijgen met iemand: ruzie krijgen met iemand
3 een stok achter de deur: een reden om iets te gaan doen wat je vervelend of moeilijk vindt ✦ *de schrijver had als stok achter de deur dat zijn boek voor de kerst moest uitkomen*

het **stok·brood** [stokbroden]
een lang, dun wit brood dat veel in Frankrijk wordt gegeten

sto·ken [stookte, heeft gestookt]
1 laten branden [iemand stookt een vuur] ✦ *de mannen stookten een vuurtje in het bos*
2 de kachel of de verwarming laten branden [iemand stookt] ✦ *kun je dat huis goed warm stoken?*
3 zorgen dat mensen ruzie krijgen [iemand stookt] ✦ *de journalist zat net zo lang te stoken tot de ministers ruzie kregen*

stok·ken [stokte, is gestokt]
plotseling stoppen [iets stokt] ✦ *zijn adem stokte toen hij opeens zichzelf op tv zag*

het **stok·paard·je** [stokpaardjes]
een bepaald onderwerp waar iemand vaak en graag over praat ✦ *elke politieke partij heeft zijn eigen stokpaardjes*

stol·len [stolde, is gestold]
langzaam een vaste stof worden [een vloeistof stolt] ✦ *het vet waarin het vlees was gebakken, was na een uur gestold*

de **stolp** [stolpen]
een soort glazen schaal die je over iets heen zet om het te beschermen ✦ *de kaas lag onder een stolp*

stom [bijvoeglijk naamwoord]
1 stomme dingen en mensen zijn niet leuk ✦ *ze vond het een stom boek*
2 stomme mensen zijn dom ✦ *wat stom van je dat je dat vergeten bent!*
3 stomme mensen kunnen niet praten ✦ *in een stomme film wordt niet gesproken*
4 de stomme of doffe 'e': de klank die je hoort in bijv. 'de'

sto·men [stoomde, heeft gestoomd]
1 stoom* verspreiden [een hete vloeistof stoomt] ✦ *er stond een pan met water op het vuur te stomen*
2 koken met stoom* [iemand stoomt eten]
3 schoonmaken met stoom* [iemand stoomt kleding] ✦ *die broek kun je niet zelf wassen, die moet je laten stomen*

de **sto·me·rij** [stomerijen]
een bedrijf waar men kleding stoomt* (bet. 3) ✦ *hij bracht zijn pak naar de stomerij*

stom·me·len [stommelde, heeft gestommeld]
bewegingen maken waardoor je een beetje geluid maakt [iemand stommelt] ✦ *de man stommelde de trap op*

de **stom·mi·teit** [stommiteiten]
een heel domme actie = de blunder ✦ *na een grote stommiteit van de tegenstander kon Rafael de bal in het doel schieten*

de **stomp**[1] [stompen]
1 een stoot met een dichte hand ✦ *ze gaf de man een stomp in zijn buik*
2 een korte rest van iets dat eerst lang was ✦ *hij schreef met een stompje potlood iets op papier*

stomp[2] [bijvoeglijk naamwoord]
een stomp voorwerp heeft geen scherpe punt ✦ *de punt van het potlood was stomp geworden* ✦ *de kerk had een stompe toren*

stom·ver·baasd [bijvoeglijk naamwoord]
heel erg verbaasd ✦ *de vrouw was stomverbaasd toen ze opeens haar zus op de televisie zag*

ston·den *zie:* **staan**

ston·ken *zie:* **stinken**

de **stoom**
het gas dat uit kokend water komt

de **stoor·nis** [stoornissen]
het verschijnsel dat iets in iemands lichaam anders functioneert dan normaal is ✦ *het kind heeft een stoornis in de hersenen waardoor het niet goed kan le-*

st

ren

de **stoot** [stoten]
1 een harde duw
tegen een stootje kunnen: sterk zijn
2 (informeel) een grote hoeveelheid ✦ *Wim heeft een enorme stoot boeken*

de **stop** [stoppen]
1 een klein rond voorwerp waarmee je iets afsluit ✦ *wil je de stop weer op de fles doen?*
2 een voorwerp in de meterkast dat zorgt dat de elektrische stroom stopt als de stroom te sterk wordt = de zekering ✦ *er was een stop doorgebrand toen er te veel elektrische apparaten aan stonden*
3 [stops] de periode dat iets of iemand stopt = de pauze ✦ *na een korte stop konden we weer verder*

het **stop·con·tact** [stopcontacten]
een voorwerp aan de muur met twee gaatjes, waaruit stroom kan komen ✦ *de televisie deed het niet omdat de stekker niet in het stopcontact zat*

het **stop·licht** [stoplichten]
een paal met drie lampen bij een kruispunt die aangeven of je moet stoppen of dat je mag doorrijden

de **stop·pels** [meervoud]
de nieuwe, korte haren die komen nadat je je geschoren hebt

•**stop·pen** [stopte]
1 [is gestopt] ophouden met bewegen [iemand of iets stopt] ✦ *de auto stopte voor de deur*
2 [heeft gestopt] laten ophouden met bewegen = stilzetten [iemand stopt iets] ✦ *hij stopte de machine toen er iets fout ging*
3 [heeft gestopt] in een ruimte doen [iemand stopt iets ergens] ✦ *hij dacht dat hij de sleutels in zijn zak had gestopt, maar hij kon ze nergens meer vinden*
4 [is gestopt] ophouden met iets [iemand stopt (met iets)] ✦ *als hij 65 is, stopt hij met werken*
5 [heeft gestopt] dichtmaken [iemand stopt een gat] ✦ *ze stopte de gaten van de sokken*

de **stop·trein** [stoptreinen]
een trein die stopt op alle stations
vervoer

de **stop·watch** [stopwatches]
een apparaatje waarmee je de tijd kunt meten ✦ *Lisa keek op de stopwatch hoe snel ze had gelopen*

het **stop·woord** [stopwoorden]
een woord dat iemand in bijna iedere zin gebruikt

stop·zet·ten [zette stop, heeft stopgezet]
laten stoppen [iemand zet iets stop] ✦ *het onderzoek werd stopgezet toen het te duur was geworden*

sto·ren [stoorde, heeft gestoord]
1 zorgen dat iemand niet kan doorgaan met iets [iemand stoort iemand] ✦ *ik wil tijdens de vergadering niet gestoord worden*
2 een vervelend gevoel geven [iets stoort iemand] ✦ *het stoort me dat hij niet altijd de telefoon opneemt als hij thuis is*
3 geen goed beeld of geluid geven [de radio of de tv stoort]

zich **sto·ren** [stoorde zich, heeft zich gestoord]
iemand of iets vervelend vinden = zich ergeren [iemand stoort zich aan iemand of iets] ✦ *hij stoorde zich aan het lawaai in de straat*

sto·rend [bijvoeglijk naamwoord]
iets dat storend is, stoort* (bet. 1) = ergerlijk, irritant ✦ *veel mensen vinden het storend als iemand in een restaurant lang zit te bellen*

de **sto·ring** [storingen]
de keer dat iets niet goed functioneert ✦ *door een technische storing kon het programma op de televisie niet verder gaan*

de **storm** [stormen]
een heel harde wind ✦ *door de storm waren er grote takken op de weg gekomen*
een storm van ...: heel veel ... ✦ *het plan om het ziekenhuis te sluiten leidde tot een storm van kritiek*

storm·ach·tig [bijvoeglijk naamwoord]
bij stormachtig weer waait het hard; stormachtige ontwikkelingen gaan ineens heel snel

stor·men [stormde]
1 [heeft gestormd] als het stormt, waait het heel hard [het stormt] ✦ *als het heel hard stormt, is het beter om binnen te blijven*
2 [is gestormd] heel snel lopen [iemand stormt ergens naartoe] ✦ *het kind stormde op haar vader af*

stor·ten [stortte]
1 [is gestort] hard en diep vallen [iemand stort naar beneden] ✦ *de auto is in het ravijn gestort*
2 [heeft gestort] hard laten vallen [iemand stort iets, bijv. aarde] ✦ *achter het huis was een grote hoop zand gestort*
3 [heeft gestort] naar een bankrekening laten sturen = overmaken [iemand stort geld (op een rekening)]

zich **stor·ten** [stortte zich op, heeft zich gestort op]
met veel energie aandacht besteden aan iets [iemand stort zich op iets] ✦ *na de dood van haar man heeft ze zich helemaal op haar werk gestort*

de **stort·vloed** [stortvloeden]
een zeer grote hoeveelheid ✦ *de journalist stelde een stortvloed van vragen aan de minister*

sto·ten [stootte, heeft gestoten]
1 per ongeluk en hard tegen iets aan laten komen [iemand stoot iets, bijv. zijn hoofd of zijn been] ✦ *ze stootte haar hoofd tegen het kastje*
2 met een stoot in beweging brengen [iemand stoot iets open, omver, ergens vanaf enz.] ✦ *de vrouw stootte het glas van tafel*

stot·te·ren [stotterde, heeft gestotterd]
moeilijk praten omdat je steeds het begin van een woord een paar keer herhaalt [iemand stottert] ✦ *hij krijgt spraakles omdat hij stottert*

stout [bijvoeglijk naamwoord]
stoute kinderen doen dingen die niet mogen ✦ *het meisje kreeg straf omdat ze stout was geweest*

st

sto·ven[1] [stoofde, heeft gestoofd]
1 langzaam gaar worden [eten stooft] ✦ *de peertjes moesten wel vier uur stoven*
2 langzaam gaar maken [iemand stooft eten] ✦ *stoof het vlees twee uur op een laag vuur*

sto·ven[2] *zie:* **stuiven**

de **sto·ve·rij** (in België)
stukjes gestoofd* vlees in een dikke saus

de **straal**[1] [stralen]
1 een streep licht of warmte ✦ *de laatste stralen van de zon schenen naar binnen*
2 een stroom van een vloeistof die snel uit een kleine opening komt ✦ *het zweet liep in straaltjes over zijn hoofd*
3 (meetkunde) de lijn van het midden van een cirkel naar een punt op de cirkel ✦ *de cirkel heeft een straal van 3 centimeter*

straal[2] [bijwoord] (informeel)
helemaal ✦ *Peter zag me wel, maar hij liep me straal voorbij!*

de **straal·ja·ger** [straaljagers]
een heel snel vliegtuig dat bij oorlogen wordt gebruikt

de ***straat** [straten]
een weg van stenen tussen huizen
✦ *Gilbert woont in een rustige straat*
op straat komen te staan: je baan verliezen ✦ *door de slechte financiële situatie kwamen vijftig werknemers op straat te staan*

de ***straf** [straffen]
een maatregel die volgt na een fout of een misdaad ✦ *die man moet een hoge straf krijgen voor zijn misdaad*
op straffe van ...: de genoemde straf wordt uitgevoerd als je iets strafbaars doet ✦ *het vlees van varkens mag niet aan het buitenland verkocht worden, op straffe van hoge boetes*

straf·baar [bijvoeglijk naamwoord]
voor strafbare dingen krijg je straf = verboden ✦ *de vrouw had verschillende strafbare feiten gepleegd*

straf·fen [strafte, heeft gestraft]
een straf geven [iemand straft iemand (voor iets)] ✦ *de leraar strafte de leerling voor zijn gedrag*

het **straf·recht**
de wetten die gaan over de straffen die mensen moeten krijgen als ze de wet niet volgen rechtspraak

de **straf·schop** [strafschoppen] (voetbal)
een straf bij voetbal, waarbij een speler van de andere partij vrij op het doel mag schieten = de penalty ✦ *de wedstrijd werd door strafschoppen beslist*

de **straf·zaak** [strafzaken]
een zaak voor de rechter waarbij de rechter een straf bepaalt

***strak** [bijvoeglijk naamwoord]
1 als iets strak is, is het bijna niet meer te bewegen, of is er bijna geen ruimte omheen ✦ *zij draagt altijd strakke broeken* ✦ *het touw staat strak*
2 als je iemand strak aankijkt, kijk je hem of haar aan zonder je hoofd te bewegen ✦ *hij keek haar strak aan omdat*

hij haar niet geloofde

•**straks** [bijwoord]
binnen korte tijd ✦ *zullen we straks even naar buiten gaan?*

stra·len [straalde, heeft gestraald]
1 licht of warmte naar alle kanten zenden [iets straalt] ✦ *de zon straalt*
2 zo gelukkig zijn dat het lijkt alsof je gezicht licht geeft [iemand straalt] ✦ *de man straalde van geluk omdat hij gewonnen had*

stra·lend [bijvoeglijk naamwoord]
op een stralende dag is er veel zon

de **stra·ling** [stralingen]
een vorm van energie die ontstaat door nucleaire reacties en die gevaarlijk is voor mensen en dieren ✦ *door het ongeluk in de kerncentrale is er straling vrijgekomen*

stram [bijvoeglijk naamwoord]
stramme benen zijn stijf; je kunt ze niet goed bewegen = stroef ✦ *haar vingers waren stram van de kou*

het **stra·mien**
volgens een vast stramien: altijd op dezelfde manier ✦ *hij schrijft zijn boeken volgens een vast stramien*

het •**strand** [stranden]
een stuk grond met zand of stenen langs een zee of een meer landschap

stran·den [strandde, is gestrand]
1 vastlopen op het land [een schip strandt]
2 niet verder kunnen en ergens blijven [iemand of iets strandt (ergens)] ✦ *ze wilde naar Madrid, maar ze strandde in Parijs* ✦ *de plannen zijn gestrand toen bleek dat er geen geld voor was*

de **stra·te·gie** [strategieën]
een methode om een doel te bereiken ✦ *de partij hoopt met een nieuwe strategie meer kiezers te winnen*

stra·te·gisch [bijvoeglijk naamwoord]
iets wat strategisch gebeurt, gebeurt volgens een bepaalde strategie* ✦ *het bedrijf heeft een paar verkeerde strategische keuzes gemaakt*

stre·den *zie:* **strijden**

de •**streek** [streken]
1 een gebied dat een eenheid is = de regio ✦ *Joop praat met het accent van de streek waar hij is geboren*
2 een daad waarover je boos bent ✦ *wat een gemene streek om mijn fiets te stelen!*
3 van streek zijn: een tijdje niet normaal kunnen reageren doordat er iets ergs gebeurd is

het **streek·ver·voer**
openbaar vervoer tussen dorpen en steden

de •**streep** [strepen]
een lijn die getrokken is met een potlood, een pen enz.
iemand over de streep trekken: zorgen dat iemand iets gaat doen dat hij of zij eerst niet wilde

de **streep·jes·co·de** [streepjescodes]
streepjes met verborgen informatie op producten in de winkel = de barcode

stre·ken *zie:* **strijken**

strek·ken [strekte, heeft gestrekt]
1 zolang de voorraad strekt: zolang er nog genoeg van een bepaald product is ✦ *deze aanbieding geldt zolang de voorraad strekt*
2 de benen strekken: opstaan en even lopen ✦ *als je lang achter de computer hebt gezeten, moet je even de benen strekken*

de **strek·king** [strekkingen]
de betekenis van een verhaal; wat bedoeld is ✦ *de strekking van het verhaal was dat het goed gaat met het bedrijf*

stre·len [streelde, heeft gestreeld]
zacht met je handen over iets of iemand gaan = aaien [iemand streelt iets of iemand] ✦ *ze streelde zijn haar*

strem·men [stremde, heeft gestremd]
1 tegenhouden; langzamer laten gaan [iets stremt het verkeer] ✦ *het verkeer naar Rotterdam is gestremd door een ongeluk*
2 zorgen dat een vloeistof dikker wordt [iemand stremt een vloeistof] ✦ *de boer stremt de melk en maakt er kaas van*

de **streng**[1] [strengen]
een dikke draad van in elkaar gedraaid haar, touw enz.

streng[1]

•**streng**[2] [bijvoeglijk naamwoord]
1 strenge mensen handhaven regels heel precies en geven weinig vrijheid

st

✦ *de man was erg streng voor zijn kinderen* ✦ *de nieuwe minister nam strenge maatregelen*
2 een strenge winter: een erg koude winter

de **stress**
het voortdurende gevoel dat je veel moet terwijl je erg moe bent; geestelijke spanning ✦ *als ze thuiskomt, is ze alle stress van haar werk weer vergeten*

het •**stre·ven**
het doel waar je naartoe werkt ✦ *het streven is om rond halftwee klaar te zijn*

•**stre·ven naar** [streefde naar, heeft gestreefd naar]
willen bereiken [iemand streeft naar iets] ✦ *hij streeft ernaar om op zijn zestigste te stoppen met werken*

de •**strijd**
het gevecht ✦ *Karin heeft de strijd tegen haar ziekte gewonnen*
iets is in strijd met iets anders: iets klopt niet met iets anders; iets gaat in tegen iets anders ✦ *roken in deze kamer is in strijd met de regels*

strijd·baar [bijvoeglijk naamwoord]
strijdbare mensen willen vechten om een doel te bereiken ✦ *de ploeg maakte voor de wedstrijd een strijdbare indruk*

strij·den [streed, heeft gestreden]
vechten; veel moeite doen om iets te bereiken [iemand strijdt (voor, over, tegen, om iets)] ✦ *de soldaten hebben moedig gestreden voor hun land* ✦ *de werknemers streden voor een hoger loon*

strij·dig [bijvoeglijk naamwoord]
dingen die strijdig zijn, kloppen niet met elkaar ✦ *jouw verhaal is strijdig met de informatie die ik in de krant heb gelezen*

st

de **strijd·krach·ten** [meervoud]
alle militaire legers bij elkaar = de troepen, de krijgsmacht

de **strijk·bout** [strijkbouten]
een apparaat waarmee je kleren glad maakt

strijkbout

•**strij·ken** [streek, heeft gestreken]
1 zacht langs of over iets heen gaan = aaien [iemand of iets strijkt door, over of langs iets] ✦ *hij strijkt altijd met zijn hand door zijn haar als hij nadenkt* ✦ *de wind streek langs zijn gezicht*
2 gladmaken met een strijkbout* [iemand strijkt kleren, lakens enz.]
3 een vlag, de zeilen strijken: een vlag, de zeilen naar binnen of naar beneden halen

de **strij·ker** [strijkers] **strijk·ster** [strijksters]
iemand die op een strijkinstrument*, bijv. een viool, speelt

het **strijk·in·stru·ment** [strijkinstrumenten]
een instrument met snaren waarmee je muziek maakt met een stok, bijv. een viool

het **strijk·je** [strijkjes]
een kleine groep mensen met strijkinstrumenten*

de **strijk·plank** [strijkplanken]
een plank waarop je kleren kunt strijken (bet. 2)

de **strik** [strikken]
1 een knoop in een touw of een lint die je makkelijk kunt losmaken

strik 1

2 een metalen draad of een klem om kleine dieren te vangen

strik·ken [strikte, heeft gestrikt]
1 vastmaken met een knoop die je makkelijk kunt losmaken [iemand strikt iets, bijv. een veter]
2 met mooie woorden of op een slimme manier zorgen dat iemand iets voor jou gaat doen [iemand strikt iemand (voor iets)] ✦ *we hebben Johan gestrikt voor het verzorgen van de drankjes op het feest*

strikt[1] [bijvoeglijk naamwoord]
iemand die strikt is, is streng voor zichzelf en voor anderen ✦ *de regels worden strikt toegepast*
strikt genomen: als je heel precies bent ✦ *strikt genomen mogen wij op zondag geen tv kijken*

strikt[2] [bijwoord]

heel erg ✦ *dat is strikt geheim* ✦ *de foto's zijn strikt privé*

de **strik·vraag** [strikvragen]
een vraag waarvan de bedoeling is dat hij verkeerd beantwoord wordt

de **strip**
1 [strips] een verhaal dat met tekeningen wordt verteld
2 [strippen, strips] een lang en dun voorwerp dat ergens op zit
3 [strippen] elk van de delen van een strippenkaart* ✦ *van hier naar Zeist is het vier strippen*

de **strip·pen·kaart** [strippenkaarten]
een kaart die je kunt gebruiken voor de bus of de tram vervoer

de **strip·tease**
een voorstelling waarbij een man of een vrouw zich langzaam uitkleedt

het **stro**
droge stengels van bepaalde planten, waarop dieren in een stal kunnen liggen

stro·breed [zelfstandig naamwoord]
iemand geen strobreed in de weg leggen: iemand laten doen wat hij of zij wil doen ✦ *als jij dat voorstel wilt doen, zal ik je geen strobreed in de weg leggen*

stroef [bijvoeglijk naamwoord]
1 stroeve dingen hebben een oppervlak dat niet glijdt ⇔ glad ✦ *het ijs was te stroef om te schaatsen*
2 iets wat stroef gaat, gaat niet gemakkelijk = moeizaam ⇔ soepel ✦ *de onderhandelingen tussen de werknemers en werkgevers gaan erg stroef*

de **stro·fe** [strofen, strofes]
elk van de delen van een gedicht = het vers

stro·ken met [strookte met, heeft gestrookt met]
kloppen met iets = overeenstemmen [woorden of daden stroken met andere woorden of daden] ✦ *zo'n opmerking strookt niet met de wet*

stro·men [stroomde, heeft of is gestroomd]
in één richting gaan [een vloeistof stroomt]

de **stro·ming** [stromingen]
1 de beweging van het water in een zee of een rivier ✦ *door de sterke stroming is het gevaarlijk om hier te zwemmen*
2 een stijl of een richting in de kunst, de politiek of de godsdienst = de beweging ✦ *'art nouveau' was in de twintigste eeuw een belangrijke stroming in de kunst*

strom·pe·len [strompelde, heeft of is gestrompeld]
met moeite lopen [iemand strompelt] ✦ *na het ongeluk strompelde hij naar een huis waar licht brandde*

de **stronk** [stronken]
1 het onderste deel van een boom dat nog in de grond staat terwijl de rest van de boom weg is
2 het harde deel van sommige groenten ✦ *je moet eerst de stronk van de andijvie afsnijden*

de **stront** (grof)
de poep van een dier

strooi·en [strooide, heeft gestrooid]
op verschillende plaatsen laten neerkomen [iemand strooit (iets)] ✦ *je moet niet zoveel zout over je ei strooien* ✦ *er ligt wel sneeuw, maar op de wegen is gestrooid*

de **strook** [stroken]
een smal stuk van iets = de reep ✦ *u mag een strookje van de stof mee naar huis nemen om de kleur beter te bekijken*

de ***stroom** [stromen]
1 [geen meervoud] elektrische spanning ✦ *deze machine gebruikt veel stroom*
groene stroom: stroom die gemaakt wordt op een manier die goed is voor het milieu, bijv. door energie van de wind of de zon milieu
2 een grote hoeveelheid van iets ✦ *de journalisten kregen een stroom informatie over het ongeluk*
3 de rivier ✦ *het water in de stroompjes hier kun je gewoon drinken*

de **stroom·ver·snel·ling** [stroomversnellingen]
een plaats waar een rivier harder stroomt dan op andere plaatsen
iets komt in een stroomversnelling: iets ontwikkelt zich plotseling sneller ✦ *het onderzoek naar de moord is sinds gisteren in een stroomversnelling gekomen*

de **stroop**
een dikke vloeistof die gemaakt is van suiker, bijv. voor op brood of bij de pannenkoeken

de **strop** [stroppen]
1 een ring van touw waar je bijv. je

hoofd door kunt doen ✦ *vroeger gebruikte men vaak een strop om mensen op te hangen*
2 iets dat tegenvalt; een nadeel = de tegenvaller ✦ *door de slechte zomer heeft het zwembad een zware strop*

de **strop·das** [stropdassen]
een das die mannen dragen bij een overhemd

stropdas

de **stro·per** [stropers]
iemand die dieren vangt terwijl dat niet mag

de **strot** [strotten]
de keel ✦ *dit eten krijg ik niet door mijn strot*
iemand iets door de strot duwen: iemand tot iets dwingen ✦ *deze opdracht is me door de strot geduwd door de directie*

de **strub·be·lin·gen** [meervoud]
kleine problemen ✦ *ze heeft vaak strubbelingen met haar chef*

struc·tu·reel [bijvoeglijk naamwoord]
iets wat structureel is, is niet toevallig, maar heeft een diepere oorzaak ⇔ incidenteel ✦ *we moeten goed nadenken over een structurele oplossing voor onze financiële problemen*

de **•struc·tuur** [structuren]
de manier waarop iets is opgebouwd ✦ *het bedrijf heeft een erg ingewikkelde structuur* ✦ *de stof heeft een fijne structuur, dus u moet er voorzichtig mee zijn bij het wassen*

de **struik** [struiken]
een plant met meer dan één stam

struik

het **strui·kel·blok** [struikelblokken]
een probleem waardoor iets niet goed gaat ✦ *op school was Engels voor hem altijd een struikelblok*

st

strui·ke·len [struikelde, is gestruikeld]
vallen of bijna vallen omdat je voet achter iets blijft steken [iemand struikelt (over iets)] ✦ *ze kwam hard naar me toe rennen, maar ze struikelde en viel hard op de grond*

strui·ke·len over [struikelde over, is gestruikeld over]
zulke grote problemen hebben dat je ergens mee moet stoppen [iemand struikelt over iets] ✦ *het kabinet is gestruikeld over de problemen in de zorg*

het **struik·ge·was**
een groep struiken* bij elkaar

strui·nen [struinde, heeft of is gestruind]
rondlopen en kijken of je iets kunt vinden wat je wilt hebben = rondstruinen [iemand struint ergens] ✦ *Leo vindt het leuk om door buitenlandse steden te struinen*

de **struis·vo·gel** [struisvogels]
een grote vogel die niet kan vliegen

struisvogel

de **•stu·dent** [studenten] **stu·den·te** [studentes]
iemand die studeert ✦ *de studenten hebben veel kritiek op de nieuwe plannen voor het onderwijs*

het **stu·den·ten·huis** [studentenhuizen]
een huis waar studenten wonen **wonen**

•stu·de·ren [studeerde, heeft gestudeerd]
1 onderwijs krijgen na de middelbare school [iemand studeert (iets)] ✦ *ze studeert Engels aan de Universiteit van Amsterdam*
2 oefenen op een muziekinstrument [iemand studeert een muziekinstrument] ✦ *Monique studeert elke dag drie uur piano*

•stu·de·ren op [studeerde op, heeft gestudeerd op]
goed naar iets kijken om het te begrijpen = bestuderen [iemand studeert op iets] ✦ *hij heeft lang zitten studeren op de tekst, maar hij begreep er niets van*

de **•stu·die** [studies]
1 iets wat je studeert (bet. 1) aan een in-

stelling voor onderwijs ✦ *de studie Spaans wordt door veel studenten gekozen*
2 een onderzoek naar een verschijnsel ✦ *hij heeft een studie geschreven over de ontwikkelingen in de landbouw*
3 een tekening of een schilderij als oefening ✦ *voor het grote schilderij maakte Rembrandt wel honderd studies*

de **stu·die·beurs** [studiebeurzen]
geld dat studenten van de overheid krijgen ✦ *hij werkte 's avonds in een restaurant, omdat hij niet genoeg had aan zijn studiebeurs*

de **stu·die·fi·nan·cie·ring** [studiefinancieringen]
geld dat je krijgt van de overheid als je een studie volgt ✦ *ze heeft het laatste jaar zonder studiefinanciering gestudeerd*

het **stu·die·huis** [studiehuizen]
een vernieuwing op middelbare scholen met als doel de leerlingen zelfstandiger te maken

de **stu·die·mees·ter** [studiemeesters] (in België)
iemand die toezicht houdt in een school

de **stu·dio** [studio's]
1 een ruimte voor het opnemen van muziek, films, tv-programma's of radioprogramma's ✦ *in welke studio is deze cd opgenomen?*
2 een kleine ruimte in een stad om te wonen of te werken

stug[1] [bijvoeglijk naamwoord]
1 stug materiaal kun je niet makkelijk buigen = stijf ⇔ soepel, flexibel ✦ *de schoenen zijn gemaakt van stug leer*
2 stugge mensen zijn niet erg aardig tegen andere mensen
3 (informeel) niet waarschijnlijk ✦ *het lijkt me stug dat hij nog komt*

stug[2] [bijwoord]
stug doorgaan met iets: steeds doorgaan met iets zonder aandacht te besteden aan andere zaken ✦ *we moesten stug doorlopen om op tijd te zijn*

het **stuif·meel**
een poeder dat op bloemen zit

de **stuip** [stuipen]
een plotselinge samentrekking van je spieren waardoor je buiten bewustzijn kunt raken
iemand de stuipen op het lijf jagen: iemand erg laten schrikken

de **stuit** [stuiten]
het onderste deel van je rug ✦ *ze viel op haar stuitje en dat deed erg zeer*

stui·ten [stuitte, heeft of is gestuit]
tegen iets aan komen en weer terugkomen [een bal stuit (tegen iets)] ✦ *de bal stuitte tegen de muur en kwam tegen Harry's gezicht*
iets of iemand is niet te stuiten: iets of iemand is zó sterk dat die zaak of die persoon niet kan worden gestopt ✦ *de groei van internet lijkt niet te stuiten*

stui·ten op [stuitte op, is gestuit op]
1 toevallig vinden of tegenkomen [iemand stuit op iets] ✦ *in de bibliotheek stuitte hij op een oud boek over zijn eigen familie*
2 tegenkomen; ondervinden [iemand stuit op weerstand, verzet, protest]

stui·tend [bijvoeglijk naamwoord]
een stuitende opmerking is erg vervelend en beledigend ✦ *de manier waarop zij over haar man spreekt, vind ik stuitend*

stui·ven [stoof]
1 [heeft gestoven] in kleine deeltjes in de lucht komen [iets stuift] ✦ *door de harde wind stuift het zand over het strand*
2 [is gestoven] hardlopen in een bepaalde richting [iemand stuift ergens naartoe] ✦ *de kinderen stoven naar voren toen er snoep werd uitgedeeld*

de **stui·ver** [stuivers]
een munt van vijf cent

het **•stuk**[1] [stukken]
1 een deel van iets ✦ *het grootste stuk vlees was altijd voor mijn vader* ✦ *ik heb een stuk van het boek gelezen, maar ik vind het nog niet interessant*
een stuk groter, mooier, vervelender enz.: veel groter, mooier, vervelender enz. ✦ *op de foto lijkt ze een stuk ouder dan ze is*
stukken groter, mooier, vervelender enz.: veel groter, mooier, vervelender enz. ✦ *Jaap is getrouwd met een vrouw die stukken jonger is dan hij*
stuk voor stuk: allemaal, niets of niemand uitgezonderd ✦ *het zijn stuk voor stuk leuke kinderen*
stukje bij beetje: heel langzaam ✦ *stukje*

st

bij beetje kreeg de nieuwe chef het vertrouwen van zijn medewerkers
2 [stuks] een exemplaar waarvan er meer zijn ✦ *een lekker stuk zeep is altijd een leuk cadeau*
per stuk: per exemplaar ✦ *de pennen zijn één euro per stuk*
een stuk of ...: ongeveer ... ✦ *er waren een stuk of vijftig mensen*
3 een artikel in een krant of een tijdschrift ✦ *er staat een goed stuk in de krant over Kazachstan*
4 een tekst die hoort bij een vergadering = het document ✦ *heeft iedereen de stukken gelezen?*
5 een werk van een kunstenaar, bijv. een toneelstuk of een muziekstuk ✦ *we spelen enkele stukken van Mozart*
6 een schaakstuk
7 (informeel) een vrouw of een man met een mooi lichaam ✦ *de nieuwe buurman vind ik wel een lekker stuk*
8 aan één stuk door: voortdurend, zonder ophouden ✦ *hij praatte aan één stuk door*

•**stuk**[2] [bijvoeglijk naamwoord]
1 iets wat stuk is, is in stukken = kapot ✦ *pas op dat je het glas niet stuk laat vallen*
2 iets wat stuk is, functioneert niet meer = kapot, defect ✦ *mijn computer is stuk*

de **stum·per** [stumpers]
iemand om wie je verdriet hebt omdat hij of zij iets naars meemaakt

de **stunt** [stunts]
een erg opvallende daad ✦ *de nieuwe stunt van het café is Belgisch bier voor de helft van de prijs*

stun·te·len [stuntelde, heeft gestunteld]
onhandig bezig zijn [iemand stuntelt] ✦ *hij moest lachen toen hij opa zag stuntelen met de computer*

•**stu·ren** [stuurde, heeft gestuurd]
1 zorgen dat iemand iets krijgt = versturen, zenden [iemand stuurt een brief, een bericht enz. (aan iemand)] ✦ *ze sturde haar zieke moeder een brief*
2 laten gaan; laten komen [iemand stuurt iemand ergens naartoe] ✦ *als je Ahmed ziet, wil je hem dan even naar me toe sturen?*
3 de richting bepalen met een stuur* [iemand stuurt (een auto, een schip enz. ergens naartoe)]

stut·ten [stutte, heeft gestut]
zorgen dat iets niet valt door er dingen tegenaan of onder te plaatsen = steunen [iemand stut iets] ✦ *het oude huis werd gestut met grote dikke palen*

het **stuur** [sturen]
het deel van een auto of een fiets waarmee je de richting bepaalt ✦ *ik heb geleerd dat ik altijd twee handen aan het stuur moet houden als ik hard rijd*

het **stuur·boord**
de rechterkant van een schip ⇔ het bakboord

stuur·loos [bijvoeglijk naamwoord]
als een voertuig stuurloos is, kan het niet meer bestuurd worden ✦ *na het vertrek van de leider was de politieke partij enige tijd stuurloos*

de **stuur·man** [stuurmannen, stuurlieden, stuurlui]
iemand die een schip bestuurt

stuurs [bijvoeglijk naamwoord]
stuurse mensen doen niet zo vriendelijk ✦ *met een stuurse blik gaf de schilder zo kort mogelijk antwoord op de vragen*

de **stuw·dam** [stuwdammen]
een dam in een rivier of een meer om elektrische energie te verkrijgen

stuwdam

stu·wen [stuwde, heeft gestuwd]
zorgen dat iets vooruit gaat [iets stuwt iets] ✦ *het hart stuwt het bloed naar alle delen van het lichaam*

sub·jec·tief [bijvoeglijk naamwoord]
een subjectief oordeel wordt beïnvloed door een persoonlijke mening ⇔ objectief ✦ *"Kwaliteit is in de kunst een subjectief begrip," zei de kunstenaar*

su·bliem [bijvoeglijk naamwoord]
sublieme dingen zijn heel goed en knap = schitterend ✦ *de chef had een sublieme oplossing voor het probleem*

de •**sub·si·die** [subsidies]
geld dat een overheid als steun geeft aan bepaalde bedrijven, instellingen of mensen ✦ *dankzij een subsidie van de gemeente kon de school een extra gebouw*

plaatsen

sub·si·di·ë·ren [subsidieerde, heeft gesubsidieerd]
subsidie geven [een overheid subsidieert iemand of iets] ✦ *het rijk subsidieert verschillende organisaties op het gebied van het milieu*

de **sub·stan·tie** [substanties]
de stof waaruit een massa bestaat ✦ *als je de vrucht openmaakt, zie je een dikke, gele substantie*

sub·stan·ti·eel [bijvoeglijk naamwoord]
substantiële zaken zijn belangrijk = wezenlijk ✦ *de overheid moet een substantiële bijdrage leveren aan de vernieuwing van het museum*

het **sub·sti·tuut** [substituten]
iets wat iets anders vervangt ✦ *is de kat van Helma een substituut voor een kind?*

sub·tiel [bijvoeglijk naamwoord]
subtiele dingen kun je alleen begrijpen of waarnemen als je er aandacht voor hebt ✦ *hij probeerde met een subtiele opmerking te zeggen wat zijn collega fout had gedaan*

het• **suc·ces** [successen]
een gunstig resultaat ✦ *ze heeft altijd veel succes met haar zelfgemaakte koekjes* ✦ *de voetbalclub heeft de laatste tien jaar geen grote successen meer gehad*

suc·ces·vol [bijvoeglijk naamwoord]
succesvolle zaken of mensen hebben veel succes ✦ *hij heeft een succesvol bedrijf in oude kleding*

sud·de·ren [sudderde, heeft gesudderd]
heel langzaam in vet gaar worden [eten suddert] ✦ *dat vlees is het lekkerst als je het een paar uur laat sudderen*

het **su·è·de** *ook:* de
een soort zacht leer ✦ *suède schoenen kun je moeilijk schoonmaken*

suf [bijvoeglijk naamwoord]
als je suf bent, ben je moe en slaperig ✦ *hij heeft een suf baantje waarin hij getallen in de computer moet zetten*

suf·fen [sufte, heeft gesuft]
niet opletten; geen aandacht hebben [iemand suft] ✦ *doordat ze zo liep te suffen, liep ze bijna tegen een auto*

de **suf·ferd** [sufferds]
iemand die dom is = de oen ✦ *sufferd, nu ben je alweer je sleutels vergeten!*

sug·ge·re·ren [suggereerde, heeft gesuggereerd]
1 een voorstel doen [iemand suggereert (iemand) iets] ✦ *de chef suggereerde me om een paar dagen vrij te nemen*
2 iemand iets laten denken zonder het direct te zeggen [iemand suggereert dat ...] ✦ *probeer je nu te suggereren dat Pim het geld heeft gestolen?*

de **sug·ges·tie** [suggesties]
1 het voorstel = de tip ✦ *wie heeft er een suggestie voor een cadeau?*
2 een idee dat door iemand gesuggereerd* (bet. 2) wordt = de indruk ✦ *ze wekt de suggestie dat ze alles weet, maar ze weet niet zo veel*

de **su·ï·ci·de**
het doden van jezelf = de zelfmoord

de• **sui·ker** [suikers]
de witte korreltjes die men in koek, koffie enz. doet om die zoet te laten smaken ✦ *wilt u melk en suiker in de koffie?*

het **sui·ker·feest**
een islamitisch feest aan het einde van de ramadan **feestdagen** **religie**

de **sui·ker·ziek·te**
een ziekte waarbij je te veel suiker in je bloed hebt = de diabetes ✦ *omdat Chantal suikerziekte heeft, kan ze niet altijd alles eten*

de **sui·te** [suites]
twee of meer kamers die verbonden zijn door deuren ✦ *in hotels kun je kamers en suites huren*

sui·zen [suisde, heeft gesuisd]
1 een hoog geluid maken, alsof het waait [iets suist] ✦ *ze heeft er last van dat haar oren suizen*
2 snel voorbij komen = zoeven [iemand of iets suist ergens langs] ✦ *de auto suisde voorbij*

de **suk·kel** [sukkels]
iemand die dom en onhandig is = de sul

suk·ke·len [sukkelde]
1 [heeft gesukkeld] vaak ziek zijn = kwakkelen [iemand sukkelt (met zijn of haar gezondheid)] ✦ *de oude man was altijd erg gezond, maar de laatste tijd begint hij wat te sukkelen*
2 [heeft of is gesukkeld] langzaam en met veel moeite lopen = sjokken [iemand sukkelt]

de **sul** [sullen]
iemand die niet zo'n sterk karakter

heeft = de sukkel ✦ *die sul doet alles wat zijn vrouw zegt*

sum·mier [bijvoeglijk naamwoord]
iets wat summier is, is kort en niet compleet ✦ *de informatie die de minister gaf over zijn plannen, was zeer summier*

su·per [bijvoeglijk naamwoord] (informeel)
iets dat super is, is heel erg leuk = geweldig ✦ *de kinderen vonden het super dat ze naar de film mochten*

su·per-
heel groot ✦ *een supermacht*

de **su·pe·ri·eur**[1] [superieuren]
iemand die leiding geeft aan iemand anders ✦ *ik moet aan mijn superieuren vragen of ik morgen vrij kan nemen*

su·pe·ri·eur[2] [bijvoeglijk naamwoord]
superieure dingen zijn beter dan andere ✦ *de ploeg van Brazilië was superieur tijdens het wereldkampioenschap voetballen*

de •**su·per·markt** [supermarkten]
een grote winkel waar je je boodschappen zelf kunt pakken

de **su·per·vi·sie**
de leiding ✦ *de internationale groep soldaten staat onder supervisie van een Franse officier*

het **sup·ple·ment** [supplementen]
extra bladzijden van een boek of een krant = de bijlage ✦ *het artikel dat je zoekt staat in het supplement*

de **sup·poost** [suppoosten]
iemand die in een museum kijkt of alles goed gaat ✦ *de suppoost waarschuwde dat je het schilderij niet mag aanraken*

de **sup·por·ter** [supporters]
iemand die een bepaalde sportclub steunt en naar alle wedstrijden gaat ✦ *toen de ploeg had gewonnen, liepen de supporters zingend door de straten*

sur·fen [surfte, heeft gesurft]
1 een sport waarbij je over het water beweegt door op een speciale plank te staan, waarop soms een zeil staat = windsurfen [iemand surft] sport
2 op het internet van de ene naar de andere site gaan [iemand surft] ✦ *na een paar minuten surfen vond hij wat hij zocht*

het **sur·ro·gaat** [surrogaten]
een product dat een ander product vervangt, maar dat veel slechter van kwaliteit is ✦ *in de Tweede Wereldoorlog dronk men surrogaatkoffie*

sur·veil·le·ren [surveilleerde, heeft gesurveilleerd]
controleren of alles goed verloopt door rond te lopen [iemand surveilleert] ✦ *de leraar surveilleerde op het plein*

sus·sen [suste, heeft gesust]
rustig maken [iemand sust iemand of iets] ✦ *de minister suste de dreigende ruzie tussen de ambtenaren*

s.v.p. [afkorting]
s'il vous plaît: alstublieft = a.u.b. ✦ *wilt u s.v.p. binnen tien dagen reageren?*

swin·gen [swingde, heeft geswingd]
vrij bewegen op muziek = dansen [iemand swingt]

de **sym·bo·liek** [symbolieken]
het gebruik van symbolen* ✦ *het boek heeft een prachtige symboliek*

sym·bo·lisch [bijvoeglijk naamwoord]
iets dat symbolisch is, heeft een andere betekenis dan de gewone betekenis ✦ *de oude president gaf symbolisch de leiding over aan de nieuwe president door hem een kaart van het land te geven*

sym·bo·li·se·ren [symboliseerde, heeft gesymboliseerd]
een symbool zijn van iets [iets symboliseert iets] ✦ *een hartje symboliseert liefde*

het **sym·bool** [symbolen]
iets dat ook iets anders betekent dat de gewone betekenis ✦ *een witte duif is een bekend symbool voor de vrede*

de **sym·fo·nie** [symfonieën]
een lang stuk muziek voor een orkest

sym·me·trisch [bijvoeglijk naamwoord]
symmetrische dingen zijn aan de ene kant precies hetzelfde als aan de andere kant ✦ *de bladeren van de meeste bomen zijn symmetrisch*

de •**sym·pa·thie** [sympathieën]
een prettig en positief gevoel dat je over iemand of iets kunt hebben ✦ *ik voel veel sympathie voor die man*

sym·pa·thiek [bijvoeglijk naamwoord]
sympathieke mensen geven je een prettig en positief gevoel = aardig, innemend

het **sym·po·si·um** [symposia, symposiums]
een wetenschappelijk congres over een bepaald onderwerp

het **symp·toom** [symptomen]
1 een verschijnsel waaraan men een be-

su

paalde ziekte herkent ✦ *alle symptomen wezen erop dat ik flink verkouden was*
2 een verschijnsel waaraan men iets herkent ✦ *is het geweld op straat een symptoom van de moderne samenleving?*

de **sy·na·go·ge** [synagogen, synagoges]
een joodse kerk religie

syn·chroon [bijvoeglijk naamwoord]
synchrone dingen gebeuren op hetzelfde moment ✦ *het geluid van de film liep niet helemaal synchroon met het beeld*

het **syn·droom** [syndromen]
een verzameling van verschijnselen die bij een bepaalde ziekte horen ✦ *Astrid heeft het syndroom van Down*

het **sy·no·niem** [synoniemen]
een woord dat hetzelfde betekent als een ander woord ✦ *'arts' is een synoniem van 'dokter'*

syn·the·tisch [bijvoeglijk naamwoord]
synthetische stoffen zijn gemaakt van materiaal dat niet in de natuur voorkomt, zoals nylon

het •**sys·teem** [systemen]
de manier waarop dingen georganiseerd zijn ✦ *er was veel kritiek op het politieke systeem in dat land* ✦ *volgens welk systeem staan deze boeken in de kast?*

sys·te·ma·tisch [bijvoeglijk naamwoord]
iets wat systematisch gebeurt, gebeurt volgens een bepaald systeem ✦ *dankzij systematisch onderzoek kon men de oorzaak van de ziekte vinden*

t

de **t** [t's]
de twintigste letter van het alfabet
alfabet

't [lidwoord] (informeel)
het

taai [bijvoeglijk naamwoord]
1 taai eten kun je moeilijk breken ✦ *het vlees was zo taai dat ik niet kon snijden*
2 mensen die taai zijn, kunnen vervelende dingen lang volhouden ✦ *hou je taai!*
3 een taai boek is saai en moeilijk om te lezen

de•**taak** [taken]
1 werk dat je moet doen ✦ *ik heb binnen het bedrijf de taak om contacten te maken met nieuwe klanten*
2 extra huiswerk voor een vak op school waarvoor je een slecht cijfer hebt ✦ *ze heeft een taak voor Engels*

de **taak·leer·kracht** [taakleerkrachten] (in België)
een leraar die leerlingen helpt bij een bepaald vak

de•**taal** [talen]
1 de woorden waarmee mensen contact met elkaar hebben ✦ *Nederlands is een heel andere taal dan Arabisch* ✦ *hoeveel talen ken jij?* taal
2 een systeem van tekens om iets duidelijk te maken ✦ *in welke taal is dat computerprogramma geschreven?*

het **taal·ge·bruik**
de woorden die je kiest om dingen te zeggen of te schrijven ✦ *toen de koningin met de kinderen praatte, paste ze haar taalgebruik aan en gebruikte ze geen moeilijke woorden meer*

de **taal·ge·meen·schap** [taalgemeenschappen]
een groep mensen die dezelfde taal gebruiken ✦ *de Nederlandse taalgemeenschap in België was boos op de minister omdat zij alle vragen in het Frans beantwoordde* taal

de **taart** [taarten]
zoet eten met bijv. vruchten of slagroom dat men bij de koffie eet als er een feest is ✦ *de taart werd in acht stukken gesneden*

In Nederland eet men taart of gebak vooral bij feesten, bijv. bij een verjaardag of een huwelijk. In België eet men ook vaak taart of gebak als er familie of vrienden op bezoek zijn. Taart is een groot stuk gebak dat in stukken gesneden wordt. Losse gebakjes zijn duurder en specialer.

taart

de **ta·bak**
bruine gedroogde blaadjes van bepaalde planten die men rookt in sigaren en sigaretten

de **ta·bel** [tabellen]
een lijst waarop je bepaalde gegevens goed kunt zien ✦ *in de krant staan altijd tabellen met de koersen van de aandelen*

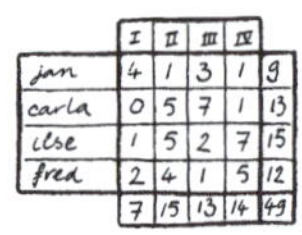

tabel

de **ta·blet** *ook:* het [tabletten]
1 een medicijn in de vorm van een kleine platte pil ✦ *ze kreeg tabletjes tegen de pijn in haar hoofd*
2 een plat stuk chocola

het **ta·boe**[1] [taboes]
een onderwerp waarvan veel mensen vinden dat je er niet over mag praten

ta·boe[2] [bijvoeglijk naamwoord]
als een onderwerp taboe is, vinden veel mensen dat je er niet over mag praten

tach·tig [hoofdtelwoord]
80 getallen

tach·tig·ste [rangtelwoord]
80e

de **tac·tiek**
een methode om iets te bereiken = de strategie ✦ *toen de ploeg weer verloren had, probeerden de spelers een andere tactiek*

Taal in België

België kent twee grote taalgemeenschappen, de **Nederlandse** en de **Franse**, en een kleinere **Duitse** taalgemeenschap. Ongeveer zes miljoen mensen in het noorden spreken Nederlands. Zij worden de Vlamingen genoemd. Ongeveer vier miljoen mensen in het zuiden spreken Frans. Dat zijn de Walen. In het gebied tegen de Duitse grens wonen ongeveer 100.000 Duitstaligen. De meeste Belgen spreken en schrijven een tweede en zelfs een derde taal. In het Frans en het Engels word je overal begrepen, maar de Nederlandstaligen willen natuurlijk graag dat je hun taal leert. Omdat in de hoofdstad Brussel veel buitenlanders verblijven, worden er veel talen gesproken. Ook het Spaans, Italiaans, Arabisch, Turks en Berbers kun je er vaak horen.

De inwoners mogen kiezen welke taal ze spreken, maar het **taalgebruik door de overheid** is vastgelegd in wetten. De *federale overheid* gebruikt de drie talen, maar de *regionale overheden* slechts één. In het noordelijk deel van België, Vlaanderen, is de overheidstaal het Nederlands. In het zuidelijk deel, Wallonië, is dat het Frans. In het oostelijk gebied is het Duits de officiële taal. De hoofdstad Brussel is officieel tweetalig. Daarnaast zijn er enkele gebieden tussen twee talen in waar de overheid ook een andere bestuurstaal mag gebruiken in haar contact met de bewoners.

Het **Nederlands in België** is een variant van het Nederlands in Nederland. Sommige woorden zijn anders, of hebben een andere betekenis. Maar vooral de uitspraak verschilt. Een Vlaming herkent een Nederlander meteen wanneer hij of zij spreekt, en een Nederlander herkent de Vlaming. Toch is de standaardtaal in beide landen dezelfde: het Nederlands.

tac·tisch [bijvoeglijk naamwoord]
1 iemand die iets tactisch doet, doet dat heel voorzichtig om andere mensen niet te benadelen = diplomatiek ✦ *toen hem werd gevraagd wat hij van het slechte boek van zijn broer vond, zei hij tactisch: "Ik heb het nog niet helemaal gelezen"*
2 iets wat tactisch gebeurt, heeft met een tactiek* te maken ✦ *de speler maakte een tactische fout* ✦ *wil de president echt alle wapens weg doen, of is dat een tactische zet?*

de **•ta·fel** [tafels]
1 een meubel waaraan men eet, werkt enz. ✦ *de kinderen zaten aan tafel*
om de tafel gaan zitten: bij elkaar gaan zitten om te vergaderen of te overleggen
iets op tafel leggen: iets voorstellen
iets van tafel vegen: zorgen dat er niet meer over iets gesproken wordt

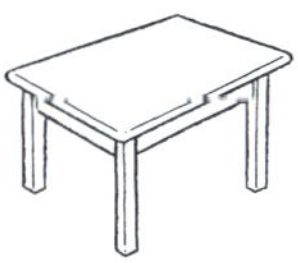
tafel 1

2 (rekenen) een lijst met vermenigvuldigingen die kinderen moeten leren ✦ *het kind moest de tafel van zeven uit haar hoofd leren*

het **ta·fel·ten·nis**
een sport waarbij twee of vier spelers een balletje over een net op een tafel slaan

het **ta·fe·reel** [taferelen]
een gebeurtenis die mooi of interessant is om te zien = het schouwspel ✦ *het was een mooi tafereel om de kinderen op het ijs te zien spelen*

de **tail·le** [tailles]
het deel van je lichaam boven de heupen = het middel ✦ *de rok was te wijd bij de taille*

de **•tak** [takken]
1 een deel van een boom dat uit de

ta

stam of uit een andere tak groeit ✦ *er zit een bijzondere vogel op onderste de tak van de boom*
2 een kleiner deel van een organisatie dat los gaat van het geheel ✦ *de Franse tak van de familie bestaat vooral uit boeren* ✦ *in welke tak van de industrie werkt zij?*

ta·ke·len [takelde, heeft getakeld]
iets met een touw of een machine omhoog trekken, terwijl je zelf op de grond staat [iemand takelt iemand of iets] ✦ *bij het verhuizen hebben we bijna alle spullen getakeld*

de **taks** [taksen]
1 (in België) het bedrag van je loon of van prijzen dat je aan de staat moet betalen = de belasting
2 **aan je taks zijn:** genoeg gehad hebben

het **tal**
tal van ...: heel veel ... ✦ *de overheid heeft tal van maatregelen genomen om het veiliger op straat te maken*

ta·len naar [taalde naar, heeft getaald naar]
verlangen naar iets [iemand taalt niet naar iets] ✦ *bijna alle kinderen houden van koek, maar Babette taalt er niet naar*

het **ta·lent** [talenten]
1 iets dat je van jezelf heel goed kunt = de gave ✦ *de jongen heeft een talent voor zingen*
2 iemand die iets van zichzelf heel goed kan ✦ *in de nieuwe ploeg van PSV speelden een aantal nieuwe talenten*

ta·lent·vol [bijvoeglijk naamwoord]
talentvolle mensen hebben veel talent* (bet. 1)

de **talk·show** [talkshows]
een programma op de televisie waarbij steeds dezelfde persoon met verschillende gasten praat ✦ *'Sonja' was vroeger een bekende talkshow van Sonja Barend*

tal·loos [bijvoeglijk naamwoord]
heel veel = legio ✦ *de oorlog maakte talloze slachtoffers*

tal·men [talmde, heeft getalmd]
iets steeds nog niet doen, vooral uit twijfel = dralen [iemand talmt (met iets)] ✦ *de minister talmde een week met het geven van een verklaring*

tal·rijk [bijvoeglijk naamwoord]
van iets dat talrijk is, zijn er veel ✦ *de problemen van het bedrijf zijn talrijk*

tam [bijvoeglijk naamwoord]
1 tamme dieren zijn niet wild = mak ✦ *de kippen zijn zo tam dat ze uit je hand eten*
2 iets dat tam is, is niet fel = mat ✦ *het was een tamme discussie*

•**ta·me·lijk** [bijwoord]
nogal = redelijk ✦ *het bedrijf eindigde het jaar met een tamelijk grote winst*

de **tam·pon** [tampons]
een wit rond dingetje met een touwtje eraan, dat het bloed opvangt van een vrouw die menstrueert

de •**tand** [tanden]
1 elk van de witte harde dingen vóór in je mond, waarmee je bijt
je tanden laten zien: dreigen; laten zien dat je niet bang bent ✦ *de Rotterdammers vonden dat hun burgemeester wat meer zijn tanden mag laten zien*
iemand aan de tand voelen: onderzoeken wat iemand weet ✦ *de man werd door de politie aan de tand gevoeld*
de tand des tijds: de tijd die ervoor zorgt dat dingen lelijker worden of kapotgaan ✦ *door de tand des tijds was het paleis een ruïne geworden*

tand 1

2 een puntig of een scherp uitsteeksel aan een voorwerp ✦ *er zijn een paar tanden van de kam kapot*
een tandje hoger, lager: sneller, langzamer

de **tand·arts** [tandartsen]
een arts die problemen aan je tanden en kiezen oplost ✦ *ik moet voor controle naar de tandarts* gezondheid

de **tan·dem** [tandems]
een fiets die bestaat uit twee fietsen aan elkaar vast ✦ *als je achter op de tandem fietst, hoef je niet te sturen*

ta

tandem

de **tan·den·bor·stel** [tandenborstels]
een borsteltje waarmee je je tanden schoonmaakt

tandenborstel

de **tand·pas·ta** [tandpasta's]
spul dat je op een tandenborstel doet om je tanden schoon te maken

het **tand·vlees**
het roze vlees in je mond waar je tanden uit groeien

ta·nen [taande, is getaand]
minder worden = afnemen [iets taant] ✦ *de belangstelling voor de politiek taant*

de **tang** [tangen]
een ijzeren voorwerp waarmee je iets kunt knippen, vasthouden, buigen enz.

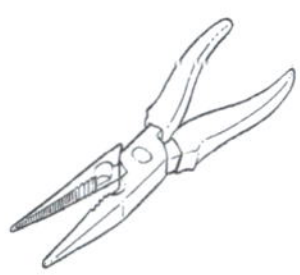

tang

de **tan·go** [tango's]
een Argentijnse dans

de **tank** [tanks]
1 een bak waarin vloeistoffen bewaard of vervoerd worden ✦ *de tank van de auto zat nog vol benzine toen we wegreden* ✦ *de boer had een grote tank voor de melk*
2 een zwaar militair voertuig waarmee soldaten kunnen schieten

tank 2

•**tan·ken** [tankte, heeft getankt]
benzine, olie enz. doen in een auto, vliegtuig enz. [iemand tankt (benzine, olie enz.)]

de **tan·ker** [tankers]
een schip dat grote tanks* (bet. 1) met olie vervoert ✦ *doordat de tanker was gebroken, kwam er veel olie op het strand*

het **tank·sta·ti·on** [tankstations]
een plaats waar je benzine en gas kunt kopen voor je auto = de benzinepomp

de •**tan·te** [tantes]
een zus van je vader of moeder of de vrouw van een broer van je vader of moeder **familie**

de **tap** [tappen]
een soort kast met kranen waaruit je bier kunt schenken ✦ *we hebben witbier van de tap en uit een flesje*

de **tape** [tapes]
1 een rol met papier of plastic dat aan één kant kleeft ✦ *de dozen waren met tape dichtgeplakt*
2 een band voor het opnemen of afspelen van muziek of televisiebeelden = de band

het **ta·pijt** [tapijten]
een dik en mooi stuk stof voor op de vloer ✦ *in de woonkamer ligt een Perzisch tapijt op de vloer*

tap·pen [tapte, heeft getapt]
1 uit een kraan laten lopen [iemand tapt water, bier enz.] ✦ *wil je een biertje voor me tappen?*
2 moppen tappen: moppen vertellen

het **ta·rief** [tarieven]
de hoeveelheid geld die iets kost = de prijs ✦ *de tarieven voor het openbaar vervoer zijn weer gestegen*

de **tar·taar**
eten dat bestaat uit gemalen vlees van een koe

tar·ten [tartte, heeft getart]
dingen doen om iemand boos te maken = uitdagen [iemand tart iets]
het noodlot tarten: juist doen wat je niet zou moeten doen omdat het slecht kan aflopen

de **tar·we**
een soort graan waarvan men bijv. brood en koek maakt

de •**tas** [tassen]
een soort zak die je bij je hebt om dingen in te dragen ✦ *wilt u een tasje voor de boodschappen?*

tast·baar [bijvoeglijk naamwoord]
tastbare dingen kun je aanraken of zijn duidelijk te merken = concreet ✦ *de oorlog wordt tastbaar als je de verhalen van de slachtoffers hoort*

tas·ten [tastte, heeft getast]
met je vingers voelen [iemand tast] ✦ *de man tastte in het donker om het knopje van het licht te vinden*

ta·toe·ë·ren [tatoeëerde, heeft getatoeëerd]
met inkt en naalden een tekening maken in iemands huid [iemand tatoeëert iets]

t.a.v. [afkorting]
1 ter attentie van: voor ✦ *aan de firma Koot, t.a.v. mevr. S. van Huijzen*
2 ten aanzien van: met betrekking tot ✦ *t.a.v. uw nieuwe functie heb ik de volgende vraag*

taxe·ren [taxeerde, heeft getaxeerd]
zeggen hoeveel je denkt dat iets waard is [iemand taxeert iets] ✦ *het huis was getaxeerd op 200.000 euro*

de •**taxi** [taxi's]
een auto met een chauffeur die mensen voor geld naar een bepaald adres brengt ✦ *omdat ze veel wijn had gedronken, nam ze een taxi naar huis* vervoer

de **taxi·chauf·feur** [taxichauffeurs]
iemand die voor zijn of haar beroep mensen in een taxi vervoert

de **tbc**
een ziekte aan je longen = de tuberculose

de **tbs**
terbeschikkingstelling: een straf waarbij een misdadiger voor lange tijd in een inrichting wordt geplaatst omdat hij of zij geestelijk ziek is ✦ *de dader krijgt drie jaar tbs*

t.b.v. [afkorting]
1 ten behoeve van: voor
2 ten bate van: in het voordeel van; voor ✦ *we houden een actie t.b.v. kinderen in Afghanistan*

•**te**[1] [bijwoord]
meer dan goed is ✦ *ik vond die broek te duur* ✦ *hij was te moe om verder te lopen*

•**te**[2] [voorzetsel]
1 een woordje met weinig betekenis, vóór een werkwoord of in een uitdrukking ✦ *hij probeerde te luisteren* ✦ *het huis was te koop*
2 (voor plaatsnamen) in ✦ *Marjolein woont te Gent*

het **team** [teams]
een groep mensen die samen iets doen = de ploeg ✦ *het team van Real Madrid heeft weer gewonnen* ✦ *ze werkt in een leuk team*

de **team·ge·noot** [teamgenoten] **team·ge·no·te** [teamgenoten]
iemand die bij je in de groep zit

de **team·sport** [teamsporten]
een sport waarin een groep personen samen speelt tegen een andere groep sport

de **tech·ni·cus** [technici]
iemand die technisch werk doet ✦ *bij de voorstelling zorgde de technicus ervoor dat het geluid goed was*

de **tech·niek** [technieken]
1 de kennis en de dingen die nodig zijn om apparaten te maken en te laten werken ✦ *Hans studeert techniek in Delft* ✦ *het programma werd onderbroken, omdat er problemen waren met de techniek*
2 de manier waarop je werkt als je iets maakt of doet ✦ *de voetballer had een goede techniek*

•**tech·nisch** [bijvoeglijk naamwoord]
technische mensen weten veel van techniek* (bet. 1); technische zaken hebben te maken met techniek*

de **tech·no·lo·gie**
de toepassing van de wetenschap in de techniek ✦ *dankzij de nieuwste medische technologie was de operatie heel eenvoudig*

de **tec·kel** [teckels]
een kleine hond met een lang lijf en korte poten

teckel

te·der [bijvoeglijk naamwoord]
iemand die teder is, is zacht en vol liefde ✦ *hij gaf haar een tedere kus*

de **teef** [teven]
een vrouwelijke hond dieren

de **teek** [teken]
een diertje dat zich in je huid vastzet

ta

om bloed te zuigen

de **teelt** [teelten]
het telen* van planten ✦ *hij leeft van de teelt van aardappelen*

de ***teen** [tenen]
1 elk van de vijf dingen aan het einde van je voet die je kunt bewegen ✦ *ik heb pijn aan mijn grote teen*
op je tenen lopen: meer je best doen dan goed voor je is
2 een teentje knoflook: elk van de delen van een bol knoflook

de **teer**[1] *ook:* het
een dikke, zwarte vloeistof ✦ *er zit veel teer in sigaretten*

teer[2] [bijvoeglijk naamwoord]
tere dingen gaan snel kapot = broos ✦ *deze zeep is niet geschikt voor de tere huid van een baby*

de **te·gel** [tegels]
een rechthoekig, plat stuk hard materiaal op een vloer of een wand ✦ *er lagen rode tegels op de vloer*

***te·ge·lijk** [bijwoord]
op hetzelfde moment = gelijktijdig ✦ *ik kan heel goed twee dingen tegelijk doen*

te·ge·lij·ker·tijd [bijwoord]
op hetzelfde moment = gelijktijdig ✦ *Hanna zat aan de telefoon en tegelijkertijd las ze de krant*

te·ge·moet [bijwoord]
naar iemand of iets toe ✦ *toen mijn dochter me zag, rende ze me tegemoet*
tegemoet komen aan iemand: voor een deel doen wat iemand vraagt ✦ *de regering wil de boeren tegemoet komen met deze maatregel*

de **te·ge·moet·ko·ming** [tegemoetkomingen]
een bedrag waarmee je een deel van de kosten kunt betalen ✦ *toen ze in Mechelen ging werken, kreeg ze een tegemoetkoming in de reiskosten*

***te·gen**[1] [bijwoord]
hiermee zeg je dat je het niet eens bent met iets ⇔ voor ✦ *53 procent was voor en 47 procent was tegen*
ergens iets op tegen hebben: een bezwaar tegen iets hebben

***te·gen**[2] [voorzetsel]
1 in contact met iemand of iets ✦ *zet je fiets maar tegen een boom* ✦ *de tafel staat tegen de muur*
2 dit zeg je om iets beter te maken ✦ *dit is een goed middel tegen hoofdpijn*
3 hiermee zeg je dat je het niet eens bent met iets ⇔ voor ✦ *de meeste aanwezigen waren tegen het voorstel*
4 bijna; in de richting van … ✦ *Ralf weegt tegen de honderd kilo*
5 in verschillende betekenissen, vaak met een werkwoord ✦ *dit verhaal moet je tegen niemand vertellen* ✦ *Feyenoord speelt vanavond tegen AC Milan*
6 iets tegen hebben: iets als nadeel hebben ✦ *Peter is een aardige jongen, maar hij heeft zijn uiterlijk tegen*
7 ergens tegen kunnen: niet kapotgaan door iets; niet boos of verdrietig worden door iets ✦ *dit materiaal kan niet tegen hitte* ✦ *ik kan niet tegen mensen die altijd over zichzelf praten* ✦ *de directeur krijgt veel kritiek, maar daar kan hij goed tegen*

te·gen·aan [bijwoord]
1 tegen[2]* (bet. 1) ✦ *de paal is sterk genoeg, dus zet je fiets er maar tegenaan*
2 tegen iets aan lopen: iets toevallig vinden ✦ *zo'n stoel vind je niet in een winkel; daar moet je tegenaan lopen*

het **te·gen·deel**
iets wat precies andersom is = het tegenovergestelde ✦ *hij lijkt heel aardig, maar het tegendeel is waar*

te·gen·gaan [ging tegen, is tegengegaan]
proberen iets minder vaak te laten gebeuren [iemand gaat iets tegen] ✦ *de gemeente wil het parkeren in het centrum tegengaan door minder parkeerplaatsen te maken*

te·gen·ge·spro·ken *zie:* **tegenspreken**

te·gen·ge·steld [bijvoeglijk naamwoord]
iets wat tegengesteld is, is precies andersom = tegenovergesteld ✦ *de mening van de minister was tegengesteld aan die van het parlement*

de **te·gen·han·ger** [tegenhangers]
een persoon of een zaak die met een andere persoon of zaak een paar vormt = de pendant ✦ *de European Film Award is de Europese tegenhanger van de Amerikaanse oscar*

te·gen·hou·den [hield tegen, heeft tegengehouden]
zorgen dat iemand of iets niet verder gaat of niet begint = stoppen [iemand

houdt iemand of iets tegen] ✦ *het overleg kon de oorlog niet tegenhouden*

te·gen·ko·men [kwam tegen, is tegengekomen]
toevallig ontmoeten = treffen [iemand komt iemand of iets tegen] ✦ *gisteren kwam ik op straat Mathilde tegen*

de **te·gen·lig·ger** [tegenliggers]
een auto of een trein, boot enz. die komt uit de richting waar jij naartoe gaat ✦ *ik heb last van tegenliggers die met groot licht rijden*

•**te·gen·over** [voorzetsel]
1 aan de overkant van ... ✦ *de winkel is tegenover de kerk*
2 ten aanzien van ... = jegens ✦ *artsen in dit ziekenhuis hebben een prettige houding tegenover patiënten*
positief, negatief enz. tegenover iets staan: een positieve, negatieve enz. mening hebben over iets

te·gen·over·ge·steld [bijvoeglijk naamwoord]
iets wat tegenovergesteld is, is omgekeerd van betekenis of van richting ✦ *zijn karakter is tegenovergesteld aan het karakter van zijn zus*

de **te·gen·par·tij** [tegenpartijen]
de mensen tegen wie je vecht in een wedstrijd of in een ruzie = de tegenstander ✦ *de tennisser gaf de tegenpartij geen enkele kans*

de **te·gen·pres·ta·tie** [tegenprestaties]
iets wat je doet voor een ander als die iets voor jou heeft gedaan ✦ *mijn broer heeft me geholpen en als tegenprestatie neem ik hem mee naar een restaurant*

de **te·gen·slag** [tegenslagen]
een gebeurtenis of een toestand die niet gunstig is = de pech ✦ *de vrouw heeft in haar leven veel tegenslagen gehad*

de **te·gen·spe·ler** [tegenspelers]
een speler op toneel of in een film die samen met een andere speler optreedt ✦ *Sophia Loren is de tegenspeler van Marcello Mastroianni in enkele prachtige films*

de **te·gen·spoed**
een situatie die niet gunstig is = het ongeluk ⇔ de voorspoed ✦ *ze hadden veel tegenspoed tijdens de vakantie*

de **te·gen·spraak** [tegenspraken]
de woorden waarmee je zegt dat je een heel andere mening hebt ✦ *de directeur houdt niet van tegenspraak*
iets is in tegenspraak met iets: iets laat zien dat iets anders niet klopt ✦ *wat hij doet is in tegenspraak met wat hij zegt*

te·gen·spre·ken [sprak tegen, heeft tegengesproken]
1 als reactie op een uitspraak iets anders zeggen [iemand spreekt iemand tegen] ✦ *hij zei tegen zijn kinderen: "Jullie horen je ouders niet tegen te spreken"*
2 zeggen dat iets niet waar is = ontkennen [iemand spreekt iets tegen] ✦ *de vrouw heeft de verhalen over haar zwakke gezondheid tegengesproken*
3 niet met elkaar kloppen [feiten spreken elkaar tegen] ✦ *de cijfers in het rapport spreken elkaar tegen*

de **te·gen·stand**
de pogingen die je doet om iets of iemand tegen te houden = het verzet ✦ *hoe verklaart u de felle tegenstand tegen het akkoord?*

de•**te·gen·stan·der** [tegenstanders] **te·gen·stand·ster** [tegenstandsters]
één of meer personen tegen wie je vecht of in een wedstrijd speelt ⇔ de medestander ✦ *er zijn in Nederland veel tegenstanders van de doodstraf*

de•**te·gen·stel·ling** [tegenstellingen]
een groot verschil = het contrast ✦ *er is een grote tegenstelling tussen wat hij zegt en wat hij doet*

te·gen·strij·dig [bijvoeglijk naamwoord]
dingen die tegenstrijdig zijn, kloppen niet met elkaar ✦ *het is moeilijk om een beeld te krijgen van de situatie, want in de krant staan tegenstrijdige berichten*

•**te·gen·val·len** [viel tegen, is tegengevallen]
minder zijn dan je verwacht [iets valt (iemand) tegen] ✦ *de nieuwe cd van Enrico Brancusi valt me tegen*

de **te·gen·val·ler** [tegenvallers]
een gebeurtenis die veel minder gunstig is dan je had verwacht ⇔ de meevaller ✦ *het bedrijf heeft vorig jaar enkele financiële tegenvallers gehad*

te·gen·wer·ken [werkte tegen, heeft tegengewerkt]
proberen te zorgen dat iemand zijn doel niet bereikt ⇔ meewerken [iemand werkt iemand tegen] ✦ *de commissie is tijdens het onderzoek niet tegengewerkt*

te

door de regering

de **te·gen·wer·ping** [tegenwerpingen]
een opmerking waarmee je laat merken dat je het niet met een uitspraak eens bent = het bezwaar ✦ *toen het voorstel werd besproken, kwamen er veel tegenwerpingen*

het **te·gen·wicht**
iets dat zorgt dat je minder last hebt van iets anders ✦ *ik eet te veel, maar ik sport ook veel en dat is een goed tegenwicht*

de **te·gen·wind** [tegenwinden]
wind die uit de richting komt waar jij heen moet ✦ *ze fietsten langzaam, want ze hadden tegenwind*
economische tegenwind: de situatie dat de economie niet gunstig is

•te·gen·woor·dig[1] [bijvoeglijk naamwoord]
huidig; van nu ✦ *de tegenwoordige directeur werkt veel harder dan de vorige*

•te·gen·woor·dig[2] [bijwoord]
in deze tijd; nu ✦ *tegenwoordig gaan mensen vier keer per jaar op vakantie*

de **te·gen·zin**
het gevoel dat je geen zin hebt in iets ✦ *na de vakantie ging ze met tegenzin weer naar haar werk*

het **te·goed** [tegoeden]
geld dat iemand nog aan jou moet betalen of dat je nog kunt gebruiken ✦ *staat er nog een tegoed op deze telefoonkaart?*

het **te·huis** [tehuizen]
een instelling waar mensen wonen die verzorging nodig hebben ✦ *de man woont in een tehuis voor oudere mensen*

de **teil** [teilen]
een grote bak waarin je water kunt doen, meestal voor het huishouden ✦ *als kind werd ze elke week in een teil gewassen*

teil

teis·te·ren [teisterde, heeft geteisterd]
veel last veroorzaken [iets teistert iemand of iets]

te·keer·gaan [ging tekeer, is tekeergegaan]
veel lawaai maken en druk doen [iemand of iets gaat tekeer] ✦ *de dronken man ging enorm tekeer*

het **•te·ken** [tekens]
1 een feit waaruit iets anders blijkt = het signaal ✦ *dat de baby zo huilt, is een teken dat hij honger heeft*
dat is een goed teken: dat is gunstig ✦ *het is een goed teken dat de patiënt weer zin heeft in eten*
2 een figuur met een betekenis = het symbool ✦ *met dit teken wordt bedoeld dat je moet stoppen*
het is een teken aan de wand: het geeft aan dat het niet goed gaat
3 in het teken van ...: met ... als onderwerp ✦ *de bijeenkomst staat in het teken van vernieuwingen in het muziekonderwijs*

•te·ke·nen [tekende, heeft getekend]
1 een voorstelling maken op papier met potlood, pen of krijt [iemand tekent iemand of iets] ✦ *Henk kan heel goed gezichten tekenen*
2 een afspraak officieel maken door een handtekening te zetten [iemand tekent (een contract, een diploma enz.)] ✦ *als u hier even tekent, bent u de nieuwe eigenaar* ✦ *de voetballer tekende voor drie jaar bij FC Barcelona*

te·ke·nend [bijvoeglijk naamwoord]
iets wat tekenend is voor iets of iemand, is een duidelijk voorbeeld van hoe iets of iemand is ✦ *het is tekenend voor de nood in het onderwijs dat zelfs directeuren van scholen actie voeren*

de **te·ken·film** [tekenfilms]
een film met getekende figuren

de **te·ke·ning** [tekeningen]
een voorstelling op papier die met potlood, pen of krijt is gemaakt ✦ *Picasso heeft prachtige tekeningen gemaakt*

het **te·kort** [tekorten]
de situatie dat er te weinig is van iets = het gebrek ⇔ het teveel ✦ *de politie heeft een groot tekort aan personeel* ✦ *de vereniging heeft een tekort van drieduizend euro*

te·kort·ge·scho·ten *zie:* **tekortschieten**

de **te·kort·ko·ming** [tekortkomingen]
een gebrek ✦ *de chef ziet zijn eigen tekortkomingen niet*

te·kort·schie·ten [schoot tekort, is te-

kortgeschoten]
niet goed genoeg zijn [iemand of iets schiet tekort] ✦ *de president gaf toe dat hij tekortgeschoten was in de crisis*

de•**tekst** [teksten]
woorden die één geheel vormen ✦ *als u de tekst niet kent, zingt u 'lalala'*

de **tekst·schrij·ver** [tekstschrijvers] **tekst·schrijf·ster** [tekstschrijfsters]
iemand die teksten schrijft voor bijv. reclame, films of liedjes ✦ *hij werkt als tekstschrijver bij de tv*

de **tekst·ver·wer·ker** [tekstverwerkers]
een computer met een programma voor het maken en veranderen van teksten

de **tel** [tellen]
een ogenblik dat lang genoeg is om een getal uit te spreken ✦ *bij dit spelletje mag je na dertig tellen gaan zoeken*

de **Te·le·ac/NOT**
(Stichting) Televisieacademie/Nederlandse Onderwijstelevisie: een omroep in Nederland media

de **te·le·com·mu·ni·ca·tie**
communicatie over grote afstand met elektronische middelen, bijv. telefoon of internet ✦ *de groei van de markt voor telecommunicatie is gestopt*

•**te·le·fo·ne·ren** [telefoneerde, heeft getelefoneerd]
een gesprek voeren door de telefoon [iemand telefoneert (met iemand)]
media

te·le·fo·nisch [bijvoeglijk naamwoord]
iets wat je telefonisch doet, doe je via de telefoon ✦ *u kunt de cd telefonisch bestellen*

de•**te·le·foon** [telefoons]
een apparaat waarmee je een gesprek kunt voeren met iemand die ergens anders is ✦ *als de telefoon na elf uur 's avonds gaat, neem ik hem niet meer op*
media
een mobiele telefoon: een kleine telefoon waarmee je via antennes bijna overal kunt bellen

de **te·le·foon·cel** [telefooncellen]
een openbare ruimte met een telefoon waar je kunt bellen media

het **te·le·foon·ge·sprek** [telefoongesprekken]
een gesprek door de telefoon

de **te·le·foon·kaart** [telefoonkaarten]
1 een kaart waarmee je in een telefooncel kunt bellen
2 een kaart waarmee je met een mobiele telefoon kunt bellen media

het **te·le·foon·num·mer** [telefoonnummers]
de cijfers die je indrukt op een telefoon om iemand op te bellen ✦ *geef nooit je telefoonnummer aan iemand die je niet goed kent*

het **te·le·foon·tje** [telefoontjes]
een kort gesprek per telefoon ✦ *ik blijf vanavond thuis want ik verwacht een telefoontje*

de **te·le·lens** [telelenzen]
een lens voor een camera waarmee het lijkt of je dicht bij het onderwerp bent

telelens

te·len [teelde, heeft geteeld]
laten groeien = kweken [iemand teelt groenten, bloemen of vruchten]
✦ *vroeger teelde hij aardappelen, maar tegenwoordig heeft hij koeien*

de **te·le·scoop** [telescopen]
een apparaat waarmee je de maan en de sterren kunt bekijken

telescoop

de **te·le·tekst**
een systeem om informatie te krijgen via de tv of via internet ✦ *alle informatie kunt u vinden op teletekst, pagina 372*

te·leur·stel·len [stelde teleur, heeft teleurgesteld]
minder goed, mooi enz. zijn dan je verwachtte = tegenvallen [iemand of iets stelt (iemand) teleur] ✦ *de prestaties van de Franse voetballer stelden teleur*

de•**te·leur·stel·ling**
het feit dat iets minder goed, mooi enz. is dan je verwachtte ✦ *het was een grote teleurstelling voor haar dat ze de baan niet kreeg*

de•**te·le·vi·sie** [televisies]

te

een apparaat waarop je uitzendingen kunt zien en horen = de tv ✦ *ze kijkt per dag vier uur televisie* media

het **te·le·vi·sie·pro·gram·ma** [televisieprogramma's]
een uitzending op tv = het tv-programma ✦ *hij kijkt naar alle televisieprogramma's over dieren*

de **te·le·vi·sie·se·rie** [televisieseries]
een aantal uitzendingen op tv die bij elkaar horen = de vervolgserie

de **te·le·vi·sie·zen·der** [televisiezenders]
een televisiestation waarop je tv-uitzendingen kunt zien = het kanaal media

de **te·lex** [telexen]
een apparaat dat tekst kan ontvangen die elders verstuurd is

de **telg** [telgen]
een lid van een familie ✦ *de tentoonstelling werd geopend door de laatste telg van de familie Romanov*

•tel·kens [bijwoord]
steeds; elke keer ✦ *Erna draagt telkens andere kleren*

•tel·len [telde, heeft geteld]
1 getallen op een rij noemen [iemand telt] ✦ *ze is pas twee, maar ze kan al tot twintig tellen* getallen
op je tellen passen: goed nadenken voordat je iets doet
2 bepalen hoeveel er zijn [iemand telt mensen, dieren, dingen] ✦ *ik heb ze geteld en er zijn dertig mensen in de bus*
3 een waarde hebben = meetellen [iets of iemand telt] ✦ *het doelpunt werd na de wedstrijd gemaakt en daarom telde het niet*

de **tel·ling** [tellingen]
1 de keer dat iets geteld wordt ✦ *na de eerste telling bleek dat er evenveel mensen voor als tegen het voorstel waren*
2 het aantal dat geteld is ✦ *het is nog niet bekend wie de nieuwe president wordt, want de tellingen lopen uiteen*

de **te·loor·gang** (formeel)
het feit dat iets op een nare manier ophoudt te bestaan of verdwijnt = de ondergang ✦ *door de teloorgang van de textielindustrie verloren veel mensen hun baan*

te·meer [bijwoord]
temeer omdat; temeer daar: vooral ook omdat ✦ *ik hoop dat ik een goede computer krijg; temeer omdat ik er elke dag mee moet werken*

tem·men [temde, heeft getemd]
1 een wild dier laten wennen aan mensen; zorgen dat een wild dier doet wat jij wilt [iemand temt een wild dier]
2 zorgen dat je de baas wordt over mensen of zaken = bedwingen [iemand temt iets of iemand] ✦ *het lukte de leider niet om de boze menigte te temmen*

de **tem·pel** [tempels]
een gebouw waar mensen bij elkaar komen om tot een god te bidden ✦ *op vakantie in Griekenland hebben wij veel tempels bezocht*

tempel

het **tem·pe·ra·ment** [temperamenten]
het soort karakter dat je hebt; de manier waarop je altijd reageert ✦ *door zijn felle temperament krijgt hij vaak ruzie met andere mensen*

de **tem·pe·ra·tuur** [temperaturen]
de warmte of de kou van iets ✦ *de gemiddelde temperatuur op aarde stijgt heel langzaam* weer[1]

tem·pe·ren [temperde, heeft getemperd]
minder sterk maken = matigen [iemand tempert iets, bijv. licht] ✦ *hij probeerde de vreugde van de kinderen te temperen, omdat hij nog niet zeker wist of het feest echt zou doorgaan*

het **tem·po** [tempo's]
de mate waarin iets of iemand snel gaat = de snelheid ✦ *je moet wat langzamer lopen, want ik kan je tempo niet bijhouden* ✦ *de muziek werd in een veel te snel tempo gespeeld*

ten [voorzetsel]
dit woord wordt gebruikt in verschillende vaste verbindingen ✦ *er komen ten minste honderd mensen* ✦ *ten slotte bedankte de voorzitter iedereen* ✦ *de bijeenkomst is ten huize van de voorzitter*

de **ten·dens** [tendensen]
de richting waarin iets zich ontwikkelt ✦ *de tendens is dat steeds minder mensen boeken en kranten lezen*

ten·ein·de [voegwoord] (formeel)

met een bepaald doel = om ✦ *de handelaar koopt boeken teneinde ze met winst te verkopen*

de **te·neur**
de bedoeling of de betekenis die uit iets blijkt = de strekking ✦ *de teneur van het verhaal was dat er volgend jaar minder geld is voor nieuw personeel*

ten·ger [bijvoeglijk naamwoord]
tengere mensen hebben een mager en smal figuur ✦ *de meisjes die aan turnen doen, zijn allemaal tenger*

•ten·min·ste [bijwoord]
dit woord gebruik je om iets dat je eerder gezegd hebt preciezer te maken = althans ✦ *vanavond gaan we bij onze zoon op bezoek, als hij dat tenminste leuk vindt*

het **ten·nis**
een sport waarbij je met een racket een bal over het net in het vak van je tegenstander moet slaan sport

ten·nis·sen [tenniste, heeft getennist]
tennis* spelen [iemand tennist]

de **te·nor** [tenoren, tenors]
een man die hoog zingt zangstemmen

•ten·slot·te [bijwoord]
als je er goed over nadenkt; immers = uiteindelijk ✦ *het is niet eerlijk dat ik de schuld krijg; ik kan er tenslotte ook niets aan doen*

de **tent** [tenten]
1 een huisje van doek en stokken waarin je bijv. op vakantie slaapt ✦ *eerst zetten we de tent op en daarna gaan we naar het zwembad*
iemand uit zijn of haar tent lokken: een reactie van iemand proberen te krijgen door bepaalde dingen te doen of te zeggen

tent 1

2 een winkeltje dat je gemakkelijk van de ene plaats naar de andere kunt brengen, bijvoorbeeld op de markt = de kraam ✦ *er is op de markt een tentje waar je heerlijke noten kunt kopen*
3 (informeel) een gebouw waar je kunt eten of drinken ✦ *Sjoerd weet een leuke tent waar we met het personeel kunnen eten*

het **ten·ta·men** [tentamens]
een test die je moet maken op de middelbare school of op de universiteit, als deel van een examen

ten·toon·stel·len [stelde tentoon, heeft tentoongesteld]
voorwerpen neerzetten op een plaats waar het publiek ernaar kan kijken = exposeren [iemand stelt voorwerpen, vooral kunst, tentoon] ✦ *hij heeft zijn foto's tentoongesteld in een moderne ruimte*

de **•ten·toon·stel·ling** [tentoonstellingen]
een hoeveelheid voorwerpen, vooral kunst, die tentoongesteld* zijn = de expositie ✦ *de koning heeft in New York verschillende tentoonstellingen bezocht*

het **te·nue** *ook:* de [tenues]
speciale kleren, bijv. voor een sport, voor een muziekvereniging, of voor militairen

ten·zij [voegwoord]
behalve als ✦ *hij komt morgen, tenzij hij moet werken*

de **te·pel** [tepels]
elk van de bobbeltjes op de borst van mensen en zoogdieren, waar bij vrouwen melk uit kan komen

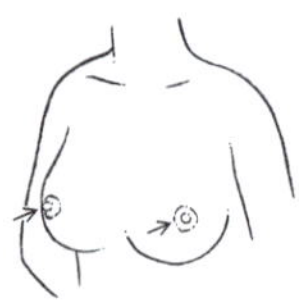

tepel

ter [voorzetsel]
dit woord wordt gebruikt in verschillende vaste verbindingen ✦ *ik stuur u dit rapport ter informatie* ✦ *ter hoogte van Arnhem kregen we problemen met de auto*

•te·recht [bijvoeglijk naamwoord]
1 een terechte opmerking is een opmerking die met een goede reden gemaakt wordt ✦ *de heer Schouten gaat er terecht van uit dat de vergadering volgende week niet doorgaat*
2 iets dat of iemand die terecht is, is weer gevonden na kwijt geweest te zijn ✦ *het boek dat we kwijt waren, is gelukkig weer terecht*

te·recht·ge·we·zen *zie:* **terechtwijzen**

te

te·recht·ko·men [kwam terecht, is terechtgekomen]
1 toevallig op een bepaalde plaats komen = belanden [iets of iemand komt ergens terecht] ✦ *de bal waarmee de kinderen speelden, is in het water terechtgekomen*
2 er komt niets van terecht: het lukt niet; het gebeurt niet ✦ *ze wilde veel doen, maar er kwam niets van terecht doordat ze ziek werd*

te·recht·stel·len [stelde terecht, heeft terechtgesteld]
iemand doden omdat de rechter hem of haar de doodstraf heeft gegeven = executeren [iemand stelt iemand terecht]

te·recht·wij·zen [wees terecht, heeft terechtgewezen]
tegen iemand zeggen wat hij verkeerd heeft gedaan en hoe hij het beter kan doen [iemand wijst iemand terecht] ✦ *de man wilde voor zijn beurt gaan bij de bakker, maar een jonge vrouw wees hem terecht*

de **te·recht·wij·zing** [terechtwijzingen]
de woorden waarmee iemand terechtgewezen* wordt = het standje ✦ *de minister kreeg een terechtwijzing van zijn eigen partij vanwege een fout die hij gemaakt had*

ter·gen [tergde, heeft getergd]
proberen boos te maken = treiteren [iemand tergt iemand]

ter·loops [bijvoeglijk naamwoord]
op een terloopse opmerking wil je niet te veel nadruk leggen ✦ *hij vroeg mij terloops of ik morgen even langs wilde komen*

de **•term** [termen]
een woord dat of een uitdrukking die in een bepaald vak een duidelijke, bijzondere betekenis heeft ✦ *het verhaal van de professor was moeilijk te begrijpen, want hij gebruikte veel wetenschappelijke termen*

de **ter·mijn** [termijnen]
een periode om iets te doen ✦ *de schrijver heeft nog een termijn van drie maanden om het boek af te maken*
op korte termijn: binnen een korte tijd ✦ *het bedrijf wil op korte termijn uitbreiden*
op de lange termijn: na langere tijd ✦ *op de lange termijn verdien je zo'n dure computer wel terug*
op termijn: uiteindelijk ✦ *de voorzitter hoopt dat de voetbalclub op termijn de top zal bereiken*

ter·mi·naal [bijvoeglijk naamwoord]
terminale zaken hebben betrekking op het einde van het leven ✦ *Natasha zorgt voor terminale patiënten in een ziekenhuis*

de **ter·mi·nus** [termini] (in België)
de laatste halte van een bus of een tram

ter·nau·wer·nood [bijwoord]
maar net = nauwelijks ✦ *de tegenstander was zo goed, dat we de wedstrijd maar ternauwernood gewonnen hebben*

het **ter·ras** [terrassen]
1 een ruimte voor een huis, een café of een restaurant, waar je kunt zitten en iets eten of drinken ✦ *als het mooi weer is, gaan we na het werk op een terrasje iets drinken* uitgaan
2 een vlak terrein tegen een heuvel of tegen een berg

het **•ter·rein** [terreinen]
1 een stuk land ✦ *het hele terrein moet vlak gemaakt worden voor de nieuwe flat*
2 alles wat bij een onderwerp hoort = het gebied ✦ *als je iets over subsidies wilt weten, moet je het aan Pol vragen; dat is zijn terrein*

de **ter·reur**
het voortdurende gebruik van geweld, vooral om een politiek doel te bereiken ✦ *de bevolking vluchtte voor de terreur van de dictator*

ter·ri·to·ri·aal [bijvoeglijk naamwoord]
territoriale zaken hebben met een territorium* te maken ✦ *het schip voer in de territoriale wateren van Nederland*

het **ter·ri·to·ri·um** [territoria, territoriums]
een gebied waar iemand de baas is = het domein ✦ *de hond beschermde zijn territorium tegen andere honden*

ter·ro·ri·se·ren [terroriseerde, heeft geterroriseerd]
voortdurend met geweld bedreigen [iemand terroriseert iemand] ✦ *de buurt wordt al jaren geterroriseerd door een groep criminele jongens*

het **ter·ro·ris·me**
de pogingen om een politiek doel te bereiken door de samenleving voortdurend met geweld te bedreigen

ter·sluiks [bijvoeglijk naamwoord]
als je iets tersluiks doet, wil je dat niemand het merkt = heimelijk ✦ *ze keek tersluiks naar haar baas*

ter·stond [bijwoord] (formeel)
onmiddellijk; meteen

•**te·rug** [bijwoord]
1 weer naar de plaats waar iets of iemand vandaan gekomen is ✦ *hij reed in één dag naar Parijs en weer terug* ✦ *heb je terug van honderd euro?*
ergens niet van terug hebben: geen goed antwoord hebben op iets ✦ *Suus zei boos tegen Bert dat hij al drie keer te laat gekomen was, en daar had Bert niet van terug*
2 eerder; vroeger ✦ *een paar jaar terug werkte hij bij Philips*
3 (in België) nog een keer; weer = opnieuw ✦ *ik was genezen, maar vandaag ben ik terug ziek geworden*

te·rug·be·ta·len [betaalde terug, heeft terugbetaald]
geld betalen dat je geleend hebt of dat te veel betaald is [iemand betaalt iets terug (aan iemand)] ✦ *je mag best honderd euro van me lenen, als je het volgende week maar terugbetaalt*

de **te·rug·blik**
een blik op gebeurtenissen uit het verleden ✦ *in de krant staat een terugblik op de verkiezingen van dit jaar*
terugblikken op [blikte terug op, heeft teruggeblikt op]
denken aan gebeurtenissen uit het verleden = terugkijken op [iemand blikt terug op iets] ✦ *we kunnen terugblikken op een goed jaar*

te·rug·bren·gen [bracht terug, heeft teruggebracht]
1 iets brengen naar waar het vandaan kwam [iemand brengt iets terug] ✦ *ze kwam de boeken die ze geleend had weer terugbrengen*
2 weer in zijn oorspronkelijke toestand brengen [iemand brengt iets terug in een bepaalde toestand] ✦ *als het huis in zijn oorspronkelijke staat is teruggebracht, is het veel meer waard*
3 kleiner maken = verminderen, reduceren [iemand brengt iets terug (tot iets)] ✦ *door de strenge maatregelen is het aantal ongelukken sterk teruggebracht*

te·rug·dein·zen voor [deinsde terug voor, is teruggedeinsd voor]
niet durven; niet willen doen [iemand deinst voor iets terug] ✦ *hij deinst er niet voor terug om te stelen*

te·rug·draai·en [draaide terug, heeft teruggedraaid]
zorgen dat het lijkt alsof er niets gebeurd is = ongedaan maken [iemand draait iets terug, bijv. een besluit] ✦ *de burgemeester draaide de maatregelen terug, omdat de burgers protesteerden*

te·rug·drin·gen [drong terug, heeft teruggedrongen]
in aantal of hoeveelheid beperken [iemand dringt iets terug] ✦ *de politie probeert het aantal ongelukken terug te dringen*

te·rug·gaan [ging terug, is teruggegaan]
achteruit gaan; gaan naar waar je vandaan gekomen bent [iemand gaat terug (naar een plaats)] ✦ *omdat het begon te regenen, besloten we terug te gaan naar het kamp*

te·rug·ge·bracht *zie:* **terugbrengen**
te·rug·ge·dron·gen *zie:* **terugdringen**
te·rug·ge·kre·gen *zie:* **terugkrijgen**
te·rug·ge·no·men *zie:* **terugnemen**

te·rug·ge·ven [gaf terug, heeft teruggegeven]
iets geven aan de persoon van wie het eerst was [iemand geeft iets terug (aan iemand)] ✦ *de regering gaf het land terug aan de oorspronkelijke bewoners*

te·rug·ge·von·den *zie:* **terugvinden**

te·rug·hou·dend [bijvoeglijk naamwoord]
iemand die terughoudend is, zegt niet alles wat hij denkt = gereserveerd ✦ *toen ik hem vroeg hoe hij het feest vond, reageerde hij terughoudend*

•**te·rug·ke·ren** [keerde terug, is teruggekeerd]
teruggaan [iemand of iets keert terug] ✦ *na het ongeluk tijdens de vakantie zijn ze snel naar huis teruggekeerd*

te·rug·kij·ken op [keek terug op, heeft teruggekeken op]
denken aan gebeurtenissen uit het verleden [iemand kijkt terug op iets] ✦ *we kunnen tevreden terugkijken op onze prestaties*

•**te·rug·ko·men** [kwam terug, is teruggekomen]

weer komen naar waar je vandaan kwam [iemand komt terug] ✦ *hij liep weg en riep boos dat hij nooit meer terug zou komen*

•**te·rug·ko·men op** [kwam terug op, is teruggekomen op]
1 nogmaals spreken of nadenken over iets [iemand komt terug op iets] ✦ *ik kan die vraag nu niet beantwoorden, maar ik kom daar later op terug*
2 toch niet doen wat je eerder gezegd hebt [iemand komt terug op iets] ✦ *Wendy had gezegd dat ze zou komen helpen, maar daar is ze later op teruggekomen*

•**te·rug·ko·men van** [kwam terug van, is teruggekomen van]
door een nieuwe ervaring anders gaan denken over iets [iemand komt terug van iets] ✦ *hij dacht dat het gemakkelijk zou zijn om arts te worden, maar daar is hij later van teruggekomen*

te·rug·krij·gen [kreeg terug, heeft teruggekregen]
krijgen wat eerder al van jou was; als reactie krijgen [iemand krijgt iets terug] ✦ *hij betaalde met een briefje van tien euro en hij kreeg twee euro terug* ✦ *toen ik haar een kaartje gestuurd had, kreeg ik een lange brief terug*

te·rug·lo·pen [liep terug, is teruggelopen]
1 achteruit lopen; lopen naar waar je vandaan gekomen bent [iets of iemand loopt terug] ✦ *de barometer loopt terug, dus het wordt slecht weer*
2 minder worden = afnemen, verminderen [iets loopt terug] ✦ *de belangstelling voor moderne kunst loopt terug*

te·rug·ne·men [nam terug, heeft teruggenomen]
1 weer in bezit nemen [iemand neemt iets terug] ✦ *mijn nieuwe jurk is te nauw, maar de winkel wil hem niet terugnemen*
2 zeggen dat iets wat je eerder gezegd hebt niet waar is [iemand neemt iets terug] ✦ *als je die beschuldiging niet terugneemt, wil ik je nooit meer zien*

de **te·rug·ron·de** (in België)
de tweede helft van een serie wedstrijden waarbij alle clubs één keer tegen elkaar spelen ⇔ de heenronde

de **te·rug·slag**
een vervelend gevolg ✦ *hij dacht dat hij goed hersteld was van zijn ziekte, maar na een paar weken kreeg hij de terugslag*

te·rug·stu·ren [stuurde terug, heeft teruggestuurd]
iets of iemand sturen naar waar hij of zij vandaan kwam; als reactie sturen [iemand stuurt iets of iemand terug (naar een plaats)] ✦ *ze stuurde haar man terug naar de winkel, omdat hij vergeten was melk te kopen* ✦ *ik stuurde mijn oom een kaartje en hij stuurde me een leuke brief terug*

te·rug·tre·den [trad terug, is teruggetreden]
stoppen met een bepaalde functie [iemand treedt terug] ✦ *omdat het bedrijf grote verliezen leed, besloot de directeur terug te treden*

zich **te·rug·trek·ken** [trok zich terug, heeft zich teruggetrokken]
1 even apart gaan zitten ✦ *de twee mannen hebben zich even teruggetrokken voor een gesprek*
2 niet meer meedoen [iemand trekt zich terug (uit iets)] ✦ *één partij heeft zich uit de onderhandelingen teruggetrokken* ✦ *toen het leger zich terugtrok uit het land, was de oorlog voorbij*

te·rug·val·len [viel terug, is teruggevallen]
weer in een slechtere situatie komen [iemand valt terug (in een gewoonte of toestand)] ✦ *hij heeft vier jaar niet gerookt, maar nu is hij weer teruggevallen*

te·rug·val·len op [viel terug op, is teruggevallen op]
hulp of steun zoeken [iemand valt terug op iemand of iets] ✦ *Marieke kon in moeilijke tijden altijd terugvallen op haar ouders*

te·rug·vin·den [vond terug, heeft teruggevonden]
iets vinden nadat je het kwijt bent geweest [iemand vindt iets terug] ✦ *Ed heeft zijn sleutels weer teruggevonden*

de **te·rug·weg**
de tocht die leidt naar het punt van vertrek ⇔ de heenweg ✦ *op de terugweg begon het te regenen*

te·rug·wer·kend [bijvoeglijk naamwoord]
met terugwerkende kracht: beginnend op een eerder tijdstip dan het besluit ✦ *uw loon wordt met terugwerkende*

kracht verhoogd vanaf 1 december vorig jaar

te·rug·zien [zag terug, heeft teruggezien]
weer zien; weer tegenkomen [iemand ziet iemand of iets terug] ✦ *op het feest heb ik veel oude vrienden teruggezien*

•ter·wijl [voegwoord]
1 met dit woord zeg je dat twee dingen tegelijk gebeuren ✦ *er is veel geld uit hun huis gestolen terwijl ze op vakantie waren*
2 met dit woord geef je een tegenstelling aan ✦ *hij vindt het niet eerlijk dat hij straf krijgt terwijl anderen net zoveel schuld hebben*

ter·zij·de [bijwoord]
aan de kant
iets terzijde laten: iets niet behandelen
maar dit terzijde: deze uitdrukking gebruik je als je iets hebt gezegd dat niet bij het verhaal zelf hoort
iemand terzijde staan: iemand helpen

de **•test** [testen, tests]
een activiteit waarmee duidelijk wordt hoe goed iemand of iets is ✦ *deze auto was in alle tests de beste*

het **tes·ta·ment** [testamenten]
een officiële verklaring waarin staat wie iemands bezit krijgt als hij of zij dood is ✦ *in zijn testament stond dat elk kind evenveel zou krijgen*

tes·ten [testte, heeft getest]
een test doen of laten doen [iemand test iemand of iets] ✦ *alle nieuwe studenten worden getest om hun niveau te bepalen*

de **teug** [teugen]
een hoeveelheid vloeistof die je in één keer drinkt = de slok ✦ *hij dronk het glas in één teug leeg*

de **teu·gel** [teugels]
een smalle band waarmee je een paard bestuurt
de teugels laten vieren: minder streng worden ✦ *als ouders moet je soms de teugels laten vieren*

het **te·veel**
iets waar te veel van is = het overschot ⇔ het tekort

•te·vens [bijwoord]
ook = eveneens ✦ *de voorzitter van de club is tevens secretaris*

te·ver·geefs [bijwoord]
zonder resultaat ✦ *ze heeft tevergeefs geprobeerd de baan te krijgen*

•te·vo·ren [bijwoord]
voor dat moment = daarvoor ✦ *het bericht van haar dood kwam erg plotseling, omdat ik haar twee dagen tevoren nog had gezien*

•te·vre·den [bijvoeglijk naamwoord]
tevreden mensen hebben geen wensen ⇔ ontevreden ✦ *de leraar was erg tevreden over het werk*

te·weeg·bren·gen [bracht teweeg, heeft teweeggebracht]
veroorzaken [iemand of iets brengt iets teweeg] ✦ *de nieuwe plannen van de directeur brachten veel discussie teweeg*

het **tex·tiel**
stof, gemaakt van geweven draden ✦ *deze kunstenaar werkt veel met textiel*

te·za·men [bijwoord] (formeel)
samen ✦ *al deze redenen tezamen hebben geleid tot dit besluit*

t.g.v. [afkorting]
ten gevolge van …: door ✦ *hij overleed t.g.v. een ongeluk*

de **TGV**
train à grande vitesse: een extra snelle trein die naar en in Frankrijk rijdt

•thans [bijwoord] (formeel)
nu; tegenwoordig ✦ *de heer Breukel is thans voorzitter van de commissie*

het **the·a·ter** [theaters]
1 een gebouw waarin voor publiek wordt opgetreden = de schouwburg ✦ *kaartjes kunt u kopen bij de kassa van het theater*
2 [geen meervoud] een vorm van kunst waarbij mensen optreden, bijv. in een theater (bet. 1) = het toneel ✦ *wij houden erg van theater*

de **the·a·ter·voor·stel·ling** [theatervoorstellingen]
een voorstelling in een theater* (bet. 1)
uitgaan

de **•thee** [theeën]
een warme drank die je maakt van droge blaadjes van bepaalde planten ✦ *wilt u thee of koffie?* dranken

de **thee·doek** [theedoeken]
een doek die je gebruikt om borden, glazen enz. droog te maken

de **thee·le·pel** [theelepels]
een kleine lepel waarmee je in de thee roert ✦ *als u elke dag vijf theelepels van*

te

dit drankje neemt, bent u snel weer beter

het **the·ma** [thema's]
1 het onderwerp van een boek, een film enz. ✦ *het centrale thema in zijn boeken is de onmogelijke liefde*
2 een deel in een stuk muziek dat enkele keren terugkomt ✦ *in dit liedje hoor je het thema van de eerste symfonie van Mahler*

de **theo·lo·gie**
de wetenschap over God = de godgeleerdheid

the·o·re·tisch [bijvoeglijk naamwoord]
theoretische zaken bestaan in een bepaalde theorie ⇔ praktisch ✦ *de uitspraken van mijn collega missen een theoretische basis* ✦ *het is theoretisch mogelijk dat we leven vinden op andere plaatsen dan de aarde, maar het is niet waarschijnlijk*

de **•the·o·rie** [theorieën]
de gedachten of ideeën die een verschijnsel verklaren ⇔ de praktijk ✦ *hij is bezig met het ontwikkelen van een nieuwe theorie over de oorzaak van kanker*

de **the·ra·peut** [therapeuten] **the·ra·peu·te** [therapeutes]
iemand die therapie* geeft

the·ra·peu·tisch [bijvoeglijk naamwoord]
therapeutische zaken hebben te maken met therapie*

de **the·ra·pie** [therapieën]
een manier om zieke mensen te behandelen ✦ *ze is in therapie om minder bang te worden in een vliegtuig*

de **ther·mo·me·ter** [thermometers]
een instrument waarmee je de temperatuur kunt meten ✦ *op de thermometer zie ik dat het drie graden boven nul is*

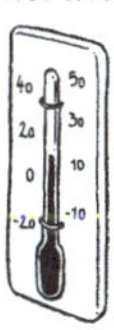

thermometer

de **ther·mos®** [thermossen] (in België)
een fles waarin vloeistof lange tijd warm of koud blijft maaltijden

de **ther·mos·fles** [thermosflessen]
een fles waarin vloeistof lange tijd warm of koud blijft

de **ther·mo·staat** [thermostaten]
een instrument dat zorgt dat een kamer op een bepaalde temperatuur blijft ✦ *wilt u de thermostaat lager zetten als u weggaat?*

de **the·sis** [theses] (in België)
het werk waarmee een student een hogere opleiding afsluit

de **tho·ra**
het heilige boek van de joden, met de wetten van Mozes religie

de **thril·ler** [thrillers]
een boek of een film vol spanning ✦ *vanavond is er een Duitse thriller op tv*

het **thuis**[1]
het huis waar je woont en waar je je rustig voelt ✦ *we zoeken nog een thuis voor onze poes*

•thuis[2] [bijwoord]
in je eigen huis ✦ *vanavond is Paul niet thuis*

thuis·blij·ven [bleef thuis, is thuisgebleven]
in je huis blijven [iemand blijft thuis] ✦ *gaan we naar de film of zullen we thuisblijven?*

thuis·ho·ren [hoorde thuis, heeft thuisgehoord]
op de juiste plaats zijn [iemand of iets hoort ergens thuis] ✦ *Wim Kok hoort thuis in de reeks belangrijke politieke personen*

•thuis·ko·men [kwam thuis, is thuisgekomen]
in je eigen huis komen [iemand komt thuis] ✦ *ze komt elke dag rond vijf uur thuis*

de **thuis·ploeg** [thuisploegen]
een sportploeg die op het eigen veld speelt ✦ *de thuisploeg kon de wedstrijd met moeite winnen*

de **thuis·wed·strijd** [thuiswedstrijden]
een wedstrijd die op het eigen veld wordt gespeeld

de **thuis·zorg**
hulp aan mensen die thuis wonen en niet goed voor zichzelf kunnen zorgen, bijv. omdat ze oud of ziek zijn ✦ *ze heeft na haar ongeluk drie maanden thuiszorg gehad* gezondheid

de **tic** [tics]
1 een beweging die je steeds opnieuw maakt, zonder het te willen ✦ *als de man moe wordt, krijgt hij last van een tic in zijn gezicht*

2 een opvallende, rare gewoonte ✦ *een van zijn tics is dat hij altijd te korte broeken draagt*
3 een drankje met alcohol in een ander drankje ✦ *Herman, jij weer cola met een tic?*

het **tic·ket** *ook:* de [tickets]
een kaartje om met een vliegtuig of een schip te reizen ✦ *een ticket naar New York is tegenwoordig niet meer zo duur*

tien [hoofdtelwoord]
10 ✦ *er zitten tien fouten in je tekst* getallen

tien·dui·zend [hoofdtelwoord]
10.000 getallen

de **tie·ner** [tieners]
iemand tussen de tien en de twintig jaar = de teenager

het **tien·tal** [tientallen]
een aantal van tien of ongeveer tien ✦ *er zat een tiental leerlingen in de klas*

het **•tien·tje** [tientjes]
een briefje van tien euro ✦ *hij heeft een tientje van me geleend*

tie·ren [tierde, heeft getierd]
schreeuwen omdat je boos bent [iemand tiert] ✦ *de buren zijn weer aan het schreeuwen en tieren*
een verschijnsel tiert welig: een verschijnsel neemt steeds meer toe ✦ *de misdaad tierde welig in die tijd*

de **tiet** [tieten] (grof)
elk van de twee borsten van een vrouw

het **tij** [tijen]
een periode van zes uur waarin het water van de zee hoger of lager wordt = het getijde ✦ *om te zwemmen is eb een gevaarlijker tij dan vloed*
het tij keren: de situatie totaal veranderen ✦ *met enkele nieuwe producten probeert het bedrijf het tij te keren*

de **•tijd** [tijden]
1 [geen meervoud] iets wat verdeeld wordt in jaren, dagen, uren, minuten en seconden; het na elkaar komen van momenten ✦ *heb je tijd om me te helpen?* klok
de tijd zal het leren: in de toekomst zullen we het weten
de laatste tijd: een periode die nog niet zo lang duurt ✦ *Hans ziet er de laatste tijd erg slecht uit*
vrije tijd: tijd waarin je niet hoeft te werken ✦ *sinds Sijmen niet meer werkt, heeft hij veel vrije tijd* uitgaan
ten tijde van ...: in de tijd van ... ✦ *Barend werkte op de ambassade in Rusland ten tijde van Stalin*
uit de tijd: niet meer gebruikt en verouderd ✦ *zijn ideeën zijn volkomen uit de tijd*
2 een moment in de tijd = het tijdstip ✦ *het is tijd om naar huis te gaan*
op tijd: op het juiste moment
bij de tijd blijven: modern blijven ✦ *een bedrijf dat kleren maakt, moet zeer bij de tijd blijven*
3 (taal) de vorm van een werkwoord waaraan je kunt zien of een zin over nu of over vroeger gaat ✦ *'ging' is de verleden tijd van 'gaan'*

tij·de·lijk [bijvoeglijk naamwoord]
iets wat tijdelijk is, is niet voor altijd ⇔ definitief ✦ *Judith heeft een tijdelijke baan bij de school*

•tij·dens [voorzetsel]
in de tijd van ... = gedurende ✦ *tijdens zijn studie heeft Fred veel reizen gemaakt*

de **tijd·geest**
de sfeer van een periode ✦ *de muziek van de groep paste heel goed in de tijdgeest*

tij·dig [bijvoeglijk naamwoord]
iets wat tijdig is, is niet te laat ✦ *wilt u het ons tijdig laten weten als u niet kunt komen?*

tijd·loos [bijvoeglijk naamwoord]
iets wat tijdloos is, kan altijd en hoort niet bij een bepaalde periode ✦ *de muziek van Bach is tijdloos*

het **tijd·perk** [tijdperken]
een periode met een eigen karakter = het tijdvak ✦ *de computer is het begin geweest van een nieuw tijdperk*
het stenen tijdperk: de tijd dat er nog geen ijzer gebruikt werd
het stenen tijdperk: een periode die al lang voorbij is ✦ *zijn telefoon komt nog uit het stenen tijdperk*

de **tijd·rit** [tijdritten]
een wedstrijd bij wielrennen waarbij de deelnemers niet tegelijk starten en zo snel mogelijk een bepaalde afstand moeten rijden ✦ *Jan Raas heeft veel wedstrijden gewonnen, maar nooit een tijdrit*

het **tijd·schrift** [tijdschriften]
een blad dat bijv. elke week of elke maand verschijnt = het magazine ✦ *onze*

zoon leest alle tijdschriften over computers

het **tijd·stip** [tijdstippen]
een bepaald punt in de tijd = het moment ✦ *de voorstelling begint op een later tijdstip dan normaal*

de **tij·ger** [tijgers] **tij·ge·rin** [tijgerinnen]
een groot soort kat die in Azië leeft en andere dieren vangt en eet

tijger

de **tik** [tikken]
de klap ✦ *ze gaf haar dochter een harde tik*

het **tik·je**
het tikkeltje*

het **tik·kel·tje**
een beetje ✦ *hij deed een tikkeltje vreemd*

tik·ken [tikte, heeft getikt]
1 een zacht, kort geluid maken [iemand of een klok tikt] ✦ *om twaalf uur 's nachts tikte er nog iemand tegen het raam* ✦ *de klok tikt niet meer*
2 schrijven met een computer of met een schrijfmachine = typen [iemand tikt een brief, een tekst enz.]

til·len [tilde, heeft getild]
1 met je handen een zware last omhoog brengen = optillen [iemand tilt (iemand of iets)] ✦ *ze kan haar zoon bijna niet meer tillen omdat hij zo zwaar wordt* ✦ *ik mag van de dokter vier weken niet tillen*
2 (informeel) niet eerlijk behandelen, vooral financieel = oplichten [iemand tilt iemand] ✦ *volgens mij heb jij je laten tillen op de markt*

tilt [zelfstandig naamwoord]
op tilt slaan: erg boos worden ✦ *toen ze zag dat haar auto gestolen was, sloeg ze op tilt*

ti·men [timede, heeft getimed]
bepalen hoe lang iets duurt of kiezen wanneer iets gebeurt [iemand timet iets] ✦ *het verschijnen van het boek is goed getimed, vlak voor sinterklaas*

ti·mi·de [bijvoeglijk naamwoord]
timide mensen zijn een beetje bang en onzeker = verlegen ✦ *kun je je voorstellen dat hij vroeger een timide jongetje was?*

de **ti·ming**
de poging om iets op het juiste moment te doen ✦ *de timing van de actie was heel goed*

tim·me·ren [timmerde, heeft getimmerd]
iets maken met hout en spijkers [iemand timmert (iets)] ✦ *dit kastje heb ik zelf getimmerd!*
aan de weg timmeren: iets doen wat de aandacht trekt, en daardoor succes hebben

de **tim·mer·man** [timmerlieden, timmerlui, timmermannen]
iemand die voor zijn beroep timmert*

het **tin**
een metaal met de kleur van zilver ✦ *vroeger werden messen en vorken vaak van tin gemaakt*

de **tint** [tinten]
een lichtere of donkerder kleur van een bepaalde kleur ✦ *ze hebben de kamer geschilderd in verschillende tinten blauw*

tin·te·len [tintelde, heeft getinteld]
een zacht stekend gevoel geven [vingers, armen enz. tintelen] ✦ *de verschijnselen van de ziekte zijn: tintelende voeten en pijn in het hoofd*

de **tin·te·ling** [tintelingen]
een gevoel dat tintelen* veroorzaakt ✦ *drie maanden na het ongeluk voelde ze nog steeds een tinteling in haar armen*

de **tip** [tips]
1 een kort en nuttig advies ✦ *in de krant staan vandaag veel tips voor het gebruik van de computer*
2 extra geld dat je bijv. in een restaurant geeft = de fooi
3 een tipje van de sluier oplichten: een deel van een geheim vertellen

tip·pe·len [tippelde, heeft getippeld]
op straat lopen om klanten voor seks te krijgen [een vrouw tippelt]

tip·pen [tipte, heeft getipt]
1 een tip* (bet. 1) geven [iemand tipt iemand (over iets)] ✦ *de politie was getipt en kon de dieven pakken* ✦ *ik heb Sandra getipt voor de baan*
2 iemand of iets kan niet tippen aan iemand of iets: iemand of iets is niet zo goed als iemand of iets ✦ *de nieuwe leider kan niet tippen aan zijn voorganger*

de **ti·ra·de** [tirades]
felle woorden waaruit blijkt dat je heel boos bent ✦ *je kunt het boek beschouwen als één lange tirade tegen de Belgische politiek*

de **ti·ran** [tirannen]
een koning of een president die het volk dwingt om dingen te doen

de **tis·sue** [tissues]
een doekje van zacht papier

de •**ti·tel** [titels]
1 de naam van een tekst of een film ✦ *het boek wordt in Nederland gepubliceerd onder de titel 'Politieke standpunten'*
2 een extra toevoeging aan je naam, bijv. 'drs.' of 'M.A.' ✦ *zij heeft aan een buitenlandse universiteit haar titel gehaald*
3 de winst in een belangrijke sportwedstrijd ✦ *de titel op de vijfhonderd meter ging naar een onbekende Rus*
4 op persoonlijke titel: als persoon, niet als medewerker van een bedrijf of een instelling ✦ *ze heeft de brief op persoonlijke titel geschreven, niet als directeur*

de **ti·tel·ver·de·di·ger** [titelverdedigers] **ti·tel·ver·de·dig·ster** [titelverdedigsters]
een persoon of een ploeg die bij een vorige wedstrijd een titel heeft behaald

tja [tussenwerpsel]
dit woord gebruik je om te zeggen dat iets niet zo belangrijk is of dat je twijfels hebt ✦ *tja, we worden allemaal langzamer als we ouder worden*

tjil·pen [tjilpte, heeft getjilpt]
een bepaald geluid maken [een vogel tjilpt] dieren

de **tl-buis** [tl-buizen]
een lamp in de vorm van een buis, die weinig stroom gebruikt

t/m [afkorting]
tot en met ...: deze letters gebruik je om te zeggen tot welk getal of tot welke datum iets geldt, inclusief het getal of de datum zelf ✦ *deze kaart is geldig t/m 13 juni*

de **TMF**
The Music Factory: een omroep in Nederland en België media

het **TNO** (in Nederland)
Toegepast Natuurwetenschappelijk Onderzoek: een instelling die voorwerpen en machines onderzoekt

t.n.v. [afkorting]
ten name van: bedoeld voor iemand ✦ *u kunt meedoen aan de actie door een bedrag van 25 euro over te maken op rekeningnummer 3055544 t.n.v. D. Binnerts*

de **toast**
1 brood dat geroosterd is en daardoor hard is geworden ✦ *op het feest waren lekkere toastjes met Franse kaas*
2 een toast uitbrengen op iemand of iets: iets drinken om iemand of iets geluk te wensen

tob·ben [tobde, heeft getobd]
zorgen hebben om iets of iemand [iemand tobt (over iets)] ✦ *Gerard zit erg over zijn werk te tobben*

tob·ben met [tobde met, heeft getobd met]
last hebben van een lichaam dat niet goed functioneert [iemand tobt met een slechte gezondheid] ✦ *hij tobt al maanden met pijn in zijn rug*

•**toch** [bijwoord]
1 ondanks dat = desondanks, desalniettemin ✦ *ik heb niet veel gedronken, maar toch vind ik het beter als jij rijdt*
2 een woord met verschillende betekenissen, vooral gebruikt om een ander woord te versterken ✦ *waar zijn mijn sleutels toch?* ✦ *zit toch stil!* ✦ *stop maar, je leert het toch nooit*

de •**tocht** [tochten]
1 [geen meervoud] een stroom koude lucht in een ruimte omdat deuren of ramen tegenover elkaar open staan = de trek
iets staat op de tocht: iets dreigt te verdwijnen ✦ *de subsidie van onze vereniging staat op de tocht*
2 de reis ✦ *we maken eerst een tochtje naar het eiland en daarna gaan we zwemmen*
een stille tocht: een tocht van zwijgende mensen die slachtoffers herdenken ✦ *de burgemeester liep voorop in de stille tocht voor de slachtoffers van de ramp*

toch·ten [tochtte, heeft getocht]
als het tocht, stroomt er koude lucht door een ruimte [het tocht] ✦ *doe het raam eens dicht, het tocht hier vreselijk*

•**toe**[1] [bijwoord]
1 de vorm van het woord 'tot' als het hoort bij de woorden 'er', 'waar', 'daar'

en 'hier' ✦ *zijn gedrag leidt ertoe dat bijna niemand meer met hem wil werken*
2 dicht ✦ *het meisje deed haar oogjes toe en ging slapen*
3 als laatste gerecht van een maaltijd ✦ *we eten lekker vlees met aardappels en ijs toe*
4 het tweede deel van het woord 'naartoe', dat soms los in een zin staat ✦ *ga nu meteen naar school toe*
5 af en toe: soms; niet vaak
6 aan iets toe zijn: iets nodig hebben ✦ *na twee maanden hard werken ben ik hard aan vakantie toe*
7 tot nu toe: tot dit moment

•toe² [tussenwerpsel]
een woord om iets met nadruk te vragen ✦ *toe, loop eens wat sneller!*

toe·be·de·len [bedeelde toe, heeft toebedeeld]
iets toebedeeld krijgen: iets krijgen ✦ *hij krijgt een centrale rol toebedeeld binnen het bedrijf*

toe·bren·gen [bracht toe, heeft toegebracht]
geven [iemand brengt iemand iets toe] ✦ *de vrouw vertelde aan de rechter dat haar man haar drie klappen had toegebracht*

toe·die·nen [diende toe, heeft toegediend]
zorgen dat iemand iets krijgt = geven [iemand dient iemand medicijnen toe] ✦ *direct na het ongeluk werden hem medicijnen toegediend*

het **toe·doen**
door toedoen van ...: door ✦ *door toedoen van het gedrag van een minister is er een crisis in het kabinet ontstaan*

de **toe·dracht**
de manier waarop iets gebeurd is = het verloop ✦ *de ware toedracht van het verhaal blijft onbekend*

zich **toe-ei·ge·nen** [eigende zich toe, heeft zich toegeëigend]
als je bezit beschouwen [iemand eigent zich iets toe] ✦ *de stad Rotterdam heeft zich Erasmus toegeëigend*

de **toe·gang** [toegangen]
de mogelijkheid om ergens naar binnen te gaan ✦ *voor kinderen is de toegang vijftien euro*
verboden toegang: je mag hier niet binnengaan

het **toe·gangs·be·wijs** [toegangsbewijzen]
iets, meestal een papiertje, waarmee je naar binnen mag ✦ *bij de zaal wordt uw toegangsbewijs gecontroleerd*

toe·gan·ke·lijk [bijvoeglijk naamwoord]
toegankelijke dingen en mensen kun je makkelijk bereiken ✦ *het feest is alleen toegankelijk voor medewerkers van het bedrijf*

toe·ge·bracht *zie:* **toebrengen**

toe·ge·daan [bijvoeglijk naamwoord]
de mening toegedaan zijn dat ...: vinden dat ...

toe·ge·ke·ken *zie:* **toekijken**

•toe·ge·ven [gaf toe, heeft toegegeven]
1 iets zeggen dat je niet graag wilt zeggen = erkennen [iemand geeft iets toe] ✦ *hij moest toegeven dat hij de laatste tijd niet goed gefunctioneerd had*
2 iets laten gebeuren waar je eigenlijk tegen bent, om geen ruzie te krijgen [iemand geeft (iets) toe]

toe·ge·ven aan [gaf toe aan, heeft toegegeven aan]
je niet verzetten tegen iets wat je graag wilt [iemand geeft toe aan een neiging] ✦ *hij gaf toe aan zijn neiging om veel te eten*

de **toe·gift** [toegiften]
een extra nummer aan het eind van een optreden

de **toe·hoor·der** [toehoorders] **toe·hoor·ster** [toehoorsters]
iemand die luistert naar een optreden = de luisteraar ✦ *onder de toehoorders was er niemand die stil kon blijven staan*

toe·jui·chen [juichte toe, heeft toegejuicht]
1 zeggen dat je blij bent met een plan [iemand juicht iets toe, bijv. een plan] ✦ *ons bedrijf juicht de nieuwe maatregelen toe*
2 door klappen of roepen laten merken dat je mensen geweldig vindt [iemand juicht iemand toe] ✦ *na de wedstrijd werd de ploeg toegejuicht*

toe·ken·nen [kende toe, heeft toegekend]
geven na een prestatie [iemand kent iets aan iemand toe] ✦ *aan wie is de prijs voor beste schrijver van kinderboeken dit jaar toegekend?*

toe·kij·ken [keek toe, heeft toegekeken]

to

kijken naar iets terwijl je niet meedoet [iemand kijkt toe] ✦ *hij moest toekijken terwijl zijn vrienden lekker voetbalden*

toe·ko·men [kwam toe, is toegekomen]
1 recht hebben op iets [iets komt iemand toe] ✦ *alle eer komt haar toe*
2 (in België) ergens komen = aankomen [iemand komt ergens toe] ✦ *ik kom vanavond om acht uur toe op het station*
3 (formeel) zorgen dat iemand iets krijgt [iemand doet iemand iets toekomen] ✦ *hierbij doe ik u enkele foto's toekomen*

toe·ko·men aan [kwam toe aan, is toegekomen aan]
tijd of gelegenheid hebben voor iets [iemand komt toe aan iets] ✦ *ze moest nog enkele brieven schrijven, maar ze kwam er niet aan toe*

de •**toe·komst**
de tijd die komt ⇔ het verleden ✦ *in de toekomst zullen we elkaar vaker zien*

toe·kom·stig [bijvoeglijk naamwoord]
toekomstige zaken bestaan nu nog niet = komend ✦ *een modern bedrijf moet nu al nadenken over toekomstige ontwikkelingen*

de **toe·la·ge** [toelagen, toelages]
geld dat je regelmatig krijgt, soms naast je loon ✦ *voor zijn studie in het buitenland krijgt hij een toelage van de regering*

•**toe·la·ten** [liet toe, heeft toegelaten]
1 goedvinden = toestaan [iemand of iets laat iets toe] ✦ *laat de wet toe dat je twee nationaliteiten hebt?*
2 naar binnen laten gaan [iemand laat iemand ergens toe] ✦ *personen onder de zestien jaar worden hier niet toegelaten*

zich **toe·leg·gen op** [legde zich toe op, heeft zich toegelegd op]
speciaal aan iets werken [iemand legt zich op iets toe] ✦ *het museum heeft zich toegelegd op kunst voor kinderen*

toe·lich·ten [lichtte toe, heeft toegelicht]
duidelijk maken wat de bedoeling is [iemand licht iets toe] ✦ *de minister heeft zijn uitspraken toegelicht in een tv-programma*

de **toe·lich·ting** [toelichtingen]
de woorden waarmee je de bedoeling van iets duidelijk maakt ✦ *de voorzitter van de commissie gaf een korte toelichting op het rapport*

de **toe·loop**
het aantal mensen dat naar een plaats toe komt ✦ *men verwacht een grote toeloop van bezoekers aan de voetbalwedstrijd*

het **toe·maat·je** [toemaatjes] (in België)
iets, bijv. geld, wat je extra krijgt = het extraatje

•**toen**[1] [bijwoord]
1 in die tijd; op dat moment ✦ *mijn opa is geboren in 1920 en toen was er nog geen televisie* ✦ *ze wilden al naar huis gaan, maar toen kwam de jarige eindelijk*
2 daarna = vervolgens ✦ *eerst kregen we koffie, en toen een drankje*

•**toen**[2] [voegwoord]
op het moment dat … ✦ *toen hij me zag, stapte hij uit zijn auto*

de **toe·na·de·ring**
toenadering zoeken tot iemand: proberen meer contact te krijgen met iemand ✦ *Noord-Korea zoekt toenadering tot enkele landen in de omgeving*

de **toe·na·me**
de keer dat een aantal groter wordt = de stijging, de groei ✦ *door de toename van het aantal ongelukken wil de gemeente nieuwe maatregelen nemen*

•**toe·ne·men** [nam toe, is toegenomen]
groter worden = stijgen, groeien [iets neemt toe] ✦ *het aantal mensen in Nederland neemt elk jaar toe*

toen·ma·lig [bijvoeglijk naamwoord]
van die tijd ✦ *in 1948 heeft de toenmalige minister van Buitenlandse Zaken grote politieke problemen veroorzaakt*

toe·pas·se·lijk [bijvoeglijk naamwoord]
toepasselijke zaken passen goed in de situatie ✦ *bij zijn vijftigste verjaardag heeft zijn vrouw een toepasselijk lied gezongen*

•**toe·pas·sen** [paste toe, heeft toegepast]
gebruiken in een bepaalde situatie [iemand past iets toe, bijv. een methode of een regel] ✦ *de leiding van de school past voor alle leerlingen dezelfde regels toe*

de •**toe·pas·sing** [toepassingen]
het gebruik in een bepaalde situatie ✦ *dit metaal heeft vele toepassingen in de elektronische industrie*
iets is niet van toepassing: iets hoort niet bij deze situatie ✦ *als u geen hond*

heeft, schrijft u hieronder: 'niet van toepassing'

de **toer** [toeren]
1 een reis waarop je verschillende plaatsen bezoekt = de rondreis ✦ *ze hebben een toer door West-Afrika gemaakt*
2 de draai ✦ *bij drieduizend toeren per minuut begint de motor erg te schudden*
iets draait op volle toeren: iets werkt zo hard mogelijk ✦ *tijdens de dagen vóór Kerstmis draait het bedrijf op volle toeren*
3 een moeilijke activiteit ✦ *het zal nog een hele toer worden om alle informatie in de computer te stoppen*
4 (in België) de keer dat je iets mag doen = de beurt ✦ *het is jouw toer om de afwas te doen*
5 op een bepaalde toer gaan: iets op een bepaalde manier doen ✦ *aan het eind van het boek gaat de schrijver opeens op de vrolijke toer*

toe·rei·kend [bijvoeglijk naamwoord]
iets wat toereikend is, is voldoende of goed genoeg ✦ *we zijn bang dat het geld niet toereikend is voor de hele vakantie*

toe·re·ke·nings·vat·baar [bijvoeglijk naamwoord]
als iemand niet toerekeningsvatbaar is, is hij niet verantwoordelijk voor zijn daden, omdat hij ziek is in zijn geest ✦ *na een onderzoek is de man door de rechter niet toerekeningsvatbaar verklaard*

toe·ren [toerde, heeft getoerd]
rijden voor je plezier [iemand toert] ✦ *tijdens de vakantie hebben wij door Duitsland getoerd*

het **toe·ris·me**
het reizen voor je plezier ✦ *sinds de oorlog is er veel minder toerisme in dat land*
landschap

de•**toe·rist** [toeristen]
iemand die voor zijn of haar plezier een stad of een land bezoekt

het **toer·nooi** [toernooien]
een serie wedstrijden die op één plaats worden gespeeld en die één winnaar hebben ✦ *de voetballers van vroeger komen elk jaar nog bij elkaar om mee te doen aan een toernooi*

toe·schie·te·lijk [bijvoeglijk naamwoord]
iemand die toeschietelijk is, laat merken dat hij graag wil helpen ✦ *de ambtenaar was heel toeschietelijk en gaf me alle informatie*

de **toe·schou·wer** [toeschouwers] **toe·schouw·ster** [toeschouwsters]
iemand die bij een openbare gebeurtenis aanwezig is

toe·schrij·ven aan [schreef toe aan, heeft toegeschreven aan]
1 iets als de oorzaak aanwijzen [iemand schrijft iets toe aan iets] ✦ *de slechte kwaliteit van de aardappels wordt toegeschreven aan het natte weer*
2 iemand als de verantwoordelijke of de maker aanwijzen [iemand schrijft iets aan iemand toe] ✦ *het schilderij wordt toegeschreven aan Van Gogh*

toe·slaan [sloeg toe, heeft toegeslagen]
1 de mogelijkheid pakken [iemand of iets slaat toe] ✦ *de dieven sloegen toe in de nacht*
2 iemand plotseling gaan beheersen [iets slaat toe] ✦ *direct nadat ze de overeenkomst had getekend, sloeg bij haar de twijfel toe*

de **toe·slag** [toeslagen]
een bedrag dat je extra moet betalen voor iets speciaals ✦ *ze betaalde een toeslag om met een snellere trein te kunnen reizen*

de **toe·spe·ling** [toespelingen]
een opmerking waarmee je iets bedoelt dat je niet precies zegt ✦ *hij maakte een toespeling op wat er zaterdag gebeurd is*

de **toe·spijs** [toespijzen] (in België)
iets dat je op je brood doet, bijv. ham of kaas = het beleg

toe·spit·sen op [spitste toe op, heeft toegespitst op]
speciaal op iets richten [iemand spitst iets toe op iets] ✦ *het onderzoek is toegespitst op de situatie in België*

de **toe·spraak** [toespraken]
woorden die je tot een publiek spreekt = de redevoering ✦ *bij het huwelijk hield haar vader een toespraak*

toe·spre·ken [sprak toe, heeft toegesproken]
iets officieel tegen een of meer mensen zeggen [iemand spreekt iemand toe] ✦ *aan het begin van het jaar werden de leden toegesproken door de voorzitter*

toe·staan [stond toe, heeft toegestaan]
toestemming geven voor iets; zeggen

dat iets mag = goedkeuren [iemand of iets staat iets toe] ✦ *de directeur stond niet toe dat er gerookt werd in het gebouw* ✦ *de regels stonden niet toe dat het gezin in België bleef*

de •**toe·stand** [toestanden]
de staat waarin iemand of iets is = de situatie ✦ *de toestand van de patiënt werd langzaam slechter* ✦ *hoe is de toestand in Rusland nu?*

het •**toe·stel** [toestellen]
1 een voorwerp dat uit verschillende onderdelen bestaat en waarmee je iets kunt doen of kunt maken = het apparaat ✦ *Evert maakte foto's met zijn nieuwe toestel*
2 het vliegtuig ✦ *het toestel kwam twee uur te laat aan*

toe·stem·men [stemde toe, heeft toegestemd]
zeggen dat je iets goed vindt [iemand stemt toe (in iets)] ✦ *het bestuur stemde niet toe in de plannen van de leden*

de •**toe·stem·ming**
het feit dat iets mag = de goedkeuring ✦ *ze kregen geen toestemming om een huis te laten bouwen*

toe·stu·ren [stuurde toe, heeft toegestuurd]
aan iemand sturen [iemand stuurt iemand iets toe] ✦ *wij zullen u de informatie toesturen*

de **toe·ter** [toeters]
een voorwerp waarmee je geluid maakt, bijv. om iemand te waarschuwen of bij een feest
toeters en bellen: extra dingen die niet echt nodig zijn ✦ *het was een huwelijk met veel toeters en bellen*

toe·te·ren [toeterde, heeft getoeterd]
geluid maken met een toeter = claxonneren [iemand toetert] ✦ *Josée toeterde toen er opeens een man overstak*

het **toe·tje** [toetjes]
een zoet gerecht aan het einde van de maaltijd = het nagerecht, het dessert ✦ *de kinderen moesten eerst hun bord leegeten voor ze het toetje kregen*
maaltijden

toe·tre·den tot [trad toe tot, is toegetreden tot]
lid worden van iets [iemand treedt toe tot iets] ✦ *Van Rheden is toegetreden tot het bestuur van de vereniging*

de **toets** [toetsen]
1 een test om te kijken hoe goed iemand in iets is ✦ *gelukkig hadden alle leerlingen de toets gehaald*
2 een deel van een apparaat of een muziekinstrument waarop je moet drukken om het te bedienen = de knop ✦ *toen Michel op een toets drukte, begon de machine te werken*

toet·sen [toetste, heeft getoetst]
onderzoeken of iets binnen bepaalde regels valt [iemand toetst iemand of iets] ✦ *de gegevens over de bouw werden getoetst aan de wet*

het **toet·sen·bord** [toetsenborden]
het onderdeel van bijv. een computer of een piano waarop de toetsen zitten ✦ *Joshua kon het euroteken niet vinden op het toetsenbord*

de **toe·val**[1] [toevallen]
de keer dat iemand bewusteloos raakt omdat hij of zij last heeft van epilepsie

het **toe·val**[2]
een gebeurtenis die tegelijk plaatsvindt met een andere gebeurtenis, zonder dat dat georganiseerd is ✦ *het was toeval dat ik Wilco op straat ontmoette*

•**toe·val·lig** [bijvoeglijk naamwoord]
iets wat toevallig gebeurt, gebeurt zonder dat het bedacht of georganiseerd is ✦ *hij ontmoette Carla toevallig op de markt* ✦ *heb jij Bert vandaag toevallig gezien?*

toe·ver·trou·wen aan [vertrouwde toe aan, heeft toevertrouwd aan]
1 iets voor een tijd aan iemand geven omdat je weet dat hij of zij er goed voor zorgt [iemand vertrouwt iets toe aan iemand] ✦ *toen de oude vrouw met vakantie ging, vertrouwde ze haar katten aan de buren toe*
2 iets vertellen dat niet iedereen mag weten [iemand vertrouwt iemand iets toe] ✦ *de burgemeester heeft een ambtenaar toevertrouwd dat hij zijn functie gaat neerleggen*

de **toe·vlucht**
je toevlucht nemen tot iets: iets gaan doen omdat er geen beter middel meer is ✦ *omdat ze geen eten in huis had, nam ze haar toevlucht tot koekjes*

•**toe·voe·gen** [voegde toe, heeft toegevoegd]
er nog bij doen [iemand voegt iets toe

(aan iets)] ✦ *voeg drie eieren toe en roer het geheel goed*

de **toe·wij·ding**
aandacht en liefde voor wat je doet ✦ *hij heeft zijn werk vele jaren met toewijding gedaan*

toe·wij·zen aan [wees toe aan, heeft toegewezen aan]
bepalen dat iemand iets krijgt [iemand wijst iets toe aan iemand] ✦ *na jaren wachten kreeg ze eindelijk een huis toegewezen* wonen

toe·zeg·gen [zei of zegde toe, heeft toegezegd]
beloven dat je iets zult doen [iemand zegt (iemand) iets toe] ✦ *mevrouw Vos had toegezegd dat ze zou komen*

het **toe·zicht**
het verschijnsel dat iemand controleert wat je doet = de controle ✦ *de gemeente houdt toezicht op de uitvoering van het werk*

de **toe·zicht·hou·der** [toezichthouders] **toe·zicht·houd·ster** [toezichthoudsters]
een instantie of iemand die toezicht* houdt = de controleur ✦ *de toezichthouder gaf geen toestemming om de prijzen te verhogen*

toe·zien op [zag toe op, heeft toegezien op]
toezicht* op iets houden = controleren [iemand ziet toe op iets] ✦ *de baas zag er zelf op toe dat het werk goed werd gedaan*

tof [bijvoeglijk naamwoord] (informeel)
iets wat tof is, is heel leuk; iemand die tof is, is heel aardig = gaaf

het **toi·let** [toiletten]
de wc

tok·ken [tokte, heeft getokt]
een bepaald geluid maken [een kip tokt] dieren

de **tol**
een systeem waarbij je moet betalen om een weg te mogen gebruiken
de tol voor iets moeten betalen: ook de nadelen ondervinden van iets wat je graag wilt

to·le·rant [bijvoeglijk naamwoord]
iemand die tolerant is, vindt het geen probleem als mensen anders denken dan hij of zij

to·le·re·ren [tolereerde, heeft getolereerd]
toelaten dat iets gebeurt = dulden, toestaan [iemand tolereert iets] ✦ *de overheid tolereerde niet dat er nog meer acties werden gevoerd*

de ***tolk** [tolken]
een persoon die vertaalt wat iemand zegt ✦ *hij gaat mee als tolk voor zijn moeder*

de **to·maat** [tomaten]
een rode vrucht die je als groente eet

tomaat

de **tom·be** [tombes, tomben]
een mooi graf met beelden enz.

de ***ton** [tonnen]
1 een ronde bak waarin je dingen kunt bewaren ✦ *buiten stond een ton met regenwater*

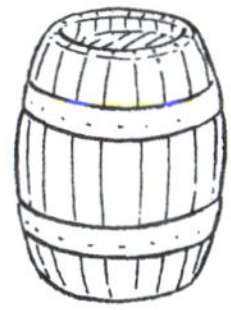
ton 1

2 honderdduizend euro of honderdduizend gulden ✦ *hij kocht een huis van drie ton*
3 duizend kilo ✦ *op de weg mogen geen auto's die zwaarder zijn dan drie ton*

het ***to·neel** [tonelen]
1 [geen meervoud] een uitvoering waarbij mensen een verhaal vertellen door te doen alsof ze iemand anders zijn = het theater
2 de plaats in een theater waar een toneelstuk wordt opgevoerd = het podium ✦ *aan het begin van het stuk was het donker op het toneel*
het toneel van iets zijn: de plaats zijn waar iets gebeurt ✦ *het mooie plein was het toneel van een vreselijk ongeluk*
van het toneel verdwijnen: niet meer meedoen; helemaal weg zijn ✦ *de partij is bijna helemaal van het toneel verdwenen*

de **to·neel·schrij·ver** [toneelschrijvers] **to·neel·schrijf·ster** [toneelschrijfsters]

to

iemand die stukken schrijft voor toneel

het **to·neel·stuk** [toneelstukken]
een verhaal dat geschreven is om op het toneel te worden gespeeld = het drama

•**to·nen** [toonde, heeft getoond]
laten zien [iemand toont iets (aan iemand)] ✦ *de man kon niet de juiste papieren tonen en moest met de politie mee*

de **tong** [tongen]
1 het orgaan in je mond waarmee je proeft en dat belangrijk is bij het spreken
boze, kwade tongen beweren dat …: mensen die kwaad willen, zeggen dat …

tong 1

2 een vis

de **tong·val** [tongvallen]
de manier waarop je je taal uitspreekt = het accent ✦ *aan zijn tongval kun je horen dat hij uit Antwerpen komt*

de **to·nijn** [tonijnen]
een vis

tonijn

tooi·en [tooide, heeft getooid] (ouderwets)
mooi maken met iets = versieren [iemand tooit iemand of iets met iets of in iets] ✦ *voor het feest was Sara getooid in een prachtige nieuwe jurk*

de **toom** [tomen]
iemand of iets in toom houden: zorgen dat iemand niet te wild wordt en geen gekke dingen doet; zorgen dat iets niet te erg wordt ✦ *de agenten konden de dief maar moeilijk in toom houden*

de •**toon** [tonen]
1 een klank op een bepaalde hoogte ✦ *de lage tonen van het instrument waren niet te horen* muzieknoten
uit de toon vallen: heel anders zijn dan de andere mensen of dingen ✦ *het moderne gebouw valt uit de toon in de oude stad*
een toontje lager zingen: bescheidener worden
de toon zetten: een voorbeeld zijn voor anderen; duidelijk maken hoe het verder gaat ✦ *met de eerste beelden werd meteen de toon gezet van de film*
2 [geen meervoud] de manier waarop iets gezegd wordt ✦ *de vader sprak op boze toon tegen zijn kind*

toon·aan·ge·vend [bijvoeglijk naamwoord]
iemand die of iets dat toonaangevend is, is een voorbeeld voor anderen ✦ *de Nederlandse dans is toonaangevend in Europa*

de **toon·bank** [toonbanken]
een tafel in een winkel waar de verkoper achter staat ✦ *voor de toonbank stond een grote rij mensen te wachten*

het **toon·beeld** [toonbeelden]
een ideaal voorbeeld ✦ *het artikel was een toonbeeld van goede journalistiek*

de **toon·lad·der** [toonladders]
een reeks van acht op elkaar volgende tonen in de muziek volgens een bepaald systeem ✦ *ze moest van haar lerares veel toonladders spelen*

de **toorn** (formeel)
het feit dat iemand erg boos is = de woede ✦ *de man vreesde de toorn van God*

de •**top** [toppen]
1 het hoogste of bovenste deel van iets ✦ *de kat zat in de top van de boom en durfde niet meer naar beneden*
aan de top staan: de belangrijkste of de beste zijn
het topje van de ijsberg: het begin van iets wat nog veel erger is ✦ *de drugs die de politie vond, vormden nog maar het topje van de ijsberg*
2 [geen meervoud] een groep mensen die de baas is of het beste is ✦ *de top van het bedrijf toonde trots de cijfers over het afgelopen jaar*

top-
de hoogste, belangrijkste, beste enz. ✦ *het huis staat op een toplokatie*

de **top·amb·te·naar** [topambtenaars, topambtenaren]
een hoge ambtenaar

het **top·je** [topjes]

to

een kort hemdje voor vrouwen

topje

de **top·man** [topmannen]
iemand op een heel hoge positie, bijv. de directeur van een groot bedrijf

de **top·per** [toppers]
een optreden dat heel goed of leuk is = het klapstuk ✦ *het optreden van oom Arie was de topper van de avond*

het **top·punt** [toppunten]
het hoogste wat op een bepaald gebied bereikt kan worden ✦ *voor veel mensen was het feestje het toppunt van gezelligheid*
dat is het toppunt!: dit zeg je als je boos en verbaasd bent

de **top·sport**
sport op het hoogste niveau ✦ *na zijn vijfendertigste werd hij te oud voor topsport* sport

de **top·vorm**
in topvorm zijn: zo'n goede conditie hebben dat je heel goede prestaties kunt leveren

de **tor** [torren]
een insect

tor

de **•to·ren** [torens]
een hoog en smal gebouw ✦ *vanaf de toren kon je prachtig over de stad kijken*
hoog van de toren blazen: jezelf heel belangrijk vinden en daarom eisen stellen

de **tor·na·do** [tornado's]
een harde, draaiende wind, die veel kapotmaakt = de wervelstorm

tor·nen aan [tornde aan, heeft getornd aan]
iets wat eigenlijk vaststaat, proberen te veranderen [iemand tornt aan iets, bijv. aan een afspraak] ✦ *de directeur wilde niet tornen aan de datum waarop het product klaar moest zijn*

tor·pe·de·ren [torpedeerde, heeft getorpedeerd]
1 proberen met een torpedo* te laten exploderen [iemand torpedeert iets, vooral een schip] ✦ *toen het schip te dicht bij dat van de vijand kwam, werd het getorpedeerd*
2 proberen te laten mislukken [iemand torpedeert iets, bijv. een plan] ✦ *het voorstel werd door verschillende partijen in de Kamer getorpedeerd*

de **tor·pe·do** [torpedo's]
een bom die onder water wordt afgeschoten ✦ *gelukkig raakte de torpedo het schip niet*

tor·sen [torste, heeft getorst]
met moeite dragen [iemand torst iemand of iets] ✦ *hij torste de zware zak op zijn rug*

de **tos·ti** [tosti's]
twee boterhammen die je roostert met ham en kaas ertussen

•tot[1] [voorzetsel]
1 niet verder dan ✦ *tot Alkmaar ging ik met de trein*
2 niet langer dan ✦ *ik heb maar tijd tot vier uur*
3 samen met andere woorden in allerlei betekenissen ✦ *na lang vergaderen kwamen ze tot een beslissing* ✦ *tot zijn grote verdriet is zijn hond dood* ✦ *de burgemeester richtte zich tot alle inwoners*

•tot[2] [voegwoord]
niet langer dan het moment dat = totdat ✦ *ze las tot het donker was*

het **•to·taal**[1] [totalen]
het geheel van getallen of bedragen ✦ *het totaal komt op € 240,-* ✦ *in totaal zijn er vorig jaar vijfenveertig mensen aan de ziekte overleden*

•to·taal[2] [bijvoeglijk naamwoord]
bij iets wat totaal is, is alles en iedereen meegeteld = compleet, geheel ✦ *de totale winst bedroeg achtduizend euro*

•to·taal[3] [bijwoord]
helemaal ✦ *ik had die dag totaal geen zin*

to·tal loss [bijvoeglijk naamwoord]
een voertuig dat total loss is, is zo kapot dat het te duur is om het te repareren ✦ *na het ongeluk werd de auto door de verzekering total loss verklaard*

tot·dat [voegwoord]
niet langer dan het moment dat = tot

✦ *je weet nooit hoe een hotel is totdat je er logeert*

de **tot·stand·ko·ming**
het proces waarin iets ontstaat ✦ *de totstandkoming van het akkoord heeft een paar maanden geduurd*

de **tou·pet** [toupets, toupetten]
een soort matje met haar dat een man die bijna geen haar meer heeft, op zijn hoofd draagt ✦ *als je goed kijkt, kun je zien dat die man een toupetje draagt*

de **tour** [tours]
een reis langs verschillende plaatsen = de rondreis ✦ *tijdens een tour door Frankrijk kregen de leden van de groep ruzie*

de **tou·ring·car** [touringcars]
een luxe bus voor vakanties ✦ *we gingen naar Oostenrijk met een touringcar*

de **tour·nee** [tournees]
een reis langs verschillende plaatsen om daar op te treden ✦ *de Europese tournee van Madonna was een succes*

de **tour·ope·ra·tor** [touroperators]
een bedrijf dat reizen organiseert = de reisorganisatie ✦ *touroperator Vrij en Blij organiseert wandelvakanties in Spanje*

het •**touw** [touwen]
1 een lange dikke draad van in elkaar gedraaide draden ✦ *de man probeerde met een touw het kind uit het water te trekken*
geen touw kunnen vastknopen aan iets: iets helemaal niet begrijpen ✦ *we konden geen touw vastknopen aan het verhaal van de chef*

touw

2 in touw zijn: druk bezig zijn ✦ *hij was de hele dag in touw om de staking voor te bereiden*
3 iets op touw zetten: iets organiseren ✦ *de gemeente heeft een actie op touw gezet om het verkeer voor kinderen veiliger te maken*

t.o.v. [afkorting]
ten opzichte van ...: vergeleken met ... ✦ *de winst was gestegen t.o.v. het jaar ervoor*

de **to·ve·naar** [tovenaars, tovenaren] **to·ve·na·res** [tovenaressen]
iemand die kan toveren*

to·ve·ren [toverde, heeft getoverd]
op een geheime manier dingen in de natuur veranderen [iemand tovert (iets)] ✦ *Harry Potter toverde een bord met soep op tafel*
iets te voorschijn toveren: zorgen dat iets er opeens is

de **TPG Post**
het bedrijf dat in Nederland voor de post zorgt media

traag [bijvoeglijk naamwoord]
iets wat traag gaat, gaat langzaam ✦ *ze dansten op trage muziek*

de •**traan** [tranen]
het water dat uit je ogen komt ✦ *er rolde een traan over haar gezicht*

het **traan·gas**
een gas waarvan je tranen in je ogen krijgt ✦ *de politie gebruikte traangas om het geweld te stoppen*

tra·ce·ren [traceerde, heeft getraceerd]
vinden door heel goed te zoeken = opsporen [iemand traceert iemand of iets] ✦ *de politie probeerde de misdadiger te traceren*

•**trach·ten** [trachtte, heeft getracht] (formeel)
proberen = pogen [iemand tracht iets] ✦ *ik heb nog getracht je te bellen, maar je was er niet*

de **trac·tor** [tractoren, tractors]
een voertuig met een sterke motor waarmee een boer op het land werkt = de trekker

tractor

tra·den *zie:* **treden**

de **tra·di·tie** [tradities]
een gewoonte die een groep mensen al heel lang heeft = het gebruik ✦ *in ons bedrijf is het traditie om een cadeautje te kopen als iemand jarig is* ✦ *de islam heeft een rijke traditie*

•**tra·di·ti·o·neel** [bijvoeglijk naamwoord]
iets wat traditioneel is, gebeurt volgens

oude gewoontes ✦ *zij houdt erg van traditionele Japanse muziek*

de **tra·ge·die** [tragedies]
1 een ernstig toneelstuk = het drama ✦ *'Romeo en Julia' is een bekende tragedie*
2 een vervelende gebeurtenis met grote gevolgen ✦ *de grote brand was een tragedie voor de hele buurt*

de **tra·giek**
heel verdrietige omstandigheden ✦ *het bedrijf maakt goede producten, maar de tragiek is dat niemand ze koopt*

tra·gisch [bijvoeglijk naamwoord]
een tragische gebeurtenis veroorzaakt heel veel verdriet ✦ *het was tragisch dat hij zijn liefste zoon verloor*

de **trai·ler** [trailers]
een wagen met twee wielen die getrokken wordt door een auto of door een vrachtwagen

trailer

trai·nen [trainde, heeft getraind]
1 iets oefenen zodat je er steeds beter in wordt [iemand traint] ✦ *mijn zoon zit op voetbal en moet iedere dinsdagavond trainen*
2 laten oefenen [iemand traint een mens of een dier (in iets)] ✦ *hij traint de jongste voetballertjes*

de **trai·teur** [traiteurs]
iemand die lekker en bijzonder eten maakt en dat bij mensen thuis brengt of in een winkel verkoopt ✦ *het eten op het feest werd verzorgd door een traiteur* maaltijden

het **tra·ject** [trajecten]
een deel van een weg of van een spoorweg ✦ *door werkzaamheden aan het spoor rijden er geen treinen op het traject Utrecht-Leiden*

trak·te·ren [trakteerde, heeft getrakteerd]
iets lekkers uitdelen aan anderen; de drank of het eten voor anderen betalen [iemand trakteert (iemand op iets)] ✦ *toen hij de prijs had gewonnen, trakteerde hij op taart* gedenkdagen

de **tra·lie** [tralies]
elk van de lange, ronde stukken metaal die van boven naar beneden voor een raam of een deur zijn geplaatst zodat je er niet door kunt = de spijl ✦ *er zaten tralies voor het raam zodat je niet naar buiten kon vluchten*

de **•tram** [trams]
een soort kleine trein die over rails door de straten rijdt ✦ *ga je op de fiets of met de tram naar het station?* vervoer

de **tram·po·li·ne** [trampolines]
een voorwerp waarop je kunt springen en dat je sprongen hoger maakt

trampoline

de **tran·ce**
in trance zijn: in een toestand zijn waarin je de wereld anders ervaart, als in een droom

tra·nen [traande, heeft getraand]
nat worden door vocht uit de ogen [ogen tranen] ✦ *door de wind begonnen zijn ogen te tranen*

de **trans·ac·tie** [transacties]
een zakelijke overeenkomst ✦ *de transactie heeft het bedrijf vijf miljoen euro opgeleverd*

de **trans·fer** [transfers]
1 de keer dat een voetballer tegen betaling van de ene naar de andere club gaat ✦ *de transfer van de voetballer heeft Ajax dertig miljoen euro opgeleverd*
2 het overmaken van geld van het ene land naar het andere

trans·for·me·ren [transformeerde, heeft getransformeerd]
een andere vorm geven = omvormen [iemand transformeert iets] ✦ *de nieuwe leider moest de partij transformeren tot een sociale partij*

trans·pa·rant [bijvoeglijk naamwoord]
door transparante dingen kun je heen kijken = doorzichtig ✦ *de tafel was gemaakt van transparant materiaal*

de **trans·pi·ra·tie**
het vocht dat uit je huid komt als je het warm hebt = het zweet

trans·plan·te·ren [transplanteerde,

heeft getransplanteerd]
verplaatsen naar een ander deel van het lichaam of naar een ander lichaam [een arts transplanteert weefsel of een orgaan] ✦ *een Zuid-Afrikaanse arts heeft als eerste het hart van een mens getransplanteerd*

het **trans·port** [transporten]
het vervoer ✦ *transport over water is goedkoper dan transport over land*
trans·por·te·ren [transporteerde, heeft getransporteerd]
van de ene naar de andere plek brengen = vervoeren [iemand transporteert iets] ✦ *het schip transporteert gevaarlijke stoffen*

de **trant**
iets in de trant van ...: ongeveer iets als ... ✦ *ik zei iets in de trant van: "Niet doen!"*

de •**trap** [trappen]
1 een meestal vast voorwerp in een gebouw waarover je naar boven of naar beneden kunt lopen

trap 1

2 een harde stoot met je voet = de schop ✦ *hij gaf een trap tegen de bal*
een vrije trap: het moment dat je bij het voetbal de bal in het spel kunt brengen zonder dat de andere partij je mag hinderen
trap·pe·len [trappelde, heeft getrappeld]
snel met je voeten bewegen [iemand trappelt] ✦ *de baby trappelde met zijn beentjes*
staan te trappelen: erg enthousiast zijn; iets erg graag willen ✦ *de student stond te trappelen om te gaan werken*
trap·pen [trapte, heeft getrapt]
1 een trap geven = schoppen [iemand trapt (iemand)] ✦ *het paard trapte mij* ✦ *hij trapte tegen de deur omdat hij erg boos was*
2 fietsen [iemand trapt] ✦ *tegen de wind in moesten we hard trappen*
3 lol, rotzooi of herrie trappen: (informeel) lol maken, vervelend doen of herrie maken
trap·pen in [trapte in, is getrapt in]
in iets zachts gaan staan [iemand trapt in iets] ✦ *ze is in de poep getrapt*
erin trappen: denken dat iets waar is terwijl dat niet zo is ✦ *Remco deed alsof hij zijn arm had gebroken, en iedereen trapte erin!*
trap·pen op [trapte op, is getrapt op]
op iets gaan staan [iemand trapt op iets] ✦ *je mag niet op de bloemen trappen*

de **trap·per** [trappers]
het deel van een fiets waarop je je voet zet

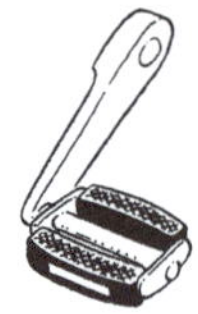
trapper

het **trau·ma** [trauma's]
een psychisch probleem als gevolg van iets ergs dat je hebt meegemaakt ✦ *door de oorlog heeft ze een trauma opgelopen*
trau·ma·tisch [bijvoeglijk naamwoord]
een traumatische gebeurtenis is zo erg dat je er een trauma* van kunt krijgen ✦ *voor Olga was de dood van haar zus een traumatische ervaring*

de **tra·ves·tiet** [travestieten]
een man die graag kleren van een vrouw draagt

de **trech·ter** [trechters]
een voorwerp dat aan de bovenkant wijd is en aan de onderkant smal, waarmee je gemakkelijk vloeistof in een fles kunt doen

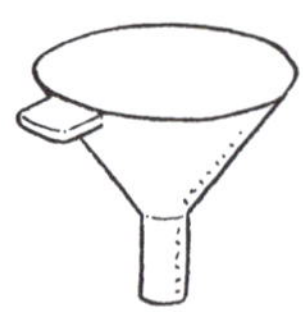
trechter

de **tred** [treden]
de manier van lopen = de pas ✦ *de man liep in rustige tred voorbij*
iets houdt gelijke tred met iets: iets gaat even snel vooruit als iets anders ✦ *de lonen in het onderwijs houden gelijke tred met de lonen in de bedrijven*

de **tre·de** [treden]
elk van de vlakken van een trap ✦ *de*

tr

trap had vijftien treden

•**tre·den** [trad, is getreden] (formeel)
gaan; lopen [iemand treedt in een bepaalde richting] ✦ *de militair trad naar voren toen zijn naam werd geroepen*
in dienst treden: beginnen te werken bij een bedrijf

het **tref·fen**[1] (formeel)
1 een ontmoeting met de vijand = het gevecht ✦ *gelukkig kwam het niet tot een treffen tussen de beide landen*
2 de ontmoeting = de samenkomst ✦ *het treffen tussen de voetbalploegen van Frankrijk en België was een groot succes voor België*

•**tref·fen**[2] [trof, heeft getroffen]
1 raken [iets treft iets of iemand] ✦ *de auto is door een vallende boom getroffen*
2 bijzondere gevoelens geven = raken [iets treft iemand] ✦ *het trof mij bijzonder dat het meisje 'mamma' riep*
3 ontmoeten [iemand treft iemand] ✦ *vanmiddag tref ik mijn broer in een café*
4 het getroffen hebben (met iets of iemand): geluk hebben ✦ *we hebben het getroffen met het weer in onze vakantie*
5 het treft: het is gunstig; het komt goed uit

tref·fend [bijvoeglijk naamwoord]
iets wat treffend is, klopt precies = raak ✦ *na de treffende opmerking van de journalist wist de minister niets meer te zeggen*

de **tref·fer** [treffers]
1 een punt dat je haalt door de bal in het doel te krijgen, bijv. bij voetbal = het doelpunt, de goal
2 het resultaat van een zoekopdracht op internet = de hit

het **tref·woord** [trefwoorden]
een woord dat wordt uitgelegd in een woordenboek ✦ *in dit woordenboek is het volgende trefwoord 'trefzeker'*

tref·ze·ker [bijvoeglijk naamwoord]
trefzekere handelingen bereiken hun doel = doelgericht ✦ *met een aantal trefzeker gekozen woorden kon de president iedereen overtuigen*

de •**trein** [treinen]
een vervoermiddel dat over rails rijdt en dat mensen of dingen van het ene station naar het andere brengt ✦ *kom je met de auto of neem je de trein?* **vervoer**

trei·te·ren [treiterde, heeft getreiterd]
steeds iets zeggen of doen om iemand bewust een vervelend gevoel te geven = pesten [iemand treitert iemand] ✦ *het kind werd door jongens uit de buurt getreiterd en geslagen*

de **trek** [trekken]
1 de keer dat je trekt = de haal ✦ *ze nam een trekje van haar sigaret*
2 [geen meervoud] zin om te eten ✦ *ik heb trek in iets lekkers!*
3 een lijn in het gezicht ✦ *de vrouw had de trekken van haar vader*
4 een eigenschap van iemand; iets in iemands karakter ✦ *het is een vervelend trekje van haar dat ze nooit goed luistert naar andere mensen*
5 iets is in trek: iets is populair; men wil iets graag hebben ✦ *Frankrijk en Spanje zijn als vakantielanden het meest in trek*
6 aan je trekken komen: krijgen wat je graag wilt ✦ *vooral mensen die graag wandelen, komen in dit gebied aan hun trekken*

•**trek·ken** [trok]
1 [heeft getrokken] naar je toe halen met je armen [iemand trekt aan iets] ✦ *als je aan het touwtje trekt, gaat de deur open* ✦ *door twee mensen is de fiets uit het water getrokken*
2 [heeft of is getrokken] reizen [iemand trekt ergens heen] ✦ *de reizigers zijn drie weken door de bergen getrokken*
3 [heeft getrokken] interessant of plezierig voor je zijn = aantrekken [iets trekt iemand] ✦ *een vakantie naar de kust trekt me niet*
4 [is getrokken] naar een ander gebied vliegen [een vogel trekt] ✦ *veel vogels trekken in de winter naar warmere gebieden*

trek·ken op [trok op, heeft of is getrokken op] (in België)
een overeenkomst hebben; er ongeveer hetzelfde uitzien = lijken op [iets of iemand trekt op iets of iemand] ✦ *zij trekt erg op haar moeder*

de **trek·ker** [trekkers]
1 een deel van een pistool waaraan je met je vinger trekt = de hendel ✦ *de man haalde de trekker over en schoot zijn vijand dood*

tr

trekker 1

2 een persoon of een zaak die veel publiek oplevert = de trekpleister, de attractie ✦ *Michael Jackson was de grote trekker van het festival*
3 een voertuig met een sterke motor waarmee een boer op het land werkt = de tractor

de **trek·pleis·ter** [trekpleisters]
een persoon of een zaak die zorgt voor veel publiek = de trekker, de attractie ✦ *het nieuwe museum moet de trekpleister van de stad worden*

de **trek·vo·gel** [trekvogels]
een vogel die in de winter ergens anders leeft dan in de zomer ✦ *in de winter zijn er geen zwaluwen in Nederland omdat de zwaluw een trekvogel is*

het **tre·ma** [trema's]
een leesteken dat bestaat uit twee puntjes naast elkaar op een letter, zoals in 'ideeën'

de **trend** [trends]
1 de richting waarin iets zich ontwikkelt = de tendens ✦ *als de koersen op de beurs dalen, volgt de prijs van de huizen vaak die trend*
2 de nieuwste vormen en kleuren in bijv. kleding = de mode ✦ *wat wordt de trend voor de komende winter?*

tren·dy [bijvoeglijk naamwoord]
iets dat trendy is, is erg modern ✦ *Saskia droeg een trendy broek*

treu·ren [treurde, heeft getreurd]
verdriet hebben [iemand treurt (om iets of over iets)] ✦ *de man treurde de hele week om de dood van zijn hondje*

treu·rig [bijvoeglijk naamwoord]
treurige mensen hebben verdriet; treurige dingen veroorzaken verdriet = verdrietig, triest ✦ *het was zulk treurig weer dat we niet naar buiten gingen*

treu·ze·len [treuzelde, heeft getreuzeld]
iets heel langzaam doen terwijl het veel sneller kan = teuten [iemand treuzelt] ✦ *sta niet zo te treuzelen en kom mee!*

het **tri·bu·naal** [tribunalen]
een bijzondere rechtbank waaraan ook mensen deelnemen die geen rechter zijn

de **tri·bu·ne** [tribunes]
houten banken, schuin boven elkaar, waarop mensen naar iets kunnen kijken, bijv. naar een wedstrijd
de publieke tribune: het gedeelte in een vergaderzaal waar publiek mag zitten

triest [bijvoeglijk naamwoord]
iets wat triest is, is heel verdrietig = treurig, droevig ✦ *het was een trieste dag, toen onze dochter hoorde dat zij niet meer beter kon worden*

tril·len [trilde, heeft getrild]
heen en weer gaan met korte, snelle bewegingen = beven [iets of iemand trilt] ✦ *zijn handen trilden toen hij begon te praten* ✦ *alles in huis begon te trillen toen de vrachtwagen voorbijreed*

de **tril·ling** [trillingen]
een beweging die snel heen en weer gaat ✦ *geluid ontstaat doordat lucht in trilling wordt gebracht*

de **tri·lo·gie** [trilogieën]
drie boeken, drie films, drie toneelstukken enz. die bij elkaar horen ✦ *heb je de trilogie over het leven van keizerin Sissi gezien?*

trim·men [trimde, heeft getrimd]
hardlopen en oefeningen doen voor je gezondheid [iemand trimt] ✦ *op zondag gaat ze altijd trimmen in het bos*

het **trio** [trio's]
drie mensen die samen iets doen, bijv. muziek maken of zingen ✦ *in zijn vrije tijd zingt hij in een trio*

de **tri·omf** [triomfen]
een groot succes = de overwinning ✦ *nadat ze de wedstrijd gewonnen had, genoot ze nog lange tijd van haar triomf*
triomfen vieren: succes hebben

tri·om·fan·te·lijk [bijvoeglijk naamwoord]
iemand die triomfantelijk kijkt, kijkt trots, alsof hij of zij gewonnen heeft ✦ *met een triomfantelijke blik kwamen de winnaars de zaal binnen*

de **trip** [trips]
een korte reis = het uitstapje ✦ *volgende week maken we een tripje naar Londen*

het **tri·plex**
hout dat bestaat uit drie dunne lagen die op elkaar gelijmd zijn ✦ *hij maakt*

tr

een kastje van triplex

trip·pe·len [trippelde, heeft of is getrippeld]
met kleine, vlugge stapjes lopen [een mens of een dier trippelt] ✦ *als je stil bent, hoor je de muizen trippelen*

tri·vi·aal [bijvoeglijk naamwoord]
triviale zaken zijn niet belangrijk ✦ *mijn broer is goed in het onthouden van allerlei triviale feitjes*

troe·bel [bijvoeglijk naamwoord]
1 een troebele vloeistof is niet helder: je kunt er niet goed doorheen kijken
2 troebele zaken zijn niet erg duidelijk en misschien niet helemaal zuiver ✦ *ze voerden een troebele discussie over extra geld voor de ziekenhuizen*

de **troef** [troeven]
1 een belangrijke kaart bij het kaartspel
2 iets dat een grote kans geeft op een goed resultaat ✦ *de nieuwe lijsttrekker is de troef van de politieke partij*
3 het is armoe troef: er is erg weinig geld ✦ *toen ik na tien jaar weer in Limerick kwam, was het er nog steeds armoe troef*

de °**troep** [troepen]
1 [geen meervoud] een situatie waarin helemaal geen orde is = de chaos, de bende ✦ *op het bureau van Gerard is het altijd een grote troep*
2 een groep, bijv. van militairen of dieren ✦ *de Engelse militaire troepen oefenen soms in Duitsland* dieren

de **tro·fee** [trofeeën]
een voorwerp dat je krijgt als je een wedstrijd gewonnen hebt, bijv. een beker of een medaille

trof·fen *zie:* **treffen**

trok·ken *zie:* **trekken**

de **trom** [trommen]
de trommel* (bet. 1)

de **trom·bo·ne** [trombones]
een muziekinstrument van koper, waarop je blaast

trombone

de **trom·mel** [trommels]
1 een muziekinstrument waarop je met stokken slaat = de trom

trommel 1

2 een blik met een deksel ✦ *pak maar een koekje uit de trommel*

trom·me·len [trommelde, heeft getrommeld]
1 op een trommel* (bet. 1) slaan [iemand trommelt]
2 met je vingers snel achter elkaar op iets slaan [iemand trommelt met zijn vingers (ergens op)] ✦ *tijdens het wachten trommelde hij zenuwachtig met zijn vingers op tafel*

de **trom·pet** [trompetten]
een muziekinstrument van koper waarop je blaast ✦ *hij speelt trompet in een orkest*

trompet

de **troon** [tronen]
een grote, mooie stoel van een koning, een keizer enz.
de troon bestijgen: het land gaan regeren als koning, keizer enz. ✦ *in 1980 besteeg koningin Beatrix de troon*

de **troon·re·de** [troonredes] (in Nederland)
een boodschap die de koning of koningin eenmaal per jaar uitspreekt, over de plannen van de regering voor het volgende jaar ✦ *in de troonrede werd veel aandacht besteed aan het onderwerp veiligheid* overheid

De troonrede wordt altijd uitgesproken op prinsjesdag, de derde dinsdag in september.

de **troost**
de steun die je krijgt als je verdriet of pijn hebt ✦ *het is een grote troost voor haar dat ze twee lieve dochters heeft*

troos·te·loos [bijvoeglijk naamwoord]
troosteloze dingen zien er somber uit,

en er is weinig kans dat het snel beter wordt ✦ *de eerste dagen van onze vakantie was het troosteloos weer* ✦ *de mensen in deze wijk leiden een troosteloos bestaan*

troos·ten [troostte, heeft getroost]
iemand steunen die pijn of verdriet heeft [iemand troost iemand] ✦ *de moeder troostte haar huilende kind* ✦ *ik troost me met de gedachte dat ik niet de enige ben die thuis moet blijven*

de **tro·pen** [meervoud]
de warme landen die ongeveer in het midden tussen de noordpool en de zuidpool liggen ✦ *zij heeft drie jaar als arts in de tropen gewerkt*

tro·pisch [bijvoeglijk naamwoord]
een tropisch gebied is een gebied waar het vaak erg warm en nat is ✦ *op zondag was het tropisch warm, dus gingen we naar het strand*

de **tros** [trossen]
een groepje bloemen of vruchten aan één steel ✦ *de groenteman verkoopt mooie trossen druiven*

de **TROS**
Televisie Radio Omroep Stichting: een omroep in Nederland **media**

de **trots**[1]
1 het gevoel dat je wilt laten zien dat je iets goed gedaan hebt of dat je iets moois gekregen hebt ✦ *vol trots liet de kleine jongen zijn nieuwe schoenen zien*
2 het gevoel dat je beter bent dan andere mensen = de arrogantie

•**trots**[2] [bijvoeglijk naamwoord]
1 als je trots bent op iets, ben je blij met wat je gedaan hebt of met wat je gekregen hebt; als je trots bent op iemand, vind je dat die persoon iets goed gedaan heeft ✦ *Esthers ouders zijn heel trots op hun dochter, nu ze haar diploma heeft*
2 trotse mensen denken dat ze beter zijn dan andere mensen = arrogant ✦ *de prinses was te trots om met een gewone jongen te trouwen*

trot·se·ren [trotseerde, heeft getrotseerd]
iets doen ondanks gevaarlijke of vervelende omstandigheden [iemand trotseert iets, bijv. gevaar] ✦ *wat fijn dat jullie de regen getrotseerd hebben om naar de vergadering te komen*

het **trot·toir** [trottoirs]
het verhoogde deel van de straat langs de huizen waarop geen fietsen of auto's mogen rijden = de stoep

de **trouw**[1]
de eigenschap dat je iemand of iets altijd steunt ✦ *"Liefde en trouw vormen de basis voor een goed huwelijk", sprak de ambtenaar*
te goeder trouw: met goede bedoelingen; eerlijk
te kwader trouw: met slechte bedoelingen; oneerlijk

•**trouw**[2] [bijvoeglijk naamwoord]
als je trouw bent, steun je iets of iemand altijd ✦ *meneer Verbeek is een trouwe lezer van deze krant* ✦ *hij bleef trouw aan zijn vaderland*

•**trou·wen** [trouwde]
1 [is getrouwd] voor de wet beloven dat je met iemand samen wilt leven en dat je altijd voor hem of haar zult zorgen [iemand trouwt (met iemand)] ✦ *Mark en Esmeralda gaan in mei trouwen*
2 [heeft getrouwd] een huwelijk sluiten tussen twee personen [een ambtenaar of een geestelijke trouwt twee personen] ✦ *de dominee die ons getrouwd heeft, is vorige week overleden*
gedenkdagen

•**trou·wens** [bijwoord]
dit woord gebruik je als je nog iets wilt toevoegen of uitleggen = overigens ✦ *trouwens, heb je al gehoord dat mijn zus een baby heeft?* ✦ *ik had geen zin meer om langer te blijven; ik moest trouwens om tien uur thuis zijn*

de **truc** [trucs]
een handeling om op een slimme of geheime manier je doel te bereiken = de list ✦ *de dief verzon een truc om het huis binnen te komen*

de **truck** [trucks]
een vrachtwagen met een oplegger ✦ *de goederen werden met een truck naar Roemenië gebracht*

truck

de•**trui** [truien]

een zacht en warm kledingstuk voor je bovenlichaam en je armen

trui

trut·tig [bijvoeglijk naamwoord]
truttige mensen of dingen zijn niet modern en een beetje saai = tuttig ✦ *dat meisje heeft meestal truttige kleren aan*

de **tsaar** [tsaren]
de keizer van Rusland (tot 1917) ✦ *tsaar Nicolaas de Tweede was de laatste tsaar van Rusland*

het **T-shirt** [T-shirts]
een kledingstuk van katoen voor je bovenlichaam en het bovenste deel van je armen

het **tso** (in België)
technisch secundair onderwijs: een type onderwijs dat volgt op het basisonderwijs onderwijs

de **tu·be** [tubes, tuben]
een voorwerp in de vorm van een rol met een dop, waarin een zachte stof bewaard wordt ✦ *de tube tandpasta is bijna leeg*

tube

de **tucht**
de situatie dat mensen streng gestraft worden voor alles wat ze fout doen ✦ *toen hij in het leger was, had hij moeite met de tucht en de discipline*

de **tucht·com·mis·sie** [tuchtcommissies]
een groep mensen die bepaalt welke straf een sporter krijgt die tijdens een wedstrijd iets heeft gedaan wat absoluut niet mag

het **tuig** [tuigen]
1 [geen meervoud] slechte mensen ✦ *de bewoners waren bang voor het tuig uit de buurt*
2 de banden en de touwen waaraan een dier een wagen trekt, of waarin een kind in een wagentje vastzit

tui·me·len [tuimelde, is getuimeld]
met je hoofd of met de voorkant naar voren vallen [iemand of iets tuimelt] ✦ *de vaas tuimelde uit het raam*

de **•tuin** [tuinen]
een stuk grond, meestal bij een huis, waar mensen bloemen en planten laten groeien
iemand om de tuin leiden: iemand expres dingen laten denken die niet kloppen

de **tuin·bouw**
het laten groeien van bloemen, planten, groente en fruit in een gebouw van glas of buiten ✦ *in het Westland werken veel mensen in de tuinbouw*

de **tuin·der** [tuinders]
iemand die voor zijn beroep bloemen, planten, groente of fruit laat groeien

tui·nie·ren [tuinierde, heeft getuinierd]
een tuin verzorgen [iemand tuiniert] ✦ *mijn moeder houdt van tuinieren en daarom ziet haar tuin er prachtig uit*

de **tuin·man** [tuinlieden, tuinmannen]
iemand die voor zijn beroep tuinen verzorgt

de **tuit** [tuiten]
een pijp of een uitstekend deel aan een voorwerp waardoor je vloeistof kunt schenken ✦ *de tuit van de theepot is gebroken*

tuit

de **tul·band** [tulbanden]
1 een om het hoofd gedraaide doek voor mannen, vaak gedragen in bijv. India
2 een zachte, ronde koek met een gat in het midden die je moet snijden ✦ *ze bracht een tulband mee voor bij de koffie*

de **tulp** [tulpen]
een bloem die uit een bol groeit

tulp

de **tu·mor** [tumoren, tumors] (medisch)
een verdikking op of in je lichaam die er niet hoort te zijn = het gezwel ✦ *mevrouw Albers moet naar het ziekenhuis om een tumor te laten verwijderen*

het **tu·mult**
de situatie dat er lawaai is en dat het niet rustig is = het rumoer ✦ *er is veel tumult ontstaan rond de uitspraken van de minister*

de **tun·nel** [tunnels]
een weg of een gang onder de grond of door een berg ✦ *op weg naar Italië reden we door veel tunnels*

tur·bo-
dit zet je voor een woord als je wilt zeggen dat iets of iemand extra veel kracht heeft of extra snel is ✦ *de auto heeft een turbomotor van twee liter*

tur·bu·lent [bijvoeglijk naamwoord]
in turbulente tijden gebeurt er veel = roerig, woelig ✦ *na een aantal turbulente jaren heeft het land nu een democratisch gekozen regering*

tu·ren [tuurde, heeft getuurd]
proberen iets te zien dat heel klein of ver is [iemand tuurt (naar iets)] ✦ *hij tuurde in de verte of hij iemand zag*

de **turf** [turven]
donkerbruin materiaal dat in de grond zit en dat vooral vroeger gebruikt werd voor verwarming of om te koken

tur·nen [turnde, heeft geturnd]
gymnastische oefeningen doen, bijv. op de evenwichtsbalk [iemand turnt]

tur·quoi·se [bijvoeglijk naamwoord]
iets wat turquoise is, heeft een kleur tussen blauw en groen

tur·ven [turfde, heeft geturfd]
tellen door streepjes te zetten in groepjes van vijf waarbij je steeds vier streepjes naast elkaar zet en de vijfde erdoorheen [iemand turft (iets)] ✦ *Jacques zat bij de ingang en turfde het aantal bezoekers*

[1]tus·sen [voorzetsel]
1 op een plaats met aan beide kanten iets of iemand ✦ *Anne zit tussen Jasper en Hasan* ✦ *Monster ligt tussen Den Haag en 's-Gravenzande* ✦ *ik houd van de muziek van Bach en de Beatles en alles wat ertussen zit*
2 op een moment na … en vóór … ✦ *meneer Vreugdenhil komt tussen tien uur en halfelf*
3 op een plaats in het midden van … ✦ *het huis staat tussen de bomen*
4 het woord wordt gebruikt in verschillende vaste verbindingen
het verschil tussen … en …: iets waarin twee dingen van elkaar verschillen ✦ *wat is het verschil tussen een boom en een struik?*
kiezen tussen een aantal zaken: kiezen welke van een aantal zaken je wilt hebben, welke goed is enz. ✦ *je kunt kiezen tussen bier en limonade*
tussen de middag: de tijd tussen de ochtend en de middag, van twaalf uur tot ongeveer twee uur ✦ *de winkel is tussen de middag gesloten*

tus·sen·bei·de [bijwoord]
tussenbeide komen: handelen in een ruzie tussen andere personen ✦ *hij moest tussenbeide komen om de twee vechtende vrouwen uit elkaar te halen*

tus·sen·door [bijwoord]
iets wat je tussendoor doet, duurt niet zo lang; ervoor en erna doe je andere dingen ✦ *ik heb brieven geschreven en boodschappen gedaan en tussendoor heb ik een kop koffie gedronken*

de **tus·sen·komst**
de poging van iemand om een probleem van twee anderen op te lossen = de interventie ✦ *de ruzie tussen de buurtbewoners werd na tussenkomst van de rechter opgelost*

de **tus·sen·per·soon** [tussenpersonen]
iemand die contact legt tussen verschillende partijen = de intermediair ✦ *mijn ouders hebben al hun verzekeringen via een tussenpersoon afgesloten*

de **tus·sen·tijd**
in de tussentijd: in de tijd tussen twee gebeurtenissen ✦ *we kunnen pas weg als het droog is, dus in de tussentijd doen we een spelletje*

tu·toy·e·ren [tutoyeerde, heeft getutoyeerd]
'je', 'jij' en 'jou' tegen iemand zeggen [iemand tutoyeert iemand] ✦ *de directeur wil graag dat iedereen hem tutoyeert*

tut·tig [bijvoeglijk naamwoord]
tuttige mensen of dingen zijn niet modern en een beetje saai = truttig ✦ *we werden in de winkel geholpen door een*

tuttig meisje

de **•tv** [tv's]
de televisie ✦ *er komt een leuke film op tv*

twaalf [hoofdtelwoord]
12 getallen

twee [hoofdtelwoord]
2 getallen

twee·de [rangtelwoord]
2e getallen
de Tweede Kamer: de afdeling van het parlement die de regering als eerste controleert en die ook zelf wetten mag maken overheid
de Tweede Wereldoorlog: de oorlog tussen Duitsland en een groot aantal andere landen, die duurde van 1939 tot 1945

twee·de·hands [bijvoeglijk naamwoord]
tweedehands artikelen zijn eerst van iemand anders geweest ✦ *de vrouw heeft een winkel in tweedehands kleding*

de **Twee·de-Ka·mer·ver·kie·zin·gen** [meervoud]
de verkiezingen waarbij leden voor de Tweede Kamer gekozen worden overheid

de **twee·de·ling** [tweedelingen]
het feit dat iets in twee delen gedeeld is = de splitsing ✦ *er ontstond een steeds grotere tweedeling tussen de voorstanders en de tegenstanders*

twee·de·rangs [bijvoeglijk naamwoord]
iets of iemand is tweederangs als de kwaliteit minder is = inferieur

twee·ja·rig [bijvoeglijk naamwoord]
een tweejarige zaak duurt twee jaar; een tweejarig kind is twee jaar oud ✦ *de voetballer tekende een tweejarig contract bij Real Madrid* ✦ *de man nam zijn tweejarig zoontje mee naar zijn werk*

de **twee·ling** [tweelingen]
twee kinderen die tegelijk uit dezelfde moeder geboren zijn ✦ *Sara en Ibrahim zijn een tweeling*

de **Twee·lin·gen**
een sterrenbeeld sterrenbeelden

twee·maal [bijwoord]
twee keer ✦ *ik heb het je tweemaal gezegd, ik zeg het niet nog een keer*

de **twee·strijd**
in tweestrijd zijn: heel erg twijfelen ✦ *hij was in tweestrijd of hij zijn broer zou gaan helpen of gezellig naar de bioscoop zou gaan*

het **twee·tal** [tweetallen]
1 twee mensen ✦ *iedereen was blij voor Jacobsen en Van Es, want het tweetal had zojuist een prijs gewonnen*
2 [geen meervoud] twee ✦ *ik mis nog een tweetal papieren*

twee·ta·lig [bijvoeglijk naamwoord]
1 tweetalige mensen spreken twee talen en denken in twee talen = bilinguaal
2 in een tweetalig land worden twee talen gesproken = bilinguaal

de **twee·ver·die·ners** [meervoud]
twee mensen die samenwonen en die allebei werken ✦ *alleen tweeverdieners zonder kinderen zouden misschien deze dure huizen kunnen kopen*

twee·vou·dig [bijvoeglijk naamwoord]
een tweevoudig kampioen is twee keer kampioen geworden in iets

de **•twij·fel** [twijfels]
een gevoel waarbij je niet zeker bent ✦ *ik heb grote twijfels of de verkoper wel eerlijk is*

twij·fel·ach·tig [bijvoeglijk naamwoord]
1 iets wat twijfelachtig is, is niet zeker = dubieus ✦ *het is nog twijfelachtig of we dit jaar op vakantie gaan*
2 een twijfelachtige zaak is niet helemaal te vertrouwen = dubieus ✦ *de politie vond het een twijfelachtige zaak dat Janssens opeens naar het buitenland vertrok*
iets in twijfel trekken: denken dat iets niet klopt

twij·fe·len [twijfelde, heeft getwijfeld]
niet weten wat je moet doen [iemand twijfelt] ✦ *ik twijfel of ik mee zal gaan*

twij·fe·len aan [twijfelde aan, heeft getwijfeld aan]
iets niet helemaal geloven [iemand twijfelt aan iets] ✦ *ik twijfel aan de werkzaamheid van dat medicijn*

de **twijg** [twijgen]
een heel dun takje ✦ *met een mes sneed hij een twijgje van de boom*

twin·ke·len [twinkelde, heeft getwinkeld]
steeds kort en fel licht geven [iets twinkelt] ✦ *Annes ogen begonnen te twinkelen toen ze een grapje maakte* ✦ *de sterren twinkelden in de nacht*

twin·tig [hoofdtelwoord]
20 getallen
twin·tig·ste [rangtelwoord]
20e getallen
de **twist** [twisten]
1 de ruzie ✦ *er ontstond een twist tussen de bestuurders*
2 [geen meervoud] een snelle dans uit ongeveer 1960
twis·ten over [twistte over, heeft getwist over]
ruzie maken [iemand twist over iets] ✦ *de buren twistten over de bomen tussen hun huizen*
de **ty·foon** [tyfoons]
een heel harde, draaiende wind, in warme landen
het **•ty·pe** [typen, types]
1 de soort ✦ *met dit type computers werkten we in 1995*
2 een bijzondere persoon = de figuur ✦ *de nieuwe buurman is een leuk type*
de **type·ma·chi·ne** [typemachines]
een machine die letters op een stuk papier zet als je op knoppen drukt ✦ *de typemachine is bijna overal vervangen door de computer*

typemachine

ty·pen [typte, heeft getypt]
met een typemachine of met een computer schrijven [iemand typt (iets)]
ty·pe·ren [typeerde, heeft getypeerd]
de eigenschappen geven waaraan je iets of iemand kunt herkennen = karakteriseren [iemand of iets typeert iemand of iets] ✦ *hoe zou je het werk van Gauguin het best kunnen typeren?*
ty·pe·rend [bijvoeglijk naamwoord]
typerende zaken typeren* iets of iemand = karakteristiek ✦ *het werken met grote rechte vlakken is heel typerend voor deze groep schilders*
•ty·pisch [bijvoeglijk naamwoord]
1 iets wat typisch is, is vreemd = wonderlijk, eigenaardig ✦ *wat typisch dat we elkaar niet gezien hebben op dat congres!*
2 iets wat typisch is voor iets, heeft de bekende eigenschappen van die zaak = kenmerkend ✦ *het was weer zo'n typisch Belgische zomer, met veel regen en weinig zon*
t.z.t. [afkorting]
te zijner tijd: op het moment dat het nodig is om iets te doen ✦ *t.z.t. zullen wij u uw diploma sturen*

tw

u

de **u**[1] [u's]
de 21e letter van het alfabet **alfabet**

•**u**[2] [voornaamwoord]
1 [persoonlijk voornaamwoord] dit woord gebruik je voor mensen met wie je praat die je niet goed kent of die veel ouder zijn dan jij ✦ *heb ik u het boek al gegeven?*
2 [wederkerend voornaamwoord] dit woord gebruik je bij wederkerende werkwoorden voor mensen met wie je praat die je niet goed kent of die veel ouder zijn dan jij ✦ *vergis u niet!*
voornaamwoorden

über·haupt [bijwoord]
in het geheel = sowieso ✦ *hij heeft haar geen kus gegeven, hij heeft überhaupt nog nooit een meisje gezoend*

de **ui** [uien]
een bol die uit laagjes bestaat, met een sterke smaak, die als groente wordt gegeten

ui

de **ui·er** [uiers]
het orgaan waarin bij een koe, geit of schaap melk wordt gemaakt

uier

de **uil** [uilen]
een vogel die kleine dieren eet, zoals muizen

uil

•**uit**[1] [bijvoeglijk naamwoord]
1 iets dat uit is, is niet in werking ⇔ aan ✦ *de televisie is de hele avond niet uit geweest*
2 iets wat uit is, wordt niet als modern gezien ⇔ in ✦ *sorry, maar die kleren die je draagt zijn echt totaal uit*
3 (sport) een bal die uit is, is buiten de lijn ⇔ in ✦ *toen de bal voor de derde keer uit was, was het spel afgelopen*

•**uit**[2] [bijwoord]
dit woord gebruik je voor een beweging, een richting of een doel, vooral een richting naar buiten ✦ *hij had moeite 's morgens zijn bed uit te komen* ✦ *welke kant moet jij uit?*

•**uit**[3] [voorzetsel]
1 dit woord gebruik je om te zeggen waar iemand of iets vandaan komt ✦ *Giovanni komt uit Italië*
2 dit woord gebruik je als iemand of iets van binnen naar buiten gaat ✦ *zij haalde een boekje uit haar tas*
3 dit woord gebruik je om te laten zien wat de reden is voor iets = vanwege ✦ *uit belangstelling vroeg Nico naar de kinderen*
4 dit woord komt samen met werkwoorden voor in allerlei betekenissen ✦ *welke conclusies kun je uit dit rapport trekken?*

uit op [bijvoeglijk naamwoord]
als je op iets uit bent, wil je dat graag bereiken ✦ *de kunstenaar was erop uit om indruk te maken op zijn publiek*

uit·bar·sten [barstte uit, is uitgebarsten]
plotseling hevig van zich laten horen [iets of iemand barst uit] ✦ *de vulkaan op het eiland is uitgebarsten* ✦ *de directeur is een aardige man, maar soms kan hij ineens uitbarsten*
in lachen of huilen uitbarsten: plotseling hard gaan lachen of huilen ✦ *ze barstte in lachen uit toen ze hoorde wat er gebeurd was*
in woede uitbarsten: plotseling heel boos worden

de **uit·bar·sting** [uitbarstingen]
spanningen die opeens allemaal tegelijk naar buiten komen ✦ *na de verkiezingen volgde een uitbarsting van geweld* ✦ *door de uitbarsting van de vulkaan moesten veel mensen vluchten*

uit·beel·den [beeldde uit, heeft uitgebeeld]
nadoen met woorden, gebaren of plaatjes [iemand of iets beeldt iemand of iets uit] ✦ *zij probeerde de koningin uit te beelden, en daarom zette ze een grote hoed op haar hoofd*

uit·be·ste·den [besteedde uit, heeft uitbesteed]
1 door anderen laten doen [iemand besteedt werk uit (aan iemand)] ✦ *het bedrijf heeft het sturen van de brieven uitbesteed*
2 anderen op een kind laten passen [iemand besteedt een kind uit] ✦ *de kinderen werden een dagje bij oma en opa uitbesteed*

uit·be·ta·len [betaalde uit, heeft uitbetaald]
betalen [iemand betaalt iemand geld uit waarop hij recht heeft, bijv. loon] ✦ *het bedrijf heeft het loon over juli nog niet uitbetaald*

uit·blij·ven [bleef uit, is uitgebleven]
niet gebeuren, terwijl je het wel verwacht [iets blijft uit] ✦ *iedereen verwachtte een reactie van de voorzitter, maar die bleef uit*
iets kan niet uitblijven: iets zal zeker gebeuren ✦ *de ruzie tussen de minister en het parlement kon natuurlijk niet uitblijven*

uit·blin·ken in [blonk uit in, heeft uitgeblonken in]
heel goed zijn in iets [iemand blinkt uit in iets] ✦ *de jongen blinkt uit in het schrijven van verhalen*

de **uit·bouw** [uitbouwen]
een deel van een gebouw dat uitsteekt

de **uit·bran·der** [uitbranders]
een opmerking waarmee je laat merken dat je flink boos bent op iemand die iets verkeerd heeft gedaan ✦ *de vrouw kreeg een uitbrander omdat ze te laat was*

•**uit·brei·den** [breidde uit, heeft uitgebreid]
groter maken = vergroten [iemand breidt iets uit] ✦ *de minister breidde zijn invloed steeds verder uit* ✦ *de boer breidde zijn bedrijf steeds verder uit*

zich •**uit·brei·den** [breidde zich uit, heeft zich uitgebreid]
groter worden [iets breidt zich uit] ✦ *gelukkig breidt het aantal klanten zich nog steeds uit*

uit·bre·ken [brak uit, is uitgebroken]
1 vluchten uit een plaats waar je opgesloten zit [iemand breekt uit] ✦ *toen de honden waren uitgebroken, zijn er verschillende mensen gebeten*
2 beginnen [een oorlog, een brand enz. breekt uit] ✦ *toen de oorlog net was uitgebroken, was er nog genoeg eten*
3 het zweet breekt me uit: ik begin te zweten ✦ *toen ze niet meer wist wat ze moest zeggen, brak het zweet haar uit*

uit·bren·gen [bracht uit, heeft uitgebracht]
1 uitspreken; in woorden uitdrukken [iemand brengt iets uit, bijv. een advies of een toast] ✦ *na die rare opmerking wist hij geen woord meer uit te brengen*
2 gaan verkopen = lanceren [iemand brengt een nieuw product uit] ✦ *het is nog niet bekend wanneer de nieuwe film wordt uitgebracht*

uit·bui·ten [buitte uit, heeft uitgebuit]
1 iemand meer voor je laten werken dan goed is voor die persoon = exploiteren [iemand buit iemand uit] ✦ *in de 19e eeuw werden de arbeiders in de fabrieken vreselijk uitgebuit*
2 zó gebruiken dat je er zo veel mogelijk voordeel van hebt [iemand buit iets uit] ✦ *toen zij een auto hadden geleend, buitten ze dat uit door overal heen te gaan*

uit·bun·dig [bijvoeglijk naamwoord]
uitbundige mensen en gebeurtenissen zijn vrolijk en zonder grenzen ✦ *hij vierde met een uitbundig feest dat hij veertig werd* ✦ *de uitbundige groei van de economie is voorbij*

uit·da·gen [daagde uit, heeft uitgedaagd]
proberen een reactie van iemand te krijgen [iemand daagt iemand uit] ✦ *hij daagde zijn vrienden uit naar de top van de berg te klimmen*

uit·da·gend [bijvoeglijk naamwoord]
1 uitdagende kleren zijn bedoeld om mensen te verleiden tot seksueel con-

tact
2 met een uitdagende opmerking probeer je een reactie te krijgen

de **uit·da·ging** [uitdagingen]
een taak waarvan je weet dat hij moeilijk zal zijn, maar waarvan je verwacht dat het je zal lukken ✦ *hij zocht een nieuwe baan, omdat hij een nieuwe uitdaging wilde*

·uit·de·len [deelde uit, heeft uitgedeeld]
iets geven aan een groep mensen [iemand deelt (iets) uit] ✦ *de soldaten deelden eten aan de bevolking uit*

uit·dij·en [dijde uit, is uitgedijd]
groter of dikker worden [iets of iemand dijt uit] ✦ *in de vorige eeuw is de stad enorm uitgedijd*

·uit·doen [deed uit, heeft uitgedaan]
1 van je lichaam af doen = uittrekken [iemand doet kleren uit] ✦ *de dokter zei dat hij zijn kleren moest uitdoen voor het onderzoek*
2 zorgen dat iets niet meer aan is [iemand doet de tv, het licht enz. uit] ✦ *doe je het licht uit als je weggaat?*

zich **uit·dos·sen** [doste zich uit, heeft zich uitgedost]
kleren aandoen die opvallen [iemand dost zich op een bepaalde manier uit] ✦ *de kunstenaar was opvallend uitgedost*

uit·dra·gen [droeg uit, heeft uitgedragen]
proberen mensen te laten geloven in bepaalde ideeën [iemand draagt iets uit, bijv. een mening of een boodschap]

uit·druk·ke·lijk [bijvoeglijk naamwoord]
als je iets uitdrukkelijk doet of zegt, doe je dat heel duidelijk en met veel nadruk = nadrukkelijk, expliciet ✦ *op uitdrukkelijk verzoek van de voorzitter wordt de vergadering verplaatst*

·uit·druk·ken [drukte uit, heeft uitgedrukt]
uitdrukking geven aan een gevoel of een idee = weergeven [iets drukt een gevoel of een idee uit] ✦ *het beeld drukte de gevoelens van de kunstenaar uit* ✦ *achter in het rapport werden de conclusies uitgedrukt in cijfers*

zich **·uit·druk·ken** [drukte zich uit, heeft zich uitgedrukt]
iets op een bepaalde manier zeggen [iemand drukt zich op een bepaalde manier uit] ✦ *de directeur drukte zich voorzichtig uit toen hij zei dat het dit jaar iets minder goed was gegaan*

de **·uit·druk·king** [uitdrukkingen]
1 een groep woorden met een speciale betekenis ✦ *de uitdrukking 'iemand de hand boven het hoofd houden' betekent 'iemand beschermen'*
2 gevoelens die je aan iemands gezicht kunt zien = de expressie ✦ *met een verbaasde uitdrukking op zijn gezicht ontving hij de prijs*
3 iets komt tot uitdrukking: iets wordt duidelijk ✦ *in haar nieuwe boek komt haar eigen stijl goed tot uitdrukking*
4 uitdrukking geven aan iets, bijv. een gevoel: iets duidelijk maken ✦ *hij gaf uitdrukking aan zijn teleurstelling in een lange toespraak*

uit·een [bijwoord]
uit elkaar ✦ *de programma's van de twee partijen liggen niet zo ver uiteen*

uit·een·lo·pen [liep uiteen, is uiteengelopen]
verschillen; anders zijn [zaken lopen uiteen] ✦ *de uitslagen van de verkiezingen lopen per plaats sterk uiteen*

uit·een·val·len [viel uiteen, is uiteengevallen]
losse delen worden [iets valt uiteen (in meerdere dingen)] ✦ *na de oorlog viel het land uiteen in twee delen*

uit·een·zet·ten [zette uiteen, heeft uiteengezet]
iets vertellen zodat anderen het begrijpen = verklaren [iemand zet iets uiteen] ✦ *ze zette haar plannen uiteen*

de **uit·een·zet·ting** [uiteenzettingen]
een lange tekst waarin iets wordt uitgelegd = het exposé

het **uit·ein·de** [uiteinden]
het laatste stuk; het eind ✦ *aan het uiteinde van de tak zat nog een blaadje*

·uit·ein·de·lijk[1] [bijwoord]
1 op het laatst = ten slotte ✦ *uiteindelijk besloot hij toch hulp te zoeken*
2 als je er goed over nadenkt = tenslotte, goed beschouwd ✦ *Hans is niet meer boos op Frida; uiteindelijk zijn ze broer en zus*

·uit·ein·de·lijk[2] [bijwoord]
laatst; waarna niets meer komt = definitief ✦ *de uiteindelijke beslissing wordt morgen bekendgemaakt*

ui·ten [uitte, heeft geuit]
zeggen of laten blijken [iemand uit een gedachte of een gevoel] ✦ *ze uitte haar verdriet door hard te huilen*

zich **ui·ten** [uitte zich, heeft zich geuit]
zeggen of laten blijken wat je denkt of voelt [iemand uit zich (in iets)] ✦ *hij kan zich in muziek beter uiten dan in woorden*

•**ui·ter·aard** [bijwoord]
natuurlijk; zeker = vanzelfsprekend ✦ *uiteraard mag u vakantie nemen wanneer u wilt*

het **ui·ter·lijk**[1]
hoe iemand of iets eruitziet; de buitenkant van iemand of iets ✦ *ze besteedt veel aandacht aan haar uiterlijk*

ui·ter·lijk[2] [bijvoeglijk naamwoord]
iets wat uiterlijk is, heeft te maken met hoe iemand of iets eruitziet ✦ *wat zijn de uiterlijke kenmerken van de ziekte?* ✦ *de man was uiterlijk kalm, maar van binnen was hij heel boos*

ui·ter·lijk[3] [bijwoord]
op z'n laatst; niet later dan … ✦ *het geld moet uiterlijk op 1 januari zijn betaald*

ui·ter·ma·te [bijwoord]
zeer; erg = uiterst ✦ *ik vind het uitermate vervelend als er gerookt wordt in huis*

•**ui·terst**[1] [bijvoeglijk naamwoord]
1 heel erg; heel groot ✦ *in uiterste spanning wachtte het publiek op het eind van de wedstrijd*
2 laatst; meest verwijderd of ver ✦ *de uiterste datum waarop u kunt reageren, is 17 januari*
in het uiterste geval: als er geen andere oplossing meer is

•**ui·terst**[2] [bijwoord]
zeer; erg = uitermate ✦ *zij is altijd uiterst precies in haar werk*

het **ui·ter·ste** [uitersten]
iets wat niet verder kan ✦ *de opdracht heeft het uiterste van de studenten gevraagd*
tot het uiterste gaan: alles doen wat mogelijk is

ui

•**uit·gaan** [ging uit, is uitgegaan]
1 voor je plezier ergens heen gaan, bijv. naar het café of naar de film [iemand gaat uit] ✦ *Michiel vroeg Denise of ze zin had om die avond met hem uit te gaan*
uitgaan
2 stoppen met branden = doven [het vuur gaat uit] ✦ *na een paar uur ging het vuur uit*

•**uit·gaan van** [ging uit van, is uitgegaan van]
aannemen dat iets waar is [iemand gaat uit van iets] ✦ *u kunt ervan uitgaan dat het product een hoge kwaliteit heeft*

de •**uit·gang** [uitgangen]
de deur waardoor je naar buiten gaat

het **uit·gangs·punt** [uitgangspunten]
dat waarvan je uitgaat bij je doen of denken = het principe ✦ *een van de uitgangspunten van onze partij is dat iedereen gelijke kansen moet krijgen*

de **uit·ga·ve** [uitgaven, uitgaves]
1 een bedrag dat je uitgeeft ✦ *de nieuwe auto was een grote uitgave*
2 een boek of blad dat is uitgegeven = de editie ✦ *hij kocht een prachtige Franse uitgave van het boek*

uit·ge·ble·ven *zie:* **uitblijven**

uit·ge·bracht *zie:* **uitbrengen**

uit·ge·breid [bijvoeglijk naamwoord]
iets wat uitgebreid is, is groot en bevat veel details ✦ *ik heb een uitgebreide verzameling boeken*

uit·ge·bro·ken *zie:* **uitbreken**

uit·ge·daan *zie:* **uitdoen**

uit·geef·ster *zie:* **uitgever**

uit·ge·ke·ken *zie:* **uitkijken**

uit·ge·ke·ken op
als je bent uitgekeken op iets, heb je het zo vaak gezien of gedaan dat je het niet meer leuk vindt ✦ *na een jaar was ze uitgekeken op de foto's aan de muur*

uit·ge·kiend [bijvoeglijk naamwoord]
over iets wat uitgekiend is, is lang nagedacht, zodat het precies goed is ✦ *door het nieuwe, uitgekiende proces is het mogelijk om betere medicijnen te maken*

uit·ge·kookt [bijvoeglijk naamwoord]
iemand die uitgekookt is, probeert op een slimme manier voordeel te krijgen ✦ *doordat de directeur zo uitgekookt was, kreeg zijn instelling meer geld dan de andere instellingen*

uit·ge·ko·zen *zie:* **uitkiezen**

uit·ge·la·ten[1] [bijvoeglijk naamwoord]
iemand die uitgelaten is, is heel vrolijk en doet heel druk ✦ *iedereen was uitgelaten op het feest, want de leerlingen hadden het eindexamen allemaal gehaald*

uit·ge·la·ten[2] *zie:* **uitlaten**

Uitgaan en vrije tijd

Er zijn allerlei manieren waarop Nederlanders en Belgen hun vrije tijd besteden.

Jongeren gaan vaak 's avonds met hun vrienden naar het **café**. Het is daar op vrijdag- en zaterdagavond om ongeveer tien uur vaak zo druk dat je niet meer kunt zitten. Er wordt vooral veel bier gedronken, dat getapt wordt aan de bar. Ook gaan veel mensen met elkaar eten in een restaurant.

Vanaf ongeveer twaalf uur gaan vooral jongeren graag naar een **disco** om te dansen. Er is een portier die bepaalt wie er wel en wie er niet naar binnen mag.

Je kunt ook naar een **voorstelling** gaan. Er zijn veel theatervoorstellingen, en Nederlanders houden veel van cabaret. Er zijn concerten: het Concertgebouworkest is een voorbeeld van een beroemd Nederlands orkest. Het Nederlands Danstheater is een beroemd dansgezelschap. In Brussel is de Muntschouwburg erg bekend met zijn operavoorstellingen en zijn danstheater. In Ahoy' in Rotterdam, in de Arena in Amsterdam, in het Sportpaleis in Antwerpen en in Vorst-Nationaal in Brussel worden vaak grote popconcerten georganiseerd. Er zijn in bijna elke stad bioscopen. Voor meer kunstzinnige films kun je in Nederland naar een filmhuis. In Nederland zijn een paar beroemde musea, zoals het Rijksmuseum en het Van Gogh-Museum in Amsterdam, en het Frans Hals-Museum in Haarlem. De interessantste musea van België zijn te vinden in de grote historische steden Antwerpen, Brugge, Gent en Brussel. Daar zijn ook prachtige gebouwen uit vroeger tijden te bewonderen.

Veel Nederlanders en Belgen zijn lid van bijvoorbeeld een **sportvereniging** of een **koor**. Na afloop gaan mensen dan vaak nog iets met elkaar drinken.

Ook volgen veel mensen in hun vrije tijd een **cursus**, bijvoorbeeld om te leren tekenen, om een taal te leren of om een muziekinstrument te leren bespelen.

Nederlanders en Belgen zijn heel blij als het mooi weer is. Ze gaan dan graag op een terrasje zitten of wandelen in de natuur.

Ten slotte gaan de meeste mensen een of meer keer per jaar op **vakantie**. Dat kan bijv. zijn naar hun caravan ergens in eigen land, naar een appartement of camping in Frankrijk of Spanje, maar ze gaan ook steeds meer met het vliegtuig naar landen buiten Europa.

maaltijden
drank
sport

uit·ge·le·zen [bijvoeglijk naamwoord]
een uitgelezen moment is heel geschikt om iets te doen; een uitgelezen plek is een heel geschikte plek

uit·ge·plo·zen *zie:* **uitpluizen**

uit·ge·put [bijvoeglijk naamwoord]
iemand die uitgeput is, is heel moe = bekaf ♦ *de man was uitgeput nadat hij veertien uur had gewerkt*

uit·ge·re·kend[1] [bijvoeglijk naamwoord]
een vrouw die op een bepaalde datum is uitgerekend, zal rond die datum een kind krijgen

uit·ge·re·kend[2] [bijwoord]
precies op dat moment, terwijl dat niet goed uitkomt ♦ *uitgerekend op de bruiloft van zijn dochter was hij verkouden*

uit·ge·schol·den *zie:* **uitschelden**

uit·ge·schre·ven *zie:* **uitschrijven**

uit·ge·slo·ten *zie:* **uitsluiten**
uit·ge·spro·ken[1] [bijwoord]
heel erg; sterk ✦ *er stond een uitgesproken kritisch artikel in de krant*
uit·ge·spro·ken[2] *zie:* **uitspreken**
uit·ge·sto·ken *zie:* **uitsteken**
uit·ge·stor·ven[1] [bijvoeglijk naamwoord]
een uitgestorven diersoort bestaat niet meer ✦ *de dodo is in de 19e eeuw uitgestorven*
uit·ge·stor·ven[2] *zie:* **uitsterven**
uit·ge·strekt [bijvoeglijk naamwoord]
een uitgestrekt gebied is heel groot en wijd ✦ *het huis stond midden in een uitgestrekt gebied met rivieren*
uit·ge·teld [bijvoeglijk naamwoord]
iemand die uitgeteld is, is heel moe = doodmoe, bekaf ✦ *de hond lag uitgeteld in zijn mand*
uit·ge·trok·ken *zie:* **uittrekken**
•**uit·ge·ven** [gaf uit, heeft uitgegeven]
1 geld besteden [iemand geeft geld uit (aan iets)] ✦ *ze geeft heel veel geld uit aan kleren*
2 maken en verkopen [iemand geeft boeken, tijdschriften enz. uit] ✦ *Van Dale geeft woordenboeken uit*
zich •**uit·ge·ven voor** [gaf zich uit voor, heeft zich uitgegeven voor]
doen alsof je dat bent [iemand geeft zich uit voor iemand anders] ✦ *zij gaf zich uit voor journaliste*
de **uit·ge·ver** [uitgevers] **uit·geef·ster** [uitgeefsters]
een persoon of een onderneming die boeken uitgeeft (bet. 2)
de **uit·ge·ve·rij** [uitgeverijen]
een bedrijf dat boeken en tijdschriften uitgeeft (bet. 2)
uit·ge·voch·ten *zie:* **uitvechten**
uit·ge·von·den *zie:* **uitvinden**
uit·ge·we·ken *zie:* **uitwijken**
uit·ge·we·zen *zie:* **uitwijzen**
uit·ge·ze·ten *zie:* **uitzitten**
uit·ge·zocht *zie:* **uitzoeken**
uit·ge·zon·den *zie:* **uitzenden**
uit·ge·zon·derd [voegwoord]
behalve ✦ *het museum is elke dag open, uitgezonderd maandag*
uit·groei·en tot [groeide uit tot, is uitgegroeid tot]
groeien tot een bepaald resultaat is bereikt [iets groeit uit tot iets] ✦ *het bedrijf is uitgegroeid tot het grootste bedrijf op het gebied van software*
uit·ha·len [haalde uit, heeft uitgehaald]
1 uitvoeren [iemand haalt iets uit, bijv. een grap of kattenkwaad] ✦ *de leraar kon helemaal niet lachen om de grap die de kinderen met hem hadden uitgehaald*
2 het haalt niets uit: het helpt niet
uit·ha·len naar [haalde uit naar, heeft uitgehaald naar]
1 een plotselinge beweging maken in iemands richting [iemand haalt uit naar iemand] ✦ *de kat haalde plotseling uit naar de baby*
2 scherpe kritiek op iemand geven [iemand haalt uit naar iemand] ✦ *de voorzitter haalde tijdens de vergadering fel uit naar de commissie*
uit·heems [bijvoeglijk naamwoord]
iets wat uitheems is, komt uit het buitenland = exotisch ⇔ inheems
de **uit·hoek** [uithoeken]
een plaats die ver weg is, waardoor er niet veel mensen komen ✦ *zij gaan in een uithoek van Nederland wonen, omdat de huizen daar goedkoop zijn*
uit·hou·den [hield uit, heeft uitgehouden]
doorgaan; niet opgeven = volhouden [iemand houdt een situatie uit die niet prettig is] ✦ *hij kan het geen uur uithouden zonder sigaretten*
uit·hu·we·lij·ken [huwelijkte uit, heeft uitgehuwelijkt]
iemand vinden waarmee je dochter of zoon gaat trouwen [iemand huwelijkt een dochter of een zoon uit (aan iemand)]
de **ui·ting** [uitingen]
de keer dat je iets zegt of laat blijken = de expressie ✦ *het boek is een uiting van de gevoelens van de schrijver*
het **uit·je** [uitjes]
een reisje dat een dag duurt = het uitstapje ✦ *zondag hadden we een uitje naar Scheveningen*
uit·kam·men [kamde uit, heeft uitgekamd]
heel zorgvuldig zoeken [iemand kamt een gebied uit] ✦ *de politie heeft het hele gebied uitgekamd om sporen van de moord te vinden*
uit·ke·ren [keerde uit, heeft uitgekeerd]
geld geven waarop iemand recht heeft

[iemand keert iemand geld uit] ✦ *de instelling heeft het geld niet op tijd uitgekeerd*

de **uit·ke·ring** [uitkeringen]
geld dat je krijgt omdat je er recht op hebt, vooral van de overheid ✦ *toen hij na zijn studie geen geschikt werk kon vinden, heeft hij een tijdje van een uitkering geleefd* **verzekeringen** **werk**

de **uit·ke·rings·ge·rech·tig·de** [uitkeringsgerechtigden]
iemand die een uitkering* krijgt ✦ *de regering probeert het aantal uitkeringsgerechtigden omlaag te brengen door nieuwe banen te scheppen*

uit·kie·zen [koos uit, heeft uitgekozen]
kiezen uit verschillende mensen, dingen of mogelijkheden = uitzoeken [iemand kiest iemand of iets uit] ✦ *de vrouw die gewonnen had, mocht een prijs uitkiezen*

•**uit·kij·ken** [keek uit, heeft uitgekeken]
zorgen dat er niets ergs gebeurt door voorzichtig te zijn = oppassen [iemand kijkt uit] ✦ *het meisje had niet uitgekeken bij het oversteken*

•**uit·kij·ken naar** [keek uit naar, heeft uitgekeken naar]
1 je verheugen op iets [iemand kijkt uit naar iets] ✦ *iedereen had erg uitgekeken naar de wedstrijd*
2 zoeken; opletten of je iets of iemand ziet [iemand kijkt uit naar iets of iemand] ✦ *als je naar het strand gaat, wil je dan uitkijken naar mijn zoon?*

•**uit·kle·den** [kleedde uit, heeft uitgekleed]
1 de kleren uitdoen [iemand kleedt iemand of zichzelf uit] ✦ *Simon kleedde zich uit en ging naar bed*
2 zorgen dat iets minder goed wordt [voorzieningen worden uitgekleed] ✦ *toen er minder geld was, werd de hulp aan slachtoffers flink uitgekleed*

•**uit·ko·men** [kwam uit, is uitgekomen]
1 bekend worden [iets wat niet mag, komt uit] ✦ *het oneerlijke gedrag van de jongen zal een keer uitkomen*
2 opengaan, zodat er een vogeltje wordt geboren [een ei komt uit]
3 groeien en opengaan = uitlopen [een bloem komt uit] ✦ *in juni komen veel bloemen uit*
4 toevallig op een bepaalde plaats komen = terechtkomen, belanden [iemand komt ergens uit] ✦ *ze wilde naar Rotterdam rijden, maar ze kwam uit in Den Haag*
5 ergens eindigen; ergens naartoe leiden [een weg komt ergens uit] ✦ *de straat waar ik woon, komt uit op een plein*
6 verschijnen; uitgegeven worden [bijv. boeken en tijdschriften komen uit] ✦ *er verschijnen de laatste tijd veel boeken over koken*
7 op een geschikt moment of op een verkeerd moment gebeuren [iets komt goed uit, slecht uit, niet uit] ✦ *het kwam niet zo goed uit dat we op bezoek kwamen, maar we mochten toch binnenkomen*

•**uit·ko·men voor** [kwam uit voor, is uitgekomen voor]
toegeven = erkennen [iemand komt uit voor iets] ✦ *de agent kwam er eerlijk voor uit dat hij bang was*

de **uit·komst** [uitkomsten]
1 het resultaat van een som, een onderzoek, onderhandelingen enz. ✦ *de uitkomst van het onderzoek was dat de man beter beschermd had moeten worden*
2 [geen meervoud] een oplossing voor een probleem ✦ *voor mensen die werken is het een uitkomst dat veel winkels tot acht uur open zijn*

de **uit·laat** [uitlaten]
een pijp onder bijv. een auto waardoor de uitlaatgassen* naar buiten gaan

uitlaat

het **uit·laat·gas** [uitlaatgassen]
het gas dat naar buiten gaat als bijv. benzine in een motor wordt verbrand

uit·la·chen [lachte uit, heeft uitgelachen]
door lachen laten merken dat je iets of iemand niet veel waard vindt [iemand lacht iemand uit] ✦ *ik kwam met een serieus voorstel, maar ik werd door iedereen uitgelachen*

uit·la·ten [liet uit, heeft uitgelaten]
1 een stukje wandelen met de hond om hem ergens te laten poepen [iemand

laat een hond uit]
2 de deur opendoen voor iemand die weggaat [iemand laat iemand uit] ✦ *wil jij het bezoek even uitlaten?*

zich **uit·la·ten over** [liet zich uit over, heeft zich uitgelaten over]
iets zeggen over iemand of iets [iemand laat zich uit over iemand of iets] ✦ *de ambtenaar liet zich niet uit over de inhoud van het rapport*

de **uit·la·ting** [uitlatingen]
een opmerking = de uitspraak ✦ *de president wilde niet reageren op de uitlatingen van de journalist*

de **uit·leg**
de woorden waarmee je iets uitlegt ✦ *de directeur van het museum gaf uitleg over de nieuwe tentoonstelling*

°**uit·leg·gen** [legde uit, heeft uitgelegd]
1 vertellen zodat iemand iets gaat begrijpen = verklaren [iemand legt iets uit (aan iemand)] ✦ *de professor kan de ingewikkelde theorie heel duidelijk uitleggen* ✦ *Astrid legde aan de kinderen uit waarom Sinterklaas niet kon komen*
2 op een bepaalde manier begrijpen [iemand legt iets op een bepaalde manier uit] ✦ *de politie legde zijn gedrag verkeerd uit*

uit·lek·ken [lekte uit, is uitgelekt]
bekend worden [een geheim lekt uit] ✦ *een deel van het rapport was uitgelekt en stond de volgende dag in de krant*

zich **uit·le·ven** [leefde zich uit, heeft zich uitgeleefd]
je uiten door zonder grenzen te doen wat je leuk vindt [iemand leeft zich uit] ✦ *de kok had zich uitgeleefd met heel bijzondere gerechten*

uit·le·ve·ren [leverde uit, heeft uitgeleverd]
iemand die waarschijnlijk een misdaad heeft gepleegd naar het land sturen waar de misdaad is gepleegd, zodat hij voor de rechter kan komen [iemand levert een verdachte uit] ✦ *Japan wilde de verdachte niet uitleveren aan Peru*

uit·lok·ken [lokte uit, heeft uitgelokt]
proberen een negatieve reactie te krijgen [iemand lokt iets uit] ✦ *in de winkel lokte de klant een ruzie uit door met spullen te gooien*

uit·lo·pen [liep uit, is uitgelopen]
1 langer duren dan afgesproken is [iets loopt uit] ✦ *de vergadering is een half uur uitgelopen*
2 met een grote groep ergens heen gaan [mensen lopen uit] ✦ *de hele stad was uitgelopen om de voetballers te zien*
3 nieuwe blaadjes krijgen; gaan groeien [planten en bomen lopen uit] ✦ *in het voorjaar lopen alle bomen weer uit*

uit·lo·pen op [liep uit op, is uitgelopen op]
als resultaat hebben [iets loopt uit op iets] ✦ *de onderhandelingen zijn op niets uitgelopen* ✦ *het feest is uitgelopen op ruzies en rellen*

uit·lo·ven [loofde uit, heeft uitgeloofd]
zeggen dat iemand die iets bijzonders doet, een prijs zal krijgen [iemand looft een prijs uit] ✦ *de politie loofde vijfhonderd euro uit voor de persoon die kon helpen de dief te vinden*

°**uit·ma·ken** [maakte uit, heeft uitgemaakt]
1 bepalen; beslissen [iemand maakt iets uit] ✦ *op mijn werk maakt de directie uit hoe hoog de lonen zijn*
het maakt niet uit: het is niet belangrijk ✦ *het maakt niet uit hoeveel mensen er komen*
2 deel uitmaken van iets: een deel zijn van iets ✦ *in die jaren heeft hij deel uitgemaakt van een verboden partij*
3 het uitmaken: stoppen met een liefdesrelatie ✦ *ze is van plan om het uit te maken met haar vriend*
4 de dienst uitmaken: de beslissingen nemen; zeggen wat er moet gebeuren

°**uit·ma·ken voor** [maakte uit voor, heeft uitgemaakt voor]
iets slechts zeggen over iemand [iemand maakt iemand uit voor iets] ✦ *Cornelis werd uitgemaakt voor dief*

uit·mon·den in [mondde uit in, is uitgemond in]
1 uitkomen in iets [een rivier mondt uit in zee, in een meer of in een andere rivier]
2 als gevolg of als resultaat hebben = uitlopen op [iets mondt uit in iets] ✦ *de onderhandelingen zijn uitgemond in een akkoord*

uit·mun·tend [bijvoeglijk naamwoord]
iets wat uitmuntend is, is bijzonder goed ✦ *Korea leverde een uitmuntende prestatie op het wereldkampioenschap*

voetballen

•**uit·no·di·gen** [nodigde uit, heeft uitgenodigd]
vragen om je gast te zijn [iemand nodigt iemand uit] ✦ *ze heeft voor haar feest tachtig mensen uitgenodigd*

uit·no·di·gen tot [nodigde uit tot, heeft uitgenodigd tot]
aantrekkelijk zijn voor iets = aantrekken [iets nodigt uit tot iets] ✦ *de prachtig blauwe zee nodigt uit tot zwemmen*

de **uit·no·di·ging** [uitnodigingen]
een kaartje of een vraag waarmee je iemand uitnodigt ✦ *hebben jullie een uitnodiging gekregen voor het feest?*

•**uit·oe·fe·nen** [oefende uit, heeft uitgeoefend]
1 uitvoeren; doen [iemand oefent een beroep uit] ✦ *hij heeft het vak van bakker twintig jaar uitgeoefend*
2 gebruiken [iemand oefent iets uit, bijv. kritiek] ✦ *als leraar moet hij vaak gezag uitoefenen in de drukke klas*

uit·pak·ken [pakte uit]
1 [heeft uitgepakt] het papier van iets afhalen [iemand pakt iets uit] ✦ *pak je cadeautje eens uit!*
2 [is uitgepakt] op een bepaalde manier aflopen [iets pakt goed, verkeerd, anders uit] ✦ *hij hoopte dat hij tijdens de vakantie zou uitrusten, maar dat pakte heel anders uit*
3 [heeft uitgepakt] extra veel geld besteden en moeite doen om mensen gelukkig te maken [iemand pakt uit (met iets)] ✦ *de directeur pakte flink uit door met kerst alle werknemers geld en cadeaus te geven*

uit·plui·zen [ploos uit, heeft uitgeplozen]
tot in detail uitzoeken [iemand pluist iets uit] ✦ *het hele kantoor werd uitgeplozen om het rapport te vinden*

uit·pra·ten [praatte uit]
1 [is uitgepraat] praten totdat je klaar bent [iemand laat iemand uitpraten] ✦ *de journalist liet de minister niet uitpraten en stelde alweer een volgende vraag*
2 [heeft uitgepraat] oplossen door te praten [mensen praten iets uit, bijv. een ruzie] ✦ *de twee ambtenaren hebben hun ruzie uitgepraat*

uit·pro·be·ren [probeerde uit, heeft uitgeprobeerd]
onderzoeken door te proberen = testen [iemand probeert iets nieuws uit] ✦ *je kon de nieuwe computer twee weken gratis uitproberen*

uit·pui·len [puilde uit, heeft uitgepuild]
te vol zijn met spullen [iets puilt uit] ✦ *de tas puilde uit van alle boodschappen*

uit·put·ten [putte uit, heeft uitgeput]
1 leeg maken [iemand put iets uit] ✦ *de mogelijke oplossingen zijn eigenlijk uitgeput* ✦ *de grond raakte uitgeput*
2 moe maken [iets put iemand uit] ✦ *ze is uitgeput door het harde werken*

zich **uit·put·ten in** [putte zich uit in, heeft zich uitgeput in]
steeds zeggen [iemand put zich uit in verontschuldigingen, complimenten enz.] ✦ *hij putte zich uit in verontschuldigingen toen hij te laat kwam*

uit·put·tend [bijvoeglijk naamwoord]
als iets uitputtend gebeurt, gebeurt het heel volledig ✦ *in mijn nieuwe boek wordt het onderwerp uitputtend behandeld*

de **uit·put·ting**
het feit dat je heel erg moe bent ✦ *na de wedstrijd viel de speler van uitputting op de grond*

uit·rei·ken [reikte uit, heeft uitgereikt]
officieel geven [iemand reikt iets uit, bijv. een prijs of een diploma] ✦ *de koningin heeft de prijs aan de kunstenaar uitgereikt*

uit·re·ke·nen [rekenende uit, heeft uitgerekend]
door rekenen bepalen = berekenen [iemand rekent iets uit] ✦ *hij moest nog uitrekenen hoeveel stof hij nodig had voor de gordijnen*

de **uit·rit** [uitritten]
een weggetje waarover een auto van bijv. een huis of een bedrijf de openbare weg op kan rijden ✦ *voor een uitrit mag je niet parkeren*

uit·roei·en [roeide uit, heeft uitgeroeid]
van de aarde laten verdwijnen [mensen roeien iets uit] ✦ *het is jammer dat de dodo is uitgeroeid* ✦ *men probeerde de ziekte uit te roeien*

de **uit·roep** [uitroepen]
een woord of meerdere woorden die je uitroept* (bet. 1) = de kreet ✦ *Menno herhaalde zijn uitroep 'Nee!' drie keer*

ui

uit·roe·pen [riep uit, heeft uitgeroepen]
1 roepend zeggen [iemand roept iets uit] ✦ *"Kun je niet uitkijken!" riep de man boos uit*
2 in het openbaar zeggen dat iets begonnen is = afkondigen [iemand roept iets uit, bijv. een revolutie of een staking]

uit·roe·pen tot [riep uit tot, heeft uitgeroepen tot]
in het openbaar zeggen dat iemand iets is [iemand roept iemand uit tot iets] ✦ *hij werd uitgeroepen tot voetballer van het jaar*

het **uit·roep·te·ken** [uitroeptekens]
het teken '!', een leesteken dat je achter een uitroep* of een bevel zet

uit·rus·ten [rustte uit, heeft uitgerust]
rust nemen totdat je niet meer moe bent [iemand rust uit] ✦ *hij moet in het weekend altijd uitrusten van zijn drukke baan*

uit·rus·ten met [rustte uit met, heeft uitgerust met]
zorgen dat iets of iemand iets heeft = voorzien van [iemand rust iets of iemand uit met iets] ✦ *de auto was uitgerust met een stoeltje voor kleine kinderen*

de **uit·rus·ting** [uitrustingen]
het geheel aan dingen die je nodig hebt voor iets ✦ *een mes hoort bij de uitrusting van een soldaat*

uit·scha·ke·len [schakelde uit, heeft uitgeschakeld]
1 uitdoen = afzetten [iemand schakelt een elektrisch apparaat uit] ✦ *toen de film was afgelopen, schakelde ze de televisie uit*
2 zorgen dat iemand niets meer kan doen [iemand schakelt iemand uit] ✦ *Ajax werd uitgeschakeld door PSV*

uit·schei·den
1 [scheidde of schee uit, is uitgescheiden of uitgescheeën] stoppen = ophouden [iemand scheidt uit (met iets)] ✦ *schei uit met televisie kijken en kom aan tafel zitten!*
2 [scheidde uit, heeft uitgescheiden] uit je lichaam laten komen [een mens, een dier of een plant scheidt een stof uit] ✦ *dat dier scheidt stoffen uit die sterk ruiken*

uit·schel·den [schold uit, heeft uitgescholden]
vervelende, lelijke woorden roepen [iemand scheldt iemand uit] ✦ *het kind werd uitgescholden voor 'dikke koe'*

de **uit·schie·ter** [uitschieters]
iets dat sterk verschilt van wat normaal is ✦ *op enkele uitschieters na hadden we een slechte zomer*

uit·schij·nen [werkwoord] (in België)
iets laten uitschijnen: een klein beetje van een geheim vertellen ✦ *Jean liet uitschijnen dat hij volgend jaar niet meer beschikbaar is als voorzitter*

het **uit·schot**
slechte mensen of dingen ✦ *ook onder rijke mensen vind je uitschot*

uit·schrij·ven [schreef uit, heeft uitgeschreven]
1 bekendmaken dat iets zal gaan gebeuren [iemand schrijft iets uit] ✦ *toen het kabinet was gevallen, werden er nieuwe verkiezingen uitgeschreven*
2 invullen; opschrijven [iemand schrijft een recept of een bekeuring uit] ✦ *de dokter schreef een recept voor medicijnen uit*

de **uit·slag**
1 het resultaat van een wedstrijd, een onderzoek, een examen of verkiezingen ✦ *de uitslag van de verkiezingen was om twee uur 's nachts bekend*
2 iets dat vanuit de binnenkant ergens op is gekomen, bijv. op je huid ✦ *als hij appels eet, krijgt hij rode uitslag*

uit·sla·pen [sliep uit, heeft uitgeslapen]
's morgens lang blijven slapen [iemand slaapt uit] ✦ *zaterdag is de enige dag dat ik kan uitslapen*

zich **uit·slo·ven** [sloofde zich uit, heeft zich uitgesloofd]
heel veel doen terwijl dat niet nodig is [iemand slooft zich uit] ✦ *de spelende jongens begonnen zich uit te sloven toen ze zagen dat het meisje naar hen keek* ✦ *ze had zich erg uitgesloofd voor haar feest*

uit·slui·ten [sloot uit, heeft uitgesloten]
vinden dat iets niet mogelijk is; zorgen dat iets niet gebeurt [iemand sluit iets uit] ✦ *ik sluit niet uit dat ik nog een nieuwe studie ga doen*

uit·slui·ten van [sloot uit van, heeft uitgesloten van]
verbieden dat iemand meedoet aan iets [iemand sluit iemand uit van iets] ✦ *mensen die roken, worden uitgesloten*

van deelname aan het onderzoek

'uit·slui·tend [bijwoord]
alleen maar; niet anders dan ... ✦ *ik heb uitsluitend vervelende dingen over haar gehoord*

het **uit·sluit·sel**
een beslissend antwoord ✦ *niemand kon hem uitsluitsel geven over de datum waarop het werk klaar moet zijn*

de **uit·smij·ter** [uitsmijters]
1 iemand die bij de deur van een disco of een café staat en vervelende mensen verwijdert = de portier
2 brood met gebakken eieren
3 een geweldig laatste nummer bij een voorstelling of een programma ✦ *als uitsmijter zong de band nog één keer hun bekendste nummer*

de **uit·span·ning** [uitspanningen]
een groot café of restaurant bijv. in een bos of langs een weg

de **uit·spat·ting** [uitspattingen]
een wilde daad ✦ *de krant schreef over de seksuele uitspattingen van de artiest*

uit·spe·len te·gen [speelde uit tegen, heeft uitgespeeld tegen]
een ruzie veroorzaken tussen twee mensen om er zelf voordeel van te hebben [iemand speelt mensen tegen elkaar uit] ✦ *het bedrijf probeerde meer te verkopen door de andere bedrijven tegen elkaar uit te spelen*

de **'uit·spraak**
1 iets wat je zegt = de uitlating ✦ *de minister had spijt van zijn uitspraak over zijn collega*
2 het oordeel van de rechter over een zaak ✦ *de rechter doet over twee maanden uitspraak* rechtspraak
3 de manier waarop je woorden uitspreekt ✦ *Pim durft niet goed Engels te praten omdat zijn uitspraak erg slecht is* uitspraak

'uit·spre·ken [sprak uit, heeft uitgesproken]
1 een woord laten klinken [iemand spreekt een woord uit] ✦ *hoe spreek je je naam uit?*
2 met woorden bekendmaken [iemand spreekt iets uit] ✦ *de man sprak zijn dankbaarheid uit voor de hulp die hij had gekregen*

uit·staan [stond uit, heeft uitgestaan]
1 iemand of iets niet kunnen uitstaan: iemand of iets heel naar en vervelend vinden
2 doodsangsten uitstaan: heel erg bang zijn

uit·stal·len [stalde uit, heeft uitgestald]
dingen zo neerzetten dat iedereen ze goed kan zien = etaleren [iemand stalt iets uit] ✦ *op een tafel lagen de nieuwe boeken van de schrijver uitgestald*

het **uit·stal·raam** [uitstalramen] (in België)
een ruimte achter het raam van een winkel, waar dingen staan die je kunt kopen = de etalage ✦ *in het uitstalraam lagen een paar dure boeken*

het **uit·stap·je** [uitstapjes]
een reisje dat een dag duurt = het uitje ✦ *het gezin ging niet op vakantie, maar maakte wel veel uitstapjes in Nederland*

'uit·stap·pen [stapte uit, is uitgestapt]
uit een vervoermiddel stappen [iemand stapt uit] ✦ *op het station van Utrecht moesten alle reizigers uitstappen*

uit·stek [zelfstandig naamwoord]
bij uitstek: meer dan andere mensen of zaken ✦ *Janssen is bij uitstek geschikt voor die functie* ✦ *Spanje is een vakantieland bij uitstek*

'uit·ste·ken [stak uit, heeft uitgestoken]
naar buiten steken [iemand steekt iets uit] ✦ *het kind stak zijn tong uit* ✦ *morgen steken we de vlag uit*
je nek uitsteken: je best voor iets doen met het gevaar dat anderen je daarvoor zullen straffen ✦ *niemand durfde tijdens de vergadering zijn nek uit te steken voor het nieuwe plan*

'uit·ste·ken bo·ven [stak uit boven, heeft uitgestoken boven]
hoger, groter of beter zijn dan iets [iets of iemand steekt boven iets uit] ✦ *de bomen steken boven het huis uit*

'uit·ste·kend [bijvoeglijk naamwoord]
iets wat uitstekend is, is heel goed = voortreffelijk ✦ *het restaurant heeft een uitstekende keuken*

het **uit·stel**
het feit dat je iets later doet dan was afgesproken ✦ *hij vroeg om uitstel van zijn examen omdat hij ziek was geweest*

uit·stel·len [stelde uit, heeft uitgesteld]
later doen dan was afgesproken [iemand stelt iets uit] ✦ *de vergadering werd uitgesteld omdat er veel zieken waren*

Uitspraak

Hoe spreek je een Nederlands woord uit?

een Nederlandse klank in een woord	Engels: klinkt ongeveer hetzelfde	Frans: klinkt ongeveer hetzelfde	IPA
KLINKERS (VOCALEN)			
pak	but	pas	ɑ
met	set	lait	ɛ
dik	fish	-	ɪ
vol	rock	botte	ɔ
zus	girl	neuf	ʌ
kaas maken	-	bazar	a
veel beter eeuw	cake	nez	e
fiets kilo nieuw	sea	livre	i
ook over	show	beau	o
vuur uren	jury	punir	y
de lopen lelijk	about	le	ə
leuk	nurse	deux	ø
boek	pull	coup	u
TWEEKLANKEN (DIFTONGEN)			
ei jij	déjà vu	soleil	ɛɪ
blauw koud	how	miaou	ɑʊ
huis	-	oeil	ʌy
MEDEKLINKERS (CONSONANTEN)			
boek	book	bon	b
daar	duck	doux	d
fiets	far	fée	f
goed lachen schip	loch	Khaled	χ
hand	hat	-	h
jong yoghurt	young	viens	j
kaas cursus café cola	car	cou	k
licht	lamp	lit	l

Uitspraak (vervolg)

me**l**k	mi**l**k	mon	m
bee**n**	**n**ot	**n**ez	n
pa**p**a he**b**	**p**ack	**p**eau	p
rood	**r**oom	**r**age	r
sport logi**sch** **c**ircus **c**ent **c**ijfer	**s**on	**s**ou	s
tuin gel**d**	**t**ick	**t**out	t
voet	**v**iew	**v**ous	v
waar	**w**ide	**w**eek-end	w
fa**x** ni**ks** ac**t**ie	a**x**e	se**x**e	x
ziek	**z**ip	mai**s**on	z
jo**ng**	si**ng**	campi**ng**	ŋ
mei**sj**e	**sh**ow	**ch**aud	ʃ

Op de cd-rom bij dit boek kunt u de uitspraak van de woorden horen.

uit·ster·ven [stierf uit, is uitgestorven]
ophouden te bestaan [een diersoort sterft uit] ✦ *de mammoet is een uitgestorven dier*

uit·stip·pe·len [stippelde uit, heeft uitgestippeld]
precies bedenken hoe je ergens kunt komen [iemand stippelt iets uit, bijv. een plan of een route] ✦ *ze heeft precies uitgestippeld hoe je het beste naar Epe kunt rijden*

de **uit·stra·ling** [uitstralingen]
de indruk die iemand maakt ✦ *Wendy is niet echt een mooie vrouw, maar ze heeft een enorme uitstraling*

zich **uit·strek·ken** [strekte zich uit, heeft zich uitgestrekt]
een bepaalde grootte hebben [iets strekt zich uit over iets of tot iets] ✦ *de bossen strekken zich uit over het hele land* ✦ *de invloed van de koning strekte zich uit tot de grenzen van het land*

het **uit·strijk·je** [uitstrijkjes]
een kleine hoeveelheid slijm die uit de baarmoedermond van de vrouw wordt gehaald voor onderzoek naar kanker

In Nederland moeten alle vrouwen boven de 30 jaar iedere vijf jaar een uitstrijkje laten maken.

de **uit·tocht**
het vertrek van veel mensen tegelijk ✦ *door de uittocht aan het begin van de vakantie ontstonden er enorme files*

'uit·trek·ken [trok uit, heeft uitgetrokken]
van je lichaam verwijderen = uitdoen [iemand trekt kleren of schoenen uit] ✦ *ze trok haar kleren uit en sprong in het water*

'uit·trek·ken voor [trok uit voor, heeft uitgetrokken voor]
beschikbaar maken [iemand trekt tijd of geld uit voor iets] ✦ *ik trek iedere avond een uur uit om de krant te lezen*

het **uit·trek·sel** [uittreksels]
een tekst met de korte inhoud van bijv. een boek = de samenvatting

uit·vaar·di·gen [vaardigde uit, heeft uitgevaardigd]
instellen; geldig laten zijn [iemand vaardigt iets uit, bijv. een wet] ✦ *de minister vaardigde een verbod uit op reclame voor sigaretten*

de **uit·vaart** [uitvaarten] (formeel)

de gelegenheid waarbij iemand die dood is, wordt begraven of gecremeerd = de begrafenis ✦ *na afloop van de uitvaart was er voor iedereen koffie*
gedenkdagen

de **uit·val** [uitvallen]
1 de keer dat iemand plotseling heel boos wordt ✦ *na de uitval van hun vader durfden de kinderen niets meer te zeggen*
2 de keer dat mensen of dingen uitvallen (bet. 3) ✦ *de uitval in het hoger onderwijs is erg hoog*

uit·val·len [viel uit, is uitgevallen]
1 plotseling heel boos worden op iemand [iemand valt uit (tegen iemand)] ✦ *de vrouw verontschuldigde zich, nadat ze ontzettend was uitgevallen*
2 loslaten en vallen [haren, veren enz. vallen uit]
3 niet meer doorgaan [iemand of iets valt uit] ✦ *vlak voor het einde van de studie vallen er toch nog veel studenten uit* ✦ *er is een trein uitgevallen, dus we moeten heel lang wachten*
4 een bepaald resultaat hebben [iets valt op een bepaalde manier uit] ✦ *de taart was vrij groot uitgevallen*

uit·va·ren [voer uit, is uitgevaren]
1 weggaan [een schip vaart uit] ✦ *toen het schip uitvoer, stond iedereen te zwaaien*
2 boos worden op iemand = tekeergaan [iemand vaart uit (tegen iemand)] ✦ *de chef voer uit tegen de werknemer, omdat hij zijn werk slecht had gedaan*

uit·vech·ten [vocht uit, heeft uitgevochten]
door ruzie of vechten tot een beslissing komen [mensen vechten iets uit] ✦ *de ministers hebben de ruzie in het openbaar uitgevochten*

uit·ver·gro·ten [vergrootte uit, heeft uitvergroot]
groter maken [iemand vergroot iets uit] ✦ *als je de foto uitvergroot, kun je zien dat daarachter ook nog iemand staat*

uit·ver·kocht [bijvoeglijk naamwoord]
dingen die uitverkocht zijn, kun je niet meer kopen omdat ze allemaal verkocht zijn ✦ *we konden niet meer naar de film, omdat alle kaartjes uitverkocht waren*

de **uit·ver·koop**
de periode waarin artikelen van het voorbije seizoen goedkoper worden verkocht

uit·ver·ko·ren [bijvoeglijk naamwoord]
iemand die is uitverkoren, is gekozen om iets bijzonders te doen ✦ *drie kunstenaars waren uitverkoren om een beeld te maken*

uit·vin·den [vond uit, heeft uitgevonden]
1 als eerste bedenken en maken [iemand vindt iets uit] ✦ *Edison heeft het elektrische licht uitgevonden*
2 uitzoeken = ontdekken [iemand vindt iets uit] ✦ *heb je al uitgevonden hoe de nieuwe computer werkt?*

de **uit·vin·ding** [uitvindingen]
iets wat is uitgevonden* (bet. 1)

het **uit·vloei·sel** [uitvloeisels]
iets wat ontstaat door iets anders ✦ *deze maatregel is een uitvloeisel van de plannen van de baas*

de **uit·vlucht** [uitvluchten]
iets wat je verzint om de waarheid niet te hoeven zeggen = de smoes ✦ *hij probeerde een uitvlucht te verzinnen waarom hij te laat was*

de **uit·voer**
het vervoeren van goederen naar een ander land = de export ⇔ de invoer ✦ *het bedrijf verdient vooral aan de uitvoer van producten*

•**uit·voe·ren** [voerde uit, heeft uitgevoerd]
1 doen zoals daarvóór is bepaald [iemand voert iets uit, bijv. een plan] ✦ *de bouw van de flat wordt uitgevoerd door de firma Nelis*
2 naar een ander land brengen = exporteren ⇔ invoeren [iemand voert goederen uit] ✦ *Nederland voert veel bloemen uit*
3 voor publiek vertonen [iemand voert een muziekstuk of een toneelstuk uit] ✦ *morgenavond wordt 'Hamlet' van Shakespeare uitgevoerd*
4 veel, weinig uitvoeren: veel, weinig doen

•**uit·voe·rig** [bijvoeglijk naamwoord]
als je iets uitvoerig vertelt, geef je ook alle details ✦ *in de krant stond een uitvoerig artikel over de politieke ruzie*

de •**uit·voe·ring** [uitvoeringen]
1 de keer dat iets wordt uitgevoerd

(bet. 3) ✦ *we zijn naar een prachtige uitvoering geweest van Romeo en Julia*
2 de manier waarop iets is gemaakt of gedaan ✦ *deze bank is ook te koop in een uitvoering in leer*

de **uit·wed·strijd** [uitwedstrijden]
een wedstrijd die gespeeld wordt op het terrein van de tegenstander ⇔ de thuiswedstrijd

de **uit·weg** [uitwegen]
een manier om uit een moeilijke situatie te komen = de oplossing ✦ *de schrijver zag de dood als de enige uitweg*

uit·wei·den [weidde uit, heeft uitgeweid]
te lang over iets praten [iemand weidt uit over iets] ✦ *de voorzitter vond dat er over dit probleem niet te veel moest worden uitgeweid*

uit·wen·dig [bijvoeglijk naamwoord]
iets wat uitwendig is, zit aan de buitenkant ⇔ inwendig ✦ *de medicijnen zijn uitsluitend geschikt voor uitwendig gebruik*

uit·wer·ken [werkte uit]
1 [heeft uitgewerkt] preciezer bedenken wat het plan is [iemand werkt iets uit] ✦ *de schrijver moest het einde van de roman nog uitwerken*
2 [is uitgewerkt] minder werking beginnen te krijgen [iets is uitgewerkt] ✦ *de medicijnen zijn uitgewerkt en nu heb ik weer pijn*
3 [heeft uitgewerkt] een bepaalde invloed hebben op iets [iets werkt op een bepaalde manier uit (op iets)] ✦ *het is nog niet precies bekend hoe de plannen economisch zullen uitwerken*

de **uit·werp·se·len** [meervoud]
de resten van eten die in de wc terechtkomen = de ontlasting, de poep

uit·wij·ken [week uit, is uitgeweken]
1 opzijgaan voor iets dat zich op de weg bevindt [een voertuig wijkt uit (voor iets of iemand)] ✦ *de auto moest uitwijken toen het kind plotseling overstak*
2 naar een andere plaats gaan omdat je niet naar de plaats kunt gaan waarheen je wilt [iemand wijkt uit naar een plaats] ✦ *omdat het zulk slecht weer was, is het vliegtuig uitgeweken naar een ander vliegveld*
3 (in België) naar een ander land verhuizen = emigreren ⇔ inwijken [iemand wijkt uit] ✦ *toen ze drie jaar was, zijn haar ouders uitgeweken naar Australië*

uit·wij·zen [wees uit, heeft uitgewezen]
1 als conclusie geven [iets, bijv. onderzoek, wijst iets uit] ✦ *de praktijk wijst uit dat de meeste mensen geen hulp nodig hebben bij deze opdracht* ✦ *het onderzoek heeft uitgewezen dat zij helemaal gezond is*
2 bepalen dat iemand het land uit moet [de overheid wijst iemand uit] ✦ *de uitgewezen man besloot naar de rechter te gaan*

uit·wis·se·len [wisselde uit, heeft uitgewisseld]
iets geven en er iets anders voor terugkrijgen [mensen wisselen dingen uit] ✦ *ze wisselden ervaringen uit over Australië*

de **uit·zaai·ing** [uitzaaiingen]
kanker die veroorzaakt is door kanker op een andere plaats in het lichaam = de metastase ✦ *de vrouw moest behandeld worden voor uitzaaiingen in haar long*

het **uit·zend·bu·reau** [uitzendbureaus]
een bedrijf dat werknemers voor korte tijd ergens laat werken werk

uit·zen·den [zond uit, heeft uitgezonden]
1 op de radio laten horen of op de tv laten zien [een omroep zendt iets uit] ✦ *vanavond wordt er een programma over muziek uit Brazilië uitgezonden*
2 iemand ergens anders laten werken met een speciale opdracht [iemand zendt iemand uit] ✦ *hij werd door zijn bedrijf voor drie jaar naar Iran uitgezonden*

de ***uit·zen·ding** [uitzendingen]
een programma op de radio of de televisie ✦ *ik vond die uitzending over Zweden heel interessant*

de ***uit·zend·kracht** [uitzendkrachten]
iemand die via een uitzendbureau* werkt

het **uit·zend·werk**
werk via een uitzendbureau* ✦ *zolang hij nog geen vaste baan heeft, doet hij uitzendwerk* werk

uit·zet·ten [zette uit]
1 [is uitgezet] groter en dikker worden [iets zet uit] ✦ *het hout zet uit als het nat*

is
2 [heeft uitgezet] buiten werking stellen ⇔ aanzetten [iemand zet een apparaat uit] ✦ *toen het programma was afgelopen, zette ze de televisie uit*
3 [heeft uitgezet] dwingen een land of een huis te verlaten [iemand zet iemand uit] ✦ *de minister heeft de groep buitenlanders laten uitzetten*

het **uit·zicht**
1 de dingen die je kunt zien vanaf een bepaalde plaats ✦ *hij kocht het huis vanwege het mooie uitzicht op de bergen*
2 de kans om in de toekomst iets te krijgen = het perspectief ✦ *zij heeft uitzicht op een vaste baan bij het bedrijf*

uit·zicht·loos [bijvoeglijk naamwoord]
in een uitzichtloze situatie is er nauwelijks kans dat het beter wordt

•**uit·zien naar** [zag uit naar, heeft uitgezien naar]
erg verlangen naar iets dat gaat gebeuren [iemand ziet uit naar iets] ✦ *Bernard zag erg uit naar zijn vakantie*

uit·zin·nig [bijvoeglijk naamwoord]
iemand die uitzinnig is, doet gek omdat hij heel vrolijk is ✦ *hij was uitzinnig van vreugde toen hij zijn examen had gehaald*

uit·zit·ten [zat uit, heeft uitgezeten]
wachten tot iets is afgelopen [iemand zit iets uit wat vervelend is] ✦ *de film was vervelend, maar Jasper besloot hem toch uit te zitten*

•**uit·zoe·ken** [zocht uit, heeft uitgezocht]
1 nemen uit verschillende mogelijkheden = kiezen [iemand zoekt iets uit] ✦ *op de tafel liggen cadeautjes; zoek er maar een uit*
2 bekijken en op de goede plaats leggen = sorteren [iemand zoekt iets uit] ✦ *na de verhuizing kostte het me drie dagen om alle boeken uit te zoeken*
3 door onderzoek bepalen [iemand zoekt iets uit] ✦ *hebben ze nu nog niet uitgezocht wie de dader is?*

de **uit·zon·de·ring** [uitzonderingen]
een geval waarin iets anders is dan normaal ✦ *de directeur wilde voor die ene werknemer wel een uitzondering maken*

uit·zon·der·lijk [bijvoeglijk naamwoord]
iets wat uitzonderlijk is, komt niet vaak voor ✦ *er kwamen die dag uitzonderlijk veel mensen*

UK [afkorting]
United Kingdom: Groot-Brittannië

ul·tiem [bijvoeglijk naamwoord]
een ultieme kans is de allerlaatste kans; een ultieme vreugde is een heel grote vreugde

het **ul·ti·ma·tum** [ultimatums]
een datum waarop iemand iets gedaan moet hebben, omdat de andere partij anders iets vervelends doet ✦ *als het land niet vóór het einde van het ultimatum zijn wapens inlevert, komt er oorlog*

de **um·laut** [umlauten] (taal)
twee puntjes op een letter waardoor je die letter anders uitspreekt, bijv. op de u in 'überhaupt'

het **UMTS**
universal mobile telecommunication system: een systeem waarmee je snel kunt internetten op je mobiele telefoon

una·niem [bijvoeglijk naamwoord]
als iets unaniem wordt besloten, heeft iedereen dezelfde mening = eenstemmig ✦ *het bestuur besloot unaniem dat de voorstelling moest doorgaan*

de **un·der·dog** [underdogs]
iemand die zwakker is en slecht wordt behandeld ✦ *de acteur speelde in de film de rol van underdog*

de **Unes·co**
United Nations Educational, Scientific and Cultural Organization: een organisatie van de Verenigde Naties voor onderwijs, wetenschap en cultuur

het **Uni·cef**
United Nations Children's Fund: een organisatie van de Verenigde Naties die kinderen helpt

de **unie** [unies]
een vereniging van staten, bedrijven of organisaties = het verbond
de Europese Unie: een groep van Europese landen die samen afspraken hebben gemaakt, bijv. over de economie overheid

de **unief** [uniefs] (in België)
de universiteit

uniek [bijvoeglijk naamwoord]
iets wat uniek is, is heel bijzonder omdat er meer één van is ✦ *op de tentoonstelling werden unieke foto's van de schrijver als baby getoond*

het **uni·form**[1] [uniformen]

de kleren die mensen in bepaalde beroepen dragen, bijv. militairen ✦ *aan zijn uniform kon je zien dat de man van de politie was*

uni·form[2] [bijvoeglijk naamwoord]
dingen die uniform zijn, zijn gelijk ✦ *de minister wil dat de prijzen om te parkeren in het hele land uniform zijn*

de **unit** [units]
een deel of een afdeling van een groter geheel = de eenheid ✦ *voor het behandelen van de ziekte is er nu een speciale unit in het ziekenhuis*

uni·ver·seel [bijvoeglijk naamwoord]
iets wat universeel is, is in alle gevallen te gebruiken of komt overal voor

uni·ver·si·tair [bijvoeglijk naamwoord]
universitaire zaken hebben te maken met de universiteit

de •**uni·ver·si·teit** [universiteiten]
een instelling voor wetenschap en onderwijs in de wetenschap ✦ *zij besloot aan de universiteit te gaan studeren* onderwijs

het **uni·ver·sum**
de ruimte waarin de aarde, de sterren en de planeten zich bevinden = de kosmos

het **ura·ni·um**
een gevaarlijk metaal dat gebruikt wordt bij kernenergie en kernwapens

uren·lang [bijvoeglijk naamwoord]
iets wat urenlang duurt, duurt meerdere uren ✦ *toen de treinen niet reden, moesten we urenlang wachten op het station*

ur·gent [bijvoeglijk naamwoord]
aan urgente zaken moet meteen aandacht worden gegeven omdat ze heel belangrijk zijn = dringend ✦ *de dokter is met vakantie, maar voor urgente problemen kunt u naar haar collega* wonen

de **uri·ne**
de gele vloeistof die je van je lichaam in de wc laat gaan = de plas

het **uri·noir** [urinoirs]
een bak waarin mannen staand kunnen plassen

de **urn** [urnen]
een soort vaas waarin de verbrande resten van een overleden persoon bewaard worden

de **US**
United States: de Verenigde Staten

de **USA** [meervoud]
United States of America: de Verenigde Staten van Amerika

de **uto·pie** [utopieën]
een ideale situatie waarvan je wilt dat hij bestaat, maar die nooit werkelijkheid zal worden = de illusie ✦ *de president zei dat een wereld zonder oorlog een utopie was*

het •**uur** [uren]
een eenheid van tijd, namelijk zestig minuten ✦ *ze moest een uur wachten voordat ze aan de beurt was bij de dokter* ✦ *hij kwam om zeven uur thuis* klok

het **uur·werk** [uurwerken]
1 een apparaat waarop je kunt zien hoe laat het is = de klok
2 de machine binnen in een klok ✦ *het uurwerk van de oude klok moest worden vervangen*

•**uw** [bezittelijk voornaamwoord]
dit woord gebruik je als iets is van de persoon tegen wie je praat, als je die persoon niet goed kent ✦ *is dit uw horloge?* ✦ *dames en heren, mag ik even uw aandacht?* voornaamwoorden

V

de **v** [v's]
de 22e letter van het alfabet alfabet

het **V8**
een omroep in Nederland media

•**vaag** [bijvoeglijk naamwoord]
iets wat vaag is, is niet duidelijk = wazig ✦ *Monica gaf een vaag antwoord op de vraag naar haar leeftijd*

de **vaak**[1] (in België)
de situatie waarin je slaap nodig hebt

•**vaak**[2] [bijwoord]
veel keer; op veel momenten ✦ *jullie gaan ook vaak met vakantie, zeg!*

vaal [bijvoeglijk naamwoord]
iets wat vaal is, heeft weinig kleur meer = flets ✦ *na een paar keer wassen is de bloes erg vaal geworden*

het **vaan·del** [vaandels]
een vlag, vooral die hoort bij een vereniging ✦ *op het toneel stond het vaandel van de vereniging*
iets hoog in het vaandel hebben staan: iets heel belangrijk vinden en dat laten weten

vaar·dig [bijvoeglijk naamwoord]
iemand die vaardig is, doet iets snel en zonder moeite = behendig ✦ *vaardig draaide ze de auto in het kleine straatje*

de **vaar·dig·heid** [vaardigheden]
iets wat je goed kunt = de capaciteit ✦ *voor de baan moest je over allerlei vaardigheden beschikken*

de **vaars** [vaarzen]
een jonge koe van ongeveer twee jaar die nog geen kalf heeft of die voor het eerst een kalf gekregen heeft dieren

de **vaart** [vaarten]
1 [geen meervoud] het feit dat iemand of iets snel gaat = de snelheid ✦ *de auto reed met een flinke vaart tegen de boom*
vaart maken: opschieten
2 een soort rechte rivier die door mensen is gemaakt = het kanaal ✦ *langs de vaart liep een brede weg*
3 het loopt niet zo'n vaart: het zal wel meevallen

het **vaar·tuig** [vaartuigen]
een voertuig waarmee je vaart = de boot ✦ *alleen vaartuigen die lager zijn dan twee meter kunnen onder de brug door*

het **vaar·wa·ter**
in iemands vaarwater komen: op zo'n manier met hetzelfde bezig zijn als iemand anders dat die ander daar last van heeft ✦ *als je ook een boek over taal gaat schrijven, kom je in mijn vaarwater*

vaar·wel [tussenwerpsel] (formeel)
dit zeg je als je voor een lange tijd weggaat ✦ *vaarwel vrienden, ik zal jullie missen*

de •**vaas** [vazen]
een smalle bak met water waarin je bloemen kunt zetten

de **vaat**
de borden, de lepels, de messen enz. die moeten worden schoongemaakt ✦ *hij moest in het weekend de vaat van de hele week doen*

de **vaat·doek** [vaatdoeken]
een nat doekje waarmee je de keuken schoonmaakt ✦ *Martin veegde met een vaatdoek de tafel schoon*

de **vaat·was·ser** [vaatwassers]
een apparaat dat borden, kopjes enz. wast = de afwasmachine

de **vaat·ziek·te** [vaatziekten, vaatziektes]
een ziekte aan de bloedvaten ✦ *wie niet gezond eet, heeft een veel grotere kans op hart- en vaatziekten*

de **va·ca·tu·re** [vacatures]
een baan waarvoor iemand gezocht wordt ✦ *ze keek in de krant of er nog leuke vacatures waren* werk

het **vac·cin** [vaccins]
een medicijn dat voorkomt dat je een bepaalde ziekte krijgt ✦ *kleine kinderen krijgen vaccins tegen allerlei ziekten*

vac·ci·ne·ren [vaccineerde, heeft gevaccineerd]
een prik tegen een bepaalde ziekte geven = inenten [iemand vaccineert iemand (tegen een ziekte)] ✦ *alle kinderen werden gevaccineerd tegen deze ziekte*

de **vacht** [vachten]
de huid met haren van een dier ✦ *de vacht van de hond moest iedere dag worden geborsteld*

het **va·cu·üm**[1] [vacuüms]
een ruimte waarin geen lucht zit = het luchtledige ✦ *door het vacuüm in de*

doos blijft het brood lang vers ✦ *toen de directeur plotseling vertrok, kwam het bedrijf in een vacuüm*

va·cu·üm[2] [bijvoeglijk naamwoord]
als een ruimte vacuüm is, zit er geen lucht in = luchtledig

de •**va·der** [vaders]
een man die een of meer kinderen heeft = de pa ✦ *hij vroeg aan zijn vader of hij buiten mocht spelen* **familie**

de **va·der·dag**
een dag speciaal voor vaders

> De derde (in België: de tweede) zondag in juni krijgen de vaders extra aandacht en worden ze verwend.

het **va·der·land** [vaderlanden]
het land waar je vandaan komt ✦ *als de oorlog voorbij is, wil ik terugkeren naar mijn vaderland*

va·der·lands [bijvoeglijk naamwoord]
vaderlandse liederen zijn liederen over je vaderland; de vaderlandse politiek is de politiek van je eigen land

de **va·gi·na** [vagina's]
het deel van het lichaam van een vrouw waarmee zij seks heeft en waaruit kinderen geboren worden = de kut

het •**vak** [vakken]
1 een beroep waarvoor je leert of geleerd hebt = het ambacht ✦ *hij volgde een opleiding om het vak van politie te leren*
2 een deel van een wetenschap ✦ *van alle vakken op school vond zij Engels het makkelijkst*
3 een vlak met lijnen eromheen = het hokje ✦ *in dit vakje kunt u uw naam schrijven*
4 een ruimte waar je iets in kunt doen, bijv. als deel van een kast of een tas ✦ *het geld zit in het eerste vakje*

de •**va·kan·tie** [vakanties]
1 een periode waarin je niet hoeft te werken ✦ *ik heb de hele maand augustus vakantie* **uitgaan**
2 een reis die je maakt voor je plezier ✦ *Natasha gaat dit jaar met vakantie naar Italië*

de **va·kan·tie·gan·ger** [vakantiegangers]
iemand die met vakantie is = de toerist

het **va·kan·tie·geld**
extra geld dat werknemers van werkgevers krijgen voor de vakantie **werk**

de **vak·be·we·ging**
alle verenigingen die opkomen voor de belangen van werknemers ✦ *de vakbeweging was erg tegen het voorstel van de regering*

het **vak·blad** [vakbladen]
een blad met artikelen over een bepaald vak

de **vak·bond** [vakbonden]
een vereniging die opkomt voor de belangen van werknemers ✦ *de vakbond eiste hogere lonen* **werk**

de **vak·cen·tra·le** [vakcentrales]
een vereniging van vakbonden* ✦ *de vakcentrale vond dat er een staking moest komen*

het **vak·ge·bied** [vakgebieden]
een deel van een bepaald vak (bet. 2) ✦ *in zijn vakgebied is het heel moeilijk om een baan te vinden*

vak·kun·dig [bijvoeglijk naamwoord]
een vakkundige persoon is heel goed in zijn vak = deskundig ✦ *hij heeft de kraan in de keuken vakkundig hersteld*

de **vak·man** [vakmannen, vaklieden, vaklui] **vak·vrouw** [vakvrouwen]
iemand die goed is zijn vak ✦ *hij besloot dat hij er beter een vakman bij kon halen dan het zelf te doen*

de **val** [vallen]
1 [geen meervoud] de keer dat iemand of iets valt ✦ *door de val brak ze haar been*
ten val komen: je macht verliezen
2 een toestel om dieren mee te vangen ✦ *omdat er muizen in de keuken zaten, zette de boer een val*

de **val·avond** (in België)
de periode net na het ondergaan van de zon ✦ *na een lange reis bereikten we bij valavond ons hotel*

de **valk** [valken]
een vogel die kleine dieren vangt en opeet

valk

de **val·kuil** [valkuilen]
1 een gat in de grond dat je niet goed kunt zien, gemaakt om dieren in te

vangen
2 iets waarmee je gemakkelijk fouten maakt en waarvoor je dus moet oppassen ✦ *een valkuil voor leraren die net beginnen, is dat ze te aardig zijn*

de **val·lei** [valleien]
een breed dal ✦ *door de vallei liep een rivier*

•**val·len** [viel, is gevallen]
1 hard en zonder het te willen omlaag gaan en op de grond komen [iemand of iets valt] ✦ *zij viel van de trap en brak haar been* ✦ *de boeken vielen van de tafel*
met vallen en opstaan: door het steeds opnieuw te proberen als het niet lukt ✦ *met vallen en opstaan heeft hij prachtig leren zingen*
het kabinet is gevallen: het kabinet mag of wil niet meer verder regeren
2 overlijden in een strijd = sneuvelen [een soldaat valt] ✦ *in de oorlog zijn hier duizenden soldaten gevallen*
3 dit woord gebruik je samen met andere woorden in verschillende betekenissen [iets valt ...] ✦ *de keuze is gevallen op Berti* ✦ *hij was voor de tv in slaap gevallen* ✦ *de woorden van de directeur vielen goed bij de werknemers*
4 iemand lastig vallen: dingen tegen iemand zeggen of met hem doen die hij niet wil ✦ *iedere dag viel zijn collega hem weer lastig met zijn verhalen*
5 met hem valt niet te leven, te onderhandelen enz.: het is niet mogelijk met hem te leven, te onderhandelen enz.
6 iets valt te doen: het is mogelijk iets te doen ✦ *de computer valt niet meer te maken*

•**val·len on·der** [viel onder, is gevallen onder]
bij iets horen ✦ *Loes valt eigenlijk onder een andere afdeling*

•**val·len op** [viel op, is gevallen op]
heel erg leuk of lief vinden [iemand valt op iemand of iets] ✦ *zij valt op oudere mannen*

•**val·len over** [viel over, is gevallen over]
iets een probleem vinden [iemand valt over iets] ✦ *hij viel over de toon van de brief*

de **val·par·tij** [valpartijen]
de keer dat iemand valt, vooral wanneer een hele groep mensen tegelijk valt ✦ *door de regen ontstonden er veel valpartijen*

de **val·reep**
op de valreep: net niet te laat ✦ *op de valreep kwamen de werknemers en werkgevers tot een akkoord*

vals [bijvoeglijk naamwoord]
1 valse mensen doen bewust dingen die vervelend zijn voor anderen = gemeen ✦ *pas op, volgens mij is die hond vals!*
2 iets wat vals is, is niet juist ✦ *hij gaf een valse naam op aan de politie* ✦ *de zangeres zong een vreselijk valse noot*
3 iets wat vals is, lijkt echt, maar is het niet = nep ✦ *de man in de winkel probeerde met vals geld te betalen*

de **val·strik** [valstrikken]
de poging om iemand in problemen te brengen ✦ *ze begreep meteen dat de vraag een valstrik was*

de **va·lu·ta** [valuta's]
het geld waarmee je in een bepaald land betaalt ✦ *voordat hij op reis ging, kocht hij de valuta van het land waar hij heen ging*

•**van** [voorzetsel]
1 dit woord gebruik je om te zeggen wie de eigenaar is van iets ✦ *dit boek is van Lisa* ✦ *de directeur van het bedrijf stopt met werken*
2 dit woord wordt in verschillende betekenissen gebruikt ✦ *de winkel is open van negen tot zes uur* ✦ *deze kast is helemaal van hout gemaakt* ✦ *ze vertelde het verhaal van haar jeugd* ✦ *hij houdt niet van kaas*

•**van·af** [voorzetsel]
1 dit woord gebruik je om te zeggen bij welke plaats iets begint ✦ *vanaf station Groningen moesten we lopen*
2 dit woord gebruik je om te zeggen op welke tijd of datum iets begint ✦ *vanaf 1 januari gelden de nieuwe regels*

•**van·avond** [bijwoord]
op de avond van deze dag ✦ *draait er nog een leuke film vanavond?*

•**van·daag** [bijwoord]
op deze dag ✦ *vandaag krijgt hij de uitslag van het onderzoek*

de **van·daal** [vandalen]
iemand die zomaar dingen kapotmaakt ✦ *de banken in de trein waren door vandalen kapotgemaakt*

•**van·daan** [bijwoord]
uit de richting van ... ✦ *waar komt dit*

boek vandaan? ✦ *Jochem kwam opeens uit de keuken vandaan*

•**van·daar** [bijwoord]
om die reden = daarom ✦ *de brug stond open, vandaar dat ik te laat ben*

het **van·da·lis·me**
het feit dat dingen op straat kapotgemaakt worden door mensen die zich vervelen ✦ *vandalisme kost de overheid ieder jaar miljoenen euro's*

•**van·gen** [ving, heeft gevangen]
iets zo pakken dat het niet meer weg kan [iemand vangt mensen, dieren of dingen] ✦ *mijn kat heeft gisteren een vogel gevangen*

de **vang rail** [vangrails]
een laag hek langs de snelweg waardoor auto's bij een ongeluk op de weg blijven ✦ *door het slechte weer kon de chauffeur niets meer zien en kwam de auto tegen de vangrail*

de **vangst** [vangsten]
1 de keer dat je iets vangt ✦ *de mensen in het dorp verdienden hun geld met de vangst van vis*
2 dat wat je vangt ✦ *er werd een feest gegeven omdat de vangst nog nooit zo groot was geweest*

•**van·mid·dag** [bijwoord]
op de middag van deze dag ✦ *zij is vanmiddag bij haar moeder op bezoek geweest*

•**van·mor·gen** [bijwoord]
op de ochtend van deze dag ✦ *hij heeft vanmorgen een afspraak bij de dokter*

•**van·nacht** [bijwoord]
1 in de nacht na deze dag ✦ *vannacht wordt er aan de weg gewerkt en kunnen er files ontstaan*
2 in de nacht voor deze dag ✦ *Martha heeft vannacht heel slecht geslapen*

van·och·tend [bijwoord]
op de ochtend van deze dag ✦ *vanochtend werd ik wakker met pijn in mijn hoofd*

van·ouds [bijwoord]
als vanouds: net als vroeger ✦ *toen zij weer thuis was, bracht haar man haar als vanouds ontbijt op bed*

van·uit [voorzetsel]
dit woord gebruik je om aan te geven vanaf welke plaats iets gebeurt = uit ✦ *ze is vanmorgen vanuit Gent vertrokken*

van·waar [bijwoord]
om welke reden = waarom ✦ *vanwaar dit beleid van de regering?*

•**van·we·ge** [voorzetsel]
door = wegens ✦ *vanwege het slechte weer is er vandaag geen voetbalwedstrijd*

•**van·zelf** [bijwoord]
zonder dat er invloed van buiten is = automatisch ✦ *het was gek dat de televisie vanzelf aan ging*

•**van·zelf·spre·kend** [bijwoord]
natuurlijk – uiteraard ✦ *vanzelfsprekend mogen de kinderen mee*

de **VARA**
Vereniging van Arbeiders-radioamateurs: een omroep in Nederland **media**

de **va·ren**[1] [varens]
een plant met lange, groene bladeren

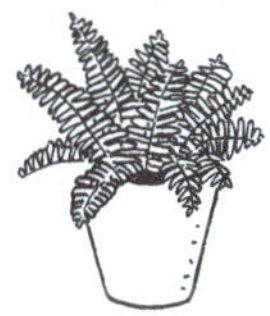
varen[1]

•**va·ren**[2] [voer, heeft of is gevaren]
1 over water gaan met een boot [een boot vaart] ✦ *met deze boot kun je niet op zee varen*
2 wel varen bij iets: door iets in een toestand komen waarin het goed met je gaat ✦ *de eigenaar van de winkel voer wel bij al die nieuwe klanten*
3 iets, bijv. een plan, laten varen: iets niet meer doen omdat dat beter is

de **va·ri·ant** [varianten]
iets wat net een beetje anders is dan het oorspronkelijke; een andere versie ✦ *het medicijn werkt niet voor deze variant van de ziekte*

de **va·ri·a·tie** [variaties]
een verschil tussen zaken die verder gelijk zijn = de afwisseling ✦ *de man wilde graag meer variatie in zijn werk* ✦ *de variatie binnen deze plantensoort is groot*

va·ri·ë·ren [varieerde, heeft gevarieerd]
1 steeds een beetje anders zijn = wisselen [iets varieert] ✦ *de koers van het aandeel varieert sterk*
2 zorgen dat iets steeds anders is = afwisselen [iemand varieert iets] ✦ *we varieerden de activiteiten zodat niemand zich verveelde*

het **var·ken** [varkens]
een dier dat op een boerderij leeft

dieren

varken

de **var·kens·pest**
een ziekte bij varkens die zich heel snel verspreidt ✦ *door de varkenspest moesten er heel veel varkens worden gedood*

•**vast**[1] [bijvoeglijk naamwoord]
1 iets wat vast is, is stevig met iets verbonden en niet te bewegen ⇔ los ✦ *in het huis zijn geen vaste kasten*
2 iets wat vast is, is stevig ⇔ vloeibaar ✦ *onder de nul graden wordt water een vaste stof*
3 iets wat vast is, verandert niet ✦ *er werd altijd koffie gedronken op een vaste tijd* ✦ *ze krijgt een vast contract*

•**vast**[2] [bijwoord]
1 waarschijnlijk ✦ *je bent vast gauw weer beter*
vast en zeker: heel waarschijnlijk
2 zonder te wachten op iemand of iets = alvast ✦ *Martijn was er nog niet, maar Marjolijn ging vast naar het station*

vast·be·ra·den [bijvoeglijk naamwoord]
iemand die vastberaden is, heeft geen twijfels = gedecideerd ✦ *vastberaden liep ze naar de directeur*

vast·be·slo·ten [bijvoeglijk naamwoord]
iemand die vastbesloten is, heeft de sterke wil om zijn plan uit te voeren ✦ *hij was vastbesloten om vroeg naar bed te gaan*

vast·bin·den [bond vast, heeft vastgebonden]
vastmaken met touw [iemand bindt iets of iemand vast] ✦ *de politie vond het slachtoffer vastgebonden aan een boom*

het **vas·te·land**
land dat geen eiland is = het continent ✦ *de bewoners van het eiland moesten naar het vasteland om naar de dokter te kunnen*

de **vas·ten**[1]
de periode van veertig dagen voor Pasen waarin rooms-katholieken eenvoudiger eten

vas·ten[2] [vastte, heeft gevast]
niet of minder eten of drinken [iemand vast]

vast·ge·bon·den *zie:* **vastbinden**

vast·ge·ze·ten *zie:* **vastzitten**

het **vast·goed**
gebouwen en land ✦ *hij is rijk geworden met de handel in vastgoed*

vast·hou·den [hield vast, heeft vastgehouden]
in je handen houden en niet loslaten [iemand houdt iemand of iets vast] ✦ *ze hield haar tas stevig vast*

vast·hou·den aan [hield vast aan, heeft vastgehouden aan]
niet veranderen [iemand houdt vast aan iets] ✦ *ook in de vakantie hield Nico vast aan zijn gewoonte om niet te drinken bij het eten*

zich **vast·klam·pen aan** [klampte zich vast aan, heeft zich vastgeklampt aan]
je heel stevig vasthouden aan iemand of iets [iemand klampt zich vast aan iemand of iets] ✦ *ze klampte zich vast aan het idee dat ze over twee weken met vakantie ging*

vast·leg·gen [legde vast, heeft vastgelegd]
1 iets op bijv. papier, films of cd's bewaren [iemand legt iets vast] ✦ *de journalist heeft op film vastgelegd hoe de koningin van de trap viel*
2 een afspraak of regel opschrijven zodat die voortaan geldt [iemand legt iets vast] ✦ *in het contract is vastgelegd dat het geld eerlijk wordt verdeeld*

vast·lo·pen [liep vast, is vastgelopen]
in een moeilijke situatie komen en daardoor niet meer verder kunnen [iets of iemand loopt vast] ✦ *toen de computer was vastgelopen, moest hij opnieuw worden gestart*

vast·staan [stond vast, heeft vastgestaan]
zeker zijn; niet meer te veranderen zijn [iets staat vast] ✦ *het staat vast dat de nieuwe wet op 1 januari wordt ingevoerd*

•**vast·stel·len** [stelde vast, heeft vastgesteld]
1 bepalen nadat je iets hebt gelezen of gehoord; merken dat iets zo is = constateren [iemand stelt iets vast] ✦ *de voorzitter stelde aan het eind vast dat er te weinig tijd was voor discussie*

2 besluiten dat iets zo moet zijn = voorschrijven [iemand stelt iets vast] ✦ *de burgemeester stelt het aantal winkels vast*

vast·zit·ten [zat vast, heeft vastgezeten]
1 zo geplaatst zijn dat beweging niet mogelijk is [iets of iemand zit vast] ✦ *de lamp zat vast aan de muur*
2 in de gevangenis zitten [iemand zit vast] ✦ *de jongen heeft twee dagen vastgezeten omdat hij iets had gestolen*

vast·zit·ten aan [zat vast aan, heeft vastgezeten aan]
verplicht zijn iets te doen [iemand zit vast aan iets] ✦ *toen Sander de kaartjes voor de trein had gekocht, zat hij aan zijn reis vast*

het **vat** [vaten]
1 een ronde, diepe bak van hout of ijzer ✦ *achter in het café stonden de vaten met bier*
2 vat op iets of iemand krijgen: invloed op iets krijgen of macht over iemand krijgen; iets gaan begrijpen ✦ *het werk duurt iedere keer langer dan we denken: we krijgen er geen vat op* ✦ *ze kregen geen vat op hun jongste dochter*

vat·baar [bijvoeglijk naamwoord]
1 iemand die vatbaar is, is snel ziek of verkouden ✦ *hij kleedde zijn dochtertje warm aan, want ze was nogal vatbaar*
2 vatbaar zijn voor iets: gemakkelijk beïnvloed kunnen worden door iets ✦ *zij is vatbaar voor kritiek*
3 niet voor rede vatbaar zijn: niet naar verstandig advies willen luisteren

vat·ten [vatte, heeft gevat]
1 begrijpen [iemand vat iets] ✦ *ik kan niet vatten waarom ze niet weggaat bij die man*
2 kou vatten: griep krijgen door de kou

v.d. [afkorting]
van de; van den; van der ✦ *u kunt het boek bestellen bij Koen v.d. Ven*

de **VDAB** (in België)
Vlaamse Dienst voor Arbeidsbemiddeling en Beroepsopleiding: een dienst die mensen in Vlaanderen helpt bij het zoeken naar een baan werk

•**vech·ten** [vocht, heeft gevochten]
1 ruzie maken en elkaar daarbij pijn doen aan het lichaam [mensen vechten] ✦ *toen de mensen in het café gingen vechten, moest de politie komen*
2 veel moeite doen om iets te bereiken [iemand vecht] ✦ *hij heeft ervoor gevochten om meer geld te krijgen voor zijn onderzoek*

de **vecht·par·tij** [vechtpartijen]
de situatie dat er gevochten wordt ✦ *bij de vechtpartij in het café braken er heel veel glazen*

de **ve·det·te** [vedettes]
iemand die heel bekend is = de ster ✦ *alle Belgische vedetten kwamen naar het feest*

het **vee**
de grote dieren van een boer, zoals koeien en paarden ✦ *'s winters stond het vee in de stal*

de **veeg**[1] [vegen]
1 een schuivende beweging van je hand waarmee je iets verwijdert ✦ *de man was zo boos, dat hij met één veeg alle glazen op de grond gooide*
2 een vieze plek die door vegen* (bet. 2) ontstaan is ✦ *er zit een veeg op de jas; ik zal hem even schoonmaken*

veeg[2] [bijvoeglijk naamwoord]
1 een veeg teken: een teken waardoor je vermoedt dat er iets niet goed is
2 het vege lijf redden: zorgen dat je aan een gevaar ontkomt

de **vee·hou·de·rij** [veehouderijen]
1 alle bedrijven die vee* houden
2 een bedrijf met vee

•**veel**[1] [bijwoord]
1 in grote mate ✦ *het is vandaag veel beter met de patiënt dan gisteren*
2 een groot aantal keren = vaak ✦ *zij gaat veel naar de film*

•**veel**[2] [hoofdtelwoord; meer, meest]
een grote hoeveelheid of een groot aantal ✦ *hij doet altijd veel suiker in zijn koffie* ✦ *er kwamen veel mensen op het feest*

veel·al [bijwoord] (formeel)
meestal = vaak ✦ *Lydia begint veelal al om acht uur met werken*

veel·be·lo·vend [bijvoeglijk naamwoord]
van veelbelovende mensen of zaken verwacht men veel voor de toekomst ✦ *vanavond is er een optreden van de veelbelovende schrijver*

veel·be·spro·ken [bijvoeglijk naamwoord]
over veelbesproken mensen of zaken wordt veel gepraat ✦ *vanavond wordt*

het veelbesproken programma herhaald

veel·eer [bijwoord] (formeel)
eerder; meer ✦ *het werk is veeleer moeilijk dan saai*

het **veel·voud** [veelvouden]
een getal dat een aantal keer een bepaald getal bevat ✦ *8, 12 en 16 zijn veelvouden van 4*

veel·vul·dig [bijvoeglijk naamwoord]
iets wat veelvuldig gebeurt, gebeurt vaak ✦ *ze is de laatste tijd veelvuldig in het nieuws*

veel·zeg·gend [bijvoeglijk naamwoord]
iets wat veelzeggend is, maakt goed duidelijk hoe de situatie werkelijk is ✦ *de man maakte een veelzeggend gebaar naar de politie*

veel·zij·dig [bijvoeglijk naamwoord]
iemand die veelzijdig is, is goed in veel verschillende dingen ✦ *de veelzijdige journalist schrijft niet alleen over politiek maar ook over sport*

het **veen** [venen]
grond die bestaat uit resten van planten en die vroeger als brandstof werd gebruikt

het **veer**[1] [veren]
een boot die regelmatig van de ene plaats naar de andere plaats vaart en weer terug, voor het vervoer van mensen en dingen = de pont, de veerboot

de **veer**[2] [veren]
1 elk van de pennen met een soort haren waarmee vogels bedekt zijn

veer[2] 1

2 een voorwerp, meestal een gedraaid stuk metaal, dat weer zijn oude vorm krijgt nadat het is ingedrukt

veer[2] 2

3 vroeg uit de veren zijn: vroeg opgestaan zijn
4 een veer moeten laten: niet helemaal gedaan krijgen wat je zou willen

de **veer·boot** [veerboten]
een boot die regelmatig van de ene plaats naar de andere plaats vaart en weer terug, voor het vervoer van mensen en dingen = het veer, de pont ✦ *hij ging met de veerboot naar Engeland*

de **veer·kracht**
de kracht om snel te herstellen ✦ *er zijn in haar jeugd veel nare dingen gebeurd, maar door haar veerkracht is ze nu toch gelukkig*

veer·tien [hoofdtelwoord]
14 getallen

veer·tig [hoofdtelwoord]
40 getallen

de **vee·sta·pel** [veestapels]
alle dieren van een boer, bijv. de koeien of varkens ✦ *vanwege een ernstige ziekte moest de hele veestapel gedood worden*

de **vee·teelt**
het houden en fokken van vee* ✦ *de mensen in dat gebied leven van veeteelt*

ve·gen [veegde, heeft geveegd]
1 met een bezem schoonmaken [iemand veegt iets] ✦ *hij veegde de vloer in de keuken*
2 met een schuivende beweging van je hand iets verwijderen [iemand veegt iets van iets] ✦ *zij veegde het stof van de piano*

de **ve·ge·ta·ri·ër** [vegetariërs]
iemand die geen vlees en soms ook geen vis eet

ve·ge·ta·risch [bijvoeglijk naamwoord]
1 iemand die vegetarisch is, eet geen vlees en soms ook geen vis
2 in vegetarisch eten zit geen vlees en soms ook geen vis

het **ve·hi·kel** [vehikels]
1 een vreemd of oud voertuig
2 een middel om iets te bereiken ✦ *de eigenaar gebruikte de krant als vehikel voor zijn eigen mening*

vei·len [veilde, heeft geveild]
in het openbaar verkopen aan de persoon die er het meeste voor wil betalen [iemand veilt iets]

•**vei·lig** [bijvoeglijk naamwoord]
iets wat veilig is, is zonder gevaar; iemand die veilig is, hoeft niet bang te zijn ⇔ gevaarlijk ✦ *is het wel veilig om 's nachts door de stad te lopen?*

de **vei·lig·heids·dienst** [veiligheidsdien-

sten]
een dienst die voor de veiligheid van een land, een gebouw, een persoon enz. zorgt ✦ *de minister moest beschermd worden door een veiligheidsdienst*

de **vei·lig·heids·speld** [veiligheidsspelden]
een speld waarmee je stof kunt vastmaken

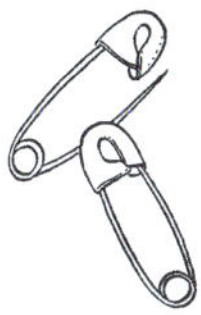
veiligheidsspeld

de **vei·ling** [veilingen]
een openbare gelegenheid waarbij dingen verkocht worden aan de mensen die er het meeste voor willen betalen ✦ *ik heb op een veiling een prachtige ring gekocht*

vein·zen [veinsde, heeft geveinsd]
doen alsof [iemand veinst iets] ✦ *ze veinsde te slapen, maar ze sliep niet*

het **vel** [vellen]
1 de buitenste laag van het lichaam, waaruit haartjes groeien = de huid
2 een dunne laag van iets, vooral op iets of om iets ✦ *Gonnie pakte een vel papier om een brief te schrijven* ✦ *er zaten velletjes in de warme melk*

het***veld** [velden]
1 land waarop niet is gebouwd en waarop geen bomen of struiken staan ✦ *ze maakt een wandeling door de velden* ✦ *toen het hard begon te regenen, moesten de spelers het veld verlaten*
in geen velden of wegen: nergens ✦ *hij zag in geen velden of wegen een huis*
2 het veld moeten ruimen: weggaan nadat je hebt verloren
3 uit het veld geslagen zijn: erg onzeker zijn door iets dat gebeurd is

de **veld·slag** [veldslagen]
een grote strijd tussen legers ✦ *Napoleon verloor de veldslag bij Waterloo*

ve·len [werkwoord]
iets niet kunnen velen: iets niet leuk vinden omdat je jaloers bent ✦ *hij kon niet velen dat zijn vrouw meer verdiende dan hij*

de **velg** [velgen]
de buitenste rand van een wiel, waar de band omheen zit

velg

vel·len [velde, heeft geveld]
1 met een bijl tegen een boom slaan, totdat hij omvalt = kappen [iemand velt een boom]
2 maken dat iemand niet meer functioneert, bijv. in een strijd [iets, vooral een ziekte, velt iemand] ✦ *Dick is geveld door de griep*
3 uitspreken [iemand velt een vonnis, een oordeel] ✦ *de rechter velde het vonnis dat de vrouw schuld had*

het **ven** [vennen]
een meertje in het bos of op de hei

het **ve·nijn**
iets waaruit blijkt dat iemand gemeen is ✦ *haar woorden waren vol venijn*
het venijn zit in de staart: dit zeg je als er op het laatst nog problemen ontstaan

ve·nij·nig [bijvoeglijk naamwoord]
iemand die venijnig is, is boos en gemeen ✦ *ze gaf hem een venijnige klap*

de **ven·noot·schap** [vennootschappen]
een bedrijf dat opgericht is met geld van mensen die daarvoor allemaal een deel van de winst krijgen

het **ven·ster** [vensters]
een gat in een muur, meestal met glas erin = het raam ✦ *ze keek door het venster naar buiten*

de **ven·ster·bank** [vensterbanken]
een brede rand onder een venster*, waarop bijv. planten staan

de***vent** [venten] (informeel)
de man = de kerel ✦ *de buurman is een aardige vent*

het **ven·tiel** [ventielen]
een klep waardoor lucht onder druk naar binnen of naar buiten kan ✦ *het ventiel van mijn fiets is kapot*

ventiel

de **ven·ti·la·tie**
de toestand dat er frisse lucht in een ruimte gelaten wordt ✦ *volgens mij is de ventilatie in deze kamer niet goed, want het ruikt hier niet fris*

de **ven·ti·la·tor** [ventilatoren, ventilators]
een apparaat dat de lucht laat bewegen, waardoor het minder warm is

ventilator

ven·ti·le·ren [ventileerde, heeft geventileerd]
1 frisse lucht naar binnen laten [iemand ventileert (een ruimte)] ✦ *je kunt merken dat hier goed geventileerd wordt*
2 uitdrukken; duidelijk zeggen [iemand ventileert een mening, een klacht enz.] ✦ *veel werknemers gebruikten de vergadering om hun klachten over de directeur te ventileren*

•**ver** [bijvoeglijk naamwoord]
iets dat ver is, ligt op een grote afstand ⇔ dichtbij ✦ *hij woont niet ver van hier*
te ver gaan: dingen doen die beslist niet goed zijn ✦ *je hebt al vaak vervelende dingen over me gezegd, maar nu ga je echt te ver*
iets is ver te zoeken: iets is er helemaal niet ✦ *het vertrouwen in de regering is ver te zoeken*
in de verre toekomst: over een lange tijd
het is verre van ...: het is helemaal niet ... ✦ *de situatie is verre van ideaal*

ver·ach·ten [verachtte, heeft veracht]
absoluut geen waardering hebben voor iemand of iets; iemand of iets slecht vinden [iemand veracht iemand of iets]

de **ver·ade·ming**
een tevreden gevoel omdat iets vervelends of moeilijks voorbij is = de opluchting ✦ *het is een hele verademing dat we nu niet meer zo hard hoeven te studeren*

ver·af·schu·wen [verafschuwde, heeft verafschuwd]
heel erg vervelend vinden [iemand verafschuwt iemand of iets] ✦ *hij verafschuwt mensen die altijd te laat komen*

de **ve·ran·da** [veranda's]
een stuk vloer met een dak erboven dat buiten aan een huis gebouwd is ✦ *in de zomer zitten we 's avonds vaak op de veranda*

veranda

•**ver·an·de·ren** [veranderde]
1 [is veranderd] anders worden [iemand of iets verandert] ✦ *hij is in al die jaren niets veranderd*
van mening veranderen: een andere mening krijgen
2 [heeft veranderd] anders maken = wijzigen [iemand of iets verandert iemand of iets] ✦ *ik heb een paar woorden in de tekst veranderd*

de •**ver·an·de·ring** [veranderingen]
de keer dat iets verandert of veranderd is ✦ *mijn nieuwe baan is een grote verandering*

ver·ant·woord [bijvoeglijk naamwoord]
over iets dat verantwoord is, is goed nagedacht = veilig ✦ *het is niet verantwoord om hier te zwemmen*

•**ver·ant·woor·de·lijk** [bijvoeglijk naamwoord]
1 de verantwoordelijke persoon moet de schuld krijgen als er iets fout gaat ✦ *ouders zijn verantwoordelijk voor het gedrag van hun kinderen als die nog jong zijn*
2 een verantwoordelijke positie is een belangrijke positie ✦ *hij heeft een verantwoordelijke baan*

de **ver·ant·woor·de·lijk·heid** [verantwoordelijkheden]
1 het feit dat je verplicht bent te zorgen dat iets goed gaat ✦ *de leraar had de verantwoordelijkheid voor de leerlingen tijdens het reisje*
2 [geen meervoud] iets waarvoor je verantwoordelijk bent

ver·ant·woor·den [verantwoordde, heeft verantwoord]
uitleggen waarom het goed is dat je iets op een bepaalde manier hebt gedaan [iemand verantwoordt iets] ✦ *ze kon*

ve

haar beslissing niet verantwoorden

zich **ver·ant·woor·den voor** [verantwoordde zich voor, heeft zich verantwoord voor]
uitleggen waarom het goed is dat je iets op een bepaalde manier hebt gedaan [zich verantwoorden voor iets] ✦ *ze moest zich verantwoorden voor het feit dat haar werk niet op tijd klaar was*

de **ver·ant·woor·ding**
het feit dat iemand zich verantwoordt* voor iets ✦ *de misdadiger moest verantwoording afleggen voor zijn gedrag*

ver·baal [bijvoeglijk naamwoord]
iets wat verbaal is, gebeurt met woorden ✦ *ze wint alle discussies omdat ze verbaal erg sterk is*

ver·baasd [bijvoeglijk naamwoord]
iemand die verbaasd is, vindt iets vreemd omdat hij het niet verwacht = verwonderd ✦ *iedereen was verbaasd toen het kleine bedrijfje opeens veel winst ging maken*

het •**ver·band** [verbanden]
1 een stuk stof om een wond te verbinden ✦ *toen ze in haar vinger gesneden had, moest er een verbandje om*
2 de betrekking tussen mensen of dingen = de relatie ✦ *de politie zag geen verband tussen de twee misdaden*
3 de samenwerking tussen groepen of landen ✦ *in internationaal verband probeert men de problemen met drugs op te lossen*

ver·ban·nen [verbande, heeft verbannen]
voor altijd uit een land of een plaats sturen [iemand verbant iemand of iets] ✦ *vroeger werden dieven verbannen uit hun stad* ✦ *in Utrecht worden de auto's zo veel mogelijk uit het centrum verbannen*

•**ver·ba·zen** [verbaasde, heeft verbaasd]
maken dat iemand iets vreemd vindt, omdat hij het niet verwacht = verwonderen [iets of iemand verbaast iemand] ✦ *het verbaasde haar dat het zulk mooi weer was*

zich •**ver·ba·zen** [verbaasde zich, heeft zich verbaasd]
verbaasd zijn over iets = zich verwonderen [iemand verbaast zich (over iets)] ✦ *ik verbaasde me over het grote aantal bezoekers*

de **ver·ba·zing**
het feit dat je verbaasd* bent over iets = de verwondering ✦ *vol verbazing keek Karim naar de wedstrijd*

ver·ba·zing·wek·kend [bijvoeglijk naamwoord]
over verbazingwekkende dingen ben je verbaasd ✦ *met een verbazingwekkende snelheid kwamen de auto's voorbij*

zich **ver·beel·den** [verbeeldde zich, heeft zich verbeeld]
iets denken wat niet waar is [iemand verbeeldt zich iets] ✦ *ze verbeeldde zich dat er een man onder het bed lag*

de **ver·beel·ding**
de mogelijkheid om je dingen voor te stellen die niet echt zijn = de fantasie ✦ *met een beetje verbeelding kun je wel een koe zien in dat schilderij*
iets spreekt tot de verbeelding: iets maakt veel indruk ✦ *reizen naar de ruimte spreken nog steeds enorm tot de verbeelding*

•**ver·ber·gen** [verborg, heeft verborgen]
zorgen dat niemand het ziet = verstoppen [iemand verbergt iets (voor iemand)] ✦ *hij verborg de wapens op een geheime plaats* ✦ *de vrouw kon haar verdriet niet langer voor haar omgeving verbergen*

ver·be·ten[1] [bijvoeglijk naamwoord]
iemand die iets verbeten doet, is er fel mee bezig en zal het niet snel opgeven ✦ *na een verbeten strijd won Dirksen met drie punten*

ver·be·ten[2] *zie:* **verbijten**

ver·be·te·ren [verbeterde]
1 zorgen dat iets beter wordt [iemand verbetert iets] ✦ *zij probeerde de sfeer te verbeteren door een grapje te maken*
2 [heeft verbeterd] een fout goed maken = corrigeren [iemand verbetert een fout] ✦ *de leraar vroeg of ik de fouten in de tekst wilde verbeteren*
3 [is verbeterd] beter worden [iets verbetert] ✦ *na de oorlog verbeterde de situatie in het land langzaam*

•**ver·bie·den** [verbood, heeft verboden]
bepalen dat iets niet mag [iemand verbiedt iets] ✦ *de regering verbiedt de handel in drugs*

ver·bijs·terd [bijvoeglijk naamwoord]
iemand die verbijsterd is, is heel verbaasd = stomverbaasd ✦ *de man keek verbijsterd toen hij opeens zijn zoon uit*

Australië zag

ver·bijs·te·rend [bijvoeglijk naamwoord]
over iets wat verbijsterend is, ben je heel erg verbaasd = ontstellend ✦ *het is verbijsterend dat er zoveel mensen gevlucht zijn*

de **ver·bijs·te·ring**
het feit dat iemand verbijsterd* is ✦ *zijn mond viel open van verbijstering*

ver·bij·ten [verbeet, heeft verbeten]
met moeite inhouden [iemand verbijt bijv. tranen of een lach] ✦ *hij verbeet zijn tranen toen hij verloren had*

***ver·bin·den** [verbond, heeft verbonden]
1 verband om iets doen [iemand verbindt een wond of een lichaamsdeel] ✦ *nadat het meisje gevallen was, verbond de dokter haar been*
2 zorgen dat ze met elkaar te maken hebben; zorgen dat ze bij elkaar komen = relateren [iemand verbindt twee of meer zaken of mensen] ✦ *een brug over de rivier verbindt de twee gebieden met elkaar* ✦ *na hun scheiding bleven ze door de kinderen met elkaar verbonden*
verkeerd verbonden zijn: bij het telefoneren het verkeerde nummer gedraaid hebben

de **ver·bin·te·nis** [verbintenissen]
de situatie dat je verbonden bent met iets of iemand ✦ *het huwelijk is een verbintenis voor het leven* ✦ *de speler heeft een verbintenis met de club voor drie jaar*

ver·bit·terd [bijvoeglijk naamwoord]
verbitterde mensen zijn boos omdat ze het niet eerlijk vinden dat ze vervelende dingen hebben meegemaakt ✦ *de man raakte verbitterd omdat hij zijn hele leven slecht betaald werk moest blijven doen*

ver·ble·ven *zie:* **verblijven**

het ***ver·blijf** [verblijven]
1 [geen meervoud] het feit dat je ergens verblijft* ✦ *na een kort verblijf in het buitenland is de koning weer naar België gekomen*
2 een plek waar je kunt verblijven* ✦ *het oude ziekenhuis is nu een verblijf voor vluchtelingen*

de **ver·blijf·plaats** [verblijfplaatsen]
een plaats waar je woont of logeert ✦ *hij heeft geen vaste verblijfplaats; daarom slaapt hij soms bij vrienden en soms op straat*

de **ver·blijfs·ver·gun·ning** [verblijfsvergunningen]
de toestemming om in een bepaald land te wonen ✦ *de vluchtelingen moesten vijf jaar wachten op een verblijfsvergunning*

ver·blij·ven [verbleef, heeft of is verbleven]
ergens voor een bepaalde tijd zijn [iemand verblijft ergens] ✦ *hij heeft leren koken toen zijn vrouw in het buitenland verbleef*

ver·bloe·men [verbloemde, heeft verbloemd]
verbergen zodat anderen het niet zien of merken [iemand verbloemt iets] ✦ *ze probeerde te verbloemen dat ze ziek was*

ver·bluf·fend [bijvoeglijk naamwoord]
iets wat verbluffend is, verbaast je erg = verbijsterend ✦ *het bedrijf behaalde verbluffend goede resultaten*

het **ver·bod** [verboden]
het feit dat iets verboden wordt ✦ *moet er een verbod komen op reclame voor sigaretten?*

ver·bo·den *zie:* **verbieden**

ver·bol·gen [bijvoeglijk naamwoord]
iemand die verbolgen is, is boos omdat hij vindt dat hij niet eerlijk is behandeld ✦ *de directeur was verbolgen over de boete die het bedrijf had gekregen*

het **ver·bond** [verbonden]
1 een officiële overeenkomst, vooral tussen landen
2 een groep personen die hetzelfde doel hebben ✦ *er is een verbond van organisaties die het milieu willen beschermen*

ver·bon·den *zie:* **verbinden**

de **ver·bon·den·heid**
de situatie dat mensen zich met elkaar verbonden voelen ✦ *de verbondenheid tussen de leerlingen was erg groot*

ver·bor·gen *zie:* **verbergen**

ver·bou·wen [verbouwde, heeft verbouwd]
1 veranderen, bijv. door muren te verplaatsen [iemand verbouwt een gebouw] ✦ *deze zomer wordt het kantoor verbouwd*
2 laten groeien [iemand verbouwt bijv. groente of fruit] ✦ *de boer verbouwde aardappelen*

ver·bou·we·reerd [bijvoeglijk naamwoord]
iemand die verbouwereerd is, is erg verbaasd en kan daardoor even niet meer goed denken ✦ *de man keek verbouwereerd toen hij opeens een olifant zag*

de **ver·bou·wing** [verbouwingen]
de keer dat een gebouw verbouwd* (bet. 1) wordt ✦ *na de verbouwing zag het oude huis er weer prachtig uit*

ver·bra·ken *zie:* **verbreken**

ver·bran·den [verbrandde]
1 [heeft verbrand] door vuur laten verdwijnen [iemand verbrandt iets] ✦ *hij verbrandde de brieven die hij van zijn vriendin had gekregen*
2 [is verbrand] door vuur verdwijnen [iets verbrandt] ✦ *het huis is helemaal verbrand*
3 [is verbrand] een rode huid krijgen door de zon [iemand verbrandt] ✦ *na een dag op het strand was hij helemaal verbrand*

ver·bre·den [verbreedde, heeft verbreed]
breder maken [iemand verbreedt iets] ✦ *de regering wilde de wegen verbreden, zodat er minder files komen*
je horizon verbreden: nieuwe dingen gaan doen of leren

zich **ver·bre·den** [verbreedde zich, heeft zich verbreed]
breder worden [iets verbreedt zich] ✦ *de smalle weg verbreedt zich op een aantal stukken*

ver·bre·ken [verbrak, heeft verbroken]
1 niet langer laten doorgaan [iemand verbreekt iets] ✦ *omdat ze niet verder wilde praten over de telefoon, verbrak ze de verbinding* ✦ *de twee broers hebben het contact lang geleden verbroken*
2 je niet meer houden aan iets [iemand verbreekt een belofte, een contract enz.]

ver·brij·ze·len [verbrijzelde, heeft verbrijzeld]
tot kleine stukjes slaan [iemand verbrijzelt iets] ✦ *met een zwaar voorwerp verbrijzelde hij de steen* ✦ *door het ongeluk is zijn arm verbrijzeld*

ver·bro·ken *zie:* **verbreken**

ver·brui·ken [verbruikte, heeft verbruikt]
opmaken door te gebruiken [iemand of iets verbruikt iets] ✦ *het apparaat verbruikt weinig stroom*

ver·dacht [bijvoeglijk naamwoord]
als iets verdacht is, denk je dat het niet goed is of dat er slechte bedoelingen zijn ✦ *er kwam een verdacht pakje met de post*

ver·dacht op [bijvoeglijk naamwoord]
iemand die verdacht is op iets, is voorbereid op iets dat plotseling kan gebeuren en dat hij of zij niet wil ✦ *de gemeente is verdacht op misbruik van de regeling*

de **ver·dach·te** [verdachten]
iemand waarvan wordt gedacht hij iets gedaan heeft dat niet mag ✦ *de verdachte moest voor de rechter komen*
rechtspraak

ver·dam·pen [verdampte, is verdampt]
gas worden [een vloeistof verdampt] ✦ *het water had zo lang gekookt, dat het bijna helemaal was verdampt*

ver·de·di·gen [verdedigde, heeft verdedigd]
bij een aanval proberen te beschermen [iemand verdedigt iets of iemand] ✦ *het leger probeerde het land te verdedigen* ✦ *de vrouw wist haar standpunt goed te verdedigen*

ver·deeld [bijvoeglijk naamwoord]
als een groep verdeeld is, verschillen de meningen in die groep ✦ *de meningen over het congres waren verdeeld*

•**ver·de·len** [verdeelde, heeft verdeeld]
in stukken delen; ieder een deel geven [iemand verdeelt iets] ✦ *hij verdeelde de taart in twaalf stukken*

ver·den·ken [verdacht, heeft verdacht]
menen dat iemand schuld heeft aan iets [iemand verdenkt iemand (van iets)] ✦ *de politie verdacht de vrouw van moord op haar man*

•**ver·der**[1] [bijvoeglijk naamwoord]
de verdere zaken zijn zaken die nog overblijven; de verdere tijd is de tijd die ergens op volgt ✦ *'s morgens ging ze even naar de winkel, en de verdere dag bleef ze binnen* ✦ *de minister wilde geen verdere uitspraken doen over zijn plannen*

•**ver·der**[2] [bijwoord]
1 vervolgens; voor de rest ✦ *verder heb ik niets te vertellen*
2 met dit woord geef je aan dat een

handeling wordt voortgezet ✦ *na zijn reis is hij verder gegaan met zijn studie*

ver·der·fe·lijk [bijvoeglijk naamwoord]
verderfelijke zaken of mensen zijn erg slecht = verdorven ✦ *wie kijkt er nog naar dat verderfelijke programma op televisie?*

ver·der·op [bijwoord]
op een plaats die verder ligt ✦ *honderd meter verderop is een restaurant*

•ver·die·nen [verdiende, heeft verdiend]
1 ontvangen voor je werk [iemand verdient geld] ✦ *de mensen verdienen daar gemiddeld minder dan duizend euro per maand*
2 terecht ontvangen voor wat je gedaan hebt [iemand verdient iets] ✦ *hij verdient het niet om zo slecht behandeld te worden*

de **•ver·dien·ste** [verdiensten]
iets goeds dat je hebt gedaan, en waarvoor je eer verdient ✦ *het is de verdienste van de voorzitter dat onze vereniging steeds meer leden krijgt*

ver·dien·ste·lijk [bijvoeglijk naamwoord]
iemand die iets verdienstelijk doet, doet dat behoorlijk goed ✦ *hij is een verdienstelijk schrijver*
je verdienstelijk maken: iets doen dat nuttig is ✦ *mevrouw de Roos kreeg een prijs omdat ze zich het afgelopen jaar verdienstelijk heeft gemaakt in de wereld van de kunst*

de **ver·dien·sten** [meervoud]
het loon = het salaris ✦ *de verdiensten zijn in het bedrijfsleven beter dan in het onderwijs*

zich **ver·die·pen in** [verdiepte zich in, heeft zich verdiept in]
iets uitgebreid bestuderen [iemand verdiept zich in iets] ✦ *de leraar had zich niet goed in de stof verdiept en wist op veel vragen geen antwoord*

de **ver·die·ping** [verdiepingen]
een laag in een gebouw; de ruimte tussen twee vloeren = de etage ✦ *dat gebouw heeft elf verdiepingen*

ver·doe·ze·len [verdoezelde, heeft verdoezeld]
iets slechts of lelijks verbergen zodat anderen het niet zien of merken = verbloemen [iemand verdoezelt iets] ✦ *de man probeerde de fouten van zijn collega te verdoezelen*

ver·don·ke·re·ma·nen [verdonkeremaande, heeft verdonkeremaand]
in het geheim weghalen = verduisteren, achteroverdrukken [iemand verdonkeremaant iets] ✦ *de arts verdonkeremaande het rapport zodat niemand de fout zou ontdekken*

ver·dor·ven [bijvoeglijk naamwoord]
verdorven mensen of zaken zijn heel slecht = verderfelijk

ver·do·ven [verdoofde, heeft verdoofd]
zorgen dat je geen pijn voelt [iemand verdooft iemand of een lichaamsdeel] ✦ *de arts verdoofde de patiënt zodat hij niets voelde van de operatie*

de **ver·do·ving** [verdovingen]
de situatie dat iemand of een lichaamsdeel verdoofd* is ✦ *doordat de verdoving nog werkte, had ze een tijdje geen gevoel in haar mond*

ver·draag·zaam [bijvoeglijk naamwoord]
iemand die verdraagzaam is, vindt het geen probleem als mensen anders denken dan hij of zij = tolerant ✦ *Nederlanders zien zichzelf graag als een verdraagzaam volk*

het **ver·drag** [verdragen]
een officiële afspraak tussen twee of meer landen = het akkoord, de overeenkomst ✦ *de landen sloten een verdrag dat ze elkaar zouden helpen in een oorlog*

ver·dra·gen [verdroeg, heeft verdragen]
meemaken en er niet boos om worden [iemand verdraagt iets vervelends] ✦ *de vrouw kon de pijn niet langer verdragen* ✦ *jarenlang verdroeg zij de harde muziek van de buurman*
dat kan het daglicht niet verdragen: dat mag niet en daarom moet het geheim blijven

ver·dre·ven *zie:* **verdrijven**

het **•ver·driet**
het gevoel dat je moet huilen om nare dingen ✦ *zij heeft veel verdriet gehad om de ziekte van haar kind*

ver·drie·tig [bijvoeglijk naamwoord]
1 verdrietige mensen hebben verdriet ✦ *het jongetje was verdrietig omdat hij zijn bal kwijt was*
2 om verdrietige dingen heb je verdriet ✦ *ze kregen het verdrietige bericht dat hun zoon was overleden*

ver·drij·ven [verdreef, heeft verdreven]
met geweld weg laten gaan = verjagen [iets of iemand verdrijft iets of iemand] ✦ *de dieren werden door de brand uit het bos verdreven* ✦ *de soldaten verdreven de mensen uit hun huizen*

ver·drin·gen [verdrong, heeft verdrongen]
van zijn plaats duwen om die plaats zelf te gebruiken [iemand of iets verdringt iets of iemand] ✦ *de meisjes verdrongen elkaar om een foto van de beroemde voetballer te maken* ✦ *de e-mail heeft de brief voor een groot deel verdrongen*

ver·drin·ken [verdronk]
1 [is verdronken] sterven doordat je onder water raakt en geen lucht meer krijgt [iemand verdrinkt] ✦ *het kind kon niet zwemmen en verdronk in de rivier*
2 [heeft verdronken] laten sterven door onder water te houden [iemand verdrinkt een mens of een dier] ✦ *de boer verdronk de jonge poesjes in de sloot*

ver·droe·gen *zie:* **verdragen**

ver·dron·gen *zie:* **verdringen**

ver·dron·ken *zie:* **verdrinken**

de **ver·druk·king**
iets of iemand komt in de verdrukking: er is door andere gebeurtenissen geen aandacht meer voor iets of iemand ✦ *door alle veranderingen in het bedrijf zijn de plannen voor een nieuw kantoor in de verdrukking gekomen*

ver·dub·be·len [verdubbelde]
1 [is verdubbeld] twee keer zo veel of zo groot worden [iets verdubbelt] ✦ *het aantal mensen met de ziekte is in drie maanden verdubbeld*
2 [heeft verdubbeld] twee keer zo veel of zo groot maken [iemand verdubbelt iets] ✦ *het bedrijf heeft zijn winst in het afgelopen jaar verdubbeld*

ver·dui·de·lij·ken [verduidelijkte, heeft verduidelijkt]
duidelijker maken; maken dat je iets beter begrijpt = verhelderen [iemand of iets verduidelijkt iets] ✦ *de foto's in het boek verduidelijken de tekst*

ver·duis·te·ren [verduisterde, heeft verduisterd]
1 donker maken door te zorgen dat er geen licht in of uit kan [iemand verduistert een gebouw] ✦ *in de oorlog moesten huizen worden verduisterd*
2 geld dat niet van jou is wel voor jezelf gebruiken = achteroverdrukken [iemand verduistert geld] ✦ *Nico heeft als voorzitter veel geld van de vereniging verduisterd*

ver·du·ren [werkwoord]
heel wat te verduren hebben: veel moeilijke dingen meemaken ✦ *de voorzitter kreeg veel kritiek te verduren tijdens de vergadering*

ver·dwaasd [bijvoeglijk naamwoord]
mensen die een verdwaasde indruk maken, lijken niet te weten wat ze moeten doen ✦ *ze keek me verdwaasd aan en zei: "Wat bedoel je?"*

ver·dwa·len [verdwaalde, is verdwaald]
niet meer weten hoe je op een bepaalde plaats moet komen [iemand verdwaalt]

ver·dwe·nen *zie:* **verdwijnen**

•**ver·dwij·nen** [verdween, is verdwenen]
ergens opeens niet meer zijn; weg zijn [iets of iemand verdwijnt] ✦ *de jongen is verdwenen en niemand weet waarheen* ✦ *opeens was het geld uit mijn zak verdwenen*

ver·ei·sen [vereiste, heeft vereist]
beslist nodig hebben; eisen = vergen [iets vereist iets] ✦ *voor de opleiding is een diploma van de middelbare school vereist*

het **ver·eis·te**[1] [vereisten]
een noodzakelijke voorwaarde ✦ *als je dit werk wilt doen, is een van de vereisten dat je goed problemen kunt oplossen*

ver·eis·te[2] *zie:* **vereisen**

•**ver·eni·gen** [verenigde, heeft verenigd]
bij elkaar brengen = verbinden [iemand verenigt twee of meer zaken] ✦ *in het schilderij zijn de twee stijlen mooi verenigd* ✦ *de twee organisaties hebben zich verenigd in een nieuwe stichting*
zich kunnen verenigen met iets: een situatie aanvaarden ✦ *ik kan me niet verenigen met het nieuwe beleid van het bestuur*

de •**ver·eni·ging** [verenigingen]
een organisatie van mensen met een gemeenschappelijk doel of belang ✦ *hoeveel leden heeft de vereniging?*

ver·eren [vereerde, heeft vereerd]
eer bewijzen aan iemand of iets [iemand vereert iemand of iets] ✦ *in de christelijke kerk wordt Jezus vereerd als de zoon van God*

ver·er·ge·ren [verergerde]
1 [is verergerd] erger worden = verslechteren ⇔ verbeteren [iets verergert] ✦ *het water staat al hoog en de situatie verergert snel*
2 [heeft verergerd] erger maken = verslechteren ⇔ verbeteren [iemand of iets verergert iets] ✦ *de behandeling in het ziekenhuis heeft de ziekte alleen maar verergerd*

de **verf**
een dikke vloeibare stof die je ergens op doet om het te beschermen en om het een kleur te geven ✦ *als je je huis schildert, moet je goede verf gebruiken*

ver·fij·nen [verfijnde, heeft verfijnd]
beter maken door ook de details steeds beter te maken [iemand verfijnt iets] ✦ *het beleid moet nog verfijnd worden*

ver·fil·men [verfilmde, heeft verfilmd]
een film maken van een boek of een verhaal [iemand verfilmt een boek of een verhaal] ✦ *er zijn plannen om het leven van Mao Zedong te verfilmen*

ver·gaan [verging, is vergaan]
1 langzaam verdwijnen doordat het oud wordt [iets vergaat] ✦ *ze hebben een oud boek gevonden, maar het papier was helemaal vergaan* ✦ *gooi plastic niet op de grond, want het vergaat niet*
2 ophouden te bestaan na een ongeluk [een schip of de wereld vergaat] ✦ *hier zijn veel schepen vergaan* ✦ *deze mensen zeggen dat de wereld over vijf jaar zal vergaan*
de lust vergaat me: ik heb er geen plezier meer in ✦ *na het eerste hoofdstuk verging me de lust om verder te lezen*
vergane glorie: iets wat vroeger heel mooi en bijzonder was, maar nu niet meer ✦ *het was vroeger een prachtig, duur hotel, maar nu is het vergane glorie*
3 hoe is het je vergaan?: wat heb je meegemaakt?

ver·gaan van [verging van, is vergaan van]
heel erge honger, dorst, pijn enz. hebben [iemand vergaat van de honger, de dorst, de pijn enz.] ✦ *hij nam een groot glas water, want hij verging van de dorst*

ver·gaand [bijvoeglijk naamwoord]
vergaande beslissingen hebben grote gevolgen

ver·ga·de·ren [vergaderde, heeft vergaderd]
een vergadering hebben [mensen vergaderen]

de •**ver·ga·de·ring** [vergaderingen]
een bijeenkomst voor overleg

ver·ga·ren [vergaarde, heeft vergaard]
bij elkaar halen = verzamelen [iemand vergaart iets] ✦ *we hebben alle informatie vergaard en nu kan het proces beginnen*

ver·ga·ven *zie:* **vergeven**

ver·geefs [bijvoeglijk naamwoord]
een vergeefse actie heeft geen resultaat ✦ *alle moeite om op tijd te komen was vergeefs, want de trein ging helemaal niet*

het **ver·geet-mij-niet·je** [vergeet-mij-nietjes]
een plant met blauwe bloemetjes

ver·ge·le·ken *zie:* **vergelijken**

ver·ge·lijk·baar [bijvoeglijk naamwoord]
vergelijkbare zaken lijken op elkaar ✦ *daar wordt een sport gespeeld die vergelijkbaar is met voetbal*

•**ver·ge·lij·ken** [vergeleek, heeft vergeleken]
bepalen wat verschilt en wat hetzelfde is [iemand vergelijkt mensen of dingen (met elkaar)] ✦ *in het onderzoek wordt het onderwijs op vier scholen in de stad vergeleken*

de •**ver·ge·lij·king** [vergelijkingen]
de keer dat je dingen met elkaar vergelijkt ✦ *uit een vergelijking blijkt dat het Nassau-college de beste school is* ✦ *Sander is erg groot in vergelijking met kinderen van dezelfde leeftijd*
de vergelijking gaat niet op: de mensen of dingen kunnen niet met elkaar vergeleken worden

ver·gen [vergde, heeft gevergd]
beslist nodig hebben; eisen [iets of iemand vergt veel of weinig (van iemand)] ✦ *ze is ziek want het werk heeft te veel van haar gevergd*

de **ver·ge·tel·heid**
in de vergetelheid raken: uit de herinnering verdwijnen

•**ver·ge·ten** [vergat]
1 [is vergeten] niet meer weten [iemand vergeet iets] ✦ *hij is mijn naam vergeten*
2 [heeft of is vergeten] niet aan iets denken terwijl dat wel nodig is [iemand

vergeet iets] ✦ *hij is vergeten het telefoonnummer op te schrijven* ✦ *ze heeft haar sleutels vergeten*

ver·ge·ven [vergaf, heeft vergeven]
1 besluiten dat je niet meer boos bent om iets [iemand vergeeft iemand iets] ✦ *hij kon zijn vriendin niet vergeven wat zij gedaan had*
2 iets te vergeven hebben: iets kunnen weggeven ✦ *het bedrijf heeft veel goede banen te vergeven*
3 het is er vergeven van ...: er zijn erg veel ... ✦ *Venetië is een prachtige stad, maar het is er vergeven van de toeristen*

de **ver·ge·ving**
de daad van vergeven* = de vergiffenis ✦ *ze vroeg haar moeder om vergeving*

ver·ge·zel·len [vergezelde, heeft vergezeld]
meegaan met iemand = begeleiden [iemand vergezelt iemand] ✦ *de koningin werd tijdens het bezoek vergezeld door haar zoon*

het **ver·giet** *ook:* de [vergieten]
een voorwerp dat je in de keuken gebruikt om bijv. groente schoon te maken met water

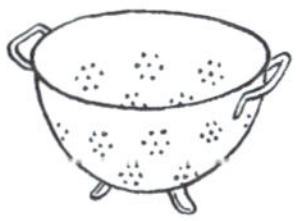
vergiet

het **ver·gif**
een stof die zo gevaarlijk is voor de gezondheid dat je erdoor kunt sterven = het gif

de **ver·gif·fe·nis**
de daad van vergeven* = de vergeving

ver·gif·ti·gen [vergiftigde, heeft vergiftigd]
1 met vergif* doden [iemand vergiftigt iemand]
2 vergif* in eten of drinken doen [iemand vergiftigt eten of drinken] ✦ *je moet het water niet drinken want het is vergiftigd*

ver·gin·gen *zie:* **vergaan**

zich **•ver·gis·sen** [vergiste zich, heeft zich vergist]
een fout maken doordat je niet goed nadenkt [iemand vergist zich] ✦ *de voorzitter vergiste zich, want hij dacht dat het vrijdag was*

zich **•ver·gis·sen in** [vergiste zich in, heeft zich vergist in]
een verkeerd oordeel hebben over iemand [iemand vergist zich in iemand] ✦ *ze heeft zich erg in haar nieuwe collega vergist*

de **ver·gis·sing** [vergissingen]
een fout die je maakt omdat je niet goed nadenkt ✦ *in haar werk hebben vergissingen enorme gevolgen*

ver·goe·den [vergoedde, heeft vergoed]
1 geld geven omdat iemand iets heeft gedaan [iemand vergoedt iets (aan iemand)] ✦ *alle kosten worden door de verzekering vergoed* **verzekeringen**
2 minder vervelend maken door iets wat fijn is = compenseren [iets vergoedt iets] ✦ *het weer was slecht, maar het heerlijke eten vergoedde*

de **ver·goe·ding** [vergoedingen]
geld dat je krijgt voor iets wat je hebt gedaan

het **ver·grijp** [vergrijpen]
een daad die niet mag volgens de wet of volgens de regels ✦ *bij ernstige vergrijpen waarschuwen we altijd de politie*

zich **ver·grij·pen aan** [vergreep zich aan, heeft zich vergrepen aan]
tegen zijn of haar wil seksueel contact met iemand hebben [iemand vergrijpt zich aan iemand]

de **ver·grij·zing**
de situatie dat een steeds groter deel van de bevolking bestaat uit oudere mensen ✦ *de vergrijzing in Nederland heeft grote financiële gevolgen*

ver·gro·ten [vergrootte, heeft vergroot]
groter maken ⇔ verkleinen [iemand of iets vergroot iets] ✦ *roken vergroot de kans op ziektes*

de **ver·gro·ting** [vergrotingen]
een grote foto ✦ *je moet een vergroting laten maken van die prachtige foto!*

ver·gui·zen [verguisde, heeft verguisd]
erg negatief beoordelen in het openbaar [iemand verguist iemand] ✦ *in deze functie krijg je de ene dag alle eer, en de volgende dag word je verguisd*

de **ver·gun·ning** [vergunningen]
de officiële toestemming om iets te doen ✦ *zonder vergunning mag je niets aan de voorkant van je huis veranderen*

het **•ver·haal** [verhalen]

iets wat iemand vertelt over gebeurtenissen die wel of niet waar gebeurd zijn ✦ *het boek bevat vier nieuwe verhalen van de schrijver* ✦ *ze vertelde leuke verhalen over haar reis door Egypte*

ver·ha·len op [verhaalde op, heeft verhaald op]
iemand financieel verantwoordelijk stellen [iemand verhaalt kosten op iemand] ✦ *in Amerika proberen rokers geld te verhalen op de tabaksfabrieken*

ver·han·de·len [verhandelde, heeft verhandeld]
kopen en verkopen; handelen in iets [iemand verhandelt iets] ✦ *op het plein worden veel drugs verhandeld*

de **ver·han·de·ling** [verhandelingen]
1 een tekst over een serieus onderwerp ✦ *de professor hield een verhandeling over de toekomst van de elektronische markt*
2 (in België) het werk waarmee iemand een wetenschappelijke opleiding afsluit

ver·hef·fen [verhief, heeft verheven]
in een hogere positie brengen [iemand verheft iemand of iets]
je stem verheffen: harder gaan praten; duidelijk je mening laten horen

ver·hel·pen [verhielp, heeft verholpen]
weer goed maken = herstellen [iemand verhelpt een probleem] ✦ *er was een probleem met de trein, maar dat is inmiddels verholpen*

ver·heugd [bijvoeglijk naamwoord]
iemand die verheugd over iets is, is er blij om ⇔ verdrietig

•ver·heu·gen [verheugde, heeft verheugd]
blij maken [iets verheugt iemand] ✦ *het verheugt me dat u bent gekomen*

zich **•ver·heu·gen op** [verheugde zich op, heeft zich verheugd op]
blij zijn om iets dat nog gaat gebeuren [iemand verheugt zich op iets] ✦ *het meisje verheugde zich erg op het feest*

ver·he·ven[1] [bijvoeglijk naamwoord]
verheven zaken zijn belangrijker en heiliger dan gewone zaken ✦ *door de muziek kwam het publiek in een verheven stemming*

ver·he·ven[2] *zie:* **verheffen**

ver·hiel·pen *zie:* **verhelpen**

ver·hie·ven *zie:* **verheffen**

ver·hin·de·ren [verhinderde, heeft verhinderd]
zorgen dat iemand iets niet doet = tegenhouden, beletten [iemand verhindert iets] ✦ *hij probeerde te verhinderen dat het kind de straat op rende*

ver·hit [bijvoeglijk naamwoord]
verhitte gesprekken zijn fel en vol heftige gevoelens ✦ *tijdens een verhitte discussie kan er makkelijk ruzie ontstaan*

•ver·ho·gen [verhoogde, heeft verhoogd]
hoger maken ⇔ verlagen [iemand verhoogt iets] ✦ *de prijs voor sigaretten wordt volgende maand verhoogd*

de **ver·ho·ging** [verhogingen]
1 de keer dat iets verhoogd wordt ✦ *er zijn plannen voor de verhoging van de prijs van benzine*
2 een vloer die hoger ligt dan de rest van de ruimte = het podium ✦ *hij ging op een verhoging staan en zei: "Dames en heren!"*
3 [geen meervoud] de situatie dat je lichaam warmer is dan normaal omdat je ziek bent ✦ *hij bleef een dagje in bed omdat hij verhoging had*

ver·hol·pen *zie:* **verhelpen**

het **ver·hoor** [verhoren]
een gesprek door de politie met iemand die misschien een misdaad heeft gepleegd ✦ *tijdens het verhoor heeft de man geen enkele misdaad bekend*

ver·ho·ren [verhoorde, heeft verhoord]
1 met iemand praten om te onderzoeken of hij een misdaad heeft gepleegd [de politie verhoort iemand] ✦ *er zijn vier mensen verhoord, maar nog steeds weet de politie niet wie de moord heeft gepleegd*
2 werkelijkheid laten worden [een gebed wordt verhoord] ✦ *haar gebed was verhoord, want haar kind kwam veilig uit het vliegtuig*

zich **ver·hou·den tot** [verhield zich tot, heeft zich verhouden tot]
in een bepaald verband staan tot elkaar [iets verhoudt zich tot iets] ✦ *hoe verhouden die twee mensen zich tot elkaar?* ✦ *tien verhoudt zich tot vijf als twee tot een*

de **•ver·hou·ding** [verhoudingen]
de manier waarop mensen met elkaar omgaan; de manier waarop dingen met elkaar te maken hebben = de betrek-

ve

king, de relatie ✦ *de verhouding tussen Engeland en Frankrijk is veel beter geworden* ✦ *de professor vertelde over de verhouding tussen boeken en films*
een verhouding hebben: een liefdesrelatie hebben
naar verhouding: vergeleken met andere zaken ✦ *onder Japanse schrijvers zijn naar verhouding veel vrouwen*

•**ver·hui·zen** [verhuisde]
1 [is verhuisd] in een ander huis gaan wonen [iemand verhuist] ✦ *ze is verhuisd en ze woont nu in Breda*
2 [heeft verhuisd] de spullen van iemand naar een ander huis brengen [iemand verhuist iemand] ✦ *kun je zaterdag helpen om me te verhuizen?*

ver·hul·len [verhulde, heeft verhuld]
verbergen [iemand of iets verhult iets] ✦ *haar mooie stem kon niet verhullen dat de muziek heel slecht was*

•**ver·hu·ren** [verhuurde, heeft verhuurd]
iemand iets van je laten gebruiken en daarvoor geld ontvangen [iemand verhuurt iets, bijv. een huis] ✦ *wij verhuren ons huis in de vakantie aan een ander gezin* **wonen**

de **ver·jaar·dag** [verjaardagen]
de dag in een jaar waarop je geboren bent ✦ *ik vier mijn verjaardag niet dit jaar* **gedenkdagen**

ver·ja·gen [verjaagde of verjoeg, heeft verjaagd]
een mens of een dier dwingen weg te gaan = verdrijven [iemand verjaagt een mens of een dier] ✦ *de president is verjaagd uit zijn land*

het •**ver·keer**
alle mensen en alle voertuigen die de openbare weg gebruiken ✦ *rond vijf uur is er veel verkeer op straat*

•**ver·keerd**[1] [bijvoeglijk naamwoord]
als iets verkeerd is, is het fout ✦ *door een aantal verkeerde beslissingen van de directie is het bedrijf in de problemen gekomen*
iemand op het verkeerde been zetten: iemand in een foute richting laten denken

ver·keerd[2] *zie:* **verkeren**

het **ver·keers·bord** [verkeersborden]
een bord langs de openbare weg waarop staat wat wel of niet mag in het verkeer ✦ *er stond een verkeersbord dat het verboden was de straat in te rijden*

ver·ke·ken [bijvoeglijk naamwoord]
de kans is verkeken: de goede mogelijkheid is niet gebruikt en nu is het te laat ✦ *de kans op een goed resultaat is nu verkeken*

ver·ken·nen [verkende, heeft verkend]
van tevoren onderzoeken hoe iets is [iemand verkent iets, bijv. een terrein] ✦ *de politie heeft de omgeving verkend tijdens het onderzoek naar de moord*

•**ver·ke·ren in** [verkeerde in, heeft verkeerd in]
1 je in een bepaalde situatie bevinden [iemand verkeert in bepaalde omstandigheden] ✦ *het bedrijf verkeert in grote financiële problemen*
2 regelmatig contact hebben met een bepaalde groep mensen [iemand verkeert in bepaalde kringen] ✦ *hij verkeert in hoge kringen*
3 het kan verkeren: gebeurtenissen gaan soms anders dan je verwacht

de **ver·ke·ring** [verkeringen]
het contact tussen twee mensen die verliefd op elkaar zijn ✦ *sinds drie weken hebben ze verkering*

ver·kie·zen [verkoos, heeft verkozen]
beter vinden; liever hebben = prefereren [iemand verkiest iets (boven iets)] ✦ *ze verkiest leuk werk boven een hoog loon*

de •**ver·kie·zing** [verkiezingen]
de keer dat iemand gekozen wordt ✦ *na zijn verkiezing als president zorgde hij ervoor dat er nieuwe wetten kwamen*

de **ver·kie·zin·gen** [meervoud]
de gelegenheid waarbij het volk mag kiezen, bijv. wie er in de regering komt ✦ *in Amerika worden er iedere vier jaar verkiezingen gehouden voor een nieuwe president* **politiek** **overheid**

ver·klap·pen [verklapte, heeft verklapt]
iets wat geheim moet blijven toch vertellen = verraden [iemand verklapt iets, bijv. een geheim (aan iemand)] ✦ *Irene heeft verklapt wat John voor zijn verjaardag krijgt*

•**ver·kla·ren** [verklaarde, heeft verklaard]
1 duidelijk maken = uitleggen [iemand verklaart iets (aan iemand)] ✦ *de uitzendkracht kon niet verklaren wat er verkeerd was gegaan*
2 officieel meedelen [iemand verklaart

iets (aan iemand)] ✦ *de arts verklaarde dat het slachtoffer dood was*

de **°ver·kla·ring** [verklaringen]
een uitspraak waarmee iets bekendgemaakt of uitgelegd wordt ✦ *in een verklaring zei hij dat er niemand was overleden bij het ongeluk* ✦ *niemand heeft een verklaring voor het natuurverschijnsel*

zich **ver·kle·den** [verkleedde zich, heeft zich verkleed]
1 andere kleren aantrekken [iemand verkleedt zich] ✦ *Jacco verkleedt zich, omdat hij gaat voetballen*
2 gekke kleren aantrekken, bijvoorbeeld voor een toneelstuk of voor de grap [iemand verkleedt zich (als iets of iemand)] ✦ *alle kinderen waren verkleed voor het feest op school*

ver·klei·nen [verkleinde, heeft verkleind]
kleiner maken ⇔ vergroten [iemand of iets verkleint iets] ✦ *de minister deed het voorstel de klassen te verkleinen*

ver·kleumd [bijvoeglijk naamwoord]
als je verkleumd bent, kun je je haast niet meer bewegen omdat je het heel koud hebt ✦ *de jongens kwamen verkleumd thuis na het zwemmen*

ver·klik·ken [verklikte, heeft verklikt]
stiekem aan anderen vertellen wat iemand verkeerd heeft gedaan = verraden [iemand verklikt iets of iemand (aan iemand)] ✦ *Joke verklikte aan haar moeder dat haar broertje stiekem een koekje gepakt had* ✦ *de politie wist niet dat Van Vliet het gedaan had, maar zijn buurman heeft hem verklikt*

ver·knocht aan [bijvoeglijk naamwoord]
als je verknocht bent aan iemand of iets, voel je je daar heel erg mee verbonden ✦ *hij is zo verknocht aan zijn oude schoenen dat hij geen nieuwe wil kopen*

ve

ver·knoei·en [verknoeide, heeft verknoeid]
1 door een slechte behandeling minder goed maken [iemand verknoeit iets] ✦ *ik heb de brief verknoeid door te veel fouten*
2 niet goed besteden [iemand verknoeit tijd of geld] ✦ *we hebben veel tijd verknoeid met het wachten op de trein*

ver·koch·ten *zie:* **verkopen**

ver·kon·di·gen [verkondigde, heeft verkondigd]
in het openbaar vertellen = bekend maken [iemand verkondigt iets] ✦ *de directeur verkondigde het goede nieuws*

de **ver·koop** [verkopen]
de keer dat iets verkocht wordt ✦ *de verkoop van het huis heeft hun veel geld opgeleverd*

°ver·ko·pen [verkocht, heeft verkocht]
voor geld aan iemand anders geven [iemand verkoopt iets (aan iemand)] ✦ *op de markt wordt groente en fruit verkocht*

°ver·kou·den [bijvoeglijk naamwoord]
als je verkouden bent, moet je niezen of hoesten of heb je een zere keel

ver·ko·zen *zie:* **verkiezen**

ver·krach·ten [verkrachtte, heeft verkracht]
1 met geweld dwingen om seks met je te hebben [iemand verkracht iemand] ✦ *het slachtoffer is door drie mannen verkracht*
2 ernstig tegen officiële regels in handelen = schenden [iemand verkracht iets, bijv. de wet] ✦ *de hoge ambtenaar heeft met misbruik van zijn macht de wet verkracht*

ver·kre·gen *zie:* **verkrijgen**

ver·krijg·baar [bijvoeglijk naamwoord]
dingen die verkrijgbaar zijn, kun je krijgen of kopen ✦ *het boek dat ik wil kopen, is op dit moment niet verkrijgbaar*

°ver·krij·gen [verkreeg, heeft verkregen]
krijgen, vooral door je best ervoor te doen of door ervoor te betalen [iemand verkrijgt iets] ✦ *Armand probeert al jaren de Amerikaanse nationaliteit te verkrijgen*

ver·kwis·ten [verkwistte, heeft verkwist]
op een manier besteden die niet nuttig is = verspillen [iemand verkwist geld of tijd] ✦ *de prins heeft veel geld verkwist aan dure auto's*

ver·la·gen [verlaagde, heeft verlaagd]
lager maken ⇔ verhogen [iemand verlaagt iets] ✦ *de werkgevers hebben de lonen verlaagd*

zich **ver·la·gen tot** [verlaagde zich tot, heeft zich verlaagd tot]
iets doen waarvoor je jezelf te goed vindt [iemand verlaagt zich tot iets] ✦ *de politicus wilde zich niet verlagen tot het niveau van zijn tegenstander*

ver·lamd [bijvoeglijk naamwoord]
een lichaamsdeel dat verlamd is, kan niet meer vanzelf bewegen ✦ *hij kan niet lopen, omdat zijn benen verlamd zijn*

ver·lam·men [verlamde, heeft verlamd]
maken dat iets of iemand zich niet meer kan bewegen of niets meer kan doen [iets verlamt iemand of iets] ✦ *een groot ongeluk verlamde het verkeer* ✦ *het zien van zoveel ernstig zieke mensen verlamde haar helemaal*

het •**ver·lan·gen**[1] [verlangens]
een sterk gevoel dat je iets wilt hebben of wilt doen ✦ *hij heeft een groot verlangen om vader te worden*

•**ver·lan·gen**[2] [verlangde, heeft verlangd]
willen dat iemand iets doet = eisen [iemand verlangt iets (van iemand)] ✦ *de baas verlangt van ons dat we om 8.00 uur aanwezig zijn*

•**ver·lan·gen naar** [verlangde naar, heeft verlangd naar]
iemand heel graag willen zien; iets heel graag willen [iemand verlangt naar iemand of iets] ✦ *de studenten verlangden naar de vakantie*

•**ver·la·ten** [verliet, heeft verlaten]
weggaan van iets of iemand [iemand verlaat iets of iemand] ✦ *een groot deel van de mensen verliet de zaal*

het •**ver·le·den**[1]
de tijd die voorbij is ⇔ het heden ✦ *in het verleden waren we goede vrienden, maar nu hebben we weinig contact*

•**ver·le·den**[2] [bijvoeglijk naamwoord]
het verleden jaar is het jaar dat voorbij is = vorig ⇔ volgend ✦ *hij is verleden week twee dagen ziek geweest*

ver·le·gen [bijvoeglijk naamwoord]
verlegen mensen durven niet in het openbaar te spreken of durven geen contact met onbekende mensen te maken ✦ *ze is te verlegen om voor publiek te zingen*

ver·le·gen met [bijvoeglijk naamwoord]
iemand die verlegen is met iets, weet niet goed wat hij ermee moet doen ✦ *het bedrijf was verlegen met de werknemer die geheime informatie openbaar had gemaakt*

ver·le·gen om [bijvoeglijk naamwoord]
verlegen zitten om iets: behoefte hebben aan iets ✦ *de gemeente zit om geld verlegen*

ver·leg·gen [verlegde, heeft verlegd]
anders leggen [iemand verlegt iets]
je grenzen verleggen: iets doen wat je vroeger niet durfde of niet kon ✦ *de sportman heeft met deze prestatie zijn grenzen verlegd*

ver·lei·de·lijk [bijvoeglijk naamwoord]
verleidelijke personen of zaken kunnen je gemakkelijk verleiden* ✦ *ze droeg een verleidelijk jurkje* ✦ *die taart ziet er heel verleidelijk uit!*

ver·lei·den [verleidde, heeft verleid]
zorgen dat iemand iets doet wat hij eigenlijk niet wil of wat eigenlijk niet mag [iemand of iets verleidt iemand (tot iets)] ✦ *Robin liet zich verleiden tot het zingen van een lied* ✦ *de man heeft in zijn leven al veel vrouwen verleid*

de **ver·lei·ding** [verleidingen]
iets waardoor je verleid* wordt ✦ *de verleiding was groot om tv te blijven kijken*

•**ver·le·nen** [verleende, heeft verleend]
geven [iemand verleent iets (aan iemand of iets)] ✦ *na het ongeluk verleende een arts eerste hulp aan de slachtoffers*

het **ver·leng·de**
iets dat een rij vormt met iets anders ✦ *de Dorpsstraat ligt in het verlengde van de Hoofdstraat*
iets ligt in het verlengde van iets: iets volgt logisch uit iets ✦ *de plannen van de directeur liggen in het verlengde van het voorstel van de chef*

ver·len·gen [verlengde, heeft verlengd]
langer maken; langer laten duren [iemand verlengt iets] ✦ *de wedstrijd moest verlengd worden, omdat het 1-1 was*

de **ver·len·ging** [verlengingen]
de langere duur van een wedstrijd om te beslissen wie er wint ✦ *in de verlenging werden er geen doelpunten gemaakt*

ver·le·ren [verleerde, heeft of is verleerd]
iets wat je vroeger geleerd hebt niet meer kunnen [iemand verleert iets] ✦ *zwemmen verleer je nooit*

ver·lich·ten [verlichtte, heeft verlicht]
1 zorgen dat er licht komt [iemand verlicht iets, bijv. een ruimte] ✦ *de straat was zo slecht verlicht dat ze haar huis voorbij liep*
2 minder zwaar of erg maken = ver-

zachten [iemand of iets verlicht iets] ✦ *hij kreeg een medicijn om de pijn te verlichten*

de **ver·lich·ting** [verlichtingen]
1 iets dat voor licht zorgt ✦ *Michiel mocht niet verder rijden, omdat de verlichting van zijn fiets kapot was*
2 iets dat ervoor zorgt dat iets minder zwaar of erg is = de opluchting
een zucht van verlichting slaken: heel blij zijn dat iets vervelends voorbij is

ver·liefd [bijvoeglijk naamwoord]
als je verliefd bent op iemand, vind je die persoon heel lief en wil je graag bij hem of haar zijn

het **•ver·lies** [verliezen]
een bedrag dat je verliest; de keer dat je verliest ✦ *met Sander kun je beter niet spelen, want hij kan niet tegen zijn verlies* ✦ *het bedrijf heeft een verlies gemaakt van € 100.000,-* ✦ *de dood van de medewerker was een groot verlies voor de collega's*

•ver·lie·zen [verloor, heeft verloren]
1 in de toestand komen dat je iets of iemand niet meer hebt = kwijtraken [iemand verliest iets of iemand] ✦ *ze heeft haar sleutels verloren*
verloren gaan: verdwijnen; kapotgaan ✦ *het schip is op zee verloren gegaan*
2 verslagen worden; de winst aan een ander moeten laten ⇔ winnen [iemand verliest (iets, bijv. een spel of een wedstrijd)] ✦ *we hebben de wedstrijd verloren, maar het was toch een fijne middag*
3 financieel nadeel hebben [iemand verliest (geld) (op iets)] ✦ *het bedrijf heeft vorig jaar veel geld verloren op zijn producten*

ver·loe·de·ren [verloederde, is verloederd]
langzaam steeds slechter, lelijker of viezer worden [iets of iemand verloedert] ✦ *de buurt verloederde steeds meer door de slechte huizen*

ve

het **ver·lof** [verloven]
1 een periode waarin je niet hoeft te werken ✦ *met Kerstmis hebben we twee weken verlof*
2 de toestemming = de permissie ✦ *de leerling kreeg verlof om de klas te verlaten*

ver·loo·che·nen [verloochende, heeft verloochend]
doen alsof je iemand of iets niet kent [iemand verloochent iemand of iets] ✦ *de schrijver verloochent zijn achtergrond als leraar niet*

het **ver·loop**
1 de manier waarop iets zich ontwikkelt ✦ *het verloop van het verhaal was niet zo duidelijk*
na verloop van tijd: na een tijdje
2 het verschijnsel dat er mensen weggaan en dat er weer nieuwe mensen bij komen ✦ *het verloop onder het personeel was groot*

ver·lo·pen[1] [bijvoeglijk naamwoord]
iemand die er verlopen uitziet, ziet eruit alsof hij slecht voor zichzelf zorgt, veel alcohol drinkt enz. ✦ *bij het station zaten veel verlopen types*

ver·lo·pen[2] [verliep, is verlopen]
1 voorbijgaan; gebeuren [iets verloopt goed, slecht enz.] ✦ *er zijn heel wat jaren verlopen sinds zijn vaders dood* ✦ *de dag is zonder problemen verlopen*
2 niet meer gebruikt kunnen worden, omdat de periode daarvoor voorbij is; niet meer geldig zijn [iets verloopt] ✦ *mijn rijbewijs is verlopen*

ver·lo·ren[1] [bijvoeglijk naamwoord]
als je je verloren voelt, voel je je alleen in een grote groep mensen = eenzaam ✦ *Marjolein zat er op het feest verloren bij*

ver·lo·ren[2] *zie:* **verliezen**

de **ver·los·kun·di·ge** [verloskundigen]
iemand die vrouwen helpt die moeten bevallen = de vroedvrouw ✦ *hij belde de verloskundige, omdat zijn vrouw moest bevallen* gedenkdagen

ver·los·sen [verloste, heeft verlost]
iemand helpen om uit een nare positie of toestand te komen = bevrijden [iemand of iets verlost iemand of iets (ergens uit of ergens van)] ✦ *de soldaat verloste zijn vriend uit de handen van de vijand*

ver·lo·ten [verlootte, heeft verloot]
iets weggeven en door het toeval of lot laten bepalen wie het krijgt [iemand verloot iets] ✦ *vanavond worden de laatste computers verloot*

zich **ver·lo·ven** [verloofde zich, heeft zich verloofd]
officieel beloven dat je met elkaar gaat trouwen [iemand verlooft zich (met ie-

mand)] ✦ *Irene en Bas hebben zich vorige week verloofd*

de **ver·lo·ving** [verlovingen]
de officiële afspraak dat je met elkaar gaat trouwen ✦ *de prins maakte zijn verloving met een Argentijnse vrouw bekend*

ver·lui·den [werkwoord]
naar verluidt: dit zeg je om duidelijk te maken dat iets door andere mensen beweerd wordt ✦ *naar verluidt heeft de directeur geld van het bedrijf gestolen*

het **ver·maak**
iets waarmee je je vermaakt* = het amusement ✦ *tot groot vermaak van de kinderen verborg Jan Klaassen zich achter het gordijn*

ver·ma·ke·lijk [bijvoeglijk naamwoord]
iets wat vermakelijk is, geeft je plezier = amusant ✦ *ik heb gisteren een vermakelijke film gezien*

ver·ma·ken [vermaakte, heeft vermaakt]
kleren anders maken zodat ze beter passen [iemand vermaakt kleren]

zich **ver·ma·ken** [vermaakte zich, heeft zich vermaakt]
plezier hebben = zich amuseren [iemand vermaakt zich] ✦ *de kinderen vermaakten zich uitstekend op het strand*

ver·ma·ken aan [vermaakte aan, heeft vermaakt aan]
aanwijzen wie na je dood iets krijgt = nalaten [iemand vermaakt iets aan iemand] ✦ *oma heeft de oude klok aan mij vermaakt*

ver·ma·nen [vermaande, heeft vermaand]
iemand waarschuwen dat hij iets moet doen of laten, of dat hij zich beter moet gedragen [iemand vermaant iemand (iets)]

ver·me·den *zie:* **vermijden**

ver·meend [bijvoeglijk naamwoord]
de vermeende ...: degene van wie men denkt dat hij of zij ... is ✦ *de vermeende dief is gearresteerd*

•**ver·mel·den** [vermeldde, heeft vermeld]
officieel laten weten; officieel noemen [iemand vermeldt iets] ✦ *we moesten onze naam en leeftijd in de brief vermelden*

de **ver·mel·ding** [vermeldingen]
de keer dat iemand of iets vermeld wordt ✦ *omdat ze zulke goede prestaties had geleverd, kreeg ze een bijzondere vermelding*

ver·men·gen [vermengde, heeft vermengd]
door elkaar doen = mengen [iemand vermengt meerdere zaken (tot iets)] ✦ *de muzikant heeft verschillende muziekstijlen vermengd tot een eigen geluid*

ver·me·nig·vul·di·gen [vermenigvuldigde, heeft vermenigvuldigd]
1 meer van iets maken [iemand vermenigvuldigt iets] ✦ *de chef vroeg zijn assistent de brief te vermenigvuldigen*
2 het ene getal net zo vaak bij zichzelf optellen als door het andere getal genoemd wordt [iemand vermenigvuldigt een getal met een ander getal] ✦ *als je 4 en 6 met elkaar vermenigvuldigt, krijg je 24*

zich **ver·me·nig·vul·di·gen** [vermenigvuldigde zich, heeft zich vermenigvuldigd]
sterk in aantal toenemen [iets vermenigvuldigt zich] ✦ *het aantal winkels in dit dorp heeft zich de afgelopen jaren vermenigvuldigd*

ver·mij·den [vermeed, heeft vermeden]
zorgen dat iets niet gebeurt [iemand vermijdt iets] ✦ *om ongelukken te vermijden nam de dronken man een taxi*

ver·min·de·ren [verminderde, heeft verminderd]
1 zorgen dat iets minder wordt = terugbrengen, reduceren [iemand vermindert iets] ✦ *de minister wil het aantal leerlingen per klas verminderen*
2 minder worden [iets vermindert] ✦ *de waarde van ons huis is verminderd*

ver·min·ken [verminkte, heeft verminkt]
op zo'n manier kapotmaken of verwonden dat het niet meer hersteld kan worden [iemand verminkt iemand of iets] ✦ *de slachtoffers van het ongeluk waren ernstig verminkt*

ver·mist [bijvoeglijk naamwoord]
vermiste mensen of dingen zijn weg zonder dat je weet waar ze zijn = zoek ✦ *de vermiste toeristen werden na een week gevonden*

ver·mits [voegwoord] (in België)
om de reden dat ... = omdat, daar ✦ *vermits ik geen antwoord van hem krijg, vraag ik het niet meer*

•**ver·moe·de·lijk** [bijvoeglijk naam-

woord]
iets wat vermoedelijk zo is, is waarschijnlijk zo ✦ *ze komt vermoedelijk om zeven uur* ✦ *de vermoedelijke oorzaak van het geweld is een ruzie tussen twee groepen jongeren*

het •**ver·moe·den**[1] [vermoedens]
het feit dat je denkt dat iets zo is omdat daar een aanleiding voor is ✦ *het vermoeden bestaat dat Ton het geld gestolen heeft*

•**ver·moe·den**[2] [vermoedde, heeft vermoed]
denken dat iets misschien zo is [iemand vermoedt iets] ✦ *de politie vermoedt dat de dief naar het buitenland gevlucht is*

de **ver·moeid·heid**
het gevoel dat je hebt als je moe bent ✦ *de oorzaak van het ongeluk is waarschijnlijk vermoeidheid van de chauffeur*

ver·moei·en [vermoeide, heeft vermoeid]
moe maken [iets of iemand vermoeit iemand] ✦ *de lange reis heeft haar erg vermoeid*

het **ver·mo·gen** [vermogens]
1 het geld dat je bezit ✦ *toen hij stierf, bleek dat hij een aanzienlijk vermogen bezat*
dat kost een vermogen: dat kost heel veel geld
2 iets dat iemand of iets kan ✦ *Wanda mist het vermogen om lang naar iemand te luisteren*

ver·mo·gend [bijvoeglijk naamwoord]
iemand die vermogend is, is rijk

de **ver·mo·gens·be·las·ting**
belasting die je moet betalen als je veel geld of goederen bezit

zich **ver·mom·men** [vermomde zich, heeft zich vermomd]
proberen niet herkend te worden door andere kleding enz. te dragen [iemand vermomt zich (als iemand)] ✦ *de journalist vermomde zich als soldaat en zo kon hij in het oorlogsgebied komen*

ver·moor·den [vermoordde, heeft vermoord]
doodmaken [iemand vermoordt iemand] ✦ *de man zit in de gevangenis omdat hij iemand heeft vermoord*

ver·mur·wen [vermurwde, heeft vermurwd]
door praten zorgen dat iemand gaat doen wat hij eerst niet wilde [iets of iemand vermurwt iemand] ✦ *de rechter liet zich niet vermurwen door het verhaal van de man en gaf hem een zware straf*

ver·na·men *zie:* **vernemen**

ver·ne·de·ren [vernederde, heeft vernederd]
iemand zo behandelen dat hij of zij zich dom of zwak voelt [iemand vernedert iemand] ✦ *de leraar Engels heeft haar vroeger op school vaak voor de klas vernederd*

•**ver·ne·men** [vernam, heeft vernomen] (formeel)
informatie krijgen = horen [iemand verneemt iets] ✦ *we hebben vernomen dat u van plan bent het bedrijf te verlaten*

ver·nie·len [vernielde, heeft vernield]
kapotmaken [iemand of iets vernielt iets] ✦ *door de storm zijn er veel ramen vernield*

ver·nie·ti·gen [vernietigde, heeft vernietigd]
zo kapotmaken dat er niets meer van overblijft [iets of iemand vernietigt iets] ✦ *de drugs zijn door de politie vernietigd*

ver·nie·ti·gend [bijvoeglijk naamwoord]
een vernietigend oordeel is een erg negatief oordeel ✦ *de commissie heeft een vernietigend rapport geschreven over het functioneren van de directeur*

ver·nieu·wen [vernieuwde, heeft vernieuwd]
helemaal of voor een deel nieuw maken [iemand vernieuwt iets] ✦ *de krant is volledig vernieuwd en ziet er nu heel anders uit*

de **ver·nieu·wing** [vernieuwingen]
een verandering waardoor iets helemaal of voor een deel nieuw wordt ✦ *in het onderwijs zijn de laatste tijd veel vernieuwingen geweest*

de **ver·nis** *ook:* het [vernissen]
een soort verf zonder kleur

ver·no·men *zie:* **vernemen**

ver·nuf·tig [bijvoeglijk naamwoord]
iets wat vernuftig is, is het resultaat van slim denken ✦ *dit vernuftige apparaatje is een telefoon én een computer*

ver·on·der·stel·len [veronderstelde, heeft verondersteld]
denken dat iets waar is = aannemen [ie-

mand veronderstelt iets] ✦ *het is onzin om te veronderstellen dat een kind van tien jaar voor zichzelf kan zorgen*

de **ver·on·der·stel·ling** [veronderstellingen]
een gedachte die je als waar aanneemt = de hypothese ✦ *het boek gaat uit van de verkeerde veronderstelling dat geld mensen gelukkig maakt*
in de veronderstelling verkeren: denken dat iets zo is

ver·on·ge·lijkt [bijvoeglijk naamwoord]
iemand die verongelijkt is, is boos omdat hij vindt dat hij oneerlijk behandeld is ✦ *ze keek verongelijkt toen er een opmerking werd gemaakt over de kwaliteit van haar werk*

ver·on·ge·luk·ken [verongelukte, is verongelukt]
sterven door een ongeluk [iemand verongelukt] ✦ *er zijn twee treinen tegen elkaar aan gereden, maar gelukkig is er niemand verongelukt*

het **Ve·ro·ni·ca**
een omroep in Nederland media

de **ver·ont·rei·ni·ging** [verontreinigingen]
de situatie dat iets vuil is = de vervuiling ✦ *ongelukken met schepen zorgen voor veel verontreiniging van de kust*

ver·ont·rus·ten [verontrustte, heeft verontrust]
bang maken [iets verontrust iemand] ✦ *de berichten over de situatie in Argentinië verontrusten me*

ver·ont·rus·tend [bijvoeglijk naamwoord]
iets wat verontrustend is, maakt je bang ✦ *er stond een verontrustend bericht in de krant over de kwaliteit van het water in België*

zich •**ver·ont·schul·di·gen** [verontschuldigde zich, heeft zich verontschuldigd]
zeggen dat het je spijt = zich excuseren [iemand verontschuldigt zich (voor iets)] ✦ *Toon verontschuldigde zich ervoor dat hij zo laat was*

de **ver·ont·schul·di·ging** [verontschuldigingen]
een uitspraak waaruit blijkt dat iets je spijt = het excuus ✦ *heeft hij zijn verontschuldigingen aangeboden?*

ver·ont·waar·digd [bijvoeglijk naamwoord]
verontwaardigde mensen zijn boos omdat ze iets niet goed of eerlijk vinden

de **ver·ont·waar·di·ging**
de boosheid ✦ *met grote verontwaardiging hoorden we dat de fabriek gaat sluiten*

ver·oor·de·len [veroordeelde, heeft veroordeeld]
1 zeggen dat je iets niet goed vindt [iemand veroordeelt iets] ✦ *de burgemeester heeft het geweld in de wijk scherp veroordeeld*
2 zeggen dat iemand schuld heeft en straf moet hebben [een rechter veroordeelt iemand] ✦ *de man is tot tien jaar gevangenisstraf veroordeeld*

de **ver·oor·de·ling** [veroordelingen]
de uitspraak van een rechter over de schuld van iemand en de straf die wordt gegeven ✦ *de veroordeling van de prins voor te hard rijden stond in alle kranten*

zich **ver·oor·lo·ven** [veroorloofde zich, heeft zich veroorloofd]
de vrijheid nemen om iets te doen [iemand veroorlooft zich iets]
je iets kunnen veroorloven: genoeg geld hebben om iets te kunnen doen ✦ *de buren kunnen het zich veroorloven om drie keer per jaar op vakantie te gaan*

•**ver·oor·za·ken** [veroorzaakte, heeft veroorzaakt]
de oorzaak zijn van iets [iemand of iets veroorzaakt iets] ✦ *de politieke discussie veroorzaakte veel onrust*

de **ver·or·de·ning** [verordeningen]
een maatregel van de overheid

ver·ou·derd [bijvoeglijk naamwoord]
dingen die verouderd zijn, worden niet meer gebruikt of zijn niet meer geschikt om te gebruiken ✦ *op mijn werk moet ik werken met een verouderde computer*

ver·ove·ren [veroverde, heeft veroverd]
gaan bezitten na een gevecht [iemand verovert iets] ✦ *Maurits van Nassau heeft de stad Breda veroverd in 1590*

ver·pak·ken [verpakte, heeft verpakt]
in papier, plastic enz. doen [iemand verpakt iets] ✦ *de supermarkt heeft een machine om vlees te verpakken*

de **ver·pak·king** [verpakkingen]
het materiaal waarin iets verpakt* is ✦ *op de verpakking van sigaretten staan waarschuwende teksten*

ver·pes·ten [verpestte, heeft verpest] (informeel)
zorgen dat iets mislukt of niet leuk meer is = bederven, verknallen [iemand of iets verpest iets] ✦ *door zijn gedrag heeft hij de sfeer verpest*

ver·plaat·sen [verplaatste, heeft verplaatst]
op een andere plaats zetten [iemand verplaatst iets] ✦ *wie helpt me om de tafel te verplaatsen?*

zich **ver·plaat·sen in** [verplaatste zich in, heeft zich verplaatst in]
je voorstellen hoe iemand anders zich voelt [iemand verplaatst zich in iemand anders of in een andere situatie] ✦ *ik vind het moeilijk om me in jouw situatie te verplaatsen*

het **ver·pleeg·huis** [verpleeghuizen]
een instelling waar mensen wonen die lang ziek zijn gezondheid

de **ver·pleeg·kun·di·ge** [verpleegkundigen]
iemand die zieken verpleegt voor zijn of haar beroep

de **ver·pleeg·ster** [verpleegsters]
een vrouw die zieken verpleegt voor haar beroep

•**ver·ple·gen** [verpleegde, heeft verpleegd]
verzorgen [iemand verpleegt een zieke] ✦ *vier slachtoffers van de brand worden in buitenlandse ziekenhuizen verpleegd*

de **ver·ple·ging**
het zorgen voor zieke mensen ✦ *de verpleging van haar zieke moeder kostte haar heel veel tijd*

ver·plet·te·rend [bijvoeglijk naamwoord]
iets wat verpletterend is, maakt veel indruk = overweldigend ✦ *na de verpletterende overwinning bij de verkiezingen vierde de partij feest*

•**ver·plicht**[1] [bijvoeglijk naamwoord]
als iets verplicht is, moet het ✦ *Nederlands is op alle scholen een verplicht vak*

ver·plicht[2] *zie:* **verplichten**

ver·plich·ten tot [verplichtte tot, heeft verplicht tot]
maken dat iets moet gebeuren [iemand of iets verplicht iemand tot iets] ✦ *kijkt u rustig rond; het verplicht u tot niets*

de **ver·plich·ting** [verplichtingen]
iets wat je moet doen = de plicht ✦ *de heer Thomas kan niet aanwezig zijn wegens andere verplichtingen*

het **ver·raad**
het feit dat je iemand niet trouw bent door de vijand te helpen ✦ *hij voelde het als verraad dat zijn collega tegen de baas had gezegd dat hij steeds laat op het werk kwam*

ver·ra·den [verraadde of verried, heeft verraden]
1 in problemen brengen door informatie te geven aan de vijand [iemand verraadt iemand] ✦ *Theo's vader is door zijn buren verraden tijdens de oorlog*
2 bekendmaken aan iemand die het niet mag weten [iemand verraadt een geheim] ✦ *je mag niet verraden wat ik gekocht heb* ✦ *de lijnen in haar gezicht verraden haar leeftijd*

ver·ras·sen [verraste, heeft verrast]
1 blij maken met iets onverwachts [iets of iemand verrast iemand] ✦ *zullen we Jan en Tinie verrassen met een bezoek?*
2 plotseling gebeuren = overvallen [iets verrast iemand] ✦ *de regen verraste hen totaal*

ver·ras·send [bijvoeglijk naamwoord]
iets wat verrassend is, verwachtte je niet ✦ *het boek is verrassend goed geschreven*

de •**ver·ras·sing** [verrassingen]
een gebeurtenis die je niet verwachtte, vooral een gebeurtenis die leuk is ✦ *het bezoek van de familie uit Canada was een grote verrassing*

de **ver·re·kij·ker** [verrekijkers]
een toestel waarmee je dingen die ver weg zijn beter kunt zien

verrekijker

ver·rek·ken [verrekte, heeft verrekt]
1 zo bewegen dat je pijn krijgt [iemand verrekt een spier]
2 verrek!: (informeel) dit zeg je als je heel verbaasd bent
3 verrekken van de kou, de pijn enz.: (informeel) het heel koud hebben, veel pijn hebben enz.

ver·re·weg [bijwoord]
meer dan iets of iemand anders = veruit

ve

✦ *dit was verreweg de moeilijkste periode in haar leven*

ver·re·zen *zie:* **verrijzen**

•**ver·rich·ten** [verrichtte, heeft verricht] (formeel)
doen [iemand verricht iets] ✦ *er wordt veel onderzoek verricht naar de ziekte aids*

ver·rie·den *zie:* **verraden**

ver·rij·ken [verrijkte, heeft verrijkt]
mooier of beter maken [iets of iemand verrijkt iemand of iets] ✦ *de Nederlandse taal is vorig jaar weer verrijkt met enkele nieuwe woorden*

zich **ver·rij·ken** [verrijkte zich, heeft zich verrijkt]
zorgen dat je rijk wordt door andere mensen arm te maken [iemand verrijkt zich] ✦ *de president van het land heeft zich verrijkt door een deel van de belasting zelf te houden*

ver·rij·zen [verrees, is verrezen]
omhoogkomen; opstaan [iets of iemand verrijst] ✦ *in het centrum van de stad verrijst een nieuw bankgebouw* ✦ *Jezus Christus is volgens het christelijk geloof uit de dood verrezen*

ver·roe·ren [verroerde, heeft verroerd]
bewegen [iemand verroert zich of iets] ✦ *we moeten stil zijn en ons niet verroeren*

ver·rui·len voor [verruilde voor, heeft verruild voor]
iets geven en iets anders terugkrijgen [iemand verruilt iets voor iets anders] ✦ *zij heeft haar auto verruild voor een veel mooiere*

ver·ruk·ke·lijk [bijvoeglijk naamwoord]
verrukkelijke dingen zijn heerlijk = zalig ✦ *het eten was verrukkelijk*

ver·rukt [bijvoeglijk naamwoord]
iemand die verrukt is van iets of over iets, vindt het heel goed of mooi ✦ *iedereen is verrukt van de tentoonstelling over Rotterdam*

het **vers**[1] [verzen]
1 een mooie tekst die je kunt zingen of opzeggen = het gedicht ✦ *als kind zeiden we vaak een versje bij spelletjes*
2 een regel van een gedicht

•**vers**[2] [bijvoeglijk naamwoord]
iets wat vers is, is kort geleden geschikt gemaakt voor gebruik ⇔ oud ✦ *je moet meer verse groente eten* ✦ *ze koopt elke week verse bloemen op de markt*

ver·schaf·fen [verschafte, heeft verschaft]
geven = bezorgen [iemand of iets verschaft iemand iets] ✦ *zijn werk heeft hem lange tijd veel vreugde verschaft*

ver·schei·de·ne [hoofdtelwoord]
meer dan één = verschillende, diverse ✦ *hij had al verscheidene cd's gemaakt voordat hij bekend werd*

de **ver·schei·den·heid**
een aantal zeer verschillende zaken = de variatie ✦ *hij vindt het interessant dat er een steeds grotere verscheidenheid aan culturen in de stad is*

ver·sche·nen *zie:* **verschijnen**

ver·scher·pen [verscherpte, heeft verscherpt]
strenger maken [iemand verscherpt iets] ✦ *de controles bij de grenzen werden verscherpt*

ver·scheu·ren [verscheurde, heeft verscheurd]
in stukken scheuren [iemand verscheurt iets] ✦ *hij heeft de foto van zijn vorige vriendin verscheurd*

het **ver·schiet**
iets ligt in het verschiet: iets gaat in de toekomst gebeuren ✦ *er lag voor hem een mooie toekomst als arts in het verschiet*

ver·schie·ten [verschoot, is verschoten]
1 (in België) opeens bang worden door iets dat plotseling gebeurt = schrikken [iemand verschiet (van iemand of iets)] ✦ *Sanne verschoot toen Kurt op haar schouder tikte*
2 van kleur verschieten: een andere kleur in je gezicht krijgen omdat je schrikt ✦ *de jongen verschoot van kleur toen iedereen naar hem keek*

•**ver·schij·nen** [verscheen, is verschenen]
1 zichtbaar worden; zich laten zien [iemand of iets verschijnt (aan iemand)] ✦ *er verschenen drie mensen op het toneel* ✦ *één voor één verschijnen de sterren aan de hemel*
2 klaar zijn om verkocht te worden [een boek, cd of film verschijnt] ✦ *er verschijnen tegenwoordig veel boeken over andere culturen*

de **ver·schij·ning** [verschijningen]
1 het moment waarop iets verschijnt (bet. 2) ✦ *er komt een feest vanwege de*

verschijning van het boek
2 een persoon zoals hij of zij eruitziet ✦ *de prinses was een interessante verschijning*

het •**ver·schijn·sel** [verschijnselen]
een gebeurtenis die je kunt zien en ervaren = het fenomeen ✦ *het is hier een heel gewoon verschijnsel dat winkels op zondag open zijn*

het •**ver·schil** [verschillen]
iets waarin een mens of een ding anders is dan een ander mens of een ander ding ✦ *er zijn grote verschillen tussen Afrika en Europa*
een verschil van mening: een kleine ruzie

•**ver·schil·len** [verschilde, heeft verschild]
op een bepaald punt anders zijn dan iets of iemand [dingen of mensen verschillen (van elkaar)] ✦ *de film verschilt erg van het boek*

•**ver·schil·lend** [bijvoeglijk naamwoord]
mensen of zaken die verschillend zijn, zijn op een bepaald punt anders ✦ *hoewel Daan en Chris broers zijn, zijn het twee heel verschillende jongens*

ver·schil·len·de [onbepaald voornaamwoord]
meer dan één = verscheidene ✦ *er kwamen verschillende vrienden op bezoek toen ik in het ziekenhuis lag*

het **ver·schot** (in België)
een plotselinge pijn in je rug die ontstaat door een verkeerde beweging = de spit

ver·scho·ten[1] [bijvoeglijk naamwoord]
kleren die verschoten zijn, zijn lichter van kleur geworden door de zon of door het wassen

ver·scho·ten[2] *zie:* **verschieten**

ver·scho·ven *zie:* **verschuiven**

•**ver·schrik·ke·lijk**[1] [bijvoeglijk naamwoord]
iets wat verschrikkelijk is, is heel vervelend en naar = afschuwelijk ✦ *hij heeft in de oorlog verschrikkelijke dingen meegemaakt*

•**ver·schrik·ke·lijk**[2] [bijwoord]
heel erg ✦ *we hebben verschrikkelijk gelachen* ✦ *ik ben verschrikkelijk bang in het donker*

de **ver·schrik·king** [verschrikkingen]
iets verschrikkelijks ✦ *de familie vluchtte voor de verschrikkingen van de oorlog*

ver·schrom·pe·len [verschrompelde, is verschrompeld]
klein en droog worden [iets verschrompelt] ✦ *na een week begonnen de appels te verschrompelen*

zich **ver·schui·len** [verschool zich, heeft zich verscholen]
zorgen dat je niet zichtbaar bent = zich verbergen [iemand verschuilt zich ergens] ✦ *omdat hij zijn vriendin wilde verrassen, verschool hij zich achter de bank*

ver·schui·ven [verschoof, heeft verschoven]
1 schuivend naar een andere plek brengen [iemand verschuift iets] ✦ *hij verschoof de bank om erachter te kunnen schoonmaken*
2 naar een andere plaats of tijd gaan = verzetten [iemand verschuift iets, bijv. een afspraak] ✦ *we hebben onze vakantie verschoven naar de herfst* ✦ *de aandacht van de politiek verschuift steeds meer naar de grote steden*

de **ver·schui·ving** [verschuivingen]
een langzame verandering ✦ *er heeft een verschuiving plaatsgevonden in het denken over onderwijs*

ver·schul·digd [bijvoeglijk naamwoord]
iemand die iets verschuldigd is, moet dat doen of betalen ✦ *het verschuldigde bedrag kunt u betalen bij de kassa*

de **ver·sie** [versies]
elk van de manieren waarop iets wordt verteld of uitgevoerd ✦ *de vrouw vertelde een heel andere versie van het verhaal dan haar man* ✦ *hij heeft een rol in de Nederlandse versie van de musical 'Chicago'*

ver·sie·ren [versierde, heeft versierd]
1 mooi en vrolijk maken met bijv. slingers of ballonnen [iemand versiert een ruimte] ✦ *omdat hij jarig was, versierde zijn broer de kamer met slingers*
2 verleiden tot seksueel contact [iemand versiert iemand] ✦ *hij versierde tijdens de vakantie iedere avond een ander meisje*
3 (informeel) regelen = ritselen [iemand versiert iets] ✦ *kun je kaartjes voor de tentoonstelling versieren?*

ver·slaafd [bijvoeglijk naamwoord]
iemand die verslaafd is, kan niet zonder

een bepaalde stof, bijv. alcohol of sigaretten ✦ *zij raakte verslaafd aan drugs en leeft nu op straat*

de **ver·slaaf·de** [verslaafden]
iemand die verslaafd* is aan iets, vooral aan drugs of alcohol

ver·slaan [versloeg, heeft verslagen]
1 van iemand winnen [iemand verslaat een tegenstander] ✦ *het leger versloeg de vijand*
2 voor de krant, de radio of de televisie beschrijven [iemand verslaat een gebeurtenis] ✦ *de journalist versloeg de gebeurtenissen in Engeland voor de televisie*

het **ver·slag** [verslagen]
een bericht of een verhaal over een toestand of een gebeurtenis = het rapport ✦ *de kinderen schreven een verslag over hun vakantie*

ver·sla·gen¹ [bijvoeglijk naamwoord]
als je verslagen bent, ben je erg somber doordat je iets vervelends hebt meegemaakt = ontredderd ✦ *na de vervelende boodschap van de directeur bleven de medewerkers verslagen achter*

ver·sla·gen² *zie:* **verslaan**

de **ver·slag·ge·ver** [verslaggevers] **ver·slag·geef·ster** [verslaggeefsters]
iemand die voor een krant of een programma op de televisie of de radio een verslag* maakt = de journalist

zich **ver·sla·pen** [versliep zich, heeft zich verslapen]
's morgens te lang blijven slapen [iemand verslaapt zich] ✦ *hij kwam te laat op zijn werk omdat hij zich had verslapen*

de **ver·sla·ving**
de keer dat iemand verslaafd* is ✦ *door zijn verslaving aan de medicijnen is hij nog zieker geworden*

ver·slech·te·ren [verslechterde, is verslechterd]
slechter worden = verergeren ⇔ verbeteren [iets verslechtert] ✦ *de toestand in het gebied verslechtert iedere dag*

ver·sle·ten *zie:* **verslijten**

ver·slij·ten [versleet, heeft versleten]
gebruiken tot er bijna niets meer over is [iemand verslijt iets, bijv. kleren] ✦ *de dekens waren helemaal versleten*

zich **ver·slik·ken** [verslikte zich, heeft zich verslikt]
verkeerd slikken waardoor er eten in je luchtpijp komt en je geen lucht meer kunt krijgen [iemand verslikt zich (in iets)]

ver·slin·den [verslond, heeft verslonden]
1 helemaal opeten [een roofdier verslindt iets] ✦ *de leeuw verslond het dier*
2 met veel plezier en snel lezen [iemand verslindt een boek] ✦ *als kind heb ik de boeken van Annie M.G. Schmidt verslonden*

ver·sloe·gen *zie:* **verslaan**

ver·slon·den *zie:* **verslinden**

de **ver·sna·pe·ring** [versnaperingen]
iets lekkers dat je tussen de maaltijden door eet = de lekkernij ✦ *een appel is een gezonde versnapering*

ver·snel·len [versnelde, is versneld]
sneller gaan ⇔ vertragen [iemand of iets versnelt] ✦ *de auto versnelde om voorbij de vrachtwagen te komen*

de **ver·snel·ling** [versnellingen]
1 het verhogen van snelheid ✦ *door de nieuwe machine kan een versnelling van het proces bereikt worden*
2 het systeem dat de kracht van een motor verandert in verschillende snelheden ✦ *de man zette zijn auto in de eerste versnelling en reed weg*

ver·spe·len [verspeelde, heeft verspeeld]
door je eigen schuld verliezen [iemand verspeelt iets] ✦ *hij verspeelde zijn kansen door de eerste twee wedstrijden te verliezen*

ver·sper·ren [versperde, heeft versperd]
afsluiten [iemand of iets verspert een weg of een ingang] ✦ *de boze chauffeurs versperden de weg met hun vrachtwagens*

ver·spil·len [verspilde, heeft verspild]
zonder nuttig doel gebruiken [iemand verspilt energie, water, tijd enz.] ✦ *als je geen gas wilt verspillen, doe dan de verwarming uit als je weggaat*

ver·sprei·den [verspreidde, heeft verspreid]
zorgen dat iets overal komt [iemand verspreidt iets] ✦ *dit blad wordt verspreid onder alle leden van de vereniging* ✦ *het dode dier verspreidde een vieze lucht*

zich **ver·sprei·den** [verspreidde zich, heeft

zich verspreid]
zich over een bepaald gebied verdelen [iets of een groep mensen verspreidt zich] ✦ *de agenten verspreidden zich over het park om het kind te zoeken* ✦ *het verhaal over het gedrag van de burgemeester verspreidde zich snel over de stad*

zich **ver·spre·ken** [versprak zich, heeft zich versproken]
iets zeggen wat je niet wilde zeggen [iemand verspreekt zich] ✦ *ze wilde nog niets zeggen over haar nieuwe baan, maar ze versprak zich toch*

•**ver·staan** [verstond, heeft verstaan]
1 horen wat er gezegd wordt [iemand verstaat iemand of iets] ✦ *kan iedereen mij goed verstaan?*
2 je vak verstaan: goed zijn in je vak ✦ *je kunt het beste je brood kopen bij Hofstede: die bakker verstaat zijn vak!*
3 iemand iets te verstaan geven: iemand iets duidelijk zeggen ✦ *de vrouw werd te verstaan gegeven dat zij niet welkom was*

•**ver·staan on·der** [verstond onder, heeft verstaan onder]
als betekenis geven aan iets [iemand verstaat iets onder iets] ✦ *hij verstaat iets anders onder trouw dan zijn vriendin*

het •**ver·stand**
de mogelijkheid om te denken en dingen te begrijpen = de rede ✦ *het meisje heeft een goed verstand* ✦ *als je je verstand gebruikt, begrijp je dat je met dit weer niet naar buiten moet gaan*
niet goed bij je verstand zijn: heel domme dingen doen ✦ *je lijkt wel niet goed bij je verstand!*
verstand van iets hebben: weten hoe iets moet
iemand iets aan het verstand brengen: iemand iets duidelijk maken

ver·stan·de·lijk [bijvoeglijk naamwoord]
iets wat verstandelijk is, heeft te maken met het verstand = rationeel
✦ *verstandelijk wist Tim dat hij een einde moest maken aan de relatie, maar zijn gevoel zei iets anders*

de **ver·stand·hou·ding**
de band of het begrip tussen twee of meer mensen of partijen = de betrekking, de relatie ✦ *de twee landen hebben een goede verstandhouding*

•**ver·stan·dig** [bijvoeglijk naamwoord]
verstandige mensen denken goed na voordat ze iets doen = wijs ⇔ onverstandig ✦ *het is verstandig om gezond te eten en veel te bewegen*

het **ver·stek**
1 verstek laten gaan: niet meedoen terwijl dat wel wordt verwacht ✦ *hij laat bij veel vergaderingen verstek gaan omdat hij geen tijd heeft*
2 bij verstek veroordeeld worden: een straf krijgen van de rechter terwijl je zelf niet aanwezig bent

de **ver·ste·ke·ling** [verstekelingen]
iemand die zich verbergt in een boot of een vliegtuig om gratis ergens heen te gaan

•**ver·ster·ken** [versterkte, heeft versterkt]
sterker maken = verstevigen [iemand of iets versterkt iets] ✦ *het grote aantal zieken versterkt de indruk dat het niet goed gaat met de organisatie* ✦ *het bedrijf versterkte zijn positie door het kopen van andere bedrijven*

de **ver·ster·ker** [versterkers]
een apparaat dat geluid harder laat klinken ✦ *zonder versterker en boxen kun je een cd-speler niet gebruiken*

de **ver·ster·king**
hulp in een moeilijke situatie ✦ *het leger kreeg versterking van troepen van de Verenigde Naties*

ver·ste·vi·gen [verstevigde, heeft of is verstevigd]
sterker maken = versterken [iets of iemand verstevigt iets] ✦ *het Spaanse bedrijf probeerde zijn positie in Latijns-Amerika te verstevigen* ✦ *toen het water in de rivier erg hoog kwam, werden de dijken verstevigd*

ver·sto·ken van [bijvoeglijk naamwoord]
iemand die verstoken is van iets, heeft iets niet dat hij of zij wel nodig heeft
✦ *door de oorlog waren veel mensen verstoken van eten en drinken*

ver·stom·men [verstomde, is verstomd]
verdwijnen zodat het stil wordt [geluid verstomt] ✦ *alle kritiek op de burgemeester verstomde toen ze een kind had gered*

ver·ston·den *zie:* **verstaan**

ver·stop·pen [verstopte, heeft verstopt]
iets naar een geheime plaats brengen,

zodat niemand het kan vinden = verbergen [iemand verstopt zichzelf, iets of iemand] ✦ *het kind verstopte zich achter de bank* ✦ *hij verstopte zijn geld onder zijn kleren*

ver·stopt [bijvoeglijk naamwoord]
als iets verstopt is, zit er iets vóór, waardoor er niets meer door kan ✦ *het is erg vervelend als de wc verstopt is* ✦ *de wegen rond de hoofdstad zijn iedere ochtend verstopt*

ver·sto·ren [verstoorde, heeft verstoord]
zorgen dat een bepaalde toestand niet zo blijft [iemand of iets verstoort een bepaalde toestand] ✦ *de rust in het bos werd verstoord door de aanleg van een weg*

ver·sto·ten [verstootte, heeft verstoten]
uit je omgeving wegsturen [iemand verstoot iemand] ✦ *het poesje werd door haar moeder verstoten* ✦ *de jongen is uit zijn groep vrienden verstoten*

ver·stre·ken *zie:* **verstrijken**

ver·strek·ken [verstrekte, heeft verstrekt]
geven = leveren [iemand verstrekt iets (aan iemand)] ✦ *de politie kon de journalisten geen informatie verstrekken over de oorzaak van het ongeluk* ✦ *door het leger werd eten en drinken verstrekt aan de mensen*

ver·strij·ken [verstreek, is verstreken]
verleden worden = voorbijgaan [tijd verstrijkt] ✦ *er zijn alweer een paar maanden verstreken sinds ik je zag*

ver·strooid [bijvoeglijk naamwoord]
verstrooide mensen zijn met hun gedachten niet helemaal aanwezig bij wat ze doen ✦ *de man was zo verstrooid dat hij zout in de koffie deed*

ver·stui·ken [verstuikte, heeft verstuikt]
door een verkeerde beweging pijn veroorzaken [iemand verstuikt een arm, een voet enz.]

ver·stu·ren [verstuurde, heeft verstuurd]
met de post sturen = verzenden, sturen [iemand verstuurt iets] ✦ *hij verstuurde met kerst dertig kaarten*

ver·sus [voorzetsel]
tegen; tegenover ✦ *het was een strijd van gevoel versus verstand*

•ver·ta·len [vertaalde, heeft vertaald]
in een andere taal zeggen of opschrijven [iemand vertaalt iets (in een andere taal)] ✦ *hij heeft het Duitse boek in het Nederlands vertaald*

•ver·ta·len in [vertaalde in, heeft vertaald in]
veranderen in iets anders = omzetten [iemand vertaalt iets in iets anders] ✦ *de overheid probeert het onderwerp 'veiligheid' te vertalen in concrete maatregelen*

de **ver·ta·ling** [vertalingen]
een tekst die vertaald is ✦ *lees je dat boek in het Engels of in een vertaling?* ✦ *wat is de Turkse vertaling van het woord 'hoofd'?*

de **•ver·te** [verten, vertes]
een punt dat ver weg ligt ✦ *in de verte zagen we een huisje*

ver·te·de·ren [vertederde, heeft vertederd]
een zacht en warm gevoel geven [iets of iemand vertedert iemand] ✦ *de baby vertederde iedereen*

ver·te·gen·woor·di·gen [vertegenwoordigde, heeft vertegenwoordigd]
1 ergens zijn voor andere mensen = representeren [iemand vertegenwoordigt iemand] ✦ *op de vergadering met de gemeente vertegenwoordigde Bram de club* ✦ *de partij is met tien mensen in het parlement vertegenwoordigd*
goed vertegenwoordigd zijn: met veel mensen aanwezig zijn
2 die betekenis of die waarde hebben = symboliseren [iets vertegenwoordigt iets] ✦ *die briefje vertegenwoordigt € 6000,-*

de **•ver·te·gen·woor·di·ger** [vertegenwoordigers] **ver·te·gen·woor·dig·ster** [vertegenwoordigsters]
1 iemand die ergens komt namens een persoon of een organisatie ✦ *de man kwam naar de rechtbank als vertegenwoordiger van het slachtoffer*
2 iemand die voor een bedrijf of voor een fabriek producten verkoopt aan winkels

de **ver·te·gen·woor·di·ging** [vertegenwoordigingen]
een groep mensen die iets doet namens een grotere groep mensen = de delegatie

•ver·tel·len [vertelde, heeft verteld]
met gesproken woorden zeggen [ie-

mand vertelt iets] ✦ *hij vertelde een leuk verhaal over zijn vakantie*

de **ver·tel·ling** [vertellingen]
iets dat verteld wordt = het verhaal ✦ *de film was een prachtige vertelling over het gewone leven van mensen in Guatemala*

ver·te·ren [verteerde]
1 [heeft verteerd] in je lichaam nuttige stoffen uit het eten halen [iemand verteert eten] ✦ *de patiënt mag alleen eten krijgen dat makkelijk te verteren is*
iets niet kunnen verteren: iets niet kunnen aanvaarden ✦ *ze kon het niet verteren dat ze die baan niet had gekregen*
2 [is verteerd] langzaam veranderen in ontlasting [voedsel verteert] ✦ *vlees verteert langzamer dan fruit*
3 [is verteerd] langzaam verdwijnen door een natuurlijk chemisch proces [iets verteert] ✦ *een appel op de grond verteert in een paar dagen*

ver·ti·caal [bijvoeglijk naamwoord]
een verticale lijn loopt van boven naar beneden, en niet van links naar rechts ⇔ horizontaal

het **ver·tier**
iets dat je plezier geeft = het amusement ✦ *de radio was het enige vertier dat ze hadden*

ver·tik·ken [vertikte, heeft vertikt] (informeel)
het vertikken om ...: iets beslist niet willen doen ✦ *het kind vertikt het om aardappels te eten*

ver·toe·ven [vertoefde, heeft vertoefd] (formeel)
zich bevinden; verblijven [iemand vertoeft ergens] ✦ *zij vertoeft tegenwoordig in het buitenland*

ver·tol·ken [vertolkte, heeft vertolkt]
1 uitdrukken; laten horen of laten zien [iemand vertolkt iets] ✦ *het boek vertolkt de gevoelens van veel mensen*
2 spelen of zingen voor publiek = uitvoeren [iemand vertolkt een toneelrol, een muziekpartij enz.] ✦ *Toneelgroep Amsterdam vertolkt dit jaar twee toneelstukken van Shakespeare*

de **ver·tol·king** [vertolkingen]
de wijze waarop iets gespeeld of gezongen wordt = de uitvoering ✦ *in de vertolking van Marco Borsato klinkt dat lied opeens heel lief*

°ver·to·nen [vertoonde, heeft vertoond]
laten zien [iemand of iets vertoont iets] ✦ *de kinderen vertoonden hun kunsten aan het publiek*
gelijkenis vertonen met iets: lijken op iets ✦ *dit boek vertoont een opvallende gelijkenis met een ander boek dat ik onlangs gelezen heb*

zich **°ver·to·nen** [vertoonde zich, heeft zich vertoond]
je laten zien [iemand vertoont zich] ✦ *in die vieze kleren kun je je niet vertonen*

de **ver·to·ning** [vertoningen]
1 iets dat vertoond wordt ✦ *gisteren was de eerste vertoning van een film over Bosnië*
2 een gebeurtenis die een slechte indruk maakt ✦ *na de teleurstellende vertoning van gisteren kreeg de ploeg veel kritiek*

het **ver·toon**
de keer dat je iets laat zien
met groot vertoon van iets, bijv. macht: waarbij je laat zien dat je veel macht hebt
op vertoon van iets: als je iets kunt laten zien ✦ *je mag hier alleen naar binnen op vertoon van een pasje*
het uiterlijk vertoon: het gebruik van dingen om een goede indruk te maken ✦ *de prins liet zich met veel uiterlijk vertoon door de straten rijden*

ver·tra·gen [vertraagde]
1 [heeft vertraagd] zorgen dat iets langzamer gaat [iemand of iets vertraagt iets] ✦ *het slechte weer heeft de treinen in het hele land vertraagd*
2 [is vertraagd] langzamer gaan [iets of iemand vertraagt] ✦ *de auto vertraagde en stopte voor de deur*

de **ver·tra·ging** [vertragingen]
de keer dat iets vertraagt* of vertraagd* is ✦ *we kwamen te laat, omdat de trein vertraging had* vervoer

het **°ver·trek** [vertrekken]
1 [geen meervoud] het moment waarop je weggaat ✦ *sinds het vertrek van onze buren is het stil in onze straat*
2 de kamer ✦ *in het paleis zijn twintig vertrekken*

°ver·trek·ken [vertrok]
1 [is vertrokken] weggaan [iemand of iets vertrekt] ✦ *morgen vertrekken ze naar Griekenland* ✦ *de trein vertrekt vandaag van spoor 7a*

2 [heeft vertrokken] in een andere stand zetten [iemand vertrekt zijn mond of gezicht] ✦ *toen het meisje het vieze eten proefde, vertrok ze haar gezicht*

ver·troe·te·len [vertroetelde, heeft vertroeteld]
met veel liefde verzorgen = verwennen [iemand vertroetelt iemand] ✦ *het kleine kind werd vertroeteld door zijn oma's*

ver·trok·ken *zie:* **vertrekken**

ver·trouwd[1] [bijvoeglijk naamwoord]
1 aan vertrouwde mensen of dingen ben je gewend ✦ *hij was blij dat hij weer thuis was in zijn vertrouwde omgeving*
2 als iets vertrouwd is, kun je erop vertrouwen ✦ *is het wel vertrouwd om de kinderen bij die vreemde mensen te laten spelen?*

ver·trouwd[2] *zie:* **vertrouwen**

ver·trouwd met [bijvoeglijk naamwoord]
iemand die vertrouwd is met iets, kent het en kan ermee werken ✦ *voor een baan bij ons bedrijf moet je vertrouwd zijn met computers*

ver·trou·we·lijk [bijvoeglijk naamwoord]
1 iets wat vertrouwelijk is, mag niet algemeen bekend worden ✦ *deze brief is vertrouwelijk, dus je mag aan niemand vertellen wat erin staat*
2 mensen die vertrouwelijk met elkaar omgaan, kennen elkaar goed en vertrouwen elkaar = intiem

het **•ver·trou·wen**[1]
het geloof dat je iemand kunt vertrouwen of dat iets goed zal gaan ⇔ het wantrouwen ✦ *ik heb er alle vertrouwen in dat het zal lukken*

•ver·trou·wen[2] [vertrouwde, heeft vertrouwd]
geloven dat iemand eerlijk is ⇔ wantrouwen [iemand vertrouwt iemand] ✦ *bij hem kun je beter niets kopen, want ik vertrouw hem niet*

•ver·trou·wen op [vertrouwde op, heeft vertrouwd op]
geloven dat iets goed zal gaan of dat iemand iets goed zal doen [iemand vertrouwt op iemand of iets] ✦ *ik vertrouw erop dat je dit aan niemand zult vertellen*

ver·twij·feld [bijvoeglijk naamwoord]
als je vertwijfeld bent, ben je bang dat het niet goed zal komen ✦ *vertwijfeld vroeg ze zich af of ze wel op tijd zou komen*

ver·uit [bijwoord]
met groot verschil = verreweg ✦ *Jacqueline is veruit de beste kapster van Leiden*

ver·vaar·di·gen [vervaardigde, heeft vervaardigd] (formeel)
maken [iemand vervaardigt iets] ✦ *hij heeft de tafel zelf vervaardigd*

ver·vaar·lijk [bijvoeglijk naamwoord]
vervaarlijke mensen of dingen zien er gevaarlijk uit ✦ *de hond heeft vervaarlijke tanden*

het **ver·val**
de toestand dat iets slechter wordt ✦ *de bewoners verzetten zich tegen het verval van hun buurt*

ver·val·len [verviel, is vervallen]
1 langzaam slechter worden [gebouwen, buurten enz. vervallen] ✦ *sinds het huis leeg staat, is het langzaam aan het vervallen*
2 niet meer gelden [iets vervalt] ✦ *u hoeft niet alles te beantwoorden, want vraag 10 is vervallen*
3 zonder dat je het wilt in een bepaalde toestand komen of iets doen [iemand vervalt in of tot iets] ✦ *het gezin is tot armoede vervallen* ✦ *als je weer gaat roken, verval je in dezelfde fout als vroeger*

ver·val·len aan [verviel aan, is vervallen aan]
overgaan naar een nieuwe eigenaar [iets vervalt aan iemand] ✦ *zijn geld vervalt aan de staat*

•ver·van·gen [verving, heeft vervangen]
de plaats van iets of iemand innemen [iemand of iets vervangt iemand of iets] ✦ *omdat mijn computer vaak kapot is, moet hij vervangen worden* ✦ *de dokter wordt tijdens zijn vakantie vervangen door een collega*

de **ver·ve**
met verve: als je iets met verve doet, doe je het goed en met plezier ✦ *ze speelde de rol van oude dame met verve*

•ver·ve·len [verveelde, heeft verveeld]
niet leuk zijn; de aandacht niet kunnen vasthouden [iemand of iets verveelt iemand] ✦ *het boek verveelt me, dus ik stop met lezen*

zich **•ver·ve·len** [verveelde zich, heeft zich verveeld]

niet weten wat je moet doen [iemand verveelt zich] ✦ *de kinderen verveelden zich in de vakantie*

•ver·ve·lend [bijvoeglijk naamwoord]
iets wat vervelend is, is helemaal niet fijn; iemand die vervelend is, is helemaal niet aardig = onaangenaam, naar ✦ *wat vervelend dat je ziek bent* ✦ *Ernest vindt zijn baas een vervelende man*

ver·ven [verfde, heeft geverfd]
met verf* kleur geven [iemand verft iets (in een bepaalde kleur)] ✦ *hij verft de deur groen*

ver·vin·gen *zie:* **vervangen**

het **•ver·voer**
de middelen waarmee mensen en dingen vervoerd* kunnen worden ✦ *ze wil morgen naar Antwerpen, maar ze heeft nog geen vervoer* vervoer
het openbaar vervoer: de vervoermiddelen die voor iedereen zijn, zoals de trein, de bus, de tram enz.

Vervoer

Als je ergens heen wilt, kun je kiezen tussen eigen vervoer (auto, fiets) of openbaar vervoer (trein, bus, tram).

Heel veel mensen in Nederland en België hebben een **auto**. Als je 18 jaar of ouder bent, mag je autorijden, als je tenminste je rijbewijs hebt gehaald. In Nederland is er een maximumsnelheid: op de snelwegen mag je niet harder dan 100 of 120 kilometer per uur. In België is dat 120. Wie te hard rijdt, kan geflitst worden door een flitspaal (in België heet dat: een onbemande camera): een toestel langs de weg meet hoeveel je te hard rijdt en maakt een foto van je nummerbord. Vervolgens krijg je via de post een bekeuring.
Op de Nederlandse snelwegen, vooral in de Randstad, staan tijdens de spits vaak files. In België zijn vaak files op de ring rond Brussel. Daarom kiezen veel mensen voor het **openbaar vervoer**. Wie met de trein gaat, heeft geen last van files, maar treinen hebben soms vertraging. Er zijn stoptreinen, sneltreinen en intercity's. Stoptreinen stoppen op alle stations, sneltreinen stoppen niet op de kleinere stations, en intercity's stoppen alleen in de grote steden. Voor de trein koop je een kaartje op het station, dat je in de trein moet laten zien aan de conducteur. Je kunt een enkeltje of een retourtje kopen. Mensen die bijna iedere dag in de trein zitten, hebben een jaarkaart (in België: een abonnement) zodat ze niet iedere keer een los kaartje hoeven te kopen. Bovendien is het goedkoper.
De NS (Nederlandse Spoorwegen) is het bedrijf dat het vervoer per trein in Nederland verzorgt. In België is dat de NMBS (Nationale Maatschappij der Belgische Spoorwegen).

In de **stad** kun je de stadsbus, de tram of de metro nemen. Hiervoor heb je een strippenkaart (in België: lijnkaart) nodig. Je koopt die o.a. op het station of op het postkantoor en je laat hem afstempelen door de buschauffeur of de tramconducteur. Alleen de grote steden hebben een tram, en alleen Rotterdam, Amsterdam en Brussel hebben een metro. Naast stadsbussen zijn er ook streekbussen, die van de ene naar de andere plaats rijden en onderweg door allerlei dorpen en steden komen. De interliner (in België: snelbus) rijdt ook tussen grote plaatsen, maar deze bus stopt alleen in de steden. In de steden rijden ook veel taxi's.

Het meestgebruikte vervoermiddel is de **fiets**. Bijna iedereen heeft een of meer fietsen, en veel mensen die niet verder dan vijf kilometer van hun werk of school wonen, gaan daar met de fiets heen. Je hebt geen last van files of vertragingen en het is goedkoop! Een nadeel is wel dat het in Nederland en België zo vaak regent …

milieu

ver·voe·ren [vervoerde, heeft vervoerd]
van de ene plaats naar de andere brengen = transporteren [iemand vervoert iemand of iets] ✦ *ik weet niet hoe ik dit grote pak naar huis moet vervoeren*

het **ver·voer·mid·del** [vervoermiddelen]
een middel om iemand of iets mee te vervoeren* ✦ *de fiets is met deze regen geen geschikt vervoermiddel*

het **ver·volg** [vervolgen]
een deel dat volgt op een eerder deel ✦ *morgen komt het vervolg van de serie op televisie*

•**ver·vol·gen** [vervolgde, heeft vervolgd]
1 doorgaan met wat je aan het doen was [iemand vervolgt een activiteit] ✦ *hij kon zijn werk niet vervolgen, doordat zijn computer kapot ging*
2 voor de rechter brengen = aanklagen [iemand vervolgt iemand] ✦ *S. van der A. wordt vervolgd wegens moord*
rechtspraak
3 iemand volgen met de bedoeling hem kwaad te doen [iemand vervolgt iemand] ✦ *ze zijn gevlucht omdat ze vanwege hun geloof vervolgd werden*

•**ver·vol·gens** [bijwoord]
daarna ✦ *eerst werd de jongen boos en vervolgens begon hij te huilen*

het **ver·volg·on·der·wijs**
het onderwijs na de basisschool
onderwijs

ver·vreem·den van [vervreemdde van, is vervreemd van]
je minder verbonden voelen met iemand of iets [iemand vervreemdt van iemand of iets] ✦ *de twee vrienden hadden elkaar al zo lang niet meer gezien, dat ze van elkaar vervreemd waren*

ver·vui·len [vervuilde, heeft vervuild]
vuilmaken = verontreinigen [iemand of iets vervuilt iets] ✦ *de industrie vervuilt de rivieren*

de **ver·vui·ling**
de toestand dat iets, vooral het milieu, erg vuil gemaakt is = de verontreiniging ✦ *veel vissen gingen dood door de vervuiling van het water*

•**ver·vul·len** [vervulde, heeft vervuld]
1 doen = uitoefenen [iemand vervult iets, bijv. een taak of een functie] ✦ *vijftien jaar lang vervulde hij de functie van burgemeester van de stad*
2 zorgen dat er gebeurt wat iemand wenst of hoopt [iemand vervult een wens, een verwachting] ✦ *hun wens om een kind te krijgen werd vervuld*

ver·waand [bijvoeglijk naamwoord]
verwaande mensen vinden zichzelf erg goed = arrogant ✦ *veel mensen denken dat Frederique verwaand is, maar in werkelijkheid is ze heel verlegen*

ver·waar·lo·zen [verwaarloosde, heeft verwaarloosd]
niet of slecht verzorgen [iemand verwaarloost iemand of iets] ✦ *de vorige bewoners hebben het huis verwaarloosd*

•**ver·wach·ten** [verwachtte, heeft verwacht]
denken dat iets zal gebeuren [iemand verwacht iemand of iets] ✦ *we verwachten het bezoek om ongeveer negen uur* ✦ *ze verwacht dat ze slaagt voor het examen* ✦ *zij verwacht in oktober haar tweede kind*

de •**ver·wach·ting** [verwachtingen]
de gedachte dat iets zal gebeuren ✦ *de leraar sprak de verwachting uit dat iedereen zou slagen*
in verwachting zijn: een kind in je buik dragen

de **ver·want**[1] [verwanten]
iemand die familie van je is = het familielid ✦ *door zijn drukke baan heeft hij weinig tijd voor zijn vrienden en verwanten*

ver·want[2] [bijvoeglijk naamwoord]
verwante mensen of dingen zijn met elkaar verbonden of lijken op elkaar ✦ *het Nederlands en het Engels zijn verwante talen*

ver·ward [bijvoeglijk naamwoord]
1 verwarde dingen zijn niet geordend maar rommelig ✦ *ze had verwarde haren van het fietsen* ✦ *hij vertelde een verward verhaal dat niemand snapte*
2 verwarde mensen weten niet goed waar ze zijn of wat ze moeten doen ✦ *verward door alle aandacht die hij kreeg, ging hij weer zitten*

ver·war·men [verwarmde, heeft verwarmd]
warm maken [iemand of iets verwarmt iets] ✦ *het vuur verwarmde de ruimte*

de •**ver·war·ming** [verwarmingen]
een installatie om gebouwen mee te verwarmen* ✦ *het is hier koud, want de verwarming is uit*

ver·war·ren [verwarde, heeft verward]
1 denken dat iemand een ander is of dat iets iets anders is [iemand verwart iemand of iets met iemand of iets anders] ✦ *ik denk dat je me met Sylvia verwart; dat is mijn zus*
2 zorgen dat iemand niet goed weet waar hij is of wat hij moet doen [iets verwart iemand] ✦ *het verwarde hem dat hij uit zoveel producten kon kiezen*

de **ver·war·ring**
de toestand dat mensen verward* (bet. 2) zijn ✦ *de dief veroorzaakte een brandje en kon vluchten in de verwarring die toen ontstond* ✦ *hij verliet de kamer om zijn verwarring te verbergen*

het **ver·weer**
de dingen die je zegt of doet om je te beschermen = de verdediging ✦ *de rechter geloofde geen woord van zijn verweer*

ver·wek·ken [verwekte, heeft verwekt]
in de buik van een vrouw of een vrouwtjesdier doen ontstaan [een man of een mannetjesdier verwekt een kind of een jong] ✦ *Adam verwekte een kind bij Eva*

ver·wel·ko·men [verwelkomde, heeft verwelkomd]
bij aankomst groeten [iemand verwelkomt iemand] ✦ *mevrouw Zonneveld verwelkomde haar gasten*

ver·wend [bijvoeglijk naamwoord]
iemand die verwend is, heeft zo vaak gekregen wat hij wilde, dat hij daardoor een vervelende persoon geworden is ✦ *het dochtertje van de buren is een verwend kind*

ver·wen·nen [verwende, heeft verwend]
1 met liefde verzorgen = vertroetelen [iemand verwent iemand] ✦ *ze kocht nieuwe kleren om zichzelf eens te verwennen*
2 iemand zo vaak geven wat hij wil, dat hij eraan gewend raakt en zo een vervelende persoon wordt [iemand verwent iemand] ✦ *Jasper krijgt zelden snoep, omdat zijn ouders hem niet willen verwennen*

ve

de **ver·wen·sing** [verwensingen]
een uitspraak waarmee je wenst dat iemand iets slechts gebeurt = de vloek

zich **ver·we·ren** [verweerde zich, heeft zich verweerd]
iets zeggen of doen om jezelf te beschermen = zich verdedigen [iemand verweert zich (tegen iets)] ✦ *ze kon zich niet verweren tegen de klappen die ze kreeg*

ver·wer·ken [verwerkte, heeft verwerkt]
1 iets gebruiken om er iets van te maken [iemand verwerkt iets (tot iets of in iets)] ✦ *in de fabriek verwerken ze vlees tot kattenvoer*
2 over iets nadenken en het leren aanvaarden [iemand verwerkt iets, meestal een nare gebeurtenis] ✦ *ze heeft de dood van haar man nog niet verwerkt*

ver·wer·pe·lijk [bijvoeglijk naamwoord]
iets wat verwerpelijk is, is slecht en kan niet goedgekeurd worden ✦ *de jongen maakte een verwerpelijke opmerking over buitenlanders*

ver·wer·pen [verwierp, heeft verworpen]
niet goedkeuren; slecht vinden; niet aannemen [iemand verwerpt iets] ✦ *het bestuur heeft het voorstel verworpen*

ver·wer·ven [verwierf, heeft verworven]
iets krijgen door er je best voor te doen [iemand verwerft iets] ✦ *het museum heeft enkele schilderijen van Rembrandt verworven*

ver·we·ten *zie:* **verwijten**

ver·we·zen·lij·ken [verwezenlijkte, heeft verwezenlijkt]
zorgen dat iets werkelijkheid wordt = realiseren [iemand verwezenlijkt iets] ✦ *hij heeft veel ideeën, maar hij verwezenlijkt ze nooit*

ver·wier·pen *zie:* **verwerpen**

ver·wier·ven *zie:* **verwerven**

•**ver·wij·de·ren** [verwijderde, heeft verwijderd]
zorgen dat iemand of iets verdwijnt = weghalen [iemand verwijdert iemand of iets] ✦ *vorige week is het beeld verwijderd dat op het plein stond*

zich •**ver·wij·de·ren** [verwijderde zich, heeft zich verwijderd]
weggaan [iemand of iets verwijdert zich] ✦ *de leraren verwijderden zich om het examen van de student te beoordelen*

het **ver·wijt** [verwijten]
een opmerking waarmee je laat weten dat iemand iets verkeerd heeft gedaan ✦ *hij maakte haar het verwijt dat ze te langzaam werkte*

ver·wij·ten [verweet, heeft verweten]

tegen iemand zeggen dat hij iets verkeerd heeft gedaan [iemand verwijt iemand iets] ✦ *de patiënt verweet de arts dat hij hem verkeerde medicijnen had gegeven*

ver·wij·zen naar [verwees naar, heeft verwezen naar]
1 naar een andere plaats of persoon sturen [iemand verwijst iemand naar iemand of iets] ✦ *de ambtenaar verwees mevrouw De Vries naar zijn collega* ✦ *de huisarts verwees de vrouw naar een specialist in het ziekenhuis*
2 iets noemen dat over hetzelfde onderwerp gaat = refereren aan [iemand verwijst naar iets] ✦ *de professor verwijst in zijn artikel naar een onderzoek uit 2001*

de **ver·wik·ke·ling** [verwikkelingen]
een gebeurtenis die ervoor zorgt dat iets moeilijker wordt = de complicatie ✦ *ze hebben de plannen door allerlei verwikkelingen nog niet kunnen uitvoeren*

ver·wis·se·len [verwisselde, heeft verwisseld]
1 iets op de plaats van iets anders zetten [iemand verwisselt iets] ✦ *hij is er trots op dat hij zelf de band van zijn auto verwisseld heeft*
2 denken dat iemand een ander is [iemand verwisselt iemand met iemand anders] ✦ *zijn baas verwisselt Ralf altijd met zijn collega*

ver·woed [bijvoeglijk naamwoord]
iemand die iets verwoed doet, doet dat op een felle manier ✦ *Elsbeth deed een verwoede poging om de bal van Hagar af te pakken*

ver·woes·ten [verwoestte, heeft verwoest]
totaal kapotmaken [iemand of iets verwoest iets] ✦ *het leger verwoestte de stad*

ver·won·den [verwondde, heeft verwond]
zorgen dat iemand gewond raakt [iemand verwondt een mens of een dier] ✦ *de jongen verwondde zijn tegenstander met een mes*

•ver·won·de·ren [verwonderde, heeft verwonderd]
een verrassing zijn voor iemand = verbazen [iets verwondert iemand] ✦ *het verwonderde haar dat de winkels gesloten waren*

zich **•ver·won·de·ren over** [verwonderde zich over, heeft zich verwonderd over]
iets een verrassing vinden = zich verbazen [iemand verwondert zich over iets] ✦ *Erwin verwonderde zich over de prestaties van zijn zoon*

de **ver·won·de·ring**
het gevoel dat je hebt als er iets gebeurt wat je niet verwacht = de verbazing ✦ *ze keken met verwondering naar de prestaties van hun dochter*

ver·won·der·lijk [bijvoeglijk naamwoord]
als iets verwonderlijk is, ben je er verwonderd over = verbazingwekkend ✦ *ik vind het niet verwonderlijk dat hij geslaagd is voor zijn examen*

de **ver·won·ding** [verwondingen]
een plaats op het lichaam waar je verwond* bent ✦ *het slachtoffer werd met zware verwondingen naar het ziekenhuis gebracht*

ver·woor·den [verwoordde, heeft verwoord]
in woorden uitdrukken [iemand verwoordt iets] ✦ *ze vond het moeilijk om haar gedachten te verwoorden*

ver·wor·den tot [verwerd tot, is verworden tot]
langzaam in een slechte toestand komen = ontaarden in [iets verwordt tot iets] ✦ *de buurt is verworden tot een puinhoop*

ver·wor·pen *zie:* **verwerpen**

ver·wor·ven *zie:* **verwerven**

ver·zach·ten [verzachtte, heeft verzacht]
zachter of minder erg maken [iets of iemand verzacht iets] ✦ *de patiënt kreeg een medicijn om de pijn te verzachten*

ver·za·digd [bijvoeglijk naamwoord]
1 als je verzadigd bent, heb je genoeg gegeten ✦ *na de maaltijd waren alle gasten verzadigd*
2 als iets verzadigd is, is het helemaal vol met iets ✦ *de doek is verzadigd met water* ✦ *de markt voor mobiele telefoons is helemaal verzadigd*

•ver·za·me·len [verzamelde, heeft verzameld]
1 bij elkaar brengen [iemand verzamelt dingen] ✦ *hij verzamelt petten van de politie uit verschillende landen*
2 bij elkaar komen [mensen verzamelen] ✦ *hoe laat moeten we verzamelen?*

Verzekeringen

Voor veel dingen ben je in Nederland **automatisch verzekerd** bij de overheid. Iedereen die 65 jaar of ouder is, krijgt een AOW-uitkering. Mensen die worden ontslagen, krijgen een WW-uitkering en mensen die niet meer kunnen werken omdat ze ziek zijn, krijgen een WAO-uitkering of een WAZ-uitkering. Mensen die geen geld hebben en die geen andere uitkering kunnen krijgen, ontvangen een bijstandsuitkering.
Iedere Nederlander is via de AWBZ verzekerd voor de zorg die nodig is als je langdurig ziek, gehandicapt of oud bent.

In België worden andere woorden gebruikt voor deze **uitkeringen**. De AOW-uitkering heet er het wettelijk pensioen. De WW-steun is het stempelgeld (naast: werkloosheidsuitkering). Wie ziek is, krijgt een ziekte-uitkering via het ziekenfonds. Bij een langdurige of blijvende ziekte, betaalt het Riziv een invaliditeitsuitkering uit. Wie geen andere steun kan krijgen, krijgt een uitkering van het OCMW.

Werknemers sparen via hun werkgever voor hun **pensioen**. Veel mensen sparen ook nog zelf om een hoger pensioen te krijgen of om eerder te kunnen stoppen met werken. Mensen die zelfstandig werken, moeten zelf voor hun pensioen zorgen.

Bijna iedereen heeft een **zorgverzekering**. In Nederland zijn mensen die minder dan een bepaald bedrag verdienen, voor ziektekosten verplicht verzekerd bij het ziekenfonds. Mensen die meer verdienen, kunnen zich verzekeren bij een particuliere verzekeringsmaatschappij. In België zit iedereen in het ziekenfonds.

Verder hebben de meeste Nederlanders en Belgen een **WA-verzekering**. Als je buiten je schuld schade veroorzaakt, wordt die door deze verzekering vergoed. In België heet dit: de BA-verzekering of de familiale verzekering.

Als je een **auto** hebt, is het verplicht om een WA-verzekering voor je auto te hebben. Daarnaast bestaat er een cascoverzekering (in België: omniumverzekering) voor de schade aan de auto zelf.

De spullen in je huis, de **inboedel**, kun je verzekeren met een inboedelverzekering. Als je een eigen huis hebt, verzeker je dat met een opstalverzekering, bijvoorbeeld tegen brand. Belgen spreken gewoon van een woningverzekering.

Als je een **levensverzekering** hebt, krijgen je man, vrouw of kinderen geld als je overlijdt.

Er bestaan nog allerlei andere verzekeringen: een kostbaarhedenverzekering voor dure spullen zoals sieraden, een reisverzekering voor als je op reis gaat en een rechtsbijstandsverzekering voor de kosten van advocaten.

ve

afkortingen

WA	=	Wettelijke Aansprakelijkheid
AWBZ	=	Algemene Wet Bijzondere Ziektekosten
BA	=	Burgerlijke Aansprakelijkheid
AOW	=	Algemene Ouderdomswet
WW	=	Werkloosheidswet

Verzekeringen (vervolg)

WAZ	=	Wet Arbeidsongeschiktheidsverzekering Zelfstandigen
Riziv	=	Rijksinstituut voor Ziekte- en Invaliditeitsverzekering
OCMW	=	Openbaar Centrum voor Maatschappelijk Welzijn

gezondheid
belasting
geld

de **ver·za·me·ling** [verzamelingen]
het geheel van dingen die iemand verzameld (bet. 1) heeft = de collectie ✦ *hij liet mij zijn verzameling boeken zien*

ver·zeild [bijvoeglijk naamwoord]
ergens verzeild raken: toevallig ergens komen ✦ *de jongens waren verkeerd gereden en in Schipluiden verzeild geraakt*
verzeild raken in iets: in een vervelende situatie komen ✦ *de burgemeester is in een ruzie met de gemeente verzeild geraakt*

de **ver·ze·ke·raar** [verzekeraars]
een bedrijf dat verzekeringen* (bet. 1) verkoopt = de verzekeringsmaatschappij ✦ *na het ongeluk kregen we geld van de verzekeraar voor een nieuwe auto*

°ver·ze·ke·ren [verzekerde, heeft verzekerd]
1 zeggen dat iets zeker gebeurt = garanderen [iemand verzekert iets] ✦ *ik verzeker u dat het werk over een week af is*
2 een verzekering* (bet. 1) nemen voor iets [iemand verzekert iets (tegen iets)] ✦ *zij hebben hun huis tegen brand verzekerd*

zich **°ver·ze·ke·ren van** [verzekerde zich van, heeft zich verzekerd van]
zorgen dat je iets zeker krijgt [iemand verzekert zich van iets] ✦ *door te reserveren hebben we ons verzekerd van plaatsen*

de **ver·ze·ke·ring** [verzekeringen]
1 een overeenkomst met een bedrijf waarbij jij elk jaar geld aan hen betaalt en zij geld aan jou betalen als er iets naars gebeurt, bijv. als er iets wordt gestolen of als je ziek wordt ✦ *toen mijn tas gestolen was, kreeg ik geld terug van de verzekering*
een familiale verzekering: (in België) een verplichte verzekering die betekent dat je verantwoordelijk bent voor schade die je veroorzaakt verzekeringen
2 de verklaring dat iets zeker is = de garantie ✦ *we kregen de verzekering dat het een veilige buurt was*

de **ver·ze·ke·rings·maat·schap·pij** [verzekeringsmaatschappijen]
een bedrijf dat verzekeringen* (bet. 1) verkoopt = de verzekeraar ✦ *ik heb al mijn verzekeringen bij één verzekeringsmaatschappij afgesloten* verzekeringen

ver·zen·den [verzond, heeft verzonden]
naar een andere plaats sturen = versturen [iemand verzendt iets, meestal een brief of een pakje] ✦ *de handelaar beloofde het pakje direct te verzenden*

het **°ver·zet**[1] [geen meervoud]
gedrag waarmee je probeert te voorkomen dat er iets gebeurt wat je niet wilt = de tegenstand ✦ *het verzet tegen de plannen van de minister was groot*

ver·zet[2] *zie:* **verzetten**

°ver·zet·ten [verzette, heeft verzet]
op een andere plaats zetten = verplaatsen [iemand verzet iets] ✦ *er waren drie sterke mannen nodig om de kast te verzetten*
veel werk verzetten: veel werk doen ✦ *we moeten nog veel werk verzetten voordat de opdracht af is*

zich **°ver·zet·ten** [verzette zich, heeft zich verzet]
proberen te voorkomen dat er iets gebeurt wat je niet wilt [iemand verzet zich (tegen iets of iemand)] ✦ *de bevolking verzette zich tegen de regering*

ver·zie·ken [verziekte, heeft verziekt]
zorgen dat iets slecht wordt = verpesten [iemand verziekt iets] ✦ *hij heeft met zijn vervelende opmerkingen de sfeer verziekt*

ver·zil·ve·ren [verzilverde, heeft verzilverd]
1 met zilver bedekken [iemand verzilvert iets] ✦ *ze hebben het eerste schoentje van hun zoontje laten verzilveren*
2 inwisselen voor geld [iemand verzilvert een papier met een zekere waarde, bijv. een cheque]

ver·zin·nen [verzon, heeft verzonnen]
bedenken [iemand verzint iets] ✦ *we moeten nog verzinnen wat we in de vakantie gaan doen* ✦ *hij heeft het hele verhaal verzonnen!*

ver·zoch·ten *zie:* **verzoeken**

het **ver·zoek** [verzoeken]
de vraag of iemand iets wil doen ✦ *we kregen het verzoek om op zondag te werken*

ver·zoe·ken [verzocht, heeft verzocht]
iemand vragen of hij of zij iets wil doen [iemand verzoekt iemand (om) iets] ✦ *de chauffeur verzocht iedereen in te stappen*

ver·zoe·nen [verzoende, heeft verzoend]
zorgen dat er weer vrede komt tussen twee partijen [iemand verzoent iemand met iemand anders] ✦ *de agent kon de vechtende jongens met elkaar verzoenen*

zich **ver·zoe·nen met** [verzoende zich met, heeft zich verzoend met]
iets aanvaarden wat je eerst niet goedvond [iemand verzoent zich met iets] ✦ *ze heeft zich verzoend met de gedachte dat ze nooit zal trouwen*

ver·zon·den *zie:* **verzenden**

ver·zon·nen *zie:* **verzinnen**

•**ver·zor·gen** [verzorgde, heeft verzorgd]
1 zorgen dat iemand of iets krijgt wat nodig is [iemand verzorgt iemand of iets] ✦ *als wij op vakantie gaan, verzorgt mijn moeder onze kat*
2 zorgen dat alles wat nodig is, gebeurt = regelen, organiseren [iemand verzorgt iets] ✦ *haar tante heeft het hele feest verzorgd*

het **ver·zor·gings·huis** [verzorgingshuizen]
een instelling waar oude mensen verzorgd worden die niet meer helemaal voor zichzelf kunnen zorgen = het bejaardenhuis ✦ *sinds de dood van haar man woont mevrouw Visser in een verzorgingshuis* wonen gezondheid

ver·zuch·ten [verzuchtte, heeft verzucht]
klagend zeggen [iemand verzucht iets] ✦ *ze verzuchtte dat ze de hele avond nog moest werken*

ver·zui·men [verzuimde, heeft verzuimd]
iets niet doen wat wel van je verwacht wordt [iemand verzuimt iets] ✦ *hij heeft verzuimd boodschappen te doen*

ver·zwak·ken [verzwakte, heeft of is verzwakt]
zwakker worden [iemand verzwakt] ✦ *ze was verzwakt door haar ziekte*

ver·zwe·gen *zie:* **verzwijgen**

ver·zwij·gen [verzweeg, heeft verzwegen]
niet zeggen, terwijl dat eigenlijk wel zou moeten [iemand verzwijgt iets (voor iemand)] ✦ *ze verzweeg voor haar man dat ze veel geld uitgegeven had*

ver·zwik·ken [verzwikte, heeft verzwikt]
een verkeerde beweging maken waardoor je pijn krijgt aan een gewricht en waardoor het gewricht dik wordt = verstuiken [iemand verzwikt een lichaamsdeel, bijv. een voet] ✦ *Bart voetbalt niet mee, want hij heeft zijn knie verzwikt*

het **vest** [vesten]
1 een kledingstuk voor je bovenlichaam en je armen, dat van voren sluit
2 een jasje zonder mouwen, dat mannen onder een pak dragen ✦ *hij was netjes gekleed in een pak met een vest*
3 (in België) een kort jasje dat ook in huis wordt gedragen = het colbert

•**ves·ti·gen** [vestigde, heeft gevestigd]
zorgen dat iets ergens komt; bouwen [iemand vestigt iets ergens, bijv. een bedrijf of een stad] ✦ *de Romeinen vestigden een stad aan de rivier*
een record vestigen: de beste prestatie op een bepaald gebied leveren ✦ *Jochem vestigde tijdens de wedstrijd een nationaal record*
de aandacht vestigen op iets of iemand: zorgen dat mensen aandacht krijgen voor iets of iemand ✦ *de journa-*

list schreef een artikel om de aandacht te vestigen op problemen in de stad
je hoop vestigen op iets: iets waarop je hoopt als oplossing zien ✦ *de hoop is gevestigd op de nieuwe regering*

zich •**ves·ti·gen** [vestigde zich, heeft zich gevestigd]
ergens gaan wonen [iemand vestigt zich ergens] ✦ *ze vestigden zich in Ridderkerk om dichter bij hun kinderen te zijn*

de **ves·ti·ging** [vestigingen]
een gebouw waar een winkel of een bedrijf gevestigd is = het filiaal ✦ *volgende week wordt in Antwerpen een nieuwe vestiging van ons bedrijf geopend*

de **ves·ting** [vestingen]
een plaats of stad die beschermd wordt door sterke muren

het **vet**[1] [vetten]
1 een stof die tussen het vlees van mensen en dieren zit en die dient als reserve als er te weinig te eten is; mensen met veel vet zijn dik ✦ *ze vroeg de slager om mager vlees zonder vet*
2 een stof die uit planten of dieren gehaald wordt om te gebruiken in zeep, kaarsen, margarine enz. ✦ *de handen van de kinderen glommen van het vet toen ze friet gegeten hadden*

vet[2] [bijvoeglijk naamwoord]
1 in vette dingen zit veel vet[1]* (bet. 2) ⇔ mager ✦ *van al dat vette eten word je dik*
2 vette dingen zijn vies of glad door vet* (bet. 2) ✦ *hij veegde zijn vette handen af aan een doek*

de **ve·te** [veten, vetes]
een ruzie die al heel lang duurt ✦ *er bestaat een oude vete tussen de twee families*

de **ve·ter** [veters]
een touwtje dat je door gaten in je schoen steekt om je schoen vast te maken ✦ *pas op, je veter zit los*

de **ve·te·raan** [veteranen]
iemand die al veel ervaring heeft, vooral in het leger of in een sport = de oudgediende ✦ *de wedstrijd voor veteranen begint om twee uur*

het **ve·to** [veto's]
een uitspraak waarmee je verbiedt dat een voorstel wordt uitgevoerd ✦ *het bestuur kon geen besluit nemen, omdat de voorzitter zijn veto uitsprak*

het **veu·len** [veulens]
het jong van een paard of van een ezel
dieren

de **ve·zel** [vezels]
een lang, dun deeltje dat lijkt op een draadje, in stoffen, in planten, in vlees enz. ✦ *groente en fruit zijn gezond omdat er veel vezels in zitten*

•**via** [voorzetsel]
1 langs een bepaalde weg ✦ *we reden via Leiden naar Amsterdam*
2 door gebruik te maken van iets of iemand ✦ *dit boek heb ik via mijn broer gekregen*
via via: van de ene persoon die het van iemand anders heeft die het weer van iemand anders heeft enz. ✦ *ik heb via via gehoord dat Fatima gaat trouwen*

het **vi·a·duct** [viaducten]
een brug die over een weg, een spoorlijn, een dal enz. gebouwd is

vi·ce-
deze persoon vervangt degene die door het tweede woord wordt genoemd, als die er niet is ✦ *de vice-voorzitter* ✦ *de vice-premier*

de **vi·deo** [video's]
1 de videorecorder* ✦ *we kunnen de film die vanavond op tv komt niet opnemen, want de video is kapot*
2 de videoband* ✦ *hij heeft een paar video's gehuurd*

de **vi·deo·band** [videobanden]
een cassette met beeld en geluid die je met een videorecorder* kunt vertonen op je televisie

de **vi·deo·ca·me·ra** [videocamera's]
een apparaat waarmee je kunt filmen en geluid kunt opnemen op een videoband*

de **vi·deo·clip** [videoclips]
een kort filmpje met muziek = de clip

de **vi·deo·re·cor·der** [videorecorders]
een apparaat waarmee je beeld en geluid kunt opnemen en afspelen op je televisie

de **vi·deo·theek** [videotheken]
een winkel waar je films op video* (bet. 2) kunt huren

vie·len *zie:* **vallen**

•**vier** [hoofdtelwoord]
4 ✦ *er stonden vier stoelen om de tafel*
getallen

•**vier·de**[1] [rangtelwoord]

vi

4e getallen

vier·de[2] *zie:* **vieren**

•**vie·ren** [vierde, heeft gevierd]

1 een feest geven omdat er iets bijzonders gebeurt [iemand viert iets] ✦ *ze vieren dat ze tien jaar getrouwd zijn*

2 ruimte geven; niet meer vasthouden [iemand laat iets vieren] ✦ *hij liet het touw een stukje vieren*

de teugels laten vieren: minder streng worden ✦ *toen hun zoon groter werd, lieten ze de teugels meer vieren*

het •**vier·kant**[1] [vierkanten]

een vorm met vier rechte hoeken en vier even lange zijden ✦ *de huiskamer heeft de vorm van een vierkant*

vierkant[1]

•**vier·kant**[2] [bijvoeglijk naamwoord]

1 iets dat vierkant is, heeft vier rechte hoeken en vier even lange zijden

2 een vierkante meter is een maat voor hoe groot iets is, namelijk een meter lang en een meter breed ✦ *deze kamer is 27 vierkante meter*

•**vier·kant**[3] [bijwoord]

duidelijk, zonder beleefd te zijn = ronduit, onomwonden ✦ *hij lachte haar vierkant uit*

het **vier·tal** [viertallen]

een groep van vier personen of zaken ✦ *ik wil hier een viertal opmerkingen over maken*

•**vies** [bijvoeglijk naamwoord]

1 vuil ⇔ schoon ✦ *zijn kleren waren vies geworden*

2 vieze dingen smaken of ruiken niet lekker ✦ *hij vindt koffie zonder suiker vies* ✦ *ze trok een vies gezicht toen ze een hapje geproefd had*

3 vieze dingen zijn niet netjes of ze hebben te maken met seks ✦ *hij kreeg straf omdat hij vieze woorden had gebruikt* ✦ *de jongens lazen stiekem vieze boekjes*

4 (in België) iemand die vies is, heeft een stemming waarin hij of zij gauw boos is = chagrijnig ✦ *toen hij hoorde dat zijn trein te laat was, werd hij vies*

5 niet vies zijn van iets: iets graag willen ✦ *hij is niet vies van macht*

6 vies tegenvallen: erg tegenvallen ✦ *we hoopten dat we vroeg klaar zouden zijn, maar dat viel vies tegen*

het **vig·net** [vignetten]

een plaatje waaraan je een bedrijf of een merk herkent = het logo ✦ *boven aan de brief stond het vignet van het bedrijf*

de •**vij·and** [vijanden] **vij·an·din** [vijandinnen]

een persoon die je haat; een land waarmee je in oorlog bent ✦ *het leger vocht net zo lang tot de vijand vluchtte*

vriend en vijand: iedereen ✦ *hij verbaasde vriend en vijand door de verkiezingen te winnen*

vij·an·de·lijk [bijvoeglijk naamwoord]

vijandelijke mensen of dingen zijn van de vijand of doen als een vijand ✦ *het vijandelijke leger kwam dichterbij*

vij·an·dig [bijvoeglijk naamwoord]

vijandige zaken zijn als van een vijand ✦ *hij keek naar me met een vijandige blik*

•**vijf** [hoofdtelwoord]

5 getallen

•**vijf·de** [rangtelwoord]

5e getallen

vijf·tien [hoofdtelwoord]

15 getallen

vijf·tig [hoofdtelwoord]

50 getallen

de **vijg** [vijgen]

een vrucht

vijg

de **vijl** [vijlen]

een voorwerp waarmee je harde materialen glad maakt

de **vijs** [vijzen] (in België)

een metalen dingetje met aan één kant een punt, waarmee je dingen aan elkaar vast kunt maken = de schroef

de **vij·ver** [vijvers]

een kleine waterplas in een tuin of in een park

de **vil·la** [villa's]

een groot huis dat niet tegen andere huizen aan is gebouwd

vil·len [vilde, heeft gevild]

de huid van een dier afhalen [iemand vilt een dier]

het **vilt**
een dikke stof die gemaakt is van draadjes wol of van haren van andere dieren

de **vilt·stift** [viltstiften]
een pen met een punt van vilt* met gekleurde inkt

de **vin** [vinnen]
elk van de uitstekende delen waarmee vissen zwemmen

vin

•**vin·den** [vond, heeft gevonden]
1 door te zoeken krijgen of toevallig krijgen [iemand vindt iets of iemand] ✦ *na lang zoeken heeft Geert zijn sleutels gevonden* ✦ *ik heb een baan als leraar gevonden* ✦ *de jongen vond tien euro op straat*
2 een bepaalde mening hebben over iemand of iets [iemand vindt iets (van iemand of iets)] ✦ *ik vind het vervelend dat ik geen werk heb* ✦ *wat vindt u van de nieuwe president?*
3 krijgen; meemaken [iets of iemand vindt iets] ✦ *de schrijver kon niet de rust vinden om verder te werken* ✦ *de voorzitter vond bijval voor zijn voorstel*
4 het goed kunnen vinden met iemand: goed met iemand kunnen omgaan ✦ *de twee broers kunnen het goed met elkaar vinden*
5 je kunnen vinden in iets: iets goedvinden ✦ *het personeel kon zich niet vinden in de plannen van de directeur*

vin·gen *zie:* **vangen**

de•**vin·ger** [vingers]
elk van de vijf uitstekende delen aan je hand, die je kunt bewegen ✦ *ze droeg een ring om haar vinger*

de **vink** [vinken]
een kleine, blauwgroene vogel

vin·nig [bijvoeglijk naamwoord]
vinnige mensen en zaken zijn fel en niet zo aardig = kattig ✦ *hij gaf haar een vinnig antwoord*

het **vi·o·let**
een paarsblauwe kleur

de **vi·o·list** [violisten] **vi·o·lis·te** [violistes]
iemand die op een viool* speelt

de **vi·ool** [violen]
een muziekinstrument met snaren

viool

het **vi·ool·tje** [viooltjes]
een plant met bloemen in verschillende kleuren

viooltje

de **vip** [vips]
very important person: iemand die bekend en belangrijk is ✦ *in het theater is een speciale ruimte waar de vips worden ontvangen*

vir·tu·eel [bijvoeglijk naamwoord]
virtuele zaken lijken echt, maar zijn dat niet ✦ *hij bezocht op het internet een virtuele dokter*

vir·tu·oos [bijvoeglijk naamwoord]
een virtuoze persoon is heel erg goed in een bepaalde vorm van kunst ✦ *hij is een virtuoze pianist*

het **vi·rus** [virussen]
1 iets dat ziekten veroorzaakt ✦ *de ziekte aids wordt veroorzaakt door een virus*
2 een programmaatje dat zichzelf verstuurt naar computers en maakt dat die niet meer goed werken = het computervirus ✦ *door jouw e-mail heb ik nu een virus op mijn computer*

de•**vis** [vissen]
een dier dat onder water leeft ✦ *hij heeft een grote vis gevangen* ✦ *op vrijdag eten we altijd vis*
je ergens als een vis in het water voelen: het fijn vinden op de plek waar je bent

vi·se·ren [viseerde, heeft geviseerd] (in België)
een negatieve houding hebben naar iemand [iemand viseert iemand] ✦ *ze*

voelt zich geviseerd door haar baas

de **vi·sie** [visies]
dat wat je van iets vindt = de mening ✦ *hij was het niet eens met de visie van zijn chef*

het **vi·si·oen** [visioenen]
een beeld dat je ziet maar dat niet echt is ✦ *in een visioen zag de man opeens zijn dode kind voor zich*

de **vi·si·te** [visites]
1 een bezoek bij iemand thuis ✦ *de buren kwamen een uurtje op visite*
visites lopen of rijden: zo noem je het als de dokter op bezoek gaat bij mensen die te ziek zijn om naar hem of haar toe te komen gezondheid
2 [geen meervoud] de mensen die op bezoek komen ✦ *er was veel visite op mijn verjaardag*

het **vi·si·te·kaart·je** [visitekaartjes]
een klein kaartje met iemands naam, adres en telefoonnummer ✦ *omdat de vrouw net een eigen bedrijf was begonnen, gaf ze iedereen haar visitekaartje*

vis·sen [viste, heeft gevist]
vissen proberen te vangen [iemand vist]

de **Vis·sen**
een sterrenbeeld sterrenbeelden

vis·sen naar [viste naar, heeft gevist naar]
iets proberen te weten te komen of proberen iemand iets te laten zeggen door voorzichtige vragen of opmerkingen = hengelen naar [iemand vist naar iets] ✦ *Mustafa viste naar de reden van Hiddo's plotselinge vertrek* ✦ *ze viste naar complimentjes over het feest dat ze had georganiseerd*

de **vis·se·rij** [visserijen]
het vangen van vis ✦ *vroeger leefden veel mensen in Nederland van de landbouw en de visserij*

vi·su·eel [bijvoeglijk naamwoord]
visuele dingen kun je zien of hebben te maken met wat je ziet ✦ *de film zat vol met visuele grapjes*

het **vi·sum** [visa, visums]
een papier dat toestemming geeft om naar een bepaald land te reizen ✦ *Nederlanders moeten een visum hebben om naar Rusland te reizen*

vi·taal [bijvoeglijk naamwoord]
1 vitale mensen zijn sterk en vol energie ✦ *hoewel mijn moeder al 84 is, is ze nog heel vitaal*
2 zonder een vitaal onderdeel kan iets niet blijven bestaan; zonder de vitale organen sterft iemand ✦ *het hart is een van de vitale organen van het lichaam* ✦ *deze computer is vitaal voor het functioneren van de fabriek*

de **vi·ta·mi·ne** [vitaminen, vitamines]
een stof die in eten zit en die nodig is om gezond te blijven ✦ *als je geen groente en fruit eet, krijg je niet genoeg vitamines binnen*

de **vi·tra·ge** [vitrages]
een dun gordijn waar je doorheen kunt kijken

de **vi·tri·ne** [vitrines]
een plaats achter glas waar dingen staan waarnaar je kunt kijken ✦ *in het café stonden verschillende soorten taart in de vitrine*

vit·ten op [vitte op, heeft gevit op]
voortdurend kritiek hebben op iemand [iemand vit op iemand] ✦ *de man zat de hele vakantie op zijn vrouw te vitten*

het **vi·zier** [vizieren]
het deel van een geweer waardoor je kijkt om te richten
iemand of iets in het vizier krijgen: iemand of iets beginnen te zien

de **vla** [vla's]
een zoete dikke vloeistof die gemaakt is van melk en suiker en die je koud eet maaltijden

de **vlaag** [vlagen]
1 wind die plotseling komt en snel weer verdwijnt = de windvlaag
2 de keer dat je plotseling iets wilt of doet ✦ *in een vlaag van boosheid gooide hij zijn telefoon op de grond*
bij vlagen: soms ✦ *hij is bij vlagen heel druk*

de **vlaai** [vlaaien]
een ronde, platte taart met vruchten

het **Vlaams**[1]
het Nederlands zoals dat in België gesproken wordt taal

Vlaams[2] [bijvoeglijk naamwoord]
Vlaamse zaken hebben te maken met Vlaanderen of met Vlamingen

het **Vlaan·de·ren**
het deel van België waar men Nederlands spreekt overheid landschap

de **vlag** [vlaggen]

een doek met de kleuren en de tekens van een land of een organisatie feestdagen

het •**vlak**[1] [vlakken]
1 de platte kant van een voorwerp ✦ *een doos heeft zes vlakken*
2 een gebied van kennis of wetenschap = het terrein, het gebied ✦ *hij is goed op het technische vlak*

•**vlak**[2] [bijvoeglijk naamwoord]
1 vlakke dingen zijn plat = effen ✦ *Nederland is een vlak land*
2 als iets vlak is, zit er niet veel gevoel in of is het steeds hetzelfde ✦ *haar stem klonk vlak*

•**vlak**[3] [bijwoord]
zonder tijd of ruimte ertussen ✦ *vlak voor de vakantie werd ik ziek* ✦ *ze kon de auto vlak voor de winkel parkeren*

vlak·af [bijwoord] (in België)
als je iets vlakaf zegt, zeg je het duidelijk en direct = onomwonden ✦ *de werknemer zei vlakaf dat hij geen vertrouwen had in zijn baas*

vlak·bij [bijwoord]
iets dat vlakbij is, is niet ver = dichtbij ✦ *je kunt wel lopen naar het station, het is vlakbij*

de **vlak·te** [vlakten, vlaktes]
een vlak gebied ✦ *midden op de vlakte maakten we een groot vuur*
iets gaat tegen de vlakte: iets wordt afgebroken ✦ *de oude flat moest tegen de vlakte omdat er nieuwe huizen gebouwd werden*
tegen de vlakte gaan: op de grond vallen en niet meer kunnen denken, bewegen enz. ✦ *hij ging tegen de vlakte toen hij het bloed op zijn hand zag*
je op de vlakte houden: je mening niet geven ✦ *als het over zijn baas ging, hield hij zich op de vlakte*

de **vlam** [vlammen]
1 een bewegend, geel of blauw deel van vuur ✦ *we keken naar de vlammen van het brandende hout*
2 iemand op wie je verliefd bent ✦ *Astrid is een oude vlam van mij*

de **Vla·ming** [Vlamingen]
iemand die in Vlaanderen woont taal

de **VLD** (in België)
Vlaamse Liberalen en Democraten: een politieke partij in België politiek

de **vlecht** [vlechten]
een stuk haar of bijv. touw dat in drie delen is verdeeld en daarna samen is gebonden door de stukken over elkaar heen te slaan ✦ *het meisje droeg haar haar in een vlecht*

vlecht

vlech·ten [vlocht, heeft gevlochten]
stukken touw, haar enz. op een bepaalde manier over elkaar heen slaan, zodat er een geheel ontstaat [iemand vlecht iets] ✦ *de vrouw vlocht het haar van haar dochter*

de **vleer·muis** [vleermuizen]
een zoogdier met vleugels dat overdag slaapt

vleermuis

het •**vlees**
het zachte deel van het lichaam van een mens of een dier tussen de huid en de botten ✦ *ik eet geen vlees, maar wel vis* maaltijden
iemand van vlees en bloed: een mens met menselijke eigenschappen ✦ *toen we de bekende Nederlander op straat zagen lopen, bleek het gewoon een man van vlees en bloed te zijn*

de **vlees·wa·ren** [meervoud]
het vlees dat je op je brood eet maaltijden

vlei·en [vleide, heeft gevleid]
aardige dingen zeggen zonder dat je het meent [iemand vleit iemand] ✦ *ze probeerde haar broer te vleien, omdat ze zijn auto wilde lenen*

de **vlek** [vlekken]
1 een vuile plaats op iets dat schoon is ✦ *aan de vlekken op zijn broek kon iedereen zien dat hij niet netjes had gegeten*
2 een deel dat een andere kleur heeft dan de omgeving ✦ *de poes was wit met zwarte vlekken*

vlek·ke·loos [bijvoeglijk naamwoord]
als je iets vlekkeloos doet, maak je geen

fouten ✦ *na drie jaar les sprak Husam vlekkeloos Nederlands*

de **vleu·gel** [vleugels]
1 elk van de twee uitstekende delen waarmee een vogel, een insect of een vliegtuig kan vliegen
2 een soort grote piano

vleugel 2

3 een deel van een gebouw, links of rechts van het midden ✦ *de afdeling zat in de linkervleugel van het ziekenhuis*

het **vleug·je**
een klein beetje ✦ *ik rook een vleugje parfum in haar nek* ✦ *met een vleugje trots in zijn stem vertelde hij dat hij had gewonnen*

de **vlieg** [vliegen]
een zwart insect met vleugels
geen vlieg kwaad doen: totaal niet gevaarlijk zijn ✦ *hij ziet er misschien eng uit, maar hij doet geen vlieg kwaad*

vlieg

de **vlieg·ba·sis** [vliegbases, vliegbasissen]
een militair terrein waar vliegtuigen de lucht in kunnen gaan en weer op de grond kunnen komen

•**vlie·gen** [vloog, heeft of is gevlogen]
1 zich door de lucht voortbewegen [een vogel vliegt]
hij ziet ze vliegen: hij is een beetje gek
2 met een vliegtuig reizen [iemand vliegt (naar een plaats)] ✦ *we vliegen zaterdag naar Turkije*
3 heel snel lopen, fietsen enz. [iemand vliegt (naar een plaats)] ✦ *toen de bel ging, vlogen de kinderen naar de deur*
de tijd vliegt: de tijd gaat heel snel
eruit vliegen: ontslagen worden op je werk
elkaar in de haren vliegen: boos worden op elkaar

het **vlie·gen·raam** [vliegenramen] (in België)
een houten lijst met gaas voor een raam, zodat er geen beestjes naar binnen kunnen vliegen = de hor

de **vlie·ger** [vliegers]
een voorwerp aan een lang touw waarmee kinderen spelen door het in de lucht te laten vliegen

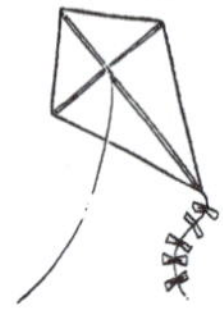
vlieger

het •**vlieg·tuig** [vliegtuigen]
een voertuig voor het vervoer van mensen en goederen door de lucht

het **vlieg·veld** [vliegvelden]
een terrein waar vliegtuigen de lucht in kunnen gaan en weer op de grond kunnen komen = de luchthaven

de **vlie·ring** [vlieringen]
de ruimte in een huis vlak onder het dak waar je spullen kunt bewaren ✦ *op de vliering stonden dozen met oude spullen*

het **vlies** [vliezen]
een heel dun vel ✦ *er zat nog een vliesje om de pinda* ✦ *toen de vliezen gebroken waren, werd het kind snel geboren*

vlij·tig [bijvoeglijk naamwoord]
vlijtige mensen werken hard = ijverig ✦ *hij oefende vlijtig op de piano*

de **vlin·der** [vlinders]
een insect met grote vleugels en vaak met mooie kleuren
vlinders in je buik hebben: verliefd zijn

v.l.n.r. [afkorting]
van links naar rechts ✦ *op de foto zie je v.l.n.r. Wouter, Jeltje en Ruud*

de **vlo** [vlooien]
een insect dat springt en dat leeft van het bloed van mensen en dieren ✦ *de kat had last van vlooien*

de **vloed**
1 het moment dat de zee heel hoog is, en het strand heel smal ⇔ de eb
2 een grote hoeveelheid ✦ *er kwam een vloed aan kritiek op de plannen*

vloei·baar [bijvoeglijk naamwoord]
iets wat vloeibaar is, heeft geen vaste vorm en is nat ✦ *water en melk zijn*

vl

vloeibaar

vloei·en [vloeide, is of heeft gevloeid]
naar een andere plaats bewegen = stromen [een vloeistof vloeit] ✦ *bij de fabriek vloeide er vervuild water in de rivier*
er vloeide bloed: er raakten mensen gewond

vloei·end [bijvoeglijk naamwoord]
vloeiende bewegingen gaan in één lijn, zonder te stoppen ✦ *de schilder tekende in één vloeiende beweging een boom* ✦ *hij spreekt vloeiend Duits*

de •**vloei·stof** [vloeistoffen]
een stof die geen vaste vorm heeft en nat is ✦ *melk en water zijn vloeistoffen*

de **vloek** [vloeken]
1 een woord waarin de naam van God voorkomt en dat je gebruikt als je boos bent
2 een woord of een zin waarin je God vraagt om iets vervelends te laten gebeuren met iemand of iets ✦ *er rust een vloek op dat huis*

vloe·ken [vloekte, heeft gevloekt]
1 woorden zeggen waarin de naam van God voorkomt als je boos bent [iemand vloekt] ✦ *hij begon meteen te vloeken toen hij zag dat zijn fiets weg was*
2 niet goed bij elkaar passen [kleuren vloeken] ✦ *die roze trui vloekt bij je rode broek*

de •**vloer** [vloeren]
het vlak in een huis waarop je staat ✦ *de vloer in de keuken was koud*

vlo·gen *zie:* **vliegen**

de **vlok** [vlokken]
een stukje van iets dat heel licht is ✦ *de sneeuw viel in grote vlokken uit de lucht* ✦ *onder de bank lagen dikke vlokken stof*

de **vloot** [vloten]
een groep schepen

het **vlot**[1] [vlotten]
een plat voorwerp van planken dat op het water blijft drijven

vlot[1]

vlot[2] [bijvoeglijk naamwoord]
1 iets wat vlot gebeurt, gebeurt snel en makkelijk = vlug ✦ *wat een vlotte reactie was dat!*
2 met vlotte mensen kun je gemakkelijk praten en omgaan ✦ *Els vond het heel leuk om met zo'n vlotte jongen te praten*
3 vlotte kleding is modern

de **vlucht** [vluchten]
1 [geen meervoud] de keer dat je vlucht ✦ *Mohammeds vlucht naar België bleek een goede beslissing te zijn*
op de vlucht slaan: gaan vluchten ✦ *de dief sloeg op de vlucht toen hij een auto hoorde aankomen*
iets neemt een hoge vlucht: iets komt opeens heel veel voor ✦ *het gebruik van internet heeft de laatste jaren een hoge vlucht genomen*
2 de keer dat je in een vliegtuig vliegt ✦ *hij was erg moe van de lange vlucht, maar hij was blij dat hij thuis was*

de **vluch·te·ling** [vluchtelingen]
iemand die gevlucht is uit een ander land ✦ *er werden kampen gebouwd voor de vluchtelingen*

•**vluch·ten** [vluchtte, is gevlucht]
snel weggaan omdat er gevaar is [iemand vlucht (voor iemand of iets)] ✦ *de man vluchtte uit het brandende huis* ✦ *omdat ze niet meer veilig waren in hun land, vluchtten de broers naar Europa*

de **vlucht·heu·vel** [vluchtheuvels]
een hogere plaats midden op de weg, waarop je kunt wachten bij het oversteken

vluchtheuvel

vluch·tig [bijvoeglijk naamwoord]
1 iets wat vluchtig gebeurt, gebeurt snel, kort en oppervlakkig ✦ *na een vluchtige blik in het rapport had Harmsen al gezien dat het slecht was*
2 vluchtige vloeistoffen worden makkelijk een gas = ijl ✦ *alcohol is een vluchtige stof*

het **vlucht·mis·drijf** [vluchtmisdrijven] (in België)
het doorrijden nadat je met een auto, fiets enz. een ongeluk hebt veroorzaakt ✦ *de chauffeur die het kind had aangere-*

den, pleegde vluchtmisdrijf

de **vlucht·strook** [vluchtstroken]
een baan aan de kant van de snelweg, waar je kunt gaan staan als je auto kapot is

•vlug [bijvoeglijk naamwoord]
iets wat vlug gebeurt, gebeurt in korte tijd = snel ⇔ langzaam ✦ *ga vlug naar het ziekenhuis!*
iemand te vlug af zijn: sneller zijn dan iemand anders ✦ *de minister wilde weglopen voor de journalist, maar de journalist was hem te vlug af*

het **vmbo**
voorbereidend middelbaar beroepsonderwijs onderwijs

de **VN**
de Verenigde Naties: een organisatie voor vrede en samenwerking, waarvan bijna alle landen van de wereld lid zijn

vnl. [afkorting]
voornamelijk: vooral

vo·caal [bijvoeglijk naamwoord]
iets wat vocaal is, heeft te maken met je stem ⇔ instrumentaal ✦ *de vocale werken van Schubert*

het **vo·ca·bu·lai·re** [vocabulaires]
alle woorden van een taal; alle woorden die je kent in een taal = de woordenschat ✦ *hij kijkt veel naar Engelse televisie omdat hij zijn vocabulaire wil uitbreiden*

het **•vocht**
een vloeistof die voor het grootste deel uit water bestaat ✦ *op een warme dag heb je veel vocht nodig*

voch·ten *zie:* **vechten**

voch·tig [bijvoeglijk naamwoord]
vochtige dingen zijn een beetje nat ✦ *gisteren heeft het zo hard geregend dat mijn jas nu nog vochtig is*

het **vod** *ook:* de [vodden]
een oud stuk stof ✦ *haar kleren waren vodden*

voe·den [voedde, heeft gevoed]
eten geven [iemand voedt een baby of een dier] ✦ *ze voedde haar kind elke drie uur*

voe·de·ren [voederde, heeft gevoederd]
eten geven = voeren [iemand voedert een dier] ✦ *de boer voederde de kippen*

de **voe·ding**
het eten = het voedsel ✦ *de sporter zorgde voor een goede voeding*

het **voed·sel**
het eten = de voeding ✦ *de dieren verzamelden voedsel voor de winter*

voed·zaam [bijvoeglijk naamwoord]
voedzaam eten laat een gevoel van honger snel verdwijnen ✦ *na de lange reis aten we een voedzame maaltijd*

voe·ge (in België)
iets is in voege: iets is in gebruik; iets is geldig ✦ *deze wet is sinds vorig jaar in voege*

voe·gen [voegde, heeft gevoegd]
1 iets bij iets anders doen [iemand voegt iets bij iets] ✦ *hij voegde een foto bij zijn brief*
de daad bij het woord voegen: doen wat je zegt ✦ *hij heeft beloofd het huis te schilderen en hij voegde de daad bij het woord*
2 de ruimte tussen stenen of tegels vullen met zacht materiaal [iemand voegt een muur of tegels]

voel·baar [bijvoeglijk naamwoord]
iets wat voelbaar is, kun je voelen ✦ *de spanning tussen de twee collega's was voelbaar*

•voe·len [voelde, heeft gevoeld]
1 met je gevoel opmerken [iemand voelt iets] ✦ *ze voelde pijn in haar borst* ✦ *hij voelde dat hij een gat in zijn zak had*
2 ervaren; een bepaald gevoel hebben [iemand voelt iets] ✦ *ze voelde dat het tijd werd om naar huis te gaan*
3 een bepaald gevoel geven [iets voelt zacht, hard enz.] ✦ *de stof voelde heel zacht*
4 iemand aan de tand voelen: een gesprek met iemand hebben om zijn of haar gedrag te onderzoeken

zich **•voe·len** [voelde zich, heeft zich gevoeld]
een bepaald gevoel hebben [iemand voelt zich gelukkig, ziek enz.]

•voe·len voor [voelde voor, heeft gevoeld voor]
1 houden van [iemand voelt iets voor iemand] ✦ *Wessel voelde veel voor Magda*
2 iets een goed idee vinden [iemand voelt voor iets] ✦ *het personeel voelde niets voor de plannen van het bestuur* ✦ *daar voel ik wel wat voor*

het **voer**
het eten voor dieren ✦ *de boer gaf de*

kippen voer

•voe·ren[1] [voerde, heeft gevoerd]
1 eten geven = voederen [iemand voert een dier] ✦ *de boer was bezig de koeien te voeren*
2 uitvoeren; doen [iemand voert iets, bijv. oorlog of overleg] ✦ *de twee landen hebben tien jaar oorlog met elkaar gevoerd*
3 dragen [iemand of iets voert iets, bijv. wapens] ✦ *het schip voerde de Belgische vlag*
4 extra stof in kleren naaien [iemand voert bijv. een jas of een rok] ✦ *deze jas is goed gevoerd en dus lekker warm*

voe·ren[2] *zie:* **varen**

•voe·ren naar [voerde naar, heeft gevoerd naar]
ergens heen leiden; een richting uitgaan [een weg voert ergens heen] ✦ *deze weg voert naar het strand*

de **voer·taal**
de taal die in een bepaalde situatie gebruikt wordt ✦ *op sommige Nederlandse universiteiten is de voertaal Engels*

het **voer·tuig** [voertuigen]
een middel waarmee je mensen of dingen over land van de ene plaats naar de andere kunt brengen, bijv. een auto of een fiets ✦ *hij moest wachten met oversteken tot alle voertuigen voorbij waren*

de **•voet** [voeten]
1 het lichaamsdeel waarop een mens of dier staat
voet bij stuk houden: volhouden; niet toegeven ✦ *zijn baas wilde dat Arnold iets anders ging doen, maar Arnold hield voet bij stuk*
iemand of iets op de voet volgen: iemand of iets van heel dichtbij volgen; goed op iemand of iets letten ✦ *de journalist volgde de politieke ontwikkelingen op de voet*
iemand voor de voeten lopen: lopen waar iemand anders wil lopen; zorgen dat iemand zijn plannen niet kan uitvoeren ✦ *de kleine jongen liep zijn moeder voortdurend voor de voeten* ✦ *de minister liep met zijn harde uitspraken zijn collega voor de voeten*
op vrije voeten: vrij; niet meer in de gevangenis ✦ *na zes weken werd hij op vrije voeten gesteld*
je uit de voeten maken: snel weggaan; vluchten ✦ *toen ze de grote hond zag, maakte ze zich snel uit de voeten*
uit de voeten kunnen met iets: kunnen omgaan of werken met iets ✦ *ik kan niet goed uit de voeten met mijn nieuwe computer*
dat is … ten voeten uit: dat is … precies, zoals hij of zij altijd is
wetten of regels met voeten treden: dingen doen die volgens wetten of regels absoluut niet mogen ✦ *de baas was boos omdat zijn personeel de regels met voeten trad*
met iemands voeten spelen: (in België) iemand niet helemaal eerlijk behandelen; iemand een beetje plagen
2 het onderste deel waar iets op steunt = de basis ✦ *aan de voet van de berg lag een dorpje*

de **voet·bal**[1] [voetballen]
een bal die gebruikt wordt om te voetballen

het **voet·bal**[2]
een sport waarbij een ploeg van elf spelers een bal met de voeten in het doel van de tegenstander probeert te krijgen ✦ *de meiden spelen voetbal* sport

de **voet·bal·club** [voetbalclubs]
een club waar mensen bij elkaar komen om te voetballen

•voet·bal·len [voetbalde, heeft gevoetbald]
voetbal spelen [iemand voetbalt] ✦ *de kinderen voetballen op straat*

de **voet·bal·wed·strijd** [voetbalwedstrijden]
een wedstrijd tussen twee ploegen die een bal met de voet in het doel van de tegenstander proberen te krijgen

de **voet·gan·ger** [voetgangers]
iemand die lopend aan het verkeer deelneemt ✦ *de voetganger moest wachten met oversteken tot de auto voorbij was*

het **voet·licht**
iets voor het voetlicht brengen: de aandacht op iets vestigen ✦ *de schrijver probeerde zijn nieuwe boek voor het voetlicht te brengen*

het **voet·pad** [voetpaden]
een gedeelte van de weg dat alleen door voetgangers* gebruikt mag worden ✦ *op het voetpad mag je niet fietsen*

het **voet·spoor** [voetsporen]

vo

in iemands voetsporen treden: iemands voorbeeld volgen ✦ *hij is in de voetsporen van zijn vader getreden en ook dokter geworden*

de **voet·stap** [voetstappen]
een indruk van een stap; een spoor ✦ *hij volgde de voetstappen die ze in het zand had gemaakt*

het **voet·stuk** [voetstukken]
het onderste deel waar iets op staat ✦ *het beeld stond op een stenen voetstuk*

de •**vo·gel** [vogels]
een dier met twee vleugels, twee poten en een snavel, dat eieren legt ✦ *de vogels vlogen naar het zuiden* dieren

vo·gel·vrij [bijvoeglijk naamwoord]
iemand die vogelvrij is, wordt niet beschermd door de wet ✦ *de schrijver is gevlucht omdat hij in zijn eigen land vogelvrij was*

de **voice·mail** [voicemails]
een dienst van het telefoonbedrijf, die berichten op je telefoon opneemt als je niet thuis bent ✦ *ze luisterde naar de berichten op haar voicemail* media

•**vol** [bijvoeglijk naamwoord]
1 iets dat vol is, is zo ver gevuld dat er niets meer bij kan ⇔ leeg ✦ *hij droeg een volle emmer water* ✦ *de kast staat vol met boeken*
je handen vol hebben aan iets of iemand: het druk hebben met iets of iemand ✦ *de dokter had zijn handen vol aan de vervelende patiënt*
de maat is vol: dit zeg je als je vindt dat iets vervelends lang genoeg geduurd heeft ✦ *toen de ambtenaar weer een fout maakte, was de maat vol*
vol zijn van iets of iemand: de hele tijd denken aan iets of iemand ✦ *hij is helemaal vol van de boten die hij gisteren gezien heeft*
2 als iets vol is, ontbreekt er niets aan = volledig ✦ *ik sta al een vol uur op je te wachten* ✦ *hij krijgt haar volle aandacht*

vol·brach·ten *zie:* **volbrengen**

vol·bren·gen [volbracht, heeft volbracht]
tot het einde toe uitvoeren [iemand volbrengt iets, bijv. een taak] ✦ *zij heeft de moeilijke opdracht volbracht*

vol·daan[1] [bijvoeglijk naamwoord]
als je voldaan bent, ben je tevreden ✦ *hij had een voldaan gevoel over deze dag*

vol·daan[2] *zie:* **voldoen**

vol·de·den *zie:* **voldoen**

•**vol·doen** [voldeed, heeft voldaan]
1 voldoende zijn; beantwoorden aan iets [iemand voldoet (aan iets, bijv. aan eisen of wensen)] ✦ *de nieuwe medewerker voldeed niet aan de verwachtingen van de chef*
2 betalen [iemand voldoet een bedrag, een rekening] ✦ *u hoeft het bedrag niet in één keer te voldoen*

de •**vol·doen·de**[1] [voldoenden, voldoendes]
een cijfer dat gelijk is aan of hoger is dan het cijfer dat je ten minste moest halen voor een test ⇔ de onvoldoende ✦ *ze heeft alleen maar voldoendes op haar rapport*

•**vol·doen·de**[2] [onbepaald voornaamwoord]
genoeg ✦ *we hebben voldoende eten bij ons voor iedereen* ✦ *u hebt de vraag voldoende beantwoord*

de **vol·doe·ning**
het gevoel dat je tevreden bent ✦ *haar werk geeft haar veel voldoening*

vol·don·gen [bijvoeglijk naamwoord]
een voldongen feit: een feit waaraan niets meer veranderd kan worden ✦ *hij stelde zijn familie voor een voldongen feit door te vertellen dat hij getrouwd was*

de **vol·ge·ling** [volgelingen]
iemand die de ideeën van iemand anders volgt ✦ *de profeet had veel volgelingen*

•**vol·gen** [volgde]
1 [heeft of is gevolgd] in dezelfde richting gaan als iemand of iets [iemand volgt iemand of iets] ✦ *de groep volgde de leider* ✦ *we volgden de borden naar Deventer*
2 [heeft gevolgd] begrijpen [iemand kan iemand of iets volgen] ✦ *zij vroeg of de leraar of hij het nog eens wilde uitleggen, omdat zij het niet kon volgen* ✦ *ik kan je niet volgen*
3 [is gevolgd] na iets komen [iets volgt (op iets)] ✦ *ik stuur je vast een brief; de foto's volgen later* ✦ *vijf volgt op vier*
als volgt: op de manier die hierna wordt genoemd ✦ *we hebben het probleem als volgt opgelost*
4 [is gevolgd] doen wat je volgens iets moet doen [iemand volgt iets] ✦ *als je de aanwijzingen volgt, lukt het wel*

✦ *Anita volgt een streng dieet*
5 [heeft gevolgd] geregeld deelnemen aan iets [iemand volgt een cursus of een opleiding] ✦ *hij volgt een opleiding tot leraar*

•**vol·gen uit** [volgde uit, is gevolgd uit]
het logische gevolg zijn van iets [iets volgt uit iets] ✦ *hieruit volgt dat er meer geld besteed moet worden aan onderwijs*

•**vol·gend** [bijvoeglijk naamwoord]
de volgende persoon of zaak is de persoon of zaak die na iets komt ✦ *de volgende patiënt is aan de beurt* ✦ *we hebben de trein gemist, maar de volgende trein komt over tien minuten*

•**vol·gens** [voorzetsel]
1 achter dit woord staat de mening van iemand ✦ *volgens mij gaat het regenen*
2 in overeenkomst met iets ✦ *hij handelt volgens de regels*

de **volg·or·de** [volgorden, volgordes]
de orde waarin personen of zaken op elkaar volgen ✦ *de vragen worden beantwoord in de volgorde waarin ze gesteld zijn*

vol·hou·den [hield vol, heeft volgehouden]
1 doorgaan met iets; iets niet opgeven [iemand houdt iets vol]
2 iets blijven beweren [iemand houdt iets vol] ✦ *de dief hield vol dat hij niets gestolen had*

het •**volk** [volken, volkeren]
1 alle mensen van een land ✦ *het Belgische volk vierde feest toen de prins trouwde*
2 [geen meervoud] een grote groep mensen ✦ *er was veel volk op straat*

•**vol·ko·men** [bijwoord]
helemaal = totaal ✦ *het is volkomen begrijpelijk dat je moe bent*

vol·ko·ren-
zo noem je producten van meel waar de hulzen niet van de graankorrels zijn verwijderd ✦ *ik eet het liefst volkorenbrood*

volks·dan·sen [volksdanste, heeft gevolksdanst]
een dans uitvoeren die bij een bepaald land of gebied hoort, vaak met speciale kleren [iemand is aan het volksdansen]

de **volks·ge·zond·heid**
de gezondheid van het volk

de **volks·huis·ves·ting** [volkshuisvestingen]
de zorg dat er voldoende goede huizen voor het volk zijn

de **volks·ju·ry** (in België)
een groep personen die bepaalt of de verdachte van een zeer zwaar misdrijf, bijv. moord, schuld heeft of niet
rechtspraak

het **volks·lied** [volksliederen]
het officiële lied van een land ✦ *het Wilhelmus is het Nederlandse volkslied*

de **volks·mond**
in de volksmond: als er op een niet-officiële manier over gesproken wordt
✦ *in de volksmond wordt dat gebouw 'het IJspaleis' genoemd*

de **volks·tuin** [volkstuinen]
een stukje grond waarop je groente, fruit en planten kunt laten groeien, dat je huurt van een organisatie op een terrein met meer van zulke stukjes grond

de **volks·ver·te·gen·woor·di·ger** [volksvertegenwoordigers]
iemand die namens het volk in het parlement zit
de Kamer van Volksvertegenwoordigers: (in België) de afdeling van het parlement die de regering als eerste controleert en die ook zelf wetten mag maken overheid

de **volks·ver·te·gen·woor·di·ging** [volksvertegenwoordigingen]
alle vertegenwoordigers van het volk die het land besturen = het parlement

•**vol·le·dig** [bijvoeglijk naamwoord]
als iets volledig is, ontbreekt er niets = totaal, geheel, absoluut ✦ *mijn vrouw heeft volledige rust nodig*

de **vol·le·maan**
de maan die helemaal rond te zien is
✦ *het was een mooie nacht met een heldere vollemaan*

het **vol·ley·bal**
een sport waarbij twee ploegen van zes spelers de bal over een net in het vak van de tegenstander proberen te spelen
sport

vol·maakt [bijvoeglijk naamwoord]
aan volmaakte mensen of dingen ontbreekt niets; ze zijn helemaal goed = perfect

vol·mon·dig [bijvoeglijk naamwoord]
als je iets volmondig zegt, zeg je het met overtuiging en zonder voorwaarden

✦ *op de vraag of ze met hem wilde trouwen, antwoordde zij volmondig "Ja."*
vol·op [bijwoord]
meer dan genoeg ✦ *er is nog volop te eten*
vol·sla·gen [bijwoord]
volledig; helemaal = volstrekt ✦ *hij heeft een volslagen gebrek aan vertrouwen in haar*
vol·staan [volstond, heeft volstaan]
voldoende zijn [iets volstaat] ✦ *het volstaat om hier alleen je naam te schrijven*
vol·staan met [volstond met, heeft volstaan met]
niet meer doen dan iets [iemand volstaat met iets] ✦ *de krant volstond met een kort artikel over het ongeluk*
vol·ston·den *zie:* **volstaan**
vol·strekt [bijwoord]
volledig; helemaal = volslagen ✦ *ik ben het volstrekt niet met je eens*
de **volt** [volt, volts]
de eenheid van elektrische spanning ✦ *deze machine werkt op 220 volt*
vol·tooi·en [voltooide, heeft voltooid]
werken aan iets tot het klaar is = afmaken [iemand voltooit iets] ✦ *de schrijver heeft zijn boek voltooid*
vol·trek·ken [voltrok, heeft voltrokken]
uitvoeren wat besloten is [iemand voltrekt een huwelijk of een vonnis] ✦ *de ambtenaar voltrok het huwelijk*
zich **vol·trek·ken** [voltrok zich, heeft zich voltrokken]
gebeuren; plaatsvinden [iets voltrekt zich] ✦ *voor de ogen van het publiek voltrok zich een ongeluk*
vol·trok·ken *zie:* **voltrekken**
vol·uit [bijwoord]
volledig; zonder beperkingen ✦ *Jan heet voluit Johannes Cornelis van Geest*
het **vo·lu·me** [volumen, volumes]
1 de sterkte van geluid ✦ *het volume van de radio stond erg laag*
2 de inhoud of de grootte van iets ✦ *het huis ziet er van buiten klein uit, maar het heeft een groot volume*
vol·waar·dig [bijvoeglijk naamwoord]
volledig; voor de volle waarde ✦ *hij is een volwaardig lid van de vereniging*
vol·was·sen [bijvoeglijk naamwoord]
een volwassen mens of dier is klaar met groeien ✦ *ze heeft twee kleine kinderen, maar ook al een volwassen zoon*
de **vol·was·se·ne** [volwassenen]
iemand die volwassen* is ✦ *de voorstelling kost vijf euro voor volwassenen en twee euro voor kinderen*
vol·zet [bijvoeglijk naamwoord] (in België)
iets dat volzet is, is gevuld door mensen ✦ *in de eerste week van augustus is het hotel helemaal volzet*
de **von·de·ling** [vondelingen]
een baby die door de ouders ergens is neergelegd en door anderen gevonden is
von·den *zie:* **vinden**
de **vondst** [vondsten]
iets dat je gevonden hebt of iets wat je bedacht hebt ✦ *we vonden het idee van Janneke een goede vondst* ✦ *op de tentoonstelling kon het publiek enkele fraaie vondsten uit de Romeinse tijd zien*
de **vonk** [vonken]
een brandend deeltje dat van iets af vliegt ✦ *je moet oppassen dat er geen vonken bij de benzine komen*
het **von·nis** [vonnissen]
een uitspraak van de rechter waarin hij of zij beslist wat voor straf iemand krijgt ✦ *de verdachte luisterde naar het vonnis van de rechter*
de **voogd** [voogden] **voog·des** [voogdessen]
iemand die verantwoordelijk is voor een kind dat jonger is dan 18 jaar
de **voog·dij**
de verantwoordelijkheid voor een kind dat jonger is dan 18 jaar ✦ *de ouders bepaalden wie na hun overlijden de voogdij over hun kinderen zou krijgen*
•**voor**[1] [bijwoord]
1 aan de voorkant ⇔ achter ✦ *de auto staat voor*
2 eerder dan iets anders
iemand vóór zijn: iets eerder doen dan iemand anders ✦ *ik wilde het laatste koekje pakken, maar iemand was me voor geweest*
iets vóór zijn: zorgen dat iets niet gebeurt ✦ *om problemen met de computer voor te zijn, heb ik mijn zus gevraagd me te helpen*
3 dit zeg je als je het met iets eens bent ⇔ tegen ✦ *28 mensen stemden voor en 13 mensen stemden tegen*
4 beter of verder dan andere mensen ⇔

achter ✦ *onze ploeg staat met 3-0 voor*
•**voor**[2] [voorzetsel]
1 aan de voorkant van iets of iemand ✦ *de tafel staat voor het raam*
2 eerder dan ⇔ na ✦ *het rapport moet voor het einde van de week af zijn*
3 met dit woord zeg je wat het doel van iets is ✦ *dit boek is voor mijn moeder* ✦ *Jamie kreeg nieuwe pennen voor op school*
4 met dit woord zeg je dat je het met iets eens bent ⇔ tegen ✦ *ik ben voor het voorstel van Lisa*
5 in verschillende vaste combinaties van woorden ✦ *hij is bang voor honden* ✦ *wat is dat voor auto?* ✦ *hij kocht een tas voor negentien euro* ✦ *ze zagen elkaar voor het eerst* ✦ *ik vind hem erg dom voor een professor*
•**voor**[3] [voegwoord]
eerder dan iets anders = voordat, alvorens ✦ *hij dronk een glas melk voor hij ging slapen*
voor·aan [bijwoord]
op de voorste plaats ⇔ achteraan ✦ *ze wilden vooraan staan om de voorstelling goed te kunnen zien*
voor·aan·staand [bijvoeglijk naamwoord]
vooraanstaande mensen zijn belangrijk en hebben veel gezag ✦ *het boek is geschreven door een vooraanstaand professor*
voor·af [bijwoord]
eerder dan iets anders ⇔ achteraf ✦ *we beginnen vandaag met hoofdstuk drie, maar vooraf wil ik nog iets uitleggen*
voor·af·gaan aan [ging vooraf aan, is voorafgegaan aan]
eerder gebeuren dan iets anders [iets gaat vooraf aan iets] ✦ *om het verhaal te begrijpen, moet je weten wat eraan voorafgegaan is*
voor·af·gaand [bijvoeglijk naamwoord]
iets dat voorafgaand is aan iets anders, is daarvóór gebeurd ✦ *voorafgaand aan de reis was er een informatiemiddag*
•**voor·al** [bijwoord]
meer dan iets anders = voornamelijk ✦ *er kwamen vooral veel kinderen naar het feest*
voor·als·nog [bijwoord]
tot de definitieve beslissing is genomen = voorlopig ✦ *ze is vooralsnog van plan om vier dagen per week te gaan werken*
de **voor·avond**
aan de vooravond van iets: vlak voor iets belangrijks ✦ *aan de vooravond van de verkiezingen wist nog niemand welke partij de grootste zou worden*
voor·baat [zelfstandig naamwoord]
bij voorbaat: van tevoren ✦ *ik wil je bij voorbaat bedanken voor je hulp*
voor·ba·rig [bijvoeglijk naamwoord]
iets wat voorbarig gebeurt, gebeurt te vroeg ✦ *dat is een voorbarige conclusie*
het •**voor·beeld** [voorbeelden]
1 iets dat een uitleg duidelijker maakt ✦ *dit is een goed boek, want er staan veel duidelijke voorbeelden in*
2 iets om na te maken of iemand om na te doen ✦ *haar moeder is haar grote voorbeeld*
voor·beel·dig [bijvoeglijk naamwoord]
voorbeeldige mensen of zaken zijn zo goed dat ze een voorbeeld zijn ✦ *haar gedrag is voorbeeldig*
het **voor·be·hoed·mid·del** [voorbehoedmiddelen]
een middel waarmee je kunt voorkomen dat je zwanger wordt, bijv. de pil of condooms
het **voor·be·houd**
een eis waaraan eerst voldaan moet worden = de voorwaarde
onder voorbehoud: onder bepaalde voorwaarden ✦ *onder voorbehoud kunt u rechtstreeks naar Moskou vliegen*
•**voor·be·rei·den** [bereidde voor, heeft voorbereid]
1 zorgen dat je kunt beginnen [iemand bereidt iets voor] ✦ *zij waren juist hun huwelijk aan het voorbereiden toen haar vader overleed*
2 duidelijk maken wat iemand kan verwachten [iemand bereidt iemand voor (op iets)] ✦ *de regering bereidde de mensen voor op een periode van slechte economie*
zich •**voor·be·rei·den** [bereidde zich voor, heeft zich voorbereid]
zorgen dat je klaar voor iets bent [iemand bereidt zich voor (op iets)] ✦ *de deelnemers bereidden zich voor op de wedstrijd*
de **voor·be·rei·ding** [voorbereidingen]
de dingen die je doet om iets voor te bereiden ✦ *ze hadden het druk met alle*

voorbereidingen voor het feest

˙voor·bij[1] [bijvoeglijk naamwoord]
dingen die voorbij zijn, zijn vroeger gebeurd en gebeuren nu niet meer = afgelopen, over ✦ *vroeger gingen we altijd samen op vakantie, maar dat is nu voorbij*

˙voor·bij[2] [bijwoord]
langs ✦ *hij reed het huis voorbij*

˙voor·bij[3] [voorzetsel]
verder dan iets ✦ *we wonen voorbij de kerk*

voor·bij·gaan [ging voorbij, is voorbijgegaan]
1 langs iemand of iets gaan = passeren [iemand gaat (iemand of iets) voorbij] ✦ *we zagen de koning voorbijgaan*
iets gaat aan iemands neus voorbij: iemand krijgt iets niet ✦ *hoe hij zijn best ook deed, alle grote opdrachten gingen aan zijn neus voorbij*
2 tot het verleden gaan horen [tijd gaat voorbij] ✦ *wat is die middag snel voorbij gegaan!*

voor·bij·gaan aan [ging voorbij aan, is voorbijgegaan aan]
geen aandacht besteden aan iets [iemand gaat voorbij aan iets] ✦ *de burgemeester ging voorbij aan de problemen in onze buurt*

de **voor·bij·gan·ger** [voorbijgangers] **voor·bij·gang·ster** [voorbijgangsters]
iemand die ergens voorbijgaat* = de passant ✦ *een voorbijganger hielp de oude man die gevallen was*

˙voor·dat [voegwoord]
eerder dan iets anders = voor, alvorens ✦ *ze moesten naar huis voordat de voorstelling afgelopen was*

het **˙voor·deel** [voordelen]
iets wat gunstig is ⇔ het nadeel ✦ *een voordeel van de trein boven de bus is dat de trein niet zo vaak stopt*

voor·de·lig [bijvoeglijk naamwoord]
iets wat voordelig is, geeft je financieel voordeel ⇔ nadelig ✦ *hij heeft een paar voordelige schoenen gekocht, want hij kreeg ze voor de helft van de prijs*

de **voor·deur** [voordeuren]
een deur waardoor je een huis binnen gaat, meestal aan de kant van de straat ⇔ de achterdeur ✦ *toen ik de deur opendeed, liep het bezoek meteen het huis binnen*

voor·doen [deed voor, heeft voorgedaan]
doen als een voorbeeld voor anderen [iemand doet iets voor] ✦ *zal ik even voordoen hoe je dit apparaat moet bedienen?*

zich **voor·doen** [deed zich voor, heeft zich voorgedaan]
gebeuren; plaatsvinden [iets doet zich voor] ✦ *als de gelegenheid zich voordoet, zal ik je voorstellen aan mijn chef*

zich **voor·doen als** [deed zich voor als, heeft zich voorgedaan als]
doen alsof je iets of iemand anders bent [iemand doet zich voor als iemand anders] ✦ *ze doet zich aardiger voor dan ze is* ✦ *hij deed zich voor als een vriend van de gastheer*

de **voor·dracht** [voordrachten]
een verhaal over een bepaald onderwerp dat je uitspreekt voor een publiek = de lezing ✦ *hij hield een voordracht over vogels*

voor·dra·gen [droeg voor, heeft voorgedragen]
1 voor een groep mensen uitspreken [iemand draagt een tekst voor] ✦ *de schrijver droeg een stuk uit zijn boek voor*
2 voorstellen voor een bepaalde functie [iemand draagt iemand voor (als iets)] ✦ *het bestuur droeg de heer Smit voor als voorzitter van de vereniging*

voor·gaan [ging voor, is voorgegaan]
eerder dan iemand gaan; vóór iemand gaan [iemand gaat voor] ✦ *Maaike liet de oude dame voorgaan in de lange rij*

de **voor·gan·ger** [voorgangers] **voor·gang·ster** [voorgangsters]
1 iemand die jouw functie heeft gehad voordat jij die functie kreeg ✦ *wie was de voorganger van president Reagan?*
2 iemand die een dienst leidt in de protestantse kerk ✦ *de voorganger dankte God*

voor·ge·daan *zie:* **voordoen**

het **voor·ge·recht** [voorgerechten]
het eerste deel van de maaltijd, vóór het hoofdgerecht ✦ *we aten soep als voorgerecht*

voor·ge·scho·ten *zie:* **voorschieten**

voor·ge·schre·ven *zie:* **voorschrijven**

het **voor·ge·voel** [voorgevoelens]
het gevoel dat er iets gaat gebeuren ✦ *ze had het nare voorgevoel dat hij niet zou komen*

voor·ge·ze·ten *zie:* **voorzitten**

voor·goed [bijwoord]
voor altijd ✦ *ze zijn voorgoed naar Frankrijk verhuisd*

de •**voor·grond**
het voorste gedeelte van een ruimte die je ziet ✦ *op de voorgrond van de foto staat een hondje*
op de voorgrond treden: veel aandacht naar je toe trekken ✦ *als burgemeester moet je vaak op de voorgrond treden*

de **voor·hand**
op voorhand: van tevoren ✦ *hij kon op voorhand niet beloven dat het zou lukken*

voor·han·den [bijvoeglijk naamwoord]
dingen die voorhanden zijn, zijn er en kunnen gebruikt worden ✦ *er zijn niet voldoende instrumenten voorhanden om de operaties te verrichten*

•**voor·heen** [bijwoord]
in het verleden = vroeger ✦ *er worden minder boeken verkocht dan voorheen*

de **voor·hef·fing** [voorheffingen] (in België)
onroerende voorheffing: een belasting op het loon voor de eigenaars van gebouwen en grond **belasting**

de **voor·hoe·de** [voorhoeden, voorhoedes]
1 het voorste deel van een groep mensen ⇔ de achterhoede ✦ *de voorhoede van het leger kwam aan bij de grens*
2 de belangrijkste mensen van een groep ⇔ de achterhoede ✦ *de voorhoede van de politieke partij wilde verandering*

het **voor·hoofd** [voorhoofden]
het deel van je gezicht boven je ogen tot aan je haar ✦ *zijn haar hing over zijn voorhoofd*

voor·hou·den [hield voor, heeft voorgehouden]
iemand iets laten denken [iemand houdt iemand iets voor] ✦ *ze hield zichzelf voor dat ze de wedstrijd kon winnen*

voor·in [bijwoord]
in het voorste deel ⇔ achterin ✦ *kleine kinderen mogen in de auto niet voorin zitten*

het •**voor·jaar**
de periode na de winter, waarin het warmer wordt en waarin de bomen weer nieuwe blaadjes krijgen = de lente **maanden**

de **voor·kant** [voorkanten]
de zijde van iets of iemand die je ziet als je ervoor staat = de voorzijde ⇔ de achterkant ✦ *aan de voorkant van het huis is de deur*

de **voor·ken·nis**
de kennis die je van tevoren over een onderwerp hebt ✦ *ook mensen die geen voorkennis hebben, moeten het verhaal kunnen begrijpen*

de **voor·keur**
de situatie dat je iets liever hebt dan iets anders ✦ *ik heb een voorkeur voor moderne muziek*

het **voor·ko·men**[1]
de manier waarop iemand eruitziet = het uiterlijk ✦ *zij heeft het voorkomen van een prinses*

•**voor·ko·men**[2] [voorkwam, heeft voorkomen]
zorgen dat iets niet gebeurt [iemand voorkomt iets] ✦ *ze konden een ongeluk nog net voorkomen*

•**voor·ko·men**[3] [kwam voor, is voorgekomen]
1 gebeuren; ergens zijn [iets komt voor] ✦ *het komt zelden voor dat een programma door zoveel mensen bekeken wordt* ✦ *deze vogel komt alleen in Europa voor*
2 voor de rechter verschijnen [iemand komt voor] ✦ *de dief moet over twee weken voorkomen*
3 de indruk geven = lijken [iets komt iemand (vreemd, ongeloofwaardig enz.) voor] ✦ *het komt mij vreemd voor dat hij nu alweer terug is* ✦ *het komt mij voor dat je geld belangrijker vindt dan liefde*

voor·ko·mend [bijvoeglijk naamwoord]
voorkomende mensen zijn vriendelijk en ze helpen je graag = beleefd ✦ *het was heel voorkomend van de pastoor dat hij de oude vrouw hielp met opstaan*

voor·leg·gen [legde voor, heeft voorgelegd]
iemands mening vragen over iets [iemand legt iemand iets voor] ✦ *hij legde het probleem voor aan zijn vrouw*

de **voor·let·ter** [voorletters]
de eerste letter van je naam = de initiaal ✦ *in het eerste vakje moet je je naam schrijven en in het tweede vakje je voorletters*

voor·le·zen [las voor, heeft voorgelezen]
hardop lezen [iemand leest (iemand

iets) voor] ✦ *de vrouw las haar kinderen een boek voor*

voor·lich·ten [lichtte voor, heeft voorgelicht]
1 informatie geven over iets = informeren [iemand licht iemand voor (over iets)] ✦ *de ouders lieten zich voorlichten over de verschillende scholen in de buurt*
2 informatie geven over seksualiteit [iemand licht iemand voor] ✦ *de kinderen werden op school voorgelicht*

de **voor·lief·de**
liefde voor iets of iemand boven andere dingen of mensen = de voorkeur ✦ *hij heeft een voorliefde voor snelle auto's*

de **voor·lo·per** [voorlopers]
iets dat of iemand die een nieuwe ontwikkeling aankondigt ✦ *dit apparaat is de voorloper van de computer*

•**voor·lo·pig** [bijvoeglijk naamwoord]
iets wat voorlopig is, kan nog veranderd worden ⇔ definitief ✦ *voorlopig mag ze niet naar buiten van de dokter* ✦ *uit voorlopige cijfers blijkt dat er minder werklozen zijn*

voor·ma·lig [bijvoeglijk naamwoord]
vorig; vroeger ✦ *de voormalige bewoner van dit huis was een kunstenaar*

de **voor·man** [voormannen]
1 de baas van een ploeg arbeiders = de ploegbaas ✦ *de voorman gaf de arbeiders opdrachten*
2 de belangrijkste man = de leider ✦ *de voorman van de politieke partij komt regelmatig op de televisie*

de **voor·naam**[1] [voornamen]
de naam die voor je achternaam komt ✦ *de voornaam van mevrouw Van Balen is Angelique*

•**voor·naam**[2] [bijvoeglijk naamwoord]
1 voorname dingen zijn belangrijk ✦ *de voornaamste reden van zijn bezoek is de verjaardag van zijn moeder*
2 voorname mensen komen uit een goede familie en gedragen zich erg netjes = deftig ✦ *we krijgen vanavond voorname gasten*

het **voor·naam·woord** [voornaamwoorden] (taal)
een woord waarmee je over mensen of dingen kunt praten zonder ze te noemen ✦ *'zij' en 'hen' zijn voornaamwoorden* voornaamwoorden

voor·na·me·lijk [bijwoord]
meer dan iets anders = vooral ✦ *hij is voornamelijk geïnteresseerd in cultuur*

het **voor·ne·men** [voornemens]
iets wat je wilt gaan doen = het plan ✦ *het is mijn voornemen om mijn grootvader vaker te bezoeken*

zich **voor·ne·men** [nam zich voor, heeft zich voorgenomen]
tegen jezelf zeggen dat je iets gaat doen [iemand neemt zich iets voor] ✦ *hij heeft zich voorgenomen te stoppen met roken*

het **voor·oor·deel** [vooroordelen]
een mening die je hebt over een persoon of een zaak die je niet goed kent ✦ *hij had het vooroordeel dat in Italië alles slecht geregeld is*

voor·op [bijwoord]
1 op het voorste deel van iets ⇔ achterop ✦ *de vrouw fietste met één kind voorop en één kind achterop*
2 iets staat voorop: iets is het belangrijkste ✦ *voorop staat dat er meer geld naar het onderwijs moet*

de **voor·ou·ders** [meervoud]
familie die vroeger heeft geleefd ✦ *zijn voorouders komen uit Frankrijk*

voor·over [bijwoord]
naar voren en naar beneden ⇔ achterover ✦ *hij viel voorover met zijn hoofd op de tafel*

de **voor·pa·gi·na** [voorpagina's]
het voorste blad van een krant ✦ *op de voorpagina stond een grote foto in kleur*

de **voor·raad** [voorraden]
extra artikelen of producten om later te gebruiken ✦ *we hebben een grote voorraad koffie in huis*

de **voor·rang**
het recht om iets als eerste te mogen doen of om als eerste te mogen rijden ✦ *auto's die van rechts komen, hebben voorrang* ✦ *inwoners uit de gemeente krijgen voorrang bij het toewijzen van een nieuwe woning*

het **voor·recht** [voorrechten]
een recht dat anderen niet hebben = het privilege ✦ *ik vind het een voorrecht om hier te mogen zijn*

de **voor·ron·de** [voorronden, voorrondes]
de eerste van een reeks wedstrijden waaruit mensen of ploegen gekozen worden die verder mogen gaan ✦ *twintig mensen uit de voorrondes mogen door naar de kwartfinale*

Voornaamwoorden

	persoonlijk voornaamwoord				bezittelijk voornaamwoord		wederkerend voornaamwoord	
1	**ik**	werk	zie je	**mij/me?**	**mijn**	boek	ik vergis	**me/mij**
2	**jij/je**; (in België vaak) **gij/ge**	werkt	ik zie	**jou/je**; (in België vaak) **u**	**jouw/je**	boek	jij vergist	**je**
	u	werkt	ik zie	**u**	**uw**	boek	u vergist	**zich/u**
3	**hij**	werkt	ik zie	**hem**	**zijn**	boek	hij vergist	**zich**
	zij/ze	werkt	ik zie	**haar**	**haar**	boek	zij vergist	**zich**
	het	werkt	ik zie	**het**				
1	**wij/we**	werken	zie je	**ons?**	**ons**	boek	wij vergissen	**ons**
2	**jullie**	werken	ik zie	**jullie**	**jullie**	boek	jullie vergissen	**je**
	u	werkt	ik zie	**u**	**uw**	boek	u vergist	**zich/u**
3	**zij/ze**	werken	ik zie	**hen/ze**	**hun**	boek	zij vergissen	**zich**

voor·schie·ten [schoot voor, heeft voorgeschoten]
betalen voor iemand anders die dat geld later aan jou terugbetaalt [iemand schiet iemand iets voor] ✦ *kun je mij even € 50,- voorschieten?*

voor·schijn [zelfstandig naamwoord]
1 iets te voorschijn halen: iets ergens vandaan halen om het te laten zien of te gebruiken ✦ *de man haalde een briefje van tien euro te voorschijn en betaalde ermee*
2 te voorschijn komen: zich laten zien of zichtbaar worden ✦ *de kinderen, die zich verborgen hadden, kwamen te voorschijn toen ze geroepen werden* ✦ *vanonder zijn trui kwam een stukje van zijn overhemd te voorschijn*

het **voor·schot** [voorschotten]
loon dat je al krijgt, hoewel het werk nog niet af is ✦ *de schrijver kreeg een voorschot op het geld van zijn nieuwe boek*

het **voor·schrift** [voorschriften]
een regel die zegt wat iemand wel of niet moet doen ✦ *de dokter was boos omdat de patiënt zich niet aan de voorschriften had gehouden*

voor·schrij·ven [schreef voor, heeft voorgeschreven]
als voorschrift* of opdracht geven [iemand of iets schrijft (iemand) iets voor] ✦ *de dokter heeft de patiënt medicijnen voorgeschreven* ✦ *de wet schrijft voor dat iedereen op dezelfde manier behandeld moet worden*

voor·spel·baar [bijvoeglijk naamwoord]
voorspelbare dingen zijn gemakkelijk te voorspellen* ✦ *hij maakte een voorspelbare grap waar niemand om lachte*

voor·spel·len [voorspelde, heeft voorspeld]
van tevoren zeggen wat er gaat gebeuren, zonder dat je dat echt kunt weten [iemand voorspelt iets (aan iemand)] ✦ *ik voorspel je dat het verkeerd afloopt* ✦ *de vrouw kan met kaarten de toekomst*

voorspellen

de **voor·spel·ling** [voorspellingen]
een uitspraak waarmee je iets voorspelt* ✦ *de voorspelling dat het zou gaan regenen, is niet uitgekomen*

de **voor·spoed**
de omstandigheid dat alles goed gaat ⇔ de tegenspoed ✦ *ik wens jullie veel voorspoed en geluk*

voor·spoe·dig [bijvoeglijk naamwoord]
dingen die voorspoedig gaan, gaan goed ✦ *volgens de dokter herstelt de patiënt voorspoedig*

de **voor·sprong** [voorsprongen]
de omstandigheid dat je eerder bent dan een ander ⇔ de achterstand ✦ *zij won de wedstrijd met een grote voorsprong op haar tegenstanders*

voorst [bijvoeglijk naamwoord]
de voorste mensen of dingen bevinden zich op de eerste plaats, in het eerste deel enz. ✦ *het publiek op de voorste rijen kon alles goed zien*

voor·staan [stond voor, heeft voorgestaan]
1 meer punten hebben dan de tegenstander ⇔ achterstaan [iemand staat voor (op iemand)] ✦ *Ajax staat voor op PSV*
2 verdedigen; proberen te bereiken [iemand staat iets voor] ✦ *de commissie staat grote veranderingen voor*
3 je laten voorstaan op iets: met te veel trots aandacht vragen voor iets wat je hebt gedaan ✦ *de directeur laat zich voorstaan op de winst die zijn bedrijf gemaakt heeft*

de **voor·stad** [voorsteden]
een plaats die tegen een grote stad aan ligt en daar een eenheid mee vormt ✦ *hij woont in een voorstad van Parijs*

de •**voor·stan·der** [voorstanders] **voor·stand·ster** [voorstandsters]
iemand die vóór iets is; iemand die iets probeert te bereiken ⇔ de tegenstander ✦ *hij is een voorstander van het streng handhaven van de orde*

het •**voor·stel** [voorstellen]
een plan dat anderen moeten goedkeuren ✦ *de regering heeft het voorstel gedaan de belasting te verhogen*

•**voor·stel·len** [stelde voor, heeft voorgesteld]
1 als plan bekendmaken en de mening van anderen erover vragen [iemand stelt iets voor (aan iemand)] ✦ *de voorzitter stelde voor de vergadering te beginnen*
2 vertellen hoe iemand heet en wie hij of zij is [iemand stelt iemand voor (aan iemand)] ✦ *de chef stelde Marijke voor aan haar nieuwe collega's* ✦ *de vrouw stelde zich voor aan de aanwezigen*
3 de bedoeling hebben op iets of iemand te lijken = representeren [iemand of iets stelt iemand of iets voor] ✦ *de kunstenaar wilde niet vertellen wat zijn werk moest voorstellen*
4 vertellen op een manier waardoor het lijkt dat ... [iemand stelt iets op een bepaalde manier voor] ✦ *je stelt de plannen veel eenvoudiger voor dan ze zijn*

zich •**voor·stel·len** [stelde zich voor, heeft zich voorgesteld]
in je gedachten een beeld maken van iets [iemand stelt zich iets voor] ✦ *ze probeerde zich voor te stellen hoe haar nieuwe collega eruit zou zien*
stel je voor dat ...: bedenk eens wat er gebeurt als ... ✦ *stel je voor dat we in een file terechtkomen*

de •**voor·stel·ling** [voorstellingen]
1 de keer dat iets vertoond wordt, bijv. een film of een toneelstuk ✦ *iedere woensdag is er een voorstelling voor kinderen* uitgaan
2 een beeld dat je in gedachten van iets gemaakt hebt ✦ *ik kan me geen voorstelling maken van hoe het gebouw eruit zal zien*
3 iets dat bedoeld is om op iets te lijken = de afbeelding ✦ *aan de muur hing een kunstwerk met een voorstelling van twee paarden*

voort [bijwoord]
naar voren; verder vooruit ✦ *we hebben geen tijd om te stoppen; we moeten voort*

voort·aan [bijwoord]
vanaf dit moment ✦ *voortaan is de winkel tot acht uur open*

het **voort·be·staan**
de omstandigheid dat iets of iemand blijft bestaan ✦ *het voortbestaan van het bedrijf komt in gevaar door de slechte economische omstandigheden*

zich **voort·be·we·gen** [bewoog zich voort, heeft zich voortbewogen]
zich in een bepaalde richting bewegen

= gaan [iemand of iets beweegt zich voort] ✦ *de trein bewoog zich langzaam voort*

voort·bren·gen [bracht voort, heeft voortgebracht]
laten ontstaan = produceren [iets of iemand brengt iets voort] ✦ *de vogel bracht een vrolijk geluid voort*

•**voort·du·rend** [bijvoeglijk naamwoord]
de hele tijd; steeds = constant ✦ *de koningin werd voortdurend gevolgd door journalisten*

het **voor·te·ken** [voortekenen, voortekens]
een kleine gebeurtenis die een grote gebeurtenis in de toekomst aankondigt ✦ *alle voortekenen wijzen erop dat de baby te vroeg geboren zal worden*

de **voort·gang**
de omstandigheid dat iets verder gaat = de progressie ✦ *de commissie maakt niet veel voortgang met het onderzoek*

voort·ge·bracht *zie:* **voortbrengen**

voor·tij·dig [bijvoeglijk naamwoord]
voortijdige dingen gebeuren te vroeg ✦ *de wedstrijd werd voortijdig gestopt, omdat het hard regende*

voort·ko·men uit [kwam voort uit, is voortgekomen uit]
ontstaan door iets; een gevolg zijn van iets [iets komt voort uit iets] ✦ *zijn vreemde gedrag komt voort uit onzekerheid*

het **voor·touw**
het voortouw nemen: het initiatief nemen ✦ *de directeur nam het voortouw in de onderhandelingen*

zich **voort·plan·ten** [plantte zich voort, heeft zich voortgeplant]
kinderen of jongen krijgen; zich uitbreiden [iets of iemand plant zich voort]

voor·tref·fe·lijk [bijvoeglijk naamwoord]
voortreffelijke dingen zijn heel goed = uitstekend ✦ *ze heeft een voortreffelijke maaltijd voor ons gemaakt*

voor·trek·ken [trok voor, heeft voorgetrokken]
beter behandelen dan anderen [iemand trekt iemand voor] ✦ *mijn jongste zus werd thuis altijd voorgetrokken*

voorts [bijwoord]
1 daarna; vervolgens ✦ *de toeristen sliepen in een hotel in Amsterdam en voorts gingen ze naar Schiphol*
2 (formeel) bovendien; ook nog ✦ *voorts delen wij u mede dat het bedrijf vrijdag 14 januari gesloten is*

de **voor·tuin** [voortuinen]
een tuin voor een huis, meestal aan de kant van de straat ⇔ de achtertuin ✦ *het huis heeft een nette voortuin met veel bloemen*

voort·va·rend [bijvoeglijk naamwoord]
iemand die iets voortvarend doet, aarzelt niet maar begint direct = doortastend ✦ *de raad heeft de problemen voortvarend opgelost*

voort·vloei·en uit [vloeide voort uit, is voortgevloeid uit]
ontstaan door iets; een gevolg zijn van iets = voortkomen uit [iets vloeit voort uit iets] ✦ *de ruzie is voortgevloeid uit een misverstand*

•**voort·zet·ten** [zette voort, heeft voortgezet]
doorgaan met iets [iemand zet iets voort] ✦ *hij zette het werk van zijn zieke collega voort*

•**voor·uit**[1] [bijwoord]
naar voren ⇔ achteruit ✦ *de trein kwam maar heel langzaam vooruit* ✦ *je moet twee stappen vooruit doen, en dan vier stappen achteruit*

voor·uit[2] [tussenwerpsel]
dit woord gebruik je om iemand te laten opschieten ✦ *vooruit, aan het werk!*

voor·uit·gaan [ging vooruit, is vooruitgegaan]
1 naar voren gaan [iets of iemand gaat vooruit] ✦ *de trein ging langzaam vooruit*
2 beter worden = verbeteren ✦ *zijn Nederlands is flink vooruitgegaan de laatste tijd*

de **voor·uit·gang**
de ontwikkeling dat iets beter wordt = de verbetering ✦ *de vooruitgang van de sporter bleek tijdens de wedstrijd*

voor·uit·lo·pen op [liep vooruit op, is vooruitgelopen op]
te vroeg handelen vanuit een bepaalde verwachting [iemand loopt vooruit op iets] ✦ *we moeten niet op de zaken vooruitlopen en daarom kunnen we nog geen beslissing nemen*

het **voor·uit·zicht** [vooruitzichten]
een beeld van de toekomst = het per-

spectief ✦ *ze vond het geen prettig vooruitzicht dat Arendsen haar collega zou worden*

het **voor·val** [voorvallen]
een gebeurtenis, meestal een gebeurtenis die je niet verwacht of die niet gewoon is = het incident ✦ *ze vertelde haar man over een voorval op haar werk*

de **•voor·waar·de** [voorwaarden]
iets wat eerst moet gebeuren = de eis, de conditie ✦ *een voorwaarde om mee te mogen doen is dat je niet rookt*

voor·waar·de·lijk [bijvoeglijk naamwoord]
iets wat voorwaardelijk is, is afhankelijk van een voorwaarde ✦ *de dief kreeg een voorwaardelijke straf*

voor·waarts [bijvoeglijk naamwoord]
naar voren ✦ *ze deed een stap voorwaarts*

voor·wen·den [wendde voor, heeft voorgewend]
doen alsof iets werkelijk zo is, terwijl dat niet waar is [iemand wendt iets voor] ✦ *ze wendde een ziekte voor, omdat ze geen zin had om naar het feest te gaan*

het **•voor·werp** [voorwerpen]
het ding = het object ✦ *in het museum liggen voorwerpen die 5000 jaar oud zijn*

het **voor·woord** [voorwoorden]
een korte tekst in een boek, die vóór de eigenlijke tekst staat

voor·za·gen *zie:* **voorzien**

de **voor·zet** [voorzetten]
een trap of een slag die de bal voor het doel brengt ✦ *Theo gaf een goede voorzet, maar Rob kreeg de bal niet in het doel*

het **voor·zet·sel** [voorzetsels]
een woord dat de betrekking tussen twee woorden in een zin laat zien, bijv. de plaats of de tijd ✦ *in de zinnen 'het boek ligt op tafel' en 'hij antwoordt op mijn vraag' is 'op' een voorzetsel* er- + voorzetsel

•voor·zich·tig [bijvoeglijk naamwoord]
voorzichtige mensen passen goed op bij wat ze doen, zodat het niet verkeerd kan gaan ✦ *ze zette de glazen voorzichtig in de kast*

voor·zien [voorzag, heeft voorzien]
1 van tevoren zien; weten dat iets gaat gebeuren [iemand voorziet iets] ✦ *ik voorzie grote problemen*
2 het op iets of iemand voorzien hebben: iets of iemand nadeel willen geven; slechte bedoelingen hebben met iets of iemand ✦ *de vrouw was bang dat iedereen het op haar geld had voorzien*

voor·zien in [voorzag in, heeft voorzien in]
zorgen dat iets er is; zorgen dat iets vervuld wordt [iets voorziet in iets] ✦ *volgens de directeur voorziet het nieuwe product in een grote behoefte*

voor·zien van [voorzag van, heeft voorzien van]
zorgen dat iets er is; geven [iemand voorziet iemand van iets] ✦ *de vrouw voorzag haar kinderen van eten voor de reis*

de **voor·zie·ning** [voorzieningen]
een middel of een maatregel waarmee in iets voorzien* wordt = de faciliteit ✦ *de burgemeester heeft gezorgd voor voldoende voorzieningen voor de internationale wedstrijd die in de stad gehouden wordt*

voor·zit·ten [zat voor, heeft voorgezeten]
leiden [iemand zit een vergadering voor] ✦ *als de directeur ziek is, zit de heer Van Brakel de vergadering van het bestuur voor*

de **•voor·zit·ter** [voorzitters] **voor·zit·ster** [voorzitsters]
1 iemand die een vergadering voorzit* ✦ *de voorzitter opende de vergadering*
2 de leider van het bestuur van een vereniging of van een politieke partij ✦ *de leden van de partij kozen een nieuwe voorzitter*

de **voor·zorg**
iets doen uit voorzorg: iets doen om problemen te voorkomen ✦ *uit voorzorg deed ze de deur op slot*

vor·de·ren [vorderde]
1 [is gevorderd] verder komen [iemand vordert] ✦ *ze is al flink gevorderd met haar werk*
2 [heeft gevorderd] eisen dat iemand iets aan je geeft = opeisen [iemand vordert iets] ✦ *de politie vorderde de gestolen goederen*

•vo·ren [bijwoord]
dit woord gebruik je na een voorzetsel als je wilt zeggen dat iets voor iets is of in voorwaartse richting gaat ✦ *hij stapte naar voren* ✦ *de auto had van voren vier lampen*

vo

iets naar voren brengen: aandacht voor iets vragen ✦ *de voorzitter vroeg om stilte omdat Peter nog iets naar voren wilde brengen*

•**vo·rig** [bijvoeglijk naamwoord]
1 de vorige persoon of zaak is de persoon of zaak die direct voor iets of iemand kwam = verleden ✦ *vorige week waren we in Istanboel*
2 een vorige keer is een keer in het verleden ✦ *ik heb jou bij een vorige vergadering al eens ontmoet*

de •**vork** [vorken]
een voorwerp waarmee je in eten prikt

vork

de **vork·hef·truck** [vorkheftrucks]
een wagentje waarmee je zware dozen kunt optillen = de heftruck

vorkheftruck

de •**vorm** [vormen]
1 de manier waarop iets of iemand eruitziet ✦ *de aarde heeft de vorm van een bal* ✦ *hij heeft een radio in de vorm van een autootje*
2 een voorwerp waarmee je iets een vorm (bet. 1) geeft ✦ *de kinderen gebruikten verschillende vormpjes om koekjes te maken*
3 de manier waarop je je moet gedragen ✦ *de familie van zijn vrouw vindt goede vormen belangrijk*
4 een vorm van ...: een manier van ... ✦ *ik ben tegen iedere vorm van geweld*
5 in vorm zijn: goed kunnen presteren ✦ *de sporter klaagde dat hij niet in vorm was*

•**vor·men** [vormde, heeft gevormd]
1 maken; laten ontstaan [iemand of iets vormt iets] ✦ *ze vormde met haar vingers het cijfer 8* ✦ *de bomen vormen een kring op het plein*
2 zijn [mensen of dingen vormen iets] ✦ *deze zes mensen vormen samen een groep* ✦ *de Franse taal vormt voor de meeste Belgen geen probleem*
3 een belangrijke bijdrage leveren aan iemands ontwikkeling [iemand of iets vormt iemand] ✦ *de jaren aan de universiteit hebben haar gevormd*

de **vorm·ge·ver** [vormgevers] **vorm·geef·ster** [vormgeefsters]
iemand die iets zijn vorm geeft ✦ *de krant is gemaakt door een nieuwe vormgever*

de **vorm·ge·ving**
het proces waarbij iets een vorm krijgt ✦ *de vormgeving wordt verzorgd door een kunstenaar*

het **vorm·sel** [vormsels]
een officiële handeling in de katholieke kerk waarbij de gelovige kracht krijgt om te blijven geloven **religie**

de **vorst** [vorsten]
1 [vrouw: vor·stin; vorstinnen] een persoon die een land regeert en die opgevolgd wordt door iemand uit zijn familie
2 [geen meervoud] koud weer, waarbij het vriest* ✦ *na een lange periode van vorst werd het in maart warmer*

het **vor·sten·huis** [vorstenhuizen]
alle leden van de familie van een vorst of vorstin, ook die al gestorven zijn

de **vor·stin** [vorstinnen]
1 een vrouwelijke vorst (bet. 1)
2 de vrouw van een vorst (bet. 1)

de **vos** [vossen]
een roodbruin, slim dier dat een beetje kleiner is dan een hond

vos

de **vouw** [vouwen]
een plaats waarlangs iets gevouwen* (bet. 1) is ✦ *hij droeg een broek met een vouw*

vou·wen [vouwde, heeft gevouwen]
1 iets dubbelslaan en de delen ervan tegen elkaar drukken [iemand vouwt iets] ✦ *hij vouwde de lakens en legde ze in de kast*
2 de vingers van je handen zo in elkaar

steken als bij het bidden [iemand vouwt zijn handen] ✦ *ze vouwden hun handen om te bidden*

de **VPRO**
Vrijzinnig-protestantse Radio-omroep: een omroep in Nederland media

de•**vraag** [vragen]
1 iets wat je zegt en waarop je een reactie of een antwoord verwacht, bijv. 'ja' of 'nee' ✦ *hij wilde geen antwoord geven op de vraag hoe oud hij was*
2 [geen meervoud] belangstelling voor iets dat te koop is ✦ *er is zoveel vraag naar vers fruit dat de prijzen stijgen*

het **vraag·ge·sprek** [vraaggesprekken]
een gesprek waarbij één persoon vragen stelt en de andere persoon antwoordt = het interview ✦ *op de radio was een vraaggesprek met de minister van Buitenlandse Zaken*

het **vraag·stuk** [vraagstukken]
1 iets wat opgelost moet worden; een groot probleem = de kwestie ✦ *de regering houdt zich bezig met het vraagstuk van de slechte economie*
2 een vraag die beantwoord moet worden = de opgave ✦ *achter in het boek staan vraagstukken en antwoorden*

het **vraag·te·ken** [vraagtekens]
het teken '?', dat je plaatst aan het einde van een vragende zin, zoals in "Kom je?"

de **vracht** [vrachten]
het geheel van spullen voor vervoer = de lading ✦ *de chauffeur keek of de vracht goed in de wagen lag*

de **vracht·au·to** [vrachtauto's]
een vrachtwagen ✦ *een vrachtauto bracht de spullen van de fabriek naar de winkel*

de•**vracht·wa·gen** [vrachtwagens]
een grote auto voor het vervoer van goederen = de vrachtauto ✦ *ze verhuisden met een grote vrachtwagen*

vp

•**vra·gen** [vroeg, heeft gevraagd]
zeggen om een reactie of een antwoord te krijgen, bijv. 'ja' of 'nee' [iemand vraagt iets (aan iemand)] ✦ *zij vroeg hem of hij de deur wilde sluiten*

vra·ten *zie:* **vreten**

de•**vre·de**
1 de toestand dat er niet gevochten wordt
2 ergens geen vrede mee hebben: niet tevreden zijn over een besluit of een oplossing

het **vre·de·ge·recht** [vredegerechten] (in België)
een rechtbank die gaat over kleine zaken, bijv. ruzies rechtspraak

de **vre·de·rech·ter** [vrederechters] (in België)
een rechter die gaat over kleine zaken, bijv. ruzies

het **vre·des·ak·koord** [vredesakkoorden]
een afspraak tussen landen om niet meer te vechten ✦ *in het vredesakkoord staat wat de nieuwe grenzen van de landen zijn*

de **vre·des·macht** [vredesmachten]
een leger dat in een gebied waar oorlog was, komt helpen de vrede te bewaren ✦ *de vredesmacht bestond uit Amerikaanse en Britse soldaten*

vre·dig [bijvoeglijk naamwoord]
als het ergens vredig is, is er een rustige, prettige sfeer

vreed·zaam [bijvoeglijk naamwoord]
een vreedzame persoon maakt niet graag ruzie ✦ *is het nog mogelijk om tot een vreedzame oplossing voor de kwestie te komen?*

vree·ën *zie:* **vrijen**

•**vreemd** [bijvoeglijk naamwoord]
1 vreemde zaken of mensen zijn anders dan je verwacht = raar ✦ *hij vond het maar vreemd dat niemand hem belde toen hij jarig was*
2 vreemde dingen zijn niet bekend ✦ *het kind mocht niet met vreemde mannen mee*
vreemd gaan: seksueel contact hebben met iemand anders dan je vaste partner

de **vreem·de** [vreemden]
iemand die je niet kent = de onbekende ✦ *de kinderen mochten niet met vreemden meegaan*

de **vreem·de·ling** [vreemdelingen]
iemand die uit een ander land of uit een ander gebied komt = de vreemde ✦ *de mensen in het dorp moesten wennen aan de vreemdeling*

de•**vrees**
een bang gevoel = de angst ✦ *uit vrees voor de hond klom de man in een boom*

de **vrek** [vrekken]
iemand die zo weinig mogelijk geld wil uitgeven = de krent

•vre·se·lijk[1] [bijvoeglijk naamwoord]
vreselijke dingen zijn heel groot en erg of kunnen je bang maken = verschrikkelijk ✦ *we hadden vreselijke honger* ✦ *er is een vreselijk ongeluk gebeurd*

•vre·se·lijk[2] [bijwoord]
heel erg ✦ *het was vreselijk warm in de kamer*

vre·ten [vrat, heeft gevreten]
1 eten [dieren vreten] ✦ *de hond vrat zijn eten meteen op*
2 in grote hoeveelheden gebruiken [iets of iemand vreet iets] ✦ *zo'n klein kind vreet aandacht!* ✦ *het is een mooi apparaat, maar het vreet stroom*
3 (informeel) snel en niet netjes eten [mensen vreten]

de **•vreug·de**
een blij gevoel = de blijdschap

•vre·zen [vreesde, heeft gevreesd]
bang zijn voor iets [iemand vreest iets] ✦ *ik vrees dat ik een fout heb gemaakt*

de **•vriend** [vrienden] **vrien·din** [vriendinnen]
1 iemand die je leuk vindt en met wie je een band hebt ✦ *hij had al zijn vrienden en familie uitgenodigd voor het feest*
iemand te vriend houden: proberen geen ruzie met iemand te krijgen
vriend en vijand: iedereen ✦ *hij verbaasde vriend en vijand door de verkiezingen te winnen*
2 iemand met wie je een liefdesrelatie hebt ✦ *Helma en haar vriend willen binnenkort trouwen*

•vrien·de·lijk [bijvoeglijk naamwoord]
een vriendelijke persoon is aardig en doet dingen om je te helpen ✦ *in die winkel werkt heel vriendelijk personeel*

de **vriend·jes·po·li·tiek**
de situatie dat je aan vrienden oneerlijk voordeel geeft boven anderen ✦ *iedereen weet dat hij zijn baan door vriendjespolitiek heeft gekregen*

de **vriend·schap** [vriendschappen]
een band tussen vrienden ✦ *de vriendschap tussen die twee mannen duurt al dertig jaar*

vriend·schap·pe·lijk [bijvoeglijk naamwoord]
iets wat vriendschappelijk is, gebeurt vanuit vriendschap* ✦ *de ploeg speelde een vriendschappelijke wedstrijd* ✦ *hij gaf zijn collega een vriendschappelijke klap op zijn schouder*

vrie·zen [vroor, heeft gevroren]
als het vriest, is het kouder dan nul graden Celsius en verandert water in ijs [het vriest] ✦ *het heeft vannacht hard gevroren* weer[1]

de **vrie·zer** [vriezers]
een soort kast waarin het vriest* en waarin eten heel koud bewaard wordt = de diepvries

•vrij[1] [bijvoeglijk naamwoord]
1 een vrije persoon of een vrij dier is niet beperkt in wat hij kan doen ✦ *de man zat zes jaar in de gevangenis, maar nu is hij vrij* ✦ *hij vluchtte uit zijn land omdat hij vrij wilde zijn*
2 een plaats die vrij is, is niet in gebruik ⇔ bezet ✦ *de wc is vrij*
3 iemand die vrij is of heeft, hoeft niet te werken of hoeft niet naar school ✦ *Herman is altijd op woensdag vrij*
vrije tijd: tijd waarin je niet hoeft te werken
4 een vrije school: (in België) een school die niet door de overheid is opgericht, maar door mensen met een bepaald doel, bijv. om christelijk onderwijs te geven onderwijs

•vrij[2] [bijwoord]
behoorlijk = tamelijk ✦ *ik heb nog vrij veel te doen*

vrij·blij·vend [bijvoeglijk naamwoord]
als iets vrijblijvend is, word je tot niets verplicht ✦ *de vrouw had een vrijblijvend gesprek met de directeur van het bedrijf*

de **vrij·bui·ter** [vrijbuiters]
iemand die zich moeilijk aan wetten en regels kan houden

de **•vrij·dag** [vrijdagen]
de vijfde dag van de week
Goede Vrijdag: de vrijdag voor Pasen, waarop christenen de dood van Jezus Christus herdenken feestdagen

vrij·en [vrijde, heeft gevrijd, of vree, heeft gevreeën]
kussen en seksueel contact hebben [iemand vrijt (met iemand)]

de **vrij·er** [vrijers] (informeel)
een man of een jongen met wie je een relatie hebt ✦ *ze heeft alweer een nieuwe vrijer*

vrij·ge·spro·ken *zie:* **vrijspreken**

vrij·ge·vig [bijvoeglijk naamwoord]
vrijgevige mensen geven gemakkelijk

vr

iets weg = gul ⇔ gierig

de **vrij·ge·zel** [vrijgezellen]
iemand die geen liefdesrelatie heeft

de ***vrij·heid**
de toestand waarin je vrij bent ✦ *men moet de vrijheid hebben om zelf te kiezen wie het land moet regeren*

vrij·ko·men [kwam vrij, is vrijgekomen]
1 uit de gevangenis komen [iemand komt vrij] ✦ *het slachtoffer wenste dat de man nooit meer zou vrijkomen*
2 beschikbaar komen ✦ *toen het geld dat zij had gespaard vrijkwam, kocht zij een nieuwe auto*

vrij·la·ten [liet vrij, heeft vrijgelaten]
de vrijheid geven; niet beperken [iemand laat iemand vrij] ✦ *mijn ouders hebben mij altijd vrijgelaten*

de **vrij·markt** [vrijmarkten]
een markt waarop iedereen spullen kan verkopen, zonder dat je een vergunning nodig hebt ✦ *op 30 april is er in veel steden in Nederland vrijmarkt* feestdagen

vrij·moe·dig [bijvoeglijk naamwoord]
een vrijmoedige persoon durft dingen te zeggen en te doen die veel mensen niet durven ✦ *de vrouw schrijft vrijmoedig over haar seksuele leven*

de **vrij·plaats** [vrijplaatsen]
een plaats waarheen je vlucht en waar je veilig bent ✦ *de stad was een vrijplaats voor kunstenaars*

vrij·pos·tig [bijvoeglijk naamwoord]
vrijpostige mensen durven dingen te zeggen en te doen die eigenlijk niet horen = brutaal

vrij·spre·ken [sprak vrij, heeft vrijgesproken]
bij een rechtbank vaststellen dat iemand geen schuld heeft [een rechter spreekt iemand vrij] ✦ *de rechter sprak Ferry E. vrij omdat niet bewezen kon worden dat hij de misdaad had gepleegd* rechtspraak

de **vrij·stel·ling** [vrijstellingen]
de keer dat je iets niet hoeft te doen wat je eigenlijk verplicht bent om te doen ✦ *hij kreeg in zijn studie vrijstelling voor drie vakken*

vrij·uit [bijwoord]
1 zonder je te laten beperken ✦ *kunnen we hier vrijuit spreken?*
2 vrijuit gaan: niet gestraft worden omdat schuld niet bewezen is

vrij·wa·ren [vrijwaarde, heeft gevrijwaard]
beschermen tegen iets [iemand vrijwaart iemand van of tegen iets]

***vrij·wel** [bijwoord]
bijna = nagenoeg ✦ *in die winkel kun je vrijwel alles kopen*

vrij·wil·lig [bijvoeglijk naamwoord]
iets wat je vrijwillig doet, doe je omdat je dat zelf wilt ✦ *het was een vrijwillige keuze om minder te gaan werken*

de **vrij·wil·li·ger** [vrijwilligers] **vrij·wil·lig·ster** [vrijwilligsters]
iemand die werk doet dat niet betaald wordt ✦ *het strand werd schoongemaakt door vrijwilligers*

het **vrij·wil·li·gers·werk**
werk waarvoor je niet betaald wordt ✦ *hij doet vrijwilligerswerk in een ziekenhuis* werk

de **vroed·vrouw** [vroedvrouwen]
iemand die voor haar beroep vrouwen helpt als hun baby geboren wordt = de verloskundige

***vroeg** [bijvoeglijk naamwoord]
iets wat vroeg gebeurt, gebeurt eerder in de tijd dan normaal of dan je verwacht ✦ *ik moet iedere dag vroeg opstaan*

vroe·gen *zie:* **vragen**

***vroe·ger**[1] [bijvoeglijk naamwoord]
een vroegere vriend is iemand die in het verleden je vriend was

***vroe·ger**[2] [bijwoord]
in het verleden ✦ *vroeger mochten vrouwen niet stemmen*

vroeg·tij·dig [bijvoeglijk naamwoord]
iets wat vroegtijdig gebeurt, gebeurt al op een vroeg moment ✦ *de gemeente wilde vroegtijdig overleg tussen alle partijen*

***vro·lijk** [bijvoeglijk naamwoord]
1 een vrolijke persoon is blij ✦ *Anna is een vrolijk meisje*
2 iets wat vrolijk is, maakt je blij ✦ *het was een vrolijke vergadering: we hebben veel gelachen*

de **VROM**
Volkshuisvesting, Ruimtelijke Ordening en Milieubeheer: een ministerie in Nederland

vroom [bijvoeglijk naamwoord]
vrome mensen geloven sterk in God en laten dat ook zien

vro·ren *zie:* **vriezen**

vr

de •**vrouw** [vrouwen]
1 een persoon van het vrouwelijk* (bet. 1) geslacht ⇔ de man ✦ *er waren zes vrouwen en twee mannen*
2 de persoon met wie een man getrouwd is ✦ *in 1980 ben ik met mijn vrouw getrouwd* familie
vrou·we·lijk [bijvoeglijk naamwoord]
1 vrouwelijke mensen, dieren of planten horen tot het geslacht waaruit andere mensen, dingen of planten groeien ✦ *deze plant heeft mannelijke en vrouwelijke bloemen*
2 iets wat vrouwelijk is, is zoals je van een vrouw verwacht ✦ *die jurk staat je heel vrouwelijk*
3 (taal) een vrouwelijk woord heeft 'de' als lidwoord; in Zuid-Nederland spreek je over een vrouwelijk woord met 'zij' of 'haar' ✦ *in het Spaans is 'casa' een vrouwelijk woord*

het **vrouw·tje** [vrouwtjes]
een vrouwelijk dier ✦ *het vrouwtje van het paard heet een merrie* dieren

de **VRT** (in België)
Vlaamse Radio- en Televisieomroep: een omroep in België media

de •**vrucht** [vruchten]
1 iets dat uit de bloem van een boom groeit, en dat je vaak kunt eten ✦ *op de schaal lagen appels en andere vruchten*
2 een kind of een dier in de buik van de moeder
3 het resultaat ✦ *pas na jaren zag hij de vruchten van zijn werk*
vrucht·baar [bijvoeglijk naamwoord]
1 een vruchtbare persoon kan kinderen krijgen ⇔ onvruchtbaar
2 iets wat vruchtbaar is, levert goede resultaten op ✦ *het was een vruchtbare samenwerking met de universiteit* ✦ *omdat de grond in dit gebied heel vruchtbaar is, wonen hier veel boeren*

het **vruch·ten·sap**
een drank die gemaakt is van vruchten maaltijden

de **VS** [meervoud]
de Verenigde Staten = de USA ✦ *de VS wilden een oorlog beginnen tegen Irak*

het **VT4**
een omroep in België media

de **VTM**
Vlaamse Televisie Maatschappij: een omroep in België media

het **vuil**[1]
een vieze laag op iets ✦ *de ramen zaten onder het vuil*
•**vuil**[2] [bijvoeglijk naamwoord]
1 vuile dingen zijn vies ✦ *als je in de tuin werkt, krijg je vuile handen*
2 vuile mensen of zaken zijn slecht en niet eerlijk ✦ *wat een vuile streek dat je alles hebt verteld!*

het **vuil·nis** *ook:* de
de dingen die je weggooit, zoals blikjes, restjes eten enz. = het afval ✦ *iedere maandag wordt het vuilnis opgehaald*

de **vuil·nis·belt** [vuilnisbelten]
een plaats waar het vuilnis* wordt verzameld ✦ *in Manilla leven mensen op een vuilnisbelt*

de **vuil·nis·zak** [vuilniszakken]
een zak waar je vuilnis* in doet ✦ *op maandag zetten we de vuilniszakken buiten*

de **vuist** [vuisten]
een dichte hand ✦ *de man sloeg met zijn vuist op tafel*
op de vuist gaan: gaan vechten
een vuist maken: duidelijk laten merken dat je het ergens niet mee eens bent
vul·gair [bijvoeglijk naamwoord]
een vulgaire persoon of zaak heeft met seks te maken op een manier die niet netjes is = ordinair

de **vul·kaan** [vulkanen]
een berg met een groot gat in het midden, waaruit stenen, as en vuur komen
•**vul·len** [vulde, heeft gevuld]
vol maken [iemand vult iets (met iets)] ✦ *hij vulde het glas met water* ✦ *ik vul mijn dagen met hard werken*
vun·zig [bijvoeglijk naamwoord]
een vunzige persoon of zaak heeft met seks te maken op een manier die niet netjes is = vulgair, vies
vu·rig [bijvoeglijk naamwoord]
een vurige persoon of zaak heeft een groot verlangen of een grote liefde = hartstochtelijk ✦ *de vurige wens van de man was om eenmaal naar Rome te gaan*

de **VUT** (in Nederland)
vervroegde uittreding: een regeling waarbij je kunt stoppen met werken voordat je 65 bent ✦ *hij ging met de VUT toen hij 58 jaar was*

het •**vuur** [vuren]

1 het verschijnsel van vlammen, licht en hitte als iets brandt ✦ *heb je een vuurtje voor mijn sigaret?* ✦ *ze zette om vijf uur de aardappelen op het vuur*
door het vuur gaan voor iemand: alles voor iemand willen doen
met vuur spelen: dingen doen waarbij je jezelf en anderen in gevaar brengt
het nieuws ging als een lopend vuurtje rond: het nieuws werd heel snel overal bekend
iemand onder vuur nemen: iemand erg lastige vragen stellen
2 een heftig, positief gevoel = de passie ✦ *met veel vuur vertelde de man over zijn reizen*

de **vuur·to·ren** [vuurtorens]
een toren met een bewegende lamp, waardoor schepen op zee kunnen bepalen waar ze zijn

het **vuur·wa·pen** [vuurwapens]
een wapen waarmee je kunt schieten, bijv. een pistool of een geweer ✦ *in Amerika is het heel gemakkelijk om een vuurwapen te kopen*

het **vuur·werk**
een of meer voorwerpen met een soort poeder erin, dat knalt en licht geeft als je het aansteekt ✦ *als het nieuwe jaar begint, willen veel mensen vuurwerk afsteken* feestdagen

v.v. [afkorting]
vice versa: en weer terug ✦ *dit is de trein Den Haag - Zoetermeer v.v.*

de **VVD**
Volkspartij voor Vrijheid en Democratie: een politieke partij in Nederland politiek

de **VVV**
Vereniging voor Vreemdelingenverkeer: een organisatie waar toeristen informatie kunnen krijgen

het **vwo** (in Nederland)
school voor voorbereidend wetenschappelijk onderwijs onderwijs

VWS [afkorting]
Volksgezondheid, Welzijn en Sport: een ministerie in Nederland

de **vzw** [vzw's] (in België)
vereniging zonder winstoogmerk: een organisatie die niet het doel heeft om winst te maken en die geen leden heeft = de stichting

W

de **w** [w's]
de 23e letter van het alfabet alfabet

•**waai·en** [woei of waaide, heeft gewaaid]
als het waait, beweegt de lucht buiten en voel je de wind [de wind waait; het waait] ✦ *ik heb geen zin om op de fiets naar de stad te gaan, want het waait en het regent* ✦ *de takken waaiden van de bomen* weer[1]

de **waak·hond** [waakhonden]
een hond die je huis beschermt door te blaffen als er vreemde mensen komen

waak·zaam [bijvoeglijk naamwoord]
waakzame mensen of dieren letten goed op = alert ✦ *volgens de politie moet iedereen waakzaam zijn, zodat het veilig blijft op straat*

Waals [bijvoeglijk naamwoord]
Waalse mensen of dingen zijn van of uit Wallonië ✦ *in het Waalse deel van België wordt Frans gesproken*

de **waan**
een gedachte of een mening die niet waar is = de illusie ✦ *hij was in de waan dat zij van hem hield*
de waan van de dag: de dingen die iedereen bezighouden, maar die ook weer snel veranderen

de **waan·zin**
1 een ziekte van je geest waarbij je dingen denkt die niet waar zijn ✦ *de patiënt leed aan waanzin en dacht dat hij Napoleon was*
2 grote onzin ✦ *de politieke partij noemde de plannen van de regering waanzin*

waan·zin·nig[1] [bijvoeglijk naamwoord]
waanzinnige mensen of zaken zijn erg raar = idioot ✦ *ik vind het een waanzinnig idee om midden in de nacht naar het strand te gaan*

waan·zin·nig[2] [bijwoord]
heel erg; meer dan normaal = absurd ✦ *hij heeft een waanzinnig hoog bedrag betaald voor zijn huis*

•**waar**[1] [bijvoeglijk naamwoord]
als iets waar is, is het echt, zoals in de werkelijkheid ✦ *wat hij daar zegt, is niet waar!* ✦ *de ware oorzaak van het ongeluk is nog niet bekend*

•**waar**[2] [bijwoord]
1 met dit woord vraag je naar een plaats of je zegt iets over een plaats ✦ *waar woont u?* ✦ *is hier een restaurant waar je lekker kunt eten?*
2 waar-

waar-
samen met een voorzetsel gebruikt om iets te vragen of te zeggen over een onderwerp van gesprek; soms staat 'waar' los van het voorzetsel ✦ *waaraan denk je?* ✦ *waar is deze stoel van gemaakt?* ✦ *heb jij een sleutel waarmee ik de deur kan openen?* er- + voorzetsel

waar·aan [bijwoord]
waar- ✦ *ze wilde niet zeggen waaraan ze dacht* ✦ *dat is de boom waaraan de hond vastgebonden was*

waar·ach·tig[1] [bijvoeglijk naamwoord]
waarachtige mensen of zaken zijn echt of eerlijk = oprecht ✦ *hij zei dat hij waarachtige liefde voelde voor zijn vrouw*

waar·ach·tig[2] [bijwoord]
dit woord gebruik je om met nadruk te zeggen dat iets zo is, vooral van dingen die je niet verwacht had = zowaar ✦ *hij heeft waarachtig toch nog sorry gezegd*

waar·bij [bijwoord]
waar- ✦ *in de krant stond een artikel over het ongeluk waarbij mijn oom betrokken was*

waar·bor·gen [waarborgde, heeft gewaarborgd]
zorgen dat iets gebeurt; verzekeren dat iets goed is = garanderen [iemand waarborgt iets] ✦ *het bedrijf heeft maatregelen genomen om de veiligheid van de werknemers te waarborgen*

de •**waard**[1] [waarden] **waar·din** [waardinnen]
de eigenaar van een café ✦ *we vroegen aan de waard of hij ook kamers verhuurde*

•**waard**[2] [bijvoeglijk naamwoord]
1 voor iets dat veel waard is, kun je veel geld krijgen ✦ *hoeveel is deze fiets waard, denk je?*
het is de moeite waard: dat moet je beslist doen ✦ *de tentoonstelling in het Van Gogh Museum is zeer de moeite waard*
2 waarde collega: dit kun je boven een

brief zetten aan een collega die je waardeert

de •**waar·de** [waarden, waardes]
1 de hoeveelheid geld die iets kan opbrengen ✦ *de waarde van de huizen is gestegen*
2 de betekenis die iets voor je heeft = het belang ✦ *mevrouw Everts is van grote waarde voor onze vereniging*

waar·de·loos [bijvoeglijk naamwoord]
waardeloze mensen of dingen hebben geen waarde, of zijn slecht ✦ *ze vonden het een waardeloos voorstel* ✦ *de beelden zijn gemaakt van waardeloos materiaal*

waar·de·ren [waardeerde, heeft gewaardeerd]
je de waarde van iemand of iets realiseren; laten merken dat je blij bent met iemand of iets [iemand waardeert iemand of iets] ✦ *de uitzendkracht ging weg bij het bedrijf, omdat hij zich niet gewaardeerd voelde*

de •**waar·de·ring** [waarderingen]
de woorden waarmee mensen zeggen dat ze blij zijn met wat je gedaan hebt = de lof ✦ *ze kreeg veel waardering voor de zorg voor haar zieke vader*

waar·de·vol [bijvoeglijk naamwoord]
waardevolle dingen hebben veel waarde ✦ *Rogier zorgde ervoor dat al zijn waardevolle spullen goed verzekerd waren*

waar·dig [bijvoeglijk naamwoord]
1 voor iemand die waardig is, heb je respect omdat hij of zij zichzelf waardevol vindt ✦ *de waardige dame ontving haar gasten op een kasteel*
2 als iets op een waardige manier gebeurt, blijkt er respect en waardering uit ✦ *de directeur kreeg een waardig afscheid*

waar·door [bijwoord]
door wat; door welke ✦ *hij maakte een opmerking waardoor ik van mening veranderde* ✦ *hier is een deur waardoor je naar binnen kunt*

waar·ge·no·men *zie:* **waarnemen**

waar·heen [bijwoord]
naar welke plaats ✦ *waarheen zal ik het pakje sturen?*

de •**waar·heid**
iets wat waar is ⇔ de leugen ✦ *de politie dwong de man de hele waarheid te vertellen*

waar·in [bijwoord]
waar- ✦ *waarin geloof jij?* ✦ *hij draagt een trui waarin een gat zit*

waar·ma·ken [maakte waar, heeft waargemaakt]
zorgen dat iets werkelijkheid wordt = verwezenlijken [iemand maakt iets, bijv. een belofte, waar] ✦ *de jonge sporter kon de hoge verwachtingen niet waarmaken*

waar·mee [bijwoord]
waar- ✦ *dat is het mes waarmee je brood kunt snijden* ✦ *dat is iets waarmee ik moeite heb*

waar·na [bijwoord]
na een moment dat eerder genoemd is ✦ *om twaalf uur verzamelen we ons op het station, waarna we zullen vertrekken*

waar·naar [bijwoord]
waar- ✦ *de film waarnaar ik gisteren gekeken heb, was leuk*

waar·ne·men [nam waar, heeft waargenomen]
1 horen, zien, ruiken of voelen [iemand neemt iets of iemand waar] ✦ *ze nam een vreemde geur waar*
2 tijdelijk in iemands plaats iets doen [iemand neemt iets voor iemand waar] ✦ *de dokter zocht een collega die zijn praktijk tijdens zijn vakantie kon waarnemen*

de **waar·ne·ming** [waarnemingen]
iets wat je waarneemt* (bet. 1) = de observatie ✦ *de onderzoeker schreef zijn waarnemingen op in een boek*

•**waar·om** [bijwoord]
1 om wat; om welke reden; om welk doel ✦ *waarom kom je niet?*
2 waar- ✦ *hij vertelde een grap waarom iedereen moest lachen*

waar·on·der [bijwoord]
1 onder andere ✦ *ik heb heel veel boeken, waaronder vijf boeken van W.F. Hermans*
2 waar- ✦ *de lakens waaronder je geslapen hebt, moeten gewassen worden*

waar·op [bijwoord]
1 na het moment dat genoemd is ✦ *hij zei iets doms, waarop iedereen begon te lachen*
2 waar- ✦ *er waren drie vragen waarop hij geen antwoord wist*

waar·over [bijwoord]
waar- ✦ *waarover praten jullie?*

•**waar·schijn·lijk** [bijvoeglijk naam-

woord]
als iets waarschijnlijk is, is het heel goed mogelijk = vermoedelijk
✦ *waarschijnlijk komt hij om zes uur*

de **waar·schijn·lijk·heid**
naar alle waarschijnlijkheid: heel waarschijnlijk ✦ *naar alle waarschijnlijkheid komt zij volgende week terug*

•waar·schu·wen [waarschuwde, heeft gewaarschuwd]
1 zeggen dat er gevaar dreigt [iemand waarschuwt iemand (voor iets)] ✦ *de politie waarschuwde de toeristen voor dieven*
2 een teken geven als het tijd is [iemand waarschuwt iemand] ✦ *wil jij me even waarschuwen als de vergadering begint?*

de **waar·schu·wing** [waarschuwingen]
de woorden waarmee je waarschuwt of gewaarschuwd wordt ✦ *na twee waarschuwingen stuurde de leraar de leerling de klas uit*

waar·te·gen [bijwoord]
waar- ✦ *ik vraag me af waartegen je me wilt beschermen*

waar·uit [bijwoord]
waar- ✦ *er is een rapport verschenen waaruit blijkt dat het slecht gaat met ons bedrijf*

waar·van [bijwoord]
waar- ✦ *er verdwijnen duizend banen, waarvan honderd in Gent*

waar·voor [bijwoord]
waar- ✦ *hij stuurde me bloemen, waarvoor ik hem nog moet bedanken*

het **waas** *ook:* de
een soort dunne mist die ergens hangt = de nevel ✦ *er hing een blauw waas boven de stad*

de **wacht**
1 de toestand dat je wakker moet blijven en goed op iets moet letten ✦ *de soldaten die de eerste wacht hadden, moesten vroeg opstaan*
2 een persoon of een groep die er is om goed op iets te letten = de bewaking ✦ *de dief werd ontdekt door de wacht*
3 iemand de wacht aanzeggen: zeggen dat iemand ergens niet meer mag werken ✦ *na drie maanden werd hem de wacht aangezegd door zijn baas*

•wach·ten [wachtte, heeft gewacht]
op dezelfde plaats of in dezelfde toestand blijven tot iemand komt of tot iets gebeurt [iemand wacht (op iemand of iets)] ✦ *ik heb uren op je gewacht* ✦ *iedereen wachtte met eten tot de president begon*

de **wacht·ka·mer** [wachtkamers]
een ruimte, bijv. bij de dokter, waar je moet wachten ✦ *het duurde lang, want er zaten wel tien mensen in de wachtkamer*

de **wacht·lijst** [wachtlijsten]
een lijst van personen die wachten op hun beurt voor iets ✦ *er is een lange wachtlijst voor goedkope huurhuizen*
gezondheid

de **wacht·tijd** [wachttijden]
de tijd dat je moet wachten ✦ *op zaterdag zijn de wachttijden bij het postkantoor erg lang*

het **wacht·woord** [wachtwoorden]
een geheim woord dat je moet zeggen om ergens toegelaten te worden = het password ✦ *als je de computer wilt gebruiken, moet je het wachtwoord weten*

het **wad·den·ei·land** [waddeneilanden]
elk van de eilanden in de Waddenzee
landschap

wa·den [waadde, heeft of is gewaad]
door water lopen [iemand waadt (door iets)] ✦ *de vrouwen waadden door de rivier*

de **wa·fel** [wafels]
een zoete koek met een patroon van vierkantjes maaltijden

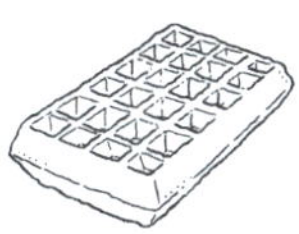
wafel

de **•wa·gen**[1] [wagens]
1 een vervoermiddel met vier wielen
✦ *de boer zette de kisten met aardappelen op de wagen*
2 de auto ✦ *de chauffeur haalde de wagen uit de garage*

•wa·gen[2] [waagde, heeft gewaagd]
iets doen waarvan niet zeker is of het goed zal gaan = riskeren [iemand waagt het om …] ✦ *hij waagde het om naar buiten te gaan in het slechte weer*

wag·ge·len [waggelde, heeft gewaggeld]
lopen waarbij je heen en weer beweegt [een mens of een dier waggelt] ✦ *de een-*

den waggelden over de weg

de **wa·gon** [wagons]
een wagen die deel is van een trein = het rijtuig ✦ *in deze wagon mag je niet roken*

het **wak** [wakken]
een gat in het ijs ✦ *je moet oppassen dat je niet in een wak valt*

wa·ken [waakte, heeft gewaakt]
's nachts wakker blijven om op iets of iemand te passen [iemand waakt] ✦ *de moeder waakte bij haar zieke kind*

wa·ken over [waakte over, heeft gewaakt over]
op iemand of iets passen [iemand waakt over iemand of iets] ✦ *de commissie waakt over de gezondheid van mens en dier* ✦ *met een camera waken we over uw spullen*

wa·ken voor [waakte voor, heeft gewaakt voor]
proberen te voorkomen = zich hoeden voor, oppassen voor [iemand waakt voor iets] ✦ *we moeten ervoor waken dat alle rijke mensen uit de buurt vertrekken*

•**wak·ker** [bijvoeglijk naamwoord]
1 als je wakker bent, slaap je niet ✦ *ze was vanmorgen al vroeg wakker*
2 iemand die wakker is, let goed op wat er gebeurt = alert ✦ *een wakkere collega waarschuwde de politie*

de **wal** [wallen]
1 land naast het water ✦ *de kapitein van het schip ging als laatste aan wal*
tussen wal en schip komen: nergens bij horen; van het een noch van het ander voordeel hebben ✦ *nu er geen geld is om de plannen voor de verbetering van het onderwijs uit te voeren, dreigen de leerlingen tussen wal en schip te raken*
2 wallen onder je ogen hebben: donkere kringen onder je ogen hebben, bijv. omdat je moe bent

wal·ge·lijk [bijvoeglijk naamwoord]
walgelijke dingen vind je heel vies of heel vervelend = afschuwelijk ✦ *hij maakte een walgelijke opmerking*

wal·gen [walgde, heeft gewalgd]
heel vervelend of vies vinden [iemand walgt (van iets of iemand)] ✦ *sinds zijn ziekte walgt hij van koffie* ✦ *ik walg van die beelden op het journaal*

de **walk·man®** [walkmans]
een klein apparaat met een koptelefoon waarmee je naar bandjes of naar de radio kunt luisteren

het **Wal·lo·nië**
het deel van België waar men Frans spreekt landschap overheid

de **walm** [walmen]
een dikke, vette rook ✦ *uit de keuken kwam een vieze walm*

de **wal·noot** [walnoten]
een noot

walnoot

de **wals** [walsen]
1 een machine met een grote, zware rol om dingen mee plat te maken ✦ *de grond werd met een wals platgemaakt voor de aanleg van een weg*

wals 1

2 rustige muziek om in paren op te dansen ✦ *meneer Veen danste met zijn vrouw op de maten van een wals*

de **wal·vis** [walvissen]
een groot dier dat in zee leeft

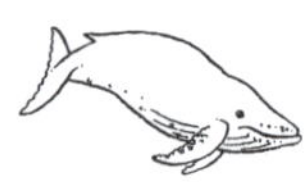

walvis

wan-
als je dit voor een woord zet, betekent het dat iets verkeerd of slecht is ✦ *de wansmaak* ✦ *het wanbeleid*

het **wan·be·drijf** [wanbedrijven] (in België)
een strafbaar feit waarvoor je acht dagen tot vijf jaar gevangenis kunt krijgen rechtspraak

de •**wand** [wanden]
een muur in een ruimte ✦ *er hing een spiegel aan de wand*

•**wan·de·len** [wandelde, heeft gewandeld]

wa

lopen, vooral voor je plezier [iemand wandelt] ✦ *als het zondag mooi weer is, gaan we in het bos wandelen* uitgaan

de **wan·del·gan·gen** [meervoud]
iets in de wandelgangen horen: iets niet officieel horen ✦ *ik heb in de wandelgangen gehoord dat Verbeek de nieuwe chef wordt*

de **wan·de·ling** [wandelingen]
1 een tocht die je wandelend maakt ✦ *ze maakten een lange wandeling langs de rivier*
2 in de wandeling: in het algemeen; door de meeste mensen ✦ *het woordenboek wordt in de wandeling 'de Dikke Van Dale' genoemd*

wa·nen [waande, heeft gewaand]
denken dat iets waar is terwijl dat niet zo is = zich verbeelden [iemand waant iets] ✦ *hij bleef zo lang weg, dat iedereen hem dood waande* ✦ *het was zo warm, dat we ons in Afrika waanden*

de **wang** [wangen]
elk van de twee delen van je gezicht tussen je neus en je oor ✦ *hij kuste het meisje op beide wangen*

wang

het **wan·ge·drag**
slecht gedrag ✦ *haar zoon is van school gestuurd wegens wangedrag*

de **wan·hoop**
een grote angst dat het niet goed zal komen = de vertwijfeling ✦ *tot wanhoop van de leraren besloot de minister minder geld uit te geven aan het onderwijs*

wan·ho·pig [bijvoeglijk naamwoord]
als je wanhopig bent, ben je erg bang dat het niet goed komt ✦ *wanhopig vroeg ze zich af of de trein nog wel zou komen*

wan·kel [bijvoeglijk naamwoord]
wankele dingen zijn niet vast en kunnen makkelijk vallen ✦ *ik durf niet op die wankele stoel te gaan zitten* ✦ *met wankele pasjes liep het jongetje naar zijn vader*

wan·ke·len [wankelde, heeft gewankeld]
1 heen en weer bewegen; bijna vallen [iets of iemand wankelt] ✦ *de patiënt wankelde toen hij uit bed stapte*
2 niet meer zeker zijn; voor twijfel zorgen [iemand of iets (geloof, vertrouwen, macht enz.) wankelt] ✦ *hij wankelde in zijn vertrouwen in de regering* ✦ *de macht van de president is aan het wankelen gebracht*

•**wan·neer**[1] [bijwoord]
op welke datum of tijd ✦ *wanneer begint de vakantie?* ✦ *ik weet niet wanneer hij terugkomt*

•**wan·neer**[2] [voegwoord]
1 als; op het moment dat ✦ *wanneer de film begint, gaat het licht uit*
2 als; onder de voorwaarde dat = indien ✦ *wanneer je wat harder loopt, komen we nog op tijd*

de **wan·or·de**
een gebrek aan orde = de chaos ✦ *het is een grote wanorde op zijn bureau*

de **want**[1] [wanten]
een kledingstuk met een aparte ruimte voor je duim waarmee je in de winter je handen warm houdt

want[1]

•**want**[2] [voegwoord]
na dit woord noem je de reden van iets ✦ *ik ga niet werken, want ik ben ziek*

het **wan·trou·wen**[1]
het gevoel dat je iemand of iets niet vertrouwt ⇔ het vertrouwen ✦ *het wantrouwen tegen de overheid is groot*

wan·trou·wen[2] [wantrouwde, heeft gewantrouwd]
niet vertrouwen [iemand wantrouwt iemand of iets] ✦ *hij lijkt aardig, maar ik wantrouw zijn bedoelingen*

de **WAO** (in Nederland)
Wet op de Arbeidsongeschiktheidsverzekering: dit is een wet die ervoor zorgt dat mensen toch geld krijgen die door ziekte of een ongeluk voor lange tijd niet meer kunnen werken verzekeringen

het •**wa·pen** [wapens]
een voorwerp, bijv. een geweer of een mes, waarmee je mensen aanvalt

wa·pe·nen [wapende, heeft gewapend]
zorgen dat iemand wapens heeft [iemand wapent iemand] ✦ *de jongens waren met messen gewapend*
wa·pe·nen te·gen [wapende tegen, heeft gewapend tegen]
van tevoren beschermen tegen iets [iemand wapent iemand tegen iets] ✦ *ze wapende zich tegen de kritiek die ze op haar boek zou kunnen krijgen*

de **wa·pen·stil·stand**
1 een afspraak tussen twee vechtende partijen om voorlopig te stoppen met vechten ✦ *de partijen spraken een wapenstilstand af tot 1 mei*
2 (in België) 11 november, de dag van het einde van de Eerste Wereldoorlog

feestdagen

Op 11 november worden de doden uit de Eerste en Tweede Wereldoorlog herdacht en heeft iedereen in België een vrije dag.

wap·pe·ren [wapperde, heeft gewapperd]
bewegen in de wind [iets wappert (bijv. haren of stukken stof)] ✦ *haar haren wapperden in de wind*

de **war**
1 in de war zijn: niet goed weten waar je bent of wat je moet doen; je vergissen ✦ *je bent in de war; ik ben Mariska niet*
2 in de war zitten: door elkaar zitten; vol knopen zitten ✦ *haar haren zaten in de war*
3 iets in de war schoppen: zorgen dat iets niet lukt ✦ *de regen schopte ons plan om te gaan fietsen in de war*

de **wa·ren**[1] [meervoud]
producten waarin wordt gehandeld ✦ *de groenteman verkocht zijn waren op de markt*
wa·ren[2] *zie:* **wezen**
wa·ren[3] *zie:* **zijn**

het **wa·ren·huis** [warenhuizen]
een grote winkel waar je allerlei soorten producten kunt kopen ✦ *we hebben in het warenhuis kleren, boeken en spelletjes gekocht*

•**warm** [bijvoeglijk naamwoord]
1 warme dingen hebben een hoge temperatuur ⇔ koud ✦ *ik wil een kop warme soep*
2 hartelijk ✦ *ze had een warme belangstelling voor de kinderen*

de **warm·te**
1 een hoge temperatuur ✦ *met deze warmte kun je niet lekker werken*
2 de toestand dat iemand hartelijk is ✦ *hij voelde zich prettig in de warmte van zijn familie*
war·rig [bijvoeglijk naamwoord]
warrige dingen zijn niet geordend maar rommelig = verward, chaotisch ✦ *hij vertelde een warrig verhaal dat niemand begreep*
wars [bijvoeglijk naamwoord]
wars zijn van iets: iets erg vervelend vinden; iets helemaal niet willen ✦ *hij is wars van alle aandacht*

de **war·taal**
dingen die je zegt die niemand kan begrijpen = de onzin, de nonsens ✦ *wat in dit boek staat, is wartaal voor mij*

de **was**[1] [wassen]
1 de keer dat je kleren wast
2 alle kleren die gewassen moeten worden of die net gewassen zijn = het wasgoed ✦ *hij stopte de was in de machine*

het **was**[2] *ook:* de
een zachte, vette stof, zoals bijv. door bijen wordt gemaakt ✦ *ze gebruikte was om de houten tafel te laten glimmen*
was[3] *zie:* **zijn**
was[4] *zie:* **wezen**

het **was·goed**
kleren enz. die gewassen moeten worden of die net gewassen zijn ✦ *hij deed het wasgoed in de wasmachine*

het **was·hand·je** [washandjes]
een stuk stof in de vorm van een zakje, waarmee je je kunt wassen ✦ *ze waste zich met een washandje met zeep*

de **was·ma·chi·ne** [wasmachines]
een machine om kleren te wassen
•**was·sen** [waste, heeft gewassen]
met water schoonmaken [iemand wast iemand of iets] ✦ *op zaterdag wast John altijd zijn auto*

de **was·ta·fel** [wastafels]
een bak aan de muur met een kraan om je bij te wassen
•**wat**[1] [voornaamwoord]
1 [vragend voornaamwoord] met dit woord vraag je naar iets ✦ *wat is jouw naam?*
2 [betrekkelijk voornaamwoord] met dit woord verwijs je aan het begin van

een bijzin naar iets uit de hoofdzin ✦ *dat is het vervelendste wat ik ooit heb meegemaakt* ✦ *wat je niet lekker vindt, hoef je niet te eten*
3 [onbepaald voornaamwoord] iets ✦ *ik heb wat voor je gekocht*
4 [onbepaald voornaamwoord] een kleine hoeveelheid ✦ *hij neemt wat boeken voor ons mee*

•**wat**[2] [bijwoord]
1 een beetje ✦ *het is hier wat warm*
maar wat: heel erg ✦ *ze zijn maar wát blij met hun nieuwe auto*
2 dit woord gebruik je als je verbaasd, verrast of boos bent ✦ *wat leuk voor je* ✦ *wat een vervelende jongen is dat*

•**wat**[3] [tussenwerpsel]
dit woord gebruik je als je iets niet goed verstaan hebt, of als je iets niet kunt geloven ✦ *wát, is hij getrouwd?*

het •**wa·ter** [wateren, waters]
1 [geen meervoud] een vloeistof zonder kleur of smaak, die alle levende wezens nodig hebben ✦ *ze dronk een glas water* dranken
2 de delen van de aarde die niet bedekt zijn met vaste grond ✦ *ze wonen in een mooi huis aan het water* landschap

wa·ter·dicht [bijvoeglijk naamwoord]
1 waterdichte dingen laten geen water door ✦ *als het regent, trek ik een waterdichte jas aan*
2 waterdichte afspraken zijn zo gemaakt dat ze niet op een andere manier uitgelegd kunnen worden dan op de manier die je bedoeld hebt ✦ *we hebben een waterdichte afspraak gemaakt over de verkoop van het huis*

de **wa·ter·kans** [waterkansen] (in België)
een heel kleine kans ✦ *er is nog een waterkansje dat hij morgen komt*

de **wa·ter·lei·ding** [waterleidingen]
het geheel van leidingen waardoor water naar de kraan, de wc enz. loopt ✦ *de nieuwe huizen werden aangesloten op de waterleiding*

de **Wa·ter·man** [Watermannen]
een sterrenbeeld sterrenbeelden

de **wa·ter·over·last**
de problemen die ontstaan doordat regen, water uit rivieren of de zee gebouwen binnenstroomt ✦ *de harde regen veroorzaakte veel wateroverlast in Limburg*

de **wa·ter·sport** [watersporten]
een sport die op het water beoefend wordt ✦ *hij houdt van watersporten, zoals zeilen en surfen* sport

de **wa·ter·staat**
het ministerie van Verkeer en Waterstaat: het ministerie dat zorgt voor de wegen en het water in Nederland

wa·ter·tan·den [watertandde, heeft gewatertand]
veel zin krijgen in iets lekkers dat je ziet; iets heel graag willen hebben [iemand watertandt] ✦ *ze watertandde bij de gedachte aan de computer die ze ging kopen*

de **wa·ter·val** [watervallen]
een plaats waar water van een hoogte naar beneden valt

de **wa·ter·zooi** (in België)
een gerecht van gekookte kip, dat als soep wordt gegeten maaltijden

de **watt**
de eenheid van elektrische energie ✦ *ze kocht een lampje van 40 watt*

de **wat·ten** [meervoud]
een zacht materiaal dat onder andere gebruikt wordt als verband ✦ *hij veegde het bloed af met watten*
iemand in de watten leggen: iemand heel goed verzorgen ✦ *we gingen naar een hotel om ons fijn in de watten te laten leggen*

de **WA-ver·ze·ke·ring** (in Nederland)
verzekering voor Wettelijke Aansprakelijkheid; een verplichte verzekering die betaalt voor de schade die je veroorzaakt verzekeringen

de **Waz**
Wet Arbeidsongeschiktheidsverzekering Zelfstandigen: dit is een wet die ervoor zorgt dat mensen met een eigen bedrijf geld krijgen als ze niet meer kunnen werken door ziekte of een ongeluk verzekeringen

wa·zig [bijvoeglijk naamwoord]
iets wat wazig is, is niet duidelijk of niet helder ✦ *van de dief is alleen een wazige foto bekend*

de •**wc** [wc's]
een hoge pot van steen waarin je kunt poepen en plassen = het toilet ✦ *ze moest nodig naar de wc*

•**we** [persoonlijk voornaamwoord]
dit woord gebruik je als onderwerp als

je over jezelf en een of meer andere mensen praat = wij ✦ *we liepen naar huis* voornaamwoorden

het **web** [webben]
een net van dunne draadjes, dat een spin maakt om insecten mee te vangen

web

de **web·site** [websites]
een plaats op het internet waar zich bepaalde informatie bevindt

wed·den [wedde, heeft gewed]
zeggen wat je denkt dat er gaat gebeuren, met de afspraak dat degene die gelijk heeft, iets wint [iemand wedt (om iets of voor iets) dat ...] ✦ *ik wed om een euro dat Feyenoord wint*

de **wed·den·schap** [weddenschappen]
een afspraak om te wedden* ✦ *we hebben een weddenschap afgesloten over de verkiezingen*

we·der·om [bijwoord] (formeel)
nog een keer = opnieuw, nogmaals, weer ✦ *hij heeft wederom gewonnen*

de **we·der·op·bouw**
het herstel van een kapot gebied ✦ *de bevolking werkte aan de wederopbouw van het land*

de **we·der·waar·dig·he·den** [meervoud]
de dingen die je beleefd hebt ✦ *hij vertelde over zijn wederwaardigheden in India*

we·der·zijds [bijvoeglijk naamwoord]
als iets wederzijds is, komt het van beide partijen ✦ *de burgemeester hoopte op wederzijds begrip tussen de bewoners en de overheid*

wed·ijve·ren [wedijverde, heeft gewedijverd]
proberen beter te zijn dan iemand anders = concurreren [iemand wedijvert met iemand] ✦ *de haven van Amsterdam kan niet wedijveren met de Rotterdamse haven*

de •**wed·strijd** [wedstrijden]
een strijd tussen twee of meer partijen om te bepalen wie de beste is in het spel ✦ *Ajax heeft de wedstrijd gewonnen*

de **we·du·we**
een vrouw van wie de man overleden is

de **we·duw·naar** [weduwnaars]
een man van wie de vrouw overleden is

het **wee**[1]
het wel en wee van iemand: de leuke en de vervelende dingen die iemand meemaakt ✦ *hij is geen voorzitter meer, maar hij interesseert zich nog wel voor het wel en wee van de vereniging*

de **wee**[2] [weeën]
elk van de golven van pijn in haar buik die een vrouw heeft als haar baby geboren moet worden ✦ *de weeën kwamen zo regelmatig dat het tijd was om de dokter te bellen*

wee[3] [tussenwerpsel]
dit woord gebruik je om iemand te waarschuwen dat hij of zij iets niet mag doen, omdat je anders heel boos wordt ✦ *o wee als je nog eens zo vervelend doet!*

het **weef·sel** [weefsels]
1 een stof die gemaakt is van draden die op een bepaalde manier door elkaar gevlochten zijn ✦ *de jurk is gemaakt van een fijn weefsel*
2 het materiaal waaruit levende wezens bestaan ✦ *de dokter had een stukje weefsel van de patiënt nodig voor een onderzoek*

de **weeg·schaal** [weegschalen]
een instrument waarmee je kunt bepalen hoe zwaar iets is ✦ *hij ging op de weegschaal staan om te zien hoe zwaar hij was*

de **Weeg·schaal** [Weegschalen]
een sterrenbeeld sterrenbeelden

de •**week** [weken]
een periode van zeven dagen ✦ *volgende week komt oma op bezoek* ✦ *hij werkt vier dagen per week* dagen
door de week: op de dagen waarop de meeste mensen werken: maandag, dinsdag, woensdag, donderdag en vrijdag ✦ *door de week staat ze vroeg op, maar op zondag blijft ze lang in bed liggen*

het **week·blad** [weekbladen]
een blad om te lezen dat iedere week verschijnt ✦ *mijn dochter leest een weekblad voor kinderen*

het **week·dier** [weekdieren]
een dier dat geen skelet heeft, bijv. een slak

het **week·end** [weekends]

we

de twee dagen waarop de meeste mensen niet hoeven te werken: zaterdag en zondag

de **weel·de**
de omstandigheid dat je meer dingen of meer geld hebt dan je nodig hebt = de luxe ✦ *de prinses leefde in weelde*

de **wee·moed**
een stemming waarin je een klein beetje bedroefd bent om iets dat voorbij is ✦ *ze dacht met weemoed terug aan de vakantie*

het •**weer**[1]
de toestand buiten: de temperatuur, de wind, de regen, de zon enz. ✦ *de buren stonden te praten over het weer* weer[1]

•**weer**[2] [bijwoord]
1 nog een keer = opnieuw ✦ *hij is weer ziek*
2 heen en weer: in twee richtingen ✦ *hij reist elke dag heen en weer tussen Gent en Kortrijk*
3 in de weer zijn met iets: bezig zijn met iets
4 over en weer: tussen twee partijen ✦ *de ruzie tussen de ministers is ontstaan door felle kritiek over en weer*

weer·bar·stig [bijvoeglijk naamwoord]
weerbarstige mensen of dingen zijn lastig: ze doen niet wat jij wilt ✦ *we zullen lang met hem moeten praten voor hij mee wil doen, want hij is erg weerbarstig*

het **weer·be·richt** [weerberichten]
een bericht op tv, op de radio of in de krant over het weer van de komende dagen ✦ *volgens het weerbericht gaat het morgen regenen* weer[1]

de **weer·ga**
zonder weerga: zo goed, groot, bijzonder enz. dat er niets is dat erop lijkt ✦ *het land beleefde een crisis zonder weerga*

weer·ga·loos [bijvoeglijk naamwoord]
iets wat weergaloos is, is bijzonder goed ✦ *ik heb een weergaloos optreden van Michael Jackson gezien*

de **weer·ga·ve** [weergaven]
de manier waarop iets weergegeven* wordt ✦ *dat is geen juiste weergave van de feiten*

weer·ge·ven [gaf weer, heeft weergegeven]
laten zien hoe iets is; vertellen [iemand of iets geeft iets weer] ✦ *dit lied geeft goed weer hoe ik me voel* ✦ *zijn woorden werden in de krant verkeerd weergegeven*

weer·hiel·den *zie:* **weerhouden**

weer·hou·den [weerhield, heeft weerhouden] (in België)
aannemen [iemand weerhoudt iets of iemand] ✦ *na het gesprek met de directeur werd hij weerhouden als voorzitter*

weer·hou·den van [weerhield van, heeft weerhouden van]
zorgen dat iemand iets niet doet [iemand of iets weerhoudt iemand van iets] ✦ *hij probeerde haar te weerhouden van het kopen van een boek*

weer·kaat·sen [weerkaatste, heeft weerkaatst]
de andere kant op laten schijnen of laten klinken [iets weerkaatst licht of geluid] ✦ *het water weerkaatste het licht van de zon* ✦ *de muziek weerkaatste tegen de muur*

weer·leg·gen [weerlegde, heeft weerlegd]
bewijzen dat iets niet klopt [iemand weerlegt iets, bijv. een bewering] ✦ *ze was het niet met hem eens, maar ze kon zijn bewering niet weerleggen*

weer·loos [bijvoeglijk naamwoord]
weerloze mensen of dieren kunnen zichzelf niet beschermen ⇔ weerbaar ✦ *de politie redde het weerloze slachtoffer*

de **weer·slag**
1 een vervelend gevolg ✦ *het leek of hij het niet erg vond dat hij zijn baan verloren had, maar na twee weken kwam de weerslag*
iets heeft zijn weerslag op iets of iemand: iets heeft vervelende gevolgen voor iets of iemand ✦ *de plannen van de minister hadden hun weerslag op de kwaliteit van het onderwijs*
2 het resultaat ✦ *het rapport is de weerslag van een uitgebreid onderzoek*

weer·spie·ge·len [weerspiegelde, heeft weerspiegeld]
een beeld van iets laten zien, zoals in een spiegel = reflecteren [iets weerspiegelt iets] ✦ *zijn opmerking weerspiegelde zijn gevoelens* ✦ *de bomen werden weerspiegeld in het water*

Het weer

Nederland en België hebben een **zeeklimaat**: de zee heeft invloed op het weer. De winters zijn niet erg koud (gemiddeld ongeveer 3 °Celsius) en de zomers zijn niet erg warm (gemiddeld 18 °C). Het regent wel veel en er is veel wind. Omdat Nederland klein en vlak is, zijn de verschillen binnen Nederland niet groot. In België is er soms een groter verschil tussen het weer in laag-België en de hoger gelegen Ardennen. Het weer is wel erg wisselvallig: het kan snel veranderen.

Er zijn vier **seizoenen**.
In de **herfst** (23 september tot 21 december) vallen de bladeren van de bomen. Er zijn veel regenbuien en het waait soms hard. De dagen worden korter. Veel vogels vliegen naar warmere landen. Soms is er onweer, met donder en bliksem, maar dat komt ook in andere seizoenen voor.
De **winter** (21 december tot 21 maart) is meestal niet extreem koud. Als het een paar dagen achter elkaar vriest, kan er geschaatst worden. Er kan sneeuw of hagel vallen. In de Ardennen kun je dan skiën. Als het tegelijkertijd regent en vriest, ontstaat er ijzel, waardoor de wegen heel glad en gevaarlijk worden. Ook bij mist moeten auto's voorzichtig rijden. Na de 'donkere dagen voor Kerstmis' worden de dagen weer langer.
De **lente** (21 maart tot 21 juni) is de tijd van bloei. De bomen krijgen weer bladeren. De dagen worden langer en de vogels komen terug. Ze bouwen nesten en ze leggen eieren. Soms is het in het voorjaar al zulk mooi weer, dat je op een terras kunt zitten.
De **zomer** (21 juni tot 23 september) is de warmste periode van het jaar. Op een warme dag gaan veel mensen naar het strand. Als het binnen vijf dagen op drie dagen achter elkaar warmer is dan 30 °C, en op de andere twee warmer dan 25 graden, spreekt men van een hittegolf. Toch kun je er nooit op vertrouwen dat het mooi weer wordt: veel mensen 'zoeken de zon op' en gaan op vakantie in het buitenland.

In Nederland en België wordt veel over het weer gepraat. Op radio, tv en in de kranten is er veel aandacht voor het weer. Vaak voorspelt de weerman of weervrouw in het **weerbericht** het weer voor een aantal dagen.
Een kort weerbericht in de krant kan er zo uitzien:

> Bewolkt. Matige tot krachtige westenwind. In de loop van de avond vanuit het westen enkele buien. Temperatuur tussen 12 en 14 graden. Vooruitzichten voor de komende dagen: morgen opklaringen, maar het blijft de komende dagen herfstachtig weer.

landschap

weer·staan [weerstond, heeft weerstaan]
je verzetten tegen iets en niet toegeven [iemand weerstaat iemand of iets] ✦ *ze weerstond het verlangen om veel snoep te eten*
de verleiding niet kunnen weerstaan: je niet meer kunnen verzetten tegen iets, maar toegeven ✦ *hij kon de verleiding niet weerstaan om haar te kussen*

de **weer·stand** [geen meervoud]
1 het gedrag waarmee je probeert te voorkomen dat er iets gebeurt wat je niet wilt = het verzet ✦ *de weerstand tegen het beleid van de directeur was groot*
2 de kracht van je lichaam om te voorkomen dat je ziek wordt ✦ *gezond eten en drinken is goed voor je weerstand*

weer·ston·den *zie:* **weerstaan**

de **weers·zij·den** [meervoud]
1 aan weerszijden: aan beide kanten ✦ *aan weerszijden van de school staan*

huizen
2 van weerszijden: van beide kanten ✦ *het bruidspaar nodigde familie van weerszijden uit*

de **weer·wil**
in weerwil van: ondanks ✦ *in weerwil van wat hij beloofd had, besteedde de minister minder geld aan het onderwijs*

het **weer·zien**
een moment waarop mensen die elkaar enige tijd niet gezien hebben, elkaar weer ontmoeten ✦ *het was een vrolijk weerzien met zijn collega's van vroeger*

de **weer·zin**
het gevoel dat je iets heel vervelend vindt of helemaal niet wilt – de afkeer ✦ *hij heeft een grote weerzin tegen computers*
weer·zin·wek·kend [bijvoeglijk naamwoord]
iets wat weerzinwekkend is, vind je heel vervelend of wil je helemaal niet = walgelijk ✦ *er was een weerzinwekkend programma op tv met veel geweld*

de **wees**[1] [wezen]
een kind van wie de ouders dood zijn ✦ *veel kinderen zijn wees geworden door de oorlog*
wees[2] *zie:* **zijn**

de **weet**
iets wat je weet ✦ *in dat boek staan allemaal leuke weetjes over gezondheid en sport*
geen weet hebben van iets: niet weten dat iets er is ✦ *de toeristen hadden geen weet van de gevaren*

de •**weg**[1] [wegen]
1 een smal en lang stuk grond dat geschikt is gemaakt voor verkeer ✦ *op weg naar school moesten de kinderen een drukke weg oversteken*
aan de weg timmeren: iets doen wat de aandacht trekt, en daardoor succes hebben ✦ *ze timmert flink aan de weg met haar nieuwe bedrijf*
2 de afstand en de richting die je gaat om van de ene plaats naar de andere te komen
iemand de weg wijzen: iemand vertellen hoe hij moet lopen of rijden om te komen waar hij wil zijn ✦ *ze wees hem de weg naar het centrum*
in de weg staan: zo staan dat iemand er niet langs kan ✦ *ik kan niet naar de wc, want er staan dozen in de weg*
nog een lange weg te gaan hebben: nog veel moeten doen om te bereiken wat je wilt ✦ *je hebt nog een lange weg te gaan voordat je examen kunt doen*
iemand iets in de weg leggen: het moeilijk maken voor iemand om te doen wat hij of zij wil ✦ *als jij een andere baan wilt zoeken, zal ik je niets in de weg leggen*
iemand of iets uit de weg gaan: proberen iemand niet te ontmoeten of te zorgen dat iets niet gebeurt ✦ *de twee collega's gaan elkaar uit de weg sinds ze ruzie hebben*
iets uit de weg ruimen: iets oplossen; zorgen dat iets niet meer bestaat ✦ *ze was trots omdat ze het probleem uit de weg had geruimd*
iemand uit de weg ruimen: iemand doden ✦ *hij is uit de weg geruimd door de maffia*

•**weg**[2] [bijwoord]
1 dingen of mensen die weg zijn, zijn naar een andere plaats ✦ *toen we aankwamen, was de directeur al weg*
2 dingen die weg zijn, kun je niet meer vinden = kwijt ✦ *mijn sleutels zijn weg*
3 veel weg hebben van …: heel erg lijken op … ✦ *jij hebt veel weg van je moeder*

•**weg van** [bijvoeglijk naamwoord]
iemand die weg is van iets of iemand, vindt iets of iemand heel leuk ✦ *zij is weg van katten*

de **weg·co·de** [wegcodes] (in België)
alle regels waaraan je je in het verkeer moet houden

het **weg·dek** [wegdekken]
de bovenste laag van een weg ✦ *door de regen was het wegdek glad*

de **we·gel** [wegels] (in België)
een kleine weg of een pad ✦ *op de wegel tussen de kerk en de school heeft Bert een sleutel gevonden*

we·gen [woog, heeft gewogen]
1 vaststellen hoe zwaar iets of iemand is [iemand weegt iets of iemand] ✦ *de baby werd direct na zijn geboorte gewogen* meten
2 een bepaald aantal kilo's of grammen zwaar zijn [iets of iemand weegt een bepaald aantal kilo's of grammen] ✦ *Daan weegt 82 kilo*

iets weegt zwaar: iets is belangrijk bij het nemen van beslissing

•**we·gens** [voorzetsel]
na dit woord noem je de reden van iets = vanwege ✦ *de winkel is wegens vakantie gesloten*

de **we·gen·wacht**
een organisatie die mensen helpt die met een kapotte auto langs de weg staan ✦ *toen de auto kapotging, hebben we de wegenwacht gebeld*

•**weg·gaan** [ging weg, is weggegaan]
je van een bepaalde plaats verwijderen [iemand gaat weg] ✦ *hij is weggegaan zonder iets te zeggen*

weg·ge·no·men *zie:* **wegnemen**

weg·ge·ven [gaf weg, heeft weggegeven]
aan een ander geven wat eerst van jou was [iemand geeft iets weg] ✦ *ze heeft al haar boeken weggegeven aan haar zus*

weg·gooi·en [gooide weg, heeft weggegooid]
iets neergooien of ergens in gooien zodat je het niet meer bezit [iemand gooit iets weg] ✦ *ze heeft haar oude schoenen weggegooid*

weg·ha·len [haalde weg, heeft weggehaald]
van zijn plaats halen [iemand haalt iets weg] ✦ *wil je die zware doos even weghalen?*

weg·leg·gen [legde weg, heeft weggelegd]
1 op een andere plaats leggen [iemand legt iets weg] ✦ *ze legde haar boek weg toen hij thuiskwam*
iets is niet voor iemand weggelegd: iemand kan iets niet bereiken ✦ *een rustig leven in Zuid-Frankrijk is niet voor mij weggelegd*
2 bewaren voor later [iemand legt geld weg] ✦ *ze hebben geld weggelegd voor de studie van hun kinderen*

weg·lo·pen [liep weg, is weggelopen]
weggaan en niet terugkomen [iemand loopt weg] ✦ *doe snel de deur dicht, anders loopt de kat weg* ✦ *het meisje is van huis weggelopen*

weg·lo·pen met [liep weg met, is weggelopen met]
heel leuk vinden [iemand loopt weg met iemand] ✦ *hij loopt weg met zijn nieuwe collega*

weg·lo·pen voor [liep weg voor, is weggelopen voor]
proberen iets niet te hoeven doen; iets niet willen zien [iemand loopt weg voor iets] ✦ *hij loopt weg voor zijn problemen*

weg·ne·men [nam weg, heeft weggenomen]
verwijderen [iemand of iets neemt iets weg] ✦ *hij kon haar twijfels niet wegnemen*
dat neemt niet weg dat ...: het blijft een feit dat ... ✦ *je hebt wel gestudeerd, maar dat neemt niet weg dat je nog veel moet leren*

weg·stu·ren [stuurde weg, heeft weggestuurd]
naar een andere plaats laten gaan [iemand stuurt iemand weg] ✦ *omdat de ouders rustig wilden praten, stuurden ze de kinderen even weg*

weg·val·len [viel weg, is weggevallen]
plotseling verdwijnen; niet meer zichtbaar of niet meer hoorbaar zijn [iets valt weg] ✦ *het beeld en het geluid van de televisie vallen steeds weg*

weg·wer·ken [werkte weg, heeft weggewerkt]
door werken laten verdwijnen [iemand werkt iets of iemand weg] ✦ *we hebben alle brieven weggewerkt*

weg·wijs [bijvoeglijk naamwoord]
iemand wegwijs maken: iemand laten zien waar alles is en hoe alles werkt ✦ *wil jij morgen onze nieuwe collega wegwijs maken?*

de **weg·wij·zer** [wegwijzers]
een bord dat aanwijst in welke richting een plaats ligt en hoe ver dat nog is

de **wei** [weiden]
een veld met gras waar een boer bijv. koeien laat lopen = het weiland ✦ *de boer bracht de koeien naar de wei*

de **wei·de** [weiden, weides]
de wei* = het weiland

weids [bijvoeglijk naamwoord]
iets wat weids is, is groot en ruim ✦ *hier kijk je uit over weidse velden*

wei·fe·len [weifelde, heeft geweifeld]
niet kunnen beslissen = aarzelen [iemand weifelt] ✦ *ze weifelde geen seconde en ging meteen naar buiten*

•**wei·ge·ren** [weigerde, heeft geweigerd]
'nee' zeggen; niet willen [iemand wei-

gert iets (aan iemand)] ✦ *het kind weigerde haar naam te zeggen*

het **wei·land** [weilanden]
een veld met gras waar een boer bijv. koeien laat lopen = de wei ✦ *er liepen negen koeien in het weiland* landschap

•**wei·nig**[1] [bijwoord]
nauwelijks; niet erg; bijna niet ✦ *films uit India zijn weinig bekend in Nederland*

•**wei·nig**[2] [hoofdtelwoord; minder, minst]
een gering aantal of een geringe hoeveelheid ✦ *er kwamen weinig mensen naar de vergadering* ✦ *ik heb weinig honger*

we·ke·lijks [bijvoeglijk naamwoord]
iets wat wekelijks gebeurt, gebeurt iedere week ✦ *we hebben wekelijks een vergadering*

we·ken[1] [weekte, is of heeft geweekt]
1 in water liggen om vuil te verliezen [vuile kleren, vuile borden, vuile kopjes enz. weken] ✦ *die vieze broek moet een tijdje weken*
2 in water liggen om zacht te worden [iets weekt] ✦ *de bonen moeten acht uur weken*

we·ken[2] *zie:* **wijken**

we·ken·lang [bijvoeglijk naamwoord]
iets wat wekenlang duurt, duurt enige weken ✦ *na wekenlange onderhandelingen werd er eindelijk een besluit genomen*

•**wek·ken** [wekte, heeft gewekt]
1 wakker maken [iemand wekt iemand] ✦ *ze wekte de kinderen om zeven uur*
2 veroorzaken [iets of iemand wekt iets] ✦ *de geur van vers brood wekte zijn honger*

de **wek·ker** [wekkers]
een klok die op een moment dat je van tevoren hebt ingesteld een geluid maakt om je wakker te maken ✦ *de wekker ging om acht uur*

•**wel** [bijwoord]
1 dit woord gebruik je om te zeggen dat iets waar is ⇔ niet ✦ *hij zegt van niet, maar hij heeft het wel gedaan*
2 een beetje; tamelijk ✦ *ik vind haar wel aardig*
3 met verschillende betekenissen ✦ *ik denk niet dat ik dat boek koop, want het kost wel 45 euro* ✦ *je mag wel mee als je wilt* ✦ *dat is wel zo gemakkelijk* ✦ *ze zullen wel later komen*
goed en wel: nauwelijks ✦ *de voorstelling begon al voordat we goed en wel zaten*

wel·da·dig [bijvoeglijk naamwoord]
iets wat weldadig is, is heel prettig ✦ *er heerste een weldadige rust in het dorpje*

wel·dra [bijwoord] (formeel)
na een korte tijd = spoedig ✦ *de zon zal weldra gaan schijnen*

wel·eens [bijwoord]
1 soms; ooit ✦ *wij zijn weleens in Frankrijk geweest*
2 misschien ✦ *dat zou weleens waar kunnen zijn*

wel·eer [bijwoord]
van weleer: van vroeger ✦ *de artsen van weleer hadden vreemde methoden om hun patiënten te behandelen*

wel·ge·steld [bijvoeglijk naamwoord]
welgestelde mensen hebben veel geld = rijk ✦ *in het grote huis wonen welgestelde mensen*

wel·haast [bijwoord] (formeel)
bijna ✦ *je zou welhaast geloven dat het feest al begonnen is*

•**wel·is·waar** [bijwoord]
een woordje waarmee je iets toegeeft, maar daarna komt er iets anders ✦ *er staan weliswaar veel fouten in de tekst, maar de inhoud is erg interessant*

•**welk** [voornaamwoord]
1 [vragend voornaamwoord] met dit woord vraag je naar wat iemand precies bedoelt ✦ *welke boeken heb je gelezen?* ✦ *welke jas trek je aan?*
2 [betrekkelijk voornaamwoord] (formeel) dit woord gebruik je om te verwijzen naar iets waarover je eerder hebt gesproken ✦ *de minister reageert op berichten volgens welke hij te hard heeft gereden*

het **wel·kom**[1]
de manier waarop je ontvangen wordt = de ontvangst ✦ *de zanger kreeg een hartelijk welkom toen hij de zaal binnenkwam*

wel·kom[2] [bijvoeglijk naamwoord]
welkome mensen of dingen komen op een goed moment ✦ *je bent hier altijd welkom* ✦ *het bezoek van vrienden was een welkome gebeurtenis*

wel·kom[3] [tussenwerpsel]

dit zeg je tegen iemand als je het fijn vindt dat hij of zij gekomen is ✦ *welkom, lieve vrienden*

wel·le·tjes [bijvoeglijk naamwoord]
dit zeg je als je vindt dat iets lang genoeg heeft geduurd ✦ *hou eens op met ruzie maken; nu is het welletjes!*

•**wel·licht** [bijwoord]
misschien wel; mogelijk ✦ *wellicht wilt u een kopje koffie?*

wel·over·wo·gen [bijvoeglijk naamwoord]
iemand die iets weloverwogen doet, heeft daar van tevoren goed over nagedacht ✦ *zij heeft een weloverwogen mening over politiek*

de **welp** [welpen]
een jonge leeuw, tijger, wolf enz. ✦ *de welpjes speelden met elkaar* **dieren**

de **wel·stand**
de toestand dat je veel geld hebt en dat het goed met je gaat ✦ *zij leven in welstand*

•**wel·te·rus·ten** [tussenwerpsel]
dit zeg je tegen iemand die gaat slapen ✦ *welterusten kinderen, tot morgen*

de **wel·vaart**
de toestand dat het economisch en maatschappelijk goed gaat ✦ *de welvaart in België is gestegen*

wel·va·rend [bijvoeglijk naamwoord]
met welvarende mensen of gebieden gaat het goed ✦ *wij vechten voor een sterk en welvarend land*

wel·wil·lend [bijvoeglijk naamwoord]
iemand die welwillend is, laat zijn goede wil zien ✦ *het publiek lachte welwillend om zijn grappen*

het **wel·zijn**
de toestand dat je alles hebt wat je nodig hebt en dat het goed met je gaat ✦ *de politieke partijen hebben weinig aandacht voor het welzijn van dieren*

we·me·len van [wemelde van, heeft gewemeld van]
vol zijn met iets; veel van iets bevatten [iets wemelt van …] ✦ *het wemelt hier van de insecten* ✦ *het boek wemelde van de fouten*

wen·den *zie:* **wennen**

zich **wen·den tot** [wendde zich tot, heeft zich gewend tot]
je richten tot iemand; iets aan iemand vragen of tegen iemand zeggen [iemand wendt zich tot iemand] ✦ *voor vragen kunt u zich wenden tot uw arts*

de **wen·ding** [wendingen]
een verandering waardoor iets heel anders wordt ✦ *na enige tijd kreeg de film een geheel andere wending*

de **wenk** [wenken]
1 een beweging met je handen, je hoofd of je ogen om iemand iets duidelijk te maken ✦ *met een wenk liet ze hem weten dat hij moest komen*
2 een advies; een manier om iemand te laten weten wat hij of zij moet doen = de tip ✦ *ze gaf hem enige wenken voor het gebruik van het instrument*

de **wenk·brauw** [wenkbrauwen]
elk van de gebogen strepen haartjes boven je ogen

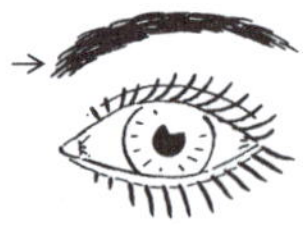
wenkbrauw

wen·ken [wenkte, heeft gewenkt]
met een gebaar vragen om dichterbij te komen [iemand wenkt iemand] ✦ *ze wenkte de kinderen die op het plein speelden*

•**wen·nen** [wende, is gewend]
1 iets gewoon gaan vinden [iemand went (aan iets)] ✦ *hij is aan dat lawaai gewend*
2 gewoon worden [iets went] ✦ *dat lawaai went wel*

de •**wens** [wensen]
een groot verlangen; iets wat je heel graag wilt ✦ *Olav had de wens een keer naar Australië te gaan*
het gaat naar wens: het gaat goed, zoals we gehoopt hadden

wen·se·lijk [bijvoeglijk naamwoord]
iets wat wenselijk is, is gewenst ✦ *het is wenselijk dat je vroeg komt*

•**wen·sen** [wenste, heeft gewenst]
1 iets graag willen; verlangen naar iets [iemand wenst iets] ✦ *ze wenste dat ze een baby had*
2 zeggen dat je hoopt dat er iets gebeurt voor iemand, vooral iets goeds [iemand wenst iemand iets] ✦ *ik wens je een goede reis*

wen·te·len [wentelde, heeft gewenteld]

draaien; in het rond laten bewegen [iemand wentelt iets] ✦ *het dier wentelde zich in het gras*
zich wentelen in ...: aan niets anders denken dan aan ... ✦ *hij wentelde zich in zijn verdriet*
we·rden *zie:* **worden**

de •**we·reld** [werelden]
1 [geen meervoud] de aarde waarop wij leven ✦ *er wonen ongeveer zes miljard mensen op de wereld*
2 een samenleving; een groep mensen = de kring ✦ *hij kent veel mensen uit de wereld van de kunst*
de derde wereld: de armere landen in de wereld

we·reld-
dit zet je voor een ander woord om te zeggen dat iets of iemand geweldig is ✦ *hij is getrouwd met een wereldvrouw*

de **we·reld·be·ker** [wereldbekers]
een prijs die je kunt winnen met een wedstrijd waaraan landen van de hele wereld meedoen = de wereldcup

we·reld·be·roemd [bijvoeglijk naamwoord]
wereldberoemde mensen of dingen zijn bekend over de hele wereld

de **we·reld·bol** [wereldbollen]
een soort bal waarop de aarde is getekend, zodat je kunt zien waar landen en plaatsen liggen = de globe ✦ *hij wees op de wereldbol aan waar China lag*

het **we·reld·deel** [werelddelen]
elk van de zeven grote stukken land waarin de aarde verdeeld is = het continent ✦ *Nepal ligt in het werelddeel Azië*

de **we·reld·kam·pi·oen** [wereldkampioenen]
iemand die een wedstrijd heeft gewonnen waaraan landen van de hele wereld meededen

het **we·reld·kam·pi·oen·schap** [wereldkampioenschappen]
een wedstrijd waaraan landen van de hele wereld meedoen

we·reld·kun·dig [bijvoeglijk naamwoord]
iets wereldkundig maken: iets bekendmaken ✦ *ze verwacht een baby, maar ze heeft het nog niet wereldkundig gemaakt*

de **we·reld·oor·log** [wereldoorlogen]
een oorlog tussen veel landen die over een groot deel van de wereld gevoerd wordt ✦ *de mensen waren bang voor een nieuwe wereldoorlog*
de Tweede Wereldoorlog: de oorlog tussen Duitsland en een groot aantal andere landen, die duurde van 1939 tot 1945

het **we·reld·re·cord** [wereldrecords]
het beste resultaat in een sport dat in de hele wereld is gehaald ✦ *bij het hardlopen brak hij het wereldrecord*

de **we·reld·stad** [wereldsteden]
een zeer grote stad, die belangrijk is voor de hele wereld = de metropool ✦ *New York is een wereldstad*

de **we·reld·ti·tel** [wereldtitels]
een titel die je krijgt als je een wedstrijd gewonnen hebt waaraan landen van de hele wereld meededen ✦ *in 1995 won Rintje Ritsma de wereldtitel schaatsen*

we·reld·wijd [bijvoeglijk naamwoord]
een wereldwijde organisatie is een organisatie over de hele wereld ✦ *dit product is wereldwijd bekend*

we·ren [weerde, heeft geweerd]
proberen te zorgen dat iemand of iets ergens niet kan komen = tegenhouden [iemand weert iets of iemand] ✦ *kinderen onder de achttien jaar worden uit dit café geweerd*

de **werf** [werven]
1 een plaats waar schepen gebouwd en hersteld worden = de scheepswerf
2 (in België) een plaats of een terrein waar iets gebouwd wordt

het •**werk** [werken]
1 [geen meervoud] de activiteit van werken = de arbeid ✦ *het nieuwe personeel kon direct aan het werk* werk
alles in het werk stellen om ...: alles doen om iets te bereiken ✦ *ze stelde alles in het werk om op tijd klaar te zijn*
het vuile werk opknappen: het vervelendste of moeilijkste deel van een taak doen ✦ *hij laat altijd anderen het vuile werk opknappen*
2 [geen meervoud] iets wat je doet om geld te verdienen ✦ *hij zoekt werk in het onderwijs* ✦ *wat voor werk doe jij?*
3 iets wat een kunstenaar gemaakt heeft ✦ *ze kocht werk van een bekende schilder*
4 **werk maken van iets:** moeite en tijd aan iets besteden ✦ *ze hebben veel werk gemaakt van de voorstelling*

Werk

Er zijn verschillende manieren om naar een baan te **zoeken**. In de krant kun je bij de personeelsadvertenties kijken. Op internet heb je allerlei websites waarop banen aangeboden worden en kun je kijken op de sites van bedrijven om een geschikte vacature te zoeken. Als er geen vacature is, kun je toch solliciteren bij een bedrijf of instelling: je stuurt dan een open sollicitatie.
Mensen zonder werk kunnen in Nederland terecht bij het CWI (Centrum voor Werk en Inkomen) en in België bij de VDAB (Vlaamse Dienst voor Arbeidsbemiddeling en Beroepsopleiding). Dat zijn landelijke instellingen die o.a. mensen helpen bij het zoeken van werk.

Om op een baan te **solliciteren**, stuur je een sollicitatiebrief, waarin je uitlegt waarom je die baan wilt en waarom je geschikt bent voor die baan, met daarbij je cv (= curriculum vitae; een lijst met je opleidingen en ervaring). Daarna krijg je te horen dat je bent afgewezen of word je uitgenodigd voor een sollicitatiegesprek.
Als je bent aangenomen, krijg je meestal eerst een tijdelijk contract, bijvoorbeeld voor een jaar. Daarna kun je een vast contract krijgen. In de eerste twee maanden dat je ergens werkt, zit je meestal in je proeftijd: in die periode kun je onmiddellijk ontslagen worden. Daarna is het voor de werkgever veel moeilijker om je te ontslaan.

Meestal werk je **fulltime**, dat is tussen de 36 en 40 uur per week. Vaak is het ook mogelijk om parttime te werken. Je krijgt ongeveer vijf weken per jaar vrij. Je kunt - in overleg - een aantal weken achter elkaar vrij nemen, maar ook losse snipperdagen opnemen.

Mensen die werken, zijn vaak lid van een vakbond: een vereniging die opkomt voor de belangen van werknemers. In een overeenkomst voor een hele groep bedrijven (de cao) zijn de afspraken tussen werknemers en werkgevers vastgelegd, bijv. over het **loon**.
Een werkgever moet in elk geval het minimumloon betalen. Soms kun je nog onderhandelen met je werkgever over de hoogte van je loon. Meestal krijg je per maand betaald. In de zomer krijg je vakantiegeld en bij sommige bedrijven krijg je in december een dertiende maand.

Iemand die buiten zijn schuld **werkloos** wordt, krijgt meestal de eerste tijd een WW-uitkering (in België: stempelgeld).

Uitzendbureaus kunnen je helpen om tijdelijk werk te vinden. De regels voor uitzendwerk zijn anders dan wanneer je direct bij een bedrijf gaat werken. Een losse opdracht kun je ook doen zonder arbeidscontract; je werkt dan freelance.

Een andere manier om geld te verdienen is het oprichten van een **eigen bedrijf**. Daarvoor moet je je inschrijven bij de Kamer van Koophandel.

Veel mensen doen **vrijwilligerswerk**. Zonder dat ze ervoor betaald worden, gaan ze bijv. op bezoek bij oude mensen of worden ze lid van een bestuur.

de **werk·dag** [werkdagen]
een dag waarop gewerkt wordt; elk van de dagen van maandag tot en met vrijdag ✦ *u kunt ons bellen op werkdagen van negen uur tot vijf uur*

de **werk·druk**
de hoeveelheid werk die binnen een bepaalde tijd moet worden verricht ✦ *de*

werkdruk in dit bedrijf is te hoog

•wer·ke·lijk[1] [bijvoeglijk naamwoord]
iets wat werkelijk is, is echt = reëel ✦ *we kregen veel minder voor de auto dan de werkelijke waarde*

•wer·ke·lijk[2] [bijwoord]
echt = heus ✦ *het was werkelijk een grote teleurstelling dat de vakantie niet doorging*

de **•wer·ke·lijk·heid**
iets wat echt is = de realiteit ✦ *volgens mij kun jij droom en werkelijkheid niet goed van elkaar onderscheiden*
in werkelijkheid: eigenlijk; in het echt ✦ *ik dacht dat hij John heette, maar in werkelijkheid heet hij Jan*

wer·ke·loos [bijvoeglijk naamwoord]
1 zonder iets te doen ✦ *terwijl iedereen druk bezig was, bleef hij werkeloos zitten*
2 iemand die werkeloos is, heeft geen baan = werkloos ✦ *nadat de man jarenlang werkeloos was geweest, vond hij toch een baan*

•wer·ken [werkte, heeft gewerkt]
1 arbeid verrichten [iemand werkt] ✦ *hij is moe, omdat hij de hele dag hard gewerkt heeft* ✦ *er rijden minder treinen, omdat er aan het spoor gewerkt wordt*
2 geld verdienen met je baan [iemand werkt] ✦ *zij werkt bij een bedrijf in Antwerpen*
3 dat doen waarvoor het bedoeld is = functioneren [iets, bijv. een apparaat, werkt] ✦ *de radio werkte weer nadat hij gemaakt was* ✦ *de medicijnen werken goed*

de **werk·ge·le·gen·heid**
de mate waarin er voor mensen banen zijn ✦ *de werkgelegenheid voor kappers is uitstekend*

de **•werk·ge·ver** [werkgevers] **werk·geef·ster** [werkgeefsters]
iemand voor wie je werkt ⇔ de werknemer ✦ *de werkgever betaalt ook een deel van de belasting van een werknemer*
werk

de **werk·ge·vers·or·ga·ni·sa·tie** [werkgeversorganisaties]
een organisatie van werkgevers die samen opkomen voor hun belangen

de **werk·groep** [werkgroepen]
een groep mensen die samen een taak uitvoeren ✦ *er werd een werkgroep aangewezen om onderzoek te doen*

de **•wer·king** [werkingen]
1 de manier waarop iets werkt (bet. 3) ✦ *de vrouw legde de werking van het apparaat uit*
2 de invloed die iets heeft = het effect ✦ *er wordt onderzoek gedaan naar de werking van het medicijn*

werk·loos [bijvoeglijk naamwoord]
iemand die werkloos is, heeft geen baan = werkeloos ✦ *door de slechte toestand van de economie raakten veel mensen werkloos* werk

de **werk·loos·heid**
de mate waarin er voor sommige mensen geen banen zijn ✦ *de werkloosheid is gestegen*

de **werk·lo·ze** [werklozen]
iemand die geen baan heeft

de **•werk·ne·mer** [werknemers] **werk·neem·ster** [werkneemsters]
iemand die voor een baas werkt ⇔ de werkgever werk

de **werk·plaats** [werkplaatsen]
een ruimte waar met gereedschap of machines wordt gewerkt ✦ *de kapotte auto werd in de werkplaats hersteld*

de **werk·ster** [werksters]
1 een vrouw die geld verdient met schoonmaken ✦ *zij laten hun huis schoonmaken door een werkster*
2 het vrouwtje van de bij dieren

het **werk·stuk** [werkstukken]
1 iets wat iemand gemaakt heeft ✦ *de werkstukken van de kunstenaar waren op de tentoonstelling te zien*
2 iets wat een leerling of een student over een bepaald onderwerp heeft geschreven ✦ *de student maakte een werkstuk over de Spaanse economie*

de **werk·tijd** [werktijden]
de tijd dat je werkt ✦ *mijn werktijden zijn van negen uur tot vijf uur* ✦ *onder werktijd moet je mobiele telefoon uit staan*

het **werk·tuig** [werktuigen]
een voorwerp dat bedoeld is om een bepaald werk (bet. 1) mee te verrichten ✦ *de boer bewaarde in zijn schuur verschillende werktuigen om het land mee te bewerken*

de **werk·week** [werkweken]
het aantal uren dat je per week werkt (bet. 2) ✦ *hij heeft een werkweek van 36 uur*

de **werk·wij·ze** [werkwijzen]
de manier waarop je werkt (bet. 1) = de methode

het **werk·woord** [werkwoorden] (taal)
een woord dat een handeling, een toestand of een proces uitdrukt, bijv. 'slaan', 'zijn' en 'worden'

werk·zaam [bijvoeglijk naamwoord]
1 als je ergens werkzaam bent, heb je daar een baan ✦ *zij is werkzaam in het onderwijs*
2 werkzame dingen hebben het bedoelde effect = effectief ✦ *op het doosje kun je lezen wat de werkzame stoffen van het medicijn zijn*

de **werk·zaam·he·den** [meervoud]
de dingen die je doet ✦ *wegens drukke werkzaamheden kon hij niet op vakantie*

de **werk·zoe·ken·de** [werkzoekenden]
iemand die op zoek is naar een baan = de werkloze ✦ *veel werkzoekenden gaan een tijdje als uitzendkracht werken*

•**wer·pen** [wierp, heeft geworpen]
1 gooien [iemand werpt iets] ✦ *zij wierp de bal over de lijn*
2 geboren laten worden [een dier werpt een jong] ✦ *de hond heeft zes jongen geworpen*

de **wer·vel** [wervels]
elk van de botjes in het midden van je rug

de **wer·vel·ko·lom** [wervelkolommen]
een reeks botjes onder elkaar in het midden van je rug = de ruggengraat

wer·ven [wierf, heeft geworven]
mensen zoeken om voor je te werken, om lid te worden van je partij enz. [iemand werft mensen] ✦ *het bedrijf werft mensen voor verschillende functies*

de **wesp** [wespen]
een insect met zwarte en gele strepen dat kan steken ✦ *je kunt hier niet rustig eten met al die wespen*

wesp

de **west**
de kant waar de zon ondergaat = het westen ⇔ de oost ✦ *we reisden van west naar oost*

wes·te·lijk [bijvoeglijk naamwoord]
westelijke plaatsen liggen in het westen ✦ *ze woont aan de westelijke rand van Mechelen*

het •**wes·ten**
1 de kant waar de zon ondergaat ✦ *morgen komt er vanuit het westen regen*
2 buiten westen zijn: in een toestand zijn waarin je niet meer kunt denken, bewegen enz. ✦ *na het ongeluk was zij een paar minuten buiten westen*

de **wes·ter·ling** [westerlingen] **wes·ter·lin·ge** [westerlingen]
iemand van de West-Europese of Noord-Amerikaanse cultuur ✦ *ze bezochten samen met enkele andere westerlingen een Afrikaans dorp*

wes·ters [bijvoeglijk naamwoord]
westerse mensen of zaken komen uit West-Europa of Noord-Amerika ✦ *hij luistert graag naar westerse muziek*

de •**wet** [wetten]
de officiële regels van een land over wat wel en niet mag ✦ *mag je een kind slaan volgens de wet?* ✦ *de wet is nog niet officieel aangenomen* rechtspraak overheid

het **wet·boek** [wetboeken]
het geheel van wetten over een bepaald onderwerp ✦ *in het Wetboek van Strafrecht staan de straffen die je voor misdaden kunt krijgen*

het **we·ten**[1]
de kennis; het feit dat je iets weet
iets doen tegen beter weten in: iets doen terwijl je eigenlijk weet dat je dat beter niet kunt doen ✦ *tegen beter weten in hoopte hij dat hij aan de wedstrijd mee kon doen*
bij mijn weten: dit zeg je als je iets niet helemaal zeker weet ✦ *bij mijn weten is hij naar de dokter en komt hij wat later*

•**we·ten**[2] [wist, heeft geweten]
kennis hebben van iets [iemand weet iets] ✦ *hij wist niet waar zijn sleutels waren*
iets te weten komen: iets vernemen wat je eerst nog niet wist ✦ *ze kwam te weten dat hij een andere vriendin had*
wie weet: misschien; het zou kunnen ✦ *wie weet komen we elkaar nog eens tegen*
er iets op weten: een oplossing weten ✦ *ik weet wel iets op jouw angst voor hon-*

den
iemand iets laten weten: iemand iets zeggen of schrijven
wie weet: misschien
we·ten[3] *zie:* **wijten**
•**we·ten te** [wist te, heeft geweten te] kunnen; tot iets in staat zijn [iemand weet iets te doen] ✦ *hij wist op een slimme manier te winnen van zijn tegenstander*
we·tens [bijwoord]
willens en wetens: als je iets willens en wetens doet, heb je de bedoeling om dat te doen en weet je wat de gevolgen zijn ✦ *de journalist heeft willens en wetens gelogen over de feiten*
de •**we·ten·schap** [wetenschappen]
1 het onderzoek naar hoe dingen zijn of werken ✦ *na jaren leraar te zijn geweest ging hij zich bezighouden met wetenschap*
2 [geen meervoud] het feit dat je iets weet
in de wetenschap dat …: terwijl je weet dat …
•**we·ten·schap·pe·lijk** [bijvoeglijk naamwoord]
iets wat wetenschappelijk is, heeft te maken met onderzoek naar hoe dingen zijn of werken ✦ *het is niet wetenschappelijk bewezen dat het medicijn werkt*
de **we·tens·waar·dig·heid** [wetenswaardigheden]
iets wat interessant is om te weten ✦ *hij vertelde me wat wetenswaardigheden over het gebied waar ik heen reis*
de **wet·ge·ving** [wetgevingen]
de wetten in een land ✦ *volgens de huidige wetgeving is het in Nederland verboden om harder te rijden dan 120 kilometer per uur*
de **wet·hou·der** [wethouders]
iemand die lid is van het bestuur van een gemeente ✦ *de burgemeester en wethouders vergaderden over de nieuwe plannen* overheid
het **wets·voor·stel** [wetsvoorstellen]
een voorstel voor een nieuwe wet, dat nog goedgekeurd moet worden door het parlement ✦ *de Tweede Kamer heeft het wetsvoorstel van de minister goedgekeurd*
•**wet·te·lijk** [bijvoeglijk naamwoord]
iets wat wettelijk is, is officieel volgens de wet ✦ *het is wettelijk verboden om wapens te bezitten*
wet·tig [bijvoeglijk naamwoord]
iets wat wettig is, is volgens de wet = legaal ✦ *de politie gebruikte alle wettige middelen om de misdaad op te lossen*
we·ven [weefde, heeft geweven]
draden door elkaar vlechten en zo een stof maken [iemand weeft een stof]
het •**we·zen**[1] [wezens]
1 iets dat leeft, bijv. een plant of een mens ✦ *het verhaal ging over reuzen, kabouters en andere vreemde wezens*
2 dat wat iemand of iets werkelijk is = de kern ✦ *zijn hele wezen verzette zich tegen het plan*
3 in wezen: in feite ✦ *in wezen is er geen verschil tussen de twee producten*
•**we·zen**[2] [werkwoord] (informeel)
zijn ✦ *we zijn wezen fietsen* ✦ *als je vragen hebt, moet je bij mijn baas wezen*
we·zen[3] *zie:* **wijzen**
we·zen[4] *zie:* **wijzen**
we·zen·lijk [bijvoeglijk naamwoord]
iets wat wezenlijk is, is bepalend voor wie of wat iemand of iets is = essentieel ✦ *verander je wezenlijk als je ouder wordt?*
de **whis·ky**
een bepaalde drank met veel alcohol
•**wie** [voornaamwoord]
1 [vragend voornaamwoord] met dit woord vraag je naar een persoon ✦ *wie heeft dat gedaan?*
2 [betrekkelijk voornaamwoord] met dit woord verwijs je in een bijzin naar iemand uit de hoofdzin ✦ *dat is de vrouw met wie hij een relatie heeft gehad*
wie·be·len [wiebelde, heeft gewiebeld]
heen en weer bewegen; bijna vallen [iets of iemand wiebelt] ✦ *de vaas wiebelde toen de hond tegen de tafel aan liep* ✦ *ze zat te wiebelen op haar stoel*
wie·den [wiedde, heeft gewied]
planten verwijderen die er niet horen te zijn [iemand wiedt onkruid; iemand wiedt een tuin]
de **wieg** [wiegen]
een bedje voor een baby
aan de wieg van iets gestaan hebben: aan de ontwikkeling van iets bijgedragen hebben ✦ *hij heeft aan de wieg gestaan van de Europese samenwerking*

wieg

wie·gen [wiegde, heeft gewiegd]
1 een kind in een wieg* of in je armen heen en weer bewegen om het in slaap te laten vallen [iemand wiegt een kind] ✦ *ze wiegde haar zoontje totdat hij sliep*
2 heen en weer bewegen [iets of iemand wiegt] ✦ *het bootje wiegde op de golven*

de **wiek** [wieken]
1 elk van de uitstekende delen van een molen die door de wind in het rond bewogen worden

wiek 1

2 elk van de twee uitstekende delen waarmee een vogel vliegt = de vleugel

het **wiel** [wielen]
een rond voorwerp dat om zijn middelpunt kan draaien, waarmee bijv. auto's en fietsen rijden ✦ *ze kocht voor haar reis een grote koffer met wieltjes*
iemand in de wielen rijden: zorgen dat iemand niet kan doen wat hij of zij wil
opnieuw het wiel uitvinden: iets bedenken wat al door iemand anders is bedacht

de **wie·ler·sport** [wielersporten]
de sport van het wielrennen* ✦ *de wielersport trekt veel publiek*

de **wiel·klem** [wielklemmen]
een voorwerp dat de politie om de wielen van bijv. een auto kan doen, zodat deze niet meer kan rijden ✦ *als je je auto verkeerd parkeert, kun je een wielklem aan je auto krijgen*

wiel·ren·nen [werkwoord]
zo hard mogelijk rijden op een speciale fiets [iemand doet aan wielrennen]

de **wiel·rij·der** [wielrijders] **wiel·rijd·ster** [wielrijdsters]
iemand die op een fiets rijdt = de fietser ✦ *wielrijders mogen deze straat niet in*

wiens [voornaamwoord]
1 [vragend voornaamwoord] met dit woord vraag je van wie iets is ✦ *wiens schoenen zijn dat?*
2 [betrekkelijk voornaamwoord] met dit woord verwijs je vanuit een bijzin naar een man uit de hoofdzin van wie iets is ✦ *daar loopt de man wiens kinderen vaak bij ons spelen*

het **wier**[1]
een plant die onder water groeit

wier[2] [betrekkelijk voornaamwoord]
met dit woord verwijs je vanuit een bijzin naar een vrouw of een groep mensen uit de hoofdzin van wie iets is ✦ *de vrouw wier boek ik geleend heb, is ziek*

de **wie·rook**
een stof die een lekkere geur geeft als je hem brandt

wier·pen *zie:* **werpen**

wier·ven *zie:* **werven**

•**wij** [persoonlijk voornaamwoord]
dit woord gebruik je als onderwerp als je over jezelf en een of meer andere mensen praat = we ✦ *wij hebben heerlijk gegeten* voornaamwoorden

•**wijd** [bijvoeglijk naamwoord]
ruim; niet nauw ⇔ krap ✦ *Ans draagt het liefst wijde kleren*
de wijde wereld: de wereld buiten je eigen kleine omgeving
in de wijde omgeving van Antwerpen: in een groot gebied om Antwerpen heen

zich **wij·den aan** [wijdde zich aan, heeft zich gewijd aan]
je met veel aandacht bezighouden met iets [iemand wijdt zich aan iets] ✦ *ze wijdt zich geheel aan de wetenschap*

het **wijf** [wijven] (informeel)
de vrouw ✦ *ze vindt haar buurvrouw een vervelend wijf*

het **wijf·je** [wijfjes]
het vrouwtje van een dier ⇔ het mannetje ✦ *de wijfjes zorgen voor de jonge dieren* dieren

de **wijk** [wijken]
1 een deel van een stad of van een dorp ✦ *de burgemeester bezocht de arme wijk*
2 de wijk nemen: vluchten ✦ *veel mensen namen de wijk voor de oorlog*

de **wijk·agent** [wijkagenten] **wijk·agen·te** [wijkagenten]
een agent die op een bepaalde wijk

wi

moet letten

wij·ken [week, is geweken]
weggaan; naar achteren gaan; opzijgaan; verdwijnen [iets of iemand wijkt (voor iets of iemand)] ✦ *de huizen moesten wijken voor kantoren* ✦ *het gevaar is geweken*

wij·len [bijvoeglijk naamwoord]
dit zeg je van personen die dood zijn ✦ *wijlen mevrouw De Bruijn was een zeer gewaardeerde collega*

de **•wijn** [wijnen]
een drank met alcohol, die gemaakt wordt van druiven ✦ *hij drinkt graag wijn bij het eten* dranken

de **wijn·gaard** [wijngaarden]
een stuk grond waarop een boer druiven laat groeien

de **wijs**[1] [wijzen]
1 de noten die je na elkaar speelt of zingt = de melodie ✦ *uit de radio klonk een lied met een vrolijke wijs*
iemand van de wijs brengen: zorgen dat iemand verward raakt
2 (taal) de vorm van een werkwoord, bijv. de 'gebiedende wijs' (= imperatief) of de 'aanvoegende wijs' (= conjunctief) ✦ *de zin 'ga zitten' staat in de gebiedende wijs*

•wijs[2] [bijvoeglijk naamwoord]
wijze mensen zijn verstandig ✦ *ze vroeg advies aan een wijze vriendin*
ergens wijs uit worden: iets snappen, hoewel het rommelig is

de **wijs·heid** [wijsheden]
de macht om wijs te handelen; een wijze uitspraak ✦ *dat hij geslaagd is, is meer geluk dan wijsheid* ✦ *in het boek staan allerlei wijsheden over gezondheid*

wijs·ma·ken [maakte wijs, heeft wijsgemaakt]
iets laten geloven wat niet waar is [iemand maakt iemand iets wijs] ✦ *ze maakte hem wijs dat ze moest werken, maar ze ging met een vriendin naar de stad*

de **wijs·vin·ger** [wijsvingers]
de vinger naast je duim

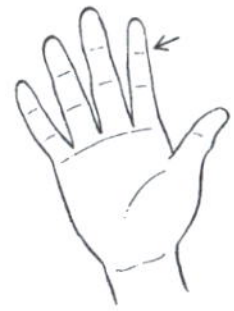
wijsvinger

wij·ten aan [weet aan, heeft geweten aan]
de oorzaak van iets vinden in iets [iemand wijt iets aan iets] ✦ *het is waarschijnlijk te wijten aan de treinen dat ze te laat is*

de **•wij·ze** [wijzen]
1 de manier ✦ *op eenvoudige wijze kun je muziek van het internet halen*
2 de noten die je na elkaar speelt of zingt = de wijs, de melodie ✦ *dit lied wordt gezongen op de wijze van het Wilhelmus*

•wij·zen [wees, heeft gewezen]
1 duidelijk maken waar iets is of hoe iets moet [iemand wijst iemand iets] ✦ *kunt u me de weg wijzen naar het station?* ✦ *hij wees de gasten waar de douches waren*
2 je vinger naar iets of iemand richten [iemand wijst (naar iets of iemand)] ✦ *de vrouw wees naar een klein schip in de verte*

•wij·zen op [wees op, heeft gewezen op]
1 zorgen dat op iets gelet wordt [iemand wijst (iemand) op iets] ✦ *de leraar wees de leerlingen op enkele belangrijke gedeeltes in het boek*
2 duidelijk maken; een teken zijn van iets = duiden op [iets wijst op iets] ✦ *alles wijst erop dat de landen een oorlog gaan beginnen*

de **wij·zer** [wijzers]
een dun staafje op een klok, dat aanwijst hoe laat het is ✦ *de vader legde uit dat het negen uur is als de grote wijzer op de twaalf staat en de kleine wijzer op de negen*

wijzer

wij·zi·gen [wijzigde, heeft gewijzigd]
veranderen [iemand wijzigt iets] ✦ *de*

wi

tijden waarop de winkel open is, zijn gewijzigd

de **wij·zi·ging** [wijzigingen]
de verandering ✦ *de Tweede Kamer heeft de wijzigingen in de wet niet goedgekeurd*

wik·ke·len [wikkelde, heeft gewikkeld]
iets om iets of iemand heen draaien [iemand wikkelt iets of iemand in of om iets] ✦ *ze wikkelde de vieze schoenen in een oude krant*
gewikkeld zijn in iets, bijv. een conflict: het bedrijf is in een gevecht gewikkeld met de overheid

wik·ken [wikte, heeft gewikt]
nadenken over iets [iemand wikt]
na lang wikken en wegen: nadat je lang over iets hebt nagedacht ✦ *na lang wikken en wegen besloten we op vakantie te gaan naar Italië*

de •**wil**
de macht van de mens om bewust te proberen iets te bereiken of om iets te verlangen ✦ *tegen de wil van zijn vader is hij bakker geworden*
tegen wil en dank: terwijl je het eigenlijk niet wilt; gedwongen ✦ *hij is leider tegen wil en dank*
uit vrije wil: omdat je het zelf wilt ✦ *ik ben uit vrije wil met hem meegegaan*
iemand ter wille zijn: iemand helpen met wat hij of zij van je vraagt ✦ *de directie kon het personeel niet ter wille zijn*
met een beetje goede wil: als je echt wilt; als je een beetje je best doet

het **wild**[1]
dieren die in de natuur leven, niet in een hok of een stal ✦ *in sommige gebieden in Afrika kun je vanuit de auto veel wild zien*

•**wild**[2] [bijvoeglijk naamwoord]
1 wilde dieren leven in de natuur, niet in een hok of een stal
2 wilde planten zijn niet door mensen gekweekt, maar groeien in de natuur
3 met drukke bewegingen; heel gek = woest ✦ *Roger heeft het wilde plan om een reis rond de wereld te maken*

de **wil·der·nis** [wildernissen]
een gebied waar weinig mensen komen, met wilde natuur ✦ *de toeristen maakten een tocht door de wildernis*

de **wilg** [wilgen]
een boom

wilg

de **wil·le·keur**
een manier van handelen die afhangt van wat je toevallig op dat moment wilt en die vaak niet eerlijk is ✦ *volgens de journalist liet de minister zijn beleid door willekeur bepalen*

wil·le·keu·rig [bijvoeglijk naamwoord]
iets wat willekeurig is, is zonder reden of plan bepaald ✦ *de onderzoeker vroeg aan honderd willekeurige personen wie volgens hen president van het land moest worden*

•**wil·len** [wou of wilde, heeft gewild]
1 als wil hebben; verlangen [iemand wil iets] ✦ *ik wil nu graag slapen* ✦ *ik wou dat mijn broer nog leefde*
niets willen weten van iets of iemand: iets niet willen gebruiken of doen; niet willen omgaan met iemand ✦ *hij wil niets weten van computers*
2 lukken; kunnen [iets wil niet] ✦ *mijn broek wil niet dicht* ✦ *het wil maar niet lukken*
3 dit woord gebruik je om dwingend te zeggen wat iemand moet doen [wil je ...] ✦ *wil je daarmee ophouden!*
4 dat wil zeggen: dat betekent ✦ *het eerste gesprek met de werkgever ging goed, maar dat wil nog niet zeggen dat je de baan krijgt*

wil·lens [bijwoord]
willens en wetens: als je iets willens en wetens doet, heb je de bedoeling om dat te doen en weet je wat de gevolgen zijn ✦ *de journalist heeft willens en wetens gelogen over de feiten*

de **wils·kracht**
de kracht om iets te willen (bet. 1) en te proberen dat te bereiken = het doorzettingsvermogen ✦ *met veel wilskracht heeft zij de internationale top bereikt*

de **wim·pel** [wimpels]
een smal stuk doek dat soms boven een vlag hangt

wimpel

de **wim·per** [wimpers]
elk van de haartjes langs de randen van je ogen

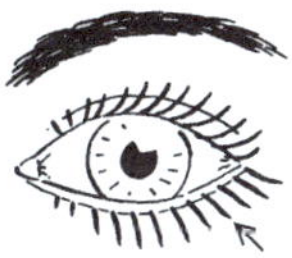
wimper

de **WIN**
de Wet Inburgering Nieuwkomers: een wet uit 1998, die de inburgering van nieuwkomers in de Nederlandse samenleving regelt

de•**wind** [winden]
1 de lucht die je voelt bewegen als je buiten bent ✦ *er stond een harde wind*
weer[1]
de wind mee hebben: gunstige omstandigheden hebben ✦ *als je nu een eigen bedrijf begint, heb je economisch de wind mee*
een advies in de wind slaan: niet luisteren naar een advies ✦ *ik heb hem gezegd dat hij beter kon wachten met het kopen van een huis, maar hij heeft mijn advies in de wind geslagen*
iemand de wind uit de zeilen nemen: een opmerking maken die iemand anders wilde maken, zodat hij of zij dat niet meer kan doen ✦ *ze nam haar baas de wind uit de zeilen door zelf aan te kondigen dat ze een nieuwe baan had*
de wind van voren krijgen: harde kritiek krijgen ✦ *toen hij zo laat thuiskwam, kreeg hij de wind van voren van zijn vrouw*
2 de vieze lucht die met een geluidje via je billen uit je lichaam komt = de scheet ✦ *volgens mij heb jij een wind gelaten*

win·den [wond, heeft gewonden]
iets om iets of iemand heen draaien [iemand windt iets ergens om] ✦ *hij wond het touw om de paal*
er geen doekjes om winden: duidelijk zeggen wat je bedoelt, ook al is het een vervelende boodschap ✦ *ik zal er geen doekjes om winden: je bent niet geslaagd voor je examen*

de **wind·mo·len** [windmolens]
een molen die draait door de wind, vooral om elektrische stroom te maken

de **wind·streek** [windstreken]
een richting waaruit de wind kan komen ✦ *de vier windstreken zijn noord, oost, zuid en west*

wind·sur·fen [windsurfte, heeft gewindsurft]
je over het water bewegen door op een speciale plank te staan en een zeil vast te houden = surfen [iemand doet aan windsurfen]

de•**win·kel** [winkels]
een ruimte waar je producten kunt kopen ✦ *ze gingen naar de winkel om brood, melk en vlees te kopen*

het **win·kel·cen·trum** [winkelcentra, winkelcentrums]
een aantal winkels bij elkaar ✦ *in het winkelcentrum zijn winkels voor kleren, voor boeken en voor eten*

win·ke·len [winkelde, heeft gewinkeld]
winkels bezoeken = shoppen [iemand winkelt] ✦ *op zaterdag gaat ze met haar moeder winkelen*

de **win·ke·lier** [winkeliers] **win·ke·lier·ster** [winkeliersters]
iemand die een winkel heeft

de **win·naar** [winnaars] **win·na·res** [winnaressen]
iemand die gewonnen (bet. 1) heeft ✦ *de winnaar krijgt een prijs*

•**win·nen** [won, heeft gewonnen]
1 de beste zijn in een wedstrijd of de meeste punten halen in een spel ⇔ verliezen [iemand wint (iets)] ✦ *onze club heeft gewonnen met voetballen* ✦ *hij heeft een prijs gewonnen*
2 meer van iets krijgen in vergelijking met iets of iemand [iemand wint (aan) iets] ✦ *de president heeft aan macht gewonnen* ✦ *de atleet won tien meter op zijn tegenstander*
3 iemand voor je winnen: zorgen dat iemand je leuk vindt of je steunt ✦ *de baas heeft alle werknemers voor zich gewonnen*

de•**winst** [winsten]
het geld dat overblijft als de kosten zijn betaald ✦ *het bedrijf heeft dit jaar 5%*

meer winst gemaakt dan vorig jaar

winst·ge·vend [bijvoeglijk naamwoord]
als iets winstgevend is, levert het winst op ⇔ verliesgevend ✦ *hij is directeur van een winstgevende onderneming*

de ***win·ter** [winters]
de koudste periode van het jaar, die na de herfst komt en voor de lente weer[1] maanden

win·ters [bijvoeglijk naamwoord]
winters weer is koud weer ✦ *het was een mooie winterse dag*

de **win·ter·slaap**
de toestand van rust van sommige dieren in de winter, waardoor ze geen eten nodig hebben

de **win·ter·sport** [wintersporten]
een vakantie in de winter naar een plaats waar je kunt skiën ✦ *in februari gaan ze met de kinderen op wintersport* sport

de **win·ter·tijd**
de wintertijd begint in het laatste weekend van oktober; de klok wordt dan een uur teruggedraaid ⇔ de zomertijd

de **wip** [wippen]
een toestel om op te spelen, dat bestaat uit een lange plank die in het midden ergens op steunt, waarop op ieder eind iemand kan zitten; als de ene persoon dan omhooggaat, gaat de ander naar beneden

wip

wip·pen [wipte, heeft gewipt]
1 op een wip* spelen [iemand wipt]
2 heen en weer bewegen of kleine sprongetjes maken [iemand of iets wipt] ✦ *de vogel wipte op de tak* ✦ *ze zat te wippen op haar stoel*
3 met een snelle beweging ergens in of uit doen [iemand wipt iets ergens in of uit] ✦ *ze wipte de pen uit het doosje*
4 (informeel) verwijderen; zorgen dat iemand zijn baan kwijtraakt [iemand wipt iemand] ✦ *het bestuur heeft de voorzitter gewipt*
5 (grof) seks hebben [iemand wipt (met iemand)]

de **wir·war**
een ingewikkeld geheel waarbij alles door elkaar loopt ✦ *het centrum van de oude stad is een wirwar van straatjes*

wis [bijvoeglijk naamwoord]
zeker; stellig ✦ *iemand van een wisse dood redden*
wis en waarachtig: zeer zeker ✦ *dat heb ik hem wis en waarachtig verteld!*

de **wis·kun·de**
de leer van de getallen = de mathematica

wis·pel·tu·rig [bijvoeglijk naamwoord]
wispelturige mensen veranderen steeds van mening ✦ *ik kan niet goed met hem opschieten, want hij is erg wispelturig*

de **wis·sel** [wissels]
1 een constructie die het mogelijk maakt dat een trein op een ander spoor gaat rijden ✦ *de trein kon niet vertrekken, omdat de wissel niet goed stond*
2 (ook: het) een verandering in de samenstelling van een ploeg tijdens een wedstrijd
3 een zware wissel trekken op iemand of iets: veel van iemand of iets eisen ✦ *het bedrijf heeft een zware wissel getrokken op de werknemers*

wis·se·len [wisselde, heeft gewisseld]
1 het één in plaats geven van het ander [iemand wisselt iets (voor iets)] ✦ *ik heb honderd euro gewisseld voor dollars* ✦ *ze wisselden van plaats*
2 veranderen; de ene keer anders zijn dan de andere keer [iets wisselt] ✦ *zijn stemming wisselt, want net was hij nog vrolijk en nu is hij boos*
3 kleine tanden en kiezen verliezen en er grote voor in de plaats krijgen [kinderen wisselen]

het **wis·sel·geld**
geld dat je terugkrijgt als je te veel gegeven hebt ✦ *ze betaalde met een briefje van vijftig euro en ze kreeg drie euro wisselgeld*

de **wis·sel·koers** [wisselkoersen]
de waarde van geld in vergelijking met de waarde van buitenlands geld ✦ *wat is de wisselkoers van de dollar?*

wis·sel·val·lig [bijvoeglijk naamwoord]
wisselvallig weer is weer dat snel verandert ✦ *het wordt morgen wisselvallig weer met soms wat regen* weer[1]

de **wis·sel·wer·king** [wisselwerkingen]

wi

een toestand waarbij twee zaken invloed op elkaar hebben ✦ *bij toneel is er vaak een interessante wisselwerking tussen het publiek en de spelers*

wis·sen [wiste, heeft gewist]
door vegen verwijderen [iemand wist iets (van iets)] ✦ *de man wiste het zweet van zijn gezicht* ✦ *hij had per ongeluk het programma van de videoband gewist*

wis·ten *zie:* **weten**

•wit [bijvoeglijk naamwoord]
1 witte dingen hebben de kleur van melk ✦ *hij heeft mooie, witte tanden*
2 als je er wit uitziet, heb je een bleek gezicht ✦ *je ziet een beetje wit; ben je ziek?*
3 niet verboden; volgens de wet ⇔ zwart ✦ *de werknemers in het restaurant werkten allemaal wit*

de **wit·lof** *ook:* het
een witte groente met een bittere smaak

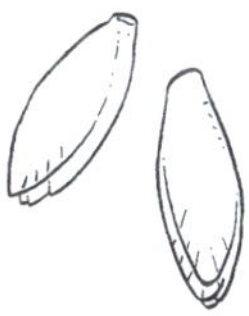

witlof

wit·loof (in België) *zie:* **witlof**

wit·was·sen [waste wit, heeft witgewassen]
zwart geld weer legaal maken door het te investeren [iemand wast geld wit]

het **WK** *ook:* de
wereldkampioenschap ✦ *het WK voetballen van 2002 is gewonnen door Brazilië*

WO [afkorting]
wereldoorlog

de **wod·ka**
een Russische drank met veel alcohol

de **woe·de**
een heftig, negatief gevoel over iets = de boosheid ✦ *uit woede gooide de man een bord kapot tegen de muur*

woe·den [woedde, heeft gewoed]
wild bewegen = tekeergaan [een brand, een oorlog, een storm enz. woedt ergens] ✦ *er woedde al tien jaar een oorlog*

woe·dend [bijvoeglijk naamwoord]
een woedende persoon is heel erg boos = furieus ✦ *de man werd woedend toen hij zag dat zijn fiets was gestolen*

woei·en *zie:* **waaien**

woe·ke·ren [woekerde, heeft gewoekerd]
steeds groeien op een plaats waar men dat niet wil [een plant of een gezwel woekert] ✦ *je kunt die plant beter niet in je tuin zetten, want die gaat enorm woekeren*

woe·ke·ren met [woekerde met, heeft gewoekerd met]
je best doen om zo veel mogelijk voordeel van iets te hebben [iemand woekert met iets] ✦ *ze woont in een kleine flat, dus ze moet woekeren met de ruimte*

woe·len [woelde, heeft gewoeld]
steeds draaien en bewegen in bed [iemand woelt] ✦ *ze kon niet slapen en lag de hele nacht te woelen in haar bed*

de **•woens·dag** [woensdagen]
de derde dag van de week dagen

de **woerd** [woerden]
een mannelijke eend dieren

woest [bijvoeglijk naamwoord]
1 een woeste persoon is heel erg boos = woedend, razend ✦ *de vrouw werd woest toen ze hoorde dat ze de baan niet had gekregen*
2 iets wat woest is, is wild of niet netjes = ruig ✦ *Herman houdt van de woeste natuur van Canada*

de **woes·tijn** [woestijnen]
een heel warm gebied met alleen maar zand, omdat er geen bomen en planten kunnen groeien ✦ *Australië bestaat voor een groot deel uit woestijn*

wo·gen *zie:* **wegen**

de **wok** [wokken]
een wijde pan in de vorm van een halve bol, die o.a. gebruikt wordt om Chinees eten te koken

wok

de **wol**
het zachte, dikke haar van schapen, dat gebruikt wordt om kleding van te maken ✦ *ze droeg een trui van wol*

de **wolf** [wolven] **wol·vin** [wolvinnen]
een wild dier dat op een hond lijkt dieren

de **wolk** [wolken]
de witte of grijze massa in de lucht die bestaat uit heel kleine druppels water ✦ *het werd kouder toen er een wolk voor de zon schoof*

de **wol·ken·krab·ber** [wolkenkrabbers]
een heel hoge flat met woningen of kantoren ✦ *in New York staan veel wolkenkrabbers*

de **wond**[1] [wonden]
een plaats op het lichaam waar je huid kapot is waardoor er bloed uit je lichaam komt ✦ *het kind was gevallen en had een wondje op haar knie*

wond[2] *zie:* **winden**

won·den *zie:* **winden**

het •**won·der** [wonderen]
een bijzondere gebeurtenis die je niet kunt verklaren ✦ *het was een wonder dat de man niets gebroken had toen hij van het dak was gevallen*
geen wonder dat ...: het is logisch dat ... ✦ *geen wonder dat Heinzen die baan heeft gekregen: hij is de beste vriend van de directeur!*

won·der·baar·lijk [bijvoeglijk naamwoord]
wonderbaarlijke zaken zijn een wonder ✦ *met zijn snelle tijd leverde hij een wonderbaarlijke prestatie*

het **won·der·kind** [wonderkinderen]
een kind dat heel erg slim is of iets heel erg goed kan ✦ *het wonderkind leerde zichzelf lezen toen het twee jaar oud was*

•**won·der·lijk** [bijvoeglijk naamwoord]
wonderlijke zaken zijn vreemd en bijzonder ✦ *het werd een wonderlijke avond*

•**wo·nen** [woonde, heeft gewoond]
een vaste woning hebben [iemand woont ergens] ✦ *sinds een jaar woont de man in Frankrijk* wonen

de •**wo·ning** [woningen]
een huis, een flat of een kamer waarin je woont ✦ *hij moest op zoek naar een nieuwe woning* wonen

de **wo·ning·bouw**
het bouwen van woningen ✦ *er kwam nieuwe woningbouw aan de rand van het dorp*

de **wo·ning·bouw·ver·eni·ging** [woningbouwverenigingen]
een bedrijf dat woningen laat bouwen en verhuurt wonen

de **wo·ning·nood**
een gebrek aan woningen in het land

de **wo·ning·ver·ze·ke·ring** [woningverzekeringen] (in België)
een overeenkomst dat je geld krijgt als er schade is aan je huis, en waarvoor je regelmatig een bedrag betaalt = de opstalverzekering verzekeringen

de **wo·ning·zoe·ken·de** [woningzoekenden]
iemand die een woning wil kopen of huren wonen

won·nen *zie:* **winnen**

woon·ach·tig [bijvoeglijk naamwoord]
als je ergens woonachtig bent, woon je daar ✦ *hij is woonachtig in Luik*

de **woon·een·heid** [wooneenheden]
een woning in een groter gebouw ✦ *in het gebouw zijn zeven wooneenheden en een winkel* wonen

het **woon·huis** [woonhuizen]
een huis om in te wonen = het huis ✦ *boven die winkels zijn er woonhuizen*

de **woon·ka·mer** [woonkamers]
de kamer waarin je leeft = de huiskamer ✦ *in de woonkamer stonden een bank, een tafel en een televisie*

de **woon·plaats** [woonplaatsen]
de plaats waar je woont ✦ *zij moest haar naam, adres en woonplaats opschrijven*

de **woon·ruim·te** [woonruimten, woonruimtes]
een plek om te wonen, bijv. een huis of een kamer ✦ *toen hij ging studeren, zocht hij woonruimte in Leuven*

de **woonst** [woonsten] (in België)
een huis, flat of kamer waarin je woont = de woning ✦ *omdat mijn broer moet verhuizen voor zijn werk, is hij dringend op zoek naar een nieuwe woonst*

de **woon·ver·gun·ning** [woonvergunningen]
toestemming van een gemeente om in een bepaalde woning te gaan wonen wonen

de **woon·wa·gen** [woonwagens]
een huis op wielen

woonwagen

Wonen

Woningen zijn **te huur** en **te koop**. Ongeveer de helft van de bevolking huurt een woning. Zo'n huurwoning is in Nederland meestal het bezit van een woningbouwvereniging: een particuliere organisatie die een groot aantal woningen verhuurt. De woningbouwverenigingen mogen van de overheid niet een te hoge huur vragen. In België zijn er meer mensen die een eigen huis bezitten en verhuren dan in Nederland.

Als je in Nederland een woning wilt huren, moet je je bij de gemeente als **woningzoekende** laten inschrijven. Omdat er in Nederland te weinig woningen zijn, kom je meestal eerst op een wachtlijst. Er wordt naar je persoonlijke situatie gekeken om te bepalen hoe hoog je op de wachtlijst komt: iemand die in een urgente situatie is, krijgt sneller een woning dan iemand die minder hard een woning nodig heeft. Voor sommige woningen is een woonvergunning nodig: een verklaring dat de gemeente toestemming geeft om de woning te huren.

Als er een geschikte woning is gevonden, wordt die **toegewezen** aan de wachtende. Het huurcontract wordt getekend. Een alleenstaande zal een kleinere woning krijgen dan een gezin met kinderen. Soms kan men huursubsidie krijgen, bijvoorbeeld als de huur te hoog is voor het inkomen van de huurder.
In België kan iemand met een klein inkomen een woning huren bij een sociale huisvestingsmaatschappij. Ook daar zijn er soms wachtlijsten.

De meeste mensen die een huis willen **kopen**, gaan naar een makelaar. Die zoekt een huis en kan met de verkoper van het huis over de prijs onderhandelen. Meestal heeft degene die zijn huis verkoopt, ook een makelaar. Je kunt ook een huis kopen zonder hulp van een makelaar. Na het sluiten van een voorlopig koopcontract maakt een notaris een definitieve koopakte.

Bij het kopen van een huis wordt meestal een **hypotheek** afgesloten: dat is het bedrag dat de koper leent om het huis te kunnen betalen. Er zijn veel soorten hypotheken. De rente die je over het geleende bedrag aan de bank betaalt, mag je aftrekken van je loon. Zo hoef je minder belasting te betalen.

Het komt in Nederland en België niet vaak voor dat er drie generaties samen in één huis wonen. Een **huishouden** wordt meestal gevormd door een of twee volwassenen, met eventueel kinderen tot ongeveer achttien jaar. Gezinnen wonen vaak in een eengezinswoning, meestal met een tuin. Veel mensen die alleen of met zijn tweeën zijn, wonen in een flat of een appartement. Als jongeren gaan studeren, gaan ze vaak op kamers (in België: op kot) wonen: een kamer in een particuliere woning of in een studentenhuis. Ook bestaan er verzorgingshuizen: grote huizen met daarin aparte wooneenheden voor één of twee oudere personen die niet meer goed voor zichzelf kunnen zorgen.
In Nederland en België wonen veel mensen niet in de plaats waar ze werken. Daardoor moeten ze forenzen (reizen van en naar hun werk). In België worden deze mensen pendelaars genoemd.

de **woon·wijk** [woonwijken]
een wijk met veel huizen om in te wonen ♦ *in de nieuwe woonwijk 'Leidsche Rijn' werden drie scholen gebouwd*

het **•woord** [woorden]
1 een verzameling letters die een eigen betekenis heeft ♦ *het eerste woord van deze zin is 'het'*
woorden hebben: ruzie hebben
het laatste woord willen hebben: als

laatste nog iets over iets willen zeggen
een goed woordje voor iemand doen: iets positiefs over iemand zeggen om hem of haar te helpen
iemand te woord staan: iemand de gelegenheid geven met jou te praten
ergens geen goed woord voor over hebben: iets heel slecht vinden
2 iets dat je belooft ✦ *als je iets belooft, moet je je wel aan je woord houden*

het **woor·den·boek** [woordenboeken]
een boek waarin je de betekenis van woorden kunt opzoeken = het lexicon ✦ *Gülay zocht het woord op in een Nederlands-Turks woordenboek*

de **woor·den·schat** [woordenschatten]
alle woorden die je kent = het vocabulaire ✦ *hij probeert Italiaans te leren, maar zijn woordenschat is nog erg klein*

de **woor·den·wis·se·ling** [woordenwisselingen]
een vervelend gesprek als je ruzie hebt ✦ *ze hadden een woordenwisseling over wie het huishouden moest doen*

de **woord·voer·der** [woordvoerders]
woord·voer·ster [woordvoersters]
iemand die voor zijn beroep namens een organisatie of namens een persoon praat

•**wor·den** [werd, is geworden]
1 een werkwoord dat aangeeft dat iets in een bepaalde toestand raakt, begint te zijn of in de toekomst zal zijn [iemand wordt iets] ✦ *het kind wil later dokter worden* ✦ *ze werd moe van het harde werken*
wat is er van hem geworden?: hoe is zijn leven nu?
2 een werkwoord dat aangeeft dat iets of iemand iets ondergaat [iemand of iets wordt …] ✦ *hij wordt geholpen door zijn familie* ✦ *de brief werd 's morgens gebracht*

de **work·shop** [workshops]
een cursus in iets creatiefs, die meestal een paar uur duurt ✦ *ik heb ooit een workshop toneel gevolgd*

de **worm** [wormen]
een diertje met een lang lichaam dat heel gemakkelijk buigt ✦ *wormen leven vaak in de grond*

worm

de **worp** [worpen]
1 de keer dat je gooit ✦ *met een mooie worp gooide hij de bal over de muur*
2 de keer dat een vrouwelijk dier jongen werpt (bet. 2) ✦ *de poes kreeg vijf jongen in één worp*

de **worst** [worsten]
1 eten dat bestaat uit een soort rolletje met gemalen vlees en kruiden maaltijden
2 dat zal me (een) worst wezen: (informeel) dat interesseert me helemaal niet

wor·ste·len [worstelde, heeft geworsteld]
1 een sport beoefenen waarbij je de tegenstander vastpakt en op de grond probeert te duwen [iemand worstelt]
2 met veel moeite vechten [iemand worstelt (met iemand)]
3 met veel moeite proberen ✦ *de vrouw worstelde met de vraag of ze een studie zou gaan volgen*

de **wor·tel** [wortels]
1 het deel van een plant dat onder de grond zit ✦ *die boom heeft diepe wortels*
ergens je wortels hebben: ergens oorspronkelijk vandaan komen
iets met wortel en tak uitroeien: zorgen dat iets helemaal verdwijnt
2 [wortelen, wortels] een groente met een oranje kleur = de peen

wortel 2

3 (rekenen) het getal in verhouding tot zijn getal in de tweede macht ✦ *de wortel van 9 is 3*

wou *zie:* **willen**

het **woud** [wouden]
een heel groot bos

wou·den *zie:* **willen**

de **wraak**
iets naars dat je doet om iemand te straffen voor wat hij jou heeft aange-

daan ✦ *Hamlet wilde wraak nemen op de man die zijn vader had gedood*

het **wrak** [wrakken]
de resten van een kapotte auto, een kapot schip, een kapot vliegtuig enz. ✦ *op de bodem van de zee liggen wrakken van schepen*

wrang [bijvoeglijk naamwoord]
1 wrang eten heeft een heel zure smaak ✦ *fruit dat nog niet goed rijp is, smaakt wrang*
2 iets wat wrang is, geeft je een heel vervelend gevoel ✦ *het is wrang dat er pas beter naar de veiligheid wordt gekeken, als er eerst een ernstig ongeluk is gebeurd*

de **wrat** [wratten]
een klein hard bobbeltje op je huid ✦ *de vrouw ging naar de dokter om de wratten op haar hand te laten verwijderen*

wreed [bijvoeglijk naamwoord]
iets wat wreed is, is gemeen en helemaal niet eerlijk; iemand die wreed is, doet heel gemene dingen ✦ *door de wrede oorlog verloor zij haar zoon*

de **wreed·heid** [wreedheden]
het feit dat iemand wreed is; de wrede* dingen die iemand doet ✦ *het volk wilde aandacht voor de wreedheden van hun regering*

de **wreef** [wreven]
het bot boven op je voet ✦ *doordat ze een hoge wreef heeft, passen veel schoenen haar niet*

wre·ken [wreekte, heeft gewroken]
iemand straffen die jou iets ergs aangedaan heeft [iemand wreekt iets (op iemand)] ✦ *ze wilde de dood van haar man wreken* ✦ *hij heeft zich gewroken op zijn baas*

wre·ve·lig [bijvoeglijk naamwoord]
iemand die wrevelig is, is een beetje boos = verstoord, geïrriteerd ✦ *hij reageerde wrevelig op de vraag van zijn broer*

wre·ven *zie:* **wrijven**

wrij·ven [wreef, heeft gewreven]
1 krachtig met iets over iets bewegen [iemand wrijft] ✦ *hij wreef met zijn handen langs zijn broek om ze warm te maken* ✦ *ze wreef met een doek over de stoel*
2 met een strijkende beweging in of op iets brengen = smeren [iemand wrijft iets in iets of op iets]

de **wrij·ving** [wrijvingen]
1 de situatie dat er een probleem ontstaat doordat mensen niet dezelfde mening hebben = de frictie ✦ *er ontstond wrijving tussen de partijen toen ze over geld gingen praten*
2 de weerstand die ontstaat wanneer twee voorwerpen langs elkaar bewegen

wrik·ken [wrikte, heeft gewrikt]
proberen los te krijgen door heen en weer bewegen [iemand wrikt (iets uit iets)] ✦ *hij probeerde het paaltje uit de grond te wrikken*

wrin·gen [wrong, heeft gewrongen]
1 droger maken door in elkaar te draaien = uitwringen [iemand wringt iets nats] ✦ *je moet die handdoek eerst even wringen voordat je hem aan de lijn hangt*
2 jezelf of iets met draaiende bewegingen door een nauwe opening werken [iemand wringt zichzelf of iets door een nauwe opening] ✦ *de jongen wrong zich door de mensen heen naar voren*
3 je in allerlei bochten wringen: erg ingewikkelde dingen doen om je doel te bereiken ✦ *de president wrong zich in allerlei bochten om het volk tevreden te houden*

de **wroe·ging** [wroegingen]
het nare gevoel dat je iets gedaan hebt wat je niet had moeten doen = de spijt, het berouw ✦ *de man toonde tegenover de rechter weinig wroeging over zijn misdaden*

wroe·ten [wroette, heeft gewroet]
zoekend graven [iemand wroet (in iets)] ✦ *de hond wroette in de grond* ✦ *de journalist wroette in het leven van de zanger*

de **wrok**
een boos en hard gevoel dat je hebt doordat je niet eerlijk bent behandeld = de rancune ✦ *zij koestert veel wrok tegen haar vorige baas*

wron·gen *zie:* **wringen**

wui·ven [wuifde, heeft gewuifd]
je hand heen en weer bewegen als groet = zwaaien [iemand wuift] ✦ *de president wuifde vanuit zijn auto naar de mensen*

wur·gen [wurgde, heeft gewurgd]
doden door de keel dicht te knijpen [iemand wurgt iemand]

wur·men [wurmde, heeft gewurmd]
met moeite proberen door een opening

te brengen = wringen [iemand wurmt zich of iets ergens in, door enz.] ✦ *de dief wurmde zich door het raampje van de wc*

de **WW** (in Nederland)
de Werkloosheidswet: de wet die bepaalt dat je geld van de overheid krijgt als je je baan verloren hebt **verzekeringen** **werk**

X

x [afkorting]
de 24e letter van het alfabet **alfabet**

de **x-be·nen** [meervoud]
benen waarvan de knieën naar binnen staan

x-benen

de **XTC**
een drug die je een gelukkig en verliefd gevoel geeft

y

de **y** [y's]
de 25e letter van het alfabet alfabet

de **yen**
het geld in Japan

de **yo·ga**
een Indiase leer die zegt hoe je door oefeningen je lichaam en geest gezond en vrij van spanning kunt houden

de **yo·ghurt**
een dikke friszure vloeistof die gemaakt is van melk en die je koud eet maaltijden

het **Yo·rin**
een omroep in Nederland media

de **yup** [yuppen]
young urban professional: een jonge persoon die snel carrière maakt en rijk leeft

Z

de **z** [z'en, z's]
de 26e letter van het alfabet alfabet

het **zaad**
1 een of meer van de kleine, harde deeltjes die van planten komen en waaruit nieuwe planten kunnen groeien ✦ *hij kocht zaad van verschillende planten voor in zijn tuin*
2 het vocht dat uit de man komt na een seksuele handeling en waarmee hij bij een vrouw een kind kan verwekken = het sperma

de **zaag** [zagen]
een voorwerp met een blad van ijzer met scherpe tanden, om hout, ijzer enz. in stukken te verdelen

zaag

het **zaag·sel**
de heel kleine stukjes hout die ontstaan als je hout zaagt*

zaai·en [zaaide, heeft gezaaid]
zaad van een bepaalde plant in de grond doen, zodat er nieuwe planten kunnen groeien [iemand zaait iets] ✦ *ze zaaide bloemen in haar tuin*

de•**zaak** [zaken]
1 een algemeen woord dat je kunt gebruiken voor alle dingen of verschijnselen = het ding ✦ *er liggen wat zaken op je bureau die je moet meenemen* ✦ *wat je nodig hebt voor deze baan, zijn zaken als geduld, verstand en moed*
dat is jouw zaak: dat moet je zelf weten
het is zaak om …: dit zeg je als iets beslist moet gebeuren ✦ *het is zaak om vroeg weg te gaan*
2 iets wat besproken of behandeld wordt = de kwestie ✦ *de politie wil niets zeggen, omdat de zaak nog onderzocht wordt* ✦ *ik doe geen zaken meer met die man*
3 de onderneming = het bedrijf ✦ *ze heeft het ontzettend druk, want ze heeft een eigen zaak*
4 geen zaken met iets hebben: (in België) je niet met iets mogen bemoeien omdat het niet nodig is

de **zaak·voer·der** [zaakvoerders] (in België)
iemand die de chef is van een bedrijf = de bedrijfsleider ✦ *Guido is zaakvoerder van een bioscoop*

de•**zaal** [zalen]
een grote ruimte voor een feest, een vergadering enz. ✦ *in de zaal mocht je niet roken*

•**zacht** [bijvoeglijk naamwoord]
1 zachte dingen veranderen van vorm als je erop drukt ⇔ hard ✦ *ze sliep op een heerlijk zacht kussen*
2 een zacht geluid kun je niet goed horen ⇔ hard ✦ *in de verte hoorden ze zachte stemmen*
3 met weinig kracht, zodat je het nauwelijks voelt ⇔ hard ✦ *hij legde zijn hand zacht op haar schouder*
4 als het zacht weer is, is het niet erg koud en waait het niet erg ✦ *de eerste dagen van mei waren heerlijk zacht*
5 zachte kleuren en zacht licht zijn niet fel ⇔ hard ✦ *ze schilderde de kamer in zachte kleuren*
6 zachte mensen zijn vriendelijk en rustig ⇔ hard
7 langzaam ⇔ hard ✦ *kun je wat zachter rijden?*

zacht·jes [bijwoord]
op zo'n manier dat je het nauwelijks kunt horen of voelen ✦ *ze liep zachtjes de trap op* ✦ *hij kuste haar zachtjes*

het **za·del** [zadels]
1 het gedeelte van een fiets, een brommer of een motor dat bedoeld is om op te zitten

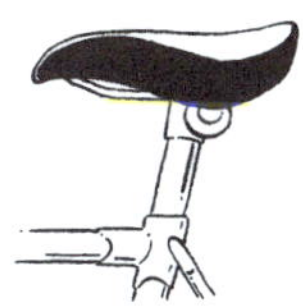

zadel 1

2 een voorwerp van leer dat je op de rug van bijv. een paard legt zodat je erop kunt zitten

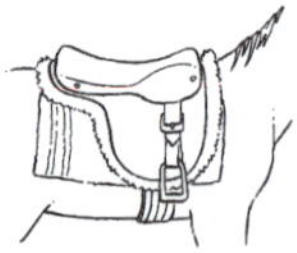

zadel 2

za·gen[1] [zaagde, heeft gezaagd]
hout, ijzer enz. met een zaag* in stukken verdelen [iemand zaagt (iets)] ✦ *ze zaagde de plank in stukken*

za·gen[2] *zie:* **zien**

de **•zak** [zakken]
1 een voorwerp dat van boven open is, gemaakt van stof, papier, leer of een ander zacht materiaal, waar je dingen in kunt doen om ze mee te nemen ✦ *ze deed alle boeken in een zak* ✦ *hij kocht een zak friet*
een duit in het zakje doen: ook iets zeggen
iemand de zak geven: iemand laten weten dat hij niet meer bij je mag werken
2 een ruimte in een kledingstuk waarin je iets kunt stoppen ✦ *hij deed zijn handen in zijn zakken*
3 [geen meervoud] (informeel) de huid om de ballen van de man
4 (grof) een vervelende man ✦ *ik vind die kerel een grote zak*

de **zak·doek** [zakdoeken]
een doekje om je neus te snuiten

za·ke
1 iets doet niet ter zake: iets is niet belangrijk ✦ *hoe duur het nieuwe kantoor is, doet nu niet ter zake*
2 ter zake komen: zeggen wat je wilde zeggen ✦ *nadat ze even gezellig gepraat hadden, kwam hij ter zake*

za·ke·lijk [bijvoeglijk naamwoord]
1 zakelijke dingen hebben met zaken (bet. 3) te maken ✦ *de twee directeuren voerden zakelijke onderhandelingen*
2 iemand die zakelijk is, wil werken en praat niet over gevoelens = nuchter ✦ *eerst was de sfeer zakelijk, maar later werd het gezellig*

de **za·ken** [meervoud]
de handel ✦ *hij is voor zaken naar het buitenland*
goede zaken doen (met iets): veel geld verdienen (met iets)

de **za·ken·man** [zakenmannen, zakenlieden, zakenlui] **za·ken·vrouw** [zakenvrouwen]
iemand die geld verdient in de handel

het **zak·geld**
geld voor kleine uitgaven, vooral door ouders aan kinderen gegeven ✦ *ze geven hun kinderen elke week twee euro zakgeld*

•zak·ken [zakte, is gezakt]
1 naar beneden gaan = omlaag gaan, dalen ⇔ stijgen [iets of iemand zakt] ✦ *het water in de rivier is twee meter gezakt*
2 minder erg worden = verminderen [pijn zakt] ✦ *nadat ze het medicijn gebruikt had, zakte de pijn snel*
3 een examen niet halen ⇔ slagen [iemand zakt (voor een examen)] ✦ *hij is bang dat hij gezakt is*

het **zak·mes** [zakmessen]
een klein mes waarvan je het blad in het handvat kunt duwen en dat je in je zak (bet. 2) kunt dragen

zakmes

de **zalf** [zalven]
een zachte, bijna vloeibare stof die je huid sneller heel maakt als die stuk is ✦ *ze kreeg een zalfje van de dokter, omdat ze haar hand gebrand had*

za·lig [bijvoeglijk naamwoord]
1 dingen die zalig zijn, zijn heel lekker of heel prettig ✦ *het is vandaag zalig weer*
2 als je iemand een zalige tijd wenst, hoop je dat het een gelukkige tijd zal zijn ✦ *ik wens jullie een zalig kerstfeest*

de **zalm** [zalmen]
een vis met roze vlees, die veel gegeten wordt ✦ *we aten gerookte zalm*

het **•zand**
het fijne materiaal waaruit bijv. woestijnen en de stranden aan de Noordzee bestaan

de **zand·bak** [zandbakken]
een grote bak met zand waarin kinderen kunnen spelen

de **zang**
de keer dat je zingt ✦ *uit de kerk klonk*

prachtige zang

de **zan·ger** [zangers] **zan·ge·res** [zangeressen]
iemand die zingt ✦ *als klein meisje wilde zij al zangeres worden*

de **zang·stem** [zangstemmen]
de stem waarmee je zingt zangstemmen

Zangstemmen

vrouwenstemmen van hoog naar laag:
de sopraan
de mezzosopraan
de alt

mannenstemmen van hoog naar laag:
de countertenor
de tenor
de bariton
de bas

muzieknoten

de **zang·vo·gel** [zangvogels]
een vogel die mooi kan zingen

zap·pen [zapt, heeft gezapt]
met de afstandsbediening steeds andere programma's op tv kiezen [iemand zapt] ✦ *hij zapte langs verschillende programma's, maar er was niets leuks op tv* media

zat¹ [bijvoeglijk naamwoord]
1 (informeel) iemand die zat is, heeft veel alcohol gedronken = dronken
2 iets of iemand zat zijn: iets helemaal niet leuk meer vinden ✦ *ik ben het zat dat jij steeds zo vervelend doet*

zat² [onbepaald voornaamwoord] (informeel)
meer dan genoeg ✦ *hij heeft geld zat*

za·ten *zie:* **zitten**

de •**za·ter·dag** [zaterdagen]
de zesde dag van de week dagen

•**ze** [voornaamwoord]
1 [persoonlijk voornaamwoord] dit woord gebruik je als onderwerp als je over een vrouw praat = zij ✦ *ze loopt op straat*
2 [persoonlijk voornaamwoord] dit woord gebruik je als onderwerp wanneer je over andere personen of dingen praat = zij ✦ *ze lopen op straat*
3 [persoonlijk voornaamwoord] dit woord gebruik je als object wanneer je over andere personen of dingen praat ✦ *ik vond de bloemen wel mooi, maar ik heb ze niet gekocht* ✦ *hij heeft ruzie met zijn buren en hij praat niet meer met ze*
4 [onbepaald voornaamwoord] dit woord gebruik je als je over mensen in het algemeen praat, zonder te zeggen wie je precies bedoelt = men ✦ *ze zeggen dat hij getrouwd is* voornaamwoorden

de **ze·bra** [zebra's]
1 een dier met zwarte en witte strepen, dat op een paard lijkt

zebra 1

2 een met brede, witte strepen aangegeven plaats op de weg waar voetgangers mogen oversteken = het zebrapad ✦ *de auto stopte voor de zebra*

de **ze·de** [zeden]
een gewoonte of manier van handelen van een volk ✦ *de onderzoeker schreef een boek over de zeden van het onbekende volk*

de **ze·den** [meervoud]
alle normen van een samenleving met betrekking tot gedrag, vooral op seksueel gebied

de **ze·den·leer** (in België)
een bepaald vak dat wordt gegeven aan kinderen die geen les in godsdienst volgen

de •**zee** [zeeën]
1 een grote hoeveelheid zout water, die een groot deel van de aarde bedekt ✦ *het schip voer op zee*
in zee gaan met iemand: zaken doen met iemand ✦ *we zijn in zee gegaan met een bedrijf dat veel kennis van computers heeft*
2 een grote hoeveelheid ✦ *er kwam een zee van mensen naar de voorstelling*

de **zeef** [zeven]
een plat of halfrond voorwerp met gaatjes in de bodem, waardoor grotere stukjes materiaal erin blijven liggen en kleine stukjes erdoorheen vallen

ze

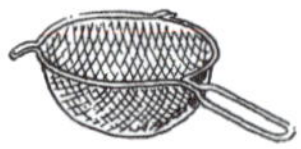

zeef

de **zee·hond** [zeehonden]
een zoogdier dat in zee leeft, vis eet en een geluid maakt als een hond

zeehond

de **zee·klas** [zeeklassen] (in België)
een klas die naar zee gaat en daar les krijgt, bijv. over de natuur ✦ *we gaan volgende week op zeeklas naar Oostende*

het **zee·kli·maat** [zeeklimaten]
een klimaat dat onder invloed van de zee in de zomer niet erg warm is en in de winter niet erg koud weer[1]

de •**zeep**
een product om mee te wassen

het **zeer**[1]
een naar gevoel in je lichaam = de pijn ✦ *mijn arm doet zeer*
oud zeer: iets waarvan je al lange tijd verdriet hebt; een vervelende herinnering ✦ *de club wilde winnen, want er was nog oud zeer vanwege een verloren wedstrijd*

•**zeer**[2] [bijvoeglijk naamwoord]
zere dingen doen pijn = pijnlijk ✦ *ze ging naar de dokter, omdat ze een zere keel had*

•**zeer**[3] [bijwoord]
in hoge mate; heel erg ✦ *we zijn zeer blij dat u gekomen bent*

zeer·ste
ten zeerste: heel erg ✦ *het spijt ons ten zeerste dat we het product nu niet kunnen leveren*

de **zee·spie·gel** [zeespiegels]
de hoogte van het zeewater ✦ *volgens onderzoekers zal de zeespiegel in de toekomst stijgen*

zee·ziek [bijvoeglijk naamwoord]
als je zeeziek bent, voel je je naar in je buik als gevolg van de beweging van het schip op de golven

de **ze·ge** [zeges]
de eerste plaats in een wedstrijd = de overwinning ✦ *de zege ging helaas naar de tegenstander*

de **ze·gel**[1] [zegels]
een klein stukje papier waarop iets staat, dat je ergens op kunt plakken en dat iets waard is

het **ze·gel**[2] [zegelen, zegels]
een vorm die in een zacht materiaal gedrukt is, meestal op een brief of op een ander belangrijk papier, om te bewijzen dat het echt is ✦ *op de brief stond het zegel van de koning*

de **ze·gen**
1 het geluk dat God je geeft ✦ *de dominee vroeg Gods zegen voor het volk* ✦ *wat een zegen dat je zo snel kon komen!*
2 de woorden waarmee je God om geluk vraagt ✦ *de dominee sprak de zegen uit over de gemeente*

ze·ge·nen [zegende, heeft gezegend]
1 de zegen* (bet. 2) geven [iemand zegent iemand of iets]
2 gezegend zijn met iets: iets bijzonders kunnen of hebben waarvoor je niets hebt hoeven doen ✦ *hij is gezegend met een vrolijk karakter*

ze·ge·vie·ren [zegevierde, heeft gezegevierd] (formeel)
de overwinning behalen [iemand zegeviert] ✦ *zij hoopte dat haar partij zou zegevieren in de verkiezingen*

•**zeg·gen** [zei, heeft gezegd]
1 een gedachte uitspreken [iemand zegt iets] ✦ *wat zeg je?* ✦ *ze heeft gezegd dat ze zou komen*
eerlijk gezegd: dit zeg je als je iets wilt gaan zeggen wat anderen misschien vervelend vinden om te horen ✦ *eerlijk gezegd ben ik het niet met je eens*
daar is wel iets voor te zeggen: dat is misschien wel een goed idee ✦ *Frank wil een eigen bedrijf beginnen en daar is wel iets voor te zeggen*
niets te zeggen hebben (over iets): geen invloed hebben ✦ *de artsen waren boos omdat ze niets te zeggen hadden over de plannen van de regering*
het voor het zeggen hebben: de baas zijn ✦ *ik kan jullie niet helpen, want ik heb het hier niet voor het zeggen*
2 een bepaalde betekenis hebben = betekenen [iets zegt iets] ✦ *ze heeft wel grijs*

haar, maar dat zegt niet dat ze oud is
dat wil wat zeggen: dit zeg je om duidelijk te maken dat iets heel bijzonder is ✦ *Miranda is vroeg opgestaan om op tijd hier te zijn, en dat wil wat zeggen*
dat zegt niets: dat bewijst niets ✦ *Francien en Ernst zijn wel vaak samen, maar dat zegt niets*
dat wil zeggen: dit gebruik je als je iets preciezer wilt zeggen ✦ *het is een huis met drie kamers, dat wil zeggen: twee kamers en een keuken*

de **zeg·gen·schap**
het recht om mee te praten over beslissingen ✦ *daar heb ik geen zeggenschap over*

het **zeg·je** [zegjes]
je zegje doen: je mening geven ✦ *toen iedereen zijn zegje had gedaan, konden we een besluit nemen*

de **zegs·man** [zegslieden] **zegs·vrouw** [zegsvrouwen]
iemand van wie je een bericht gehoord hebt ✦ *de journalist wilde niet vertellen wie zijn zegsman was*

zei·den *zie:* **zeggen**

zei·ken [zeikte, heeft gezeikt of zeek, heeft gezeken] (grof)
1 zeuren [iemand zeikt (over iets)] ✦ *hij zeikt voortdurend over het weer*
2 urine uit je lichaam laten komen = plassen [iemand zeikt]

het **zeil** [zeilen]
1 een groot doek dat vastzit aan de mast van een schip; als de wind erin komt, gaat de boot vooruit
alle zeilen bijzetten: alles doen om iets te laten lukken

zeil 1

2 een stuk stof waar geen water doorheen kan, dat je gebruikt om dingen te bedekken ✦ *hij legde een zeil over de stoelen op het terras toen het ging regenen*
3 [geen meervoud] een materiaal op de vloer van gebouwen, dat met water schoongemaakt kan worden

zei·len [zeilde, heeft of is gezeild]
varen met een boot met een zeil* (bet. 1) [iemand zeilt] ✦ *we hebben gisteren op zee gezeild* sport

de **zeis** [zeisen]
een gebogen mes aan een stok om bijv. hoog gras te maaien

zeis

ze·ken *zie:* **zeiken**

•**ze·ker**[1] [bijvoeglijk naamwoord]
als iets zeker is, is het waar en hoef je er niet aan te twijfelen ✦ *weet je zeker dat hij komt?* ✦ *ik ben er niet zeker van of het klopt*

•**ze·ker**[2] [onbepaald voornaamwoord]
dit woord gebruik je voor onbekende personen of onbepaalde momenten ✦ *er heeft een zekere Arnold naar je gevraagd* ✦ *op een zekere dag kreeg ik een brief van mijn vroegere leraar*

•**ze·ker**[3] [bijwoord]
1 waarschijnlijk ✦ *je denkt zeker dat ik dat voor je doe!* ✦ *hij heeft zijn boek zeker weer thuis laten liggen*
2 als dit woord voor een getal staat, bijv. tien, dan betekent het: ‘tien of meer’ – minstens ✦ *hij heeft zeker zes glazen wijn gedronken*

de •**ze·ker·heid** [zekerheden]
1 de omstandigheid dat je iets zeker weet ✦ *ik kan nog niet met zekerheid zeggen of ik kom*
2 een veilige omstandigheid ✦ *voor de zekerheid deed ze de deur goed dicht*

•**zel·den** [bijwoord]
bijna nooit ⇔ regelmatig ✦ *ze komen zelden bij ons op bezoek*

zeld·zaam [bijvoeglijk naamwoord]
als iets zeldzaam is, is het bijzonder en komt het weinig voor ✦ *hier groeien zeldzame planten*

•**zelf** [aanwijzend voornaamwoord]
in eigen persoon ✦ *hij heeft zijn huis zelf gebouwd* ✦ *zelf kan ik niet komen, maar mijn dochter komt wel*

de **zelf·be·heer·sing**
de eigenschap dat je rustig en verstandig kunt handelen, ook bij heftige gevoelens ✦ *hij had al zijn zelfbeheersing*

nodig om niet boos te worden op zijn collega

zelf·be·wust [bijvoeglijk naamwoord]
zelfbewuste mensen hebben veel vertrouwen in zichzelf = zelfverzekerd

zelf·de [bijvoeglijk naamwoord]
een zelfde persoon of zaak is gelijk aan iemand of iets anders ⇔ ander ✦ *Joop Harmsen was vroeger onze vriend en deze zelfde man is nu onze grote vijand*

de **zelf·moord** [zelfmoorden]
een daad waarmee je jezelf expres doodt ✦ *volgens de arts heeft zij zelfmoord gepleegd*

het **zelf·por·tret** [zelfportretten]
een afbeelding die een kunstenaar van zichzelf maakt ✦ *hij schildert veel zelfportretten*

•**zelfs** [bijwoord]
anders dan je zou verwachten; bovendien ✦ *hij herkent zelfs zijn eigen kinderen niet meer* ✦ *ik heb kaartjes voor de voorstelling en zelfs voor de beste plaatsen*

•**zelf·stan·dig** [bijvoeglijk naamwoord]
zelfstandige mensen of zaken zijn niet van iemand of iets anders afhankelijk ✦ *zij laten hun oudste dochter zelfstandig naar school fietsen*
een zelfstandig naamwoord: een woord dat een persoon of een zaak een naam geeft en waar je 'de' of 'het' voor kunt zetten ✦ *'vrouw', 'fiets' en 'droom' zijn zelfstandige naamwoorden*

het **zelf·ver·trou·wen**
het vertrouwen dat het zal lukken wat je wilt doen ✦ *ze is erg slim, maar ze heeft veel te weinig zelfvertrouwen*

zelf·ver·ze·kerd [bijvoeglijk naamwoord]
zelfverzekerde mensen hebben veel vertrouwen in zichzelf = zelfbewust ⇔ onzeker ✦ *zelfverzekerd begon hij aan de wedstrijd*

ze·men [zeemde, heeft gezeemd]
met water en zeep schoonmaken en met een lap droogmaken [iemand zeemt de ramen]

•**zen·den** [zond, heeft gezonden]
1 via de post of via e-mail versturen = sturen [iemand zendt iets (naar iemand of naar een plaats)] ✦ *hij zond een lange brief naar zijn moeder in Marokko*
2 sturen; laten gaan [iemand zendt iemand ergens heen] ✦ *Duitsland heeft veel militairen naar het gebied gezonden*

de **zen·der** [zenders]
1 een apparaat dat signalen zendt ✦ *een mobiele telefoon heeft een zender en een ontvanger*
2 een bepaald station op de radio of op de televisie

de **zen·ding** [zendingen]
een verzameling goederen die verzonden wordt ✦ *er is weer een nieuwe zending kleding binnen*

de **zend·tijd** [zendtijden]
de tijd die een organisatie krijgt om programma's uit te zenden voor de radio of de tv media

de **ze·nuw** [zenuwen]
een soort draad die alle delen van je lichaam verbindt met je hersenen, en waarlangs gevoelens en opdrachten worden gestuurd ✦ *doordat er een zenuw was doorgesneden, had de vrouw geen gevoel meer in haar vinger*
iets werkt op je zenuwen: je wordt zenuwachtig door iets

•**ze·nuw·ach·tig** [bijvoeglijk naamwoord]
iemand die zenuwachtig is, is heel bang dat er iets fout gaat = nerveus ✦ *tijdens het rijexamen was mijn broer zo zenuwachtig dat hij veel fouten maakte*

•**zes** [hoofdtelwoord]
6 getallen

•**zes·de** [rangtelwoord]
6e getallen

zes·tien [hoofdtelwoord]
16 getallen

zes·tig [hoofdtelwoord]
60 getallen

de **zet** [zetten]
1 de kracht achter iets of iemand waardoor dat voorwerp of die persoon gaat bewegen = de duw ✦ *hij gaf me een zet, waardoor ik in het water viel* ✦ *de gratis reclame was precies het zetje dat het bedrijf nodig had om goede winst te kunnen maken*
2 de keer dat je een stuk op een speelbord op een andere plaats neerzet ✦ *Kasparov dacht lang na over zijn volgende zet*
een goede zet: een goede actie; een goede opmerking ✦ *dat was een goede zet van jou, om de buren uit te nodigen!*

de **ze·tel** [zetels]
1 een plaats in het parlement of in de gemeenteraad politiek
2 de plaats waar iets is ✦ *de zetel van de Nederlandse regering is Den Haag*
3 (formeel) de stoel
4 (in België) een grote stoel waarin je lekker kunt zitten = de fauteuil

ze·te·len [zetelde, heeft gezeteld]
gevestigd zijn [iemand of iets zetelt ergens] ✦ *het Europees Parlement zetelt in Brussel*

de **zet·pil** [zetpillen]
een medicijn in de vorm van pil die je in je anus moet doen

•**zet·ten** [zette, heeft gezet]
1 een plaats geven = plaatsen [iemand zet iets ergens] ✦ *zet die vaas maar op de kast*
2 maken [iemand zet koffie of thee] ✦ *de man zette een grote pot koffie voor zijn bezoek*
3 zorgen dat iets of iemand iets gaat doen [iemand zet iets of iemand tot iets of aan iets] ✦ *ik kon me er niet toe zetten om uit bed te komen* ✦ *de leraar zette de leerlingen aan het werk en ging zelf de krant lezen*
4 weer in de goede stand brengen [iemand zet een gebroken arm of been]
5 alles op alles zetten: erg je best doen om iets te bereiken

de **zeug** [zeugen]
een vrouwelijk varken ✦ *de zeug heeft achttien biggen gekregen* dieren

zeu·len [zeulde, heeft gezeuld]
met moeite dragen = sjouwen [iemand zeult (met) iets] ✦ *hij zeulde de koffer de trap op*

zeu·ren [zeurde, heeft gezeurd]
op een vervelende manier steeds over iets klagen of om iets vragen [iemand zeurt (over iets)] ✦ *het kind zeurde om snoep* ✦ *de man kan uren zeuren over zijn buren*

ze·ven[1] [zeefde, heeft gezeefd]
door een zeef* laten gaan, waardoor grotere stukjes erin blijven liggen en kleine stukjes erdoorheen vallen [iemand zeeft iets] ✦ *je moet het meel zeven, want er zitten misschien steentjes in*

•**ze·ven**[2] [hoofdtelwoord]
7 getallen

•**ze·ven·de** [rangtelwoord]
7e getallen

ze·ven·tien [hoofdtelwoord]
17 getallen

ze·ven·tig [hoofdtelwoord]
70 getallen

zgn. [afkorting]
zogenaamd: die bepaalde naam dragend ✦ *op ieder pleintje zie je tegenwoordig de zgn. 'wipkip'*

•**zich** [wederkerend voornaamwoord]
1 dit woord gebruik je bij wederkerende werkwoorden in de derde persoon enkelvoud en meervoud ✦ *hij vergist zich bijna nooit* ✦ *de kinderen hadden broodjes bij zich*
2 dit woord gebruik je bij wederkerende werkwoorden als de beleefdheidsvorm van de tweede persoon enkelvoud en meervoud ✦ *u moet zich vergissen!* voornaamwoorden

het **zicht**
het zien; de mogelijkheid om te zien ✦ *door de regen was het zicht op de weg heel slecht*
iets komt in zicht: iets wordt verwacht ✦ *na drie dagen onderhandelen kwam er een akkoord in zicht*

•**zicht·baar** [bijvoeglijk naamwoord]
zichtbare dingen kun je zien ⇔ onzichtbaar ✦ *een week na de operatie ging het zichtbaar beter met zijn vrouw*

•**zich zelf** [wederkerend voornaamwoord]
1 dit woord gebruik je bij de derde persoon enkelvoud en meervoud ✦ *ze vond het raar om zichzelf op de televisie te zien*
in zichzelf gekeerd zijn: geen contact hebben met anderen ✦ *de kunstenaar was helemaal in zichzelf gekeerd en zag bijna nooit mensen*
2 dit woord gebruik je bij de beleefdheidsvorm van de tweede persoon enkelvoud en meervoud = uzelf ✦ *u zou zichzelf eens moeten zien!*

zie·dend [bijvoeglijk naamwoord]
een ziedende persoon is heel erg boos = woedend ✦ *de vrouw was ziedend toen haar zoon twee uur te laat thuiskwam*

•**ziek** [bijvoeglijk naamwoord]
een zieke persoon voelt zich naar omdat het lichaam niet goed functioneert ⇔ gezond gezondheid

de **zie·ke** [zieken]
iemand die ziek is = de patiënt

✦ *doordat er zoveel zieken waren, kon de vergadering niet doorgaan*

het **zie·ken·fonds** [ziekenfondsen]
een instelling die voor haar leden een groot deel van de kosten bij ziekte betaalt ✦ *als je naar een dokter moet, wordt dat betaald door het ziekenfonds*
verzekeringen gezondheid

het •**zie·ken·huis** [ziekenhuizen]
een gebouw waar mensen die heel ziek zijn worden onderzocht en behandeld ✦ *de vrouw moest voor een operatie naar het ziekenhuis*

de **zie·ken·wa·gen** [ziekenwagens]
een auto voor het vervoer van patiënten = de ambulance ✦ *de ziekenwagen was snel op de plaats van het ongeluk*

de •**ziek·te** [ziekten, ziektes]
de keer dat je ziek bent; iets wat maakt dat je ziek bent ⇔ de gezondheid ✦ *door zijn ziekte kon de man niet meer werken* ✦ *ze lijdt aan een ziekte waardoor ze niet meer kan lopen*

de **ziek·te·kos·ten** [meervoud]
de kosten die door ziekte veroorzaakt worden

de **ziek·te·kos·ten·ver·ze·ke·ring** [ziektekostenverzekeringen]
een verzekering die de kosten betaalt als je ziek bent ✦ *zit u in het ziekenfonds of hebt u een particuliere ziektekostenverzekering?*

het **ziek·te·ver·zuim**
de keer dat je niet op je werk komt omdat je ziek bent ✦ *door de problemen in het onderwijs is het ziekteverzuim toegenomen*

de **ziek·te·wet** [ziektewetten]
de wet die regelt dat je toch je loon krijgt als je ziek bent

de •**ziel** [zielen]
1 het onzichtbare deel van de mens dat volgens gelovigen na de dood verder leeft ✦ *denk je dat planten ook een ziel hebben?*
2 (informeel) iemand met wie je medelijden hebt = de stakker ✦ *de ziel heeft allebei haar armen gebroken!*
zie·lig [bijvoeglijk naamwoord]
als iets zielig is voor iemand, voel je je naar omdat die persoon vervelende dingen meemaakt ✦ *ik vond het zielig voor haar dat ze pijn had*

•**zien** [zag, heeft gezien]
1 met je ogen waarnemen [iemand ziet iets] ✦ *heb je mijn horloge ergens gezien?*
tot ziens!: dit zeg je als je afscheid neemt van iemand
we zullen wel zien: we zullen maar afwachten ✦ *ik zal wel zien of ze nog komt*
mij niet gezien!: dat zal ik nooit doen! ✦ *"Ga je mee in de zee zwemmen?" "Mij niet gezien, veel te koud!"*
het zien zitten: vertrouwen hebben in iets ✦ *hij zag zijn nieuwe baan helemaal zitten*
het voor gezien houden: stoppen met iets; weggaan ✦ *hij had geen zin meer om te werken en hij hield het voor gezien*
iets onder ogen zien: je iets realiseren ✦ *je moet wel onder ogen zien dat hij niet meer van je houdt*
2 begrijpen en aanvaarden = inzien [iemand ziet iets] ✦ *ik zie nu wat ik fout heb gedaan*
3 een bepaald uiterlijk hebben [iemand ziet bleek, wit enz.] ✦ *hij was ziek geweest en zag nog wat bleek*
4 proberen [iemand ziet iets te …] ✦ *zie Hans maar eens aan het dansen te krijgen!*

de **zi·geu·ner** [zigeuners] **zi·geu·ne·rin** [zigeunerinnen]
een lid van een volk dat geen vaste woonplaats heeft en zwerft in Europa en Azië

de •**zij**[1]
de zijkant van je lichaam ✦ *hij werd door de soldaten in zijn zij gestoken*
•**zij**[2] [persoonlijk voornaamwoord]
1 dit woord gebruik je als onderwerp als je over een vrouw praat = ze ✦ *zij heet Marjan*
2 dit woord gebruik je als onderwerp wanneer je over een aantal andere personen praat = ze ✦ *zij wonen in Brussel*
voornaamwoorden

de •**zij·de** [zijden, zijdes]
1 de kant ✦ *je kunt op beide zijden van het papier schrijven* ✦ *van de zijde van de gemeente was er veel kritiek*
2 [geen meervoud] een zachte stof die gemaakt is van de draden van een rups ✦ *de jurk was gemaakt van echte zijde*
zij·de·lings [bijwoord]
niet direct ⇔ rechtstreeks ✦ *de vrouw raakte zijdelings betrokken bij het verzet*

de **zij·kant** [zijkanten]

zi

het vlak van een voorwerp dat niet de bovenkant of de onderkant is ✦ *aan de zijkant van het gebouw is er een deur voor het personeel*

de **zij·lijn** [zijlijnen]
een lijn die de zijkant van een speelveld aangeeft ✦ *de voetballer schopte de bal over de zijlijn*
aan de zijlijn staan: niet betrokken zijn; niet kunnen meedoen ✦ *de minister wilde iets doen aan de duizenden mensen die aan de zijlijn staan en geen werk hebben*

•**zijn**[1] [was, is geweest]
1 bestaan [iemand is] ✦ *er zijn mensen die nooit op vakantie gaan*
wat is er?: wat is het probleem?
als het ware: dit zeg je als je iets met iets anders kunt vergelijken ✦ *de kunstenaar laat je als het ware met de ogen van een kind naar de wereld kijken*
2 zich bevinden; aanwezig zijn [iemand is ergens] ✦ *Eelco is in de tuin*
3 bezig zijn met … [iemand is aan het aan het …] ✦ *de man was aan het wandelen toen het begon te regenen*
4 … kunnen worden [iets of iemand is te …] ✦ *ben ik achter in de zaal goed te horen?*
5 dit woord gebruik je om te zeggen dat iets of iemand in de genoemde toestand verkeert [iemand of iets is iets] ✦ *zij is ziek* ✦ *Kees is vader* ✦ *de tuin is groot*
6 dit woord gebruik je om te zeggen dat iets al is gebeurd [iemand of iets is …] ✦ *het kind is gevallen*

•**zijn**[2] [bezittelijk voornaamwoord]
van hem ✦ *hij had pijn in zijn arm*
voornaamwoorden

het **zij·spoor**
iemand op een zijspoor zetten: zorgen dat iemand geen invloed meer heeft ✦ *vroeger was de chef heel belangrijk binnen het bedrijf, maar de nieuwe directeur heeft hem op een zijspoor gezet*

het •**zil·ver**
een duur metaal met een glimmende, grijze kleur

zil·ve·ren [bijvoeglijk naamwoord]
1 zilveren voorwerpen zijn gemaakt van zilver
2 de zilveren bruiloft: een feest omdat twee mensen 25 jaar getrouwd zijn

de •**zin** [zinnen]
1 een reeks woorden die begint met een hoofdletter en eindigt met een punt ✦ *'Ik loop naar huis.' is een goede Nederlandse zin*
2 dat wat je verlangt ✦ *ze kreeg haar zin en mocht naar een andere kamer*
zin hebben in iets: verlangen naar iets ✦ *ik heb zin in een koekje!*
het naar je zin hebben: het fijn hebben ✦ *iedereen had het naar zijn zin op het feest*
3 [geen meervoud] de betekenis ✦ *in welke zin bedoel je dat?*
in zekere zin: als je het op een bepaalde manier bekijkt ✦ *in zekere zin heb ik nooit echt kunnen wennen in dit land*
4 [geen meervoud] de omstandigheid dat iets voordeel kan opleveren = het nut ✦ *het heeft geen zin om nog langer op hem te wachten*

zin·de·lijk [bijvoeglijk naamwoord]
een zindelijk kind plast niet meer in zijn broek

•**zin·gen** [zong, heeft gezongen]
1 met je stem tonen laten klinken [iemand zingt een lied] ✦ *de kinderen zongen drie liedjes voor Sinterklaas*
2 een geluid laten horen [een vogel zingt] ✦ *in het bos hoorden we veel vogels zingen* dieren

het **zink**
een metaal met een grijze kleur

zin·ken [zonk, is gezonken]
in het water naar beneden zakken ⇔ drijven [iets zinkt] ✦ *als je een steen in het water gooit, zinkt die meteen naar de bodem*

zin·loos [bijvoeglijk naamwoord]
iets is zinloos als het je niet helpt je doel te bereiken ✦ *het is zinloos om hem te bellen, want hij is toch niet thuis*

de **zin·nen**[1] [meervoud]
je zinnen zetten op iets: iets heel graag willen ✦ *ze heeft haar zinnen gezet op een klein, rood autootje*

zin·nen[2] [zinde, heeft gezind]
bevallen; naar je zin zijn [iets zint iemand] ✦ *het zinde hem niet dat de foto scheef hing*

zin·nen op [zon op, heeft gezonnen op]
bedenken hoe je iets kunt bereiken [iemand zint op iets] ✦ *de vrouw zon op wraak*

zin·nig [bijvoeglijk naamwoord]

zi

zinnige dingen zijn verstandig ✦ *de journalist stelde een zinnige vraag waar de president eens goed over na moest denken*

zin·spe·len op [zinspeelde op, heeft gezinspeeld op]
op een indirecte manier noemen [iemand zinspeelt op iets] ✦ *hij zinspeelde op zijn vertrek*

het **zin·tuig** [zintuigen]
elk van de delen van je lichaam die signalen van buiten kunnen doorgeven aan je hersenen, zodat je kunt voelen, horen, zien, proeven en ruiken ✦ *de blinde man had zijn andere zintuigen heel goed ontwikkeld*

zin·vol [bijvoeglijk naamwoord]
zinvolle zaken hebben zin (bet. 4) = nuttig ✦ *hij wilde zijn vrije tijd op een zinvolle manier besteden*

de **zit·plaats** [zitplaatsen]
een plaats waar je kunt zitten ✦ *het theater heeft zevenhonderd zitplaatsen*

•**zit·ten** [zat, heeft gezeten]
1 op je zitvlak rusten [iemand zit] ✦ *op deze bank kunnen vier mensen zitten*
2 zich op een bepaalde plaats of in een bepaalde toestand bevinden [iemand of iets zit ergens] ✦ *onze kinderen zitten op een school hier vlakbij* ✦ *de medicijnen zitten in het witte kastje* ✦ *hij zit in de problemen, omdat hij geen werk en geen geld heeft*
blijven zitten: niet naar de volgende klas mogen ✦ *Ramona bleef zitten in de vierde klas, doordat ze veel slechte cijfers had gehaald*
ergens achter zitten: in het geheim iets veroorzaken ✦ *de politie wilde weten wie er achter de brandstichting zat*
het er niet bij laten zitten: maatregelen nemen om iets te veranderen ✦ *hij liet het er niet bij zitten en belde de politie*
laat maar zitten: het hoeft niet meer
3 passen [kleren zitten goed, slecht enz.] ✦ *deze schoenen zitten helemaal niet lekker*
4 aan het doen zijn, bezig zijn met iets [iemand zit te ...] ✦ *Guido, wat zit je weer te praten!*
5 het zit erop: het is klaar ✦ *het werk zit erop, ik ga naar huis*
6 er zit niets anders op: er is geen andere mogelijkheid ✦ *toen zijn fiets was gestolen, zat er niets anders op dan naar huis te lopen*
7 ergens mee zitten: een probleem hebben ✦ *ik merk aan haar dat ze ergens mee zit*

•**zit·ten aan** [zat aan, heeft gezeten aan]
met je hand tegen iets of iemand aan komen = aanraken [iemand zit aan iets of iemand] ✦ *het kind mocht niet aan de dure vaas zitten*

de **zit·ting** [zittingen]
1 het deel van een stoel of een bank waarop je zit
2 een vergadering in een rechtbank ✦ *tijdens de laatste zitting vertelde de rechter welke straf de man kreeg*
rechtspraak
3 zitting hebben in een bestuur: lid zijn van een bestuur ✦ *zij heeft zitting in het nieuwe kabinet*

z'n [bezittelijk voornaamwoord] (informeel)
zijn ✦ *hij vergat z'n sleutels*

•**zo**[1] [bijwoord]
1 gelijk aan iets in de werkelijkheid ✦ *is het zo dat de trein duurder is geworden?* ✦ *zo iemand als Gaston is heel geschikt voor die baan*
2 in die mate ✦ *zo goed als zij is, word ik nooit* ✦ *zij is niet zo groot als haar moeder*
zo goed als: bijna ✦ *het is zo goed als zeker dat daar geen nieuwe huizen meer worden gebouwd*
3 op deze manier ✦ *als je het zo doet, gaat het makkelijker*
4 over een korte tijd = dadelijk ✦ *wacht even, ik kom zo!*

•**zo**[2] [voegwoord]
dit woord gebruik je om te zeggen dat iets op iets anders lijkt = gelijk ✦ *zo moeder, zo dochter*

•**zo**[3] [tussenwerpsel]
dit woord gebruik je als je bijv. tevreden of verbaasd bent ✦ *zo, dat heb ik goed opgelost!* ✦ *zo, ben je helemaal komen lopen?*

zo·al [bijwoord]
dit zeg je als het om voorbeelden gaat ✦ *wat heb je zoal gedaan vandaag?*

•**zo·als** [voegwoord]
dit woord geeft een vergelijking ✦ *zoals bekend is, zijn er in de Tweede Kamer*

150 zetels

zoch·ten *zie:* **zoeken**

•zo·da·nig [bijwoord] (formeel)
zo; op die manier ✦ *haar gedrag was zodanig dat ze met iedereen ruzie kreeg*

•zo·dat [voegwoord]
dit woord geeft een gevolg ✦ *je moet vaker de krant lezen, zodat je meer weet over de wereld*

•zo·doen·de [bijwoord]
daardoor ✦ *hij is precies even oud als de koningin; zodoende heeft hij altijd een bijzondere belangstelling voor haar gehad*

•zo·dra [voegwoord]
meteen op het moment dat ✦ *zodra ik thuis ben, zal ik je bellen*

zoek[1] [zelfstandig naamwoord]
op zoek zijn naar iets: iets zoeken ✦ *ik ben op zoek naar een cadeau voor mijn broer*

zoek[2] [bijvoeglijk naamwoord]
iets dat zoek is, kun je niet vinden = kwijt ✦ *het boek dat ik van je leende, is al een tijdje zoek*

•zoe·ken [zocht, heeft gezocht]
1 proberen te vinden [iemand zoekt (naar) iets of iemand] ✦ *ik zoek mijn sleutels*
2 proberen te krijgen; proberen te bereiken [iemand zoekt iets] ✦ *ze zocht gezelschap bij haar vrienden* ✦ *na het ongeluk ging hij hulp zoeken bij de buren*

de **zoek·tocht** [zoektochten]
een tocht om iets of iemand te zoeken ✦ *het was nog een hele zoektocht voor we een geschikt huis hadden gevonden*

zoe·men [zoemde, heeft gezoemd]
klinken als een vliegende bij [iets zoemt] ✦ *we hoorden de bijen zoemen in de tuin* dieren

de **zoen** [zoenen]
een groet of een liefkozing met de lippen = de kus ✦ *hij gaf zijn vrouw een zoen en ging weg*

zoe·nen [zoende, heeft gezoend]
een zoen* geven [iemand zoent iemand] ✦ *toen ze jarig was, werd ze door iedereen gezoend*

•zoet [bijvoeglijk naamwoord]
1 zoete dingen smaken lekker, zoals suiker ✦ *de appels waren heerlijk zoet*
zoet water: water met weinig zout, zoals in rivieren
2 zoete kinderen zijn lief en rustig ✦ *de kinderen zaten zoet te spelen*

zo·ge·he·ten [bijvoeglijk naamwoord]
met die naam = zogenaamd, zogenoemd ✦ *het dier dat u hier ziet, is een zogeheten mandril*

zo·gen *zie:* **zuigen**

•zo·ge·naamd [bijvoeglijk naamwoord]
1 met die naam = zogeheten, zogenoemd ✦ *mensen die niet betalen komen op de zogenaamde zwarte lijst*
2 iemand die zogenaamd rijk is, zegt dat hij rijk is, maar is het niet = quasi

zo·ge·noemd [bijvoeglijk naamwoord]
met die naam = zogeheten, zogenaamd ✦ *na het ongeluk ontstond er een zogenoemde kijkfile*

zo·iets [onbepaald voornaamwoord]
iets dat lijkt op wat genoemd is ✦ *zoiets moois heb ik nog nooit gezien*

zo·juist [bijwoord]
even vóór dit moment ✦ *ik heb hem zojuist nog gesproken*

•zo·lang[1] [bijwoord]
gedurende die tijd ✦ *ik moet even weg; let jij zolang op de kinderen?*

•zo·lang[2] [voegwoord]
gedurende de tijd dat … ✦ *zolang de zon schijnt, is het lekker buiten in de tuin*

de **zol·der** [zolders]
de ruimte in een huis vlak onder het dak

zo·maar [bijwoord]
1 zonder aanleiding, reden of aankondiging ✦ *hij begon zomaar te slaan*
2 zonder beperking ✦ *ik kan me niet voorstellen dat ze dat zomaar mag van haar ouders*

de **•zo·mer** [zomers]
de warmste periode van het jaar, die na de lente komt en voor de herfst weer[1] maanden

zo·mers [bijvoeglijk naamwoord]
zomers weer is warm weer

de **zo·mer·tijd**
de zomertijd gaat in het laatste weekend van maart in; de klok wordt dan een uur vooruitgedraaid ⇔ de wintertijd

de **zo·mer·va·kan·tie** [zomervakanties]
een vakantie in de zomer, vooral de periode dat kinderen niet naar school hoeven

de **•zon** [zonnen]

het grote object in de ruimte dat licht op de aarde laat schijnen en warmte geeft ✦ *de aarde draait om de zon* weer[1]
iemand in het zonnetje zetten: op feestelijke wijze je waardering voor iemand laten blijken ✦ *bij zijn afscheid werd de directeur door het personeel in het zonnetje gezet*

•**zo'n** [aanwijzend voornaamwoord]
1 van die soort ✦ *hij heeft net zo'n fiets als jij*
2 zo erg; in die mate ✦ *ze had zo'n verdriet dat ze aan niets anders kon denken*
3 ongeveer ✦ *het werk is over zo'n twee weken klaar*

de •**zon·dag** [zondagen]
de zevende dag van de week dagen

de **zon·de**[1] [zonden]
een daad die volgens de regels van een geloof niet mag ✦ *hij had spijt van zijn zonde*

zon·de[2] [bijvoeglijk naamwoord]
als iets zonde is, is het erg jammer dat het gebeurt ✦ *wat zonde dat je al die oude boeken hebt weggegooid!*

de **zon·de·bok** [zondebokken]
iemand die de schuld krijgt van een vervelende situatie ✦ *hij had niets gedaan, maar iedereen wees hem als zondebok aan*

zon·den *zie:* **zenden**

•**zon·der**[1] [voorzetsel]
1 dit woord gebruik je om te zeggen dat iets of iemand er niet bij is ⇔ met ✦ *daar staat een fiets zonder banden* ✦ *zonder Jet kan het feest niet beginnen*
2 dit woord gebruik je in verschillende vaste combinaties van woorden
zonder meer: zeker; beslist ✦ *daar ben ik het zonder meer mee eens*
zonder dat ...: terwijl niet ... ✦ *zonder dat hij het tegen iemand gezegd had, ging hij weg*

•**zon·der**[2] [voegwoord]
dit woord gebruik je om te zeggen dat iets niet gebeurt ✦ *zonder er eerst over na te denken, ging ze mee*

de **zo·ne** [zones, zonen]
een gebied tussen bepaalde grenzen ✦ *in deze zone mag je niet parkeren*

zon·gen *zie:* **zingen**

zon·ken *zie:* **zinken**

het **zon·licht**
het licht van de zon

de **zon·ne·bank** [zonnebanken]
een apparaat met lampen die licht geven dat op zonlicht* lijkt, waardoor je huid bruin wordt ✦ *dat ze zo bruin is, komt door de zonnebank*

de **zon·ne·bloem** [zonnebloemen]
een gele bloem met een bruin hart, op een lange steel

zonnebloem

de **zon·ne·bril** [zonnebrillen]
een bril met donkere glazen, om je ogen te beschermen tegen het licht van de zon

zon·nen *zie:* **zinnen**

het **zon·ne·pa·neel** [zonnepanelen]
een plat voorwerp dat het licht van de zon opvangt en daarvan stroom maakt milieu

zon·nig [bijvoeglijk naamwoord]
1 waar het zonnig is, schijnt de zon ✦ *het huis heeft een zonnige tuin*
2 iemand met een zonnig humeur of karakter is vrolijk

het **zoog·dier** [zoogdieren]
een dier waarvan de jongen in de buik van de moeder groeien tot ze geboren worden, waarna ze groot worden gebracht met melk die ze bij de moeder drinken

de **zooi**
1 (informeel) een grote hoeveelheid ✦ *ik heb een hele zooi boeken voor je meegenomen*
2 (informeel) een heleboel dingen die door elkaar liggen = de bende, de rommel, de troep ✦ *wat een zooi ligt hier, dat moet je maar gauw opruimen!*

de **zool** [zolen]
het onderste deel van je voet of van een schoen ✦ *ik heb nieuwe schoenen nodig, want er zit een gat in de zool*

de **zoom** [zomen]
de rand van een stuk stof die omgeslagen en vastgenaaid is ✦ *er is een draadje los aan de zoom van je rok*

de •**zoon** [zonen, zoons]
een jongen of een man als kind van iemand ✦ *hun oudste zoon heet Gijs* familie

het **zoot·je** [geen meervoud] (informeel)
1 een bepaalde hoeveelheid = de zooi ✦ *ik heb een zootje boeken voor je*
2 een heleboel dingen die door elkaar liggen = de bende, de rommel, de troep, de zooi ✦ *het was een zootje in de kamer*

zo·pen *zie:* **zuipen**

de •**zorg** [zorgen]
1 de moeite die je doet voor iemand of iets; de aandacht die je aan iets of iemand besteedt ✦ *hij was vaak moe omdat hij naast zijn baan ook de zorg voor zijn oude vader had* ✦ *ze besteedde veel zorg aan haar werk*
2 de angst dat er iets vervelends zal gebeuren ✦ *ze hebben veel zorgen over geld*
dat is van later zorg: dat is nog niet onmiddellijk een probleem
3 alle instanties die gaan over de zorg (bet. 1) voor oude of zieke mensen ✦ *zij werkt in de zorg*

zor·ge·lijk [bijvoeglijk naamwoord]
1 zorgelijke zaken zijn zaken waarover je zorgen hebt = zorgwekkend ✦ *de burgemeester noemde de situatie zorgelijk*
2 zorgelijke mensen zijn vaak bang dat er iets vervelends zal gebeuren ✦ *we zagen hem heel zorgelijk kijken toen hij de brief gelezen had*

•**zor·gen** [zorgde, heeft gezorgd]
moeite doen om iets te laten gebeuren [iemand zorgt (ervoor) dat ...] ✦ *ze zorgt dat er voldoende eten is*

•**zor·gen voor** [zorgde voor, heeft gezorgd voor]
1 moeite doen voor het welzijn van anderen [iemand zorgt voor iemand of iets] ✦ *als wij op vakantie zijn, zorgen de buren voor de hond*
2 moeite doen dat iets er komt [iemand zorgt voor iets] ✦ *zij hebben beloofd dat ze voor eten zullen zorgen*

de **zorg·ver·ze·ke·raar** [zorgverzekeraars]
een bedrijf waar je je tegen de kosten van ziekte kunt verzekeren

•**zorg·vul·dig** [bijvoeglijk naamwoord]
als je iets zorgvuldig doet, doe je het met heel veel zorg = precies, nauwkeurig ⇔ slordig ✦ *de misdaad was heel zorgvuldig voorbereid*

zorg·wek·kend [bijvoeglijk naamwoord]
over iets wat zorgwekkend is, maak je je zorgen ✦ *hij is in een zorgwekkende toestand naar het ziekenhuis gebracht*

zorg·zaam [bijvoeglijk naamwoord]
zorgzame mensen zorgen veel voor anderen ✦ *ze is vaak ziek, maar gelukkig heeft ze een zorgzame man*

zot [bijvoeglijk naamwoord]
zotte mensen of dingen zijn raar of gek = mal, dwaas ✦ *hij vertelde een zot verhaal*

zou *zie:* **zullen**

zou·den *zie:* **zullen**

het •**zout**[1] [geen meervoud]
een stof die bestaat uit kleine, witte korreltjes en die gebruikt wordt om eten sterker te laten smaken ✦ *friet vind ik het lekkerst met veel zout*
zout water: water met veel zout, zoals in de zee

•**zout**[2] [bijvoeglijk naamwoord]
zoute dingen smaken een beetje zoals het water van de zee ✦ *het eten is veel te zout*

het **zout·je** [zoutjes]
een klein, zout dingetje om te eten, bijv. nootjes of chips ✦ *de mensen op het feestje dronken bier en aten zoutjes*

•**zo·veel** [hoofdtelwoord]
1 een bepaalde hoeveelheid ✦ *je hebt net zoveel suiker als zout nodig*
2 een onbepaald aantal of bedrag ✦ *het boek kostte twaalf euro zoveel*

zo·veel·ste [rangtelwoord]
dit woord gebruik je als het niet bekend of belangrijk is op welke plaats iets of iemand in een reeks komt ✦ *je bent al de zoveelste die komt vragen hoe laat het is*

•**zo·ver** [bijwoord]
tot een bepaald punt ✦ *zover als je kunt zien, is er gras*

zo·ver·re [bijwoord]
in zoverre: in die mate; voor wat betreft ✦ *de actie was in zoverre een succes, dat er veel mensen meegedaan hebben*

zo·waar [bijwoord]
dit woord gebruik je om te zeggen dat er iets gebeurd is wat je niet verwacht had ✦ *hij is zowaar op tijd*

zo·wat [bijwoord]
net niet helemaal; haast = bijna ✦ *de fiets kostte zowat vierhonderd euro*

•**zo·wel** [bijwoord]
zowel ..., als ...: niet alleen ..., maar ook ... ✦ *zowel haar familie als haar vrienden waren er*

z.o.z. [afkorting]
zie ommezijde: als dit op een papier staat, betekent het dat je aan de andere kant van het papier verder moet lezen

zo·zeer [bijwoord]
zo erg; in die mate ✦ *hij was zozeer veranderd, dat ik hem niet herkende*
niet zozeer … als wel …: het belangrijkste is niet … maar … ✦ *het is niet zozeer voor de prijzen als wel voor de eer dat hij meedoet aan de wedstrijd*

de **zucht** [zuchten]
1 lucht die je met geluid uit je mond laat komen, bijv. omdat je geen zin hebt in iets ✦ *met een zucht stond hij op*
een zucht van verlichting slaken: blij zijn omdat iets waar je bang voor was niet zal gebeuren ✦ *ze slaakte een zucht van verlichting toen ze hoorde dat de ziekte niet ernstig was*
2 [geen meervoud] een groot verlangen ✦ *hij heeft een zucht naar macht*

•**zuch·ten** [zuchtte, heeft gezucht]
lucht met geluid uit je mond laten komen, bijv. omdat je geen zin hebt in iets [iemand zucht] ✦ *toen de vrouw eindelijk ging zitten, zuchtte ze diep*

de **zuid**
de kant waar in de middag de zon staat = het zuiden ⇔ de noord ✦ *de grootste weg door het centrum loopt van noord naar zuid*

zui·de·lijk [bijvoeglijk naamwoord]
zuidelijke plaatsen liggen in het zuiden ✦ *hij woont in het zuidelijke deel van de stad*

het •**zui·den**
de kant waar in de middag de zon staat ⇔ het noorden ✦ *de vogels vlogen naar het zuiden*

de **zui·ge·ling** [zuigelingen]
een baby ✦ *het ziekenhuis heeft een aparte afdeling voor zuigelingen*

zui·gen [zoog, heeft gezogen]
1 naar zich toe halen door lucht naar binnen te halen [iemand of iets zuigt iets (ergens uit of in)] ✦ *de wandelaar zoog de frisse lucht naar binnen* ✦ *de baby zoog de melk uit de fles*
2 iets in je mond nemen en er met je mond een trekkende beweging aan maken [iemand zuigt op of aan iets] ✦ *het kind zoog op een snoepje* ✦ *de man zoog aan zijn pijp*
3 schoonmaken met een elektrisch apparaat waarmee je stof en kleine dingetjes van de vloer verwijdert = stofzuigen [iemand zuigt (iets)]

de **zuil** [zuilen]
een soort dikke paal van steen, waarop een deel van een gebouw steunt = de pilaar

zui·nig [bijvoeglijk naamwoord]
1 zuinige mensen of dingen gebruiken weinig of geven weinig uit ✦ *hoewel ze veel geld verdient, is ze heel zuinig* ✦ *we hebben een zuinige auto gekocht, die weinig benzine gebruikt*
zuinig zijn op iets: voorzichtig omgaan met iets ✦ *ze is heel zuinig op haar nieuwe schoenen*
2 zuinig kijken: kijken alsof je iets niet erg leuk vindt

zui·pen [zoop, heeft gezopen] (informeel)
veel drinken, vooral alcohol [iemand zuipt (iets)]
de auto zuipt benzine: de auto gebruikt erg veel benzine

de **zui·vel** *ook:* het
melk en producten die van melk gemaakt zijn, bijv. kaas en yoghurt

•**zui·ver**[1] [bijvoeglijk naamwoord]
1 als iets zuiver is, zitten er geen andere dingen door = puur ✦ *ze genoten van de zuivere lucht in de bergen*
2 iemand die zuiver zingt, zingt precies de goede noten ⇔ vals

•**zui·ver**[2] [bijwoord]
niets anders dan …; alleen maar … = louter ✦ *de ziekte heeft een zuiver lichamelijke oorzaak*

zui·ve·ren [zuiverde, heeft gezuiverd]
vrij maken van vuil of dingen die er niet horen [iemand zuivert iets (van iets)] ✦ *het water moet worden gezuiverd voordat je het kunt drinken*

•**zulk** [aanwijzend voornaamwoord]
1 van dezelfde soort ✦ *ik heb net zulke sokken als jij*
2 zo erg; in die mate ✦ *het is zulk mooi weer, dat we naar het strand gaan*
3 in hoge mate; heel erg ✦ *onze buren zijn zulke aardige mensen*

•**zul·len** [zou]
1 dit woord gebruik je om uit te drukken dat iets in de toekomst gaat gebeuren [iemand of iets zal …] ✦ *ik zal het je*

zo

morgen vertellen
2 dit woord gebruik je om uit te drukken dat iets mogelijk of waarschijnlijk is [iemand of iets zal …] ✦ *hij zal het wel vergeten zijn*
3 dit woord gebruik je om uit te drukken dat iets niet werkelijk is [iemand of iets zou …] ✦ *ik zou je wel willen zoenen* ✦ *dat zou nooit gebeurd zijn als je naar mij geluisterd had*
4 dit woord gebruik je als je iets beleefd wilt vragen [iemand zou …] ✦ *zou je me dat boek even willen geven?*
5 moeten [iemand of iets zal …] ✦ *je zult zorgen dat je vóór twaalf uur thuis bent* ✦ *hij moest en hij zou zijn zin krijgen*

de •**zus**[1] [zussen]
een meisje dat of een vrouw die dezelfde ouders heeft als jij = de zuster ✦ *Maarten heeft een broer en een zus*
familie

zus[2] [bijwoord]
zus of zo: op de ene manier of op de andere manier ✦ *de een doet het zus, de ander zo*

de •**zus·ter** [zusters]
1 een vrouw die zieken in het ziekenhuis verzorgt = de verpleegster ✦ *de patiënt riep de zuster*
2 een vrouw die in een klooster leeft = de non
3 (ouderwets) de zus

het **zuur**[1] [zuren]
een chemische stof ✦ *het zuur uit de accu van een auto is een gevaarlijke stof*

•**zuur**[2] [bijvoeglijk naamwoord]
1 zure dingen, bijv. citroenen, hebben een smaak waarvan je mond samentrekt ⇔ zoet ✦ *vind je deze appels zuur?*
2 niet aangenaam; vervelend ✦ *toen de vergadering te lang duurde, maakte de voorzitter een zure opmerking*

de **zuur·kool**
een witte groente die in kleine stukjes gesneden en zuur gemaakt is maaltijden

de **zuur·stof**
een gas dat in de lucht zit en dat mensen en dieren nodig hebben om te leven ✦ *boven in de bergen bevat de lucht weinig zuurstof*

zwaai·en [zwaaide, heeft gezwaaid]
1 groeten door je hand heen en weer te bewegen [iemand zwaait (naar iemand)] ✦ *de kinderen zwaaiden naar hun moeder, die naar haar werk ging*
2 iets heen en weer bewegen [iemand zwaait (met) iets] ✦ *hij zwaaide de vlag heen en weer*
de scepter zwaaien (over iemand): de baas zijn
3 heen en weer bewegen [iets zwaait] ✦ *de bomen zwaaiden in de wind*

de **zwaan** [zwanen]
een grote, witte vogel met een lange hals, die in het water leeft

zwaan

•**zwaar** [bijvoeglijk naamwoord]
1 zware mensen of dingen wegen veel ⇔ licht ✦ *hij vroeg zijn vriend of hij hem wilde helpen een zware kist naar boven te brengen* ✦ *het meisje wilde niet zeggen hoe zwaar ze was*
2 zware zaken zijn moeilijk, je moet er veel voor doen ⇔ makkelijk ✦ *het examen was erg zwaar* ✦ *hij doet zwaar werk*
3 zware zaken zijn groot, ernstig, of hebben een sterk effect ⇔ licht ✦ *de politie wil de zware misdaad tegengaan* ✦ *wat zij daar zegt, is zwaar overdreven* ✦ *er staat een zware wind* ✦ *ze droeg een zwaar parfum* ✦ *het leger gebruikte zware wapens*
4 zware geluiden zijn laag en diep ✦ *hij heeft een zware stem*

het **zwaard** [zwaarden]
een scherp wapen van ijzer om te slaan en te steken

zwaard

de **zwaar·ge·wicht** [zwaargewichten]
een belangrijke persoon met veel kennis en invloed ✦ *de nieuwe directeur moet een zwaargewicht zijn*

zwaar·ge·wond [bijvoeglijk naamwoord]
als je zwaargewond bent, heb je ernstige

wonden of andere lichamelijke problemen door een ongeluk ✦ *het zwaargewonde slachtoffer werd naar het ziekenhuis gebracht*

zwaar·moe·dig [bijvoeglijk naamwoord]
zwaarmoedige mensen zijn somber van aard

de **zwaar·te**
de mate waarin iets zwaar is = het gewicht ✦ *door de zwaarte van de koffer kon ze bijna niet lopen* ✦ *hoeveel geld je gaat verdienen, hangt af van de zwaarte van de functie*

de **zwaar·te·kracht**
een kracht die ervoor zorgt dat voorwerpen naar de aarde getrokken worden en dus vallen

het **zwaar·te·punt** [zwaartepunten]
de belangrijkste zaak = de kern ✦ *het zwaartepunt van het onderzoek is het zoeken naar een medicijn tegen kanker*

zwaar·wich·tig [bijvoeglijk naamwoord]
zwaarwichtige zaken worden als heel belangrijk voorgesteld ✦ *de chef schreef een zwaarwichtig rapport over de financiële problemen van het bedrijf*

de **zwach·tel** [zwachtels]
een stuk verband ✦ *de dokter deed een zwachtel om mijn arm*

de **zwa·ger** [zwagers]
de man van je zus of een broer van je man of van je vrouw familie

het **zwak**[1]
een zwak hebben voor iemand of iets: iemand of iets heel leuk vinden, ook al is er misschien geen goede reden voor ✦ *hij heeft een zwak voor vrouwen met bruine ogen*

•**zwak**[2] [bijvoeglijk naamwoord]
1 zwakke mensen of dingen hebben weinig kracht ⇔ sterk ✦ *hun jongste zoon heeft een zwakke gezondheid en ligt vaak in het ziekenhuis* ✦ *de ploeg van de tegenstander was bijzonder zwak* ✦ *hij gebruikt zwakke argumenten voor zijn mening*
2 een zwak werkwoord: een werkwoord met regelmatige vormen in de verleden tijd, zoals ‘werken’, ‘maken’ enz.

zwak·zin·nig [bijvoeglijk naamwoord] (ouderwets)
zwakzinnige mensen hebben een probleem met hun verstand, waardoor ze niet goed zelfstandig kunnen leven

zwal·ken [zwalkte, heeft gezwalkt]
van de ene kant naar de andere gaan, zonder duidelijk doel [iemand zwalkt] ✦ *de drie vrienden zwalkten zingend over straat*

de **zwa·luw** [zwaluwen]
een kleine vogel

zwaluw

zwam·men [zwamde, heeft gezwamd] (informeel)
onzin praten = zwetsen [iemand zwamt] ✦ *hij zat uren te zwammen over politiek*

de **zwang**
iets is in zwang: iets is modern ✦ *deze methode was vroeger erg in zwang*

zwan·ger [bijvoeglijk naamwoord]
een zwangere vrouw heeft een kind in haar buik ✦ *de vrouw is zeven maanden zwanger* gedenkdagen

de **zwan·ger·schap** [zwangerschappen]
de periode dat een vrouw zwanger* is

het **zwan·ger·schaps·ver·lof** [zwangerschapsverloven]
de periode dat een vrouw die een kind krijgt niet hoeft te werken gedenkdagen

•**zwart** [bijvoeglijk naamwoord]
1 zwarte dingen hebben de donkerste kleur, de kleur van de nacht ⇔ wit ✦ *bij dat pak kun je beter zwarte schoenen dragen dan bruine*
zwarte koffie: koffie zonder melk ✦ *hij drinkt zijn koffie zwart met suiker*
een zwarte lijst: een lijst met personen die iets verkeerd gedaan hebben of dingen die verboden zijn ✦ *sinds hij gevochten heeft in het café, staat hij op de zwarte lijst en mag hij er niet meer naar binnen*
het zwarte schaap: iemand over wie mensen slechte dingen denken, vooral omdat hij of zij anders is dan anderen
iets zwart op wit zetten: iets opschrijven, zodat er iets mee bewezen kan worden ✦ *hij beloofde veel, maar hij*

wilde niets zwart op wit zetten
iemand zwart maken: dingen over iemand vertellen die maken dat het lijkt dat hij of zij slecht is ✦ *je moet niet geloven wat hij zegt, want hij probeert me zwart te maken*
2 als iets zwart gebeurt, gebeurt het stiekem omdat het door de wet verboden is ⇔ wit
zwart geld: geld waarover geen belasting betaald is, terwijl dat wel zou moeten
3 zwarte zaken zijn somber
een zwarte dag: een zeer slechte dag; een dag waarop erge dingen gebeurd zijn
zwarte humor: grappen waaruit somberheid en negatieve gedachten blijken
4 een zwarte school: een Nederlandse school waarop veel kinderen zitten die het Nederlands niet als moedertaal hebben

zwart·rij·den [reed zwart, heeft zwartgereden]
reizen met het openbaar vervoer zonder te betalen [iemand rijdt zwart]

de **zwa·vel**
een chemische stof die goed brandt ✦ *lucifers bevatten zwavel*

de **zweep** [zwepen]
een stok met een lang, smal stuk leer eraan, die bijv. gebruikt wordt om paarden sneller te laten lopen door ermee te slaan

de **zweer** [zweren]
een zieke plek op de huid waar vies vocht in zit ✦ *hij had zweren op zijn gezicht en op zijn handen*

het **zweet**
vocht dat door je huid naar buiten komt, bijv. als je het erg warm hebt of als je zenuwachtig bent ✦ *zijn kleren waren nat van het zweet, want hij had hard gerend*

zwe·gen *zie:* **zwijgen**

zwel·len [zwol, is gezwollen]
groter en dikker worden = opzetten [iets of iemand zwelt] ✦ *ze heeft een ongelukje gehad en nu is haar hand gezwollen*
zwellen van trots: heel erg trots zijn ✦ *hij zwol van trots toen zijn dochter de wedstrijd gewonnen had*

de **zwel·ling** [zwellingen]
een deel van je lichaam dat dikker geworden is ✦ *ze deed natte doeken om haar arm, zodat de zwelling sneller weg zou gaan*

het **•zwem·bad** [zwembaden]
een grote bak met water om in te zwemmen ✦ *de kinderen gingen in de vakantie vaak naar het zwembad*

•zwem·men [zwom, heeft of is gezwommen]
door bewegingen van je armen en benen drijvend vooruitgaan in het water [iemand zwemt] ✦ *hij zwemt graag in zee* sport

de **zwen·del**
oneerlijke handelingen, vooral met geld = het bedrog, de fraude ✦ *toen de zwendel werd ontdekt, vluchtte hij naar het buitenland*

zwen·ken [zwenkte, heeft of is gezwenkt]
van richting veranderen [iemand of iets zwenkt] ✦ *ze zwenkte met haar fiets naar rechts om een ongeluk te voorkomen*

zwe·ren
1 [zwoer, heeft gezworen] plechtig beloven [iemand zweert iets] ✦ *ik zweer dat ik je trouw zal blijven*
2 [zweerde, heeft gezweerd] tot een zweer* worden, of zweren* krijgen [iets zweert] ✦ *hij gaat naar de dokter omdat zijn vinger zweert*

zwe·ren bij [zweerde of zwoor bij, heeft gezworen bij]
volkomen vertrouwen op iets [iemand zweert bij iets] ✦ *hij zweert bij een heet bad als hij ziek is*

de **zwerm** [zwermen]
een grote groep mensen of dieren die zich samen in een richting bewegen ✦ *er vloog een zwerm vogels naar het zuiden* dieren

zwer·ven [zwierf, heeft gezworven]
1 van de ene plaats naar de andere gaan, zonder duidelijk doel [iemand zwerft] ✦ *in plaats van naar school te gaan zwierf de jongen over straat*
2 verspreid liggen op plaatsen waar het niet hoort [iets zwerft] ✦ *er zwerft veel vuil op straat*

de **zwer·ver** [zwervers] **zwerf·ster** [zwerfsters]
iemand die geen huis heeft en op straat leeft

zwe·ten [zweette, heeft gezweet]
als je zweet, komt er vocht door je huid naar buiten [een mens of een dier zweet] ✦ *ze zweette doordat het erg warm was*

zwet·sen [zwetste, heeft gezwetst]
onzin praten = zwammen [iemand zwetst]

zwe·ven [zweefde, heeft gezweefd]
zonder ergens op te steunen in de lucht blijven hangen [iets of iemand zweeft] ✦ *de vogel zweefde in de lucht*

zwich·ten [zwichtte, is gezwicht]
toegeven aan iets of iemand; iets doen wat je eigenlijk niet wilde doen [iemand zwicht (voor iets of iemand)] ✦ *eerst wilde ze niet meedoen, maar uiteindelijk is ze gezwicht* ✦ *ik ben gezwicht voor een paar prachtige nieuwe schoenen*

zwie·rig [bijvoeglijk naamwoord]
zwierige dingen bewegen mooi ✦ *ze droeg een zwierige rok*

zwier·ven *zie:* **zwerven**

•zwij·gen [zweeg, heeft gezwegen]
niets zeggen ⇔ spreken [iemand zwijgt (over iets)] ✦ *de vrouw heeft jaren gezwegen over het geweld dat zij heeft meegemaakt*

zwijg·zaam [bijvoeglijk naamwoord]
zwijgzame mensen zeggen weinig

het **zwijn** [zwijnen]
een soort varken = het varken **dieren**

zwoe·gen [zwoegde, heeft gezwoegd]
heel hard en met moeite werken [iemand zwoegt (op iets)] ✦ *hij heeft gezwoegd op zijn examen*

zwoel [bijvoeglijk naamwoord]
1 als het zwoel weer is, is het vochtig en warm ✦ *op een zwoele avond dronken ze 's avonds in de tuin witte wijn*
2 iets wat zwoel is, heeft te maken met erotiek ✦ *er stond een zwoele foto van haar in de krant*

zwol·len *zie:* **zwellen**

zwom·men *zie:* **zwemmen**

zwo·ren *zie:* **zweren**

Aardrijkskundige namen

Hieronder volgt een alfabetische lijst met namen van de werelddelen, de landen van de wereld, de provincies van Nederland en België en de hoofdsteden van de landen van Europa. Die namen staan in de *linker rij*. In de *middelste rij* staat steeds het bijvoeglijk naamwoord dat van die aardrijkskundige naam is afgeleid. In de *rechter rij* staat de naam van de mannelijke inwoner van dat land, die provincie of die plaats. Alleen als de namen van de vrouwelijke inwoners niet gevormd worden door het bijvoeglijk naamwoord plus e, staan ze tussen haakjes achter de mannelijke vorm. Bijvoorbeeld: Parijzenaar (*vrouw:* Parisienne).

Land	**Bijvoeglijk naamwoord**	**Inwoner**
Afghanistan	Afghaans	Afghaan
Afrika	Afrikaans	Afrikaan
Albanië	Albanees, Albanisch	Albanees, Albaniër
Algerije	Algerijns	Algerijn
Amerika	Amerikaans	Amerikaan
Amsterdam	Amsterdams	Amsterdammer
Andorra	Andorrees, Andorraans	Andorrees, Andorraan
Andorra la Vella	-	-
Angola	Angolees	Angolees
Ankara	Ankariotisch	Ankarioot
Antarctica	Antarctisch	Antarctiër
Antigua en Barbuda	-	-
Antillen	Antilliaans	Antilliaan
Antwerpen	Antwerps	Antwerpenaar
Arctica	Arctisch	-
Argentinië	Argentijns	Argentijn
Armenië	Armeens, Armenisch	Armeniër, Armeen
Aruba	Arubaans	Arubaan
Athene	Atheens	Athener
Australië	Australisch	Australiër
Azerbeidzjan	Azerbeidzjaans	Azerbeidzjaan, Azeri
Azië	Aziatisch	Aziaat
Bahama's, Bahama-eilanden	Bahamaans, Bahamiaans	Bahamaan, Bahamiaan
Bahrein	Bahreins	Bahreiner
Bangladesh	Bengalees, Bengaals	Bengalees, Bengaal, Bengali
Barbados	Barbadaans, Barbadiaans	Barbadaan, Barbadiaan
Belau	Belaus	Belauer
België	Belgisch	Belg
Belgrado	Belgradoos	Belgradoër
Belize	Belizaans	Belizaan
Benin	Benins	Beniner
Berlijn	Berlijns	Berlijner
Bermuda's, Bermuda-eilanden	Bermudaans	Bermudaan
Bern	Berns	Berner
Bhutan	Bhutaans, Bhutanees	Bhutaan, Bhutanees
Birma (*ook:* Myanmar)	Birmaans, Birmees	Birmaan, Birmees
Boedapest	Boedapests	Boedapester
Boekarest	Boekarests	Boekarester

Land	Bijvoeglijk naamwoord	Inwoner
Bolivia	Boliviaans	Boliviaan
Bosnië-Hercegovina	Bosnisch	Bosniër
Botswana	Botswaans	Botswaan
Bratislava	-	-
Brazilië	Braziliaans	Braziliaan
Brunei	Bruneis	Bruneier
Brussel	Brussels	Brusselaar
Bulgarije	Bulgaars	Bulgaar
Burkina Faso	Burkinees	Burkinees
Burundi	Burundisch, Burundees	Burundiër, Burundees, Burundi
Cambodja (*ook:* Kampuchea)	Cambodjaans	Cambodjaan
Canada	Canadees	Canadees
Centraal-Afrikaanse Republiek, Centrafrika	Centraal-Afrikaans, Centrafrikaans	Centraal-Afrikaan, Centrafrikaan
Ceylon = Sri Lanka		
Chili	Chileens	Chileen
China	Chinees	Chinees
Chisinau	-	-
Colombia	Colombiaans	Colombiaan
Comoren	Comorees, Comoors	Comorees, Comoor
Costa Rica	Costa Ricaans	Costa Ricaan
Cuba	Cubaans	Cubaan
Curaçao	Curaçaos	Curaçaoër, Curaçaoënaar
Cyprus	Cyprisch, Cypriotisch	Cyprioot
Denemarken	Deens	Deen
Djibouti	Djiboutiaans, Djiboutisch	Djiboutiaan, Djiboutiër
Dominica	Dominicaans	Dominicaan
Dominicaanse Republiek	Dominicaans	Dominicaan
Drenthe	Drents	Drent, Drentenaar
Dublin	Dublins	Dublinner
Duitsland	Duits	Duitser
Ecuador	Ecuadoraans, Ecuadoriaans	Ecuadoraan, Ecuadoriaan
Egypte	Egyptisch	Egyptenaar
El Salvador	Salvadoraans, Salvadoriaans, Salvadoreens	Salvadoraan, Salvadoriaan, Salvadoreen
Engeland	Engels	Engelsman (*meervoud:* Engelsen)
Equatoriaal-Guinea	Equatoriaal-Guinees	Equatoriaal-Guineeër
Eritrea	Eritrees	Eritreeër
Estland	Estlands, Ests, Estisch	Estlander, Est
Ethiopië	Ethiopisch	Ethiopiër
Europa	Europees	Europeaan
Faerøer	Faerøers	Faerøerder
Fiji	Fijisch	Fijiër
Filippijnen	Filippijns	Filippijn, Filippino
Finland	Fins	Fin
Flevoland	Flevolands	Flevolander
Frankrijk	Frans	Fransman (*vrouw:* Française)
Friesland	Fries	Fries (*vrouw:* Friezin)
Gabon	Gabonees, Gabons	Gabonees, Gabonner
Gambia	Gambiaans	Gambiaan

Land	Bijvoeglijk naamwoord	Inwoner
Gelderland	Gelders, Gelderlands	Gelderlander
Georgië	Georgisch	Georgiër
Ghana	Ghanees	Ghanees
Grenada	Grenadaans	Grenadaan
Griekenland	Grieks	Griek
Groenland	Groenlands	Groenlander
Groningen	Gronings	Groninger
Groot-Brittannië	Brits	Brit
Guatemala	Guatemalaans, Guatemalteeks	Guatemalaan, Guatemalteek
Guinee	Guinees	Guineeër
Guinee-Bissau	Guinee-Bissaus	Guinee-Bissauer
Guyana	Guyaans, Guyanees	Guyaan, Guyanees
Haïti	Haïtiaans	Haïtiaan
Helsinki	Helsinkisch	Helsinkiër
Henegouwen	Henegouws	Henegouwer
Honduras	Hondurees, Hondureens	Hondurees, Hondureen
Hongarije	Hongaars	Hongaar
Ierland	Iers	Ier
IJsland	IJslands	IJslander
India	Indiaas, Indisch	Indiër, Indiaër
Indonesië	Indonesisch	Indonesiër
Irak	Iraaks, Irakees	Irakees, Irakiër, Iraki
Iran (*vroeger:* Perzië)	Iraans, Iranees	Iraniër
Israël	Israëlisch	Israëlier, Israëli
Italië	Italiaans	Italiaan
Ivoorkust	Ivoriaans, Ivoorkusts	Ivoriaan, Ivoorkuster
Jamaica	Jamaicaans	Jamaicaan
Japan	Japans	Japanner
Jemen	Jemenitisch	Jemeniet
Jerevan	-	-
Joegoslavië	Joegoslavisch	Joegoslaaf
Jordanië	Jordaans, Jordanisch	Jordaniër
Kaapverdische Eilanden, Kaapverdië	Kaapverdisch	Kaapverdiër
Kameroen	Kameroens	Kameroener
Kampuchea = Cambodja		
Katar	Katarees	Katarees
Kazachstan	Kazaks, Kazachs	Kazak, Kazach, Kazachstaan
Kenia	Keniaans, Keniaas	Keniaan, Keniaër
Kiev	-	-
Kirgizië	Kirgizisch	Kirgies
Kiribati	Kiribatisch	Kiribatiër
Klein-Joegoslavië	Klein-Joegoslavisch	-
Koeweit	Koeweits	Koeweiter, Koeweiti
Kongo	Kongolees	Kongolees
Kopenhagen	Kopenhaags	Kopenhagenaar
Kroatië	Kroatisch	Kroaat
Laos	Laotiaans, Laotisch	Laotiaan, Laotiër
Lesotho	Lesothaans	Lesothaan
Letland	Letlands, Lets	Letlander, Let
Libanon	Libanees	Libanees

Land	Bijvoeglijk naamwoord	Inwoner
Liberia	Liberiaans	Liberiaan
Libië	Libisch	Libiër
Liechtenstein	Liechtensteins	Liechtensteiner
Limburg	Limburgs	Limburger
Lissabon	Lissabons	Lissabonner
Litouwen	Litouws	Litouwer
Ljubljana	-	-
Londen	Londens	Londenaar
Luik	Luiks	Luikenaar
Luxemburg	Luxemburgs	Luxemburger
Macedonië	Macedonisch	Macedoniër
Madagaskar	Madagaskisch, Madagassisch, Malagassisch	Madagask, Madagas, Malagassiër
Madrid	Madrileens, Madrids	Madrileen
Malawi	Malawisch	Malawiër
Malediven	Maledivisch	Malediviër
Maleisië	Maleisisch	Maleisiër
Mali	Malinees	Malinees
Malta	Maltees	Maltees, Maltezer
Marokko	Marokkaans	Marokkaan
Marshalleilanden	Marshalleilands	Marshalleilander
Mauritanië	Mauritaans	Mauritaan, Mauritaniër
Mauritius	Mauritiaans	Mauritiaan
Mexico	Mexicaans	Mexicaan
Micronesië	Micronesisch	Micronesiër
Minsk	-	-
Moldavië, Moldova	Moldavisch, Moldovaans	Moldaviër, Moldovaan
Monaco	Monegaskisch	Monegask
Mongolië	Mongolisch, Mongools	Mongoliër, Mongool
Montenegro	Montenegrijns	Montenegrijn
Moskou	Moskovitisch, Moskous	Moskoviet, Moskouer
Mozambique	Mozambikaans	Mozambikaan
Myanmar = Birma		
Namen	Naams	Namenaar
Namibië	Namibisch	Namibiër
Nauru	Nauruaans	Nauruaan
Nederland	Nederlands	Nederlander
Nepal	Nepalees	Nepalees
Nicaragua	Nicaraguaans	Nicaraguaan
Nieuw-Zeeland	Nieuw-Zeelands	Nieuw-Zeelander
Niger	Nigerees, Nigeraans	Nigerees, Nigeraan
Nigeria	Nigeriaans	Nigeriaan
Noord-Amerika	Noord-Amerikaans	Noord-Amerikaan
Noord-Brabant	Noord-Brabants	Noord-Brabander
Noord-Holland	Noord-Hollands	Noord-Hollander
Noord-Korea	Noord-Koreaans	Noord-Koreaan
Noorwegen	Noors	Noor
Oekraïne	Oekraïens	Oekraïner
Oezbekistan	Oezbeeks	Oezbeek
Oman	Omanitisch	Omaniet
Oostenrijk	Oostenrijks	Oostenrijker
Oost-Timor	Oost-Timorees	Oost-Timorees

Land	Bijvoeglijk naamwoord	Inwoner
Oost-Vlaanderen	Oost-Vlaams	Oost-Vlaming
Opper-Volta = Burkina Faso		
Oslo	Osloos	Osloër
Overijssel	Overijssels	Overijsselaar
Pakistan	Pakistaans	Pakistaan, Pakistaner, Pakistani
Palestina	Palestijns	Palestijn
Panama	Panamees	Panamees
Papoea-Nieuw-Guinea	Papoeaas	Papoeaër
Paraguay	Paraguayaans, Paraguays	Paraguayaan
Paramaribo	Paramariboos	Paramariboër
Parijs	Parijs	Parijzenaar (*vrouw:* Parisienne)
Peru	Peruaans, Peruviaans	Peruaan, Peruviaan
Perzië = Iran		
Polen	Pools	Pool
Porto Rico	Porto Ricaans	Porto Ricaan
Portugal	Portugees	Portugees
Praag	Praags	Prager
Reykjavik	Reykjaviks	Reykjaviker
Riga	Rigaas	Rigaër
Roemenië	Roemeens	Roemeen
Rome	Romeins	Romein
Rusland	Russisch	Rus (*vrouw:* Russin)
Rwanda	Rwandees, Rwandaas	Rwandees, Rwandaër
Saint-Kitts en Nevis	-	-
Saint-Lucia	-	-
Saint Vincent en de Grenadines	-	-
Salomonseilanden	Salomonseilands	Salomonseilander
San Marino	San Marinees	San Marinees
Sao Tome en Principe	-	-
Sarajevo	-	-
Saudi-Arabië	Saudisch, Saudi-Arabisch	Saudiër, Saudi-Arabiër, Saudi
Schotland	Schots	Schot
Senegal	Senegalees	Senegalees
Servië	Servisch	Serviër, Serf
Seychellen	Seychels	Seycheller
Sierra Leone	Sierra Leoons, Sierra Leonees	Sierra Leoner, Sierra Leonees
Singapore	Singaporaans, Singaporees	Singaporaan, Singaporees
Skopje	-	-
Slovenië	Sloveens	Sloveen
Slowakije	Slowaaks	Slowaak
Sofia	Sofiotisch	Sofioot
Somalië	Somalisch	Somaliër, Somali
Spanje	Spaans	Spanjaard
Sri Lanka (*vroeger:* Ceylon)	Sri Lankaans	Sri Lankaan
Stockholm	Stockholms	Stockholmer
Sudan	Sudanees	Sudanees
Suriname	Surinaams	Surinamer
Swaziland	Swazisch	Swaziër, Swazi
Syrië	Syrisch	Syriër

Land	Bijvoeglijk naamwoord	Inwoner
Tadzjikistan	Tadzjieks	Tadzjiek
Taiwan	Taiwanees, Taiwans	Taiwanees
Tallinn	-	-
Tanzania	Tanzaniaans	Tanzaniaan
Tbilisi	-	-
Thailand	Thais, Thailands	Thai, Thailander
Tirana	Tiranees	Tiranees
Togo	Togolees, Togoos	Togolees, Togoër
Tonga	Tongaans	Tongaan
Trinidad en Tobago	-	-
Tsjaad	Tsjadisch, Tsjaads	Tsjadiër, Tsjader
Tsjechië	Tsjechisch	Tsjech
Tunesië	Tunesisch	Tunesiër
Turkije	Turks	Turk
Turkmenistan	Turkmeens	Turkmeen
Tuvalu	Tuvaluaans	Tuvaluaan
Uganda	Ugandees	Ugandees
Uruguay	Uruguayaans, Uruguays	Uruguayaan
Utrecht	Utrechts	Utrechter, Utrechtenaar
Vaduz	-	-
Valletta	-	-
Vanuatu	Vanuatuaans	Vanuatuaan
Vaticaanstad	Vaticaans	Vaticaanstatter
Venezuela	Venezolaans	Venezolaan
Verenigde Arabische Emiraten	-	-
Verenigde Staten (van Amerika), VS	Amerikaans	Amerikaan
Vietnam	Vietnamees	Vietnamees
Vilnius	-	-
Vlaams-Brabant	Vlaams-Brabants	Vlaams-Brabander
Vlaanderen	Vlaams	Vlaming
Waals-Brabant	Waals-Brabants	Waals-Brabander
Wales	Welsh, Wels	Welshman, Welsman (*vrouw:* Welshwoman, Welswoman)
Wallonië	Waals	Waal
Warschau	Warschaus	Warschauer
Wenen	Weens	Wener
West-Samoa	West-Samoaans	West-Samoaan
West-Vlaanderen	West-Vlaams	West-Vlaming
Wit-Rusland	Wit-Russisch	Wit-Rus
Zagreb	Zagrebs	-
Zaïre = Kongo		
Zambia	Zambiaans	Zambiaan
Zeeland	Zeeuws	Zeeuw
Zimbabwe	Zimbabwaans	Zimbabwaan
Zuid-Afrika	Zuid-Afrikaans	Zuid-Afrikaan
Zuid-Amerika	Zuid-Amerikaans	Zuid-Amerikaan
Zuid-Holland	Zuid-Hollands	Zuid-Hollander
Zuid-Korea	Zuid-Koreaans	Zuid-Koreaan
Zweden	Zweeds	Zweed
Zwitserland	Zwitsers	Zwitser

Verantwoording

Algemeen

Al lange tijd is er behoefte aan een woordenboek dat specifiek bestemd is voor mensen die Nederlands leren en die een andere moedertaal hebben dan het Nederlands. In de praktijk blijkt deze groep zich – voor zover men geen vertaalwoordenboek gebruikt – te behelpen met woordenboeken die óf veel te moeilijk zijn, óf voor kinderen bedoeld zijn. Nadeel van dat laatste is het feit dat de trefwoordselectie op kinderen gericht is, dat de toon van het boek 'kinderlijk' of 'kinderachtig' is, en dat geen rekening gehouden is met specifieke problemen van anderstaligen, zoals moeite met idioom, zeer geringe woordenschat en een andere culturele achtergrond.
Het Van Dale Pocketwoordenboek Nederlands als tweede taal (verder: PNT2) wil in deze behoefte voorzien.
Het ligt in de bedoeling om te zijner tijd ook een uitgebreid Van Dale woordenboek NT2 te laten verschijnen. Wij menen dat we met twee verschillende uitgaven nog beter recht doen aan de diversiteit van de doelgroep van mensen die een andere moedertaal dan het Nederlands hebben:

- een pocketwoordenboek voor beginners en licht gevorderden, gericht op begrip en betekenis; eenvoudig en handzaam, zonder al te veel extra informatie. Daardoor is het goed te gebruiken voor mensen met minder opleiding, terwijl het betaalbaar is voor mensen met een krappe beurs.
- een vervolgwoordenboek, nog sterker gericht op productie, dat ook de gevorderde leerder van het Nederlands zal bedienen.

Het betekent dat in dit woordenboek vooral basisinformatie is opgenomen, en met name informatie die gericht is op betekenis en begrip.

Totstandkoming

Het project PNT2 is totstandgekomen in nauwe samenwerking met de Vrije Universiteit Amsterdam, afdeling NT2. Ook zijn er uitgebreide contacten geweest met allerlei instanties die te maken hebben met het onderwijs aan anderstaligen; wij realiseerden ons terdege dat de doelgroep een zeer specifieke is, waarvoor Van Dale tot op heden geen specifieke producten heeft gemaakt.
Nadat het concept was ontwikkeld, hebben we een deel van het woordenboek uitgewerkt in een katern. Met dat katern hebben we een uitgebreid marktonderzoek gedaan, bestaande uit enquêtes en interviews onder woordenboekgebruikers, docenten en andere deskundigen. Ook hebben we NT2-cursisten van verschillende niveaus tijdens de lessen geobserveerd in het gebruik van het woordenboekkatern, en gevraagd naar hun ervaringen. Uit het onderzoek hebben we kunnen concluderen dat er zeer zeker behoefte was aan een dergelijk product, en hebben we geleerd op welke punten de opzet moest worden aangepast.

Keuze van de trefwoorden

In het PNT2 zijn ruim 14.000 trefwoorden opgenomen. De keuze van de woorden is gebaseerd op een bestand waarover Van Dale beschikt van vijf jaargangen van landelijke Nederlandstalige dagbladen, inclusief gegevens over het aantal keren dat een woord voorkomt. Ons uitgangspunt is dat woorden die vaak in Nederlandstalige kranten te vinden zijn, door de gebruikers van dit woordenboek moeten kunnen worden opgezocht. Nu is het niet altijd zo dat woorden die zeer veel in kranten voorkomen dus ook zeer veel voorkomen in het algemeen taalgebruik, en andersom. Woorden uit sportverslagen en economische termen scoren erg hoog (**reservebank**, **grootaandeelhouder**), terwijl zaken die in het dagelijks leven frequent voorkomen (**tandpasta**, **kam**) in het bestand nauwelijks voorkomen. Dat betekent dat we bij de selectie van trefwoorden de frequentiegegevens met gezond verstand en intuïtie hebben gecombineerd.

Het Nederlands in België

Voor de keuze van de woorden die alleen in Nederlandstalig België worden gebruikt, zijn ruwweg dezelfde criteria gehanteerd als voor de overige trefwoorden. In totaal staan in dit woordenboek ruim 300 woorden en uitdrukkingen die typerend zijn voor het Nederlandssprekende deel van België. Ze worden aangeduid met het label '(in België)'. Bij het trefwoord **taal** vindt de gebruiker een tekst over de Nederlandse taal in België.

Vorm van de trefwoorden
In principe bestaan trefwoorden uit één woord.
Uitzonderingen:
- werkwoorden en bijvoeglijke naamwoorden met een verplicht vast voorzetsel, zoals **houden van**, **gaan over**, **dol op**
- Latijnse woordgroepen, zoals **curriculum vitae**, **ad hoc**

Bij zelfstandige naamwoorden staat het lidwoord voor het trefwoord (het **journaal**, de **lafaard**), en bij reflexieve werkwoorden staat 'zich' voor het werkwoord (zich **vergissen**).

Trefwoorden die tot een verschillende woordsoort behoren, hebben een aparte ingang. Zelfstandige naamwoorden met een verschillend lidwoord ook.

het **licht**[1]
licht[2] [bijvoeglijk naamwoord]

de **lof**[1]
het **lof**[2]

Wanneer andere taalkundige informatie verschilt (meervoud, werkwoordstijden), is dat op het niveau van de betekenis aangegeven.

de **bloem** [bloemen]
1 …
2 [geen meervoud] …

het **blad** [bladen]
1 (…)
4 [bladeren]

scheiden [scheidde]
1 [heeft gescheiden] …
2 [is gescheiden] …
3 [is gescheiden] …

In het woordenboek is een groot aantal verwijzingen opgenomen van verleden tijden en voltooid deelwoorden van sterke werkwoorden naar de infinitief van het werkwoord.
liepen *zie:* **lopen**

Uitspraak
Bij alle mogelijkheden om anderstaligen behulpzaam te zijn bij het leren van de uitspraak van de Nederlandse woorden, is een systeem waarbij men werkelijk laat horen hoe een woord wordt uitgesproken, verreweg het meest te prefereren. Op de gratis bijgeleverde cd kan de uitspraak van alle trefwoorden beluisterd worden. De uitspraak wordt hoorbaar gemaakt door middel van de tekst-naar-spraaksoftware van Fluency (een onderdeel van Van Dale Lexicografie).
Deze aanpak heeft als voordeel dat we de informatie in dit woordenboek niet hoeven te belasten met allerlei ingewikkelde weergaven van spraak. Wel staat er bij het trefwoord **uitspraak** in het woordenboek een kadertekst over de uitspraak van Nederlandse woorden in het algemeen: voorbeelden van Nederlandse klanken, gecombineerd met voorbeelden van Engelse en Franse woorden met vergelijkbare klanken, en IPA-tekens.

De klinkers van de lettergreep waarop de klemtoon valt, zijn onderstreept.

on·kruid
re·ge·ren
schan·daal
se·cre·ta·res·se

Afbreekpuntjes
In trefwoorden die uit meer dan één lettergreep bestaan, zijn puntjes geplaatst op de plaats van de lettergreepscheiding. Behalve dat men daardoor ziet waar een woord afgebroken kan worden, kan het een ondersteuning zijn bij de uitspraak, en bij de analyse van een woord.

ka·rak·te·ri·se·ren
lucht·vaart·maat·schap·pij
on·om·sto·te·lijk

Taalkundige informatie
De woordsoort (zelfstandig naamwoord, bijvoeglijk naamwoord enz.) wordt slechts dan expliciet gegeven als niet uit overige informatie blijkt om welke woordsoort het gaat. Als er namelijk een lidwoord staat, moet het om een zelfstandig naamwoord gaan; als er werkwoordstijden gegeven zijn,

is duidelijk dat er sprake is van een werkwoord.

Bij *zelfstandige naamwoorden* staat het lidwoord vóór het trefwoord. Als een tweede lidwoord ook gebruikelijk is, staat dat achter het trefwoord. Ook wordt – altijd voluit – het meervoud gegeven.

de **kardinaal** [kardinalen]
het **matras** *ook:* de [matrassen]

Bij *bijvoeglijke naamwoorden* wordt de woordsoort vermeld. De vergrotende en overtreffende trap staan alleen bij de zeer onregelmatige vormen van **goed**, **weinig**, **veel** en **graag**.

commercieel [bijvoeglijk naamwoord]

Bij *werkwoorden* staan de onvoltooid verleden tijd, het hulpwerkwoord en het voltooid deelwoord. Er wordt niet expliciet aangegeven of het gaat om een overgankelijk dan wel onovergankelijk werkwoord. In plaats daarvan geven we een zinnetje met het werkwoord, het subject en de eventuele objecten. In principe zijn die subjecten en objecten 'iemand' of 'iets', maar waar mogelijk staat specifiekere informatie. De leerder ziet zo direct hoe het werkwoord gebruikt wordt. Daarnaast kan zo'n zinnetje een aanvulling zijn op de definitie.

dragen [droeg, heeft gedragen]
1 [iemand draagt iemand of iets] …
2 [iemand draagt kleren]…

leren [leerde, heeft geleerd]
1 [iemand leert iets] …
2 [iemand leert iemand iets] …

Bij alle *andere woordsoorten* wordt de woordsoort gegeven.

e.a. [afkorting]
zes [telwoord]

Betekenissen
Van een trefwoord worden alleen de meest frequente betekenissen gegeven.
Definities beginnen, vanwege de overzichtelijkheid, altijd op een nieuwe regel.
Als er maar één betekenis is, is die niet genummerd.

het **kroos** [geen meervoud]
heel kleine, groene blaadjes die op het water van een sloot groeien ✦ *de eenden aten van het kroos.*

Meerdere betekenissen zijn wel genummerd.

de **kwast** [kwasten]
1 een voorwerp met haren waarmee je kunt schilderen en verven
2 een voorwerp ter versiering, waaraan draadjes hangen ✦ *aan de hoed zaten allemaal vrolijke kwastjes*
3 (informeel) iemand die een beetje vreemd of dom doet

Uitdrukkingen die niet aan een betekenis te relateren zijn, zijn als aparte betekenis beschouwd en dus ook genummerd.

de **soep**
1 vloeibaar eten dat bestaat uit water dat gekookt is met groente en vaak ook met vlees
2 iets loopt in de soep: iets gaat helemaal fout

Definities
Een belangrijk uitgangspunt is dat definities zo kort en eenvoudig mogelijk moeten zijn. Dat hebben we geprobeerd te bereiken op de volgende manieren:
- door geen moeilijke woorden te gebruiken
- door ingewikkelde formuleringen te vermijden
- door idioom in definities te vermijden

Om een zo eenvoudig mogelijke woordenschat te hanteren, heeft de redactie zichzelf de beperking opgelegd om te definiëren met behulp van een beperkte woordenlijst. We maakten in principe alleen gebruik van de ruim 2000 woorden en betekenissen die in het *Basiswoordenboek Nederlands* van P. de Kleijn en E. Nieuwborg staan. Dat was een boeiende uitdaging, die ons soms voor de keus stelde om duidelijkheid en eenvoud boven precisie te stellen.

de **gazet** (in België)
een blad dat iedere dag verschijnt en

waarin het nieuws staat = de krant

de **lof**[1]
positieve dingen die over iemand gezegd worden

het **lot**
een briefje met een nummer waarmee je een prijs kunt winnen

de **magie**
de geheime manier waarop sommige mensen proberen om dingen in de natuur te veranderen

de **maniak**
iemand die zo fel met iets bezig is, dat hij of zij ziek lijkt

markeren
met een teken duidelijk maken waar iets is [iemand markeert iets]

Als het vermijden van woorden buiten de lijst een gekunstelde, onduidelijke of te lange definitie opleverde, hebben we er soms toch voor gekozen een woord te gebruiken dat niet in de lijst stond.

Zoals gezegd zijn de 2000 woorden uit deze lijst als trefwoord in het woordenboek gemarkeerd met een bolletje voor het trefwoord. Zo kan de gebruiker direct zien wat de basiswoorden zijn die hij/zij moet kennen om het boek goed te kunnen gebruiken. Ook kan het boek zo een functie hebben als leerboek.
Voorbeelden:

•geboren
als je geboren wordt, kom je uit de buik van je moeder

de **•sleutel**
een voorwerp waarmee je een slot opent

Als een trefwoord een afleiding is van of een samenstelling met een ander trefwoord, is dat soms met behulp van dat grondwoord gedefinieerd. Als dat woord niet in de lijst staat, is het gemarkeerd met een asterisk. Zo weet de gebruiker dat hij of zij voor de betekenis bij het gemarkeerde woord moet kijken (dat alfabetisch altijd in de buurt staat).

de **klacht**
woorden waarmee je klaagt*

de **kurkentrekker**
een voorwerp waarmee je een kurk* (bet. 2) van de fles haalt

Een ander redactioneel uitgangspunt was dat de definities zo natuurlijk mogelijk moesten zijn. Mede daarom beginnen definities van zelfstandige naamwoorden bijna altijd met een lidwoord, waar traditionele woordenboeken dat weglaten omwille van de ruimte.

de **deadline**
de uiterste datum waarop iets moet gebeuren

Bijvoeglijke naamwoorden zijn meestal in een zinnetje gedefinieerd, omdat dat ons in staat stelde scherper aan te geven met welke woorden het bijvoeglijk naamwoord gecombineerd wordt.

luchtig
1 luchtig eten bevat veel lucht
2 luchtige kleren laten de wind door
3 een luchtige opmerking is niet zwaar of ernstig bedoeld

opzettelijk
iemand die iets opzettelijk doet, weet wat hij doet en heeft er een bedoeling mee

vriendelijk
een vriendelijke persoon is aardig en doet dingen om je te helpen

In sommige gevallen wordt gedefinieerd door middel van één enkel woord. Dat is uiteraard alleen gebeurd als dat woord deel uitmaakt van de genoemde lijst van De Kleijn en Nieuwborg, en als bij dat woord als trefwoord een omschrijving staat (om circulariteit te voorkomen).

algeheel
totaal

In definities komen nauwelijks afkortingen voor. Alleen de woorden 'bijvoorbeeld' en 'enzovoort' hebben we afgekort tot respectievelijk 'bijv.' en 'enz.'.

Labels
De belangrijkste labels die gebruikt worden zijn: (formeel), (informeel) en (grof). Ver-

der wordt het label (in België) gebruikt voor woorden die alleen in België gebruikt worden.

- formeel: **doch**, **huwen**
- informeel: **bieb**, **zuipen**
- grof: **stront**, **tiet**
- in België: **bosklas**, **faling**

Synoniemen en antoniemen

In een woordenboek dat zich vooral richt op begrip kan men de zin van het opnemen van synoniemen betwijfelen. Dat wij dat toch gedaan hebben, is omdat we van mening zijn dat synoniemen soms kunnen helpen de betekenis van een woord te begrijpen, zeker als dat synoniem een internationaal karakter heeft. Bij het synoniem van zelfstandige naamwoorden staat ook het lidwoord.

het **labyrint**
(...) = de doolhof

de **woordenschat**
(...) = het vocabulaire

Ook antoniemen zijn gegeven waar ze de betekenis kunnen verduidelijken.

licht ⇔ donker; **licht** ⇔ zwaar.

Voorbeeldzinnen

Bij de meeste trefwoorden vindt men een voorbeeldzin. Deze kan verschillende functies hebben. In de eerste plaats is de voorbeeldzin bedoeld om het trefwoord in een natuurlijke zin te presenteren. Daarnaast kan een voorbeeldzin ook de betekenis verduidelijken. Ten slotte kan een voorbeeldzin een illustratieve, verlevendigende functie hebben.
Voorbeelden:

alleen
zonder andere mensen ✦ *onze dochter fietst alleen naar school*
impliciet
iets wat je impliciet zegt, zeg je op een verborgen manier ✦ *de minister heeft niet direct, maar wel impliciet gezegd dat hij een fout heeft gemaakt*
de **voldoening**
het gevoel dat je tevreden bent ✦ *haar werk geeft haar veel voldoening*

Uitdrukkingen

In het PNT2 zijn alleen frequente uitdrukkingen opgenomen. De frequentie konden we bepalen aan de hand van het eerder genoemde bestand waarover Van Dale beschikt.
De uitdrukkingen zijn over het algemeen geplaatst bij het eerste zelfstandige naamwoord in de uitdrukkingen. Als dat er niet is, staat de uitdrukking bij het eerste bijvoeglijke naamwoord, en als dat er ook niet is bij het eerste werkwoord.
De uitdrukking **de oude dag** staat dus bij het woord **dag**. De uitdrukking **niet goed worden van iets** staat bij **goed**, en **dat is niet om aan te horen** staat bij het trefwoord **aanhoren**.
Na iedere uitdrukking volgt een verklaring, die aan dezelfde eisen moest voldoen als de definities van de trefwoorden, dus ook weer met de beperkte woordenlijst.

de **kermis**
(...) **van een koude kermis thuiskomen:** heel erg teleurgesteld worden in iets waarvan je veel verwachtte

Als een uitdrukking niet te verbinden was met de betekenis van een woord, is de uitdrukking als aparte betekenis gepresenteerd, met eventueel een eigen betekenisnummer.

de **loer**
1 op de loer liggen: dreigend aanwezig zijn
2 iemand een loer draaien: iemand heel oneerlijk behandelen om er zelf voordeel van te hebben

Illustraties

Niet altijd is het mogelijk om in een korte omschrijving een onderscheidende definitie te geven, bijv. als het gaat om planten, dieren, gereedschappen, muziekinstrumenten. In het PNT2 zijn daarom 650 illustraties opgenomen. Deze hebben dus als voornaamste functie het verduidelijken of preciseren van de betekenis.

Informatieve teksten

Een speciale plaats in het PNT2 is ingeruimd voor de informatieve teksten. Er zijn twee soorten teksten: opsommingen, bijv.

van de maanden van het jaar, de getallen en de muzieknoten, en teksten waarin informatie gegeven wordt over de Nederlandse en Belgische samenleving, zoals over maaltijden, vrije tijd en religie. Zie de lijst voor in het woordenboek.
Er is gepoogd ook deze teksten te schrijven aan de hand van het beperkte definitievocabulaire. Veel woorden in deze teksten zijn echter juist bedoeld om informatie te geven over een onderwerp, met de daarbij behorende termen. Die termen staan vaak niet in de lijst, maar zijn wel altijd in het boek te vinden, en men wordt vandaaruit weer verwezen naar de teksten.
Wij zijn ons ervan bewust dat het enigszins riskant is om in zo'n kort bestek informatie te geven over hoe zaken in Nederland en België geregeld zijn, of hoe 'de Nederlander' of 'de Belg' eet, uitgaat en gelooft. Zeker in een tijd waarin de veranderingen bijna niet bij te houden zijn, en waarin juist mensen uit andere culturen de samenleving diepgaand beïnvloeden. De beschrijving in de teksten kan dus niet meer dan een globale momentopname zijn. We hebben ons echter niet door deze risico's laten afschrikken, omdat we vinden dat het voor gebruikers toch nuttig is om over een aantal onderwerpen woorden in samenhang aangeboden te krijgen.

Aardrijkskundige namen
Op pagina 781 van het woordenboek staat een alfabetische lijst met o.a. alle landen van de wereld en de hoofdsteden van de Europese landen, met de daarvan afgeleide bijvoeglijke naamwoorden en persoonsnamen.

Ten slotte
De redactie heeft met veel plezier aan dit woordenboek gewerkt, en hoopt dat het zijn weg vindt onder de mensen die Nederlands leren.

Utrecht, september 2003
De hoofdredactie